한 번에 합격, 자격증은 이기적

이렇게 기막힌 적중률

함께 공부하고 특별한 혜택까지!
이기적 스터디 카페

구독자 약 15만 명, 전강 무료!
이기적 유튜브

오직 스터디 카페 멤버에게만
주어지는 특별 혜택!

이기적 스터디 카페

이기적 스터디 카페

 합격을 위한 기적 같은 선물
또기적 합격자료집

 혼자 공부하기 외롭다면?
온라인 스터디 참여

 모든 궁금증 바로 해결!
전문가와 1:1 질문답변

 1년 내내 진행되는
이기적 365 이벤트

 도서 증정 & 상품까지!
우수 서평단 도전

 간편하게 한눈에
시험 일정 확인

합격까지 모든 순간 이기적과 함께!
이기적 365 EVENT

QR코드를 찍어 이벤트에 참여하고 푸짐한 선물 받아가세요!

1. 기출문제 복원하기
이기적 책으로 공부하고 시험을 봤다면 7일 내로 문제를 제보해 주세요!

2. 합격 후기 작성하기
당신만의 특별한 합격 스토리와 노하우를 전해 주세요!

3. 온라인 서점 리뷰 남기기
온라인 서점에서 책을 구매하고 평점과 리뷰를 남겨 주세요!

4. 정오표 이벤트 참여하기
더 완벽한 이기적이 될 수 있게 수험서의 오류를 제보해 주세요!

※ 이벤트별 혜택은 변경될 수 있으므로 자세한 내용은 해당 QR을 참고해 주세요.

기출 복원 EVENT

기적의 적중률, 여러분의 참여로 완성됩니다

기출 복원하기 ▶

영진닷컴 쇼핑몰 **30,000원**

전원 지급

네이버페이 포인트 쿠폰 N Pay 최대 **20,000원**

1 이기적 수험서로 공부하고 시험에 응시했다면 누구나 참여 가능

2 응시일로부터 7일 이내 복원 문제만 인정(수험표 첨부 필수!)

3 중복, 누락, 허위 문제는 당첨 대상에서 제외

※ 이벤트별 혜택은 변경될 수 있으므로 자세한 내용은 해당 QR을 참고해 주세요.

도서 인증하면 고퀄리티 강의가 따라온다!
100% 무료 강의

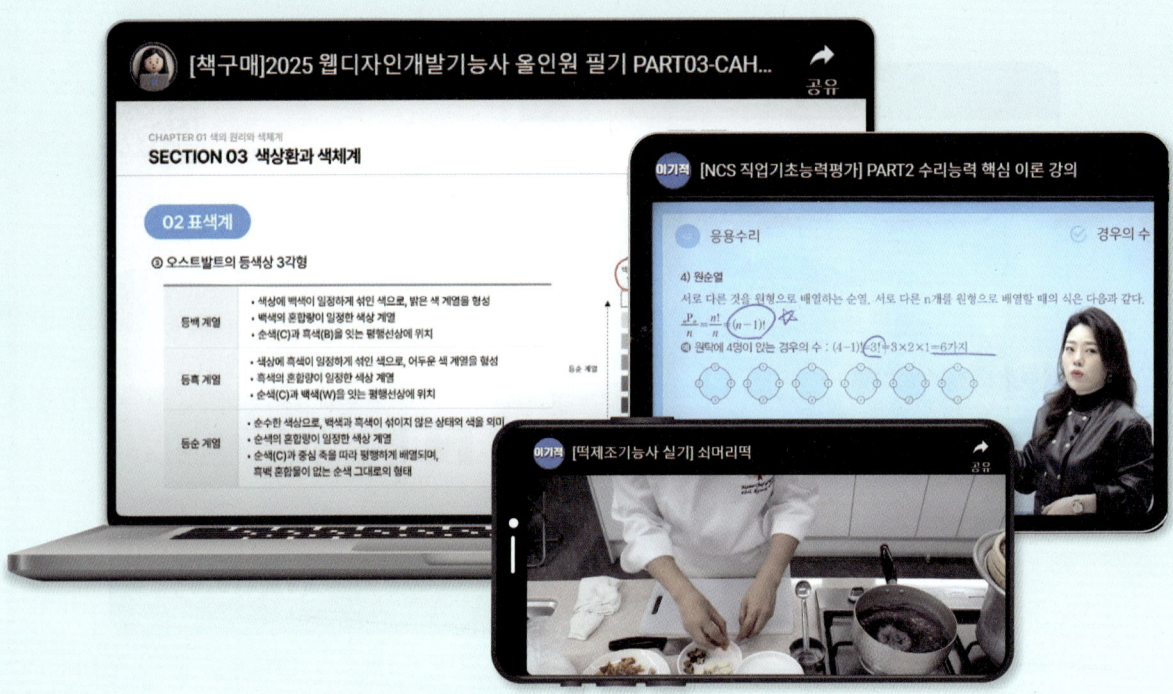

이용방법

STEP 1

이기적 홈페이지
(https://license.
youngjin.com/) 접속

STEP 2

무료 동영상
게시판에서 도서와
동일한 메뉴 선택

STEP 3
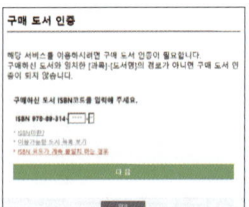
책 바코드 아래의
ISBN 코드와
도서 인증 정답 입력

STEP 4

이기적 수험서와
동영상 강의로
학습 효율 UP!

※ 도서별 동영상 제공 범위는 상이하며, 도서 내 차례에서 확인할 수 있습니다.

◀ 이기적 홈페이지 바로가기

영진닷컴 이기적

합격을 위해 모두 드려요.
이기적 합격 솔루션!

이기적이 여러분을 위해 준비했어요

저자가 직접 알려주는, 무료 동영상 강의

도서와 연계된 저자 직강을 100% 무료로 제공합니다.
도서 내에 수록된 QR 코드로 바로 접속하여 시청하세요.

도서 구매 인증 시 증정, [실기] 추가 기출 유형 문제

이기적 스터디 카페에서 구매를 인증하면 '또기적 합격자료집'을 드립니다.
실기 기출 유형 문제뿐만 아니라 다양한 추가 자료가 준비되어 있습니다.

채점도 편리하게, 자동 채점 서비스

필기 실전 모의고사 풀이 후 QR 코드를 찍어 오픈된 모바일 답안지에 정답 번호만 찍어주세요.
1초 만에 자동으로 채점되고 오답은 해설을 제공해 드리는 서비스입니다.

여기로 물어보세요, 1:1 질문답변

학습하다가 모르는 문제가 있다면 혼자 고민하지 말고 선생님께 질문하세요.
이기적 스터디 카페에서 전문 강사님이 1:1로 답변해 드립니다.

※ 〈2026 이기적 웹디자인개발기능사 필기+실기 올인원〉을 구매하고 인증한 회원에게만 드리는 혜택입니다.

◀ 모든 혜택 한 번에 보기

정오표 바로가기 ▶

또, 드릴게요! 이기적이 준비한 선물
또기적 합격자료집

1 시험에 관한 A to Z 합격 비법서
책에 다 담지 못한 혜택은 또기적 합격자료집에서 확인

2 편리하고 똑똑한 디지털 자료
PC · 태블릿 · 스마트폰으로 언제든 열람하고 필요한 부분만 출력 가능

3 초보자, 독학러 필수 신청
혼자서도 충분한 학습 플랜과 수험생 맞춤 구성으로 한 번에 합격

※ 도서 구매 시 추가로 증정되는 PDF용 자료이며 실제 도서가 아닙니다.

◀ 또기적 합격자료집 받으러 가기

이렇게 기막힌 적중률

웹디자인개발기능사
올인원
1권·필기

"이" 한 권으로 합격의 "기적"을 경험하세요!

차례

출제빈도에 따라 분류하였습니다.
- 상 : 반드시 보고 가야 하는 이론
- 중 : 보편적으로 다루어지는 이론
- 하 : 알고 가면 좋은 이론

합격강의
표시된 부분은 동영상 강의가 제공되며, QR 코드를 통해 시청하실 수 있습니다. 이기적 홈페이지(license.youngjin.com) 또는 유튜브 '영진닷컴', '이미니강사' 채널을 통해서도 시청 가능합니다.

▶ 본 도서에서 제공하는 동영상은 1판 1쇄 기준 2년간 유효합니다.
　단, 출제기준안에 따라 동영상 내용은 변경될 수 있습니다.

PART 01 디자인 이해와 발상 〔1권〕

CHAPTER 01 디자인 원리와 특징
- 중 SECTION 01 디자인 이해 1-20
- 상 SECTION 02 디자인 요소와 원리 1-23
- 중 SECTION 03 디자인 분야별 특징 1-29
- 하 이론을 확인하는 기출문제 1-33

CHAPTER 02 기초데이터 및 아이디어 발상
- 중 SECTION 01 프로젝트 데이터 수집 및 분석 1-38
- 상 SECTION 02 아이디어 발상법 및 검증 1-43
- 중 SECTION 03 아이디어 시각화 1-50
- 하 이론을 확인하는 기출문제 1-53

CHAPTER 03 시각 디자인 구성 요소
- 상 SECTION 01 웹 그래픽 포맷 1-58
- 상 SECTION 02 UI 시각 구성 요소 1-62
- 하 이론을 확인하는 기출문제 1-69

PART 02 웹디자인과 UX/UI 설계

CHAPTER 01 기획 및 UX/UI 설계
- 중 SECTION 01 UX/UI 이해 1-74
- 상 SECTION 02 UI 화면 설계 도구 1-79
- 상 SECTION 03 웹디자인과 반응형 1-85
- 하 SECTION 04 정보 구조 설계 1-92
- 하 이론을 확인하는 기출문제 1-97

CHAPTER 02 매체별 구성 요소 설계 · 제작

- SECTION 01 디바이스 특성 및 기술 표준 … 1-102
- SECTION 02 디바이스별 설계 및 제작 … 1-105
- SECTION 03 디자인 트렌드 … 1-110
- 이론을 확인하는 기출문제 … 1-113

CHAPTER 03 사용성 테스트 및 평가

- SECTION 01 프로토타입 제작 … 1-118
- SECTION 02 사용자 조사 방법론 … 1-121
- SECTION 03 사용성 테스트 및 결과 분석 … 1-123
- 이론을 확인하는 기출문제 … 1-128

PART 03 색채 이해와 활용

CHAPTER 01 색의 원리와 색체계

- SECTION 01 색의 원리 … 1-134
- SECTION 02 색의 삼속성과 혼합 … 1-137
- SECTION 03 색상환과 색체계 … 1-141
- 이론을 확인하는 기출문제 … 1-146

CHAPTER 02 색의 대비와 상징

- SECTION 01 색의 대비와 효과 … 1-150
- SECTION 02 색의 상징과 연상 … 1-154
- 이론을 확인하는 기출문제 … 1-158

CHAPTER 03 색채 조화와 배색

- SECTION 01 색채 조화 … 1-162
- SECTION 02 배색 … 1-165
- SECTION 03 색명 체계와 이미지 스케일 … 1-169
- 이론을 확인하는 기출문제 … 1-171

PART 04 개발 및 프로젝트 관리 ▶

CHAPTER 01 멀티미디어와 파일 형식

- SECTION 01 멀티미디어 ············· 1-176
- SECTION 02 멀티미디어 저작 ········· 1-179
- SECTION 03 파일 포맷 ··············· 1-182
- 이론을 확인하는 기출문제 ············· 1-186

CHAPTER 02 웹 프로그래밍 기초 개발

- SECTION 01 인터넷과 웹 ············· 1-190
- SECTION 02 HTML, CSS, 그리고 자바스크립트 ··· 1-198
- SECTION 03 웹 프로그래밍 개발 ······· 1-211
- 이론을 확인하는 기출문제 ············· 1-216

CHAPTER 03 프로젝트 완료 및 자료 정리

- SECTION 01 산출물 수집 및 정리 ······ 1-220
- SECTION 02 콘텐츠 및 데이터 분류 · 보존 · 폐기 ··· 1-223
- SECTION 03 프로젝트 최종 보고서 작성 및 제출 ··· 1-226
- 이론을 확인하는 기출문제 ············· 1-230

PART 05 실전 모의고사

- 실전 모의고사 01회 ················· 1-234
- 실전 모의고사 02회 ················· 1-242
- 실전 모의고사 03회 ················· 1-250
- 실전 모의고사 04회 ················· 1-258
- 실전 모의고사 05회 ················· 1-266
- 실전 모의고사 06회 ················· 1-274
- 정답&해설 ·························· 1-284

PART 01 웹디자인개발기능사 실기 가이드 [2권]

SECTION 01 웹디자인개발기능사의 정의	2-8
SECTION 02 실기 합격 포인트	2-11
SECTION 03 들어가기 전 필수 준비	2-14

PART 02 기본 코딩 다지기

SECTION 01 HTML5 기본 다지기	2-18
SECTION 02 CSS 기본 다지기	2-31
SECTION 03 JavaScript 기본 다지기	2-70
SECTION 04 jQuery 기본 다지기	2-83

PART 03 실기 필수 기능

SECTION 01 Visual Studio Code 필수 기능	2-102
SECTION 02 Photoshop 필수 기능	2-110
SECTION 03 Illustrator 필수 기능	2-122

PART 04 기출 유형 문제 ▶

기출 유형 문제 01회(A형)	2-138
기출 유형 문제 02회(B형)	2-194
기출 유형 문제 03회(C형)	2-256
기출 유형 문제 04회(D형)	2-308
기출 유형 문제 05회(E형)	2-370
기출 유형 문제 06회(F형)	2-426

부록 BONUS 또기적 합격자료집 [PDF]

- 시험장 스케치
- 스터디 플래너
- [실기] 추가 기출 유형 문제 07~08회(D~E형)

※ 참여 방법 : '이기적 스터디 카페' 검색 → 이기적 스터디 카페(cafe.naver.com/yjbooks) 접속 → '구매 인증 PDF 증정' 게시판 → 구매 인증 → 메일로 자료 받기

이 책의 구성

STEP 1
핵심이론 및 이론을 확인하는 기출문제

전문가가 핵심만 정리한 완벽 정리 이론 및
기출문제로 바로 복습

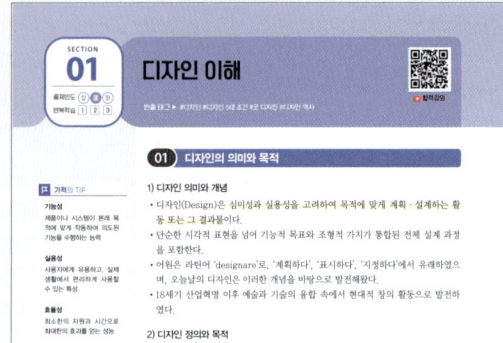

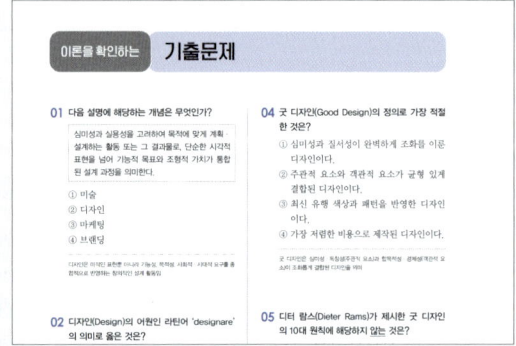

- 출제빈도와 빈출태그 확인
- 기적의 TIP으로 학습 능률 상승
- QR 코드로 동영상 강의 바로 시청

STEP 2
실전 모의고사

필기 기출문제를 바탕으로 변형한
실전 모의고사 총 6회분 수록

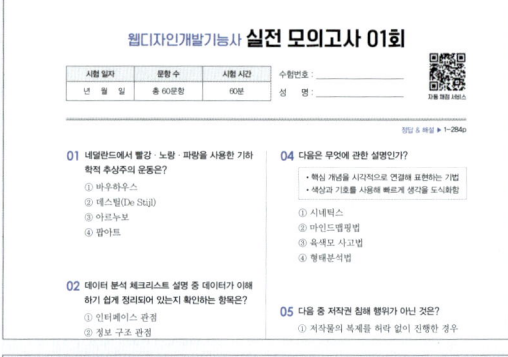

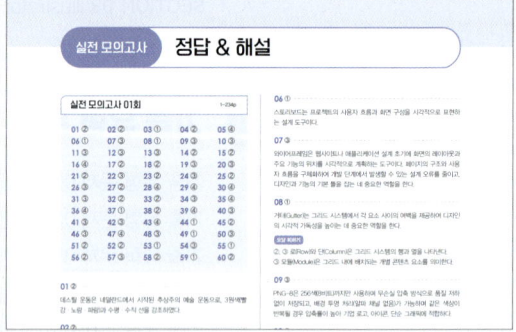

- 기출문제를 통해 통합 이론 복습
- 자세한 해설을 통해 복습 완료
- QR 코드를 통해 빠른 정답표 확인

STEP 3
실기 필수 프로그램 이론 및 기출 유형 문제

실기시험에 필요한 프로그램 이론 설명 및 변형된 기출 유형 문제 총 6회분 수록

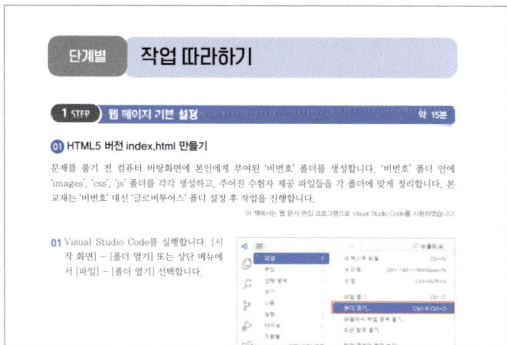

- QR 코드로 동영상 강의 바로 시청
- 기적의 TIP으로 학습 능률 상승
- 문제에 대한 자세한 해설 및 풀이

+ BONUS
또기적 합격자료집

도서 구매자 특별 제공
시험장 스케치 + [실기] 추가 기출 유형 문제(D~E형)

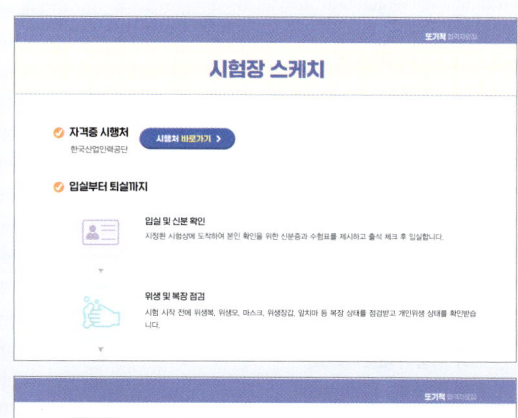

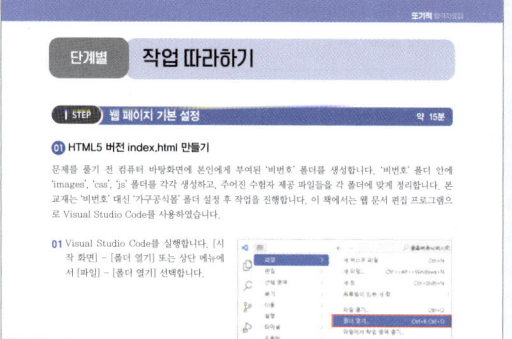

- 시험장 스케치
- 스터디 플래너
- [실기] 추가 기출 유형 문제 07~08회(D~E형)

CBT 시험 가이드

CBT란?

CBT는 시험지와 필기구로 응시하는 일반 필기시험과 달리, 컴퓨터 화면으로 시험 문제를 확인하고 그에 따른 정답을 클릭하면 네트워크를 통하여 감독자 PC에 자동으로 수험자의 답안이 저장되는 방식의 시험입니다.

오른쪽 QR코드를 스캔해서 큐넷 CBT를 체험해 보세요!

큐넷 CBT 체험하기

CBT 응시 유의사항

- 수험자마다 문제가 모두 달라요, 문제은행에서 자동 출제됩니다!
- 답지는 따로 없어요!
- 문제를 다 풀면, 반드시 '제출' 버튼을 눌러야만 시험이 종료되어요!
- 시험 종료 안내방송이 따로 없어요!

FAQ

Q. CBT 시험이 처음이에요! 시험 당일에는 어떤 것들을 준비해야 좋을까요?

A. 시험 20분 전 도착을 목표로 출발하고 시험장에는 주차할 자리가 마땅하지 않은 경우가 많으므로, 대중교통을 이용하는 것을 추천합니다. 무사히 시험 장소에 도착했다면 수험자 입장 시간에 늦지 않게 시험실에 입실하고, 자신의 자리를 확인한 뒤 착석하세요.

Q. 기존보다 더 어려워졌을까요?

A. 시험 자체의 난이도 차이는 없지만, 랜덤으로 출제되는 CBT 시험 특성상 경우에 따라 유독 어려운 문제가 많이 출제될 수는 있습니다. 이러한 돌발 상황에 대비하기 위해 이기적 CBT 온라인 문제집으로 실제 시험과 동일한 환경에서 미리 연습해 두세요.

Q. 풀었던 문제의 답안 수정은 어떻게 하나요?

A. 마킹한 답안을 수정할 경우에는 문제지 화면에서 수정하고자 하는 문제의 답을 다시 클릭하면 먼저 체크한 번호는 없어지고 새로 선택한 번호가 검은색으로 마킹됩니다.

Q. 문제를 다 풀고 나면 어떻게 하나요?

A. 문제를 다 풀고 시험을 종료하려면, '시험 종료' 버튼을 클릭하면 됩니다. 마킹하지 않은 문제가 있을 경우 남은 문제의 문제번호 목록을 보여 주고, 남은 문제번호를 선택한 다음 [문항으로 이동] 버튼을 클릭하면 문제화면에 클릭한 문제가 나타납니다. 남은 문제가 없을 경우 최종적으로 종료 여부를 확인하는 대화상자가 나타나며 [예]를 클릭하면 시험이 종료되고 수험자가 작성한 답안은 자동으로 저장되어 서버로 전송됩니다.

CBT 진행 순서

좌석번호 확인 수험자 접속 대기 화면에서 본인의 좌석번호를 확인합니다.

수험자 정보 확인 시험 감독관이 수험자의 신분을 확인하는 단계입니다.
신분 확인이 끝나면 시험이 시작됩니다.

안내사항 시험 안내사항을 확인하고, 다음을 클릭합니다.

유의사항 시험과 관련된 유의사항을 확인합니다.

문제풀이 메뉴 설명 시험을 볼 때 필요한 메뉴에 대한 설명을 확인합니다.
메뉴를 이용해 글자 크기와 화면 배치를 조정할 수 있습니다.
남은 시간을 확인하며 답을 표기하고, 필요한 경우 아래의 계산기를 이용할 수 있습니다.

문제풀이 연습 시험 보기 전, 연습을 해 보는 단계입니다.
직접 시험 메뉴화면을 클릭하며, CBT가 어떻게 진행되는지 확인합니다.

시험 준비 완료 문제풀이 연습을 모두 마친 후 [시험 준비 완료] 버튼을 클릭하면 시험 감독관의 지시에 따라 시험이 시작됩니다.

시험 시작 시험이 시작되있습니다. 수험사는 제한 시간에 맞추어 문제풀이를 시작합니다.

답안 제출 시험을 완료하면 [답안 제출] 버튼을 클릭합니다. 답안을 수정하기 위해 시험화면으로 돌아가고 싶으면 [아니오] 버튼을 클릭합니다.

답안 제출 최종 확인 답안 제출 메뉴에서 [예] 버튼을 클릭하면, 수험자의 실수를 방지하기 위해 한 번 더 주의 문구가 나타납니다. 시험 문제 풀이가 완벽히 끝났다면 [예] 버튼을 클릭하여 최종 제출합니다.

합격 발표 CBT 시험이 모두 종료되면, 퇴실할 수 있습니다.

이제 완벽하게 CBT 필기시험에 대해 이해하셨나요?
그렇다면 이기적이 준비한 CBT 온라인 문제집으로 학습해 보세요!

이기적 온라인 문제집 : https://cbt.youngjin.com

이기적 CBT 바로가기

시험의 모든 것

시험 알아보기

● 자격 소개

웹디자인 지식을 바탕으로 프로젝트의 목적을 효과적으로 달성하기 위해 분석, 설계, 구현 과정을 거쳐 인터넷 환경에서 활용 가능한 웹 페이지를 제작하는 역량을 평가하는 시험

● 응시 자격

자격 제한 없음

● 시험 형식

	시험 방법	시험 시간
필기	CBT 형식	60분
실기	작업형	180분 (3시간)

● 사용 프로그램 버전(실기 기준)

- Adobe(Photoshop, Illustrator CS3 이상), EditPlus, Notepad++, Visual Studio Code, Google Chrome : 최신버전 권장
- HTML5 기준 웹 표준 준수
- Javascript, jQuery, CSS 활용한 애니메이션 구현(jQuery 라이브러리 제공)
- 시험장 기본시설 이외의 동등한 소프트웨어, 폰트 등(정품에 한함)을 사용하고자 할 경우 수험자가 지참하여 시험 시작 전 감독위원의 입회하에 설치할 수 있음

출제 기준

● 출제 기준(2025.01.01.~2027.12.31.)

① 필기 출제 기준

프로토타입 기초 데이터 수집 및 스케치	• 기초데이터 및 레퍼런스 수집 • 아이디어 스케치
프로토타입 제작 및 사용성 테스트	• 프로토타입 제작 및 사용성 테스트 • 테스트 수정사항 반영
디자인 구성요소 설계 제작	• 스토리보드 설계 · 제작 • 심미성 · 사용성 구성요소 설계 · 제작 • 매체성 구성요소 설계 · 제작
구현 및 응용	• 콘텐츠 구현 · 구성 • 기능 요소 구현 · 활용 • 개발 요소 구현 및 협업
조색	• 목표색 분석 및 색 혼합 • 조색 검사 및 완성
배색	• 색채 계획서 작성 및 배색 조합 • 배색 적용 의도 작성
프로젝트 완료 자료 정리	• 산출물 자료 정리 • 프로젝트 결과 및 보고 자료 정리

② 실기 출제 기준

프로토타입 기초 데이터 수집 및 스케치	• 기초데이터 수집하기 • 레퍼런스 조사 · 분석하기 • 아이디어 스케치하기
프로토타입 제작 및 사용성 테스트	• 프로토타입 제작하기 • 사용성 테스트하기 • 테스트 수정사항 반영하기
디자인 구성요소 설계	• 스토리보드 설계하기 • 심미성 구성요소 설계하기 • 사용성 구성요소 설계하기 • 매체성 구성요소 설계하기
디자인 구성요소 제작	• 스토리보드 제작하기 • 심미성 구성요소 제작하기 • 사용성 구성요소 제작하기 • 매체성 구성요소 제작하기
구현	• 콘텐츠 구현하기 • 기능 요소 구현하기 • 개발 요소 구현하기
구현 응용	• 콘텐츠 구성하기 • 기능 요소 활용하기 • 개발 요소 협업하기

접수 및 응시

● **접수 기간**

원서접수 첫날 10:00~마지막 날 18:00

● **시험 일자**

정기 기능사 시험 일정과 동일(연간 총 4회)

● **시험 접수**

시행처 홈페이지(Q-net)에서 접수

● **응시 수수료**

- 필기시험 : 14,500원
- 실기시험 : 20,100원

● **합격 기준**

	기준
필기	100점 만점에 과목당 40점 이상, 전 과목 평균 60점 이상
실기	100점 만점에 60점 이상

합격 발표

● **합격 발표**

- 필기(CBT), 실기(작업형) 시험으로 진행되며, 필기의 경우 시험 종료와 동시에 합격 여부 확인 가능
- 시험 이후 큐넷(Q-net) 홈페이지에서도 확인 가능

● **자격증 발급**

신규	인터넷 신청 후 우편 배송

인터넷 발급 방법	• 인터넷 발급 신청하여 우편 수령
	• 인터넷 자격증 발급 신청 접수 기간 : 월요일~일요일(24시간) 연중 무휴
	• 인터넷을 이용한 자격증 발급 신청이 가능한 경우
	  - 배송 신청 가능자 : 공단이 본인 확인용 사진을 보유한 경우(2005년 9월 이후 자격 취득자 및 공인인증 가능자)
	• 인터넷 우편 배송 신청 전 공단에 직접 방문하여야 하는 경우
	  - 공단에서 확인된 본인 사진이 없는 경우
	  - 신분 미확인자인 경우(사진 상이자 포함)
	  - 법령 개정으로 자격 종목의 선택이 필요한 경우
	• 인터넷 자격증 발급 시 비용 : 수수료 - 3,100원/배송비 - 3,300원

발급 문의	한국산업인력공단 32개 지부/지사

고사장 및 시험 관련 문의

- 시행처 : 한국산업인력공단
- www.q-net.or.kr

📞 **1644-8000**

Q 필기시험에 합격한 이후 언제까지 필기시험이 면제되나요?

A 국가기술자격법 시행령 제21조 제1항의 근거에 의거 필기시험 면제 기간은 당회 필기시험 합격자 발표일로부터 2년간입니다. 2년 안에 합격할 때까지 횟수에 제한 없이 실기시험을 응시할 수 있습니다.

Q 원서 접수 시 유의해야 할 사항이 있나요?

A
- 원서 접수는 온라인(인터넷)으로만 가능하며, 스마트폰이나 태블릿 PC 사용자는 모바일 앱 프로그램을 설치한 후 접수 및 취소·환불 서비스를 이용할 수 있습니다.
- 수험표 출력은 접수 당일부터 시험 시행일까지 출력 가능(이외 기간을 조회 불가)합니다. 출력 장애 등을 대비하여 사전에 출력 후 보관해 주시기 바랍니다.
- 수험 일시와 장소는 접수 즉시 통보됩니다. 본인이 신청한 수험 장소와 종목이 수험표의 기재 사항과 일치하는지 확인하시기 바랍니다.

Q 시험장 기본시설 이외의 다른 프로그램 및 폰트를 설치할 수 있나요?

A 동등한 소프트웨어, 폰트 등(정품에 한함)을 사용하고자 할 경우, 수험자가 지참하여 시험 시작 전 감독위원의 입회하에 설치할 수 있습니다. 단, 그 외 무료 폰트, 프리웨어 소프트웨어(Plug in 포함)는 설치할 수 없습니다.

Q 시험장 내에서는 인터넷을 사용할 수 있나요?

A 시험장은 인터넷이 차단되어 웹사이트 접속 및 클라우드 서버 접속 방식의 프로그램은 설치할 수 없습니다(반드시 정품 라이센스 지참).

Q 개인 입력장치를 가져와서 사용할 수 있나요?

A 수험자 개인이 지참한 마우스 등 입력장치는 사용할 수 없습니다. 수험장에서 임의로 제공되는 입력장치를 이용하시기 바랍니다.

Q 신분증 확인 시, 인정되는 것들로는 무엇이 있나요?

A
- 시험에 응시할 때는 신분증이 필요합니다. 신분증으로는 주민등록증, 운전면허증, 공무원증, 장애인등록증, 국가유공자증 등이 가능합니다.
- 초·중·고 및 만 18세 이하인 자는 학생증, 신분확인증명서, 청소년증, 국가자격증 등이 신분증으로 인정됩니다.

저자의 말

안녕하세요. "2026 웹디자인개발기능사 필기+실기 올인원"의 저자 이민희입니다.

이번 개정판은 수험생 여러분이 보다 효율적으로 학습하고 한 번에 합격할 수 있도록 전면적으로 개편하였습니다. 웹디자인개발기능사는 단순한 암기형 시험이 아니라, 디자인 원리와 웹 구조를 이해하고 이를 실무에 적용할 수 있는 능력을 평가하는 시험입니다. 이에 따라 이번 개정판에서는 개념 설명을 한층 더 구체화하고, 특히 필기 시험 파트의 이론을 보다 구조적으로 정리하여 출제 경향을 더욱 정교하게 분석·보완하였습니다.

- 필기 시험 : 핵심 이론을 주제별·단원별로 체계화하여 학습 흐름을 명확히 구성했습니다. 최근 출제 경향을 반영해 이론 – 이론을 확인하는 기출문제 – 실전 모의고사로 단계별 학습이 가능하며, 이해 중심의 설명으로 누구나 쉽게 개념을 잡을 수 있습니다. 또한 6회분의 실전 모의고사를 통해 실제 시험과 같은 감각을 익히고 자신감을 높일 수 있도록 구성했습니다.

- 실기 시험 : HTML5, CSS3, JavaScript, jQuery 등 웹디자인에 필수적인 기술을 중심으로 기출 유형을 수록했습니다. 단계별 따라하기 방식으로 구성하여 초보자도 쉽게 접근할 수 있고, 실전에서도 활용 가능한 실무 감각을 익힐 수 있습니다.

집필 과정에서 가장 중요하게 생각한 것은 언제나 '독자의 입장'이었습니다. 이해하기 어려운 부분이 없는지, 실제 시험장에서 도움이 될지를 끊임없이 고민하며 내용 하나하나를 꼼꼼히 다듬었습니다.

이 책을 통해 독자 여러분이 자격증 취득의 목표를 달성하고, 나아가 웹디자인이라는 분야에서 새로운 열정을 발견하며 실력 있는 디자이너로 성장하길 바랍니다. 시험 준비 과정에서 이 책이 든든한 동반자가 되기를 바라며, 여러분의 성공을 진심으로 응원하겠습니다.

감사합니다.

저자 *이민희* 드림

▶ https://www.youtube.com/@leeminiT

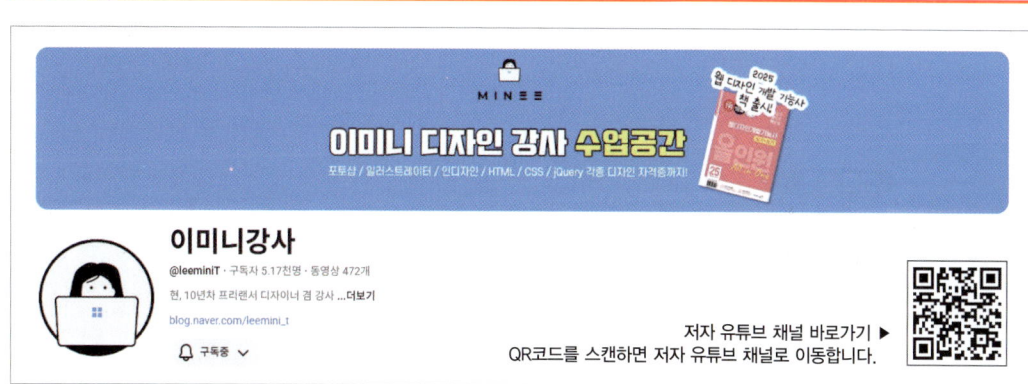

PART

01

디자인 이해와 발상

파트 소개

디자인의 기본 개념과 원리를 이해하고, 데이터를 기반으로 아이디어를 발상·시각화하며 웹 그래픽과 UI 구성요소를 익혀 창의적이고 실무 중심의 디자인 표현 능력을 학습하는 파트입니다.

CHAPTER

01

디자인 원리와 특징

학습 방향

디자인의 의미와 목적을 이해하고, 좋은 디자인을 위한 조건과 기본 원리를 학습합니다. 또한 디자인의 역사적 흐름과 시대별 특징을 살펴보고, 조형요소와 원리를 토대로 시각적 표현의 기초를 다집니다. 나아가 디자인의 각 분야별 특징을 이해하여 창의적이고 실용적인 디자인 사고를 기르는 데 목적을 둡니다.

출제빈도

SECTION 01	중	20%
SECTION 02	상	50%
SECTION 02	중	30%

SECTION 01 디자인 이해

빈출 태그 ▶ #디자인 #디자인 5대 조건 #굿 디자인 #디자인 역사

01 디자인의 의미와 목적

1) 디자인 의미와 개념
- 디자인(Design)은 심미성과 실용성을 고려하여 목적에 맞게 계획·설계하는 활동 또는 그 결과물이다.
- 단순한 시각적 표현을 넘어 기능적 목표와 조형적 가치가 통합된 전체 설계 과정을 포함한다.
- 어원은 라틴어 'designare'로 '계획하다', '표시하다', '지정하다'에서 유래하였으며, 오늘날의 디자인은 이러한 개념을 바탕으로 발전해왔다.
- 18세기 산업혁명 이후 예술과 기술의 융합 속에서 현대적 창의 활동으로 발전하였다.

2) 디자인 정의와 목적
- 디자인은 심미성과 기능성을 바탕으로 목적을 달성하기 위해 계획하고 구현하는 창의적인 문제 해결 과정이다.
- 단순한 아름다움의 표현을 넘어서, 사용자 요구와 시대적·사회적 맥락을 반영한 합리적 설계 활동을 포함한다.
- 디자인은 제약조건 속에서도 효과적인 시각적 해결안을 제시하며, 사람과 환경, 제품, 정보를 잇는 소통의 매개체로 작용한다.

> **기적의 TIP**
>
> **기능성**
> 제품이나 시스템이 본래 목적에 맞게 작동하여 의도된 기능을 수행하는 능력
>
> **실용성**
> 사용자에게 유용하고, 실제 생활에서 편리하게 사용할 수 있는 특성
>
> **효율성**
> 최소한의 자원과 시간으로 최대한의 효과를 얻는 성능

02 디자인의 조건

1) 디자인의 5대 조건
디자인의 주요 조건은 합목적성·경제성·심미성·독창성의 4대 조건을 기본으로 하며, 질서성이 추가되어 5대 조건이 완성된다.

조건			설명
디자인 5대 조건	디자인 4대 조건	객관적	합목적성	• 디자인이 사용 목적에 부합하는지를 의미 • 기능성과 실용성을 동시에 만족하는지를 평가
			경제성	비용 대비 효율성과 자원의 적절한 활용 및 비용 절감
		주관적	심미성	아름다움과 조화를 통한 시각적 만족과 미적 가치의 추구
			독창성	새로운 아이디어와 창의적 접근을 통한 차별화된 디자인 완성
	질서성			디자인의 조건이 조화롭게 이루어져 있는가를 의미

> **개념 체크**
>
> 1 디자인은 단순한 시각적 표현을 넘어 기능적 목표와 조형적 가치가 통합된 설계 과정을 포함한다. (O, X)
>
> 2 ( )은/는 디자인이 사용자에게 시각적 만족과 미적 가치를 제공하는 특성을 말한다.
>
> 1 O 2 심미성

2) 굿 디자인(Good Design)

- 굿 디자인은 주관적 요소(심미성, 독창성)와 객관적 요소(합목적성, 경제성)가 조화롭게 결합된 디자인이다.
- 단순히 아름다움만을 추구하지 않고 문제를 효과적으로 해결하는 디자인이다.
- 웹 페이지에서의 굿 디자인은 심미성, 사용성, 독창성, 합목적성, 정보 전달성이 균형을 이루며, 효율적인 기능을 제공하는 디자인이다.

3) 디터 람스(Dieter Rams)가 제시한 굿 디자인의 10대 원칙

① 좋은 디자인은 혁신적이다.
② 좋은 디자인은 제품을 유용하게 한다.
③ 좋은 디자인은 심미적이어야 하며, 조화로워야 한다.
④ 좋은 디자인은 제품을 이해하기 쉽게 한다.
⑤ 좋은 디자인은 불필요한 관심을 끌지 않는다.
⑥ 좋은 디자인은 정직하다.
⑦ 좋은 디자인은 오래 지속된다.
⑧ 좋은 디자인은 마지막 디테일까지 꼼꼼하다.
⑨ 좋은 디자인은 친환경적이다.
⑩ 좋은 디자인은 최소한의 디자인을 추구한다.

03 디자인의 역사

1) 근대 디자인 사조

사조	특징	대표 인물
미술공예운동	• 19세기 후반 산업혁명 이후 등장한 예술·디자인 운동 • 기계 생산으로 인한 품질 저하와 예술성 상실에 반발하며 시작 • 수공예의 가치를 강조하고, 인간적인 노동과 예술의 결합을 추구	윌리엄 모리스
아르누보	• 19세기 말~20세기 초 유럽 전역에 퍼진 장식 예술 양식 • 식물, 곤충 등 자연에서 영감을 받은 곡선 중심의 유기적 형태가 특징 • 유리, 금속, 인테리어, 그래픽 디자인 등 다양한 분야에 영향	알퐁스 무하
독일 공작연맹	• 산업 디자인과 장인정신의 조화를 추구한 독일의 디자인 단체 • 예술성과 기계 생산의 효율성을 결합하여 근대 디자인 기반 마련 • 바우하우스 설립에 이론적 토대 제공	헤르만 무테지우스, 피터 베렌스
큐비즘	• 사물의 형태를 기하학적으로 해체하고 재구성하는 예술 양식 • 전통적인 원근법과 사실적 표현에서 벗어나 입체적 시각 표현을 추구	피카소, 브라크

기적의 TIP

인상파
- 19세기 후반 프랑스에서 시작된 회화 중심 예술 운동으로 빛과 순간적인 인상을 포착하여 표현하는 데 중점을 둠
- 대표 인물 : 모네, 르누아르, 드가

개념 체크

1 ( )은/는 주관적 요소(심미성, 독창성)와 객관적 요소(합목적성, 경제성)가 조화를 이루는 디자인을 의미한다.
2 디자인의 4대 조건은 합목적성·경제성·심미성·질서성이다. (O, X)
3 ( )은/는 산업혁명 이후 기계 생산으로 인한 품질 저하와 예술성 상실에 반발하여, 수공예의 가치를 강조한 예술·디자인 운동이다.
4 아르누보는 직선과 기하학적 형태를 강조하며, 금속성 재질과 대칭 구조가 특징이다. (O, X)

1 굿 디자인 2 X
3 미술공예운동 4 X

구성주의	• 1910년대 러시아에서 시작된 예술 및 디자인 운동 • 기하학적 형태, 기능적 목적성, 산업 생산과의 연계를 강조 • 사회주의 이념에 기반한 실용적 조형 언어 제안	블라디미르 타틀린, 엘 리시츠키
데 스틸	• 1917년 네덜란드에서 시작된 추상주의 예술 운동 • 빨강 · 파랑 · 노랑 삼원색과 기하학적 구성의 순수 조형을 추구 • 수직, 수평, 직선, 기본색과 무채색 사용으로 시각적 균형과 단순성 강조	피에트 몬드리안
바우하우스	• 1919년 독일 바이마르에서 설립된 종합 예술학교 • 예술, 공예, 산업 디자인을 통합한 실용적 교육 지향 • 기능성과 단순함을 강조하며 현대 디자인 교육의 기초를 확립	월터 그로피우스
아르데코	• 1920~30년대 유행한 장식 예술 양식 • 기하학적 형태, 대칭 구조, 금속성 재질 등의 특징 • 화려하고 대중적인 시각 언어로 건축, 가구, 제품 등에 폭넓게 사용	에밀 자크 룰만

2) 현대 디자인 사조

사조	특징
다다이즘	• 1910년대 중반, 제1차 세계대전의 참상에 대한 반발로 등장한 예술 운동 • 스위스 취리히를 중심으로 전개 • 기존의 질서, 논리, 이성을 부정하고 우연성, 파괴성, 비합리적 표현을 강조 • 이후 해체주의 디자인, 타이포 실험, 콜라주 기법에 영향을 줌
초현실주의	• 1920년대 프랑스를 중심으로 전개된 예술 사조 • 무의식, 꿈, 환상 등을 시각화하여 비현실적이고 상징적인 이미지로 표현 • 논리적 구조를 벗어난 자유로운 상상력이 특징 • 대표 인물 : 살바도르 달리, 르네 마그리트
추상표현주의	• 1940년대 미국 뉴욕에서 시작된 예술 운동 • 개인의 감정, 내면, 에너지를 자유롭게 표현하는 회화 중심의 운동 • 규칙이나 구성을 따르지 않고 즉흥성, 감성적 터치가 강조됨 • 이후 자유로운 레이아웃과 감각 중심의 디자인 흐름에 영향 • 대표 인물 : 잭슨 폴록, 마크 로스코
모더니즘	• 20세기 중반부터 본격적으로 전개된 디자인 사조 • 기능성과 실용성, 합리성과 단순성을 중시 • 불필요한 장식은 배제하고 형태는 기능을 따른다는 원칙을 강조 • 대량 생산에 적합한 디자인, 산업 디자인의 기준으로 자리 잡음 • 바우하우스, 인터내셔널 스타일 등과 밀접한 관계
팝아트	• 1950년대 후반~1960년대, 미국과 영국을 중심으로 전개된 예술 사조 • 대중문화, 광고, 만화, 소비재 이미지를 활용한 시각 언어 사용 • 색채의 반복, 선명한 윤곽선, 강렬한 시각 이미지로 구성 • 디자인에서는 친숙하고 상업적인 감성을 담아냈으며, 이후 광고 · 패키지 디자인에 영향 • 대표 인물 : 앤디 워홀, 로이 리히텐슈타인
포스트모더니즘	• 모더니즘의 규칙성과 기능주의에 대한 반발로 1970년대 이후 전개 • 해체, 풍자, 감성, 혼합 양식 등 다양성과 개성을 중시

개념 체크

1 무의식, 꿈, 환상 등을 시각화하여 비현실적 이미지를 표현하며, 살바도르 달리와 르네 마그리트가 대표 인물인 예술 사조는 ( )이다.
2 팝아트는 대중문화 이미지를 활용하며 강렬한 색채와 반복적인 패턴을 특징으로 한다. (O, X)

1 초현실주의 2 O

SECTION 02 디자인 요소와 원리

출제빈도 상 중 하
반복학습 1 2 3

빈출 태그 ▶ #디자인 기본 요소 #시각 요소 #상관 요소 #디자인 원리 #착시 #게슈탈트 이론

합격 강의

01 디자인의 기본 요소

- 디자인 조형 요소는 시각적 디자인을 구성하는 기본적인 요소이다.
- 조형 요소는 크게 개념 요소, 시각 요소, 상관 요소 세 가지로 나눌 수 있다.

1) 디자인의 개념 요소

종류	설명
점	• 가장 작은 조형 요소로, 디자인에서 위치를 표현하는 데 사용 • 점들이 모여 선이나 형태를 이루며, 시각적 관심을 끌 수 있음
선	• 점이 연결되어 형성된 요소로, 방향성과 운동감을 나타냄 • 선은 길이, 두께, 형태에 따라 디자인에 다른 느낌을 줄 수 있음 • 곡선은 부드럽고 유연한 느낌을, 직선은 강하고 단정한 느낌을 줌
면	• 선이 확장되어 만들어지는 2차원적인 공간 • 면은 디자인에서 공간을 구분하고 배치하는 데 중요한 역할
입체	• 점, 선, 면이 모여 입체적인 형태와 구조를 시각적으로 표현 • 3차원적 공간을 가진 조형 요소로, 길이, 너비, 깊이를 포함한 부피를 나타냄 • 입체는 물리적 공간뿐만 아니라, 시각적으로도 깊이와 부피를 나타내는 디자인 요소

> **기적의 TIP**
>
> **선의 종류와 느낌**
> - 직선 : 안정감, 질서, 규칙적, 강한 느낌
> - 곡선 : 부드러움, 유연함, 감성적인 느낌
> - 대각선 : 역동성, 긴장감, 활동적인 느낌
> - 점선 : 불확실성, 임시성, 연결의 암시
> - 굵은선 : 강력함, 무거움, 강한 존재감
> - 가는선 : 섬세함, 경쾌함, 부드러운 느낌

점	선	면	입체
·	═══	■	⬛

2) 디자인의 시각 요소

종류	설명

형태(도형)	• 선이 연결되어 만들어진 면적을 의미하며 2차원 평면 또는 3차원 입체 도형 포함
	  – 자연적 형태 : 자연에서 발견되는 곡선, 유기적이고 불규칙한 모양
	     예) 나뭇잎, 파도, 산맥
	  – 인위적 형태 : 인간이 만든 기하학적이고 규칙적이며 구조적인 형태
	     예) 원, 사각형, 삼각형, 직선, 반복 패턴

색상	• 디자인에서 중요한 시각적 요소로, 감정과 분위기를 전달하는 역할을 함 • 명도와 채도를 통해 강조와 대비를 표현하는 시각적 요소

> **개념 체크**
>
> 1 ( )은/는 디자인에서 공간을 구분하고 배치하는 데 중요한 2차원적 요소이다.
>
> 2 선은 길이, 두께, 형태에 따라 다양한 시각적 감각을 전달할 수 있으며, 직선은 부드럽고 유연한 느낌을 준다. (O, X)
>
> 1 면 2 X

종류	설명
질감	• 시각적으로나 촉각적으로 느껴지는 표면의 특성 • 매끄럽거나 거친 느낌을 표현하며, 디자인에 깊이와 현실감을 더해줌
빛과 명암	• 빛 : 빛의 방향과 강도에 따라 입체감과 디테일이 표현 • 명암 : 빛과 그림자의 차이에 의해 밝고 어두운 영역을 형성하며, 대비의 크기에 따라 입체감과 분위기를 강조

3) 디자인의 상관 요소

종류	설명
위치	• 디자인 내에서 요소가 배치되는 위치를 의미 • 요소 간의 관계와 시각적 흐름을 결정하는 데 중요한 역할을 함
방향	• 요소의 시각적 흐름이나 진행 방향을 의미 • 수평, 수직, 대각선 등의 방향성을 통해 역동성 또는 안정감을 표현함
공간	• 요소 간의 여백이나 공간 • 시각적 호흡을 제공하고, 복잡하거나 혼잡하지 않도록 디자인을 정돈함
중량	• 디자인 요소가 시각적으로 느껴지는 무게감이나 존재감을 의미 • 크기, 색상, 밀도에 따라 시각적 중량이 달라짐

4) 디자인의 실제 요소

눈에 보이고 만질 수 있는, 실질적으로 디자인 결과물에 작용하는 요소들을 의미한다.

예) 텍스트 : 상품명을 강조하는 굵은 제목 텍스트, 레이아웃 : 그리드 기반의 정렬된 구성으로 정보 전달

02 디자인의 원리

1) 조화

- 서로 다른 요소들이 잘 어울리며 시각적으로 균형을 이루는 상태를 말한다.
- 조화로운 디자인은 안정적이고 일관된 느낌을 주며, 편안함을 제공한다.
- 조화는 색상, 형태, 비례, 질감 등 다양한 요소를 통해 표현되며, 디자인의 완성도를 높이는 중요한 원리이다.

종류	설명
유사조화	• 비슷한 색상, 형태, 질감 등을 사용하여 부드럽고 자연스러운 연결을 이루는 조화 • 디자인이 일체감과 통일감을 줌
대비조화	서로 다른 요소, 예를 들어 대조적인 색상이나 형태를 사용하여 시각적 긴장감을 주면서도 전체적으로 균형을 이루는 조화

2) 균형

- 시각적 요소들이 조화롭게 배치되어 안정감을 주는 것을 의미한다.
- 균형에는 여러 종류가 있으며, 각기 다른 방식으로 디자인의 안정감을 형성한다.

개념 체크

1 비슷한 색상, 형태, 질감 등을 사용해 부드럽고 자연스러운 연결을 이루는 조화를 (　　)(이)라고 한다.

2 대칭 균형은 좌우 또는 상하가 동일하게 구성된 형태로, 시각적으로 안정되고 정돈된 느낌을 준다. (O, X)

1 유사조화　2 O

종류	설명
대칭 균형	• 좌우 또는 상하가 동일하게 구성된 형태 • 시각적으로 안정되고 정돈된 느낌 • 선 대칭, 방사 대칭, 이동 대칭, 확산 대칭
비대칭 균형	• 좌우가 동일하지 않으나, 시각적 무게를 조절하여 균형을 맞춘 형태 • 역동적이고 개성 있는 디자인을 표현할 때 사용

대칭 균형	비대칭 균형
선 대칭	점 대칭
방사 대칭	확산 대칭

선 대칭
한 선을 기준으로 좌우가 서로 반사된 것처럼 대칭을 이루는 형태

방사 대칭
중심점에서 여러 방향으로 동일한 패턴이나 형태가 퍼지는 대칭

이동 대칭
일정한 거리만큼 이동한 후에도 동일한 패턴이나 모양을 유지하는 대칭

확산 대칭
중심에서 바깥으로 퍼지거나 확장하면서 동일한 비율로 대칭을 이루는 형태

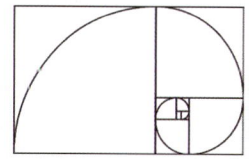

▲ 황금비례

3) 비례

- 요소 간의 크기, 길이, 공간 등의 비율을 적절하게 조정하여 시각적 균형과 조화를 이루는 원리이다.
- 적절한 비례는 디자인을 안정적이고 조화롭게 보이게 한다.
- 자연과 예술에서 자주 사용되는 황금비(1:1.618)나 3분할 구도 등은 대표적인 비례의 예시이다.

종류	설명
등차수열 비례	각 요소 간의 차이가 일정한 비례 예 2, 4, 6, 8처럼 동일한 간격으로 요소가 배열
등비수열 비례	각 요소가 일정한 비율로 증가하거나 감소하는 비례 예 2, 4, 8, 16처럼 요소 간의 비율이 일정함

 개념 체크

1. 자연에서 자주 발견되는 비례로, 약 1:1.618의 비율을 지니며 조화롭고 아름답게 여겨지는 비례는 ( )이다.

2. 비례는 요소 간의 크기나 비율에 상관없이 디자인 요소를 무작위로 배치하여 균형을 맞추는 방식이다. (O, X)

3. ( )은/는 시각적으로 요소 간의 크기와 비율을 맞춰 디자인의 균형을 이루는 방식이다.

1 황금비례 2 X 3 비례

상가수열 비례	주기적으로 일정한 값이 더해지는 방식의 비례로, 음악적 구분 등 리듬적 구조에서 활용됨
황금 비례	약 1:1.618의 비율로, 자연에서 많이 발견되며 가장 조화롭고 아름다운 비례로 여김 예) 피보나치 수열 기반
정수비례	서로 다른 요소가 정수 간의 비율을 이루는 방식 예) 1:2, 2:3 등으로 크기가 비교적 간단한 수치로 나타나 조화를 이룸
금강 비례	전통 건축이나 예술에서 사용되는 비례 체계로, 자연과 조화로운 인간적 비례를 따르는 것이 특징
루트 비례	루트 값($\sqrt{2}$, $\sqrt{3}$ 등)을 이용한 비례로, 주로 건축이나 디자인에서 안정감을 주는 비례로 활용됨 예) 종이 규격(A4)의 비율($\sqrt{2}$:1) 등이 해당

4) 율동

- 시각적 요소들이 반복되거나 리듬감 있게 배치되어 움직임과 흐름을 느끼게 하는 원리이다.
- 율동을 통해 디자인은 단조롭지 않고, 시선이 자연스럽게 이동하게 하여 생동감을 부여한다.

종류	설명
반복과 교차	• 동일한 요소가 일정 간격으로 반복되는 방식 • 리듬감과 일관성을 주어 시각적 안정감을 줌 • 두 가지 이상의 요소가 규칙적으로 교차되어 반복되는 방식 • 변화와 리듬을 통해 생동감을 부여함
점이(점층)	• 크기, 색상, 형태 등의 요소가 점진적으로 변화하는 방식 • 시선의 자연스러운 이동을 유도함
방사	• 중심점에서 여러 방향으로 요소가 퍼져 나가는 형태 • 시선이 중심에서 바깥으로 확산되는 리듬감을 형성

반복과 교차	점이(점층)	방사

개념 체크

1 반복과 교차는 동일한 요소들이 규칙적으로 반복되거나 교차하는 방식으로 시각적 안정감을 준다. (O, X)

2 변화는 디자인에서 요소들이 다르게 표현되어 시각적 흥미를 주며, 단조로움을 피하고 생동감을 불어넣는 역할을 한다. (O, X)

1 O 2 O

5) 강조와 대조(대비), 주도, 종속

종류	설명
강조	• 특정 요소를 크기, 색상, 위치 등의 차별화를 통해 주목받게 하는 방법 • 주제나 핵심 요소를 부각함
대조(대비)	• 서로 다른 요소 간의 차이를 극대화하여 시각적 긴장감을 유발하는 방법 • 밝기, 색상, 형태 등의 차이를 통해 대비를 줌
주도와 종속	• 주도 : 디자인의 주요 요소로, 시선을 끌고 중심이 되는 부분 • 종속 : 주도를 보조하며, 전체적인 조화를 이루도록 배치

6) 통일과 변화

통일과 변화는 디자인의 조화와 다양성을 균형 있게 유지하는 중요한 원리이다.

종류	설명
통일	• 디자인의 모든 요소가 조화를 이루며 일관된 느낌을 주는 것 • 색상, 형식, 스타일 등이 통일되어 디자인에 안정감과 일체감을 부여함
변화	• 디자인에서 요소들이 다르게 표현되어 시각적 흥미를 유발하는 것 • 크기, 색상, 방향, 질감 등의 변화를 통해 단조로움을 피하고 생동감을 줌

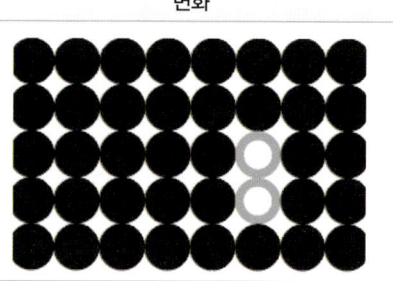

7) 동세

- 디자인에서 움직임이나 흐름을 시각적으로 표현하는 원리이다.
- 정적인 이미지를 동적인 느낌으로 전달하여 생동감을 부여한다.

8) 착시

- 시각적으로 인지된 이미지가 실제와 다르게 보이는 현상을 말한다.
- 눈이 받아들이는 정보와 뇌가 해석하는 방식 사이의 차이로 인해 발생한다.
- 착시는 공간, 형태, 색상 등의 요소에 따라 다양하게 나타나며, 이를 통해 디자인은 시각적 호기심과 관심을 끌 수 있다.

① 착시의 종류

종류	설명
반전과 명도에 의한 착시	명암의 차이와 반전된 이미지를 통해 원래의 형태나 색상이 왜곡되거나 달라 보이는 현상
각도와 방향의 착시	각도나 방향에 따라 동일한 물체가 기울어지거나 회전된 것처럼 보이는 착시 현상
면적과 크기 대비의 착시	같은 크기의 물체라도 주변 면적이나 크기 대비에 따라 더 크거나 작아 보이는 현상
길이의 착시	동일한 길이의 선이 주변 요소나 방향에 따라 더 길거나 짧아 보이는 현상
색채 명암 대비 착시	배경색과의 대비로 인해 동일한 색상이 더 밝거나 어둡게 보이는 착시 현상
수평 수직의 착시	수평선과 수직선이 함께 있을 때, 수직선이 더 길어 보이거나 왜곡되어 보이는 현상

▲ 반전과 명도의 착시

▲ 각도와 방향의 착시

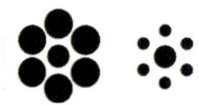
▲ 면적과 크기 대비의 착시

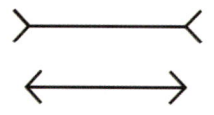
▲ 길이의 착시

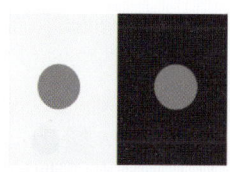
▲ 색채 명암 대비 착시

▲ 수평 수직의 착시

▲ 상방 거리 과대 착시

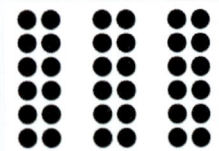
▲ 근접성의 원리

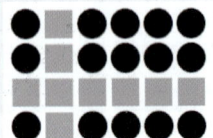
▲ 유사성의 원리

▲ 폐쇄성의 원리

▲ 연속성의 원리

▲ 전경과 배경의 원리

▲ 대칭성과 단순성의 원리

속도의 착시	반복적이고 규칙적인 패턴이 정지 상태에서도 움직이는 듯 보이거나, 움직이는 속도가 다르게 인식되는 현상
상방 거리 과대 착시	수직으로 멀어지는 물체가 실제보다 더 멀리 있는 것처럼 보이는 현상

03 게슈탈트 이론

1) 게슈탈트 이론

- 게슈탈트 이론은 인간이 시각적 정보를 처리하고 전체적인 형태를 인식하는 방식을 설명하는 심리학적 원리이다.
- 단순히 개별 요소들이나 조각들로 인식하는 것이 아니라, 전체적인 패턴이나 구조로 인식하려는 경향이 있다는 점을 강조한다.
- 게슈탈트 이론은 시각적 인지에 집중하며, 인간이 어떻게 이미지를 구성하고, 패턴을 인식하며, 형태를 구분하는지에 대한 원리를 제시한다.

2) 게슈탈트 이론의 주요 원리와 디자인 적용

종류	설명
근접성의 원리	가까이 위치한 요소들을 하나의 그룹으로 인식 예 관련된 정보나 메뉴를 가까이 배치하여 시각적으로 묶음
유사성의 원리	비슷한 모양, 색상, 크기의 요소들을 하나의 그룹으로 인식 예 같은 색상이나 모양을 사용하여 버튼이나 아이콘의 기능적 관련성 강조
연속성의 원리	선이나 패턴이 끊기지 않고 이어지는 형태로 인식 예 메뉴나 요소를 선형으로 배치해 자연스러운 시각적 흐름을 유도
폐쇄성의 원리	불완전한 형태도 전체로 인식 예 로고나 아이콘에서 일부가 생략된 경우에도 사용자가 완전한 형태로 인지
전경과 배경의 원리	주목할 대상(전경)과 그 배경을 구분하여 인식 예 중요한 요소를 전경에 배치해 배경과 차별화된 시각적 강조
대칭성과 단순성의 원리	대칭적이고 단순한 형태를 더 쉽게 인식하고 기억 예 대칭적 디자인을 통해 안정감과 일관성을 제공, 직관적이고 명료한 디자인

SECTION 03 디자인 분야별 특징

출제빈도 상 중 하
반복학습 1 2 3

빈출 태그 ▶ #시각디자인 #환경디자인 #제품디자인 #타이포그래피 #아이덴티티(CI/BI)

01 디자인 분류

1) 디자인의 유형
- 디자인은 사용 목적, 표현 방식, 매체 특성 등에 따라 다양한 분야로 나뉜다.
- 일반적으로 디자인은 시공간적 특성을 기준으로 2D(평면), 3D(입체), 4D(시간/상호작용 포함)으로 분류된다.

2) 디자인 분류

디자인 분류	시각디자인	제품 디자인	환경 디자인	기타 디자인
2D 디자인 (평면)	광고 디자인, 편집 디자인, 타이포그래피, 레터링 디자인, 일러스트레이션, 웹 디자인	텍스타일 디자인, 벽지 디자인, 패브릭 디자인		
3D 디자인 (입체)	POP 디자인, 패키지디자인	디지털/전자 제품 디자인, 생활용품 디자인, 가구디자인, 운송 수단 디자인, 의료기기 디자인	도시 디자인, 조경 디자인, 인테리어 디자인, 디스플레이 디자인, 무대디자인	공예 디자인, 패션 디자인, 미용 디자인
4D 디자인	영상 디자인, 애니메이션, 가상현실			

환경 디자인
공간과 환경을 보다 쾌적하고 기능적으로 이용할 수 있도록 계획하고 설계하는 디자인 분야

뉴미디어(New Media)
디지털 기술 기반, 인터넷·모바일·디지털 방송 등 새로운 플랫폼 활용 미디어
◉ 인터넷 방송, IPTV, 유튜브, 소셜미디어(SNS), 팟캐스트 등

POP 광고 디자인
(Point of Purchase)
판매 시점에서 소비자의 주목을 끌고, 구매를 유도하기 위해 매대, 진열대, 카운터 주변 등에 설치되는 광고물의 디자인
◉ 화장품 매장에서 인기 제품을 홍보하기 위해 제품 주변에 설치된 미니 배너

개념 체크

1. POP 디자인, 패키지 디자인, 가구 디자인은 3D 디자인에 속한다. (O, X)
2. 텍스타일 디자인과 벽지 디자인은 4D 디자인에 속한다. (O, X)

1 O 2 X

3) 디자인 분야별 특징과 역할

① 시각디자인

시각디자인은 메시지를 시각적 요소를 통해 효과적으로 전달하는 디자인 분야이다.

광고 디자인	• 상품이나 서비스를 소비자에게 효과적으로 전달하기 위해 시각적 요소를 활용하는 디자인 분야 • 인쇄 매체부터 디지털 매체까지 다양한 플랫폼에서 사용되며, 소비자의 관심을 끌고 구매 욕구를 자극하는 것이 목표
편집 디자인	• 출판물이나 인쇄물의 내용을 시각적으로 구성하여 효과적으로 전달하는 디자인 분야 • 잡지, 신문 등 인쇄 매체에서 사용되며, 가독성을 높이고 독자의 관심을 끄는 것이 목표
타이포그래피	• 글꼴과 문자를 사용하여 정보를 시각적으로 구성하고 전달하는 디자인 기법 • 텍스트의 크기, 간격, 배치, 색상 등을 조정해 메시지를 효과적으로 전달할 수 있도록 하는 것이 목표
레터링 디자인	• 문자를 손으로 직접 그리거나 디지털 방식으로 독창적으로 표현하는 디자인 • 브랜드 로고, 포스터, 광고 등에서 강한 시각적 인상을 주기 위해 사용
패키지 디자인	• 상품을 보호하고 특성을 명확하게 전달하는 디자인 • 패키지에는 **심벌마크**★, 이미지, 텍스트 등을 사용하여 제품 정보를 전달
캐릭터 디자인	• 애니메이션, 팬시, 문구 등에서 캐릭터를 상징적으로 표현하는 디자인 • 용도와 성격에 적합한 상징적이고 독창적인 배색이 요구됨
웹 디자인	• 사용자에게 정보를 효과적으로 전달하는 디자인 • 고채도 색상이나 지나친 대비를 피하고, 시각적 피로를 줄이는 배색이 필요
아이덴티티 (Identity)	• 기업, 브랜드, 또는 조직의 고유한 성격과 이미지를 시각적으로 표현하는 체계 • **브랜드 아이덴티티(BI)와 기업 아이덴티티(CI)**는 마케팅과 디자인, 경영 전략에서 중요한 역할을 함
영상 디자인, 애니메이션, 가상현실	시각적 기술과 창의적 요소를 통해 현실과 가상의 경계를 넘나들며 몰입감 있고 효과적인 메시지 전달을 목표

★ **심벌마크**
기업이나 브랜드, 단체의 상징을 시각적으로 표현한 마크 또는 기호를 의미

📌 **기적의 TIP**

BI(Brand Identity) 디자인
브랜드의 이미지를 시각적으로 표현하는 디자인으로, 개별 제품이나 서비스가 속한 브랜드의 정체성을 강조

CI(Corporate Identity) 디자인
기업의 이미지를 시각적으로 표현하는 디자인으로, 기업의 철학, 가치, 목표 등을 반영하여 일관된 시각적 아이덴티티를 구축하는 것이 목적

어플리케이션 시스템
기업의 CI가 실제로 다양한 환경에 적용되는 방식
⑩ 명함, 편지지, 봉투, 외부 사인물 등

타이포그래피	3D 디자인 - 패키지디자인

> **기적의 TIP**
>
> **베이직 시스템(Basic System)**
> - 디자인의 기초적인 구성 요소를 체계화하여 일관성 있게 적용하기 위한 기준
> - 다양한 어플리케이션 시스템에서 통일성을 갖춘 디자인을 적용할 수 있음
> - 베이직 시스템의 주요 항목
>   - 심벌마크 : 크기, 비율, 사용 위치 등 어떻게 사용되어야 하는지에 구체적인 가이드라인을 제공
>   - 로고 타입 : 로고 타입의 크기, 간격, 색상, 위치 등 사용 규칙을 정의
>   - 전용 색상 : 정확한 컬러 값과 사용 비율을 정하고, 다양한 배경이나 매체에서 색상이 올바르게 표현되도록 규정

② 제품 디자인

제품 디자인은 기능성과 심미성을 고려하여 대량 생산 제품을 설계하는 디자인 분야이다.

디지털/전자 제품 디자인	• 스마트폰, 태블릿 등 디지털 기기의 기능성과 심미성을 고려한 디자인 • 사용자의 편의성을 고려한 사용자 중심의 디자인이 필요
생활용품	• 일상생활에서 자주 접하는 제품으로, 용도와 특성을 고려한 디자인 • 제품의 용도와 특성을 고려한 실용적이고 친근한 배색이 필요
가구디자인	• 개인의 취향과 성향을 반영하며, 실내 공간과 조화를 이루는 가구디자인 • 사용자의 성향과 실내 조화를 이루는 심미성과 실용성을 고려한 디자인
운송 수단 디자인	자동차, 자전거, 항공기 등 이동 수단의 안전성과 효율성, 심미성을 중시하는 디자인

2D 디자인 – 패브릭 디자인	3D 디자인 – 운송 수단 디자인

③ 환경 디자인

- 인간이 생활하고 상호작용하는 공간을 계획하고 설계하는 분야로, 자연환경과 인공환경을 조화롭게 만드는 것이 목표이다.
- 환경 디자인은 건축 디자인, 조경 디자인, 도시 디자인, 인테리어 디자인, 스트리트 퍼니처, 에코 디자인 등으로 나뉜다.
- 동시성 유지 원리 : 새로운 건축물이나 시설이 기존 환경과 형태·색채·비례 면에서 조화를 이루도록 하는 원리

> **기적의 TIP**
>
> **동시성 유지 침해**
> 시각적 연속성과 개방감이 건축물·광고판·도로 등으로 차단되거나 단절되는 현상

스트리트 퍼니처(Street Furniture)
공공장소나 거리에서 사람들이 편리하게 이용할 수 있도록 설치된 도시 시설물을 의미함
◎ 벤치, 정류장, 쓰레기통, 표지판 등

에코 디자인(Eco Design)
환경 보호와 지속 가능성을 고려하여 제품이나 공간을 설계하는 디자인 방식

건축 디자인	• 건물의 형태, 성격, 그리고 주변 환경과 조화를 이루는 디자인 • 건물의 기능과 목적, 주변 환경과 어우러지는 조화로운 배색이 요구됨
실내 디자인	• 공간의 용도와 기능에 맞춘 실내 환경을 디자인 • 공간의 용도와 심미성을 고려한 적절한 배색이 필요
조경 디자인	• 공원, 정원, 도시 녹지 등 외부 공간의 자연적 요소와 인공적 구조물 간의 조화를 이루는 디자인 • 자연환경과 조화를 고려하며 편안하고 안정감을 주는 배색이 요구됨

조경 디자인	건축 디자인

④ 기타 디자인

패션 디자인	• 의류, 액세서리, 신발 등의 패션 아이템을 설계하고 제작하는 디자인 • 사회적·문화적 영향과 더불어 개성과 트렌드를 반영
미용 디자인	• 헤어, 메이크업, 네일아트 등 미적 요소를 강조하여 외모를 가꾸는 디자인 • 개인의 이미지와 스타일을 표현
공예 디자인	• 도자기, 목공예, 금속공예 등 수공예품을 제작하는 디자인 • 전통 기법과 창의적 표현을 결합하여 실용성과 미적 요소를 추구

패션 디자인	공예 디자인(도자기 공예)

개념 체크

1. 환경 디자인은 자연환경보다 인공환경의 미적 표현만을 중시한다. (O, X)
2. 패션 디자인은 사회적·문화적 영향과 함께 개인의 개성과 ( )을/를 반영한다.

1 X 2 트렌드

이론을 확인하는 기출문제

01 다음 설명에 해당하는 개념은 무엇인가?

> 심미성과 실용성을 고려하여 목적에 맞게 계획·설계하는 활동 또는 그 결과물로, 단순한 시각적 표현을 넘어 기능적 목표와 조형적 가치가 통합된 설계 과정을 의미한다.

① 미술
② 디자인
③ 마케팅
④ 브랜딩

디자인은 미적인 표현뿐 아니라 기능성, 목적성, 사회적·시대적 요구를 종합적으로 반영하는 창의적인 설계 활동임

02 디자인(Design)의 어원인 라틴어 'designare'의 의미로 옳은 것은?

① 만들다, 파괴하다, 재구성하다.
② 계획하다, 표시하다, 지정하다.
③ 그리다, 칠하다, 장식하다.
④ 분석하다, 기록하다, 전파하다.

디자인(Design)의 어원은 라틴어 designare이며, '계획하다(Plan)', '표시하다(Mark)', '지정하다(Designate)'라는 의미를 가지고 있음

03 다음 중 굿 디자인의 5대 조건에 해당하지 않는 것은?

① 합목적성
② 심미성
③ 독창성
④ 신선함

굿 디자인의 5대 조건은 합목적성, 경제성, 심미성, 독창성, 질서성이며, 신선함은 포함되지 않음

04 굿 디자인(Good Design)의 정의로 가장 적절한 것은?

① 심미성과 질서성이 완벽하게 조화를 이룬 디자인이다.
② 주관적 요소와 객관적 요소가 균형 있게 결합된 디자인이다.
③ 최신 유행 색상과 패턴을 반영한 디자인이다.
④ 가장 저렴한 비용으로 제작된 디자인이다.

굿 디자인은 심미성·독창성(주관적 요소)과 합목적성·경제성(객관적 요소)이 조화롭게 결합된 디자인을 의미

05 디터 람스(Dieter Rams)가 제시한 굿 디자인의 10대 원칙에 해당하지 않는 것은?

① 좋은 디자인은 친환경적이다.
② 좋은 디자인은 제품을 이해하기 쉽게 한다.
③ 좋은 디자인은 불필요한 관심을 끌어야 한다.
④ 좋은 디자인은 오래 지속된다.

디터 람스의 10대 원칙에는 '불필요한 관심을 끌어야 한다'는 내용이 없음

06 빨강·파랑·노랑 삼원색과 기하학적 구성을 사용하며, 수직·수평 직선과 무채색으로 균형과 단순성을 강조한 예술 운동은?

① 바우하우스
② 데 스틸
③ 다다이즘
④ 팝아트

데 스틸은 빨강·파랑·노랑 삼원색과 기하학적 구성을 사용하며, 수직·수평 직선과 무채색을 통해 균형과 단순성을 강조한 네덜란드의 추상주의 예술 운동

정답 01 ② 02 ② 03 ④ 04 ② 05 ③ 06 ②

07 곡선 중심의 유기적 형태를 특징으로 하며, 식물·곤충 등 자연에서 영감을 받은 장식 예술 양식은?

① 아르누보
② 큐비즘
③ 구성주의
④ 모더니즘

아르누보는 곡선 중심의 유기적 형태를 특징으로 하며, 식물·곤충 등 자연에서 영감을 받은 장식 예술 양식

08 다음 설명에 해당하는 예술 사조는 무엇인가?

무의식·꿈·환상 등을 시각화하여 비현실적이고 상징적인 이미지를 표현한 예술 사조로, 살바도르 달리와 르네 마그리트가 대표 인물이다.

① 초현실주의
② 모더니즘
③ 추상표현주의
④ 구성주의

초현실주의는 무의식·꿈·환상 등을 시각화하여 비현실적이고 상징적인 이미지를 표현하는 예술 사조로, 대표 인물은 살바도르 달리와 르네 마그리트가 있음

09 디자인에서 2차원적인 공간을 구분하고 배치하는 데 중요한 요소는 무엇인가?

① 점   ② 선
③ 면   ④ 입체

오답 피하기
• ① 점 : 점은 위치를 나타내는 가장 작은 조형 요소
• ② 선 : 방향성과 연결을 나타냄
• ④ 입체 : 3차원적 요소

10 다음 중 직선의 시각적 느낌으로 옳지 않은 것은?

① 안정감
② 질서
③ 유연함
④ 강한 느낌

직선은 안정감, 질서, 강한 느낌을 주며, 유연함은 곡선이 주는 시각적 감각

11 다음 중 비대칭 균형의 특징으로 적절한 것은?

① 좌우가 동일하게 구성되어 안정적이다.
② 좌우가 동일하지 않지만 시각적 무게를 조절하여 균형을 이룬다.
③ 대칭적이어서 시각적 긴장감을 준다.
④ 동일한 패턴이 반복된다.

오답 피하기
①, ③은 대칭과 관련된 내용

12 디자인에서 동일한 요소들이 규칙적으로 반복되거나 교차하는 방식으로 시각적 안정감을 주는 원리는 무엇인가?

① 주도와 종속
② 강조
③ 반복과 교차
④ 대조와 대비

반복과 교차는 동일한 요소들이 규칙적으로 반복되거나 교차하여 시각적 안정감을 주는 원리

정답 07 ① 08 ① 09 ③ 10 ③ 11 ② 12 ③

13 게슈탈트 이론에서 가까이 위치한 요소들을 하나의 그룹으로 인식하는 원리는 무엇인가?

① 유사성의 원리
② 근접성의 원리
③ 폐쇄성의 원리
④ 연속성의 원리

근접성의 원리는 가까이 있는 요소를 하나의 그룹으로 인식하는 것

14 전통 건축·예술에서 자연과 조화를 이루는 인간적 비례로, 한국 전통미를 대표하는 비례 체계는 무엇인가?

① 금강 비례
② 정수비례
③ 등비수열 비례
④ 상가수열 비례

전통 건축·예술에서 자연과 조화를 이루며 한국 전통미를 표현하는 인간적 비례 체계는 금강 비례임

15 다음 중 뉴미디어(New Media)의 종류에 해당하는 것은?

① 신문(Newspaper)
② 라디오(Radio)
③ IPTV(Internet Protocol Television)
④ 전광판(Billboard)

뉴미디어(New Media)는 디지털 기술을 기반으로 한 새로운 형태의 미디어를 의미. 올드미디어에는 신문, 라디오, TV(아날로그), 잡지 등이 있음

16 다음은 무엇에 관한 설명인가?

- 기업의 정체성을 시각적으로 표현하여 대중에게 인식시키는 디자인
- 통일된 시각 요소를 통해 기업의 이미지와 가치를 효과적으로 전달하며, 브랜드의 일관성을 유지하는 것이 중요함
- 심벌마크, 로고타입, 전용 색상 등이 포함됨

① 편집 디자인
② 레터링 디자인
③ BI 디자인
④ CI 디자인

기업의 이미지를 대중에게 전달하는 디자인으로 심벌마크, 로고타입 등을 활용해 일관된 시각적 정체성을 제공하는 디자인은 CI 디자인임

17 다음 중 환경 디자인에 해당하는 것은?

① 가전제품 디자인
② 실내 디자인
③ 가구 디자인
④ 패션 디자인

실내 디자인은 공간의 용도와 기능에 맞춰 실내 환경을 디자인하는 환경 디자인의 한 분야

정답 13② 14① 15③ 16④ 17②

18 기업이나 브랜드, 단체의 상징을 시각적으로 표현한 마크 또는 기호를 의미하는 것은 무엇인가?

① 로고타입
② 심벌마크
③ 전용 색상
④ 아이덴티티

심벌마크는 기업·브랜드·단체의 상징을 시각적으로 표현한 마크 또는 기호이며, 브랜드 아이덴티티의 핵심 요소 중 하나임

19 다음 설명에 해당하는 시스템은 무엇인가?

> 기업의 CI가 실제 명함, 편지지, 봉투, 외부 사인물 등 다양한 환경에 적용되는 방식을 의미한다.

① 베이직 시스템
② 로고 타입 시스템
③ 어플리케이션 시스템
④ 전용 색상 시스템

어플리케이션 시스템이란 CI를 명함·편지지·사인물 등 실제 환경에 적용하는 시스템으로, 다양한 매체에서 일관된 시각적 정체성을 유지하기 위함

20 환경 디자인에서 동시성 유지 원리의 의미로 가장 적절한 것은?

① 새로운 건축물이 독창적이고 창의적으로 표현되도록 하는 원리
② 건축물이 주변 환경과 조화를 이루도록 하는 원리
③ 건축물의 구조적 안정성과 안전성을 확보하도록 하는 원리
④ 건축물의 내부 공간 활용과 효율성을 극대화하도록 하는 원리

동시성 유지 원리는 새로운 건축물이나 시설물이 기존 환경과 단절되지 않고 형태, 색채, 비례 측면에서 조화를 이루도록 하는 원리임

CHAPTER

02

기초데이터 및 아이디어 발상

학습 방향

프로젝트 수행을 위한 기초데이터를 수집·분석하고, 이를 바탕으로 창의적인 아이디어를 발상·검증하는 과정을 학습합니다. 또한 발상한 아이디어를 시각적으로 구체화하는 방법을 익혀, 효과적인 디자인 기획과 표현 능력을 향상시키는 것을 목표로 합니다.

출제빈도

SECTION 01	중	30%
SECTION 02	상	40%
SECTION 03	중	30%

SECTION 01 프로젝트 데이터 수집 및 분석

출제빈도 상 중 하
반복학습 1 2 3

빈출 태그 ▶ #프로젝트 #기초데이터 #멀티미디어 데이터 #프로슈머적 데이터 #페르소나

▶ 합격 강의

01 프로젝트와 기초데이터

1) 프로젝트의 의미
- 특정 목표를 이루기 위해 실행되는 작업이나 활동을 의미한다.
- 시작과 종료 시점이 명확히 설정되어 있으며, 정해진 기간 내에 완성한다.
- 시간, 예산 등 제한된 자원 및 조건에서 목표를 달성해야 한다.

2) 기초데이터의 정의
- 데이터 수집 시 초기 상태 데이터로 가공되거나 변형되지 않은 상태의 자료를 의미한다.
- 디지털 디자인에서 활용되는 이미지, 텍스트, 동영상 등 콘텐츠를 이루는 기본 요소이다.
- 이미지, 동영상, 텍스트 등 다양한 콘텐츠를 디지털 방식으로 생성, 편집, 처리하고 이를 배포하거나 공유한다.

02 데이터의 분류와 유형

1) 데이터의 구분

① 디지털 데이터
- 부호, 문자, 음성, 영상 등 다양한 형태로 변환하여 저장할 수 있다.
- 이진 형태의 데이터★로 처리되어 오류가 발생할 확률이 낮다.
- 품질 손상 없이 복제와 전송이 용이하며, 네트워크를 통해 빠르게 전달할 수 있다.

② 멀티미디어 데이터
- 텍스트, 이미지, 오디오, 비디오 등 다양한 형태의 미디어가 결합된 데이터를 의미한다.
- 큰 용량을 차지하며, 저장 및 전송 시 고속 네트워크와 압축 기술이 필요하다.
- 사용자와 상호작용이 가능하며, 양방향으로 데이터가 교환되어 게임이나 교육 프로그램에서 경험을 극대화할 수 있다.

★ 이진 형태의 데이터
컴퓨터와 디지털 장치에서 처리 및 저장을 위해 0과 1로 구성된 이진수(bit)로 표현된 정보, 이러한 이진 코드가 조합되어 텍스트, 이미지 등 다양한 디지털 정보를 나타냄

🎯 개념 체크

1 멀티미디어 데이터는 단일 미디어 형태로만 정보를 제공하므로, 대용량 네트워크가 필요하지 않다. (O, X)

1 X

2) 데이터의 종류

① 매체 성격에 따른 분류

분류	설명
외부 데이터	조직 외부에서 수집된 데이터로, 다양한 외부 출처에서 얻을 수 있는 정보 예 시장 정보, 주식 정보, 날씨 정보, 정부 통계 자료 등
내부 데이터	조직 내부에서 생성되거나 축적된 데이터 예 검색 엔진 로그, 비디오 콘텐츠, 고객 구매 이력 등

② 데이터 생성에 따른 분류

분류	설명
프로듀서 데이터	• 사이트 제작자가 주도적으로 만들어 제공하는 콘텐츠 • 주로 인터넷 초창기에 널리 사용되었던 방식 예 뉴스 기사, 회사 웹사이트의 자료, 전문가가 제작한 정보 등
컨슈머 데이터	• 사이트 사용자들이 직접 제작하여 공유하는 콘텐츠 • 사용자 참여와 공유를 기반으로 하며, 웹 2.0 시대 이후 주요한 데이터 생성 방식 예 UCC(User Created Contents), 인스타그램 게시물, 유튜브 등 └ 사용자가 직접 생산하는 콘텐츠

③ 데이터 이용에 따른 분류

분류	설명
유료 데이터	사용자가 비용을 지불하고 이용하는 콘텐츠 예 온라인 게임, 영화 스트리밍, 만화, 음악, 주식 정보, 엔터테인먼트 콘텐츠 등
무료 데이터	• 인터넷에 접속하여 추가 비용 없이 사용할 수 있는 콘텐츠 • 많은 사용자를 끌어들이거나 광고 수익을 목적으로 무료로 제공

④ 프로슈머적 데이터

- 자신의 만족이나 필요를 충족시키기 위해 제품, 서비스 또는 콘텐츠 제작에 직접 참여하는 사람을 의미한다.
- 소비자는 단순한 사용자에 머무르지 않고 생산자로서의 역할도 수행하며, 사용자 경험 개선과 서비스 발전에 기여한다.
- 엘빈 토플러(Alvin Toffler)는 그의 저서 제3의 물결에서 소비자가 신제품 개발 및 생산 과정에 직간접적으로 참여하는 시대가 올 것이라고 전망한 바 있다.
- 예 사용자 리뷰 작성, 콘텐츠 제작(UCC), 사용자 피드백 제공 등

 개념 체크

1 사용자가 직접 만들어 제공하는 데이터는 (　　)(이)라고 한다.
2 프로듀서 데이터는 인터넷 초기 주류 방식으로, 제작자가 일방적으로 제공하는 콘텐츠이다. (O, X)

1 컨슈머데이터　2 O

03 데이터 유형과 분석

1) 데이터 유형

데이터 유형을 다음과 같이 분류할 수 있다.

분류	설명
사실(Fact)	실제 사건이나 상황을 바탕으로 한 객관적이고 구체적인 자료 예 사건 보고서, 뉴스 기사
의견(Opinion)	개인의 생각이나 주관적인 의견이 포함된 자료 예 사용자 리뷰, 댓글
절차(Procedure)	단계적으로 수행해야 할 작업이나 과정을 설명하는 자료 예 소프트웨어 설치 가이드, 요리 레시피
원리(Principle)	아이템의 작동 방식이나 과정을 기술한 자료 예 전자기기 작동 원리 설명서, 과학 실험 매뉴얼
개념(Concept)	대상을 정의하거나 기능과 용도를 설명하는 자료 예 제품의 사용 설명서, 서비스 개요
원칙(Rule)	시스템 또는 서비스 사용 시 준수해야 할 지침이나 규칙을 설명하는 자료 예 커뮤니티 가이드라인, 서비스 이용 약관
이야기(Story)	실제 이야기나 경험 또는 사건을 다룬 자료로 비공식적이고 개인적인 내용을 포함한 자료 예 블로그 경험담, 사용자 후기
예측(Forecast)	앞으로의 상황이나 추세를 예측하여 작성된 자료 예 경제 전망 보고서, 날씨 예측
묘사(Description)	대상을 주관적으로 표현하거나 감성적으로 기술한 자료 예 사진 설명, 예술 작품 해설
메타데이터(Meta-Data)	데이터를 설명하거나 정의하기 위해 구조화된 정보 예 파일의 작성 날짜, 저작권 정보가 포함된 XML 스크립트

★ 레이블(Label)
데이터나 요소에 대해 식별할 수 있는 이름이나 태그를 붙여 구분하고 분류하는 기능을 제공하는 요소

2) 데이터 분석

- 데이터 분석 과정은 수집된 데이터 중 콘텐츠로 활용할 데이터를 선별하는 작업이다.
- 데이터가 효과적으로 활용될 수 있도록 다양한 기준에서 점검해야 한다.

분류	설명
정보 구조 관점	• 데이터의 분류와 구성 체계가 명확하고 잘 정리되어 있다. • 메뉴와 레이블★이 직관적이며 쉽게 이해할 수 있다.
인터페이스 관점	• 인터페이스가 직관적으로 설계되어 있다. • 별도의 설명 없이도 그 의미를 쉽게 파악할 수 있다.
내비게이션 관점	• 정보 검색이 수월하다. • 링크의 표현과 선택이 명확하고 이해하기 쉽다.

개념 체크

1. ( )은/는 다른 데이터를 설명하는 구조화된 정보이다.
2. 사실(Fact)은 특정 대상의 정의나 기능을 설명하는 정보이다. (O, X)

1 메타데이터(Meta-Data)
2 X

시각적(GUI)★ 관점	• 사용자의 특성과 요구에 맞는 디자인 요소가 적절히 반영되어 있다. • 그래픽 요소들이 조화롭게 배치되어 시각적으로 효과적이다.
마케팅 관점	• 데이터의 신뢰성을 보장하여 사용자에게 믿음을 준다. • 커뮤니티 기능이 안정적으로 작동한다.

▲ 데이터 분석 체크리스트의 핵심

★ GUI(Graphical User Interface)
그래픽 사용자 인터페이스로, 사용자가 컴퓨터 시스템이나 소프트웨어와 상호작용할 수 있도록 그래픽 요소를 제공하는 인터페이스

04 사용자 분석

- 사용자의 환경과 요구를 이해하여 제품이나 서비스 아이디어를 도출하는 과정이다.
- 광고 기획, 디지털 제품 또는 서비스 기획에서 핵심적인 역할을 한다.

1) 사용자 분석의 요소

① 사용자의 유형

분류	설명
주 사용자	시스템과 직접 상호작용하며, 특정 목적을 달성하기 위해 사용하는 사람들 ⑩ 실제 서비스 이용자
부 사용자	간접적으로 시스템에 관여하는 사람들 ⑩ 구매자, 마케팅팀, 고객 지원 담당자 등

② 사용자의 특성

분류	설명
숙련도 수준	초보자, 중급자, 숙련가, 전문가, 리드 유저★로 구분하여 기술 수준을 이해
경험 측면	사용자의 경험을 분석하기 위해 사용성, 유용성, 감성적 측면 등을 고려
개인적 특징	사용자의 성격, 동기, 신체적 특성, 세대, 라이프스타일 등 개인적인 특성을 포함

★ 리드 유저(Lead User)
시장보다 앞서 새로운 요구나 문제를 경험하고, 이를 해결하기 위해 적극적으로 해결책을 찾거나 개발하는 사용자

③ 사용자 분석 방식

분류	설명
인지 기반 분석	사용자가 정보를 처리하고 의사결정을 내리는 과정을 이해하는 방식
역할 기반 분석	시스템에서 사용자가 맡는 역할과 책임을 정의하는 방식
페르소나 모델링	가상의 사용자 유형을 설정하여 필요와 행동을 구체적으로 분석
사회-기술적 접근	사용자가 사회적 환경과 기술적 도구를 결합하여 시스템을 사용하는 방식을 분석

◎ 개념 체크

1 부 사용자는 시스템에 직접 관여하는 사람이다. (O, X)
2 리드 유저는 시장보다 앞서 새로운 요구나 문제를 경험하고 이를 해결하기 위해 적극적으로 해결책을 찾거나 개발하는 사용자이다. (O, X)

1 X 2 O

05 페르소나(Persona)

1) 페르소나(Persona)
- 페르소나는 특정 제품이나 서비스를 사용할 대표적인 가상의 사용자 모델이다.
- 시스템이 목표로 하는 사용자의 특성을 구체화하며 세부적인 특성을 반영한다.
- 여러 개의 페르소나를 정의할 수 있으며, 사용자 프로파일, 역할 정의, 또는 고객 프로파일 등으로 표현되기도 한다.

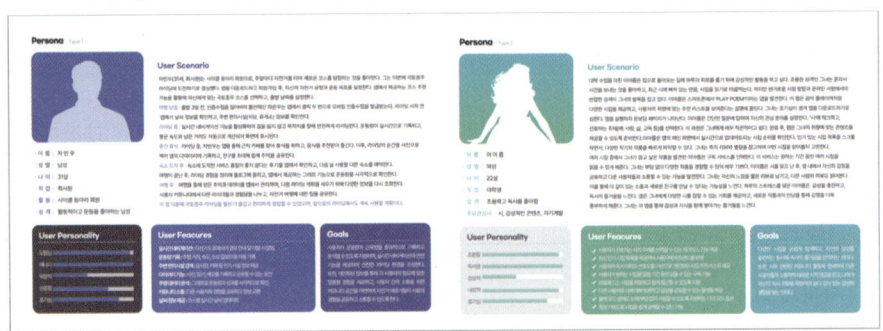

▲ 페르소나

2) 페르소나를 통한 사용자 분석 단계

분류	설명
① 사용자 그룹 정의	다양한 사용자 그룹을 정의하고, 각 그룹의 목표와 동기를 파악
② 행동과 니즈 분석	사용자 행동과 니즈를 이해하기 위해 설문조사, 인터뷰, 사용 기록 등 데이터를 분석
③ 사용자 특성 세분화	사용자의 세부 특성을 분류하고, 각 특성의 중요도를 평가
④ 페르소나 작성 및 세부화	각 사용자 유형을 대표하는 페르소나를 작성하며, 이름, 특성, 그리고 구체적인 스토리를 포함
⑤ 페르소나 검증	도출한 페르소나가 실제 사용자와 얼마나 일치하는지 테스트하고, 필요 시 수정
⑥ 우선순위 설정	사용자 행동 패턴과 시간 흐름을 분석해, 가장 중요한 행동이나 시점을 결정
⑦ 최종 사용자 프로파일 정리	각 사용자의 특성을 종합해 프로파일을 작성하고, 이를 시각적으로 표현

3) 페르소나 작업 시 유의할 점
- 사용자 조사와 데이터를 기반으로 작성하며, 주관적인 가정을 배제한다.
- 여러 사용자 유형을 반영하여 다양한 페르소나를 생성한다.
- 나이, 직업, 행동 패턴 등 구체적이고 현실적인 사용자 특성을 포함한다.
- 사용자의 목표와 동기를 명확히 정의하여 문제 해결 과정을 이해한다.
- 시장과 사용자 환경의 변화에 맞춰 페르소나를 주기적으로 검토하고 수정한다.

개념 체크

1 페르소나는 특정 제품 또는 서비스를 사용할 만한 가상의 사용자 유형을 대표하는 인물을 창조한 것이다. (O, X)

2 사용자 범주의 파악은 페르소나 작성에서 가장 마지막 단계이다. (O, X)

1 O 2 X

SECTION 02 아이디어 발상법 및 검증

빈출 태그 ▶ #아이디어 발상법 #브레인스토밍법 #체크리스트 #마인드맵핑법 #저작권

01 아이디어 발상법

창의적이고 독창적인 아이디어를 도출하기 위한 아이디어 발상법은 다음과 같다.

구분	설명
브레인스토밍법	• 참여자 모두가 자유롭게 아이디어를 내놓는 방법 • 양적으로 아이디어를 모아 최종 산출물을 얻음
체크리스트 기법	• 각 항목을 하나씩 점검할 수 있도록 구성된 일람표를 활용 • 제품 아이디어를 구상하는 데 효과적
마인드맵핑법	• 주요 개념들을 시각적으로 연결하여 표현하는 방법 • 색상과 기호를 활용해 아이디어를 빠르게 도식화하고 정리
시네틱스	• 본질적으로 유사한 사물이나 개념을 연결해 새로운 아이디어를 도출하는 방법 • 제품 개발과 같은 창의적인 문제 해결에 효과적
형태 분석법	• 문제를 체계적으로 분석하고, 도출된 요소와 속성을 조합하여 매트릭스 작성 • 새로운 조합을 통해 아이디어 창출
강제 결부법	• 새로운 아이디어가 필요할 때 독특한 결합을 통해 발상하는 방법 • 서로 연관성 없는 요소를 인위적으로 결합하여 아이디어 도출
육색모 사고법	• 6가지 색상에 각기 다른 관점을 부여하고, 각 관점에서 사고를 전개하는 방법 • 다양한 시각에서 문제 해결에 유용

▲ 브레인스토밍법(왼), 마인드맵핑(오)

1) 브레인스토밍법

- 대표적인 아이디어 발상 기법으로, 자유로운 사고와 집단의 지혜를 통해 다양한 아이디어를 도출하는 것을 목적으로 한다.
- 여러 사람이 모여 특정 주제에 대해 자유롭게 아이디어를 제시하는 방식이다.
- 비판 없이 양질의 아이디어를 얻기 위해 양적으로 많이 내는 것을 우선시한다.

개념 체크

1. 아이디어 발상법 중 ( )은/는 사전 조율 없이 참가자 모두가 자유롭게 아이디어를 내놓는 방법이다.
2. 마인드맵핑법은 주요 개념을 중심에 두고, 관련 아이디어를 연결해 나가는 방식을 따른다. (O, X)

1 브레인스토밍법 2 O

① 브레인스토밍법 과정

1단계 : 주제 선정	논의할 방향을 결정할 수 있는 명확한 주제를 선정
2단계 : 브레인스토밍	주제에 대해 제약 없이 자유롭게 발상하며, 50개 이상의 아이디어를 도출
3단계 : 주요 아이디어 선정	도출된 아이디어 중 2~3개의 유망한 아이디어를 후보로 선정
4단계 : 최종 방안 도출	서비스의 특징, 타깃 사용자, 경쟁사 등의 요소를 고려하여 가장 적합한 아이디어를 선택

② 브레인스토밍법의 장점
- 비판 없이 자유롭게 아이디어를 제안할 수 있어 창의성을 높이는 데 도움이 된다.
- 여러 사람의 의견을 모아 다수의 아이디어와 해결 방안을 도출할 수 있다.
- 다양한 관점에서 문제를 바라볼 수 있어 창의적이고 효과적인 해결책을 찾을 가능성이 높다.

③ 브레인스토밍법의 단점
- 참가자들의 창의성이나 적극성에 따라 결과가 크게 달라질 수 있다.
- 비판 없이 진행되다 보니 비현실적이거나 실현 가능성이 낮은 아이디어가 포함될 수 있다.
- 많은 아이디어가 나올 경우, 정리하고 평가하는 과정에서 어려움이 발생할 수 있다.

2) 체크리스트 기법
- 작업이나 과제의 중요한 단계를 빠짐없이 수행하기 위해 목록을 작성하고 하나씩 확인하는 방식이다.
- 누락을 방지하고 작업의 완성도를 높이는 도구로, 복잡한 프로젝트의 체계적인 관리가 유용하다.

① 체크리스트 기법의 작성 방법

1단계 : 목적 설정	체크리스트를 작성하기 전, 도출할 결과를 구체적으로 정의
2단계 : 핵심 항목 나열	작업을 단계별로 분류하고, 각 단계에서 반드시 수행할 핵심 항목을 나열
3단계 : 우선순위 설정	항목 간 우선순위를 설정하여 중요한 작업을 먼저 수행하도록 유도
4단계 : 검토와 수정	체크리스트 작성 후, 작업을 잘 아는 사람들과 검토하여 빠진 항목이 없는지 확인
5단계 : 체크	작업이 진행될 때 각 항목을 체크하고 완료된 항목을 표시하여 진행 상황을 쉽게 확인

개념 체크

1. 브레인스토밍법은 주제 선정 후, 아이디어의 질보다 양을 중요하게 생각한다. (O, X)

2. 체크리스트 기법은 작업의 각 단계를 빠짐없이 수행하기 위해 목록을 작성하고 확인하는 방식이다. (O, X)

1 O 2 O

② 체크리스트 기법의 장점
- 중요 항목을 체크하여 작업 중 실수나 누락을 방지할 수 있다.
- 작업의 순서와 진행 상황을 명확히 파악할 수 있어 효율성이 향상된다.
- 팀이 함께 작업할 때, 각자의 책임과 진행 상태를 명확히 하여 협업이 용이하다.
- 진행 상황을 시각적으로 확인할 수 있어 불안감을 해소한다.

③ 체크리스트 기법의 단점
- 구체적인 체크리스트는 상황 변화에 유연하게 대처하기 어렵다.
- 체크리스트에 의존하여 생각 없이 목록만 따르는 경향이 생길 수 있다.
- 많은 항목이 포함되면 작업자가 압박감을 느낄 수 있다.

3) 마인드맵핑법
- 핵심 개념을 중심에 두고, 관련 정보를 가지 형태로 확장해 나가는 방식이다.
- 정보를 시각적으로 구조화하여 창의적인 사고와 문제 해결에 유용하다.
- 복잡한 아이디어를 한눈에 파악할 수 있도록 돕고 생각의 확장을 지원한다.

① 마인드맵핑법 과정

1단계 : 중심 주제 설정	주요 단어나 구문으로 중심에 배치하여 사고의 출발점으로 삼음
2단계 : 주요 가지 작성	중심 주제와 관련된 아이디어를 주요 가지로 확장
3단계 : 세부 사항 추가	주요 가지에서 단어, 이미지, 기호 등을 사용해 세부 사항을 확장하며, 계층적으로 연결
4단계 : 시각적 강조	색깔, 기호, 그림을 사용하여 정보를 강조하고, 정보 간의 관계를 명확하게 표현

② 마인드맵핑법의 장점
- 방사형 구조로 사고의 전개를 한눈에 파악할 수 있다.
- 비선형적 사고★와 시각적 표현을 통해 자유로운 사고와 발상을 촉진한다.
- 단어, 이미지, 색상 등을 결합한 시각적 도식이 기억에 오래 남는다.
- 복잡한 문제를 구조화해 분석하고 해결책을 모색하는 데 도움이 된다.
- 추가와 수정이 용이하여 변화하는 상황에 맞춰 사고를 확장할 수 있다.

③ 마인드맵핑법의 단점
- 정보나 아이디어가 많아지면 마인드맵이 복잡하게 얽혀 혼란을 줄 수 있다.
- 시각적 표현에 시간이 소요될 수 있으며, 상황에 따라 글쓰기보다 덜 효율적일 수 있다.

★ 비선형적 사고
사고의 흐름이 논리적인 순서에 구속되지 않고, 자유롭게 연관된 아이디어가 떠오르는 대로 확장되는 사고 방식

🎯 개념 체크

1 체크리스트 기법은 너무 구체적으로 작성되면, 상황 변화에 따라 유연하게 대처하기 쉽다. (O, X)

2 마인드맵핑법은 색깔, 기호, 그림을 사용하여 정보의 관계를 명확히 하는 방법이다. (O, X)

1 X 2 O

4) 시네틱스

- 특정 문제와 본질적으로 유사한 사물을 찾아 아이디어를 도출하는 기법이다.
- 비유와 은유를 통해 새로운 관점에서 문제를 바라보게 하여 창의적이고 혁신적인 아이디어를 도출하는 데 도움을 준다.
- 창의성 증진, 새로운 관점에서 문제 접근, 발상 확장의 장점이 있다.
- 주로 제품 개발이나 문제 해결 과정에서 사용된다.

5) 형태 분석법

- 해결할 문제를 여러 구성 요소로 분리한 뒤, 각각을 개별적으로 분석하는 방법이다.
- 문제를 여러 변수로 나누고, 그 변수들의 조합을 체계적으로 분석하여 다양한 해결책을 모색한다.
- 주로 복잡한 문제를 구조화하고 분석할 때 사용되며, 전략적 해결책을 찾는 데 효과적이다.
- 문제의 구조화, 다양한 해결책 탐색, 논리적 문제 해결의 장점이 있다.

6) 강제 결부법

- 관련 없는 요소들을 의도적으로 결합해 새로운 아이디어를 창출하는 기법이다.
- 기존의 틀에서 벗어나 독창적이고 혁신적인 발상이 필요할 때 유용하다.
- 문제 해결이 막히거나 새로운 시각에서 접근하고 싶을 때 효과적이며, 창의적인 아이디어 생성에 도움을 준다.
- 주로 제품 혁신, 마케팅 전략 개발, 디자인 아이디어 창출 시 활용된다.

7) 육색모 사고법

- 여섯 가지 색상(하양, 빨강, 검정, 노랑, 초록, 파랑)에 각각 다른 사고방식을 부여하여 문제를 다양한 관점에서 접근하는 기법이다.
- 각 색상은 특정한 사고를 상징하며, 이를 통해 참가자들이 다양한 시각에서 문제를 바라보고 종합적인 해결책을 도출할 수 있도록 한다.
- 다양한 관점에서 문제 해결, 종합적 사고 촉진, 팀워크 증진의 장점이 있다.

기적의 TIP

육색모 사고법 : 색상의 역할
- 흰색 : 객관적 사고
- 빨간색 : 감정적 사고
- 검정색 : 비판적 사고
- 노란색 : 긍정적 사고
- 초록색 : 창의적 사고
- 파란색 : 전체 관리역할

개념 체크

1 ( )은/는 관련 없는 요소들을 의도적으로 결합해 새로운 아이디어를 창출하는 기법이다.

2 시네틱스는 비유와 은유를 통해 문제를 창의적으로 바라보도록 돕는 기법이다. (O, X)

1 강제 결부법 2 O

02 데이터 검증

1) 분석된 데이터 검증
- 분석된 데이터를 검증할 때는 디자인, 비즈니스 기능, 콘텐츠의 세 가지 주요 영역을 기준으로 점검한다.
- 각 영역별 체크리스트는 다음과 같다.

분류		설명
디자인	몰입성	사용자에게 시각적 몰입감을 제공할 수 있는 독창적이고 매력적인 디자인인지 확인
	신선도	변화에 적응할 수 있는 그래픽과 아이콘이 사용되어 신선함을 유지할 수 있는지 점검
	일관성	전체 디자인에서 스타일과 구성 요소가 일관성을 유지하고 있는지 검토
	은유성	단순한 시각적 표현이나 은유적 요소를 통해 메시지가 명확하게 전달되는지 확인
비즈니스 기능	가치 제공	사용자에게 실질적인 혜택이나 가치를 제공하는 기능이 포함되어 있는지 점검
	마케팅 연계	판매 계획, 유통 전략 등 비즈니스 목표를 지원하는 요소가 적절히 반영되었는지 확인
	운영 효율성	비즈니스 관리와 관련된 기능이 효과적으로 작동하고 있는지 평가
	전략 실행	설정된 목표를 달성하기 위한 전략이 제대로 실행되고 있는지 확인
콘텐츠	최신 정보 반영	콘텐츠가 최신 상태로 유지되며 정기적으로 업데이트되고 있는지 확인
	품질 관리	콘텐츠가 독창적이며 높은 품질을 유지하고 있는지 검토
	이해 가능성	사용자가 쉽게 이해하고 활용할 수 있도록 콘텐츠가 명확하게 작성되었는지 확인

은유(메타포)
실제 사물이나 개념을 다른 시각적 요소로 빗대어 표현하여, 사용자가 쉽게 이해하거나 직관적으로 인식할 수 있도록 돕는 기법

03 저작권(Copyright)

1) 저작권
- 저작권은 창작자가 소설, 시, 음악, 미술 등 창작물을 만들면서 가지는 고유한 권리를 의미한다.
- 저작권의 대상은 인간의 사상이나 감정을 표현한 창작물이며, 단순히 사실을 기록한 데이터는 보호 대상에 포함되지 않는다.
- <u>공표권</u> : 저작물의 창작자가 저작물을 최초로 대중에게 공개할지 여부를 결정할 수 있는 권리이다.
- 예) 화가 A가 자신의 그림을 박물관에 조건 없이 기증했다면, 박물관이 이를 전시할 경우 공표에 동의한 것으로 간주된다.

2) 저작물의 종류
저작권이 보호하는 창작물의 범위는 광범위하며, 주로 다음과 같은 저작물이 저작권의 보호를 받는다.

- 어문 저작물 : 소설, 시, 논문, 강연, 연설, 각본 등
- 음악 저작물 : 음악, 악보 등
- 미술 저작물 : 회화, 서예, 조각, 판화, 응용미술 등
- 영상 저작물 : 영화, 동영상 등
- 사진 저작물 : 사진, 이미지 등
- 건축 저작물 : 건축물, 설계 도면 등
- 컴퓨터 프로그램 저작물 : 소프트웨어, 프로그램 코드 등

3) 저작권 침해
저작권 침해는 저작권자의 허락 없이 저작물을 무단으로 복제, 배포, 전송 등의 방식에서 사용하는 행위를 말한다.

- 무단 복제 : 저작물을 저작권자의 허락 없이 복제하는 행위
- 무단 배포 : 인터넷이나 다른 방법을 통해 저작물을 허락 없이 공유하는 행위
- 저작물의 무단 변형 : 원저작물을 수정하거나 2차 저작물을 제작하는 행위

기적의 TIP

CC 라이선스

저작자표시-비영리-동일조건 변경허락
〈출처 : 한국 크리에이티브 커먼즈〉

4) 디지털 시대의 저작권

- 디지털 저작권 관리(DRM) : 디지털 콘텐츠의 불법 복제와 배포를 방지하기 위해 사용되는 기술이다.
- 저작권 필터링 : 유튜브, 페이스북 등의 플랫폼에서 저작권 침해 콘텐츠를 자동으로 감지해 차단하는 시스템이다.

5) 이용허락조건

- 저작물을 사용하는 사람들은 저작물에 적용된 CC 라이선스의 이용허락조건을 따라야 하며, 이를 통해 저작물을 자유롭게 이용할 수 있다.
- 다음은 CC 라이선스를 구성하는 4가지 이용허락조건에 대한 설명이다.

구성 요소	설명
(저작자 표시 아이콘)	저작자 표시(Attribution) : 저작물을 사용할 때 원 저작자의 이름을 반드시 표시
(비영리 아이콘)	비영리(Noncommercial) : 저작물을 비상업적 목적으로만 사용 가능
(변경금지 아이콘)	변경금지(No Derivative Works) : 저작물을 수정하거나 변형하지 않고 원본 그대로 사용 가능
(동일조건변경허락 아이콘)	동일조건변경허락(Share Alike) : 저작물을 수정하거나 변형한 경우, 새로 만든 저작물에도 동일한 라이선스를 적용

〈이미지, 내용 출처 : 한국 크리에이티브 커먼스〉

> **기적의 TIP**
>
> **DRM(디지털 저작권 관리)의 주요 기능**
> - 접근 제어
> - 복제 방지
> - 이용 제한
> - 추적 및 관리

> **개념 체크**
>
> 1 (　　)은/는 창작자가 소설, 음악, 미술 등 창작물을 만들면서 가지는 고유한 권리를 의미한다.
> 2 저작권 보호 기간(저작자 사후 70년)이 지난 저작물은 자유롭게 이용 가능하다.
> (O, X)
>
> 1 저작권 2 O

SECTION 03 아이디어 시각화

빈출 태그 ▶ #시각화 #아이디어 스케치 #섬네일 스케치 #러프 스케치 #에스키스

01 시각화

1) 시각화의 정의
- 시각화는 대뇌가 정보를 처리할 때, 이를 시각적 이미지로 변환하는 과정을 의미한다.
- 데이터를 그림, 그래프, 다이어그램 등의 시각적 형태로 표현하여 정보를 직관적으로 이해할 수 있도록 돕는 과정이다.

2) 아이디어 시각화의 목적
- 추상적인 아이디어를 구체화하고, 복잡한 생각을 구조화할 수 있다.
- 말로 설명하기 어려운 개념을 효과적으로 의사소통할 수 있다.
- 다양한 표현 방식을 통해 새로운 아이디어를 유도할 수 있다.
- 문제 상황을 시각적으로 드러내고 원인과 해결책을 쉽게 파악할 수 있다.

3) 시각화의 구성 방법
- 시각화는 정보를 효과적으로 전달하기 위해 다양한 방식으로 구성할 수 있다.
- 이를 표현 차원에 따라 1차원, 2차원, 3차원으로 구분할 수 있다.

분류	설명
1차원적 방법	문자, 음성 출력, 점자 등 일차원 정보를 사용하는 방식 예) 텍스트 기반 출력, 음성 안내 시스템, 점자를 통한 정보 전달
2차원적 방법	위치, 크기, 방향 등 공간적 속성을 활용하여 정보를 시각적으로 표현하는 방식 예) 웹 페이지 레이아웃, 그래프, 히트맵, 트리 맵
3차원적 방법	3차원 공간을 활용하여 깊이감 있는 정보를 표현하는 방식 예) 3D 모델링, 입체적인 그래프, 가상현실(VR) 공간 시각화

> **기적의 TIP**
>
> **히트맵(Heatmap)**
> 웹사이트 방문자의 마우스 클릭을 시각적으로 분석하는 기법으로 클릭이 많은 영역은 붉은색, 적은 영역은 푸른색으로 표시되어 사용자 행동을 쉽게 파악할 수 있게 도와줌
>
> **트리맵(Treemaps)**
> 계층적인 데이터를 직사각형으로 분할해 면적으로 표현하는 시각화 기법

개념 체크
1. 시각화는 데이터를 시각적으로 표현하여 정보를 더 복잡하게 만든다. (O, X)
2. 3차원적 시각화 방법에는 3D 모델링이나 가상 공간 표현이 포함된다. (O, X)

1 X 2 O

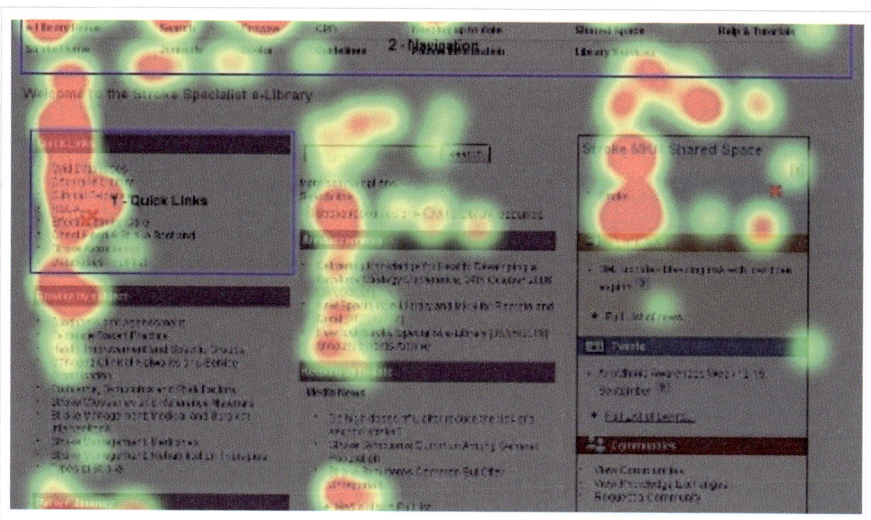

▲ 화면에서 마우스 클릭 수를 히트맵으로 표현한 예시 〈출처 : NCS 학습모듈 – 03 프로토타입제작〉

4) 시각화 과정

- 데이터를 분석하고 이를 시각적으로 변환하여 정보를 직관적으로 전달하는 일련의 단계이다.
- 복잡한 정보를 명확하고 쉽게 이해할 수 있도록 돕는 데 중점을 둔다.

구분	설명
1단계 : 에스키스(Esquisse)	• 초기 구상 단계를 간단하고 빠르게 진행 • 문제를 검토하고, 최종 결과물의 초안을 설정 • 다양한 아이디어를 시도하며 최적의 해결책을 모색
2단계 : 덮어놓고 그리기 (Tracing)	• 1단계에서 생성된 스케치를 정리하고 보완하는 과정 • 트레이싱 페이퍼 등을 사용해 수정이 필요한 부분을 개선 • 필요에 따라 새로운 아이디어를 반영하며, 1단계로 돌아가 추가적으로 구상
3단계 : 정리하기	• 아이디어를 보다 구체적이고 명확하게 표현하며, 클라이언트의 요구와 기대를 반영 • 보는 사람의 입장에서 정보를 전달할 수 있도록 구성
4단계 : 완성 및 마무리	• 명암, 색상, 텍스처 등을 추가하여 아이디어를 완성도 높은 결과물로 제작 • 최종적으로 디테일을 다듬어 완성된 형태로 제시

> **기적의 TIP**
>
> **에스키스(Esquisse)**
> 프랑스어로 '스케치'를 의미하며, 구상을 간단하고 빠르게 그리는 단계에서 사용하는 용어

5) 아이디어 스케치 종류

구분	설명
섬네일 스케치 (Thumbnail Sketch)	• 작은 크기로 대략 스케치한 것 • 아이디어 발상 과정에서 떠오르는 여러 콘셉트나 생각을 간략하게 표현 • 상세한 묘사보다는 핵심 아이디어에 중점을 둠
스크래치 스케치 (Scratch Sketch)	• 빠른 속도로 간략하게 그린 스케치 • 디자인 초기 단계에 다양한 생각을 빠르게 잡아가는 스케치 • 주로 미술과 그래픽 디자인에서 사용됨
러프 스케치 (Rough Sketch)	• 아이디어를 빠르고 간단하게 표현하는 스케치 • 디테일보다는 전체적인 구상과 개념에 중점을 둠 • 선 그리기, 간단한 음영 및 재질 표현을 통해 구체적인 아이디어를 나타냄

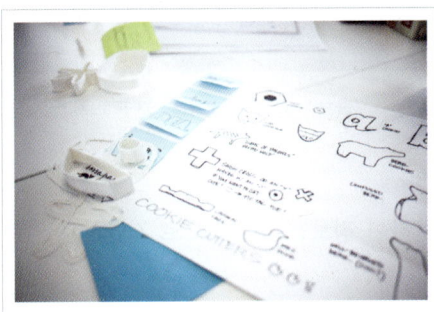 

▲ 섬네일 스케치(왼), 러프 스케치(오)

개념 체크

1 ( ) 스케치는 작은 크기로 대략적으로 스케치한 것으로, 아이디어 발상 과정에서 떠오르는 여러 콘셉트를 간략하게 표현하는 방식이다.

2 ( ) 스케치는 아이디어를 비교하고 검토하는 과정에서 선 그리기, 간단한 음영 등을 사용하여 구체적인 아이디어를 나타낸다.

1 섬네일 2 러프

이론을 확인하는 기출문제

01 다음 중 프로젝트의 정의에 해당하지 <u>않는</u> 설명은?

① 일정한 목표를 달성하기 위해 기획된 일련의 활동이나 작업이다.
② 지속적으로 반복되는 업무를 처리하기 위한 장기적 프로세스이다.
③ 시작과 종료 시점이 명확하다.
④ 주어진 시간과 예산의 제약조건 안에서 목표를 달성하기 위한 체계적 과정이다.

프로젝트는 한정된 기간 내에 완료되며, 지속적인 업무는 해당되지 않음

02 다음 중 기초데이터의 정의에 해당하지 <u>않는</u> 것은?

① 디지털 디자인에서 사용하는 콘텐츠의 기본 단위이다.
② 다양한 미디어가 결합된 형태이다.
③ 이미지, 동영상, 텍스트 등의 기본적인 자료이다.
④ 작업이나 분석의 기반이 되는 필수적인 자료이다.

다양한 미디어가 결합된 형태의 데이터는 '멀티미디어 데이터'이며, 기초데이터가 아님

03 다음 중 디지털 데이터의 특징으로 옳지 <u>않은</u> 것은?

① 부호, 문자, 음성, 영상 등 다양한 형태로 변환할 수 있다.
② 이진 형태로 처리되어 오류가 발생할 확률이 높다.
③ 복제와 전송이 용이하다.
④ 저장 매체나 네트워크를 통해 빠르게 유통된다.

디지털 데이터는 이진 형태로 처리되어 오류가 발생할 확률이 낮음

04 멀티미디어 데이터의 특징이 <u>아닌</u> 것은?

① 텍스트, 그래픽, 애니메이션 등이 결합된 형태이다.
② 큰 용량을 차지하므로 압축 기술이 필수적이다.
③ 데이터 양이 적어 별도의 저장 공간이 거의 필요 없다.
④ 사용자와 상호작용이 가능하다.

멀티미디어 데이터는 큰 용량을 차지하므로 별도의 저장 공간이 필요함

05 다음 중 내부 데이터에 해당하는 것은?

① 시장 정보
② 정부 통계 자료
③ 회사 매출 기록
④ 주식 정보

내부 데이터는 조직 내부에서 생성·관리되는 자료를 의미함. 회사 매출 기록은 기업 내부에서 수집·관리되는 대표적인 내부 데이터 예시

정답 01 ② 02 ② 03 ② 04 ③ 05 ③

06 다음 중 프로듀서 데이터에 대한 설명으로 옳지 않은 것은?

① 인터넷 초기에는 제작자가 일방적으로 제공하는 방식이다.
② 사용자가 주체가 되어 데이터를 생성한다.
③ 사이트 제작자가 제공하는 콘텐츠를 의미한다.
④ 일방적인 데이터 제공 방식이다.

컨슈머 데이터는 사용자가 주체가 되어 데이터를 생성하는 방식, 프로듀서 데이터는 제작자가 제공하는 데이터

07 다음 중 데이터 유형으로서 '사실'의 정의에 해당하는 것은?

① 특정 대상의 정의나 기능을 설명하는 정보
② 객관적이고 구체적인 텍스트 중심의 자료
③ 미래의 추세를 예측하는 자료
④ 순차적으로 수행해야 하는 행위를 지정하는 자료

오답 피하기
- ① : 개념에 대한 정의
- ③ : 예측에 대한 정의
- ④ : 절차에 대한 정의

08 다음은 어떤 데이터 유형에 대한 설명인가?

- 실제 경험 또는 사건을 다룬 자료
- 비공식적이고 개인적인 내용

① 이야기
② 원리
③ 절차
④ 사실

이야기 데이터는 개인 경험이나 사용자 후기처럼 서술적이고 주관적인 자료로, 사람들의 경험과 감정을 전달하는데 초점을 둠

09 다음 중 메타데이터에 대한 설명으로 옳은 것은?

① 텍스트 중심 자료로서 사건 보고서나 뉴스 기사를 의미한다.
② 특정 제품의 사용 설명서와 같이 대상의 기능을 설명하는 정보이다.
③ 다른 데이터를 설명하는 구조화된 정보이다.
④ 미래의 추세를 예측하는 자료이다.

메타데이터는 다른 데이터를 설명하는 구조화된 정보로, 예를 들어 파일의 작성 날짜나 저작권 정보가 포함된 데이터

10 프로슈머적 데이터의 특징으로 옳지 않은 것은?

① 사용자가 제품이나 서비스를 직접 생산하는 경우를 말한다.
② 소비자는 단순히 콘텐츠를 소비하는 역할만을 한다.
③ 사용자는 서비스 개선에 기여할 수 있다.
④ 사용자가 생산자의 역할을 한다.

프로슈머적 데이터에서 소비자는 단순히 콘텐츠를 소비하는 것을 넘어, 직접 콘텐츠를 생산

11 데이터 분석 체크 중 분석 내용과 올바르게 연결한 것은?

① 정보 구조 관점 - 데이터가 신뢰성을 갖추고 있는가?
② 비주얼 관점 - 그래픽 요소가 적합하게 배치되었는가?
③ 인터페이스 관점 - 사용자층에 맞는 디자인 요소가 사용되었는가?
④ 정보 구조 관점 - 링크의 표현과 선택에 있어 이해가 쉬운가?

오답 피하기
- ① 정보구조 관점 : 데이터 분류와 구성체계가 잘 되어 있는가?
- ③ 인터페이스 관점 : 인터페이스가 별도의 설명없이 직관적으로 설계되었는가?
- ④ 네비게이션 관점 : 링크의 표현과 선택에 있어 이해가 쉬운가?

12 사용자 분석에서 페르소나의 정의로 옳지 <u>않은</u> 것은?

① 가상의 사용자 유형을 대표하는 인물이다.
② 시장 변화에 따라 정기적으로 업데이트될 필요가 있다.
③ 주관적 가정에 기반하여 작성한다.
④ 프로젝트의 타깃 사용자 특성을 구체적으로 반영한다.

페르소나는 실제 데이터와 조사에 기반하여 작성되며, 주관적 가정을 배제해야 함

13 다음 사용자 분석 방식 중 어떤 방식에 대한 설명인가?

> 가상의 사용자 유형을 설정하여 필요와 행동을 구체적으로 분석하는 방식

① 인지 기반 분석
② 역할 기반 분석
③ 경험 모형
④ 페르소나 모델링

가상의 사용자 유형을 설정하고 그들의 필요와 행동을 구체적으로 분석하는 방식은 페르소나 모델링에 해당

14 페르소나 작성 단계에 해당하지 <u>않는</u> 것은?

① 사용자 범주의 파악
② 주요 단서의 분석
③ 페르소나 평가하기
④ 사용자 프로파일 활용 방안 평가

사용자 프로파일 활용 방안 평가는 페르소나 작성 단계에 해당하지 않으며, 사용자 프로파일 작성이 해당 단계임

15 브레인스토밍법에 관한 설명으로 옳지 <u>않은</u> 것은?

① 참여자들이 자유롭게 아이디어를 내놓는 방법이다.
② 아이디어의 질을 우선시하며, 신중하게 평가한 후 제출한다.
③ 비판 없이 양적으로 아이디어를 모으는 것을 목표로 한다.
④ 집단의 지혜를 통해 다양한 아이디어를 도출할 수 있다.

브레인스토밍법은 아이디어의 질보다 양을 우선시하며, 비판 없이 다양한 아이디어를 모으는 것이 목적

16 체크리스트 기법에 관한 설명으로 <u>틀린</u> 것은?

① 작업의 중요한 단계를 빠짐없이 수행하기 위해 작성한다.
② 단계별로 분류된 항목을 나열하고, 진행 상황을 체크한다.
③ 사전에 작성된 항목 외에도 자유롭게 새로운 항목을 추가하며 진행한다.
④ 작업 과정에서 누락된 항목이 있는지 검토하고 수정한다.

체크리스트 기법은 사전에 작성된 항목을 기준으로 작업을 수행하며, 임의로 새로운 항목을 자유롭게 추가하는 것은 일반적인 절차가 아님

정답 12 ③ 13 ④ 14 ④ 15 ② 16 ③

17 다음 중 저작권에 대한 설명으로 <u>틀린</u> 것은?

① 저작권은 창작자가 창작물에 대해 가지는 권리를 의미한다.
② 소설, 음악, 미술 작품 등은 저작권 보호 대상이다.
③ 일반적인 데이터나 사실 기록은 저작권 보호 대상이다.
④ 소프트웨어 코드도 저작권 보호를 받을 수 있다.

일반적인 데이터나 사실 기록은 저작권 보호 대상이 아니며, 창작물만이 보호를 받음

18 시각화의 역할로 옳지 않은 것은?

① 방대한 데이터를 쉽게 이해할 수 있도록 돕는다.
② 데이터를 텍스트로만 표현하여 정보의 정확성을 높인다.
③ 예기치 못한 속성을 빠르게 인지할 수 있게 한다.
④ 데이터의 특성을 파악하고 가설을 형성하는 데 기여한다.

시각화는 데이터를 그래픽으로 표현하여 정보를 쉽게 이해할 수 있게 돕는 방법. 텍스트로만 데이터를 표현하는 것은 시각화의 역할과 반대됨

19 시각화 과정의 첫 번째 단계로서 구상을 빠르게 그리는 작업을 의미하는 용어는?

① 러프 스케치
② 덮어놓고 그리기
③ 에스키스(Esquisse)
④ 완성

오답 피하기
- ① 러프 스케치 : 개략적인 스케치
- ② 덮어놓고 그리기 : 2단계에서 잘못된 부분을 수정하는 작업
- ④ 완성 : 최종적으로 완성하는 단계

20 다음 중 공표권 행사 사례로 적절한 것은?

① 작가가 소설을 처음으로 신문에 게재하기로 결정
② 시인이 이미 출간한 시집의 제목을 바꾸기로 결정
③ 화가가 완성한 그림의 색채 일부를 수정하기로 결정
④ 출판사가 발간한 책을 온라인에서 할인 판매하기로 결정

공표권은 저작물이 대중에게 '최초로' 공개되는 시점과 방법을 결정하는 권리

CHAPTER

03

시각 디자인 구성 요소

학습 방향

웹디자인에서 사용되는 그래픽 포맷의 종류와 특징을 이해하고, 사용자 인터페이스(UI)를 구성하는 시각적 요소의 역할과 표현 원리를 학습합니다. 또한 웹 환경에 적합한 시각 구성 방법을 익혀, 효율적이고 사용자 친화적인 디자인 구현 능력을 기르는 것을 목표로 합니다.

출제빈도

| SECTION 01 | 상 | 50% |
| SECTION 02 | 상 | 50% |

SECTION 01 웹 그래픽 포맷

빈출 태그 ▶ #픽셀 #비트맵 방식 #벡터 방식 #RGB #CMYK #이미지 파일 형식

01 이미지 표현 방식

1) 비트맵 방식(Bitmap Format)
- 이미지는 작은 픽셀(Pixel)★들이 모여 이루어지는 방식이다.
- 해상도에 영향을 받기 때문에 크기를 확대하면 이미지의 품질이 떨어질 수 있다.
- 해상도가 높을수록 파일 크기가 커지는 경향이 있다.
- 대표적인 파일 형식으로는 JPEG, PNG, GIF 등이 있다.

장점	• 사진 및 복잡한 이미지를 현실감 있게 표현할 수 있음 • 고해상도로 세밀한 디테일을 표현하는 데 적합함
단점	• 크기 확대 시 픽셀이 깨져 품질이 저하됨 • 파일 크기가 커져, 저장 및 전송 시 많은 용량을 차지할 수 있음

▲ 비트맵 방식

★ 픽셀(Pixel)
디지털 이미지의 최소 단위로, 각 픽셀은 특정한 색상 값을 가짐

2) 벡터 방식(Vector Format)
- 점, 선, 면 등 수학적 계산을 기반으로 이미지를 표현하는 방식이다.
- 이미지의 크기를 확대해도 품질이 저하되지 않는 장점이 있다.
- 주로 로고, 아이콘, 일러스트 같은 단순하고 선명한 이미지에 적합하다.
- 대표적인 파일 형식으로는 SVG★, AI, EPS가 있다.

장점	• 이미지 크기를 조정해도 선명도를 유지할 수 있어 로고나 아이콘 디자인에 적합 • 단순한 이미지일 경우 파일 크기가 작아 저장과 전송이 효율적
단점	• 세밀한 디테일을 표현하는 데 한계가 있음 • 복잡한 벡터 이미지는 렌더링 속도가 느려질 수 있음

기적의 TIP

안티 앨리어싱(Anti-Aliasing)
컴퓨터 그래픽과 디지털 이미지에서 계단 현상을 줄여 이미지를 더 매끄럽고 부드럽게 만드는 기술

3) 래스터라이징(Rasterizing)과 벡터라이징(Vectorizing)

래스터라이징	벡터 이미지를 픽셀 기반의 래스터 이미지로 변환하는 과정
벡터라이징	래스터 이미지를 벡터 이미지로 변환하는 과정

▲ 벡터 방식

★ SVG(Scalable Vector Graphics)
웹에서 주로 사용하는 벡터 이미지 형식으로, 크기와 상관없이 고품질을 유지

02 해상도

1) 비트(bit)
- 해상도와 비트는 이미지의 세밀한 표현을 결정하는 중요한 요소이다.
- 해상도는 가로와 세로 픽셀 수로 정의되며, 각 픽셀은 여러 비트로 색상을 표현한다.
- 비트 수가 많을수록 픽셀이 표현할 수 있는 색상의 범위가 넓어지며 파일 크기도 커진다.

1bit(2^1)	이미지는 흑백(검정 또는 흰색)만을 표현
8bit(2^8)	• 픽셀당 256가지 색상을 표현 • 인덱스 컬러나 그레이스케일 이미지에서 주로 사용 • GIF 파일 형식에서 사용되며, 단순한 그래픽이나 웹 애니메이션에 적합
24bit(2^{24})	• 픽셀당 16,777,216가지 색상을 표현 • 트루컬러★라고도 하며, RGB 색상 체계에서 빨강, 초록, 파랑 각각 8비트를 사용해 만들어짐 • 디지털 사진이나 고해상도 그래픽 디자인에서 사용되며, 풍부한 색상을 구현
32bit(2^{32})	• 픽셀당 4개의 채널(빨강, 초록, 파랑, 알파)을 사용하는 색상 체계 • 24bit RGB에 알파 채널(투명도 정보)이 추가되어, 투명이나 반투명도를 표현 가능 • 그래픽 디자인에서 레이어나 투명한 효과를 사용할 때 주로 사용되며, 영상 편집이나 3D 렌더링 작업에서도 많이 활용

★ 트루컬러(True Color)
24비트 색상 표현 방식을 의미하며, RGB 색상 체계를 기반으로 빨강(R), 초록(G), 파랑(B) 각각의 색상이 8비트씩 사용됨

2) 이미지 해상도
- 이미지 해상도는 픽셀 수에 따라 결정되며, 픽셀이 많을수록 이미지가 더 세밀하게 표현된다.
- 해상도가 높을수록 이미지의 선명도가 높아지고, 낮을수록 화질이 저하된다.
- 해상도가 높을수록 이미지의 세부 정보가 많아져 파일 크기가 커진다.

▲ 높은 이미지 해상도

▲ 낮은 이미지 해상도

3) 출력 해상도
- 출력 해상도는 DPI(Dots Per Inch)로 측정되며, 1인치당 찍히는 점의 수에 따라 인쇄물의 선명도가 결정된다.
- DPI 값이 높을수록 인쇄물이 더 세밀하고 고화질로 출력된다.
- 출력 해상도는 인쇄물의 품질에 큰 영향을 미치며, 전문 인쇄 작업에서는 300DPI 이상이 권장된다.

4) 해상도 단위

PPI (Pixel Per Inch)	• 디스플레이에서 1인치당 픽셀 수를 의미 • PPI가 높을수록 더 세밀하고 선명한 이미지를 표현 • 스마트폰, 태블릿, 모니터 등의 디지털 디스플레이에서 자주 사용
DPI (Dots Per Inch)	• 프린터에서 1인치당 몇 개의 점(dot)을 찍을 수 있는지를 의미 • DPI가 높을수록 더 고해상도의 출력물을 얻을 수 있음 • 인쇄물의 품질을 결정하는 중요한 요소

03 색상 체계

색상 체계는 디지털 장치와 인쇄물에서 색을 표현하는 방법으로, RGB와 CMYK는 각각 디지털 디스플레이와 인쇄물에 적합한 대표적인 색상 모델이다.

1) RGB와 CMYK의 색상 체계 비교

RGB 색상 체계	• 빨강(Red), 초록(Green), 파랑(Blue) 세 가지 색을 기본으로 사용하는 빛의 색상 체계 • 가산혼합 방식을 사용해 색을 더할수록 밝고 선명해지며, 세 가지 색을 모두 합하면 흰색이 됨 • 각 색상은 0부터 255까지의 값으로 표현되며, 다양한 색상을 구현하는 데 적합 • 주로 모니터, 스마트폰, TV 등 디지털 장치에서 사용
CMYK 색상 체계	• 청록(Cyan), 자주(Magenta), 노랑(Yellow), 검정(Key, Black) 네 가지 색을 기본으로 사용하는 색상 체계 • 감산혼합 방식을 사용해 색을 더할수록 어두워지며, 네 가지 색을 모두 합하면 검정색이 됨 • 각 색상을 0%부터 100%까지의 비율로 나타내며, 색상의 정확도와 일관성을 유지하는 데 효과적 • 책, 포스터, 잡지 등의 출력 작업에서 사용되며, 잉크의 혼합을 통해 색상을 표현

> **기적의 TIP**
> **헥사코드 색상 표현 방법**
> #RRGGBB 형식으로, 빨강(R), 초록(G), 파랑(B) 세 가지 색상의 값을 16진수로 나타낸다. 각 색상은 00부터 FF까지의 값을 가지며, 예를 들어 #FF0000은 빨강, #00FF00은 초록, #0000FF는 파랑을 의미함

> **기적의 TIP**
> **CMYK 4도 인쇄**
> CMYK 4도 인쇄는 청록(Cyan), 자홍(Magenta), 노랑(Yellow), 검정(Key) 네 가지 색을 사용하여 다양한 색상을 표현하는 인쇄 방식, 이 4가지 색을 겹쳐서 혼합함으로써 사진이나 복잡한 이미지를 인쇄할 때 다채로운 색상을 재현할 수 있음

2) 다양한 색상 체계

그레이스케일(Grayscale)	흑백 이미지를 256단계의 회색 톤으로 표현하며, 각 픽셀은 밝기만을 나타냄
인덱스 컬러(Index Color)	제한된 색상 팔레트를 사용해 이미지를 표현하며, 주로 256색을 사용하여 파일 크기를 줄임
HSB 컬러(HSB Color)	색상을 색상(Hue), 채도(Saturation), 밝기(Brightness)로 구분해 색을 표현하는 체계
LAB 컬러(LAB Color)	인간의 시각에 기반한 색상 모델로, 밝기(L), 색상(A, B)으로 색을 정의하여 넓은 색 영역을 표현
듀오톤(Duotone)	두 가지 색상을 혼합하여 이미지를 표현하며, 흑백 이미지에 색감을 더해 인쇄 효과를 높임
비트맵(Bitmap)	흑백 픽셀만으로 이미지를 표현하는 방식으로, 각 픽셀은 검정 또는 흰색 중 하나만 가질 수 있음

04 파일 형식

1) 이미지 파일 형식

이미지 파일 형식은 다양한 특성에 따라 선택되며, 각 형식은 사용 용도와 목적에 맞게 최적화되어 있다.

구분	설명
PSD(*.psd)	• 포토샵의 기본 포맷, 레이어, 채널, 패스 등의 요소 저장 가능 • 수정과 재사용이 가능, 용량이 큼
BMP(*.bmp)	• 비트맵 이미지 포맷 • 빠른 입출력 속도, 압축 미지원, 용량이 큼
GIF(*.gif)	• 웹 표준 그래픽 포맷, 무손실 압축 • 256색상 표현, 투명 배경 및 애니메이션 지원 • 버전에 따라 GIF87a(정지 이미지)와 GIF89a(투명·애니메이션 지원)로 구분
EPS(*.eps)	• 인쇄 및 출력용 포맷 • 포스트스크립트 언어 기반
PDF(*.pdf)	• 포스트스크립트의 변형 • 적은 용량, 높은 호환성
PNG(*.png)	• GIF와 JPEG보다 높은 압축률 제공 • 투명 배경 저장 가능
TIFF(*.tif, *.tiff)	• 다양한 이미지 모드 지원 포맷 • 윈도우 및 맥 환경에서 높은 호환성
JPEG(*.jpg, *.jpeg),	• 웹과 디지털 환경에서 활용, 손실 압축 • 최대 24비트 색상을 지원, 원하는 품질로 저장 가능

> **기적의 TIP**
>
> **포스트스크립트(PostScript)**
> 컴퓨터에서 프린터나 출판 장비로 데이터를 전달할 때 사용되는 페이지 설명 언어(Page Description Language)로 주로 텍스트와 그래픽의 출력 형식을 정의하며, 고품질 출력 작업에 활용

> **기적의 TIP**
>
> **GIF89a**
> 1989년 개정 GIF 규격으로 투명색, 애니메이션 지원

2) 이미지 표현 방식 비교

이미지 표현 방식	비트맵 이미지(래스터 방식)	벡터 이미지(포스트스크립트 방식)
파일 포맷	JPEG, BMP, TIFF, GIF, PNG	AI, PICT, CDR, EPS(포스트스크립트 기반)
사용 프로그램	포토샵, 페인트샵 프로	일러스트레이터, 코렐드로

> **개념 체크**
>
> 1 GIF 파일 형식은 ( ) 색상까지 표현할 수 있으며, 투명 배경과 애니메이션을 지원한다.
>
> 1 256

SECTION 02 UI 시각 구성 요소

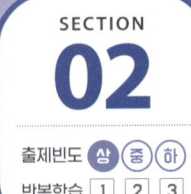

출제빈도 상 중 하
반복학습 1 2 3

빈출 태그 ▶ #색상 #서체 #아이콘 #애니메이션 #콘텐츠 시각화

▲ 색상

▲ 명도

▲ 채도

정보의 위계(Hierarchy of Information)
중요한 정보와 덜 중요한 정보를 구분하고, 이를 시각적으로나 구조적으로 배치하여 사용자가 정보의 중요도를 쉽게 인식하고 이해할 수 있도록 만드는 것을 의미함

01 색상(Color)

- 색상은 감정과 분위기를 전달하며, 사용자에게 직관적인 정보를 제공하는 중요한 심미적 요소이다.
- 같은 레이아웃이나 이미지라도 사용된 색에 따라 인상이 크게 달라질 수 있다.
- 색의 속성을 활용하여 정보의 구분, 강조, 순서, 위계 등을 표현할 수 있다.

구성 요소	설명
색상	• 태양광을 프리즘으로 분산시켰을 때 빨강, 주황, 노랑, 초록, 파랑, 남색, 보라로 나뉨 • 빨강, 파랑, 노랑 등 기본색으로, 상징성과 감성 전달에 중요한 역할을 함 • 정보의 구분, 순서, 상태 등을 명확하게 표현
명도	• 색의 밝고 어두운 정도 • 색상 내에서 단계별 밝기 차이를 나타내며, 정보의 위계와 강조를 표현
채도	• 색의 선명함이나 강렬함 정도 • 색의 순도이며, 흰색, 회색, 검정은 무채색으로 분류됨 • 중요도와 강조를 표현하는 데 활용

02 서체

- 글자의 모양과 스타일을 의미하며, 문서나 디자인에서 텍스트의 분위기와 가독성을 결정짓는 중요한 요소이다.
- 적절한 서체 선택은 정보 전달의 효율성을 높이고, 시각적 인식과 사용자 감정에 영향을 미친다.
- 단순한 텍스트 이상의 의미를 전달하며, 사용자 경험(UX)에 직결되는 요소이다.

1) 서체의 종류

종류	설명
세리프 서체(Serif)	• 글자의 끝에 있는 작은 장식(세리프)이 전통적이고 우아한 느낌을 줌 • 고전적인 인쇄물에서 자주 사용되며, 책이나 신문 등 장문의 텍스트에 적합
산세리프 서체 (Sans – Serif)	• 세리프가 없는 글자 형태로 깔끔하고 현대적인 느낌을 줌 • 가독성이 높아 디지털 매체나 웹사이트에서 자주 사용됨
스크립트 서체 (Script)	• 손글씨를 기반으로 한 서체로, 유연하고 부드러운 느낌을 줌 • 주로 초대장, 결혼식 카드 등 장식적인 용도로 사용

🎯 **개념 체크**

1 색상의 밝고 어두운 정도를 표현하며, 정보의 위계와 강조를 나타내는 요소는 무엇인가?

1 명도

모노스페이스 서체	• 모든 글자가 동일한 간격을 가지는 서체로, 코드 편집기나 타자기 글꼴에서 많이 사용 • 각 글자가 균일한 간격으로 배치되어 코딩이나 표 작성에 적합

2) 타이포그래피(Typography)

- 서체의 모양과 배열을 의미하며, 텍스트를 목적에 맞게 배열하는 디자인 과정이다.
- 글꼴 크기, 자간, 행간 등을 조정해 가독성★을 높이고, 텍스트를 시각적으로 효과적으로 표현한다.
- 감정이나 정서를 전달하고, 미적 요소로 디자인 완성도를 높인다.

★ 가독성
문서나 글이 얼마나 편안하게 읽히는지를 나타내는 개념

① 타이포그래피의 조형적 표현 요소

구성 요소	설명
서체	• 세리프와 산세리프로 구분 • 세리프는 본문에 적합하고, 산세리프는 제목에 주로 사용됨
무게	글자의 획 두께를 나타내며, 정보의 중요도를 구분하거나 특정 부분을 강조하는 데 사용
크기	서체의 크기는 배치되는 활자핀의 높이를 의미하며, 중요성과 위계를 나타냄
스타일	장체, 평체, 이탤릭체 등의 변형된 서체 형태로, 시각적 다양성을 제공
자간	글자 사이의 간격을 의미함
행간	줄과 줄 사이의 간격으로, 가독성에 영향을 미침

② 가독성 향상을 위한 타이포그래피 가이드

- 매체 특성과 사용자 특징을 분석해 적절한 타이포그래피를 선택한다.
- 한 줄에 50~60자의 텍스트를 배치하는 것이 적당하다.
- 서체는 제한적으로 사용하되, 다양한 스타일을 활용하는 것이 효과적이다.
- 웹 접근성을 높이기 위해 표준 서체를 사용하는 것이 좋다.

🚩 **기적의 TIP**

장체
세로로 길쭉한 형태의 글자로, 우아하고 세련된 느낌

평체
가로로 넓은 형태의 글자로, 안정적이고 단정한 인상

이탤릭체
글자가 오른쪽으로 기울어진 형태로, 동적인 느낌과 강조 효과

✅ **개념 체크**

1 글자 사이의 간격을 의미하며, 가독성에 큰 영향을 미치는 타이포그래피 요소는 (　　)이다.

2 타이포그래피에서 글자의 형태를 의미하며, 주로 본문에 사용되어 가독성이 높은 서체 유형은 (　　)이다.

1 자간 2 세리프

> **기적의 TIP**
>
> **커닝(Kerning)**
> 개별 글자 쌍 간격 조정
>
> **트래킹(Tracking)**
> 전체 자간 조정

③ 타이포그래피 중요한 구성 요소

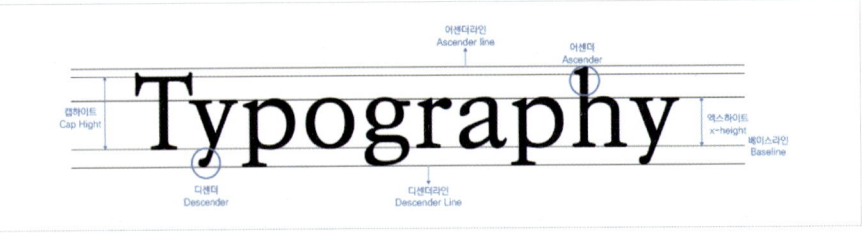

베이스 라인(Baseline)	글자의 가장 하단부가 놓이는 가상의 선
높이(Height)	글자의 전체 높이
세리프(Serif)	글자의 획 끝에 붙는 장식적인 선이나 꼬리 부분
산세리프(Sans-serif)	세리프가 없는 글자체
어센더(Ascender)	소문자에서 x-height를 넘어서 위로 돌출된 부분
디센더(Descender)	소문자에서 베이스라인 아래로 내려간 부분
줄 간격(Leading)	텍스트의 각 줄 사이의 간격
글자 간격(Kerning)	개별 글자 사이의 간격, 자간이라고도 불림

03 그래픽 이미지

- 그림, 사진, 아이콘, 다이어그램 등 컴퓨터로 만든 시각적 이미지를 뜻한다.
- 시각적 커뮤니케이션 수단으로 문자보다 직관적이고 함축적이다.
- 다른 언어권 사용자에게도 보편적 메시지를 전달할 수 있다.

▲ 아이콘

★ **메타포(Metaphor)**
사용자가 인터페이스의 기능을 쉽게 이해할 수 있도록 실제 사물이나 개념을 디지털 환경에 비유하여 표현하는 방식

1) 아이콘(Icon)

- 사용자 인터페이스(UI)에서 메타포★를 활용하여 시각적으로 정보와 기능을 간결하게 전달하는 중요한 요소이다.
- 텍스트를 대신해 직관적이고 빠르게 사용자가 의미를 이해할 수 있도록 도와준다.
- 복잡한 정보를 간략하게 시각화하며, 사용자 경험(UX)을 향상시키는 데 필수적이다.

① 아이콘의 특징

특징	설명
직관성	아이콘의 의미를 빠르게 파악할 수 있는 직관적 설계와 간결한 시각적 메시지 전달
일관성	크기, 색상, 스타일 등의 디자인 속성에서 일관성을 유지하여 사용자 경험을 통일하는 디자인
보편성	누구나 쉽게 이해할 수 있는 보편적이고 표준화된 시각적 상징 ⑩ 저장 아이콘(디스크), 삭제 아이콘(쓰레기통)
가독성	작은 크기에서도 명확하고 쉽게 이해할 수 있는 선명한 아이콘 설계

> **개념 체크**
>
> 1. 사용자 인터페이스(UI)에서 아이콘이 중요한 이유는 ( )을/를 사용하여 정보를 간결하게 시각적으로 전달하기 때문이다.
> 2. 아이콘의 ( ) 원칙은 모든 아이콘이 통일된 스타일을 유지하여 사용자 경험을 일관되게 하는 것을 의미한다.
>
> 1 메타포 2 일관성

② 아이콘 디자인 원칙

특징	설명
단순함	필수 요소만 포함하여 단순한 형태로 설계
명확성	기능을 즉시 떠올릴 수 있는 명확한 형태
일관성	통일된 스타일로 시각적 안정성 유지
적절한 크기와 간격	크기와 간격 조절로 의미 전달과 균형 유지

③ 아이콘의 기능적 사용

기능적 사용	설명
내비게이션 용도	사용자가 시스템 내에서 쉽게 이동할 수 있도록 돕는 역할 예 홈 버튼 아이콘은 메인 화면으로 돌아갈 수 있게 함
행동 유도	사용자가 특정 행동을 취하도록 유도하는 역할 예 '+' 아이콘은 새로운 항목 추가를 유도
알림과 피드백	시스템의 상태나 변화에 대한 피드백 전달 예 새 메시지 도착 알림 아이콘은 시각적 신호 제공

2) 픽토그램(Pictogram)

① 픽토그램의 정의

- 사물, 개념, 정보 등을 직관적으로 표현한 상징적 아이콘 또는 그래픽 기호이다.
- 글자가 아닌 그림이나 기호로 정보를 전달하여 누구나 쉽게 이해할 수 있도록 설계된 시각적 요소이다.
- 보편적 의미를 담고 있으며, 안내 표지판이나 공공장소에서 널리 사용된다.

② 픽토그램의 특징

특징	설명
단순성	복잡한 설명 없이도 누구나 쉽게 인식할 수 있도록 단순화된 디자인으로 구성
보편성	언어나 문화에 상관없이 동일한 의미를 전달할 수 있어, 국제적으로 널리 사용
직관성	글자를 모르는 사람도 정보나 행동 지침을 이해할 수 있도록 설계

3) 다이어그램(Diagram)

① 다이어그램의 정의

- 다이어그램은 정보, 데이터, 개념 등을 도식적으로 표현한 도구이다.
- 복잡한 데이터를 시각적으로 구조화하여 쉽게 이해할 수 있도록 도와준다.

② 다이어그램의 특징

- 개념이나 프로세스를 도식화하여 단계별로 시각적으로 표현해 설명한다.
- 데이터나 관계를 시각적으로 표현함으로써 복잡한 정보를 쉽게 이해할 수 있게 한다.
- 차트, 흐름도, 네트워크 다이어그램 등 여러 형태로 사용되며, 각기 다른 데이터 표현 방식에 맞게 구성된다.

▲ 픽토그램

▲ 다이어그램

개념 체크

1 ( )은/는 복잡한 정보를 시각적으로 표현하여 이해하기 쉽게 전달하는 도구로, 주로 도형, 선, 화살표와 같은 요소들을 사용해 정보의 관계와 흐름을 나타낸다.

2 픽토그램은 특정 개념을 언어를 초월하여 직관적으로 전달하는 기호로, 안내 표지판이나 공공 장소에서 자주 사용된다. (O, X)

1 다이어그램 2 O

4) 인포그래픽(Infographic)

① 인포그래픽의 개념
- 인포그래픽은 정보(Information)와 그래픽(Graphic)의 합성어이다.
- 복잡한 정보나 데이터를 시각적으로 간결하게 요약해 전달하는 도구이다.
- 도형, 차트, 아이콘 등을 활용하여 사용자에게 정보를 빠르고 명확하게 전달하는 것이 목표이다.

② 인포그래픽의 장점/단점

장점	• 복잡한 데이터를 한눈에 파악할 수 있어 정보 전달이 빠르고 효율적임 • 시각적 요소가 사용자의 관심을 끌고 집중도를 높여 더 나은 사용자 경험을 제공 • 텍스트나 숫자 위주의 정보를 시각적으로 풀어내어 직관적인 이해를 도와줌
단점	• 지나치게 단순화하면 중요한 세부 정보가 누락될 수 있음 • 시각적 요소가 과도하게 강조되면 디자인만 부각되고, 전달하고자 하는 정보가 희석될 위험이 있음

04 애니메이션

1) 애니메이션의 정의
- 정지된 이미지나 객체에 연속적인 움직임을 부여하여 마치 생명이 있는 것처럼 움직이는 시각적 기술이다.
- 프레임마다의 변화를 통해 시각적으로 연속된 동작을 표현한다.
- 2D와 3D를 포함한 다양한 형태로 제작되며, 영화, 게임, 광고 등 다양한 분야에서 활용된다.

> **기적의 TIP**
>
> **애니메이션 제작 과정**
> 기획/시나리오 〉 스토리보드 제작 〉 애니메이션 제작 〉 음향 및 더빙 〉 편집 〉 특수효과 및 후반작업 〉 최종 렌더링

2) 애니메이션 방식

방식	설명
프레임 방식	• 각 프레임을 일일이 그려서 연속적으로 재생해 움직임을 표현하는 방식 • 정교한 움직임을 표현할 수 있으나, 시간과 노력이 많이 소요됨. 모든 프레임을 수작업으로 그려야 함 ⑩ 전통 애니메이션, 2D 애니메이션
키 프레임 방식	• 시작 프레임과 끝 프레임을 지정하여 중간 프레임이 자동 생성되는 트위닝(Tweening) 기법★ 방식 • 모든 프레임을 그릴 필요가 없어, 복잡한 동작을 더 빠르고 효율적으로 제작 ⑩ 3D 애니메이션, Adobe After Effects 작업

> ★ **트위닝(Tweening) 기법**
>
> 애니메이션에서 시작 프레임과 종료 프레임 사이의 중간 프레임을 자동으로 생성하여 부드러운 움직임을 만드는 방법이다.

| 프레임 방식 | 키 프레임 방식 |

3) 애니메이션 종류

종류	설명
전통 애니메이션	• 손으로 그린 이미지를 한 프레임씩 촬영하여 움직임을 표현하는 방식 • 2D 애니메이션의 초기 형태
2D 디지털 애니메이션	• 컴퓨터 소프트웨어로 2차원 이미지를 프레임 단위로 제작하는 방식 • 디지털로 구현된 전통 애니메이션
3D 디지털 애니메이션	• 컴퓨터로 3차원 모델을 만들어 움직이는 방식 • 캐릭터의 깊이와 입체감 제공
스톱 모션 애니메이션	• 물리적인 인형이나 물체를 조금씩 움직여 한 프레임씩 촬영하는 방식 • 손으로 조작한 객체로 제작
모션 그래픽	• 텍스트와 도형 같은 그래픽 디자인 요소에 움직임을 주는 방식 • 광고와 프레젠테이션에 주로 사용
컷아웃 애니메이션	• 캐릭터나 배경을 여러 조각으로 나누어 개별적으로 움직이는 방식 • 종이 인형 같은 느낌 제공
셀 애니메이션	• 투명 셀룰로이드 시트에 캐릭터를 그려 배경과 함께 촬영하는 방식 • 캐릭터와 배경을 분리하여 작업
투광 애니메이션	• 빛을 사용해 투명한 시트지나 물체를 조명하여 만드는 애니메이션 기법 • 주로 실루엣을 강조하는 장면에서 사용
로토스코핑	• 실제 촬영한 영상을 바탕으로 캐릭터를 손으로 그려 디지털 애니메이션을 제작하는 방식 • 현실감 있는 움직임 표현 가능
플립북	• 여러 장의 그림을 책처럼 묶어 빠르게 넘겨 애니메이션처럼 보이게 하는 방식 • 가장 간단한 형태의 애니메이션 기법
모핑	• 두 이미지 사이를 부드럽게 전환하는 애니메이션 방식으로, 한 이미지가 다른 이미지로 변형되면서 전환됨 • 변환 과정에서 생동감을 표현

기적의 TIP

애니메이션 프리셋
자주 사용하는 애니메이션을 미리 입력해 둔 메뉴로, 기본값을 사용하거나 필요한 경우 수정하여 활용할 수 있음

파티클(Particle) 소스
짧은 시간에 다양한 애니메이션 효과를 낼 수 있어 다이내믹한 장면 연출에 효과적

블러(Blur)
빠른 동작에 자연스러운 움직임을 부여하는 데 유용하지만, 렌더링 시간이 길어질 수 있어 주의가 필요

로토 애니메이션(Roto Animation)
로토스코핑 기법을 활용한 애니메이션 제작 과정 전체 또는 CG 합성용 트래킹 기술을 포함하는 확장 개념

▲ 모션캡처

▲ 스톱 모션 애니메이션

▲ 플립북

> **기적의 TIP**
>
> 웹 애니메이션
>
> 기존 애니메이션 제작 과정을 디지털화한 인터넷용 애니메이션. 웹 디자인과 애니메이션을 혼합한 작업으로 홈페이지 제작, 애니메이션 로고, 내비게이션 메뉴, 게임, 애니메이션 제작 등에 활용

4) 애니메이션 특수 효과 기법

종류	설명
모션캡처 (Motion Capture)	• 실제 배우나 인물의 움직임을 디지털 데이터로 기록하여 3D 캐릭터에 적용하는 기술 • 소프트웨어를 통해 분석하여 가상 캐릭터가 동일한 동작을 수행할 수 있도록 함
크로마키 (Chroma Key)	• 특정 색상(일반적으로 녹색이나 파란색)을 배경으로 촬영하여, 그 색을 다른 영상이나 이미지로 대체하는 기법 • 다양한 시각 효과를 합성하는 데 도움을 줌
키네틱 타이포그래피 (Kinetic Typography)	• 움직이는 텍스트를 활용하여 메시지를 전달하는 기법 • 음악이나 음성에 맞춰 텍스트가 화면에 나타나는 방식
모션 그래픽 (Motion Graphics)	• 텍스트, 이미지, 아이콘, 그래픽 요소 등을 움직이게 하여 시각적인 효과를 전달하는 애니메이션 기법 • 주로 영화나 TV 프로그램의 타이틀 시퀀스, 광고, 프로모션 영상, UI/UX 디자인에서 많이 사용되며, 정보를 직관적이고 시각적으로 표현하는 데 효과적 • 모션 그래픽은 전통적인 애니메이션과 달리 캐릭터 중심의 내러티브가 아닌, 주로 메시지를 전달하거나 시각적 스타일을 강조하는 데 중점을 둠

05 콘텐츠 시각화

- 정보의 시각적 표현으로 사용자가 빠르고 쉽게 이해할 수 있도록 돕는 기술이다.
- 복잡한 데이터를 그래픽 요소로 전환하여 직관적으로 전달함으로써 사용자 경험을 개선하는 데 중요한 역할을 한다.

1) 콘텐츠 시각화 기획 및 제작 과정

단순히 데이터를 그래픽으로 변환하는 작업이 아니라, 사용자에게 정보를 효과적으로 전달하기 위한 체계적인 기획과 제작 과정을 포함한다.

단계	설명
콘텐츠 기획	소재 요구 분석, 아이디어 회의를 통해 시각화할 콘텐츠의 방향성을 설정
자료 수집	필요한 데이터와 자료를 수집하고 분석하여, 시각화에 사용할 핵심 정보를 선별
구조 설계	정보를 계층적 또는 평면적으로 구성하여 데이터 간의 연결고리와 흐름을 설계
문제점 분석	그래픽적 또는 기술적 문제점을 파악하고, 시각화 과정에서 발생할 수 있는 오류를 미리 해결
포맷 결정	콘텐츠에 맞는 그래픽 요소와 시각화 포맷(차트, 다이어그램 등)을 선택하여 시각적 스타일을 결정
시각화 방법 선택	데이터의 특성에 맞는 시각화 방법을 선택 예) 데이터 차트, 그래프, 일러스트, 메타포 등을 결정
정리와 검토	시각화 과정에서 중복되거나 과잉 표현된 부분을 정제하고, 최종 결과물의 완성도를 높이기 위해 테스트 진행

이론을 확인하는 기출문제

01 비트맵 이미지의 특징으로 가장 적절한 것은?
① 픽셀 단위로 이미지를 구성한다.
② 해상도와 무관하게 자유롭게 확대·축소가 가능하다.
③ 수학적 좌표와 선으로 이미지를 표현한다.
④ 주로 로고, 아이콘, 도형 제작에 사용된다.

비트맵 이미지는 픽셀 단위로 구성되며, 해상도에 의존하는 특성을 가짐

02 다음 중 비트(bit)에 대한 특징으로 옳은 것은?
① 비트는 데이터를 저장하는 가장 큰 단위이다.
② 비트는 1바이트(byte)와 동일한 크기를 가진다.
③ 비트는 0과 1 두 가지 값을 표현할 수 있다.
④ 비트는 데이터를 전송할 때 항상 8비트씩 묶여 전송된다.

오답 피하기
- ① : 비트는 데이터 저장의 가장 작은 단위임
- ② : 1바이트는 8비트로 구성됨
- ④ : 전송 시 8비트로만 제한되지 않음

03 벡터 이미지를 픽셀 기반의 래스터 이미지로 변환하는 과정을 무엇이라고 하는가?
① 벡터라이징
② 래스터라이징
③ 디지털화
④ 픽셀화

벡터 이미지를 픽셀 기반의 래스터 이미지로 변환하는 과정을 래스터라이징이라고 함

04 헥사코드 색상 표현 방식에서 #FF0000은 어떤 색을 나타내는가?
① 빨강
② 초록
③ 파랑
④ 검정

헥사코드에서 #FF0000은 빨강을 의미하며, RRGGBB에서 FF는 Red 최대값임

05 인덱스 컬러(Index Color)의 특징으로 적절한 것은?
① 제한된 색상 팔레트를 사용해 이미지의 파일 크기를 줄인다.
② 24비트 색상을 표현해 사진과 같이 복잡한 이미지를 저장한다.
③ 두 가지 색을 혼합해 이미지에 독특한 색감을 더한다.
④ 흑백 픽셀로 이미지를 표현하는 방식이다.

- ② : 트루컬러 설명
- ③ : 듀오톤 설명
- ④ : 비트맵 방식의 설명

06 다음 중 투명한 GIF를 변환할 때 필요한 작업이 아닌 것은?
① GIF89a 포맷을 사용한다.
② 투명색을 지정한다.
③ 256색(Indexed Color) 모드로 변환한다.
④ JPG 포맷으로 저장한다.

GIF는 투명 배경을 지원하지만 JPG는 투명 배경을 지원하지 않음. GIF를 투명하게 변환하려면 GIF89a 포맷을 사용하고, Indexed Color 모드에서 투명색을 지정해야 함

정답 01 ① 02 ③ 03 ② 04 ① 05 ① 06 ④

07 다음 중 이미지 파일 형식과 설명이 잘못 연결된 것은?

① GIF - 256색상 지원, 투명 배경 가능, 애니메이션 지원
② PNG - GIF보다 높은 압축률 제공, 투명 배경 저장 가능
③ TIFF - 인쇄와 출력에 적합, 윈도우·맥 모두 높은 호환성
④ BMP - 압축 지원으로 파일 용량이 작음

BMP는 일반적으로 압축하지 않아 용량이 크며, 주로 빠른 입출력 속도가 장점임

08 다음 중 모노스페이스 서체의 특징으로 옳은 것은?

① 글자 폭이 다양해 가독성이 높다.
② 모든 글자가 동일한 폭을 가져 코딩 작업에 적합하다.
③ 글자의 끝에 세리프 장식이 있어 장문에 적합하다.
④ 손글씨를 흉내 내어 부드럽고 유연한 느낌을 준다.

모노스페이스 서체는 모든 글자의 폭이 동일해 코드 편집기나 표 작성 시 정렬이 쉬움

09 아래 빈칸에 들어갈 단어로 옳은 것은?

타이포그래피에서 글자 사이의 간격을 의미하며, 가독성에 큰 영향을 미치는 요소는 (　　)이다.

① 행간
② 자간
③ 베이스라인
④ 세리프

자간(Tracking)은 개별 글자 사이의 간격으로, 글의 밀도와 가독성을 결정하는 중요한 요소

10 다음 중 타이포그래피 구성 요소와 설명의 연결이 올바르지 않은 것은?

① 무게 - 글자 획의 두께를 의미하며 정보의 위계와 강조를 표현한다.
② 스타일 - 장체, 평체, 이탤릭체와 같이 변형된 서체 형태를 말한다.
③ 자간 - 줄과 줄 사이의 간격으로 가독성에 영향을 미친다.
④ 크기 - 서체의 높이로, 중요성과 위계를 나타낸다.

자간은 글자와 글자 사이의 간격이며, 줄과 줄 사이의 간격은 행간(Leading)임

11 다음 설명에 해당하는 아이콘 특징은 무엇인가?

"저장(디스크), 삭제(쓰레기통)처럼 누구나 동일하게 이해할 수 있도록 표준화된 시각적 상징을 사용한다."

① 일관성
② 가독성
③ 보편성
④ 직관성

보편성은 언어·문화와 무관하게 동일한 의미를 전달하는 특성을 말하며, 표준화된 상징은 글로벌 환경에서도 동일하게 이해될 수 있음

12 색상에서 명도의 역할로 적절한 설명은 무엇인가?

① 색의 선명함이나 강렬함을 나타낸다.
② 색의 밝고 어두운 정도를 나타내며, 정보의 위계와 강조를 표현한다.
③ 색상 간의 대비를 나타내며, 배경과의 차이를 극대화한다.
④ 색의 감정적 효과를 결정한다.

명도는 색의 밝고 어두운 정도를 나타내며, 정보의 위계와 강조를 표현

정답　07 ④　08 ②　09 ②　10 ③　11 ③　12 ②

13 서체의 종류 중에서 전통적이고 우아한 느낌을 주며, 주로 인쇄물에서 사용되는 서체는?

① 세리프 서체
② 산세리프 서체
③ 스크립트 서체
④ 모노스페이스 서체

세리프 서체는 글자의 끝에 장식이 있어 전통적이고 우아한 느낌을 주며, 장문의 인쇄물에서 자주 사용

14 다음 중 아이콘 디자인 원칙으로 옳은 것은?

① 불필요한 요소를 포함하여 다양성을 높인다.
② 기능을 즉시 떠올릴 수 있는 명확한 형태를 유지한다.
③ 각 아이콘의 크기와 간격을 임의로 변경한다.
④ 서로 다른 스타일로 제작해 개성을 강조한다.

아이콘 디자인은 명확성과 일관성을 유지하며 크기와 간격은 균형을 맞춤

15 다음 중 애니메이션 기법에 관한 설명으로 올바른 것은?

① 플립북은 디지털 방식의 애니메이션이다.
② 스톱 모션은 물체를 조금씩 움직여 촬영하는 방식이다.
③ 모핑은 프레임마다 직접 그려서 움직임을 표현하는 전통 방식이다.
④ 키네틱 타이포그래피는 정적인 텍스트만을 사용한다.

스톱 모션은 물체를 조금씩 움직여 한 프레임씩 촬영하여 움직임을 표현하는 기법

16 애니메이션에서 트위닝(Tweening) 기법의 역할은 무엇인가?

① 캐릭터의 움직임을 손으로 직접 그리는 기법이다.
② 중간 프레임을 자동으로 생성하여 부드러운 움직임을 만드는 기법이다.
③ 특정 색상을 배경으로 촬영한 영상을 다른 영상과 합성하는 기법이다.
④ 빠르게 넘기면 움직이는 것처럼 보이는 플립북 애니메이션 기법이다.

트위닝 기법은 중간 프레임을 자동 생성하여 부드러운 움직임을 만드는 기법

17 다음 애니메이션 제작 과정의 올바른 순서로 나열한 것은?

ㄱ. 스토리보드 제작
ㄴ. 기획/시나리오
ㄷ. 애니메이션 제작
ㄹ. 최종 렌더링

① ㄱ → ㄴ → ㄷ → ㄹ
② ㄴ → ㄷ → ㄱ → ㄹ
③ ㄴ → ㄱ → ㄷ → ㄹ
④ ㄷ → ㄱ → ㄴ → ㄹ

애니메이션 제작은 기획/시나리오 → 스토리보드 → 제작 → 최종 렌더링 순으로 진행됨

18 다음 중 콘텐츠 시각화 기획 단계에서 수행하는 활동으로 옳은 것은?

① 데이터의 특성에 맞는 그래프나 차트 형태를 결정한다.
② 시각화할 콘텐츠의 방향성을 설정한다.
③ 중복되거나 과잉 표현된 부분을 정제한다.
④ 그래픽적 문제를 사전에 파악한다.

콘텐츠 기획 단계에서는 소재 요구 분석과 아이디어 회의를 통해 방향성을 설정함

정답 13 ① 14 ② 15 ② 16 ② 17 ③ 18 ②

PART 02

웹디자인과 UX/UI 설계

파트 소개

웹디자인의 기획부터 설계, 제작, 평가까지의 전 과정을 이해하고, 다양한 디바이스와 사용자 환경에 대응할 수 있는 반응형 디자인과 사용성 평가 역량을 포함한 실무 중심의 UX/UI 설계 능력을 학습합니다.

CHAPTER

01

기획 및 UX/UI 설계

학습 방향

사용자 경험(UX)과 사용자 인터페이스(UI)의 기본 개념을 이해하고, 화면 설계 도구를 활용한 UI 설계 방법을 학습합니다. 또한 반응형 웹디자인의 개념과 구현 원리를 익히며, 정보 구조 설계를 통해 체계적이고 효율적인 웹사이트 기획 능력을 기르는 것을 목표로 합니다.

출제빈도

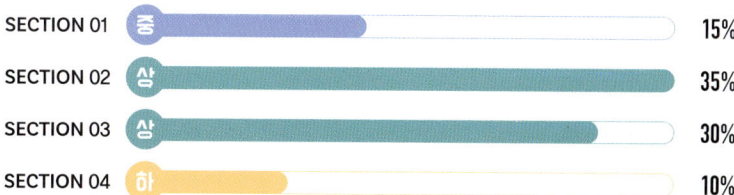

SECTION 01	중	15%
SECTION 02	상	35%
SECTION 03	상	30%
SECTION 04	하	10%

SECTION 01

UX/UI 이해

빈출 태그 ▶ #UI #UX #사용자 경험 #그래픽 사용자 인터페이스

01 사용자 인터페이스(UI, User Interface)

1) UI의 개념
- 사용자가 시스템이나 제품과 상호작용하는 시각적, 기능적 인터페이스를 의미한다.
- 사용성★을 높여 사용자가 시스템을 쉽고 직관적으로 이용할 수 있도록 돕는다.
- 사용자가 목표를 효율적으로 달성할 수 있도록 유용성★을 높여 설계한다.
- 사용자가 기계나 소프트웨어를 조작할 때 사용자와 시스템 간의 소통이 이루어지도록 설계된 환경을 말한다.

★ 사용성
사용자가 제품이나 시스템을 쉽게 학습하고 효율적으로 사용할 수 있도록 돕는 요소

★ 유용성
사용자가 특정 제품, 서비스를 사용할 때 얼마나 효율적이고 만족스럽게 목표를 달성할 수 있는지를 나타내는 개념

2) UI의 종류

종류	설명
명령 줄 인터페이스(CLI)	• 사용자가 명령어를 직접 타이핑하여 시스템과 상호작용하는 방식 • 텍스트 기반의 인터페이스로 숙련된 사용자가 많이 활용 예) 운영체제 터미널, 서버 관리
텍스트 사용자 인터페이스(TUI)	• 텍스트 기반이지만 메뉴와 창 형태로 구성된 시각형 인터페이스 제공 • CLI보다 향상된 방식 예) 초기 DOS 응용 프로그램
그래픽 사용자 인터페이스(GUI)	• 시각적 요소(아이콘, 버튼, 창 등)를 통해 사용자가 시스템과 상호작용하는 방식 • 사용이 직관적이고 시각적이어서 초보자도 쉽게 접근 가능
터치 사용자 인터페이스(TUI)	• 손가락이나 터치펜을 사용해 직접 화면을 터치하여 조작하는 방식 • 스마트폰과 태블릿에서 많이 사용되며, 작은 화면에서는 정확도가 떨어질 수 있음
음성 사용자 인터페이스(VUI)	• 사용자가 음성 명령을 통해 시스템과 상호작용하는 방식 • 편리하지만, 음성 인식 오류나 소음 환경에서는 제한이 있을 수 있음
제스처 사용자 인터페이스(GVI)	• 사용자가 손이나 신체의 움직임으로 기기를 제어하는 방식 • 물리적 접촉 없이 직관적으로 조작할 수 있으나, 정확한 인식이 어려울 때도 있음

📌 개념 체크

1 사용자가 시스템을 텍스트 명령어로 제어하며, 숙련된 사용자가 많이 사용하는 UI의 종류는 ( )이다.
2 그래픽 사용자 인터페이스(GUI)는 텍스트 기반이어서 초보자가 사용하기 어려운 편이다. (O, X)

1 명령 줄 인터페이스(CLI)
2 X

3) UI 제작의 원칙

제이콥 닐슨(Jakob Nielsen)의 UI 가이드라인 원칙을 표로 정리하면 다음과 같다.

원칙	설명
메타포 (Metaphor)	은유 또는 비유를 통해 복잡한 개념을 사용자에게 친숙한 방식으로 쉽게 이해할 수 있도록 표현 ⑩ '폴더' 아이콘은 실제 서류를 담는 폴더와 유사한 방식으로 데이터를 정리하는 개념을 시각적으로 표현한 메타포
사용자 직접 조작	사용자가 시스템을 직접 제어하고 있다는 느낌을 주는 것이 핵심 ⑩ 드래그 시 이동 경로를 자연스럽게 보여주거나, 버튼 클릭 시 눌리는 피드백을 제공
옵션 선택 방식	• 사용자가 화면에 표시된 여러 옵션 중 하나를 골라 작업을 진행하는 상호작용 방식 • 사용자가 행동의 결과를 예측하거나 확인할 수 있도록 선택지를 시각적으로 제공
피드백 제공	• 사용자가 조작했을 때 결과를 시각적, 청각적, 촉각적 신호로 제공 • 사용자와 시스템 간의 상호작용을 형성하는 데 중요한 역할
심성 모형★	• 사용자가 과거 경험에 따라 시스템의 기능과 구조를 유추하도록 도와줌 • 사용자 경험을 고려해 UI를 설계
접근성	• 신체적, 환경적 제약 없이 시스템이나 서비스를 편리하게 이용할 수 있도록 설계하는 원칙 • 사용자가 원하는 정보를 쉽게 찾고, 빠르게 이동할 수 있도록 설계
심미성	• 정보의 체계적 구성과 시각적 아름다움을 제공 • 과도한 그래픽 사용은 피하고, 정보의 양을 조절하여 깔끔한 디자인 유지
사용성	일관성, 안전성, 간결성, 명료성을 통해 사용자가 쉽게 이해하고 사용할 수 있도록 설계

★ 심성 모형
사용자가 시스템의 작동 방식을 머릿속에서 예측하고 이해하는 모델

4) UI 구성요건

인터페이스 설계 시 고려해야 하는 핵심 요소이다.

종류	설명
학습성	• 사용자가 인터페이스를 쉽게 배울 수 있어야 함 • 직관적인 디자인을 통해 별도의 교육 없이도 쉽게 사용
효율성	• 최소한의 노력으로 원하는 작업을 빠르고 정확하게 완료할 수 있어야 함 • 불필요한 단계가 줄어들도록 설계
기억성	• 사용자가 일정 기간 사용하지 않다가 다시 이용해도 쉽게 인터페이스를 익힐 수 있어야 함 • 일관된 디자인과 직관적인 내비게이션을 제공하여 재사용 시 학습 부담을 줄임
오류 예방	• 사용자가 실수할 가능성을 최소화해야 함 • 오류가 발생할 경우 쉽게 수정할 수 있는 기능을 제공
만족도	• 사용자가 기대하는 기능을 제공하여 사용자가 만족감을 느낄 수 있어야 함 • 긍정적인 사용자 경험을 제공

개념 체크

1 제이콥 닐슨의 UI 가이드라인 중, 복잡한 개념을 사용자에게 익숙한 방식으로 이해할 수 있도록 돕는 원칙을 (　　　)라고 한다.

2 피드백 원칙은 사용자가 시스템을 조작했을 때 결과나 시스템 반응을 시각적, 청각적 신호로 제공하여 상호작용을 형성하는 역할을 한다. (O, X)

1 메타포　2 O

02 사용자 경험(UX, User Experience)

1) UX의 개념
- 사용자가 제품, 서비스, 시스템 등을 이용하면서 느끼는 총체적인 경험을 의미한다.
- 다양한 요소들이 UX에 영향을 미치며, 궁극적으로 사용자의 요구를 충족시키고 긍정적인 경험을 제공하는 것이 UX 디자인의 목표이다.

2) 사용자 경험의 단계

영역	설명
사용자 기대	제품이나 서비스를 접하기 전에 기대감과 호기심을 가지는 단계
사용자 경험	실제로 제품이나 서비스를 사용하면서 느끼는 전반적인 경험
사용자 반성	사용 후 경험을 돌아보며, 초기 기대와 실제 사용 결과를 비교하고 평가하는 단계

3) UX 설계 시 유의 사항
- 사용자의 요구와 기대를 최우선으로 고려해야 한다.
- 사용자 피드백을 적극적으로 수렴하고, 데이터 기반으로 설계한다.
- 사용성 테스트를 통해 문제점을 찾아내고 데이터를 바탕으로 UX를 개선한다.
- 나쁜 UX는 사용자의 불편을 초래하여 서비스 이탈로 이어질 수 있다.

4) UX를 다루는 분야

영역	설명
인터랙션★ 디자인	사용자와 시스템 간의 상호작용을 설계하여 사용자가 목적을 달성하도록 돕는 디자인 분야
정보 디자인	콘텐츠를 체계적으로 분류하고 배치하여 사용자가 필요한 정보를 쉽게 찾을 수 있도록 하는 설계 과정
인터페이스 디자인	사용자와 시스템 간의 시각적, 물리적 상호작용을 직관적으로 설계 예 레이아웃 및 시각적 구성 설계, 아이콘, 색상, 폰트 스타일 개발
시각 디자인	색상, 이미지, 타이포그래피 등의 시각적 요소를 사용하여 감성적이고 직관적인 경험을 제공하는 디자인 분야
서비스 디자인	사용자 경험을 서비스의 시작부터 끝까지 일관되게 설계 예 사용자 여정 전반의 문제점 분석

★ 인터랙션(Interaction)
사용자와 시스템이 상호작용하며 주고받는 모든 행동과 반응

개념 체크

1. UX(User Experience)는 사용자가 제품, 서비스, 시스템 등을 이용하면서 느끼는 총체적인 경험을 의미한다. (O, X)
2. 복잡한 데이터를 시각적으로 정리하여 명확하게 전달하는 디자인 영역은 (   )이다.

1 O 2 정보디자인

5) UX 설계 5단계

제품의 전략부터 시각적 디자인까지 구성되는 UX 5단계 모델이다.

UX 구성 요소	설명
전략	프로젝트의 목표를 설정하고, 사용자 요구와 기대를 명확히 분석하는 단계
범위	제품이나 서비스에서 제공할 주요 기능과 콘텐츠의 범위를 정의하는 단계
구조	정보를 체계적으로 조직하고 사용자와의 상호작용 방식을 설계하는 단계
윤곽	내비게이션을 구성하고 사용자가 쉽게 탐색할 수 있도록 인터페이스를 설계하는 단계
표면	시각적 디자인 요소를 통해 사용자와의 최종 상호작용 경험을 완성하는 단계

6) UX 품질 평가 요소

구성 요소	설명
사용성	• 사용자가 제품을 쉽고 편리하게 사용할 수 있는 정도 • 사용자 요구를 충족하는 유용한 기능과 정보를 정확히 제공
기능성	• 제품이 사용자에게 제공하는 기능과 성능 • 사용자 요구를 충족하는 유용한 기능과 정보를 적절히 제공
심미성	• 디자인의 미적 가치가 사용자 감정에 영향을 미침 • 시각적 아름다움과 일관성 있는 인터페이스가 중요
접근성	• 장애인이나 고령자를 포함한 모든 사용자가 불편 없이 접근할 수 있도록 설계 • 다양한 환경과 조건에서도 문제없이 사용할 수 있도록 설계
신뢰성	• 제품이 일관되게 작동하며 사용자에게 안정성을 제공 • 정확하고 안정적인 정보를 제공하며, 보안을 강화해 사용자 신뢰를 구축
사용자 참여	사용자가 제품이나 서비스와의 상호작용에서 흥미를 느끼고 몰입할 수 있도록 유도
가치 전달	사용자에게 의미있는 경험을 제공하며, 이를 통해 만족도와 브랜드 가치를 동시에 높여야 함

7) UX 디자인 원칙

사용자가 제품이나 서비스를 사용하면서 최적의 경험을 제공받도록 하는 주요 디자인 원칙이다.

UX 디자인 원칙	설명
사용하기 쉬워야 한다	제품이나 서비스의 이해와 효율적인 사용성을 높이는 것이 중요
유용해야 한다	사용자 요구를 충족하는 기능과 정보 제공
매력적이어야 한다	시각적 요소를 통한 감성적 호소와 긍정적 경험을 제공
접근성이 좋아야 한다	모든 사용자가 접근할 수 있도록 설계하여 사용성을 극대화
신뢰할 수 있어야 한다	정확한 정보와 보안, 안정성을 제공하여 신뢰성을 구축
발견 가능해야 한다	필요한 정보와 기능을 쉽게 찾을 수 있는 내비게이션 제공
가치 있어야 한다	사용자 만족도와 기업 가치를 높이는 유의미한 경험을 제공

 개념 체크

1 UX 품질 평가 요소에서 '제품이 일관되게 작동하며 사용자에게 안정성을 제공'하는 것은 ( )이다.
2 UX 디자인 원칙에서 '유용해야 한다'는 시각적 요소를 통해 감성적 호소와 긍정적 경험을 제공하는 것을 의미한다. (O, X)

1 신뢰성 2 X

03 그래픽 사용자 인터페이스(GUI, Graphic User Interface)

1) GUI의 개념
- 사용자가 시각적 요소로 시스템과 상호작용하는 인터페이스이다.
- 텍스트 명령어 대신 그래픽 요소(아이콘, 창, 메뉴, 포인터 등)를 사용함으로써 직관적인 상호작용이 가능하다.
- 그래픽 요소를 통해 초보자도 쉽게 사용할 수 있다는 장점이 있다.

Windows 8의 GUI
〈출처 : MS Windows 8 공식 홈페이지〉

2) GUI의 발전
- 애플의 매킨토시에 처음 적용되며 대중화되었다.
- PC뿐만 아니라 스마트폰, 태블릿 등 다양한 디바이스에 적용되며, 표준화되었다.
- 현재 애니메이션, 소리 등 시각적 피드백을 포함해 더 직관적으로 진화하고 있다.

3) GUI의 장점/단점

① 장점
- 아이콘과 버튼으로 직관적 조작이 가능하며, 시각적 단서로 빠르게 이해할 수 있다.
- 초보자도 쉽게 사용이 가능하고, 시각적 피드백으로 동작을 명확히 알 수 있다.
- 여러 창을 동시에 열어 효율적인 작업 환경을 제공한다.

② 단점
- GUI는 그래픽 처리로 인한 시스템 자원을 많이 소모한다.
- 다양한 기능을 포함하는 GUI는 지나치게 복잡해질 수 있다.

 개념 체크

1. GUI는 애플의 매킨토시에 처음 적용되었으며, 현재 모든 스크린 기반 디바이스에서 그래픽 중심 UI로 자리 잡았다. (O, X)
2. GUI에서 사용자 상호작용을 위해 사용하는 시각적 요소 중 하나로, 특정 기능을 실행하는 작은 그래픽 이미지를 무엇이라고 하는가?
( )

1 O 2 아이콘

SECTION 02 UI 화면 설계 도구

출제빈도 상 중 하
반복학습 1 2 3

빈출 태그 ▶ #와이어 프레임 #레이아웃 #그리드 #스토리보드

01 와이어 프레임(Wire frame)

1) 와이어 프레임의 개념
- 웹사이트나 애플리케이션의 구조와 레이아웃을 시각적으로 표현하는 설계도이다.
- 디자인 초기 단계에서 활용되며, 페이지 구조를 이해하고 사용자 흐름을 계획하는 데 도움을 준다.
- 단순한 선으로 색상, 이미지 없이 화면 구성 요소를 배치하고, 흐름을 시각화한다.

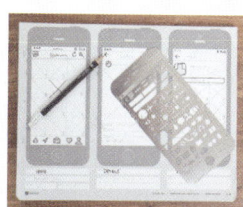

▲ 스텐실을 활용한 핸드 드로잉
(출처 : HYPERLINK "https://www.uistencils.com/products/iphone-stencil-kit")"https://www.uistencils.com/products/iphone-stencil-kit")

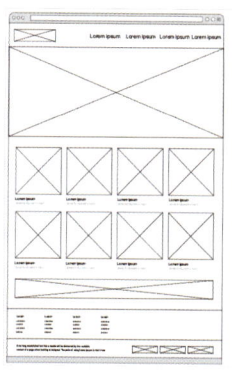 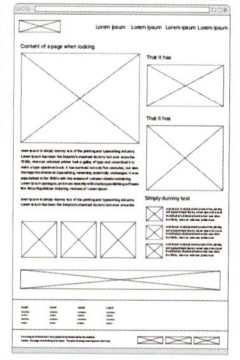

▲ 와이어 프레임

2) 와이어 프레임 작성 시 고려사항
- 다양한 화면 비율을 고려하여 작성한다.
- 세부적인 디자인 요소를 배제하고 전체적인 레이아웃에 집중한다.
- 정보 설계를 반영하여 각 화면을 스케치하고, 설명을 간략히 표기한다.
- 페이지의 전체적인 흐름과 서비스 구조를 쉽게 이해할 수 있도록 작성한다.

목업(Mockup)
실제 디자인 요소(색상, 이미지, 폰트)를 반영한 정적인 시각 디자인 시안

3) 와이어 프레임의 작성 도구

도구	특징
핸드 드로잉	• 종이와 펜을 사용해 자유롭게 그림을 그리는 방법 • 모눈종이나 스케치 노트를 활용하여 레이아웃을 설계하기에 적합 • UI 스텐실, 픽셀 자 등 다양한 도구를 이용해 정교한 작업이 가능
목업 툴	• 웹, 태블릿, 모바일 등 다양한 화면 비율 제공 • 전용 목업 도구 또는 문서 작성 소프트웨어에 포함된 목업 기능 사용

개념 체크
1 와이어 프레임 작성 시 전체적인 레이아웃보다 세부적인 디자인 요소에 집중해야 한다. (O, X)
2 핸드 드로잉은 디지털 도구 없이 와이어 프레임을 작성하는 방식으로, 빠르게 아이디어를 시각화할 수 있다. (O, X)

1 X 2 O

02 레이아웃

1) 레이아웃의 개념과 목적

- 텍스트, 이미지, 그래픽 등 시각적 요소를 체계적으로 배치하여 사용자의 관심을 유도하고 메시지를 명확하게 전달하는 디자인 방식이다.
- 정보를 체계적으로 분류하고, 위계★ 구조를 설정하여 사용자가 내용을 쉽게 이해할 수 있도록 돕는다.
- 시각 흐름을 효과적으로 설계하여 사용자 친화적이고 직관적인 환경을 제공한다.

★ 위계(Hierarchy)
사용자가 정보를 쉽게 이해할 수 있도록 콘텐츠의 중요도에 따라 시각적 요소를 배치하는 것을 의미함

2) 레이아웃의 구성 요소

구분	설명
그리드(Grid)	• 가로와 세로의 격자형 구조로, 통일감과 시각적 안정감을 제공하는 디자인 방법 • 텍스트와 이미지 등 일관성을 유지하기 위한 기본 틀
여백(Whitespace)	• 디자인에서 대비 효과를 높이고, 주제를 부각시키는 중요한 요소 • 공간감을 표현하며 디자인에 여유와 가독성을 부여함
색상(Color)	• 메시지를 강조하고 기능적 역할을 하며, 웹 환경에 따라 달라질 수 있음 • 웹 안전색은 다양한 환경에서도 변하지 않는 표준 색상 팔레트

> **기적의 TIP**
>
> **웹 안전색(Web Safe Colors)**
> - 모든 기기와 브라우저에서 일관되게 표시되는 216가지 표준 색상이다.
> - 과거에는 모니터와 시스템 간 색상 차이가 있어, 다양한 환경에서도 동일하게 보이도록 표준화되었다.
> - 216가지 색상은 210가지 유채색과 6가지 무채색(흰색과 검은색 포함)으로 구성된다.
> - 현재는 디스플레이 기술의 발전으로 거의 모든 색상이 안정적으로 표시되지만, 일부 환경에서는 웹 안전색을 사용해 호환성을 보장할 수 있다.

3) 레이아웃 구조 설계 방법

레이아웃을 체계적인 작업을 통해 시각적 구조를 설계하고, 콘텐츠를 효과적으로 전달하기 위한 과정이다.

① 기본 구조 설정	• 레이아웃 작업의 첫 단계로, 디자인의 기본 틀 구성 • 대칭적 균형, 비대칭적 균형, 원심적 균형, 결정 구조적 균형 등 다양한 균형 방식을 적용해 시각적 구조를 잡음
② 초점선 설정	• 형태적 요소를 기반으로 선을 사용해 시각적 흐름 표현 • 여러 선이 교차하는 지점을 초점으로 정하며, 이를 통해 강조와 방향성을 부여함
③ 구성 막대 활용	• 초점선을 따라 시각적 흐름을 강화하고 감각적인 디자인 요소 추가 • 크고 작음, 두꺼움과 얇음 등 대조적인 형용사를 활용해 레이아웃의 모양, 굵기, 여백, 각도 등 조정
④ 시각 계층 막대	• 여러 개의 시각적 요소를 수직적으로 구분해 배열 • 위쪽은 지시 대상을, 아래쪽은 함축 대상을 나타내며, 정보와 메시지의 위계 강조

03 그리드(Grid)

1) 그리드의 정의와 역할

- 디자인 요소들을 체계적으로 배치하기 위한 가로와 세로의 격자형 구조를 의미한다.
- 그리드는 요소 간의 균형과 비율을 맞추어 시각적 흐름을 자연스럽게 만든다.
- 다양한 해상도와 디바이스 크기에서도 일관된 사용자 경험을 제공한다.
- 단(Column)의 수에 따라 레이아웃과 이미지 배치가 달라지며, 공간의 비례와 수치를 바탕으로 구성된다.

2) 그리드의 구성 요소

구성 요소	설명
로(Row)	그리드의 가로 방향 선으로, 콘텐츠가 수평으로 정렬되는 기준이 됨
단(Column)	그리드의 세로 방향 선으로, 콘텐츠가 수직으로 정렬되는 기준이 됨
모듈(Module)	로와 단이 겹쳐지는 사각형으로, 시각적 요소가 배치되는 단위
마진(Margin)	모듈과 모듈 사이의 외부 여백으로, 요소 간 간격을 조정해 시각적 구분을 만듦
거터(Gutter)	단과 단 사이의 내부 여백으로, 요소 간의 일관된 간격을 유지하도록 함

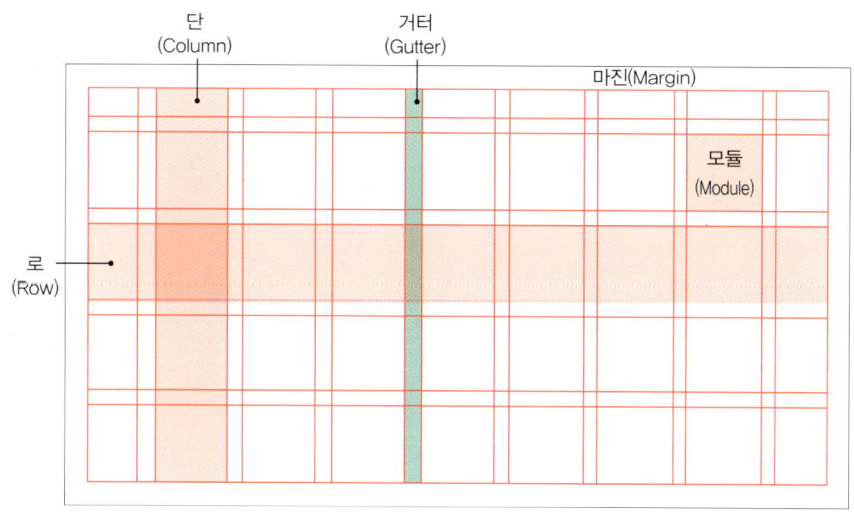

▲ 그리드 구성 요소 명칭

개념 체크

1. ( )은/는 디자인에서 요소 간의 균형과 비율을 맞추어 시각적 흐름을 자연스럽게 만드는 격자형 구조를 의미한다.

2. 여백(Whitespace)은 레이아웃에서 필요 없고 비워둔 공간으로, 시각적 기준선 적용에 영향을 미치지 않는다. (O, X)

1 그리드 2 X

3) 그리드의 종류
- 단의 수에 따라 구분되며, 단이 많아질수록 더 세밀한 배치가 가능하다.
- 단의 수에 따라 레이아웃 구성과 이미지 배치가 달라지며, 콘텐츠와 요소들의 배치 방식이 변화한다.

1단 그리드	2단 그리드	모듈 그리드

04 스토리보드(Story Board)

1) 스토리보드의 정의
- 프로젝트의 기획 과정에서 전체 사용자 흐름과 스토리 구성 요소를 시각적으로 표현한 설계 도구이다.
- 각 화면의 정의, 구성, 내용, 기능, 서비스 흐름을 상세하게 설계하고 정의한 문서이다.
- 프로젝트의 전체적인 구조와 흐름을 쉽게 파악할 수 있도록 돕는다.
- 프로젝트의 기획 의도를 명확히 전달하고 팀원 간의 원활한 커뮤니케이션을 돕는다.

2) 스토리보드 구성
- 스토리보드는 표지, 개정 이력, 공통 요소 정의, 정보 구성도, 서비스 흐름도, 화면 설계의 순서로 작성된다.
- 페이지별 주요 내용을 정리하고, 링크 구조를 명확히 표현하며, 추후 프로그램 기능을 원활히 진행할 수 있도록 기능을 정리한다.

① 표지
프로젝트명, 작성자, 작성일, 버전 정보 등을 포함하여 문서의 기본 정보를 제공한다.

② 개정 이력
- 프로젝트 개발 과정에서 수정된 내용을 기록하는 문서이다.
- 수정 날짜, 상세 내용, 수정 버전 등을 작성하여 구성원들이 한눈에 파악할 수 있도록 한다.

> **기적의 TIP**
>
> **유즈 케이스(Use Case)**
> 사용자가 시스템과 상호작용하는 특정 시나리오를 정의한 문서로 기능 요구사항을 구체화하고, 각 시나리오별 화면 동작을 설계 시 참고함

> **개념 체크**
>
> 1. 프로젝트 기획 과정에서 사용자 흐름과 구성 요소를 시각적으로 표현한 설계 도구는 ( )이다.
>
> 1 스토리보드

버전	개정일자	개정내용	작성자	승인권자
1.0	2025.01.02	최초작성	서하준	
1.1	2025.01.18	레이아웃 수정 작업 및 검색 기능 추가	서하준	
1.2	2025.01.22	관리자페이지 업데이트, 팝업 추가, 갤러리 검색 분류	서하준	
1.3	2025.02.12	회원 정보 입력 실명인증 추가 작업	서하준	
1.4	2025.02.28	개인 맞춤형 콘텐츠와 정보 제공 기능을 추가	김도연	
1.5	2025.03.02	모바일 반응형 디자인 최적화, 일관된 화면 구성을 유지 완료	김도연	

③ 정보 아키텍처(I.A)

정보와 콘텐츠의 계층적 관계와 흐름을 한눈에 파악할 수 있도록 트리 형태로 체계적으로 작성한 문서이다.

> **기적의 TIP**
>
> **UI 플로우(UI Flow)**
> 화면 간 이동 경로와 연결 관계를 도식화한 흐름도로 사용자의 이동 시나리오를 시각적으로 표현하여 전체 UX 구조 파악 가능

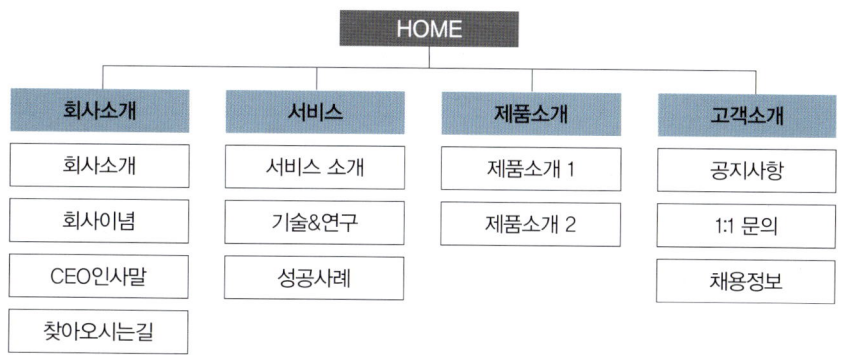

④ 서비스 흐름도(Flow Chart)

메뉴 항목과 주요 기능의 절차를 시각적으로 정리해, 서비스 동작 과정을 쉽게 파악할 수 있도록 도와준다.

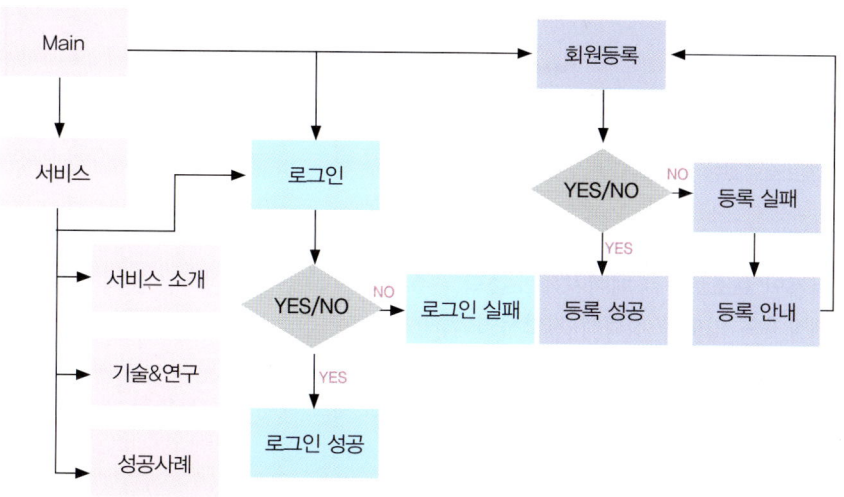

⑤ 화면 설계
- 웹 페이지의 화면 구성과 시각적 요소들을 세부적으로 설계한 문서이다.
- 통일된 규격이 정해져 있지 않아 작성자에 따라 다소 차이가 있을 수 있다.

구분	설명
페이지 정보 영역	화면 상단에 위치하며 프로젝트명, 작성자, 화면 이름, 파일명, 화면 식별자(ID), 경로, 페이지 번호 등의 정보를 포함
화면 설계 영역	• 와이어 프레임보다 구체적으로 레이아웃과 구성 요소를 묘사 • 각 화면의 구조, 탐색 방법, 시각적 인터페이스 요소 등 콘텐츠의 구성을 설명
화면 설명 영역	• 추가 설명이 필요한 요소에는 번호를 부여하고 세부적으로 기술 • 요소별 기능, 동작 방식, 요구사항 등을 구체적으로 명시
하단 정보 영역	문서 작성자, 회사명, 페이지 번호 등의 정보를 기재

▲ 스토리보드 화면 설계 구성 요소

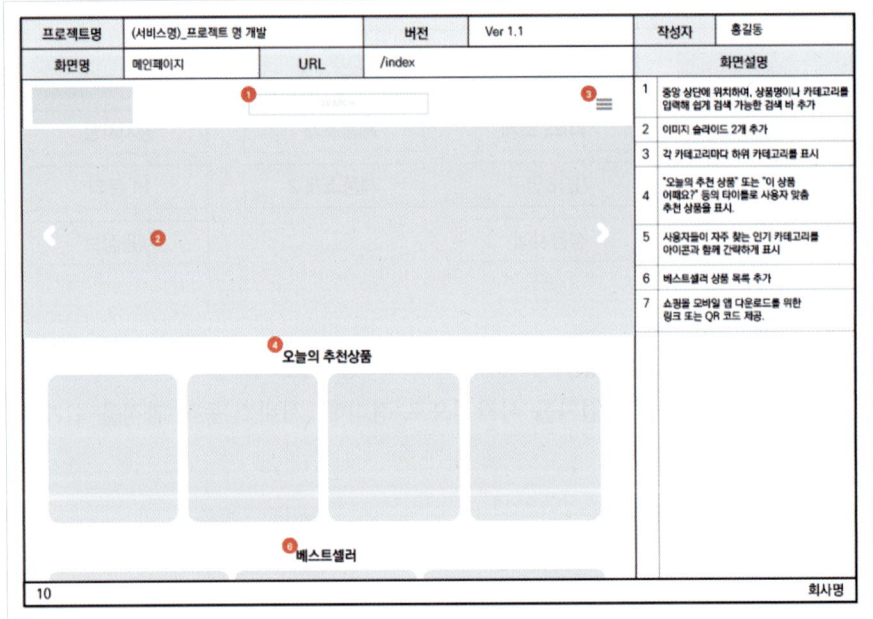

▲ 스토리보드 화면 설계 예

3) 스토리보드 작성 시 유의 사항
- 디자인 요소보다는 페이지에 노출되는 주요 구성 요소를 표현하는 것이 중요하다.
- 제작자의 의도를 정확히 전달하기 위해 각 페이지의 구성 요소와 기능을 상세하게 작성한다.
- 화면 설명이 부족할 경우, 별도의 서비스 프로세스 페이지로 보완할 필요가 있다.

개념 체크

1 스토리보드에서 (　　)은/는 각 페이지의 화면 구조와 시각적 요소를 상세하게 설명한 영역이다.

2 정보 아키텍처는 서비스 흐름을 구체적으로 시각화하여 메뉴 간의 관계를 한눈에 볼 수 있게 해준다. (O, X)

1 화면 설계 2 O

SECTION 03 웹디자인과 반응형

빈출 태그 ▶ #웹 페이지 레이아웃 #웹 페이지 그리드 시스템 #정보구조 설계

01 웹디자인(Web Design)

1) 웹디자인의 정의
- 웹디자인은 웹 페이지를 시각적으로 설계하고 제작하는 것을 의미한다.
- '웹(Web)'과 '디자인(Design)'의 개념이 결합된 형태이다.

2) 웹디자인의 분야
- 개인용 홈페이지뿐만 아니라 기업, 단체, 행사 등 다양한 목적에 맞추어 제작된다.
- 목적에 따라 정보 제공, 홍보, 마케팅, 커뮤니케이션 등 다양한 기능을 가진다.
- 웹디자인 디자인 요소 : 컬러, 레이아웃, 타이포그래피, 이미지 및 그래픽 등

3) 웹디자인 프로세스

종류	단계	세부 내용
기획	주제 결정 및 목표 설정	웹사이트 목적, 타깃 사용자 정의, 주요 기능과 서비스 방향 설정
	메뉴 및 정보 구조 설계	사이트맵 작성, 메뉴 구성, 내비게이션 구조 설계
	자료 수집 및 정리	텍스트, 이미지, 영상 등 콘텐츠 준비 및 정리
설계 및 디자인	레이아웃 설계	전체 페이지 구조와 배치 구성
	세부 디자인 작업	색상, 폰트, 아이콘, 이미지 등 스타일 가이드 제작
구축	프론트엔드 구현	HTML, CSS, JavaScript를 활용한 화면 개발
	백엔드 구축	DB 설계, 서버 프로그래밍(PHP, Node.js, Python 등)
	테스트 및 검수	크로스 브라우저 · 디바이스 테스트, 오류 수정
	서버 업로드	제작된 사이트를 웹 서버에 업로드하여 서비스 시작함
유지 및 관리	검색 엔진 등록 및 홍보	SEO(검색엔진 최적화), 검색 엔진 등록, SNS · 블로그 홍보
	내용 업데이트 및 유지보수	콘텐츠 최신화, 보안 점검, 기능 개선, 디자인 수정

02 웹 페이지 레이아웃

1) 웹 페이지 레이아웃의 개념

- 콘텐츠를 체계적으로 배치하여 사이트의 목적과 메시지를 명확히 전달하는 작업이다.
- 그리드 시스템을 활용하여 헤더, 내비게이션, 콘텐츠 영역, 푸터 등 주요 구성 요소를 적절히 배치한다.
- 페이지 간 계층 구조를 구성하여 각 요소의 관계를 시각적으로 드러낸다.
- 레이아웃 결정 시 중요한 요소는 웹사이트의 콘텐츠 구조와 성격이다.

2) 웹 페이지의 구성 요소

웹 페이지는 시각적으로 구분되는 여러 요소로 구성되며, 각 구성은 사용자의 목적 달성에 필요한 정보 구조와 기능을 제공한다.

종류	설명
헤더(Header)	• 페이지 상단에 위치, 레이아웃에 따라 다양한 위치에도 배치될 수 있음 • 로고, 내비게이션 바, 로그인, 회원가입 등 사이트의 핵심 요소를 포함
내비게이션 (Navigation)	• 사용자가 원하는 정보를 빠르게 찾아 안내할 수 있도록 돕는 시스템 • 검색 기능, 위치 정보, 내비게이션 막대, 풀 다운 메뉴, 내용 목록, 사이트 맵 등을 포함하여 정보를 체계적으로 제공

바디(Body)	• 사이트의 주요 콘텐츠가 표시되는 영역
	  - 콘텐츠 영역 : 사이트에서 제공하는 주요 정보와 서비스를 포함하는 영역
	  - 어사이드 : 배너 광고, 바로가기 버튼, Top 버튼과 같은 부가 기능을 배치하는 보조 영역

푸터(Footer)	• 페이지 하단에 위치하며, 사이트 운영과 관련된 기본 정보를 제공 • 저작권 정보, 주소, 연락처, 이메일, 개인정보처리방침 등 필수 정보 포함

광고
(Advertisement)
	• 다양한 크기와 형태의 광고가 유연하게 배치
	• 콘텐츠와 광고가 사용자 경험을 방해하지 않도록 조화롭게 구성
	• 배너 위치와 크기는 콘텐츠를 방해하지 않도록 선택
	• 하이퍼링크(Hyperlink)와 마이크로링크(Microlink)로 구분
	  - 하이퍼링크 : 페이지나 사이트 단위로 연결되는 링크를 의미
	  - 마이크로링크 : 동일 페이지 내 특정 위치로 이동하는 내부 링크

▲ 웹 페이지 구성 요소

기적의 TIP

웹 페이지 제작 및 관리 과정
주제 결정 및 메뉴 구성 → 자료 수집 및 정리 → 홈페이지 제작 → 웹 서버에 업로드 → 검색 엔진 등록 및 홍보 → 내용 업데이트 및 유지보수

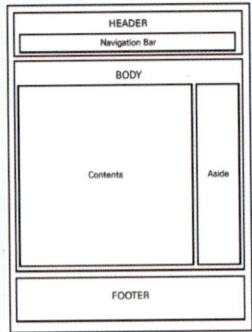

▲ 웹사이트 레이아웃

03 레이아웃 설계

1) 레이아웃 설계 원칙
웹 페이지 레이아웃 설계 시, 다음과 같은 원칙을 적용하여 사용자 중심의 구조적이고 일관된 디자인을 구현할 수 있다.

원칙	설명
일관성 있는 정렬	콘텐츠와 요소를 그리드 라인에 맞춰 배치하여 균형감과 통일성을 유지
모듈화 설계	그리드를 기준으로 콘텐츠 블록을 나누어 재배치 및 수정이 용이하도록 구성
반응형 레이아웃 적용	12단, 16단 그리드를 사용해 화면 크기에 따라 컬럼 수를 유연하게 변경
시각적 흐름 유지	그리드를 기반으로 주요 정보의 시선 경로를 계획
여백 확보	그리드 간격을 활용하여 요소 간의 간격과 시각적 호흡을 제공
다양한 레이아웃 변형	컬럼 병합, 간격 조절, 불규칙 배치 등을 통해 개성 있는 디자인을 구현

2) 웹 페이지 그리드 시스템
- 그리드 시스템은 웹 페이지를 가로와 세로의 격자로 나누어 콘텐츠를 배치하는 설계 기법이다.
- 요소 간의 정렬, 균형, 일관성을 유지하고, 다양한 화면 크기에서도 구조적인 배치를 가능하게 한다.
- 대표적으로 많이 사용되는 방식은 <u>960 그리드 시스템</u>으로, 960픽셀 너비의 기준에서 1, 2, 3, 4, 6 등으로 나눌 수 있어 다양한 레이아웃 구성이 가능하다.

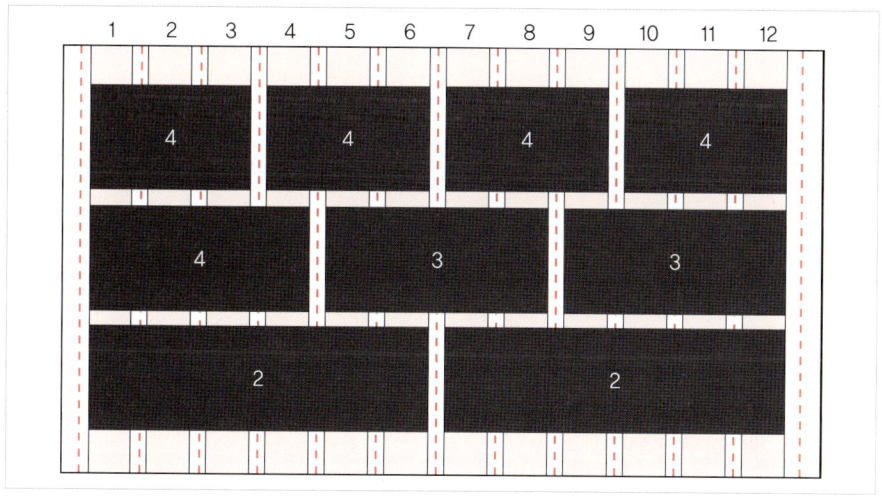

▲ 960 그리드 시스템 예시

> **개념 체크**
>
> 1 사용자가 좌측에서 우측으로 정보를 스캔하며 읽는 일반적인 시선 흐름 패턴은 ( ) 패턴이다.
>
> 1 F 패턴

★ 시표 추적검사
사용자가 화면의 특정 요소를 시각적으로 어떻게 따라가는지 추적하여 사용성 및 관심도를 분석하는 검사 방법

3) 사용자 인지 설계

- 시표 추적검사★를 통해 사용자의 시선 이동 패턴을 분석하고, 대표적인 흐름으로 F 패턴과 Z 패턴이 있다.
- 페이지의 정보 구조와 콘텐츠 특성에 따라 적절한 시각 흐름을 설계하는 것이 중요하다.
- F 패턴은 정보 탐색형 콘텐츠에 적합하고, Z 패턴은 행동 유도(CTA)에 적합하다.

패턴	설명
F 패턴	• 사용자가 좌측에서 우측으로 정보를 스캔하며 읽는 방식 • 가장 일반적인 시선 흐름 패턴 예) 뉴스 기사, 블로그, 게시판, 텍스트 중심 콘텐츠
Z 패턴	• 사용자가 Z 형태로 시선 이동을 하며 콘텐츠를 빠르게 읽는 패턴 • 시각적 요소 배치가 중요하고, 주목도 높은 위치를 순서대로 보는 흐름 예) 랜딩 페이지, 포스터, 프로모션 페이지, 로그인 화면

F패턴	Z패턴

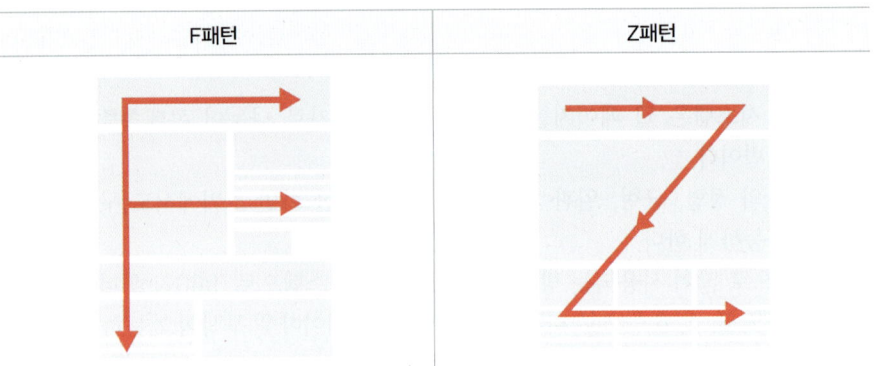

04 고정형 레이아웃

1) 고정형 레이아웃의 개념

- 화면 크기와 관계없이 일정한 픽셀 단위 크기로 제작된 레이아웃이다.
- PC 모니터를 기준으로 디자인되어 모바일 기기에서는 스크롤이나 가독성 문제가 발생한다.

2) 고정형 레이아웃의 특징

- 제작이 간단하고 디자이너의 의도를 정확히 반영할 수 있다.
- 다양한 해상도와 기기에서 호환성이 떨어진다.
- 유지·보수가 어렵고, 반응형 웹이 등장하면서 점차 사용이 줄어들고 있다.

05 반응형 웹(Responsive Web)

1) 반응형 웹의 개념
- 다양한 디바이스의 화면 크기에 자동으로 적응하여 일관된 사용자 경험을 제공하는 웹 디자인 방식이다.
- CSS 미디어 쿼리★, 브레이크포인트★, 유연한 그리드★, 가변 이미지★ 등의 기술을 사용하여 화면 크기에 따라 레이아웃이 유동적으로 변화한다.

2) 반응형 웹의 필요성
- 모바일 기기 사용 증가로 디바이스에서 최적화된 콘텐츠 제공이 필수적이다.
- 하나의 사이트만 관리하므로 업데이트와 수정이 더 쉽고 효율적이다.
- URL이 동일해 SEO(검색엔진 최적화)에 유리하며, 검색 엔진이 콘텐츠를 쉽게 인덱싱할 수 있다.
- 디바이스별 사이트를 따로 만들 필요가 없어 개발 및 유지 비용을 절감할 수 있다.

▲ 반응형 웹

★ 유연한 그리드(Flexible Grid)
픽셀 대신 %나 vw 단위를 사용해 콘텐츠 폭이 화면에 비례해 변하도록 하는 레이아웃 기법

★ 가변 이미지(Fluid Images)
CSS에서 max-width: 100%를 사용해 이미지가 컨테이너 크기에 맞게 자동 축소·확대되도록 처리

★ 미디어 쿼리(Media Query)
디바이스의 화면 크기, 해상도, 방향 등에 따라 다른 CSS 스타일을 적용하여 반응형 웹 디자인을 가능하게 하는 기술

★ 브레이크포인트(Breakpoint)
화면 너비나 해상도의 특정 기준값으로, 이 값에 따라 다른 레이아웃이나 스타일을 적용하는 지점

3) 반응형 웹 레이아웃 패턴

구성 요소	설명
유동형 패턴 (Mostly Fluid)	• 콘텐츠가 화면 크기에 맞춰 유동적으로 조정되는 패턴 • 화면이 커질수록 콘텐츠가 자연스럽게 확장됨 • 작은 화면에서는 그리드를 수직으로 배치하여 공간을 효율적으로 사용
칼럼드롭 (Column Drop)	• 화면 크기가 작아지면 다단 레이아웃이 한 단씩 아래로 떨어지는 방식 • 모바일 화면에서 자주 사용되는 레이아웃 패턴 • 단 간의 연관성이 있을 경우, 계층 구조 관리가 어려울 수 있음
레이아웃 시프터 패턴 (Layout Shifter)	• 디바이스 크기에 따라 레이아웃 구조가 크게 변경되는 패턴 • 복잡한 레이아웃에 적합한 반응형 디자인 • 작업량이 많고 유지 관리가 복잡함
미세조정 패턴 (Tiny Tweaks)	• 화면 크기에 맞춰 소소한 변경이 이루어지는 패턴 • 텍스트 크기나 마진과 같은 세부 요소들이 조정됨 • 블로그에서 많이 사용되는 패턴
오프캔버스 패턴 (Off – canvas)	• 메뉴나 사이드바가 화면 밖에 숨겨져 있다가, 버튼 클릭 시 슬라이드로 나타나는 패턴 • 핵심 콘텐츠를 중심에 두고, 추가 콘텐츠에 쉽게 접근할 수 있음 • 모바일 내비게이션에서 자주 사용됨

〈출처 : NCS 학습모듈 – 디지털디자인구성 요소설계 재구성〉

▲ 반응형 웹 디자인 그리드

 개념 체크

1 (　　)은/는 다양한 디바이스에서 동일한 URL로 일관된 사용자 경험을 제공하며, 화면 크기에 따라 자동으로 레이아웃이 변경되는 웹 페이지 설계 방식을 의미한다.

1 반응형 웹 디자인

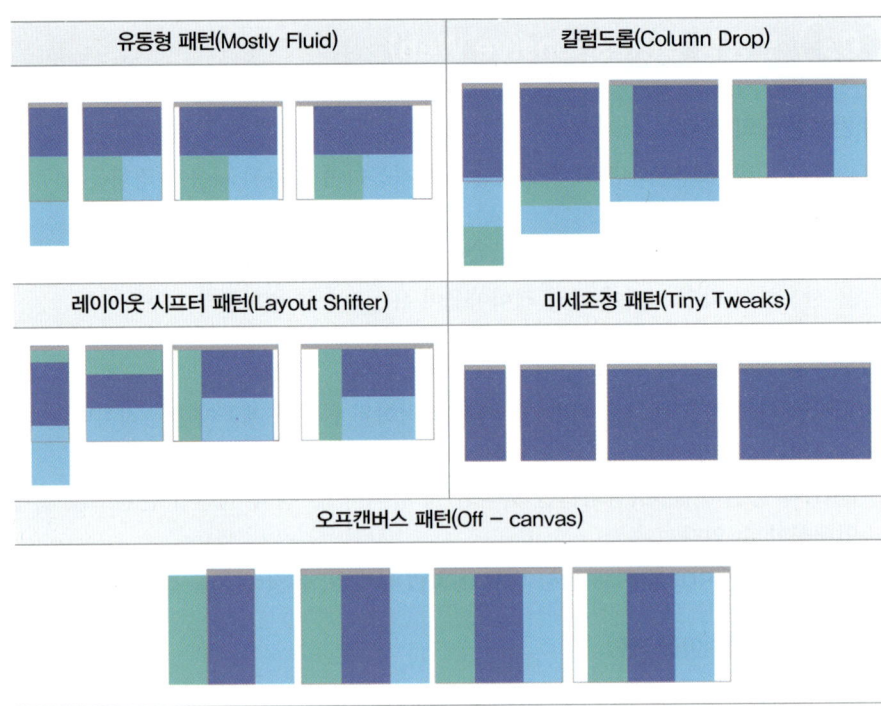

〈출처 : https://www.lukew.com/ff/entry.asp?1514〉

06 적응형 웹(Adaptive Web)

1) 적응형 웹의 개념
- 고정된 여러 레이아웃 중 하나를 디바이스 해상도에 맞춰 보여주는 방식이다.
- 미리 정의된 레이아웃만 제공하므로 새로운 해상도 대응은 별도 작업이 필요하다.

2) 적응형 레이아웃 구성 요소

구성 요소	설명
유동형 테이블 (Fluid Table)	• 여러 열을 가진 표 형태로, 많은 정보를 표현 • 스마트폰 환경에서는 가로 해상도로 인해 가독성이 떨어질 수 있음
크로스탭 그리드 (Crosstab Grid)	• 세로 해상도가 큰 기기에서 행과 열을 반대로 배치하여, 가로 스크롤로 다수의 열을 확인할 수 있는 방식 • 스마트폰에 최적화된 그리드 방식
점진적 칼럼 숨김 그리드 (Progressive Hide Grid)	• 해상도에 따라 덜 중요한 칼럼을 숨기고 모바일에서는 핵심 정보만 표시하는 방식 • 정보 우선순위를 고려한 적응형 디자인 기술
반응형 스크롤 그리드(Responsive Scroll Grid)	• 중요한 칼럼은 고정하고, 나머지 칼럼은 가로 스크롤로 확인하는 방식 • 태블릿과 모바일에서 사용되며, 점진적 칼럼 숨김 그리드와 병행 시 효과적

> 개념 체크
>
> 1 반응형 웹 디자인의 (   ) 패턴은 화면 크기가 작아지면 다단 레이아웃이 한 단씩 아래로 떨어져 모바일 화면에 적합하게 변하는 방식이다.
>
> 2 레이아웃 시프터 패턴은 복잡한 레이아웃에 적합하지만, 작업량이 많고 유지관리가 복잡하다. (O, X)
>
> 1 칼럼드롭(Column Drop) 2 O

아코디언 탭 (Accordion Tab)	• 데스크톱에서는 일반 탭, 모바일에서는 아코디언 탭으로 전환하여, 세로 스크롤로 콘텐츠를 유연하게 확인 • 터치 기반 모바일 기기에서 적합한 적응형 웹 디자인 기술

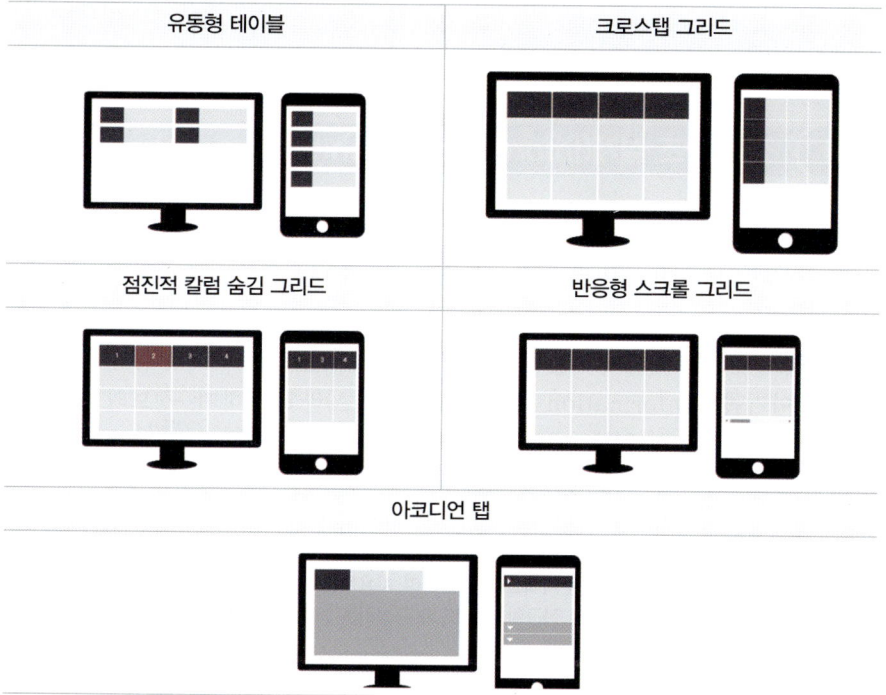

〈출처 : NCS 학습모듈 – 디지털디자인구성 요소설계 재구성〉

07 반응형 웹과 적응형 웹의 특징 비교

구분	반응형 웹(Responsive Web)	적응형 웹(Adaptive Web)
개념	하나의 유동적 레이아웃이 화면 크기에 따라 자동 조정	미리 정의된 여러 고정 레이아웃 중 하나를 선택해 표시
레이아웃 방식	CSS 미디어 쿼리 + 유연한 그리드, 가변 이미지 사용	해상도별로 별도의 레이아웃 제작
화면 대응	모든 해상도에 자동 대응	정의된 해상도 범위 내에서만 대응
장점	유지·관리 용이, URL 동일해 SEO 유리, 다양한 기기 자동 지원	해상도별 맞춤 디자인 가능, 기기별 최적화 수준 높음
단점	복잡한 레이아웃 구현 시 코드량 증가, 저사양 기기에서 로딩 속도 저하 가능	새로운 해상도 추가 시 작업량 증가, 유지·관리 비용 높음

🎯 개념 체크

1 적응형 웹은 CSS 미디어 쿼리와 유연한 그리드 시스템을 사용하여 다양한 화면 크기에 자동 대응한다. (O, X)

1 X

SECTION 04 정보 구조 설계

출제빈도 상 중 하
반복학습 1 2 3

빈출 태그 ▶ #정보 아키텍처 #내비게이션 #레이블링 #사이트맵 #TFT

01 정보 구조 설계(Information Architecture, IA)

1) 정보 구조 설계의 개념
- 웹사이트, 애플리케이션 등의 인터페이스 구조와 내비게이션 체계를 만드는 활동이다.
- 사용자의 행동을 예측하고 편리한 시스템을 구축하는 것이 목표이다.
- 정보 아키텍처(Information Architecture, IA)라고도 하며, 정보의 구성·배치·탐색 방식을 설계하는 것을 포함한다.
- 정보 흐름을 플로우차트(Flow chart)로 시각화한다.

구조 유형	설명	예시
선형(순차) 구조	정보를 순차적으로 배열하여 사용자가 단계적으로 접근할 수 있도록 구성하는 방식	백과사전의 표제어 배열, 가나다순으로 정리된 항목
계층 구조	정보를 주제별로 상위와 하위 관계로 구성하여 체계적으로 구분하는 방식	주제별 학습 사전, 트리 구조로 구분된 사이트 맵
하이퍼텍스트 (네트워크) 구조	하이퍼링크를 통해 정보를 상호 참조하며 유연하게 연결하는 방식	위키피디아의 표제어 링크, 웹 페이지 간의 연결
데이터베이스 (그리드) 구조	테이블 형식으로 정보를 체계화하여 빠른 검색과 조회가 가능하도록 설계하는 방식	전자 도서관 시스템, 데이터베이스의 테이블

▲ 정보 구조의 종류

개념 체크

1 (   )은/는 웹사이트, 애플리케이션 등의 인터페이스 구조와 내비게이션 체계를 만드는 활동을 말하며, 사용자 행동을 예측하고 편리한 시스템을 구축하는 것이 목표이다.

2 하이퍼텍스트 구조는 정보를 하이퍼링크로 연결하여 상호 참조가 가능한 형태로 설계한다. (O, X)

1 정보 구조 설계 2 O

02 정보 구조 체계화

1) 정보 구조화의 목적
- 사용자가 목적에 맞는 정보를 쉽게 탐색할 수 있도록 돕는다.
- 사용자가 정보를 이해하고 활용하는 데 필요한 시간을 줄여준다.

2) 정보 체계화
- 특징이 명확한 정보 : 자음 순, 날짜 순, 지리적 위치 순 등으로 체계화한다.
- 특징이 불명확한 정보 : 주제별, 기능별, 연령별 등으로 체계화하여 유사한 정보끼리 그룹화한다.

3) 정보의 종류

종류	설명
사실	특별한 설명 없이 이해할 수 있는 구체적 정보 예) 가격, 날짜, 위치 등
개념	특정 대상이나 용어를 정의하거나 설명하는 정보 예) "HTML이란 웹 문서를 구성하는 표준 마크업 언어이다."
절차	순차적인 단계나 행동 과정을 안내하는 정보 예) 회원가입 절차, 주문 프로세스, 설치 단계
과정	어떤 현상이나 시스템이 작동하는 원리나 메커니즘에 대한 설명 예) 웹 페이지가 브라우저에 로딩되는 원리, 로그인 인증 과정

4) 정보 구조 설계 원칙
- 불필요한 정보는 최소화하여 혼란을 방지하고, 사용자 경험을 간결하게 만든다.
- 정보의 카테고리를 명확히 정의하고 관련성에 따라 그룹화한다.
- 상위 정보는 간략히, 하위 정보는 세부적으로 구성한다.

5) 정보 구조화 기준
- 일반적으로 하향식 계층 구조를 따르며, 너무 깊거나 넓은 구조는 접근성을 저하시킬 수 있다.
- 효율적인 정보 접근과 명확한 레이블링을 통해 사용자가 원하는 정보를 빠르게 찾도록 지원한다.

> **기적의 TIP**
>
> **레이블링(Labeling)**
> - 레이블링은 모든 웹 페이지의 정보 체계에 이름을 부여하는 작업을 의미한다.
> - 레이블은 정보의 구조와 위치를 명확하게 전달하여 사용자가 혼동하지 않도록 해야 한다.

03 내비게이션(Navigation)

1) 내비게이션의 정의
- 웹사이트나 애플리케이션에서 사용자가 원하는 정보나 기능에 쉽게 접근할 수 있도록 돕는 구조와 인터페이스를 의미한다.
- 효과적인 내비게이션은 사용자 경험(UX)을 크게 향상시키며, 사용자가 목적을 빠르고 효율적으로 달성할 수 있게 해준다.
- 메뉴, 링크, 버튼, 아이콘 등을 활용해 페이지 간의 흐름과 정보의 계층 구조를 시각적으로 제공하는 것이 핵심이다.

2) 내비게이션 유형

구성 요소	설명
글로벌 내비게이션 (Global Navigation)	• 웹사이트나 애플리케이션의 모든 페이지에서 일관되게 제공되는 공통 내비게이션 메뉴 • 모든 페이지에서 동일한 위치에 배치되어 쉽게 접근 가능 • 주로 상단에 위치하며 주요 메뉴(홈, 서비스, 제품 등)를 포함
로컬 내비게이션 (Local Navigation)	• 특정 섹션이나 페이지 내에서만 사용되는 내비게이션 메뉴 • 글로벌 내비게이션의 하위 메뉴 역할을 하며, 해당 섹션의 세부 항목을 제공 • 사용자에게 현재 섹션에서의 선택지와 탐색 경로를 안내
콘텍스트 내비게이션 (Contextual Navigation)	• 사용자가 현재 보고 있는 콘텐츠와 관련된 추가적인 링크를 제공하는 내비게이션 • 제품 상세 페이지에서 "유사한 상품", "이 상품을 구매한 고객이 본 상품" 링크 제공

3) 내비게이션의 주요 구성 요소

구성 요소	설명
메뉴	• 내비게이션의 기본 요소로, 웹사이트의 주요 페이지로 이동할 수 있는 링크 • 명확한 라벨링과 일관된 구조 필요
드롭다운 메뉴	• 상위 메뉴 항목을 클릭하거나 마우스를 올렸을 때 하위 메뉴가 나타나는 형태 • 공간 절약과 다층 정보 제공에 유리
검색창	• 웹사이트 내에서 특정 정보를 검색할 수 있는 기능 • 빠르고 정확한 접근을 제공하며, 관련성 높은 검색 결과 제공 필요
햄버거 메뉴	• 모바일에서 주로 사용되는 유형으로, 세 줄(≡) 아이콘을 클릭하면 메뉴가 나타나는 방식 • 모바일 화면 최적화에 유리
사이트맵	• 웹사이트의 페이지 구조를 한눈에 파악할 수 있도록 트리 구조로 도식화한 형태 • 웹사이트의 전체 구성과 페이지 간의 관계를 파악할 수 있어 바로 이동 가능
브레드크럼	• 사용자가 현재 페이지의 위치를 알 수 있도록 도와주는 요소 • 계층적 구조 명확화 및 탐색 경로 추적에 유용

개념 체크

1. 사용자가 현재 페이지의 위치를 알 수 있도록 도와주는 요소로, 계층적 구조를 명확하게 하고 탐색 경로를 추적할 수 있게 하는 것은 ( ) 이다.
2. 사이트맵은 모바일에서 주로 사용하는 내비게이션 요소로, 세 줄의 아이콘을 클릭하면 메뉴 리스트가 나타난다. (O, X)

1 브레드크럼 2 X

4) 내비게이션 구조 유형

① 연속형(순차적) 구조
특정 순서대로 페이지가 연결된 구조로, 단계별 진행이 필요한 사이트에서 사용된다.
예) 설문 조사, 온라인 강의, 튜토리얼 사이트

② 그리드(데이터베이스) 구조
- 사용자가 원하는 페이지로 바로 이동할 수 있도록 모든 페이지가 동일한 레벨에 배치된다.
- 주로 포털 사이트나 대시보드에서 사용된다.
- 예) 포털 사이트의 다양한 카테고리 페이지(뉴스, 스포츠, 쇼핑 등)

③ 계층형 구조
- 트리 형태로 구성되며, 홈페이지에서 하위 페이지로 내려가는 방식이다.
- 대규모 웹사이트나 기업 웹사이트에서 주로 사용된다.
- 예) 홈페이지 > 제품 카테고리 > 개별 제품 페이지

④ 네트워크(하이퍼텍스트) 구조
- 페이지 간의 연결이 자유롭고 연관성에 따라 이동이 가능하다.
- 블로그, 위키, 포럼 등에서 자주 사용된다.
- 예) 블로그 게시물 간의 하이퍼링크, 위키 사이트의 연관 항목 연결

⑤ 혼합형 구조
- 계층형, 연속형, 그리드 등을 혼합하여 다양한 탐색 방식을 제공한다.
- 복잡한 웹사이트에서 사용자 편의를 위해 여러 유형을 결합한 구조이다.
- 예) 쇼핑몰 사이트(계층형 카테고리, 연속형 구매 과정, 그리드 메뉴)

내비게이션 구조 유형

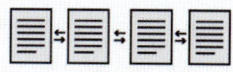
▲ 연속형(순차적) 구조

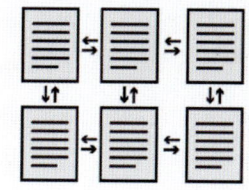
▲ 그리드(데이터베이스) 구조

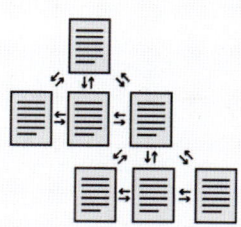
▲ 계층형 구조

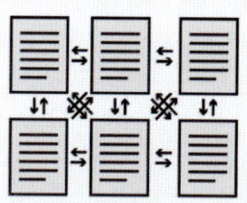
▲ 네트워크(하이퍼텍스트) 구조

5) 내비게이션의 설계 원칙

원칙	설명
일관성	• 모든 페이지에서 동일한 내비게이션 구조와 스타일을 유지 • 사용자는 각 페이지에서 자신의 위치를 쉽게 인식하고 탐색 가능
간결함	• 간결하고 단순해야 하며, 중요한 항목만 명확히 노출 • 복잡한 메뉴는 사용자에게 부담을 주기 때문에 정보 제공에 집중 필요
명확한 레이블	• 메뉴 항목의 텍스트 레이블은 명확하고 직관적이어야 함 • 모호한 이름 대신 바로 이해할 수 있는 명확한 레이블 사용 필요
피드백	• 사용자의 현재 위치나 경로에 대한 시각적 피드백 제공 • 메뉴의 하이라이트 등으로 사용자가 자신이 어디에 있는지 파악 가능
접근성	• 장애가 있는 사용자도 쉽게 웹사이트를 탐색할 수 있도록 접근성을 확보함 • 키보드 내비게이션과 스크린 리더 기능 지원 필요

04 업무 분장

- 디자인 과정에서 기획자와 디자이너가 상호 의견을 조율하여, 기획 의도와 일치하도록 작업을 조정하는 방법이다.
- 원활한 커뮤니케이션을 위해 각자의 업무와 역할을 명확히 이해하는 것이 중요하다.

1) 디자인 프로젝트에서의 업무 분장
- 팀원들의 역할을 명확히 파악하여 업무를 효율적으로 분배한다.
- 프로젝트 일정에 따라 작업 일정을 계획하고 관리한다.
- 각 요소의 담당자를 구분하여 업무를 세분화한다.
- 구체적인 업무 분배로 작업의 효율성과 완성도를 높인다.

2) TFT(Task Force Team)
- 특정 프로젝트나 문제 해결을 위해 임시로 구성된 팀이다.
- 다양한 부서나 전문 분야의 인원이 모여, 단기적으로 목표를 달성하기 위한 집중적인 작업을 수행하는 조직이다.
- 팀원 수는 프로젝트 규모에 따라 조정되며, 보통 3명에서 7~10명 정도로 구성된다.

개념 체크

1. 디자인 프로젝트에서 특정 문제 해결을 위해 임시로 구성된 팀을 (　　)라고 하며, 다양한 부서의 인원이 모여 단기적으로 집중 작업을 수행한다.

1 TFT(Task Force Team)

이론을 확인하는 기출문제

01 다음 중 사용자 인터페이스(UI)의 정의로 옳지 않은 것은?

① 사용자가 시스템이나 제품과 상호작용하는 시각적, 기능적 인터페이스이다.
② 사용성이 낮을수록 사용자가 시스템을 쉽게 이용할 수 있다.
③ 사용자가 목표를 효율적으로 달성할 수 있도록 설계된 환경이다.
④ 시스템과 사용자 간의 소통을 돕는 인터페이스이다.

사용성이 높을수록 사용자가 시스템을 쉽고 직관적으로 이용할 수 있음

02 다음 중 명령 줄 인터페이스(CLI)에 대한 설명으로 적절한 것은?

① 시각적 요소를 통해 시스템과 상호작용하는 방식이다.
② 손가락이나 터치펜으로 조작하는 인터페이스이다.
③ 숙련된 사용자가 주로 사용하는 텍스트 기반의 인터페이스이다.
④ 음성 명령을 사용하여 시스템과 상호작용하는 방식이다.

오답 피하기
• ① : GUI에 대한 설명
• ② : TUI에 대한 설명
• ④ : VUI에 대한 설명

03 제이콥닐슨의 UI 가이드라인 중, 복잡한 개념을 사용자에게 익숙한 방식으로 이해할 수 있게 돕는 원칙은?

① 직접 조작
② 메타포
③ 피드백
④ 심성 모형

오답 피하기
• ① 직접 조작 : 사용자가 시스템을 직접 제어하는 느낌을 주는 원칙
• ③ 피드백 : 사용자의 조작에 대한 결과를 시각, 청각으로 제공하는 원칙
• ④ 심성 모형 : 사용자가 시스템 작동 방식을 머릿속에서 구성한 인지적 모델을 의미

04 UX의 정의로 옳은 것은?

① 사용자가 시스템을 빠르고 정확하게 조작할 수 있도록 돕는 인터페이스이다.
② 사용자가 제품, 서비스, 시스템 등을 이용하면서 느끼는 총체적인 경험이다.
③ 시스템이 오류를 최소화하기 위한 구조를 설계하는 과정이다.
④ 시각적 아름다움을 중점으로 한 사용자 인터페이스의 일종이다.

오답 피하기
• ① : UI의 일부 기능에 해당
• ③ : UI의 오류 최소화 요건
• ④ : 시각 디자인에 관한 설명

정답 01 ② 02 ③ 03 ② 04 ②

05 다음 중 GUI의 특징으로 옳은 것은?

① 텍스트 명령을 통해 시스템과 상호작용한다.
② 초보자도 쉽게 사용할 수 있도록 시각적 요소를 제공한다.
③ 사용자의 음성 명령을 통해 시스템을 제어한다.
④ 시스템 자원을 거의 소모하지 않는다.

오답 피하기
- ① : CLI의 특징
- ③ : VUI의 특징
- ④ : GUI의 단점(그래픽 처리로 인한 자원 소모)

06 다음 중 와이어 프레임에 대한 설명으로 옳지 않은 것은?

① 웹사이트나 애플리케이션의 구조와 레이아웃을 시각적으로 표현하는 설계 도구이다.
② 디자인보다 정보 구조와 기능 배치에 초점을 맞춘 화면 설계도이다.
③ 세부적인 디자인 요소까지 구체적으로 표현하는 도구이다.
④ 사용자 흐름을 계획하고 전체 페이지 구조를 설계하는 데 사용된다.

와이어 프레임은 세부적인 디자인 요소가 아니라 전체적인 레이아웃과 구조를 잡는 초기 단계의 설계 도구

07 고정형 레이아웃의 특징으로 옳지 않은 것은?

① 화면 크기와 관계없이 일정한 픽셀 단위로 제작된다.
② 다양한 해상도와 기기에서 호환성이 뛰어나다.
③ 제작이 간단하고 디자이너의 의도를 반영하기 쉽다.
④ PC 모니터 기준으로 디자인되어 모바일 기기에서는 스크롤 문제가 발생한다.

고정형 레이아웃은 다양한 기기와 해상도에서 호환성이 떨어지는 것이 단점임

08 웹 페이지 주요 레이아웃 구성 요소 설명 중 연결이 틀린 것은?

① 네비게이션 – 실제 콘텐츠가 담기는 영역
② 광고 – 다양한 형태와 크기로 구성
③ 푸터 – 페이지 하단에 위치
④ 어사이드 – 바로가기 버튼, Top, 기타 기능 배치

네비게이션은 사용자가 원하는 정보에 쉽게 접근할 수 있도록 돕는 안내 시스템

09 그리드 시스템에서 단과 단 사이의 여백을 의미하는 용어는 무엇인가?

① 모듈(Module)
② 마진(Margin)
③ 거터(Gutter)
④ 로(Row)

거터(Gutter)는 그리드 시스템에서 단과 단 사이의 여백을 의미하며, 요소 간의 간격을 일정하게 유지하는 역할을 함

10 다음 중 그리드(Grid) 시스템의 역할로 적절하지 않은 것은?

① 화면 내 콘텐츠를 질서 있고 일관되게 배치할 수 있도록 돕는다.
② 사용자 시선의 흐름과 정보 구조를 체계화하는 데 활용된다.
③ 콘텐츠의 비율과 정렬 기준을 제공하여 디자인의 통일성을 유지한다.
④ 화면의 그래픽 스타일과 색상 조합을 결정하는 데 사용된다.

그리드 시스템은 화면 구성의 질서 · 정렬 · 비례 · 균형을 위한 구조적 설계 도구이며, 색상 · 스타일 · 감성 표현은 시각 디자인 단계의 역할

11 웹디자인에서 미디어 쿼리(Media Query)의 역할은 무엇인가?

① 사용자의 브라우저 종류에 따라 다른 자바스크립트 코드를 실행한다.
② 웹사이트의 로딩 속도를 최적화한다.
③ 사용자의 디바이스 특성에 맞춰 레이아웃과 스타일을 동적으로 변경한다.
④ 웹 페이지 내에서 이미지 최적화 작업을 자동으로 수행한다.

> **오답 피하기**
> • ① : 브라우저 호환성과 관련된 자바스크립트 기능
> • ② : 성능 최적화와 관련된 내용
> • ④ : 이미지 최적화 기법과 관련된 설명

12 다음 중 반응형 웹 정보 설계 시 고려해야 할 사항으로 옳은 것은?

① 정보의 깊이를 최대한 복잡하게 설정하여 다양한 경로를 제공한다.
② 직관적인 레이블링으로 사용자가 정보를 쉽게 탐색할 수 있도록 한다.
③ 모든 정보를 한 페이지에 배치하여 탐색 단계를 줄인다.
④ 화면 크기에 관계없이 모든 정보를 동일하게 표시한다.

> **오답 피하기**
> • ① : 정보 구조가 깊으면 모바일 환경에서 탐색이 불편해짐
> • ③ : 정보 과부하를 유발하고 반응형 설계 원칙에 맞지 않음
> • ④ : 반응형 웹은 화면 크기에 맞춰 콘텐츠를 유연하게 재배치하는 것이 핵심

13 스토리보드 작성 시 유의 사항으로 옳지 <u>않은</u> 것은?

① 각 페이지의 기능과 콘텐츠 설명을 반드시 포함해야 한다.
② 디자인 요소보다는 페이지에 노출되는 주요 구성 요소를 표현하는 것이 중요하다.
③ 화면설계는 각 페이지의 세부적인 디자인 요소를 구체적으로 작성해야 한다.
④ 페이지의 흐름과 구조가 쉽게 이해되도록 작성해야 한다.

> 스토리보드에서는 세부적인 디자인 요소보다는 페이지의 구성 요소와 흐름에 초점을 맞추어 작성해야 함

14 다음 중 내비게이션의 역할로 적절한 것은?

① 사용자가 웹 페이지를 빠르게 읽을 수 있도록 돕는다.
② 웹사이트의 구조를 검색 엔진이 쉽게 인덱싱할 수 있도록 한다.
③ 사용자가 원하는 정보에 쉽게 접근할 수 있도록 돕는 안내 시스템이다.
④ 사용자의 데이터를 저장하고 분석하는 시스템이다.

> 내비게이션(Navigation)은 사용자가 원하는 정보에 쉽게 접근할 수 있도록 돕는 안내 시스템

15 F 패턴과 Z 패턴에 대한 설명 중 옳은 것은?

① F 패턴은 사용자가 콘텐츠를 처음부터 끝까지 자세히 읽는 방식이다.
② Z 패턴은 사용자가 좌측에서 우측으로 스캔하면서 읽는 방식이다.
③ F 패턴은 Z 패턴보다 훨씬 느리게 콘텐츠를 읽게 한다.
④ Z 패턴은 좌우 대칭형 콘텐츠 배치에 주로 사용된다.

> F 패턴은 사용자가 좌측에서 우측으로 스캔하며 정보를 읽는 일반적인 시선 흐름 방식

정답 11 ③ 12 ② 13 ③ 14 ③ 15 ②

16 다음 중 정보 구조 설계의 목표로 옳지 <u>않은</u> 것은?

① 사용자가 시스템을 쉽게 이용할 수 있도록 편리하게 설계한다.
② 사용자의 행동을 예측하고, 효율적으로 정보를 탐색할 수 있도록 구조를 만든다.
③ 사용자가 입력한 데이터를 자동으로 분석하는 시스템을 구축한다.
④ 정보 흐름을 플로 차트로 시각화하여 사용자 경험을 최적화한다.

정보 구조 설계는 정보 흐름을 효율적으로 설계하여 사용자의 탐색을 편리하게 하는 데 목적을 둠

17 정보 구조의 유형 중, 정보를 상위-하위 관계로 구성하는 방식은?

① 선형 구조
② 계층 구조
③ 하이퍼텍스트 구조
④ 데이터베이스 구조

오답 피하기
- ① 선형 구조 : 순차적 배열
- ③ 하이퍼텍스트 구조 : 하이퍼링크로 연결된 정보
- ④ 데이터베이스 구조 : 테이블 형태로 정보를 체계화하는 방식

18 다음 중 웹디자인에서 정보를 자음 순, 날짜 순, 지리적 위치 순 등으로 체계화할 때 적절한 정보는?

① 특징이 명확한 정보
② 특징이 불명확한 정보
③ 절차 정보
④ 개념 정보

오답 피하기
- ② : 주제별, 기능별로 체계화
- ③, ④ : 정보의 종류

19 다음 중 정보의 종류와 그 예가 잘못 연결된 것은?

① 개념 - 제품의 정의
② 절차 - 소프트웨어 설치 과정
③ 사실 - 판매 실적
④ 과정 - 고객 문의 대응 방법

과정 정보는 특정 주제의 원리나 이론을 설명하는 정보이며, 고객 문의 대응 방법은 절차 정보에 해당함

20 다음 중 데이터베이스 구조의 특징으로 옳은 것은?

① 정보를 순차적으로 배열하여 쉽게 탐색할 수 있다.
② 정보를 하이퍼링크로 연결하여 상호 참조가 가능하다.
③ 정보를 테이블 형태로 체계화하여 빠르게 검색하고 조회할 수 있다.
④ 정보를 상위-하위 관계로 구성하여 계층적으로 나눈다.

오답 피하기
데이터베이스 구조는 정보를 테이블 형태로 체계화하여 빠르게 검색하고 조회할 수 있는 방식

정답 16 ③ 17 ② 18 ① 19 ④ 20 ③

CHAPTER 02

매체별 구성 요소 설계·제작

학습 방향

디지털 매체별 디바이스의 특성과 기술 표준을 이해하고, 각 매체 환경에 적합한 설계 및 제작 방법을 학습합니다. 또한 최신 디자인 트렌드의 흐름을 파악하여 변화하는 기술과 사용자 환경에 대응할 수 있는 실무 중심의 디자인 역량을 기르는 것을 목표로 합니다.

출제빈도

SECTION 01	중	30%
SECTION 02	상	55%
SECTION 03	하	15%

SECTION 01 디바이스 특성 및 기술 표준

▶ 합격 강의

출제빈도 상 중 하
반복학습 1 2 3

빈출 태그 ▶ #디바이스 특성 #컴퓨터 #모바일 #키오스크 #디지털사이니지 #반응형 웹

01 디바이스 특성

1) 컴퓨터(Computer)
- 하드웨어(모니터, 키보드, 마우스, 저장 장치)와 소프트웨어(운영체제, 응용 프로그램)로 구성된다.
- 정보 처리, 데이터 저장이 용이하며 복잡한 작업과 멀티태스킹을 지원한다.

> - 고성능 하드웨어를 기반으로 다양한 소프트웨어를 실행할 수 있다.
> - 대형 모니터와 고해상도 화면을 지원한다.
> - 멀티미디어 처리 능력이 뛰어나 4K 영상과 고품질 그래픽을 지원한다.

▲ 컴퓨터 주요 특징

2) 모바일(Mobile)
- 이동성을 기반으로 전화, 인터넷, 앱 사용 등을 가능하게 하는 휴대용 디바이스이다.
- 모바일 운영체제는 Android, iOS로 구성된다.

> - 항상 사용 가능하며, 인터넷에 즉시 연결되는 올인원 디바이스이다.
> - 24시간 실시간 연결로 사용자와의 원활한 소통이 가능하다.
> - 모바일 환경에 최적화된 기획, 디자인, 개발이 요구된다.
> - 휴대성과 편리함을 바탕으로 다양한 디지털 서비스를 지원한다.

▲ 모바일 주요 특징

① 모바일 UX 설계 요소
모바일 기기에서는 터치 기반의 사용자 인터페이스(TUI)가 주로 사용되며, 다양한 제스처 방식이 적용된다. 주요 제스처는 다음과 같다.

제스처	설명	예시
탭(Tap)	짧게 터치했다 떼는 기본 입력 방식	앱 실행
길게 누르기(Press)	일정 시간 눌러 특정 기능 활성화	아이콘 편집
드래그(Drag)	손가락으로 요소를 눌러 이동	파일 위치 변경
핀치(Pinch)	두 손가락을 오므리거나 벌리는 동작	화면 확대/축소

 개념 체크

1 모바일 기기는 별도의 기획, 디자인, 퍼블리싱이 필요하며, 24시간 동안 사용자와 소통할 수 있는 특성을 가지고 있다. (O, X)

1 O

3) 태블릿 PC(Tablet PC)
- 모바일 기기의 편리함과 개인용 컴퓨터의 기능을 모두 갖춘 디바이스이다.
- 물류, POS 시스템 등 다양한 분야에 활용 가능하다.

  - 입력 장치 없이 터치로 조작이 가능하다.
  - 스마트폰보다 큰 화면과 데이터 처리 능력을 제공한다.

4) 키오스크(Kiosk)
- 정보 서비스와 무인 자동화를 위해 공공장소에 설치된 무인 단말기이다.
- 민원 서류 발급, 도서 검색, 예약 등의 다양한 서비스가 제공된다.

  - 터치스크린을 통한 간단한 검색과 서비스를 제공한다.
  - 직관적인 그래픽과 아이콘 사용이 필요하다.

▲ 키오스크

▲ 키오스크 사용자 경험(UX) 디자인 원칙

5) 디지털 사이니지
- 광고, 정보 제공을 위해 공공장소에 설치된 디지털 화면이다.
- 원격 제어와 콘텐츠 업데이트가 가능하며 안정성과 내구성이 필요하다.

02 기술 표준

1) 웹(Web)
- '월드 와이드 웹(World Wide Web)'의 약자로, 텍스트, 이미지, 동영상 등 다양한 정보를 하이퍼텍스트 형식으로 제공하는 시스템이다.
- 사용자는 웹 브라우저를 통해 정보를 검색하고 접근할 수 있다.

  - 웹사이트는 텍스트, 이미지, 비디오, 애니메이션, 인터랙티브 요소 등으로 구성된다.
  - HTML, CSS, JavaScript와 같은 웹 기술로 구현되며 기본 언어는 HTML이다.
  - 웹은 하이퍼링크로 관련된 정보를 서로 연결한다.

▲ 웹 주요 특징

개념 체크

1. 월드 와이드 웹(World Wide Web)을 줄여 부르는 말로, 텍스트, 이미지, 동영상 등의 다양한 정보를 하이퍼텍스트 형식으로 연결해 제공하는 시스템은 ( )이다.

2. 반응형 웹 디자인(RWD)은 하나의 HTML과 CSS로 모든 디바이스에서 일관된 사용자 경험을 제공할 수 있다. (O, X)

1 웹(Web) 2 O

▲ 다양한 기기별 웹 디자인

▲ 웹 접근성 품질마크
〈출처 : 문화체육관광부〉

2) 반응형 웹 디자인(RWD, Responsive Web Design)

다양한 디바이스(데스크탑, 모바일, 태블릿 등)에서 최적의 사용자 경험을 제공하기 위해 웹 페이지의 레이아웃과 콘텐츠가 자동으로 조정되는 웹 설계 방식이다.

① 반응형 웹 디자인의 특징
- 콘텐츠와 이미지가 화면 크기에 맞게 유연하게 조정된다.
- CSS 미디어 쿼리로 디바이스의 화면 폭과 해상도에 맞는 스타일을 적용한다.
- 하나의 HTML, CSS로 모든 디바이스에서 일관된 사용자 경험을 제공한다.

② 반응형 웹 디자인의 단점
- 모든 화면 크기를 고려한 복잡한 설계로 인해 개발에 시간이 걸릴 수 있다.
- 동일한 코드를 사용하므로, 모바일에서 로딩 시간이 길어질 수 있다.

3) 접근성(Accessibility) 표준
- 장애를 포함한 모든 사용자가 웹사이트나 애플리케이션을 문제없이 이용할 수 있도록 설계하는 것이다.
- 신체적, 시각적, 청각적, 인지적 장애를 가진 사용자들이 콘텐츠와 기능에 쉽게 접근하도록 보장한다.

① 접근성을 위한 주요 기술
- 시각적 콘텐츠에 대체 텍스트를 제공한다.
- 키보드로 모든 기능이 조작 가능하도록 설계한다.
- 텍스트와 배경의 색상 대비를 높인다.
- 청각 장애인을 위해 동영상과 오디오에 자막을 제공한다.

4) 성능 최적화 표준
디바이스에 맞는 성능 최적화를 위해 이미지 압축, 파일 크기 줄이기, 캐싱 등의 기술을 준수한다.

5) 보안 표준
안전한 통신과 데이터 보호를 위해 HTTPS 사용, 사용자 인증 및 권한 관리, 암호화 등의 보안 표준을 준수한다.

> 데이터 통신을 암호화하여 보안을 강화한 프로토콜로, 웹사이트와 사용자 간의 안전한 연결을 제공

개념 체크

1. 접근성을 높이기 위해 모든 기능이 마우스로만 조작 가능하도록 설계해야 한다. (O, X)

2. 보안 표준에서는 안전한 통신과 데이터 보호를 위해 (   ), 사용자 인증 및 권한 관리, 암호화 등을 준수한다.

1 X 2 HTTPS

SECTION 02 디바이스별 설계 및 제작

출제빈도 상 중 하
반복학습 1 2 3

빈출 태그 ▶ #해상도 #웹 그래픽 형식과 포맷 #웹 표준 #디자인 소프트웨어

▶ 합격 강의

01 컴퓨터 그래픽스의 해상도

1) 웹 브라우저 해상도
- 웹 브라우저 해상도는 웹 페이지가 표시되는 화면의 크기와 밀도를 의미한다.
- 멀티미디어 환경에서 디바이스 특성에 따라 다양한 해상도와 파일 포맷이 요구된다.
- 웹 브라우저는 화면 크기와 해상도에 따라 콘텐츠를 동적으로 조정하기 때문에, 반응형 웹 디자인을 사용해 다양한 해상도에 적응하도록 구성된다.

① 표준 해상도의 종류

종류	해상도
HD(720p)	1280×720
Full HD(1080p)	1920×1080
QHD(1440p)	2560×1440
4K UHD	3840×2160

2) 모바일 해상도
- 모바일 해상도는 모바일 디바이스의 화면에서 픽셀의 수를 의미한다.
- 모바일 해상도는 디바이스 종류에 따라 다르게 적용된다
- 모바일 해상도는 화면의 선명도와 디테일을 결정하는 중요한 요소이다.

① 해상도와 화면 밀도(DPI)
- 모바일 해상도는 단순한 픽셀 수 외에도 DPI(Dots Per Inch), 즉 화면 밀도로도 평가된다.
- DPI는 화면의 밀도를 나타내며, 다양한 해상도와 화면 크기를 지원하기 위해 모바일 개발에서는 종종 밀도 독립적인 단위(DP)를 사용한다.

② DP의 개념
- 모바일 디바이스는 해상도와 픽셀 밀도가 다르기 때문에, DP 개념을 사용한다.
- DP는 160dpi 화면을 기준으로 한 픽셀 단위이다.
- 160dpi에서 1dp는 1px에 해당하며, 디바이스의 화면 밀도가 증가하면, DP가 더 많은 실제 픽셀 수를 차지하게 되어 같은 크기로 보인다.
- 예) 만약 UI 요소의 크기를 100dp로 설정했다고 가정할 때 : 160dpi의 디바이스에서 100dp가 100px로 보인다. 320dpi의 디바이스에서 100dp가 200px로 변환되며, 크기는 동일하게 보이지만 더 많은 픽셀을 사용해 선명하게 표시된다.

> **기적의 TIP**
>
> **DP에서 픽셀로 변환하는 공식**
>
> px = dp × (dpi / 160)
> - dp : 밀도 독립적인 픽셀
> - px : 실제 픽셀
> - dpi : 화면의 픽셀 밀도

> **개념 체크**
>
> 1 웹브라우저 해상도에서 대표적으로 사용하는 해상도는 (　　)이다.
>
> 1 1920×1080(Full HD, 1080p)

3) 안드로이드 해상도

- 안드로이드 운영체제를 지원하는 스마트폰은 제조사와 단말기 특징에 따라 화면 크기와 해상도가 다르다.
- 안드로이드 애플리케이션은 해상도를 구분하여 제작해야 하지만, 대표 모델과 해상도를 정해서 제작하는 것이 효율적이다.

해상도 등급	해상도(dpi)	설명
LDPI	120dpi	저해상도(Low Density Pixel)
MDPI	160dpi	중해상도(Medium Density Pixel)
HDPI	240dpi	고해상도(High Density Pixel)
XHDPI	320dpi	매우 고해상도(Extra High Density Pixel)
XXHDPI	480dpi	초고해상도(Extra Extra High Density Pixel)
XXXHDPI	640dpi	매우 초고해상도(Extra Extra Extra High Density Pixel)

02 웹 표준

1) 웹 표준의 정의

- 웹에서 콘텐츠와 기능이 모든 기기와 브라우저에서 일관되게 동작하도록 정의된 기술 규칙과 가이드라인이다.
- 웹 기술 표준화를 주도하는 국제표준화기구 W3C★와 같은 기관에서 개발 및 관리된다.
- 웹 접근성, 상호운용성, 호환성을 보장하여 사용자 경험을 향상시킨다.
- 다양한 디바이스와 플랫폼에서 웹 콘텐츠의 안정성과 유연성을 확보할 수 있다.
- 대표적 웹 표준에는 HTML, XHTML, CSS, JavaScript, 웹 콘텐츠 접근성 지침 등이 있다.

★ W3C(World Wide Web Consortium)
웹 표준을 개발하고 유지하는 국제기구로, 웹의 접근성과 호환성을 높이기 위한 권고안을 제정

2) 웹 표준 스펙

기술	설명
HTML	• 웹 문서를 작성하는 프로그래밍 언어 • 대부분의 웹 문서는 HTML로 작성 • 최신 버전인 HTML5는 멀티미디어 요소(오디오, 비디오) 지원
CSS	• 웹 문서의 디자인과 레이아웃(폰트, 색상, 여백 등)을 정의하는 스타일시트 • CSS3에서 애니메이션, 그림자 효과, 변환 등 고급 시각적 기능을 제공
XML	• 데이터를 저장하고 전달하기 위한 마크업 언어 • 사용자 정의 태그를 활용하며, 유연한 구조를 제공

개념 체크

1. 웹 표준화를 주도하는 국제 표준화기구는 (   )이며, HTML, CSS, 웹 콘텐츠 접근성 지침 등을 포함한 웹 표준을 제정한다.

1 W3C

3) 웹 표준 검사방법

W3C는 웹 페이지의 표준 준수와 접근성을 확인하기 위한 유효성 검사 도구를 제공하여, 오류를 식별하고 웹 품질을 개선하도록 돕는다.

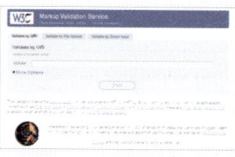

▲ 웹 표준 검사 사이트

03 디자인 소프트웨어 활용 기술

1) 2D 디자인 소프트웨어

- 2D 디자인 소프트웨어는 평면에서 이미지를 그리거나 수정 및 편집 시 사용된다.
- 주로 로고, 포스터, 웹 디자인, 편집디자인, 캐릭터, 일러스트레이션 등에 사용된다.

소프트웨어	주요 기능 및 활용 분야
어도비 포토샵 (Adobe Photoshop)	• 이미지 편집, 합성, 사진 보정, 그래픽 디자인에 적합하며 픽셀 기반의 그래픽 작업을 수행 • 활용 분야 : 그래픽 디자인, 사진 편집, 웹 디자인
어도비 일러스트 (Adobe Illustrator)	• 벡터 그래픽 제작, 로고, 아이콘, 일러스트 작업에 적합하며 고해상도에서도 품질이 유지됨 • 활용 분야 : 로고 디자인, 아이콘 제작, 포스터, 일러스트
코렐드로우 (CorelDRAW)	• 벡터 그래픽 디자인, 레이아웃 디자인, 타이포그래피 지원 • 활용 분야 : 브랜딩, 마케팅 자료, 포스터 디자인
스케치 (Sketch)	• 주로 UI/UX 디자인에 사용되며, 프로토타입 제작 및 웹/앱 디자인에 적합 • 활용 분야 : 웹 디자인, 앱 UI/UX 디자인, 프로토타이핑

2) 3D 디자인 소프트웨어

- 3D 디자인 소프트웨어는 제품 디자인, 건축, 게임, 애니메이션 등에서 사용된다.
- 현실세계에서 구현될 수 있는 3D 모델을 제작하는 데 사용된다.

소프트웨어	주요 기능 및 활용 분야
오토데스크 3ds 맥스 (Autodesk 3ds Max)	• 고급 3D 모델링, 렌더링 및 애니메이션 제작 도구 • 활용 분야 : 건축 시각화 및 게임 개발에 자주 사용
블렌더 (Blender)	• 무료 오픈소스 3D 디자인 소프트웨어로, 모델링, 렌더링, 애니메이션, 시뮬레이션 작업에 적합 • 활용 분야 : 게임 디자인, 애니메이션, 시각 효과
시네마 4D (Cinema 4D)	• 모션 그래픽, 3D 애니메이션 및 시각적 효과(VFX) 제작에 강점 • 활용 분야 : 영화 시각 효과, 모션 그래픽, 제품 디자인
오토데스크 마야 (Autodesk Maya)	• 영화와 게임 산업에서 널리 사용되는 고급 3D 모델링 및 애니메이션 소프트웨어 • 활용 분야 : 영화 시각 효과, 캐릭터 애니메이션, 게임 개발
스케치업 (SketchUp)	• 사용자 친화적인 3D 모델링 소프트웨어 • 활용 분야 : 건축 설계, 인테리어 디자인, 도시 계획

기적의 TIP

피그마(Figma)
피그마와 Sketch는 기능 면에서 비슷한 점이 많지만 피그마는 UI/UX 디자인에 특화된 클라우드 기반 협업 디자인 툴로, 벡터 기반의 디자인 작업과 프로토타이핑을 실시간으로 여러 사용자와 함께 작업할 수 있음

매크로미디어(Macromedia)
1990~2000년대 초 웹 디자인과 멀티미디어 소프트웨어로 유명한 기업으로, Flash, Dreamweaver, Fireworks 등을 개발했으며, 2005년 Adobe에 인수되었음

개념 체크

1 ( )은/는 벡터 그래픽 제작 소프트웨어로, 로고, 아이콘 작업에 적합하며 고해상도에서도 품질이 유지된다.

1 어도비 일러스트(Adobe Illustrator)

04 3D 모델링 기술

1) 3D 모델링 개요
- 3차원 공간에서 객체의 형태를 수학적·기하학적으로 표현하는 과정이다.
- 점, 선, 면을 조합하여 입체 구조를 만들며, CAD, 3ds Max, Maya, Blender 등의 소프트웨어가 사용된다.
- 완성된 모델은 렌더링(Rendering) 과정을 통해 시각적으로 사실적인 이미지나 영상으로 출력된다.

> **기적의 TIP**
> **블렌더(Blender)**
> Blender는 무료로 사용할 수 있는 오픈소스 3D 모델링 및 애니메이션 툴로 3D 모델링, 텍스처링, 렌더링, 이펙트, 영상 편집까지 모두 지원함

2) 3D 모델링의 종류

종류	설명
와이어 프레임 모델링	• 객체의 구조를 선과 점으로 표현하는 방식 점과 선으로 윤곽만 표현 • 가장 기본적인 모델링 형태로, 모델의 윤곽을 빠르게 확인할 수 있음
서페이스 모델링	• 곡면을 활용하여 복잡한 형태를 표현하는 방식 면 단위로 곡면 표현 • 주로 자동차 디자인, 제품 디자인 등 사용됨
솔리드 모델링	• 선에서 면으로 변화하는 상태, 질감까지 묘사할 수 있는 모델링 • 부피와 질감을 포함하여 실체감을 구현하는 방식, 완전한 실체감 표현 • 제조업 및 엔지니어링에서 활용, 충돌감지 및 물리적 시뮬레이션에 유리함
파라메트릭 모델링	• 수학적 매개변수를 조정하여 형상을 자동 생성하는 방식 • CAD, 건축 설계, 기계 설계 등 사용
프랙탈 모델링	• 수학 원리를 이용하여 복잡한 자연 형태를 생성하는 모델링 기법 • 규칙적인 패턴이 반복적으로 나타나는 구조이며, 자연 속에서 자주 발견됨
파티클 시스템	• 수많은 작은 입자를 시뮬레이션하여 특정한 효과를 표현하는 기법 • 연기, 불꽃, 폭발, 눈, 비, 먼지 같은 자연 현상을 표현할 때 사용됨

3) 3D 그래픽 렌더링 과정
- 3D 모델은 화면에 출력되기까지 일련의 그래픽 처리 과정을 거친다.
- 다음은 모델링된 객체가 2D 이미지로 시각화되기까지의 주요 처리 단계이다.

> 모델링 → 렌더링 → 투영 → 클리핑 → 은면 처리 → 쉐이딩 → 매핑 → 완성

> **개념 체크**
>
> 1 Cinema 4D는 모션 그래픽과 시각적 효과(VFX) 제작에 강점이 있는 3D 소프트웨어이다. (O, X)
>
> 2 3D 모델을 명암, 텍스처 등을 적용하여 시각적으로 출력하는 과정을 (　　)이라 한다.
>
> 3 와이어 프레임 모델링은 점과 선만으로 객체의 외형을 표현하며, 내부 구조나 질감을 표현하는 데 적합하다. (O, X)
>
> 1 O 2 렌더링 3 X

4) 렌더링

- 사실적인 표현을 위해 빛, 그림자, 카메라 시점, 재질 등을 반영한다.
- 영화, 게임, 애니메이션, 시뮬레이션, VR/AR 등 다양한 분야에서 활용된다.

① 렌더링 과정

투영	3D 물체를 2D 화면으로 변환
클리핑	화면 밖 불필요한 영역 잘라냄
은면처리	보이지 않는 면 제거
쉐이딩	광원과 재질에 따라 명암·색상 표현
매핑	텍스처·패턴을 입혀 사실감 강화

> **기적의 TIP**
>
> **레이트레이싱(Ray Tracing)**
> 광선이 물체에 반사·굴절되는 경로를 추적하여 사실적인 영상을 만드는 방식
>
> **쉐이딩 vs 매핑, 헷갈리지 말자!**
> - 쉐이딩은 "빛과 색상"을 계산해 명암과 광택을 표현하는 기술
>   예) 플랫 쉐이딩, 고러드 쉐이딩, 퐁 쉐이딩 등
> - 매핑은 "이미지나 텍스처"를 모델 표면에 입혀 질감과 무늬를 표현하는 기술
>   예) 텍스처 매핑, 범프 매핑, 노멀 매핑 등

② 주요 렌더링 기법

플랫 쉐이딩	• 간단한 방식으로 면 단위로 하나의 색상을 적용하여 음영을 표현하는 방식 • 각 면의 색상이 일정하므로 경계가 뚜렷하고 각진 느낌을 주며, 단순한 형태나 기계적인 표현에 적합 예) CAD 모델, 초기 3D 게임
고러드 쉐이딩	• 꼭짓점에서의 색상을 계산하고, 면 내부는 보간하여 부드러운 음영을 표현하는 방식 • 비교적 연산량이 적으며, 곡면 표현에 효과적 예) 게임 캐릭터, 곡면 표현
셀 쉐이딩(툰 쉐이딩)	• 셀 쉐이딩은 만화 스타일의 표현 기법으로, 단순한 색상과 뚜렷한 경계가 특징 • 3D 모델에 2D 만화 느낌을 적용해 '투니 렌더링(Toon Rendering)'이라고도 불린다. 예) 영화 CG, 사실적인 조명
퐁 쉐이딩	• 꼭짓점의 법선 벡터를 보간하여 면의 각 지점에서 빛의 영향을 계산하는 방식 • 정밀하고 부드러운 광택 표현이 가능하며, 사실적인 조명 효과에 적합 예) 영화 CG, 사실적인 조명
픽셀 쉐이딩	각 픽셀 단위로 재질, 텍스처, 그림자까지 정밀하게 표현 예) 최신 게임 그래픽
버텍스 쉐이딩	정점 단위에서 빛 반사와 색상 계산 → GPU 최적화 가능 예) 3D 애니메이션, 실시간 렌더링

▲ 플랫 쉐이딩

▲ 퐁 쉐이닝

③ 매핑

- 3D 모델 표면에 텍스처, 패턴, 이미지 등을 입혀 현실적인 질감과 세부 표현을 구현하는 과정이다.
- 단순한 기하 구조만으로 표현할 수 없는 표면 효과를 실제처럼 보이게 만든다.

텍스처 매핑	2D 이미지를 모델 표면에 입혀 색상과 무늬를 표현
범프 매핑	높낮이 정보를 이용해 표면 질감을 표현하지만 실제 형상은 변하지 않음
노멀 매핑	픽셀 단위의 법선 벡터를 조정해 조명 반응을 세밀하게 표현

SECTION 03 디자인 트렌드

빈출 태그 ▶ #디자인 리서치 #비주얼 콘셉트 #디자인 트렌드

01 디자인 트렌드 개요

1) 트렌드의 정의
- 특정 시기 동안 지속되며, 사회 전반에 영향을 미치는 장기적인 흐름이나 경향을 의미한다.
- 지속 기간은 일반적으로 5~10년 정도로, 유행보다 오랜 기간 유지되는 특징이 있다.
- 사회, 문화, 경제, 디자인 등 다양한 분야에서 나타나며, 여러 요소들이 결합된 현상이다.

2) 디자인 리서치
- 디자인 리서치는 사용자 요구와 시장 트렌드를 파악하기 위해 정보를 수집하고 분석하는 과정이다.
- 다양한 디자인 프로젝트에서 사용자의 행동, 니즈, 문제점을 이해하는 데 활용된다.

3) 비주얼 콘셉트
- 비주얼 콘셉트는 디자인의 시각적 방향과 스타일을 정의하고, 프로젝트의 목표와 메시지를 시각적으로 표현하는 역할을 한다.
- 다양한 시각적 요소를 조화시켜 일관된 디자인을 만든다.

★ 온드 미디어(Owned Media) 전략
기업이 직접 소유하고 관리하는 미디어 채널을 활용하여 브랜드 메시지와 콘텐츠를 전달하는 마케팅 전략

 개념 체크

1 ( )은/는 사용자 요구와 시장 트렌드를 파악하기 위해 정보를 수집하고 분석하는 과정이다.
2 비주얼 콘셉트는 메시지나 목표와는 관계없이 시각적인 요소만 다룬다. (O, X)

1 디자인 리서치 2 X

02 웹과 모바일 환경의 트렌드

1) 트렌드에 따른 디자인

분류	설명
마이크로 인터랙션	• 사용자와 시스템 간의 작은 상호작용 요소 • 작은 애니메이션이나 동작을 통해 사용자의 흥미를 유발하고 직관적인 상호작용을 제공
카드 디자인	• 카드 형태의 레이아웃으로 정보를 시각적으로 명확하게 정리 • SNS, 웹사이트에서도 마케팅 및 온드 미디어 전략★으로 사용됨
플랫 디자인	• 단순한 스타일로 그라데이션이나 텍스처 효과를 최소화 • 직관적이고 깔끔한 디자인을 강조
스마트 내비게이션	• 메뉴 구조를 단순화하고 위치 기반 검색 및 추천 기능 • 사용자가 쉽게 탐색할 수 있도록 돕는 설계 방식

고화질의 비주얼	고해상도 이미지를 활용하여 강렬한 시각적 효과와 기억에 남는 경험을 제공
유연형 레이아웃 (탈 그리드)	• 다양한 디바이스 화면에 맞춰 유연한 레이아웃을 적용한 디자인 방식 • 전통적인 그리드에서 벗어난 자유로운 배치 방식을 특징으로 함

2) 트렌드에 따른 콘셉트 개발

트렌드	설명
AI 딥 러닝 기반 맞춤형 콘텐츠	빅데이터와 AI 딥 러닝 기술을 활용하여 사용자 개인화에 초점을 맞춘 콘텐츠를 설계
감정적 요소의 콘셉트	• 감정적 요소와 이미지를 활용하여 사용자의 정서적 공감을 유도하는 디자인 • 친근한 이미지를 통해 브랜드와 사용자의 관계를 강화
레이아웃	미디어 콘텐츠의 성격과 양에 맞춘 다양한 레이아웃 구성
비주얼	그래픽, 컬러, 메타포, 인터랙티브 효과를 통해 콘텐츠의 성격과 주제를 직관적으로 표현

03 AR, VR, AI를 활용한 최신 디자인 트렌드

1) 증강 현실(AR : Augmented Reality)

- 실제 환경에 디지털 정보(텍스트, 이미지, 3D 객체 등)를 겹쳐 보여주는 기술이다.
- 스마트폰, 태블릿, AR 기기를 통해 현실 위에 이미지나 정보를 겹쳐 보여준다.
- 예 가구나 의류 쇼핑몰에서 제품을 실제 공간에 배치해보는 AR 기능 제공

문제점	• 고가의 장비가 필요하고 유지보수 비용이 높음 • 사용자의 위치 정보나 카메라 접근 등으로 프라이버시 침해 우려가 발생

2) 가상 현실(VR : Virtual Reality)

- 현실과는 완전히 분리된 가상 세계를 디지털로 구현하여 몰입감을 제공하는 기술이다.
- VR 헤드셋을 착용해 360도 가상 공간에 들어가 직접 체험할 수 있다.
- 예 집에서 VR로 프랑스 파리를 여행하듯 가상 투어 제공

문제점	• 고가의 장비와 일반 사용자 접근성 부족 • 장시간 사용 시 멀미, 피로, 현실감 상실 유발 가능

개념 체크

1 웹과 모바일 디자인 트렌드 중, 미세한 애니메이션이나 동작을 통해 사용자의 흥미를 유발하는 작은 상호작용을 (   )이라고 한다.

1 마이크로 인터랙션

3) 인공지능(AI : Artificial Intelligence)

- 인간의 사고, 학습, 판단 능력을 컴퓨터가 모방하여 스스로 작업을 수행하는 기술이다.
- 머신러닝, 딥러닝 기술 기반으로 빅데이터를 학습해 자동화, 예측, 추천 기능 수행한다.
- 예) 고객 지원, 자동 웹사이트 디자인, 코드 자동 생성 및 추천 기능

문제점	• AI 학습 중 편향된 데이터를 습득할 수 있음 • 데이터 수집 과정에서 보안 및 프라이버시 침해 문제가 발생할 수 있음 • 인간 고유의 창의적 · 비판적 사고가 부족함

04 지속 가능 디자인

- 사용자와 환경 모두를 고려한 디자인 접근 방식으로, 리소스 낭비를 줄이고 환경에 미치는 영향을 최소화한다.
- 에너지 절약, 서버 부하 감소, 사용자 디바이스의 전력 소비 절감 등을 고려한 웹/앱 디자인을 구현할 수 있다.

1) 지속 가능 디자인 적용 예시

트렌드	설명
다크모드(Dark Mode)	화면에서 밝은 색보다 어두운 색을 사용할 경우 OLED 기반 디바이스에서는 에너지 소비를 줄일 수 있음
최적화된 이미지 및 영상 사용	해상도를 과도하게 높이지 않고 WebP★ 등 경량 포맷 사용
간결한 레이아웃과 코드	불필요한 애니메이션, 스크립트, 외부 리소스를 줄이면 페이지 속도와 효율이 올라감
폰트 및 리소스 최소화	웹 폰트를 여러 개 사용하는 대신 시스템 기본 폰트를 활용

★ WebP
구글(Google)이 개발한 차세대 이미지 파일 포맷 – 손실 압축이 가능
– 무손실 압축
– 투명 배경 지원
– 애니메이션 기능

개념 체크

1. 증강 현실(AR)은 현실 세계와 완전히 분리된 가상 공간을 체험하는 기술이다.
   (O, X)

2. WebP는 구글이 개발한 이미지 포맷으로, (　　) 압축과 무손실 압축을 모두 지원하며 투명 배경과 애니메이션 기능도 제공한다.

1 X 2 손실

이론을 확인하는 기출문제

01 다음은 무엇에 대한 설명인가?

> - 웹 기술로 구현
> - 텍스트, 이미지, 비디오, 애니메이션, 인터랙티브 요소 등으로 구성
> - 하이퍼텍스트 형식으로 정보를 제공하고, 하이퍼링크로 관련된 정보를 연결

① 컴퓨터
② 웹
③ 모바일
④ 디지털 사이니지

웹(Web)은 월드 와이드 웹의 약칭으로, HTML, CSS, JavaScript로 구현되며 하이퍼텍스트와 하이퍼링크를 통해 정보를 제공하는 시스템

02 다음 중 디바이스 특성에 대한 설명으로 옳지 않은 것은?

① 모바일은 언제든지 사용 가능하며 즉시 인터넷에 접속할 수 있다.
② 태블릿 PC는 휴대성이 뛰어나며, 입력 장치 없이 터치로 조작 가능하다.
③ 디지털 사이니지는 공공장소에서 정보를 제공하는 용도로 설치된다.
④ 키오스크는 컴퓨터의 일부로, 사무실에서 개인 작업용으로 주로 사용된다.

오답 피하기
- ① : 모바일은 휴대용 디바이스로, 언제 어디서든 사용할 수 있는 특성을 가짐
- ② : 태블릿 PC는 터치스크린을 이용해 조작하는 장치로, 휴대성이 우수함
- ③ : 디지털 사이니지는 광고와 정보 제공을 목적으로 공공장소에 설치됨

03 모바일에 대한 설명으로 옳지 않은 것은?

① 휴대성이 뛰어나 언제 어디서든 사용 가능하다.
② 대형 모니터와 고해상도를 제공한다.
③ 24시간 실시간 연결이 가능하다.
④ 주로 Android와 iOS 운영체제를 사용한다.

모바일 디바이스는 대형 모니터 보다는 휴대성과 소형화가 중점

04 '접근성(Accessibility)' 표준에 대한 설명으로 옳지 않은 것은?

① 모든 사용자가 쉽게 이용할 수 있도록 설계하는 것이다.
② 신체적, 시각적 장애를 가진 사용자도 이용할 수 있다.
③ 텍스트와 배경의 색상 대비를 높인다.
④ 모든 사용자에게 동일한 폰트 크기를 제공한다.

접근성 표준은 상황에 맞춰 기본적인 디자인 요소를 제공하며, 폰트 크기도 조정 가능해야 함

05 다음은 무엇에 관한 설명인가?

> - 터치 스크린을 이용한 조작 가능
> - 이동성이 뛰어나며, 휴대가 편리
> - 스마트폰보다 큰 화면 제공

① 키오스크
② 디지털사이니지
③ 태블릿PC
④ 스마트폰

위 설명은 태블릿 PC와 관련된 설명

정답 01 ② 02 ④ 03 ② 04 ④ 05 ③

06 '보안 표준'에 대한 설명으로 옳지 않은 것은?

① HTTPS를 사용해 통신을 암호화한다.
② 데이터 보호를 위해 암호화를 사용한다.
③ 사용자 인증 및 권한 관리를 통해 접근을 제한한다.
④ 웹사이트의 모든 데이터는 항상 암호화된다.

웹사이트의 모든 데이터가 항상 암호화되는 것은 아니며, 특정 데이터에만 암호화가 적용됨

07 컴퓨터의 하드웨어 구성 요소가 아닌 것은?

① 운영체제
② 마우스
③ 저장 장치
④ 모니터

운영체제는 컴퓨터의 소프트웨어 구성 요소에 해당함

08 반응형 웹디자인(RWD)의 특징에 해당하는 것은?

ㄱ. 개발에 시간이 많이 소요될 수 있다.
ㄴ. 대체 텍스트를 제공한다.
ㄷ. 모든 화면 크기를 고려한 설계가 필요하다.
ㄹ. 안정성과 내구성이 필요하다.

① ㄱ
② ㄱ, ㄴ
③ ㄷ, ㄹ
④ ㄱ, ㄷ

ㄱ. 반응형 웹디자인은 모든 디바이스를 고려한 설계로 인해 개발 시간이 많이 소요될 수 있음
ㄴ. 웹 접근성의 주요 기술 설명
ㄷ. 모든 화면 크기를 고려한 설계가 필요함
ㄹ. 디지털 사이니지에 관한 설명

09 '디지털 사이니지'에 관한 설명으로 옳지 않은 것은?

① 광고 및 정보 제공을 위한 디지털 화면이다.
② 원격으로 콘텐츠 업데이트가 가능하다.
③ 주로 개인용으로 사용된다.
④ 안정성과 내구성이 필요하다.

디지털 사이니지는 주로 공공장소에서 광고 및 정보 제공 목적으로 사용되며, 개인용으로는 사용되지 않음

10 다음 중 표준 해상도와 해상도 값의 연결이 옳은 것은?

① HD (720p) − 1920×1080
② Full HD (1080p) − 1280×720
③ QHD (1440p) − 2560×1440
④ 4K UHD − 1280×720

HD는 1280×720, Full HD는 1920×1080, QHD는 2560×1440, 4K UHD는 3840×2160 해상도를 나타냄

11 다음 중 매크로미디어(Macromedia)사에서 개발한 프로그램이 아닌 것은?

① Flash
② Dreamweaver
③ Photoshop
④ Fireworks

Photoshop은 Adobe에서 개발한 프로그램으로, Macromedia와 관련 없음

정답 06 ④ 07 ① 08 ④ 09 ③ 10 ③ 11 ③

12 다음 중 저해상도를 나타내는 안드로이드 해상도 등급은?

① LDPI
② HDPI
③ XHDPI
④ XXHDPI

LDPI(Low Density Pixel)는 저해상도를 의미하며, 120dpi에 해당함

13 웹 표준을 제정하는 국제 기구는?

① ISO
② IEEE
③ W3C
④ ITU

W3C(World Wide Web Consortium)는 웹 표준을 개발하고 유지하는 국제 기구로, 웹의 접근성과 호환성을 높이기 위한 권고안을 제정함

14 DP 개념에 관한 설명으로 옳지 않은 것은?

① 160dpi의 디바이스에서 1dp는 1px에 해당한다.
② 320dpi의 디바이스에서 100dp는 100px로 표시된다.
③ DP는 화면 밀도와 관계없이 같은 크기로 보이도록 하는 단위이다.
④ UI 요소의 크기를 100dp로 설정하면, 밀도에 따라 픽셀 수가 달라진다.

320dpi의 디바이스에서는 100dp가 200px로 변환

15 다음 중 벡터 그래픽 제작에 주로 사용되며, 로고와 아이콘 작업에 적합하고, 고해상도에서도 품질이 유지되는 소프트웨어는 무엇인가?

① 어도비 포토샵(Adobe Photoshop)
② 어도비 일러스트(Adobe Illustrator)
③ 블렌더(Blender)
④ 스케치업(SketchUp)

어도비 일러스트는 벡터 기반의 그래픽 제작에 탁월하며, 로고나 아이콘 같은 디자인 작업에서 높은 품질을 유지할 수 있는 것이 특징

16 다음 중 AR 기술의 대표적인 활용 예시로 알맞은 것은?

① VR로 해외 도시를 가상 여행하기
② 웹사이트에서 자동으로 코드 생성
③ 가구를 실제 공간에 배치해 보는 기능
④ 다크모드를 적용해 에너지 절약

오답 피하기
• ① : 가상 현실(VR)의 예시
• ② : AI 기반 자동화 기능
• ④ : 지속 가능 디자인

17 다음 중 지속 가능 디자인의 적용 사례로 옳은 것만 모두 고른 것은?

> ㄱ. 페이지 속도를 높이기 위해 불필요한 스크립트를 제거한다.
> ㄴ. WebP 등 경량 이미지 포맷을 사용한다.
> ㄷ. 고화질 영상을 무조건 최대 해상도로 제공한다.
> ㄹ. 다크모드를 적용한다.

① ㄱ, ㄴ
② ㄱ, ㄴ, ㄹ
③ ㄴ, ㄷ, ㄹ
④ ㄱ, ㄹ

ㄱ. 불필요한 스크립트 제거
ㄴ. WebP 등 경량 이미지 사용
ㄹ. 다크모드 적용
위 사례는 지속 가능 디자인 사례임

정답 12 ① 13 ③ 14 ② 15 ② 16 ③ 17 ②

18 다음 중 AI의 활용이 디자이너와의 관계에서 발생할 수 있는 문제점으로 가장 적절한 것은 무엇인가?

① AI가 반복적이고 단순한 작업을 자동화하여 업무 효율이 높아진다.
② AI가 대규모 데이터를 분석하여 디자인 트렌드를 빠르게 파악할 수 있다.
③ AI가 창의적 의사결정 과정에서 디자이너의 개성과 창의성을 약화시킬 수 있다.
④ AI가 사용자의 취향을 분석하여 개인 맞춤형 디자인 제안을 제공한다.

AI는 디자인 과정의 효율성을 높이지만, 과도한 의존은 디자이너의 창의력·감성적 판단·고유한 표현력을 약화시킬 수 있음. 또한, 윤리성·저작권·직업 정체성과 관련된 문제도 발생할 수 있음

19 다음 중 매핑 기법에 대한 설명으로 틀린 것은?

① 텍스처 매핑은 2D 이미지를 모델 표면에 입혀 색상과 무늬를 표현한다.
② 범프 매핑은 표면의 실제 형상을 변화시켜 질감을 표현한다.
③ 노멀 매핑은 법선 벡터를 조정해 입체감을 향상시킨다.
④ 매핑은 렌더링 과정에서 사실감을 높이는 데 사용된다.

범프 매핑은 표면의 실제 형상을 변화시키지 않고, 높낮이 정보만을 시뮬레이션하여 질감이 있는 것처럼 보이게 하는 기법임

20 웹/앱 디자인에서 페이지 속도와 효율성을 높이는 방법으로 적합한 것은?

① 시스템 기본 폰트 대신 복잡한 외부 폰트를 사용한다.
② 해상도를 필요 이상으로 높인다.
③ WebP 같은 경량 이미지 포맷을 사용한다.
④ 가능한 많은 외부 스크립트를 불러온다.

WebP 같은 경량 이미지 포맷을 사용하면 이미지 품질을 유지하면서 용량을 줄여 페이지 로딩 속도와 효율성을 높일 수 있음

CHAPTER

03

사용성 테스트 및 평가

학습 방향

프로토타입 제작을 통해 디자인의 초기 시안을 구체화하고, 다양한 사용자 조사 방법론을 학습하여 객관적인 데이터를 수집합니다. 또한 사용성 테스트를 통해 사용자 중심의 문제점을 분석하고 개선 방안을 도출함으로써, 완성도 높은 인터페이스 설계 능력을 기르는 것을 목표로 합니다.

출제빈도

SECTION 01	하	10%
SECTION 02	상	70%
SECTION 03	중	20%

SECTION 01 프로토타입 제작

출제빈도 상 중 하
반복학습 1 2 3

빈출 태그 ▶ #프로토타이핑 #인터랙션디자인 #형성적 사용성 테스트

▶ 합격 강의

01 프로토타입(Prototype)

1) 프로토타입의 개념
- 제품, 서비스 또는 시스템의 초기 모델로, 기능과 디자인을 실제 환경에서 검증하기 위해 제작된다.
- 문제점을 조기에 발견하고 사용자 의견을 반영하여 최종 제품으로 발전하는 데 중요한 단계이다.

2) 페이퍼 프로토타입
- 종이와 펜을 활용해 제품 구조나 인터페이스를 간단히 시각화한 형태다.
- 초기 아이디어를 빠르게 구체화하고, 사용자 피드백을 받을 수 있는 도구로 사용된다.

재료	용도
트레이싱 페이퍼	내비게이션 롤오버★나 라이트박스 효과 표현
인덱스 카드	대화창이나 위젯 표현
포스트잇	수정사항을 표시하거나, 스크린에서 강조해야 할 컴포넌트나 대화창을 표현
실 또는 치실	애니메이션 효과를 시뮬레이팅하는 데 사용

▲ 페이퍼 프로토타입의 주요 재료 및 활용

★ 롤오버
웹디자인에서 마우스를 올렸을 때 (Hover 상태) 버튼, 이미지, 메뉴 등의 시각적 효과가 변하는 것

▲ 페이퍼 프로토타입

02 프로토타이핑의 목적 및 프로세스

1) 프로토타이핑의 개념
- 제품, 서비스, 또는 시스템의 초기 모델을 제작하여 기능과 디자인을 테스트하고 피드백을 얻는 과정이다.
- 최종 개발 전 문제를 발견하고 개선할 수 있어, 사용자와 이해관계자 간의 커뮤니케이션을 돕는다.

2) 프로토타이핑의 주요 특징
- 빠른 시제품 제작이 가능하며, 아이디어를 시각화하고 검증할 수 있다.
- 사용자 피드백을 통해 기능성, 사용성 등을 개선할 수 있다.
- 반복적 수정이 가능하여 최종 제품의 품질을 높인다.

3) 프로토타입의 목적

유형	목적
폐기 처분용 프로토타입	사용자의 요구 분석만을 목적으로 하며, 테스트 후 폐기
Quick & Dirty(빠른 개발용)	가능한 빨리 개발을 시작하고자 할 때 제작
시험용 프로토타입	상세 설계와 구현을 완료한 후, 대량 생산에 앞서 시험용으로 개발
입출력 프로토타입	입출력 사례만 구현해 동작 방식 전달
진화형 프로토타입	반복 개선을 거쳐 최종 제품으로 발전

4) 프로토타이핑 프로세스

구성 및 스케치 → 발표 및 평가 → 모델링(프로도타이핑) → 테스트

 개념 체크

1 ( )은/는 제품, 서비스 또는 시스템의 초기 모델로, 기능과 디자인을 테스트하는 실험적 목적으로 만들어진다.
2 프로토타이핑 과정에서 사용자 피드백을 통해 기능성과 사용성을 개선할 수 있다. (O, X)

1 프로토타입 2 O

03 인터랙션 디자인

- 사용자가 제품이나 서비스를 사용할 때의 상호작용을 원활하게 만드는 분야이다.
- 주로 인간과 컴퓨터 간의 상호작용을 디자인하며, 시스템이나 인터페이스에서 사용자 경험 개선에 중점을 둔다.
- 사용자가 시스템을 직관적으로 이해하고, 효율적으로 목표를 달성할 수 있도록 인터페이스 설계를 목표로 한다.

04 형성적 사용성 테스트

- 형성적 사용성 테스트는 제품이나 시스템의 설계 초기 단계에서 수행하는 테스트이다.
- 사용자의 행동과 반응을 관찰하여 디자인의 문제점을 조기에 발견하고 개선하기 위해 실시하는 과정이다.
- 완성된 제품보다는 프로토타입, 와이어 프레임, 또는 중간 단계 결과물을 대상으로 테스트가 이루어진다.

 개념 체크

1 (　　) 디자인은 사용자와 제품 간의 상호작용을 원활하게 만들어 사용자 경험을 개선하는 데 중점을 둔다.

1 인터랙션

SECTION 02 사용자 조사 방법론

빈출 태그 ▶ #웹 사이트 사용성 #사용성 조사 방법론 #정량적 조사 #정성적 조사

01 사용자 조사 방법론

1) 사용자 조사 방법론 구분

구분	설명
정량적 조사	• 수치화된 데이터를 통해 객관적 분석과 통계적 결론을 도출하는 방법 • 설문조사, 웹 분석 등 대규모 데이터를 수집하여 통계 분석 • 장점 : 명확한 수치로 객관적 판단이 가능하며, 대규모 조사에 유리함 • 단점 : 이유나 맥락 파악에 한계가 있으며, 표면적인 정보에 치중됨
정성적 조사	• 사용자의 의견, 감정, 행동을 심층적으로 이해하는 방법 • 인터뷰, 포커스 그룹, 관찰 등 소규모 심층 조사 방식 • 장점 : 사용자의 숨겨진 니즈 파악 가능 • 단점 : 소규모 조사로 대표성이 부족하며, 결과의 일반화가 어려움

2) 사용자 행동 및 태도 분석 방법 비교

구분	설명
사용자의 행동 분석	• 사용자가 실제로 취하는 행동과 사용 패턴을 분석하는 방법 • 간접적 방법 : 웹 로그 분석, A/B테스트, 사용자 패널 조사 등 • 직접적 방법 : 유저빌리티 테스트★, 아이트레킹★ 등
사용자의 태도 분석	• 사용자가 제품 · 서비스에 대해 느끼는 인식, 만족도, 선호도 등을 분석하는 방법 • 간접적 방법★ : 사용자 설문, 고객 자료 분석 • 직접적 방법★ : 인터뷰, 포커스 그룹 인터뷰, 요구 사항 조사, 다이어리, 카메라 조사 등

3) 정량적 조사 방법

① 설문조사
- 사용자로부터 데이터를 수집해 객관적인 결론을 도출하는 방법이다.
- 장점 : 대규모 데이터를 빠르게 수집하고 통계 분석이 가능하다.
- 단점 : 심층적인 감정 분석이나 맥락 파악에 한계가 있다.

② A/B 테스트
- 두 가지 버전을 비교해 더 나은 성과를 내는지 평가하는 방법이다.
- 장점 : 실제 환경에서 직접적인 피드백을 수치화할 수 있다.
- 단점 : 구체적인 이유나 맥락을 이해하는 데는 한계가 있다.

★ 유저빌리티 테스트
사용자가 제품을 사용하는 과정을 관찰하여 사용 편의성과 문제점을 평가하는 테스트

★ 아이트레킹
사용자의 시선 이동을 추적하여 관심 영역과 시각적 주목도를 분석하는 기술

★ 간접적 방법
사용자의 태도를 설문, 고객 데이터 분석 등 비관찰형 방식

★ 직접적 방법
사용자의 반응과 의견을 직접 수집하는 방식

개념 체크

1 ( ) 조사는 수치화된 데이터를 통해 객관적 분석과 통계적 결론을 도출하는 방법이다.

2 감정법은 사용자가 웹사이트를 사용하는 과정을 분석하여 문제점과 개선점을 검증하는 방법이다. (O, X)

1 정량적 2 X

③ 웹 로그 분석
- 사용자의 이동 경로와 행동을 추적해 사용 패턴을 분석하는 방법이다.
- 장점 : 대규모 사용자 행동을 분석하여 사용성 개선에 활용할 수 있다.
- 단점 : 사용자의 의도나 감정을 직접적으로 분석할 수 없다.

4) 정성적 조사 방법

① 심층 인터뷰
- 사용자와 1:1 인터뷰를 통해 제품이나 서비스에 대한 심층적인 의견과 경험을 수집하는 방법이다.
- 장점 : 심층적인 이해가 가능하며, 사용자의 숨겨진 요구를 파악할 수 있다.
- 단점 : 소규모 사용자 대상이므로 대표성이 떨어지며, 시간과 비용이 많이 소요된다.

② 포커스 그룹 인터뷰
- 여러 명의 사용자를 한 그룹으로 모아 토론을 통해 다양한 의견을 수집하는 방법이다.
- 장점 : 그룹 간의 아이디어 교환을 통해 다양한 의견을 얻을 수 있다.
- 단점 : 그룹 다이나믹에 영향을 받을 수 있으며, 일부 사용자가 다른 의견을 억누를 가능성이 있다.

③ 사용자 관찰
- 사용자가 제품이나 서비스를 실제로 사용하는 환경에서 행동과 패턴을 관찰하는 방법이다.
- 장점 : 사용자의 실제 사용 상황을 관찰할 수 있어 생생한 데이터를 얻을 수 있다.
- 단점 : 사용자의 내면적 감정을 파악하는 데 한계가 있다.

④ 페이퍼 프로토타입 테스트
- 제품의 초기 스케치나 프로토타입을 종이로 만들어 사용자에게 테스트해 보는 방법이다.
- 장점 : 빠르고 저렴하게 초기 설계의 문제를 파악할 수 있다.
- 단점 : 종이를 사용한 테스트이므로 실제 사용 환경과 다르다.

02 어포던스(Affordance)

- 별도의 설명 없이도 사용자가 직관적으로 상호작용 방법을 알 수 있도록 단서를 제공하는 개념이다.
- 특정 객체가 사용자에게 행동을 암시하거나 유도하는 특징을 가진다.
- 예 텍스트 입력 상자에서 깜빡이는 커서는 "여기에 글을 입력할 수 있다."는 직관적 행동 유도를 제공

개념 체크

1 어포던스는 사용자에게 추가 설명 없이 기능을 이해하고 행동하도록 돕는 요소이다. (O, X)

10

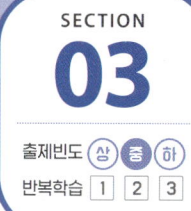

SECTION 03 사용성 테스트 및 결과 분석

출제빈도 상 중 하
반복학습 1 2 3

빈출 태그 ▶ #사용성 테스트 #사용자 조사 프로세스 #라이프 스타일 분석 #테스트 환경

▶ 합격 강의

01 사용성 테스트

1) 사용성 테스트
- 사용자가 제품이나 서비스를 사용하면서 겪는 어려움과 불편함을 파악하고, 효율성과 편리성을 평가하는 과정이다.
- 사용자의 수행력을 측정하고, 멘탈 모델을 조사하며, 전문가 평가를 통해 문제를 발견하는 반복적인 과정이다.
- 사용자가 제품이나 서비스를 얼마나 쉽게 사용할 수 있는지를 평가하고, 문제점을 찾아 개선안을 도출하는 것이 목적이다.

> **기적의 TIP**
>
> **싱크 얼라우드(Think Aloud)**
> 사용자가 특정 작업을 수행하면서 자신의 생각을 소리 내어 말하도록 하는 사용성 테스트 기법

2) 대상자 선정 및 사용자 조사 프로세스

단계	주요 내용
① 사용성 분석	• 웹사이트의 주요 역할 분석 • 서비스 목적에 맞춘 주요 사용자 활동 정의 • 테스트에서 반드시 확인할 주요 과제 목록 작성 • 과제별 세부 활동 정리 및 최종 테스트 목표 확립
② 선호도 분석	• 디지털 소비자의 웹 라이프스타일 분석 • 스마트 소비자의 구매 단계별 라이프스타일 파악
③ 사용자 프로피일 정의	시용지 그룹회 및 프로피일 정리
④ 인터뷰 진행	• 예비 참여자 명단 확보 및 대기자 2배수 확보 예) 8명 선정 시 총 16명 확보 • 전화 인터뷰로 적합성 재확인(선별 항목 기준)

① 디지털 소비자의 웹 라이프 스타일

구분	설명
트레저 헌터	• 최고의 가치를 찾기 위해 정보를 탐색하는 소비자 • 상세한 제품 정보를 제공해 스마트한 소비를 지원
아티젠	• 예술과 디자인을 결합한 제품을 선호하며, 디자이너나 예술가의 개성을 중시 • 프리미엄 제품의 고급 이미지를 강조하는 콘텐츠 제공
크리슈머	• 창조적 소비자로, 제품 개발과 판매에 적극적으로 참여 • 제품 체험단 및 커뮤니티 참여를 통해 사이트 운영에 기여
몰링	• 쇼핑뿐만 아니라 여가 활동도 즐기는 소비자 집단 • 다양한 콘텐츠로 사이트 방문자 유도
마이크로 미디어	• UCC, 블로그, SNS 등을 통해 콘텐츠를 생산·공유하는 소비자 • 콘텐츠의 확산을 주도하며, SNS로 손쉽게 배포 가능

> **개념 체크**
>
> 1 ( )은/는 사용자와 환경을 고려하여 웹 사이트의 사용성을 향상시키기 위해 문제를 발견하고 개선하는 반복적인 과정이다.
>
> 2 ( )은/는 최고의 가치를 찾기 위해 끊임없이 정보를 탐색하며, 제품 사양을 자세히 소개하여 스마트한 소비를 추구하는 소비자 유형이다.
>
> 1 사용성 테스트 2 트레저 헌터

② 스마트 소비자의 구매 단계별 웹 라이프스타일 분석

구분	설명
제품 정보를 습득할 때	제품 후기, 신제품, 인기 제품, 추천 제품을 소개하여 모델 선택을 지원
제품 사양을 비교할 때	상세한 제품 사양 제공 및 제품 비교 기능 강화
라이프 성향에 맞는 제품을 찾을 때	맞춤형 제품 검색 환경 제공으로 소비자 라이프스타일에 최적화된 모델 추천
대리점 방문을 고려할 때	제품 체험과 고급스러운 디자인을 시각적으로 강조하여 방문 유도
구매 망설임을 최소화할 때	전문가 리뷰와 구매자 후기를 제공해 구매 결정을 돕고 신뢰성을 높임
최종 제품을 구매할 때	고객 서비스 안내, 소프트웨어 다운로드, 자가 진단, FAQ 등을 제공하여 구매 후 고객 지원 정보를 파악할 수 있도록 도움을 줌

③ 목표 사용자에 대한 이해를 높이는 방법

구분	설명
네티즌 이해	조사 자료를 통해 목표 사용자의 경향을 파악
트렌드 분석	디지털 문화, 웹 사이트, 소비자 라이프스타일 트렌드를 꾸준히 분석
소비자 심리 이해	소비자 경험 욕구 이론과 최신 동향을 참고해 웹 사용자의 기본 요구를 파악
벤치마킹	비슷한 사이트를 분석해 목표 사용자의 접근 방식과 효과를 벤치마킹
포커스 그룹 인터뷰	명확하게 정의된 목표 사용자와의 인터뷰를 통해 구체적인 의견을 수집

02 사용성 테스트 환경

1) 사용성 테스트 평가 항목

구분	설명
효율성	사용자가 작업을 수행하는 데 걸리는 시간과 노력을 평가
학습 용이성	처음 사용하는 사용자가 얼마나 쉽게 적응할 수 있는지 평가
오류 발생률	사용자가 실수를 얼마나 자주 하고, 이를 얼마나 쉽게 복구할 수 있는지 평가
만족도	사용자 경험이 얼마나 긍정적인지에 대한 주관적 평가

2) 사용성 테스트 과정

① 테스트 계획 수립 → ② 테스트 실행 → ③ 결과 분석 → ④ 보고 및 개선

개념 체크

1 (　　)은/는 개인이 미디어 역할을 하여 콘텐츠를 제작하고, 블로그나 SNS를 통해 정보를 배포·확산하는 소비자 유형이다.

2 사용성 테스트에서 사용자가 작업을 수행하는 데 걸리는 시간과 노력을 평가하는 항목은 (　　)이다.

1 마이크로 미디어　2 효율성

3) 사용성 테스트 환경구축 수행 절차

수행 절차	설명
테스트 목표 설정	사용성 테스트의 목표 설정 및 과제 설명
테스트 항목 정의	점검 항목 정의 및 과제 설명
테스트 참여자 확보	참여자 선정 기준 마련 및 참여자 선정
테스트 룸 설정	테스트 룸 설치 시 고려사항 및 환경 설정
테스트 환경 설정	필요 장비 및 서류 준비, 환경 세팅
테스트 인원 구성	참여 인원 구성 및 인원 운용 기준 설정

4) 사용성 테스트 준비물

테이블, 의자, 컴퓨터, 녹음기, 비디오카메라, 필기도구, 테스트 스크립트 등

5) 사용성 테스트 인력 역할

역할	설명
진행자	• 참여자가 기능을 선택할 때 그 의도를 설명하도록 유도하고, 실수 시 문제를 다시 확인하게 함 • 참여자가 당황하거나 행동이 멈추면 이유를 묻고 의견을 경청하며 반박하지 않음 • 과제 수행 시간이 초과되면 테스트를 종료하고 사후 인터뷰를 진행
관찰자(기록자)	참여자의 수행 중 발생한 장애, 오류, 주요 의견 등을 상세히 기록
커뮤니케이션 소통자	• 내부 직원의 질문을 진행자에게 전달하는 역할 • 관찰자가 대신할 수 있음
안내자	• 테스트 대상자에게 사전 준비사항을 전달하고, 테스트 당일에 참여자가 장소로 오는 것을 돕는 역할 • 관찰자가 대신할 수 있음

03 웹 사이트 사용성 평가

1) 웹 사이트 사용성 평가

- 사람들이 사이트를 얼마나 쉽게 사용할 수 있는지를 목적에 따라 점검한다.
- 사용성 테스트 목표를 설정할 때는 사이트의 역할을 명확히 정의해야 한다.
- 사용자의 방문 목적과 주요 서비스의 사용 용이성을 평가해야 한다.

> **개념 체크**
>
> 1 진행자는 참여자가 과제 수행 중 실수하면 어떤 부분에서 실수했는지 확인을 요청할 수 있다. (O, X)
>
> 2 사용성 테스트에서는 사용자의 실수를 자주 유도하고, 이를 얼마나 쉽게 복구할 수 있는지 평가하는 것이 중요하다. (O, X)
>
> 1 X 2 O

2) 웹 사용성 평가의 주요 항목

항목	설명
위치의 정확성	필요한 기능이 사용자가 기대하는 위치에 정확하게 배치되어 있는지 평가
이동의 용이성	웹 페이지 간의 이동이 얼마나 쉽고 직관적인지 평가
레이아웃	웹 페이지의 구성과 배치가 명확하고 사용하기 편리한지 평가
메뉴의 배치	메뉴가 적절하게 배치되어 있고 사용자가 쉽게 접근할 수 있는지 평가
검색	사용자가 원하는 정보를 쉽게 검색할 수 있는지 평가
반복성	웹 페이지의 디자인과 패턴이 일관성을 유지하고 있는지 평가
명확성	웹 페이지의 정보가 명확하게 전달되고 있는지 평가

3) 사용성 평가 방법

사용성 평가 방법은 질문법, 감정법, 검증법으로 나눌 수 있다.

① 질문법
- 사용자가 제품이나 시스템을 사용하는 과정에서 느낀 경험을 묻는 방법이다.
- 주로 설문조사, 인터뷰와 같은 방식으로 사용자 피드백을 수집하여 개선한다.

② 감정법
사용자가 제품 사용 중 느끼는 감정을 관찰·분석하여 사용자 경험을 개선한다.

③ 검증법
사용자에게 특정 작업을 수행하도록 요청한 후, 과정에서 발생하는 성공률, 오류율, 작업 시간 등을 수치화하여 사용성 수준을 검증하는 방법이다.

개념 체크

1. 심층 인터뷰는 사용자의 숨겨진 요구를 파악할 수 있는 정성적 조사 방법이다. (O, X)
2. 사용성 평가에서 웹 페이지의 레이아웃은 사용자가 명확하고 쉽게 사용할 수 있도록 구성되어야 한다. (O, X)

1 O 2 O

04 사용성 테스트 결과 분석

1) 체크리스트 개념
- 특정 작업, 절차 또는 항목을 체계적으로 정리하여 하나씩 확인하고 점검할 수 있도록 돕는 도구이다.
- 관찰 도구로 활용 시 관찰자는 행동을 기록하며, 질문지로 사용할 경우 응답자가 자신의 상황에 맞는 항목을 선택한다.
- 효과적인 체크리스트를 만들기 위해서는 목적에 맞는 항목을 선정하고, 중복되지 않으며 명확하게 작성하는 것이 중요하다.

2) 사용자 조사 결과 분석

단계	설명
① 만족도 측정	과제 수행 후 참여자의 만족도를 평가
② 과제 성공 및 실패 여부 측정	각 과제가 성공적으로 완료되었는지, 실패했는지 확인
③ 과제 달성 용이성 측정	과제를 쉽게 달성할 수 있는지 평가 - 평균 소요 시간 측정 - 페이지 이동 횟수 분석 - 커서 클릭 횟수 분석 - 이동 동선 분석
④ 과제 수행에 영향을 미치는 요인 파악	과제 수행 중 발생한 요인들이 과제 달성에 미친 영향을 평가

3) 사용자 이용 만족도 질문표

만족도 수준 측정을 위한 질문 항목
과제를 수행하기 쉬웠습니까?
원하는 정보를 찾는 과정이 간단했습니까?
검색이나 탐색 중 화면 간 페이지 이동이 원활했습니까?
메뉴나 버튼을 쉽게 찾을 수 있었습니까?
메뉴나 버튼의 이름이 직관적이었습니까?
메뉴나 버튼을 클릭하기 전에 예상했던 결과가 사이트에 잘 반영되었습니까?
서비스나 기능을 이용하는 데 불편함이 없었습니까?
처음 방문한 사용자도 누군가의 도움 없이 사이트를 쉽게 이용할 수 있습니까?

 개념 체크

1 (　　　)은/는 특정 작업이나 절차를 체계적으로 나열하여 하나씩 확인하고 점검할 수 있도록 돕는 도구이다.

2 사용자 만족도 평가에서 페이지 이동 횟수는 과제 수행의 복잡성을 평가하는 중요한 요소이다. (O, X)

1 체크리스트 2 O

이론을 확인하는 기출문제

01 제품, 서비스, 또는 시스템의 초기 모델로, 실제 사용 환경에서 기능과 디자인을 테스트하기 위해 만들어진 시제품을 무엇이라고 하는가?

① 페이퍼 프로토타입
② 프로토타입
③ 인터랙션 디자인
④ 모션 그래픽

프로토타입은 제품, 서비스, 또는 시스템의 초기 모델로, 실제 사용 환경에서 기능과 디자인을 테스트하기 위해 제작된 시제품을 의미

02 인터랙션 디자인의 주된 목적은 무엇인가?

① 사용자와 시스템 간의 원활한 상호작용을 설계해 사용자 경험을 개선하는 것
② 제품의 초기 디자인을 테스트하고 피드백을 수집하는 것
③ 제품과 서비스의 프로토타입을 설계하는 것
④ 시각적 디자인 요소를 배치하는 것

인터랙션 디자인은 사용자가 시스템과 상호작용할 때 경험을 최적화하고, 이를 통해 효율적인 사용성과 직관성을 제공

03 TFT(Task Force Team)의 정의로 알맞은 것은 무엇인가?

① 특정 프로젝트나 문제 해결을 위해 임시로 구성된 팀
② 디자인의 일관성을 유지하기 위한 팀
③ 특정 회사의 제품을 개발하기 위한 상설 팀
④ 내비게이션 구조를 설계하는 팀

TFT는 특정 프로젝트나 문제 해결을 위해 구성된 임시 팀으로, 빠르고 집중적으로 목표를 달성하기 위해 구성

04 웹사이트 사용성 테스트에서 가장 중요한 목표는 무엇인가?

① 웹사이트의 외관을 개선하는 것
② 웹사이트의 접근성을 높이는 것
③ 문제점을 발견하고 웹사이트의 사용성을 향상시키는 것
④ 웹사이트의 콘텐츠를 추가하는 것

웹사이트 사용성 테스트는 사용자와 환경을 고려하여 문제점을 발견하고 개선하여 웹사이트의 사용성을 높이는 것이 가장 중요한 목표

05 정량적 조사 방법에 해당하는 것은 무엇인가?

① 심층 인터뷰
② A/B 테스트
③ 사용자 관찰
④ 포커스 그룹 인터뷰

A/B 테스트는 정량적 조사 방법으로, 두 가지 버전을 비교해 성과를 수치화하여 평가하는 방식

06 사용성 평가의 질문법 중 사용자의 경험과 의견을 수집하기 위해 사용하는 방법은 무엇인가?

① 설문법
② 발견적 평가
③ 속성 검사
④ 수행 측정

설문법은 사용자에게 질문을 통해 그들의 경험과 의견을 수집하여 웹사이트의 사용성을 평가하는 방법

정답 01② 02① 03① 04③ 05② 06①

07 사용성 테스트에서 사용자의 실제 환경과 동일한 상황에서 수행되는 테스트 방법은 무엇인가?

① A/B 테스트
② 유저빌리티 테스트
③ 설문조사
④ 감정법

유저빌리티 테스트는 사용자가 실제로 제품을 사용하는 환경에서 행동을 관찰하여 사용성을 평가하는 방법

08 A/B 테스트의 단점으로 적절한 것은?

① 대규모 데이터를 수집하기 어렵다.
② 심층적인 감정 분석이 가능하다.
③ 구체적인 이유나 맥락을 파악하는 데 한계가 있다.
④ 사용자의 내면적 감정 분석에 적합하다.

A/B 테스트는 두 가지 버전을 비교하여 성과를 평가하지만, 구체적인 이유나 맥락을 파악하는 데는 한계가 있음

09 사용성 평가에서 전문가가 웹사이트를 분석하고 문제점을 발견하는 방법은?

① 설문법
② 속성 검사
③ 발견적 평가
④ 페이퍼 프로토타입 테스트

발견적 평가는 전문가가 웹사이트를 평가해 사용성 문제를 발견하는 방법

10 사용자의 시선이 어느 위치에 오래 머무르는지 추적하여 사용성을 평가하는 방법은?

① 발견적 평가
② 설문법
③ 안구 추적
④ 가이드라인 체크법

안구 추적은 사용자의 시선 이동을 추적하여 시각적 주목도를 분석하는 기법

11 정량적 조사 방법의 장점으로 옳은 것은?

① 사용자의 숨겨진 니즈를 파악하기 용이하다.
② 이유나 맥락을 파악하기 쉽다.
③ 명확한 수치로 객관적 판단이 가능하다.
④ 소규모 심층 조사에 적합하다.

정량적 조사는 수치화된 데이터를 바탕으로 명확한 수치로 객관적인 결론을 도출할 수 있음

12 사용자 조사 프로세스로 올바르게 나열한 것은?

> ㄱ. 사용성 분석
> ㄴ. 인터뷰 진행
> ㄷ. 사용자 프로파일 정의
> ㄹ. 선호도 분석

① ㄱ-ㄹ-ㄷ-ㄴ
② ㄴ-ㄹ-ㄱ-ㄷ
③ ㄱ-ㄹ-ㄴ-ㄷ
④ ㄷ-ㄴ-ㄱ-ㄹ

사용자 조사 프로세스는 사용성 분석 – 선호도 분석 – 사용자 프로파일 정의 – 인터뷰 진행 순

13 사용성 테스트에서 참여자가 작업을 수행하는 데 어려움을 겪을 때, 진행자의 역할은 무엇인가?

① 문제를 해결해주고 빠르게 진행하게 한다.
② 참여자의 행동을 무시하고 다음 단계로 넘어간다.
③ 참여자가 당황하지 않도록 이유를 묻고 의견을 경청한다.
④ 참여자에게 해결 방법을 알려준다.

진행자는 참여자가 작업을 수행할 때 당황하지 않도록 질문을 통해 그들의 의도를 확인하고 의견을 경청

14 사용성 테스트 환경 구축에서 테스트 룸 설정 시 가장 고려해야 할 사항은 무엇인가?

① 테스트 도구와 장비의 종류
② 테스트 참여자의 인원 수
③ 환경 소음과 방해 요소
④ 테스트 대상자의 직업군

테스트 룸 설정 시 환경 소음이나 외부 방해 요소를 최소화하여 테스트가 원활히 진행되도록 하는 것이 중요

15 스마트 소비자의 구매 단계별 웹 라이프스타일에서 제품 정보를 습득할 때 적합한 내용은 무엇인가?

① 전문가 리뷰와 구매자 후기를 제공한다.
② 제품 사양을 비교할 수 있는 기능을 강화한다.
③ 제품 후기, 인기 제품을 소개하여 모델 선택을 지원한다.
④ 고객 서비스 안내 및 소프트웨어 다운로드 기능을 제공한다.

제품 정보를 습득하는 단계에서는 후기, 신제품 소개 등을 통해 소비자가 모델을 선택할 수 있도록 돕는 것이 중요

16 선호도 분석에서 트레저 헌터 유형의 소비자가 중요시하는 것은 무엇인가?

① 최고의 가치를 찾기 위해 정보를 탐색하는 소비자
② 쇼핑과 여가 활동을 동시에 즐기는 소비자
③ 제품 개발과 판매에 적극적으로 참여하는 소비자
④ SNS를 통해 콘텐츠를 생산하는 소비자

트레저 헌터는 최고의 가치를 찾기 위해 제품 정보를 탐색하고, 스마트한 소비를 지향하는 소비자 유형임

17 다음 중 형성적 사용성 테스트의 주요 목적으로 가장 적절한 것은?

① 제품이 출시된 후 사용자의 만족도를 평가하는 것
② 제품의 완성도를 검증하기 위해 최종 테스트를 수행하는 것
③ 개발 초기 단계에서 사용자의 피드백을 반영하여 제품을 개선하는 것
④ 웹사이트의 방문자 수를 분석하여 사용자 행동 패턴을 파악하는 것

형성적 사용성 테스트는 제품 또는 시스템의 설계 초기 단계에서 수행되는 테스트로, 사용자의 행동과 반응을 관찰하여 문제점을 조기에 발견하고 개선하는 것을 목적으로 함

18 평균 소요 시간, 페이지 이동 횟수, 커서 클릭 횟수 등을 분석하여 과제의 수행 난이도를 평가하는 단계는?

① 만족도 측정
② 과제 성공 및 실패 여부 측정
③ 과제 달성 용이성 측정
④ 과제 수행 요인 파악

과제를 수행하는 데 필요한 시간과 행동 횟수를 측정하여 시스템의 효율성을 평가하는 단계

19 다음 중 특정 작업이나 절차를 체계적으로 나열해 하나씩 확인하고 점검할 수 있도록 돕는 도구는 무엇인가?

① 인터뷰
② 체크리스트
③ 서베이
④ 포커스 그룹

체크리스트는 특정 작업이나 절차를 체계적으로 나열하여 확인하고 점검할 수 있도록 돕는 도구

20 체크리스트 작성 시, 좋은 체크리스트를 만들기 위해 고려해야 할 사항이 아닌 것은 무엇인가?

① 연구 목적에 부합하는 적절한 항목 선정
② 중복 없이 명확하게 작성
③ 항목의 중요성에 따라 순서를 임의로 배치
④ 체크 항목의 수를 적정하게 유지

좋은 체크리스트는 순서가 명확해야 하며, 중요성을 고려하여 순서를 체계적으로 배치

PART 03

색채 이해와 활용

파트 소개

색의 원리와 속성, 대비와 조화의 개념을 이해하고 이를 활용하여 조형미와 목적에 맞는 색채 표현 능력을 학습합니다.

CHAPTER

01

색의 원리와 색체계

학습 방향

색의 원리와 속성을 이해하고, 색의 삼속성과 혼합 방법을 학습합니다. 또한 색상환의 구성과 다양한 색체계를 익혀, 시각디자인에서의 색채 표현과 조화 원리를 체계적으로 이해하는 것을 목표로 합니다.

출제빈도

SECTION 01	중	20%
SECTION 02	상	65%
SECTION 03	하	15%

SECTION 01 색의 원리

출제빈도 상 중 하
반복학습 1 2 3

빈출 태그 ▶ #색의 원리 #물체의 색 #색 지각과 관련된 현상 #색 지각설

▶ 합격 강의

01 색의 원리

1) 색의 정의

- 색은 물체가 빛을 흡수하고 반사하는 방식에 따라 인간의 눈과 뇌에서 인식되는 시각적 현상이다.
- 빛의 파장이 눈의 망막에 도달하면, 망막의 <mark>원추세포</mark>★가 그 신호를 감지하고 뇌로 전달하여 특정한 색으로 인식된다.
- 색 지각의 3요소는 빛(광원), 물체, 관찰자(눈)로 구성된다.

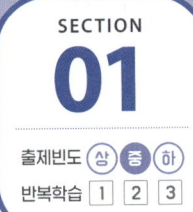
▲ 색지각의 3요소

★ 원추세포
인간의 망막에 있는 세포로, 색을 감지하고 시각적 세부 사항을 인식하는 역할을 함

★ 색온도
빛의 따뜻함과 차가움을 나타내며, 주로 조명에서 사용됨. 켈빈(Kelvin, K) 단위로 측정

빛(광원)	• 색 지각의 근원으로, 물체에 도달해 반사되거나 흡수되는 전자기파 • 빛의 파장에 따라 다양한 색이 결정 • 빛의 강도와 색온도★에 따라 색 인식이 달라짐 • 가시광선(약 380~700nm)은 인간이 감지할 수 있는 빛의 범위 • 적외선과 자외선도 존재함 　- 700nm 이상의 긴 파장 : 적외선, 레이더, 전파 　- 380nm 이하의 짧은 파장 : 자외선, X선
물체	• 빛을 반사, 흡수, 투과하여 색을 나타내는 물질 • 특정 파장의 빛을 반사하여 색으로 인식 • 표면 재질, 광택, 투명성 등 색 지각에 영향
관찰자	• 색을 인식하는 주체 • 망막의 원추세포가 빛을 감지하여 색을 인식 • 경험, 문화적 배경에 따른 심리적 반응 차이 발생
색채	• 물체가 빛을 반사하거나 흡수하여 인간의 눈에 인식되는 색 • 물체 구별과 감정, 의미 전달을 위한 시각적 요소 • 유채색과 무채색으로 분류됨 　- 유채색 : 색상, 명도, 채도 속성을 모두 가진 색(빨강, 주황, 노랑, 초록 등) 　- 무채색 : 명도만 있는 색(흰색, 회색, 검정색)
스펙트럼	• 아이작 뉴턴이 프리즘을 사용해 빛을 분석하고 발견한 연속적인 색 띠 • 빛의 굴절을 이용해 백색광을 빨강, 주황, 노랑, 초록, 파랑, 남색, 보라로 분해 • 파장이 짧을수록 굴절률이 커지며, 파장이 길수록 굴절률이 작아짐 • 짧은 파장은 보라색과 파란색, 긴 파장은 주황색과 빨강색

▲ 색 지각의 원리와 구성 요소

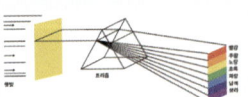
스펙트럼
빛을 프리즘에 통과시키면 파장에 따라 분해된 무지개색 띠가 나타나며, 이를 스펙트럼이라 함

02 물체의 색과 종류

- 물체에 빛이 닿으면, 빛이 반사, 흡수, 투과되며 그 결과 물체의 색이 나타난다.
- 물체가 특정 파장의 빛을 흡수하면, 그 파장에 해당하는 색상은 보이지 않는다.
- 예) 빨간색 물체는 빨간색 파장을 반사하고 나머지 파장을 흡수하기 때문에 빨간색으로 보임

1) 물체의 색

흰색	물체가 모든 파장의 빛을 거의 반사함
검정색	물체가 모든 파장의 빛을 거의 흡수함
회색	검정과 흰색이 혼합된 중간색으로, 빛의 반사율이 부분적으로 제한된 상태

2) 물체의 색 종류

광원색	빛 그 자체의 색, 광원이 발하는 색 예) 전구의 노란빛, LED의 백색 빛
투과색	투명한 물체에 빛이 투과하여 나타나는 색 예) 스테인드글라스의 색
표면색	물체의 표면에서 빛을 반사하여 나타나는 색 예) 빨간 사과는 빨강만 반사
금속색	금속 표면에서 빛이 반사되어 독특한 광택이 나는 색 예) 금, 은, 철 등의 금속 광택색
거울색	거울 표면에 모든 빛이 동일한 각도로 반사되어 나타나는 색
공간색	대기 중의 입자와 빛이 산란하거나 굴절되어 나타나는 색 예) 하늘의 파란색, 노을의 붉은색

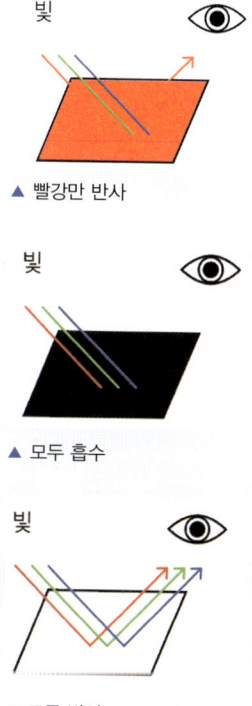

▲ 빨강만 반사

▲ 모두 흡수

▲ 모두 반사

03 색 지각과 관련된 주요 현상

색의 항상성	조명 조건이 변해도 물체의 색을 일정하게 인식하는 현상 예 낮과 밤 모두 빨간 사과를 동일한 색으로 인식함
색순응	특정 색에 지속적으로 노출되면 그 색에 대한 감각이 둔감해지는 현상 예 파란색 배경을 오랫동안 보고 있으면 그 후 다른 색이 덜 푸르게 느껴지는 현상
명암순응	밝은 곳이나 어두운 곳에 시각이 적응해 감도가 변화하는 현상 예 어두운 영화관에 들어갈 때 처음에는 잘 안 보이지만, 시간이 지나면 잘 보이게 됨 – 명순응 : 눈이 밝은 환경에 적응하는 과정(암소시★ → 명소시) 색상, 명암, 형태 구분 가능 – 암순응 : 눈이 어두운 환경에 적응하는 과정(명소시★ → 암소시) 명암과 형태 구분 가능
연색성	조명이 물체의 색에 영향을 주어 실제 색상을 다르게 보이게 하는 현상 예 색온도에 따라 물체의 색이 자연광과 다르게 보일 수 있음
조건등색 (메타머리즘)	서로 다른 두 색상이 특정 조건에서 동일한 색으로 인식되는 현상 예 형광등 아래서는 같게 보이지만, 자연광에서는 다르게 보이는 색
푸르킨예 현상	어두운 환경에서 파란색이 더 밝고, 빨간색이 더 어둡게 보이는 현상 예 해질녘에 빨간색은 어두워지고 파란색은 상대적으로 밝아 보임
색음 현상	색이 다른 감각(소리, 촉각)과 연관되어 인식되는 현상(공감각 현상) 예 빨간색을 보면 뜨거운 느낌이 들거나, 차가운 색을 보면 시원한 느낌이 드는 경우

★ 암소시
어두운 환경에서 간상세포가 주로 활성화되어 사물을 인식하는 시각 체계

★ 명소시
밝은 환경에서 원추세포가 주로 활성화되어 사물을 인식하는 시각 체계

기적의 TIP

박명시
낮과 밤의 중간 상태에서 시각 기능이 점차 변화하는 과정으로 원추세포와 간상세포가 동시에 작용하여 명암 차이로 물체를 구분한다.

04 색의 지각설

영 · 헬름홀츠의 3원색설	• 인간의 눈이 세 가지 기본색(R, G, B)을 기반으로 모든 색을 인식한다는 삼원색 이론 • 세 가지 기본색(R, G, B)을 다양한 비율로 혼합되어 모든 색이 만들어짐 • 현대의 디지털 디스플레이(모니터, TV 등) 색상 표현 기술의 기초가 됨
헤링의 반대색설	• 인간이 빨강, 초록, 노랑, 파랑의 4원색으로 색을 지각한다는 이론 • 빨강–초록, 노랑–파랑의 상반된 색 시스템을 통해 색을 인식 • 동시 대비와 보색 잔상 현상을 설명하는 기초가 됨

SECTION 02 색의 삼속성과 혼합

출제빈도 상 중 하
반복학습 1 2 3

빈출 태그 ▶ #색의 3속성 #가산혼합 #감산혼합 #병치혼합 #회전혼합

01 색의 3속성

1) 색상(Hue)
- 색상은 빨강, 노랑, 초록, 파랑 등 일상에서 구분할 수 있는 색의 기본적인 특성이다.
- 빛의 파장에 의해 색상이 결정되며, 이는 인간이 색을 인식하는 기준이 된다.
- 우리나라에서는 먼셀의 표준 20색상환을 사용하여 색상을 분류한다.

2) 명도(Value/Lightness)
- 명도는 색의 밝고 어두운 정도(그레이스케일)★를 나타내는 속성이다.
- 가장 밝은 색은 10단계(고명도), 가장 어두운 색은 0단계(저명도)로 설정해 총 11단계로 나눌 수 있다.
- 명도는 유채색뿐만 아니라 무채색에도 적용되며, 무채색의 경우 명도는 단순히 밝기의 차이로 표현된다.
- 명도는 색의 속성 중 가장 예민하게 반응하는 특성이다.

명도의 11단계

★ 그레이스케일
색상 없이 밝기만으로 흰색에서 검정까지의 단계적인 회색으로 표현된 방식

3) 채도(Chroma)
- 채도는 색의 순도 또는 포화도를 나타내며, 색이 얼마나 선명한지를 의미한다.
- 채도가 높은 색은 선명하고 강렬하게 보이며, 채도가 낮은 색은 흐릿하고 탁한 느낌을 준다.
- 채도는 가장 낮은 1단계(저채도)부터 가장 높은 14단계(고채도)까지로 나뉜다.

순색	특정 색상에서 다른 색이 전혀 섞이지 않은 가장 순수한 형태의 색
청색	순색에 흰색, 검정이 혼합된 색 • 명청색 : 순색에 흰색을 섞어 밝고 부드러운 느낌을 주는 색 • 암청색 : 순색에 검정을 섞어 어두운 느낌을 주는 색
탁색	순색 또는 청색에 회색을 혼합한 색

순색	명청색 = 순색 + 흰색	암청색 = 순색 + 검정	탁색 = 순색, 청색 + 회색

개념 체크

1. 색상(Hue)은 빛의 파장에 따라 결정된다. (O, X)
2. 색상은 빛의 (　)에 의해 결정되며, 인간이 색을 인식하는 기본 기준이 된다.

1 O 2 파장

02 색조(Tone)

1) 색조의 개념
- 색조는 특정 색상의 밝기와 채도의 변화를 통해 다양한 느낌의 색을 표현하는 개념이다.
- 명도와 채도를 조절하여 같은 색상이라도 밝고 부드럽거나, 어둡고 강한 느낌을 줄 수 있다.

2) 색조 조절

틴트(Tint)	색상에 흰색을 추가하여 밝고 부드럽게 만드는 방식
셰이드(Shade)	색상에 검정색을 추가하여 어둡고 강렬하게 만드는 방식
톤(Tone)	색상에 회색을 추가하여 밝기를 낮추고 차분하게 만드는 방식

3) 색조의 역할
- 감정적 분위기를 조성하는 데 중요한 역할을 하며, 디자인에서 다양성과 통일성을 동시에 유지할 수 있다.
- 밝고 채도가 높은 색조는 활기차고 긍정적인 느낌을, 어둡고 채도가 낮은 색조는 차분하고 무게감 있는 느낌을 전달한다.

03 색 혼합

- 원색은 다른 색을 혼합하여 만들 수 없는 가장 기본적인 색이다.
- 혼색은 두 가지 이상의 색을 혼합하여 새로운 색을 만드는 작업이다.
- 혼색은 색의 기본 속성(색상, 명도, 채도)을 변화시켜 다양한 색 조합을 만들며, 혼합 방식에 따라 가산혼합, 감산혼합, 중간혼색으로 구분된다.

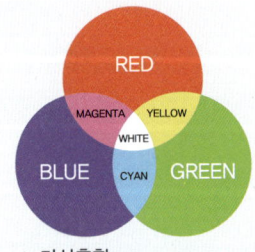
▲ 가산혼합

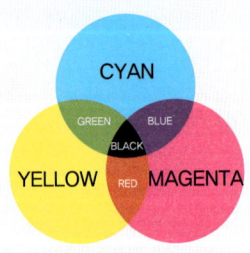
▲ 감산혼합

가산혼합 (가법혼색)	• 빛의 혼합으로 빛의 색이 더해질수록 밝아짐 • 빛의 삼원색은 빨강(Red), 초록(Green), 파랑(Blue) 예 TV, 컴퓨터 모니터, 스마트폰 화면, 무대 조명
감산혼합 (감법혼색)	• 색료의 혼합으로 색료의 색이 더해질수록 어두워짐 • 색료의 삼원색은 자주(Magenta), 노랑(Yellow), 청록(Cyan) 예 물감, 잉크, 염료
중간혼합 (중간혼색)	두 가지 이상의 색이 혼합되어 중간 명도와 채도를 나타내는 혼합 방식 – 병치혼합 : 두 가지 이상의 색을 일정한 거리에서 나란히 배열하여 심리적으로 혼합되어 새로운 색으로 인식되는 현상 예 격자무늬 직물, 점묘화 – 회전혼합 : 색이 칠해진 원판을 고속으로 회전시키면 각 색이 혼합된 상태로 보이게 되는 현상 예 뉴턴의 색원판, 팽이

1) 가산혼합(가법혼색)

- 가산혼합은 빛의 색을 더할수록 명도가 높아져 색이 밝아지는 혼합 방식이다.
- 빛의 삼원색은 빨강(Red), 초록(Green), 파랑(Blue)이다.
- 삼원색을 혼합하면 백색광(White)이 되며, 혼합될수록 명도는 높아지고 채도는 낮아진다.
- 예 TV, 컴퓨터 모니터, 스마트폰 화면, 무대 조명 등 빛을 사용하는 모든 장치에서 가산혼합의 원리가 사용된다.

흰색(White)	빨강(Red) + 초록(Green) + 파랑(Blue)
자주(Magenta)	빨강(Red) + 파랑(Blue)
청록(Cyan)	초록(Green) + 파랑(Blue)
노랑(Yellow)	빨강(Red) + 초록(Green)

R + G = Y	G + B = C	R + B = M	R + G + B = W

2) 감산혼합(감법혼색)

- 색료의 혼합으로, 색료의 색이 더해질수록 어두워지는 원리다.
- 색료가 더해질수록 명도와 채도가 낮아진다.
- 주로 인쇄, 페인팅, 염색 등 색료를 사용하는 모든 분야에서 사용된다.

파랑(Blue)	청록(Cyan) + 자주(Magenta)
빨강(Red)	자주(Magenta) + 노랑(Yellow)
초록(Green)	노랑(Yellow) + 청록(Cyan)
검정색(Black)	자주(Magenta) + 노랑(Yellow) + 청록(Cyan)

C + M = B	M + Y = R	Y + C = G	C + M + Y = K

개념 체크

1. 색조(Tone)는 색상의 명도와 채도 변화를 통해 다양한 느낌을 표현하는 개념이다. (O, X)

2. 색상에 ( )을 섞으면 밝고 부드러운 틴트(Tint)가 된다.

3) 중간혼합

- 두 가지 이상의 색이 섞여 중간 밝기와 명도를 나타내는 혼합 방식이다.
- 물리적 혼합이 아닌 시각적, 심리적 혼합에 의해 발생한다.
- 병치혼합과 회전혼합이 대표적인 예이다.

① 병치혼합

- 두 가지 이상의 색이 일정한 거리에서 나란히 배열될 때 시각적으로 혼합되어 새로운 색으로 인식되는 현상이다.
- 물리적으로 색이 섞이는 것이 아니라, 우리의 눈과 뇌가 가까운 거리에서 서로 다른 색을 하나의 혼합된 색으로 인식하는 원리이다.

예) 점묘법, 인쇄물, 섬유 디자인

② 회전혼합

- 회전혼합은 맥스웰의 회전판 실험에서 발견된 현상이다.
- 서로 다른 색들이 칠해진 원판을 고속으로 회전시킬 때, 개별 색들이 시각적으로 혼합되어 새로운 색으로 보인다.
- 색이 물리적으로 섞이지 않지만, 회전 속도와 눈의 잔상 효과로 인해 혼합된 것처럼 인식된다.
- 혼합된 색의 색상은 두 색상의 평균이 되며, 명도는 두 색의 중간 명도가 된다.
- 회전혼합은 색의 개수에 상관없이 평균 명도와 채도로 나타난다.
- 보색이나 반대색의 혼합은 중간 명도의 회색으로 보인다.

> **기적의 TIP**
>
> **병치가법혼합**
> 작은 점이나 선처럼 가까이 배치하여 시각적으로 혼합된 것처럼 보이게 만드는 색 혼합 방식으로 빛의 가법혼합 원리를 기초로 함

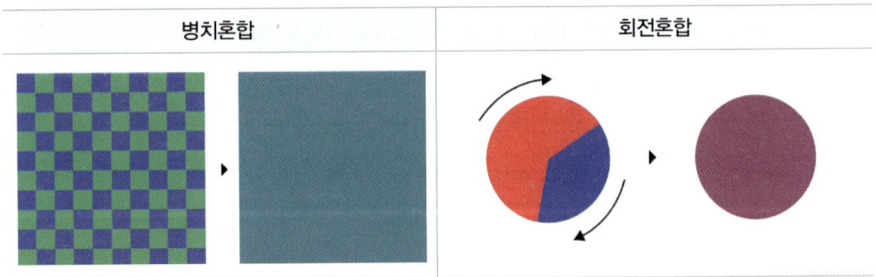

병치혼합	회전혼합

개념 체크

1. ( )은/는 두 가지 이상의 색이 나란히 배열될 때, 시각적으로 혼합되어 새로운 색으로 인식되는 현상이다.

2. 회전혼합에서는 색상들이 실제로 물리적으로 섞여 새로운 색이 만들어진다.
(O, X)

1 병치혼합 2 X

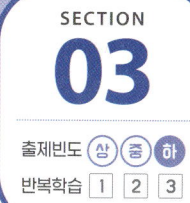

SECTION 03 색상환과 색체계

출제빈도 상 중 하
반복학습 1 2 3

빈출 태그 ▶ #색상환 #먼셀의 표색계 #오스트발트 표색계

01 표준 색상환

- 색상환은 색을 시각적으로 이해하고 체계적으로 분류하기 위해 색상을 원형으로 배열한 도구이다.
- 색상환은 색상 간의 관계를 보여주며, 색의 혼합, 대비, 조화를 쉽게 이해할 수 있도록 도와준다.
- 우리나라 교육 분야에서 먼셀의 20색상환을 색채 교육에 널리 활용되고 있다.

▲ 먼셀의 표준 20색상환

유사색	• 색상환에서 서로 인접한 위치에 있는 색 • 시각적으로 조화롭고 부드러운 느낌을 줌 • 색상환에서 3~4칸 이내의 색을 유사색으로 분류 예 빨강, 주황, 노랑 / 파랑, 청록, 녹색
보색	• 색상환에서 정반대 위치에 있는 색 • 서로 대조되어 강한 대비를 이루는 색 • 시각적 긴장감과 명확한 대비를 만들어냄 예 빨강과 초록 / 파랑과 주황
근접 보색	• 색상환에서 약간 떨어진 위치에 있는 색 • 보색에 가깝지만 완전 반대는 아닌 색들 • 부드러운 대비를 제공하며 적절한 대조를 줌 • 빨강과 청록 / 파랑과 황록 / 주황과 보라

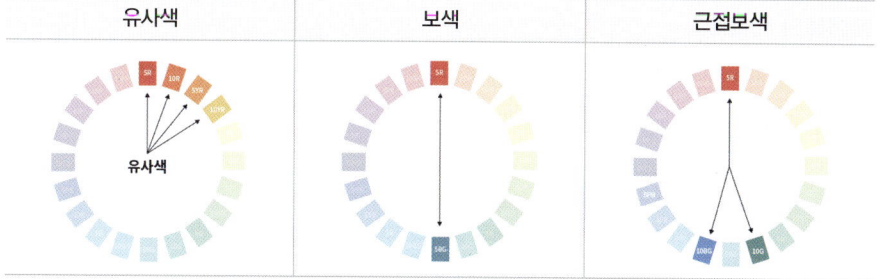

개념 체크

1 우리나라 교육부에서 규정한 표준 색상환은 (　　) 색상환이다.

2 보색은 시각적으로 조화롭고 부드러운 느낌을 주는 색이다. (O, X)

1 먼셀의 표준 20색상환　2 X

02 표색계

- 표색계는 색을 체계적으로 분류하고 표현하기 위한 체계이다.
- 색을 수치화하거나 표준화하여 정의할 수 있는 기준과 방법을 제공한다.
- 표색계는 현색계와 혼색계로 분류된다.

현색계	• 인간의 색지각을 기초로 색상, 명도, 채도에 따라 물체의 색을 체계적으로 배열한 색상 체계 • 색의 시각적 특성을 기준으로 체계화하며, 주로 물체의 색상을 인식하는 데 초점을 둠 • 대표적인 현색계 : 먼셀 표색계, 오스트발트 표색계, KS(한국산업규격), NCS, DIN
혼색계	• 빛의 파장에 따른 색광을 표시하는 표색계로, 심리적 및 물리적 빛의 혼합 실험에 기반을 둔 체계 • 물체색을 측색기로 측색하고, 색의 정확한 재현과 분석에 사용 • 대표적인 혼색계 : CIE(국제조명위원회) 표색계

1) 먼셀의 표색계

- 미국 화가 먼셀(Albert H. Munsell)이 색을 체계적으로 분류하기 위해 개발한 색상 체계이다.
- 색의 3속성인 색상, 명도, 채도를 기준으로 색을 정의하고 표현하는 방법을 제시한다.

① 먼셀의 색상환

- 먼셀의 색상환은 빨강(R), 노랑(Y), 녹색(G), 파랑(B), 보라(P)를 주 5색을 기본으로 한다.
- 주 5색의 중간색인 주황색(YR), 연두(GY), 청록(BG), 남색(PB), 자주(RP)를 포함하여 총 10개의 주요 색상을 기준으로 한다.
- 10개의 주요 색상에 대표 숫자 '5'를 붙여 구분한다.

② 먼셀의 색입체

먼셀의 색입체는 색의 3속성인 색상, 명도, 채도의 3차원 입체 모형이다.

색상	색입체의 바깥 부분에 위치함
명도	• 색입체의 중심축은 명도를 나타냄 • 명도는 11단계로 나뉘며, 색의 밝고 어두운 정도를 나타냄 • 위로 갈수록 고명도이며, 아래로 갈수록 저명도로 구분됨 • 명도 표기 시 숫자 앞에 N(Neutral)을 붙여 표기
채도	• 색입체의 수평 방향에 위치함 • 중심축이 채도 0(무채색)이며, 바깥쪽으로 갈수록 채도가 높아짐 • 가장 바깥쪽은 순색 • 채도가 가장 높은 색의 번호는 색상에 따라 다름 • 채도가 가장 높은 색(순색)은 14로 구분됨

> **개념 체크**
>
> 1 색먼셀의 표색계는 색의 ( ), ( ), ( ) 세 가지 속성을 기준으로 색을 체계적으로 정의하고 표현한다.
>
> 2 채도의 가장 높은 값은 모든 색상에서 14로 동일하다. (O, X)
>
> 1 색상, 명도, 채도　2 X

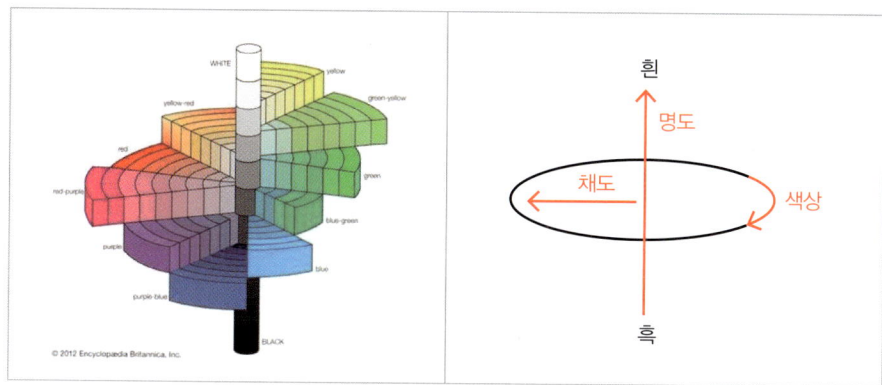

▲ 먼셀의 색입체 구성 〈출처 : https://blog.naver.com/beautenaive7/220918090253〉

③ 수직 단면(종단면 또는 세로단면)

- 같은 색상이 나타나기 때문에 이를 등색상면이라고도 한다.
- 가운데의 무채색을 중심으로 보색 대비를 이루는 동일 색상 면이 형성된다.
- 무채색을 중심으로 좌우의 색은 색상환에서 마주보는 보색으로 나타난다.
- 동일 색상의 명도와 채도 변화를 한눈에 볼 수 있다.
- 각 색 단면의 가장 바깥쪽에 위치한 색이 순색이다.

④ 수평 단면(횡단면 또는 가로단면)

- 같은 명도의 색들이 나타나기 때문에 이를 등명도면이라고도 한다.
- 중심에는 무채색이 위치하고, 색상은 방사형으로 배열된다.
- 같은 명도 내에서 채도의 차이와 색상의 차이를 한눈에 비교할 수 있다.

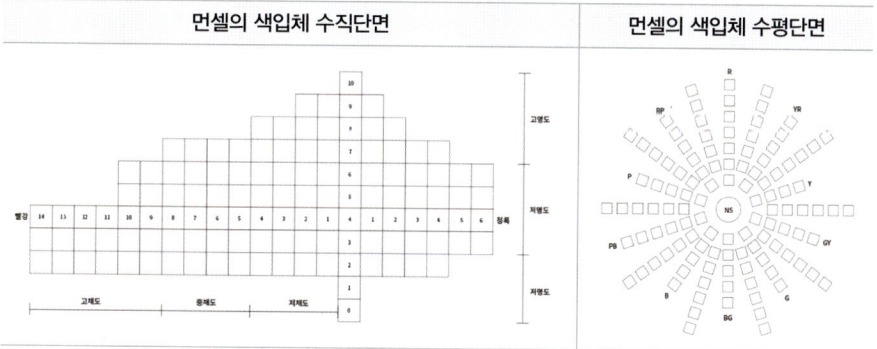

⑤ 먼셀의 색 표기법

- 색상(H), 명도(V), 채도(C) 순으로 표기한다.
- 예를 들어, "5R 5/10"이라는 표기는 색상 5R(빨강), 명도 5, 채도 10인 색을 의미한다.
- 색을 읽을 때는 "5R 5의 10"이라고 표현한다.

> **개념 체크**
>
> 1 (　　　)은/는 미국의 화가이자 교수인 먼셀이 개발한 색상 체계로, 색의 3속성인 색상, 명도, 채도를 기준으로 색을 체계적으로 정의하고 표현하는 방법을 제시한다.
>
> 2 먼셀 색입체의 수직 단면에서는 색상환에서 보색 대비를 이루는 색들이 나타난다. (O, X)
>
> 1 먼셀의 표색계 2 O

2) 오스트발트표색계

- 독일의 물리학자 빌헬름 오스트발트가 개발한 표색계로, 먼셀 표색계와 함께 대표적인 표색계이다.
- 순색(C), 백색(W), 흑색(B)의 혼합 비율로 색을 체계화한 것이 특징이다.

① 오스트발트의 색상환

- 헤링의 4원색 이론을 바탕으로 하여, 보색인 빨강 – 청록(Sea Green), 노랑 – 파랑을 기본으로 하고, 그 사이에 색을 추가해 총 24색상으로 구성된다.
- 순색(C)은 백색(W)과 흑색(B)이 혼합되지 않은 가장 순수한 색상으로 구성된다.

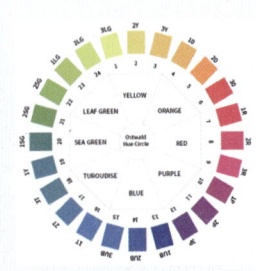
▲ 오스트발트 색상환

순색(C)	• 흰색이나 검정이 섞이지 않은 가장 순수한 형태의 색 • 오스트발트 표색계의 기본 색상
백색(W)	완전한 흰색으로, 빛의 반사율이 가장 높은 색
흑색(B)	완전한 검정색으로, 빛의 흡수율이 가장 높은 색

② 오스트발트의 색입체

- 순색(C), 백색(W), 흑색(B)의 혼합 비율을 기반으로 하여, 원뿔을 위아래 겹쳐 놓은 구조로 구성된다.
- 색입체의 세로 중심축 맨 위에는 이상적인 백색(W), 맨 아래에는 이상적인 흑색(B)이 배치된다.
- 색입체는 색조의 단계를 나타내는 a, c, e, g, i, l, n, p의 알파벳으로 구성된 구간으로 구분된다.
- 색입체의 수직 단면도는 백색(W), 순색(C), 흑색(B)의 3색 혼합 비율에 따라 총 28단계로 변화된다.
- 무채색은 W(백색)와 B(흑색)의 혼합 비율이 100%가 되도록 구성되며, 유채색은 W(백색), B(흑색), C(순색) 세 가지 요소의 비율을 합산하여 100%로 구성된다.

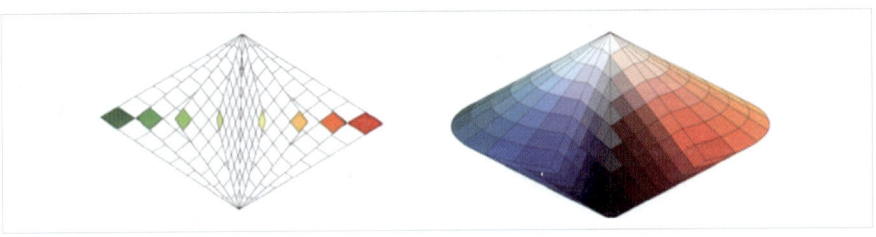
▲ 오스트발트 색입체

〈출처 : https://blog.naver.com/studiomopus/220986057286〉

개념 체크

1. 오스트발트의 색입체는 순색(C), 흑색(B), 백색(W)의 혼합 비율에 따라 원뿔 모양의 구조를 형성한다. (O, X)
2. 오스트발트 표색계의 색입체에서 무채색은 백색(W)와 흑색(B)의 혼합 비율이 50%인 상태를 말한다. (O, X)

1 O   2 X

③ 오스트발트의 등색상 3각형

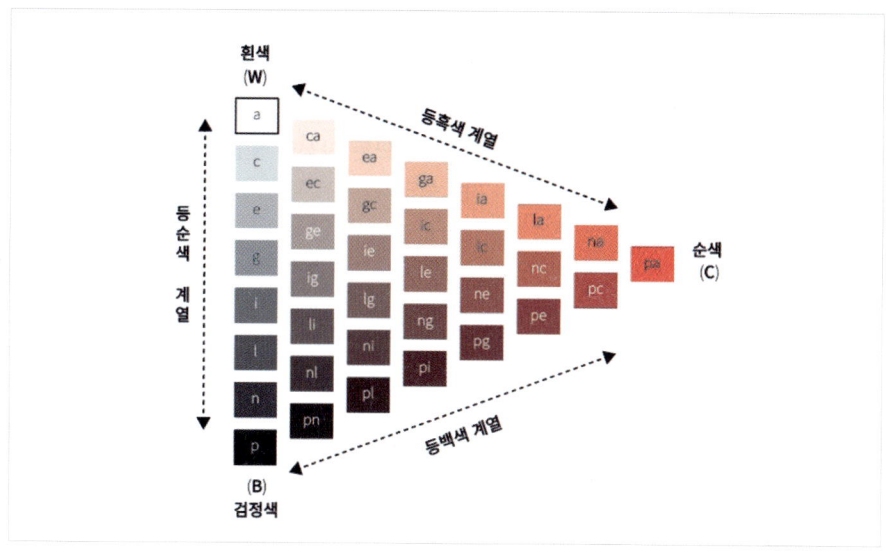

등백색	• 색상에 백색이 일정하게 섞인 색으로, 밝은 색 계열을 형성 • 백색의 혼합량이 일정한 색상 계열 • 순색(C)과 검정(B)을 잇는 평행선상에 위치
등흑색	• 색상에 흑색이 일정하게 섞인 색으로, 어두운 색 계열을 형성 • 흑색의 혼합량이 일정한 색상 계열 • 순색(C)과 흰색(W)을 잇는 평행선상에 위치
등순색	• 순수한 색상으로, 백색과 흑색이 섞이지 않은 상태의 색을 의미 • 순색의 혼합량이 일정한 색상 계열 • 순색(C)과 중심 축을 따라 평행하게 배열되며, 흑백 혼합물이 없는 순색 그대로의 형태

분광식 색체계(Spectral Color System)
- 빛의 스펙트럼 데이터를 기반으로 CIE 표색계의 기초 데이터
- 각 파장의 에너지 분포를 분석해 색을 정의하는 방식
- 색의 물리적, 과학적 정의가 가능
- 다양한 조명 환경에서도 일관된 색 측정 가능

3) CIE 표색계

- 인간의 색채 인지에 대한 연구를 기반으로 수학적으로 정의된 초기 색 공간 중 하나이다.
- 빛의 혼합 원리인 가법 혼색을 바탕으로 색을 표현하는 방식이다.
- 현재 색채 연구와 공업 제품의 색상 관리 분야에서 널리 활용되고 있다.
- XYZ 값을 통해 다양한 조명 조건에서도 일관된 색 표현이 가능하여 산업 및 연구에서 표준으로 자주 사용된다.

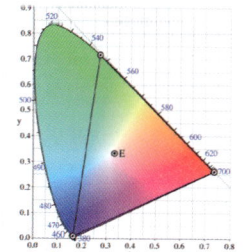

〈출처 : 위키피디아〉
▲ CIE 표색계

개념 체크

1 CIE 표색계는 1931년에 ( )에서 개발된 색 체계로, 색의 정확한 측정과 표준화를 위해 만들어졌다.

1 국제조명위원회(CIE)

이론을 확인하는 기출문제

01 색 지각의 3요소에 포함되지 않는 것은?

① 빛(광원)
② 물체
③ 망막의 간상세포
④ 관찰자(눈)

색 지각의 3요소는 빛(광원), 물체, 관찰자(눈)으로 구성됨. 망막의 간상세포는 시각적 요소이지만, 색 지각의 3요소에는 포함되지 않음

02 가시광선의 범위는 몇 nm인가?

① 100~300nm
② 380~700nm
③ 500~800nm
④ 700~1,000nm

가시광선은 인간이 감지할 수 있는 빛의 범위로, 약 380~700nm 사이에 위치함

03 표면색에 대한 설명 중 옳은 것은?

① 대기 중의 입자와 빛이 산란하거나 굴절되어 나타나는 색
② 표면에서 빛을 반사하여 나타나는 색
③ 물체에 빛이 투과하여 나타나는 색
④ 표면에 모든 빛이 동일한 각도로 반사되어 나타나는 색

오답 피하기
• ① : 공간색에 대한 설명
• ③ : 투과색에 대한 설명
• ④ : 거울색에 대한 설명

04 물체가 모든 파장의 빛을 흡수할 때 물체는 무슨 색인가?

① 흰색
② 회색
③ 검정색
④ 빨간색

물체가 모든 파장의 빛을 흡수하면 검정색으로 보임

05 색의 항상성은 무엇을 의미하는가?

① 특정 색에 둔감해지는 현상
② 조명 조건이 변해도 물체의 색을 일정하게 인식하는 현상
③ 색을 대조적으로 인식하는 현상
④ 밝은 곳에서 색을 더 선명하게 인식하는 현상

색의 항상성은 조명 조건이 바뀌어도 물체의 색이 일정하게 보이는 현상임

06 푸르킨예 현상은 어두운 환경에서 어떤 색이 상대적으로 더 밝게 보이는 현상인가?

① 빨간색
② 파란색
③ 녹색
④ 노란색

푸르킨예 현상은 어두운 환경에서 파란색이 더 밝고, 빨간색은 더 어둡게 보이는 현상임

정답 01 ③ 02 ② 03 ② 04 ③ 05 ② 06 ②

07 다음은 무엇에 관한 설명인가?

> • 인간이 빨강, 초록, 노랑, 파랑의 4원색으로 색을 지각한다는 이론
> • 빨강 – 초록, 노랑 – 파랑의 상반된 색 시스템

① 영·헬름홀츠의 3원색설
② 오스트발트의 색상환
③ 헤링의 반대색설
④ CIE 표색계

헤링의 반대색설에 대한 설명

08 채도에 대한 설명 중 틀린 것은?

① 중심축이 무채색이다.
② 색입체의 수평 방향에 위치한다.
③ 채도의 단계가 11단계로 나뉜다.
④ 가장 바깥쪽은 순색이다.

채도는 색상에 따라 다르지만, 일반적으로 14단계로 나뉨

09 명청색은 어떤 색인가?

① 순색에 회색이 섞인 색
② 순색에 흰색이 섞인 부드러운 색
③ 순색에 검정이 섞인 어두운 색
④ 순색에 빨강이 섞인 색

명청색은 순색에 흰색을 섞어 밝고 부드러운 느낌을 주는 색

10 가산혼합에서 빨강(R)과 초록(G)을 혼합하면 어떤 색이 나오는가?

① 파랑   ② 자주
③ 노랑   ④ 청록

가산혼합에서 빨강과 초록을 혼합하면 노랑(Yellow)이 됨

11 병치혼합은 무엇을 의미하는가?

① 두 가지 이상의 색을 나란히 배열하여 시각적으로 혼합된 것처럼 보이게 하는 현상
② 물리적으로 색을 섞는 방식
③ 색을 빛의 원리로 섞는 방식
④ 회전판을 이용해 색을 섞는 방식

병치혼합은 두 가지 이상의 색을 일정한 거리에서 나란히 배열할 때 시각적으로 혼합되어 새로운 색으로 인식되는 현상

12 현색계의 설명 중 틀린 것은?

① 색의 시각적 특성을 기준으로 체계화하였다.
② 대표적으로 먼셀 표색계, 오스트발트 표색계, KS(한국산업규격)가 있다.
③ 물리적이고 과학적인 색 측정에 중점을 두었다.
④ 색상, 명도, 채도에 따라 물체의 색을 체계적으로 배열한 색상 체계이다.

혼색계의 설명으로 빛의 파장에 따른 색의 특성을 측정하고 수치화하여 색을 표현하는 체계로 물리적이고 과학적인 색 측정에 중점을 둠

13 가산혼합이 적용되지 않는 예시는?

① TV   ② 컴퓨터 모니터
③ 무대 조명   ④ 인쇄물

인쇄물에서는 감산혼합이 적용되며, TV나 컴퓨터 모니터, 무대 조명 등에서는 가산혼합이 사용

14 색조(Tone)란 무엇을 의미하는가?
① 특정 색상에서 밝기를 조절하여 명도 차이를 나타내는 과정
② 색상의 채도를 감소시키거나 증가시켜 생동감을 조절하는 방법을 의미
③ 색상의 밝기와 채도의 변화를 통해 다양한 느낌을 표현하는 것
④ 색상에 따뜻함과 차가움을 더해 심리적 온도를 변화시키는 방식

색조는 명도와 채도를 조절하여 같은 색상이라도 밝고 부드럽거나, 어둡고 강한 느낌을 표현할 수 있는 개념

15 먼셀의 색상환에서 주 5색에 포함되지 않는 색은?
① 빨강(R)   ② 노랑(Y)
③ 주황(O)   ④ 파랑(B)

먼셀의 색상환에서 주 5색은 빨강(R), 노랑(Y), 녹색(G), 파랑(B), 보라(P)

16 먼셀의 색 입체에서 명도는 어디에서 표시되는가?
① 입체의 중심축
② 입체의 바깥쪽
③ 입체의 수평면
④ 입체의 상단

명도는 먼셀의 색 입체에서 중심축에 위치하며, 위로 갈수록 고명도, 아래로 갈수록 저명도가 됨

17 먼셀의 색상 표기법에서 '5R 5/10'은 무엇을 의미하는가?
① 빨강 5, 명도 5, 채도 10
② 빨강 10, 명도 5, 채도 5
③ 파랑 5, 명도 10, 채도 5
④ 주황 10, 명도 5, 채도 10

'5R 5/10'은 색상 5R(빨강), 명도 5, 채도 10을 의미

18 오스트발트 색상환은 몇가지 색상으로 구성되어 있는가?
① 10색상   ② 12색상
③ 24색상   ④ 36색상

오스트발트의 색상환은 24가지 색상으로 구성

19 CIE 표색계에 대한 설명 중 틀린 것은?
① 헤링의 4원색 이론을 기반으로 하였다.
② 1931년 색의 과학적 측정과 표준화를 위해 개발되었다.
③ 가산혼합의 원리를 이용하였다.
④ 색의 정확한 측정과 표준화를 위해 개발한 색 체계이다.

헤링의 4원색 이론은 오스트발트 표색계의 기초 이론임

20 오스트발트 색입체에서 무채색은 어떤 비율로 이루어지는가?
① 백색과 흑색이 혼합된 비율
② 순색과 백색이 혼합된 비율
③ 순색과 흑색이 혼합된 비율
④ 모든 색상이 혼합된 비율

오스트발트 색입체에서 무채색은 흰색(백색)과 검정색(흑색)의 혼합으로만 이루어진다.

정답 14 ③ 15 ③ 16 ① 17 ① 18 ③ 19 ① 20 ①

CHAPTER

02

색의 대비와 상징

학습 방향

색의 대비 원리와 시각적 효과를 이해하고, 다양한 색의 상징적 의미와 연상 작용을 학습합니다. 이를 통해 색채가 전달하는 심리적·문화적 메시지를 분석하고, 디자인 표현에 적절히 활용할 수 있는 색채 감각을 기르는 것을 목표로 합니다.

출제빈도

| SECTION 01 | 상 | 70% |
| SECTION 02 | 하 | 30% |

SECTION 01 색의 대비와 효과

빈출 태그 ▶ #색의 대비 #색의 지각 #색의 감정 효과

01 색의 대비

색의 대비는 두 가지 이상의 색상이 나란히 배치했을 때, 본래 색과 다르게 지각되는 현상을 의미한다.

1) 동시대비

동시대비는 두 가지 색상이 나란히 있을 때, 색상, 명도, 채도의 차이로 시각적으로 달라 보이는 현상을 의미한다.

▲ 명도대비

▲ 채도대비

▲ 색상대비

▲ 면적대비

▲ 한난대비

명도대비	밝고 어두운 색상이 나란히 배치될 때, 명도의 차이로 인해 더 뚜렷하고 선명하게 보이는 시각적 효과
채도대비	채도가 서로 다른 두 색이 배치되었을 때 상대적인 영향을 받아 채도의 차이가 실제보다 더 크거나 작게 보이는 시각적 효과
색상대비	서로 다른 색상들이 나란히 있을 때, 각각의 색이 더 두드러지고 강렬하게 보이는 시각적 효과
면적대비	• 색의 면적 크기에 따라 색이 다르게 보이는 시각적 효과 • 같은 색이라도 면적이 클수록 명도와 채도가 높게 느껴지며, 작을수록 명도와 채도가 낮게 인식
한난대비	• 따뜻한 색과 차가운 색의 대비로, 따뜻한 색은 더 따뜻하게, 차가운 색은 더 차갑게 느껴지는 효과 • 중성색은 주변에 따뜻한 색이 있으면 더 따뜻하게, 차가운 색이 있으면 더 차갑게 느껴지는 효과
보색대비	색상환에서 마주보는 보색을 나란히 배치할 때 발생하는 강한 시각적 대비 효과 ⓔ 빨강과 초록, 파랑과 주황, 노랑과 보라
연변대비 (경계 대비)	• 두 색상이 접하는 경계선에서 색이 더 선명하고 강하게 인식되는 현상 • 색상 간 경계가 뚜렷할수록 대비가 더 강해짐

연변대비(경계 대비)

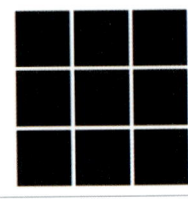

▲ 보색대비

2) 계시대비(연속대비)

- 계시대비는 한 색상을 일정 시간 바라본 뒤 느껴지는 대비 효과로, 계속대비 또는 연속대비라고도 한다.
- 특정 색을 본 후, 그 잔상이 남아 다른 색을 볼 때 첫 색의 잔상이 영향을 주어 색이 변형되어 보이는 현상이다.
- 이는 소극적 잔상 효과로, 처음 본 색의 자극이 다음 색 인식에 영향을 미친다.

02 색의 지각적 효과

1) 색의 동화

- 색상의 대비 효과와는 반대로, 주변 색에 영향을 받아 색이 유사하게 느껴지는 현상을 색의 동화라고 한다.
- 주로 채도의 변화가 나타나며 서로 혼합되어 보인다.
- 색의 동화에는 색상동화, 명도동화, 채도 동화가 있다.

색의 동화

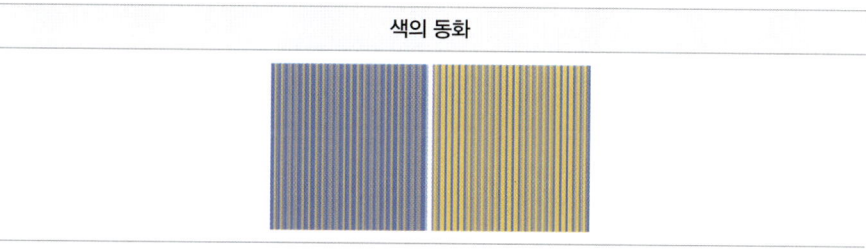

2) 색의 잔상

- 색의 잔상은 자극이 사라진 후에도 그 자극에 의한 흥분이 시각에 남아 있는 현상이다.
- 잔상은 정의 잔상과 부의 잔상으로 구분된다.

① **정의 잔상**
강한 빛이나 색을 본 직후, 시야에 원래 색상이 그대로 남아 보이는 현상이다.

② **부의 잔상**
특정 색상을 오랫동안 본 후 시선을 다른 곳으로 돌렸을 때, 원래 색과 반대되는 보색이 눈에 남아 보이는 현상이다.

부의 잔상

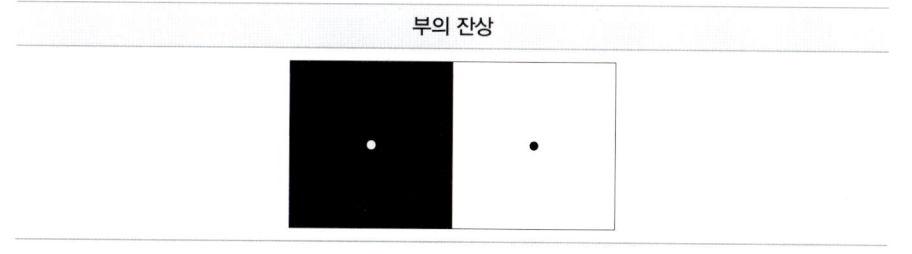

> **개념 체크**
>
> 1 한 색상을 본 후 다른 색을 볼 때, 앞 색의 잔상으로 인해 본래 색과 다르게 보이는 현상을 (　　)라고 한다.
>
> 2 연변대비는 두 색상이 접하는 경계선에서 색이 더 약하고 부드럽게 인식되는 현상이다. (O, X)
>
> 3 특정 색상을 오랫동안 본 후 시선을 다른 곳으로 돌렸을 때, 원래 색상과 반대되는 보색이 눈에 남아 보이는 현상을 (　　)라고 한다.
>
> 1 계시대비 2 X 3 부의 잔상

3) 주목성과 명시성

- 주목성 : 색상이나 디자인 요소가 주변 환경에서 얼마나 눈에 잘 띄는지를 나타내는 특성이다.
- 예) 난색 계열의 고채도 색상
- 명시성 : 색상이나 형태가 배경과 얼마나 명확하게 구별되는지를 나타내는 특성이다.
- 예) 고명도, 고채도의 색상

4) 진출(팽창)색과 후퇴(수축)색

- 진출(팽창)색 : 시각적으로 더 커 보이거나 가까이 있는 것처럼 느껴지게 하는 색상이다.
- 예) 난색 계열과 고명도의 색상들
- 후퇴(수축)색 : 시각적으로 더 멀리 물러나 보이거나 작게 느껴지게 하는 색상이다.
- 예) 한색 계열과 저명도의 색상들

개념 체크

1. 고명도, 고채도의 색상은 명시성이 낮다. (O, X)
2. 빨강, 주황, 노랑과 같은 색상은 따뜻하게 느껴지며, 이러한 색을 ( )이라고 한다.

1 X 2 난색

03 색채 심리 효과

온도감	• 색상에 따라 따뜻함과 차가움을 느끼는 특성 • 난색(빨강, 주황, 노랑)은 따뜻하게, 한색(파랑, 초록, 보라)은 차갑게 느껴짐
중량감	• 명도에 따라 무겁거나 가벼운 느낌 • 저명도 색상은 무겁고 견고하게, 고명도 색상은 가볍고 부드럽게 느껴짐
강약감	• 채도에서 느껴지는 강한 인상과 약한 인상 • 채도가 높은 색상은 강한 인상, 채도가 낮은 색상은 약한 인상을 줌
경연감	• 채도가 높을수록 강하고 단단한 느낌을, 낮을수록 부드럽고 연한 느낌 • 명도가 높으면 부드럽게, 낮으면 딱딱한 느낌
흥분감/진정감	• 흥분감 : 난색 계열과 고채도, 고명도 색상으로 활기차고 자극적인 느낌을 줌 • 진정감 : 한색 계열과 저채도, 저명도 색상으로 시원하고 고요한 느낌을 줌
계절감	• 봄 : 파스텔 계열 고명도 색상으로 따뜻하고 부드러운 느낌 • 여름 : 고명도, 고채도 색상으로 시원하고 강렬한 느낌 • 가을 : 난색 계열 중명도, 중채도 색상으로 편안하고 따뜻한 느낌 • 겨울 : 한색 계열 저명도, 저채도, 무채색으로 차가운 느낌

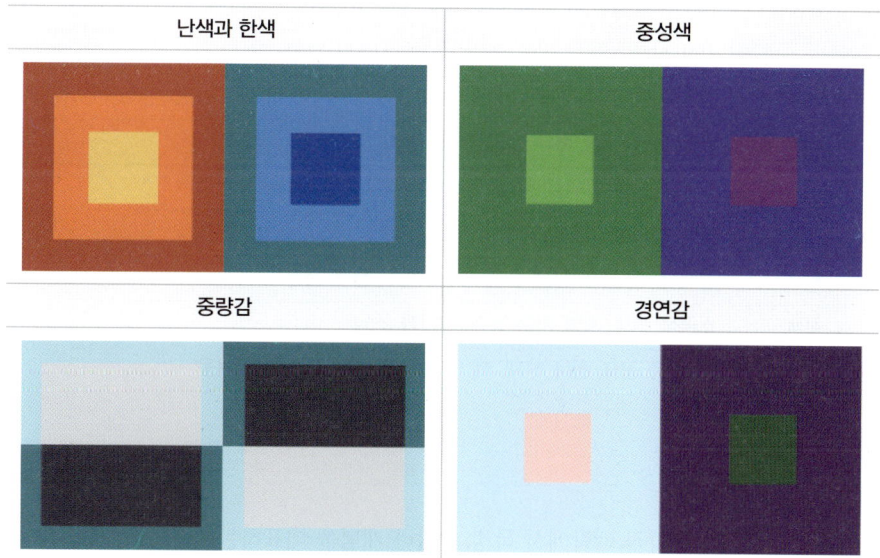

개념 체크

1 경연감은 명도와 채도에 따라 부드럽거나 단단한 느낌을 나타내며, 어두운 색은 단단한 느낌을 준다. (O, X)

1 O

SECTION 02 색의 상징과 연상

빈출 태그 ▶ #색의 연상 #색의 상징 #색채조절 #색의 효과

▶ 합격 강의

01 색의 연상과 상징

1) 색의 연상 의미
- 특정 색상을 볼 때 그 색과 관련된 형상이나 이미지를 떠올리게 하는 현상을 의미한다.
- 색의 연상은 추상적 연상과 구체적 연상으로 나눌 수 있다.

 예) 파란색을 보면 시원함(추상적 연상)과 물(구체적 연상)이 떠오를 수 있다.

색상	연상
빨강	열정, 사랑, 에너지, 위험, 경고, 분노, 열망, 야망
파랑	안정, 신뢰, 차분함, 평화, 슬픔, 차가움, 시원함, 냉혹
노랑	밝음, 기쁨, 경고, 경쾌함, 낙관, 성실
초록	자연, 생명, 성장, 치유, 희망, 휴식, 위안
보라	신비, 창의성, 고귀함, 영성, 우아함, 섬세함, 침울, 그늘, 실망
주황	활력, 창의성, 따뜻함, 모험
흰색	결백, 순수, 청순, 신성, 순결, 웨딩드레스, 청정, 청결
회색	소극적, 평범, 중립, 차분, 쓸쓸함, 안정, 스님
검정	밤, 죽음, 공포, 침묵, 부패, 죄, 악마, 슬픔, 모던, 장엄함, 두려움

▲ 색상별 연상

2) 색의 사회적 상징
- 색상은 사회적, 문화적 맥락에서 특정 의미나 개념을 대표하는 상징으로 사용된다.
- 색은 문화적 특징, 풍습을 반영하며, 군대의 계급, 신분 표시, 방위 및 지역 구분 등 다양한 목적으로 쓰인다.
- 국가나 기업은 고유의 상징색을 통해 정체성을 표현하며, 국기는 국가의 이념과 가치를 색으로 상징한다.

개념 체크

1 (　　)색은 밤, 죽음, 공포와 같은 이미지를 떠올리게 한다.
2 색의 상징은 전 세계적으로 동일하게 사용된다. (O, X)

1 검정 2 X

구분	상징
신분 구분	• 의상의 색상은 신분과 계급을 상징 • 왕족들은 권위를 나타내기 위해 황금색이나 자주색 의복 사용
방위 표시	• 동양에서는 방위를 색으로 표시하며, 이를 오방색이라 함 • 적색 : 남쪽 • 청색 : 동쪽 • 황색 : 중앙 • 백색 : 서쪽 • 흑색 : 북쪽
지역 구분	• 올림픽 오륜기는 다섯 개 대륙을 상징하는 색 사용 • 파랑 : 유럽 • 검정 : 아프리카 • 빨강 : 아메리카 • 노랑 : 아시아 • 초록 : 오세아니아
종교 상징	• 기독교 : 빨강, 파랑 • 천주교 : 하양, 검정 • 이슬람교 : 초록 • 불교 : 황금색
기업 상징	• 기업은 고유의 CI(Corporate Identity) 색상 사용 • 브랜드를 상징하는 색상 선택

▲ 색의 사회적·문화적 상징과 활용

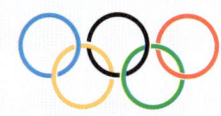
▲ 오륜기

▲ 태극기의 색
흰색 : 민족성과 순결
빨강 : 열정과 생명력
파랑 : 평화와 안정
검정 : 하늘, 땅, 물, 불

02 색의 공감각

색은 인간의 다른 감각인 미각, 후각, 청각, 촉각 등 함께 느껴지는 현상을 공감각★ 이라고 한다.

★ 공감각
하나의 감각이 자극될 때, 다른 감각까지 동시에 활성화되는 현상

1) 미각

단맛	적색, 주황, 노란색
신맛	노랑, 연두
쓴맛	그린, 갈색
짠맛	연녹색, 연파랑, 회색
매운맛	빨강, 주황, 자주

2) 후각

좋은 향	순색과 고명도, 고채도의 난색
나쁜 향	탁색과 저명도, 저채도의 한색

3) 청각

높은 음	고명도 · 고채도의 밝고 선명한 색(노랑, 밝은 파랑 등)
낮은 음	저명도 · 저채도의 어둡고 탁한 색(짙은 남색, 갈색 등)
거친 음	저명도 · 저채도, 탁한 색(회색빛, 어두운 톤)
부드러운 음	고명도 · 저채도의 부드러운 색(파스텔톤, 연한 난색)

4) 촉각

부드러움	명도가 높은 난색은 부드럽게 느껴짐 예 밝은 핑크, 밝은 노랑, 밝은 하늘색 등
거침	저명도 저채도의 한색과 어두운 무채색
촉촉함	고명도의 한색은 촉촉하게 느껴짐 예 파랑, 청록 등 한색 계열
건조함	고명도의 난색은 건조하게 느껴짐 예 빨강, 주황 등 난색 계열

03 색채의 기능

유행색
짧은 기간 동안 대중에게 인기를 끄는 색으로, 패션 · 디자인 · 인테리어 등 다양한 분야에서 트렌드를 반영

1) 색채조절
- 색채조절은 심리적, 생리적 효과를 고려해 색을 과학적으로 선택하고 사용하는 방법이다.
- 색채를 통해 작업 효율을 높이고 피로를 줄이며, 쾌적한 환경을 제공한다.

① 색채조절의 효과
- 눈과 신체의 피로를 줄이고 기분을 개선한다.
- 집중력을 높이고 실수를 줄이는 데 도움이 된다.
- 안전 색채는 사고를 예방하고 안전성을 높인다.
- 건물 내부와 외부를 보호하고 유지하는 데 효과적이다.

2) 안전 색채

색은 다양한 안전 표시에 사용되어 특정 의미를 전달한다.

구분	의미
빨강	금지, 정지, 소화설비, 폭발물, 매우 위험한 상황 표시
주황	위험, 항해 항공의 보안시설, 구명보트, 구명대, 구급차 표시
노랑	경고, 주의, 장애물 및 위험물 경고, 감전 주의 표시
초록	안전, 안내, 진행, 비상구, 피난소, 구급 장비, 의약품, 차량 통행 표시
파랑	특정 행동 지시, 의무적 행동, 수리 중, 주의 표시
보라(자주)	방사능 관련 표지, 방사능 위험 경고 표시
흰색	문자 표기, 파랑이나 초록의 보조색, 정돈, 청결, 방향 지시
검정	문자 표기, 빨강이나 노랑의 보조색

3) 색의 효과와 치료

색상은 심리적, 생리적 효과를 통해 치료에도 활용된다.

구분	효과
빨강	혈압 상승, 혈액 순환, 식욕 자극, 분노 유발
주황	원기 회복, 소화계 영향, 성적 감각 자극
노랑	신경계 강화, 근육 에너지 생성, 피로 해소, 식욕 상승
초록	신체적 균형, 혈액 순환, 심호흡
파랑	진정 효과, 자신감, 창의력 향상, 불안감, 불면증 감소
남색	마취 효과, 창조력 향상
보라	신경 진정, 신진대사의 균형, 감수성 자극

> **개념 체크**
>
> 1 안전 색채에서 빨간색은 금지와 정지를 의미한다.
> (O, X)
>
> 2 색상은 심리적, 생리적 효과를 통해 치료에도 활용될 수 있다. (O, X)
>
>

이론을 확인하는 기출문제

01 색의 대비 설명 중 틀린 것은?
① 보색대비란 두 색상이 접하는 경계선에서 색이 선명하게 인식되는 대비이다.
② 색상대비는 다른 색상들이 나란히 있을 때, 강렬하게 보이는 시각적 효과이다.
③ 명도대비는 밝고 어두운 색상이 나란히 배치될 때 나타나는 시각적 대비이다.
④ 면적대비, 한난대비도 있다.

보색대비는 색상환에서 마주보는 보색끼리 강한 대비를 이루는 현상이며, 두 색상이 접하는 경계선에서 색이 더 선명하게 인식되는 현상은 연변대비(경계대비)임

02 동시대비는 무엇을 설명하는 개념인가?
① 두 가지 색상을 같은 시간에 보는 효과
② 두 가지 색상이 나란히 배치될 때 시각적으로 서로 달라 보이는 현상
③ 한 색상을 본 후 다른 색을 볼 때 나타나는 효과
④ 색상의 밝고 어두운 정도에 따른 효과

동시대비는 두 가지 색상이 나란히 있을 때, 색상, 명도, 채도의 차이로 시각적으로 달라 보이는 현상

03 계시대비는 어떤 현상인가?
① 색상이 인접할 때 서로 영향을 주는 현상
② 한 색을 본 후 다른 색을 볼 때 잔상에 의해 색이 달라 보이는 현상
③ 두 색상이 접할 때 경계가 뚜렷해지는 현상
④ 색상이 확대되거나 축소되어 보이는 현상

계시대비는 한 색상을 본 후 다른 색을 볼 때 앞서 본 색의 잔상으로 인해 색이 달라 보이는 현상

04 면적대비 설명 중 틀린 것은?
① 면적대비는 면적 크기에 따라 다르게 보이는 효과이다.
② 같은 색이라도 면적이 클수록 명도와 채도가 높게 느껴진다.
③ 같은 색이라도 면적이 작을수록 명도와 채도가 높게 느껴진다.
④ 같은 색이라도 면적이 작을수록 명도와 채도가 낮게 느껴진다.

면적대비에서 같은 색이라도 면적이 클수록 명도와 채도가 높게 느껴지고, 면적이 작을수록 명도와 채도가 낮게 느껴짐

05 색의 동화에 대한 설명인 것은?
① 색의 잔상이 남는 효과이다.
② 주변 색에 영향을 받아 색이 유사하게 느껴지는 현상이다.
③ 색이 대비될 때 달라 보이는 현상이다.
④ 색이 서로 반대 되는 위치에 있을 때 발생되는 현상이다.

오답 피하기
- ① : 정의 잔상에 대한 설명
- ③ : 색의 대비에 대한 설명
- ④ : 보색 대비에 대한 설명

정답 01 ① 02 ② 03 ② 04 ③ 05 ②

06 부의 잔상은 무엇을 의미하는가?

① 강한 빛이나 색을 본 후 그 색상이 그대로 남아 보이는 현상
② 한 색상을 본 후 그 보색이 잔상으로 남아 보이는 현상
③ 색상이 대비되었을 때 시각적으로 혼합되는 현상
④ 두 색상이 경계에서 흐려지는 효과

부의 잔상은 특정 색상을 오랫동안 본 후 그 보색이 잔상으로 남아 보이는 현상

07 다음은 무엇에 관한 설명인가?

- 눈에 잘 띄며 주변 환경에서 쉽게 인식
- 형태나 색상이 배경과 명확하게 구별

① 주목성과 안전성
② 명시성과 주목성
③ 안전성과 심미성
④ 주목성과 기능성

명시성과 주목성은 눈에 잘 띄며, 주변 환경에서 쉽게 인식

08 색의 감정적 효과 중 중량감은 무엇에 영향을 받는가?

① 색상의 명도
② 색상의 채도
③ 색상이 놓인 면적
④ 색상 간의 대비

중량감은 색상의 명도에 따라 무겁거나 가벼운 느낌을 주며, 저명도 색상은 무겁고 견고하게 느껴짐

09 후퇴(수축)색은 어떤 색상에 해당하는가?

① 난색 계열
② 고명도 색상
③ 저명도 색상
④ 고채도 색상

후퇴(수축)색은 저명도의 색상으로, 시각적으로 더 멀리 물러나 보이거나 작게 느껴짐

10 색의 계절감 중 올바르게 연결된 것은?

① 봄 – 파스텔 계열, 저명도
② 겨울 – 난색 계열, 중명도
③ 여름 – 고명도, 고채도
④ 봄 – 난색 계열, 저명도

오답 피하기
- ①, ④ : 봄 – 파스텔 계열, 고명도
- ② : 겨울 – 한색 계열, 저명도

11 다음 중 색상의 연상과 관련된 설명으로 옳은 것은?

① 색상은 물리적 특성에 국한되며, 감정적 반응을 유발하지 않는다.
② 특정 색상을 보면 이미지나 형상이 떠오르는 것을 의미한다.
③ 모든 색상은 동일한 연상을 제공한다.
④ 색의 연상은 불변하며, 문화나 배경에 따라 차이가 생기지 않는다.

색의 연상은 특정 색상을 볼 때 그 색과 관련된 형상이나 이미지를 떠올리게 하는 현상을 말한다. 연상은 문화적, 사회적 배경에 따라 달라질 수 있음

12 다음 중 검정색이 연상시키는 이미지는?

① 활력, 창의성
② 밤, 죽음, 공포
③ 쓸쓸함, 중립
④ 평화, 차분함

검정색은 일반적으로 밤, 죽음, 공포와 같은 이미지를 떠올리게 함

정답 06 ② 07 ② 08 ① 09 ③ 10 ③ 11 ② 12 ②

13 다음 설명 중 틀린 것은?

① 색의 상징은 사회적·문화적 배경에 따라 동일하다.
② 색상은 사회적 특정 의미를 대표하는 상징으로 사용된다.
③ 국가 기업은 고유의 상징색을 가지고 있다.
④ 색은 문화적 특징을 반영한다.

색의 상징은 사회적·문화적 배경에 따라 다르게 해석됨. 예를 들어, 빨간색은 서양에서는 사랑과 열정을 상징하지만, 다른 문화에서는 행운이나 위험을 나타낼 수 있음

14 공감각이란 무엇을 의미하는가?

① 두 가지 이상의 색상이 서로 간섭하며 시각적 인상을 바꾸는 현상
② 한 감각이 자극되면 다른 감각도 활성화되는 현상
③ 여러 빛의 파장이 결합하여 새로운 색조가 형성되는 과정
④ 사회적, 문화적 맥락에 의해 색이 상징하는 의미가 변화하는 현상

공감각은 하나의 감각이 자극될 때, 다른 감각까지 동시에 활성화되는 현상

15 파란색이 연상시키는 촉각적 느낌은 무엇인가?

① 건조함   ② 촉촉함
③ 거침   ④ 부드러움

파란색은 촉촉함을 연상시키며, 주로 차갑고 청량한 느낌을 줌

16 안전 색채에서 노란색은 무엇을 의미하는가?

① 금지, 정지   ② 경고, 주의
③ 진행, 안내   ④ 방사능 경고

노란색은 경고와 주의를 의미하며, 장애물이나 위험물에 대한 경고 표시로 사용

17 색상에 따라 부드러운 느낌을 주는 색상은 무엇인가?

① 저명도 저채도의 어두운 색상
② 고명도의 밝은 색상
③ 중명도의 탁색
④ 고채도의 선명한 색상

고명도의 밝은 색상, 특히 밝은 핑크, 노란색 등은 부드러운 느낌을 줌

18 색채조절의 효과로 옳지 않은 것은?

① 작업 효율을 높이고 피로를 줄일 수 있다.
② 색채는 쾌적한 환경을 제공한다.
③ 부적절한 색채는 사용자의 집중력을 높이고 사고를 예방한다.
④ 안전 색채는 사고를 예방하고 안전성을 높인다.

색채조절은 쾌적한 환경을 제공하고, 작업 효율을 높이며, 사고 예방에 도움

19 태극기 색상 중 파란색은 무엇을 상징하는가?

① 평화와 안정   ② 민족성과 순결
③ 하늘과 물   ④ 열정과 생명력

• 흰색 : 민족성과 순결
• 빨강 : 열정과 생명력
• 파랑 : 평화와 안정
• 검정 : 하늘, 땅, 물, 불

20 빨간색의 심리적, 생리적 효과로 옳은 것은?

① 혈압을 낮추고, 진정 효과가 있다.
② 혈압을 상승시키고, 식욕을 자극한다.
③ 피로를 해소하고, 근육을 이완시킨다.
④ 혈액순환을 저하시킨다.

빨간색은 혈압을 상승시키고 혈액순환을 촉진하며, 식욕을 자극하는 효과가 있음

정답   13 ①   14 ②   15 ②   16 ②   17 ②   18 ③   19 ①   20 ②

CHAPTER

03

색채 조화와 배색

학습 방향

색채 조화의 원리와 배색 기법을 학습하고, 다양한 색명 체계와 이미지 스케일을 이해합니다. 이를 통해 시각적 안정감과 조형미를 고려한 색채 구성 능력을 기르고, 디자인 목적에 맞는 조화로운 색채 계획을 수립할 수 있는 능력을 향상시키는 것을 목표로 합니다.

출제빈도

SECTION 01	중	40%
SECTION 02	중	40%
SECTION 03	하	20%

SECTION 01 색채 조화

빈출 태그 ▶ #색조 #색채 조화 #색채조화론 #색채 배색

01 색채 조화

- 색채 조화는 서로 다른 색상들이 어우러져 시각적 안정감을 주는 것을 의미한다.
- 색의 조합에 따라 감정적, 심리적 영향을 미칠 수 있으며, 다양한 느낌을 표현할 수 있다.

유사색 조화	• 색상환에서 인접한 색상끼리 조합하는 방식 • 색상 간의 변화가 부드럽고 자연스러워 시각적으로 안정감을 줌 예 색상조화★, 명도조화★, 주조색 조화★
대비색 조화	• 색상환에서 반대되는 색상이나 보색을 조합하여 강한 대비를 통해 시각적 효과를 극대화 • 역동적이고 강렬한 느낌을 주며, 주목성과 시선을 끄는 디자인에 효과적 예 보색대비 조화★, 근접보색대비 조화★, 명도대비 조화★

색상조화	명도조화	보색조화

02 색채조화론

1) 저드의 색채조화론

- 미국의 색채학자 도널드 저드(D. B. Judd)가 제안한 색채조화에 관한 이론이다.
- 저드는 질서의 원리, 친근성의 원리, 유사성의 원리, 명료성의 원리의 네가지 색채 조화 원리를 주장하였다.

질서의 원리	색채를 규칙적이고 체계적으로 배열하여 시각적 안정감을 주는 원리
친근감의 원리	흔히 접할 수 있는 익숙한 색상으로 사람들에게 조화롭고 편안하게 느껴지는 원리
유사성의 원리	색상 간에 명도, 채도, 색상이 비슷할 때 조화를 이루는 원리
명료성의 원리	색상 간의 대비와 명도 차이를 통해 시각적으로 명확하고 구분되게 하는 원리

▲저드의 색채조화 원리

★ **색상조화**
색상환에서 인접한 색상들을 조합하여 부드러운 조화를 형성하는 방식

★ **명도조화**
하나의 색상에서 명도가 다르게 나타나는 것을 통해 시각적 조화를 이루는 기법

★ **주조색 조화**
주조색을 중심으로 하여, 그 색과 어울리는 보조색을 배치해 전체적으로 조화로운 색상 구성을 이루는 것

★ **보색대비 조화**
색상환에서 정반대 위치에 있는 색상들(보색)을 사용하여 강한 대비를 이루면서도 시각적으로 조화로운 배색을 만드는 기법

★ **근접보색대비 조화**
보색과 가까운 색상들을 활용하여 강렬한 대비를 유지하면서도 조화로움을 이루는 색상 조합 방식

★ **명도대비 조화**
색상의 밝고 어두움 차이를 활용해 시각적 대비를 이루면서도 조화로운 배치를 형성하는 디자인 기법

개념 체크

1 미국의 색채학자 도널드 저드가 제안한 색채 조화 이론에서, 색을 규칙적이고 체계적으로 배열하여 시각적 안정감을 주는 원리를 (　　)이라고 한다.

2 슈브릴의 색채조화론에서 보색끼리 조합되면 서로를 더욱 부드럽게 보이게 한다. (O, X)

1 질서의 원리 2 X

2) 슈브릴의 색채조화론

- 19세기 프랑스의 화학자이자 색채학자인 미셸 외젠 슈브릴이 제안한 이론으로, 색채의 상호작용과 조화에 대한 중요한 개념을 제시한 이론이다.
- 슈브릴은 색채 조화가 유사성과 대조를 통해 이루어진다고 주장하였다.

① 유사조화

인접색의 조화	색상환에서 가까운 색상끼리 배치하여 조화로운 효과를 얻음 ⑩ 파랑과 청록, 초록과 노랑 같은 인접한 색상조화
주조색의 조화	• 하나의 주요 색을 중심으로 그와 비슷한 색상들을 함께 배치하여 시각적 조화를 이루는 방식 • 주조색을 사용하면 일관된 분위기를 연출 가능

② 대비 조화

반대색 조화	색상환에서 반대 위치에 있는 보색을 사용하여 강한 대비 효과 만듦 ⑩ 빨강과 초록, 파랑과 주황
근접 보색의 조화	완전한 반대색이 아닌 근접한 보색을 사용하여 적당한 대비를 이루는 방식
등간격 3색 조화	색상환에서 등간격으로 떨어진 세 가지 색상을 사용하여 배치 ⑩ 빨강, 노랑, 파랑의 조합

3) 파버 비렌의 조화론

- 파버 비렌(Faber Birren)은 미국의 색채 이론가로, 색채와 인간 심리, 감정 사이의 관계를 연구한 색채 전문가이다.
- 파버 비렌의 색 삼각형 이론에 따르면 색 삼각형의 직선 상에 위치한 색들이 서로 조화를 이룬다고 설명했다.
- 삼각형의 기본 3색은 순색, 백색, 흑색이며, 이 색을 결합해 다양한 색조군을 형성한다.
- 색상에 대한 연구를 통해 따뜻한 색과 차가운 색을 구분했다.

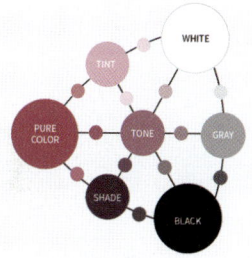

▲ 파버 비렌의 조화론

4) 요하네스 이텐의 색채조화론

- 요하네스 이텐(Johannes Itten)은 스위스 출신의 화가이자 색채 이론가로, 색채와 디자인에 대한 독창적인 이론을 제시했다.
- 12색상환을 바탕으로 색상의 관계와 조화를 체계적으로 설명하며, 삼각형, 사각형 등 다각형을 활용하여 2색, 3색, 5색, 6색 조화의 이론을 발표하였다.

5) 문ㆍ스펜서의 색채조화론

- 미국의 색채학자 P. 문(P. Moon)과 D. E. 스펜서(D. E. Spencer)가 제시한 색채 조화 이론이다.
- 색채조화론을 과학적으로 설명할 수 있는 정량적인 색채조화론이라는 점에 의미가 있다.
- 색채의 지각적 감도를 기준으로 오메가 공간을 만들어 조화를 이루는 색채와 그렇지 않은 색채로 나누었다.
- 조화를 이루는 배색 : 동일조화, 유사조화, 대비조화의 세 가지로, 정량적인 색 좌표에 의해 과학적으로 설명하였다.
- 먼셀표색계를 기반으로, 색채조화의 정량적 방법을 제시한 기하학적 형식, 면적에 따른 조화, 미도 측정에 관한 3가지 논문을 발표했다.

조화와 부조화의 영역	• MIT 공과대학 학생들을 대상으로 한 실험에서 색상, 명도, 채도의 차이에 따른 미적 조화와 부조화를 도표화 • 기준색에서의 거리와 간격을 통해 조화와 부조화의 느낌을 구분
면적의 효과	• 넓은 면적에 차분한 색을 사용하고, 작은 면적에는 강렬한 색을 사용하면 균형을 이룰 수 있음 • 면적이 크면 색이 더 지배적이 되고, 작은 면적은 강조 효과를 줄 수 있음
미도 계산	• 색상의 조화를 수치적으로 계산하는 방법 • 질서와 복잡성의 비율을 통해 조화 여부를 평가 • 미도 산출식(M = O/C) : 미도 값이 0.5 이상이면 조화로 간주

▲ 문ㆍ스펜서 색채조화론의 정량적 방법 3가지

SECTION 02 배색

빈출 태그 ▶ #색조 #색채 조화 #색채조화론 #색채 배색

01 배색

- 배색은 색상을 조합하여 특정한 분위기나 목적을 전달하는 색상 설계 과정이다.
- 색의 색상, 명도, 채도에 따라 조화를 이루지만, 일반적으로 색상에 중점을 두고 배색의 조화를 고려한다.
- 배색은 실제의 목적과 기능에 맞게 색의 수를 제한하는 것도 효과적이다.

1) 색상 배색

색상의 관계와 속성을 기반으로 색을 조합하는 방식이다.

동일 색상 배색	• 동일 색상 내 명도와 채도를 다르게 하여 배색 • 차분하고 통일된 느낌 표현
유사 색상 배색	• 색상환에서 인접한 색상 간의 배색 • 부드럽고 조화로운 분위기를 표현
대조 색상 배색	• 색상환에서 서로 멀리 떨어진 색상 간의 배색 • 강한 대비로 화려하고 역동적인 느낌 표현
보색 색상 배색	• 색상환에서 반대편에 있는 색상 간의 배색 • 두 색상이 서로를 더욱 돋보이게 만들어 생동감 있는 느낌 표현

동일 색상 배색	유사 색상 배색	보색 색상 배색

2) 명도 배색

색상의 밝고 어두운 정도(명도)에 따라 색을 조합하는 방식이다.

유사 명도 배색	명도가 비슷한 색상으로 차분하고 안정적인 느낌을 형성 • 고명도 배색 : 밝은 색상 위주로 가볍고 밝은 분위기 연출 • 중명도 배색 : 중간 밝기의 색상 조합으로 중립적이고 차분한 느낌을 제공 • 저명도 배색 : 어두운 색상 조합으로 무겁고 진지한 분위기를 형성
반대 명도 배색	고명도와 저명도를 결합해 강한 대비를 형성하고 시각적 관심을 집중시킴

개념 체크

1 색상환에서 서로 인접한 색상 간의 배색으로 부드럽고 조화로운 분위기를 표현하는 배색을 (   ) 배색이라고 한다.

2 고채도 배색은 강렬한 시각적 대비를 피하고 차분한 분위기를 만든다. (O, X)

1 유사 색상 2 X

고명도 배색	저명도 배색	명도 차가 큰 배색

3) 채도 배색

유사 채도 배색	채도가 비슷한 색상 간의 조합으로 부드럽고 자연스러운 느낌을 줌 • 고채도 배색 : 선명한 색상들로 활기차고 역동적인 분위기를 연출 • 저채도 배색 : 낮은 채도의 색상들로 차분하고 편안한 느낌을 제공
반대 채도 배색	고채도와 저채도 색상을 결합하여 강렬한 시각적 효과를 형성하고 특정 요소를 강조

고채도 배색	저채도 배색	채도 차가 큰 배색

4) 색조 배색

- 색의 명도와 채도를 기준으로 색을 조합하는 방식이다.
- 색조 배색은 색의 조화와 대비를 통해 시각적 효과를 극대화할 수 있다.

동일 색조 배색	• 색상은 다를 수 있지만, 명도와 채도가 비슷한 색상들의 조합 • 전체적으로 통일감과 안정된 느낌을 주며 부드럽고 조화로운 효과
유사 색조 배색	• 명도와 채도가 유사한 색상들을 조합하는 배색 • 전체적으로 부드럽고 조화로운 느낌
대조 색조 배색	• 명도와 채도가 큰 차이가 나는 색상 조합 • 강렬한 시각적 대비를 통해 주목성을 높임

5) 효과 배색

톤온톤/ 톤인톤	• 톤온톤 배색 : 동일한 색상에서 명도와 채도의 차이를 두어 배색하는 기법 • 톤인톤 배색 : 서로 다른 색상이라도 명도와 채도가 비슷한 색을 조합하는 기법
토널 배색	톤(명도·채도 수준)을 중심으로 여러 색을 조화시켜 세련되고 안정된 분위기를 연출하는 배색 기법
까마이외/ 포 까마이외	• 까마이외 배색 : 하나의 색상에서 명도만 변화를 주어 다양한 톤을 구성 • 포 까마이외 배색 : 명도와 채도를 모두 변형하여 다양한 톤을 구성
비콜로/ 트리콜로 (Bicolore/ Tricolore)	• 비콜로 배색 : 두 가지 색상을 사용하여 강렬한 대조 또는 조화로움을 이루는 배색 • 트리콜로 배색 : 세 가지 색상을 사용하여 균형과 대비를 통해 다채로운 시각적 효과를 만드는 배색

> 📌 **개념 체크**
>
> 1 차분하고 통일된 느낌을 주는 동일한 색상 내 명도와 채도를 다르게 한 배색 방식은 (   ) 배색이다.
> 2 고채도 배색은 선명한 색상들로 역동적이고 활기찬 느낌을 주는 배색 방식이다. (O, X)
>
> 1 동일 색상 2 O

구분	설명
강조배색/ 분리배색	• 강조배색 : 전체적으로 단조로운 색상에서 특정 부분을 강조하기 위해 강렬한 색을 사용하는 배색 • 분리배색 : 두 색상 사이에 무채색을 넣어 시각적으로 색상을 분리시키는 배색
그라데이션 배색/반복 배색	• 그라데이션 배색 : 색상이 점진적으로 변하는 색상 변화를 이용한 배색 • 반복 배색 : 동일한 색상이나 색 조합을 반복하여 일관성과 리듬감을 주는 배색 예 타일, 바둑판 무늬 등
전통 배색	• 문화적, 역사적으로 전해 내려오는 색의 조합 • 한국 전통 색채는 음양오행설에 기초한 오정색과 오간색이 있음 • 오정색 적색, 청색, 황색, 백색, 흑색으로 구성하여 남성과 하늘을 상징하는 양의 색 • 오간색은 녹색, 청록색, 홍색, 황록색으로 구성하여 여성과 땅을 상징하는 음의 색

톤온톤	톤인톤	토널
까마이외	포까마이외	비콜로
트리콜로	강조배색	분리배색
그라데이션 배색	반복배색	전통배색

> 🎯 **개념 체크**
>
> 1 색채 디자인 프로세스에서 디자인의 목적과 방향에 맞는 색채 사용 계획을 세우고 색채 전략을 수립하는 단계는 (　　)이다.
>
> 2 강조색은 디자인에서 특정 요소를 돋보이게 하거나 포인트를 주기 위해 사용하는 색상이다. (O, X)
>
> 1 색채계획 2 O

02 색채 디자인 프로세스

단계	설명
색채 계획	디자인의 목적과 방향에 맞는 색채 사용 계획 및 전략 수립
조사·분석	현장, 소비자, 시장, 마케팅 등을 조사하고 색채 데이터를 분석
콘셉트 설정	조사된 자료를 바탕으로 색채 이미지 설정
색채 디자인	설정된 콘셉트를 기반으로 주조색, 보조색, 강조색을 선정하여 디자인에 적용
색채 관리	적용된 색상을 일관되게 유지하며, 변동 사항을 모니터링 및 관리

> **기적의 TIP**
>
> **주조색, 보조색, 강조색**
> 주조색, 보조색, 강조색의 비율은 시각적 균형과 강조를 위한 기본 지침으로 디자인 목적에 따라 조정할 수 있지만, 기본 기준으로 유용하다.
> ① 주조색
> • 가장 기본이 되는 색상으로, 전체적인 분위기를 결정하는 핵심 색상이다.
> • 브랜드 아이덴티티나 테마를 대표하며, 시각적 통일성을 제공한다.
> ② 보조색
> • 주조색을 보완하면서도, 디자인에 균형을 맞추는 역할을 하는 색상이다.
> • 주조색과 자연스럽게 어우러져야 하며, 전체적인 색조를 유지하면서 시각적 일관성을 높이는 역할을 한다.
> ③ 강조색
> • 디자인에서 특정 요소를 돋보이게 하거나 포인트를 주기 위해 사용하는 색상이다.
> • 시각적인 대비를 통해 사용자의 주의를 집중시키는 역할을 한다.

70~75%	20~25%	5~10%
주조색	보조색	강조색

> **기적의 TIP**
>
> **콘셉트**
> 프로젝트나 디자인에서 중심이 되는 아이디어나 주제를 말하며, 작업의 방향성과 통일성을 정립하는 기본 개념
>
> **색채 계획**
> 특정 공간이나 디자인에서 색상을 체계적으로 선정하고 조합하여 시각적 효과와 조화를 구현하는 과정
>
> **색채 계획서**
> 특정 프로젝트나 공간에서 사용할 색상을 체계적으로 선정하고 배치하여 시각적 조화와 목적을 달성하기 위해 작성된 문서

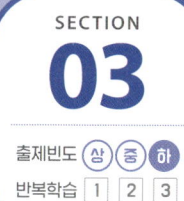

SECTION 03 색명 체계와 이미지 스케일

빈출 태그 ▶ #관용색명 #일반색명 #이미지 스케일

01 색명 체계

- 색명은 색에 이름을 붙여 색을 식별하고 소통하기 위해 사용되는 명칭이다.
- 일상생활에서 색을 쉽게 구분하고 소통할 수 있도록 돕는 중요한 역할을 한다.
- 색명 체계에는 전통적으로 사용되어 온 관용색명(고유색명)과 색을 체계적으로 분류한 계통색명(일반색명)이 있다.

1) 관용색명(고유색명)

- 오랜 시간 동안 사용되어 온 전통적인 색 이름으로, 동물, 광물, 식물, 인명, 지명 등을 바탕으로 붙여진 색상 명칭이다.
- 관용색명은 쉽게 사용할 수 있지만, 정확한 색상 전달이 어려울 수 있다.
  예 하늘색, 호박색, 감색, 밤색 등

2) 일반색명(계통색명)

- 기본색명(빨강 · 주황 · 노랑 · 초록)을 중심으로, 명도와 채도의 정도를 함께 표현한 색 이름이다.
- 색의 밝기나 선명함을 언어적으로 나타내어 색의 인상을 구체적으로 전달한다.

① 색명 조합방법

두 개의 기본색 이름을 조합하여 새 색을 만들거나, 기준색에 수식어를 붙여 사용한다.

수식형 예시	• 기본색의 형용사형 : 빨간, 파란, 검은 등 • 기본색의 한자 단음절 : 적, 황, 청, 백 등 • 빛을 붙인 형태 : 분홍빛, 자줏빛 등
수식 형용사	• 유채색 : 선명한, 흐린, 탁한, 밝은 어두운, 진한, 연한 등 • 무채색 : 밝은, 어두운 등
표기법	• 명도 · 채도 수식어, 기본색명 예 밝은 빨간색 : 밝은(명도 수식어) + 빨강(기본색명)

개념 체크

1 빨강, 주황, 노랑과 같은 색 이름으로, KS에서 정의한 색을 ( )이라 한다.

2 관용색명(고유색명)은 전통적으로 사용된 색상 이름이지만, 정확한 색상 전달이 어렵다는 단점이 있다.
(O, X)

1 기본색명 2 O

*〈출처 : 네이버 지식백과_이미지 스케일(color, 2007. 3. 10. 김은정, 박옥련)〉

02 이미지 스케일*

- 색이 주는 감정 효과, 연상과 상징을 체계적으로 분석하여 특정 언어로 객관화한 이미지 공간이다.
- 색의 객관성과 정확성을 높이는 데 유용하며, 국가, 문화, 양식, 환경 등에 따라 다양하게 나타난다.
- 주제 특성에 맞는 이미지 공간을 제작하고 활용하는 것이 중요하다.

① 단색 이미지 스케일
- 색상을 심리적 판단 인자를 기준으로 위치시켜 한눈에 색채 감성을 파악할 수 있게 한다.
- 거리가 먼 색은 이미지 차이가 크고, 가까운 색은 유사한 느낌을 가진다.
- 스케일의 중앙부에는 온화한 탁한 색, 주변부에는 개성 강한 맑은 색이 위치한다.
- 중심점 0을 원점으로 상하좌우로 갈수록 이미지 강도가 강해진다.

② 배색 이미지 스케일
- 최소 단위인 3색 배색을 활용해 이미지의 미묘한 차이를 표현한다.
- 비슷한 느낌의 배색을 그룹으로 묶고 키워드를 부여하여 구분한다.
- 배색 특징을 쉽게 이해하고 느낌의 차이를 명확히 할 수 있도록 돕는다.

③ 형용사 언어 이미지 스케일
- 비슷한 의미의 형용사들을 그룹으로 묶어 이해하기 쉽도록 구성한다.

예 '우아한' 형용사 중심에서 강한 느낌을 주고, 멀어질수록 그 강도가 약해진다.

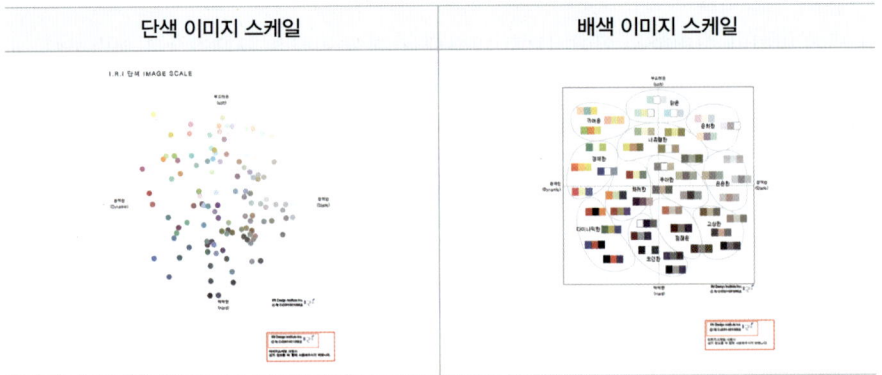

개념 체크

1. 색상을 심리적 판단 기준으로 위치시켜 한눈에 색채 감성을 파악하는 기법을 (　　)이라고 한다.
2. 색채 이미지 스케일은 색상의 명도와 채도를 변화시키는 과정에서 감정적인 영향을 배제한 기법이다. (O, X)

1 단색 이미지 스케일　2 X

03 색채분포도

- 디자인, 그림, 패션, 인테리어 등에서 사용된 색채의 비율과 분포를 시각적으로 나타낸 도구 또는 다이어그램이다.
- 색상들이 조화롭고 균형 있게 배치되었는지, 또는 색상 간 대비가 적절한지 분석하는 데 사용된다.

이론을 확인하는 기출문제

01 색채 디자인이란 무엇을 의미하는가?
① 제품의 기능성만을 강조한 디자인
② 시각적 요소를 통해 제품의 부가가치를 높이는 디자인
③ 환경에 맞춘 색채 조절 없이 사용되는 색상
④ 기술적인 요소만 고려한 디자인

색채 디자인은 색상을 통해 제품이나 서비스의 부가가치를 높이고, 경쟁력을 강화하는 목적을 가짐

02 색채기획의 주요 목표는 무엇인가?
① 제품의 모양을 결정
② 디자인의 목적과 방향에 맞는 색채 사용 계획 및 전략 수립
③ 시장 조사 없이 감각적으로 색상을 선택
④ 색상을 무작위로 선택

색채 기획은 디자인의 목적과 방향에 맞는 색채 사용 계획 및 전략을 수립하는 단계

03 디자인에서 강조색의 역할은 무엇인가?
① 특정 요소를 돋보이게 하거나 포인트를 주는 역할
② 전체적인 색조를 맞추는 역할
③ 디자인을 부드럽게 만드는 역할
④ 모든 요소를 동일하게 보이게 하는 역할

강조색은 디자인에서 특정 요소를 돋보이게 하거나 포인트를 주기 위해 사용하는 색상

04 다음 중 색채 디자인의 비율 60-30-10 원칙에 맞는 설명은 무엇인가?
① 주조색 60%, 보조색 30%, 강조색 10%
② 주조색 10%, 보조색 60%, 강조색 30%
③ 주조색 30%, 보조색 60%, 강조색 10%
④ 주조색 50%, 보조색 25%, 강조색 25%

색채 디자인에서 60-30-10 비율은 주조색 60%, 보조색 30%, 강조색 10%로 시각적 안정감과 강조를 동시에 이루는 원칙

05 유행색에 대한 설명으로 옳은 것은?
① 오랜 기간 동안 유지되는 전통적인 색상이다.
② 짧은 기간 동안 시장과 대중에게 인기를 끄는 색상이다.
③ 지속 기간은 일반적으로 5~10년 정도이다.
④ 개인의 취향에 맞춘 색상이다.

유행색은 특정 기간 동안 대중과 시장에 널리 사용되고 인기를 끄는 색상

06 미국의 색채학자 도널드 저드가 제안한 색채 조화 이론에서, 색을 규칙적이고 체계적으로 배열하여 시각적 안정감을 주는 원리는 무엇인가?
① 명료성의 원리
② 질서의 원리
③ 유사성의 원리
④ 친근감의 원리

저드의 색채 조화 이론에서 질서의 원리는 색을 규칙적이고 체계적으로 배열해 안정감을 주는 원리

정답 01 ② 02 ② 03 ① 04 ① 05 ② 06 ②

07 슈브릴의 색채조화론에 따르면, 다음 중 대비 조화를 이루는 색상 조합은?

① 파랑과 초록
② 빨강과 노랑
③ 빨강과 초록
④ 노랑과 녹색

빨강과 초록은 색상환에서 반대 위치에 있는 보색으로, 강한 대비 효과를 이루는 색상 조합임

08 톤온톤(Tone-on-Tone) 배색은 무엇을 의미하는가?

① 동일 색상 내에서 명도와 채도를 다르게 한 배색
② 유사한 색상끼리 조합한 배색
③ 대비되는 색상을 사용하는 배색
④ 다른 색상들이지만 유사한 명도와 채도를 가진 배색

톤온톤 배색은 같은 색상 내에서 명도와 채도를 다르게 하여 일관되면서도 다양한 느낌을 표현하는 배색 방식

09 다음은 무엇에 관한 설명인가?

- 미국의 색채 이론가로, 색채와 인간 심리, 감정 사이의 관계를 연구한 색채 전문가이다.
- 색 삼각형의 직선 상에 위치한 색들이 서로 조화를 이룬다고 설명했다.
- 삼각형의 기본 3색은 순색, 백색, 흑색이며, 이 색을 결합해 다양한 색조군을 형성한다.

① 저드의 색채조화론
② 파버 비렌의 색채조화론
③ 문·스펜서의 색채조화론
④ 요하네스 이텐의 색채조화론

파버 비렌의 색채조화론 설명

10 문·스펜서 색채조화론의 정량적 방법에서 '면적의 효과'는 무엇을 의미하는가?

① 면적이 작을수록 색이 지배적인 효과를 보임
② 면적이 클수록 색이 지배적이고, 작은 면적은 강조 효과를 줌
③ 색상의 명도와 채도에 영향을 주지 않음
④ 면적 크기에 상관없이 동일한 시각적 효과를 보임

면적의 효과는 넓은 면적에 차분한 색을 사용하고, 작은 면적에는 강렬한 색을 사용하여 균형을 맞추는 배색 원리

11 전통적으로 사용된 동물, 식물, 광물 등을 바탕으로 색상을 표현하는 이름은 무엇인가?

① 일반색명
② 관용색명
③ KS 색명
④ 채도 색명

관용색명(고유색명)은 오랜 시간 사용된 전통적인 색 이름으로, 동물, 식물, 광물 등에서 유래된 이름

12 명도·채도를 모두 변형하여 다양한 톤을 구성하는 배색 방식을 무엇이라고 하는가?

① 비콜로 배색
② 전통 배색
③ 톤온톤 배색
④ 그라데이션

톤온톤 배색은 동일한 색상 내에서 명도와 채도를 달리하여 배색하는 기법으로, 주로 단일 색상 또는 아주 적은 수의 색상 사용

13 '밝은 빨간색'의 계통색명 표기법에 해당하는 구성 방식은 무엇인가?

① 색상 수식형+기본색명
② 명도 수식어+색상수식명
③ 명도 수식어+기본색명
④ 기본색명+명도 수식어

계통색명은 '명도 수식어 + 기본색명'의 구조로 이루어짐

14 형용사 언어 이미지 스케일의 특징으로 옳은 것은?

① 형용사 중심에서 멀어질수록 강도가 강해진다.
② 비슷한 의미의 형용사들을 그룹으로 묶어 이해하기 쉽도록 구성한다.
③ 색채의 비율과 분포를 시각적으로 나타낸 도구이다.
④ 국가, 문화, 양식, 환경 등에 따라 동일하다.

형용사 언어 이미지 스케일의 주요 특징은 비슷한 의미의 형용사를 그룹화하여 이해하기 쉽도록 구성하는 것으로 형용사 중심에서 멀어질수록 강도가 약해지는 특징이 있음

15 관용색명의 단점으로 적합한 설명으로 옳은 것은?

① 색상을 정확하게 전달하기 어렵다.
② KS에서 정의한 기본 색 이름이다.
③ 색상을 다양한 명도로 조정할 수 없다.
④ 기준색에 수식어를 붙여 사용한다.

관용색명은 전통적으로 사용된 색상 이름이지만, 색상을 정확하게 전달하기 어려운 단점이 있음

정답 13 ③ 14 ② 15 ①

PART 04

개발 및 프로젝트 관리

파트 소개
멀티미디어와 웹 프로그래밍의 기초를 이해하고, 프로젝트의 산출물 관리와 보고서 작성 과정을 통해 체계적인 개발 및 프로젝트 관리 능력을 학습합니다.

CHAPTER

01

멀티미디어와 파일 형식

학습 방향

멀티미디어의 개념과 구성 요소를 이해하고, 다양한 멀티미디어 저작 도구의 역할과 기능을 학습합니다. 또한 파일 포맷의 종류와 특징을 익혀, 각 형식의 용도에 맞게 적절한 파일을 선택하고 활용할 수 있는 기초 능력을 기르는 것을 목표로 합니다.

출제빈도

SECTION 01	하	20%
SECTION 02	중	25%
SECTION 03	상	55%

SECTION 01 멀티미디어

빈출 태그 ▶ #멀티미디어 #멀티미디어 제작 기획 #멀티미디어콘텐츠 유형

01 멀티미디어

1) 멀티미디어 개요
- 텍스트, 이미지, 오디오, 애니메이션 등 두 가지 이상의 미디어 형태가 결합된 콘텐츠이다.
- 멀티미디어 특성 : 통합성, 상호작용, 비선형성, 디지털화

통합성	다양한 미디어 형태를 하나의 콘텐츠로 통합 제공
상호작용	사용자가 콘텐츠와 상호작용할 수 있는 기능 제공
비선형성	사용자가 관심 있는 부분을 선택적으로 접근 가능
디지털화	디지털 형식으로 저장되어 수정, 복사, 전송이 용이

- 멀티미디어 분야 : 웹사이트, 광고, 프레젠테이션, 교육, 게임, 가상 현실, 키오스크 등

2) 미디어의 표준
미디어 표준화 기구로는 ISO/IEC JTC 1★ 협동기술위원회와 ITU-T★가 있다.

① 압축 및 저장 표준

그래픽 관련 표준	CGM, OpenGL
정지 화상 표준	JPEG, PNG
동영상 관련 표준	MPEG, H.264, H.265(HEVC)
비디오 방송 표준	NTSC, PAL
문서 관련 표준	ODA, SGML, HTML, XML, MHEG, OMFI
오디오 표준	MIDI, WAV, MP3

② 멀티미디어 시스템 구성
- PC 구성 요소 : 사운드 카드, 스피커, 마이크, 오디오 편집 소프트웨어, CD-ROM 등
- 저장 장치 : 하드 디스크, CD-R, CD-RW, SSD(고속 저장 장치)
- 통신 장치 : 동기형 통신 장치(화상 통신), 비동기형 통신 장치(VOD : 주문형비디오)

하드웨어 환경	메모리, 프로세서, 하드 디스크, CD-ROM, 사운드, 비디오 장치, 스캐너, 디지털 카메라 등
소프트웨어 환경	미디어 편집, 이미지 편집, 사운드 편집, 3D 그래픽, MIDI, 애니메이션, 비디오 제작 소프트웨어 등 콘텐츠 제작 도구

★ ISO/IEC JTC 1
ISO(국제표준화기구)와 IEC(국제전기기술위원회)가 협력하여 정보기술(IT) 분야의 국제 표준을 제정하는 공동 기술 위원회

★ ITU-T
국제 전기통신 연합(ITU)의 전기통신 표준화 부문으로, 통신 시스템 및 네트워크의 국제 표준을 제정하고 관리하는 기구

MIDI 소프트웨어
MIDI 규격을 기반으로, 디지털 악기와 컴퓨터 간의 데이터 전송을 관리하거나 편집, 녹음, 재생을 가능하게 하는 프로그램

개념 체크

1 텍스트, 이미지, 오디오, 애니메이션 등 다양한 미디어 형태를 복합적으로 결합한 콘텐츠를 (　　)(이)라고 한다.

1 멀티미디어

③ 멀티미디어 유형
- 과거 멀티미디어는 애니메이션과 실시간 상호작용을 강조했으며, 초기에는 그래픽과 색상이 제한적이었다.
- 최근에는 개인 컴퓨터 중심으로 발전하여 높은 해상도, 색상 표현이 가능하여 스마트폰 디지털 TV 등으로 확장되고 있다.

컴퓨터 입력장치
사용자가 컴퓨터에 데이터를 전달하는 장치로, 정보입력 역할
⑩ 키보드, 마우스, 터치스크린, 스캐너, 마이크

컴퓨터 출력장치
컴퓨터가 처리한 데이터를 사용자에게 전달하는 장치로, 결과를 표시하는 역할
⑩ 모니터, 프린터, 스피커

02 멀티미디어 제작 기획

1) 멀티미디어 기획 제작진의 역할 및 직무

분류	직무 내용
프로젝트 매니저	프로젝트의 시작부터 완료까지 전체 과정을 총괄, 각 업무를 계획하고 관리
내용 전문가	프로젝트의 목표와 관련된 전문 지식을 제공하며, 내용의 정확성을 보장
내용 작가	내용 전문가의 의견과 주제를 글로 표현하여 사용자에게 전달
스크립터	텍스트뿐만 아니라 오디오, 비디오, 이미지 등을 활용해 콘텐츠를 작성
정보 디자이너	정보를 체계적으로 정리, 시각적 요소를 통해 효과적으로 전달할 수 있도록 표현
인터페이스 디자이너	사용자와 시스템 간의 상호작용을 설계, 시각적 디자인과 사용성을 함께 고려
그래픽 전문가	화면 구성 요소 디자인과 레이아웃을 설계, 프로젝트의 시각적 스타일을 결정
일러스트레이터	프로젝트의 각 화면에 필요한 이미지나 그래픽 요소를 디자인하고 제작
프로그래머	멀티미디어 요소들을 통합하고 구현하여 프로젝트의 최종 결과물을 완성
분야별 전문가	사운드, 비디오, 이미지, 애니메이션 등 각종 멀티미디어 요소를 제작

2) 멀티미디어 제작 기획시 작성 순서

단계	설명
요구 분석과 목표 정의	• 프로젝트의 목적과 대상 사용자 설정 • 플랫폼, 운영 체제, 브라우저 등 목표 규격 설정
콘셉트 설정	• 서비스 유형 확립 후 주제 설정 • 브레인스토밍을 통해 콘셉트 확립
자료 수집 및 참조모델 설정	• 관련 자료 수집 및 분석 • SWOT 분석★을 통해 참조모델 설정
제작 기획서 작성	6W3H★ 접근법을 활용하여 세부 내용을 정리

★ **SWOT 분석**
프로젝트 기획 단계에서 강점(Strength)을 살리고, 약점(Weakness)을 보완하며, 기회(Opportunity)를 활용하고, 위협(Threat)을 억제하는 분석 방법

★ **6W3H**
프로젝트 기획과 문제 해결을 위해 6개의 'W'(Who, What, When, Where, Why, Whom)와 3개의 'H'(How, How much, How many) 질문을 통해 상황을 다각도로 분석하는 방법

 개념 체크

1 프로젝트의 강점, 약점, 기회, 위협을 분석하여 기획하는 방법을 (　　) 분석이라고 한다.

1 SWOT

03 멀티미디어콘텐츠 유형

1) 영상 콘텐츠
- 텍스트, 이미지, 그래픽, 애니메이션, 등 다양한 미디어 요소가 통합된 형태이다.
- 웹에서 자주 사용되는 대표적인 유형으로는 모션 그래픽과 사용자 제작 콘텐츠가 있다.

2) 애니메이션 콘텐츠
- 컴퓨터로 제작된 애니메이션으로, 주로 2D와 3D로 구분된다.
- 웹 애니메이션은 사용자 관심을 끌고 효과적으로 정보를 전달하는 수단이며, 인터페이스 애니메이션, 키네틱 타이포그래피★, 캐릭터 애니메이션 등의 유형이 있다.

★ 키네틱 타이포그래피
정적인 타이포그래피와 달리, 글자가 움직이며 시각적 효과를 나타내는 형태의 타이포그래피

3) 이미지 콘텐츠
- 정적인 이미지 형태로 표현되며, 인터랙티브 요소가 포함될 수 있다. ─ 사용자가 시스템이나 콘텐츠와 상호작용할 수 있는 특성
- 사용자가 시스템이나 콘텐츠와 상호작용할 수 있는 특성을 지닌다.
- 포토 슬라이드 쇼, 웹북, 인터넷 신문, 웹툰 등이 해당된다.

4) 사운드 콘텐츠
- 아날로그 사운드를 디지털 파일로 저장하여 사용하는 형태이다.
- 주로 영상, 애니메이션 등과 함께 결합하여 사용된다.

5) 텍스트 콘텐츠
- 데이터 용량이 작아 경제적인 정보 전달 수단으로 효과적이다.
- 간단한 정보 전달에 적합하며 주로 다른 미디어 요소와 함께 사용된다.

개념 체크

1. 이미지 콘텐츠는 정적인 형태로만 사용되며, 인터랙티브 요소가 포함되지 않는다. (O, X)

1 X

SECTION 02 멀티미디어 저작

빈출 태그 ▶ #멀티미디어 제작 #멀티미디어 저작 #멀티미디어 소프트웨어

01 멀티미디어 제작

1) 멀티미디어 제작 과정

단계	세부 내용
기획 및 설계	• 프로젝트 목표와 방향 설정, 대상 사용자 및 주요 메시지 정의 • 정보 디자인, 사용자 인터페이스 구체화 • 산출물 : 제작 기획서, 플로 차트, 스토리보드 작성
제작	• 설계된 내용 바탕으로 저작 도구를 이용한 콘텐츠 제작 • 그래픽 소프트웨어를 이용하여 작업 • 프로그래밍 작업 • 산출물 : 콘텐츠 제작물
제작 이후	• 협업을 통한 기술 개발 및 최적화 • 오류 수정, 피드백 반영하여 최종 품질 개선 • 산출물 : 콘텐츠 결과물

02 멀티미디어 저작

1) 멀티미디어 저작의 개요
- 텍스트, 이미지, 애니메이션 등 다양한 미디어 요소를 결합하여 하나의 통합된 콘텐츠를 제작하는 과정이다.
- 여러 미디어 요소를 구성하고 편집하여 사용자와 상호작용할 수 있는 최종 콘텐츠를 제작한다.

2) 멀티미디어 저작 도구
- 문자, 이미지, 사운드, 동영상 등 결합하여 콘텐츠를 제작하는 프로그램이다.
- 저작 도구, 재생 도구, 제작 소프트웨어 등이 필요하다.

① 멀티미디어 저작 도구의 장점
- 직관적인 인터페이스로 비전문가도 쉽게 콘텐츠를 제작할 수 있다.
- 프로그램 완성 후 버그 발생이 적어 품질이 안정적이다.
- 작업 과정이 단순하여 인원 배치가 효율적이다.

② 멀티미디어 저작 도구 기능
- 다양한 미디어 요소를 편집하고 동기화하여 상호작용하는 콘텐츠를 제작할 수 있다.
- 제작된 콘텐츠를 재생, 배포하고 다른 프로그램과 연동할 수 있다.

개념 체크

1 멀티미디어 제작에서 그래픽 소프트웨어는 제작 이후 단계에서 사용된다. (O, X)

2 저작 도구로 제작된 콘텐츠는 다른 프로그램과 연동할 수 있는 기능을 제공한다. (O, X)

1 X 2 O

3) 저작 도구의 분류

① 형식에 따른 분류

저작 도구 유형	설명
개별 저작 도구	• 각 미디어 요소(텍스트, 그래픽, 오디오 등)를 별도의 전문 소프트웨어로 제작한 후, 이를 통합하여 최종 콘텐츠를 만드는 도구 • 그래픽은 포토샵, 비디오는 프리미어와 같은 개별 프로그램을 사용해 제작한 후, 오소웨어나 툴북 같은 통합 도구로 결합하여 콘텐츠를 완성하는 방식
통합 저작 도구	• 미디어 데이터의 제작과 상호작용 설정을 하나의 프로그램 내에서 처리할 수 있는 도구를 의미 • 텍스트, 이미지, 오디오, 비디오 등을 모두 제작하고, 이 요소들을 결합하여 콘텐츠를 완성할 수 있는 프로그램

② 메타포에 따른 분류

저작 도구 메타포	설명
흐름도(아이콘) 방식	• 미디어가 동작하는 순서를 나타내는 아이콘들을 연결선(흐름선)으로 이어, 각 아이콘에 필요한 파라미터를 지정하여 내용을 구성해 나가는 방식 • 프로그램의 흐름을 시각적으로 표현하며 제작하는 저작 방식
시간선 방식	순차적으로 배치하여 시간의 흐름에 따라 미디어를 재생하는 방식(애니메이션, 영상 편집용 적합)
책(카드 or 페이지) 방식	• 콘텐츠를 페이지나 카드 단위로 구성하고, 각 페이지 간의 연결을 링크로 구성하는 방법 • 스크립트 언어 사용으로 방법적인 면에서 쉽지 않지만 유연한 확장 제어 구조를 제공

> **기적의 TIP**
> 어도비 플래시는 공식 지원이 종료 되었으며 대부분의 주요 웹 브라우저에서도 Flash 콘텐츠가 차단되었음

4) 주요 멀티미디어 제작 소프트웨어

소프트웨어 유형	예시
페인팅 및 드로잉 소프트웨어	일러스트레이터, 코렐 페인터, 맥드로우 프로
이미지 편집 소프트웨어	포토샵, 코렐 포토페인트, 페인트샵
사운드 편집 소프트웨어	골드웨이브, 오디션
3D 그래픽 소프트웨어	3D 스튜디오 맥스, 마야, 트루 스페이스
MIDI 소프트웨어	Cakewalk, Nuendo, Sonar
애니메이션 편집 소프트웨어	플래시, 3D 스튜디오 맥스, 마야
비디오 영화 제작 소프트웨어	프리미어, 파이널 컷 프로, 소니 베가스, 윈도우 무비 메이커

5) 멀티미디어 재생 소프트웨어

재생 소프트웨어	설명
Windows Media Player	마이크로소프트에서 제공하는 기본 미디어 플레이어로, 다양한 오디오 및 비디오 파일 재생 지원
Real Player	스트리밍을 포함한 다양한 멀티미디어 파일 형식을 재생하는 소프트웨어
Xing MPEG Player	MPEG 비디오 파일 재생에 특화된 미디어 플레이어

03 웹 페이지 저작

1) 웹 페이지 저작 개요
- 웹 콘텐츠를 기획·제작하여 정보를 제공하는 과정이다.
- 구조, 디자인, 기능을 설계하고 구현한다.
- 텍스트, 이미지, 영상, 인터랙션 요소 등을 웹 브라우저에서 올바르게 표시하도록 구성한다.
- HTML, CSS, JavaScript와 함께 저작 도구를 사용해 효율적으로 제작할 수 있다.

2) 웹 페이지 저작 도구 특징
- 웹 콘텐츠 제작과 편집을 도와주는 소프트웨어이다.
- 코딩 없이 제작 가능한 WYSIWYG 방식을 지원한다.
- 레이아웃, 디자인, 기능 구현을 시각적으로 처리할 수 있다.

> **기적의 TIP**
>
> **WYSIWYG(What You See Is What You Get) 방식**
> 편집 화면에서 보이는 대로 결과물이 출력되는 방식으로, 코드 없이도 디자인된 결과물을 즉시 확인하면서 웹 콘텐츠를 편집할 수 있음

3) 웹 페이지 저작 프로그램

종류	설명
웹 에디터	• HTML 태그를 기반으로 한 위지윅(WYSIWYG) 방식의 편집 소프트웨어 • HTML, CSS, JavaScript 등의 웹 언어를 사용하여 웹 콘텐츠를 손쉽게 제작 • 코드를 직접 작성하는 방식 또는 코드 작성 없이 시각적으로 편집하는 방식 • 소프트웨어 : 드림위버, 나모 웹에디터(Namo WebEditor) • 대표 프로그램 : 드림위버, 나모웹에디터, 프론트페이지
이미지 제작	• 이미지의 색상 보정, 편집, 합성 작업을 지원 • 픽셀 기반으로 작업하며, 고해상도의 정밀한 이미지 편집에 적합 • 일부 프로그램에서는 벡터 이미지 처리와 웹 이미지 최적화 기능도 제공 • 대표 프로그램 : 포토샵, 페인터, 페인트샵 프로
드로잉 프로그램	• 벡터 방식으로 윤곽선이 깔끔한 이미지나 타이포그래픽 디자인 제작 • 확대/축소 시 이미지 왜곡이 없으며, 해상도에 영향을 받지 않음 • 대표 프로그램 : 일러스트레이터, 코렐드로(CorelDRAW)
동영상 제작	• 비디오 편집 도구를 사용해 다양한 영상 클립, 음향, 자막, 그래픽 요소 등을 결합하여 하나의 완성된 비디오 콘텐츠를 만드는 과정 • 소프트웨어 : 프리미어, 3DS Max, 마야
애니메이션 프로그램	• 물체나 무생물을 의인화해 움직이는 영상 작품을 제작 • 웹 애니메이션과 3D 애니메이션 제작에 활용 • 대표 프로그램 : 플래시, 마야, 3D 스튜디오 맥스
사운드 제작	• 웹에서 오디오 콘텐츠를 효과적으로 전달하기 위해 음향 파일을 제작하고 삽입하는 과정 • 웹 페이지에 ⟨audio⟩, ⟨embed⟩, ⟨object⟩ 태그를 사용하여 사운드 파일을 삽입(⟨audio⟩ 태그는 HTML5 표준, ⟨embed⟩⟨object⟩는 구버전 방식)

> **개념 체크**
>
> 1 이미지 편집 소프트웨어의 예시로 포토샵과 코렐 포토페인트가 있다. (O, X)
>
> 2 웹 페이지 저작 도구로는 워드프레스, 드림위버, 엠비즈메이커가 있다. (O, X)
>
> 1 O 2 O

SECTION 03 파일 포맷

출제빈도 상 중 하
반복학습 1 2 3

빈출 태그 ▶ #파일 포맷 종류 #파일 포맷 특징

01 이미지 파일 포맷

손실 압축과 무손실 압축
- 손실 압축 : 파일 크기를 줄이기 위해 데이터 일부를 삭제하여, 원본을 복구할 수 없음
  - ⓔ JPEG, MP3
- 무손실 압축 : 모든 데이터를 유지하면서 압축하여, 원본 품질이 유지됨
  - ⓔ PNG, ZIP

포맷	용도 및 특징
GIF(*.gif)	• 256색의 제한된 색상 팔레트를 사용하는 파일 형식 • 투명 배경과 간단한 애니메이션을 지원하는 포맷 • **무손실 압축** 방식이지만, 복잡한 이미지에 적합하지 않은 포맷
JPEG (*.jpg, *.jpeg)	• 손실 압축을 사용해 파일 크기를 줄이는 이미지 형식 • 16.7백만 색상을 지원하여 사진이나 복잡한 이미지에 적합한 포맷 • 여러 번 압축 시 화질 저하가 발생할 수 있는 형식
PNG(*.png)	• 무손실 압축을 지원하는 이미지 형식 • 투명 배경을 지원해 웹 그래픽에 적합한 포맷 • JPEG보다 파일 크기가 크지만, 품질 손실이 없는 형식
BMP(*.bmp)	• 비트맵 파일 형식으로 비압축 형식이며 이미지 품질이 매우 뛰어난 파일 형식 • 파일 크기가 매우 크고, 저장과 전송에 비효율적인 포맷 • 주로 Windows 운영 체제에서 사용되는 형식
TIFF(*.tiff)	• 무손실 압축을 지원하며, 고화질 이미지를 저장하는 파일 형식 • 다양한 색상 모드를 지원해 인쇄 및 출판에 적합한 포맷 • 파일 크기가 크지만, 품질이 중요한 작업에 사용되는 형식
AI(*.ai)	• 벡터 기반 그래픽을 저장하는 Adobe Illustrator의 기본 파일 형식 • 확대·축소해도 품질이 유지되는 벡터 이미지 형식 • 복잡한 일러스트와 로고 작업에 적합한 포맷

기적의 TIP

이미지 파일 용량 순위
파일 크기는 일반적으로 BMP 〉 PNG 〉 JPG 〉 GIF 순서로 용량이 큼

02 웹 이미지 파일 포맷

1) GIF(Graphics Interchange Format) 파일 포맷

- 8비트 색상 팔레트를 사용하여 최대 256가지 색상 표현이 가능해 간단한 그래픽, 아이콘, 로고 작업에 적합하다.
- 256가지 색상만 지원하여 파일 크기가 작고, 빠른 로딩 속도를 제공한다.
- 무손실 압축을 사용해 파일을 압축해도 이미지 품질 손상이 없다.
- 하나의 색상을 투명하게 설정할 수 있지만, 알파 채널을 지원하지 않아 반투명 효과는 구현할 수 없다.
- 여러 프레임을 연속 재생하여 간단한 애니메이션 제작이 가능하다.

개념 체크

1. 인쇄 및 출판 작업에 적합하며, 무손실 압축을 지원하는 포맷은 ( )이다.
2. JPEG 파일 포맷은 손실 압축 방식을 사용하므로, 여러 번 압축 시 화질 저하가 발생할 수 있다. (O, X)

1 TIFF 2 O

2) JPG(Joint Photographic Experts Group) 파일 포맷

- JPEG는 손실 압축을 사용하여 파일 크기를 대폭 줄일 수 있지만, 압축 과정에서 이미지 데이터가 일부 손실된다.
- 24비트 컬러를 지원해 색상과 디테일이 풍부하여, 사진이나 복잡한 그래픽을 표현하는 데 적합하다.
- 파일 크기와 이미지 품질의 균형을 맞추기 유리해 웹 페이지 로딩 속도와 저장 공간 최적화에 유리하다.
- JPEG는 압축률을 사용자가 설정할 수 있어, 품질을 유지하면서도 용량을 줄일 수 있는 유연성을 제공한다.

3) PNG(Portable Network Graphics) 파일 포맷

- PNG는 무손실 압축을 사용해 이미지 품질을 그대로 유지하면서 파일 크기를 줄일 수 있다.
- 압축 과정에서도 데이터가 손실되지 않아, 텍스트나 정밀한 그래픽 작업에 적합하다.
- PNG는 투명 배경을 완벽하게 지원하며, 알파 채널을 통해 반투명한 영역을 표현할 수 있다.
- 디더링*을 통해 이미지에서 부족한 색상이나 그라데이션을 부드럽게 표현할 수 있어, 색상 수가 제한된 환경에서도 자연스러운 결과를 제공한다.
- 인터레이싱*을 지원해 웹에서 이미지를 로딩할 때 저해상도로 먼저 보이고 점차 고해상도로 전환된다.
- PNG는 품질이 뛰어나지만, JPEG에 비해 파일 크기가 큰 편이다.

★ 디더링(Dithering)
이미지나 그래픽에서 색상이나 명암이 부족할 때, 점이나 픽셀을 무작위로 배치하여 자연스러운 색상과 그라데이션을 표현하는 기법

★ 인터레이싱(Interlacing)
웹 페이지에서 이미지가 로드될 때, 전체 이미지가 빠르게 나타난 뒤 점점 선명해지는 효과를 제공

4) JPEG, GIF, PNG 파일 포맷 비교

포맷	JPEG	GIF	PNG
압축 방식	손실 압축	무손실 압축	무손실 압축
색상 지원	24비트	8비트	24비트 or 32비트
투명도 지원	미지원	단일 투명색 지원	투명 배경 및 알파 채널 지원
파일 크기	작지만 압축률에 따라 품질 저하 발생	작은 파일 크기, 단순한 그래픽에 적합	파일 크기가 크지만 품질 손상 없음
애니메이션 지원	미지원	간단한 애니메이션	미지원
주요 용도	사진, 복잡한 이미지	간단한 그래픽, 로고, 아이콘, 간단한 애니메이션	고해상도 이미지, 웹 그래픽, 투명 배경이 필요한 이미지

> **기적의 TIP**
>
> **모아레 현상**
> TIFF와 JPEG와 같은 고해상도 이미지 파일 포맷에서 주로 발생하는 시각적 왜곡 현상이다. 이는 두 개 이상의 규칙적인 패턴이 겹쳐질 때 물결무늬나 줄무늬 같은 시각적 간섭이 나타나는 현상으로, 특히 고해상도의 TIFF 이미지 인쇄 또는 JPEG 이미지를 확대, 축소할 때 자주 발생할 수 있다.

▲ 모아레 현상

03 동영상 파일 포맷

★ 범용성
특정한 용도나 상황에 국한되지 않고 여러 가지 상황이나 목적에 두루 사용할 수 있는 성질을 의미

포맷	용도 및 특징
MP4(*.mp4)	• 비디오, 오디오, 자막 등을 한 파일에 담을 수 있는 멀티미디어 컨테이너 형식 • 고화질 영상을 작은 파일 크기로 저장할 수 있어, 휴대기기와 인터넷 스트리밍에 널리 사용 • 범용성★이 뛰어나 다양한 기기와 플랫폼에서 지원

MPEG (*.mpg, *.mpeg)	• 영상과 오디오 데이터를 효율적으로 압축하는 국제 표준 형식
	• 다양한 해상도와 용도에 맞춰 MPEG-1, MPEG-2, MPEG-4 등 여러 버전이 있음 해상도 및 용도에 따라 구분됨
	  – MPEG-1 : 320×240 저해상도 디지털 저장 매체
	  – MPEG-2 : 720×480 방송, 통신, DVD 영상
	  – MPEG-4 : 720×480 웹용 고압축, 저노이즈
	  – MPEG-7 : 720×480 영상 검색

AVI(*.avi)	• 오디오와 영상 데이터를 함께 저장하는 멀티미디어 파일 형식 • Windows에서 기본적으로 지원되는 형식으로, 다양한 미디어 플레이어에서 재생 가능 • 고화질 비디오를 저장할 수 있지만, 파일 용량이 크다는 단점이 있음 • AVI 파일은 압축 코덱에 따라 품질과 파일 크기가 달라질 수 있음 • AVI 파일의 공식 자막으로 SRT와 SMI가 주로 사용되며, SRT는 범용 형식으로 대부분의 미디어 플레이어와 호환되고, SMI는 한국에서 표준으로 활용
ASF(*.asf)	• ASF는 마이크로소프트에서 개발한 스트리밍을 위한 멀티미디어 형식 • 다운로드와 동시에 재생이 가능해, 인터넷 방송이나 온라인 강좌에 자주 사용 • 다양한 멀티미디어 데이터를 담을 수 있지만, 품질이 제한적
WMV(*.wmv)	• 마이크로소프트에서 개발한 동영상 압축 형식으로, ASF 형식의 동영상 부분에 사용 • 고압축을 지원해 비교적 작은 용량으로도 좋은 화질을 유지 • 인터넷 스트리밍과 저대역폭 환경에서의 영상 전송에 자주 사용
MOV(*.mov)	• MOV는 애플의 퀵타임 기술에 기반한 동영상 파일 형식 • 고품질의 영상과 음성을 담을 수 있으며, 영상 편집과 제작에 적합 • 매킨토시에서 많이 사용되지만, 다양한 플랫폼에서 재생이 가능

개념 체크

1. Windows에서 기본적으로 지원되며, 오디오와 영상 데이터를 함께 저장하는 멀티미디어 파일 형식은 (   )이다.

2. MPEG-1은 720×480 해상도를 지원하는 고화질 방송과 DVD 영상 용도로 주로 사용된다. (O, X)

1 AVI 2 X

04 웹 관련 파일 포맷

포맷	용도 및 특징
*.html, *.htm	• 웹 페이지의 구조를 정의하는 마크업 언어 파일 형식 • 웹 브라우저가 텍스트, 이미지, 링크 등의 요소를 해석하고 표시하는 데 사용 • .html과 .htm는 동일한 파일 형식으로, 파일 확장자 길이에 따른 차이만 있음
*.css	• 웹 페이지의 스타일과 레이아웃을 정의하는 파일 형식 • 색상, 글꼴, 여백, 정렬 등 시각적 요소를 설정하여 웹 페이지의 디자인을 담당 • HTML 파일과 함께 사용되며, 구조와 스타일을 분리하여 유지보수와 재사용이 용이함
*.js	• 웹 페이지에 동적 기능을 추가하는 스크립트 파일 형식 • 폼 유효성 검사, 애니메이션, 상호작용 등 클라이언트 측에서 실행되는 기능을 제공 • 웹 페이지에서 HTML, CSS와 함께 사용되어 인터랙티브한 사용자 경험을 구현

05 문서 및 기타 멀티미디어 포맷

포맷	용도 및 특징
*.pdf	• 텍스트와 이미지를 포함할 수 있는 문서 파일 형식 • 읽기 전용으로 사용되며, 다양한 기기에서 호환 가능
*.swf	• 애니메이션과 멀티미디어 콘텐츠를 저장하는 파일 형식 • 과거 웹 애니메이션에 사용되었음
*.rm	• 스트리밍 기술을 활용한 멀티미디어 파일 형식 • 네트워크를 통해 효율적으로 전송 가능
*.m3u	• 오디오 및 비디오 재생 목록을 저장하는 파일 형식 • 다양한 미디어 플레이어에서 지원됨

06 사운드 관련 파일 포맷

포맷	용도 및 특징
*.wav	비압축 오디오 형식으로, 고품질의 사운드를 제공하지만 파일 크기가 큼
*.mp3	손실 압축 방식으로, 파일 크기를 줄이면서도 대부분의 기기에서 재생 가능
*.midi	음악 연주 정보를 저장하는 형식으로, 실제 소리 대신 악기 간의 통신에 사용됨

 개념 체크

1 PDF 파일은 텍스트와 이미지를 포함할 수 있으며, 다양한 기기에서 호환된다. (O, X)

2 SWF 파일은 오디오 스트리밍을 위한 파일 포맷으로, 최근 웹 영상 재생에 주로 사용된다. (O, X)

1 O 2. X

이론을 확인하는 기출문제

01 멀티미디어 콘텐츠의 특성 중 사용자가 관심 있는 부분을 선택적으로 접근할 수 있는 기능을 의미하는 것은?
① 통합성
② 상호작용
③ 비선형성
④ 디지털화

비선형성은 사용자가 콘텐츠의 특정 부분에 선택적으로 접근할 수 있는 특성

02 멀티미디어 시스템의 구성 요소 중 저장 장치에 해당하지 않는 것은?
① 하드 디스크
② CD-R
③ 비동기형 통신 장치
④ CD-RW

멀티미디어 시스템 구성에서 저장 장치로는 하드 디스크, CD-R, CD-RW가 있으며, 비동기형 통신 장치는 통신 장치임

03 인터페이스 디자이너의 주요 역할로 옳은 것은?
① 콘텐츠의 구조와 시각적 스타일을 제작
② 다양한 미디어 요소를 통합하여 최종 결과물을 완성
③ 시각적 표현과 전자 매체 간 상호작용을 설계하여 사용자 경험을 만듦
④ 프로젝트 전반을 총괄하고 관리

인터페이스 디자이너는 시각적 표현과 전자 매체 간의 상호작용을 설계하여 사용자 경험을 만듦

04 멀티미디어 제작진 직무와 내용 연결이 틀린 것은?
① 프로젝트 매니저 - 모든 과정을 총괄
② 그래픽 전문가 - 멀티미디어 요소를 통합해 최종 결과물 완성
③ 내용 작가 - 의견과 주제를 글로 표현하여 콘텐츠 완성
④ 분야별 전문가 - 각종 멀티미디어 요소를 제작

그래픽 전문가는 컴퓨터 화면에 나타날 모양과 구조를 설계

05 다음 중 NTSC, PAL이 속하는 표준은 무엇인가?
① 그래픽에 관한 기준
② 동영상 전송 및 방송 표준
③ 오디오 표준
④ 문서 관련 표준

NTSC와 PAL은 동영상 전송 및 방송 표준으로, 각각 미국과 유럽에서 주로 사용되는 아날로그 TV 방송 규격

06 멀티미디어 콘텐츠 유형 중 애니메이션 콘텐츠 유형이다. 다음 설명 중 알맞은 것은?

> 정적인 타이포그래피와 달리, 글자가 움직이며 시각적 효과를 나타내는 형태의 타이포그래피를 의미한다.

① 다이나믹 타이포그래피
② 인터페이스 애니메이션
③ 캐릭터 애니메이션
④ 키네틱 타이포그래피

키네틱 타이포그래피는 글자가 움직이며 시각적 효과를 나타냄

정답 01 ③ 02 ③ 03 ③ 04 ② 05 ② 06 ④

07 다음 중 멀티미디어 저작 도구의 특징이나 장점으로 적절하지 않은 것은?

① 템플릿과 모듈화된 구조를 통해 비전문가도 고품질 콘텐츠를 제작할 수 있다.
② 제작 과정에서 직관적인 인터페이스를 제공하여 작업 효율성을 높인다.
③ 콘텐츠 제작 시 복잡한 프로그래밍 기술이 요구되어 작업이 까다롭다.
④ 다양한 미디어 요소를 통합할 수 있는 기능을 제공하며, 제작 시간과 비용을 절감할 수 있다.

멀티미디어 저작 도구는 프로그래밍 지식이 없어도 콘텐츠를 제작할 수 있도록 설계되어 있음

08 저작 도구의 형식에 따른 분류 중 통합 저작 도구에 해당하는 설명은?

① 별도의 미디어 제작 소프트웨어에서 제작된 요소를 가져와 최종 콘텐츠를 구성하는 방식이다.
② 텍스트, 이미지, 오디오, 비디오 등을 하나의 프로그램 내에서 모두 제작할 수 있다.
③ 포토샵과 프리미어 같은 전문 소프트웨어를 사용하여 미디어 요소를 제작한다.
④ 고급 프로그래밍 언어를 사용하여 콘텐츠의 상호작용 기능을 설계하는 방식이다.

통합 저작 도구는 다양한 미디어 요소를 하나의 프로그램 내에서 제작하고 결합할 수 있음

09 흐름도 방식 저작 도구의 설명으로 옳은 것은?

① 시간 축을 따라 미디어 요소를 배치하는 방식
② 페이지나 카드 단위로 구성하고 링크로 연결하는 방식
③ 미디어의 동작 순서를 아이콘으로 표시하고 연결하는 방식
④ 텍스트를 중심으로 콘텐츠를 구성하는 방식

흐름도 방식은 미디어 동작 순서를 아이콘으로 표시하고 각 아이콘을 연결해 콘텐츠의 흐름을 만드는 방식

10 WYSIWYG 방식이란 무엇을 의미하는가?

① 코드 없이도 디자인된 결과물을 편집 화면에서 즉시 확인할 수 있는 방식
② 미디어 동작 순서를 아이콘으로 표시하여 작업하는 방식
③ 미디어 요소를 페이지 단위로 구성하는 방식
④ 미디어 요소를 개별적으로 제작한 후 통합하는 방식

WYSIWYG 방식은 편집 화면에서 보이는 대로 결과물이 출력되며, 코딩 없이도 웹 콘텐츠를 디자인할 수 있음

11 웹 페이지 저작 도구로 사용되지 않는 것은?

① 워드프레스 ② 드림위버
③ 엠비즈메이커 ④ 포토샵

포토샵은 이미지 편집 소프트웨어이며, 웹 페이지 저작 도구는 워드프레스, 드림위버 등이 해당

12 멀티미디어 재생 소프트웨어로 옳은 것은?

① Adobe Flash
② Windows Media Player
③ Cakewalk
④ 3D 스튜디오 맥스

Windows Media Player는 오디오 및 비디오 파일을 재생하는 미디어 플레이어 소프트웨어임

13 손실 압축을 사용하여 이미지 크기를 줄이지만, 여러 번 압축 시 화질 저하가 발생할 수 있는 이미지 파일 포맷은?

① JPEG ② PNG
③ GIF ④ BMP

JPEG는 손실 압축 방식을 사용하여 파일 크기를 줄이지만, 반복 압축 시 화질 저하가 발생할 수 있음

정답 07 ③ 08 ② 09 ③ 10 ① 11 ④ 12 ② 13 ①

14 디더링 기법은 주로 어떤 상황에서 사용되는가?

① 파일 크기를 줄이기 위해 색상을 제한적으로 사용
② 투명 배경과 경계를 부드럽게 표현하기 위해 사용
③ 색상이나 명암이 부족할 때 자연스러운 표현을 위해 사용
④ 이미지 색상 변환 시 색상 손실을 최소화하기 위해 사용

디더링 기법은 색상이나 명암이 부족할 때 점이나 픽셀을 무작위로 배치해 자연스러운 그라데이션을 표현하는 기법

15 다음 중 비디오, 오디오, 자막 등을 모두 한 파일에 담을 수 있고, 고화질 영상을 작은 파일 크기로 저장할 수 있는 멀티미디어 컨테이너 파일 포맷은?

① AVI   ② MOV
③ MP4   ④ ASF

MP4는 비디오, 오디오, 자막 등을 한 파일에 담을 수 있으며, 고화질 영상을 작은 크기로 저장할 수 있는 포맷

16 MPEG-1의 주요 사용 용도와 해상도는?

① 720×480 해상도, DVD 및 방송 용도
② 320×240 해상도, 저해상도 디지털 저장 매체
③ 720×480 해상도, 웹용 고압축
④ 320×240 해상도, 영상 검색

MPEG-1은 320×240 해상도를 지원하며, 저해상도 디지털 저장 매체에 주로 사용됨

17 다음 중 MP3의 특징이 아닌 것은?

① 손실 압축 방식 사용
② 파일 크기 작음
③ 무손실 오디오 형식
④ 다양한 기기에서 지원

MP3는 손실 압축 형식으로, 음질을 일부 희생하면서 파일 크기를 줄임

18 멀티미디어 저작 도구의 주요 기능 중 틀린 것은?

① 다양한 미디어 요소 편집
② 상호작용 콘텐츠 제작
③ 콘텐츠 배포
④ 호스팅 제공

멀티미디어 저작 도구는 다양한 미디어 요소를 편집하고 상호작용하는 콘텐츠를 제작할 수 있는 기능을 제공하며, 호스팅은 웹사이트나 서버 관리 도구 역할을 함

19 JPEG, GIF, PNG 파일 포맷에 대한 설명 중 틀린 것은?

① JPEG는 손실 압축을 사용하며, 파일 크기를 줄이면서도 이미지 품질이 약간 손실될 수 있다.
② GIF는 8비트 색상만 지원하며, 간단한 애니메이션을 만들 수 있다.
③ PNG는 무손실 압축을 사용하며, 투명 배경 및 알파 채널을 지원한다.
④ JPEG는 투명 배경을 지원하며, 애니메이션 기능이 있다.

JPEG는 투명 배경과 애니메이션 기능을 지원하지 않음

20 다음 중 파일 크기가 작은 것부터 큰 순서대로 나열한 것은?

① JPEG - GIF - PNG
② GIF - JPEG - PNG
③ PNG - JPEG - GIF
④ GIF - PNG - JPEG

GIF는 8비트 색상 사용으로 가장 작은 파일 크기, JPEG는 손실 압축 사용으로 크기 감소, PNG는 무손실 압축 사용으로 가장 큰 파일 크기

정답 14③ 15③ 16② 17③ 18④ 19④ 20②

CHAPTER

02

웹 프로그래밍 기초 개발

학습 방향

인터넷과 웹의 기본 구조 및 동작 원리를 이해하고, HTML · CSS · JavaScript를 활용한 웹 페이지 구성 방법을 학습합니다. 또한 웹 프로그래밍의 기초 개념과 개발 과정을 익혀, 실제 웹사이트 제작에 필요한 기본 코딩 역량을 기르는 것을 목표로 합니다.

출제빈도

SECTION 01	중	30%
SECTION 02	상	50%
SECTION 03	하	20%

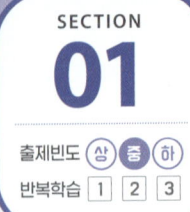

SECTION 01 인터넷과 웹

출제빈도 상 중 하
반복학습 1 2 3

빈출 태그 ▶ #인터넷 #웹 #웹 페이지 저작 #웹 브라우저 #웹 페이지 검색 #검색 엔진

▶ 합격 강의

01 인터넷(Internet)

1) 인터넷의 개념
- 인터넷은 전 세계의 컴퓨터와 네트워크를 연결하여 정보를 주고받을 수 있는 거대한 통신망이다.
- 다양한 네트워크가 TCP/IP★라는 표준 프로토콜을 기반으로 상호 연결되어 있다.
- 인터넷에 연결된 모든 기기는 데이터 전송을 위해 고유한 IP 주소가 필요하다.

★ TCP/IP(전송 제어 프로토콜/인터넷 프로토콜)
인터넷에서 데이터를 통신하기 위해 사용되는 표준 핵심 기술

2) 인터넷의 특징
- 전 세계 어디든 네트워크에 연결된 기기들 간에 정보를 주고받을 수 있다.
- 독립적인 네트워크들이 연결되어있어 데이터 전송이 유연하고 효율적이다.
- 이메일, 웹 검색, 파일 공유, 스트리밍 등 다양한 정보와 서비스를 제공한다.
- 인터넷을 통해 사용자는 필요한 정보를 찾아보고 활용할 수 있다.

3) 프로토콜(Protocol)
- 서로 다른 장치나 시스템이 원활하게 데이터를 송·수신할 수 있도록 정의된 규칙과 약속이다.
- 프로토콜은 데이터 전송을 규정하고 주소 지정, 오류처리, 통신 방식을 규정한다.

★ DNS (Domain Name System)
도메인 이름을 IP 주소로 변환하는 시스템으로, 사용자가 웹사이트에 간편하게 접근할 수 있도록 지원하는 인터넷의 필수 요소

분류	설명
TCP/IP	• 인터넷 통신의 기본 프로토콜 • 데이터 전송과 네트워크 주소를 관리 • 데이터의 신뢰성 있는 전송(TCP)과 패킷 라우팅(IP)을 담당
HTTP/HTTPS	• 웹 브라우저와 서버 간 데이터를 주고받기 위한 프로토콜 • 웹 페이지 요청 및 응답 처리 • HTTPS는 보안을 강화한 버전
FTP	파일을 서버와 클라이언트 간에 전송하기 위한 프로토콜
SMTP/POP3/IMAP	• 이메일 전송 및 수신을 위한 프로토콜 • 이메일 송신(SMTP), 수신 및 저장(POP3), 서버 내 관리(IMAP)
DNS★	• 도메인 이름을 IP 주소로 변환하여 사용자가 쉽게 접근할 수 있도록 하는 프로토콜 • URL 입력 시 해당 IP 주소로 변환하여 서버 연결
텔넷(Telnet)	원격 컴퓨터에 접속해 명령어를 입력할 수 있는 텍스트 기반 원격 접속 프로토콜(포트 번호는 23번)

▲ 인터넷 주요 프로토콜

 개념 체크

1 모든 인터넷에 연결된 장치는 IP 주소를 반드시 가져야 한다. (O, X)
2 Telnet은 명령어 기반으로 원격 컴퓨터에 접속할 수 있는 프로토콜이다. (O, X)
3 웹 브라우저와 서버 간 데이터 전송을 위한 프로토콜 중, 보안이 강화된 암호화된 버전은 (   )이다.

1 O 2 O 3 HTTPS

02 호스팅과 DNS

1) 호스팅(Hosting)

① 호스팅의 개념
- 웹사이트, 앱, 데이터 등을 인터넷에 게시할 수 있도록 서버 공간 서비스를 제공하는 것을 의미한다.
- 웹사이트를 공개하려면 웹 서버가 필요하며, 호스팅 제공업체에서 관리 및 운영한다.

② 호스트 이름의 특징
- 같은 네트워크 내에서 고유한 호스트 이름을 가져야 한다.
- 인터넷에서는 도메인 이름 시스템(DNS)을 통해 고유성을 유지한다.

2) 도메인
- 도메인은 사람이 기억하기 쉽게 만든, IP 주소를 대신하는 고유한 문자열 주소이다.
- 기억하기 쉬운 문자열을 사용하며, 점으로 구분된다.

mini.go.kr

- mini : 서브 도메인
- go : 차상위 도메인
- kr : 최상위 도메인

① 최상위 도메인(TLD, Top Level Domain) 구분

분류	설명
일반 최상위 도메인(Generic Top-Level Domains, GTLD)	• 특정 제한 없이 전 세계적으로 사용 가능한 도메인이며, 누구나 등록 가능 예) .com, .org, .net, .info, .biz 등
국가 코드 최상위 도메인(Country Code Top-Level Domains, CCTLD)	• 특정 국가나 지역을 나타내는 도메인 • 각 국가에 고유한 코드가 할당되며, 해당 국가의 규정을 따름 예) .kr(대한민국), .us(미국), .jp(일본), .cn(중국)
특별 목적 최상위 도메인(Sponsored Top-Level Domains, STLD)	• 특정 단체나 산업에 의해 관리되고 제한적으로 사용되는 도메인 예) .edu, .gov, .museum

② 최상위 도메인 의미

분류	설명	분류	설명
.com	상업적 용도(현재는 일반적으로 사용)	.biz	비즈니스 관련
.org	비영리 단체	.info	정보 제공을 목적
.net	네트워크 관련	.int	국제기구
.edu	교육 기관(주로 미국 내 대학)	.mil	미국 군사 기관
.gov	정부 기관(미국 정부)	.art	예술 및 창작 관련

③ 차상위 도메인 의미

브랜드나 웹사이트의 이름 등 조직적 특징과 성격을 나타내는 데 주로 사용된다.

분류	설명	분류	설명
.co	기업, 영리 단체	.ac	대학/대학원
.go	정부 기관	.or	비영리 기관

▲ 차상위 도메인의 종류

3) URL(Uniform Resource Locator)

- URL은 인터넷 상에서 위치를 나타내는 표준화된 주소 체계이다.
- 웹 페이지, 이미지 등 다양한 데이터를 식별하고 접근하는 데 사용된다.

① URL의 구성

> 프로토콜://호스트주소(IP 주소):포트번호/파일경로/파일명

- 프로토콜 : URL의 맨 앞에 위치하며, 리소스에 접근하기 위해 사용되는 프로토콜(예: http, https)
- 호스트 : 웹사이트의 도메인 주소
- 포트 : 선택적 요소로, 기본 포트(http는 80, https는 443)를 사용할 경우 생략 가능
- 경로 : 웹사이트 내에서 특정 리소스의 위치

03 웹(Web)

1) 웹의 개요

- 웹은 전 세계적으로 연결된 인터넷 기반의 정보 공유 시스템으로, 사람들이 다양한 정보를 검색하고 상호작용할 수 있는 플랫폼이다.
- 월드 와이드 웹(WWW)★이라고도 불리며, 1989년 팀 버너스 리가 제안하고 1990년대 초반에 대중화되었다.
- 인터넷은 물리적인 네트워크 인프라를 의미하며, 웹은 그 위에서 작동하는 서비스이다.

★ 월드 와이드 웹(WWW)
인터넷을 통해 접근할 수 있는 웹 페이지와 멀티미디어 콘텐츠로 구성된 정보 시스템으로, 하이퍼텍스트 링크를 통해 전 세계의 정보를 연결

2) 웹의 주요 목적

- 문서, 이미지, 동영상 등 다양한 형태의 정보를 제공하고 연결한다.
- 하이퍼텍스트와 하이퍼링크를 통해 문서 간 이동을 쉽게 할 수 있다.

3) 웹의 주요 구성 요소

종류	설명
웹 페이지(Web Page)	사용자에게 정보를 제공하는 문서로, HTML, CSS, JavaScript 등을 사용해 구성
웹 브라우저(Web Browser)	• 웹 페이지를 탐색하고 표시하는 소프트웨어 • 사용자가 입력한 URL을 통해 서버에 요청을 보내고, 받은 HTML을 해석해 표시함
웹 서버(Web Server)	웹 페이지 및 리소스를 제공하는 컴퓨터 시스템
HTML(Hypertext Markup Language)	• 웹 페이지의 구조와 콘텐츠를 정의하는 마크업 언어 • 텍스트, 이미지, 링크 등을 포함
CSS (Cascading Style Sheets)	웹 페이지의 디자인 및 레이아웃을 정의하는 스타일 언어
JavaScript	웹 페이지에 동적인 기능을 추가하는 스크립트 언어
URL	웹 상의 자원 위치를 나타내는 고유 주소로, 도메인과 프로토콜 정보를 포함
하이퍼텍스트(Hypertext)	다른 문서나 페이지로 연결되는 텍스트 링크
하이퍼링크(Hyperlink)	웹 페이지 간 이동을 가능하게 하는 클릭 가능한 링크
VRML(Virtual Reality Modeling Language)	• 웹에서 3D 가상현실 환경을 표현하기 위한 언어 • 간단한 가상 공간 설계에 사용

> **기적의 TIP**
>
> **ActiveX**
> Microsoft가 개발한 웹 브라우저 확장 기술로, 멀티미디어 및 문서 편집 기능 제공하나 보안 취약성 문제로 현재는 지원 중단됨

> **인터넷 서비스 포트번호**
> • 21 : FTP(파일 전송 프로토콜)
> • 23 : Telnet(원격 터미널 접속)
> • 25 : SMTP(이메일 전송)
> • 80 : HTTP(웹 페이지 전송)
> • 110 : POP3(이메일 수신)
> • 443 : HTTPS(보안 웹 통신)

04 웹 브라우저(Web browser)

1) 웹 브라우저 개요

- 웹 브라우저는 인터넷상에서 정보를 검색하고, 웹사이트에 접속하여 콘텐츠를 표시하는 소프트웨어이다.
- 웹 브라우저는 사용자와 웹(WWW) 사이의 인터페이스 역할을 한다.
- 사용자는 브라우저를 통해 URL을 입력하거나 검색을 수행하여 웹 페이지를 탐색할 수 있다.

브라우저	기능
모자이크(Mosaic)	최초의 그래픽 기반 웹 브라우저(GUI)
넷스케이프 내비게이터 (Netscape Navigator)	• 1994년 출시된 상업용 웹 브라우저 • 모질라 파이어폭스의 기반이 된 웹 브라우저 • 웹 브라우저 시장 주도 및 인터넷 보급 확대
구글 크롬(Google Chrome)	• 구글에서 개발한 빠르고 안정적인 오픈 소스 웹 브라우저 • 다양한 확장 기능과 강력한 개발자 도구를 제공
모질라 파이어폭스 (Mozilla Firefox)	Mozilla 재단에서 개발한 오픈 소스 웹 브라우저

> **개념 체크**
>
> 1 URL은 웹 상의 자원 위치를 나타내는 고유 주소로, 도메인과 프로토콜 정보를 포함한다. (O, X)
>
> 2 구글에서 개발한 빠르고 안정적인 오픈 소스 웹 브라우저로, 다양한 확장 기능과 개발자 도구를 제공하는 브라우저는 ( )이다.
>
> 1 O
> 2 구글 크롬(Google Chrome)

마이크로소프트 엣지 (Microsoft Edge)	• 마이크로소프트에서 개발한 브라우저 • 인터넷 익스플로러를 대체하기 위해 개발한 브라우저
애플 사파리(Apple Safari)	애플(Apple)에서 개발한 웹 브라우저
오페라(Opera)	오페라 소프트웨어에서 개발한 웹 브라우저

기적의 TIP

인터넷 익스플로러(Internet Explorer)
인터넷 익스플로러는 오랜 시간 동안 널리 사용되었으나, 기술 발전과 보안 요구에 따라 마이크로소프트 엣지로 대체됨

쿠키(Cookie)
사용자의 디바이스에 방문 기록과 설정 정보를 저장하여, 재방문 시 이전 상태를 유지하고 맞춤형 정보를 제공

2) 웹 브라우저 기능

기능	내용
[파일] 기능	• 웹 페이지 열기 / 저장 / 인쇄 • 웹 페이지 소스 코드 보기 / 편집 • 북마크(즐겨찾기) 추가 및 관리
[보안] 기능	• 웹사이트 보안 수준 설정 • 인증서 및 게시자 확인
[내용] 기능	• 웹사이트 콘텐츠 관리(폭력, 음란 사이트 등) • 확장 프로그램 관리 • 개발자 도구 제공
[개인정보] 기능	• 쿠키 차단 / 삭제 설정 • 팝업 차단 설정

기적의 TIP

웹 페이지 검색 과정
키워드 설정 → 검색 시스템 활용 → 검색 결과 분석 → 필터링 및 고급 검색 → 정보 확인 및 사용

3) 웹 브라우저의 오류 메시지

기능	내용
403 오류	• 서버가 요청을 이해했지만 접근 권한이 없어 페이지를 표시할 수 없을 때 발생 • 페이지에 대한 접근 권한이 없는 경우, 잘못된 파일 권한 설정
404 오류	• 사용자가 요청한 웹 페이지를 서버에서 찾을 수 없을 때 발생하는 오류 • 잘못된 URL 입력, 웹 페이지가 삭제되었거나 이동된 경우
500 오류	• 서버에서 요청을 처리하는 도중 내부 문제가 발생했을 때 나타나는 오류 • 서버 과부하, 서버 설정 오류, 서버 측 소프트웨어 문제
503 오류	• 서버가 일시적으로 과부하 상태이거나 유지 관리 중일 때 발생 • 서버 과부하, 메모리 부족, 네트워크 문제

4) 웹 브라우저 관련 용어

방화벽 (Firewall)	• 내부 네트워크를 보호하기 위해 외부로부터 들어오거나 나가는 데이터를 필터링하고 차단하는 보안 장치 • 외부의 사이버 공격이나 악성 코드로부터 내부 네트워크를 보호함
프록시 (Proxy)	• 사용자의 요청을 대신 처리하여 목적지 서버와의 직접적인 연결을 차단하고, 익명성을 제공 • 웹사이트 접근을 제어하고, 자주 요청되는 데이터를 캐싱하여 네트워크 속도를 개선하고 대역폭 사용 줄임

개념 체크

1 404 오류는 서버가 과부하 상태이거나 유지 관리 중일 때 발생하는 오류이다.
(O, X)

2 웹 페이지를 대신 요청하고, 캐시 저장 및 보안 기능을 제공하는 중계 서버를 (　　)(이)라고 한다.

1 X　2 프록시

05 웹 브라우저 플러그인

- 브라우저에서 기본적으로 지원하지 않는 기능을 확장하거나 추가하기 위해 설치하는 소프트웨어이다.
- 플러그인은 비디오, 오디오 재생, 게임 실행, PDF 뷰어 등 다양한 멀티미디어 콘텐츠를 처리하는 데 사용된다.

플러그인 종류	내용
어도비 플래시 플레이어	비디오, 애니메이션, 게임 등의 멀티미디어 콘텐츠를 재생하는 플러그인. 최근 HTML5로 대체됨
어도비 리더	브라우저 내에서 PDF 파일을 열고 읽을 수 있게 해주는 플러그인
자바 애플릿	브라우저에서 Java 애플리케이션을 실행하는 플러그인. 보안 문제로 대부분 비활성화

> **기적의 TIP**
> 어도비 플래시는 공식 지원이 종료되었으며 대부분의 주요 웹 브라우저에서도 Flash 콘텐츠가 차단됨

06 한글 코드와 인코딩

1) 한글 코드

한글 코드는 크게 한글 완성형 코드와 유니코드로 나눌 수 있으며, 한글을 처리하는 방식에서 차이점이 있다.

① 한글(KS) 완성형 코드

- 한글 완성형 코드는 모든 가능한 한글 음절(가, 나, 다 등)을 미리 정의하여 코드로 표현하는 방식이다.
- 2,350개의 한글 음절을 표시하며, 한글의 모든 조합을 표현하지 못한다.

② 유니코드(Unicode)

- 전 세계의 모든 문자를 표현할 수 있는 표준화된 문자 인코딩 체계이다.
- UTF-8, UTF-16 등이 유니코드의 인코딩 방식으로 사용된다.
- ISO에서는 'ISO/IEC 10646★'이라는 국제 표준으로 채택되었다.

2) 인코딩

- 텍스트 데이터를 컴퓨터가 이해할 수 있는 코드로 변환하는 방식이다.
- 인코딩 방식에 따라 파일 크기, 처리 속도, 호환성 등이 달라진다.
- 한글 인코딩은 컴퓨터가 한글 문자를 인식하고 처리할 수 있도록 변환하는데 사용된다.

> ★ **ISO/IEC 10646**
> 국제 표준화 기구(ISO)와 전기전자 표준 기구(IEC)가 제정한 문자 코드 표준

> **개념 체크**
> 1 한글 완성형 코드는 모든 한글 음절 조합을 표현할 수 있다. (O, X)
> 2 텍스트 데이터를 컴퓨터가 이해할 수 있는 코드로 변환하는 과정을 ( )(이)라고 한다.
>
> 1 X 2 인코딩

3) 웹 페이지 한글 깨짐 현상
- 웹 브라우저가 한글 문자를 제대로 인식하지 못해 이상한 문자나 기호로 표시되는 문제를 의미한다.
- 웹 페이지의 인코딩 방식과 브라우저의 인코딩 설정이 맞지 않을 때 발생한다.
- 웹 페이지를 작성할 때 사용하는 개발 도구에서 UTF-8과 같은 표준 인코딩으로 저장하는지 확인하여 한글 깨짐 현상을 해결한다.

07 웹 페이지 검색

1) 정보 검색
- 사용자가 특정 주제나 키워드에 대한 정보를 웹 페이지에서 탐색하는 과정이다.
- 효율적인 정보 접근을 위해 매우 중요하며, 검색 엔진 또는 웹사이트 자체의 검색 기능을 통해 이루어진다.

용어	내용
시소러스(Thesaurus)	정보 검색에서 주요 키워드 간의 동의어 및 관련어 관계를 정리한 어휘집
리키지(Leakage)	정보 검색 시 필요한 정보 중 일부가 빠져나가거나 누락된 현상
가비지(Garbage)	검색된 정보 중 불필요하거나 더 이상 사용되지 않는 정보
스패밍(Spamming)	동일한 키워드를 반복 입력하여 검색 순위를 인위적으로 높이는 방법
불용어(Stop Words)	검색에서 제외되는 의미 없는 단어나 문자 (예) "그리고", "의")
색인(Indexing)	웹 페이지나 문서의 내용을 분석하고, 중요한 키워드를 추출하여 데이터베이스에 저장하는 과정
로봇 에이전트 (Robot Agent)	• 자동으로 웹 페이지를 탐색하고 정보를 수집하는 프로그램 • 검색 엔진의 웹 크롤러(스파이더)로 사용됨

2) 검색 엔진

용어	내용
키워드 기반 검색	사용자가 입력한 키워드와 일치하거나 관련된 문서를 검색하여 결과를 제공하는 방식. 단순한 키워드 매칭에 의존
불리언 검색	AND, OR, NOT 등의 논리 연산자를 사용해 여러 키워드를 조합하여 검색 범위를 좁히거나 넓히는 방식
메타 검색	여러 검색 엔진을 동시에 활용하여 검색 결과를 한 화면에 종합적으로 제공하는 검색 방식
통합 검색	웹, 이미지, 뉴스, 동영상 등 다양한 정보원을 한 번에 검색해 다양한 유형의 결과를 동시에 제공하는 방식

 개념 체크

1 시소러스(Thesaurus)는 검색 엔진이 자동으로 웹 페이지를 탐색하고 정보를 수집하는 프로그램이다. (O, X)

2 "-" (마이너스 기호) 연산자는 특정 단어나 구문을 포함한 검색 결과를 찾는 데 사용된다. (O, X)

1 X 2 X

3) 검색 연산자

- 검색 엔진에서 원하는 정보를 더 정확하고 효율적으로 찾기 위해 사용되는 특수한 명령어 또는 기호이다.
- 검색 연산자는 검색 범위를 좁히거나 넓히고, 특정 조건에 맞는 결과만을 필터링하는 데 도움을 준다.

용어	내용
AND 연산자	두 개 이상의 키워드를 모두 포함하는 결과를 찾음 ⓔ HTML AND CSS는 HTML과 CSS가 모두 포함된 문서를 검색
OR 연산자	입력한 키워드 중 하나라도 포함된 결과를 찾음 ⓔ Java OR Python은 Java 또는 Python을 포함하는 문서를 찾음
NOT 연산자	특정 키워드를 제외한 검색 결과를 제공 ⓔ Java NOT Script는 Java 관련 문서 중 JavaScript를 제외한 문서를 검색
" "(따옴표)	정확히 입력한 구문과 일치하는 결과를 찾음 ⓔ "웹 디자인"은 "웹 디자인"이라는 단어가 정확히 함께 나타나는 문서를 검색
-(마이너스 기호)	특정 단어나 구문을 제외 ⓔ Apple -fruit은 Apple이라는 단어가 포함되지만, 과일과 관련된 문서를 제외한 결과를 제공
*(와일드카드)	여러 글자가 올 수 있는 자리를 대체 ⓔ web*은 webpage, website, webmaster 등 다양한 단어를 포함한 문서를 검색

SECTION 02

HTML, CSS, 그리고 자바스크립트

빈출 태그 ▶ #HTML #CSS #자바스크립트

01 HTML(HyperText Markup Language) 개요

- 월드와이드 웹(WWW) 상에서 볼 수 있는 웹 문서를 작성할 때 사용하는 마크업 언어이다.
- 텍스트, 이미지, 링크, 멀티미디어 요소 등을 웹 브라우저가 이해할 수 있는 형태로 작성하여, 사용자에게 시각적 콘텐츠를 제공하는 역할을 한다.
- 웹 브라우저에서 정보를 표시하는 구조적 뼈대를 제공하며, CSS 및 JavaScript와 함께 사용되어 웹 페이지의 디자인과 기능성을 강화한다.

> **기적의 TIP**
>
> XHTML(Extensible HyperText Markup Language)
> - XHTML은 HTML의 태그 구조와 XML의 엄격한 문법 규칙을 결합한 언어이다.
> - HTML처럼 웹 페이지의 구조를 정의하지만, XML처럼 태그와 속성 사용에 있어서 더 엄격한 규칙을 요구한다.
> - HTML과 호환되면서도 더 엄격한 규칙을 적용해 구문 오류를 방지하고 데이터의 일관성을 유지하는 목적을 가진다.

> **기적의 TIP**
>
> **빈 태그**
> 종료 태그가 없는 태그를 빈 태그라고 하며, ⟨br⟩, ⟨img⟩, ⟨hr⟩, ⟨input⟩ 등이 있음

1) HTML의 기본 구조

- HTML 문서는 태그(Tag)로 이루어져 있으며, 시작 태그와 종료 태그로 이루어져 있다.
- 주석은 ⟨!-- 로 시작하고 --⟩로 끝나며 설명을 추가할 때 사용된다.
- HTML 문서의 확장자는 *.htm 또는 *.html이다.

2) HTML의 문서 구조

⟨!DOCTYPE html⟩	- HTML5 문서 선언
⟨html⟩	- HTML 문서 시작
⟨head⟩	- 머리(head) 시작
⟨title⟩문서 제목⟨/title⟩	- 문서 제목
⟨/head⟩	- 머리(head) 끝
⟨body⟩	- 본문(body) 시작
문서 내용	- 본문 내용
⟨/body⟩	- 본문(body) 끝
⟨/html⟩	- HTML 문서 끝

02 HTML 태그

1) 〈Head〉 영역 태그

문서의 속성정보로, 대량의 데이터 중에서 필요한 정보를 효율적으로 찾을 수 있도록 돕는 데이터이다. 주로 웹문서의 설명, 키워드, 작성자 정보 등을 포함한다.

태그	특징 및 용도
〈title〉...〈/title〉	문서의 제목을 나타내며, 브라우저 탭에 표시됨
〈meta 속성〉	• 사용자에게 보이지 않은 웹 페이지에 대한 정보(작성자, 설명, 키워드 등)를 나타냄 • SEO 및 웹 성능 최적화에 중요 • 웹 페이지 내용, 작성자, 문자 인코딩★, 뷰포트★ 등을 정의하는 태그
〈style〉...〈/style〉	• HTML 문서 내에서 직접 CSS를 작성할 때 사용됨 • 문서의 스타일(색상, 폰트, 레이아웃 등)을 정의 • 외부 CSS 파일 대신 내부에서 스타일 제어
〈link〉...〈/link〉	• 외부 문서를 연결할 때 사용됨 • 주로 외부 CSS 파일, 아이콘 파일 등을 연결하는 데 사용
〈base〉	• 문서 내에서 사용되는 링크의 기본 URL을 정의함 • 상대 경로 링크의 기준 URL을 설정 • 설정된 URL을 기준으로 모든 링크가 동작

▲ HTML 기본 메타 태그

★ 뷰포트(Viewport)
사용자가 웹 페이지를 볼 수 있는 브라우저 화면의 가시적 영역. 모바일, 태블릿, 데스크톱 등 다양한 기기의 화면 크기에 따라 뷰포트의 크기가 달라짐

★ 문자 인코딩
문자나 기호를 컴퓨터에서 이해하고 저장할 수 있는 이진 데이터(숫자 코드)로 변환하는 방식. UTF-8은 전 세계 대부분의 문자(한글, 일본어, 한자 등)를 표현할 수 있는 유니코드 기반의 인코딩 방식으로, 웹과 국제 표준에서 많이 사용됨

2) 콘텐츠 구획화

- HTML 문서에서 시맨틱 태그★를 사용하여 웹 페이지의 콘텐츠를 논리적이고 체계적으로 구분하는 방법이다.
- 웹 페이지 내에서 콘텐츠의 의미를 더 명확하게 전달할 수 있도록, 각 구획에 의미를 부여한다.

태그	설명
〈header〉	문서의 상단에 배치되며, 제목이나 로고, 메뉴 등을 포함
〈footer〉	문서의 하단에 배치되며, 저작권 정보나 연락처 등을 포함
〈nav〉	문서 내 주요 내비게이션 링크를 포함하는 부분
〈section〉	문서의 한 구획을 나타내며, 주제를 가진 내용의 집합을 표현
〈article〉	독립적이고 자립적인 콘텐츠를 의미하며, 뉴스 기사, 블로그 포스트 등에 사용
〈aside〉	본문 내용과는 별개로 관련 정보를 제공하는 부분

★ 시맨틱 태그(Semantic Tag)
HTML에서 사용되는 태그로, 웹 콘텐츠의 의미와 구조를 명확히 전달하는 역할

 개념 체크

1 웹 페이지의 제목을 지정할 때 사용하는 태그는 (　　) 이다.

1 〈title〉

> **기적의 TIP**
>
> **인라인 태그(Inline Tag)**
> HTML 요소 중에서 텍스트의 특정 부분에만 스타일이나 기능을 적용할 수 있는 태그를 의미함
> ⓔ ⟨strong⟩, ⟨em⟩, ⟨mark⟩, ⟨abbr⟩, ⟨span⟩, ⟨cite⟩, ⟨code⟩, ⟨a⟩ 등

3) ⟨body⟩ 영역 태그

태그	설명
⟨body⟩…⟨/body⟩	본문을 감싸는 태그
⟨h1⟩ ~ ⟨h6⟩	제목을 정의하는 태그
⟨p⟩…⟨/p⟩	단락을 정의하는 태그
⟨br⟩	줄 바꿈 태그
⟨hr⟩	수평선 태그
⟨div⟩…⟨/div⟩	문서를 그룹화하여 구분하는 태그

4) 목록 관련 태그

태그	설명
⟨ul⟩…⟨/ul⟩	순서가 없는 목록 정의
⟨ol⟩…⟨/ol⟩	순서가 있는 목록 정의
⟨li⟩…⟨/li⟩	목록의 리스트를 정의
⟨dl⟩…⟨/dl⟩	정의 목록 정의
⟨dt⟩…⟨/dt⟩	정의 목록 제목 정의
⟨dd⟩…⟨/dd⟩	정의 목록 내용 정의

5) 문자 관련 태그

태그	설명
⟨i⟩…⟨/i⟩	기울임꼴로 텍스트를 표시하는 태그, 주로 강조나 외국어 표현에 사용
⟨b⟩…⟨/b⟩	굵은 글씨로 텍스트를 표시하는 태그, 시각적 강조에 사용
⟨strong⟩…⟨/strong⟩	중요한 텍스트를 강하게 강조하는 태그, 의미적 강조
⟨em⟩…⟨/em⟩	텍스트를 기울여 강조하는 태그, 의미적 강조
⟨sub⟩…⟨/sub⟩	아래첨자 텍스트를 표시하는 태그, 화학식이나 수학 공식에 사용
⟨sup⟩…⟨/sup⟩	위첨자 텍스트를 표시하는 태그, 지수나 각주에 사용됨
⟨cite⟩…⟨/cite⟩	저작물의 출처나 참고 문헌을 표시하는 태그
⟨code⟩…⟨/code⟩	프로그래밍 코드를 표시하는 태그, 고정폭 글꼴로 출력
⟨blockquote⟩	인용문을 나타내는 블록 요소
⟨pre⟩	미리 서식이 지정된 텍스트를 나타내며, 공백과 줄 바꿈을 그대로 유지

6) 표 관련 태그

태그	설명
⟨table⟩...⟨/table⟩	표의 시작과 끝 정의
⟨tr⟩...⟨/tr⟩	표의 행(가로) 정의
⟨th⟩...⟨/th⟩	표의 열 중 제목 정의
⟨td⟩...⟨/td⟩	표의 열(세로) 정의
⟨caption⟩...⟨/caption⟩	표의 제목 정의

이미지 맵(Image Map)
하나의 이미지 내에서 특정 영역을 정의하여, 해당 영역을 클릭했을 때 다른 링크로 연결되도록 하는 기능

7) 링크 관련 태그

태그	설명

⟨a⟩...⟨/a⟩	• 다른 페이지로 연결하는 태그(내부/외부 링크 모두 가능)
	• 속성 : href, target, title
	• href : 연결할 링크의 URL을 지정하는 속성
	• target : 링크를 새 탭이나 현재 탭에서 열리도록 설정
	   – _self : 현재 창이나 프레임에서 열기(기본값)
	   – _blank : 새 창 또는 새 탭에서 열기
	   – _parent : 부모 프레임에서 열기
	   – _top : 전체 창에서 열기
	• title : 링크에 마우스를 올렸을 때 나타나는 설명 텍스트를 지정

⟨frame⟩ 태그
- 하나의 웹 페이지에서 여러 개의 HTML 문서를 동시에 표시할 수 있음
- 개별 프레임이 독립적으로 스크롤되며, 별도로 로드 가능
- ⟨frameset⟩ 태그를 사용하여 화면을 여러 영역으로 나누는 방식으로 구조 설정
- HTML5 표준에서는 ⟨frame⟩과 ⟨frameset⟩이 지원되지 않으며, 대체 기술로 ⟨iframe⟩을 사용하는 것이 권장됨

① 문서 내 특정 위치로 이동

⟨a href="#section1"⟩섹션 1로 이동⟨/a⟩
⟨h2 id="section1"⟩여기가 섹션 1입니다⟨/h2⟩
- ⟨a href="#아이디"⟩ : 문서 내 특정 요소의 위치로 이동하는 내부 링크
- id="..." : 이동할 대상 요소에 부여하는 고유 식별자

8) 멀티미디어 관련 태그

태그	설명
⟨img⟩	이미지 삽입 태그
⟨map⟩ ⟨area⟩ ⟨/map⟩	• map : 이미지 맵을 정의하기 위한 태그 • area : 이미지 맵의 각 영역을 정의하는 태그
⟨embed⟩...⟨/embed⟩	음악, 동영상 등 다운로드 시 동시 재생 – 속성 : src, type, autoplay, loop, controls, title – src : 외부 파일 URL – type : 콘텐츠 MIME 유형 – autoplay : 자동 재생 설정 – loop : 반복 재생 설정 – controls : 재생 제어 기능 – title : 콘텐츠 설명(접근성)
⟨iframe⟩...⟨/iframe⟩	HTML 문서 내 다른 HTML 문서를 보여줄 때 사용

개념 체크

1 ⟨a href="#section1"⟩ 코드는 문서 내 특정 위치로 이동하기 위한 내부 링크를 만든다. (O, X)

‹input› 태그의 type 속성 값
- text : 텍스트 입력 필드
- password : 비밀번호 입력(숨김 처리)
- radio : 라디오 버튼(단일 선택)
- checkbox : 체크박스(다중 선택 가능)
- submit : 폼 제출 버튼
- reset : 폼 초기화 버튼
- button : 일반 버튼
- tel : 전화번호 입력 필드
- date : 날짜 선택 필드

9) 입력 관련 태그

태그	설명
‹form›...‹/form›	입력 양식 그룹화 정의
‹input›	다양한 유형의 사용자 입력 필드를 정의
‹select›‹/select›	드롭다운 목록을 정의
‹button›...‹/button›	버튼의 용도 지정 - submit : 폼 데이터 제출(기본값) - reset : 폼 내용 초기화 - button : 아무 동작 없음(자바스크립트와 함께 사용됨)
‹textarea›...‹/textarea›	여러 줄의 텍스트 입력 필드를 정의

10) 주요 HTML 엔티티

- HTML에서는 ‹, ›, & 같은 문자 사용 시 브라우저가 태그로 오해하여 오류가 생긴다.
- HTML에서는 특수문자를 엔티티(entity) 코드로 바꿔 사용한다.

태그	표기	설명
	공백(띄어쓰기)	줄바꿈 없는 공백
&lgt;	‹	작다 기호
&gt;	›	크다 기호
&amp;	&	앰퍼샌트 기호

웹폰트(Web Fonts)
웹사이트 텍스트 표시 시 사용자가 해당 폰트가 설치되어 있지 않을 경우 폰트를 다운로드하여 일관된 폰트를 제공하는 기술(종류 : TTF, OTF, WOFF, WOFF2)

03 CSS(Cascading Style Sheets)의 개요

- CSS는 HTML 요소의 스타일을 정의하는 스타일시트 언어이다.
- CSS는 HTML 문서와 분리되어 웹 페이지의 표현과 디자인을 담당하며, 글꼴, 색상, 레이아웃, 애니메이션 등 다양한 스타일 속성을 설정할 수 있다.
- CSS 주석은 / *로 시작하고 */로 끝난다.

1) CSS 기본 구조

선택자 { 속성명: 속성값; 속성명: 속성값;}	선택자 {
	  속성명: 속성값;
	  속성명: 속성값;
	}

- 선택자(Selector) : 스타일을 적용할 HTML 요소를 지정한다.
- 속성(Property) : 스타일을 정의하는 특정 속성이다. 예를 들어, 색상, 글꼴 크기 등이 있다.
- 값(Value) : 속성에 지정할 구체적인 값이다.

개념 체크

1 HTML에서 ‹, ›, & 기호는 그대로 써도 브라우저가 문자로 인식한다. (O, X)

1 X

2) CSS 작성 방법

인라인 스타일	HTML 요소에 직접 적용하는 방식
내부 스타일	HTML 문서의 '〈head〉' 요소 내 '〈style〉' 태그를 사용하여 스타일을 정의하는 방식
외부 스타일	별도의 CSS 파일을 생성한 후, HTML 문서의 '〈head〉' 요소 내 '〈link〉' 태그를 사용하여 연결하는 방식
@import	• 외부 CSS 파일을 가져오는 또 다른 방식 • CSS 파일 내에서 사용하거나 〈style〉 태그 내부에서 작성 ◎ @import url('style.css');

3) CSS 속성 지정

① 〈a〉 태그 관련 속성

a:link {color:green}	방문하지 않은 링크 스타일
a:visited {color:red}	방문한 링크 스타일
a:active {color:purple}	링크를 클릭한 순간의 스타일
a:hover {color:yellow}	링크 위 마우스 올렸을 때 스타일

② 폰트 CSS 속성

font-family	글꼴 지정
font-style	글꼴 스타일(기울임) 지정
letter-spacing	글자 간격 조절
font-size	글꼴 크기를 지정
font-weight	글꼴의 굵기 조절
line-height	줄 간격 조절

③ 폰트의 크기 단위

px	고정 크기(픽셀)
em	부모 요소의 크기를 기준으로 설정
rem	최상위 html 요소의 크기를 기준
vw	화면 너비(Viewport Width) 기준

④ CSS 색상 지정 방식

색상 이름	미리 정의된 색상 이름 사용 ◎ color: red;, color: blue 등 약 140여 개
RGB 값	빨강(R), 초록(G), 파랑(B) 값을 0~255 범위로 지정 ◎ color: rgb(255, 0, 0);
RGBA 값	RGB + 투명도(Alpha, 0~1) 지정 ◎ color: rgba(255, 0, 0, 0.5);
헥사코드(HEX 코드)	16진수 표기법(#RRGGBB) ◎ color: #FF0000;(#FF0000 → 빨강, #00FF00 → 초록)

개념 체크

1 외부 스타일을 적용하려면 HTML 문서의 〈head〉 요소에 (　　) 태그를 사용하여 CSS 파일을 연결한다.

2 CSS는 웹 페이지에서 텍스트, 색상, 레이아웃 등 스타일 속성을 설정하는 데 사용된다. (O, X)

1 〈link〉 2 O

04 자바스크립트(Javascript)

1) 자바스크립트 기본 개념
- 자바스크립트는 웹 페이지의 동작을 제어하는 데 사용되는 프로그래밍 언어로 넷스케이프(Netscape)에서 개발되었다.
- 웹 페이지를 동적으로 만들기 위해 사용되는 프로그래밍 언어이다.
- 브라우저에서 바로 실행되는 클라이언트 측 스크립트 언어이다.
- 객체지향 언어로, 객체 간 상속과 확장이 가능하다.
- 브라우저에서 실행되며, 사용자와의 상호작용, DOM(Document Object Model) 조작, 데이터 검증, 비동기 통신(AJAX) 등을 가능하게 한다.

> **기적의 TIP**
>
> **인터프리터 언어**
> - 코드를 한 줄씩 순차적으로 해석하며 즉시 실행하는 언어
> - 중간에 오류가 발생하면 그 즉시 실행이 중단

2) 자바스크립트 작성 방법

내부 스크립트 (HTML 문서 내 작성)	• ⟨script⟩...⟨/script⟩ 태그 안에 작성한다. • ⟨head⟩ 태그 영역 내 또는 ⟨body⟩ 태그 영역에 작성한다.
외부 스크립트 (별도의 js 파일 연결)	• 외부 자바스크립트(*.js) 파일을 생성한다. • ⟨head⟩ 또는 ⟨body⟩ 태그 내에 ⟨script⟩ 태그를 사용하여 외부 자바스크립트 파일을 연결한다. • src 속성을 사용하여 외부 파일의 경로를 지정한다. ◎ ⟨script src="script.js"⟩⟨/script⟩

3) 자바스크립트 주석
Javascript 주석은 한 줄 주석일 경우 // 시작하고, 여러 줄 주석은 /* 로 시작하고 */로 끝난다.

⟨script⟩ //한 줄 주석 ⟨/script⟩	⟨script⟩ /* 이것은 여러 줄 주석 */ ⟨/script⟩

> **기적의 TIP**
>
> **자바스크립트 예약어**
> 자바스크립트 언어에서 특정한 의미를 가진 키워드로, 변수나 함수 이름으로 사용할 수 없음
> ◎ document, function, var, let, this, if, for, const 등

4) 변수 선언 규칙
- 변수명은 문자, 밑줄(_), 달러 기호($)로 시작해야 하며, 숫자로 시작할 수 없다.
- 변수명에는 알파벳, 숫자, 밑줄, 달러 기호만 사용할 수 있다.
- 자바스크립트 예약어는 변수명으로 사용할 수 없다.
- 변수명에 공백을 사용하지 않는다.

전역 변수	• 프로그램 전체에서 접근할 수 있는 변수로, 모든 함수나 코드 블록에서 참조 가능 • 잘못 사용 시 충돌이 발생할 수 있으며, 특히 많은 전역 변수는 메모리를 많이 차지하고 유지보수를 어렵게 함
지역 변수	• 특정 함수나 블록 내에서만 유효한 변수로, 함수 외부에서는 접근할 수 없음 • 외부 영향을 받지 않아 안전하며, 메모리를 효율적으로 사용함

▲ 변수의 종류

> **개념 체크**
>
> 1. HTML 문서에서 외부 자바스크립트 파일을 연결할 때 사용하는 태그는 ( )이다.
> 2. 자바스크립트에서 주석은 /* */로 여러 줄 주석을 작성할 수 있다. (O, X)
>
> 1 ⟨script⟩ 2 O

5) 변수 키워드

var 키워드	• 전통적인 변수 선언 방법 • 재할당 가능
let 키워드	• 변수 선언 • 재할당 가능 • 재선언 시 오류 발생
const 키워드	• const는 상수로 선언 후 값을 변경할 수 없음 • 선언 시 반드시 값을 넣어줘야 함 • 재선언 시 오류 발생

6) 자바스크립트 데이터 형태

Number	숫자 데이터를 나타내며, 정수와 실수 모두 표현 가능 예 let num = 42;
String	문자열 데이터를 나타내며, 큰따옴표("), 작은따옴표(')로 감싸서 표현 예 let str = "Hello";
Boolean	논리적 참/거짓 값을 나타내며, true 또는 false 값을 가짐 예 let isTrue = false;
Null	값이 없음을 나타내는 데이터 형태로, 의도적으로 비어 있음을 표현 예 let empty = null;
Undefined	변수가 선언되었지만 값이 할당되지 않은 상태를 나타냄 예 let undef;

> **기적의 TIP**
>
> **연산자의 활용**
> result = (a + b) * c
> a = 10, b = 20, c = 5인 경우 결과값은 150이 됨

7) 연산자

산술 연산자	+, -, *, /, %
증감 연산자	++, --
복합 대입 연산자	+=, -=, *=, /=, %=
비교 연산자	>=, <=, >, <, ==, !=
논리 연산자	!(Not연산자), &&(And연산자), ||(Or연산자)

① 연산자 우선순위

자바스크립트에서 여러 연산자가 포함된 식을 계산할 때, 각 연산자의 우선순위에 따라 어떤 연산이 먼저 수행될지 결정된다.

> 1. 괄호 연산자 ( )
> 2. 단항 연산자 (++, --, !)
> 3. 산술 연산자 (*, /, %, +, -)
> 4. 비교 연산자 (>, <, >=, <=, ==, ===, !=, !==)
> 5. 논리 연산자 (&&, ||)
> 6. 대입(복합 대입) 연산자 (=, +=, -=, *=, /=, %=)

8) 제어문, 선택문, 반복문

if-else문	if의 조건을 검사 후, 참이면 실행문을 실행하고 거짓이면 else 실행문을 실행
switch문	하나의 표현식을 평가한 후, 그 값에 따라 여러 case 중 하나를 실행하는 조건문
while문	자바스크립트의 반복문이며, 조건문이 참일 동안 반복 실행하고 거짓이면 반복문이 종료됨
for문	• 자바스크립트의 반복문이며, while문과 비슷함 • 초기값, 조건, 증감식을 통해 반복 횟수를 제어하는 반복문

9) 함수와 내장함수

① 함수

자바스크립트 함수는 특정 작성을 수행하는 독립된 코드이다. 함수를 여러 번 재사용할 수 있으며, 필요한 매개변수를 받아 처리한 후 결과를 반환한다.

```
function 함수명(){
            자바스크립트 코드;
}
함수명();//함수 호출을 해야 실행됨;
```

▲ 함수 형태

② 내장 함수

alert()	경고 메시지를 팝업창으로 표시하는 함수
eval()	문자열로 전달된 코드를 자바스크립트 코드로 실행하는 함수
parseInt()	문자열을 정수로 변환하는 함수
parseFloat()	문자열을 부동소수점 숫자로 변환하는 함수
setTimeOut()	• 일정 시간이 지난 후에 특정 코드를 한 번 실행하는 함수 • 지정된 시간(밀리초 단위) 후에 실행
setInterval()	• 일정 간격으로 특정 코드를 반복 실행하는 함수 • 지정된 시간 간격(밀리초 단위)마다 실행

10) 자바스크립트 객체

- 자바스크립트는 객체(Object) 기반의 언어로 객체는 속성과 메서드를 가지고 있다.
- 속성은 객체가 가진 값을 의미하고, 메서드는 객체에 정의된 함수이다.
- 자바스크립트에서는 개발자가 객체를 직접 생성할 수 있다.
- 자바스크립트 내에는 미리 정의된 내장 객체가 있다.
- 대표적인 내장 객체로는 문자(String), 날짜(Date), 배열(Array), 수학(Math) 객체가 있다.

🎯 개념 체크

1 setTimeout() 함수는 특정 시간 후에 한 번만 코드를 실행하도록 설정하는 내장 함수이다. (O, X)

- 자바스크립트에서 객체의 속성과 메서드를 다루는 방법은 다음과 같다.

객체.속성;	객체의 속성을 가져온다.
객체.속성=값;	객체의 속성에 값을 할당한다.
객체.메서드();	객체의 메서드를 실행한다.

① 내장 객체

날짜(Date) 객체	날짜와 시간을 처리하기 위한 내장 객체
숫자(Number) 객체	수학적 계산을 쉽게 수행할 수 있는 내장 객체
배열(Array) 객체	여러 개의 값을 저장하고 관리할 수 있는 내장 객체
문자(String) 객체	문자의 길이, 검색, 추출, 변환 등 작업을 할 수 있는 내장 객체

숫자 객체의 주요 속성
- Number.MAX_VALUE : 자바스크립트에서 표현할 수 있는 가장 큰 숫자
- Number.MIN_VALUE : 자바스크립트에서 표현할 수 있는 가장 작은 숫자
- Number.POSITIVE_INFINITY : 양의 무한대(Infinity)
- Number.NEGATIVE_INFINITY : 음의 무한대(-Infinity)
- Number.NaN : 숫자가 아님 (NaN 값)

- 숫자(Number) 객체 주요 메서드 및 속성

메서드/속성	설명	메서드/속성	설명
parseInt( )	문자열을 정수로 변환	parseFloat( )	문자열을 실수로 변환
toFixed( )	소수점 이하 자리수를 지정하여 문자열 반환	Math.round( )	소수점 첫째 자리에서 반올림
Math.floor( )	소수 이하를 내림	Math.ceil( )	소수점 이하를 올림

- 문자 객체(String)의 주요 메서드 및 속성

메서드/속성	설명	메서드/속성	설명
length	문자열의 개수를 반환	indexOf( )	특정 문자열의 첫 번째 위치 반환
slice( )	문자열의 일부를 추출하여 반환	substring( )	문자열의 일부를 추출
split( )	구분자를 기준으로 나누어 배열로 반환	concat( )	여러 문자열을 합쳐 반환

- 배열(Array) 객체의 메서드와 속성

메서드/속성	설명	메서드/속성	설명
push( )	배열의 끝에 새로운 요소를 추가	pop( )	배열의 맨 마지막 요소를 제거
length	배열의 요소 개수를 반환	splice( )	지정 요소 삭제 후 새 요소 추가
shift( )	배열의 맨 앞 요소 제거	unshift( )	배열 맨 앞 요소 추가
join(구분자)	배열 요소를 문자열로 변환하여 결합	sort( )	배열을 오름차순 정렬

개념 체크

1. 브라우저 객체 모델(BOM)에서 브라우저 창을 열거나 닫을 수 있는 최상위 객체는 ( )이다.
2. Math 객체는 자바스크립트에서 날짜와 시간을 처리하는 데 사용된다. (O, X)

1 window 2 X

11) 브라우저 객체 모델(BOM, Browser Object Model)

- 브라우저 객체 모델(BOM)은 웹 브라우저에서 제공하는 객체들을 의미한다.
- BOM은 웹 페이지와 브라우저 간의 상호작용을 가능하게 하는 자바스크립트 환경이다.
- BOM은 브라우저 자체를 제어하는 기능을 제공한다.
- 웹 페이지 외부에서 브라우저 창이나 화면과 관련된 작업을 수행할 수 있다.
- 자바스크립트를 통해 브라우저 창을 열거나 닫고, 위치 정보를 변경할 수 있다.

① Window 객체

브라우저에서 최상위 객체로, 모든 객체는 window 객체의 하위 요소로 존재한다.

window.open()	새 브라우저 창을 열 수 있음
window.close()	브라우저 창을 닫음
window.alert()	경고 창을 띄움
window.setTimeout()	지정한 시간 후에 함수를 실행
window.setInterval()	지정된 시간 간격으로 함수를 반복 실행

② location 객체

현재 브라우저의 URL 정보를 제공하고 조작할 수 있는 객체이다.

location.href	현재 페이지의 URL을 나타내며, 이 값을 변경하면 페이지가 로드
location.reload()	현재 페이지를 새로 고침
location.replace()	현재 페이지를 새로운 페이지로 교체하며, 히스토리 기록을 남기지 않음

③ navigator 객체

브라우저의 정보를 제공하는 객체로, 사용자가 사용하는 브라우저의 이름, 버전, 플랫폼 등과 관련된 정보를 담고 있다.

navigator.userAgent	브라우저의 사용자 에이전트 문자열을 반환
navigator.platform	사용자의 운영체제 정보를 나타냄
navigator.language	브라우저가 설정된 기본 언어를 반환

④ screen 객체

사용자의 디스플레이 화면 정보를 제공하는 객체이다.

screen.width	화면의 너비
screen.height	화면의 높이
screen.availWidth	사용 가능한 화면의 너비
screen.availHeight	사용 가능한 화면의 높이

개념 체크

1. 현재 페이지를 새로 고침하는 location 객체의 메서드는 ( )이다.
2. screen.availWidth는 사용 가능한 화면의 너비를 나타낸다. (O, X)

1 location.reload( ) 2 O

⑤ history 객체

브라우저의 탐색 기록을 관리하는 객체로, 사용자가 이전에 방문한 페이지로 이동하거나 앞으로 이동할 수 있는 기능을 제공한다.

history.back()	브라우저에서 이전 페이지로 이동
history.forward()	브라우저에서 다음 페이지로 이동
history.go(n)	페이지 탐색 기록 중 n번째 페이지로 이동(양수이면 앞, 음수이면 뒤로 이동)

⑥ document 객체(DOM과 연결)
- BOM과 DOM을 연결하는 중요한 객체이다.
- 브라우저가 렌더링하는 HTML 문서를 조작할 수 있는 기능을 제공한다.

document.getElementById()	특정 ID를 가진 요소를 가져옴
document.createElement()	새로운 HTML 요소를 생성
document.write()	브라우저 화면에 텍스트나 HTML을 출력

12) 문서 객체 모델(DOM, Document Object Model)

- 문서 객체 모델은 웹 문서를 구조화하고, 이를 프로그래밍 언어로 조작할 수 있게 해주는 인터페이스이다.
- DOM은 HTML이나 XML 문서를 브라우저에서 트리 구조로 표현하며, 각 요소를 객체로 취급한다.
- 개발자는 자바스크립트 등을 사용하여 문서 내용, 구조, 스타일을 실시간으로 수정하거나 제어할 수 있다.

① 문서 객체 모델(DOM)의 주요 속성

document.URL	현재 문서의 전체 URL을 반환
document.title	문서의 〈title〉 요소 내용을 가져오거나 설정
document.domain	현재 문서의 도메인 이름을 반환
document.cookie	현재 페이지의 쿠키 값을 가져오거나 설정
document.body	〈body〉 요소를 가리키며, 문서의 본문에 접근 가능
document.forms	문서 내의 모든 〈form〉 요소 배열
document.images	문서 내의 모든 이미지 요소 배열
document.scripts	문서 내의 모든 스크립트 요소 배열
document.anchors	책갈피 설정

 개념 체크

1 document.write()는 브라우저 화면에 텍스트나 HTML을 직접 출력할 수 있다.
(O, X)

2 DOM은 웹 문서를 ( ) 구조로 표현하여 각 요소를 객체로 다룰 수 있게 한다.

1 O 2 트리(Tree)

② 문서 객체 모델(DOM)의 메소드

메소드	설명
getElementById()	지정한 id 속성을 가진 요소를 반환
getElementsByClassName()	지정한 클래스 이름을 가진 모든 요소를 반환
querySelector()	선택자에 맞는 첫 번째 요소를 반환
setAttribute()	지정한 요소의 속성을 설정
addEventListener()	요소에 이벤트 리스너를 추가하여 이벤트 발생 시 실행될 함수 등록
innerHTML	요소의 HTML 콘텐츠를 설정하거나 반환
style	요소의 인라인 스타일을 설정하거나 반환

13) 이벤트 핸들러(Event Handler)

- 웹 페이지에서 사용자가 발생시키는 특정 이벤트에 대해 반응하도록 설정된 함수 또는 코드이다.
- 다양한 이벤트 핸들러를 통해 이벤트를 감지하고 처리하며, 각 이벤트에 맞는 동작을 실행한다.

이벤트 핸들러	설명
onFocus()/onBlur()	입력 필드에 포커스를 얻었을 때 / 포커스를 잃었을 때 발생하는 이벤트
onClick()	요소를 클릭할 때 발생하는 이벤트
onKeyDown()/onKeyUp()	키보드를 누를 때 / 키보드에서 손을 뗄 때 발생하는 이벤트
onKeyPress()	키보드 키가 눌린 상태에서 입력되는 이벤트
onMouseDown()/onMouseUp()	마우스 버튼을 누를 때 / 마우스 버튼을 뗄 때 발생하는 이벤트
onMouseOver()/onMouseOut()	마우스를 요소 위로 올릴 때 / 마우스가 요소를 떠날 때 발생하는 이벤트

기적의 TIP

제이쿼리(jQuery)
- 자바스크립트의 기능을 간편하게 사용할 수 있도록 만든 경량화된 라이브러리
- HTML 문서의 탐색 및 조작, 이벤트 처리, 애니메이션, Ajax와 같은 기능을 간단한 코드로 구현할 수 있게 해줌

개념 체크

1. 문서 객체에서 특정 id를 가진 요소를 반환하는 메서드는 ( )이다.
2. 이벤트 핸들러 onMouse-Over()는 마우스가 요소를 떠날 때 발생하는 이벤트이다. (O, X)

1 getElementById() 2 X

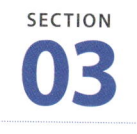

SECTION 03 웹 프로그래밍 개발

출제빈도 상 중 하
반복학습 1 2 3

빈출 태그 ▶ #프로그래밍 #웹 프로그래밍 언어 #자바 #웹 페이지 저작 관련 기술

▶ 합격 강의

01 멀티미디어 프로그래밍

1) 프로그램 개발 과정

단계	설명
소스 코드 작성	개발자가 에디터를 사용해 프로그램의 로직과 기능을 정의하는 소스 코드를 작성
컴파일	소스 파일을 컴파일러★가 처리하여 기계어로 변환된 오브젝트 파일을 생성. 오류 발생 시 수정 후 재컴파일
링킹	여러 오브젝트 파일과 라이브러리, 외부 코드를 하나의 실행 파일로 통합
로딩	완성된 실행 파일을 로더★가 메모리에 적재하여 운영체제가 실행 가능 상태로 만듦
프로그램 실행	모든 과정이 완료된 후, 사용자에게 제공할 수 있는 실행 가능한 프로그램이 완성

★ 컴파일러(Compiler)
프로그래밍 언어로 작성된 소스 코드를 컴퓨터가 이해할 수 있는 기계어로 번역하는 소프트웨어

★ 링커(Linker)
컴파일러가 생성한 여러 개의 오브젝트 파일과 필요한 라이브러리 파일을 결합하여 실행 가능한 하나의 프로그램 파일로 만드는 소프트웨어

★ 로더(Loader)
링커에 의해 생성된 실행 파일을 메모리에 적재하여 CPU가 실행할 수 있는 상태로 준비하는 역할을 함

2) 객체 지향 언어

- 객체 지향 프로그래밍은 코드 재사용성을 높이고 성능 개선을 위해 도입되었다.
- 객체 지향의 기본 요소 : 객체, 클래스, 연산과 메소드, 메시지
- 객체 지향의 주요 특성 : 상속성, 자료 추상화, 캡슐화, 다형성, 관계성

특성	설명
상속성	기존 클래스의 속성과 메소드를 다른 클래스에서 상속받아 코드 중복을 줄이고 유지보수를 쉽게 하는 특성
자료 추상화	객체의 내부 구현을 숨기고 필요한 정보만 제공하여 사용자가 쉽게 이해하고 사용할 수 있도록 하는 특성
캡슐화	데이터와 메소드를 하나의 객체로 묶어 외부 접근을 제한하고 데이터의 안전성을 유지하는 특성
다형성	같은 메소드가 객체의 종류에 따라 다르게 동작할 수 있게 하는 특성
관계성	객체들 간의 관계를 정의하여 협력과 의존할 수 있게 관계를 설정하고 복잡한 시스템을 설계할 수 있도록 하는 특성

3) 멀티미디어 스크립트 언어

- 스크립트 언어는 명령어 집합을 통해 사용자와 상호작용을 가능하게 한다.
- JavaScript와 같은 HTML5 기반 언어로 웹과 모바일 애플리케이션 개발에 활용된다.

✅ 개념 체크

1 객체 지향 프로그래밍의 캡슐화는 데이터와 메소드를 하나의 객체로 묶어 외부 접근을 제한하고 데이터의 무결성을 유지하는 특성이다.
(O, X)

2 스크립트 언어는 명령어 집합을 통해 사용자와 상호작용을 가능하게 하며, (　　　)와 같은 HTML5 기반 언어로 웹과 모바일 애플리케이션 개발에 활용된다.

1 O 2 자바스크립트

4) 멀티미디어 프로그래밍 언어와 도구 비교

언어/도구	설명
Window의 MME	• 멀티미디어 프로그래밍을 지원하는 Windows API • 오디오, 비디오, 그래픽 등 멀티미디어 작업을 쉽게 처리할 수 있도록 Microsoft가 제공한 기능들을 포함
Visual C++	• Microsoft가 제공하는 C++ 프로그래밍 언어 기반의 통합 개발 환경 • 주로 Windows 애플리케이션 개발에 사용되며, 강력한 성능과 유연성을 제공
Visual Basic	프로그래밍 언어와 개발 환경으로, GUI 애플리케이션을 쉽게 만들 수 있는 도구
Java	플랫폼이 독립적이며, 다중 스레드를 지원하는 객체 지향 언어
Action Script	타임라인 기반 애니메이션과 상호작용을 위한 멀티미디어 언어

5) 웹 기반 멀티미디어 프로그래밍 언어

구분	언어
서버 측 스크립트 언어	CGI, ASP, ASP.NET, PHP, JSP, Python, Ruby
클라이언트 측 스크립트 언어	JavaScript, VBScript, HTML, CSS, DHTML, SGML, XML, VRML, ActiveX

02 웹 프로그래밍 언어

1) 웹 프로그래밍 언어의 정의

- 웹 애플리케이션이나 웹사이트를 개발하기 위해 사용되는 다양한 언어를 의미하며, 프론트엔드(클라이언트 측)와 백엔드(서버 측)에서 각각 다른 언어들이 사용된다.
- 웹 프로그래밍 언어는 사용자 인터페이스 구축, 서버와의 데이터 통신, 데이터베이스 관리 등의 기능을 구현하는 데 필수적이다.
  - 프론트엔드 언어 : HTML, CSS, JavaScript
  - 백엔드 언어 : PHP, JSP, ASP, NET, Python, Ruby 등

2) DHTML(Dynamic HTML)

- HTML, CSS, JavaScript를 결합하여 동적 웹 페이지를 만드는 방식이다.
- 사용자가 웹 페이지와 상호작용할 때 페이지를 다시 로드하지 않고 실시간으로 변경 가능하다.
- AJAX★ 기술이 자주 함께 사용되어, 서버와 비동기적으로 데이터를 교환하여 더욱 동적인 사용자 경험을 제공한다.

★ AJAX(Asynchronous JavaScript and XML)
웹 페이지를 새로 고침하지 않고 서버와 비동기적으로 데이터를 주고받는 기술로, 페이지 일부만 업데이트하는 동적인 웹 애플리케이션을 만들 수 있다. 이를 통해 사용자 경험을 개선하고 빠른 데이터 처리를 가능하게 한다.

3) XML(Extensible Markup Language)
- XML는 SGML(Standard Generalized Markup Language)에서 파생되어 데이터를 구조화하고 저장하는 데 사용되는 마크업 언어이다.
- 문법 측면에서 매우 엄격하며, 데이터를 구조화하고 저장 및 전송하기 위한 언어다.
- XML 문서는 트리 구조를 가지며, 복잡한 데이터 구조를 표현할 수 있다.
- JSON이 XML보다 더 경량화된 데이터 전송 형식으로, API 데이터 교환에서 더 자주 사용된다.

4) ActiveX
- Microsoft에서 개발한 소프트웨어 컴포넌트 기술로, 웹 브라우저에서 멀티미디어 처리, 보안 모듈, 온라인 뱅킹, 전자정부 서비스 등에 활용되었다.
- 자바 애플릿처럼 PC에 설치해서 실행되는 컴포넌트 기술이고, 웹 브라우저에서 실행되긴 하지만 실제로는 클라이언트 PC에 설치된 모듈을 불러오는 방식이다.
- 현대 웹 환경에서는 HTML5, JavaScript, CSS, Web API 기술이 ActiveX를 대체한다.

5) ASP(Active Server Pages)
- Microsoft가 개발한 서버 측 스크립트 언어로, 동적 웹 페이지를 생성하고 데이터베이스와 연동해 실시간 데이터를 처리할 수 있다.
- JavaScript와 같은 간단한 문법으로 웹 애플리케이션 개발이 가능하다.

6) JSP(JavaServer Pages)
- Java 기반의 서버 측 스크립트 언어로, 동적 웹 페이지를 생성하는 데 사용된다.
- HTML과 Java 코드를 함께 사용하여 동적 웹 애플리케이션을 구현하며, 실시간 데이터 처리가 가능하다.

7) PHP(Professional Hypertext Preprocessor)
- PHP는 오픈 소스이며 서버 측 스크립트 언어로, 스크립트 기반의 웹 개발 도구이다.
- 무료로 제공되며, 보안 기능을 통해 안전한 웹 개발이 가능하다.
- 동적 웹 페이지 생성과 데이터베이스 연동이 가능하다.
- 다양한 데이터베이스(MySQL, PostgreSQL 등)와 쉽게 연동되며, 서버에서 실행된 후 HTML로 클라이언트에 전송된다.
- Windows, Linux, macOS 등 다양한 운영체제에서 실행 가능하며, 처리 속도가 빠르다.

개념 체크

1 DHTML은 사용자가 웹 페이지와 상호작용할 때 페이지를 다시 로드하지 않고 실시간으로 변경할 수 있다. (O, X)

2 Java 기반의 서버 측 스크립트 언어로 동적 웹 페이지를 생성하며, HTML과 Java 코드를 함께 사용하여 웹 애플리케이션을 만들 수 있는 언어는 (   )이다.

1 O 2 JSP

8) 서버 사이드(Server-side)

- 웹 서버에서 실행되는 백엔드 기술로, 데이터 처리, 인증, 데이터베이스 연동 등 웹 서비스의 핵심 로직을 담당한다.
- 사용자의 요청은 클라이언트(웹 브라우저)를 통해 전달되며, 서버 사이드는 이를 처리하고 결과를 클라이언트로 응답한다.
- 일반적으로 사용자가 볼 수 없는 영역이며, 보안성과 성능이 중요하다.
- 구글은 전 세계에 분산된 대규모 데이터 센터와 서버 인프라를 통해 검색 요청, 지도 서비스, 이메일(Gmail) 등 다양한 기능을 서버 사이드에서 처리한다.
- 서버 사이드 언어에는 PHP, Python, Java, Node.js 등이 있으며, 구글은 내부적으로 C++, Java, Go 등을 활용한다.

03 자바(Java)

1) 자바의 개요

- 자바는 Sun Microsystems(현재 Oracle)에서 개발한 객체 지향 프로그래밍 언어로, 플랫폼 독립성과 보안성이 뛰어나다.
- 네트워크 프로그래밍과 분산 시스템 개발에 유용한 라이브러리를 제공한다.
- 웹, 모바일, 데스크톱 애플리케이션부터 사물인터넷(IoT)★까지 폭넓게 활용된다.

2) 자바 기반 프로그램

- 자바 애플리케이션(Java Application) : JVM(Java Virtual Machine)에서 독립적으로 실행되는 애플리케이션으로, 다양한 형태의 프로그램을 개발할 수 있다.
- 자바 애플릿(Java Applet) : 브라우저 내에서 실행되는 작은 프로그램으로, 현재는 보안 문제로 대부분의 브라우저에서 지원이 중단되었다.

★사물인터넷(IoT)
인터넷을 통해 서로 연결된 장치들이 데이터를 주고받으며 상호작용하는 기술

04 웹 기술 및 서버 구성 요소

1) CGI(Common Gateway Interface)
- 웹 서버와 외부 프로그램이 서로 대화할 수 있게 해주는 기술이다.
- 쉽게 말해, 웹 페이지가 사용자 요청에 따라 실시간으로 변화할 수 있도록 만들어 주는 다리 역할을 한다.
- 예) 온라인 설문지에 답을 작성하고 "제출" 버튼을 누르면, 그 정보가 CGI 기술을 통해 웹 서버로 전송되어 외부 프로그램이 데이터를 처리하거나 저장한다. 그 후, 서버는 우리에게 결과 페이지를 보여준다.
- CGI 덕분에 웹사이트는 사용자의 입력이나 요청을 처리하고 응답할 수 있게 되었다.

구분	GET 방식	POST 방식
데이터 전송 방식	URL에 데이터 포함	HTTP 메시지 본문(body)에 데이터 포함
데이터 크기	제한 있음	제한 없음
보안성	낮음	높음
캐싱	가능	불가능
용도	간단한 데이터 조회	폼 데이터 제출, 파일 업로드
북마크	가능	불가능

▲ HTTP 요청 방식에 따른 데이터 전송 방법

2) 웹 서버
- 웹 서버는 클라이언트 요청을 처리하고 웹 페이지나 파일을 제공하는 시스템이다.
- 주로 HTTP 프로토콜을 사용하며, 동적 콘텐츠도 처리 가능하다.
- 주요 웹 서버 소프트웨어로는 Apache(리눅스), Microsoft IIS(윈도우 웹 서버), PWS(개인용 웹 서버), Nginx(성능이 뛰어나고 가벼운 웹 서버, 현대 웹에서 많이 사용됨) 등이 있다.

① 웹 서버의 작동 원리

> 연결 설정 → 클라이언트 요청 수신 → 서버 응답 생성 → 응답 반환 → 연결 종료

3) 데이터베이스(DB, DataBase)
- 데이터를 구조화하여 저장하는 시스템으로, 인덱스와 쿼리(SQL)를 통해 효율적인 검색과 접근을 제공한다.
- 멀티유저 환경을 지원하며, 여러 사용자가 동시에 데이터를 처리할 수 있다.

개념 체크

1. Apache는 리눅스에서 주로 사용되는 웹 서버 소프트웨어이다. (O, X)
2. CGI의 POST 방식은 데이터 크기에 제한이 있으며, 캐싱이 가능하다. (O, X)

1 O 2 X

이론을 확인하는 기출문제

01 쿠키(Cookie)는 웹 브라우저에서 어떤 역할을 하는가?
① 악성 코드 방지
② 사용자 설정 정보 및 방문 기록 저장
③ 웹 페이지 소스 코드 편집
④ 웹 페이지 접속 속도 개선

쿠키는 사용자의 디바이스에 방문 기록과 설정 정보를 저장하여 재방문 시 맞춤형 정보를 제공하는 역할을 함

02 한글을 포함한 전 세계의 모든 문자를 표현할 수 있는 표준화된 문자 인코딩 체계는?
① 한글 완성형 코드
② ASCII
③ 유니코드
④ UTF-8

유니코드는 전 세계의 모든 문자를 표현할 수 있는 표준화된 문자 인코딩 체계로, UTF-8은 유니코드의 인코딩 방식 중 하나

03 아래로 길어진 문서에서 이용자의 편의를 위해, 문서 중간의 밑줄 친 '목차'를 클릭하면 문서 상단으로 이동하게 하는 올바른 HTML은 무엇인가?
① 〈p class="#top"〉목차〈/a〉
② 〈a href="#top"〉목차〈/a〉
③ 〈a href="top"〉목차〈/a〉
④ 〈p href="#top"〉목차〈/p〉

내부 이동은 앵커 태그(〈a〉)에 href="#top"을 사용하여 상단에 지정된 id="top" 위치로 이동하도록 구현

04 CSS에서 '선택자(Selector)'의 역할은 무엇인가?
① HTML 문서에서 구조와 계층을 정의하여 콘텐츠의 의미를 나타내는 역할
② HTML 요소의 스타일을 적용할 대상을 지정
③ 웹 페이지에서 외부나 내부 리소스를 연결하고 링크를 정의하는 역할
④ 폼에서 입력된 데이터를 서버로 전송하여 처리되도록 하는 기능을 수행

선택자는 스타일을 적용할 HTML 요소를 지정하는 역할을 함

05 CSS에서 방문하지 않은 링크의 스타일을 정의하는 선택자는?
① a:link
② a:hover
③ a:visited
④ a:active

a:link는 방문하지 않은 링크의 스타일을 정의함

06 자바스크립트에서 외부 파일로 작성된 스크립트를 HTML 문서에 연결하려면 어떤 태그를 사용해야 하는가?
① 〈link〉
② 〈meta〉
③ 〈script〉
④ 〈style〉

자바스크립트 외부 파일을 HTML에 연결하려면 〈script〉 태그의 src 속성을 사용함

07 자바스크립트 변수 선언 시, 상수로 선언하여 재할당할 수 없는 변수 키워드는?
① var
② let
③ const
④ new

const로 선언한 변수는 상수로, 값을 변경할 수 없음

정답 01② 02③ 03② 04② 05① 06③ 07③

08 자바스크립트 데이터 타입 중 참(True) 또는 거짓(False) 값을 나타내는 데이터 형태는?

① Number
② String
③ Boolean
④ Array

Boolean은 논리적 참(True) 또는 거짓(False)을 나타내는 데이터 타입

09 자바스크립트 내장 객체 중 현재 날짜와 시간을 처리하는 데 사용되는 객체는?

① Math
② Date
③ Array
④ String

Date 객체는 날짜와 시간을 처리하는 데 사용됨

10 BOM(Browser Object Model)에서 현재 페이지를 새로 고침하는 객체의 메서드는?

① window.open()
② history.back()
③ location.reload()
④ screen.width()

location.reload()는 현재 페이지를 새로 고침하는 메서드임

11 객체 지향 프로그래밍의 캡슐화에 대한 설명으로 옳은 것은?

① 객체 간의 관계를 정의하여 복잡한 시스템을 구성하는 특성
② 동일한 메소드나 연산이 객체 타입에 따라 다르게 동작하는 특성
③ 데이터와 메소드를 하나의 객체로 묶어 외부 접근을 제한하는 특성
④ 기존 클래스의 속성과 메소드를 다른 클래스에서 상속받는 특성

캡슐화는 데이터와 메소드를 하나의 객체로 묶어 외부 접근을 제한하여 데이터의 무결성을 유지하는 특성임

12 스크립트 언어는 주로 HTML5 기반으로 웹과 모바일 애플리케이션 개발에 사용된다. 대표적인 스크립트 언어는?

① Java
② C++
③ JavaScript
④ Python

JavaScript는 HTML5 기반의 클라이언트 측 스크립트 언어로, 웹과 모바일 애플리케이션 개발에 자주 사용됨

13 멀티미디어 프로그래밍 도구 중 멀티미디어 프로그래밍을 지원하는 Windows API 제공 도구는?

① ActionScript
② Java
③ MPC의 MME
④ Visual C++

MPC의 MME는 다양한 미디어 타입을 지원하는 Microsoft Windows용 API 제공 도구임

14 웹 서버에서 GET 방식의 주요 특징으로 옳은 것은?

① URL에 데이터가 포함되며 데이터 크기에 제한이 있음
② HTTP 메시지 본문에 데이터가 포함되며 캐싱이 불가능함
③ 보안성이 높으며 데이터 크기에 제한이 없음
④ 간단한 데이터 조회보다는 파일 업로드에 주로 사용됨

GET 방식은 URL에 데이터가 포함되고 데이터 크기에 제한이 있음. 간단한 데이터 조회에 사용되며 캐싱 가능함

15 PHP는 서버 측에서 실행되는 스크립트 언어로, 주로 데이터베이스와 동적 웹 페이지 생성에 사용된다. PHP의 특징으로 옳지 않은 것은?

① 오픈 소스이며 다양한 데이터베이스와 연동이 가능하다.
② 플랫폼 독립적이며 JVM에서 실행된다.
③ 서버 측에서 실행된 결과만 클라이언트에 전달된다.
④ HTML과 함께 사용되어 동적 콘텐츠 생성을 지원한다.

PHP는 서버 측에서 실행되지만 JVM에서 실행되지 않으며, 플랫폼 독립적인 자바와는 다름

16 JSP는 Java 기반의 서버 측 스크립트 언어로, 동적 웹 페이지를 생성할 수 있다. JSP의 주요 특징으로 옳은 것은?

① HTML과 Java 코드를 함께 사용하여 동적 콘텐츠를 생성할 수 있다.
② 클라이언트 측에서 실행되며 브라우저에서 해석된다.
③ 오픈 소스이므로 모든 브라우저에서 작동한다.
④ VBScript와 함께 사용되며 Microsoft에서 개발되었다.

JSP는 Java 기반으로 HTML과 함께 사용하여 동적 웹 페이지를 생성할 수 있음

17 XML(Extensible Markup Language)의 주된 용도는?

① 비디오 편집
② 데이터를 구조화하고 시스템 간 데이터 교환에 유용함
③ 사용자 인터페이스 디자인
④ 네트워크 설정

XML은 데이터를 구조화하고 시스템 간 데이터를 교환하는 데 유용함. 사용자 정의 태그를 사용하여 다양한 데이터 표현이 가능함

18 DHTML(Dynamic HTML)의 기능에 해당하지 않는 것은?

① HTML, CSS, JavaScript를 결합하여 동적 웹 페이지를 생성한다.
② 페이지를 다시 로드하지 않고 실시간으로 내용을 변경할 수 있다.
③ 데이터베이스와 직접 연동하여 동적 콘텐츠를 생성한다.
④ 사용자 상호작용에 반응하는 웹 페이지를 만들 수 있다.

DHTML은 동적 웹 페이지를 생성할 수 있지만, 데이터베이스와 직접적으로 연동하는 기능은 없음

19 CGI(Common Gateway Interface)의 역할은?

① 웹 서버와 외부 프로그램 간의 상호작용을 가능하게 함
② 웹 페이지의 디자인을 구현하는 기능
③ 클라이언트 측에서 애니메이션을 처리하는 기능
④ 서버 보안을 강화하는 역할

CGI는 웹 서버와 외부 프로그램 간의 상호작용을 가능하게 하여, 동적 콘텐츠 생성을 지원하고 점검할 수 있도록 돕는 도구

20 PHP가 주로 사용되는 용도는?

① 클라이언트 측 애니메이션 처리
② 서버 측에서 동적 웹 페이지 생성 및 데이터베이스 연동
③ 웹 페이지의 레이아웃 디자인
④ 클라이언트와 서버 간 파일 전송

PHP는 서버 측에서 동적 웹 페이지를 생성하고 데이터베이스와 연동하는 데 사용됨

정답 15② 16① 17② 18③ 19① 20②

CHAPTER 03

프로젝트 완료 및 자료 정리

학습 방향

프로젝트 수행 후 산출물을 체계적으로 수집·정리하고, 콘텐츠 및 데이터를 분류·보존·폐기하는 절차를 학습합니다. 또한 프로젝트 최종 보고서 작성과 제출 과정을 익혀, 효율적인 프로젝트 관리와 문서화 능력을 향상시키는 것을 목표로 합니다.

출제빈도

SECTION 01	하	20%
SECTION 02	상	45%
SECTION 03	중	35%

SECTION 01 산출물 수집 및 정리

빈출 태그 ▶ #산출물 #작업분류체계 #산출물의 분류 #주요 산출물 정의

01 디지털 디자인 산출물

1) 산출물 정의
- 프로젝트를 진행하면서 생성된 다양한 자료와 결과물을 의미한다.
- 프로젝트 목표를 달성하기 위해 각 단계에서 발생하는 문서, 디자인 시안, 코드, 보고서 등이 포함된다.
- 프로젝트의 진행 상황과 결과를 명확히 보여주며, 이해관계자 간의 의사소통을 위해 문서 형태로 관리된다.

2) 작업분류체계(WBS, Work Breakdown Structure)
- 프로젝트를 체계적으로 관리하기 위해 전체 작업을 세부적으로 나누는 작업이다.
- 필요한 모든 작업을 계층적으로 분할하고, 프로젝트 관리자에게 작업 범위, 일정, 비용 계획 및 추적 기능을 제공한다.
- 우리나라에서는 업무분류체계, 역무분류체계 등 다양한 용어로 불린다.

① 작업분류체계의 주요 특징

계층적 구조	상위부터 하위 단계로 분해하여 피라미드형태의 계층적으로 구성
목표 기반 분류	목표 달성에 필요한 작업을 세부적으로 구체화
관리 용이성	세부 작업 단위로 나누어 프로젝트 일정, 자원, 예산을 효과적으로 관리
프로젝트 책임 분배	작업 패키지 단위로 책임자를 지정하여 역할을 명확히 정의

② 작업분류체계 작성 단계

> 프로젝트 목표 및 범위 정의 → 작업 분류 및 세분화 → 검토 및 조정

③ 작업분류체계 주요 기능
- 프로젝트 목표 달성을 위한 작업을 정의하고 관리한다.
- 작업 누락과 중복을 방지하고, 의사소통을 원활화한다.
- 원가와 일정 관리의 기본 도구를 제공하고 연계성을 평가한다.
- 계획, 실적, 변경 사항을 관리하고 품질·위험을 관리한다.

🎯 개념 체크

1 작업분류체계에서 상위부터 하위 단계로 분해하여 구성하는 방식은 ( )이다.
2 작업분류체계는 프로젝트 진행 상황을 효과적으로 추적할 수 있도록 도움을 준다. (O, X)

1 계층적 구조 2 O

④ **작업분류체계 장점**
- 작업분류체계를 통해 프로젝트의 모든 작업이 명확히 정의되어 이해도가 향상된다.
- 자원과 인력을 효율적으로 배분하여 각 작업에 적합하게 할당할 수 있다.
- 프로젝트 진행 상황을 효과적으로 추적하여, 문제 발생 시 신속히 대응할 수 있다.
- 비용과 일정을 체계적으로 관리하여 예산 초과와 일정 지연을 방지할 수 있다.

02 산출물의 분류

1) MaRMI-III 개발방법론의 산출물
- 한국전자통신연구원(ETRI)에서 개발한 컴포넌트 기반 소프트웨어 개발 방법론이다.
- 이 방법론은 4개 주요 공정과 30개의 활동으로 구성된다.
- 각 활동은 세부 작업을 포함하여 프로젝트 수행을 지원한다.
- 단계별로 내·외부 이해관계자 간의 원활한 커뮤니케이션이 가능하다.

계획 단계	단계 준비, 요구사항 이해, 요구사항 정의, 개발전략 수립, 프로젝트 계획, 단계별 점검
설계(아키텍처) 단계	단계 준비, 요구사항 분석, 컴포넌트 식별, 아키텍처 정의, 컴포넌트 명세작성, 아키텍처 프로토타이핑, 점진적 개발계획, 단계별 점검
개발 단계	미니 프로젝트 준비, 요구사항 및 아키텍처 정제, 컴포넌트 설계, 컴포넌트 구현, 지침서 개발, 컴포넌트 테스트, 컴포넌트 통합 테스트, 미니 프로젝트 점검
인도 단계	단계 준비, 시스템 설치, 사용자 교육, 설치 후 관리, 사용자 인수 테스트, 단계별 점검

▲ MaRMI-III의 전체 공정

2) 객체지향 및 CBD(Component-based software) 산출물
- 한국정보화진흥원은 객체지향 및 CBD 개발 표준 가이드를 제공한다.
- 단계별 필수 산출물 25개를 포함하여 일관성, 완전성, 추적성을 확보한다.

분석	사용자 요구사항 정의서, 유스케이스★ 명세서, 요구사항 추적표
설계	클래스 설계서, 사용자 인터페이스 설계서, 컴포넌트 설계서, 인터페이스 설계서, 아키텍쳐 설계서, 총괄시험 계획서, 시스템시험 시나리오, 엔티티 관계 모형 기술서, 데이터베이스 설계서, 통합시험 시나리오, 단위시험 케이스 등
구현	프로그램 코드, 단위시험 결과서, 데이터베이스 테이블
시험	통합시험 결과서, 시스템시험 결과서, 사용자 지침서, 운영자 지침서, 인수시험 시나리오, 설치 결과서

▲ CBD SW개발 표준 산출물 목록

★ **유스케이스(Use Case)**
사용자가 시스템과 상호작용하는 방식을 시나리오로 설명한 것으로 시스템이 수행해야 할 기능과 그 기능이 사용되는 흐름을 명확하게 표현

개념 체크

1. MaRMI-III 개발 방법론은 계획, 아키텍처, 개발, 인도 단계로 이루어져 있다. (O, X)
2. 단위시험 결과서는 CBD 개발의 분석 단계에서 산출되는 문서이다. (O, X)

1 O 2 X

03 주요 산출물의 세부 정의

단계	산출물	설명
분석 단계	요구사항 정의서	개발자가 의뢰인의 요구를 정리한 문서
	기능 차트	요구 분석 내용을 차트로 정리한 문서
	정의서	업무 프로세스와 인터페이스 등 프로젝트 전반을 정의한 문서
	UI(화면) 설계서	사이트 맵과 화면 시나리오 등 웹 기획 문서가 포함된 설계서
	엔티티 관계 모형 기술서(ERD)★	데이터베이스 테이블 간의 관계를 시각적으로 표현한 문서
설계 단계	DB 테이블 목록	데이터베이스 테이블을 정리한 문서
	프로그램 목록	개발에 사용할 프로그램을 목록으로 정리한 문서
	개발표준정의서	소스 코드 규칙을 정의하여 혼선을 방지하기 위한 문서
	테스트 시나리오	테스트 계획과 단위 테스트, 통합 테스트 항목을 정리한 문서
	소스 코드	개발이 완료된 최종 코드로, 코딩 및 개발된 소스가 포함
개발 단계	테스트 결과서	테스트 시나리오에 따라 수행한 테스트 결과를 정리한 문서
	결함/오류 보고서	테스트 중 발견된 문제를 정의하고 관리하는 문서
	오류코드 정의서	오류 코드를 정리한 문서
	시스템 이행 계획서	테스트 완료 후 시스템을 어떻게 이행할지 계획한 문서
	시스템 이행 결과서	시스템 이행 결과를 확인하는 문서
구현 단계	사용자 매뉴얼	사용자에게 시스템 기능을 설명하는 매뉴얼
	운영자 매뉴얼	시스템 운영자가 관리자 시스템을 사용할 수 있도록 작성한 문서
	교육 명세서	필요한 경우 교육 내용을 명시한 문서
	개발 산출물별 검사리스트	최종 산출물에 대한 클라이언트의 확인을 받는 문서
	프로젝트 완료 보고서	프로젝트의 최종 완료 상태를 보고하는 문서

★ 엔티티 관계 모형 기술서(ERD, Entity Relationship Diagram)
데이터베이스의 구조를 시각적으로 표현한 다이어그램으로, 데이터베이스 내의 엔터티(객체), 속성, 그리고 엔터티 간의 관계를 나타냄

SECTION 02 콘텐츠 및 데이터 분류·보존·폐기

빈출 태그 ▶ #산출물 체계화 #산출물 관리 #업무별 산출물 #체크리스트

01 산출물 정리 및 체계화

1) 산출물 체계화
- 디지털 산출물은 검색, 가공, 분석을 통해 체계화한다.
- 체계화를 통해 시간, 인력, 원가를 효율적으로 관리하고 불필요한 작업을 줄일 수 있다.
- 프로젝트에 사용된 코드와 미디어 파일을 체계적으로 관리해 클라이언트에게 제공한다
- 산출물의 체계화를 통해 작업자와 클라이언트에게 효율성을 제공하게 된다.

2) 디지털 산출물의 관리
- 중앙에서 효율적으로 관리하고, 정보를 안전하게 공유할 수 있도록 한다.
- 업무 절차를 통일해 협업을 원활히 하고, 문서의 생성부터 폐기까지 관리한다.
- 정리 정돈을 하고, 총 소유 비용(TCO, Total Cost of Ownership)을 줄이며, 필요한 정보를 열람할 수 있도록 업무 절차를 체계화한다.

02 업무 단계별 산출물 배치

1) 프로젝트 초기 단계

프로파일러	고객에 대한 기본 사항 기술
프로젝트 개요서	프로젝트 목적, 범위, 요구사항, 일정 등 상세히 기술
프로젝트 계획서	프로젝트 계획을 정의
예산안	자금 출처와 활용 방안 기술
이해관계자 분석서	프로젝트 이해관계자 분류 및 역할 설명

> **개념 체크**
>
> 1 디지털 산출물의 중앙 관리로 정보를 안전하게 공유하고, 협업이 원활히 이루어질 수 있도록 한다. (O, X)
>
> 2 산출물 관리의 효율화를 위해 문서의 생성부터 폐기까지 업무 절차를 통일하는 것이 중요하다. (O, X)
>
> 1 O 2 O

2) 요구 사항 분석 단계

용어집	프로젝트에 사용되는 주요 용어 정리
요구사항 수집서	요구사항을 수집하여 정리한 문서
요구사항 기술서	명확히 정의된 요구사항을 기술
쓰임새 기술서	사용자가 눈에 보이는 기능을 인식하고, 컴퓨터 시스템과 상호작용하는 방식을 설명
프로젝트 표준 기술서	프로젝트 진행 시 준수해야 할 표준과 규칙 기술

3) 상세 설계 단계

화면 정의서	화면 구성과 시나리오 설명
테이블 설계서	데이터베이스 테이블과 그 관계 설명
단위 테스트 계획서	각 기능의 테스트 절차와 방법론 설명

4) 아키텍처* 설계 단계

정보 아키텍처 설계	사이트 콘텐츠 및 메뉴 구조 정의
하드웨어 및 네트워크 설계	전체 시스템 아키텍처 및 소프트웨어 구성
메뉴 구조도	사이트의 모든 메뉴 구성
콘텐츠 정의서	사이트에 필요한 콘텐츠 종류와 내용 정리
콘텐츠 구축 정의서	콘텐츠 생성 및 구축 방법 기술
데이터베이스 공간 설계서 (DB 공간 설계서)	데이터베이스 공간 구성 설계

★ 아키텍처(Architecture)
시스템의 전체적인 구조와 설계 방식을 의미하며, 시스템을 어떻게 구성하고 작동하게 할지에 대한 큰 그림이라고 할 수 있음

5) 구현 단계

단위 테스트 결과서	테스트 통과기준, 레벨, 통과율 내용 정리
테스트케이스 아이디 정의서	오류 수정 목록

6) 통합 및 테스트 단계

테스트 개요서	테스트 된 모듈과 결과 요약
테스트 절차서	통합 테스트 절차 및 방법 설명

7) 인도 및 운영 단계

고객 교육 및 훈련 계획서	교육 계획, 대상, 강사, 장소, 시간 등 협의 내용 포함
사용자 매뉴얼과 관리자 매뉴얼	시스템 사용과 유지 관리를 위한 매뉴얼

개념 체크

1 프로젝트 초기화 단계에서 고객에 대한 기본 사항을 기술하는 산출물은 ( ) 이다.
2 테스트 절차서는 통합 및 테스트 단계에서 통합 테스트 절차와 방법을 설명하는 산출물이다. (O, X)

1 프로파일러 2 O

03 클라이언트를 위한 보고서 구체적 항목

기본 기획안	초기 사이트 분석, 메뉴 구성, 디자인 방향, 내비게이션 구조, 작업 프로세스 설명
플로우차트	사이트 전체 프로세스를 시각적으로 표현, 사용자 흐름과 기능 동선 설명
개발 규칙서	디렉터리, 파일명, CSS 정의 등 프로젝트 개발 규칙 명시
화면 설계	필드 정의, 내비게이션 시나리오, 화면 설계 및 스토리보드 포함
프로젝트 일정표	프로젝트 단계별 일정과 타임라인
디자인 시안	메인 및 서브 화면 스타일을 포함한 초기 디자인 시안
디자인 개발	최종 결정된 디자인 스타일을 바탕으로 응용 프로그램 파일 제작
HTML 구현	디자인을 코드로 변환하여 웹 페이지로 구현한 파일
스타일 가이드	웹사이트 유지보수 지원을 위한 디자인 가이드
완료 보고서	프로젝트 종료 후 즉시 작성되는 최종 보고서로, 전체 과정 정리

04 산출물 제출 및 체크리스트

1) 작업물 분석 및 최종 구성
- 프로젝트 마감을 위해 전체 작업물을 산출물로 정리한다.
- 전 과정에서 생성된 자료를 검토하여 최종 제출 항목을 결정한다.
  ① 유의미한 데이터 추출 : 프로젝트 수행 중 수집된 데이터를 선택하여, 고객 요구에 대한 증거로 활용한다.
  ② 작업물 분석 : 생성된 산출물을 검토하여 최종 제출할 항목을 판단한다.
  ③ 데이터 통합 : 중간 단계에서 사용된 데이터는 업데이트와 변경 사항을 반영해 통합한다.

2) 체크리스트 작성
- 필요한 데이터가 누락되지 않도록 체크리스트를 작성하고 점검한다.
- 체크리스트는 프로젝트 중 생성된 디자인 작업물을 기준으로 작성한다.
- 각 콘텐츠 구성 요소를 반영하여 체크리스트를 관리한다.

> **기적의 TIP**
> 원본 소스 파일은 기업 자본으로서, 완성된 리소스 파일은 자산으로서 가치가 있음

> **개념 체크**
> 1 클라이언트를 위한 보고서에서 사용자 흐름과 기능 동선 설명하는 문서는 (   )이다.
> 2 화면 설계는 필드 정의, 내비게이션 시나리오, 화면 설계 및 스토리보드를 포함한다. (O, X)
>
> 1 플로우차트 2 O

SECTION 03 프로젝트 최종 보고서 작성 및 제출

빈출 태그 ▶ #데이터 정리 #결과 보고서 #디자인 가이드 #프로젝트 이해 관계자

01 데이터 정리

1) 데이터 선별 및 정리
- 산출물 정리를 위해 필요한 데이터를 선별하고 목록화한다.
- 정리된 데이터를 검토하여 보존 또는 폐기 여부를 결정한다.

2) 데이터 분류
- 작업 단계별로 산출물의 흐름을 관리할 수 있도록 분류 체계를 수립한다.
- 고유 ID를 각 산출물에 부여하여 추적이 쉽도록 구성한다.
- 모든 산출물이 일정한 양식에 따라 기록되었는지 업무 단계별로 점검한다.
- 네이밍 규칙에 따라 산출물 명칭을 일관성 있게 작성한다.

> 프로젝트 코드 + 카테고리 + 파일 위치 + 미디어의 종류 + 파일 이름과 성격

▲ 네이밍 규칙 예

3) 데이터 관리 기법
- 프로젝트 단계부터 세부 태스크까지 하향식 계층 구조로 데이터 관리 체계를 편성한다.
- 작업 단위별로 단계 – 세그먼트 – 태스크 순으로 색인을 수행하여 체계적으로 정리한다.
  - 색인: 정보를 쉽게 찾을 수 있도록 관련된 용어나 항목을 체계적으로 나열한 목록
- 방법론 유형 코드를 사용하여 데이터 유형을 분류한다.

> **기적의 TIP**
> **단계 – 세그먼트 – 태스크**
> 프로젝트나 프로세스를 더 작은 단위로 체계적으로 나누어 관리할 때 사용하는 개념이다.
> ① 단계 : 프로젝트 또는 작업의 큰 흐름을 나누는 최상위 수준의 구분
> ② 세그먼트 : 단계를 구성하는 중간 수준의 작업 단위로, 각 단계의 세부 과정이나 카테고리
> ③ 태스크 : 세그먼트를 이루는 가장 작은 작업 단위로, 구체적인 행동이나 과제

기적의 TIP

정리
필요한 데이터를 선별하여 불필요한 것을 제거하는 과정

정돈
정리된 데이터에 인덱스를 붙여 즉시 활용할 수 있도록 준비하는 단계

개념 체크

1 데이터 관리 기법에서 세부 태스크부터 프로젝트 단계까지 상향식 계층 구조로 관리한다. (O, X)

1 X

02 결과 보고서

1) 결과 보고서 개요
- 프로젝트 산출물에 영향을 미친 내부 및 외부 요인을 설명한다.
- 유사한 프로젝트 수행 또는 담당자 교체 시 산출물 간의 연관성을 쉽게 이해할 수 있도록 작성한다.
- 프로젝트 방향의 크고 작은 변경 사항은 구체적인 산출물을 근거로 정리한다.

2) 결과 보고서 주요 내용
- 프로젝트 수행 목적과 전체 구조, 결과물에 관해 설명한다.
- 팀 구성원의 역할, 책임, 조직도, 프로젝트 일정 등을 포함하여 표기한다.
- 프로젝트 수행 결과와 관련된 주요 사항을 기술한다.

3) 보고서 작성 시 필요사항
- 작업 완료 후 모든 과정을 순서대로 정리하여 클라이언트에게 최종 보고서를 제출한다.
- 작업 내용을 체계적으로 정리하여 다음 작업 준비를 위한 기초 자료로 활용한다.
- 산출물과 작업 내용을 포함한 워크 테이블(Work Table)★을 작성하여 이후에도 유용하게 활용할 수 있도록 한다.

★ 워크 테이블(Work Table)
각 작업 단계별로 데이터를 정리해 나가는 표 형식의 도구로, 추후 재사용이 가능하도록 만듦

03 유지보수

- 디자인적 측면에서 클라이언트 요구가 많은 부분으로 이미지 교체, 페이지 추가, 콘텐츠 수정 등 시각적 요소의 유지보수가 포함된다.
- 담당자 교체 시에도 쉽게 이해할 수 있도록 모든 내용을 체계적이고 명확하게 문서화한다.
- 프로젝트 전반의 큰 변화와 작은 변경 사항 모두 구체적 산출물을 바탕으로 기록하고 정리한다.

04 디자인 가이드

- 프로젝트의 디자인 원칙과 방향성을 정리하여 일관된 스타일과 브랜드를 유지할 수 있도록 작성된 지침서이다.
- 디자인 작업 후 필요한 사항을 체계적으로 정리하여, 별도의 교육 없이도 지침만으로 관리할 수 있도록 한다.
- 디자인 가이드는 최종 산출물로 구성되며, 가이드 파일과 작업 종료 후의 산출물 파일을 포함한다.
- 작업 프로세스에 필요한 모든 요소를 규칙화하여 일관성을 유지한다.

05 프로젝트 이해관계자

- 시스템 개발 및 유지보수를 위한 협업 시, 이해관계자의 역할과 요구사항을 명확히 이해하는 것이 중요하다.
- 이해관계자는 개발 환경이 같지만, 필요한 시스템 정보는 역할에 따라 다르다.
- 산출물 문서를 통해 이해관계자 간 의사소통을 지원하며, 이해관계자별로 필요한 산출물 정보를 체계화한다.

★ PM(Project Manager)
프로젝트 매니저의 약자로 프로젝트의 계획, 실행, 모니터링, 통제, 완료까지의 모든 단계를 책임지고 관리하는 역할을 수행하는 사람

관리자(PM)★	프로젝트를 총괄 관리하며, 일정과 자원을 조정
디자이너	사용자 경험을 고려한 시각적 요소와 인터페이스 설계 담당
개발자	시스템 기능 구현 및 개발, 코드 작성, 문제 해결 수행
설계자	시스템 구조와 인터페이스 설계, 사용자 경험 고려
분석가	요구사항 분석 및 시스템 요건 정의
사용자	시스템을 직접 사용하며, 피드백을 통해 개선점 제공
클라이언트	시스템을 의뢰하고 요구사항을 제공하는 주체로, 최종 결과물에 피드백 제공
유지보수자	시스템 운영 후 문제 해결 및 지속적인 개선 담당

▲ 개발 이해관계자

개념 체크

1 디자인 가이드는 별도의 교육 없이도 지침만으로 시스템을 관리할 수 있도록 한다. (O, X)

06 프로젝트 최종 발표

1) 프레젠테이션의 의미
- 단순한 결과물 보고가 아니라 팀의 시간과 노력을 이해·설득하는 과정이다.
- 산출물은 작업 흐름에 따라 논리적으로 배열하여 신뢰감을 주는 것을 목표로 한다.
- 최종 발표의 목적은 프로젝트 결과를 보고하는 데 그치지 않고, 클라이언트의 이해와 동의를 얻는 데 있다.

2) 프레젠테이션 주의사항
- 핵심 정보를 시각화하여 전달해야 한다.
- 함축적으로 표현하여 불필요한 내용을 줄인다.
- 청중이 쉽게 이해하도록 직관적인 구조로 구성한다.
- 장식 요소를 과도하게 사용하면 정보 전달력이 떨어지고 발표 효과가 저하되므로 피해야 한다.

3) 프레젠테이션 진행 단계

기획	방향 설정, 목표 기술, 자료 수집, 목차 설정
준비	청중 분석, 장소·시간 점검, 발표 도구 선정, 시각 자료 제작
실시	서론 – 본론 – 결론 – 질의응답
평가	자체 평가, 개선안 도출, 피드백 수집

 개념 체크

1 프레젠테이션의 목적은 프로젝트 결과를 단순히 보고하는 데 있다. (O, X)

1 X

이론을 확인하는 기출문제

01 작업분류체계(WBS)의 주요 특징으로 옳지 않은 것은?
① 프로젝트 목표 달성을 위한 작업 정의 및 관리
② 계층적으로 상위에서 하위로 작업을 분해
③ 작업 누락과 중복 방지를 위한 도구 제공
④ 프로젝트 책임자의 역할 분배는 포함되지 않음

작업분류체계(WBS)는 작업 패키지 단위로 책임자를 지정하여 역할을 명확히 정의함

02 작업분류체계(WBS) 작성 단계의 순서로 올바른 것은?
① 작업 분류 및 세분화 → 검토 및 조정 → 프로젝트 목표 및 범위 정의
② 검토 및 조정 → 작업 분류 및 세분화 → 프로젝트 목표 및 범위 정의
③ 프로젝트 목표 및 범위 정의 → 작업 분류 및 세분화 → 검토 및 조정
④ 작업 분류 및 세분화 → 프로젝트 목표 및 범위 정의 → 검토 및 조정

WBS 작성 단계는 프로젝트 목표 및 범위 정의 후 작업을 세분화하고, 이를 검토 및 조정하는 순서로 진행됨

03 ERD(Entity Relationship Diagram)에 대한 설명으로 옳은 것은?
① 프로그램 실행 순서를 시각적으로 표현한 다이어그램
② 데이터베이스 내 엔터티와 관계를 시각적으로 표현한 다이어그램
③ 사용자 요구사항을 도식화한 차트
④ 소프트웨어 모듈 간의 의존성을 나타내는 다이어그램

ERD는 데이터베이스 내 엔터티, 속성, 관계를 시각적으로 표현한 다이어그램임

04 산출물의 정의로 옳은 것은?
① 소프트웨어 개발 과정에서 버그가 발생한 결과물
② 작업 또는 프로세스 결과로 생성된 자료
③ 소프트웨어가 실행 중에 생성하는 임시 파일
④ 프로그램 설치 시 필요한 파일

산출물은 작업 또는 프로세스 결과로 생성된 제품을 의미함

05 CBD 개발의 구현 단계에서 산출되는 주요 문서로 적합한 것은?
① 통합시험 결과서
② 프로그램 코드
③ 사용자 요구사항 정의서
④ 사용자 인수 테스트 시나리오

구현 단계에서는 프로그램 코드와 단위시험 결과서 등이 산출됨

정답 01 ④ 02 ③ 03 ② 04 ② 05 ②

06 산출물 체계화의 중요성으로 옳지 않은 것은?

① 시간, 인력, 원가를 효율적으로 관리 가능
② 불필요한 작업을 줄여 원가 절감 가능
③ 산출물 체계화는 프로젝트의 가치를 높이는 데 기여하지 않음
④ 체계화된 산출물은 클라이언트에게 유용한 자료로 활용될 수 있음

산출물 체계화는 프로젝트의 가치를 높이고 효율성을 증대시키는 데 중요한 역할을 함

07 업무 단계별 산출물 중 프로젝트 초기화 단계에서 생성되는 산출물은?

① 단위 테스트 결과서
② 프로젝트 개요서
③ 테이블 설계서
④ 사용 매뉴얼

프로젝트 초기화 단계에서는 프로젝트 개요서, 예산안 등이 작성됨

08 고객 교육 및 훈련 계획서는 어느 단계에서 작성되는 산출물인가?

① 요구 사항 분석 단계
② 통합 및 테스트 단계
③ 아키텍처 설계 단계
④ 인도 및 운영 단계

고객 교육 및 훈련 계획서는 인도 및 운영 단계에서 작성됨

09 상세 설계 단계의 주요 산출물이 아닌 것은?

① 화면 정의서
② 테이블 설계서
③ 하드웨어 및 네트워크 설계서
④ 단위 테스트 계획서

하드웨어 및 네트워크 설계서는 아키텍처 설계 단계에서 작성됨

10 플로우차트의 주요 역할은 무엇인가?

① 클라이언트 요구 사항을 기록하고 작업 범위를 정의한다.
② 사이트 전체 프로세스를 시각적으로 표현하고 사용자 흐름을 설명한다.
③ 프로그램 개발 전 화면 설계와 비주얼 디자인을 설명한다.
④ 사용자 교육과 고객 지원 계획을 작성하는 데 사용된다.

플로우차트는 사이트의 전체 흐름과 사용자 동선을 시각적으로 설명하는 문서임

11 화면 설계의 주요 내용으로 옳지 않은 것은?

① 내비게이션 시나리오
② 필드 정의
③ 화면 스토리보드
④ 디렉터리 및 파일명 정의

디렉터리 및 파일명 정의는 개발 규칙서에 포함되며, 화면설계는 필드 정의, 스토리보드 등으로 구성됨

12 체계화된 산출물의 장점으로 적절하지 않은 것은?

① 고객이 원하는 요구사항을 명확히 반영하여 결과물의 가치를 높인다.
② 프로젝트 리소스를 효과적으로 활용하여 원가 절감 및 효율적인 관리가 가능하다.
③ 작업 중복과 누락을 방지하여 전반적인 작업 효율을 향상시킨다.
④ 작업 프로세스를 복잡하게 만들어 프로젝트의 일정을 지연한다.

체계화된 산출물은 작업 효율성을 높이고 프로젝트 진행을 원활하게 함

정답 06 ③ 07 ② 08 ④ 09 ③ 10 ② 11 ④ 12 ④

13 데이터 선별 및 정리의 주요 목적은 무엇인가?
① 프로젝트 관리자와 클라이언트의 의사소통
② 산출물 목록을 체계적으로 관리하기 위해
③ 산출물의 외부 공유를 차단하기 위해
④ 데이터 검증을 최소화하기 위해

데이터 선별 및 정리는 산출물을 체계적으로 관리하기 위한 중요한 단계임

14 결과 보고서는 무엇을 근거로 작성해야 하는가?
① 프로젝트의 초반 계획
② 프로젝트 디자인 자료
③ 담당자의 직관적 판단
④ 프로젝트 진행 중 변경된 모든 사항

결과 보고서는 프로젝트 진행 중 변경된 사항과 산출물을 근거로 작성함

15 Work Table의 주요 기능은 무엇인가?
① 디자인 파일을 자동으로 생성
② 작업 단계별 데이터를 정리 및 재사용 가능하도록 함
③ 프로젝트 데이터를 모두 압축
④ 클라이언트의 피드백을 수집

Work Table은 작업 단계별 데이터를 체계적으로 정리하여, 추후 재사용 가능하도록 하는 도구임

16 디자인 가이드의 주요 목적은 무엇인가?
① 프로젝트 진행 시 새로운 디자인 방향을 제시하기 위해
② 일관된 디자인 원칙을 유지하고 관리하기 위해
③ 디자인 작업을 외부에 위임하기 위해
④ 디자인 변경 시 마다 새로운 규칙을 만드는 데 도움

디자인 가이드는 일관된 디자인 원칙을 유지하고 프로젝트 진행 중 통일성을 제공하기 위해 작성됨

17 유지보수 시 기술적 문서화의 중요성은 무엇인가?
① 담당자가 교체되어도 쉽게 이해할 수 있도록 함
② 모든 변경 사항을 자동 반영하기 위해
③ 클라이언트의 요구사항을 무시하기 위해
④ 유지보수를 중단하기 위해

기술적 문서화는 담당자 교체 시에도 프로젝트를 원활하게 이어가기 위한 중요한 요소임

18 프로젝트 이해관계자 중 개발자의 주요 역할은 무엇인가?
① 시스템 기능 구현 및 코드 작성
② 시스템 운영 후 문제 해결
③ 클라이언트 요구사항 수집
④ 프로젝트 일정 관리

개발자는 시스템 기능을 구현하고 코드 작성을 담당함

19 PM의 주요 역할은 무엇인가?
① 디자인 작업을 총괄
② 프로젝트 계획 및 자원 조정
③ 시스템 유지보수만 담당
④ 클라이언트 피드백을 무시

PM(Project Manager)은 프로젝트 계획 및 자원 조정을 총괄하는 역할을 수행함

20 결과 보고서 작성 시 클라이언트에게 제출하는 주요 산출물에 포함되지 않는 것은?
① 프로젝트 완료 보고서
② 사용자 매뉴얼
③ 내부 코드 구조
④ 디자인 가이드

결과 보고서에는 프로젝트 완료 보고서, 사용자 매뉴얼 등이 포함되며, 내부 코드 구조는 포함되지 않음

PART 05

실전 모의고사

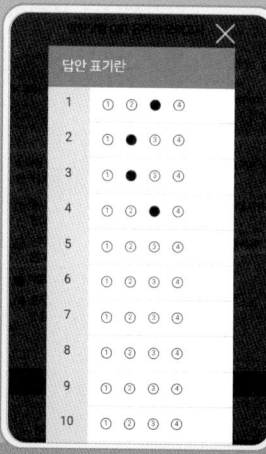

자동 채점 서비스

① 상단 QR 코드 찍기
② 오픈된 답안 표기란에 정답 체크
③ 입력 후 X 클릭, '답안 제출'
④ 자동 채점과 해설까지 즉시 제공

웹디자인개발기능사 실전 모의고사 01회

01 네덜란드에서 빨강 · 노랑 · 파랑을 사용한 기하학적 추상주의 운동은?
① 바우하우스
② 데스틸(De Stijl)
③ 아르누보
④ 팝아트

02 데이터 분석 체크리스트 설명 중 데이터가 이해하기 쉽게 정리되어 있는지 확인하는 항목은?
① 인터페이스 관점
② 정보 구조 관점
③ 비주얼(GUI) 관점
④ 마케팅 관점

03 데이터를 식별할 수 있도록 이름을 붙이는 기능을 무엇이라고 하는가?
① 레이블
② GUI
③ 메타데이터
④ 개념

04 다음은 무엇에 관한 설명인가?

- 핵심 개념을 시각적으로 연결해 표현하는 기법
- 색상과 기호를 사용해 빠르게 생각을 도식화함

① 시네틱스
② 마인드맵핑법
③ 육색모 사고법
④ 형태분석법

05 다음 중 저작권 침해 행위가 아닌 것은?
① 저작물의 복제를 허락 없이 진행한 경우
② 저작물의 내용을 무단으로 수정한 경우
③ 저작물의 배포를 저작자 동의 없이 한 경우
④ 저작자의 허락을 받아 저작물을 사용한 경우

06 프로젝트 기획에서 사용자 흐름과 화면 구성을 시각적으로 표현한 설계 도구는?
① 스토리보드
② 와이어 프레임
③ 체크리스트
④ 플로우차트

07 다음 중 와이어 프레임의 주요 목적은 무엇인가?
① 페이지의 전반적인 색상과 스타일 결정한다.
② 사용자 경험(UX) 설계 전반을 평가한다.
③ 화면 구성을 시각적으로 계획한다.
④ 디자인 파일을 최적화하여 로딩 속도를 개선한다.

08 다음 ( ) 안에 들어갈 알맞은 용어는?

( )는 그리드 시스템에서 각 요소 사이에 일정한 여백을 제공하여 디자인이 조밀하거나 혼란스럽지 않도록 배치하는 역할을 한다.

① 거터(Gutter)
② 로(Row)
③ 모듈(Module)
④ 단(Column)

09 기업 로고와 같은 선명한 단일 색상을 포함하고, 동일 색상이 반복될 때 압축률이 가장 높은 파일 포맷은?
① JPEG
② GIF
③ PNG-8
④ PSD

10 다음 중 음성 사용자 인터페이스(VUI) 특징은?
① 손가락이나 터치펜을 사용해 직접 화면을 터치하여 조작한다.
② 사용자가 텍스트 명령을 입력한다.
③ 음성 인식 오류 및 소음의 영향을 받는다.
④ 화면을 통해 조작한다.

11 다음은 무엇에 관한 설명인가?

사용자가 어떤 제품, 서비스를 직·간접적으로 이용하면서 느끼는 총체적 경험

① GUI(Graphic User Interface)
② UI(User Interface)
③ UX(User Experience)
④ TUI(Touch User Interface)

12 UX 디자인 원칙이 아닌 것은?
① 유의미한 경험을 제공해야 한다.
② 긍정적 경험을 제공해야 한다.
③ 사용이 매끄럽지 못하다.
④ 기능과 정보가 유용해야 한다.

13 정보 구조 설계 시 고려해야 할 사항이 아닌 것은?
① 사용자 동선을 반영하여 설계한다.
② 명확한 분류 기준으로 정보 과부하를 방지한다.
③ 불필요한 정보를 많이 노출 시킨다.
④ 주요 정보에 쉽게 접근할 수 있도록 한다.

14 반응형 웹 특징이 아닌 것은?
① 모바일 기기에 최적화된 웹사이트이다.
② 디바이스마다 개별 URL을 가지는 웹사이트이다.
③ 다양한 화면 크기에 맞춰 레이아웃이 자동 변경되는 웹사이트이다.
④ 미디어 쿼리를 통해 다양한 CSS 스타일을 적용하는 웹사이트이다.

15 다음은 무엇에 관한 설명인가?

> - 고정된 여러 레이아웃 중 하나를 선택하여 디바이스 해상도에 맞게 제공하는 방식이다.
> - 미리 정의된 레이아웃을 사용하므로, 새로운 해상도에 대한 추가 작업이 필요할 수 있다.

① 플로팅 웹 디자인
② 적응형 웹 디자인
③ 상호작용 디자인
④ 반응형 웹 디자인

16 이미지 표현 방식에 관한 설명으로 틀린 것은?

① 비트맵 방식은 해상도에 따라 이미지 품질이 영향을 받는다.
② 벡터 방식은 확대해도 품질이 저하되지 않는다.
③ 비트맵 방식은 JPEG, BMP, TIFF, PNG 등의 파일 형식을 포함한다.
④ 벡터 방식은 픽셀 단위로 이미지를 표현한다.

17 다음 설명은 무엇에 대한 설명인가?

> 컴퓨터 그래픽과 디지털 이미지에서 계단 현상을 줄여 이미지를 더 매끄럽고 부드럽게 만드는 기술

① 앨리어싱
② 안티 앨리어싱
③ 래스터라이징
④ 모아레 현상

18 다음 중 디자인의 시각적 요소가 아닌 것은?

① 형태   ② 위치
③ 색상   ④ 질감

19 착시의 일종으로, 아래 그림처럼 보이는 현상은?

① 각도 착시
② 색상 착시
③ 반전과 명도 착시
④ 속도 착시

20 픽토그램의 특징으로 맞는 것은?

① 복잡한 정보만을 시각적으로 표현한다.
② 주로 한정된 지역에서만 사용된다.
③ 언어와 상관없이 보편적인 의미를 전달한다.
④ 단순한 문자를 기반으로 표현된다.

21 애니메이션의 키 프레임 방식이 효과적인 이유는?

① 각 프레임을 개별적으로 작업해야 하기 때문에
② 시작과 끝만 설정해 중간 동작을 자동으로 생성할 수 있기 때문에
③ 정밀한 동작을 표현할 수 없어 단순한 장면에 적합하기 때문에
④ 디지털 기법에서는 사용할 수 없는 방식이기 때문에

22 프로토타입의 주요 특징으로 옳지 않은 것은?

① 빠르게 시제품을 제작할 수 있다.
② 사용자 피드백을 수집할 수 있다.
③ 반복적 수정이 불가능하다.
④ 최종 제품의 품질을 높인다.

23 사이트맵에 대한 설명으로 옳은 것은?

① 모바일 전용 내비게이션 구성 요소이다.
② 웹사이트의 페이지 구조를 시각적으로 보여주는 트리 구조이다.
③ 사용자가 현재 페이지의 위치를 알려준다.
④ 사용자가 바로 이동할 수 없는 비활성화 메뉴이다.

24 사용성 평가 방법 중 질문법에 대한 특징이 아닌 것은?

① 사용자 질문법에는 설문지, 인터뷰, 질문지 등이 있다.
② 주관적인 평가와 피드백을 수집한다.
③ 사용자가 제품을 사용할 때 느끼는 감정의 변화를 관찰하는 방법이다.
④ 사용자가 직접 제공하는 정보를 통해 인터페이스나 기능 개선의 실마리를 찾을 수 있다.

25 사용자가 웹사이트를 얼마나 쉽게 이동할 수 있는지 평가하는 사용성 평가 항목은?

① 위치의 정확성
② 이동의 용이성
③ 반복성
④ 명확성

26 사용성 테스트 준비물에 포함되는 항목은?

ㄱ. 녹음기
ㄴ. 필기도구
ㄷ. 테스트 스크립트
ㄹ. 사용자 프로파일 정의서

① ㄱ, ㄹ
② ㄱ, ㄷ
③ ㄱ, ㄴ, ㄷ
④ ㄱ, ㄴ, ㄹ

27 사용성 테스트 환경에서 효율성 평가 항목의 설명으로 적절한 것은?

① 사용자가 작업을 처음 시도할 때 실수를 최소화하는 능력
② 작업을 수행하는 데 걸리는 시간과 노력
③ 사용자 인터페이스의 디자인 일관성
④ 사용자가 오류를 복구할 수 있는 능력

28 사용자 만족도 질문표에 포함되지 않는 항목은?

① 과제 수행 난이도
② 원하는 정보 검색의 용이성
③ 메뉴나 버튼 클릭 시 예상 결과의 반영 여부
④ 사용자가 서비스의 기능적 요소를 변경할 수 있는지 여부

29 디지털 사이니지와 키오스크의 공통점은 무엇인가?

① 모두 광고 목적으로 사용된다.
② 모두 무인 단말기이다.
③ 모두 실시간 사용자 소통을 지원한다.
④ 공공장소에 설치된 화면 기반 장치이다.

30 W3C 검사 항목이 아닌 것은?

① HTML 검사
② CSS 검사
③ 웹 접근성 검사
④ 안정성 검사

31 웹 페이지의 스타일을 정의하고 레이아웃을 설정하는 웹 표준 기술은?

① HTML
② XML
③ CSS
④ PHP

32 색의 정의와 관련된 내용으로 옳은 것은?

① 색은 빛이 없을 때도 보인다.
② 색은 물체가 빛을 흡수하고 반사하는 방식에 따라 인간의 뇌에서 인식된다.
③ 색 지각은 빛과 관계없이 일어난다.
④ 색은 물체의 온도에 따라 다르게 인식된다.

33 물체의 색 종류 중 투과색의 예로 적합한 것은?

① 빨간 사과
② 스테인드글라스
③ 검은 고양이
④ 거울

34 해질녘에 빨간색이 어둡게 보이고 파란색이 상대적으로 밝게 보이는 현상은 무엇인가?

① 조건등색
② 연색성
③ 푸르킨예 현상
④ 색순응

35 다음 중 가산혼합의 결과가 잘못된 것은?

① 빨강(R) + 파랑(B) = 자주(M)
② 초록(G) + 파랑(B) = 청록(C)
③ 빨강(R) + 초록(G) = 노랑(Y)
④ 빨강(R) + 파랑(B) = 초록(G)

36 병치혼합의 원리에 해당하지 않는 것은?

① 작은 점들이 시각적으로 혼합되어 보인다.
② 심리적으로 혼합된 색으로 인식된다.
③ 병치혼합의 예로 점묘법, 인쇄물, 섬유 디자인이 있다.
④ 실제로 색이 물리적으로 섞인다.

37 혼색계의 주요 특징으로 옳은 것은?

① 빛의 파장에 따른 색의 특성을 측정하고 수치화하여 색을 표현하는 체계이다.
② 감성적 기준으로 색을 구분한다.
③ 대표적으로 먼셀 표색계, 오스트발트 표색계가 있다.
④ 색상환을 사용하여 색의 관계를 시각적으로 배치한다.

38 오스트발트 표색계에서 순색(C)은 어떤 특징을 가지는가?
① 백색과 흑색이 혼합된 색
② 백색이나 흑색이 섞이지 않은 가장 순수한 색
③ 빛의 반사율이 가장 높은 색
④ 빛의 흡수율이 가장 높은 색

39 명도 대비의 정의로 옳은 것은?
① 색상환에서 마주보는 보색을 나란히 배치하여 보이는 효과
② 색상이 접하는 경계선에서 색이 더 선명하고 강하게 인식되는 현상
③ 채도의 차이가 큰 색상들이 나란히 있을 때 발생하는 효과
④ 밝고 어두운 색이 나란히 배치될 때 뚜렷하게 보이는 효과

40 색의 잔상에 대한 설명으로 옳은 것은?
① 자극이 사라지기 전에 발생하는 현상이다.
② 정의 잔상은 보색으로 나타난다.
③ 부의 잔상은 오랫동안 본 색상이 반대되는 보색으로 나타나는 현상이다.
④ 잔상은 시각적으로 남지 않는 현상이다.

41 색의 사회적 상징과 관련된 설명으로 틀린 것은?
① 왕족은 황금색 의복을 통해 권위를 상징한다.
② 기업은 고유의 CI 색상을 사용한다.
③ 올림픽 오륜기에서 파란색은 아프리카를 상징한다.
④ 동양의 오방색에서 흑색은 북쪽을 의미한다.

42 다음 중 색의 연상에 대한 설명으로 틀린 것은?
① 빨간색은 위험, 경고, 분노, 야망으로 연상된다.
② 흰색은 결백, 순수, 청순, 청정, 청결로 연상된다.
③ 파란색은 신비, 우아, 환상, 고귀함이 연상된다.
④ 노란색은 밝고, 기쁨, 낙관이 연상된다.

43 다음 중 CI 디자인의 주요 요소에 해당하지 않는 것은?
① 심벌마크　　② 로고타입
③ 전용 색상　　④ 마케팅

44 웹 상에서 3D를 표현하기 위해 사용되는 언어는?
① VRML
② XHTML
③ HTML5
④ SQL

45 다음 중 슈브륄의 색채조화론 설명으로 틀린 것은?
① 색채조화는 유사성과 대조를 통해 이루어진다고 주장했다.
② 유사조화에서는 빨강과 초록의 조합을 통해 조화로움을 얻었다.
③ 하나의 주요 색을 중심으로 비슷한 색상들을 함께 배치했다.
④ 색상환에서 등간격으로 떨어진 세 가지 색상을 사용해 대비조화를 이루었다.

46 다음 중 일반색명의 조합 방법으로 사용되지 않는 것은?
① 기본색에 수식어를 붙여 색상을 표현한다.
② 두 개의 기본색 이름을 조합하여 새로운 색을 만든다.
③ 기본색명을 무작위로 나열하여 표현한다.
④ 기본색명에 한자 단음절을 붙여 표현한다.

47 단색 이미지 스케일에 대한 설명으로 틀린 것은?
① 심리적 판단 인자를 기준으로 색상을 위치시켜 한눈에 색채 감성을 파악할 수 있게 한다.
② 거리가 먼 색은 이미지 차이가 크고 다른 느낌을 가진다.
③ 스케일의 중앙부에는 온화한 탁한 색, 주변부에는 개성 강한 맑은 색이 위치한다.
④ 스케일의 중앙부에서 외곽으로 갈수록 이미지 강도는 약해진다.

48 다음 중 멀티미디어 표준으로 올바르게 연결된 것은?
① 오디오 표준 – MPEG
② 그래픽 관련 표준 – MIDI
③ 동영상 관련 표준 – H.264
④ 문서 관련 표준 – WAV

49 애니메이션 기본 원칙에서 과장을 통해 달성하려는 목적은?
① 정보 전달력과 흥미를 높인다.
② 캐릭터의 크기를 줄인다.
③ 동작을 단조롭게 표현한다.
④ 정적인 장면을 강조한다.

50 MIDI 소프트웨어의 주요 용도로 적절한 것은?
① 비디오 제작
② 이미지 편집
③ 사운드 편집
④ 텍스트 작성

51 다양한 미디어 요소를 편집하고 동기화할 수 있는 기능을 제공하는 도구는?
① 편집 도구
② 저작 도구
③ 재생 도구
④ 배포 도구

52 디지털 환경에서 색상이나 그라데이션 부족 시점이나 픽셀을 무작위로 배치하여 자연스럽게 표현하는 기법은?
① 인터레이싱
② 디더링
③ 필터링
④ 샘플링

53 웹 서버가 요청을 이해했으나 접근 권한이 없을 때 발생하는 오류는?
① 403 오류
② 404 오류
③ 500 오류
④ 503 오류

54 웹 페이지의 인코딩 방식을 UTF-8로 설정해야 하는 주요 이유는?

① 파일 크기를 줄이기 위해
② 속도를 빠르게 하기 위해
③ 한글 깨짐 현상을 방지하기 위해
④ 보안을 강화하기 위해

55 HTML 페이지의 기본 구조를 선언할 때 사용하는 선언문은 무엇인가?

① ⟨!DOCTYPE html⟩
② ⟨html⟩
③ ⟨body⟩
④ ⟨meta charset="UTF-8"⟩

56 JavaScript에서 조건문을 작성할 때, 특정 값이 참일 때만 실행되는 코드 블록을 정의하는 구문은?

① switch
② if
③ while
④ for

57 서버 측 스크립트 언어로, PHP의 주요 특징이 아닌 것은?

① 오픈 소스
② 다양한 데이터베이스와 연동 가능
③ Windows에서만 실행 가능
④ 동적 웹 페이지 생성

58 다음은 무엇에 관한 설명인가?

- 객체 지향 프로그래밍 언어로, 플랫폼 독립성과 보안성이 뛰어나다.
- 네트워크 프로그래밍과 분산 시스템 개발에 유용한 라이브러리를 제공한다.

① CGI(Common Gateway Interface)
② 자바(Java)
③ 자바 애플릿(Java Applet)
④ 자바스크립트(Java Script)

59 산출물 제출 전 누락된 항목이 없는지 확인하기 위해 작성하는 문서는 무엇인가?

① 체크리스트
② 요구사항 수집서
③ 완료 보고서
④ 테스트 절차서

60 데이터 관리의 작업 단위 구성에서 가장 큰 단위부터 차례대로 나열한 것은?

① 세그먼트 – 태스크 – 단계
② 단계 – 세그먼트 – 태스크
③ 태스크 – 세그먼트 – 단계
④ 단계 – 태스크 – 세그먼트

빠른 정답 확인 QR
스마트폰으로 QR을 찍으면 정답표가 오픈됩니다.
기출문제를 편리하게 채점할 수 있습니다.

웹디자인개발기능사 실전 모의고사 02회

시험 일자	문항 수	시험 시간
년 월 일	총 60문항	60분

수험번호 : _____
성   명 : _____

자동 채점 서비스

정답 & 해설 ▶ 1-287p

01 합목적성 디자인 연결이 바르지 않은 것은?
① 커피잔 – 커피를 마실 때 사용
② 집 – 인간이 생활하기 위한 공간
③ 포스터 – 정보를 전달하기 위한 수단
④ 의자 – 장식 효과를 주기 위한 용도

02 다음 데이터 분석의 유형 중 특정 대상의 정의와 기능을 설명하는 자료는?
① 절차(Procedure)
② 개념(Concept)
③ 원칙(Rule)
④ 이야기(Story)

03 다음은 무엇에 관한 설명인가?

> 제품 또는 서비스를 사용할 대표적인 가상의 인물을 구체적으로 설정하며 시스템이 의도하는 사용자의 모습을 구체화하여, 세부적인 특성을 반영한다.

① 인지 모형
② 리드 유저
③ 페르소나
④ 데이터 모델

04 체크리스트 기법의 장점으로 적절하지 않은 것은?
① 모든 작업 항목을 빠짐없이 수행할 수 있다.
② 작업의 순서를 명확히 파악할 수 있다.
③ 상황 변화에 따라 유연하게 대처할 수 있다.
④ 팀 작업 시 각자의 역할을 명확히 한다.

05 디자인의 5대 조건에 해당하지 않는 것은?
① 심미성
② 독창성
③ 질서성
④ 고급성

06 와이어 프레임 작성 도구 설명 중 틀린 것은?
① 스텐실, 픽셀 자를 활용한다.
② 종이와 펜을 이용해 자유롭게 그린다.
③ 전용 목업 툴이 지원되지 않는다
④ 문서 프로그램을 사용해 제작 가능하다.

07 스토리보드의 일반적인 구성 요소로 적절하지 않은 것은?
① 개정 이력
② 정보 구조도
③ 성능 지표
④ 서비스 흐름도

08 분석된 데이터에서 디자인 관점에 대한 설명이 아닌 것은?

① 독창적이고 감각적인 디자인인지 확인한다.
② 일관성과 고유한 스타일이 유지되었는지 검토한다.
③ 정기적으로 업데이트되는지 검토한다.
④ 변화에 맞춘 그래픽과 아이콘이 사용되었는지 점검한다.

09 아이디어 시각화의 목적으로 옳은 것은?

① 작품의 질감을 표현하기 위해
② 창의적 발상을 구체적으로 전달하기 위해
③ 필요한 자료를 수집하기 위해
④ 전체 제작비용을 절감하기 위해

10 GUI가 초보자에게 적합한 이유로 옳은 것은?

① 텍스트 입력 방식만을 제공하기 때문이다.
② 복잡한 명령어를 입력할 필요가 없기 때문이다.
③ 모든 기능이 터치로만 조작되기 때문이다.
④ 상호작용을 제한하여 초보자가 사용할 수 없도록 한다.

11 다음 UX의 구성 요소 중 신뢰성의 의미는?

① 사용자가 어려움을 느끼도록 복잡하게 설계
② 제품이 사용자에게 안정성을 제공함
③ 사용자가 불편하게 느끼도록 설계
④ 기능적 요소를 줄여 직관성을 낮춤

12 다음 설명 중 해당하는 것은?

- 사용자가 좌측에서 우측으로 정보를 스캔하며 읽는 방식
- 가장 일반적인 시선 흐름 패턴

① Z 패턴　　② F 패턴
③ O 패턴　　④ S 패턴

13 반응형 웹 디자인에서 화면 크기가 작아질 때 다단 레이아웃이 한 단씩 아래로 떨어지는 방식을 무엇이라 하는가?

① 오프캔버스 패턴
② 칼럼드롭
③ 미세조정 패턴
④ 레이아웃 시프터 패턴

14 다음 중 비주얼 콘셉트 개발 시, 사용자 데이터를 분석하는 목적은?

① 개발 일정 단축을 위해
② 마케팅 비용 절감을 위해
③ 맞춤형 콘텐츠 제공을 위해
④ 웹사이트의 로딩 속도를 높이기 위해

15 정보 구조 설계 방식 중 상호 참조가 가능한 구조는?

① 선형 구조
② 계층 구조
③ 하이퍼텍스트 구조
④ 순차 구조

16 다음 중 래스터라이징의 의미로 적절한 것은?
① 픽셀 이미지를 벡터 이미지로 변환하는 과정이다.
② 벡터 이미지를 픽셀 기반 이미지로 변환하는 과정이다.
③ 다양한 색상을 추가하는 작업이다.
④ 이미지를 저해상도로 저장하는 과정이다.

17 다음 중 인덱스 컬러의 특징으로 맞는 것은?
① 256가지 색상을 사용해 파일 크기를 줄인다.
② 무제한 색상을 사용해 사진 이미지를 표현한다.
③ 주로 벡터 이미지를 표현하는 데 사용된다.
④ RGB 색상 체계를 기반으로 한다.

18 디자인 개념 요소 설명 중 연결이 잘못된 것은?
① 점 – 디자인에서 위치를 표현하는데 사용
② 면 – 방향성과 운동감을 나타냄
③ 선 – 길이와 두께, 형태에 따라 다른 느낌을 줌
④ 면 – 공간을 구분하고 배치하는데 중요한 역할을 함

19 디자인 원리 중 연결이 잘못된 것은?
① 방사 – 중심점에서 바깥으로 확산되는 리듬감을 형성
② 변화 – 단조로움을 피하고 생동감을 줌
③ 대조 – 시각적 긴장감을 유발
④ 조화 – 동적인 느낌을 전달하여 생동감 부여

20 타이포그래피에서 행간은 무엇을 의미하는가?
① 글자 사이의 간격
② 줄과 줄 사이의 간격
③ 글자의 크기
④ 텍스트의 두께

21 모션 캡처의 설명으로 맞는 것은?
① 정지된 이미지만 활용하는 기법이다.
② 실제 움직임을 기록하여 3D 캐릭터에 적용하는 기법이다.
③ 기본 애니메이션 효과만을 생성하는 방식이다.
④ 단순히 텍스트를 활용한 애니메이션 기법이다.

22 다음 중 프로토타이핑 프로세스의 순서가 맞는 것은?
① 프레젠테이션 → 스케치 → 모델링 → 테스트
② 모델링 → 테스트 → 스케치 → 프레젠테이션
③ 스케치 → 프레젠테이션 → 모델링 → 테스트
④ 테스트 → 모델링 → 프레젠테이션 → 스케치

23 다음 중 그림의 내비게이션 구조 유형은?

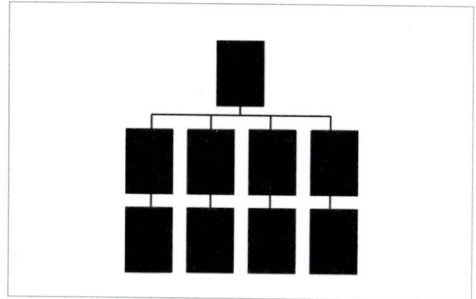

① 네트워크 구조
② 프로토콜 구조
③ 계층 구조
④ 순차 구조

24 사용자 행동 분석 방법 중 웹 로그 분석의 장점은?

① 사용자 감정 분석이 가능하다.
② 사용자의 내면을 관찰할 수 있다.
③ 대규모 사용자의 행동 패턴을 분석할 수 있다.
④ 사용자가 남긴 의견을 직접적으로 확인할 수 있다.

25 정성적 조사 방법의 특징으로 적절한 것은?

① 객관석 수치로 정확한 데이터 분석이 가능하다.
② 대규모 조사에 유리하다.
③ 사용자의 감정과 숨겨진 니즈 파악이 가능하다.
④ 표본 수를 크게 확대하여 통계 분석을 수행한다.

26 선호도 분석에서 디지털 소비자의 라이프스타일 유형 중 최고 가치를 찾기 위해 정보를 탐색하는 소비자는?

① 크리슈머
② 마이크로 미디어
③ 트레저 헌터
④ 아티젠

27 WYSIWYG의 의미로 옳은 것은?

① What You See Is What You Get
② Web You Style In Web Guide
③ World Your System Is Web Good
④ What You Send Is What You Group

28 사용자 조사 결과 분석 단계 중 설명과 일치하는 단계는?

> 각 과제를 쉽게 달성할 수 있는지 시간, 페이지 이동 횟수, 커서 클릭 횟수, 이동 동선을 분석하는 단계

① 만족도 측정
② 과제 성공 여부 측정
③ 과제 달성 용이성 측정
④ 과제 수행에 영향을 미치는 요인 파악

29 다음 ( ) 안에 들어갈 알맞은 용어는?

> • ( )는 터치스크린을 통해 간단한 검색과 서비스를 제공한다.
> • ( )는 공공장소에 설치되어 다양한 정보를 제공한다.
> • ( )는 직관적인 그래픽과 아이콘이 요구된다.

① 모바일
② 컴퓨터
③ 디지털 사이니지
④ 키오스크

30 웹 표준에 대한 설명으로 틀린 것은?

① 웹 표준은 웹을 구현하기 위한 표준 규격을 의미한다.
② 웹 표준화는 웹 접근성, 보안, 국제화 등을 고려하여 필요하다.
③ XML은 웹 기술 표준화를 주관하는 국제 표준화 기구이다.
④ 웹 표준에는 HTML, XHTML, CSS, JavaScript, 웹 콘텐츠 접근성 지침 등이 있다.

31 색 지각의 3요소에 해당하지 않는 것은?

① 빛(광원)
② 물체
③ 관찰자
④ 소리

32 빛을 프리즘에 통과시켰을 때 나타난 스펙트럼 상의 색 중 가장 짧은 파장을 가지고 있는 것은?

① 파랑   ② 녹색
③ 보라   ④ 빨강

33 대기 중 입자와 빛의 상호작용으로 나타나는 하늘의 파란색은 어떤 색의 예인가?

① 거울색   ② 표면색
③ 투과색   ④ 공간색

34 명도에 대한 설명으로 틀린 것은?

① 명도는 색의 밝고 어두운 정도를 나타낸다.
② 무채색에도 명도를 적용할 수 있다.
③ 명도는 색의 속성 중 가장 둔감하게 반응하는 특성이다.
④ 명도는 11단계로 구분할 수 있다.

35 다음 중 중간혼합에 대한 설명으로 틀린 것은?

① 두 가지 이상의 색이 시각적, 심리적인 혼합에 의해 나타나는 방식이다.
② 중간혼합에는 병치혼합과 회전혼합이 있다.
③ 병치혼합은 눈의 잔상 효과로 인해 혼합된 것처럼 인식된다.
④ 회전혼합은 맥스웰의 회전판 실험에서 발견된 현상이다.

36 아래 그림을 보고 색입체의 구성 요소를 바르게 연결한 것은?

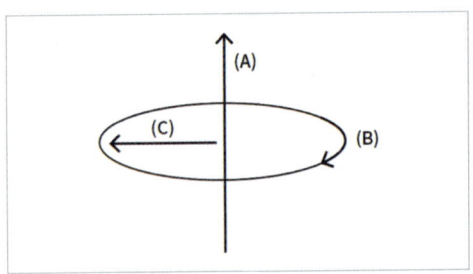

① (A) 명도, (B) 채도, (C) 색상
② (A) 색상, (B) 명도, (C) 채도
③ (A) 채도, (B) 색상, (C) 명도
④ (A) 명도, (B) 색상, (C) 채도

37 다음 중 현색계의 대표적인 예는?

① 먼셀 표색계
② CIE 표색계
③ RGB 색 공간
④ CMYK 색 모델

38 CIE XYZ 색 공간의 주요 특징은?

① 인간의 감정을 기반으로 색을 표현
② 색을 수치화하여 좌표로 표현
③ 색상을 중심으로 체계화
④ 물체의 색을 기준으로 색을 배열

39 색의 진출과 후퇴에 관한 설명으로 틀린 것은?

① 배경색과 명도 차이가 큰 밝은 색상은 진출성을 가진다.
② 노랑은 후퇴, 파랑은 진출성을 가진다.
③ 채도가 높은 색상은 채도가 낮은 색상보다 더 진출성이 있다.
④ 빨강, 주황, 노랑은 진출성과 팽창감을 나타낸다.

40 한난대비에 대한 설명으로 틀린 것은?

① 따뜻한 색과 차가운 색 간의 대비이다.
② 중성색은 한난대비에 영향을 받지 않는다.
③ 주변 색에 따라 색이 더 따뜻하거나 차갑게 느껴진다.
④ 빨강, 노랑, 주황은 따뜻한 색에 해당한다.

41 색채에 대한 심리적 반응에 관한 설명 중 틀린 것은?

① 같은 색이라도 면적이 넓으면 채도가 더 높아 보인다.
② 한색은 차갑고, 난색은 따뜻하게 느껴진다.
③ 명도가 낮고 채도가 낮으면 생동감 있고 긍정적인 느낌을 준다.
④ 색채의 중량감은 명도에 따라 달라진다.

42 다음 코딩이 적용된 경우 결과값은 어떻게 나타나는가?

```
.box {
margin: 200px;
font-style: italic;
}
```

① 웹사이트 여백을 200px로 조정된다.
② 글자가 똑바로 표시된다.
③ 박스의 테두리가 200px 두께로 표시된다.
④ 글자가 굵게 표시된다.

43 패키지 디자인의 주요 역할은 무엇인가?

① 상품의 가격을 관리하고 무게를 증가시킨다.
② 상품을 보호하고 정보를 전달한다.
③ 고객의 선호도를 분석하고 판매 전략을 수립한다.
④ 상품의 품질을 결정하고 유통을 조절한다.

44 색채 디자인 프로세스에서 색채 기획 단계의 주요 역할은 무엇인가?

① 주조색, 보조색, 강조색을 선택한다.
② 시장과 소비자를 조사하고 분석한다.
③ 색채 사용 계획 및 전략을 수립한다.
④ 적용된 색상을 모니터링한다.

45 톤인톤 배색에 대한 설명으로 틀린 것은?
① 서로 다른 색상이지만 유사한 명도와 채도를 가진 색을 조합하는 방식이다.
② 부드럽고 조화로운 배색을 제공한다.
③ 같은 색상 내에서 명도와 채도가 다른 색을 사용하는 배색 방식이다.
④ 색상 간 조화를 유지하면서 다양한 느낌을 줄 수 있다.

46 다음 중 파버 비렌의 색채조화론에 대한 설명으로 올바른 것은?
① 색 삼각형의 직선 상에 위치한 색들이 서로 조화를 이룬다.
② 색채의 면적이 미치는 영향을 고려하였다.
③ 파버 비렌은 차가운 색과 따뜻한 색의 구분을 연구하지 않았다.
④ 파버 비렌의 조화론은 색과 온도 차이에 대해서만 다룬다.

47 3D 그래픽 기법으로, 빛의 반사·굴절 등을 사실적으로 계산하는 것은?
① 레이 트레이싱
② 고러드 쉐이딩
③ 폴리곤 메쉬
④ 텍스처 매핑

48 멀티미디어 저작 도구의 장점으로 적절하지 않은 것은?
① 직관적인 인터페이스를 제공한다.
② 작업 과정이 복잡하여 많은 인원이 필요하다.
③ 비전문가도 쉽게 콘텐츠를 제작 가능하다.
④ 안정적인 품질을 제공한다.

49 멀티미디어 제작 과정에서 제작 이후 단계의 주요 작업으로 적절한 것은?
① 프로젝트 목표 설정
② 스토리보드 작성
③ 협업을 통한 최적화와 오류 수정
④ 기획서 작성

50 TIFF 파일의 특징으로 옳지 않은 것은?
① 무손실 압축 방식 지원
② 파일 크기가 작고 웹 전송에 유리
③ 인쇄 및 출판에 적합
④ 고화질 이미지를 저장

51 렌더링 기법에 해당하지 않는 것은?
① 고러드 쉐이딩(Gouraud Shading)
② 퐁 쉐이딩(Phong Shading)
③ 플랫 쉐이딩(Flat Shading)
④ 패턴 쉐이딩(Pattern Shading)

52 다음은 무엇에 관한 설명인가?

> 웹 페이지에서 이미지가 로드될 때, 전체 이미지가 빠르게 나타난 뒤 점점 선명해지는 효과

① 디더링(Dithering)
② 모아레 현상
③ 인터레이싱(Interlacing)
④ 위지윅 방식

53 특정 단어나 구문을 제외한 검색 결과를 제공하는 연산자는?
① OR
② NOT
③ AND
④ " "(따옴표)

54 CSS에서 스타일을 지정할 때, CSS의 우선순위가 높은 순서부터 맞는 것은?

① 인라인 스타일 〉 내부 스타일 〉 외부 스타일
② 외부 스타일 〉 내부 스타일 〉 인라인 스타일
③ 내부 스타일 〉 인라인 스타일 〉 외부 스타일
④ 인라인 스타일 〉 외부 스타일 〉 내부 스타일

55 다음 〈a〉 태그의 target 속성값 중 연결이 틀린 것은?

① _blank : 링크된 문서를 새 창이나 새 탭에 보여준다.
② _self : 링크된 문서를 현재 창 또는 프레임에 보여준다.
③ _parent : 링크된 문서를 부모 프레임에 보여준다.
④ _top : 링크된 문서를 새 창에 보여준다.

56 자바스크립트 변수 선언에 대한 설명으로 틀린 것은?

① 변수명에 공백을 사용하지 않는다.
② 변수명은 숫자로 시작할 수 있다.
③ 자바스크립트 예약어에는 document, function, var 등이 있다.
④ 변수명에는 알파벳, 숫자, 밑줄, 달러 기호만 사용할 수 있다.

57 자바스크립트 연산자 중 최우선순위를 가지는 것은?

① +
② &
③ ( )
④ [ ]

58 산출물의 주요 목적은 무엇인가?

① 프로젝트의 전체 목표를 정의하기 위해
② 이해관계자 간의 원활한 의사소통을 위해
③ 코드 재사용을 위해
④ 컴파일 오류를 줄이기 위해

59 클라이언트에게 최종 보고 시 사이트의 사용자 흐름과 기능 동선을 설명하는 문서는?

① 플로우차트
② 프로젝트 개요서
③ 요구사항 기술서
④ 단위 테스트 결과서

60 네이밍 규칙을 적용하여 산출물 명칭을 일관성 있게 작성하는 목적은?

① 파일의 크기를 줄이기 위해
② 클라이언트 요구를 반영하기 위해
③ 산출물의 추적을 용이하게 하기 위해
④ 산출물의 내용을 보호하기 위해

웹디자인개발기능사 실전 모의고사 03회

시험 일자	문항 수	시험 시간
년 월 일	총 60문항	60분

수험번호 : _____
성 명 : _____

자동 채점 서비스

정답 & 해설 ▶ 1-290p

01 프로젝트의 정의에 해당하지 않는 것은?
① 시작과 종료 시점이 정해져 있다.
② 시간, 예산 등의 제약 조건이 없다.
③ 일정한 목표를 달성하기 위해 기획된다.
④ 체계적인 계획 및 실행 과정이 필요하다.

02 소비자이면서 생산자인 계층을 의미하는 용어는?
① 프로슈머(Prosumer)
② 프로듀서(Producer)
③ 컨슈머(Consumer)
④ 파트너(Partner)

03 데이터 분석 체크리스트의 비주얼(GUI) 관점에 해당하지 않는 것은?
① 적합한 그래픽 요소의 배치
② 사용자가 데이터 구조를 쉽게 이해
③ 사용자층에 맞는 디자인 요소
④ 그래픽 요소가 적절하게 배치

04 다음 중 브레인스토밍의 특징으로 적절하지 않은 것은?
① 참여자가 자유롭게 아이디어를 낸다.
② 제안된 아이디어에 대해 비판한다.
③ 다양한 관점에서 문제 해결 가능성을 높인다.
④ 양질의 아이디어 확보를 위해 양을 중시한다.

05 다음 굿 디자인의 10대 원칙에 해당하지 않는 것은?
① 심플함
② 혁신적임
③ 주의를 끌기 위함
④ 이해하기 쉬움

06 CC 라이선스 종류에서 아래 그림이 의미하는 것은?

① 비영리 사용
② 수정 허용
③ 저작자 표시
④ 상업적 사용

07 웹 안전색의 정의로 맞는 것은?
① 최신 디스플레이에서만 지원되는 색상이다.
② 블랙과 화이트 두 가지 색상만을 의미한다.
③ 모든 기기와 브라우저에서 일관되게 표시되는 색상이다.
④ 고해상도 이미지를 위해 사용되는 색상이다.

08 그리드의 역할에 대해 맞는 설명은?

① 웹사이트의 시각적 대비를 조절한다.
② 디자인 구성 요소의 균형과 통일성을 유지한다.
③ 특정 페이지에서만 요소를 표시하도록 제한한다.
④ 네트워크 성능을 최적화하여 로딩 속도를 개선한다.

09 시각화의 중요성에 대한 설명으로 맞는 것은?

① 데이터를 숨기거나 감추는 데 도움을 준다.
② 정보를 쉽게 이해할 수 있게 돕는다.
③ 시각적 요소를 줄여 단순함을 강조한다.
④ 데이터 분석 과정에서 생략된다.

10 UI의 종류 중 설명이 알맞은 것은?

① TUI : 텍스트 명령을 입력해 시스템과 상호작용하는 방식
② CLI : 손이나 신체의 움직임으로 기기를 제어하는 방식
③ GUI : 시각적 요소를 사용해 직관적으로 시스템과 상호작용하는 방식
④ VUI : 사용자가 직접 화면을 터치해 조작하는 방식

11 UX를 설계할 때 유의 사항으로 적절하지 않은 것은?

① 사용자 피드백을 수렴한다.
② 사용성 테스트를 실시한다.
③ 데이터 기반의 설계를 지양한다.
④ 사용자의 요구와 기대를 최우선으로 고려한다.

12 사용자 인터페이스의 오류 최소화 요소로 옳지 않은 것은?

① 사용자의 실수를 방지한다.
② 오류 발생 시 쉽게 수정할 수 있다.
③ 실수를 유도해 학습을 촉진한다.
④ 오류 가능성을 줄이기 위한 디자인을 제공한다.

13 렌더링 쉐이딩 기법 중 아래 설명에 해당하는 것은?

> 꼭짓점에서의 색상을 계산하고, 면 내부는 보간하여 부드러운 음영을 표현하는 방식

① 셀 쉐이딩
② 퐁 쉐이딩
③ 고러드 쉐이딩
④ 플랫 쉐이딩

14 다음 중 카드 레이아웃이 인기를 끌게 된 이유는?

① 다양한 디바이스 환경에 유연하게 적용할 수 있다.
② 간결한 텍스트 요소로만 구성된다.
③ 데스크톱 환경에 맞춰 최적화된 배치가 가능하다.
④ 그래픽 요소에 그라데이션을 효과적으로 적용할 수 있다.

15 다음 중 비트(bit)에 대한 설명 중 틀린 것은?
① 1bit는 이미지 흑백만을 표현한다.
② 트루컬러는 32bit 색상 표현 방식을 의미한다.
③ 8bit는 인덱스 컬러나 그레이 스케일 이미지에서 주로 사용된다.
④ 32bit는 픽셀당 4개의 채널을 사용하는 색상 체계이다.

16 다음 중 CMYK와 RGB의 설명으로 올바른 것은?
① CMYK는 디지털 디스플레이에서 사용된다.
② RGB는 인쇄에 최적화되어 있다.
③ RGB는 가산혼합 방식을 사용한다.
④ CMYK는 색을 더할수록 밝아진다.

17 타이포그래피에서 가독성을 높이는 방법은?
① 장식적인 폰트 사용
② 글자와 글자 간격(자간) 조절
③ 배경색과 유사한 색상 사용
④ 지나치게 작은 크기 사용

18 다음 그림처럼 일부가 끊어진 상태이지만 도형으로 인식되는 원리는 어떤 원리인가?

① 유사성의 원리   ② 폐쇄성의 원리
③ 연속성의 원리   ④ 대칭성의 원리

19 모노스페이스 서체가 주로 사용되는 분야는?
① 잡지 본문
② 초대장
③ 코드 편집기
④ 광고

20 인포그래픽의 장점으로 맞는 것은?
① 정보를 모두 텍스트로 나열할 수 있다.
② 복잡한 데이터와 정보를 간결하게 전달한다.
③ 정보 전달 속도가 느리다.
④ 단순한 정보를 주로 다룬다.

21 다음 중 프로토타입의 정의로 맞는 것은?
① 사용자 피드백 없이 최종 디자인을 완성하는 과정
② 제품이나 서비스의 초기 모델을 시각화해 기능과 디자인을 테스트하는 과정
③ 프로젝트 일정에 맞춰 제품 생산을 시작하는 과정
④ 시스템 개발 완료 후 테스트하는 과정

22 웹디자인 제작 과정에서 올바른 순서로 나열한 것은?
① 기획 → 설계 → 디자인 → 구현 → 평가
② 구현 → 설계 → 디자인 → 평가 → 기획
③ 평가 → 기획 → 구현 → 설계 → 디자인
④ 디자인 → 기획 → 평가 → 설계 → 구현

23 다음은 무엇에 관한 설명인가?

> 사용성 테스트 기법 중 사용자가 특정 작업을 수행하며 자신의 생각을 소리 내어 말하는 방식

① 싱크 얼라우드
② 안구 추적
③ 설문법
④ 웹 로그 분석

24 다음 설명에 해당하는 사용성 테스트는 무엇인가?

> - 설계 초기 단계에서 수행
> - 사용자의 행동과 반응을 관찰하여 문제점을 조기에 발견 · 개선
> - 완성된 제품보다는 프로토타입이나 와이어프레임을 대상으로 실시하는 테스트

① 총괄적 사용성 테스트
② 형성적 사용성 테스트
③ 탐색적 사용성 테스트
④ 자동화된 사용성 테스트

25 사용성 테스트에서 관찰자가 담당하는 역할은?

① 참여자가 실수할 때 문제를 다시 확인하도록 유도한다.
② 참여자가 수행 중 발생한 장애와 오류를 기록한다.
③ 테스트 대상자에게 사전 준비 사항을 전달한다.
④ 테스트 수행 결과를 분석하고 보고한다.

26 다음 중 사용성 분석 단계에서 주로 수행하는 작업은?

① 사용자 프로파일 정의
② 웹 서비스의 주요 역할 분석
③ 참여자 선발
④ 사용자 선호도 조사

27 사용자 만족도 수준 측정을 위한 질문 항목이 아닌 것은?

① 과제를 수행하기 쉬웠습니까?
② 페이지 이동이 원활했습니까?
③ 커서 클릭 횟수가 몇 번이었습니까?
④ 메뉴나 버튼의 이름이 직관적이었습니까?

28 컴퓨터의 주요 특징으로 올바른 것은?

① 이동성을 기반으로 언제 어디서나 사용할 수 있다.
② 모바일 환경에 맞춰 기획과 디자인이 필요하다.
③ 대형 모니터와 고해상도 화면을 지원한다.
④ 터치스크린을 기반으로 간편하게 조작할 수 있다.

29 디자인 소프트웨어 설명 중 맞는 것은?

① 포토샵 – 로고 디자인, 아이콘 제작에 활용
② 피그마 – 이미지 편집 및 합성
③ 블렌더 – 무료 오픈소스 3D 디자인 소프트웨어
④ 시네마4D – 인테리어 디자인, 건축 설계 활용

30 웹 표준을 검토하고 유효성을 검사할 수 있는 사이트는?

① W3C Validator
② Google Analytics
③ GitHub
④ Stack Overflow

31 다음 중 색 지각과 관련된 세포는?
① 간상세포
② 원추세포
③ 유리체
④ 각막

32 색의 지각설 중 틀린 것은?
① 영-헬름홀츠의 삼원색설과 헤링의 반대색설이 있다.
② 영-헬름홀츠의 삼원색설은 R, G, B를 기반으로 모든 색을 인식하는 이론이다.
③ 헤링의 반대색설은 R, G, B를 기반으로 모든 색을 인식한다는 이론이다.
④ 헤링의 반대색설은 동시 대비와 보색 잔상 현상을 설명하는 데 기초가 된다.

33 다음 중 무채색 설명으로 옳은 것은?
① 채도는 없고 색상과 명도만 있다.
② 색상과 채도는 없고 명도만 있다.
③ 색상은 없고 명도와 채도만 있다.
④ 색상과 명도는 없고 채도만 있다.

34 색상 원판을 고속으로 회전시켰을 때 여러 색이 혼합된 것처럼 보이는 현상은?
① 병치혼합
② 회전혼합
③ 가산혼합
④ 감산혼합

35 순색에 회색이 혼합된 색은 무엇이라 하는가?
① 명청색
② 암청색
③ 탁색
④ 순색

36 색의 3속성에 따라 3차원적 공간에 색을 입체로 배열한 것은?
① 먼셀의 색입체
② 오스트발트의 색상환
③ CIE 표색계
④ 뉴턴의 색상환

37 오스트발트 표색계에서 등백색은 어떤 특징을 가진 색들의 모임인가?
① 백색과 흑색이 혼합된 색
② 백색이 일정하게 섞인 색
③ 순색과 흑색이 섞인 색
④ 백색이 전혀 섞이지 않은 색

38 한 색상을 본 후 다른 색을 볼 때, 앞 색의 잔상으로 인해 본래 색과 다르게 보이는 현상을 무엇이라고 하는가?
① 동시대비
② 계시대비
③ 보색대비
④ 면적대비

39 고명도, 고채도의 색상이 주는 효과는?
① 주목성이 높아 눈에 잘 띈다.
② 명시성이 낮아 배경과 잘 구별되지 않는다.
③ 진정감을 준다.
④ 주변 환경에 잘 묻힌다.

40 청각과 연관된 색상의 연상으로 적절한 것은?
① 고명도 색상은 낮은 음을 연상시킨다.
② 저명도, 저채도의 색상은 높은 음을 연상시킨다.
③ 고명도, 고채도의 색상은 높은 음을 연상시킨다.
④ 난색은 부드러운 음을 연상시킨다.

41 브랜드 아이덴티티(BI)의 역할로 적합한 것은?
① 기업의 철학과 목표를 감춘다.
② 제품의 시장 전략을 좌우한다.
③ 브랜드의 정체성을 시각적으로 표현한다.
④ 기업의 외부 이미지를 조화시키지 않는다.

42 다음 중 에코 디자인의 주요 목표로 적합한 것은?
① 제품의 기능을 최소한으로 유지한다.
② 환경 보호와 지속 가능성을 추구한다.
③ 제품의 비용을 효율적으로 조정한다.
④ 제품의 수명을 줄인다.

43 보색 대비에 대한 설명으로 틀린 것은?
① 색상환에서 마주보는 색상들 간의 배색이다.
② 시각적으로 강한 대비를 이루면서도 조화로운 배색이다.
③ 색상 간의 차이를 줄여 부드러운 느낌을 준다.
④ 빨강과 초록, 파랑과 주황이 대표적인 예이다.

44 다음 중 KS에서 정의한 기본색명에 해당하는 것은?
① 밤색   ② 감색
③ 빨강   ④ 자줏빛

45 색채분포도에 대한 설명으로 옳은 것은?
① 색상 간의 대비만 분석하는 도구이다.
② X축에 명도와 채도를 함께 표시한다.
③ 색채 비율과 분포를 시각화한다.
④ 무채색만을 다루는 분석 도구이다.

46 3D 제작에서 물체의 형태를 만드는 과정은?
① 렌더링
② 모델링
③ 매핑
④ 스캐닝

47 멀티미디어 시스템의 하드웨어 환경에 포함되지 않는 것은?
① 디지털카메라   ② CD-ROM
③ 사운드 카드   ④ 그래픽 소프트웨어

48 멀티미디어 저작 도구 메타포 중 시간선 방식에 대한 설명으로 옳은 것은?
① 콘텐츠를 페이지 단위로 구성
② 미디어 요소와 이벤트를 시간 축에 따라 배치
③ 콘텐츠의 흐름을 아이콘으로 표시
④ 다양한 미디어 파일을 순서 없이 배치

49 매크로미디어(Macromedia)사에서 개발한 웹 애니메이션 툴은?

① 플래시(Flash)
② 드림위버(Dreamweaver)
③ 파이어웍스(Fireworks)
④ 프리핸드(FreeHand)

50 손실 압축을 사용하여 파일 크기를 줄이면서, 영상과 음성을 함께 저장할 수 있는 멀티미디어 파일 포맷은 무엇인가?

① WAV
② MP4
③ MIDI
④ BMP

51 웹 브라우저의 기본 CSS 스타일을 제거하고 통일된 환경에서 개발하기 위해 사용하는 것은?

① CSS Reset
② Inline Style
③ User Agent Style
④ HTML Validator

52 다음 중 HTML 태그의 용도에 대한 설명으로 틀린 것은?

① 〈strong〉…〈/strong〉 : 중요한 텍스트를 강하게 강조하는 태그
② 〈img〉 : 이미지 삽입 태그
③ 〈iframe〉…〈/iframe〉 : 음악, 동영상 등 다운로드 시 동시 재생하는 태그
④ 〈div〉…〈/div〉 : 문서를 그룹화하여 구분하는 태그

53 JavaScript에서 브라우저 창을 열고 닫는 기능을 제공하는 최상위 객체는?

① document
② window
③ screen
④ history

54 CSS에서 글꼴의 색상을 파란색으로 설정하려면 어떤 속성을 사용해야 하는가?

① font-size
② background-color
③ font-weight
④ color

55 HTTP 요청 방식 중 GET 방식과 비교해 POST 방식의 특징이 아닌 것은?

① 데이터 크기에 제한이 없다.
② 캐싱이 가능하다.
③ 보안성이 높다.
④ URL에 데이터가 포함되지 않는다.

56 다음은 무엇에 관한 설명인가?

- 데이터를 체계적으로 저장하고 관리하는 시스템으로, 인덱스와 쿼리(SQL)를 통해 효율적인 검색과 접근을 제공한다.
- 멀티유저 환경을 지원하며, 여러 사용자가 동시에 데이터를 처리할 수 있다.

① 웹 서버
② 데이터베이스(Database)
③ CGI(Common Gateway Interface)
④ 자바(Java)

57 프로젝트 관리 시 작업분류체계(WBS)의 장점으로 올바르지 않은 것은?

① 예산 초과 방지
② 일정 관리 용이
③ 자원 낭비를 위한 명확한 지침 제공
④ 작업 간 의사소통 원활화

58 단계에 맞는 주요 산출물이 아닌 것은?

① 분석 단계 – 개발표준정의서
② 분석 단계 – 정의서
③ 분석 단계 – 기능 차트
④ 분석 단계 – 요구사항 정의서

59 각 작업 단계별 데이터를 정리하고 재사용이 가능하도록 만드는 표 형식 도구는?

① 디자인 가이드
② Work Table
③ 결과 보고서
④ 체크리스트

60 다음 중 프로젝트 초기 단계에서 작성되는 산출물로 적절하지 않은 것은?

① 프로젝트 계획서
② 예산안
③ 화면 정의서
④ 이해관계자 분석서

웹디자인개발기능사 실전 모의고사 04회

시험 일자	문항 수	시험 시간
년 월 일	총 60문항	60분

수험번호 : _____
성 명 : _____

자동 채점 서비스

정답 & 해설 ▶ 1-293p

01 다음 중 디지털 데이터에 관한 설명으로 옳은 것은?
① 주로 문자, 음성의 형태만 변환 가능하다.
② 아날로그 데이터와 비교해 오류 발생 확률이 높다.
③ 부호, 문자, 음성, 영상 등의 형태로 변환할 수 있다.
④ 저장 매체를 통해 유통하는 것이 불가능하다.

02 페르소나 설정 시 유의해야 할 점으로 옳지 않은 것은?
① 사용자 목표와 동기를 명확히 설정한다.
② 사용자 유형을 단일 페르소나로 설정한다.
③ 구체적인 특성을 반영하여 작성한다.
④ 사용자 프로파일, 역할 정의, 또는 고객 프로파일 등으로 표현하기도 한다.

03 다음 설명은 무엇에 대한 설명인가?

> 소비자는 단순히 콘텐츠를 소비하는 것을 넘어 생산자로서의 역할을 하며, 사용자 경험과 서비스 개선에 기여한다.

① 프로듀서
② 컨슈머
③ 프로슈머
④ 메타 데이터

04 강제 결부법의 목적은?
① 기존 사고에서 벗어난 발상 촉진
② 고정된 아이디어 반복
③ 사물의 본질을 파악하는 것
④ 단일 관점에서 문제 해결

05 저작권의 개념으로 올바른 것은?
① 사상이나 감정을 표현한 창작물에 대한 권리이다.
② 일정 기간 사용을 허락하는 권리이다.
③ 공개된 모든 자료에 해당한다.
④ 사실 데이터는 보호받지 못한다.

06 디자인의 질서성이 의미하는 바는?
① 디자인의 고급스러움
② 조건이 조화롭게 이루어짐
③ 비용 대비 효율성
④ 창의적 접근을 통한 차별화된 디자인

07 그리드에서 각 로(Row)와 단(Column)이 겹쳐지는 사각형 단위는 무엇인가?
① 거터(Gutter)
② 모듈(Module)
③ 마진(Margin)
④ 프레임(Frame)

08 레이아웃 구조 설계 방법에 대한 설명 중 틀린 것은?

① 레이아웃 설계 첫 단계로, 레이아웃의 기본 뼈대를 구성하는 작업을 한다.
② 대칭적 균형, 비대칭적 균형, 원심적 균형 등 다양한 균형 방식을 적용한다.
③ 초점선은 여러 개의 시각적 요소를 수직적으로 구분해 배열하는 단계이다.
④ 구성 막대는 시각적 흐름을 강화하고 감성을 표현하는 단계이다.

09 섬네일 스케치와 러프 스케치의 차이점으로 올바른 것은?

① 섬네일 스케치는 대략적으로, 러프 스케치는 구체적으로 스케치한다.
② 러프 스케치는 작은 크기로 여러 개의 아이디어를 표현한다.
③ 섬네일 스케치는 음영을 사용하여 표현한다.
④ 섬네일 스케치는 클라이언트의 요구 사항을 반영한다.

10 UX의 품질적 접근 요소 중 접근성에 해당하는 설명은?

① 디자인이 아름다울수록 사용자 감정에 긍정적 영향을 미친다.
② 모든 사용자가 쉽게 접근할 수 있는 제품을 설계한다.
③ 제품이 사용자의 기능 요구를 충족시키도록 한다.
④ 신뢰감을 줄 수 있도록 안정성 제공한다.

11 제이콥 닐슨의 UI 가이드라인 원칙 중 '피드백'의 역할은?

① 사용자가 시스템을 조정하는 것처럼 느끼도록 구성한다.
② 사용자가 조작 시 시각적, 청각적 신호로 제공한다.
③ 사용자가 원하는 정보를 쉽게 찾도록 한다.
④ 사용자 조정이 불가능하도록 만든다.

12 메타포(Metaphor) 원칙의 정의로 옳은 것은?

① 직접 제어하고 있다는 느낌을 주는 것이 핵심이다.
② 복잡한 개념을 비유나 은유를 통해 쉽게 이해하도록 한다.
③ 사용자가 원하는 시각적 아름다움을 제공한다.
④ 인터페이스에서 소리나 진동을 사용한다.

13 GUI에서 특정 기능을 실행하는 작은 그래픽 이미지를 무엇이라 하는가?

① 폴더   ② 창
③ 아이콘   ④ 메뉴

14 다음 중 정보 구조 설계 원칙에 해당하지 않는 것은?

① 불필요한 정보를 최소화하여 사용자 혼란을 줄인다.
② 정보의 카테고리를 명확히 정의하고 관련성에 따라 그룹화한다.
③ 상위 정보는 간략히, 하위 정보는 세부적으로 구성한다.
④ 정보의 깊이를 무한히 확장해 사용자가 탐색을 반복하도록 유도한다.

15 다음은 무엇에 대한 설명인가?

> • 해상도에 따라 덜 중요한 컬럼을 숨기고 모바일에서는 핵심 정보만 표시하는 방식
> • 정보 우선순위를 고려한 적응형 디자인 기술

① 반응형 스크롤 그리드
② 점진적 컬럼 숨김 그리드
③ 유동형 테이블
④ 오프캔버스 패턴

16 다음 중 색상 체계에 대한 설명 중 잘못된 것은?

① 인덱스 컬러는 주로 256색을 사용한다.
② 비트맵은 256단계 회색톤으로 표현한다.
③ RGB 색상 체계는 모니터, TV등 디지털 장치에서 사용한다.
④ 듀오톤은 두 가지 색상을 혼합하여 이미지를 표현한다.

17 다음 중 성격이 다른 것은?

① NCS
② OSA
③ CIE
④ DIN

18 다음 그림에서 느낄 수 있는 원리는?

① 착시
② 율동
③ 균형
④ 강조

19 비례에 대한 설명 중 틀린 것은?

① 비례 종류에는 등차수열 비례, 상가수열 비례, 황금비례, 루트 비례 등이 있다.
② 적절한 비례는 안정적이고 조화롭게 보인다.
③ 황금 비례는 자연에서 자주 발견되는 비례이다.
④ 전통 건축이나 예술에서 사용되는 비례는 상가수열 비례이다.

20 다음 중 세리프 서체에 대한 설명으로 맞는 것은?

① 글자 끝에 장식이 없는 서체이다.
② 고전적인 느낌을 주며 장문의 텍스트에 적합하다.
③ 현대적이고 간결한 느낌을 준다.
④ 일반적으로 코드 작성에 사용된다.

21 프로토타이핑의 목적 중 폐기 처분용 프로토타입의 주된 기능은?

① 실제 데이터를 구현하는 것
② 사용자 요구 분석을 위한 것
③ 대량 생산을 위한 설계
④ 최종 제품을 위해 보존하는 것

22 디자인 프로젝트에서 특정 문제 해결을 위해 임시로 구성된 팀을 무엇이라 하는가?

① 내비게이션 팀
② TFT(Task Force Team)
③ 인터랙션 디자인 팀
④ 프로젝트 분석 팀

23 다음 중 웹사이트 사용성 평가 항목에 해당하지 않는 것은?

① 위치의 정확성
② 이동의 용이성
③ 레이아웃의 일관성
④ 광고 효과

24 어포던스(Affordance) 개념에 맞는 예는?

① 화면에 표시된 문구를 읽고 행동하는 것
② 사용자가 직접 문의를 통해 답변을 받는 것
③ 텍스트 입력 상자의 깜빡이는 커서가 텍스트 입력 가능함을 알려주는 것
④ 버튼이 있지만 기능이 구현되어 있지 않은 것

25 다음 설명은 무엇에 대한 설명인가?

> 디지털 소비자 유형 중 예술과 디자인의 결합된 제품을 선호하며 개성을 중시하는 소비자

① 크리슈머
② 마이크로 미디어
③ 트레지 힌디
④ 아티젠

26 사용성 테스트의 체크리스트 개념 중 틀린 것은?

① 항목을 체계적으로 나열해 하나씩 확인하고 점검할 수 있도록 돕는 도구이다.
② 좋은 체크리스트를 구성하려면, 연구 목적에 부합하는 적절한 항목을 선정한다.
③ 중복 항목이 포함되어도 무방하다.
④ 관찰 도구로 활용 시, 관찰자가 행동을 관찰하고 표시한다.

27 목표 사용자에 대한 이해를 높이는 방법이 아닌 것은?

① 네티즌을 이해한다.
② 목표 사용자와의 인터뷰를 통해 구체적인 의견을 수집한다.
③ 비슷한 사이트를 분석하여 벤치마킹한다.
④ 사용자에 대한 조사를 생략한다.

28 웹사이트 보안 표준에 포함되지 않는 것은?

① 사용자 인증 및 권한 관리
② 파일 크기 줄이기
③ 데이터 통신 암호화
④ HTTPS 사용

29 다음 중 로고와 아이콘 작업에 주로 사용되는 벡터 그래픽 소프트웨어는?

① 포토샵
② 일러스트레이터
③ 스케치업
④ 블렌더

30 DPI(Dots Per Inch)에 대한 설명으로 올바른 것은?

① DPI는 인쇄 장치나 디스플레이의 해상도를 나타내는 단위이다.
② DPI가 높을수록 인치당 더 많은 점(dot)을 표현할 수 있다.
③ DPI 값은 장치에 따라 다양하게 설정된다.
④ 인쇄에서 사용되는 망점 스크린의 선 수를 나타내는 단위이다.

31 다음 중 빛의 파장에 따라 다른 색으로 분해된 현상은?

① 반사색
② 스펙트럼
③ 금속색
④ 무채색

32 물체의 색과 관련하여 흰색은 어떤 파장의 빛을 반사하는가?

① 일부 파장만 반사
② 모든 파장의 빛을 흡수
③ 모든 파장의 빛을 반사
④ 특정 파장만 흡수

33 특정 색에 지속적으로 노출되면 그 색에 대한 감각이 둔감해지는 현상은 무엇인가?

① 색의 항상성
② 색순응
③ 명암순응
④ 푸르킨예 현상

34 다음 중 표색계에 대한 설명으로 틀린 것은?

① 표색계는 색을 체계적으로 분류하고 표현하기 위한 체계이다.
② 혼색계는 색상, 명도, 채도에 따라 물체의 색을 체계적으로 배열한 색상 체계이다.
③ 현색계에는 먼셀 표색계, 오스트발트 표색계등이 있다.
④ 표색계는 현색계와 혼색계로 분류된다.

35 다음 중 조건등색(메타머리즘)에 해당하는 현상은?

① 색 온도에 따라 물체의 색이 다르게 보임
② 형광등 아래서는 같고, 자연광에서는 다르게 보임
③ 해질녘에 빨간색은 어두워 보이고 파란색을 밝아 보임
④ 특정 조명 아래에서만 색이 변함

36 먼셀 색체계에 대한 설명으로 옳지 않은 것은?

① 색은 혼합하는 양에 따라 결정된다.
② 색의 표기 형식은 H V/C로 나타낸다.
③ 색상(H), 명도(V), 채도(C)로 색을 구분한다.
④ 순수한 빨강은 5R 6/12로 표기된다.

37 색의 경연감에 대한 설명으로 옳은 것은?

① 명도와 채도에 따라 단단하거나 부드러운 느낌을 준다.
② 밝은 색은 단단하고 거친 느낌을 준다.
③ 어두운 색은 부드럽고 가벼운 느낌을 준다.
④ 색상이 명도에 따라 차갑게 느껴진다.

38 유기농 베이커리 웹사이트에 적합한 색상은?

① 빨강
② 노랑
③ 파랑
④ 보라

39 색채 디자인에서 주조색의 역할로 적합한 것은?
① 디자인의 명도를 조정하는 색상
② 디자인의 균형을 유지하기 위한 보완 색상
③ 디자인의 특정 요소를 돋보이게 하는 포인트 색상
④ 전체 디자인에서 분위기를 결정하는 핵심 색상

40 다음 색상 매칭이 바르게 연결된 것은?

RGB(255, 255, 0) – CMY(255, 255, 0)

① 파랑 – 흰색
② 노랑 – 검정
③ 노랑 – 파랑
④ 초록 – 검정

41 목적에 맞게 두 가지 이상의 색을 나란히 배치하여 미적 감각을 느끼는 것은 무엇인가?
① 색의 배색
② 색의 대비
③ 색의 혼합
④ 색의 넝시

42 색의 대비에 대한 설명 중 연결이 틀린 것은?
① 계시대비는 한 색상을 일정 시간 바라본 뒤 느껴지는 대비 효과이다.
② 동시대비는 두 가지 색상이 나란히 있을 때 보이는 현상이다.
③ 연변대비는 처음 본 색의 자극이 다음 색 인식에 영향을 미친다.
④ 채도대비는 채도 차이가 더 뚜렷해 보이는 시각적 효과이다.

43 저드의 색채조화 원리에 관한 설명으로 틀린 것은?
① 친근감의 원리 – 흔히 접할 수 있는 색상으로 편안하게 느끼는 원리
② 유사성의 원리 – 색상 간에 명도, 채도, 색상이 비슷할 때 조화를 이루는 원리
③ 질서성의 원리 – 색상을 규칙적이고 체계적으로 배열하여 시각적 안정감을 주는 원리
④ 명료성의 원리 – 유사한 성질의 색상을 사용하여 시각적으로 안정감을 주는 원리

44 비콜로 배색은 어떤 배색 방식인가?
① 세 가지 색상을 사용하여 균형과 대비를 이루는 방식
② 두 가지 색상을 사용하여 강렬한 대조나 조화를 이루는 방식
③ 색상 간 명도를 낮추어 통일감을 주는 방식
④ 채도를 통일감 있게 유지하는 방식

45 문·스펜서의 색채조화론에서 조화를 이루는 배색이 아닌 것은?
① 대비조화
② 유사조화
③ 통일조화
④ 동일조화

46 VR(가상현실)과 AR(증강현실)의 차이에 대한 설명으로 옳은 것은?
① VR은 현실 위에 가상 요소를 덧씌운다.
② AR은 완전한 가상 세계를 구축한다.
③ VR은 몰입형 환경, AR은 현실 기반 보강형 환경이다.
④ 둘 다 동일한 개념이다.

47 멀티미디어 시스템 구성 중 연결이 틀린 것은?
① 저장 장치 – 하드 디스크
② 통신 장치 – 동기형 통신 장치
③ 하드웨어 – CD-ROM
④ 통신 장치 – SSD

48 멀티미디어 제작 소프트웨어 연결로 틀린 것은?
① 이미지 편집 소프트웨어 – 포토샵, 페인트 샵
② 웹 페이지 소프트웨어 – 일러스트레이터
③ 사운드 편집 소프트웨어 – 골드 웨이브, 오디션
④ 애니메이션 편집 소프트웨어 – 3D 스튜디오 맥스

49 웹 폰트 관련 속성과 설명 연결이 옳지 않은 것은?
① font-family : 글꼴 지정
② font-size : 글자 크기 지정
③ font-weight : 글자 색 지정
④ line-height : 줄 간격 지정

50 색인(Indexing)은 주로 무엇을 하기 위한 작업인가?
① 불필요한 정보 제거
② 검색 결과 순위 조정
③ 정보 검색을 빠르게 정리
④ 검색 엔진 속도 지연

51 웹 서버와 웹 브라우저 간 데이터 전송에 사용하는 프로토콜은 무엇인가?
① FTP
② HTTP
③ HTML
④ TCP/IP

52 웹 브라우저의 기능 중 사용자의 디바이스에 방문 기록과 설정 정보를 저장하여, 재방문 시 이전 상태를 유지하고 맞춤형 정보를 제공하는 것은?
① 쿠키
② 프록시
③ 방화벽
④ HTTP

53 JavaScript에서 주석을 작성할 때, 한 줄 주석의 표기 방식은?
① /* 주석 */
② <!-- 주석 -->
③ # 주석
④ // 주석

54 다음 중 자바스크립트의 예약어가 아닌 것은?
① const
② for
③ function
④ total

55 다음은 무엇에 대한 설명인가?

> • SGML에서 파생된 간단하고 매우 획기적인 마크업 언어이다.
> • 문법 측면에서 매우 엄격하며, 데이터를 구조화하고 저장 및 전송하기 위한 언어이다.

① HTML
② JSON
③ XML
④ CSS

56 다음 중 프론트엔드 언어에 해당하는 것은?

① PHP
② JavaScript
③ Python
④ JSP

57 웹 서버의 작동 원리 순서로 알맞은 순서는?

① 연결 설정 → 서버 응답 생성 → 요청 수신 → 응답 반환 → 연결 종료
② 연결 설정 → 요청 수신 → 응답 반환 → 서버 응답 생성 → 연결 종료
③ 연결 설정 → 요청 수신 → 서버 응답 생성 → 응답 반환 → 연결 종료
④ 연결 설정 → 응답 반환 → 요청 수신 → 서버 응답 생성 → 연결 종료

58 데이터베이스의 구조를 시각적으로 표현하여 테이블 간 관계를 정의한 다이어그램은 무엇인가?

① 유스케이스
② 기능 차트
③ ERD
④ 시스템 이행 계획서

59 산출물 정리 및 체계화의 주요 목적이 아닌 것은?

① 검색 및 분석이 용이하여 의사결정을 돕는다.
② 불필요한 작업을 줄여 효율성을 높인다.
③ 유지보수 작업을 최소화한다.
④ 프로젝트 가치를 높여 클라이언트에 제공한다.

60 산출물 정리를 위해 필요한 데이터를 선별하여 보존 및 폐기 여부를 결정하는 작업은?

① 결과 보고서 작성
② 데이터 선별 및 정리
③ 체크리스트 작성
④ 산출물 구성

웹디자인개발기능사 실전 모의고사 05회

시험 일자	문항 수	시험 시간
년 월 일	총 60문항	60분

수험번호 : _____
성   명 : _____

자동 채점 서비스

정답 & 해설 ▶ 1-296p

01 외부 데이터에 해당하는 것은?

    ㄱ. 환율 정보
    ㄴ. 고객 구매 이력
    ㄷ. 주식 정보
    ㄹ. 날씨 정보

① ㄱ, ㄹ
② ㄱ, ㄷ, ㄹ
③ ㄷ, ㄹ
④ ㄴ, ㄷ, ㄹ

02 다음 중 데이터 분석의 체크리스트에 포함되지 않는 것은?

① 정보 구조 관점
② 내비게이션 관점
③ 마케팅 관점
④ 공학적 관점

03 인지 모형의 목적에 대한 설명으로 옳은 것은?

① 사용자의 성격을 분석하는 모형이다.
② 사용자의 행동을 예측하는 자료이다.
③ 사용자의 사고와 정보 처리 과정을 설명하는 모델이다.
④ 사용자의 동기와 경험을 기록하는 자료이다.

04 육색모 사고법에서 빨간색이 상징하는 것은?

① 객관적 사고
② 감정적 사고
③ 전체적인 사고
④ 비판적 사고

05 제2차 저작물의 보호에 해당하는 예시는?

① 판례집
② 번역본
③ 특허 문서
④ 행정규칙

06 디지털 저작권 관리(DRM)의 주요 기능으로 적합한 것은?

① 복제 방지   ② 비용 절감
③ 무단 배포   ④ 필터링

07 다음 중 와이어 프레임 작성 시 고려 사항으로 맞는 것은?

① 그래픽 품질을 높이기 위해 고해상도 요소를 포함한다.
② 특정 화면 비율만 집중하여 레이아웃 작성한다.
③ 전반적인 콘텐츠 배치에 중점을 둔다.
④ 페이지 최종 디자인 세부 요소를 반영한다.

08 레이아웃 구성에 대한 설명 중 틀린 것은?

① 가로, 세로 보이지 않는 격자를 통해 요소를 배치한다.
② 여백을 통해 공간감을 표현하고 주제를 부각시킨다.
③ 페이지 간의 일관성을 유지하는 데 중요하지 않다.
④ 텍스트, 이미지, 그래픽 요소 등을 배치해 시각적 구성을 만드는 과정이다.

09 다음 중 인위적 형태의 디자인 응용에 해당하는 예로 가장 적절한 것은?

① 나뭇잎을 모티프로 한 패턴
② 산맥의 윤곽선을 활용한 로고
③ 도형을 반복적으로 배열한 디자인
④ 파도 모양을 단순화한 일러스트

10 다음 HTML 태그의 의미로 옳은 것은?

```
<ol>
    <li>HTML</li>
    <li>CSS</li>
    <li>JavaScript</li>
</ol>
```

① 점으로 구분된 순서 없는 목록이 표시된다.
② 번호가 매겨진 순서 있는 목록이 표시된다.
③ 들여쓰기 없이 문단이 나열된다.
④ 사전식 정의 목록이 만들어진다.

11 다음 중 UI 구성요건에 대한 설명으로 옳은 것은?

① 학습의 용이성 : 사용자가 별도의 교육 없이 시스템을 쉽게 배울 수 있도록 직관적으로 설계해야 한다.
② 사용의 효율성 : 사용자가 작업을 느리고 복잡하게 처리할 수 있도록 여러 단계를 추가한다.
③ 오류의 최소화 : 사용자의 실수를 인식하지 않도록 설계하고, 수정할 기능을 제공하지 않는다.
④ 사용자 만족 : 사용자의 기대와 상관없이 기능을 제공하여 사용자 경험에 무관심하게 설계한다.

12 UX 디자인의 핵심 목표는?

① 사용자의 만족도 향상
② 데이터베이스 효율적 관리
③ 제작 비용 최소화
④ 서버 속도 최적화

13 웹 페이지 주요 레이아웃 구성 요소 설명 연결 중 틀린 것은?

① 푸터 - 저작권 정보, 주소, 대표 전화번호, 이메일 등 포함
② 헤더 - 검색, 위치 정보, 내비게이션 막대, 풀다운 메뉴, 사이트 맵 제공
③ 바디 - 콘텐츠가 담기는 주요 영역
④ 광고 - 다양한 형태와 크기로 구성

14 웹사이트 그리드 시스템에 대한 설명으로 틀린 것은?

① 960 그리드 시스템은 웹사이트 디자인에 보편적으로 사용된다.
② 미세 조정 그리드 시스템을 활용한다.
③ 12개의 단으로 나눠 다양한 해상도에 적합하다.
④ 12개의 단은 1, 2, 3, 4, 6 등으로 나눌 수 있어 다양한 레이아웃 구성이 가능하다.

15 웹사이트 디자인에서 사용자가 가장 먼저 인지하는 요소는 무엇인가?

① 폰트
② 컬러
③ 캐릭터
④ 아이콘 디자인

16 PPI와 DPI에 대한 설명으로 틀린 것은?

① PPI는 디스플레이에서 1인치당 픽셀 수를 의미한다.
② DPI는 프린터에서 1인치당 점의 수를 나타낸다.
③ PPI와 DPI가 높을수록 이미지가 선명하게 표현된다.
④ PPI는 주로 인쇄물의 품질을 결정한다.

17 다음은 무엇에 대한 설명인가?

- 인간의 시각에 기반한 색상 모델이다.
- 밝기, 색상으로 색을 정의하여 넓은 색 영역을 표현한다.

① RGB ② CMYK
③ HSB ④ LAB

18 다음 중 '점이(점층)'는 디자인 원리의 어느 영역에 속하는가?

① 통일
② 리듬
③ 동세
④ 대조

19 숫자 3, 8, 알파벳 B, S와 같은 문자 디자인 시 고려해야 하는 착시 현상은?

① 수평–수직 착시
② 상방 거리 과대 착시
③ 대비의 착시
④ 반전 명도의 착시

20 애니메이션 기법 중, 객체의 시작 상태와 끝 상태만 정의하면 중간 단계가 자동 생성되는 기법은?

① 모핑
② 트위닝
③ 키프레임
④ 스톱모션

21 모핑 애니메이션의 설명으로 맞는 것은?

① 움직이는 텍스트를 활용하여 메시지를 전달하는 기법이다.
② 한 이미지가 다른 이미지로 부드럽게 전환되는 방식이다.
③ 빠른 동작에 자연스러운 움직임을 부여하는 데 유용하다.
④ 여러 장의 그림을 책처럼 묶어 빠르게 넘겨 애니메이션처럼 보이게 하는 방식이다.

22 프로토타입에서 Quick and Dirty의 목적은 무엇인가?
① 사용자의 요구 분석을 최대한 정밀하게 설계하는 것
② 개발 초기 빠르게 아이디어를 시각화하는 것
③ 대규모 시험을 위해 만든 프로토타입
④ 사용자 피드백을 수집하지 않는 것

23 사용성 테스트의 목적은 무엇인가?
① 스마트 소비자의 구매 단계별 웹 라이프스타일을 파악하기 위해
② 사용자의 감정을 분석하기 위해
③ 사용자가 제품을 얼마나 쉽게 사용할 수 있는지 평가하기 위해
④ 웹사이트의 디자인 요소를 최종 검토하기 위해

24 사용자의 태도 분석에 주로 사용되는 직접적 방법은?

ㄱ. 웹 로그 분석
ㄴ. 포커스 그룹 인터뷰
ㄷ. A/B 테스트
ㄹ. 사용자 설문

① ㄴ, ㄹ
② ㄱ, ㄷ
③ ㄱ, ㄷ, ㄹ
④ ㄴ

25 사용성 테스트에서 참여자의 수행 중 발생한 장애, 오류를 상세히 기록하는 역할을 담당하는 인력은?
① 진행자
② 관찰자
③ 커뮤니케이션 소통자
④ 안내자

26 참여자 선발에 대한 설명 중 틀린 것은?
① 예비 참여자 명단을 확보한다.
② 2배수까지 대기자를 확보한다.
③ 참여자 수를 제한하지 않는다.
④ 전화 인터뷰를 통해 참여자의 적합성을 재확인한다.

27 다음 설명에 해당하는 목표 사용자 이해 방법은 무엇인가?

> 명확하게 정의된 목표 사용자와의 인터뷰를 통해 구체적인 의견을 수집한다.

① 네티즌 이해
② 트렌드 분석
③ 소비자 심리 이해
④ 포커스 그룹 인터뷰

28 안드로이드 애플리케이션 제작 시 해상도 관리를 위한 효율적인 방법은?
① 모든 해상도를 개별적으로 제작해야 한다.
② 대표적인 모델과 해상도를 선정해 제작하는 것이 효율적이다.
③ 오직 XHDPI만 고려하여 제작하면 된다.
④ 고해상도일수록 해상도를 낮춰야 한다.

29 웹사이트 성능 최적화 표준에 포함되지 않는 항목은?
① 이미지 압축
② HTTPS 사용
③ 파일 크기 줄이기
④ 캐싱 활용

30 디바이스의 특성에 따른 설계 시 고려 사항으로 틀린 것은?
① 컴퓨터는 멀티미디어 처리를 위한 고성능이 필요하다.
② 모바일은 작은 화면에 맞춘 별도 디자인이 필요하다.
③ 태블릿은 주로 터치 조작을 기반으로 설계된다.
④ 디지털 사이니지는 사용자의 실시간 상호작용으로 설계된다.

31 어두운 환경에서 주로 활성화되는 시각 체계는?
① 암소시
② 명소시
③ 청각
④ 촉각

32 파장이 짧은 색일수록 빛의 굴절률이 어떻게 되는가?
① 작아진다
② 커진다
③ 변하지 않는다
④ 파장에 관계없이 같다

33 다음 중 가산혼합에 대한 설명으로 옳지 않은 것은?
① 빛의 혼합 방식으로 빛을 더할수록 밝아진다.
② 빛의 삼원색은 빨강, 초록, 파랑이다.
③ 빛을 혼합하면 최종적으로 검정이 된다.
④ TV, 모니터 등에서 사용된다.

34 감산혼합의 삼원색이 아닌 것은?
① 자주(Magenta)
② 청록(Cyan)
③ 노랑(Yellow)
④ 파랑(Blue)

35 다음 중 색상환에 대한 설명으로 틀린 것은?
① 색상환은 색을 시각적으로 이해하고 분류하기 위해 색상을 원형으로 배열한 도구이다.
② 우리나라 교육 분야에서 먼셀의 20색상환을 활용하고 있다.
③ 색상환에서 근접보색은 정반대 위치에 있는 색이다.
④ 색상환은 색상간의 관계를 보여주며 이해할 수 있도록 도와준다.

36 다음 중 혼색계의 대표적인 예는?
① 먼셀 표색계
② 오스트발트 표색계
③ CIE 표색계
④ NCS 색상 체계

37 아래 왼쪽 검은 원반의 중심을 40초 동안 주시한 후, 오른쪽 검은 점으로 시선을 이동하면 어떤 현상이 발생하는가?

① 부의 잔상　② 보색 대비
③ 명도 대비　④ 정의 잔상

38 먼셀 색입체를 수직으로 절단한 단면은?

① 동일 명도면
② 동일 채도면
③ 동일 색조면
④ 동일 색상면

39 다음 오스트발트 표색계에 관한 설명 중 틀린 것은?

① 오스트발트 표색계는 헤링의 4원색설을 기본으로 하고 있다.
② 무채색은 백색량 + 흑색량 = 50%가 되게 하였다.
③ 오스트발트의 색입체는 한, 위아래가 맞붙은 복원추체 구조로 구성된다.
④ 색표시는 색상기호, 백색량, 흑색량 순으로 한다.

40 다음 설명에 해당하는 것은?

> 판매 시점에서 소비자의 주목을 끌어, 구매를 유도하기 위해 카운터 부근에 설치된 광고

① 웹디자인
② POP디자인
③ 가상현실
④ 레터링디자인

41 색채 디자인 프로세스에 대한 설명으로 알맞은 것은?

① 색채기획 – 디자인 목적과 방향에 맞는 색채 사용 계획
② 색채기획 – 색채 데이터 분석
③ 콘셉트 설정 – 주조색, 보조색 선정하여 디자인에 적용
④ 색채 디자인 – 조사된 자료를 바탕으로 색채 이미지 설정

42 색조 조절 방식 중 톤(Tone)은 어떤 방법인가?

① 색상에 흰색을 추가
② 색상에 회색을 추가
③ 색상에 검정색을 추가
④ 색상에 노란색을 추가

43 다음 중 색채 조화를 위한 배색 시 고려해야 할 사항으로 거리가 먼 것은?

① 색의 전체적 인상을 동일하게 유지하기 위해 색상, 명도, 채도 중 한 가지 공통된 부분을 만들어 준다.
② 배색할 때 전체 색조를 생각한 후, 색상 수를 될 수 있는 대로 많이 한다.
③ 비슷한 색상들로 이루어진 조화는 명도나 채도의 차이를 주어 대비 효과를 만든다.
④ 일반적으로 가벼운 색은 위쪽에, 무거운 색은 아래쪽에 배치한다.

44 웹사이트 제작 단계 중 목적과 디자인 방향을 설정하는 단계는?

① 작성 단계
② 콘셉트 단계
③ 구현 단계
④ 평가 단계

45 종이를 잘라 움직이며 한 장면씩 촬영하는 기법은?

① 스톱모션 애니메이션
② 모핑 애니메이션
③ 트위닝 애니메이션
④ 로토스코핑 애니메이션

46 멀티미디어 제작 기획서 작성 단계 설명 중 틀린 것은?

① 요구 분석과 목표 정의 단계에서는 프로젝트 목적과 대상 사용자를 설정한다.
② 제작 기획서 작성 단계에서는 6W3H 접근법을 활용해 세부 내용을 정리한다.
③ 자료 수집 및 참조모델 설정 단계에서는 SWOT 분석을 활용한다.
④ 콘셉트 설정 단계에서는 플랫폼과 운영체제를 정리한다.

47 분광색(Spectral Color)에 대한 설명으로 옳은 것은?

① 빛의 파장에서 얻은 순수색이다.
② 혼합으로 얻은 색이다.
③ 무채색을 의미한다.
④ 보색 대비로 생긴다.

48 다음 중 멀티미디어 제작 과정의 '기획 및 설계' 단계에 해당하는 작업은?

① 콘텐츠 제작물 산출
② 제작 기획서와 스토리보드 작성
③ 오류 수정 및 최종 품질 개선
④ 프로그래밍 작업

49 다음 설명에 해당하는 것은?

> 두 개 이상의 규칙적인 패턴이 겹쳐질 때 물결무늬나 줄무늬 같은 시각적 간섭이 나타나는 현상으로, 특히 고해상도의 TIFF 이미지 인쇄 또는 JPEG 이미지를 확대, 축소할 때 자주 발생할 수 있다.

① 디더링
② 모아레 현상
③ 인터레이싱
④ 안티 앨리어싱

50 MPEG 포맷에서 720×480 해상도로 DVD 및 방송 용도로 사용되는 버전은?

① MPEG-1
② MPEG-2
③ MPEG-4
④ MPEG-7

51 다음 중 '웹'에 대한 설명으로 올바른 것은?

① 운영체제와 하드웨어를 제어하는 시스템 소프트웨어를 의미한다.
② 전 세계의 정보를 연결하고 제공하는 인터넷 기반의 정보 공유 시스템이다.
③ 1990년대에 팀 버너스 리에 의해 최초로 인터넷을 발명한 개념이다.
④ 웹은 오직 하이퍼텍스트만 지원한다.

52 다음은 무엇에 관한 검색 방식인가?

> 여러 검색 엔진을 동시에 활용하여 검색 결과를 한 화면에 종합적으로 제공하는 검색 방식

① 불리언 검색
② 메타 검색
③ 통합 검색
④ 키워드 검색

53 HTML 태그 중 ⟨table⟩ 구성과 관련이 없는 태그는?

① ⟨tr⟩
② ⟨dt⟩
③ ⟨th⟩
④ ⟨caption⟩

54 순서 없는 목록 태그는?

① ⟨ul⟩…⟨/ul⟩
② ⟨ol⟩…⟨/ol⟩
③ ⟨li⟩…⟨/li⟩
④ ⟨dl⟩…⟨/dl⟩

55 자바스크립트에서 경고창을 띄우는 메서드는?

① alert()
② confirm()
③ prompt()
④ window.close()

56 다음은 무엇에 관한 설명인가?

- HTML의 단점을 개선해 농석 웹 페이지 제작이 가능하도록 한 기술
- 사용자가 웹 페이지와 상호작용할 때 페이지를 다시 로드하지 않고 실시간으로 변경 가능하다.

① XML
② DHTML
③ PHP
④ JSP

57 디지털 산출물을 관리하는 방법 중 틀린 것은?

① 중앙에서 효율적으로 관리하도록 한다.
② 문서의 생성부터 폐기까지 관리한다.
③ 정보를 안전하게 공유할 수 있도록 한다.
④ 각자 관리하고, 총비용(TCO)을 늘린다.

58 작업분류체계(WBS) 작성 단계에서 가장 먼저 수행해야 할 단계는?

① 작업 분류 및 세분화
② 프로젝트 목표 및 범위 정의
③ 검토 및 조정
④ 자원 배치

59 디자인 가이드에 포함되지 않는 항목은 무엇인가?

① 디자인 원칙과 방향성
② 유지보수 담당자 정보
③ 일관성 있는 스타일 규칙
④ 접근성 및 반응형 지침

60 유지보수자가 시스템 운영 후 지속적으로 담당하는 것은?

① 클라이언트 교육
② 프로젝트 일정 관리
③ 문제 해결 및 개선
④ 이해관계자 분석

웹디자인개발기능사 실전 모의고사 06회

시험 일자	문항 수	시험 시간
년 월 일	총 60문항	60분

수험번호 : _____
성 명 : _____

자동 채점 서비스

정답 & 해설 ▶ 1-299p

01 다음 설명은 무엇에 대한 데이터 유형 설명인가?

- 데이터에 관한 구조화된 정보로, 다른 데이터를 설명하는 역할
- 파일의 작성 날짜, 저작권 정보가 포함된 XML 스크립트

① 의견(Opinion)
② 이야기(Story)
③ 메타데이터(Meta-Data)
④ 개념(Concept)

02 사용자 분석에서 주 사용자의 특징으로 올바른 것은?

① 제품의 목적에 알맞은 홍보를 진행하는 사람
② 시스템을 설계하고 유지 보수하는 사람
③ 특정 목적을 달성하기 위해 시스템을 직접 사용하는 사람
④ 고객 지원 부서에서 지원 업무를 수행하는 사람

03 아이디어 발상법 설명 중 옳은 것은?

① 마인드맵핑법 – 자유롭게 아이디어를 내놓는 방법
② 브레인스토밍법 – 양적으로 아이디어를 모아 최종 산출물을 얻음
③ 시네틱스법 – 누락 없이 하나씩 체크할 수 있는 일람표
④ 육색모 사고법 – 독특한 결합을 통해 발상하는 방법

04 저작권이 보호하는 창작물에 해당하지 않는 것은?

① 소설, 시
② 이미지와 사진
③ 논문과 강연
④ 전화번호부

05 다음은 무엇에 대한 설명인가?

- 그리드의 세로 방향 선으로, 콘텐츠가 수직으로 정렬되는 기준이 됨
- (　　)의 수에 따라 레이아웃 구성과 이미지 배치가 달라지며, 콘텐츠와 요소들의 배치 방식이 변화한다.

① 단(Column)
② 로(Row)
③ 모듈(Module)
④ 거터(Gutter)

06 다음 설명에 해당하는 문서는?

웹사이트의 전체 페이지와 콘텐츠의 계층 구조를 한눈에 파악할 수 있도록 트리 형태로 작성한 문서이다.

① 와이어 프레임(Wireframe)
② 플로우차트(Flowchart)
③ 스토리보드(Storyboard)
④ 사이트맵(Sitemap)

07 다음 중 스토리보드의 웹 페이지의 화면 설계에 대한 설명으로 옳지 않은 것은?

① 페이지 정보 영역 – 페이지 상단에 위치하며 프로젝트명, 화면 이름, 파일명, 화면 ID 등의 정보를 포함한다.
② 화면 설계 영역 – 전체 레이아웃과 와이어 프레임을 간단하게 나타내며, 시각적 인터페이스 요소는 생략한다.
③ 화면 설명 영역 – 각 요소에 대한 상세 기능과 요구사항을 서술하며, 필요한 요소에는 번호를 붙인다.
④ 하단 영역 – 문서 작성자, 회사명, 페이지 번호 등의 정보가 포함된다.

08 다음 중 시각화에 대한 설명으로 옳은 것은?

① 시각화는 단순히 데이터를 글로 표현해 전달하는 과정이다.
② 시각화는 대뇌에서 이미지를 만들어 정보를 쉽게 이해하게 하는 것이다.
③ 시각화는 데이터의 변화를 직관적으로 파악하기 어려운 방식을 의미한다.
④ 시각화는 데이터를 압축해 정보 전달을 최소화하는 방식이다.

09 다음 중 히트맵(Heatmap) 분석에 관한 설명으로 옳은 것은?

① 웹사이트 방문자의 행동 데이터를 차트와 표로만 분석하는 기법이다.
② 웹사이트 방문자의 마우스 이동 경로 자체를 기록하여 경로 선으로 표시하는 기법이다.
③ 웹사이트 방문자의 클릭 패턴을 색상으로 시각화하며, 클릭이 많은 영역일수록 붉은색으로 표시된다.
④ 웹사이트의 속도 및 로딩 시간을 분석해 성능을 측정하는 기법이다.

10 다음 설명이 의미하는 제이콥 닐슨의 UI 가이드라인 원칙은 무엇인가?

> 사용자가 시스템을 주도적으로 조정하거나 조정하는 것처럼 느끼도록 구성하는 것

① 사용자 조정
② 심성 모형
③ 피드백
④ 심미적 완성도

11 다음 중 사용자 경험의 단계를 올바른 순서로 나열한 것은?

> ㄱ. 사용자 기대
> ㄴ. 사용자 반성
> ㄷ. 사용자 경험

① ㄱ → ㄴ → ㄷ
② ㄴ → ㄷ → ㄱ
③ ㄱ → ㄷ → ㄴ
④ ㄷ → ㄴ → ㄱ

12 다음 중 UX 구성 요소로 올바르게 연결된 것은 무엇인가?

① 심미성 – 장애인과 고령자도 접근할 수 있는 설계
② 기능성 – 제품의 미적 가치와 일관성 있는 디자인
③ 신뢰성 – 제품의 일관된 작동과 안정성 제공
④ 접근성 – 사용자에게 편리한 기능 제공

13 다음 중 선형 구조의 예시로 적절한 것은?
① 특정 주제별로 구분된 학습 사전
② 정보 간 상호 연결이 가능한 표제어 하이퍼링크
③ 테이블 형태로 정보가 체계화된 데이터베이스
④ 가나다순으로 배열된 백과사전 항목

14 다음 중 최근 디자인 트렌드에 속하지 않는 것은 무엇인가?
① 마이크로 인터랙션
② 플랫 디자인
③ 스마트 내비게이션
④ 비트맵 이미지

15 다음 중 콘셉트 개발 시 AI 딥 러닝 기반 맞춤형 콘텐츠의 특징에 해당하는 것은?
① 감정적인 요소와 이모지를 활용한 디자인
② 빅 데이터를 활용한 비대면 서비스 마케팅
③ 미디어 콘텐츠에 맞춘 다양한 레이아웃 구성
④ 메타포를 사용해 감성적인 디자인 표현

16 HTML 문서 작성 시 글자 사이에 공백을 띄우기 위해 사용하는 특수 문자는 무엇인가?
① \
②
③ \<space>
④ &#space;

17 다음 중 동시성 유지 침해에 해당하지 않는 것은?
① 건물이나 구조물에 의해 시야가 차단되는 경우
② 대형 광고판이 설치되어 경관이 가려지는 경우
③ 도로 개설로 인해 시각적 연속성이 단절되는 경우
④ 건물의 증축으로 단순히 면적이 확대되는 경우

18 디자인 작업 시 주색(메인 컬러)을 선정할 때 고려할 사항으로 옳은 것은?
① 주색은 전체적인 분위기와 콘셉트를 결정하는 핵심 색상이다.
② 주색은 반드시 무채색만 사용해야 안정감을 줄 수 있다.
③ 주색은 여러 개를 혼합하여 다양하게 사용하는 것이 원칙이다.
④ 주색은 배색보다 보조색과 강조색에 우선한다.

19 다음 중 선에 대한 설명으로 틀린 것은 무엇인가?
① 가는 직선은 예리하며 가벼운 느낌을 준다.
② 사선은 역동적이지만 불안정하게 느껴질 수 있고, 강한 표현에도 효과적이다.
③ 곡선은 유연하며 부드럽고 정적인 느낌을 주는 표현에 적합하다.
④ 선은 점이 이동한 자취로 형성된다.

20 다음 중 황금 비례에 대한 설명으로 올바른 것은 무엇인가?

① 약 1:2의 비율로, 인공적인 조형물에서 많이 발견된다.
② 약 1:1.618의 비율로, 조화롭고 아름답게 여겨지며 자연에서 자주 나타난다.
③ 약 2:3의 비율로, 주로 건축물에서만 사용된다.
④ 1:1의 비율로 균형감을 주기 위해 사용된다.

21 아이콘의 특징 중 사용자에게 쉽게 이해될 수 있도록 공통적인 상징이나 이미지를 사용하는 원칙은 무엇인가?

① 직관성   ② 일관성
③ 보편성   ④ 가독성

22 색의 주목성에 대한 설명으로 옳은 것은?

① 명도가 낮을수록 주목성이 높다.
② 채도가 높을수록 주목성이 높다.
③ 무채색일수록 주목성이 높다.
④ 파스텔톤이 주목성이 높다.

23 UI 디자인 영역에서 UX와 겹치는 부분은?

① 시각 디자인
② 반응형 디자인
③ 인터랙션 디자인
④ 레이아웃 디자인

24 다음 중 디자인 프로젝트에서의 업무 분장에 대한 설명으로 알맞은 것은?

① 각 작업의 담당자를 구분하여 효율적이고 명확한 역할 분담을 통해 프로젝트 완성도를 높인다.
② 모든 팀원이 동일한 역할을 수행하여 프로젝트 일정을 효과적으로 관리한다.
③ 모든 업무를 한 사람이 맡아 일정에 따라 처리하여 효율성을 높인다.
④ 업무 분장은 불필요하며, 팀원들의 자율에 따라 작업이 이루어지도록 한다.

25 다음 설명에 해당하는 조사 방법은?

- 사용자로부터 데이터를 수집해 객관적인 결론을 도출하는 방법이다.
- 장점 : 대규모 데이터를 빠르게 수집하고 통계 분석이 가능하다.
- 단점 : 심층적인 감정 분석이나 맥락 파악에 한계가 있다.

① 설문조사
② A/B 테스트
③ 인터뷰
④ 사용자 관찰

26 디지털 소비자의 웹 라이프 스타일 '몰링'의 설명으로 알맞은 것은?

① 쇼핑뿐만 아니라 여가 활동도 즐기는 소비자 집단
② 최고의 가치를 찾기 위해 정보를 탐색하는 소비자
③ 제품 개발과 판매에 적극적으로 참여
④ 디자이너나 예술가의 개성을 중시

27 다음 중 웹의 주요 특징에 관한 설명으로 옳은 것은 무엇인가?
① 웹은 텍스트만을 제공하는 시스템으로, 하이퍼텍스트나 멀티미디어 요소는 포함되지 않는다.
② 웹사이트는 HTML, CSS, JavaScript와 같은 기술로 구성되며, 기본 언어는 HTML이다.
③ 웹 브라우저를 통해 정보를 제공하지만 하이퍼 링크는 사용되지 않는다.
④ 웹은 이미지와 동영상보다 텍스트 정보 제공에 초점을 맞추고 있다.

28 다음 중 DP(Density-independent Pixel)에 대한 설명으로 알맞은 것은?
① DP는 모든 디바이스에서 1dp가 1px에 해당한다.
② 높은 밀도의 디바이스에서는 동일한 크기를 위해 더 많은 픽셀을 차지한다.
③ DP는 화면 밀도(DPI)가 높아져도 항상 같은 픽셀 수로 표시된다.
④ DP 단위는 픽셀 수를 나타내며 해상도에 따른 차이는 없다.

29 빛에 대한 설명으로 옳지 않은 것은?
① 우리가 눈으로 인식할 수 있는 빛은 가시광선, 자외선, 적외선이 있다.
② 가시광선은 대략 380~780nm 파장의 빛이다.
③ 빛은 파동과 입자의 이중성을 가진다.
④ 빛의 3원색은 RGB이다.

30 다음 중 웹 표준에 대한 설명으로 옳은 것은?
① 웹 표준은 특정 브라우저에 맞춰 웹을 구현하기 위한 규격을 말한다.
② HTML과 CSS는 웹 표준 기술로, 웹 문서의 구조와 스타일을 정의한다.
③ XML은 웹 페이지의 디자인을 정의하기 위한 마크업 언어이다.
④ 웹 표준은 주로 보안 문제를 해결하기 위해 만들어진 규격이다.

31 손가락으로 떼지 않고 누르는 상태를 의미하는 UX 용어는?
① 탭(Tap)
② 프레스(Press)
③ 드래그(Drag)
④ 핀치(Pinch)

32 다음 중 색의 3속성으로 알맞은 것은?
① 색상, 명도, 채도
② 순색, 청색, 탁색
③ 색상, 색조, 채도
④ 색상, 밝기, 명도

33 먼셀의 표색계에서 색상 표시 기호로 알맞은 것은?
① CH/V
② HV/C
③ C/VH
④ HC/V

34 색광의 3원색에 관한 설명으로 틀린 것은?

① 색광의 3원색은 빨강, 초록, 파랑으로 이루어진다.
② 색광 3원색을 혼합하면 다양한 색을 생성할 수 있다.
③ 색광의 혼합은 명도를 높이는 효과를 갖는다.
④ 색광의 3원색은 다른 색광을 혼합하여 생성된다.

35 다음 설명에 해당하는 색상 체계는 무엇인가?

- 색을 체계적으로 정의하기 위해 만들어진 시스템이다.
- 색의 3속성인 색상, 명도, 채도를 기준으로 색을 표현하며, 색상환과 색입체로 구성된다.

① 오스트발트 색상환
② 먼셀의 표색계
③ CIE 색상 체계
④ RGB 색상 모델

36 다음 중 먼셀의 색입체에서 수평 단면(횡단면)에 대한 설명으로 올바른 것은?

① 수평 단면에는 같은 명도의 색들이 배열되며, 이를 등명도면이라고 한다.
② 수평 단면에서는 일부 색상만 배열되고 보색 관계 중심으로 구성된다.
③ 무채색은 바깥쪽에 위치하며 채도가 가장 높은 순색이 중심에 배열된다.
④ 수평 단면의 중앙부에는 색상이 없이 빈 공간으로 남는다.

37 다음 중 빨간색이 가장 선명하고 뚜렷하게 보일 수 있는 배경색은?

① 자주 ② 초록
③ 노랑 ④ 주황

38 다음 중 색의 수축과 팽창 효과에 가장 큰 영향을 미치는 요소로 알맞은 것은?

① 색의 온도 ② 색의 잔상
③ 색의 명도 ④ 색의 중량

39 사용자 행동 데이터를 기반으로 한 분석 기법은?

① 시뮬레이션 분석
② 프로토타입 분석
③ 웹 로그 분석
④ 페르소나 분석

40 다음 중 웹 디자인 시 고려 사항으로 적절하지 않은 것은?

① 정보 전달을 위해 이미지와 영상 등 다양한 멀티미디어 요소를 적절히 활용한다.
② 사용하기 편리하고 다양한 기능을 제공하는 웹 에디터를 선택한다.
③ 홈페이지 첫 화면에 팝업 광고를 반드시 포함한다.
④ 고채도 색상이나 지나친 대비를 피하고, 시각적 피로를 줄이는 배색이 필요하다.

41 다음 중 베이직 시스템에 대한 설명으로 틀린 것은?

① CI 디자인에서 일관성을 유지하기 위해 구성 요소에 대한 가이드라인을 제공한다.
② 다양한 매체에서 통일된 디자인을 적용하기 위해 심벌마크, 로고타입, 전용 색상 등에 관한 규정을 포함한다.
③ 베이직 시스템은 사용자가 원하는 대로 색상과 크기를 자유롭게 변경할 수 있도록 허용한다.
④ 심벌마크는 크기와 위치에 대한 구체적인 사용 지침이 포함되어 있다.

42 실사와 애니메이션을 합성하는 제작 방식은?

① 로토스코핑(Rotoscoping)
② 모핑(Morphing)
③ 트위닝(Tweening)
④ 스톱모션(Stop Motion)

43 다음 중 동일 색상의 배색이 아닌 것은?

① 차분하고 조화로운 느낌을 준다.
② 통일된 분위기를 형성한다.
③ 안정된 질서를 느낄 수 있다.
④ 활기차고 즐거운 느낌을 준다.

44 다음 중 문·스펜서의 색채조화론에서 조화로운 색 배치와 관련된 설명으로 옳지 않은 것은?

① 넓은 면적에는 차분한 색을, 작은 면적에는 강렬한 색을 사용하여 균형을 이룬다.
② 색채의 지각 감도를 기준으로 오메가 공간에서 조화 색과 비조화 색을 구분했다.
③ 미도 값이 0.5 이하이면 색상이 조화롭다고 간주된다.
④ 면적이 클수록 색의 지배력이 강해진다.

45 다음 중 색상, 명도, 채도를 함께 표시하는 색명으로 알맞은 것은?

① 기본 색명 ② 근대 색명
③ 계통 색명 ④ 관용 색명

46 다음 중 멀티미디어 저작 도구의 주요 기능으로 적절하지 않은 것은?

① 다양한 미디어 요소를 편집하고 동기화하여 상호작용하는 콘텐츠 제작한다.
② 프로그램 완성 후에도 지속적인 버그 수정을 요구한다.
③ 제작된 콘텐츠를 재생 및 배포할 수 있다.
④ 다른 프로그램과 연동하여 활용할 수 있다.

47 UI 설계에 사용되지 않는 프로그램은?

① Adobe Flash
② Adobe XD
③ Figma
④ Illustrator

48 웹 페이지에 간단한 애니메이션 배너를 삽입할 때 가장 적절한 파일 형식은?

① WMV
② PSD
③ JPG
④ GIF

49 다음 중 확장자의 설명이 올바르게 연결되지 않은 것은?

① .avi – 오디오와 영상 데이터를 함께 저장하는 윈도우 기본 멀티미디어 형식
② .mp3 – 손실 압축 방식으로 파일 크기를 줄이며 대부분의 기기에서 재생 가능
③ .midi – 영상 편집용 비디오 파일 형식으로 고화질 영상을 제공
④ .mov – 애플의 퀵타임 기술을 사용하는 고품질 비디오 형식, 편집에 적합

50 다음 중 웹 브라우저의 주요 기능에 해당하지 않는 것은 무엇인가?

① 웹에서 정보 검색
② 웹 페이지를 열고 저장하기
③ 즐겨찾기 기능을 통해 자주 방문하는 사이트를 관리하기
④ HTML 파일의 소스 코드를 직접 수정 및 편집 저장

51 인공지능 시대의 웹 개발에서 개발자에게 점차 적게 요구되는 역량은?

① 단순 반복적인 코딩 능력
② 창의적 문제 해결 능력
③ 사용자 중심 설계 능력
④ 협업 및 커뮤니케이션 능력

52 다음 설명에서 해당되는 용어는 무엇인가?

> 웹 브라우저가 자체적으로 처리할 수 없는 미디어 데이터를 보조적으로 처리하고 재생하는 프로그램

① 플러그인(Plugin)
② 쿠키(Cookie)
③ 리키지(Leakage)
④ 유니코드(Unicode)

53 웹 표준을 제정·검사하는 국제 기구는?

① ISO
② W3C
③ IEEE
④ ANSI

54 다음 중 전역 변수에 대한 설명으로 알맞은 것은?

① 프로그램 전체에서 접근할 수 있으며, 모든 함수에서 참조 가능하다.
② 특정 함수나 블록 내에서만 유효하며, 함수 외부에서는 접근할 수 없다.
③ 메모리를 효율적으로 사용하고 외부 영향을 받지 않아 안전하다.
④ 외부에서 접근이 불가능하며, 다른 함수에서 참조할 수 없다.

55 다음 중 입력 필드가 포커스를 얻었을 때 발생하는 자바스크립트 이벤트 핸들러는 무엇인가?

① onBlur( )   ② onClick( )
③ onFocus( ) ④ onKeyDown( )

56 다음 설명에 해당하는 프로그램 개발 과정의 단계는?

> 여러 오브젝트 파일과 라이브러리, 외부 코드를 하나의 실행 파일로 통합하는 단계

① 소스 코드 작성
② 컴파일
③ 링킹
④ 로딩

57 다음 중 XHTML(Extensible HyperText Markup Language)에 대한 설명으로 옳은 것은?

① XHTML은 XML의 유연한 규칙을 바탕으로 태그와 속성을 자유롭게 사용한다.
② XHTML은 HTML과 호환되면서도 더 엄격한 규칙을 적용한다.
③ XHTML은 HTML과 달리 웹 페이지의 구조를 정의할 수 없다.
④ XHTML은 HTML에 비해 구문 규칙이 단순하여 사용이 더 자유롭다.

58 다음 중 사물인터넷(IoT)에 대한 설명으로 올바른 것은?

① 다양한 장치들이 인터넷을 통해 연결되지 않고 독립적으로 작동하는 기술
② 특정 네트워크 내에서만 장치 간의 데이터 전송이 가능한 기술
③ 인터넷을 통해 연결된 장치들이 데이터를 주고받고 상호작용하는 기술
④ 인터넷 연결 없이 클라우드에서만 작동하는 독립형 기술

59 다음 중 프로젝트 최종 발표 시 유의사항으로 옳지 않은 것은?

① 핵심 내용을 시각화하여 전달한다.
② 복잡한 데이터를 단순화하고 함축적으로 표현한다.
③ 발표 자료에 불필요한 장식을 과도하게 추가한다.
④ 청중이 이해하기 쉽도록 직관적인 구조로 정리한다.

60 산출물 정리에 대한 설명으로 옳지 않은 것은?

① 원가 개념을 적용하여 불필요한 문서 자료는 정리한다.
② 산출물은 보존·폐기 기준을 정해 관리한다.
③ 데이터는 네이밍 규칙에 따라 체계적으로 분류한다.
④ 산출물 정리는 협업과 추적성을 높이는 역할을 한다.

빠른 정답 확인 QR
스마트폰으로 QR을 찍으면 정답표가 오픈됩니다.
기출문제를 편리하게 채점할 수 있습니다.

PART 05

실전 모의고사 정답 & 해설

실전 모의고사 정답 & 해설

실전 모의고사 01회
1-234p

01 ②	02 ②	03 ①	04 ②	05 ④
06 ①	07 ③	08 ①	09 ③	10 ③
11 ③	12 ③	13 ③	14 ②	15 ②
16 ④	17 ②	18 ②	19 ③	20 ④
21 ②	22 ③	23 ②	24 ③	25 ②
26 ③	27 ②	28 ④	29 ④	30 ④
31 ②	32 ②	33 ②	34 ③	35 ④
36 ④	37 ①	38 ②	39 ④	40 ④
41 ③	42 ③	43 ④	44 ①	45 ②
46 ③	47 ④	48 ③	49 ①	50 ③
51 ②	52 ②	53 ①	54 ③	55 ①
56 ②	57 ③	58 ②	59 ①	60 ②

01 ②
데스틸 운동은 네덜란드에서 시작된 추상주의 예술 운동으로, 3원색(빨강 · 노랑 · 파랑)과 수평 · 수직 선을 강조하였다.

02 ②
정보 구조 관점은 데이터가 이해하기 쉽게 구성되어 있는지를 확인하는 항목이다.

오답 피하기
- ① 인터페이스 관점 : 사용자가 데이터를 쉽게 탐색하고 조작할 수 있도록 직관적으로 설계되어 있는지를 확인한다.
- ③ 비주얼 관점 : 사용자층에 맞는 디자인 요소가 적절하게 배치되어 시각적으로 효과적인지를 점검한다.
- ④ 마케팅 관점 : 데이터가 신뢰성을 갖추고 있으며, 사용자의 신뢰를 얻을 수 있는지를 확인한다.

03 ①
레이블(Label)은 색상이나 데이터에 이름이나 태그를 붙여 구분하고 식별하는 기능이다.

04 ②
마인드맵핑법은 주제를 중심으로 관련 아이디어를 시각적으로 연결하여 표현하는 기법이다. 핵심 개념을 도식화하며, 색상, 기호, 이미지 등을 사용해 정보를 기억하기 쉽게 시각적으로 구성할 수 있다. 이를 통해 생각을 자유롭게 확장하며 창의적 문제 해결과 학습에 유용하게 활용된다.

05 ④
저작권 침해는 저작자의 허락 없이 저작물을 복제, 배포, 수정하는 경우에 해당한다. 반면, 저작자의 허락을 받고 사용하는 경우는 저작권 침해에 해당하지 않는다.

06 ①
스토리보드는 프로젝트의 사용자 흐름과 화면 구성을 시각적으로 표현하는 설계 도구이다.

07 ③
와이어 프레임은 웹사이트나 애플리케이션 설계 초기에 화면의 레이아웃과 주요 기능의 위치를 시각적으로 계획하는 도구이다. 페이지의 구조와 사용자 흐름을 구체화하여 개발 단계에서 발생할 수 있는 설계 오류를 줄이고, 디자인과 기능의 기본 틀을 잡는 데 중요한 역할을 한다.

08 ①
거터(Gutter)는 그리드 시스템에서 각 요소 사이의 여백을 제공하여 디자인의 시각적 가독성을 높이는 데 중요한 역할을 한다.

오답 피하기
- ②, ③ : 로(Row)와 단(Column)은 그리드 시스템의 행과 열을 나타낸다.
- ④ : 모듈(Module)은 그리드 내에 배치되는 개별 콘텐츠 요소를 의미한다.

09 ③
PNG-8은 256색(8비트)까지만 사용하며 무손실 압축 방식으로 품질 저하 없이 저장되고, 배경 투명 처리(알파 채널 없음)가 가능하며 같은 색상이 반복될 경우 압축률이 높아 기업 로고, 아이콘, 단순 그래픽에 적합하다.

10 ③
음성 사용자 인터페이스(VUI)는 사용자가 음성을 통해 장치와 상호작용하는 인터페이스로, 음성 명령을 사용하여 기기를 조작하는 특징이 있다. 이때 VUI는 주변 소음이나 발음 차이, 말의 속도 등 다양한 환경적 요인에 영향을 받아 음성 인식 오류가 발생할 수 있다.

오답 피하기
- ①, ④ : 터치 사용자 인터페이스(TUI)에 관한 설명이다.
- ② : 명령 줄 인터페이스(CLI)에 관한 설명이다.

11 ③
UX는 사용자가 제품이나 서비스를 이용하면서 긍정적인 경험을 느낄 수 있도록 설계하는 것이 목표다.

오답 피하기
- ① GUI : 그래픽 요소를 활용해 사용자가 컴퓨터와 상호작용할 수 있는 인터페이스이다.
- ② UI : 사용자와 시스템 간 상호작용의 시각적, 물리적 요소들을 디자인하는 부분으로, UX를 구성하는 중요한 요소 중 하나이다.
- ④ TUI : 손가락이나 터치펜을 사용해 직접 화면을 터치하여 조작하는 방식이다.

12 ③
UX 디자인 원칙에서는 사용이 매끄러워야 한다는 것이 중요하며, 매끄럽지 못한 사용성은 UX 디자인의 원칙에 어긋나는 요소이다.

13 ③
정보 구조 설계에서 고려해야 할 사항으로는 불필요한 정보 노출을 최소화하고, 명확한 분류 기준을 설정하여 정보 과부하를 방지하는 것이다.

14 ②
반응형 웹은 동일한 URL을 통해 다양한 디바이스에서 화면 크기에 따라 레이아웃이 자동으로 조정되는 웹사이트이다. 미디어 쿼리와 유동적 그리드 등을 사용해 웹사이트가 데스크톱, 태블릿, 모바일 등 다양한 화면 크기에 맞춰 콘텐츠를 조정한다.

15 ②
적응형 웹 디자인은 고정된 레이아웃 중 하나를 선택해 디바이스 해상도에 맞게 제공하는 방식이다.

오답 피하기
④ : 반응형 웹 디자인은 유동적인 그리드와 CSS 미디어 쿼리를 사용하여 하나의 레이아웃이 화면 크기에 맞춰 유연하게 조정된다.

16 ④
벡터 방식은 확대해도 품질이 떨어지지 않는 장점이 있으나, 복잡한 이미지를 표현하는 데는 한계가 있다. 복잡한 이미지는 비트맵 방식이 적합하다.

17 ②
안티 앨리어싱(Anti-Aliasing)은 그래픽에서 픽셀 경계가 계단처럼 보이는 앨리어싱 현상을 줄이기 위해 픽셀 색을 주변과 자연스럽게 섞어 경계를 부드럽게 만드는 기술이다.

오답 피하기
- ① 앨리어싱 : 이미지나 그래픽에서 계단 현상이 나타나는 것을 의미한다.
- ③ 래스터라이징 : 벡터 이미지를 픽셀 기반의 비트맵 이미지로 변환하는 과정이다.
- ④ 모아레 현상 : 촘촘한 무늬나 선이 중첩될 때 발생하는 시각적 간섭 현상으로, 일반적으로 줄무늬 패턴에서 물결무늬처럼 보이는 현상이다.

18 ②
위치는 상관 요소에 해당하며, 디자인 내에서 요소가 배치되는 위치를 의미한다. 시각 요소에는 형태, 색상, 질감 등이 포함된다.

19 ③
반전과 명도에 의한 착시는 명암의 차이로 인해 원래 형태가 왜곡되어 보이는 현상이다.

20 ③
픽토그램은 언어나 문화와 상관없이 보편적인 의미를 전달하여 쉽게 이해할 수 있다.

21 ②
키 프레임 방식은 시작과 끝 프레임만 설정하면 소프트웨어가 중간 프레임을 자동으로 생성하여 효율적으로 복잡한 동작을 표현할 수 있다.

22 ③
프로토타입은 반복적 수정이 가능하여 최종 제품의 품질을 높일 수 있다.

23 ②

오답 피하기
- ① : 사이트맵은 특정 디바이스에 국한되지 않으며, 모든 디바이스에서 사이트 구조를 보여줄 수 있는 구성 요소이다.
- ③ : 사용자가 현재 위치를 알 수 있도록 돕는 요소는 주로 브레드크럼(breadcrumb)이다.
- ④ : 사용자가 사이트의 주요 페이지로 쉽게 이동할 수 있도록 링크를 활성화해 제공하는 경우가 많다.

24 ③
질문법은 사용자에게 설문지, 인터뷰, 질문지를 통해 직접 질문을 하고 피드백을 받는 방식으로, 주관적인 평가와 사용자의 의견을 수집하는 것이 주된 목적으로 사용자가 제품을 사용할 때 느끼는 감정의 변화를 관찰하는 방식은 감정법에 해당한다.

25 ②
이동의 용이성은 웹 페이지 간의 이동이 얼마나 쉽고 직관적인지 평가하는 항목이다.

26 ③
사용성 테스트 준비물에는 녹음기, 필기도구, 테스트 스크립트 등이 포함되지만, 사용자 프로파일 정의서는 포함되지 않는다.

27 ②
효율성은 사용자가 작업을 수행하는 데 걸리는 시간과 노력을 평가하는 항목이다.

28 ④
사용자 만족도 질문표에는 주로 과제 수행 난이도, 정보 검색 용이성, 메뉴나 버튼의 직관성 등을 포함한다.

29 ④
디지털 사이니지와 키오스크는 모두 공공장소에 설치된 장치로 다양한 정보 제공이 목적이다.

30 ④
W3C는 HTML, CSS, 접근성 표준 검사를 제공한다.

31 ③
CSS는 웹 페이지의 스타일(폰트, 색상, 여백 등)을 정의하는 스타일시트 언어이다.

32 ②
색은 물체가 빛을 흡수하고 반사하는 방식에 따라 인식되는 시각적 현상이다.

오답 피하기
- ① : 빛이 없으면 인간의 눈은 색을 볼 수 없다.
- ③ : 색 지각은 반드시 빛과 연관되어 발생한다.
- ④ : 색은 물체의 온도와 직접적으로 관련이 없다.

33 ②
투과색은 빛이 투명한 물체를 통과할 때 나타나는 색으로, 스테인드글라스가 대표적이다.

34 ③
푸르킨예 현상은 어두운 환경에서 빨간색은 어둡게, 파란색은 밝게 보이는 현상이다.

35 ④
가산혼합은 빛의 색을 혼합하는 방식으로, 기본 색상인 빨강(R), 초록(G), 파랑(B)이 사용된다. 이때 빨강과 파랑을 섞으면 자주색(M)이 나온다.

36 ④
병치혼합은 실제로 색이 물리적으로 섞이지 않으며, 시각적 혼합이다.

37 ①

혼색계는 색의 혼합 방식을 분석하고 표현하는 체계로, 물리적 특성에 기반하여 색을 정의한다.

38 ②

오스트발트 표색계는 색을 순색(C), 백색(W), 흑색(B)으로 구분하는 색체계로, 순색(C)은 백색이나 흑색이 섞이지 않은 가장 순수한 색을 의미한다.

> **오답 피하기**
> - ① : 백색과 흑색이 혼합된 색은 중간색을 설명하는 표현이다.
> - ③ : 빛의 반사율이 가장 높은 색은 백색이다.
> - ④ : 빛의 흡수율이 가장 높은 색은 흑색이다.

39 ④

명도 대비는 색의 밝고 어두움(명도) 차이로 인해 발생하는 시각적 대비 효과를 의미한다. 밝은 색상과 어두운 색상이 나란히 배치될 때, 이 명도 차이가 크면 클수록 서로의 색이 더 선명하고 뚜렷하게 보이는 효과가 나타난다.

40 ③

잔상은 눈이 특정 색을 일정 시간 동안 응시한 후, 그 색을 보지 않더라도 시각적으로 남아있는 현상을 의미한다.

41 ③

올림픽 오륜기에서 파란색은 유럽을, 아프리카는 검정색을 상징한다.

42 ③

색의 연상은 특정 색상이 사람들에게 주는 심리적, 감정적 이미지나 느낌을 의미한다. 이때 파란색은 안정, 신뢰, 차분함이 연상된다.

43 ④

CI 디자인의 주요 요소에는 심벌마크, 로고타입, 전용 색상이 포함되며, 마케팅은 포함되지 않는다.

44 ①

VRML은 웹 상에서 3D를 표현하기 위해 사용되는 언어이다.

45 ②

슈브릴의 색채조화론에서는 유사조화와 대비조화를 통해 색채 조화를 설명하였다. 유사조화는 색상환에서 가까운 위치에 있는 색을, 빨강과 초록은 서로 정반대 위치에 있는 보색 관계로, 대조조화의 예에 해당한다. 따라서 빨강과 초록의 조합은 유사조화가 아니라 대조 조화를 형성한다.

46 ③

기본색명을 무작위로 나열하지 않으며, 수식어나 한자 단음절을 통해 색상을 체계적으로 표현한다.

47 ④

단색 이미지 스케일에서 중심점 0을 원점으로 상하좌우로 갈수록 이미지 강도는 점점 강해지는 특징이 있다.

48 ③

동영상 관련 표준으로는 H.264가 있으며, 오디오 표준은 MIDI와 MP3, 그래픽 관련 표준에는 CGM, OpenGL 등이 있다.

49 ①

과장을 통해 표현의 흥미를 더하고 효과적으로 메시지 전달을 할 수 있다.

50 ③

MIDI 소프트웨어는 음악 제작과 사운드 편집에 주로 사용된다.

51 ②

저작 도구는 미디어 요소를 편집하고 동기화하여 콘텐츠를 제작할 수 있다.

52 ②

디더링은 색상이 부족할 때, 픽셀을 무작위 배치하여 색상 변화를 자연스럽게 표현하는 기법이다.

53 ①

403 오류는 접근 권한이 없을 때 발생하는 오류이다.

> **오답 피하기**
> - ② 404 오류 : 사용자가 요청한 페이지가 존재하지 않거나 삭제되었을 때 발생하는 오류로, 잘못된 URL을 입력했을 때 자주 나타난다.
> - ③ 500 오류 : 서버 내부의 문제로 인해 요청을 처리할 수 없을 때 발생하는 오류이다.
> - ④ 503 오류 : 서버가 일시적으로 과부하 상태이거나 유지보수 중일 때 발생하는 오류로, 자원이 부족해 서비스를 제공할 수 없을 때 나타난다.

54 ③

UTF-8 인코딩을 설정하면 웹 페이지의 한글 깨짐 현상을 방지할 수 있다.

55 ①

〈!DOCTYPE html〉은 HTML5 문서의 선언문으로, 브라우저에 HTML5 문서를 사용하고 있음을 알린다.

> **오답 피하기**
> 〈html〉, 〈body〉, 〈meta〉는 HTML 문서의 구조를 구성하는 태그이다.

56 ②

if는 특정 조건이 참일 경우 해당 블록의 코드를 실행하는 조건문이다.

> **오답 피하기**
> - ① switch : 여러 값 중 하나가 조건과 일치할 때 해당하는 코드 블록을 실행하는 조건문이다.
> - ③ while : 조건이 참인 동안 코드 블록을 반복 실행하는 반복문이다.
> - ④ for : 특정 조건에 따라 반복해서 코드 블록을 실행하는 반복문이다.

57 ③

PHP는 Windows, Linux, macOS 등 다양한 운영체제에서 실행 가능하다.

58 ②

Java는 플랫폼 독립적인 객체 지향 언어로, 다중 스레드 기능을 지원하여 다양한 환경에서 사용된다.

59 ①

체크리스트는 산출물 제출 전 필요한 항목이 모두 포함되었는지 확인하기 위해 작성한다.

60 ②

하향식 계층 구조로 데이터 관리를 체계화하기 위해 단계-세그먼트-태스크 순서로 구성한다.

실전 모의고사 02회

1-242p

01 ④	02 ②	03 ③	04 ③	05 ④
06 ③	07 ③	08 ③	09 ②	10 ②
11 ②	12 ②	13 ②	14 ③	15 ③
16 ②	17 ①	18 ②	19 ④	20 ②
21 ②	22 ③	23 ③	24 ③	25 ②
26 ②	27 ①	28 ③	29 ④	30 ②
31 ④	32 ③	33 ④	34 ③	35 ②
36 ④	37 ①	38 ②	39 ②	40 ②
41 ③	42 ①	43 ②	44 ③	45 ②
46 ①	47 ①	48 ②	49 ③	50 ②
51 ④	52 ③	53 ②	54 ①	55 ④
56 ②	57 ③	58 ②	59 ①	60 ②

01 ④
디자인의 합목적성 원리에 따르면, 사물의 디자인은 본래 목적을 충실히 반영해야 한다. 커피잔·집·포스터는 제시된 목적과 일치하지만, 의자는 본래 앉기 위한 용도임에도 장식용으로 설명했으므로 합목적성에 맞지 않다.

02 ②
개념(Concept)은 특정 대상의 정의와 기능을 설명하는 자료이다.

03 ③
페르소나는 특정 제품 또는 서비스를 사용할 만한 가상의 대표 사용자를 의미한다.

04 ③
체크리스트 기법은 작업의 각 항목을 빠짐없이 확인하고 순서대로 수행할 수 있도록 돕는 기법으로, 작업 순서를 명확히 파악하고 팀원의 역할을 명확히 구분하는 데 효과적이다.

05 ④
디자인의 5대 조건은 합목적성, 경제성, 심미성, 독창성, 질서성이다.

06 ③
와이어 프레임 작성에는 전용 목업 툴이 존재하며, 실제로 여러 목업 및 와이어 프레임 전용 툴(예 Sketch, Figma, Adobe XD 등)을 사용하여 디지털 환경에서 효율적으로 작성할 수 있다.

07 ③
스토리보드는 주로 화면 구성, 정보 구조도, 서비스 흐름도 등을 포함한다. 그러나 성능 지표는 주로 시스템의 성능을 평가하거나 최적화할 때 사용하는 지표이다.

오답 피하기
- ① 개정 이력 : 수정 내역을 기록해 프로젝트 진행 상황을 추적하는 요소이다.
- ② 정보 구조도 : 페이지 간의 관계와 구조를 시각화하여 사용자 흐름을 이해하는 데 도움을 준다.
- ④ 서비스 흐름도 : 사용자 인터랙션의 전체적인 흐름을 나타내어 시스템 작동 방식을 한눈에 파악하도록 한다.

08 ③
디자인 관점에서는 디자인 요소의 일관성, 독창성, 그리고 변화에 적응한 그래픽 사용 여부가 중요하지만, 정기적인 업데이트 여부는 일반적으로 디자인 관점보다는 콘텐츠 관리나 유지보수 관점에서 다루어진다.

09 ②
아이디어 시각화는 추상적인 생각을 구체적인 스케치나 도형으로 표현하여, 의사소통과 아이디어 발전을 돕는 목적을 가진다.

10 ②
GUI(Graphical User Interface)는 아이콘, 버튼, 메뉴 등 시각적 요소를 이용하여 직관적으로 시스템을 조작할 수 있게 해준다. 초보자는 복잡한 텍스트 명령어를 입력할 필요 없이, 마우스나 터치 등의 상호작용을 통해 쉽게 기능을 이해하고 사용할 수 있기 때문에 접근성이 높다.

11 ②
신뢰성은 제품이 사용자에게 안정성을 제공하여 신뢰할 수 있도록 설계하는 것을 의미한다.

12 ②
주로 텍스트가 많은 웹 페이지에서 나타나며, 첫 번째 줄을 좌측에서 우측으로 훑은 후, 시선을 아래로 이동하여 다시 좌측에서 우측으로 보는 형태가 반복된다.

오답 피하기
- ① Z 패턴 : 광고나 랜딩 페이지와 같이 시각적 요소가 많은 화면에서 사용되며, Z자 형태로 시선을 이동한다.
- ③, ④ O 패턴, S 패턴 : UI 가이드라인에선 사용되지 않는다.

13 ②
칼럼드롭 방식은 화면 크기가 작아지면 다단 레이아웃이 한 단씩 아래로 떨어지는 패턴이다.

오답 피하기
- ① 오프캔버스 패턴 : 메뉴나 사이드바가 화면 바에 숨겨져 있다가, 버튼 클릭 시 슬라이드로 나타나는 패턴이다.
- ③ 미세조정 패턴 : 화면 크기에 맞춰 소소한 변경이 이루어지는 패턴이다.
- ④ 레이아웃 시프터 패턴 : 디바이스 크기에 따라 레이아웃의 구조가 크게 변경되는 패턴이다.

14 ③
사용자 데이터 분석을 통해 사용자 요구에 맞는 맞춤형 콘텐츠를 개발하여 사용자의 만족도를 높인다.

15 ③
하이퍼텍스트 구조는 상호 참조가 가능하도록 설계된 정보 구조 방식으로, 웹사이트나 전자 문서에서 특정 단어, 문장, 이미지 등을 클릭하면 다른 페이지로 이동하게 하는 방식이다.

오답 피하기
- ① 선형 구조 : 정보가 순서대로 나열되어 있으며, 사용자는 정해진 순서대로 탐색해야 한다. 상호 참조 기능이 없다.
- ② 계층 구조 : 상위에서 하위로 정보를 분류하여 트리 형태로 구성되며, 단방향 이동이 기본이다.
- ④ 순차 구조 : 선형 구조와 유사하게 사용자가 정해진 순서대로 정보를 탐색해야 하며, 참조의 자유도가 제한적이다.

16 ②

래스터라이징은 벡터 이미지를 픽셀 기반의 비트맵(래스터) 이미지로 변환하는 과정이다.

17 ①

인덱스 컬러는 파일 크기를 줄이기 위해 256가지 색상 팔레트를 사용하여 이미지를 표현한다.

> **오답 피하기**
> - ② : 무제한 색상은 주로 트루 컬러(True Color) 방식에서 사용되며, 인덱스 컬러는 제한된 색상 팔레트만을 사용하므로 적합하지 않는다.
> - ③ : 벡터 이미지는 선과 점을 수학적 계산으로 표현하며, 인덱스 컬러는 래스터(비트맵) 이미지 방식에 사용된다.
> - ④ : 인덱스 컬러는 특정 색상 팔레트를 선택해 제한된 색상을 사용하는 방식으로, RGB 색상 체계와는 별개의 방식이다.

18 ②

선은 점이 연결되어 형성되며, 방향성과 운동감을 나타내는 요소이다. 반면, 면은 선이 확장되어 만들어지는 2차원 공간으로, 공간을 구분하고 배치하는 데 중요한 역할을 한다.

19 ④

조화는 전체 디자인에서 요소들이 잘 어울려 안정적이고 통일된 느낌을 주는 것을 의미하며 동적인 느낌이나 생동감을 전달하는 것은 변화나 리듬, 동세 같은 원리에 더 가깝다.

20 ②

타이포그래피에서 행간은 줄과 줄 사이의 간격을 의미한다. 행간은 텍스트의 가독성에 큰 영향을 미치며, 적절한 행간을 설정함으로써 읽기 편한 문장을 구성할 수 있다.

21 ②

모션 캡처는 실제 배우의 움직임을 기록해 가상 캐릭터에 적용하는 애니메이션 기법이다.

22 ③

프로토타이핑은 스케치 → 프레젠테이션과 공개 평가 → 모델링(프로토타이핑) → 테스트의 순서로 진행된다.

23 ③

계층 구조로 트리 형태로 구성되며, 홈페이지에서 하위 페이지로 내려가는 방식이다.

24 ③

웹 로그 분석은 대규모 사용자 행동을 분석해 사용성 개선에 활용할 수 있다.

25 ③

정성적 조사는 사용자의 심층적인 감정과 숨겨진 요구를 파악하는 데 유리한 방법이다.

> **오답 피하기**
> - ① : 객관적인 수치나 정확한 통계 분석은 정량적 조사의 장점이며, 정성적 조사와는 구별된다.
> - ② : 소규모 심층 조사를 통해 세부적이고 깊이 있는 정보를 얻는 데 유리하지만, 대규모 조사에는 시간과 비용이 많이 들어 비효율적이다.
> - ④ : 설문조사, 웹 분석 등 대규모 데이터를 수집하여 통계를 분석하는 것은 정량적 조사의 장점이다.

26 ③

트레저 헌터는 최고의 가치를 찾기 위해 다양한 정보를 탐색하는 소비자를 의미한다.

27 ①

WYSIWYG는 "What You See Is What You Get"의 약자로, 직역하면 "보는 대로 얻는다"라는 의미이다. 즉, 사용자가 화면에서 보는 편집 결과물이 인쇄되거나 웹 브라우저에 표시될 때도 동일하게 나타나는 방식을 말한다.

28 ③

과제 달성 용이성 측정 단계에서는 사용자가 각 과제를 얼마나 쉽게 수행할 수 있는지를 분석하며, 시간, 페이지 이동 횟수, 커서 클릭 횟수, 이동 동선 등을 검토한다.

> **오답 피하기**
> - ① 만족도 측정 : 사용자가 과제를 수행한 후의 전반적인 만족도를 측정하는 것이다.
> - ② 과제 성공 여부 측정 : 과제를 성공적으로 수행했는지를 평가하는 단계이다.
> - ④ 과제 수행에 영향을 미치는 요인 파악 : 과제 수행에 어떤 요소들이 영향을 미치는지 확인하는 단계이다.

29 ④

키오스크는 터치스크린을 통해 사용자가 간단한 검색과 서비스에 접근할 수 있도록 설계된 장치로, 주로 공공장소에 설치되어 다양한 정보를 제공한다. 직관적이고 사용하기 쉬운 그래픽과 아이콘이 필요하며, 공공 서비스나 정보 제공, 간단한 결제 시스템 등에서 많이 사용된다.

30 ③

XML은 웹 문서에서 데이터를 구조화하여 저장하고 교환하는 데 사용되는 마크업 언어이다. 웹 기술 표준화를 주도하는 기관은 W3C로, 웹 표준을 개발하고 관리하는 역할을 한다.

31 ④

색 지각의 3요소는 빛(광원), 물체, 관찰자이다.

32 ③

빨 〉 주 〉 노 〉 초 〉 파 〉 남 〉 보 순으로 빨강이 긴 파장 보라색이 짧은 파장을 가지고 있다.

33 ④

하늘의 파란색은 대기 중 입자와 빛의 상호작용으로 인해 발생하는 공간색의 예시 중 하나이다.

34 ③

명도는 색의 속성 중 가장 예민하게 반응하는 특성이다.

35 ③

병치혼합은 눈의 잔상 효과가 아니라 시각적 혼합 효과로 인해 색이 섞인 것처럼 보이며 잔상 효과는 일반적으로 지속적으로 자극된 후 시각이 남아있는 현상을 의미하는 회전혼합에 관한 설명이다.

36 ④

색입체는 색의 3요소인 색상, 명도, 채도를 3차원적으로 표현한 구조이다. 그림을 통해 표기하였을 때, 들어갈 내용을 순서대로 작성하면 (A) 명도, (B) 색상, (C) 채도이다.

37 ①

현색계는 색의 시각적 특성을 기준으로 색을 체계화한 것으로, 먼셀 표색계가 대표적이다.

38 ②

CIE XYZ 색 공간은 색을 수치화하여 좌표로 표현한다.

39 ②

노랑은 진출성이 강한 색상이며, 파랑은 후퇴성이 강한 색상이다. 일반적으로 난색 계열(빨강, 주황, 노랑)은 진출성을 가지며, 한색 계열(파랑, 청록, 녹색)은 후퇴성을 가진다.

40 ②

중성색도 주변 색에 따라 더 따뜻하거나 차갑게 느껴지며 한난대비에 영향을 받는다.

41 ③

명도가 높고 채도가 높으면 밝고 생동감 있는 느낌을 주며, 우울한 느낌은 명도와 채도가 낮을 때 더 많이 발생한다.

42 ①

margin:200px은 요소의 바깥 여백을 200px로 설정한다.

오답 피하기
- ②, ④ : font-style: italic:은 글자가 기울임꼴로 표시된다.
- ③ : border 속성이 없으므로 테두리 두께는 조정되지 않는다.

43 ②

패키지는 제품의 외부 충격이나 손상을 방지하며, 동시에 상품의 특징, 사용 방법, 성분 등의 정보를 소비자에게 명확하게 제공하는 역할을 한다.

44 ③

색채 기획 단계는 디자인의 목적과 방향에 맞는 색채 사용 계획과 전략을 수립하는 단계이다.

45 ③

톤인톤 배색은 서로 다른 색상이지만 유사한 명도와 채도를 가진 색을 조합하는 방식이며, 톤온톤 배색이 같은 색상 내 명도와 채도가 다른 색들을 조합하는 방식이다.

46 ①

파버 비렌은 색 삼각형 이론에서 직선 상에 위치한 색들이 서로 조화를 이룬다고 설명했다.

오답 피하기
- ② : 문 · 스펜서의 조화론이다.
- ③, ④ : 따뜻한 색과 차가운 색에 대한 연구도 진행했다.

47 ①

레이 트레이싱은 빛의 경로를 추적해 반사 · 굴절 · 그림자 등의 현실적인 효과를 구현하는 고급 렌더링 기법이다.

48 ②

멀티미디어 저작 도구는 인터페이스가 직관적이고 작업 과정이 단순해 적은 인원으로도 제작이 가능하다.

49 ③

제작 이후 단계에서는 오류 수정과 최적화를 통해 최종 품질을 개선한다.

오답 피하기

①, ②, ④ : 기획 및 설계 단계의 내용이다.

50 ②

TIFF는 고화질 이미지에 적합하지만 파일 크기가 커서 웹 전송에 효율적이지 않다.

51 ④

렌더링 기법에는 플랫 쉐이딩, 고러드 쉐이딩, 퐁 쉐이딩 등이 있으며, '패턴 쉐이딩'은 일반적인 기법이 아니다.

52 ③

인터레이싱은 웹 페이지 로딩 시 저해상도로 먼저 나타난 후 점차 고해상도로 바뀌는 효과이다.

53 ②

NOT 연산자는 특정 단어나 구문을 제외하고 검색한다.

오답 피하기
- ① OR : 입력한 키워드 중 하나라도 포함된 결과를 찾는다.
- ③ AND : 입력한 모든 키워드를 포함한 결과를 찾는다.
- ④ " "(따옴표) : 정확히 입력한 구문과 일치하는 결과를 찾는다.

54 ①

인라인 스타일은 개별 HTML 요소에 직접 적용되어 우선순위가 가장 높다. 그다음 내부 스타일, 마지막으로 외부 스타일이 적용된다.

55 ④

_top은 새 창이 아닌 창 전체에 링크를 여는 값이다.

56 ②

변수명은 숫자로 시작할 수 없으며, 자바스크립트 변수 선언 시 반드시 지켜야 하는 규칙으로, 변수명에는 공백과 예약어를 사용할 수 없고 알파벳, 숫자, 밑줄(_), 달러 기호($)만 사용할 수 있다.

57 ③

괄호 연산이 최우선, 이후 증감/산술/비트/논리/대입 순이다.

58 ②

산출물은 주로 문서 형태로 작성되며, 프로젝트 이해관계자 간의 명확한 의사소통을 지원하는 역할을 한다.

59 ①

플로우차트는 사이트의 전체 사용자 흐름과 기능 동선을 시각적으로 표현한 문서이다.

60 ③

산출물에 네이밍 규칙을 적용하여 명칭을 일관성 있게 작성하면 추적과 관리가 용이해진다.

실전 모의고사 03회

1-250p

01 ②	02 ①	03 ②.	04 ②	05 ③
06 ③	07 ③	08 ②	09 ②	10 ③
11 ③	12 ③	13 ③	14 ①	15 ③
16 ③	17 ②	18 ②	19 ③	20 ②
21 ②	22 ①	23 ①	24 ②	25 ②
26 ②	27 ③	28 ③	29 ③	30 ①
31 ②	32 ③	33 ②	34 ②	35 ③
36 ①	37 ③	38 ②	39 ①	40 ③
41 ③	42 ③	43 ③	44 ③	45 ③
46 ③	47 ④	48 ③	49 ①	50 ②
51 ①	52 ③	53 ②	54 ④	55 ②
56 ②	57 ③	58 ①	59 ②	60 ③

01 ②

프로젝트는 시간과 예산 등 다양한 제약 조건을 고려하여 목표를 달성하기 위한 계획과 실행 과정이 포함된다.

02 ①

프로슈머(Prosumer)는 생산자(Producer)와 소비자(Consumer)의 합성어로, 단순히 상품이나 서비스를 소비하는 것에 그치지 않고, 기획·개발·생산 과정에도 참여하여 새로운 가치를 만들어내는 계층을 의미한다.

03 ②

비주얼(GUI) 관점은 디자인과 그래픽 요소의 적합한 배치를 다룬다. 데이터 구조 이해는 정보 구조 관점에 해당한다.

04 ②

브레인스토밍은 참여자가 자유롭게 아이디어를 제시하는 기법으로, 창의성을 최대한 발휘하도록 하기 위해 아이디어에 대한 비판을 금지하는 것이 기본 원칙이다.

05 ③

좋은 디자인은 불필요한 주의를 끌지 않고 문제 해결에 중점을 둔다.
굿 디자인의 10대 원칙
① 좋은 디자인은 혁신적이다.
② 좋은 디자인은 제품을 유용하게 한다.
③ 좋은 디자인은 아름답다.
④ 좋은 디자인은 이해하기 쉽게 한다.
⑤ 좋은 디자인은 불필요한 관심을 끌지 않는다.
⑥ 좋은 디자인은 정직하다.
⑦ 좋은 디자인은 오래 지속된다.
⑧ 좋은 디자인은 마지막 디테일까지 철저하다.
⑨ 좋은 디자인은 친환경적이다.
⑩ 좋은 디자인은 심플한 디자인이다.

06 ③

해당 CC 라이선스는 저작자 표시(CC BY)를 의미한다.

07 ③

웹 안전색은 다양한 환경에서 동일하게 보이도록 표준화된 색상이다.

오답 피하기
- ① : 웹 안전색은 최신 디스플레이 전용이 아닌, 다양한 디스플레이 환경에서 일관성을 유지하기 위한 색상 팔레트이다.
- ② : 웹 안전색은 블랙과 화이트뿐 아니라 다양한 색상 조합을 포함한 216가지 색상으로 구성된다.
- ④ : 고해상도 이미지와는 관련이 없으며, 다양한 기기에서 일관성을 유지하기 위해 사용되는 색상 팔레트이다.

08 ②

그리드는 웹 디자인에서 가로와 세로의 격자형 구조로, 페이지 구성 요소를 일관성 있게 배치하여 정보를 더 쉽게 인식하고 탐색할 수 있다.

오답 피하기
- ① : 그리드는 대비 조절이 아닌, 디자인 요소의 위치와 정렬을 위한 체계이다.
- ③ : 그리드는 특정 페이지가 아닌 전체 레이아웃에서 통일성을 유지하는 데 사용된다.
- ④ : 그리드는 네트워크 속도와 관련이 없으며, 시각적 배치를 위한 디자인 도구이다.

09 ②

시각화는 방대한 데이터를 그래프, 차트, 히트맵 등의 시각적 도구로 표현하여 정보를 쉽게 이해할 수 있도록 돕는 중요한 방법이다.

오답 피하기
- ① : 시각화는 데이터를 감추는 것이 아니라 오히려 명확하게 드러내어 분석과 해석을 돕는다.
- ③ : 시각화는 데이터를 효과적으로 전달하기 위해 시각적 요소를 적극 활용하는 과정이다.
- ④ : 데이터 분석 과정에서 시각화는 주요 단계를 구성하며, 데이터를 직관적으로 이해하기 위해 필수적인 도구이다.

10 ③

GUI는 시각적 요소를 사용해 직관적으로 시스템과 상호작용하는 방식이다.

오답 피하기
- ① : 명령 줄 인터페이스(CLI)에 대한 설명이다.
- ② : 제스처 사용자 인터페이스(GVI)에 대한 설명이다.
- ④ : 터치 사용자 인터페이스(TUI)에 대한 설명이다.

11 ③

UX 설계는 사용자 경험을 향상시키기 위해 사용자 피드백을 수집하고, 실질적인 데이터에 기반하여 설계 의사결정을 내리는 것이 중요하므로 데이터 기반 설계를 지양하는 것은 적절하지 않은 사항이다.

12 ③

오류 최소화는 실수를 유도하기보다는 실수를 방지하고 쉽게 수정할 수 있도록 돕는다.

13 ③

고러드 쉐이딩에 대한 정의이다.

오답 피하기
- ① 셀 쉐이딩 : 만화 같은 단순한 색 영역으로 표현하는 기법이다.
- ② 퐁 쉐이딩 : 픽셀 단위로 법선 벡터 보간을 해서 정교한 반사·광택까지 표현한다.
- ④ 플랫 쉐이딩 : 면 하나에 동일한 색을 적용한다.

14 ①

카드 레이아웃은 모바일과 PC 등 다양한 디바이스 환경에서 쉽게 적용할 수 있는 디자인 방식이다. 콘텐츠가 카드 형식으로 나뉘어 있어 작은 화면에서도 효과적으로 정보를 제공하며, 반응형 웹 디자인에 유리한 구조이다.

15 ②

트루컬러(True Color)는 일반적으로 24bit 색상 표현을 의미하며, 이는 약 1,670만 가지의 색상을 표현할 수 있다. 32bit 색상 표현은 추가로 알파 채널을 포함한다.

16 ③

RGB는 가산혼합 방식으로 색을 더할수록 밝아지며, CMYK는 감산혼합 방식으로 어두워진다.

17 ②

자간·행간 조절, 가독성 좋은 서체 선택이 중요하다.

18 ②

폐쇄성의 원리는 불완전한 형태를 사람의 뇌가 완전한 형태로 인식하려는 경향을 설명한다.

19 ③

모노스페이스 서체는 모든 글자 간격이 동일하여 각 문자가 일정한 공간을 차지하는 특징이 있다. 이러한 특성 덕분에 코드를 작성할 때 각 문자가 정렬되어 가독성이 높아지므로, 코드 편집기나 개발 환경에서 자주 사용된다.

20 ②

인포그래픽은 복잡한 정보를 시각적으로 간결하게 표현하여 빠르게 이해할 수 있게 한다.

> **오답 피하기**
> - ① : 인포그래픽은 정보를 시각적으로 표현하는 데 중점을 두기 때문에, 이미지나 그래픽을 사용해 정보를 요약하고 강조한다.
> - ③ : 인포그래픽은 시각적 요소를 통해 정보를 빠르게 전달할 수 있어, 오히려 정보 전달 속도가 빠른 편이다.
> - ④ : 인포그래픽은 복잡한 데이터를 시각적으로 표현해 복잡한 데이터도 효과적으로 다룰 수 있다.

21 ②

프로토타입은 제품이나 서비스의 초기 모델을 시각화해 기능과 디자인을 테스트하고 피드백을 수집하는 과정이다.

22 ①

웹디자인 제작의 올바른 순서는 기획 → 설계 → 디자인 → 구현 → 평가이다.

23 ①

싱크 얼라우드는 사용자가 작업을 수행하며 자신의 생각을 소리 내어 말하도록 하여 문제를 파악하는 방식이다.

24 ②

형성적 사용성 테스트에 대한 설명이다.

> **오답 피하기**
> - ① 총괄적 사용성 테스트 : 제품 완성 후, 최종 성능·품질 평가 목적을 지닌다.
> - ③ 탐색적 사용성 테스트 : 사용자의 요구나 기능 아이디어를 탐색하는 초기 조사 성격을 지닌다.
> - ④ 자동화된 사용성 테스트 : 도구/소프트웨어를 활용해 자동으로 성능을 측정한다.

25 ②

관찰자는 참여자가 수행 중 발생한 장애, 오류, 주요 의견 등을 기록하는 역할을 한다.

26 ②

사용성 분석 단계에서는 웹사이트의 주요 역할을 분석하고 사용자가 주로 수행하는 활동을 정의한다.

27 ③

커서 클릭 횟수는 측정 가능한 행위적 데이터로, 정량적 분석에 가까운 항목이다. 만족도보다는 사용자의 동작을 구체적으로 파악하려는 질문이므로 만족도 측정을 위한 직접적인 질문으로는 적합하지 않다.

28 ③

컴퓨터는 대형 모니터와 고해상도 화면을 지원하며, 복잡한 작업과 멀티미디어 처리가 가능하다.

> **오답 피하기**
> - ① : 이 설명은 스마트폰과 태블릿처럼 휴대성이 중요한 모바일 기기의 특징이다.
> - ② : 모바일 기기는 작은 화면에 최적화된 디자인과 기획이 필요하지만, 컴퓨터는 상대적으로 넓은 화면과 다양한 해상도에서 유연하게 작업할 수 있다.
> - ④ : 일부 컴퓨터 모델에서 터치스크린이 가능하긴 하지만, 터치 기반의 조작은 주로 스마트폰이나 태블릿과 같은 모바일 기기의 주요 특징이다.

29 ③

블렌더는 무료 오픈소스 3D 소프트웨어로, 다양한 3D 작업을 지원한다.

> **오답 피하기**
> - ① 포토샵 : 주로 이미지 편집과 합성에 사용되며, 로고 디자인이나 아이콘 제작에는 벡터 기반 프로그램(예: 일러스트레이터)이 더 적합하다.
> - ② 피그마 : UI/UX 디자인과 프로토타이핑에 특화된 소프트웨어이다.
> - ④ 시네마4D : 모션 그래픽과 3D 애니메이션에 많이 활용되며, 인테리어 디자인이나 건축 설계는 보통 CAD 소프트웨어에서 주로 다룬다.

30 ①

W3C Validator는 웹 페이지가 표준에 맞게 작성되었는지 검토하고 유효성을 검사하는 사이트이다.

31 ②

색을 인식하는 세포는 망막의 원추세포이다.

32 ③

헤링의 반대색설은 색 지각을 적 – 녹, 청 – 황, 흑 – 백의 반대색 쌍이 작용하여 특정 색의 대비 효과와 보색 잔상 현상을 일으킨다고 주장하였다. 반면, 영 – 헬름홀츠의 삼원색설은 색 지각이 빨강(R), 초록(G), 파랑(B) 빛의 혼합에 의해 이루어진다고 설명하는 이론이다.

33 ②

무채색은 색상과 채도가 없고, 명도만 있는 색을 의미한다. 예를 들어 흰색, 회색, 검정이 무채색에 해당하며 밝기만으로 구분된다.

34 ②

회전혼합은 색상이 칠해진 원판을 고속으로 회전시킬 때 시각적으로 혼합된 상태로 보이는 현상이다.

35 ③

순색에 회색이 혼합된 색은 탁색이다.

오답 피하기
- ① 명청색 : 밝은 청색을 의미한다.
- ② 암청색 : 어두운 청색을 의미하는데, 이는 회색 혼합이 아닌 어둡게 만든 색상을 가리킨다.
- ④ 순색 : 회색이나 흰색, 검정색 등의 색이 섞이지 않은 가장 순수한 색을 의미한다.

36 ①

먼셀의 색입체는 색의 3속성(색상, 명도, 채도)을 바탕으로 색을 3차원적으로 배열한 색체계이다.

37 ②

등백색은 백색이 일정하게 섞여 밝은 색 계열을 형성하는 색이다.

38 ②

계시대비는 한 색을 본 후 잔상으로 인해 다른 색이 변형되어 보이는 현상이다.

39 ①

고명도, 고채도의 색상은 주목성이 높아 눈에 잘 띄는 효과를 준다.

40 ③

오답 피하기
- ① : 고명도 색상은 주로 높은 음을 연상시킨다.
- ② : 저명도, 저채도의 색상은 주로 낮은 음을 연상시킨다.
- ④ : 난색은 강렬하거나 에너제틱한 소리를 연상시킨다.

41 ③

브랜드 아이덴티티(BI)는 개별 브랜드의 정체성을 강조하며, 기업 아이덴티티(CI)는 기업의 철학과 목표를 시각적으로 표현한다.

42 ②

에코 디자인은 환경 보호와 지속 가능성을 고려한 디자인 방식이다.

43 ③

보색 대비는 강한 시각적 대비를 주며, 색상 간 차이를 줄이지 않는다.

44 ③

빨강, 노랑, 파랑 등은 KS에서 정의한 기본색명이며, 밤색이나 감색은 관용색명에 해당한다.

45 ③

색채분포도는 디자인, 그림, 패션 등에서 사용된 색채의 비율과 분포를 시각적으로 나타내며, 색상들이 어떻게 조화와 균형을 이루고 있는지 분석할 수 있는 도구이다.

오답 피하기
- ① : 색채분포도는 색채의 비율과 조화도 함께 분석하는 도구이다.
- ② : 색채분포도의 X축은 먼셀 10색상환의 순서로 색상이 배열되고, Y축이 명도와 채도를 표시한다.
- ④ : 색채분포도는 모든 색상을 분석하며, 무채색은 그 중 하나이다.

46 ②

3D 그래픽 제작 과정은 보통 모델링 → 매핑 → 렌더링 순서로 진행된다.

47 ④

멀티미디어 시스템 하드웨어 환경에는 메모리, 프로세서, 하드 디스크, CD-ROM, 사운드, 비디오 장치, 스캐너, 디지털카메라 등이 있으며 소프트웨어 환경에는 미디어 편집, 이미지 편집, 사운드 편집, 3D 그래픽, MIDI, 애니메이션, 비디오 제작 소프트웨어 등 콘텐츠 제작 도구가 있다.

48 ②

멀티미디어 저작 도구의 메타포 중 시간선 방식은 미디어 요소와 이벤트를 시간 축에 따라 배치하여 순차적으로 재생되는 콘텐츠를 구성하는 방식이다.

오답 피하기
- ① : 콘텐츠를 페이지 단위로 구성은 책 방식에 해당한다.
- ③ : 콘텐츠의 흐름을 아이콘으로 표시하는 흐름도 방식에 해당한다.
- ④ : 다양한 미디어 파일을 순서 없이 배치하는 저작 도구 메타포와는 맞지 않는 설명이다.

49 ①

매크로미디어(Macromedia)사는 2005년 어도비(Adobe)에 인수되기 전까지 웹 애니메이션과 멀티미디어 제작 툴을 다수 개발한 회사이다. 그 중 플래시(Flash)는 웹에서 벡터 기반 애니메이션과 인터랙티브 콘텐츠를 제작할 수 있는 대표적인 도구로, 온라인 게임, 배너 광고, 애니메이션, 동영상 플레이어 등에 널리 활용되었다.

50 ②

MP4는 영상과 음성을 손실 압축하여 효율적으로 저장하는 대표적인 멀티미디어 포맷이다.

51 ①

웹 브라우저는 기본적으로 자체 내장된 기본 CSS 규칙을 가지고 있어, 같은 HTML 코드라도 브라우저별로 글꼴 크기, 여백, 줄 간격 등이 조금씩 다르게 표시된다. 이러한 차이를 줄이고 통일된 개발 환경을 제공하기 위해 사용하는 것이 CSS Reset이다. CSS Reset은 모든 HTML 요소의 기본 스타일(여백, 패딩, 폰트 크기 등)을 초기화한 뒤, 개발자가 원하는 스타일을 새로 지정할 수 있게 한다.

52 ③

〈iframe〉 태그는 다른 HTML 문서를 현재 페이지에 삽입하는 데 사용된다. 음악, 동영상 등의 미디어를 삽입하고 재생하기 위해 〈embed〉 태그를 사용할 수 있다.

53 ②

window는 JavaScript에서 최상위 객체로, 창을 열거나 닫을 수 있는 메서드를 제공한다.

54 ④

color 속성은 글자 색상을 지정한다.

> 오답 피하기
- ① font-size : 글자의 크기를 지정한다.
- ② background-color : 배경색을 지정한다.
- ③ font-weight : 글자의 두께 설정을 설정한다.

55 ②

POST 방식은 데이터 크기에 제한이 없고 보안성이 높지만, 캐싱이 불가능하다.

56 ②

데이터베이스(Database)에 관련된 설명이다.

> 오답 피하기
- ① 웹 서버 : 클라이언트(사용자) 요청을 받아 HTML, 이미지 등의 웹 콘텐츠를 제공하는 서버로, 주로 HTTP 프로토콜을 사용하여 웹 페이지와 같은 파일을 전송한다.
- ③ CGI(Common Gateway Interface) : 웹 서버와 외부 프로그램 간의 상호작용을 위한 인터페이스로, 주로 동적인 웹 페이지 콘텐츠 생성을 위해 사용되었지만, 현재는 PHP, JSP 같은 서버 측 스크립트로 대체되었다.
- ④ 자바(Java) : 다양한 플랫폼에서 동작 가능한 객체 지향 프로그래밍 언어로, 웹, 모바일, 데스크탑 애플리케이션 등 다양한 소프트웨어 개발에 활용된다.

57 ③

WBS는 프로젝트의 자원을 효율적으로 배분하고 관리하는 데 사용되므로 자원 낭비를 방지하는 데 도움이 된다.

58 ①

문석 난계의 수요 산출눌로는 성의서, 기능 자트, UI 설계서 등이 있나. 개발표준정의서는 주로 설계 단계 이후, 구현 시 코드 작성 규칙이나 개발 표준을 정의하여 개발의 일관성을 유지하기 위해 작성된다.

59 ②

Work Table은 각 작업 단계별 데이터를 정리해 추후 재사용할 수 있도록 만드는 표 형식의 도구이다.

60 ③

화면 정의서는 상세 설계 단계에서 작성되며 초기화 단계에서는 프로젝트 계획서, 예산안, 이해관계자 분석서 등이 작성된다.

실전 모의고사 04회

01 ③	02 ②	03 ③	04 ①	05 ①
06 ②	07 ②	08 ③	09 ①	10 ②
11 ②	12 ②	13 ③	14 ④	15 ②
16 ②	17 ②	18 ②	19 ④	20 ②
21 ②	22 ②	23 ④	24 ②	25 ④
26 ③	27 ④	28 ②	29 ②	30 ④
31 ②	32 ②	33 ②	34 ②	35 ②
36 ①	37 ①	38 ②	39 ④	40 ②
41 ①	42 ③	43 ④	44 ②	45 ③
46 ③	47 ④	48 ②	49 ③	50 ③
51 ②	52 ①	53 ④	54 ④	55 ③
56 ②	57 ③	58 ③	59 ③	60 ②

01 ③

디지털 데이터는 부호, 문자, 음성, 영상 등 다양한 형태로 변환이 가능하며, 저장 매체를 통해 쉽게 유통할 수 있다.

02 ②

페르소나는 다양한 사용자 유형을 반영하기 위해 여러 개를 생성할 수 있다.

03 ③

프로슈머는 생산자와 소비자의 합성어로, 소비자가 콘텐츠나 제품의 생산과 개선 과정에 직접 참여하는 역할을 의미한다. 디지털 환경과 소셜 미디어가 발전하면서 소비자들이 상품에 대한 피드백을 남기거나 콘텐츠를 제작하는 등 능동적인 참여가 가능해졌다.

04 ①

강제 결부법은 의도적으로 관련 없는 요소를 결합하여 창의적 발상을 유도한다.

05 ①

저작권은 창작물에 대한 보호로, 사실 기록은 보호 대상이 아니다.

> 오답 피하기
- ② : 일정 기간 사용을 허락하는 것은 저작권 자체가 아니라, 저작자가 허가한 라이선스나 사용 계약에 해당한다.
- ③ : 공개된 자료라도 저작권이 소멸된 경우에만 자유롭게 사용이 가능하며, 모든 공개 자료가 저작권 없이 사용될 수 있는 것은 아니다.
- ④ : 사실 데이터는 창작적 표현이 아니라 단순한 정보이기 때문에 저작권 보호 대상이 아니다.

06 ②

질서성은 디자인의 4대 조건이 조화롭게 이루어져 있는가를 평가한다.

07 ②

모듈은 로와 칼럼이 교차하는 부분으로, 시각적 요소가 배치되는 단위이다.

08 ③
초점선은 시각적 요소를 수직적으로 구분하는 것이 아니라, 시각적인 관심을 끌거나 시선의 흐름을 유도하는 역할을 한다.

09 ①
섬네일 스케치는 대략적인 표현에 중점을 두고, 러프 스케치는 더 구체적으로 아이디어를 표현한다.

10 ②
접근성은 모든 사용자가 불편 없이 접근할 수 있는 인터페이스를 설계하는 것이다.

오답 피하기
- ① : 디자인의 미적 요소가 사용자 경험에 영향을 미치는 측면으로, 주로 심미성에 해당한다.
- ③ : 기능성에 대한 설명으로 제품이 사용자가 원하는 기능적 요구를 얼마나 충족하는지를 다룬다.
- ④ : 신뢰성에 대한 설명으로 제품이 얼마나 안정적이고 신뢰성 있게 작동하는지를 의미한다.

11 ②
피드백은 사용자가 조작했을 때 시스템이 반응하여 결과를 인식하게 하는 중요한 요소이다.

12 ②
메타포는 사용자가 익숙한 방식으로 복잡한 개념을 쉽게 이해하도록 돕는다.

13 ③
아이콘은 GUI에서 특정 기능을 실행하는 작은 그래픽 이미지이다.

14 ④
웹디자인에서 정보 구조화는 일반적으로 하향식 계층 구조를 따르며, 너무 깊은 구조는 사용자가 원하는 정보를 찾기 어렵게 만들며 접근성을 떨어뜨린다.

15 ②
점진적 컬럼 숨김 그리드는 해상도에 따라 덜 중요한 컬럼을 숨겨 모바일 환경에서 핵심 정보를 제공하는 방식이다.

16 ②
비트맵(Bitmap) 이미지는 흑백으로 표현되며, 각 픽셀이 검정 또는 흰색 중 하나로만 표시된다. 회색 톤으로 256단계를 표현하는 것은 그레이스케일 이미지이다.

17 ③
NCS, OSA, DIN는 현색계(지각적 색체계)이며, CIE 분광식 색체계(물리적 색체계)이다.

18 ②
율동은 디자인이나 예술에서 일정한 규칙에 따라 요소들이 반복되고 배열되는 움직임을 의미하며, 해당 그림에서 오브젝트가 일정한 규칙에 따라 반복된다.

19 ④
전통 건축이나 예술에서는 금강 비례가 사용되며, 이는 자연과 조화를 이루는 인간적 비례를 따른다. 상가수열 비례는 일정한 값을 주기적으로 더해가는 방식으로, 주로 음악적 리듬이나 반복적인 패턴에 사용된다.

20 ②
세리프 서체는 글자 끝에 장식이 있는 서체로, 고전적이며 장문의 텍스트에 적합하다.

오답 피하기
- ① : 글자 끝에 장식이 없는 서체는 산세리프 서체의 특징이다. 산세리프 서체는 글자 끝에 장식이 없어 깔끔하고 현대적인 느낌을 준다.
- ③ : 산세리프 서체가 현대적이고 간결한 느낌을 주며, 디지털 화면에서도 자주 사용된다.
- ④ : 코드 작성에는 주로 모노스페이스 서체가 사용되며, 모든 글자 간격이 동일하여 가독성을 높여준다.

21 ②
폐기 처분용 프로토타입은 사용자 요구를 분석하기 위해 제작되며 테스트 후 폐기된다.

22 ②
TFT(Task Force Team)는 특정 문제를 해결하기 위해 임시로 구성된 팀이다.

23 ④
웹사이트 사용성 평가 항목에는 기능의 위치, 이동의 용이성, 레이아웃의 일관성 등이 포함되며, 광고 효과는 해당되지 않는다.

24 ③
어포던스는 사용자가 직관적으로 상호작용 방법을 이해할 수 있도록 행동 가능성을 제공하는 것을 의미한다.

25 ④
아티젠은 예술과 디자인이 결합된 제품을 선호하며, 디자이너의 개성을 중시하는 소비자 유형이다.

26 ③
좋은 체크리스트는 명확하고 중복되지 않는 항목으로 구성되어야 한다. 중복 항목은 효율성을 떨어뜨리고 혼란을 초래할 수 있으므로, 체크리스트는 간결하고 체계적으로 작성하는 것이 중요하다.

27 ④
목표 사용자에 대한 이해를 높이기 위해서는 다양한 방법으로 사용자 정보를 수집하고 분석하는 과정이 필요하다. 이 중 사용자에 대한 조사를 생략한다는 목표 사용자 이해를 높이는 방법이 아니며, 사용자를 중심으로 한 설계 원칙에 위배된다.

28 ②
보안 표준에는 사용자 인증, 데이터 암호화, HTTPS 사용 등이 포함되며 파일 크기 줄이기는 성능 최적화에 해당된다.

29 ②
어도비 일러스트레이터는 벡터 그래픽 제작에 적합하며 로고와 아이콘 작업에 주로 사용된다.

30 ④
LPI(Lines Per Inch)에 대한 설명으로 인치당 얼마나 많은 선(라인)이 들어가는가를 의미하는 화면 선수 단위이다.

31 ②
스펙트럼은 빛이 프리즘을 통해 굴절되면서 여러 색으로 분해된 현상이다.

32 ③
흰색 물체는 모든 파장의 빛을 반사한다.

33 ②
색순응은 특정 색에 지속적으로 노출되면 그 색에 대한 감각이 둔감해지는 현상이다.

34 ②
혼색계는 색을 빛의 혼합 방식에 따라 설명하는 체계이며 현색계는 색상, 명도, 채도에 따라 물체의 색을 체계적으로 배열한 색상 체계이다.

35 ②
조건등색(메타머리즘)은 서로 다른 스펙트럼 분포의 빛이 특정 조건에서 동일한 색으로 보이는 현상을 의미한다.

오답 피하기
①, ③, ④ : 각각 색채의 명도와 채도, 흡수와 반사, 특정 조명에서만 발생하는 현상에 관한 설명으로 조건등 색과는 관련이 없다.

36 ①
먼셀 색체계는 색을 색상(Hue), 명도(Value), 채도(Chroma)라는 세 가지 속성으로 나누어 체계적으로 구분하는 시스템이다. 색의 혼합 양에 따라 결정되는 것이 아니라, 이 세 가지 속성을 기준으로 색을 정확하게 정의하고 표기한다.

37 ①
경연감은 명도와 채도에 따라 단단하거나 부드러운 느낌을 주는 특성이다.

38 ②
유기농 베이커리와 같은 식품 관련 웹사이트는 따뜻하고 친근하며 식욕을 돋우는 색이 적합한데, 노랑은 활력 · 신선함 · 따뜻함을 연상시켜 건강한 이미지를 전달하는 데 효과적이다.

39 ④
주조색은 전체 디자인의 분위기를 결정하는 핵심 색상으로, 가장 넓은 영역에 적용된다.

40 ③
RGB(255, 255, 0)
R=255(빨강), G=255(초록), B=0(파랑 없음) → 노랑(Yellow)
CMY(255, 255, 0)
C=255, M=255, Y=0 → 시안(C)과 마젠타(M)가 최대, 노랑(Y)은 없다. 이는 파랑(B)으로 표현된다.

41 ①

오답 피하기
- ② 색의 대비 : 서로 다른 색이 배치되어 그 차이가 뚜렷하게 나타나는 현상이다.
- ③ 색의 혼합 : 두 가지 이상의 색을 섞어 새로운 색을 만들어내는 과정이다.
- ④ 색의 명시 : 색이 주변 환경에서 쉽게 눈에 띄는 정도를 의미한다.

42 ③
연변대비는 색의 경계선에서 나타나는 대비 효과를 설명할 때 주로 사용된다. 해당 설명은 계시대비에 가깝다.

43 ④
명료성의 원리는 색상 간의 명도와 채도의 차이를 통해 시각적 명확성을 높이고 색상 구분을 용이하게 하는 원리이다. 유사한 성질의 색상을 사용하여 안정감을 주는 것은 친근감의 원리와 관련이 있다.

44 ②
비콜로 배색은 두 가지 색상을 사용해 강렬한 대조 또는 조화를 이루는 배색 방식이다.

오답 피하기
- ① : 트리콜로 배색에 대한 설명이다.
- ③ : 명도에 초점을 맞춘 배색 방식으로, 비콜로 배색과는 다른 개념이다.
- ④ : 채도를 일정하게 유지하는 방식은 색의 통일감을 주는 배색 방식이지만, 비콜로 배색과는 연관이 없다.

45 ③
문 · 스펜서의 색채조화론에서 조화를 이루는 배색은 동일조화, 유사조화, 대비조화의 세 가지로, 정량적인 색 좌표에 의해 과학적으로 설명하였다.

46 ③
VR은 사용자를 완전히 가상 세계에 몰입시키는 기술이고 AR은 현실 환경에 가상 요소를 덧붙여 보강하는 기술이다

47 ④
SSD는 저장 장치에 해당하며, 데이터를 저장하고 읽는 역할을 한다. 통신 장치는 데이터를 전송하고 네트워크 연결을 제공하는 장비를 의미한다.

48 ②
일러스트레이터는 벡터 그래픽 디자인 소프트웨어로, 주로 로고, 아이콘, 일러스트 등을 제작하는 데 사용된다. 웹 페이지 제작 소프트웨어로는 드림위버나 Visual Studio Code 같은 프로그램이 더 적합하다.

49 ③
font-weight는 글자의 굵기를 지정하는 속성이지 색상을 지정하지 않으며, 글자 색상은 color 속성을 사용해야 한다.

50 ③
색인은 중요한 키워드를 추출해 데이터베이스에 저장하는 작업이다.

51 ②
HTTP는 웹 브라우저와 서버 간 데이터를 전송하는 프로토콜이다.

52 ①

쿠키는 방문 기록과 설정 정보를 저장하여 맞춤형 정보를 제공하는 역할을 한다.

53 ④

//는 한 줄 주석을 나타내는 JavaScript 주석 표기법이며, 여러 줄 주석은 /* */로 작성한다.

54 ④

const, for, function은 모두 자바스크립트에서 특정 기능을 수행하는 예약어로, 변수명으로 사용할 수 없다. 반면, total은 예약어가 아니므로 변수명으로 자유롭게 사용할 수 있다.

55 ③

XML은 SGML에서 파생된 언어로, 데이터를 구조화하고 저장 및 전송하기 위해 사용된다. XML은 문법이 엄격하여 태그의 정확한 닫기, 대소문자 구분 등 문법적 규칙을 반드시 지켜야 한다.

56 ②

프론트엔드 언어에는 HTML, CSS, JavaScript가 있다.

57 ③

웹 서버의 작동 원리는 클라이언트가 요청을 보낼 때부터 시작된다.
- 연결 설정 : 클라이언트와 서버가 통신하기 위해 연결을 설정한다.
- 요청 수신 : 클라이언트가 보낸 요청을 서버가 수신한다.
- 서버 응답 생성 : 서버는 요청을 처리하고 이에 대한 응답을 생성한다.
- 응답 반환 : 서버는 생성된 응답을 클라이언트에 반환한다.
- 연결 종료 : 통신이 완료되면 연결을 종료하여 자원을 해제한다.

이 순서는 클라이언트 – 서버 통신의 일반적인 흐름을 설명한다.

58 ③

ERD(Entity Relationship Diagram)는 데이터베이스의 테이블 간 관계를 시각화하여 데이터베이스 설계에 도움을 준다.

59 ③

유지보수 작업 최소화는 산출물 체계화의 직접적 목적이 아니며 검색 및 분석이 용이하고, 프로젝트 가치를 높이는 데 목적이 있다.

60 ②

산출물 정리를 위해 필요한 데이터를 선별하고 정리하며, 보존 또는 폐기 여부를 결정한다.

실전 모의고사 05회

1-266p

01 ②	02 ④	03 ③	04 ②	05 ②
06 ①	07 ③	08 ③	09 ③	10 ②
11 ①	12 ①	13 ②	14 ②	15 ②
16 ④	17 ④	18 ②	19 ②	20 ②
21 ②	22 ②	23 ③	24 ①	25 ②
26 ③	27 ④	28 ②	29 ②	30 ④
31 ①	32 ②	33 ③	34 ③	35 ③
36 ③	37 ①	38 ④	39 ②	40 ②
41 ①	42 ②	43 ④	44 ②	45 ①
46 ④	47 ①	48 ②	49 ②	50 ②
51 ②	52 ②	53 ②	54 ①	55 ①
56 ②	57 ④	58 ②	59 ②	60 ③

01 ②

외부 데이터는 외부에서 수집된 정보로, 일반적으로 조직 외부의 출처에서 획득하는 데이터이다. 주식 정보와 날씨 정보는 외부 기관이나 서비스에서 제공되는 외부 데이터에 해당한다. 반면, 고객 구매 이력은 내부에서 생성되거나 관리되는 데이터일 가능성이 크다.

02 ④

공학적 관점은 데이터 분석 체크리스트의 주요 항목에 포함되지 않는다.

03 ③

인지 모형은 사용자가 정보를 처리하고 문제를 해결하는 과정을 설명하는 이론적 모델이다.

04 ②

빨간색은 감정적 사고를 상징하며, 주로 감정을 표현하는 데 활용된다.
육색모 사고법 : 색상의 역할
- 흰색 : 객관적 사고
- 빨간색 : 감정적 사고
- 검정색 : 비판적 사고
- 노란색 : 긍정적 사고
- 초록색 : 창의적 사고
- 파란색 : 전체 관리역할

05 ②

제2차 저작물은 기존 저작물을 번역·편곡·각색 등으로 새롭게 창작한 저작물을 말하며, 번역본이 대표적인 사례이다.

06 ①

DRM은 복제 방지, 접근 제어, 추적 등 불법 복제 방지에 중점을 둔다.

07 ③

와이어 프레임은 웹사이트나 애플리케이션의 전체적인 레이아웃과 콘텐츠 배치에 중점을 두고 작성하는 기본 설계 단계이다. 이 단계에서는 주요 구조와 사용자 흐름을 계획하며, 고해상도의 그래픽이나 세부 디자인 요소는 포함하지 않는다.

08 ③

레이아웃 구성은 페이지 간의 일관성을 유지하는 데 매우 중요한 역할을 한다. 일관된 레이아웃은 사용자에게 안정감을 주고, 콘텐츠를 보다 쉽게 이해하고 탐색할 수 있도록 돕는다.

09 ③

인위적 형태란 인간이 의도적으로 만든 기하학적이고 규칙적이며 구조적인 형태를 말한다. 대표적인 예로는 원, 사각형, 삼각형, 직선, 그리고 규칙적인 반복 등이 있다.

10 ②

- ⟨ol⟩ : ordered list(순서 있는 목록) 태그이므로 항목이 자동으로 번호(1, 2, 3 …)로 매겨진다.
- ⟨li⟩ : list item은 목록의 실제 항목을 의미한다.

11 ①

학습의 용이성에 대한 올바른 설명이다.

오답 피하기
- ② 사용의 효율성 : 사용자에게 최소한의 노력으로 원하는 작업을 빠르게 완료할 수 있도록 설계하는 것을 의미한다.
- ③ 오류의 최소화 : 사용자가 실수할 가능성을 줄이고, 오류가 발생하더라도 쉽게 수정할 수 있도록 설계하는 것을 목표로 한다.
- ④ 사용자 만족 : 사용자의 기대를 충족시키고 긍정적인 경험을 제공하는 것을 의미한다.

12 ①

UX 디자인은 단순히 기능 구현이 아니라 사용자의 경험을 중심에 두고, 편리함·즐거움·효율성을 높여 최종적으로 사용자 만족도를 극대화하는 것을 목표로 한다.

13 ②

헤더에는 로고, 내비게이션 바, 로그인, 회원가입 등의 요소가 포함되며, 내비게이션에 검색, 위치 정보, 내비게이션 막대, 풀다운 메뉴, 사이트 맵 등을 제공한다.

14 ②

웹사이트 그리드 시스템은 페이지의 레이아웃을 체계적으로 구성하고, 다양한 해상도와 디바이스에 적응할 수 있도록 도와준다. ②는 다소 모호한 표현으로, 웹 디자인에서 사용하는 주요 그리드 시스템의 설명과는 거리가 있다.

15 ②

사람의 시각은 먼저 색채(컬러)에 반응하므로 웹사이트 첫인상을 결정짓는 주요 요소는 컬러이며, 폰트·캐릭터·아이콘 디자인도 중요하지만 컬러만큼 즉각적 주목성을 가지지는 않는다.

16 ④

PPI는 디지털 디스플레이의 해상도를 나타내며, DPI는 프린터의 해상도를 측정한다. PPI는 인쇄물보다 디지털 해상도를 주로 의미한다.

17 ④

LAB 색상 모델은 인간의 시각에 기반하여 색을 정의하며, 다른 모델보다 더 넓은 색 영역을 표현할 수 있다.

18 ②

점이(점층)는 디자인 요소가 점점 커지거나 작아지는 등 일정한 변화를 통해 시각적 리듬을 만들어내는 원리이다.

오답 피하기
- ① 통일 : 디자인의 요소들이 일관성 있게 조화되는 것을 말한다.
- ③ 동세 : 디자인에 움직임을 암시하여 동적 느낌을 부여하는 것을 의미한다.
- ④ 대조 : 명암, 크기, 색상 등을 대비시켜 강조 효과를 주는 원리이다.

19 ②

숫자 3, 8, 알파벳 B, S처럼 곡선이 많은 글자는 위쪽 부분이 실제보다 작게 보이는 착시가 발생하므로, 디자인 시 위쪽을 조금 더 크게 조정하는 상방 거리 과대 착시를 고려해야 한다.

20 ②

트위닝은 애니메이션에서 시작 프레임과 끝 프레임만 지정하면 소프트웨어가 자동으로 중간 프레임을 생성해주는 기법으로, 작업 효율을 크게 높여준다.

21 ②

모핑 애니메이션은 한 이미지가 다른 이미지로 부드럽게 전환되는 방식이다.

오답 피하기
- ① : 키네틱 타이포그래피 설명이다.
- ③ : 블러 효과의 설명이다.
- ④ : 플립북(Flipbook) 방식의 애니메이션 설명이다.

22 ②

Quick and Dirty 프로토타입은 개발 초기 가능한 빨리 아이디어를 시각화하여 제작하는 것이 목표이다.

23 ③

사용성 테스트는 사용자가 제품을 얼마나 쉽게 사용할 수 있는지를 평가하고 문제점을 찾아 개선안을 도출하는 것이 목적이다.

24 ①

태도 분석은 사용자의 의견과 인식을 직접적으로 파악하는 방법으로, 포커스 그룹 인터뷰와 사용자 설문이 주로 활용된다.

25 ②

관찰자는 참여자가 과제를 수행하는 과정에서 발생하는 장애·오류·행동 패턴을 상세히 기록하며, 데이터 수집과 문제점 도출에 핵심적인 역할을 한다.

오답 피하기
- ① 진행자 : 테스트를 주도하며, 참여자에게 과제를 안내하고 전반적인 흐름을 관리하는 역할이다.
- ③ 커뮤니케이션 소통자 : 내부 직원의 질문을 진행자에게 전달하는 역할이다.
- ④ 안내자 : 테스트 대상자에게 사전 준비사항을 전달하는 역할이다.

26 ③

전화 인터뷰는 참여자의 적합성을 재확인하기 위해 진행한다.

27 ④

문제 지문의 설명과 정확히 일치하며, 목표 사용자의 실제 생각·불편·요구를 깊이 이해하는 데 효과적이다.

28 ②

대표적인 해상도를 선택해 제작하면 시간과 자원을 효율적으로 사용할 수 있다.

29 ②

HTTPS 사용은 보안 표준에 해당하며, 성능 최적화 표준에는 이미지 압축, 파일 크기 줄이기, 캐싱이 포함된다.

30 ④

디지털 사이니지는 일방향 정보 제공을 위해 설계되며, 실시간 피드백 기능은 포함되지 않는다.

31 ①

암소시는 어두운 환경에서 간상세포가 활성화되는 시각 체계이다.

32 ②

파장이 짧을수록 빛의 굴절률이 커진다.

33 ③

가산혼합은 빛을 혼합할수록 밝아지며, 최종적으로 흰색이 된다.

34 ④

감산혼합의 삼원색은 자주(M), 청록(C), 노랑(Y)이다.

35 ③

색상환에서 보색은 정반대 위치에 있는 색이지만, 근접 보색은 보색과 가깝지만 완전 반대가 아닌 색들을 지칭한다.

36 ③

혼색계는 빛의 파장에 따른 색의 물리적 특성을 측정하고 수치화하여 색을 표현하는 체계이다.

37 ①

검정색 원반을 40초 동안 주시한 후 시선을 다른 곳으로 옮기면 원래 봤던 색과 반대되는 색상이 보이게 되는데 이것을 부의잔상이라고 한다.

38 ④

먼셀 색입체를 수직으로 절단하면, 동일한 색상을 가진 색들의 명도와 채도 변화를 나타내는 단면이 나타나게 된다. 이 단면을 동일 색상면이라고 한다. 즉, 같은 색상 내에서 명도와 채도의 변화만을 보여주는 구조이다.

39 ①

오스트발트 표색계에서 무채색은 흰색과 검정색의 혼합으로 이루어지며, 두 색의 비율 합이 항상 100%가 되어야 한다.

40 ②

POP디자인(Point of Purchase Design)은 판매 시점에서 소비자의 주목을 끌어 구매를 유도하기 위한 광고물이나 디자인을 의미한다.

41 ①

색채 디자인은 디자인 영역별로 내용과 방법이 다양하지만 일반적으로 색채기획 – 조사·분석 – 콘셉트 설정 – 색채 디자인 – 색채 관리 같은 프로세스를 바탕으로 계획하고 적용한다.

오답 피하기
- ② 색채 기획 : 디자인의 목적과 방향에 맞는 색채 사용 계획 및 전략을 수립한다.
- ③ 콘셉트 설정 : 조사된 자료를 바탕으로 색채 이미지를 설정한다.
- ④ 색채 디자인 단계 : 설정된 콘셉트를 기반으로 주조색, 보조색, 강조색을 선정하여 디자인에 적용한다.

42 ②

톤은 색상에 회색을 추가하여 밝기를 낮추고 차분한 느낌을 주는 방식이다.

43 ④

오답 피하기
- ① : 보색 배색에 해당하는 설명이다.
- ② : 명도와 채도의 차이를 거의 주지 않는 배색 방법이다.
- ③ : 유사색 배색에 해당하는 설명이다.

44 ②

웹사이트 제작 과정에서 콘셉트 단계는 사이트의 목적, 타깃 사용자, 전체적인 디자인 방향과 톤앤매너를 설정하는 과정으로, 이후의 설계와 구현 단계의 기반이 된다.

45 ①

스톱모션 애니메이션은 종이나 인형, 오브젝트 등을 조금씩 움직이며 프레임 단위로 촬영해 연결하는 기법으로, 컷아웃 애니메이션도 이 범주에 포함된다.

46 ④

기획서 작성은 요구 분석과 목표 정의부터 시작하여 순차적으로 진행된다.

47 ①

분광색(Spectral Color)은 프리즘으로 분해된 빛처럼 단일 파장에서 얻어지는 순수한 색을 의미하며, 무지개색과 같은 자연광 스펙트럼이 대표적인 예이다.

48 ②

기획 및 설계 단계에서는 프로젝트 목표와 사용자 인터페이스 설계, 그리고 제작 기획서 및 스토리보드 작성이 이루어진다.

49 ②

모아레 현상은 두 개 이상의 규칙적인 패턴이 겹쳐질 때 발생하는 시각적 간섭으로, 물결무늬나 줄무늬 같은 불규칙적인 무늬가 나타나는 현상을 말한다.

오답 피하기
- ① 디더링 : 색을 부드럽게 표현하는 기술웨어로, 애니메이션 편집 기능이 없다.
- ③ 인터레이싱 : 이미지나 비디오를 단계적으로 로드하는 기법이다.
- ④ 안티 앨리어싱 : 계단 현상을 줄여서 그래픽을 부드럽게 만드는 기술이다.

50 ②

MPEG-2는 720×480 해상도로 DVD 및 방송 용도로 주로 사용된다.

51 ②

웹(월드 와이드 웹, WWW)은 인터넷을 기반으로 하여 전 세계의 정보를 연결하고 제공하는 정보 공유 시스템으로, 사용자가 다양한 정보에 쉽게 접근할 수 있도록 한다.

오답 피하기
- ① : 인터넷의 물리적 인프라를 의미하는 것은 인터넷 자체이다. 웹은 그 위에서 동작하는 정보 공유 시스템이다.
- ③ : 팀 버너스 리는 월드 와이드 웹(WWW)을 발명했지만, 인터넷 자체를 발명한 것은 아니다. 인터넷은 그보다 이전인 1960~70년대에 개발되었다.
- ④ : 하이퍼텍스트뿐만 아니라 멀티미디어 콘텐츠(이미지, 비디오, 오디오 등)도 지원한다.

52 ②

메타 검색은 여러 검색 엔진의 결과를 동시에 수집하여 하나의 화면에 종합적으로 제공하는 방식이다.

오답 피하기
- ① 불리언 검색 : 논리 연산자(AND, OR, NOT 등)를 사용하여 검색 조건을 조합하는 방식이다.
- ③ 통합 검색 : 웹, 이미지, 동영상, 뉴스 등 다양한 정보를 한 번에 제공하는 방식이다.
- ④ 키워드 검색 : 단순히 특정 키워드로 검색하는 방식으로, 메타 검색과는 차이가 있다.

53 ②

HTML에서 ⟨tr⟩, ⟨th⟩, ⟨caption⟩ 태그는 모두 표(Table)와 관련된 태그이지만, ⟨dt⟩ 태그는 정의 목록(⟨dl⟩) 내에서 용어를 정의할 때 사용된다.

오답 피하기
- ① ⟨tr⟩ : 테이블의 각 행을 정의한다.
- ③ ⟨th⟩ : 테이블 헤더 셀을 정의한다.
- ④ ⟨caption⟩ : 테이블의 제목을 지정한다.

54 ①

⟨ul⟩ 태그는 순서 없는 목록(unordered list)을 만들 때 사용하며, 보통 ● 기호로 표시된다. ⟨ol⟩은 순서 있는 목록, ⟨li⟩는 목록 항목, ⟨dl⟩은 정의 목록을 의미한다.

55 ①

alert() 메서드는 브라우저에서 경고 창을 띄운다.

56 ②

DHTML(Dynamic HTML)은 HTML, CSS, JavaScript를 결합하여 동적인 웹 페이지를 만들 수 있게 하는 기술이다.

57 ④

디지털 산출물 관리는 효율성과 비용 절감을 위해 중앙에서 체계적으로 관리하는 것이 핵심이다. 이를 통해 문서의 전체 수명 주기(생성부터 폐기까지)를 관리하고, 정보의 보안을 강화하며 안전하게 공유할 수 있도록 한다.

58 ②

WBS 작성 시 가장 먼저 프로젝트의 목표와 범위를 정의하며 이를 토대로 이후 작업을 구체화한다.

59 ②

디자인 가이드는 프로젝트의 디자인 원칙, 일관성 있는 스타일 규칙, 최종 산출물 파일 등을 포함하지만, 유지보수 담당자 정보는 포함되지 않는다.

60 ③

유지보수자는 시스템 운영 후 지속적인 문제 해결과 개선을 담당한다.

실전 모의고사 06회

01 ③	02 ③	03 ②	04 ④	05 ①
06 ④	07 ②	08 ②	09 ③	10 ①
11 ③	12 ③	13 ④	14 ④	15 ②
16 ②	17 ④	18 ①	19 ③	20 ②
21 ③	22 ②	23 ③	24 ①	25 ①
26 ①	27 ②	28 ②	29 ①	30 ②
31 ②	32 ①	33 ②	34 ④	35 ②
36 ①	37 ②	38 ②	39 ③	40 ③
41 ③	42 ①	43 ④	44 ④	45 ②
46 ②	47 ①	48 ④	49 ③	50 ②
51 ①	52 ①	53 ②	54 ①	55 ③
56 ③	57 ②	58 ③	59 ③	60 ①

01 ③

메타데이터는 데이터를 설명하는 데이터로, 파일의 생성 날짜, 작성자, 위치 정보 등과 같이 원본 데이터에 대한 정보를 추가하여 데이터의 관리, 검색, 식별을 용이하게 한다. XML 스크립트에 저작권 정보 등 파일에 대한 정보가 기록되어 있는 것도 메타데이터의 한 예이다.

02 ③

주 사용자는 특정 시스템을 사용하여 목표를 달성하는 주체로, 실제로 시스템과 상호작용하며 기능을 활용하는 사람을 의미한다.

오답 피하기

①, ②, ④ : 사용자 분석에서 부 사용자의 역할에 해당한다.

03 ②

브레인스토밍법은 여러 사람이 자유롭게 아이디어를 제시하여 다양하고 많은 아이디어를 모으는 방식으로, 최종 산출물을 위해 아이디어를 풍부하게 확보하는 것을 목표로 한다.
마인드맵핑은 생각을 시각적으로 확장하는 기법으로 자유롭게 발산하는 데 적합하지만, 보기에서 설명한 '자유롭게 아이디어를 내놓는 방법'과는 다르다.
시네틱스는 서로 다른 시각을 융합하여 창의적인 해결책을 찾는 방법이다. 체크리스트가 아닌, 다른 분야의 생각을 결합하여 혁신적인 아이디어를 도출한다.
육색모 사고법은 특정 상황이나 문제를 다양한 시각에서 바라보는 방법으로, 감정적, 논리적, 창의적 관점 등을 통해 종합적인 사고를 가능하게 한다.

오답 피하기
- ① : 브레인스토밍법에 관한 설명이다.
- ③ : 체크리스트법에 관한 설명이다.
- ④ : 강제 결부법에 관한 설명이다.

04 ④

전화번호부는 단순히 사실을 기록한 데이터의 예로, 창작적인 표현이 아닌 단순한 사실이나 정보의 나열에 해당한다. 창작적 개입 없이 일반적인 정보를 제공하기 위한 데이터는 저작권의 보호를 받지 않는다.

05 ①
그리드 구성 요소에서 콘텐츠 정렬과 배치의 기준이 되는 단(Column)에 대한 설명이다. 그리드 시스템에서는 여러 개의 단이 정해져 있으며, 이 단의 개수에 따라 레이아웃 구성과 콘텐츠 배치 방식이 결정된다.

06 ④
사이트맵은 웹사이트 전체 페이지와 콘텐츠의 계층 구조를 계통도처럼 정리한 문서로 사용자가 어디서 어디로 이동할 수 있는지, 페이지 간 관계를 한눈에 파악할 수 있다.

07 ②
화면 설계 영역에서는 와이어 프레임보다 더 세부적인 레이아웃과 구성 요소를 묘사한다. 시각적 인터페이스 요소도 구체적으로 설명하여 웹 페이지의 화면 구조를 상세히 나타내는 역할을 한다.

08 ②
시각화는 대뇌에서 시각적 이미지를 생성하여 정보를 쉽게 이해할 수 있도록 하는 방법이다. 이를 통해 데이터를 그래픽으로 표현해 방대한 정보를 직관적으로 파악하고 이해를 돕는다.

09 ③
히트맵은 웹사이트 방문자의 행동 패턴을 색상으로 시각화하여 분석하는 기법이다. 클릭이 많은 영역은 붉은색, 클릭이 적은 영역은 푸른색으로 나타나, 사용자 행동을 쉽게 파악할 수 있다.

10 ①
'사용자 조정'은 사용자가 시스템을 능동적으로 조작할 수 있다고 느끼도록 하는 제이콥 닐슨의 UI 가이드라인 원칙이다. 이 원칙은 사용자가 시스템을 주도적으로 조정하는 듯한 경험을 제공해, 사용자가 시스템 사용에 대한 통제감을 가지게 하는 데 중점을 둔다.

11 ③
사용자 경험의 단계는 사용자 기대 → 사용자 경험 → 사용자 반성 순서로 진행된다. 사용자는 제품이나 서비스를 사용하기 전에 기대를 갖고, 그다음 실제로 사용하며 경험하게 된다. 마지막으로, 사용 후 느낀 감정과 생각을 되돌아보며 반성한다.

12 ③
심미성은 디자인의 미적 가치를, 기능성은 사용자의 요구를 충족시키는 기능적 요소를, 신뢰성은 제품의 일관성과 안정성을 제공하는 것을 의미한다. 접근성은 장애인과 고령자를 포함한 모든 사용자가 불편 없이 접근할 수 있도록 설계하는 요소이다.

13 ④
가나다 순으로 배열된 백과사전 항목은 가나다 순서에 따라 일관되게 배열되어 있어 선형 구조의 예에 해당한다.

오답 피하기
- ① : 계층 구조의 예에 해당한다.
- ② : 하이퍼텍스트 구조의 예에 해당한다.
- ③ : 테이블 형태의 데이터베이스의 예에 해당한다.

14 ④
비트맵 이미지는 특정 트렌드로 간주되지 않으며, 트렌드로 인정되는 플랫 디자인, 마이크로 인터랙션, 스마트 내비게이션과 달리 주로 이미지의 해상도 방식으로 언급된다.

15 ②
AI 딥 러닝 기반 맞춤형 콘텐츠는 빅 데이터를 분석해 각 사용자의 선호와 요구에 맞는 콘텐츠를 제공하는 것이 특징이다.

16 ②
 는 Non-Breaking Space의 약자로, 줄바꿈이 되지 않는 공백을 의미한다.

17 ④
동시성 유지 침해는 시각적 연속성과 개방감이 방해받는 현상을 의미한다. 건물 증축은 단순한 면적 확대일 뿐 시야 차단이나 단절을 반드시 초래하지는 않으므로 직접적인 동시성 침해로 볼 수 없다.

오답 피하기
①, ②, ③ : 시각적 흐름을 차단하거나 가리는 행위로 이에 해당한다.

18 ①
주색(메인 컬러)은 전체 디자인의 분위기를 결정하는 기본 색상으로, 시각적 중심을 잡아주는 역할을 하며, 주로 원색(RGB, CMY 등)이나 강렬한 색상을 사용하여 주목성을 높이는 데 활용된다.

19 ③
곡선은 주로 유연하고 부드러운 느낌을 주지만, 동적이고 감성적인 표현을 나타내며 정적이라기보다는 활기찬 느낌을 주는 데 더 적합하다.

20 ②
황금 비례는 약 1:1.618의 비율을 뜻하며, 자연에서 발견되는 많은 구조에서 나타난다. 이 비율은 피보나치 수열과 관련이 있으며 조화롭고 아름다운 비례로 여겨진다.

21 ③
보편성이란 사용자에게 익숙한 상징이나 국제적으로 통용되는 이미지를 사용하며 쉽게 이해하도록 하는 것이다.

오답 피하기
- ① 직관성 : 한눈에 의미를 파악할 수 있는 특성이다.
- ② 일관성 : 동일한 시스템 내에서 동일한 규칙, 디자인 패턴을 유지하는 것이다.
- ④ 가독성 : 글자나 시각 요소를 쉽게 읽고 인식할 수 있는 특성이다.

22 ②
색의 주목성은 사람의 시각을 끌어당기는 힘을 말한다. 일반적으로 명도가 높거나 채도가 높은 색상일수록 주목성이 크며, 무채색이나 파스텔톤은 상대적으로 주목성이 낮다.

23 ③
UI는 화면 구성과 시각 요소를 다루고, UX는 사용자의 경험 전반을 고려한다. 이 두 영역이 겹치는 핵심 부분이 사용자와 시스템 간 상호작용(인터랙션 디자인)으로, 버튼 클릭, 애니메이션 반응, 전환 효과 등 사용자가 느끼는 경험을 직접적으로 좌우한다.

24 ①

디자인 프로젝트에서 효율성과 완성도를 높이기 위해 각 팀원의 역할을 명확히 나누고, 각 작업의 담당자를 구분하는 것이 중요하다. 이를 통해 모든 팀원이 자신의 역할과 책임을 명확히 이해하고, 필요한 작업에 집중할 수 있다.

오답 피하기

②, ③, ④ : 모든 팀원이 동일한 역할을 하거나 한 사람이 모든 업무를 맡는 방식, 혹은 자율적으로 작업하는 것은 역할의 중복이나 작업의 비효율을 초래할 수 있어 프로젝트 관리에 적합하지 않다.

25 ①

이 설명은 설문조사에 대한 내용으로, 설문조사는 대규모 데이터를 빠르게 수집하고 통계적으로 분석할 수 있는 장점이 있지만, 사용자의 깊은 감정이나 행동의 맥락을 파악하는 데에는 한계가 있다.

오답 피하기

- ② A/B 테스트 : 두 가지 버전 비교 실험. 행동 데이터 위주이고, 감정 파악이 어렵다.
- ③ 인터뷰 : 깊이 있는 질적 데이터, 맥락·감정 파악에 유리(설문조사와 반대 성격)하다.
- ④ 사용자 관찰 : 실제 사용 행태 파악은 가능하나, 하지만 대규모 통계 수집에는 불리하다.

26 ①

'몰링(Malling)'은 디지털 소비자 라이프 스타일의 하나로, 소비자들이 쇼핑뿐만 아니라 여가 활동도 함께 즐기면서 여러 가지 경험을 추구하는 것을 뜻한다. 이들은 단순히 물건을 구매하는 것을 넘어 다양한 여가 경험과 소비를 중시한다.

27 ②

웹 표준은 웹 접근성과 호환성을 보장하기 위해 만들어진 표준 규격으로, HTML은 웹 문서의 구조를, CSS는 웹 문서의 스타일을 정의한다. 또한 XML은 데이터 저장 및 전송을 위한 마크업 언어이다.

28 ②

모바일 해상도와 화면 밀도가 다르기 때문에, DP는 디바이스의 화면 밀도에 독립적인 단위이다. 표준 해상도인 160dpi에서 1dp가 1px에 해당하지만, 더 높은 밀도의 디바이스에서는 동일한 DP 단위를 사용하더라도 더 많은 픽셀을 사용해 같은 크기로 표시된다.

오답 피하기

- ① : DP는 160dpi에서만 1dp가 1px에 해당하며, 다른 밀도의 디바이스에서는 픽셀 수가 달라지기 때문에 틀린 설명이다.
- ③ : DP는 화면 밀도에 종속적으로 크기가 조정되므로 고정된 크기를 갖지 않는다.
- ④ : DP는 해상도와 화면 밀도에 따라 픽셀 수가 달라질 수 있으므로 픽셀 수만을 나타내는 것은 아니다.

29 ①

눈으로 인식할 수 있는 빛은 '가시광선' 뿐이며, 자외선·적외선은 눈에 보이지 않는다.

30 ②

웹 표준은 웹 접근성과 호환성을 보장하기 위해 만들어진 표준 규격으로, HTML은 웹 문서의 구조를, CSS는 웹 문서의 스타일을 정의한다. 또한 XML은 데이터 저장 및 전송을 위한 마크업 언어이다.

31 ②

프레스(Press)는 손가락을 화면에 떼지 않고 길게 누르는 동작이다.

오답 피하기

- ① 탭(Tap) : 화면을 짧게 톡 누르는 동작이다.
- ③ 드래그(Drag) : 누른 상태에서 이동하는 동작이다.
- ④ 핀치(Pinch) : 두 손가락을 벌리거나 모으는 동작이다.

32 ①

색의 3속성은 색의 본질적 특성을 나타내는 색상, 명도, 채도이다.

33 ②

먼셀 표색계는 색의 색상(Hue), 명도(Value), 채도(Chroma) 세 요소를 결합하여 색을 표현하는 표준 방식이다. 표기 순서는 색상(H) – 명도(V) – 채도(C)이며, 기호로는 HV/C와 같은 형태이다.

34 ④

색광의 3원색(빨강, 초록, 파랑)은 기본 색상으로, 다른 색광을 혼합하여 만들 수 없다.

35 ②

먼셀의 표색계는 색의 3속성(색상, 명도, 채도)을 바탕으로 색을 체계적으로 구분하여 표현하는 색상 체계이다.

36 ①

먼셀 색 입체의 수평 단면에서는 같은 명도의 색들이 나타나며, 무채색이 중심에 위치하고 색상들이 방사형으로 배열되어 채도와 색상의 변화를 한눈에 볼 수 있다.

37 ②

색이 가장 선명하고 뚜렷해 보이는 경우는 보색 대비가 일어날 때이므로 초록색이 빨간색과 대비 효과를 극대화시켜 빨간색이 더욱 선명하고 뚜렷하게 보이게 한다.

38 ③

색의 수축과 팽창 효과는 주로 색의 명도에 의해 결정되는데, 높은 명도의 색은 팽창해 보이고 낮은 명도의 색은 수축되어 보이는 경향이 있어 시각적으로 부피감이나 크기의 변화를 느끼게 한다.

39 ③

웹 로그 분석은 사용자가 웹사이트에서 남긴 행동 데이터(페이지 이동, 체류 시간, 클릭 패턴 등)를 기반으로 이용자의 행동을 분석하는 기법으로, 실제 사용자 경험과 사용성을 개선하는 데 활용된다.

오답 피하기

- ① 시뮬레이션 분석 : 실제 데이터를 기반으로 가상 환경에서 결과를 예측하는 방법으로, 행동 데이터와는 직접적인 관련이 없다.
- ② 프로토타입 분석 : 제품 또는 서비스의 초기 버전을 테스트하면서 개선점을 찾는 절차이다.
- ④ 페르소나 분석 : 타겟 사용자 집단의 특성, 성향, 기대 등을 모델링하는 기법이다.

40 ③

웹 디자인 시 첫 화면에 팝업 광고를 반드시 포함하는 것은 사용자가 사이트를 처음 방문할 때 불편을 줄 수 있어 부적절하다. 팝업 광고는 사용자가 페이지에 집중하지 못하게 하며, 초반 사용자 경험을 해치기 때문에 중요한 정보가 아닐 경우 자제하는 것이 좋다.

41 ③

베이직 시스템은 CI 디자인의 통일성과 일관성을 유지하기 위해 심벌마크, 로고타입, 전용 색상 등에 대한 세부 지침을 제공하며, 사용자가 임의로 색상이나 크기를 변경할 수 없다.

42 ①

로토스코핑은 실사 위에 애니메이션을 합성하는 기법이다.

43 ④

동일 색상 배색은 차분하고 안정적인 분위기를 제공하여 통일성과 조화를 느끼게 한다. 반면, 활기차고 즐거운 느낌은 대조적인 색상 배색에서 주로 발생한다.

44 ③

문·스펜서의 색채조화론에서 '미도'는 색상의 조화를 수치적으로 평가하는 개념으로, 미도 값이 0.5 이상일 때 색상이 조화로운 것으로 간주한다.

45 ③

계통색명은 색의 속성인 색상, 명도, 채도를 함께 표시하는 방식이다.

오답 피하기
- ① 기본 색명 : 가장 기본적이고 직관적으로 색을 구분할 수 있는 대표색 이름이다.
- ② 근대 색명 : 서양 색채학 발달 이후 만들어진 현대적 색명이다.
- ④ 관용 색명 : 오랜 시간 사용되어온 전통적인 색 이름이다.

46 ②

멀티미디어 저작 도구는 직관적인 인터페이스와 안정적인 품질을 제공하여 버그 발생이 적은 편이다. 이는 콘텐츠 제작 과정에서의 안정성을 높이는 장점으로, 반대로 프로그램 완성 후에 지속적인 버그 수정이 요구되는 것이 단점으로 작용하지 않는다.

47 ①

Adobe Flash는 웹 애니메이션 제작 툴로, 현재 UI 설계 도구로 사용되지 않는다. 반면 Adobe XD와 Figma는 대표적인 UI/UX 설계 도구이며, Illustrator는 그래픽 제작에 활용된다.

48 ④

GIF 형식은 간단한 애니메이션을 지원하며, 웹 페이지에 사용하기 적합한 파일 형식이다.

오답 피하기
- ① WMV 형식 : 동영상 파일 형식이다.
- ② PSD 형식 : 포토샵 편집 파일이다.
- ③ JPG 형식 : 정적 이미지 형식이다.

49 ③

.midi는 영상 편집용 비디오 파일 형식이 아니라, 음악 연주 정보를 저장하는 형식이다.

50 ④

웹 브라우저는 웹 페이지를 표시하고, 정보 검색 및 즐겨찾기 관리 기능을 제공하지만 HTML 소스 코드의 직접 수정 및 편집 저장은 주로 코드 편집기에서 수행한다.

51 ①

AI가 자동화할 수 있는 단순 코딩은 수요가 줄어든다.

52 ①

플러그인은 웹 브라우저나 응용 프로그램이 기본적으로 지원하지 않는 기능을 보조적으로 제공하는 프로그램이다. 예를 들어, 웹 브라우저는 일반적으로 이미지나 텍스트를 기본적으로 처리하지만, 미디어 데이터를 재생하거나 특정 기능을 수행하는 데는 플러그인이 필요할 수 있다. 플러그인을 설치하면 음악, 동영상 등의 다양한 미디어 파일을 웹 브라우저 내에서 직접 재생하거나 실행할 수 있어 사용자 경험을 확장할 수 있다.

53 ②

W3C(World Wide Web Consortium)는 웹 기술의 호환성과 접근성을 보장하기 위해 HTML, CSS 등 웹 표준을 제정·검사하는 국제 기구이다.

54 ①

전역 변수는 프로그램 전체에서 사용이 가능한 변수로, 모든 함수나 코드 블록에서 접근하고 참조할 수 있다.

오답 피하기
- ② : 지역 변수에 대한 설명이다. 지역 변수는 함수나 블록 내에서만 유효하다.
- ③, ④ : 지역 변수의 특성을 나타내며, 지역 변수는 함수 외부에서 접근할 수 없고 외부로부터 영향을 받지 않아 메모리 사용이 효율적이다.

55 ③

onFocus()는 요소가 포커스를 얻었을 때 발생하는 이벤트 핸들러이다. 반대로 onBlur()는 요소가 포커스를 잃었을 때 발생한다.

56 ③

링킹 단계에서는 프로그램 실행에 필요한 여러 오브젝트 파일을 하나의 실행 파일로 통합하는 작업이 이루어진다.

57 ②

XHTML은 HTML과 호환되면서도 더 엄격한 규칙을 적용한다.

58 ③

사물인터넷(IoT)은 인터넷을 통해 여러 장치가 상호 연결되어 데이터를 주고받으며, 다양한 기능과 서비스를 제공하는 기술이다.

59 ③

최종 발표는 핵심 정보의 시각화, 함축적 표현, 청중 친화적 구조가 중요하며, 장식 요소를 과도하게 넣으면 오히려 정보 전달력이 떨어져 발표 효과가 저하된다.

60 ①

산출물 정리는 프로젝트 관리와 문서 관리 원칙에 따라 실행되나, 일반적으로 '원가 개념'을 적용해 자료를 정리하지는 않는다.

MEMO

이기적 강의는
무조건 0원!

이기적 영진닷컴

공부하다가
궁금한 사항은?

이기적 스터디 카페

모두에게 당신의 합격 스토리를 들려주세요
합격 후기 EVENT

**합격하고 마음껏 자랑하세요.
후기를 남기면 네이버페이 포인트를 선물로 드려요.**

 블로그에 자랑 남기기
개인 블로그에
합격 후기 작성하고 20,000원 받기!

20,000원
네이버페이 포인트 지급

▲ 자세히 보기

 카페에 자랑 남기기
이기적 스터디 카페에
합격 후기 작성하고 5,000원 받기!

5,000원
네이버페이 포인트 지급

▲ 자세히 보기

※ 자세한 참여 방법은 QR코드 또는 이기적 스터디 카페 '이기적 이벤트' 게시판을 확인해 주세요.
※ 이벤트에 참여한 후기는 추후 마케팅 용도로 활용될 수 있으며 혜택은 변동될 수 있습니다.

한번에 합격, 자격증은 이기적

이기적 스터디 카페

합격 전담마크! 추가 자료부터
1:1 Q&A까지 다양한 혜택 받기

365 이벤트

매일 매일 쏟아지는 이벤트!
기출복원, 리뷰, 합격 후기, 정오표

100% 무료 강의

QR 하나로 교재와 연계된
고퀄리티 강의 100% 무료

CBT 온라인 문제집

연습도 실전처럼!
PC와 모바일로 언제든지 시험 연습

Q 이기적 스터디 카페

홈페이지 : license.youngjin.com
질문/답변 : cafe.naver.com/yjbooks

Q 이기적 유튜브 채널

@ydot0789 채널을 구독해 주세요!
15만 구독자와 약 10,000개의 동영상으로 합격을 준비하세요!

Q 이기적 카카오톡 플러스친구

@이기적 친구를 추가해 주세요!
합격을 부르는 소식, 카톡으로 먼저 받아보고 혜택을 챙기세요!

이렇게 기막힌 적중률

필기+실기
올인원
All in one
웹디자인개발기능사
2권·실기

이민희 저

26
·2026년 수험서·
수험서 41,000원

동영상 강의 무료
도서 연계 강의 100% 무료

실습 파일 제공
문제 풀이에 필요한 파일 제공

또기적 합격자료집
구매자 한정 특별 제공

YoungJin.com Y.
영진닷컴

기적의 적중률, 여러분의 참여로 완성됩니다
기출 복원 EVENT

영진닷컴 쇼핑몰
30,000원

기출 복원하기 ▶

전원 지급

N Pay
네이버페이 포인트 쿠폰
최대 20,000원

1. 이기적 수험서로 공부하고 시험에 응시했다면 누구나 참여 가능

2. 응시일로부터 7일 이내 복원 문제만 인정(수험표 첨부 필수!)

3. 중복, 누락, 허위 문제는 당첨 대상에서 제외

※ 이벤트별 혜택은 변경될 수 있으므로 자세한 내용은 해당 QR을 참고해 주세요.

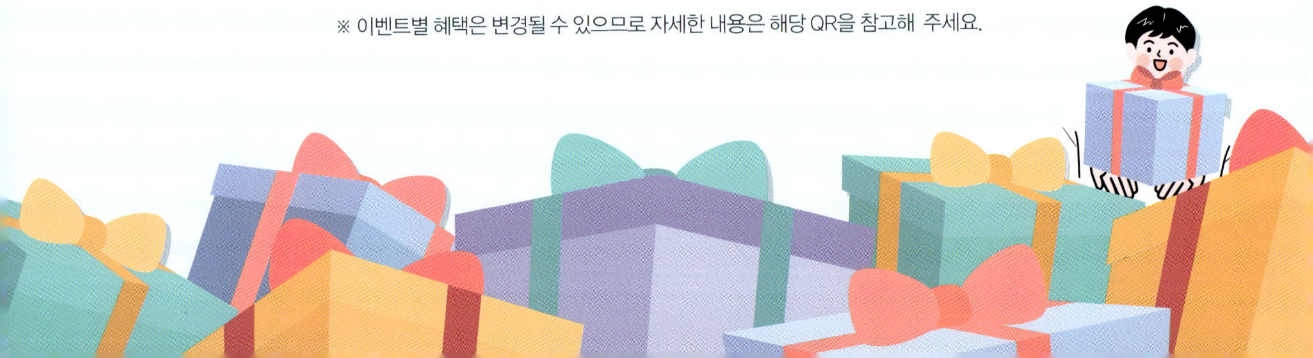

이렇게 기막힌 적중률

웹디자인개발기능사
올인원

2권 · 실기

"이" 한 권으로 합격의 "기적"을 경험하세요!

차례

PART 01 웹디자인개발기능사 실기 가이드 **2권**

SECTION 01 웹디자인개발기능사의 정의	2-8
SECTION 02 실기 합격 포인트	2-11
SECTION 03 들어가기 전 필수 준비	2-14

PART 02 기본 코딩 다지기

SECTION 01 HTML5 기본 다지기	2-18
SECTION 02 CSS 기본 다지기	2-31
SECTION 03 JavaScript 기본 다지기	2-70
SECTION 04 jQuery 기본 다지기	2-83

PART 03 실기 필수 기능

SECTION 01 Visual Studio Code 필수 기능	2-102
SECTION 02 Photoshop 필수 기능	2-110
SECTION 03 Illustrator 필수 기능	2-122

PART 04 기출 유형 문제

기출 유형 문제 01회(A형)	2-138
기출 유형 문제 02회(B형)	2-194
기출 유형 문제 03회(C형)	2-256
기출 유형 문제 04회(D형)	2-308
기출 유형 문제 05회(E형)	2-370
기출 유형 문제 06회(F형)	2-426

BONUS 또기적 합격자료집 **PDF**

- 시험장 스케치
- 스터디 플래너
- [실기] 추가 기출 유형 문제 07~08회(D~E형)

※ **참여 방법** : '이기적 스터디 카페' 검색 → 이기적 스터디카페(cafe.naver.com/yjbooks) 접속 → '구매 인증 PDF 증정' 게시판 → 구매 인증 → 메일로 자료 받기

실습 자료 사용 방법

01 실습 자료 다운로드

① 이기적 영진닷컴 홈페이지(license.youngjin.com)에 접속하세요.
② [자료실]-[웹디자인] 게시판으로 들어가세요.

③ '[8012] 2026 이기적 웹디자인개발기능사 필기+실기 올인원_부록 자료' 게시글을 클릭하여 첨부파일을 다운로드하세요.

02 PART 02~03 폴더

① 다운로드 받은 압축 파일에서 마우스 오른쪽 버튼을 눌러 압축 풀기를 실행하세요.
② 압축이 제대로 풀렸는지 확인하세요. 아래의 그림대로 파일이 들어 있으며, 각 폴더에는 문제를 푸는 데 필요한 소스 파일들이 들어있습니다.

03 PART 04 폴더(수험자 제공 파일 및 모범 답안)

총 6회분의 기출 유형 문제에 해당하는 파일이 들어 있으며, 각 폴더에는 문제를 푸는 데 필요한 소스 파일과 모범 답안의 결과 파일을 통해 완성본을 확인할 수 있습니다.

실기 출제기준 및 주의사항

01 웹디자인개발기능사 시험정보

01 웹디자인개발기능사 기본 정보
① 자격명 : 웹디자인개발기능사
② 관련 부처 : 산업통상자원부
③ 시행 기관 : 한국산업인력공단

02 웹디자인개발기능사 직무
① 웹디자인 지식을 바탕으로, 프로젝트의 목적을 효과적으로 달성하기 위해 분석, 설계, 구현 과정을 거쳐 인터넷 환경에서 활용 가능한 웹페이지를 제작하는 직무
② 주요 역할 : S/W를 이용하여 홈페이지를 제작 및 개발하는 업무를 수행

03 검정 방법 및 합격 기준
① 도출된 콘셉트 방향에 맞게 기초데이터 수집 및 요구사항에 따른 프로토타입을 제작한다.
② 프로토타입 제작을 바탕으로 정보 구조 설계 및 매체의 특성에 맞춰 시각적으로 구조화하여 디자인한다.
③ 디자인 구성요소를 매체의 특성에 맞게 구체적이고 사용가능한 웹 페이지 구현 및 완성한다.

구분	검정기준	합격 기준
실기	작업형(3시간 정도)	100점 만점에 60점 이상 득점자

02 웹디자인개발기능사 준수사항

- 작업형(3시간 정도)
- 웹 표준 준수
- Javascript, jQuery, CSS 활용한 애니메이션 구현(jQuery 라이브러리 제공)
- HTML, CSS, Javascript, jQuery 오류 없도록 코딩

※ Dreamweaver HTML5 웹 표준 일부 인식 불가로 인해 서비스를 종료되었습니다.
※ Photoshop과 Illustrator는 큐넷에서 로그인 후, [원서접수내역] – [시험장소] – [약도보기] – [시설현황]에서 프로그램의 버전을 확인하실 수 있습니다.

03 웹디자인개발기능사 실기 출제기준

직무 분야	문화 · 예술 · 디자인 · 방송	중직무 분야	디자인	자격 종목	웹디자인개발기능사

- 직무내용 : 웹디자인에 대한 기초지식을 가지고, 프로젝트의 목적을 효과적으로 달성할 수 있도록 분석, 설계, 구현 과정을 거쳐서 인터넷 환경에서 유용하게 사용될 수 있도록 웹페이지를 제작하는 직무이다.
- 수행준거 : 1. 도출된 콘셉트의 방향에 맞게 기초데이터를 수집하고 요구사항에 따른 프로토타입을 제작하고 사용성 테스트를 할 수 있다.
  2. 프로토타입 제작을 바탕으로 한 정보구조 및 설계를 통해 사용성과 매체의 특성을 이해하고 시각적으로 구조화하고, 구성요소를 디자인할 수 있다.
  3. 결정된 디자인 구성요소 제작을 통한 콘텐츠 정보설계, 디자인과 매체의 특성에 맞는 구체적이고 사용 가능한 완성품으로 구현하고 발전시킬 수 있다.
- 실기검정방법 : 작업형(3시간 정도)

실기 과목명	주요항목	세부항목	세세항목
웹디자인 실무	1. 프로토타입 기초데이터 수집 및 스케치	1. 기초데이터 수집하기	1. 프로토타입 제작을 위한 기초데이터와 레퍼런스 데이터를 수집하여 장 단점을 분석할 수 있다. 2. 아이디어를 시각화하기 위한 디자인 기획을 바탕으로 스케치를 할 수 있다. 3. 아이디어 스케치한 결과물을 구현이 가능하도록 설명할 수 있다.
		2. 레퍼런스 조사 분석하기	1. 프로토타입 제작을 위한 스토리보드 구성과 인터랙션, 모션그래픽 또는 애니메이션을 제작할 수 있다. 2. 프로토타입 제작물을 바탕으로 사용성 테스트를 하기 위한 방법론을 적용할 수 있다. 3. 사용성 테스트를 통한 사용성에 대한 정의와 문제점을 도출할 수 있다. 4. 사용성 테스트 결과를 바탕으로 프로토타입 스케치를 수정할 수 있다.
	2. 프로토타입 제작 및 사용성 테스트	1. 프로토타입 제작하기	1. 제작을 위한 기초 자료를 수집하고 필요한 이미지·동영상을 촬영하거나 화면을 디자인할 수 있다. 2. 디지털디자인 소프트웨어를 활용하여 화면 구성 요소, 아이콘, 서체를 포함한 디자인·애니메이션을 제작하고 비교할 수 있다. 3. 제작된 화면 디자인에 필요한 사운드나 애니메이션을 구현하여 프로젝트 결과물과 유사한 프로토타입을 제작할 수 있다.

PART
01

웹디자인개발기능사 실기 가이드

학습 방향

웹디자인개발기능사의 직무를 이해하고, 실기 시험의 출제기준 및 주의사항을 파악하는 데 중점을 둡니다. 이를 통해 필요한 준비물과 제공되는 소프트웨어를 확인하고, 합격을 위한 핵심 포인트에 집중하여 작업 순서를 계획할 수 있도록 합니다. 이러한 준비 과정을 통해 철저히 시험에 대비할 수 있습니다.

차례

SECTION 01 웹디자인개발기능사의 정의
SECTION 02 실기 합격 포인트
SECTION 03 들어가기 전 필수 준비

SECTION 01 웹디자인개발기능사의 정의

시험 전 필수 체크

핵심포인트 ▶ 웹디자인개발기능사란 사용자들이 웹페이지를 사용할 수 있도록 인터넷 환경에 사용되는 웹페이지를 제작하는 기능인을 의미하며, 웹디자인 기초 지식 및 S/W 활용 능력을 측정합니다.

01 웹디자인개발기능사 분류

웹디자인개발기능사 자격증은 국가직무능력표준(NCS, National Competency Standards)에서 '문화·예술·디자인·방송' 분야의 '디지털 디자인' 직무에 해당합니다. 디지털 디자인은 다음과 같은 단계를 통해 프로젝트를 수행합니다.

> 1. 프로토타입 기초데이터 및 수집 및 스케치 → 2. 프로토타입 제작 및 사용성 테스트 → 3. 디자인 구성요소 설계 → 4. 디자인 구성요소 제작 → 5. 구현 → 6. 응용

웹디자인개발기능사는 홈페이지 프로젝트의 목표를 효과적으로 달성하기 위해 데이터 수집 및 스케치, 프로토타입 제작, 디자인, 구현, 응용 등 단계를 거쳐 인터넷 환경에 적합한 홈페이지를 제작하는 역할을 수행합니다. 이 직무는 웹디자인 개발에 필요한 지식, 기술, 태도를 갖춘 전문성을 요구하며, 시스템 자원과 소프트웨어(S/W)를 활용하여 홈페이지를 설계하고 개발하는 데 중점을 둡니다.

▲ NCS 직무 대분류

▶ 국가직무능력표준(NCS)

국가직무능력표준(NCS, National Competency Standards)은 산업현장에서 직무를 수행하는 데 필요한 지식, 기술, 태도와 같은 기본 역량을 체계적으로 정리한 기준입니다. 이는 인재 양성을 통해 국가의 경쟁력을 높이기 위해 마련된 체계입니다.

*국가직무능력표준 사이트 : http://www.ncs.go.kr

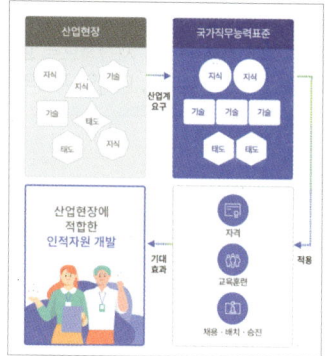

▲ 국가직무능력표준 개념도

02 웹디자인개발기능사 자격기준

웹디자인개발기능사 실기시험에서는 웹디자인에 대한 기초지식을 가지고 프로젝트의 목적에 맞는 웹 페이지를 제작할 수 있는지를 요구합니다. 실기시험에서 수행해야 할 사항은 다음과 같습니다.

1. 도출된 콘셉트에 맞게 프로토타입 제작
2. 프로토타입을 바탕으로 시각적으로 구조화하고 구성요소 디자인
3. 매체의 특성에 맞게 사용 가능한 웹페이지 구현 및 완성

03 웹디자인개발기능사 추천 작업 순서

1) 실기시험 문제 괴제명과 요구사항 분석

주어진 실기시험 문제의 주제를 파악하고 요구사항을 분석·확인합니다.

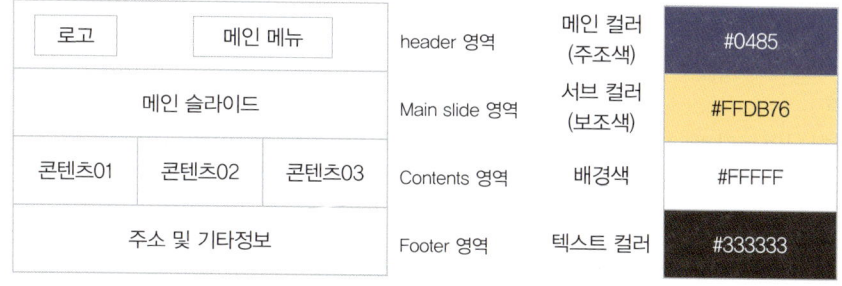

▲ (왼)와이어프레임, (오)컬러 계획

🚩 **기적의 TIP**

- 와이어 프레임을 통해 메인 화면 구조를 확인합니다.
- 주제에 맞게 메인 컬러, 서브 컬러, 텍스트 컬러 등을 계획합니다.

> **기적의 TIP**
>
> **와이어프레임(Wireframe)**
> 웹사이트의 기본 구조를 시각적으로 표현한 간단한 설계도입니다. 이는 웹 페이지의 레이아웃, 콘텐츠 배치, 인터페이스 요소 등의 위치와 관계를 나타내며, 디자인 작업의 초기 단계에서 사용됩니다.

2) 프로토타입 제작

요구사항정의서를 기반으로 수험자에게 제공되는 수험자제공파일이 있습니다. 이를 활용하여 웹사이트의 기본 구조와 화면 구성 요소인 이미지와 아이콘 등의 콘텐츠를 분류하고, 필요한 로고 및 기타 시각 요소는 Photoshop과 Illustrator를 이용하여 제작합니다.

3) 디자인 구성요소 설계 및 제작

프로젝트의 목표와 사용자 요구를 기반으로 시각적 요소를 구체화하여 웹 페이지 레이아웃을 설계합니다. 이 과정에서는 사용자 환경을 고려하며, 시각적 요소의 균형과 조화를 통해 디자인과 콘텐츠를 효과적으로 구성합니다.

> **기적의 TIP**
>
> **웹 페이지 레이아웃**
> 콘텐츠와 디자인 요소를 화면에 체계적으로 배치하여 사용자가 정보를 쉽게 이해하고 접근할 수 있도록 구성하는 방식입니다. 레이아웃은 사용자 경험(UX)과 시각적 전달력을 높이는 데 중요한 역할을 하며 헤더, 네비게이션바, 본문 콘텐츠, 사이드바, 푸터 등 요소들의 배치를 결정합니다.

4) 구현

디자인 방향과 매체 특성을 고려하여 콘텐츠를 구현합니다. 매체 특성에 대한 이해를 기반으로 이에 맞게 프로그래밍 가능한 웹 에디터 프로그램을 활용하여 콘텐츠를 구현해 나갑니다.

> **기적의 TIP**
>
> **웹 에디터(웹 편집기)**
> 웹 편집기는 웹 문서를 만들 때 태그, CSS, Javascript, jQuery를 입력하는 프로그램입니다. 대표적인 웹 편집기로는 메모장, 에디트 플러스, 드림위버, 비주얼 스튜디오 코드 등이 있으며, 우리는 비주얼 스튜디오 코드로 작업을 진행합니다.

5) 완료 및 제출

결과물이 최적화되었는지 웹 브라우저를 활용하여 화면을 확인합니다. 오류가 있다면 다시 보완하여 재검토 후 완료되었다면 제출합니다.

> **기적의 TIP**
>
> **웹 브라우저**
> 웹 브라우저는 웹 편집기로 작성한 웹 문서를 화면에 표시해주는 프로그램입니다. 대표적으로 구글의 크롬, 마이크로소프트의 엣지, 모질라 재단의 파이어폭스, 애플의 사파리, 오페라소프트웨어의 오페라 등이 있습니다. 국내에서는 크롬과 엣지 브라우저 사용자가 많으며, 우리는 크롬 브라우저로 결과물을 확인합니다.

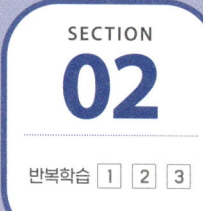

실기 합격 포인트

핵심포인트 ▶ 웹디자인개발기능사 실기 시험의 경우 신경써야 할 디자인적인 요소가 많습니다. 코딩의 소스파일부터 오류 검사까지 꼼꼼하게 확인해 보세요.

01 요구사항정의서 분석 및 기본 소스 준비

시험장에서 제공받은 요구사항 정의서를 자세히 확인 후 제공된 소스파일을 정리합니다. 수험자는 결과물을 '비번호'로 된 폴더를 기준으로 메인 페이지 index.html 문서와 하위 폴더 'images', 'css', 'js' 폴더를 생성하여 제공받은 소스 파일을 분류하여 저장하면 더욱 편리하게 작업을 진행할 수 있습니다.

02 레이아웃 유형 익히기

웹디자인개발기능사 실기 시험에는 다양한 레이아웃(A ~ F유형)이 출제되고 있습니다. 제공받은 요구사항정의서에 있는 와이어프레임을 보고 제시된 조건에 맞게 HTML로 구조를 구성 후 각 영역에 맞는 스타일을 CSS로 지정하여 와이어프레임을 제작합니다.

레이아웃 유형에는 크게 1. 가로형 레이아웃, 2. 세로형 레이아웃, 3. 100% 레이아웃으로 구성되어 있으며 레이아웃을 작업하는 과정은 빠르게 코딩할 수 있도록 잘 익혀두어야 합니다. 그리고 웹 페이지의 전체 레이아웃은 Table 태그가 아닌 CSS를 통한 레이아웃으로 작업해야 합니다.

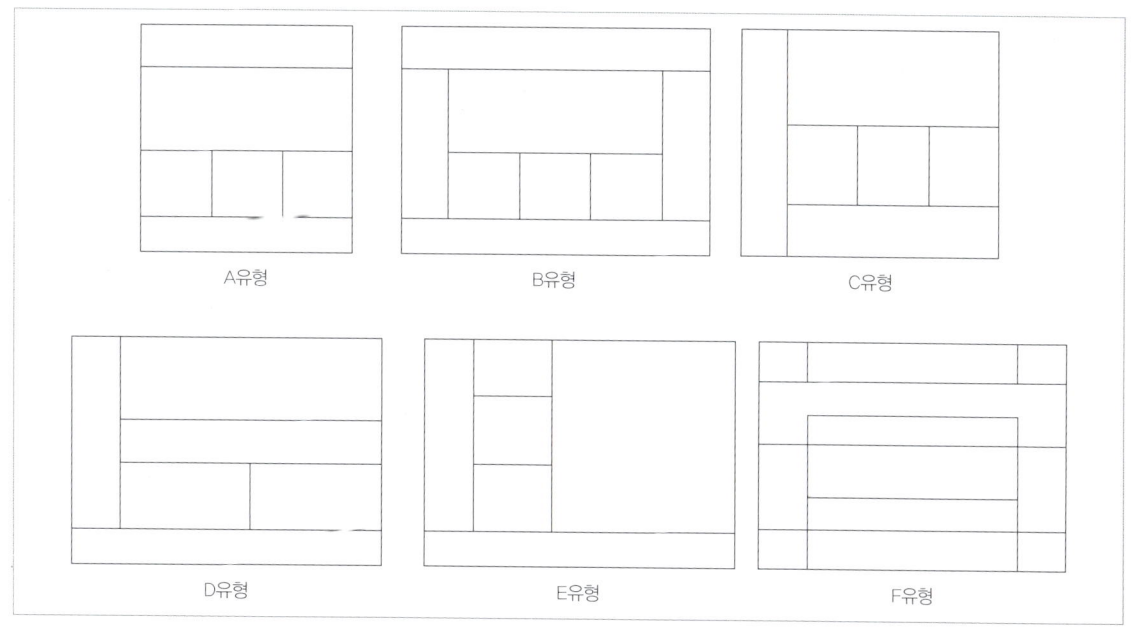

▲ 유형별 와이어프레임

03 동적인 작업 및 기능 구현하기

웹디자인개발기능사 실기 시험에 동적인 작업과 기능을 구현해야 합니다. 동적인 작업 및 기능에는 이미지 슬라이드, 메인-서브 메뉴, 팝업창 기능, 탭 메뉴 기능을 Javascript 또는 jQuery를 이용하여 구현합니다. 단순히 코드를 암기하기에는 어려움이 있을 수 있으므로 이해하고 작성하면 스스로 다양한 스타일로 변형하여 동적인 작업과 기능을 구현할 수 있습니다.

04 웹 표준 준수 및 오류검사 하기

웹디자인개발기능사 실기 시험의 가장 중요한 포인트는 HTML5 웹 표준으로 작성하였는가의 여부와 완성된 웹 문서의 HTML, CSS 오류가 없어야 합니다. HTML, CSS 오류를 확인하는 방법은 HTML 유효성 검사(W3C validator)에서 오류를 확인할 수 있으나 시험장에서는 인터넷으로 HTML 유효성 검사를 제공하지 않으므로 웹 표준에 맞춰 작성을 해야 합니다. 개인적으로 연습할 때 HTML, CSS 유효성 검사를 필히 진행할 수 있도록 합니다.

▲ (왼)HTML 유효성 검사, (오)CSS 유효성 검사

동적인 작업과 기능에 사용되는 JavaScript와 jQuery의 오류는 브라우저의 개발자 도구를 통해 확인할 수 있습니다. 웹 브라우저에서 F12를 눌러 개발자 도구를 실행한 후, 콘솔(Console) 탭에서 오류 메시지를 확인하고 수정할 수 있습니다.

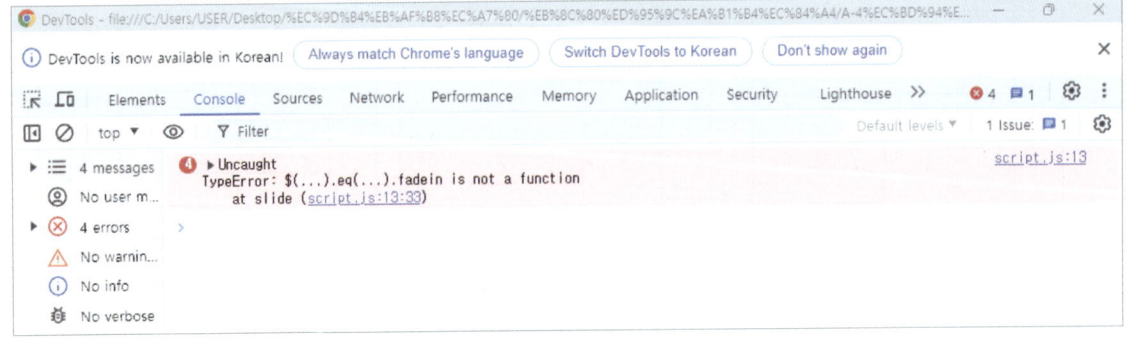

▲ 개발자 도구 오류 메시지

마지막으로, 다양한 화면 해상도에서 일관성 있는 레이아웃이 중요합니다. 브라우저 창의 크기를 조절하면서 레이아웃이 틀어지는 부분이 없는지 반드시 점검하고 이러한 과정을 통해 오류 없이 웹 표준을 준수한 웹사이트를 제작할 수 있습니다.

> **기적의 TIP**
>
> **웹 표준(Web Standards)**
> 웹사이트를 작성하고 표시하는 데 사용되는 기술과 규칙을 정의한 일련의 표준입니다. 이 표준은 월드 와이드 웹 컨소시엄(W3C)과 같은 국제 표준화 기구에서 개발하고 유지합니다. 웹 표준의 주요 목표는 웹 콘텐츠의 일관성과 호환성을 보장하여, 다양한 웹 브라우저와 기기에서 웹 페이지가 올바르게 표시되도록 하는 것입니다.

> **기적의 TIP**
>
> - **HTML 유효성 검사**
>   작성된 HTML 코드가 웹 표준을 준수하는지 확인하는 과정입니다. 이는 웹 페이지의 구조가 올바른지, 태그가 적절하게 사용되었는지, 속성이 정확하게 적용되었는지 등을 검사합니다.
>
> - **CSS 유효성 검사**
>   작성된 CSS 코드가 웹 표준을 준수하는지 확인하는 과정입니다. 올바른 CSS 코드는 웹 페이지의 스타일이 의도한 대로 적용되며, 다양한 브라우저와 기기에서 일관되게 표시됩니다. 유효성 검사는 스타일 시트에 오류가 있는지 확인하고, 잘못된 구문이나 호환성 문제를 찾아내는 데 중요한 역할을 합니다.
>   – HTML 유효성 검사 도구 : https://validator.w3.org/
>   – CSS 유효성 검사 도구 : https://jigsaw.w3.org/css-validator/

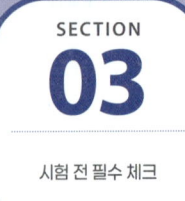

들어가기 전 필수 준비

핵심포인트 ▶ 웹디자인 개발 시 파일 형식을 정확히 확인하려면 파일 탐색기에서 확장자 보기를 설정해야 합니다. 이는 파일 관리와 오류 방지에 필수적인 과정입니다.

01 파일 확장자 보기 설정

작업에 들어가기 전, 문서 파일의 확장자가 보이도록 설정하여 파일 관리와 작업 효율을 높이는 데 도움이 됩니다.

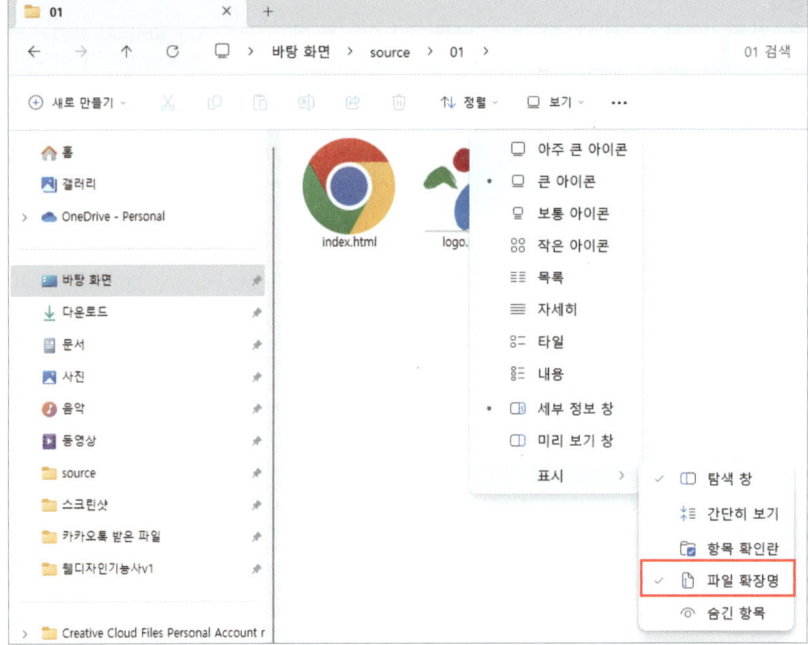

▲ 파일 확장자 보기 설정

1) 파일 확장자 보기 설정 방법

① Windows 탐색기 열기 : 파일 탐색기를 엽니다.
② 보기 탭 선택 : 상단 메뉴에서 '보기' 탭을 클릭합니다.
③ 파일 확장명 표시 : '파일 확장명' 옵션을 체크하여 파일 확장자를 표시합니다.

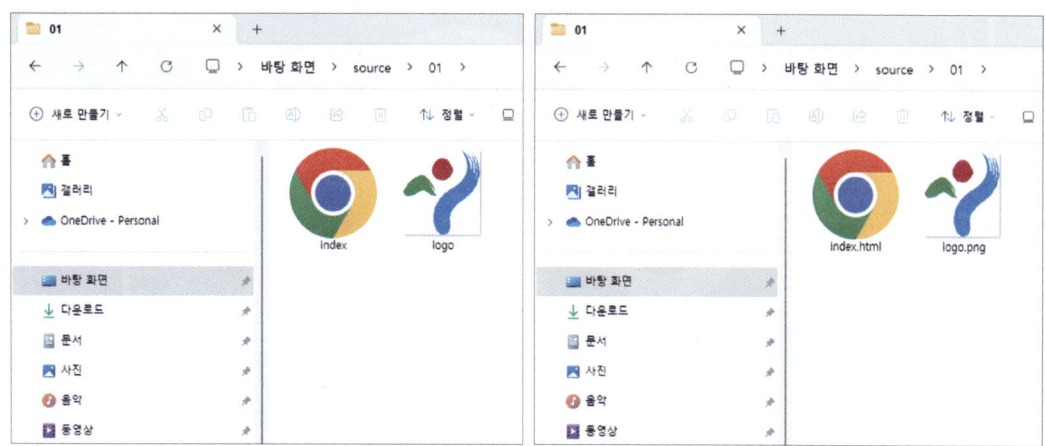

▲ (왼)파일 확장자 미표시, (오)파일 확장자 표시

02 HTML 문서 웹 브라우저로 열기

다음은 HTML 문서를 크롬 브라우저로 여는 방법입니다.

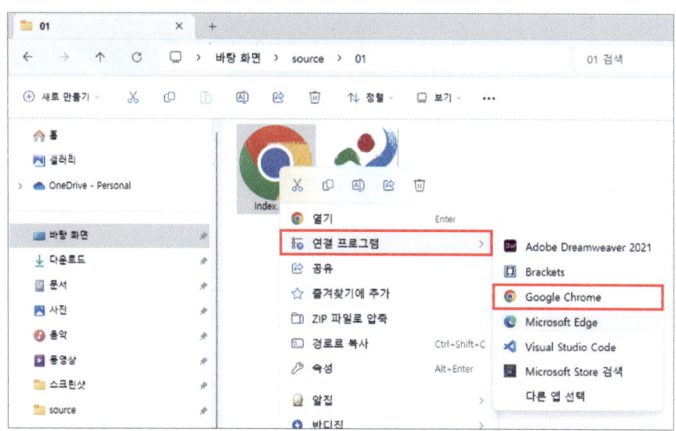

▲ HTML 문서를 웹 브라우저로 여는 방법

① 열고자 하는 HTML 파일을 찾습니다.
② HTML 파일을 마우스 오른쪽 버튼으로 클릭합니다.
③ 연결 프로그램 > 크롬(Chrome)을 선택하여 HTML 파일을 엽니다.
  이 단계를 따르면, HTML 문서를 크롬(Chrome) 브라우저로 열어 표시되는 내용을 확인할 수 있습니다. (크롬(Chrome) 브라우저가 설치되어 있지 않다면, 먼저 설치해야 합니다.)

PART

02

기본 코딩 다지기

학습 방향

웹 HTML5, CSS, JavaScript, jQuery의 기본 개념과 실습을 통해 학습자는 웹표준을 준수하여 HTML5로 웹 페이지를 작성하고, CSS로 스타일을 지정하며, JavaScript와 jQuery를 활용해 동적인 기능을 추가할 수 있습니다. 이를 통해 시험에서 요구하는 기술을 체계적으로 익히고 실전에서 응용할 수 있는 능력을 갖추게 됩니다.

차례

SECTION 01 HTML5 기본 다지기
SECTION 02 CSS 기본 다지기
SECTION 03 JavaScript 기본 다지기
SECTION 04 jQuery 기본 다지기

SECTION 01 HTML5 기본 다지기

시험 전 필수 체크

핵심포인트 ▶ HTML5는 시맨틱 태그를 활용해 문서 구조를 명확히 설계하고 간소화된 문법으로 효율적인 코드를 작성하며, 최신 브라우저 호환성과 특징을 이해하는 것이 중요합니다.

01 HTML5 기본 문법

1) HTML 정의

HTML(하이퍼텍스트 마크업 언어, HyperText Markup Language)은 웹 페이지를 작성하는 기본 언어입니다. 웹 콘텐츠의 구조(제목, 본문, 링크, 사진 등)를 정의하며, 다양한 요소를 사용하여 텍스트, 이미지, 링크, 비디오 등을 웹 페이지에 삽입할 수 있습니다. 1991년 팀 버너스 리(Tim Berners-Lee)에 의해 처음 제안되었으며, 이후 여러 차례 업데이트를 거쳐 현재, 최신 버전인 HTML5를 사용하고 있습니다. HTML 문서의 확장자는 *.htm 또는 *.html입니다.

2) HTML5 주요 특징

HTML5는 기존의 HTML에 비해 여러 가지 새로운 기능과 요소를 추가하여 웹 개발을 더욱 효율적으로 만들었습니다. 주요 특징은 다음과 같습니다.

① 시맨틱 태그 : HTML5는 문서의 구조와 의미를 명확하게 하기위해 새로운 시맨틱 태그를 도입했습니다. (→ 태그의 이름만으로도 그 안에 어떤 종류의 콘텐츠가 들어갈지 명확하게 나타내기 위해 사용되는 태그)
예를 들어 〈header〉, 〈footer〉, 〈article〉, 〈section〉, 〈nav〉 등이 있습니다. 이러한 태그들은 웹 페이지의 논리적 구조를 더 잘 표현할 수 있게 해줍니다.
② 폼 태그 : 다양한 새로운 입력 유형과 속성을 추가하여 입력 폼을 더 유연하게 만들었습니다. 예를 들어, type="email", type="date", type="range" 등의 새로운 입력 유형과 required, placeholder 등의 속성이 추가되었습니다.
③ 멀티미디어 지원 : 브라우저 간 호환성 문제를 줄이고, 플러그인 없이 멀티미디어 콘텐츠를 재생할 수 있도록 통합하였습니다.
④ Canvas와 SVG(Scalable Vector Graphics) : 〈canvas〉 태그를 사용하여 자바스크립트를 통해 그래픽을 그릴 수 있게 하고, SVG 지원을 통해 벡터 그래픽을 직접 사용할 수 있게 합니다. 이를 통해 그래픽과 애니메이션을 더욱 정교하게 구현할 수 있습니다.

3) HTML 태그

HTML 태그는 요소(Element)라고도 하며, 기본적인 구조는 다음과 같습니다.

① HTML 기본 태그 구조

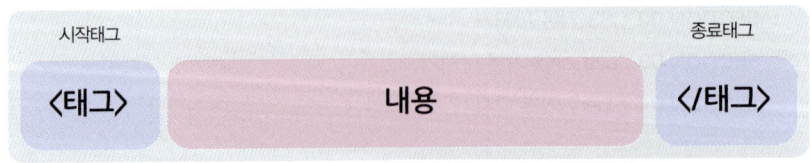

- HTML 태그는 시작 태그와 종료 태그 쌍으로 이루어져 있습니다. 예 〈p〉이것은 단락입니다.〈/p〉
- 예외적으로 종료 태그가 필요 없는 자체 종료 태그가 있습니다. 예 〈br/〉, 〈img〉, 〈hr/〉 등
- HTML 태그와 속성 이름은 소문자로 작성하는 것을 권장합니다.
- 주석은 〈!-- 로 시작하고 --〉로 끝나며 설명을 추가할 때 사용됩니다.
  └─ 코드에 대한 설명이나 메모를 작성하며, 브라우저에서 표시되지 않는 내용

  예 〈!--여기부터 header영역 입니다.--〉

② HTML 태그 세부 구조

```
<a href="https://www.youngjin.com/" target="_blank">영진닷컴 바로가기</a>
```

💬 **요소 TIP**
- **〈a〉** : 링크를 의미하는 시작 태그
- **href** : a 태그의 경로를 지정하는 속성
- **https://www.youngjin.com/** : a 태그 속성인 href의 값(연결 페이지 주소)
- **target** : 브라우저가 어디에 링크된 문서를 열 것인지를 지정하는 속성
- **_blank** : 새 탭에서 열도록 지정하는 target 속성의 값
- **〈/a〉** : 링크 요소의 종료 태그

* HTML 속성값은 반드시 따옴표(큰따옴표 또는 작은따옴표)로 묶어야 합니다.

02 HTML5 문서 기본 구조

1) HTML5 문서 구조

```
<!DOCTYPE html>
<html lang="ko">
<head>
    <title>웹 페이지 제목</title>
</head>
<body>
    <h1>여기에 제목을 입력</h1>
    <p>여기에 본문 내용을 작성</p>
</body>
</html>
```

💬 **요소 TIP**
- **〈!DOCTYPE html〉** : HTML5 문서임을 선언합니다.
- **〈html〉** : HTML 문서의 루트(최상위) 태그입니다. lang 속성을 사용하여 문서의 언어를 지정할 수 있습니다.
- **〈head〉** : 웹 문서에 대한 정보가 포함합니다.
- **〈title〉** : 웹 페이지의 제목을 설정합니다.
- **〈body〉** : 실제 웹 페이지의 **콘텐츠**를 포함합니다.

* 태그는 쌍으로 올바르게 중첩되어야 하며, 태그가 제대로 닫혀야 합니다.

03 HTML5 태그 알아보기

1) <head> 영역 내 태그

<head> 태그는 웹 페이지의 정보를 포함하고 있습니다.

태그	설명
<title>...</title>	• 웹 페이지의 제목을 정의 • 웹 브라우저 탭에 표시
<meta>...</meta>	• 사용자에게 보이지 않은 웹 페이지에 대한 정보 • 웹 페이지 내용, 작성자, 문자 인코딩, 뷰포트 등을 정의하는 태그
<link>	• 외부 스타일 시트(CSS)를 현재 문서에 연결할 때 사용 • 주로 CSS 파일을 연결할 때 사용
<script>...</script>	외부 JavaScript 파일을 불러올 때 사용

```
<head>
    <meta charset="UTF-8">
    <meta name="viewport" content="width=device-width, initial-scale=1.0">
    <title>레이아웃 구조</title>
    <link href="css/style.css" rel="stylesheet" type="text/css">
    <script src="js/script.js" type="text/javascript"></script>
</head>
```

① <title> 태그 – 웹 페이지 제목 표시

<title>에 작성한 내용은 웹 페이지 제목 표시줄에 표시되고 검색 엔진 결과에서 페이지의 제목으로 사용됩니다. <title> 태그는 문서당 하나만 사용할 수 있습니다.

<pre>   <title>글로버투어스</title>   </pre>

② ⟨meta⟩ 태그 - 웹 페이지 정보
- 문자 세트 지정

> ⟨meta charset="UTF-8"⟩

UTF-8은 전 세계 대부분의 문자를 표현할 수 있는 유니코드 표준 인코딩 방식으로, 다양한 언어와 기호를 지원하여 웹 페이지의 텍스트가 올바르게 표시되도록 합니다. 잘못된 인코딩을 사용하면 웹 페이지의 텍스트가 깨지거나 손상될 수 있습니다.

문자나 기호를 컴퓨터가 이해할 수 있는 형태로 변환하는 과정

- 모바일 장치 최적화

> ⟨meta name="viewport" content="width=device-width, initial-scale=1.0"⟩

웹 페이지가 모바일 장치에서 표시를 최적화 시 중요한 역할을 합니다.
width=device-width 설정은 페이지의 너비를 장치의 너비에 맞추어, 모든 장치에서 일관된 사용자 경험을 제공하고 "initial-scale=1.0" 설정은 페이지가 처음 로드될 때의 확대 수준을 1로 설정하여, 페이지가 원래 크기로 표시되도록 합니다.

③ ⟨link⟩ 태그 - 외부 스타일 시트(CSS) 문서 연결
⟨link⟩ 태그는 현재 문서와 외부 스타일 시트 문서를 연결하는 데 사용됩니다.

> ⟨link href="css/style.css" rel="stylesheet" type="text/css"⟩

- link 태그의 rel 속성은 연결된 문서와의 관계(Relationship)를 정의합니다.
- rel의 값은 "stylesheet"를 사용합니다.
- type="text/css"는 생략할 수 있습니다.

④ ⟨script⟩ 태그 - 외부 자바스크립트(js) 문서 연결
⟨script⟩ 태그는 웹 페이지에 JavaScript 코드를 포함하거나 외부 JavaScript 파일을 불러올 때 사용됩니다. type="text/css"는 생략할 수 있습니다.

> ⟨script src="js/jquery-1.12.3.js" type="text/javascript"⟩⟨/script⟩
> ⟨script src="js/script.js" type="text/javascript"⟩⟨/script⟩

2) HTML5 기본 태그

태그	설명
\<header\>...\</header\>	• 웹 페이지 머리글 정의 • 로고, 내비게이션 메뉴 등 포함
\<nav\>...\</nav\>	• 내비게이션 링크 정의 • 주로 메뉴 작업 시 사용
\<section\>...\</section\>	• 독립적인 주제를 가진 영역 정의 • 보통 제목과 함께 사용되며, 문서의 여러 부분을 나눌 때 사용
\<article\>...\</article\>	• 독립적으로 구분할 수 있는 콘텐츠를 정의 • 블로그 글, 뉴스 기사 등 해당
\<aside\>...\</aside\>	• 주 콘텐츠와 관련성이 적은 콘텐츠를 정의 • 사이드바, 광고, 인용문 등을 나타낼 때 사용
\<footer\>...\</footer\>	• 웹 페이지의 바닥글 정의 • 저작권 정보, 링크, 연락처 정보 등이 포함
\<div\>...\</div\>	• \<div\> 태그 - 블록 요소 • 문서 내에서 다른 요소들을 그룹화하거나 레이아웃을 구성할 때 사용 • HTML5의 시맨틱 태그가 없을 때 머리글, 바닥글, 메뉴, 콘텐츠 등 \<div\>로 묶어 사용했으나 HTML5에서 \<header\>, \<footer\>, \<nav\> 등 의미 있는 태그로 대체 • 태그 자체적으로 의미를 갖지 않지만, ID나 클래스 속성을 통해 특정 스타일을 지정할 수 있음
\<hn\>...\</hn\>	• \<hn\> 태그 - 블록 요소 • 제목을 정의하는 태그 • \<h1\> ~ \<h6\> 작성 가능 • \<h1\>이 가장 중요한 제목이며 글자 크기가 제일 큼
\<p\>...\</p\>	• \<p\> 태그 - 블록 요소 • 단락을 정의하는 태그로, 텍스트 단락을 구분하는 데 사용
\<span\>...\</span\>	• \<span\> 태그 - 인라인 요소 • 텍스트 일부에 스타일을 정의할 때 사용
\<strong\>...\</strong\> \<em\>...\</em\>	• \<strong\>, \<em\> 태그 - 인라인 요소 • 텍스트를 강조할 때 사용하는 시맨틱 태그 • \<strong\>은 굵게 표시 • \<em\>은 텍스트를 기울여 표시
\<img\>	• \<img\> 태그 - 인라인 블록 요소 • 웹 페이지에 이미지를 삽입하는 태그 • src 속성 : 이미지 파일의 경로 지정하는 속성 • alt 속성 : 이미지의 대체 텍스트 작성하는 속성
\<ol\>\<li\>...\</li\>\</ol\>	• \<ol\>,\<li\> 태그 - 블록 요소 • 순서가 있는 목록(ol : Ordered List)을 정의 • 각 항목을 li(li : List Item)태그로 정의 • 목록 항목들은 자동으로 번호가 매겨지며, 이는 순서가 중요한 경우 유용
\<ul\>\<li\>...\</li\>\</ul\>	• \<ul\>,\<li\> 태그 - 블록 요소 • 순서가 없는 목록(ul : Unordered List)을 정의 • 각 항목을 li(li : List Item) 태그로 정의 • 항목이 순서에 상관없이 나열될 때 유용하며, 불릿 포인트로 표시
\<table\>...\</table\>	• \<table\> 태그 - 블록 요소 • 웹 페이지에서 표를 정의하는 데 사용 • 데이터를 행과 열로 정렬하여 체계적으로 표시

태그	설명
⟨tr⟩...⟨tr⟩	• ⟨table⟩ 태그 내 위치 • 표의 행을 정의
⟨th⟩...⟨th⟩	• ⟨table⟩ 태그 내 ⟨tr⟩(행) 태그 안에 위치 • Table Header의 약자로 표의 헤더 셀을 정의 • 기본적으로 굵은 글씨와 중앙 정렬이 적용
⟨td⟩...⟨td⟩	• ⟨table⟩ 태그 내 ⟨tr⟩(행) 태그 안에 위치 • Table Data의 약자로 표의 각 데이터 셀을 정의 • 기본적으로 왼쪽 정렬
⟨a⟩...⟨/a⟩	• ⟨a⟩ 태그 – 인라인 요소 • Anchor의 약자이며 다른 페이지로 연결할 수 있도록 하이퍼링크를 정의 • href 속성 : 링크 대상(URL)을 지정하는 속성 • target 속성 : 링크 대상이 열리는 위치를 지정하는 속성
⟨form⟩...⟨/form⟩	• ⟨form⟩ 태그 – 블록 요소 • 입력 양식을 그룹화
⟨input⟩	• ⟨input⟩ 태그 – 인라인 블록 요소 • 다양한 유형의 사용자 입력 필드를 정의 • type 속성 : 값으로 텍스트, 비밀번호, 이메일, 버튼 등을 지정
⟨button⟩...⟨/button⟩	• ⟨button⟩ 태그 – 인라인 블록 요소 • 클릭 가능한 버튼을 정의하는 데 사용
⟨select⟩ ⟨option⟩...⟨option⟩ ⟨/select⟩	• ⟨select⟩ 태그 – 인라인 블록 요소 • 드롭다운 목록을 정의 • ⟨option⟩ 태그와 함께 사용
⟨textarea⟩...⟨/textarea⟩	• ⟨textarea⟩ 태그 – 인라인 블록 요소 • 여러 줄의 텍스트 입력 필드를 정의
⟨br/⟩	• 텍스트 내에서 줄 바꿈 시 사용 • 종료 태그가 없음(마지막 슬러시는 생략 가능)
⟨hr/⟩	• 주제의 분리를 나타내는 수평선을 삽입하는 데 사용 • 종료 태그가 없음(마지막 슬러시는 생략 가능)

> **기적의 TIP**

HTML 태그는 세 가지 주요 디스플레이 타입으로 분류됩니다.
- **블록 요소(Block Elements)**
  - 새로운 줄에서 시작(수직 정렬)
  - 가로 너비, 높이 설정 가능
  - ⟨div⟩, ⟨h1⟩, ⟨p⟩, ⟨ol⟩, ⟨li⟩, ⟨ul⟩, ⟨table⟩, ⟨form⟩, ⟨header⟩, ⟨footer⟩ 등

- **인라인 요소(Inline Elements)**
  - 같은 줄에 나열(수평 정렬)
  - 가로 너비, 높이 설정 불가능
  - ⟨a⟩, ⟨span⟩, ⟨strong⟩, ⟨em⟩ 등

- **인라인 블록 요소(Inline-Block Elements)**
  - 같은 줄에 나열
  - 가로 너비와 높이 설정 가능
  - ⟨img⟩, ⟨input⟩, ⟨button⟩, ⟨select⟩ 등

① ⟨div⟩, ⟨h1⟩, ⟨p⟩, ⟨br⟩, ⟨strong⟩ 태그 활용 예제

⟨div⟩
    ⟨h1⟩HTML⟨/h1⟩
    ⟨h2⟩HTML5란?⟨/h2⟩
    ⟨p⟩HTML5는 최신 웹 표준으로, ⟨strong⟩구조적 요소와 멀티미디어 지원⟨/strong⟩을 포함하여⟨br⟩웹 콘텐츠를 더 효과적으로 표현하고 상호작용할 수 있도록 합니다.⟨/p⟩
⟨/div⟩

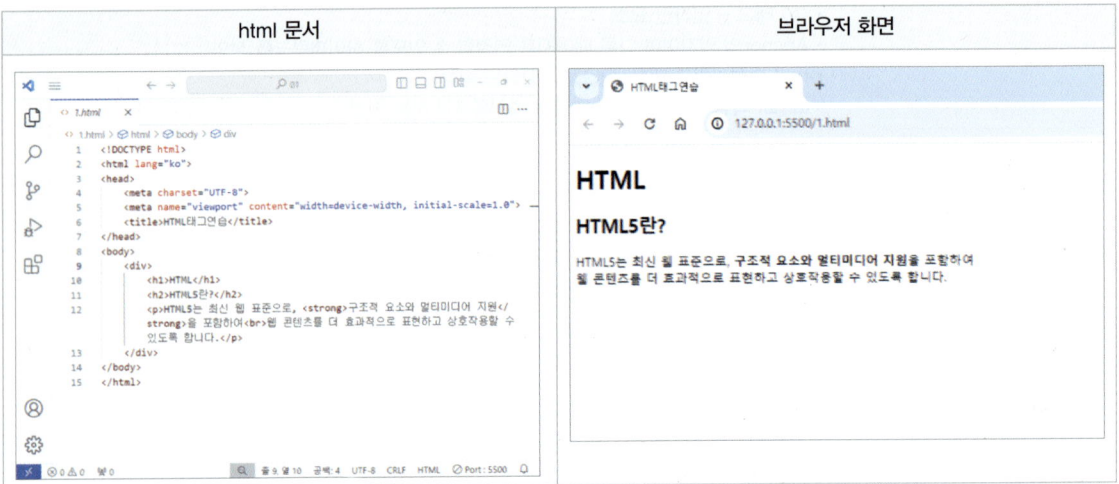

| html 문서 | 브라우저 화면 |

- HTML 코드 내에서 여러 개의 공백을 넣어도 하나의 공백으로 처리됩니다.
- ⟨br⟩ 태그를 사용하여 텍스트 내에 줄 바꿈을 추가합니다.
- HTML 작성 시 [Tab]을 사용하여 들여쓰기합니다. 이를 통해 코드의 가독성을 높일 수 있습니다.

② ⟨a⟩, ⟨img⟩ 태그 활용 예제

⟨a href="#"⟩⟨img src="img/logo.png" alt="서울시 CI"⟩⟨/a⟩

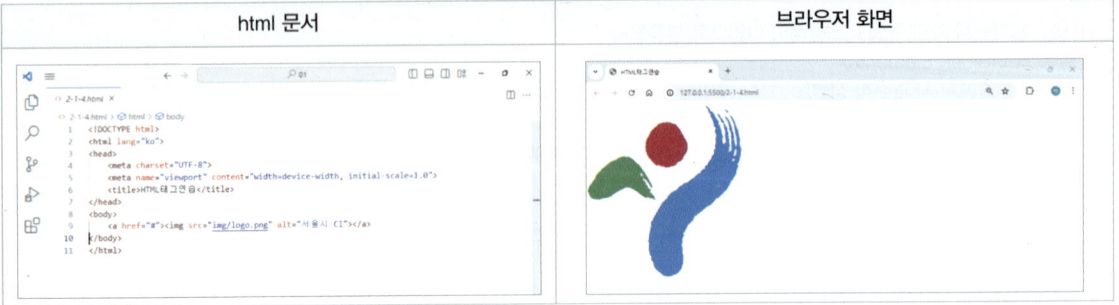

| html 문서 | 브라우저 화면 |

- a 태그 속성 href 값 '#'은 '빈 링크' 또는 '임시 링크'로 사용합니다.
- 띄어쓰기 속성 'src'는 이미지 파일 위치를 작성할 수 있습니다.
- img 태그 속성 'alt'는 이미지를 볼 수 없는 경우 이미지에 대한 텍스트를 제공합니다.

기적의 TIP

상대 경로 작성 방법

경로 유형	설명	예시
동일 폴더	현재 폴더에 있는 파일명 참조	`<img src="logo.jpg">` `<a href="sub01.html">`
자식 폴더	하위 폴더명, 슬래시, 파일명 순으로 작성	`<img src="img/logo.jpg">` `<a href="sub/sub01.html">`
부모 폴더	현재 폴더의 위 폴더를 ..으로 작성 후 슬래시, 파일(폴더)명 작성	`<img src="../img/logo.jpg">` `<a href="../sub/sub01.html">`

동일 폴더 (index.html기준) / 자식 폴더 (index.html기준) / 부모 폴더 (sub폴더 내 sub01.html기준)

이미지 파일 포맷

이미지 파일 포맷	설명
JPG(*.jpg)	손실 압축, 고화질 사진에 적합
GIF(*.gif)	간단한 로고나 아이콘에 적합(256색상 제한이 있어 색상 표현이 제한적임) 웹 애니메이션이나 간단한 그래픽
PNG(*.png)	무손실 압축, 고화질, 투명도 지원, 색상 표현 우수

③ `<table>` 태그 활용 예제

```
<table border="1">
    <tr>
        <th>이름</th>
        <th>나이</th>
        <th>직업</th>
    </tr>
    <tr>
        <td>홍길동</td>
        <td>30</td>
        <td>개발자</td>
    </tr>
    <tr>
```

```
            <td>이순신</td>
            <td>40</td>
            <td>디자이너</td>
        </tr>
        <tr>
            <td>강감찬</td>
            <td>50</td>
            <td>매니저</td>
        </tr>
</table>
```

html 문서	브라우저 화면

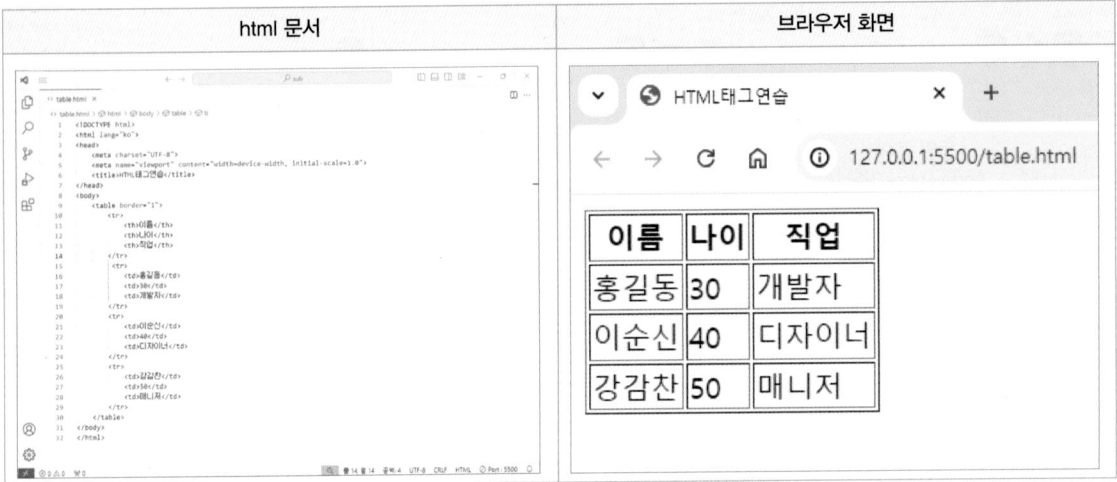

- <table> 태그의 border 속성은 표의 테두리를 설정하는 데 사용합니다.

④ <form>, <table>, <input>, <select>, <button> 태그 활용 예제

```
<form>
    <table border="1">
        <tr>
            <th>이름</th>
            <td><input type="text"></td>
        </tr>
        <tr>
            <th>이메일</th>
            <td>
                <input type="text"> @
                <select>
                    <option>직접입력</option>
```

```
                    <option>naver.com</option>
                    <option>hanmail.net</option>
                </select>
            </td>
        </tr>
        <tr>
            <td colspan="2"><button>제출</button></td>
        </tr>
    </table>
</form>
```

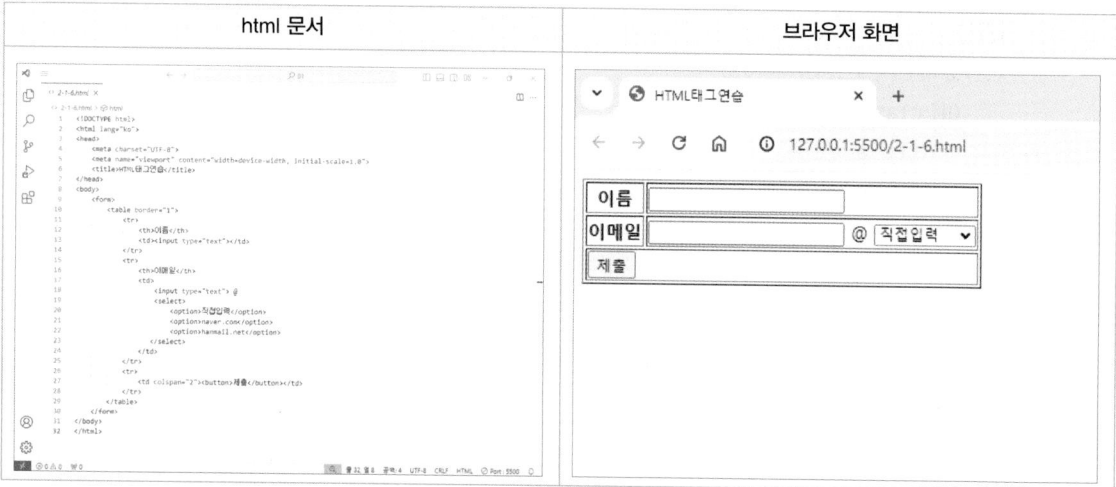

| html 문서 | 브라우저 화면 |

- colspan 속성은 <td> 또는 <th> 태그에 사용, 가로로 열을 합치는 데 사용합니다.
- rowspan 속성은 <td> 또는 <th> 태그에 사용, 세로로 행을 합치는 데 사용합니다.

⑤ <nav>, <ul>, <li>, <a> 태그 활용한 네비게이션 예제

```
<nav>
    <ul>
        <li><a href="#">회사소개</a>
            <ul class="sub">
                <li><a href="#">인사말</a></li>
                <li><a href="#">연혁</a></li>
                <li><a href="#">오시는길</a></li>
            </ul>
        </li>
        <li><a href="#">사업소개</a>
            <ul class="sub">
```

```
                <li><a href="#">국내사업</a></li>
                <li><a href="#">해외사업</a></li>
                <li><a href="#">교육사업</a></li>
                <li><a href="#">지원사업</a></li>
            </ul>
        </li>
        <li><a href="#">고객지원</a>
            <ul class="sub">
                <li><a href="#">온라인문의</a></li>
                <li><a href="#">자주하는질문</a></li>
            </ul>
        </li>
        <li><a href="#">커뮤니티</a>
            <ul class="sub">
                <li><a href="#">공지사항</a></li>
                <li><a href="#">자료실</a></li>
                <li><a href="#">갤러리</a></li>
            </ul>
        </li>
    </ul>
</nav>
```

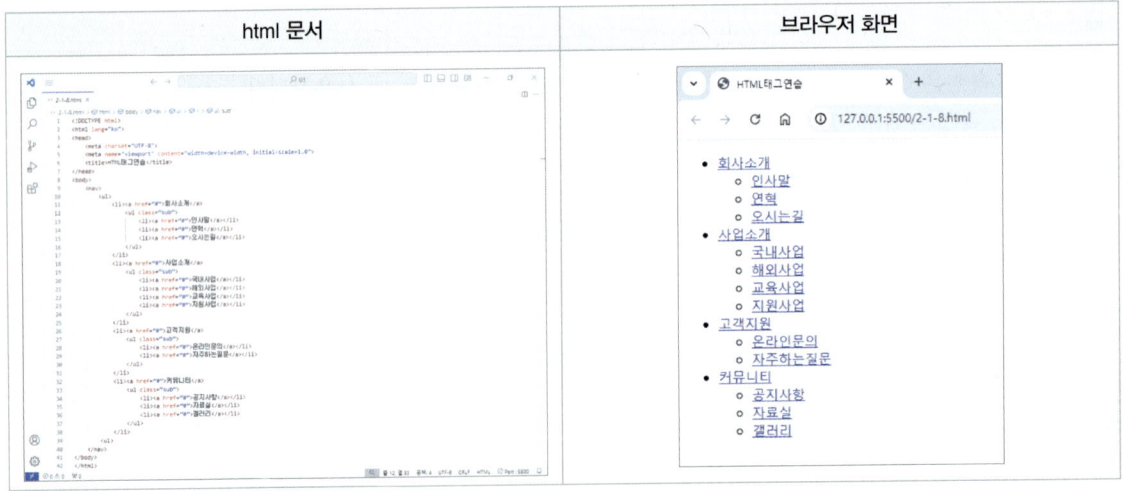

- `<li>` 태그 사용 시 기본적으로 불릿(목록 기호)이 표시됩니다(기본 스타일 적용).
- `<a>` 태그 사용 시 글자 색상이 파란색, 밑줄이 표시됩니다(기본 스타일 적용).
- 실전에서는 CSS를 활용해 기본 스타일을 제거하고, 모든 요소가 동일한 스타일을 가지도록 초기화합니다.

⑥ ⟨header⟩, ⟨section⟩, ⟨article⟩, ⟨footer⟩ 태그 활용 예제

웹 페이지 HTML 작업 시, 먼저 구조화를 통해 영역을 구분하는 것이 중요합니다. 이를 위해 ⟨header⟩, ⟨section⟩, ⟨article⟩, ⟨footer⟩, ⟨div⟩ 태그를 활용하여 페이지를 구성합니다.

> **기적의 TIP**
>
> - **class 속성**
>   문서 내 동일한 스타일이나 동작을 적용하기 위해 사용하며, 중복 사용이 가능합니다.
>
> - **id 속성**
>   문서 내에서 한 번만 사용할 수 있으며, 특정 요소를 고유하게 식별하고 제어할 때 사용됩니다.

3) HTML 특수 문자

HTML에서 특수 문자를 표시하려면 문자 참조를 사용해야 하며 앰퍼샌드(&)로 시작하고 세미콜론(;)으로 끝납니다.

특수문자	특수 문자 기호	설명
		공백
〈	&lt;	Less than(보다 작다)
〉	&gt;	Greater than(보다 크다)
&	&amp;	Ampersand(앰퍼샌드)
"	&quot;	Double quotation mark(쌍따옴표)
©	&copy;	Copyright symbol(저작권 표시 심볼)

```
<ul>
    <li>작은 따옴표:&apos;</li>
    <li>큰 따옴표:&quot;</li>
    <li>작음 부등호:&lt;</li>
    <li>큼 부등호:&gt;</li>
    <li>앰퍼샌드:&amp;</li>
    <li>저작권 기호:&copy;</li>
</ul>
```

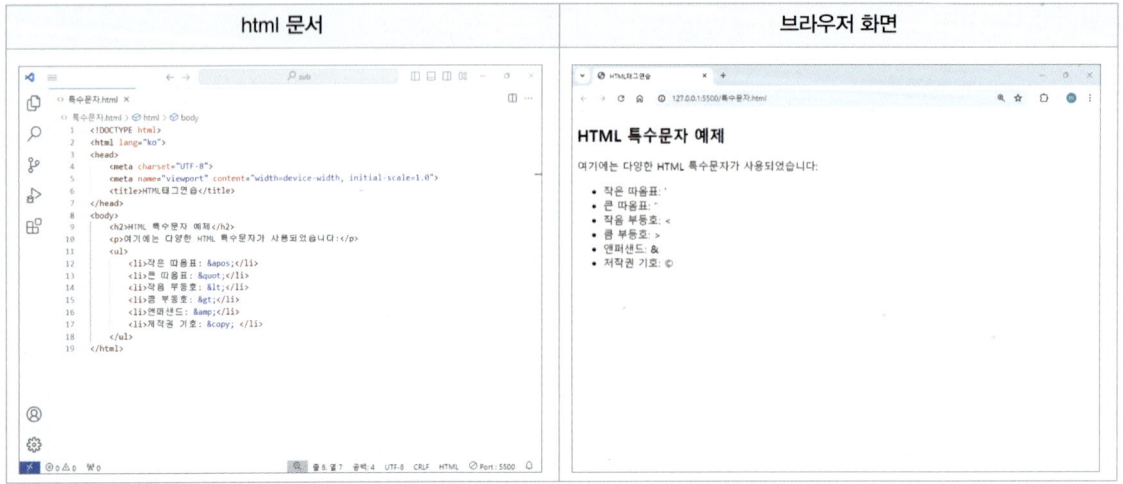

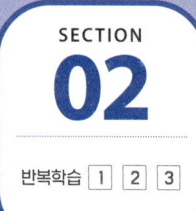

SECTION 02 CSS 기본 다지기

핵심포인트 ▶ CSS의 선택자와 우선순위를 이해하고 박스 모델을 활용해 요소의 크기와 여백을 제어하며, 레이아웃을 구성하고 색상과 글꼴 스타일을 적절히 적용하여, 구현합니다.

01 CSS 기본 문법

1) CSS 정의

CSS(Cascading Style Sheets)는 HTML 문서의 스타일을 디자인할 때 사용하는 스타일 시트 언어로 HTML 요소의 디자인, 레이아웃, 애니메이션 등을 제어할 수 있습니다. 최신 버전인 CSS3는 이전 버전보다 많은 새로운 기능과 속성을 포함하고 있습니다. CSS는 HTML 문서 내에 직접 작성할 수 있으며, 별도의 파일을 만들어 작성할 수 있습니다. CSS 문서 파일의 확장명은 *.css입니다.

2) CSS 기본 규칙

- 선택자 : 스타일을 적용할 HTML 요소를 지정합니다.
- 스타일 선언 : 선택자에 적용할 속성과 값을 중괄호({...})안에 작성합니다.
- 콜론(:) : 속성과 값을 구분합니다.

스타일 한 줄 작성	스타일 나누어 작성

h1 {color:blue; font-size:24px;}
스타일 선언 시 빠르게 작성
	h1 {
	    color:blue;
	    font-size:24px;
	}
	스타일을 나누어 선언 시 가독성이 높고, 유지보수가 유리

- 스타일 선언은 여러 개 연이어 작성할 수 있습니다.
- 마지막 CSS 속성의 세미콜론(;)은 생략할 수 있습니다.
- CSS 작성 방식은 한 줄 작성법과 나누어 작성법이 있으며, 편한 방법을 선택해 작성할 수 있습니다.
- CSS 주석은 /*로 시작하고 */로 끝납니다.

3) HTML 문서 CSS 연결 방법

HTML 문서에 CSS를 적용하는 방법은 크게 세 가지가 있습니다. 인라인 스타일, 내부 스타일 시트, 외부 스타일 시트가 있으며, 웹디자인개발기능사 실기시험에서는 외부 스타일 시트를 사용합니다.

① **직접 태그에 스타일 적용(인라인 스타일)**

CSS를 HTML 요소에 직접 적용하는 방법은 인라인 스타일이라고 합니다. 스타일을 적용할 요소에 'style' 속성을 사용하여 직접 스타일을 지정합니다. 인라인 스타일은 주로 테스트나 일회성 스타일 적용에 사용됩니다.

```
<!DOCTYPE html>
<html lang="ko">
<head>
    <meta charset="utf-8">
    <title>인라인 스타일 예제</title>
</head>
<body>
    <h1 style="color:blue; font-size:24px">파란색 제목</h1>
</body>
</html>
```

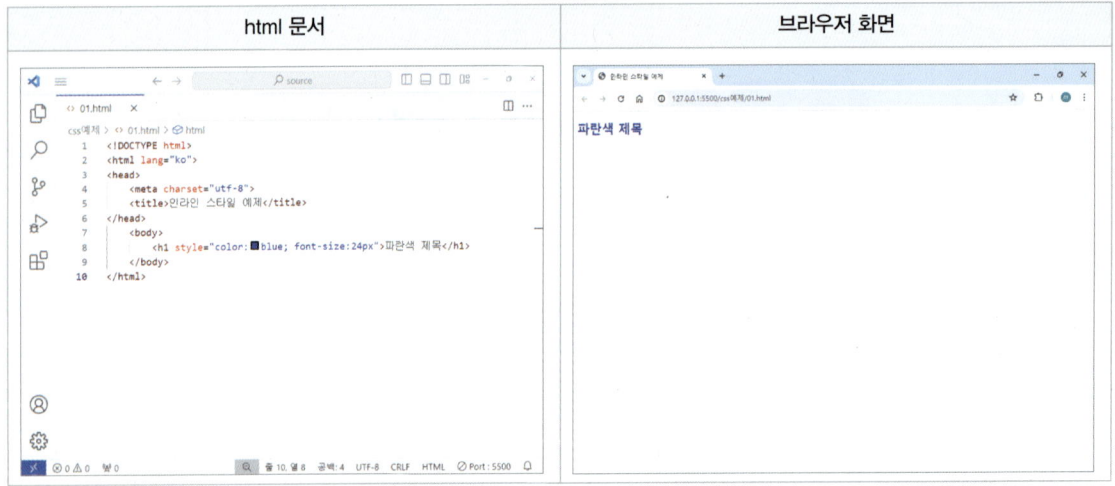

| html 문서 | 브라우저 화면 |

② 내부 스타일 시트 적용

내부 스타일 시트는 HTML 문서의 '〈head〉' 요소 내에 '〈style〉' 태그를 사용하여 스타일을 정의하는 방법입니다.

```html
<!DOCTYPE html>
<html lang="ko">
<head>
    <meta charset="UTF-8">
    <title>내부 스타일 시트 예제</title>
    <style>
        h1 {
            color:blue;
            font-size:24px;
        }
        p {
            color:green;
            background-color:yellow;
        }
    </style>
</head>
<body>
    <h1>파란색 제목</h1>
    <p>초록색 텍스트와 노란색 배경</p>
</body>
</html>
```

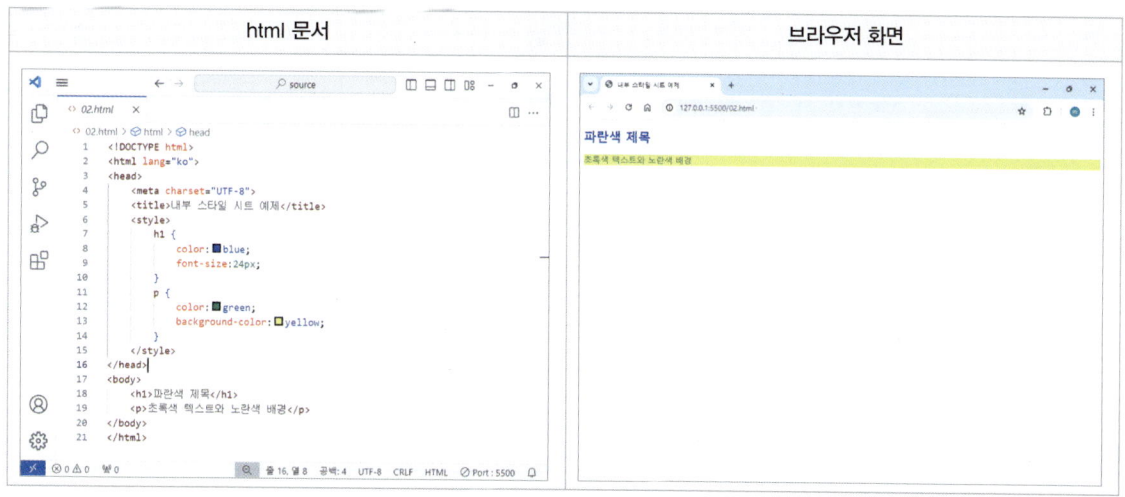

| html 문서 | 브라우저 화면 |

③ 외부 스타일 시트 문서(*.css) 연결

외부 스타일 시트는 별도의 CSS 파일을 생성한 후, HTML 문서의 '〈head〉' 요소 내 '〈link〉' 태그를 사용하여 연결하는 방법입니다. 이 방법을 통해 HTML 문서에 여러 CSS 파일을 연결할 수 있으며, 여러 HTML 문서에서 동일한 스타일을 공유할 수 있어 효율적입니다.

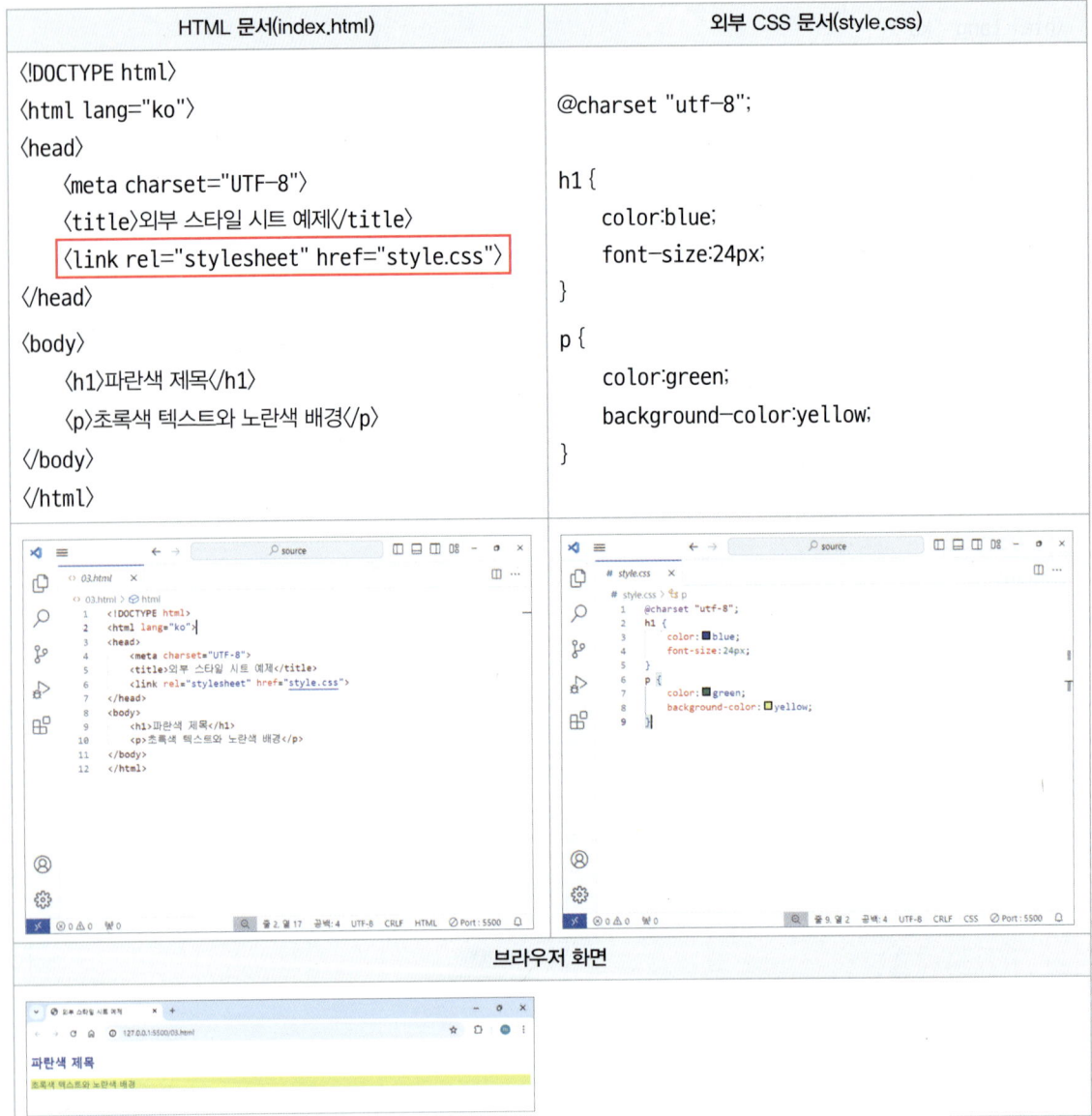

- 태그 속성의 순서는 중요하지 않습니다.
- 외부 CSS 문서를 작성할 때 상단에 @charset "UTF-8";을 추가합니다.

기적의 TIP

@charset "utf-8";를 작성하는 이유

CSS 파일의 문자 인코딩을 명시적으로 지정하여 브라우저가 CSS 파일 해석할 때 올바른 문자 인코딩을 사용하도록 합니다. 만약 인코딩이 일치하지 않은 경우, CSS가 제대로 적용되지 않을 수 있습니다.

02 CSS 작성 방법

1) CSS 선택자

CSS 선택자는 HTML 요소를 선택하여 스타일을 적용하는 데 사용됩니다. 선택자에는 여러 가지 유형이 있으며, 이를 통해 다양한 방식으로 요소를 선택하고 스타일을 지정할 수 있습니다. 이제 다양한 선택자 유형에 대해 알아보겠습니다.

① 직접 선택자

전체 선택자 (Universal Selector)	모든 HTML 요소를 선택하여 공통 스타일을 적용합니다. 예) *{color:blue}
요소 선택자 (Type Selector)	특정 HTML 요소를 선택하여 스타일을 적용합니다. 예) p{color:blue}
클래스 선택자 (Class Selector)	• 특정 클래스 이름을 가진 요소를 선택합니다. • 여러 요소에 동일한 클래스를 적용할 수 있습니다. • 마침표(.)를 사용하여 지정합니다. 예) .highlight{background-color:yellow}
ID 선택자 (ID Selector)	• ID는 문서 내에서 유일해야 합니다. • ID 선택자는 샵(#)을 사용하여 지정합니다. 예) #logo{color:blue}

HTML 문서	CSS 문서
| ```html
<body>
    <h1 id="title">직접 선택자 예제</h1>
    <p>이것은 단락입니다.</p>
    <div>
        <p class="blue">이것은 div 안에 있는 단락입니다.</p>
    </div>

    <ul>
        <li>첫 번째 항목</li>
        <li>두 번째 항목</li>
        <li>세 번째 항목</li>
    </ul>
</body>
``` | ```css
@charset "utf-8";
/* 전체 선택자 : 모든 요소 선택 */
*{
    text-decoration:underline;/*밑줄*/
}
/* ID 선택자 : 특정 아이디 선택(#id명) */
#title{
    color:red;
}
/* 요소 선택자 : 특정 요소 선택 */
p{
    background-color:yellow;
}
/* Class 선택자 : 특정 Class 선택(.class명) */
.blue{
    color:blue;
}
``` |

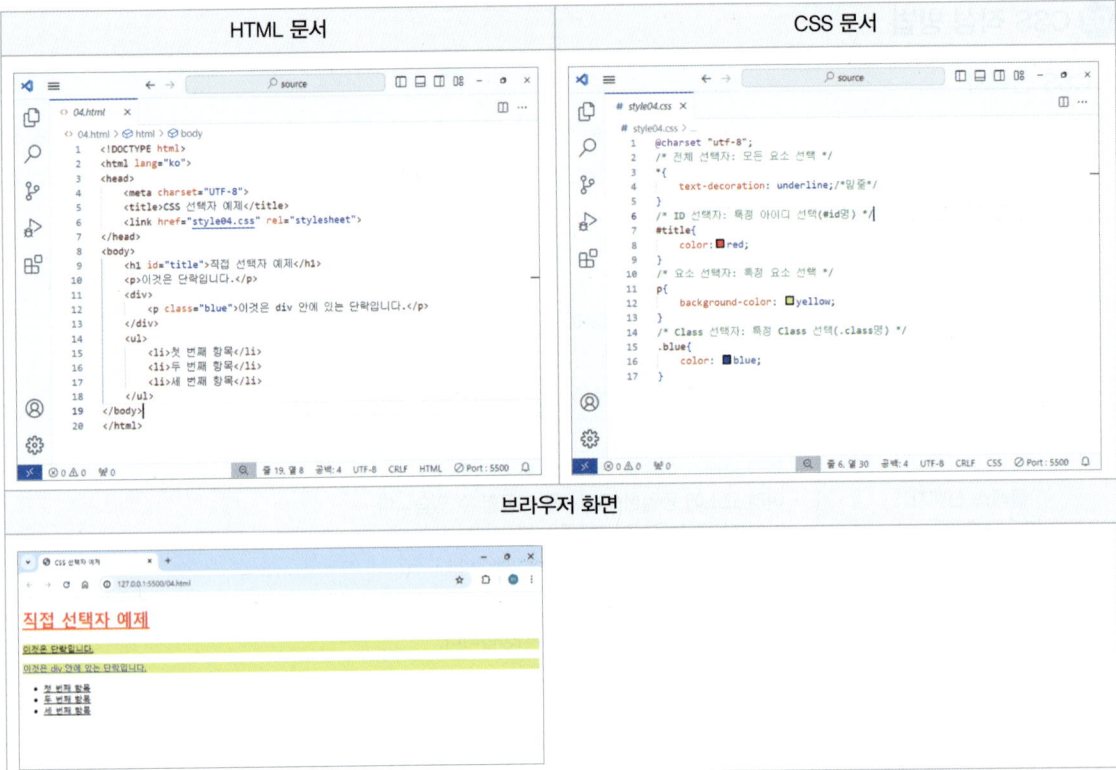

② 속성, 관계 선택자

속성 선택자 (Attribute Selector)	• 특정 속성을 가진 요소를 선택합니다. • 속성 선택자는 대괄호([])를 사용하여 정의됩니다. 　- [속성] : 속성 자체만으로 요소를 선택 　- [속성=값] : 특정 속성의 값이 정확히 일치하는 요소를 선택 예 input[type]{border:2px solid red} 　input[type="text"]{border:2px solid red}
자손 선택자 (Descendant Selector)	• 특정 요소의 자손 요소를 선택합니다. • 자손 선택자는 공백을 사용하여 정의됩니다. 예 div p{color:blue}
자식 선택자 (Child Selector)	• 특정 요소의 자식 요소를 선택합니다. • 자식 선택자는 '>'을 사용하여 정의됩니다. 예 nav>ul>li{color:blue}

HTML 문서(index.html)	외부 CSS 문서(style.css)

`<body>`
　`<div class="parent">`
　　`<p>`parent의 자식, 자손 요소입니다.`</p>`
　　`<div class="child">`
　　　`<p>`parent의 자손이며, child의 자식 요소입니다.`</p>`
	`@charset "utf-8";`
	`/* 자식 선택자(>) : .parent 요소의 직계 자식인 p 요소를 선택 */`
	`.parent > p {`
	　`color:blue;`
	　`font-weight:bold;`
	`}`

```
        </div>
    </div>
    <a href="https://example.com" target="_blank">외부 링크</a>
    <a href="#" target="_self">내부 링크</a>
</body>
```

```css
/* 자손 선택자(공백) : .parent 요소의 모든 자손인 p 요소를 선택 */
.parent p {
    font-style:italic;
}

/* 속성 선택자 : target 속성을 가진 a 요소를 선택 */
a[target] {
    color:red;
    text-decoration:none;
}

/* 속성 선택자 : target 속성이 _self인 a 요소를 선택 */
a[target="_self"] {
    color:orange;
    text-decoration:underline;
}
```

HTML 문서	CSS 문서

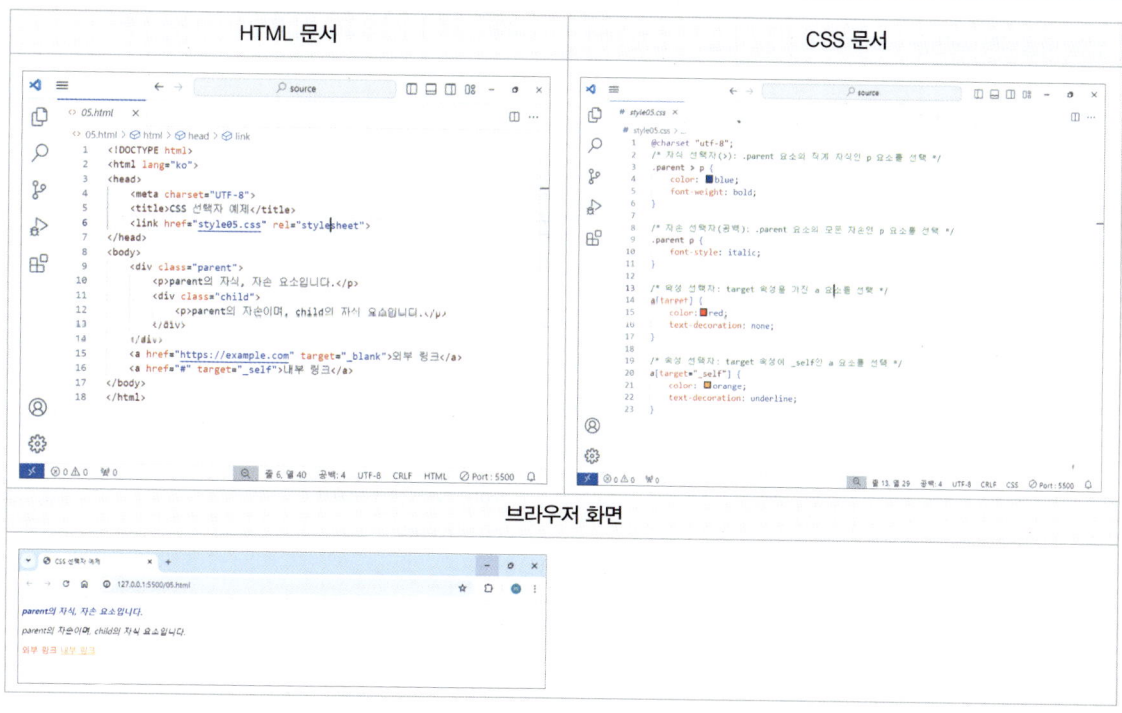

브라우저 화면

③ 그 외 선택자

가상 클래스 선택자 (Pseudo-class Selector)	특정 상태에 있는 요소를 선택합니다. 예 :hover - 사용자가 요소 위 마우스를 올렸을 때 　　:focus - 요소가 포커스 받았을 때 　　:nth-child(n) - 요소가 부모의 자식 요소 중 n번째 위치할 때
가상 요소 선택자 (Pseudo-element Selector)	요소의 특정 부분을 선택합니다. 예 p::first-line{color:blue}
다중 선택자 (Multiple Selector)	• 여러 요소에 동일한 스타일을 적용할 때 사용합니다. • 쉼표(,)를 사용하여 여러 선택자 선택하며, 각 선택자에 동일한 스타일 규칙이 적용됩니다. 예 h1, h2, p{color:blue;}

HTML 문서(index.html)	외부 CSS 문서(style.css)
| ```html
<body>
    <h1>CSS 선택자 예제</h1>
    <p>이것은 <a href="#">링크</a>입니다.</p>
    <p class="highlight">이것은 강조된 단락입니다.</p>
    <p>이것은 여러 줄 단락을 표현하였습니다. 첫 번째 줄은 굵게 파란색으로 표시됩니다. 나머지 텍스트는 기본 스타일을 따릅니다. 화면을 줄여 텍스트가 줄 바뀔 수 있게 해보세요! </p>
    <button>마우스를 올려보세요</button>
    <ul>
        <li>첫 번째 항목</li>
        <li class="impo">두 번째 항목</li>
        <li>세 번째 항목</li>
    </ul>
</body>
``` | ```css
@charset "utf-8";

/* 가상 클래스 선택자 : 링크에 마우스를 올렸을 때 밑줄 제거 */
a:hover {
    text-decoration:none;
}
/* 다중 선택자 : 여러 요소에 동일한 스타일 적용 */
h1,.highlight {
    background-color:yellow;
    padding:10px;
}
/* 다중 선택자, 가상 클래스 선택자 */
button:hover, button:focus {
    background-color:green;
    color:white;
}
/* 가상 클래스 선택자 : 첫 번째 선택자 */
li:first-child {
    font-weight:bold;
    color:red;
}
/* 가상 요소 선택자 : 특정 부분인 첫 번째 줄 선택 */
p::first-line{
    color:blue;
}
/* 결합 선택자 : 태그와 클래스를 결합하여 선택*/
li.impo{
    text-decoration:underline;
}
``` |

HTML 문서 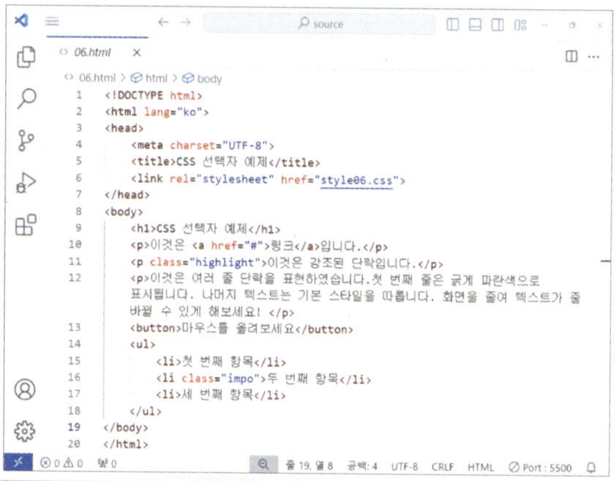	CSS 문서 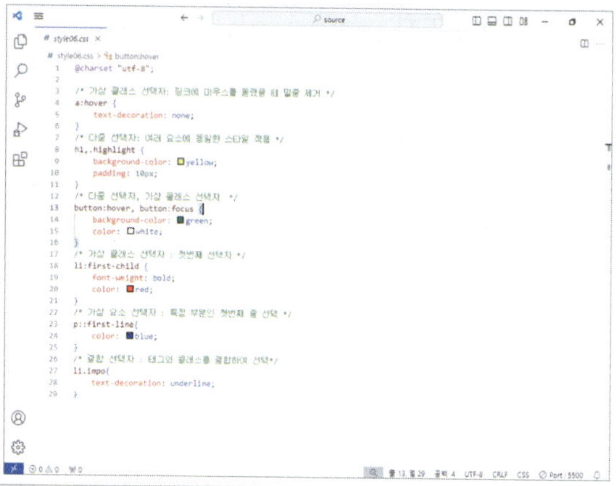

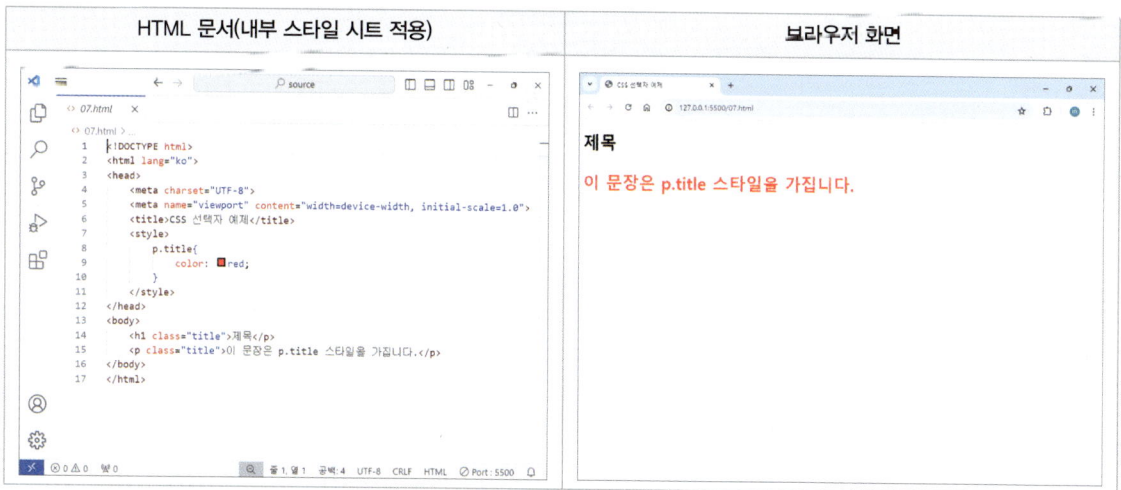

브라우저 화면 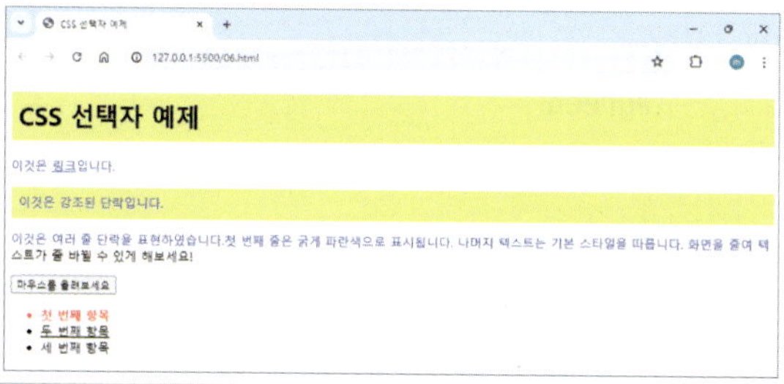

기적의 TIP

결합 선택자
특정 요소와 클래스를 결합하여 더 구체적인 스타일을 지정할 수 있습니다.

HTML 문서(내부 스타일 시트 적용)	브라우저 화면

- p.title 선택자는 ⟨p⟩ 요소 중에서 class="title"을 가진 요소에만 스타일을 적용합니다.
- 요소 선택자(p)와 클래스 선택자(.title)를 결합하여 더 구체적인 조건을 설정합니다.
- h1은 class의 값이 'title'로 동일하지만 요소가 ⟨h1⟩이므로 적용되지 않습니다.

2) CSS 특징

① CSS의 우선순위

- CSS는 선택자가 구체적으로 작성된 순서에 따라 우선적으로 적용됩니다.

HTML 문서(내부 스타일 시트 적용)	HTML 문서(내부 스타일 시트 적용)

`<head>`
　`<style>`
　　p {
　　　color:blue
　　}
　　/* 구체적으로 선택된 p.red가 적용되어 글자색상이 빨간색입니다. */
　　p.red {
　　　color:red
　　}
　`</style>`
`</head>`
`<body>`
　`<p class="red" id="green">` 텍스트는 무슨 색 일까요?`</p>`
`</body>`
	`<head>`
	　`<style>`
	　　p {
	　　　color:blue
	　　}
	　　p.red {
	　　　color:red
	　　}
	　　/* ID선택자가 우선순위가 높아 글자색이 초록색입니다. */
	　　#green{
	　　　color:green
	　　}
	　`</style>`
	`</head>`
	`<body>`
	　`<p class="red" id="green">` 텍스트는 무슨 색 일까요?`</p>`
	`</body>`

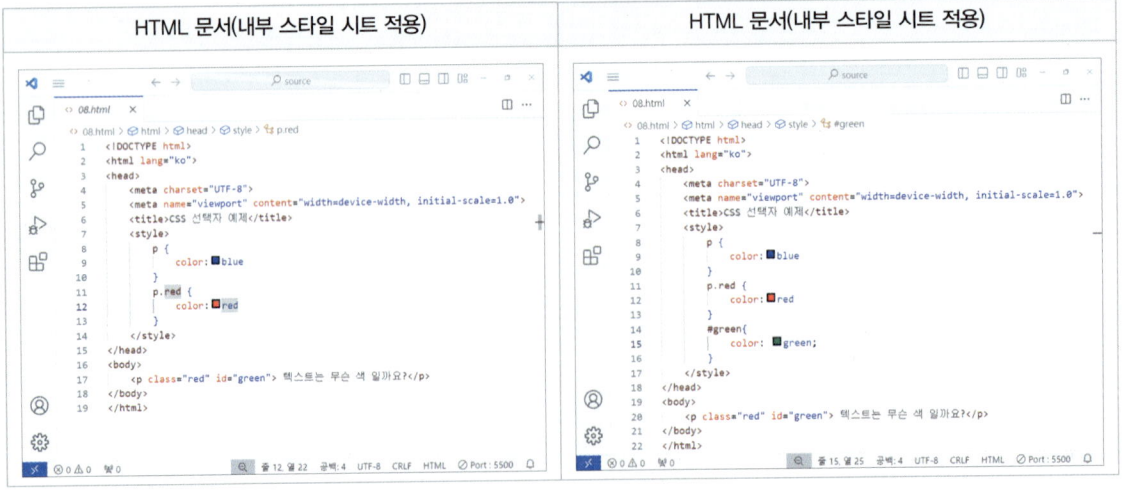

HTML 문서(내부 스타일 시트 적용)	HTML 문서(내부 스타일 시트 적용)

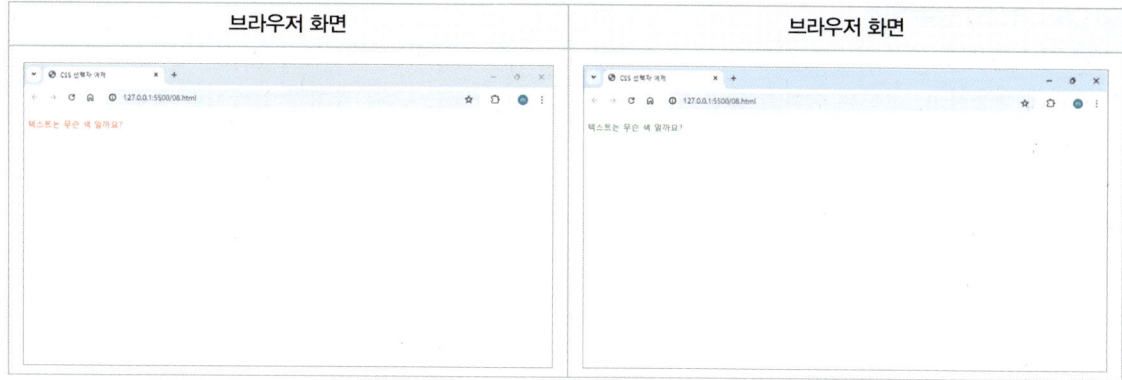

*우선순위 : ID 선택자 〉 클래스, 속성, 가상 클래스 선택자 〉 요소 선택자

• 같은 우선순위를 가진 규칙이 여러 개 있을 때, 나중에 선언된 규칙이 적용됩니다.

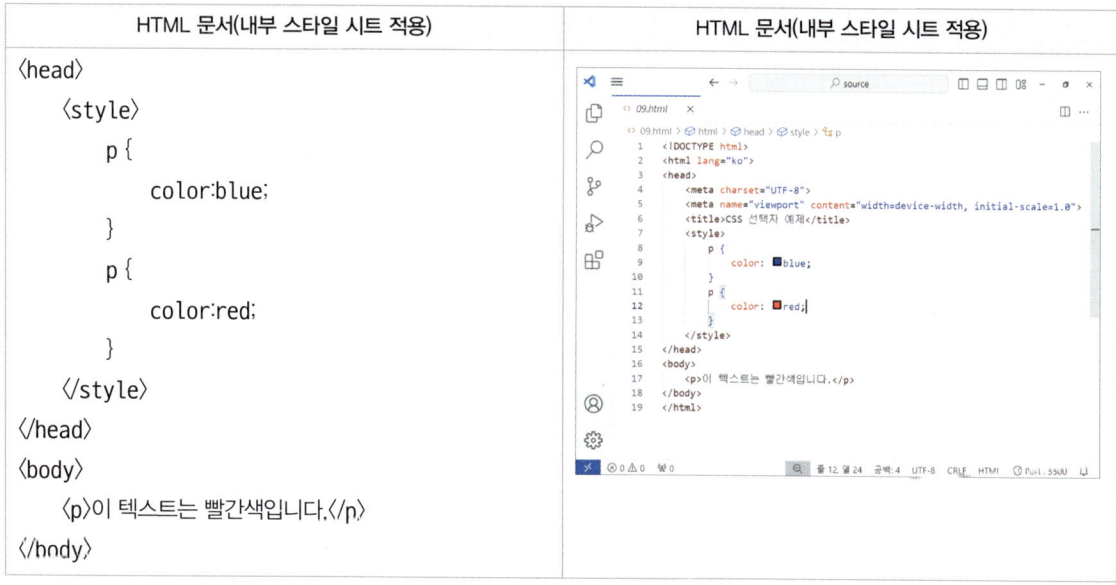

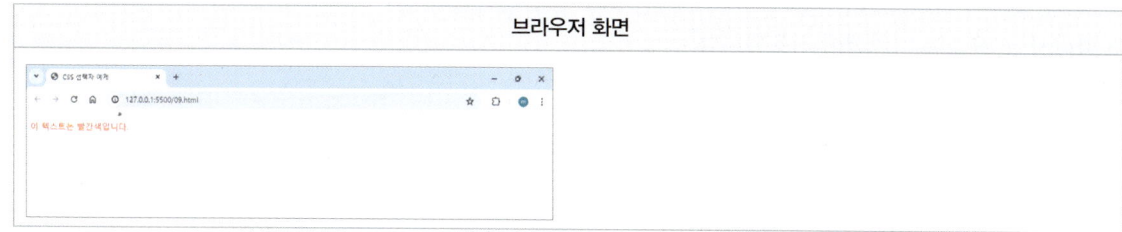

② CSS 속성의 상속개념
CSS 상속은 부모 요소의 스타일이 자식 요소에게 자동으로 적용되는 개념입니다. 상속을 통해 스타일을 일관되게 적용하고, 코드의 중복을 줄일 수 있습니다. 그러나 모든 CSS 속성이 상속되는 것은 아니며, 상속 여부는 각 CSS 속성의 특성에 따라 다릅니다.
• 상속되는 속성
일반적으로 텍스트와 관련된 속성은 상속이 됩니다.

HTML 문서(내부 스타일 시트 적용)	HTML 문서(내부 스타일 시트 적용)

`<head>`
　`<style>`
　　body {
　　　color:blue;
　　}
　`</style>`
`</head>`
`<body>`
　`<p>`이 단락의 텍스트는 파란색입니다.`</p>`
　`<div>`
　　`<p>`이 단락도 파란색입니다.`</p>`
　`</div>`
`</body>`
	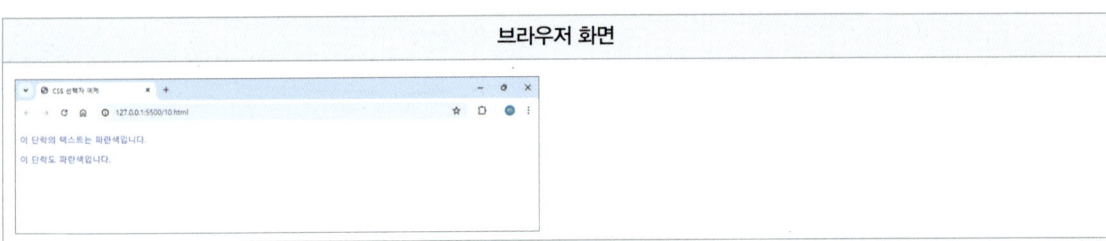

브라우저 화면
이 단락의 텍스트는 파란색입니다. 이 단락도 파란색입니다.

• body 요소의 텍스트 색상 적용 시 자식, 자손 요소에게 상속됩니다.
• 따라서, p 요소는 파란색이 적용됩니다.

- 상속되지 않는 속성

너비, 높이, 테두리, 배경과 관련된 속성들은 일반적으로 상속되지 않습니다.

HTML 문서(내부 스타일 시트 적용)	HTML 문서(내부 스타일 시트 적용)

``
〈head〉
    〈style〉
        div {
            width:200px;
            height:100px;
            background-color:lightgray;
            border:1px solid red;
        }
        p {
            background-color:yellow;
        }
    〈/style〉
〈/head〉
〈body〉
    〈div〉
        〈p〉이 단락은 부모 요소인 div로부터 배경색과 테두리가 상속되지 않습니다.〈/p〉
    〈/div〉
〈/body〉
``	

브라우저 화면

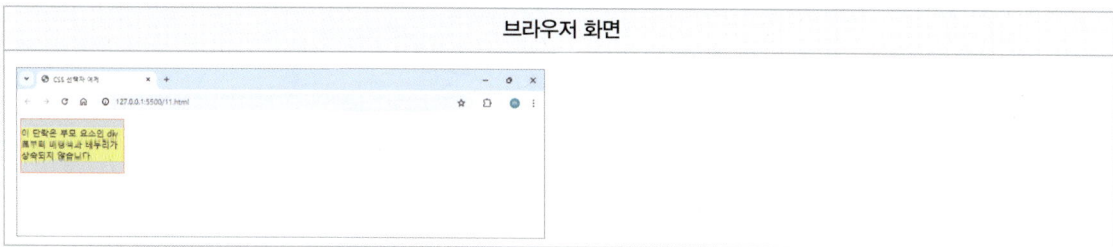

- div 요소의 배경색과 너비, 높이, 테두리는 자식 요소인 p 요소에게 상속되지 않습니다.
- p 요소는 자신의 배경색과 너비, 높이, 테두리를 별도로 정의할 수 있습니다.

- 강제로 상속하기

상속되지 않는 속성도 'inherit' 값을 사용하여 상속을 강제할 수 있습니다.

HTML 문서(내부 스타일 시트 적용)	HTML 문서(내부 스타일 시트 적용)

`<head>`
　`<style>`
　　`div {`
　　　`color:red`
　　`}`
　`</style>`
`</head>`
`<body>`
　`<div>`
　　`<p>`이것은 단락입니다.
　　　`<a href="#">`링크입니다.`</a>`
　　`</p>`
　`</div>`
`</body>`
	`<head>`
	　`<style>`
	　　`div {`
	　　　`color:red`
	　　`}`
	　　`/*a 요소의 글자색을 상속 받겠다.*/`
	　　`a{`
	　　　`color:inherit;`
	　　`}`
	　`</style>`
	`</head>`
	`<body>`
	　`<div>`
	　　`<p>`이것은 단락입니다.
	　　　`<a href="#">`링크입니다.`</a>`
	　　`</p>`
	　`</div>`
	`</body>`

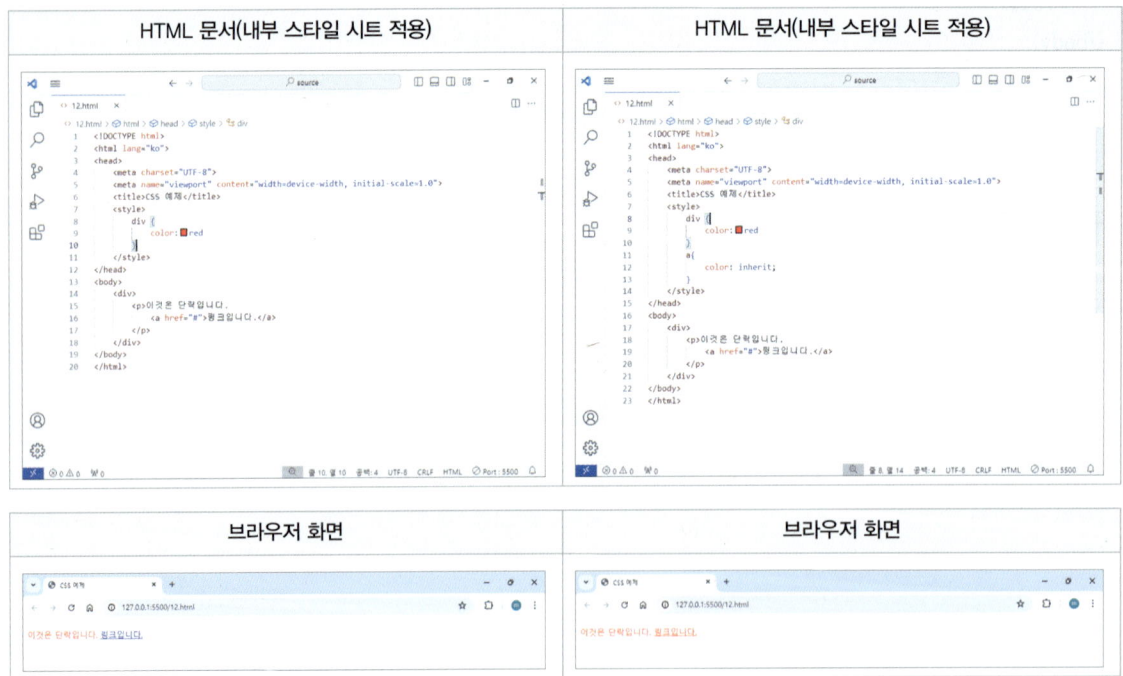

- a 요소는 직접 선택하여 글자 색을 바꿀 수 있지만, 부모로부터 색상을 상속받지 않습니다.
- color의 값을 inherit으로 사용하면 부모로부터 색상을 상속받을 수 있습니다.

03 CSS 주요 속성

1) 공간/배경 관련 속성

종류	설명
width/height	• 요소의 크기를 설정합니다. • 요소의 너비(width), 높이(height)
margin	• 요소의 **바깥 여백**을 설정하여 요소 간 간격을 조절합니다. • 네 가지 방향(위, 오른쪽, 아래, 왼쪽)에 대해 개별적으로 설정할 수 있습니다. 예) margin-top:10px; /*위쪽 여백*/, margin-right:20px;/*오른쪽 여백*/ 　　margin-bottom:10px;/*아래쪽 여백*/, margin-left:20px;/*왼쪽 여백*/ • 축약형으로 작성할 수 있습니다. 예) margin:10px 20px 30px 40px;/*위, 오른쪽, 아래쪽, 왼쪽 순으로*/ 　　margin:10px 20px; /*위/아래 10px 왼/오른쪽 20px */ 　　margin:20px /*해당 요소의 사방에 각각 20px 바깥 여백을 줌*/ 　　margin:auto /*블록 요소를 가운데 정렬할 때 줌*/
padding	• 요소의 **안쪽 여백**을 설정하여 테두리와 콘텐츠 사이 간격을 조절합니다. • 네 가지 방향(위, 오른쪽, 아래, 왼쪽)에 대해 개별적으로 설정할 수 있습니다. 예) padding-top:10px; /*위쪽 여백*/, 　　padding-right:20px;/*오른쪽 여백*/ 　　padding-bottom:10px;/*아래쪽 여백*/, 　　padding-left:20px;/*왼쪽 여백*/ • 축약형으로 작성할 수 있습니다. 예) padding:10px 20px 30px 40px;/*위, 오른쪽, 아래쪽, 왼쪽 순으로*/ 　　padding:10px 20px; /*위/아래 10px 왼/오른쪽 20px */ 　　padding:20px /*해당 요소의 사방에 각각 20px 안쪽 여백을 줌*/
border	• 요소의 테두리를 설정합니다. • 테두리 두께, 스타일, 색상 등을 지정할 수 있습니다. • 테두리를 개별 설정할 수 있습니다. 예) border-top:1px solid red; 　　border-right:2px dashed green; 　　border-bottom:1px solid blue; 　　border-left:2px dotted black; • 축약형으로 작성할 수 있습니다. 예) border:1px solid red; 　　1px : 테두리 선 두께 　　solid : 테두리 선 스타일 　　red : 테두리 선 색상
background	• 요소의 **배경색 또는 배경 이미지**를 설정할 수 있습니다. • background-color : 배경색(색상 값); • background-image : url(이미지 경로); • background-repeat : 배경이미지 반복 설정 　- no-repeat : 반복 안함 　- repeat-x : 가로 방향으로 반복 　- repeat-y : 세로 방향으로 반복 • background-position : x축 위치 값 y축위치 값(양, 음수 가능) • background-size : 배경 이미지 크기(cover, contain) • background 함축형 작성 방법 : {background:색상 이미지 반복 위치/크기;}

기적의 TIP

색상 값 작성 방법

색상 속성은 HTML 요소의 배경, 텍스트, 테두리 등 다양한 부분의 색을 지정하는데 사용할 수 있습니다. 색상 값을 작성하는 방법에는 여러 가지 있습니다.

종류	설명
색상 이름	색상 이름으로 표시합니다. 예 red, blue, green, skyblue, tomato 등
헥사코드	• red, green, blue의 양을 16진수로 표시합니다. • #RRGGBB 형식으로, 각각의 RR, GG, BB는 빨강, 초록, 파랑의 강도를 나타냅니다. 예 빨간색 → "color:#ff0000;" or "color:#f00;" 　흰색 → "color:#ffffff;" or "color:#fff;" 　검정색 → "color:#000000;" or "color:#000;"
rgb값	• 색상을 rgb(red, green, blue) 형식으로 표시합니다. • 각각의 값은 0에서 255 사이의 정수입니다. 예 color:rgb(0,0,0); /* 검정색 */ 　color:rgb(255,255,255); /* 흰색 */
rgba값	• RGB 값에 투명도(알파 채널)를 추가하여 표시합니다. • 알파 값은 0(완전 투명)에서 1(완전 불투명) 사이의 소수입니다. 예 color:rgba(255, 0, 0, 0.5); /* 반투명 빨강 */

① 공간, 테두리 CSS 활용한 예제

HTML 문서	CSS 문서

`<body>`
　`<div class="box1">`
　　박스1
　`</div>`
　`<div class="box2">`
　　박스2
　`</div>`
　`<div class="box3">`
　　박스3
　`</div>`
`</body>`
	`@charset "utf-8";`
	
	`.box1{`
	　`width:300px; /*너비 300px*/`
	　`height:150px;/*높이 150px*/`
	　`background-color:pink;`
	　`margin:20px;/*상하좌우 바깥 여백*/`
	`}`
	`.box2{`
	　`width:300px; /*너비 300px*/`
	　`height:150px; /*높이 150px*/`
	　`background-color:skyblue;`
	　`padding:20px;/*상하좌우 안쪽 여백*/`
	`}`
	`.box3{`
	　`width:300px; /*너비 300px*/`
	　`height:150px;/*높이 150px*/`

```
        border:3px solid tomato;/*상하좌우 테두리*/
        border-top:none;/*상단 테두리 제거*/
        margin-top:20px;/*상단 바깥 여백 20px*/
}
```

HTML 문서	CSS 문서

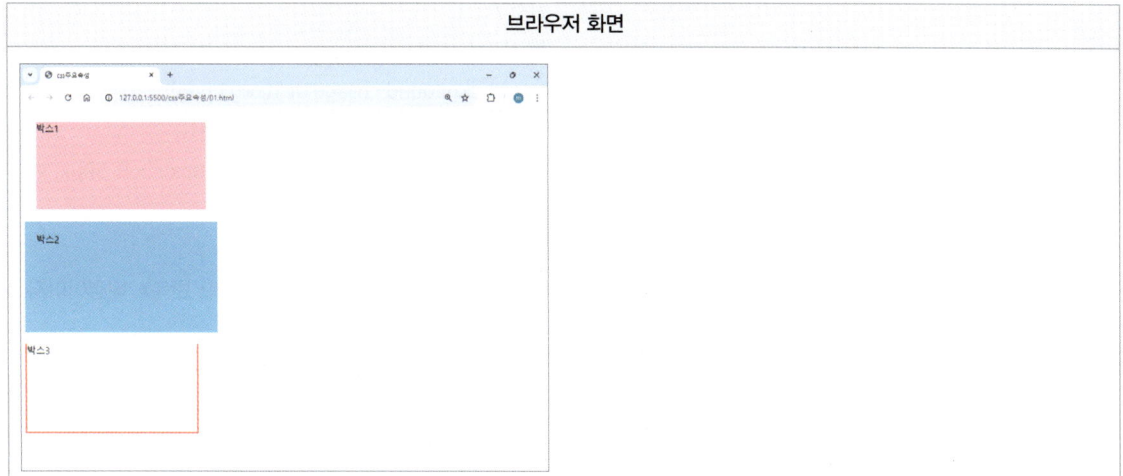

② 배경 CSS 활용한 예제

HTML 문서	CSS 문서
⟨body⟩ 　⟨div class="bg1"⟩ 　　박스1 　⟨/div⟩ 　⟨div class="bg2"⟩ 　　박스2 　⟨/div⟩	@charset "utf-8"; /*모든 div태그에게 너비, 높이, 테두리, 아래쪽 여백 적용*/ div{ 　width:200px; 　height:200px; 　border:3px solid #000; 　margin-bottom:10px;

```html
        <div class="bg3">
            박스3
        </div>
        <div class="bg4">
            박스4
        </div>
        <div class="bg5">
            박스5
        </div>
        <div class="bg6">
            박스6
        </div>
</body>
```

```css
}
/*.bg1에게 배경색 적용*/
.bg1{
    background-color:skyblue;
}
/*.bg2에게 배경이미지 적용*/
.bg2{
    background-image:url(img1.png);/*상대경로 – 동일폴더*/
}
/*.bg3에게 배경이미지 적용(자동 반복), 반복X*/
.bg3{
    background-image:url(img1.png);
    background-repeat:no-repeat;/*repeat-x, repeat-y*/
}
/*.bg4에게 배경이미지 적용(자동 반복), 반복X, 배경이미지 위치*/
.bg4{
    background-image:url(img1.png);
    background-repeat:no-repeat;
    background-position:50px 20px;/*x축 50px, y축 20px*/
}
/*.bg5에게 배경이미지 적용(자동 반복), 반복X, 배경이미지 위치*/
.bg5{
    background-image:url(img1.png);
    background-repeat:no-repeat;
    background-size:cover;/*cover:가로 너비 채우기, contain:세로 너비 채우기*/
}
/*.bg6 함축형 : 배경색 url() 반복 위치/크기 */
.bg6{
   background:skyblue url(img1.png) no-repeat 50px 20px/50px
}
```

	HTML 문서	CSS 문서

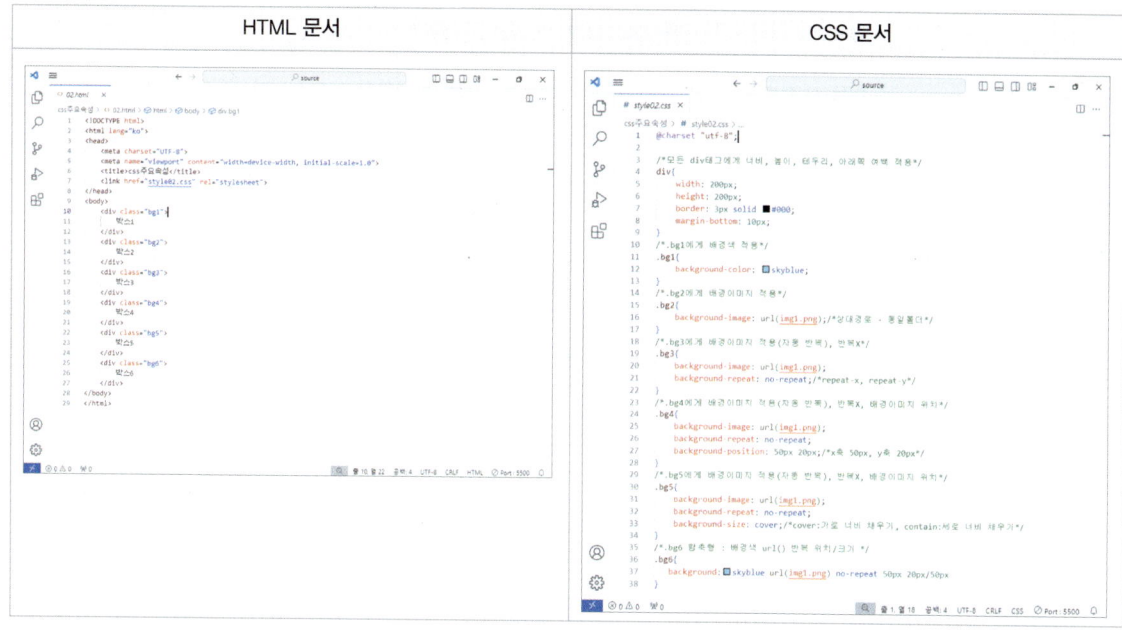

브라우저 화면

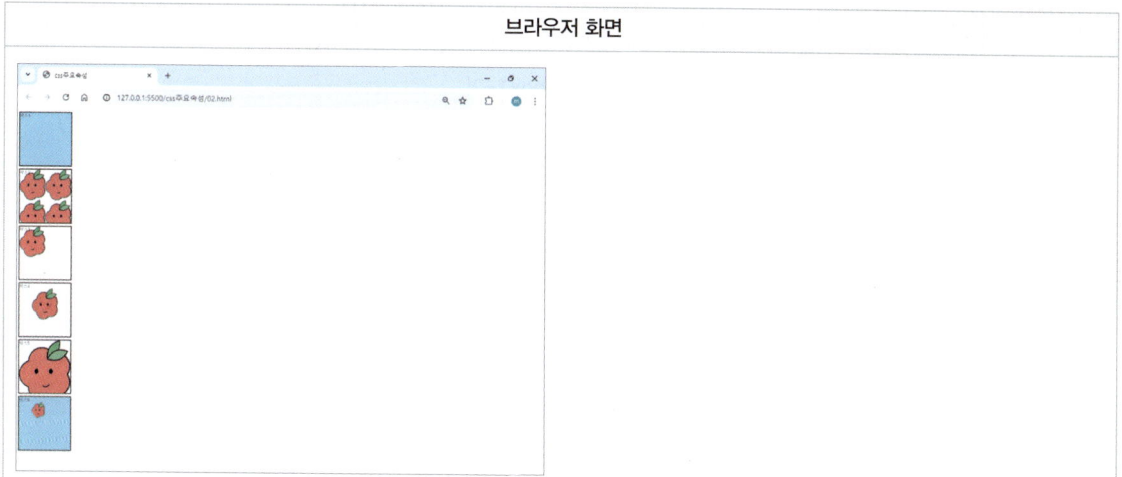

2) position 속성

이 속성은 문서 내에 요소의 위치를 지정하는 속성입니다.

종류	설명
static	기본값으로, 요소는 문서의 흐름에 따라 배치됩니다.
relative	• 요소를 원래 위치를 기준으로 이동시킵니다. • 이동 시 좌표 속성(top, right, bottom, left)을 사용하여 이동할 수 있습니다.
absolute	• 요소를 부모 또는 조상에 기준을 설정하여, 공중에 떠 있는 것처럼 배치됩니다. • 기준을 설정하는 방법으로 부모 또는 조상에 position:relative를 작성합니다. • 기준을 설정하지 않으면 html 기준으로 배치됩니다. • 이동 시 좌표 속성(top, right, bottom, left)을 사용하여 이동할 수 있습니다.

fixed	• 뷰포트(기기의 화면) 기준으로 공중에 떠 있는 것처럼 배치됩니다. • 스크롤 시 요소의 위치는 고정됩니다. • 이동 시 좌표 속성(top, right, bottom, left)을 사용하여 이동할 수 있습니다.

HTML 문서	CSS 문서

`<h1>position:relative</h1>`
　　`<div class="box1">`
　　　　`<p class="box1-1">box1-1</p>`
　　　　`<p class="box1-2">box1-2</p>`
　　`</div>`
`<h1>position:absolute</h1>`
　　`<div class="box2">`
　　　　`<p class="box2-1">box2-1</p>`
　　　　`<p class="box2-2">box2-2</p>`
　　`</div>`
`<h1>position:fixed</h1>`
　　`<div class="box3">`
　　　　`<p class="box3-1">box3-1</p>`
　　　　`<p class="box3-2">box3-21</p>`
　　`</div>`
	`@charset "utf-8";`
	
	`div{`
	　　`background:#ccc;`
	　　`width:300px;`
	`}`
	`p{`
	　　`width:100px;`
	　　`height:100px;`
	　　`margin:0;/*기본 스타일을 없애줌*/`
	　　`border:1px solid #000;`
	　　`background:#fc6;`
	`}`
	`.box1-2{`
	　　`position:relative;/*.box1-2 자기자리 기준*/`
	　　`top:20px;/*위쪽에서 20px*/`
	　　`left:20px;/*왼쪽에서 20px*/`
	`}`
	`.box2{`
	　　`position:relative;/*.box2-2의 기준역할(기준은 부모, 조상에게 줄 수 있음)*/`
	`}`
	`.box2-2{`
	　　`position:absolute;/*.box2를 기준*/`
	　　`top:20px;/*위쪽에서 20px*/`
	　　`left:20px;/*왼쪽에서 20px*/`
	`}`
	`.box3-2{`
	　　`position:fixed;/*화면을 기준*/`
	　　`top:20px;/*위쪽에서 20px*/`
	　　`right:20px/*오른쪽에서 20px*/`
	`}`

HTML 문서	CSS 문서

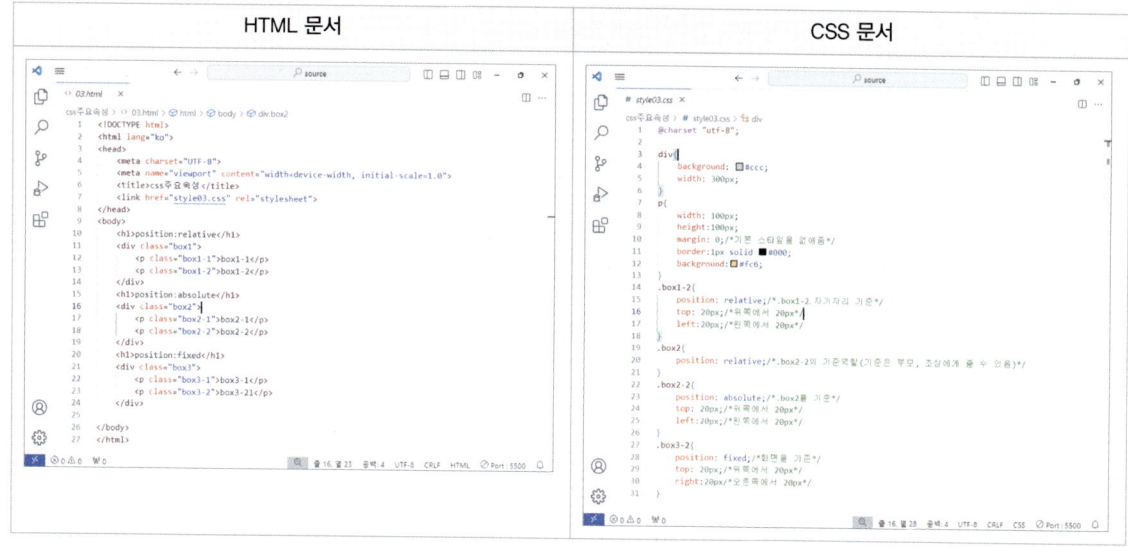

브라우저 화면

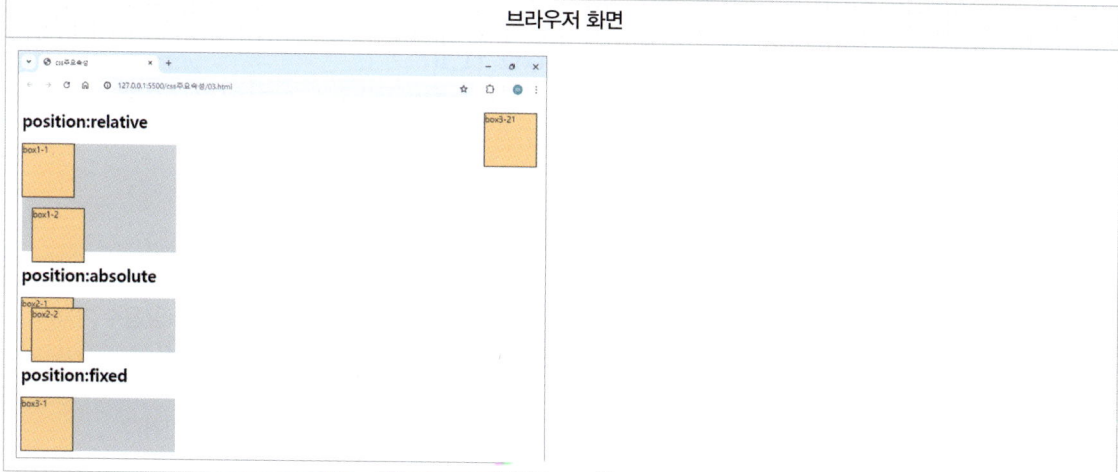

3) 텍스트 및 폰트 스타일 속성

종류	설명
font-family	• 텍스트에 사용할 글꼴 패밀리를 지정합니다. • 여러 글꼴을 쉼표로 구분하여 지정할 수 있습니다. 예 font-family:"글꼴1", "대체 글꼴2", 일반 글꼴;
font-size	• 텍스트의 크기를 지정합니다. • 픽셀(px), 퍼센트(%), em, rem 등 다양한 단위를 사용할 수 있습니다.
line-height	텍스트의 줄 간격(행간)을 지정합니다.
letter-spacing	• 텍스트 문자 사이의 간격(자간)을 지정합니다. • 양수 값 작성 시 문자 사이 간격이 멀어지고, 음수 값은 간격을 좁힙니다.
font-weight	• 텍스트의 두께(굵기)를 지정합니다. • 일반적으로 normal, bold 또는 숫자 값(100~900)으로 설정할 수 있습니다.

text-align	• 텍스트(인라인, 인라인 블록 요소)의 정렬을 지정합니다. – text-align:left → 왼쪽 정렬 – text-align:center → 가운데 정렬 – text-align:right → 오른쪽 정렬
text-decoration	• 텍스트에 장식(밑줄, 윗줄, 취소선 등)을 추가합니다. – text-decoration:overline → 윗줄 – text-decoration:underline → 아래줄 – text-decoration:line-through → 가운데줄 – text-decoration:none → 줄 사용안함
text-indent	• 텍스트의 첫 번째 줄의 들여쓰기를 지정합니다. • 양수 값은 오른쪽으로, 음수 값은 왼쪽으로 이동됩니다.

HTML 문서	CSS 문서
`<body>` 　`<div class="txt1">` 　　`<p class="t1_1">`텍스트의 글꼴을 바꿀 수 있습니다.`</p>` 　　`<p class="t1_2">`텍스트 크기를 지정할 수 있습니다.`</p>` 　　`<p class="t1_3">`텍스트 자간을 조절할 수 있습니다.`</p>` 　　`<p class="t1_4">`텍스트 행간을` ` 조절할 수 있습니다.`</p>` 　`</div>` 　`<div class="txt2">` 　　`<h1>`font-weight : 글자 두께`</h1>` 　　`<h2 class="t2_1">`두꺼운 글자를 얇게 할 수 있습니다.`</h2>` 　　`<p class="t2_2">`글자를 굵게(bold) 할 수 있습니다.`</p>` 　`</div>` 　`<div class="txt3">` 　　`<h1>`text-decoration : 글자스타일`</h1>` 　　`<p class="t3_1">`텍스트에 윗줄을 넣을 수 있습니다.`</p>` 　　`<p class="t3_2">`텍스트에 밑줄을 넣을 수 있습니다.`</p>` 　　`<p class="t3_3">`텍스트에 가운데줄(취소선)을 넣을 수 있습니다.`</p>` 　　`<a href="#">`텍스트에 밑줄을 삭제할 수 있습니다.`</a>`	`@charset "utf-8";` `.box1 p{` 　`background:#fc6;` `}` `.txt1 .t1_1{` 　`font-family:'궁서', serif;/*글자 서체*/` `}` `.txt1 .t1_2{` 　`font-size:30px;/*글자 사이즈*/` `}` `.txt1 .t1_3{` 　`letter-spacing:-2px;/*글자 자간(양,음수 가능)*/` `}` `.txt1 .t1_4{` 　`line-height:50px;/*글자 행간(줄간격)*/` 　`background:#fc6;` `}` `.txt2 .t2_1{` 　`font-weight:normal;/*글자 두께 두꺼운 것을 얇게*/` `}` `.txt2 .t2_2{` 　`font-weight:bold;/*글자 두께 두껍게*/` `}` `.txt3 .t3_1{` 　`text-decoration:overline;/*글자 윗줄*/` `}`

```html
        </div>
        <div class="txt4">
            <h1>text-indent : 들여쓰기/내어쓰기</h1>
            <p class="t4_1">텍스트에 들여쓰기 할 수 있습니다.</p>
            <p class="t4_2">텍스트에 내어쓰기 할 수 있습니다.</p>
        </div>
        <div class="txt5">
            <h1>text-aling:텍스트(인라인요소) 정렬</h1>
            <div class="t5_1">
                <p>text-aling:left</p>
                <img src="img1.png" alt="꽃">
            </div>
            <div class="t5_2">
                <p>text-aling:center</p>
                <img src="img1.png" alt="꽃">
            </div>
            <div class="t5_3">
                <p>text-aling:right</p>
                <img src="img1.png" alt="꽃">
            </div>
        </div>
</body>
```

```css
.txt3 .t3_2{
    text-decoration:underline;/*글자 밑줄*/
}
.txt3 .t3_3{
    text-decoration:line-through;/*글자 가운데줄(취소선)*/
}
.txt3 a{
    text-decoration:none;/*글자 밑줄 삭제*/
}

.txt4 p{
    background:#fc6;
}
.txt4 .t4_1{
    text-indent:20px;/*텍스트 들여쓰기*/
}
.txt4 .t4_2{
    text-indent:-20px;/*텍스트 내어쓰기*/
}

.txt5 div{
    background:#fc6;
}
.txt5 .t5_1{
    text-align:left;/*인라인요소 왼쪽 정렬(기본값)*/
}
.txt5 .t5_2{
    text-align:center/*인라인요소 가운쪽 정렬*/
}
.txt5 .t5_3{
    text-align:right/*인라인요소 오른쪽 정렬*/
}
```

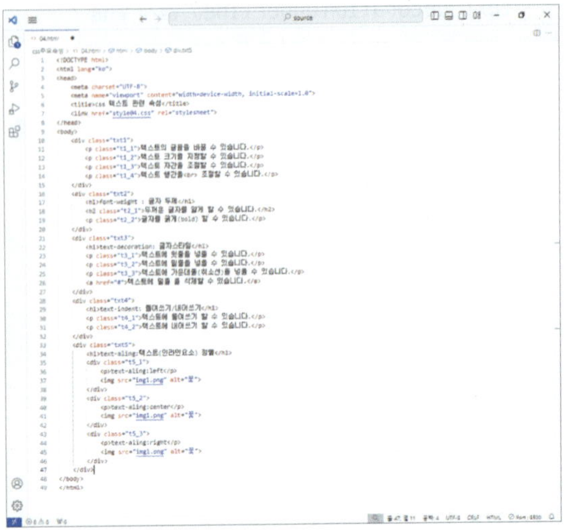

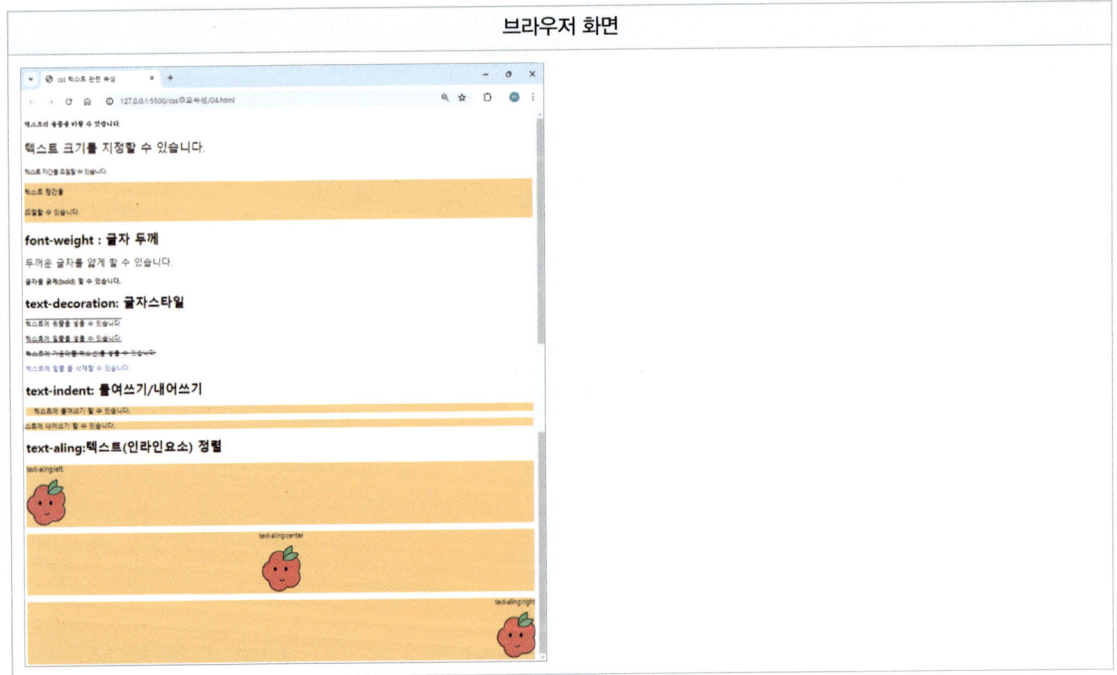

4) display 속성

요소의 성질을 바꿀 수 있으며, 웹 페이지에 어떻게 배치되고 표시될지를 결정하는 중요한 속성입니다.

종류	설명
inline	• 인라인 요소의 성질로 만들어 줍니다. • 인라인 요소 특징 　- 같은 줄에 나열 　- 가로 너비, 높이 설정 불가능
block	• 블록 요소의 성질로 만들어 줍니다. • 블록 요소 특징 　- 새로운 줄에서 시작(수직 정렬) 　- 가로 너비, 높이 설정 가능
inline-block	• 인라인-블록 요소의 성질로 만들어 줍니다. • 인라인-블록 요소 특징 　- 같은 줄에 나열 　- 가로 너비와 높이 설정 가능
none	• 요소가 화면에 보이지 않도록 처리합니다. • 요소를 다시 화면에 보이게 하려면 display:block 또는 display:inline-block 속성을 사용합니다.
flex	요소를 한 줄이나 여러 줄로 정렬하고, 빈 공간을 자동으로 분배하는 데 사용합니다.

HTML 문서	CSS 문서

`<body>`
　`<h1>`p태그:블록요소`</h1>`
　`<div class="box1">`
　　`<p>`블록요소`</p>`
　　`<p>`블록요소`</p>`
　　`<p>`블록요소`</p>`
　`</div>`
　`<h2>`블록요소를 인라인블록요소로 변경`</h2>`
　`<div class="box1_2">`
　　`<p>`인라인블록 요소`</p>`
　　`<p>`인라인블록 요소`</p>`
　　`<p>`인라인블록 요소`</p>`
　`</div>`
　`<h2>`블록요소를 인라인요소로 변경`</h2>`
　`<div class="box1_3">`
　　`<p>`인라인요소`</p>`
　　`<p>`인라인요소`</p>`
　　`<p>`인라인요소`</p>`
　`</div>`
	`@charset "utf-8";`
	
	`.box1{`
	　`background:#fc6;`
	`}`
	`.box1 p{`
	　`background:#fab62d;`/*블록요소 p 배경색이 전체 채워짐*/
	`}`
	`.box1_2{`
	　`background:#fc6;`
	`}`
	`.box1_2 p{`
	　`background:#fab62d;`
	　`display:inline-block;`/*블록요소 p를 인라인 요소 변경시 가로로 나열*/
	　`width:150px;`/*인라인블록요소 width 설정 가능*/
	　`height:50px;`/*인라인블록요소 height 설정 가능*/
	`}`
	`.box1_3{`
	　`background:#fc6;`
	`}`

```html
<h1>span태그:인라인 요소</h1>
<div class="box2">
    <span>인라인요소</span>
    <span>인라인요소</span>
    <span>인라인요소</span>
</div>
<h2>인라인요소를 블록요소로 변경</h2>
<div class="box2_1">
    <span>블록요소</span>
    <span>블록요소</span>
    <span>블록요소</span>
</div>

<div class="box3">
    <span>display:none</span>
    <span>display:none</span>
    <span>display:none</span>
</div>
</body>
```

```css
.box1_3 p{
    background:#fab62d;
    display:inline;/*블록요소로 인라인 요소 변경시 가로로 나열*/
    width:150px;/*인라인요소 width 설정 불가능*/
    height:50px;/*인라인요소 height설정 불가능*/
}

.box2{
    background:#fe9191;
}
.box2 span{
    background:#fcc;/*인라인요소로 가로로 나열, width,height 설정 불가능*/
}
.box2_1{
    background:#fe9191;
}
.box2_1 span{
    background:#fcc;
    display:block;/*블록요소 변경*/
    width:150px;/*widht 설정 가능*/
    height:50px;/*height 설정 가능*/
}

.box3{
    background:#fc6;
    margin-top:10px;
    height:50px;
}
.box3 span{
    background:#fcc;
    height:50px;
    width:150px;
    display:none;/*안보이게 숨김*/
}
.box3:hover span{/*.box3에 마우스오버시 span태그*/
    display:inline-block;/*보임, display:block으로 넣어도 보세요!*/
}
```

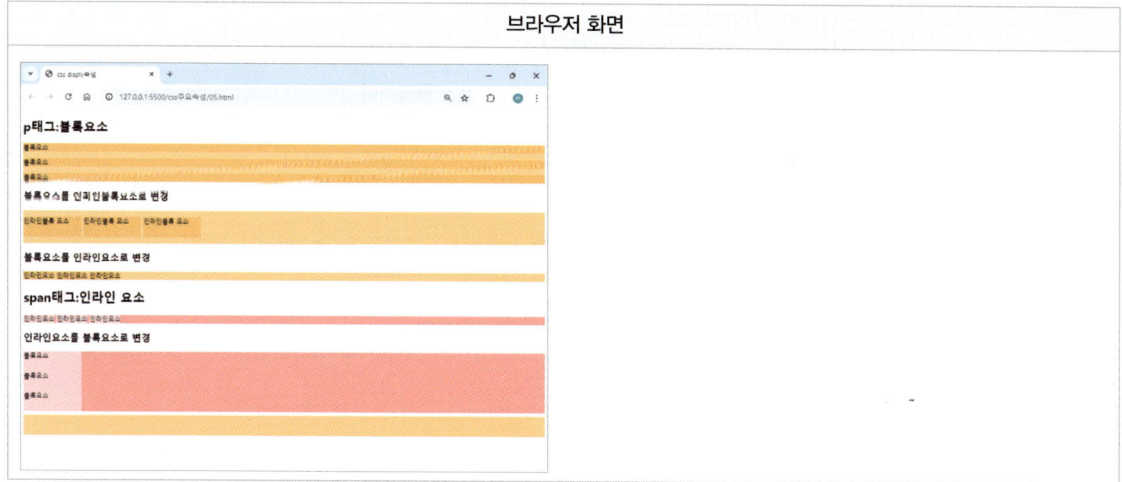

CSS 기본 다지기 SECTION 02 2-57

5) flex 속성

flex 속성은 플렉스 컨테이너와 플렉스 아이템을 정의하고, 유연한 레이아웃을 구성할 수 있도록 도와주는 속성입니다.

- 플렉스 컨테이너 속성

종류	설명
flex-direction	• 플렉스 아이템의 방향을 설정합니다. 　- row(기본값) : 왼쪽에서 오른쪽으로 배치 　- row-reverse : 오른쪽에서 왼쪽으로 배치 　- column : 위에서 아래로 배치 　- column-reverse : 아래에서 위로 배치
flex-wrap	• 플렉스 아이템이 한 줄에 모두 배치되지 않을 경우, 줄 바꿈을 설정합니다. 　- nowrap(기본값) : 줄 바꿈 없이 한 줄에 배치 　- wrap : 필요에 따라 줄 바꿈 　- wrap-reverse : 줄 바꿈을 반대 방향으로 설정
justify-content	• 플렉스 아이템의 주 축(가로) 정렬을 설정합니다. 　- flex-start(기본값) : 시작점에 정렬 　- flex-end : 끝점에 정렬 　- center : 중앙에 정렬 　- space-between : 아이템 사이에 동일한 간격 배치 　- space-around : 아이템 주위에 동일한 간격 배치 　- space-evenly : 아이템 간 동일한 간격 배치
align-items	• 플렉스 아이템의 교차 축(세로) 정렬을 설정합니다. 　- stretch(기본값) : 컨테이너를 채우도록 아이템을 늘림 　- flex-start : 시작점에 정렬 　- flex-end : 끝점에 정렬 　- center : 중앙에 정렬 　- baseline : 텍스트 기준선에 정렬
align-content	• 여러 줄의 플렉스 아이템을 교차 축(세로)을 따라 정렬합니다. 　- stretch(기본값) : 컨테이너를 채우도록 줄을 늘림 　- flex-start : 시작점에 정렬 　- flex-end : 끝점에 정렬 　- center : 중앙에 정렬 　- space-between : 줄 사이에 동일한 간격 배치 　- space-around : 줄 주위에 동일한 간격 배치 　- space-evenly : 줄 간 동일한 간격 배치
gap	gap 속성은 원래 그리드 레이아웃에서 사용되었지만, 현재는 플렉스 컨테이너에서도 지원되어 아이템 간의 간격을 설정할 수 있습니다.

- 플렉스 아이템 속성

플렉스 아이템은 플렉스 컨테이너의 자식 요소입니다. 플렉스 아이템의 속성은 개별 아이템의 배치와 크기를 조절하는 데 사용됩니다.

종류	설명
flex-grow	플렉스 아이템의 성장 비율을 설정합니다. 남은 공간을 분배받는 비율을 지정합니다.
flex-shrink	플렉스 아이템의 축소 비율을 설정합니다. 공간이 부족할 때 아이템이 축소되는 비율을 지정합니다.
flex-basis	플렉스 아이템의 기본 크기를 설정합니다.

HTML 문서	CSS 문서
| ```html
<body>
    <h1>플렉스 컨테이너 속성</h1>
    <h2>display:flex 설정</h2>
    <div class="con1">
        <p>item1</p>
        <p>item2</p>
        <p>item3</p>
    </div>
    <h2>flex-direction:플렉스 아이템의 방향</h2>
    <div class="con2">
        <p>item1</p>
        <p>item2</p>
        <p>item3</p>
    </div>
    <h2>flex-wrap : 플렉스 아이템의 줄 바꿈</h2>
    <div class="con3">
        <p>item1</p>
        <p>item2</p>
        <p>item3</p>
    </div>
    <h2>justify-content : 플렉스 아이템의 가로 정렬</h2>
    <div class="con4">
        <p>item1</p>
        <p>item2</p>
        <p>item3</p>
    </div>
    <h2>align-items : 플렉스 아이템의 세로 정렬</h2>
    <div class="con5">
        <p>item1</p>
        <p>item2</p>
        <p>item3</p>
    </div>
    <h2>gap : 플렉스 아이템 사이 간격</h2>
``` | ```css
@charset "utf-8";

*{
    /*기본 CSS 리셋*/
    margin:0;
    padding:0;
}
div{
    background:skyblue;
    width:300px;
    height:100px;
    margin-bottom:20px;
}
div p{
    background:#fc6;
    border:1px solid #fdaa05;
}
h2{
    margin-bottom:20px;
}

/*나열하고자 하는 요소(플렉스 아이템)의 부모에게 display:flex*/
.con1{
    display:flex;
}

/*flex-direction : 플렉스 아이템 줄바꿈*/
.con2{
    display:flex;
    flex-direction:column;/*row(기본값), column, row-reverse, column-reverse*/
}
/*flex-direction*/
.con3{
    display:flex;
    flex-wrap:wrap;/*nowrap(기본값), wrap, wrap-reverse*/
}
``` |

```html
<div class="con6">
    <p>item1</p>
    <p>item2</p>
    <p>item3</p>
</div>
<hr>
<h1>플렉스 아이템 속성</h1>
<h2>flex-grow</h2>
<div class="con7">
    <p>item1</p>
    <p>item2</p>
    <p>item3</p>
</div>
<h2>flex-shrink</h2>
<div class="con8">
    <p>item1</p>
    <p>item2</p>
    <p>item3</p>
</div>
<h2>flex-basis</h2>
<div class="con9">
    <p>item1</p>
    <p>
        item2
        <img src="img1.png" alt="꽃">
    </p>
    <p>
        item3
        <img src="img1.png" alt="꽃">
    </p>
</div>
</body>
```

```css
.con3 p{
    width:120px;/*줄바꿀 수 있도록 너비 설정*/
}

/*justify-content : 플렉스 아이템의 가로정렬*/
.con4{
    display:flex;
    justify-content:space-evenly;/*flex-start(기본값), flex-end, center, space-between, space-around, space-evenly*/
}
/*align-items : 플렉스 아이템의 세로정렬*/
.con5{
    display:flex;
    align-items:center;/*stretch(기본값), flex-start, flex-end, center, baseline*/
}
/*gap : 플렉스 아이템 사이 간격*/
.con6{
    display:flex;
    gap:20px;
}

.con7{
    display:flex;
}
.con7 p{
    flex-grow:1;/*남은 공간을 1:1:1로 분배하여 가짐*/
}

.con8{
    display:flex;
}
.con8 p{
    width:400px;
}
.con8 p:nth-child(1){
    flex-shrink:1;
}
.con8 p:nth-child(2){
    flex-shrink:1;
}
```

```css
.con8 p:nth-child(3){
    flex-shrink:2;/*공간이 부족할 경우 숫자가 클수록 축소된다.*/
}
.con9{
    display:flex;
}
.con9 p:nth-child(1){
    flex-basis:70px;/*초기너비 설정*/
}
.con9 p:nth-child(2){
    flex-basis:70px;/*width와 flex-basis 차이를 알아보세요!*/
}
.con9 p:nth-child(3){
    width:50px;/*width와 flex-basis 차이를 알아보세요!*/
}
```

HTML 문서	CSS 문서

브라우저 화면
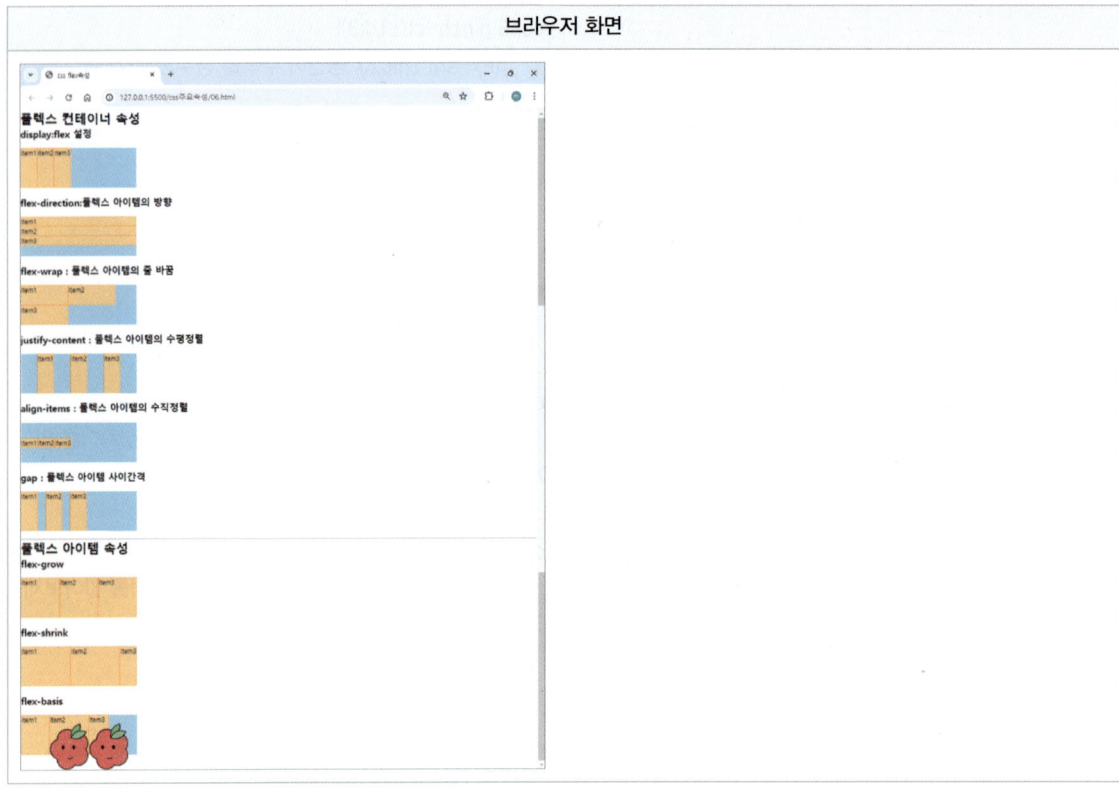

6) 그 외 많이 사용하는 속성

종류	설명
overflow	• 요소의 콘텐츠가 지정된 영역보다 넘칠 때, 넘친 콘텐츠를 어떻게 처리할지를 설정합니다. 　- visible(기본값) : 콘텐츠 넘친 부분을 그대로 보여줍니다. 　- hidden : 콘텐츠 넘친 부분을 숨겨줍니다. 　- scroll : 콘텐츠 넘친 부분을 스크롤바가 생성되어 보여줍니다. 　- auto : 콘텐츠가 넘치면 스크롤바 표시되고 넘치지 않으면 스크롤바 표시되지 않습니다.
border-radius	요소의 모서리를 둥글게 만드는 데 사용됩니다. 예) border-radius:15px /*모든 모서리*/, 　　border-radius:10px 20px 30px 40px;/*각 모서리 값*/,
box-sizing	• 요소의 너비와 높이를 계산하는 방법을 정의합니다. 　- content-box : 기본값으로 너비와 높이에 패딩, 테두리를 크기에 포함하지 않습니다. 　- border-box : 너비와 높이에 패딩과 테두리가 포함됩니다.
z-index	• 요소가 다른 요소 위 쌓이는 순서를 결정할 때 사용합니다. • position 속성값 중 relative, absolute, fixed로 설정된 요소에만 적용됩니다. • 양수, 음수, 0 값을 가질 수 있으며 값이 클수록 더 위에 쌓입니다.

HTML 문서	CSS 문서
| ```html
<body>
    <h1>overflow : 콘텐츠가 넘칠 때 처리방법</h1>
    <div class="box1">
        <p class="box1_1"><img src="img1.png" alt="꽃"></p>
        <p class="box1_2"><img src="img1.png" alt="꽃"></p>
        <p class="box1_3"><img src="img1.png" alt="꽃"></p>
    </div>
    <h1>border-radius : 모서리 둥글리기</h1>
    <div class="box2">
        <p class="box2_1"></p>
        <p class="box2_2"></p>
        <p class="box2_3"></p>
    </div>
    <h1>box-sizing</h1>
    <div class="box3">
        <p class="box3_1">
            너비 300px, 높이 80px,<br>
            패딩20px, box-sizing:content-box;<br>
            <strong>총 너비 340px, 높이 120px</strong></p>
        <p class="box3_2">
            너비 300px, 높이 80px,<br>
            패딩20px, box-sizing:border-box <br>
            <strong>총 너비 300px, 높이 80px</strong></p>
    </div>
    <h1>z-index</h1>
    <div class="box4">
        <p class="box4_1"></p>
        <p class="box4_2"></p>
        <p class="box4_3"></p>
    </div>
</body>
``` | ```css
@charset "utf-8";

*{
    /*기본 CSS 리셋*/
    margin:0;
    padding:0;
}
.box1 p{
    width:80px;
    height:80px;
    background:#fcc;
    margin:30px;
}
.box1 .box1_2{
    overflow:hidden;/*넘치는 이미지 숨김*/
}
.box1 .box1_3{
    overflow:scroll;/*넘치는 이미지만큼 스크롤*/
}
.box2 p{
    width:80px;
    height:80px;
    background:#fcc;
    margin:10px;
}
.box2 .box2_2{
    border-radius:20px;/*모서리 20px 둥글게*/
}
.box2 .box2_3{
    border-radius:20px 0;/*왼쪽 위 , 오른쪽 아래 모서리 20px 둥글게 */
}

.box3 p{
    width:300px;
    height:80px;
    background:#fcc;
    margin:20px;
}
``` |

```css
.box3 .box3_1{
    padding:20px;
    box-sizing:content-box;
}
.box3 .box3_2{
    padding:20px;
    box-sizing:border-box;
}

.box4{
    background:#ccc;
    width:200px;
    height:200px;
    position:relative;/*.box4 p의 기준역할*/
}
.box4 p{
    width:80px;
    height:80px;
    position:absolute;/*.box4 p를 공중에 띄움*/
}
.box4 .box4_1{
    background:red;
    top:0; left:0;/*.box4기준 위치 배치*/
}
.box4 .box4_2{
    background:yellow;
    top:20px; left:20px;/*.box4기준 위치 배치*/
    z-index:10;/*z-index값이 클수록 위로 올라감*/
}
.box4 .box4_3{
    background:blue;
    top:40px; left:40px;/*.box4기준 위치 배치*/
}
```

HTML 문서	CSS 문서

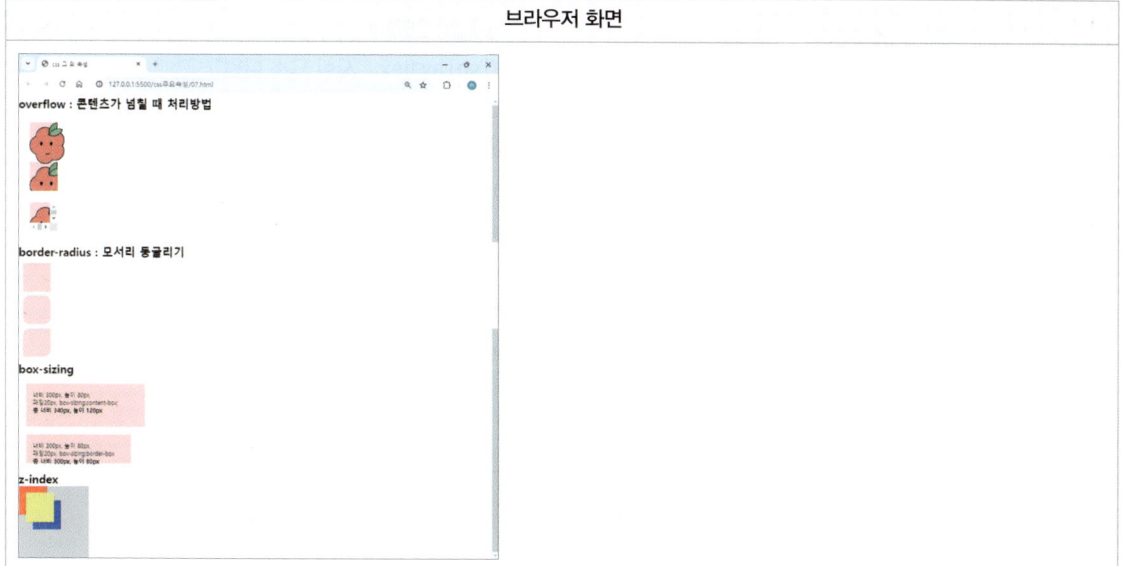

브라우저 화면

④ HTML과 CSS를 이용하여 레이아웃 만들기

1) 가로형 레이아웃

HTML 문서	CSS 문서

``html
<body>
    <div class="wrap">
        <div class="inner">
            <header></header>
            <section></section>
            <div class="contents">
                <article class="con1"></article>
                <article class="con2"></article>
            </div>
            <footer></footer>
        </div>
    </div>
</body>
``
	``css
	@charset "utf-8";
	
	*{
	    /*기본 CSS 리셋*/
	    margin:0;
	    padding:0;
	    box-sizing:border-box;
	}
	.inner{
	    width:1200px;
	    margin:auto;/*블록요소 div 가운데 정렬*/
	}
	header{
	    height:100px;
	    background:#6a5ea6;
	}
	section{
	    height:250px;
	    background:#47b749;
	}
	.contents{
	    background:#369;
	    height:200px;
	    display:flex;/*자식 요소 나열*/
	}
	.con1{
	    background:tomato;
	    width:600px;
	}
	footer{
	    background:#333;
	    height:100px;
	}
	``

HTML 문서	CSS 문서

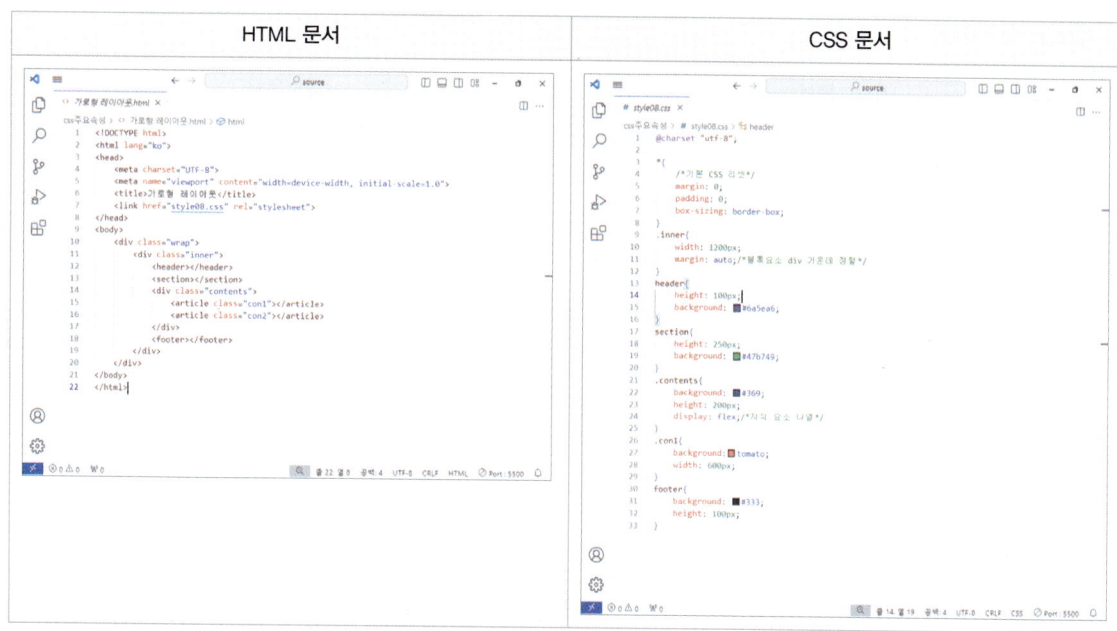

브라우저 화면

2) 세로형 레이아웃

HTML 문서	CSS 문서
| ```html
<body>
    <div class="wrap">
        <div class="inner">
            <header></header>
            <div class="con">
                <section></section>
                <div class="con1"></div>
                <div class="con2"></div>
                <footer></footer>
            </div>
        </div>
    </div>
</body>
``` | ```css
@charset "utf-8";

*{
    /*기본 CSS 리셋*/
    margin:0;
    padding:0;
    box-sizing:border-box;
}
.inner{
    width:1200px;
    margin:auto;/*블록 요소 가운데 정렬*/

    display:flex;/*자식 요소 나열*/
    height:800px;
}
header{
    width:300px;
    background:#6a5ea6;
}
.con{
    width:900px;
    background:#fc6;
}
section{
    height:300px;
    background:tomato;
}

.con1{
    background:#369;
    height:200px;
}
.con2{
    background:#47b749;
    height:200px;
}
footer{
    background:#333;
    height:100px;
}
``` |

HTML 문서	CSS 문서

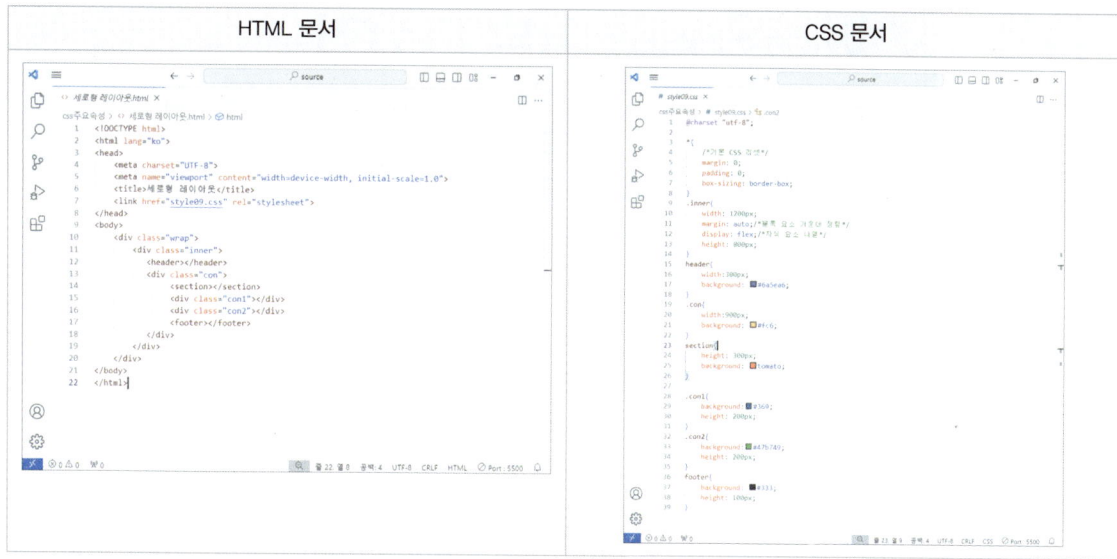

브라우저 화면

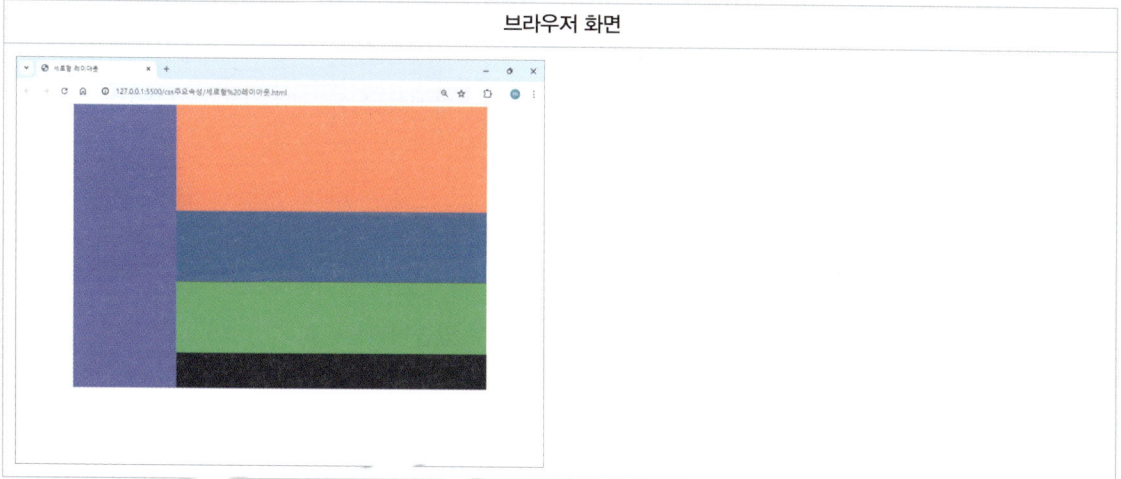

> **기적의 TIP**
>
> **브라우저 기본 스타일**
> 모든 HTML 요소는 기본 스타일을 가지고 있습니다. 예를 들어, ⟨a⟩ 태그는 기본적으로 파란색 텍스트와 밑줄이 적용되고, ⟨p⟩ 태그는 상하 여백을 가집니다. 웹 개발 시 브라우저 간 일관된 스타일을 유지하기 위해 HTML의 기본 스타일을 초기화(리셋 CSS)한 후 작업을 진행합니다.

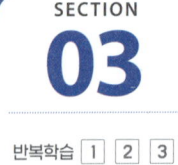

Javascript 기본 다지기

반복학습 1 2 3

핵심포인트 ▶ 자바스크립트의 변수와 데이터 타입을 이해하고, 조건문과 반복문을 활용한 논리적 제어를 익히며, 함수와 이벤트를 통해 동적인 웹 기능을 구현합니다.

01 Javascript 기본 문법

1) Javascript 정의

자바스크립트(JavaScript)는 웹 페이지의 동작을 제어하는 데 사용되는 프로그래밍 언어로 넷스케이프(Netscape)에서 개발되었습니다. 이 언어는 HTML 및 CSS와 함께 웹 개발의 핵심 기술로, 브라우저에서 실행되는 클라이언트 측 스크립트 언어입니다. 자바스크립트는 순차적으로 스크립트를 읽으며, 동적인 콘텐츠 업데이트, 사용자 인터랙션 처리, 애니메이션 효과 적용 등 다양한 기능을 제공하며, 자바스크립트 문서 파일의 확장명은 *.js입니다.

→ 소스 코드를 컴파일(프로그래밍 언어를 컴퓨터가 직접 실행할 수 있는 기계어로 변환)하지 않고 실행할 수 있는 프로그래밍 언어

2) Javascript 기본 규칙

① 자바스크립트 소스 코드는 〈script〉…〈/script〉 태그 안에 작성합니다.

```
<script>
    document.write("hello!");
</script>
```

② 〈head〉 태그 영역 내 또는 〈body〉 태그 영역에 작성할 수 있습니다.

```
<head>
    <title>Javascript 예제</title>
    <script>
        document.write("hello!");
    </script>
</head>
```

```
<body>
    <h1>Javascript 예제</h1>
    <script>
        document.write("hello!");
    </script>
</body>
```

③ HTML 파일 내에 직접 작성하거나 외부 파일로 분리하여 작성할 수 있습니다.

내부 스크립트 (HTML 문서 내 작성)	• ⟨script⟩...⟨/script⟩ 태그 안에 작성합니다. • ⟨head⟩ 태그 영역 내 또는 ⟨body⟩ 태그 영역에 작성합니다.
외부 스크립트 (별도의 js 파일 연결)	• 외부 자바스크립트(*.js) 파일 생성합니다. • ⟨head⟩ 또는 ⟨body⟩ 태그 내에 ⟨script⟩ 태그를 사용하여 외부 자바스크립트 파일을 연결합니다. • src 속성을 사용하여 외부 파일의 경로를 지정합니다. ◎ ⟨script src="script.js"⟩⟨/script⟩

④ Javascript 주석은 한 줄 주석일 경우 // 시작하고, 여러 줄 주석은 /* 로 시작하고 */로 끝납니다.

⟨script⟩ //이것은 한 줄 주석입니다. ⟨/script⟩	⟨script⟩ /* 이것은 여러 줄 주석입니다. */ ⟨/script⟩

⑤ 대 · 소문자를 구분하여 작성합니다.

```
⟨script⟩
    // 변수 선언
    let myMessage = "Hello";
    let mymessage = "World";
    // 변수 출력
    document.write(myMessage); // 출력 : Hello
    document.write(mymessage); // 출력 : World
⟨/script⟩
```

⑥ 문장의 끝을 세미콜론(;)으로 구분합니다. 세미콜론은 선택 사항이지만, 명시적으로 사용하는 것을 권장합니다.

02 Javascript 변수

1) 자바스크립트의 변수

변수(Variables)는 데이터를 저장하고 관리하기 위한 공간입니다. 변수를 선언하고 값을 할당하여 프로그램에서 필요한 데이터를 저장할 수 있으며, 변수에는 한 번에 하나의 데이터만 저장됩니다.

- 변수명은 문자, 밑줄(_), 또는 달러 기호($)로 시작해야 하며, 숫자로 시작할 수 없습니다.
- 변수명에는 알파벳, 숫자, 밑줄(_), 그리고 달러 기호($)만 사용할 수 있습니다.
- 자바스크립트의 예약어(document, function, var, let, this, if, for, const 등)는 변수명으로 사용할 수 없습니다.
- 변수명은 해당 변수의 역할이나 의미를 잘 표현할 수 있는 이름을 사용하는 것이 좋습니다.
- 변수명에 공백은 사용할 수 없습니다.
- 여러 단어로 이루어진 변수명은 카멜 표기법(camelCase)을 따르는 것이 권장됩니다 (예 firstName, userAge).

2) 변수 선언 방법
① 변수 키워드

var 키워드	• 전통적인 변수 선언 방법입니다. • 재할당이 가능합니다.
let 키워드	• 변수를 선언할 수 있습니다. • 재할당이 가능합니다. • 재선언 시 오류가 발생합니다.
const 키워드	• const는 상수로 선언 후 값을 변경할 수 없습니다. • 선언 시 반드시 값을 넣어줍니다. • 재선언 시 오류가 발생합니다.

```
<script>
  // var 키워드로 변수 선언
  var name = "Alice"; //변수명 name 선언 후 Alice 할당
  name = "Olivia"; //name Olivia 재할당
  var name = "Sophia"; //변수 name에 Sophia 재선언
  console.log(name); // 콘솔 창에서 Sophia 출력

  // let 키워드로 변수 선언
  let age = 25; //변수명 age 선언 후 25 할당
  age = 30; //age에 30 재할당
  console.log(age); // 콘솔 창에서 30 출력

  // const 키워드로 상수 선언
  const country = "SouthKorea"; //상수명 country 선언 후 SouthKorea 할당
  console.log(country); // 콘솔 창에서 SouthKorea 출력
</script>
```

* 우리는 모든 예제에서 let 키워드를 이용해 변수를 선언할 것입니다.

> **기적의 TIP**
>
> **콘솔 창**
> 웹 브라우저의 개발자 도구 중 하나로 자바스크립트 코드를 입력하고 실행하여 이를 통해 웹 페이지와 상호 작용, 테스트, 오류 메시지 등 코드의 문제를 찾고 해결에 도움을 줍니다. 웹 브라우저에서 F12를 누르면 개발자 도구가 열립니다. 상단 메뉴에서 'Console' 탭을 선택하여 콘솔 창을 확인할 수 있습니다.

② 데이터 형태

- 숫자(Number) 데이터

정수와 부동 소수점을 포함한 숫자를 나타냅니다.

```
let age = 30;
let price = 99.99;
```

- 문자형(String) 데이터

텍스트 데이터를 나타냅니다. 작은 따옴표('), 큰 따옴표(")로 감쌉니다. 이때 따옴표가 숫자를 감싸고 있다면 문자형 데이터 입니다.

```
let name = "Alice";
let price = "3000";
```

- 논리형(Boolean) 데이터

참(true) 또는 거짓(false) 값을 나타냅니다.

```
let score = 10 > 100  //false
let num = 100 > 10    //true
```

- null/undefined

null은 의도적으로 비어 있음을 나타내는 값이며, undefined는 값이 할당되지 않은 변수를 나타냅니다.

03 Javascript 핵심 기능

1) 자바스크립트의 연산자

산술 연산자	더하기(+) 빼기(−) 곱하기(*) 나누기(/) 나머지(%)	a + b a − b a * b a / b a % b	a 더하기 b a 빼기 b a 곱하기 b a 나누기 b a를 b로 나눈 나머지
증감 연산자	++ --	a++ ++a a-- --a	a의 값 할당 후 1 증가 1 증가 후 a에 할당 a의 값 할당 후 1 감소 1 감소 후 a에 할당

대입 연산자	=	a = b	a(좌변)에 b(우변)의 값을 할당
복합 대입 연산자	+= -= *= /= %=	a += b a -= b a *= b a /= b a %= b	a = a + b : a+b 계산 후 a에 할당 a = a - b : a-b 계산 후 a에 할당 a = a * b : a*b 계산 후 a에 할당 a = a / b : a/b 계산 후 a에 할당 a = a % b : a%b 계산 후 나머지 a에 할당
비교 연산자	>= <= > < == !=	a >= b a <= b a > b a < b a == b a != b	좌변이 우변보다 크거나 같으면 true 우변이 좌변보다 크거나 같으면 true 좌변이 우변보다 크면 true 우변이 좌변보다 크면 true 좌변과 우변이 같으면 true 좌변이 우변이 다르면 true
논리 연산자	!(Not연산자) &&(And연산자) ||(Or연산자)	!a a && b a || b	a의 반대 결과(단항 연산자) 두 조건 만족시키면 true 두 조건 중 하나만 만족시키면 true

HTML 문서

```
<body>
    <script>
        let a = 5; //a 변수 선언 후 숫자 5 할당
        let b = 10; //b변수 선언 후  숫자 10 할당
        let c = 10; //c변수 선언 후 숫자 10할당
        let result; //result변수 선언 생성

        //산술 연산자
        result = a + b; //더하기
        document.write(result + "<br>");//15

        //증감 연산자
        a++; //1씩 증가
        document.write(a + "<br>");//6 a의 값이 6으로 바뀜

        //복합 대입 연산자
        a+=b; // a = a + b  //a의 값 6(위에서 값이 내려옴)
        document.write(a + "<br>");//16

        //비교 연산자
        result = a > b; //16 > 10  //a의 값 16(위에서 값이 내려옴)
        document.write(result + "<br>");//true
```

```
            //논리 연산자
            result = a>b && b == c; //16 > 10 && 10 == 10 -> &&연산자는 두 조건 만족시키면 true
            document.write(result + "<br>"); //true
        </script>
</body>
```

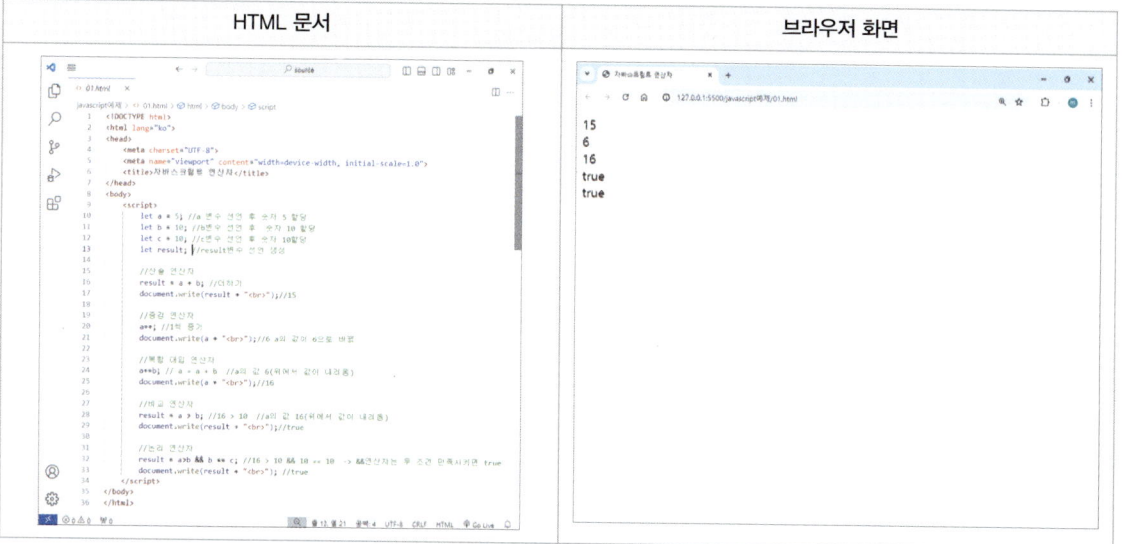

기적의 TIP

문자형 데이터 결합
'+' 연산자를 이용하여 두 개 이상의 문자열을 하나의 문자열로 합치는 것을 문자형 데이터 결합입니다.
예) 문자형 데이터 + 문자형 데이터 = 문자형 데이터
    문자형 데이터 + 숫자형 데이터 = 문자형 데이터

HTML 문서
| ```
<body>
    <script>
        //문자형 데이터 결합
        let firstName = "홍";
        let lastName = "길동";
        let fullName = firstName +" "+ lastName;//문자형데이터 + "공백" + 문자형데이터
        document.write(fullName + "<br>");

        //문자형+숫자형 데이터 결합
        let age = 20;
        document.write(fullName + " 나이는 " + age + " 입니다.");
    </script>
</body>
``` |
```

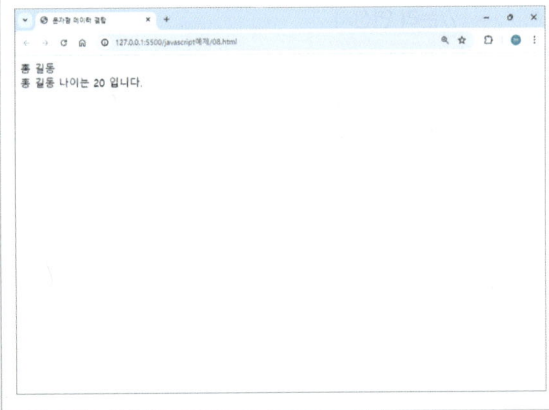

2) 자바스크립트의 제어문

자바스크립트 제어문은 조건문(if, switch)과 반복문(for, while)을 통해 코드의 흐름을 조정하고 원하는 논리적 동작을 수행하도록 만드는 구문입니다.

① 조건문

조건문은 조건에 따라 특정 실행문을 실행할 수 있습니다.

if-else문	if(조건식){
	    자바스크립트 코드1
	}else{
	    자바스크립트 코드2
	}
		• if의 조건식이 '참'이면 '자바스크립트 코드1'을 실행하고, '거짓'이면 '자바스크립트 코드2'를 실행합니다.
		• 조건식에 사용되는 값은 논리형 데이터로 변환됩니다.
		• 0, null, " "(빈문자열), undefind를 조건식에 입력되면 false가 반환됩니다.

HTML 문서

``
<body>
　　<script>
　　　　//변수 num에 숫자 5 할당
　　　　let num = 5;
 	
　　　　if (num % 2 == 0) {//num을 2로 나누었을 때 나머지가 0이면 True
　　　　　　alert("짝수");//'짝수'로 출력
　　　　} else {//0이 아니면 False
　　　　　　alert("홀수");//'홀수'로 출력
　　　　}
　　</script>
</body>
``

HTML 문서	브라우저 화면

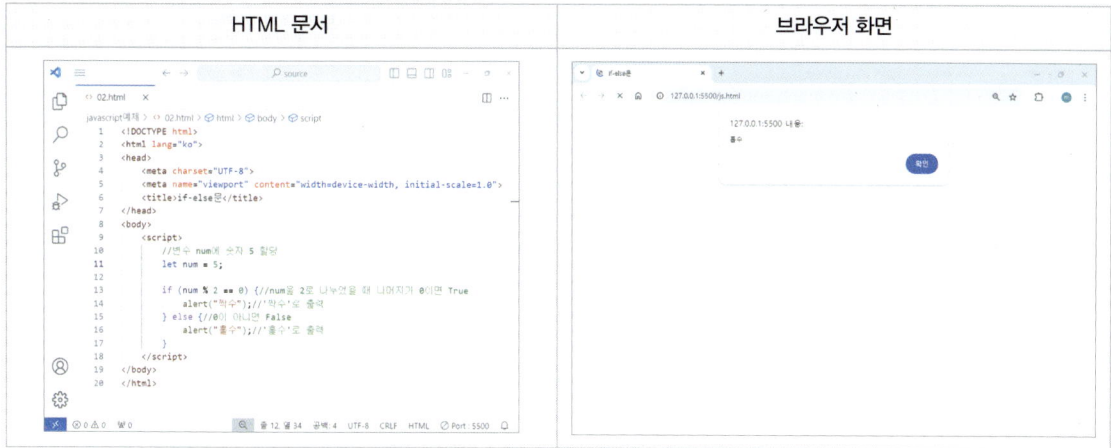

② 반복문

특정 코드를 여러 번 실행할 때 사용되며, 조건이 충족되는 동안 반복을 계속합니다.

while문	let 변수 = 초깃값;
	while(조건식){
	    자바스크립트 코드;
	    증감식;
	}
		• 조건식 검사 → 코드 실행 → 증감식 진행 → 조건식 재검사
		• 이 과정을 반복하여 조건식이 'false'가 될 때까지 반복문이 실행됩니다.

for문	for(초깃값; 조건식; 증감식){
	    자바스크립트 코드;
	}
		• while문과 같지만 for문의 사용 빈도가 더 높습니다.
		• 조건식이 true가 나오면 실행문을 반복합니다.
		• 조건식이 false가 나오면 반복되던 실행문이 멈춥니다.

• while문

HTML 문서

⟨body⟩
   ⟨script⟩
      //while문
      let count = 1;// 초깃 값 설정
      while(count <= 5){//조건식 검수 참이면 {...}실행, 거짓이면 끝
         document.write("hello" + count);//"hello"와 변수가 결합되어 출력
         count++;// count 값을 1 증가
      }
   ⟨/script⟩
⟨/body⟩

HTML 문서	브라우저 화면
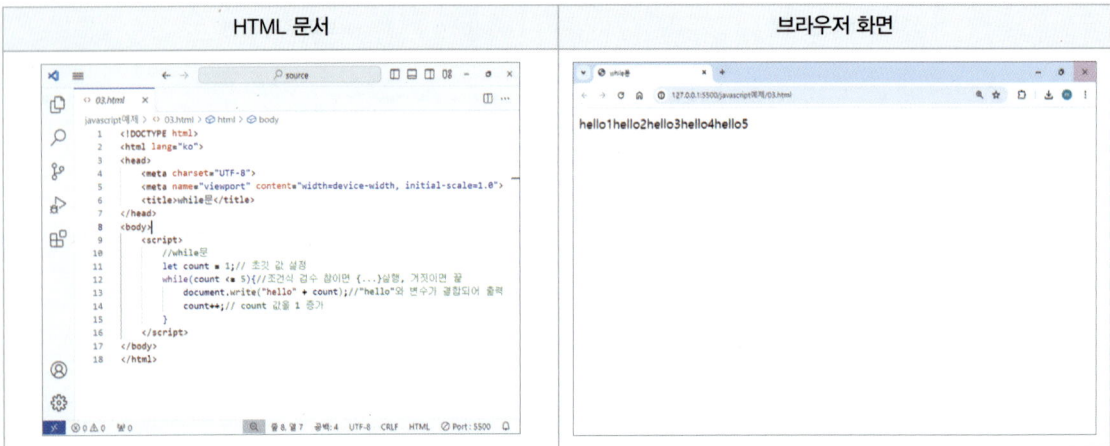	

- for문

HTML 문서

⟨body⟩
　　⟨script⟩
　　　　//for문
　　　　for(count=1; count ⟨=5; count++){
　　　　　　document.write("hello" + count);//"hello"와 변수가 결합되어 출력
　　　　}
　　⟨/script⟩
⟨/body⟩

HTML 문서	브라우저 화면
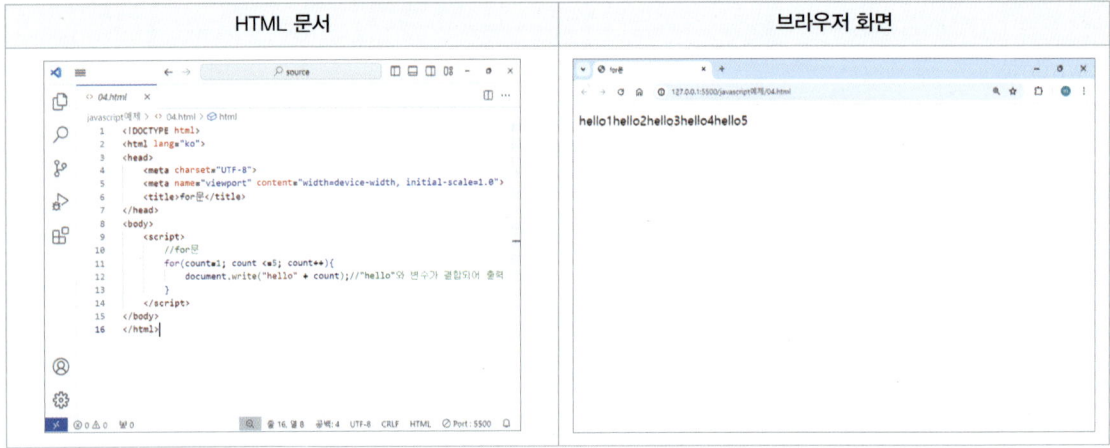	

3) 함수(function) 이해하기

자바스크립트 함수는 특정 작성을 수행하는 독립된 코드입니다. 함수를 여러 번 재사용할 수 있으며, 필요한 매개변수를 받아 처리한 후 결과를 반환합니다.

```
function 함수명( ){
    자바스크립트 코드;
}
함수명( );//함수 호출을 해야 실행이 됩니다.
```

HTML 문서

```
<body>
    <script>
        //함수구문
        function writeFunction(){
            document.write("안녕하세요!");
        }
        writeFunction();//함수 호출
    </script>
</body>
```

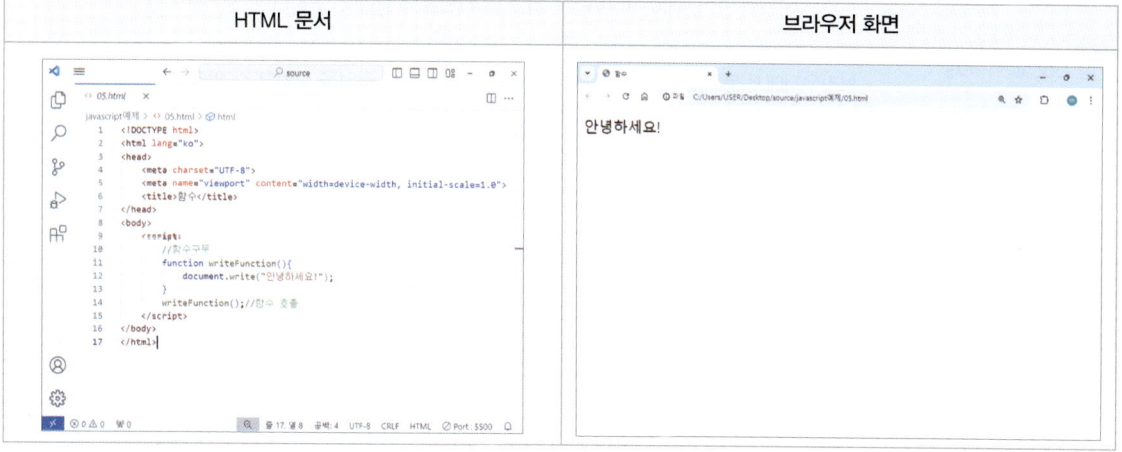

4) 객체 이해하기

자바스크립트 객체는 데이터와 기능(속성, 메서드)을 하나의 단위로 묶은 구조로, 키-값 쌍으로 데이터를 표현하고 관리하는 개념입니다. 속성은 객체가 가진 값을 나타내고, 메서드는 객체에 정의된 함수입니다. 자바스크립트에서는 개발자가 객체를 직접 생성할 수 있으며, 미리 정의된 내장 객체도 제공되어 필요에 따라 사용할 수 있습니다.

자바스크립트에서 객체의 속성과 메서드를 다루는 방법은 다음과 같습니다.

객체.속성;	객체의 속성을 가져옵니다.
객체.속성=값;	객체의 속성에 값을 할당합니다.
객체.메서드( );	객체의 메서드를 실행합니다.

- 내장 객체

Date 객체	날짜와 시간을 처리하기 위한 내장 객체
Math 객체	수학적 계산을 쉽게 수행할 수 있는 내장 객체
Array 객체	여러 개의 값을 저장하고 관리할 수 있는 내장 객체
String 객체	문자의 길이, 검색, 추출, 변환 등 작업을 할 수 있는 내장 객체

- 브라우저 객체

window 객체	• window 객체는 모든 전역 객체와 함수의 최상위 객체입니다 • 브라우저 창의 크기, 위치, 열기/닫기, 경고 등 작업을 수행할 수 있습니다.
location 객체	• 현재 문서의 URL 정보를 제공합니다. • 브라우저에서 문서를 새로 고침, 다른 페이지로 이동 등의 작업을 수행할 수 있습니다
history 객체	• 브라우저의 세션 기록을 나타냅니다. • 사용자가 방문한 페이지의 히스토리를 관리합니다.
navigator 객체	브라우저 관련 정보(브라우저 이름, 버전, 플랫폼 등)를 제공합니다.
screen 객체	사용자의 디스플레이 화면에 대한 정보를 제공합니다.

HTML 문서

```
<body>
    <h1 id="title">빨간색</h1>
    <!--태그를 꾸미는 script작업 시 태그 아래쪽에 작성해야한다.-->
    <script>
        //window객체 메서드
        window.alert("경고창");//경고창 출력

        //document객체 메서드
        document.write(screen.width);//screen객체 width 속성 출력

        //#title스타일 속성 중 color의 값을 red로 설정
        document.getElementById("title").style.color="red";
    </script>
</body>
```

HTML 문서	브라우저 화면

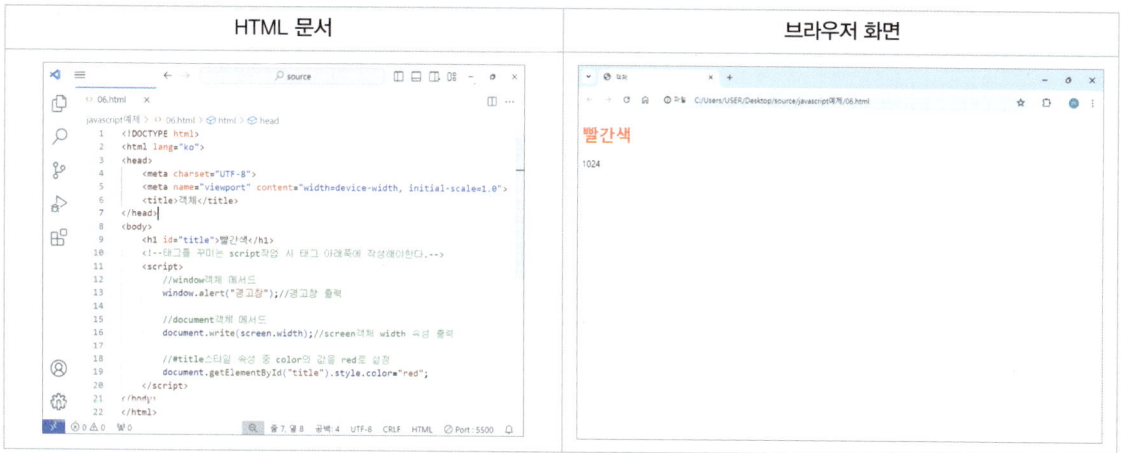

기적의 TIP

밀리초 단위
밀리초(milliseconds, ms)는 시간의 측정 단위로, 1초의 1/1,000(천분의 일)입니다. 즉, 1초는 1,000밀리초입니다. 자바스크립트에서는 밀리초 단위를 사용하여 시간을 측정하고, 타이머 기능을 구현할 수 있습니다.
⑩ 0.5s = 500ms, 1s = 1,000ms

- window 객체 주요 메서드

메서드	설명
alert( )	경고 창이 나타납니다.
confirm( )	확인/취소 창이 나타납니다.
prompt( )	질의응답 창이 나타납니다.
open( )	새 창이 나타납니다.

setInterval( )	일정한 시간 간격으로 함수를 호출합니다. 작성 방법 : setInterval(함수이름, 밀리초)
setTimeout( )	일정한 시간 간격 한 번만 함수를 호출합니다.

HTML 문서

```
<body>
    <script>
        let i = 0;

        function count(){
            i++;
            document.write("hello" + i);
        }
        function first(){
            i++;
            document.write("<h1>" + "bye" +"</h1>" );
        }

        setTimeout(first, 1000); //1초에 first함수 한번만 실행
        setInterval(count, 500);//0.5초마다 count함수 실행
    </script>
</body>
```

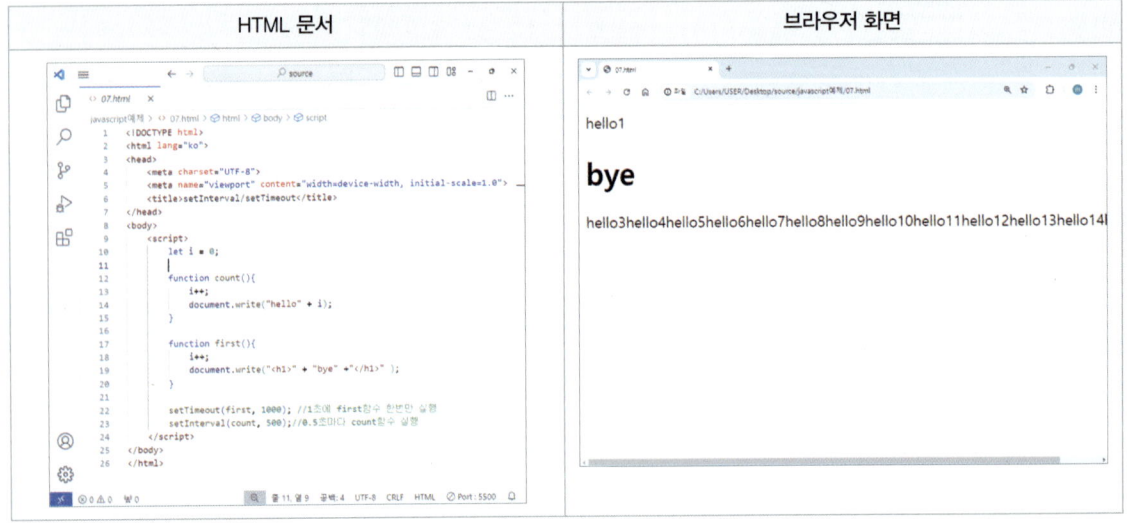

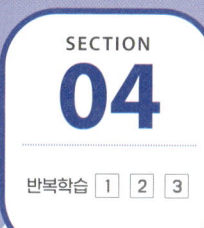

SECTION 04 jQuery 기본 다지기

반복학습 1 2 3

핵심포인트 ▶ 제이쿼리를 활용해 웹디자인개발기능사에서 요구되는 팝업, 슬라이드, 탭 메뉴, 네비게이션 메뉴, 애니메이션 효과 등을 손쉽게 구현할 수 있도록 합니다.

01 jQuery 기본 문법

1) jQuery 정의

jQuery는 자바스크립트의 기능을 간편하게 사용할 수 있도록 도와주는 자바스크립트 라이브러리입니다. 존 레식(John Resig)에 의해 처음 개발된 jQuery는 CSS 선택자를 사용하여 HTML 요소를 쉽게 선택하고 조작할 수 있으며, 이벤트 처리, 애니메이션, Ajax와 같은 복잡한 작업을 간단하게 수행할 수 있도록 도와줍니다.

2) jQuery 라이브러리 연동 방법

① jQuery 라이브러리 직접 다운로드 방식

jQuery 공식 웹사이트(https://jquery.com/)에서 jQuery 라이브러리를 다운로드하여 연결합니다.

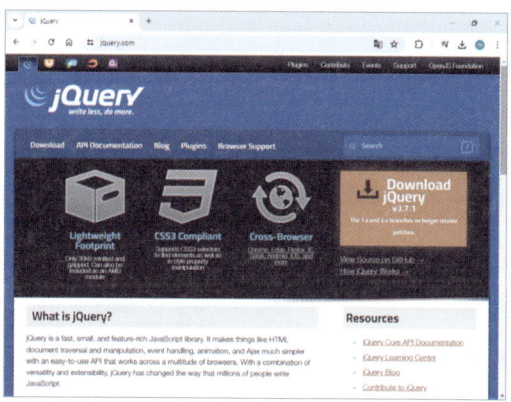

jQuery 공식 웹사이트(https://jquery.com/)에 접속하여 상단 Download 클릭

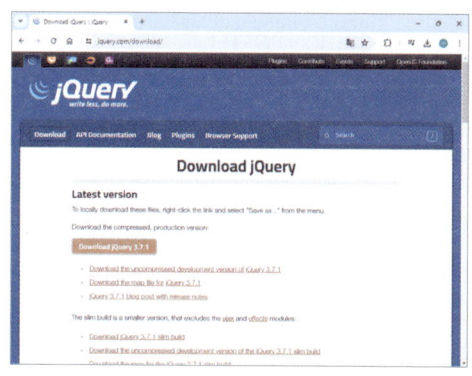

Download jQuery 3.7.1 버튼 클릭

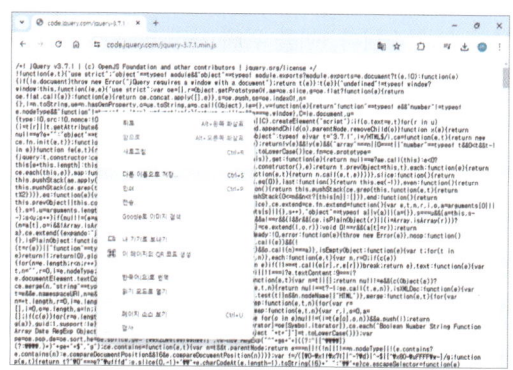

우 클릭 - 다른 이름으로 저장

*웹디자인개발기능사는 수험자 제공 파일에 제이쿼리 라이브러리 파일을 포함하고 있습니다.

② CDN(Content Delivery Network)을 이용한 네트워크 전송 방식

CDN은 전 세계에 분산된 서버 네트워크로, 사용자에게 jQuery 라이브러리를 효율적으로 전달하는 데 사용됩니다.

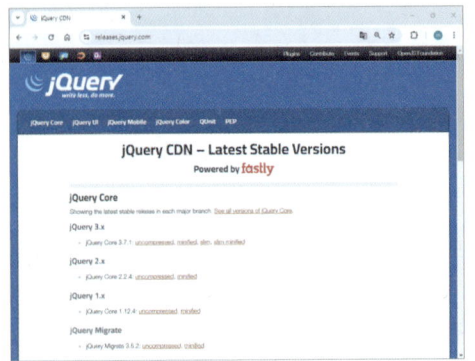

https://releases.jquery.com/에 접속하여 원하는 jQuery 버전을 선택

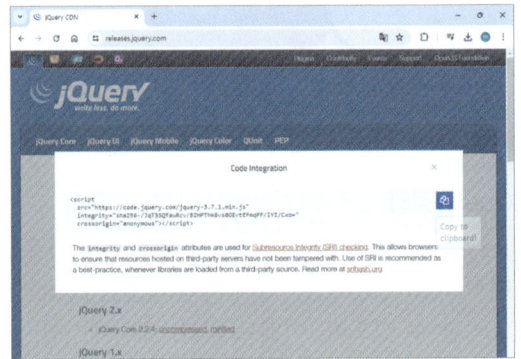

팝업창이 뜨면 해당 스크립트 코드를 복사하여 〈head〉 태그 내에 붙여넣기

> 기적의 TIP
>
> 제이쿼리 연결 시 주의사항
> 내가 작성한 스크립트 문서는 jQuery 라이브러리 연동 후 작성해야 실행할 수 있습니다.

```
〈head〉
    〈meta charset="utf-8"〉
    〈script src="jquery-3.7.1.min.js"〉〈/script〉〈!-- jQuery 라이브러리 --〉
    〈script src="js/script.js"〉〈/script〉〈!-- 내가 작성한 스크립트 --〉
〈/head〉
```

3) jQuery 작성 방법

① $(function(){...}) 사용하기

모든 jQuery 코드는 HTML 문서가 완전히 준비된 후에 실행되어야 합니다. 그래야 DOM 요소를 안전하게 제어할 수 있습니다. 이를 위해 가장 많이 사용하는 방법은 $(function(){...})입니다.

jQuery 문서	

$(document).ready(function(){
　　// jQuery 코드
});
	$(function(){
	　　// jQuery 코드
	});

* $(document).ready(function(){...})도 같은 기능을 하지만, 간결한 표현으로는 $(function(){...})이 선호됩니다.

HTML 문서	jQuery 문서

`<!DOCTYPE html>`
`<html lang="ko">`
`<head>`
　　`<meta charset="UTF-8">`
　　`<meta name="viewport" content="width=device-width, initial-scale=1.0">`
　　`<title>jQuery 라이브러리 연결 방법</title>`
　　`<script src="jquery-3.7.1.min.js"></script>`<!--jQuery라이브러리-->
　　`<script src="script/script.js"></script>`<!--내가 작성한 script-->
`</head>`
`<body>`
 	
`</body>`
`</html>`
	`$(function(){`//문서 로딩 후 script를 실행해주세요
	　　`alert("경고");`//경고창
	`})`

HTML 문서	브라우저 화면

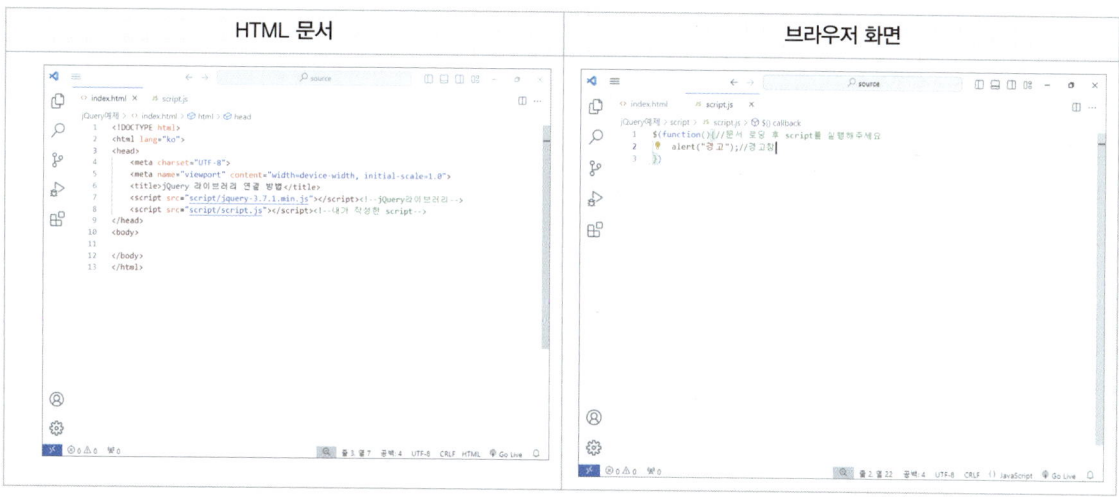

브라우저 화면

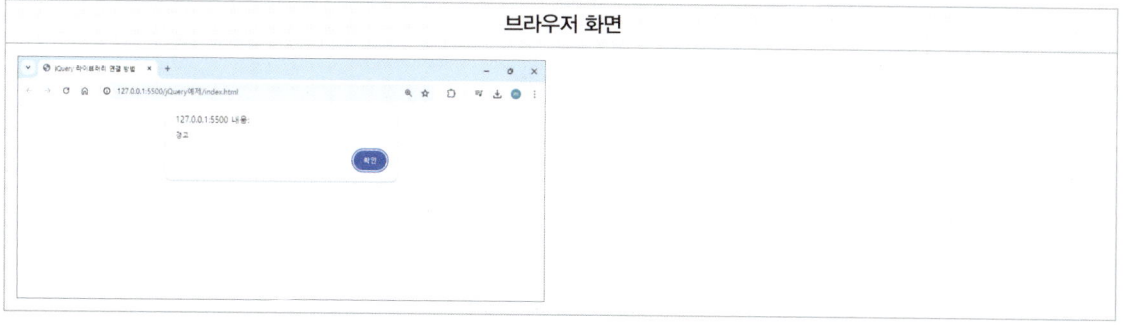

② **defer 속성 사용하기**

〈script〉 태그에 defer 속성을 추가하면 HTML 문서의 파싱이 끝난 후 스크립트가 자동으로 실행됩니다. 문서 구조와 상관없이 안전하게 DOM에 접근할 수 있다는 점에서 유용합니다.

HTML 문서
〈head〉 　〈script src="jquery-3.7.1.min.js" defer〉〈/script〉 　〈script src="script/script.js" defer〉〈/script〉 〈/head〉

*이 경우 script.js 내부에는 굳이 $(function(){})을 쓰지 않아도 됩니다. 브라우저가 문서 파싱이 끝난 뒤 스크립트를 실행하기 때문입니다.

HTML 문서	jQuery 문서
〈!DOCTYPE html〉 〈html lang="ko"〉 〈head〉 　〈meta charset="UTF-8"〉 　〈meta name="viewport" content="width=device-width, initial-scale=1.0"〉 　〈title〉jQuery defer 속성 사용〈/title〉 　〈script src="jquery-3.7.1.min.js" defer〉〈/script〉〈!-- jQuery 라이브러리 --〉 　〈script src="script/script.js" defer〉〈/script〉〈!-- 내가 작성한 스크립트 --〉 〈/head〉 〈body〉 〈/body〉 〈/html〉	alert("경고");//경고창

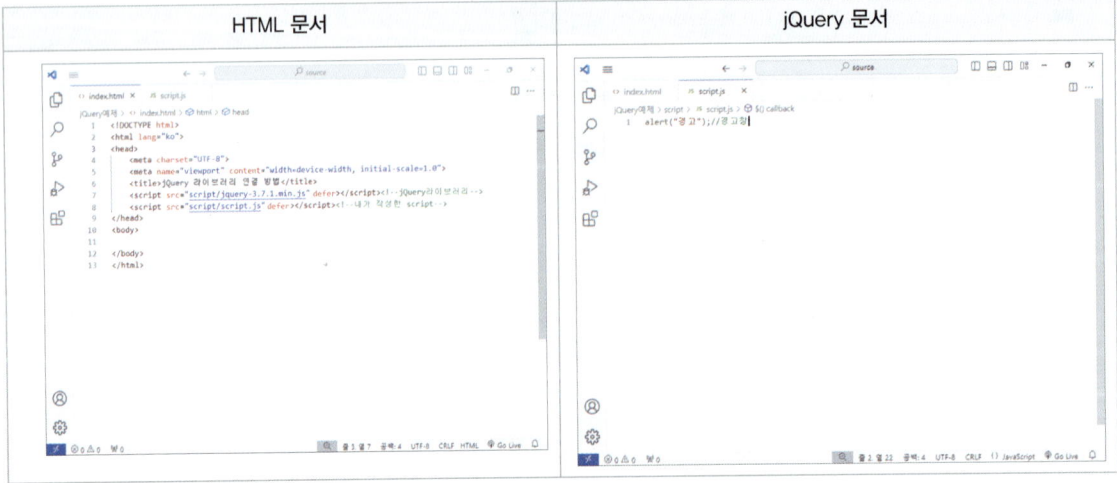

브라우저 화면
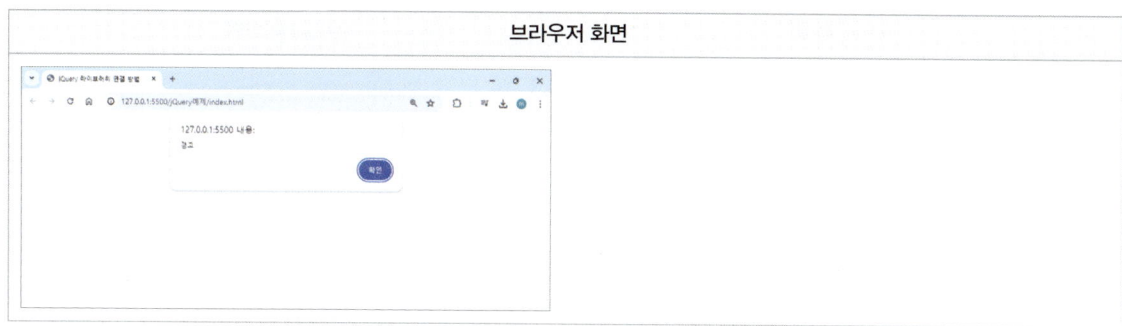

본 예제는 $(function(){}) 방식으로 구성되어 있습니다. 이후 실전 모의고사에서는 defer 속성을 적용한 스크립트 로딩 방식을 사용할 예정이므로, 두 방식의 차이를 함께 익혀두시기 바랍니다.

02 jQuery 선택자

1) 직접 선택자

전체 선택자	$("*")	모든 태그를 선택합니다.
아이디 선택자	$("#아이디명")	특정 ID 값을 가진 요소를 선택합니다.
클래스 선택자	$(".클래스명")	특정 클래스 값을 가진 요소를 선택합니다.
태그 선택자	$("태그명")	특정 태그를 선택합니다.
다중 선택자	$("선택1, 선택2, 선택n")	여러 태그를 다중으로 선택합니다.

HTML 문서	jQuery 문서

`<body>`
　`<h2 id="title">`직접 선택자 예제`</h2>`
　`<p>`이것은 첫 번째 단락입니다.`</p>`
　`<p class="point">`이것은 두 번째 단락입니다.`</p>`
　`<p>`이것은 세 번째 단락입니다.`</p>`
　`<button>`이것은 버튼태그 입니다.`</button>`
`</body>`
	$(function(){//문서 로딩 후 script를 실행해주세요
	　$("*").css("color","red"); //전체 선택자
	　$("p").css("text-decoration","underline"); //태그 선택자
	　$(".point").css("background","yellow"); //class 선택자
	　$("#title").css("color","green"); //id 선택자
	　$("p, button").css("font-size","22px"); //다중 선택자
	})

HTML 문서	브라우저 화면

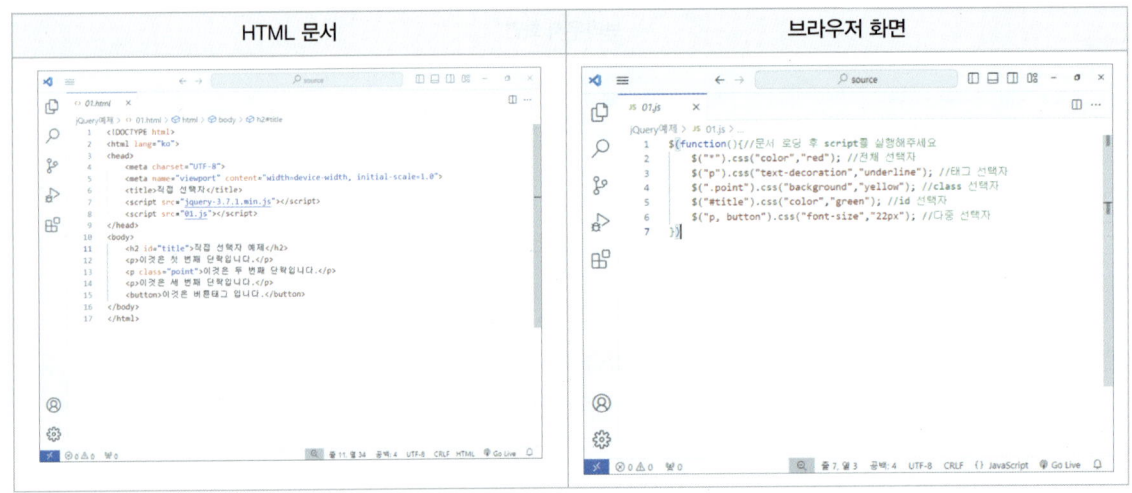

브라우저 화면

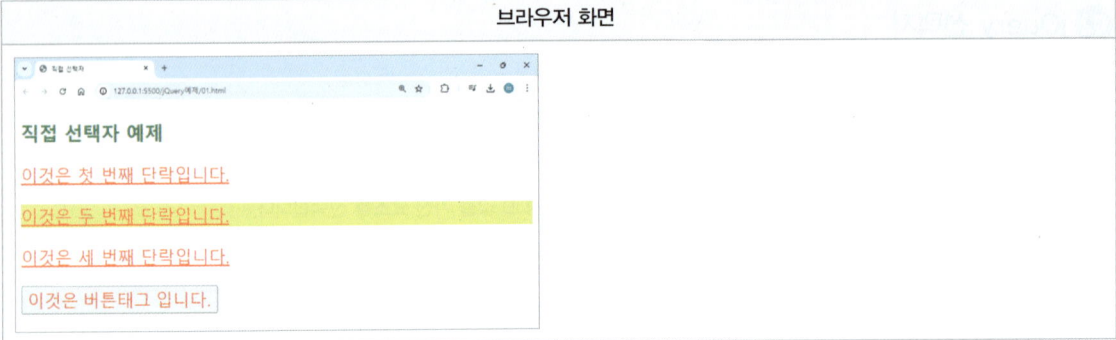

2) 관계 선택자

부모 선택자	$("태그").parent()	태그의 부모 태그를 선택합니다.
상위 태그 선택자	$("태그").parents()	태그의 조상 태그를 선택합니다.
하위 태그 선택자	$("태그 하위 태그")	태그의 하위 태그를 선택합니다.
자식 태그 선택자	$("태그 > 자식 태그")	태그의 직계 자식 태그를 선택합니다.
자손 태그 선택자	$("태그").children()	태그의 자손 태그를 선택합니다.
형제 태그 선택자	$("태그").siblings()	태그의 형제들을 선택합니다.

HTML 문서	jQuery 문서
| ```html
<body>
    <div class="box1">
        <h1>리스트 제목</h1>
        <ul class="list1">
            <li>첫번째 리스트입니다.</li>
            <li><span class="point">두번째</span> 리스트입니다.</li>
            <li>세번째 리스트입니다.</li>
            <li>네번째 리스트입니다.</li>
        </ul>
        <ul class="list2">
            <li class="first">첫번째 리스트입니다.</li>
            <li>두번째 리스트입니다.</li>
            <li>세번째 리스트입니다.</li>
            <li>네번째 리스트입니다.</li>
        </ul>
    </div>
</body>
``` | ```js
$(function(){//문서 로딩 후 script를 실행해주세요
    $(".point").parent().css("background","yellow");//부모요소 선택
    $(".point").parents().css("border","1px solid blue");//조상요소 선택
    $(".point").parents(".list1").css("border","3px solid blue");//조상요소 중 .list1 선택
    $(".box1>h1").css("background","yellow");//자식요소 선택
    $(".list2").children().css("text-decoration","underline");//자식요소들 선택자
    $(".list2").children(".first").css("color","purple")//자식요소들 중 .first 선택
    $(".first").siblings().css("color","green")//.first요소 형제들 선택
})
``` |

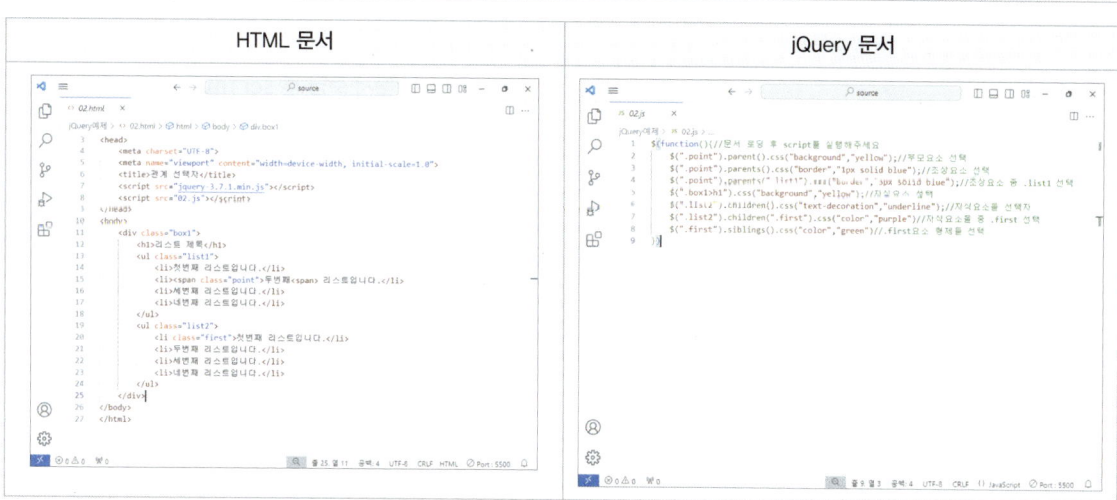

브라우저 화면

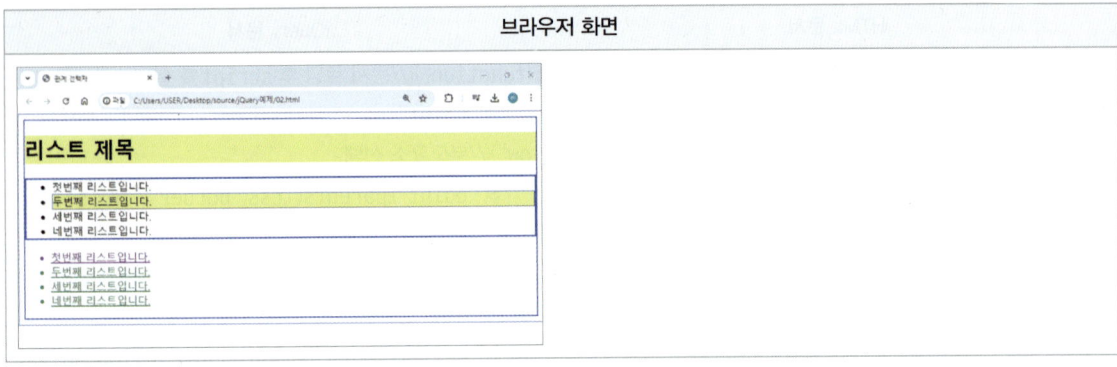

3) 그 외 선택자

$("태그:first") $("태그").first( )	$("li:first") $("li").first( )	형제 태그 중 첫 번째 태그를 선택합니다.
$("태그:last") $("태그").last( )	$("li:last") $("li").last( )	형제 태그 중 마지막 태그를 선택합니다.
$("태그").eq(index)	$("태그").eq(0)	태그 중 인덱스 번호가 같은 태그를 선택합니다.
$("태그").find(태그2)	$("li").find(".sub")	태그의 자손 태그를 직접 선택합니다.
$(this)		현재 선택된 요소 또는 이벤트가 발생한 요소를 참조합니다.

HTML 문서	jQuery 문서

`<body>`
　`<ul class="list">`
　　`<li class="first">`첫번째 리스트입니다.`</li>`
　　`<li>`두번째 리스트입니다.`</li>`
　　`<li>`세번째 리스트입니다.`</li>`
　　`<li>`네번째 리스트입니다.
　　　`<ul class="list2">`
　　　　`<li>`list2-1`</li>`<!--인덱스 0-->
　　　　`<li class="sub">`list2-2`</li>`<!--인덱스 1-->
　　　　`<li>`list2-3`</li>`<!--인덱스 2-->
　　　`</ul>`
　　`</li>`
　　`<li>`다섯번째 리스트입니다.`</li>`
　`</ul>`
`</body>`
	`$(function(){`//문서 로딩 후 script를 실행해주세요
	　`$(".list>li:first-child").css("text-decoration","underline");`//.list 자식 li 중 첫번째요소 선택
	　`$(".list>li").first().css("background","yellow");`//.list 자식 li 중 첫번째요소 선택
	　`$(".list>li:last-child").css("text-decoration","underline");`//.list 자식 li 중 마지막요소 선택
	　`$(".list>li").last().css("background","green");`//.list 자식 li 중 마지막요소 선택
	　`$(".list2 li").eq(0).css("color","red");`//.list2 li의 인덱스번호가 0인 요소 선택
	　`$(".list").find(".sub").css("color","blue");`//.list자손 중 ".sub" 선택
	
	　`$("li").click(function(){`//li요소 클릭시
	　　`$(this).css("font-weight","bold");`//클릭한 요소(this)
	　`})`
	`})`

	HTML 문서	브라우저 화면

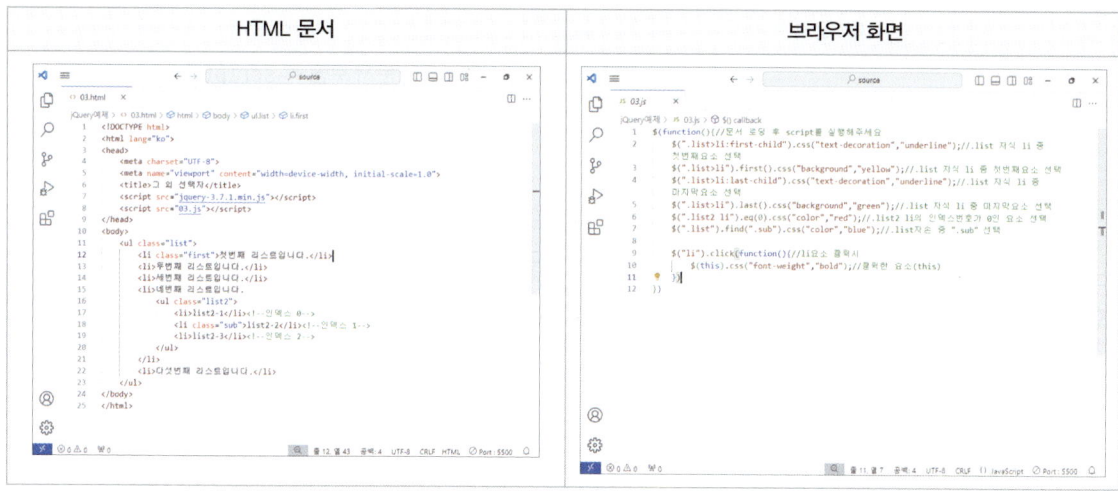

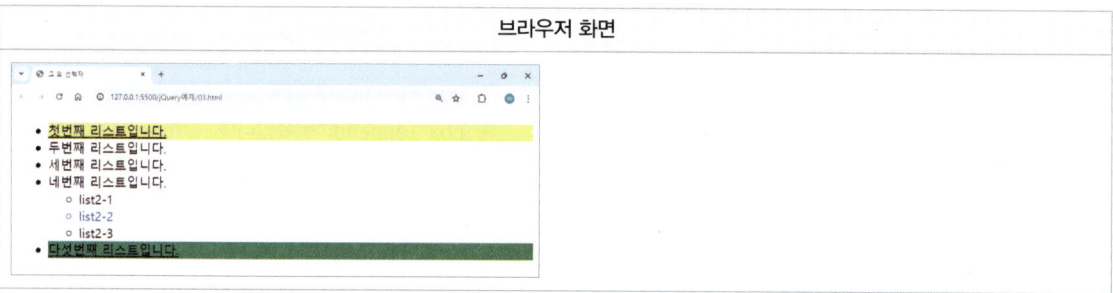

03 jQuery 주요 속성 메서드

css( )	$(선택자).css(속성) $(선택자).css(속성,값)	선택한 요소에 css 속성값을 가져올 수 있습니다. 선택한 요소에 css 속성과 값을 지정할 수 있습니다.
text( )	$(선택자).text( ) $(선택자).text(값)	선택한 요소에 텍스트 콘텐츠를 가져올 수 있습니다. 선택한 요소에 새로운 텍스트 콘텐츠를 설정합니다.
addclass( )	$(선택자).addclass(클래스명);	선택한 요소에 하나 이상의 클래스를 추가합니다.
removeClass( )	$(선택자).removeClass(클래스명);	선택한 요소에 하나 이상의 클래스를 제거합니다.
toggleClass( )	$(선택자).toggleClass(클래스명);	선택한 요소에 해당 클래스가 있으면 제거, 없으면 추가합니다.
append( )	$(선택자).append(콘텐츠);	선택한 요소의 마지막 자식 요소로 새로운 요소를 추가합니다.
prepend( )	$(선택자).prepend(콘텐츠);	선택한 요소의 첫 번째 자식 요소로 새로운 요소를 추가합니다.
index( )	$(선택자).index( )	선택한 요소의 인덱스를 반환합니다(0부터 시작).

HTML 문서	jQuery 문서

HTML 문서

```html
<head>
    <style>
        .point{
            background : yellow;
        }
    </style>
</head>
<body>
    <div class="box">
        <h1 class="title">클릭해보세요</h1>
        <ul>
            <li>이것은 첫 번째 단락입니다.</li>
            <li class="point">이것은 두 번째 단락입니다.</li>
            <li>이것은 세 번째 단락입니다.</li>
            <li class="last">이것은 네 번째 단락입니다.</li>
        </ul>
    </div>
    <p class="txt"></p>
</body>
```

jQuery 문서

```javascript
$(function( ){//문서 로딩 후 script를 실행해주세요
    $(".last").css("color","red");//css속성

    $("h1").click(function( ){
        $(this).addClass("point");//addClass속성-class추가
    })

    $(".point").click(function( ){
        $(this).removeClass("point");//removeClass속성-class제거
    })

    $(".box").prepend("앞쪽입니다.");//box 앞쪽에 생성
    $(".box").append("뒤쪽입니다.");//box 뒤쪽에 생성

    let i;//변수i 생성
    $("li").click(function( ){//li요소 클릭 시
        i = $(this).index( );// i변수에 클릭한 li의 index번호 할당
        $(".txt").text(i)//.txt에 i의 값 콘텐츠 설정
    })
})
```

HTML 문서	브라우저 화면
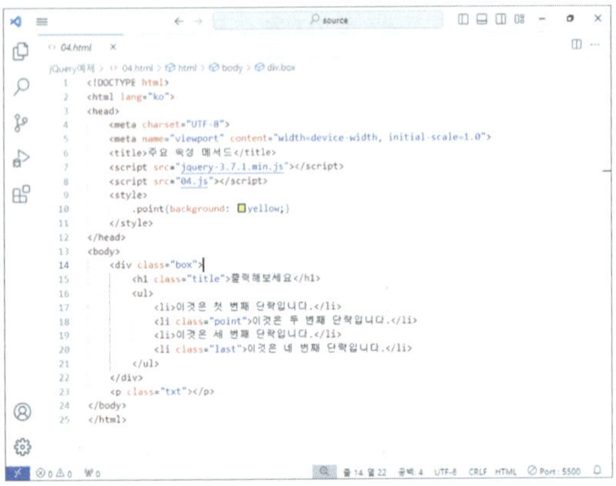	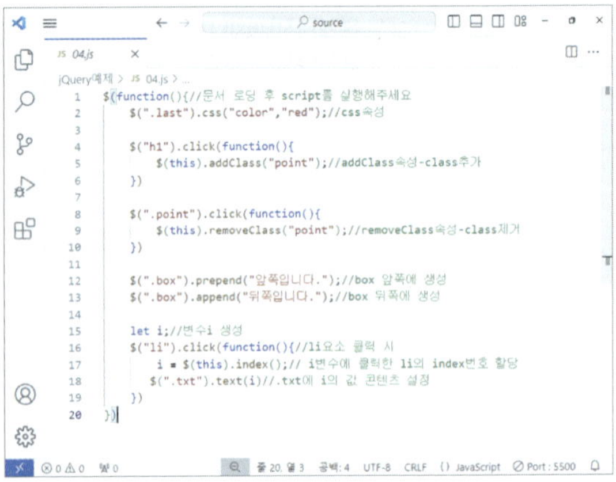

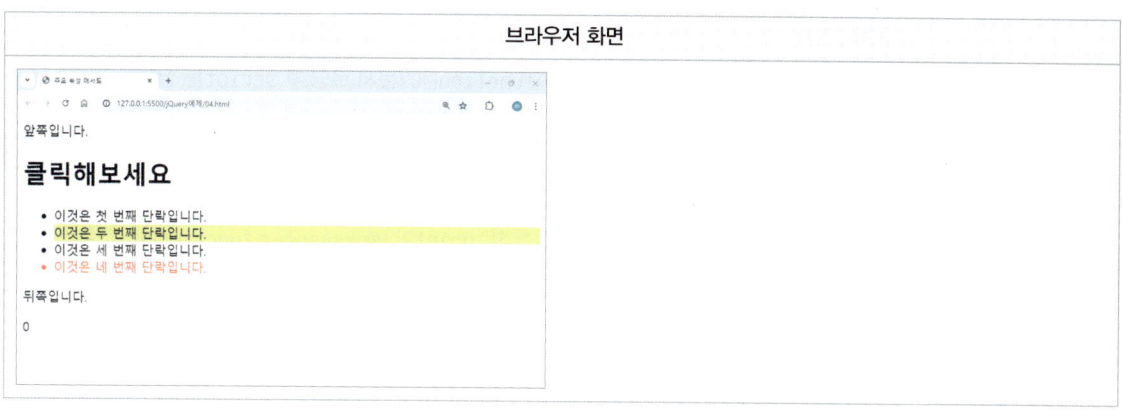

브라우저 화면

04 jQuery 이벤트 메서드

1) jQuery 이벤트 작성 방법

이벤트란 사용자와 웹 페이지 간의 상호작용을 처리하는 도구로, 클릭, 마우스 이동, 키보드 입력 등 다양한 사용자 동작에 반응하는 코드를 쉽게 작성할 수 있게 해줍니다.

```
$("선택자").click(function( ){
   스크립트 실행문;
})
```

2) 주요 이벤트 메서드

click( )	요소(선택자) 클릭 시 실행문이 실행됩니다.
mouseover( )	요소(선택자)에 마우스를 올렸을 때 실행문이 실행됩니다.
mouseout( )	요소(선택자)에 마우스가 벗어났을 때 실행문이 실행됩니다.
hover( )	선택자에 마우스를 올렸을 때, 벗어났을 때 두 개의 이벤트가 등록이 되고 이벤트에 맞게 실행문이 실행됩니다.
mouseenter( )	요소(선택자)에 마우스를 올렸을 때 실행문이 실행됩니다(버블링 발생 안됨).
mouseleave( )	요소(선택자)에 마우스가 벗어났을 때 실행문이 실행됩니다(버블링 발생 안됨).
focusin( )	선택한 요소나 그 자식 요소가 포커스를 받을 때 실행문이 실행됩니다.
focusout( )	선택한 요소나 그 자식 요소가 포커스를 잃었을 때 실행문이 실행됩니다.

HTML 문서	jQuery 문서

<pre>〈head〉
    〈style〉
        .point{
            background : yellow;
        }
    〈/style〉
〈/head〉
〈body〉
    〈p class="point1"〉클릭해보세요〈/p〉
    〈p class="point2"〉마우스를 올리고 내리세요.〈/p〉
    〈p class="point3"〉마우스를 올리고 내리세요.(hover이벤트)〈/p〉
    〈p class="point4"〉〈a href="#"〉탭키로 포커스를 이동시키세요〈/a〉〈/p〉
〈/body〉
〈/html〉</pre>
	<pre>$(function(){//문서 로딩 후 script를 실행해주세요
	    $(".point1").click(function(){//클릭이벤트
	        $(this).toggleClass("point");
	    })
	    $(".point2").mouseenter(function(){//마우스이벤트
	        $(this).addClass("point");
	    })
	    $(".point2").mouseleave(function(){//클릭이벤트
	        $(this).removeClass("point");
	    })
	    $(".point3").hover(function(){//마우스이벤트 실행문
	        $(this).addClass("point");
	    },function(){
	        $(this).removeClass("point");
	    })
	    $(".point4").focusin(function(){//포커스가
	        $(this).addClass("point");
	    })
	    $(".point4").focusout(function(){//포커스가 나갔을 때
	        $(this).removeClass("point");
	    })
	})</pre>

HTML 문서	브라우저 화면
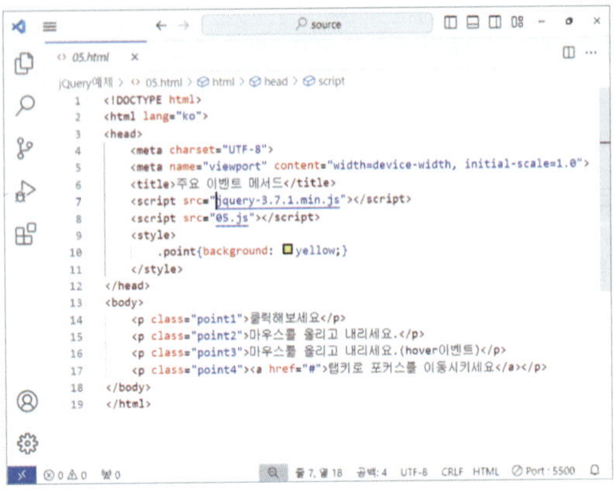	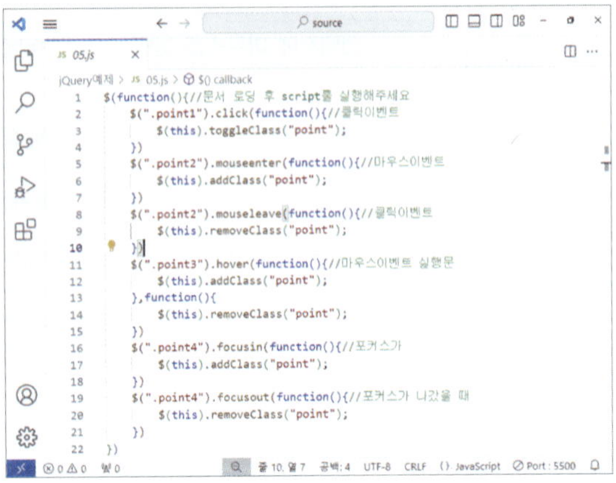

브라우저 화면

```
클릭해보세요
마우스를 올리고 내리세요.
마우스를 올리고 내리세요.(hover이벤트)
탭키로 포커스를 이동시키세요
```

기적의 TIP

'mouseenter' 와 'mouseover'의 차이
둘 다 사용자가 마우스를 특정 요소 위로 이동할 때 발생하는 이벤트입니다. 하지만 이 두 이벤트에는 중요한 차이가 있습니다.
mouseenter는 사용자가 마우스를 요소 위로 처음 올릴 때만 실행됩니다.
mouseover는 사용자가 마우스를 요소 위로 올릴 때뿐만 아니라, 그 요소의 자식 요소 위로 올릴 때도 실행됩니다.
웹브라우저에서 F12를 눌러 개발자 도구 'Console' 탭에서 확인할 수 있습니다.

HTML 문서	jQuery 문서

⟨head⟩
　⟨style⟩
　　#box1, #box2 {
　　　width : 200px;
　　　height : 200px;
　　　background-color : lightblue;
　　　margin-bottom : 20px;
　　}
　　.child {
　　　width : 100px;
　　　height : 100px;
　　　background-color : lightcoral;
　　　margin : 20px;
　　}
　⟨/style⟩
⟨/head⟩
⟨body⟩
　⟨h2⟩mouseenter와 mouseover 차이⟨/h2⟩
　⟨div id="box1"⟩
　　⟨div class="child"⟩box1의 자식⟨/div⟩
　⟨/div⟩
　⟨div id="box2"⟩
　　⟨div class="child"⟩box2의 자식⟨/div⟩
　⟨/div⟩
⟨/body⟩
	$(function(){//문서 로딩 후 script를 실행해주세요
	　// mouseenter 이벤트
	　$("#box1").mouseenter(function(){
	　　$(this).css("background-color", "yellow");
	　　console.log("mouseenter");//f12를 눌러 콘솔창에서 확인하세요!
	　})
	
	　// mouseover 이벤트
	　$("#box2").mouseover(function(){
	　　$(this).css("background-color", "green");
	　　console.log("mouseover"); //f12를 눌러 콘솔창에서 확인하세요!
	　})
	})

HTML 문서	브라우저 화면

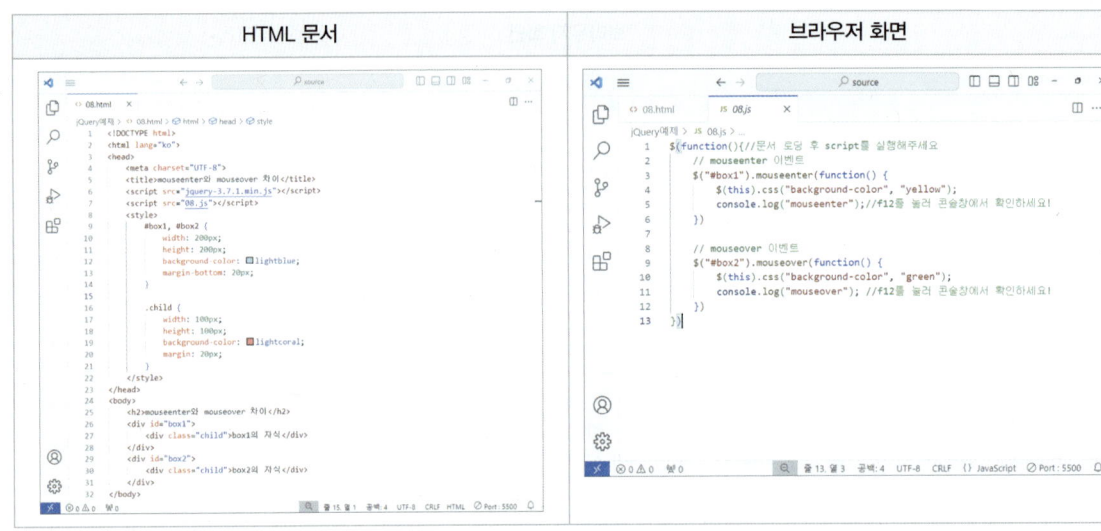

브라우저 화면

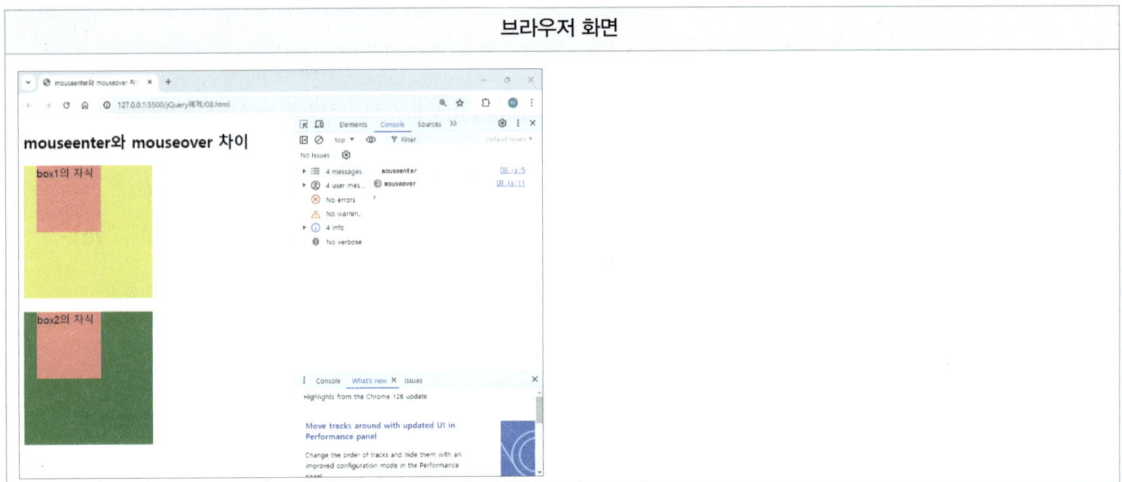

3) 효과 애니메이션

animate( )	요소를 부드럽게 움직이는 등의 사용자 지정 애니메이션을 수행합니다.
show( )	선택한 요소를 표시합니다.
hide( )	선택한 요소를 숨깁니다.
toggle( )	선택한 요소가 보이면 숨기고, 보이지 않으면 표시합니다.
fadeIn( )	선택한 요소가 서서히 나타납니다.
fadeOut( )	선택한 요소가 서서히 사라집니다.
fadeToggle( )	선택한 요소가 보이면 서서히 숨기고, 보이지 않으면 서서히 표시합니다.
slideUp( )	선택한 요소가 위로 사라집니다.
slideDown( )	선택한 요소가 아래로 나타납니다.
slideToggle( )	선택한 요소가 보이면 위로 숨기고, 보이지 않으면 아래로 표시합니다.

• 효과 작성 방법

$("태그 선택").효과메서드(효과 소요 시간, 가속도, 콜백함수);

HTML 문서	jQuery 문서

``
<head>
    <style>
        .box{
            background:yellow;
            width:300px;
            height:300px;
        }
    </style>
</head>
<body>
    <button class="btn1">hide</button>
    <button class="btn2">show</button>
    <button class="btn3">hide/show</button>
    <button class="btn4">fadeIn</button>
    <button class="btn5">fadeOut</button>
    <button class="btn6">fadeIn/Out</button>
    <button class="btn7">slideUp</button>
    <button class="btn8">slideDown</button>
    <button class="btn9">slideUp/Down</button>
    <div class="box">
        박스
    </div>
</body>
``
	``
	$(function(){//문서 로딩 후 script를 실행해주세요
	    $(".btn1").click(function(){
	        $(".box").hide();//.box를 숨김
	    })
	    $(".btn2").click(function(){
	        $(".box").show();//.box를 보여줌
	    })
	    $(".btn3").click(function(){
	        $(".box").toggle();//.box가 숨겨져 있으면 보이게 하고, 보이면 숨김
	    })
	    $(".btn4").click(function(){
	        $(".box").fadeIn("slow");//서서히 나타남. 괄호( )안에 속도값을 넣을 수 있음
	    })
	    $(".btn5").click(function(){
	        $(".box").fadeOut();//서서히 사라짐
	    })
	    $(".btn6").click(function(){
	        $(".box").fadeToggle();//.box가 숨겨져 있으면 서서히 나타나고, 보여지고 있으면 서서히 사라짐
	    })
	    $(".btn7").click(function(){
	        $(".box").slideUp();//위로 올라가면서 사라짐
	    })
	    $(".btn8").click(function(){
	        $(".box").slideDown();//아래로 내려가면서 나타남
	    })
	    $(".btn9").click(function(){
	        $(".box").slideToggle();//.box가 숨겨져 있으면 아래로 나타나고, 보여지고 있으면 위로 사라짐
	    })
	})
	``

HTML 문서	jQuery 문서

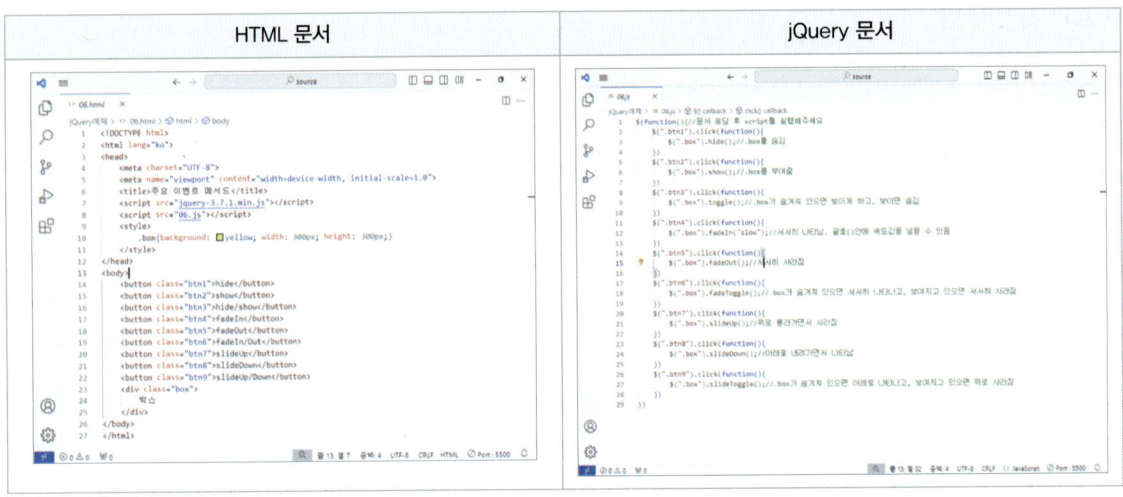

브라우저 화면

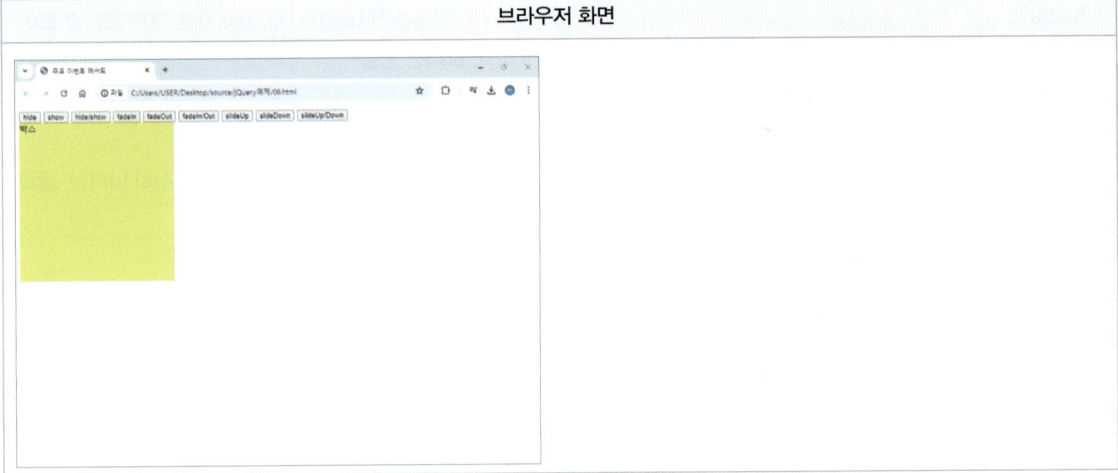

- animate 작성 방법

$("태그").animate({"css속성":"속성값"}, 적용 시간, 가속도, 콜백 함수)

HTML 문서	jQuery 문서

⟨head⟩
　⟨style⟩
　　.box1{
　　　background:yellow;
　　　width:100px;
　　　height:100px;
　　　position:absolute;
　　}
　　.box2{
　　　background:green;
	$(function(){//문서 로딩 후 script를 실행해주세요
	　$(".box1").animate({"left":"600px"},1000);//.box1을 왼쪽에서 600만큼 1초 동안 이동
	　$(".box2").animate({"left":"600px"},1000,function(){//.box2를 왼쪽에서 600만큼 1초 동안 이동한 후
	　　$(".box2").animate({"left":"0px"},1000);//.box2를 왼쪽에서 0만큼 1초 동안 이동
	　})
	})

```
                width:100px;
                height:100px;
                position:absolute;
                top:120px;
            }
        </style>
    </head>
    <body>
        <div class="box1">
            박스
        </div>
        <div class="box2">
            박스
        </div>
    </body>
```

HTML 문서	브라우저 화면

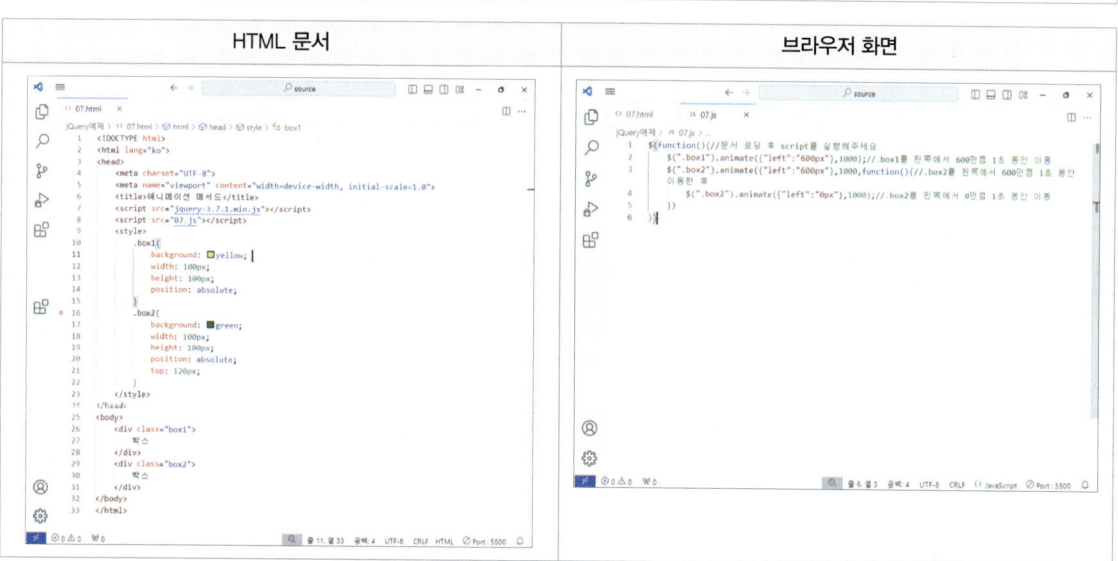

브라우저 화면

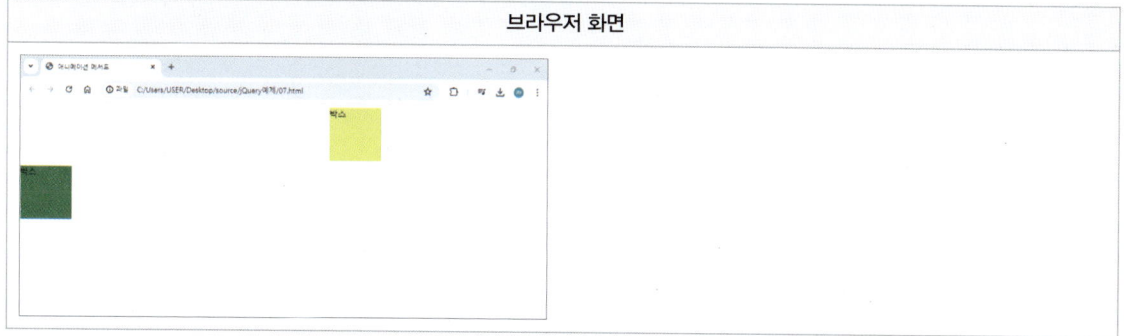

PART 03

실기 필수 기능

학습 방향

비주얼 스튜디오 코드 사용법을 숙지하여 프로그램을 다루는 방법과 웹 페이지의 구성에 대해 학습합니다. 또한, 포토샵과 일러스트레이터의 기초 기능을 활용하여 시험에서 요구하는 디자인 작업을 수행하고, 필요한 로고 제작 및 수정 작업을 통해 실무적으로 웹 페이지를 제작할 수 있는 역량을 갖추도록 합니다.

차례

SECTION 01　Visual Studio Code 필수 기능
SECTION 02　Photoshop 필수 기능
SECTION 03　Illustrator 필수 기능

SECTION 01

Visual Studio Code 필수 기능

시험 전 필수 체크

핵심포인트 ▶ 웹디자인개발기능사 실기에서 활용할 수 있는 Visual Studio Code는 HTML, CSS, JavaScript 코드 작성 시 자동 완성, 실시간 미리보기 등의 기능을 제공해 효율적인 코딩을 지원합니다.

01 Visual Studio Code 소개

1) Visual Studio Code란?

비주얼 스튜디오 코드(Visual Studio Code, VS Code)는 마이크로소프트에서 개발한 무료 소스 코드 편집기입니다. 다양한 운영 체제에서 사용할 수 있으며, 다양한 프로그래밍 언어(자바스크립트, 파이썬, C++, 자바 등 다양한 프로그래밍 언어)를 지원하여 이를 통해 개발자는 효율적이고 편리하게 코드를 작성하고 관리할 수 있습니다. 비주얼 스튜디오 코드의 주요 기능은 다음과 같습니다.

- 다양한 프로그래밍 언어 지원
- 마켓 플레이스를 통한 다양한 플러그인과 확장 설치하여 기능 확장 가능
- 내장된 디버깅 도구를 사용하여 코드 실행 중 오류를 쉽게 찾음
- HTML, CSS, javascript, jQuery 등 코드 작성 시 자동 완성 기능 제공
- 사용자 원하는 대로 편집기 테마 변경

2) Visual Studio Code 설치 방법

비주얼 스튜디오 코드는 https://code.visualstudio.com/에서 [Download]를 선택한 후 운영 체제에 맞게 다운로드하여 설치합니다.

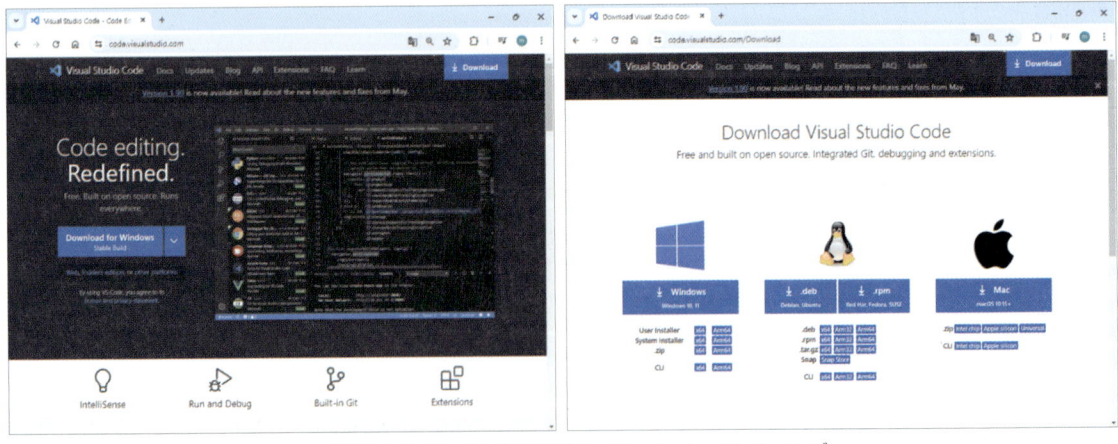

▲ 비주얼 스튜디오 코드 홈페이지(https://code.visualstudio.com/)

3) Visual Studio Code 인터페이스

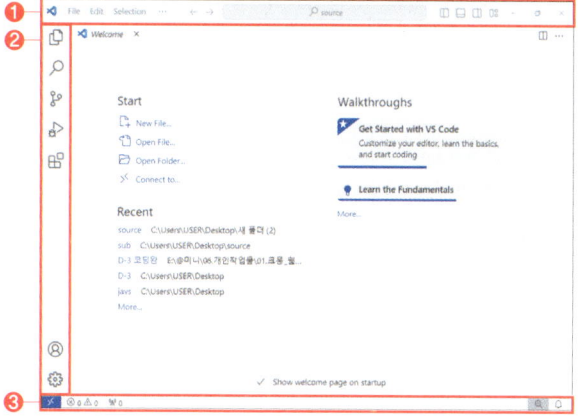

❶ 상단 메뉴 : 파일 관리, 편집, 보기, 탐색, 실행, 터미널, 도움말 등 다양한 작업을 수행할 수 있는 도구와 옵션을 제공합니다(시작화면 : 도움말 – 시작).

❷ 사이드바 : 파일 탐색, 검색, 소스 제어, 디버깅, 확장 등 다양한 도구에 빠르게 접근할 수 있도록 도와줍니다.

❸ 상태표시줄 : 현재 파일의 정보, Git 상태, 작업 공간, 언어 모드 등 다양한 상태와 바로가기 정보를 제공합니다.

▲ 비주얼 스튜디오 코드 인터페이스

02 Visual Studio Code 확장 설치

비주얼 스튜디오 코드 확장은 비주얼 스튜디오 코드의 기능을 추가하여 사용자가 편리하게 사용할 수 있도록 다양한 플러그인을 설치할 수 있습니다.

1) VS Code용 한국어 팩 확장 설치

비주얼 스튜디오 코드는 기본적으로 영어 인터페이스를 제공합니다. 사용하기 편리하게 하려면 한국어 팩을 확장 설치하여 효율적으로 사용할 수 있습니다.

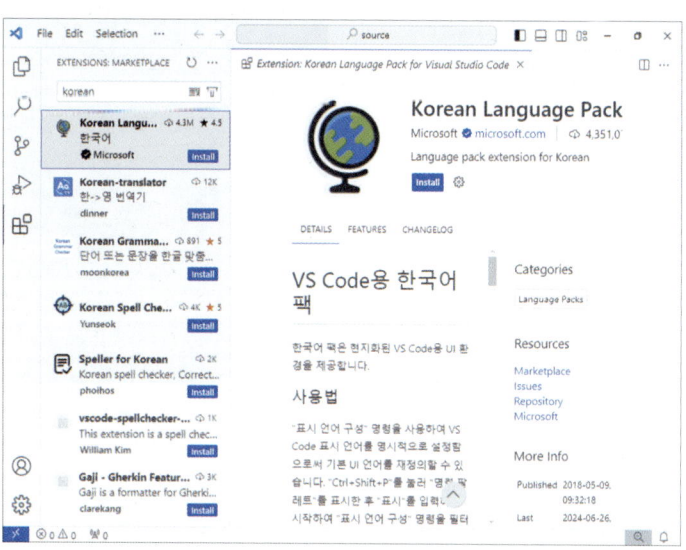

▲ 비주얼 스튜디오 코드 홈페이지(https://code.visualstudio.com/)

[확장 아이콘(⊞)] – Korean 검색 – Korean Language Pack Install – 프로그램 다시 시작

2) 라이브 서버 확장 설치

비주얼 스튜디오 코드의 라이브 서버(Live Server) 확장 기능은 개발 중인 웹 페이지를 실시간으로 편하게 미리보기 할 수 있도록 도와줍니다.

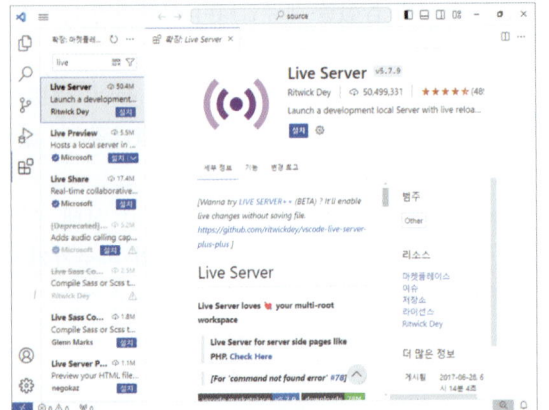
▲ 라이브 서버 확장 설치

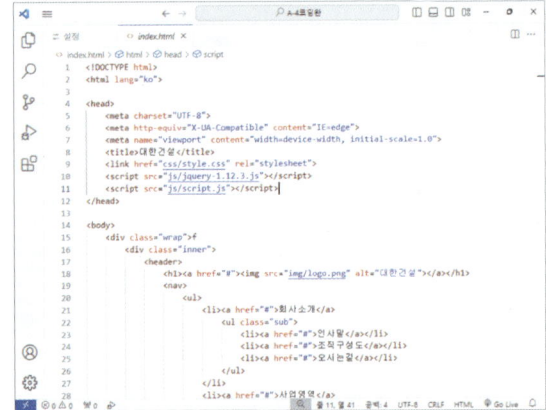
▲ go Live 표시

[확장 아이콘(⊞)] – Live Server 검색 – Live Server 설치

3) 색 테마 변경

비주얼 스튜디오 코드의 색 테마를 변경하여 사용자의 코드 편집기의 색상을 사용자 취향에 맞게 조정할 수 있습니다.

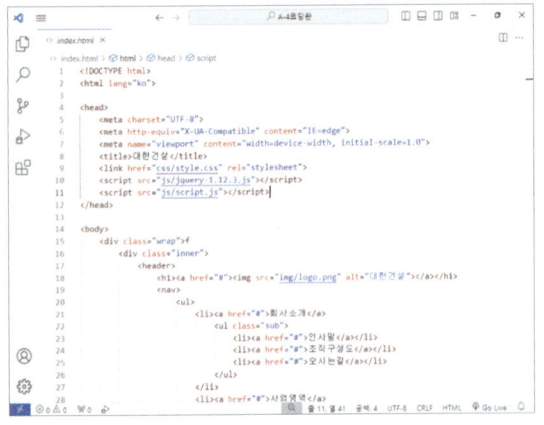
▲ 라이트 모던 모드

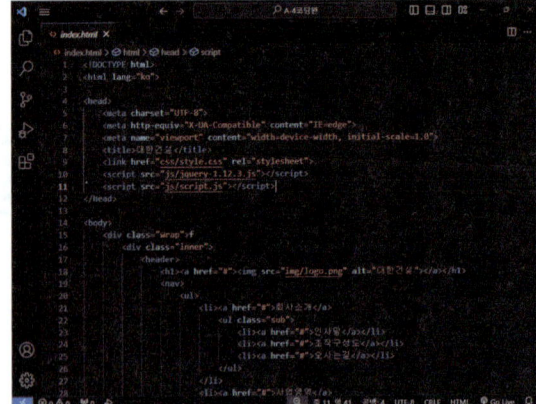
▲ 다크 모던 모드

[관리 아이콘(⚙)] – 테마 – 색

03 Visual Studio Code 실습

1) 폴더 열기

비주얼 스튜디오 코드 작업 시, 소스 파일이 있는 폴더를 열어 작업하는 것이 유리합니다. 프로젝트의 전체 파일과 폴더 구조를 탐색하고 관리할 수 있으므로, 미리 작업할 폴더를 생성한 후 '폴더 열기' 기능을 사용하여 해당 폴더를 엽니다.

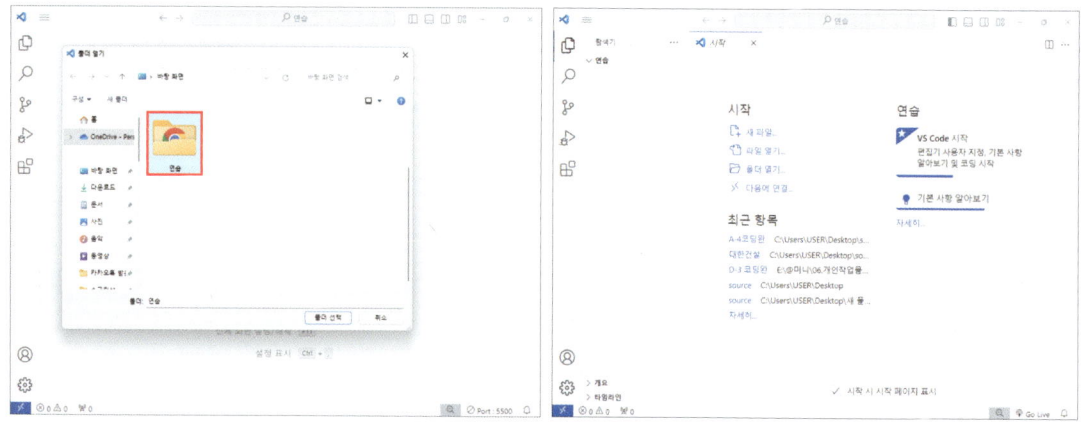

▲ 바탕화면 연습 폴더를 만든 후 비주얼 스튜디오 코드 [파일] – [폴더 열기]

2) 새 폴더와 새 문서 만들기

비주얼 스튜디오 코드의 왼쪽 사이드바에서 폴더를 생성한 후, 새로운 HTML, CSS, Script 파일을 만듭니다. (확장자에 유의하고, 파일명은 띄어쓰기 없이 영어로 작성합니다.)

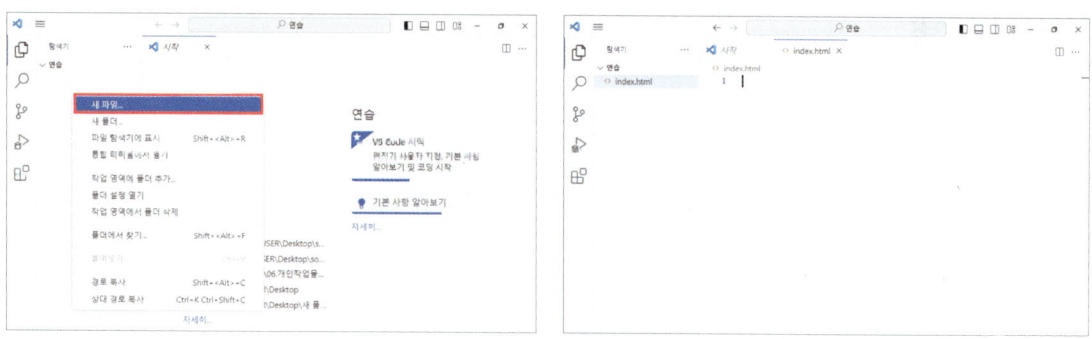

▲ 마우스 오른쪽 클릭 후 새 문서(index.html) 생성

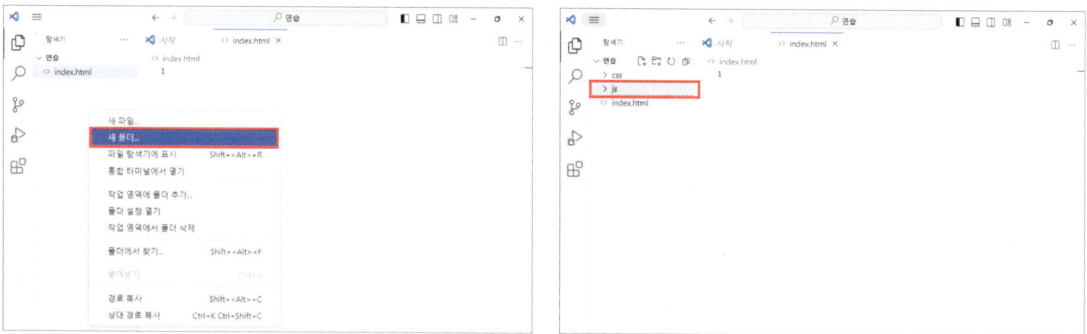

▲ 마우스 오른쪽 클릭 후 새 폴더(css, js) 생성

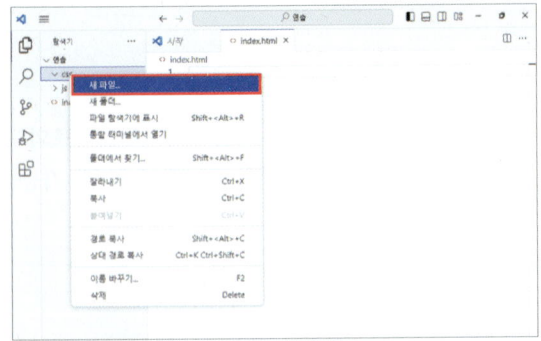
▲ 폴더 선택 후 마우스 오른쪽 클릭하여 새 파일 생성

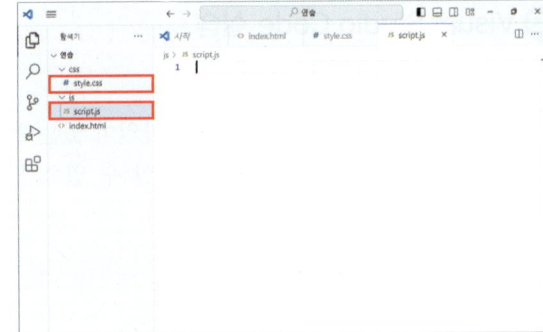
▲ css 폴더(style.css), js 폴더(script.js)

3) 코드 셋팅하기

① HTML 문서 셋팅

index.html에서 '!'를 입력한 후 Tab 을 누르면, HTML 기본 구조가 자동으로 완성됩니다. 이때 lang의 값 'en'을 'ko'로 변경합니다.

② CSS 문서 셋팅

외부 CSS 문서를 작성할 때 상단에 @charset 'UTF-8'; 작성 후 CSS를 작성합니다.

③ Script 문서 셋팅

Script 문서를 작성할 때, HTML 문서를 모두 읽은 후 jQuery 코드가 실행되도록 해야 합니다. 이를 위해 $(function( ) {...}) 구문을 사용하여 문서가 로드된 후 스크립트 코드가 실행되도록 작성합니다.

또한, jQuery를 사용하지 않고 순수 자바스크립트만으로 동일한 효과를 내고 싶다면, 〈script〉 태그에 defer 속성을 지정할 수 있습니다. defer는 HTML 문서 해석이 끝난 뒤 스크립트를 실행하도록 지연시키는 기능을 하며, 결과적으로 $(function(){ ... }) 구문과 같은 목적을 갖습니다. 이 책에서는 실습 시 defer 속성을 사용할 것입니다.

4) HTML 문서에 CSS, Script 문서 연결

HTML 문서에 CSS, jQuery 라이브러리, Script 파일을 연결합니다. 이때 파일 경로를 주의해서 작성합니다. (jQuery 라이브러리는 다운로드하여 js 폴더에 넣습니다.)

[참고하기] PART 02 - SECTION 04 jQuery 기본 다지기

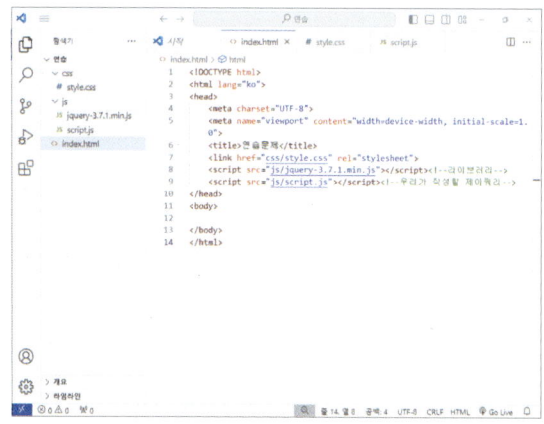

5) Live Server로 미리보기

비주얼 스튜디오 코드의 아래 상태표시줄에서 'Go Live'를 클릭하여 웹 페이지 미리보기를 확인합니다.

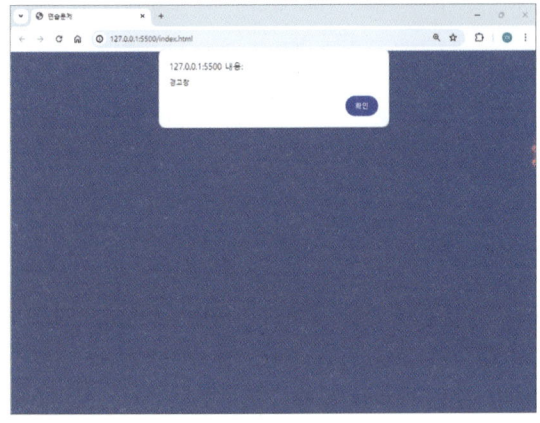

- HTML 문서를 선택하거나 활성화한 상태에서 'Go Live' 버튼을 클릭합니다.
- CSS 문서가 정상적으로 연결되면 브라우저에 파란색이 출력됩니다.
- jQuery 라이브러리와 script.js가 연결되면 경고창이 나타납니다.
- 'Go Live' 버튼을 클릭 시 'port:5500'으로 변경됩니다. 'port:5500'은 Live Server 확장 기능이 로컬 서버를 실행할 때 사용하는 기본 포트입니다. 다시 누르면 'Go Live'가 나타납니다.
- Go Live 설치되지 않았을 때 'index.html' 문서를 웹 브라우저인 '크롬(Chrome)'으로 열어 작업 결과를 확인할 수 있습니다.

> **기적의 TIP**
>
>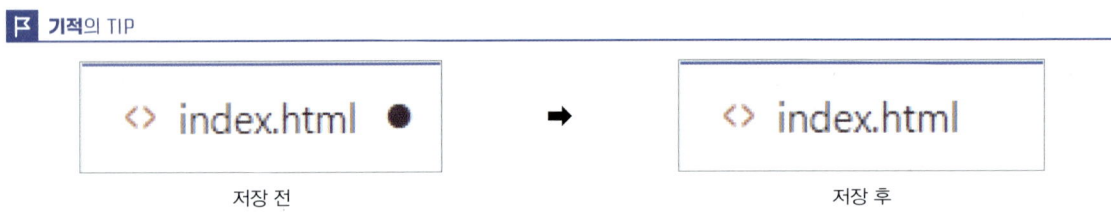
>
> 저장 전   저장 후

04 Visual Studio Code 유용한 기능

1) Visual Studio Code 단축키

비주얼 스튜디오 코드에서 자주 사용하는 단축키는 다음과 같습니다.

단축키	설명	단축키	설명
Ctrl + O	파일 열기	Ctrl + /	주석 처리
Ctrl + S	파일 저장	Shift + Alt + F	코드 정리
Ctrl + N	새 파일	Ctrl + Shift + K	줄 삭제
Ctrl + B	탐색기 열기/닫기	Alt + Shift + ↓ Alt + Shift + ↑	줄 복사
Ctrl + Z	실행 취소	Ctrl + A	모든 항목 선택
Ctrl + Y	다시 실행	Ctrl + F	찾기
Ctrl + W	화면 분할	Ctrl + H	바꾸기

2) 화면 분할

비주얼 스튜디오 코드에서 화면 분할은 편집기 창을 동시에 열어 작업 공간을 효율적으로 사용할 수 있도록 합니다.

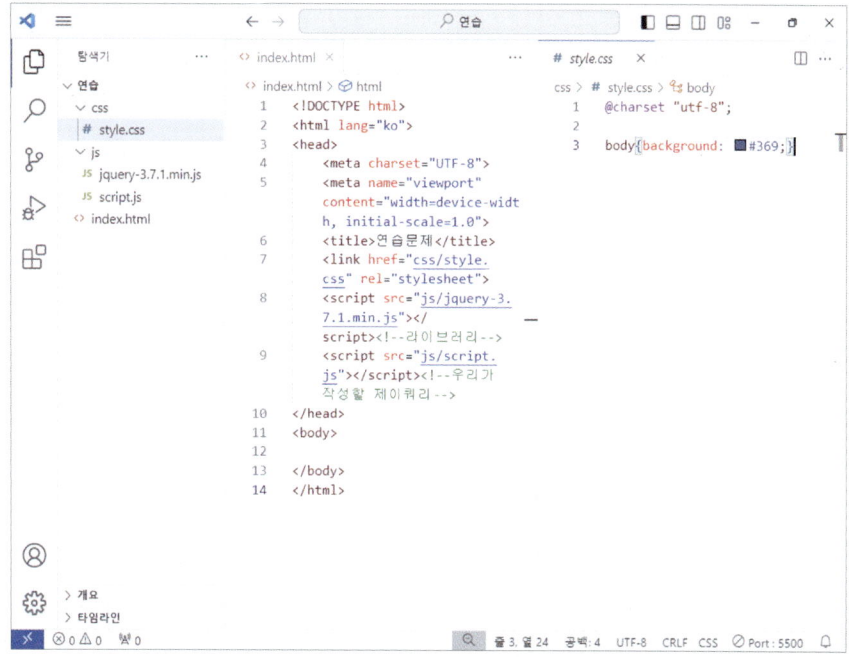

▲ 화면 분할

3) 코드 자동 줄 바꿈 설정

긴 코드 라인을 가독성 좋게 표시하기 위해 자동 줄 바꿈을 설정하여 전체 코드를 쉽고 편리하게 확인하고 수정할 수 있습니다.

- 메뉴에서 파일 > 기본 설정 > 설정(Ctrl + ,)을 클릭합니다.
- 설정 검색 창에 'word wrap'을 입력합니다.
- Editor : Word Wrap 옵션을 on으로 설정합니다.

SECTION 02

Photoshop 필수 기능

반복학습 1 2 3

핵심포인트 ▶ 웹디자인개발기능사 실기에서 로고 작업 시 포토샵의 레이어 관리, 벡터 도구, 고해상도 이미지 편집 기능을 활용해 정교하고 전문적인 디자인을 제작할 수 있습니다.

01 Photoshop 소개

1) Photoshop이란?

포토샵(Photoshop)은 어도비(Adobe)에서 개발한 그래픽 디자인 및 사진 편집 소프트웨어입니다. 이미지 편집, 사진 보정, 이미지 합성, 그래픽 디자인 제작 등 다양한 작업을 수행할 수 있습니다. 포토샵의 주요 기능은 다음과 같습니다.

- 밝기, 대비, 색상 조정 및 화이트 밸런스 등 사진 보정
- 벡터 도구와 텍스트 도구를 활용한 로고 및 아이콘 제작
- 웹 페이지 레이아웃, 버튼, 배너 등의 웹 요소 디자인
- 책 표지, 잡지 레이아웃 및 기타 인쇄물 디자인
- 이미지 시퀀스를 사용한 간단한 애니메이션 GIF 제작

2) Photoshop 인터페이스

❶ 메뉴바 : 파일, 편집, 이미지, 레이어 등 접근할 수 있는 메뉴들입니다.
❷ 도구 옵션 패널 : 현재 선택된 도구의 옵션을 설정할 수 있는 패널입니다.
❸ 도구 상자 패널 : 자주 사용하는 도구들이 모여 있는 패널입니다.
❹ 패널 : 레이어, 채널 등 다양한 작업을 관리·편집할 수 있는 패널들입니다. 필요에 따라 추가·제거할 수 있습니다.
❺ 작업 영역 : 실제 작업이 이루어지는 공간입니다.
❻ 이미지 탭 : 현재 열려 있는 이미지 파일들이 탭 형식으로 표시됩니다.
❼ 상태표시줄 : 현재 작업 중인 파일의 정보(확대/축소 비율, 파일 크기 등)를 제공합니다.

*이 책은 Adobe Photoshop CC 2023 한글 버전으로 작성되었습니다. 프로그램의 버전에 따라 메뉴나 용어 내에서 차이가 있을 수 있음을 안내드리며, 프로그램 버전에 의한 사유로 교환 및 환불은 불가합니다.

02 Photoshop 필수 설정

1) 단위 설정

[편집(Edit)] - [환경설정(Preferences)] - [단위와 눈금자(Units & Rulers)]에서 눈금자(Rulers) 단위를 '픽셀(Pixels)'로 설정합니다.

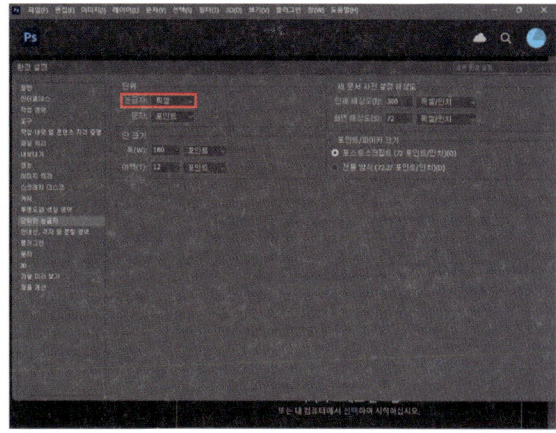

2) 패널 삭제

패널의 보조 메뉴(≡)를 선택하여 [탭 그룹 닫기] 합니다.

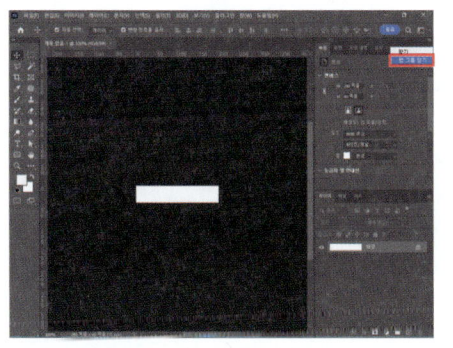 ➡

3) 패널 추가

[창(Window)] - [레이어(Layers)], [창(Window)] - [속성(Properties)]을 선택하여 패널을 추가합니다.

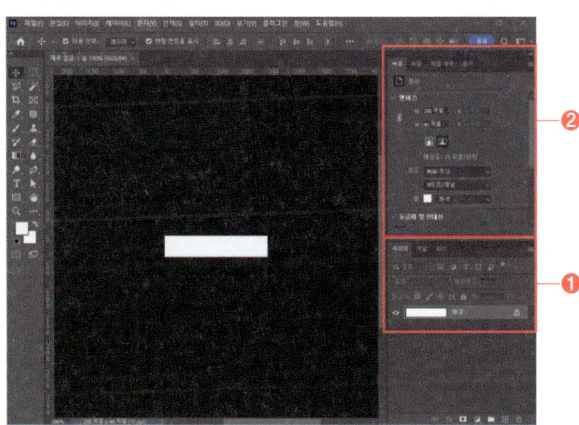

❶ 레이어 패널 : 문서의 레이어를 생성, 관리, 편집할 수 있는 패널

❷ 속성 패널 : 선택한 레이어의 다양한 속성을 조정할 수 있는 패널

03 Photoshop 핵심 기능

1) 새 문서 열기

01 [파일(File)] – [새로 만들기(New)] 또는 Ctrl + N을 눌러, '새로운 문서 만들기'를 합니다.
- 폭(Width) : 200px
- 높이(Height) : 40px
- 해상도(Resolution) : 72px/inch
- 색상 모드(Color Mode) : RGB 색상
- 배경 내용(Background Contents) : 흰색(White)

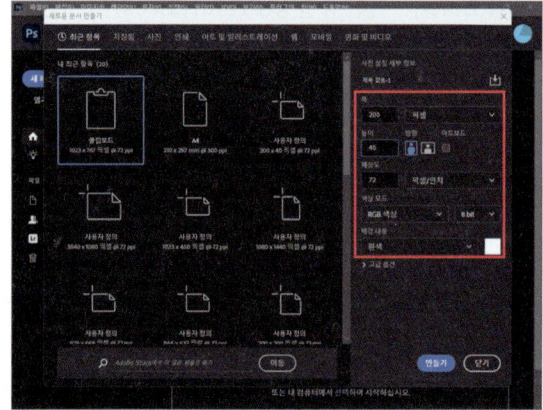

02 '폭(Width) : 200px', '높이(Height) : 40px', '해상도(Resolution) : 72px/inch' 새 문서를 열었습니다.

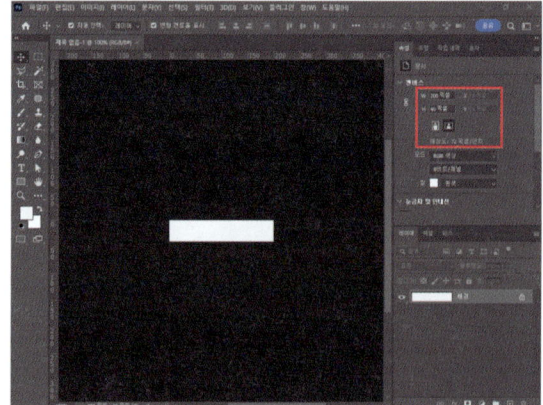

2) 이미지 크기 조절하기

01 [파일(File)] – [열기(Open)] 또는 Ctrl + O를 선택하고, 'img01.jpg' 파일을 불러옵니다.

02 [이미지(Image)] – [이미지 크기(Image Size)] 선택하고, 종횡비 제한 활성화( ) 후 이미지 크기 대화상자에서 '폭(Width) : 1200px'을 설정하면, 폭에 따라 높이가 자동으로 조절됩니다.

└ 종횡비는 이미지나 화면의 가로와 세로 길이의 비율을 의미

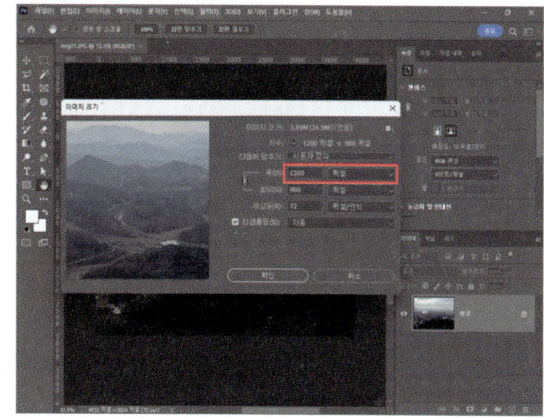

3) 이미지 자르기

01 [파일(File)] – [열기(Open)] 또는 Ctrl + O 를 눌러, 'logo.png' 파일을 불러옵니다.

02 도구 상자 패널에서 자르기 도구( )를 선택하고, 자를 영역 조절 후 Enter 를 누르면 선택된 부분만 남고 영역에 맞게 문서가 잘립니다.

4) 저장하기

01 PSD 저장하기 [파일(File)] – [다른 이름으로 저장(Save as)] 또는 Shift + Ctrl + S 를 눌러, 파일 형식 '*.psd'로 저장합니다.

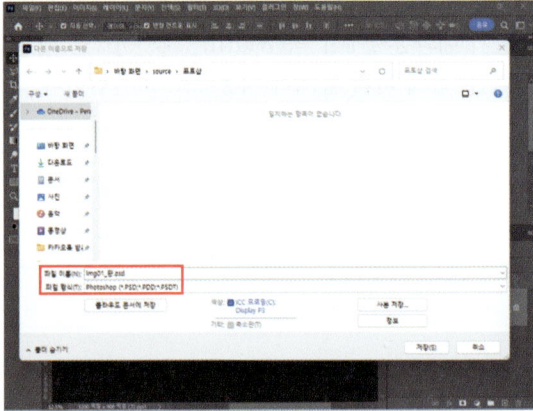

02 PNG 저장하기 [파일(File)] – [내보내기(Export)] – [PNG로 빠른 내보내기(Quick Export as PNG)] 선택하고, 파일 형식 '*.png'로 저장합니다.

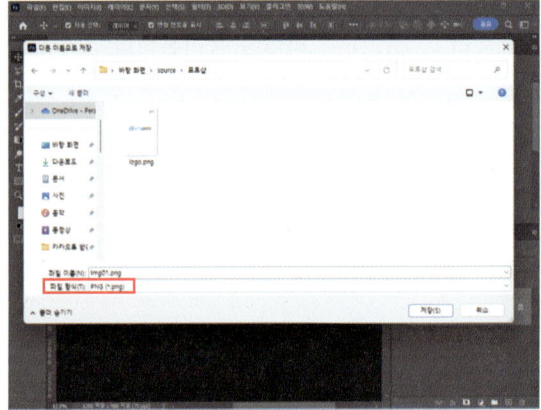

04 Photoshop 핵심 실습

1) 워드 타입의 로고 제작하기

01 [파일(File)] – [새로 만들기(New)] 또는 Ctrl + N 을 눌러, '새로운 문서 만들기'를 합니다.
- 폭(Width) : 200px
- 높이(Height) : 40px
- 해상도(Resolution) : 72px/inch
- 색상 모드(Color Mode) : RGB 색상
- 배경 내용(Background Contents) : 흰색(White)

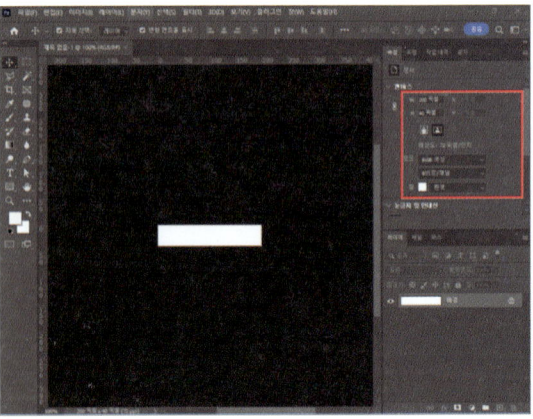

02 도구 상자에서 문자 도구(T)를 선택하고, 도구 옵션 패널에서 서체 '맑은 고딕', 글자 크기 '29pt', 색상 '#000000'을 설정합니다. 그런 다음 문서를 클릭하여 '두드림 솔루션'을 입력하고, 작업이 완료되면 Enter 를 눌러 글자 레이어를 만듭니다.

03 문자 도구로 '두드림'을 블록 지정 후, 글자 색상을 '#278bcc'로 변경합니다. 이어서 '솔루션'을 블록 지정 후, 글자 색상을 '#593B1A'로 변경합니다.

04 레이어 이동, 크기 조절하고 싶은 경우 이동 도구(✥)를 선택하여 이동 또는 크기 조절합니다. 크기 조절 시 속성 패널(⚭)이 활성화되어 있지 않으면 Shift 를 눌러 비율을 유지하고 조절 후 Enter 를 입력하여 완료합니다. (⚭)활성화되어 있는 경우 Shift 를 누르지 않아도 비율이 유지됩니다.

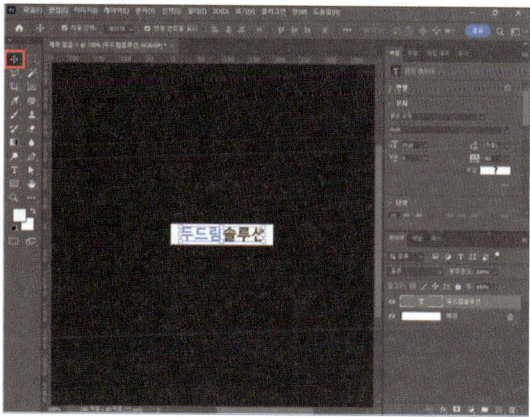

> 기적의 TIP

문자 도구 작업 시 마우스 커서 의미

마우스 커서	설명
I	텍스트 레이어 선택하여 글자 수정
↑I	새로운 텍스트 레이어 만들기
⟲I	텍스트 영역 만들기

05 [파일(File)] – [내보내기(Export)] – [PNG로 빠른 내보내기(Quick Export as PNG)] 선택하고 파일 형식 '*.png'로 저장합니다.

2) 로고에 스타일 적용하기

01 [파일(File)] – [열기(Open)] 또는 Ctrl + O 를 눌러 'logo3.png' 파일을 불러옵니다.

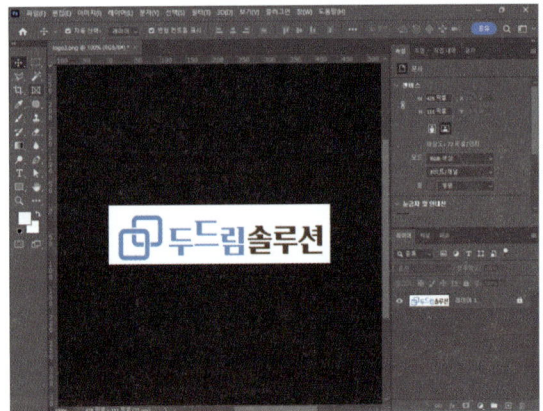

02 먼저 로고의 흰색 배경을 제거하기 전 레이어의 자물쇠 아이콘을 클릭하여 잠금을 해제하고, 해당 레이어를 편집할 수 있도록 합니다.

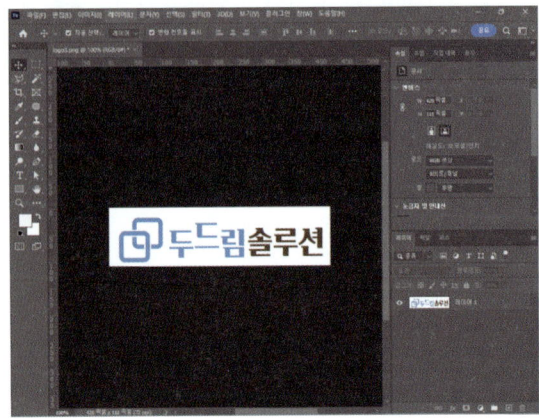

03 자동 선택 도구( )를 선택하고, 흰색 영역을 선택합니다. 이때 도구 상자 옵션에서 허용치를 '20' 인접 '체크 해제' 설정한 후 Enter 를 누릅니다. 흰색 영역만 선택되면 Delete 를 눌러 선택 영역을 삭제합니다. 마지막으로, 선택 영역 해제(Ctrl + D)를 누릅니다.

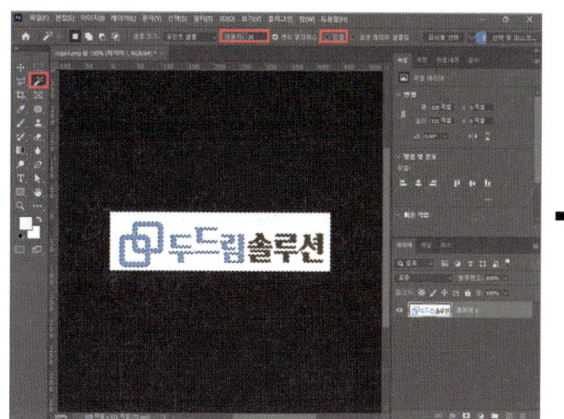 

04 레이어 선택 후 레이어 스타일( )을 선택하여 다양한 스타일을 적용합니다.

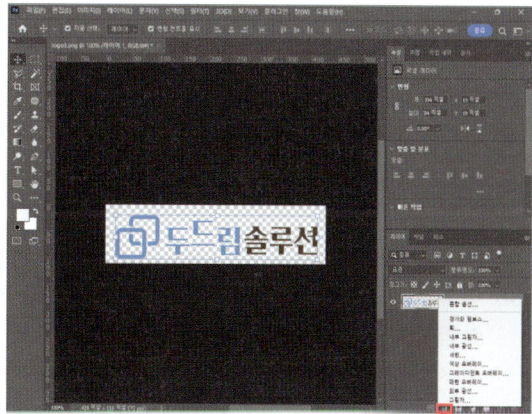

05 [레이어 스타일(Layer Style)] – [그림자 효과(Drop Shadow)]를 선택하여 그림자의 색상, 각도, 거리, 크기를 조절합니다.

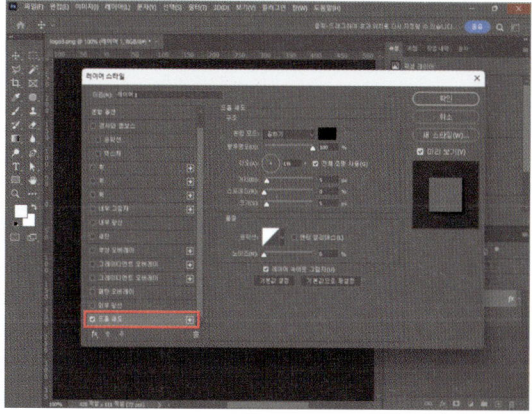

06 추가로 그레이디언트 오버레이(Gradient Overlay) 체크 후, 선택하여 해당 레이어의 그레이디언트 방향, 색상, 비율 조절 후 확인을 누릅니다.

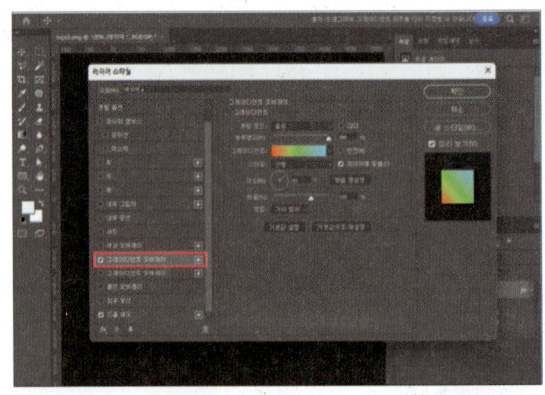

07 그레이디언트 색상을 변경하려면 그레이디언트 슬라이더를 클릭합니다. 그러면 그레이디언트 편집기 대화상자가 열리며, 아래 아이콘(■)을 눌러 색상을 변경할 수 있습니다. 또한, 아래 포인트를 아무 곳이나 클릭하면 새로운 색을 추가할 수 있습니다.

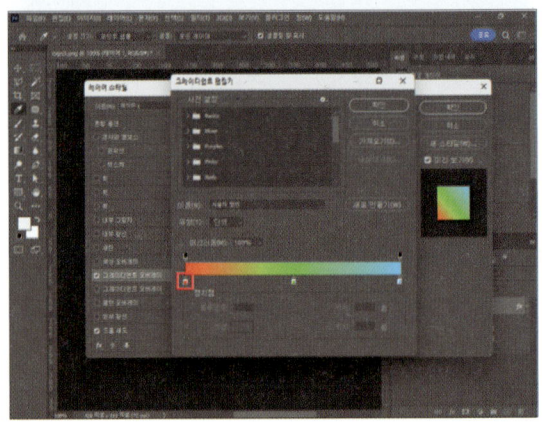

08 필요 없는 레이어 스타일은 눈 아이콘(◉)을 클릭하여 숨기거나, 효과를 끌어 휴지통에 버려서 제거할 수 있습니다.

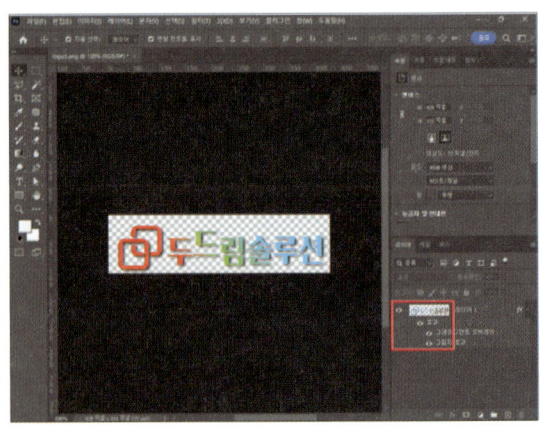

09 [파일(File)] - [내보내기(Export)] - [PNG로 빠른 내보내기(Quick Export as PNG)] 선택하고, 파일 형식 '*.png'로 저장합니다.

3) 무채색으로 제작하기

01 [파일(File)] - [열기(Open)] 또는 Ctrl + O 를 눌러 'logo3.png' 파일을 불러옵니다.

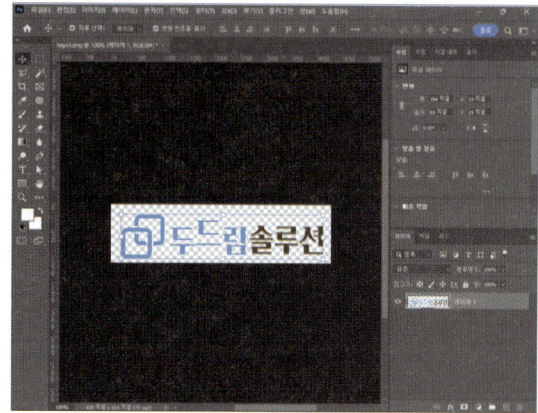

02 [이미지(Image)] - [조정(Adjustments)] - [색조/채도(Hue/Saturation)] 선택하고 대화상자에서 '채도(Saturation) : -100', '밝기(Lightness) : -18'로 설정합니다.

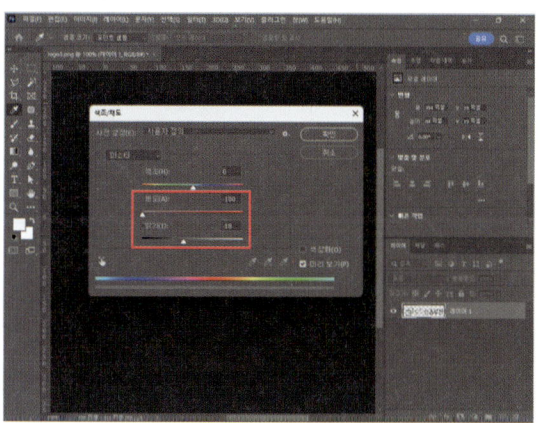 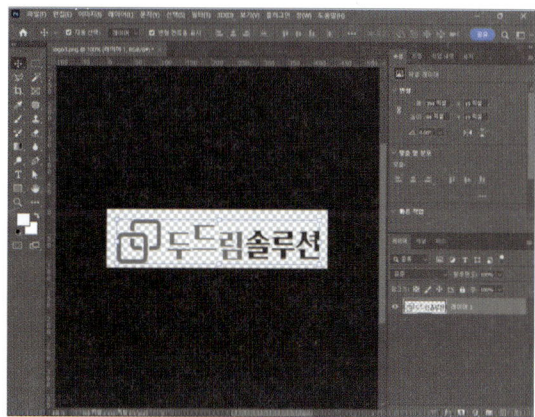

기적의 TIP

- 색조(Hue) : 색상의 기본 속성인 빨강, 파랑, 노랑 등 색의 종류를 나타냅니다.
- 채도(Saturation) : 색의 선명도로, 색의 진하고 탁한지를 표현합니다.
- 밝기(Lightness) : 밝기는 색의 명도를 나타내며, 색의 밝고 어두운지를 나타냅니다.

03 [파일(File)] - [내보내기(Export)] - [PNG로 빠른 내보내기(Quick Export as PNG)] 선택하고, 파일 형식 '*.png'로 저장합니다.

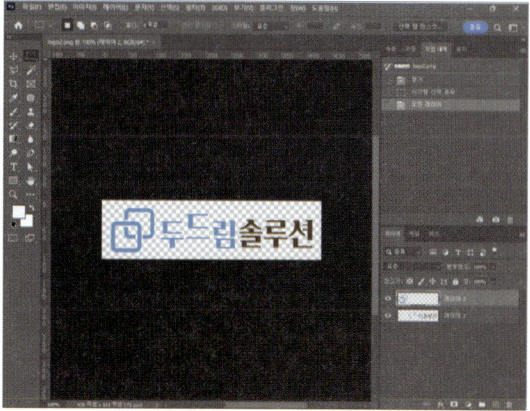

4) 원하는 영역 선택하여 색상 변경하기

01 [파일(File)] - [열기(Open)] 또는 Ctrl + O를 눌러 'logo2.png' 파일을 불러옵니다.

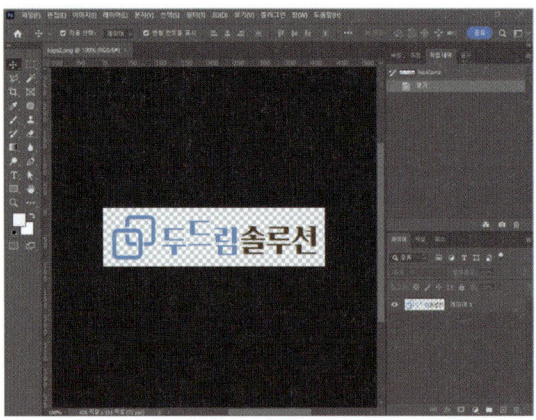

02 선택 영역 도구( )로 원하는 영역을 선택합니다.

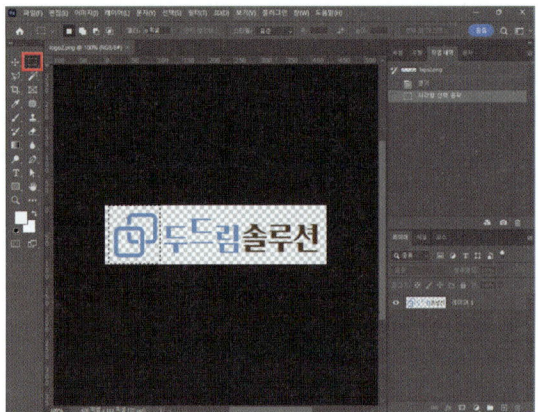

03 분리할 레이어 선택 후, 선택 영역을 레이어로 잘라내기(Ctrl + Shift + J)를 눌러 선택한 영역을 잘라내어, 잘라낸 영역이 새로운 레이어로 생성됩니다.

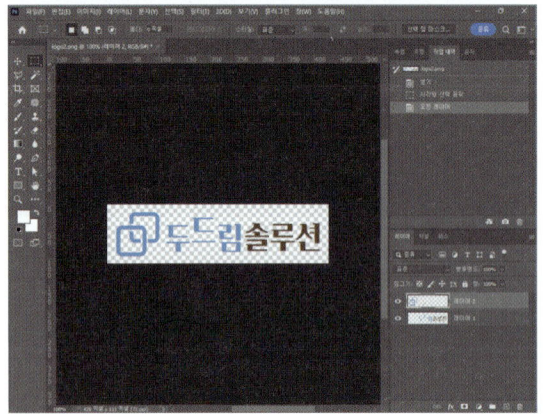

04 레이어를 선택하여 [레이어 스타일(Layer Style)] - [색상 오버레이(Color Overlay)]를 클릭한 후, 색상을 '빨간색'으로 변경합니다.

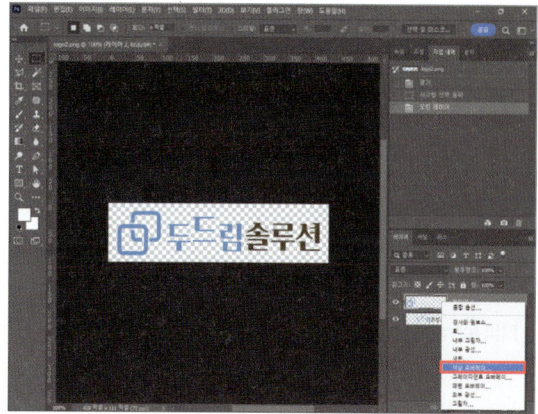

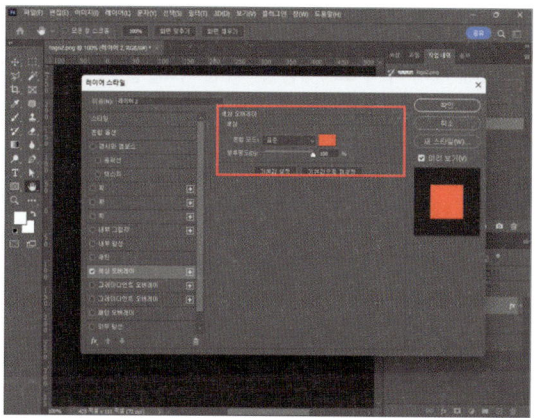

05 [파일(File)] - [내보내기(Export)] - [PNG로 빠른 내보내기(Quick Export as PNG)] 선택하고, 파일 형식을 '*.png'로 저장합니다.

SECTION 03 Illustrator 필수 기능

핵심포인트 ▶ 웹디자인개발기능사 실기에서 로고 작업 시 일러스트레이터의 벡터 기반 디자인, 패스 도구, 아트보드 기능을 활용해 선명하고 확장 가능한 로고와 심볼을 제작할 수 있습니다.

01 Illustrator 소개

1) Illustrator란?

일러스트레이터(Illustrator)는 어도비(Adobe)에서 개발한 벡터 그래픽 디자인 소프트웨어입니다. 로고, 아이콘, 타이포그래피 및 다양한 작업에 널리 사용됩니다. 일러스트레이터는 벡터 기반의 작업 방식을 통해 이미지를 확대하거나 축소해도 품질 저하가 없으며, 정교하고 세밀한 디자인 작업이 가능합니다. 일러스트레이터의 주요 기능은 다음과 같습니다.

- 기업, 브랜드, 이벤트 등의 로고 제작
- 웹사이트, 애플리케이션, 인터페이스 등의 아이콘 제작
- 책, 잡지, 광고, 포스터 등을 위한 삽화 제작
- 폰트 디자인, 텍스트 레이아웃, 타이포그래피 제작
- 데이터를 시각적으로 표현한 그래픽, 차트, 다이어그램 등 인포그래픽 제작
- 3D 형태로 객체를 회전, 돌출 및 조명 효과를 적용하여 입체적인 디자인 제작

2) Illustrator 인터페이스

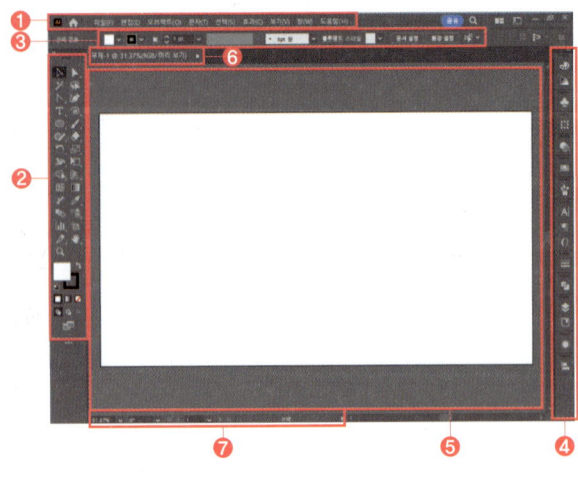

① **메뉴바** : 파일, 편집, 오브젝트, 문자, 선택, 효과, 보기, 창, 도움말 등 접근할 수 있는 메뉴들입니다.

② **도구 상자 패널** : 자주 사용하는 도구들이 모여 있는 패널입니다.

③ **제어 패널** : 현재 선택한 도구 또는 오브젝트와 관련된 속성 및 옵션을 설정할 수 있습니다.

④ **패널** : 레이어, 색상, 브러시, 문자, 그레이디언트 등의 패널이 포함되어 있습니다. 이 패널들은 필요에 따라 열고, 닫을 수 있으며 작업을 효율적으로 할 수 있습니다.

⑤ **작업 영역** : 실제 디자인 작업이 이루어지는 공간이며, 여러 개의 아트보드를 생성할 수 있습니다.

⑥ **문서 탭** : 현재 열려 있는 이미지 파일들이 탭 형식으로 표시됩니다.

⑦ **상태표시줄** : 현재 작업 중인 파일의 정보(확대/축소비율, 아트보드의 위치 등)를 제공합니다.

*이 책은 Adobe Illustrator CC 2024 한글 버전으로 작성되었습니다. 프로그램의 버전에 따라 메뉴나 용어 내에서 차이가 있을 수 있음을 안내드리며, 프로그램 버전에 의한 사유로 교환 및 환불은 불가합니다.

02 Illustrator 필수 설정

1) 단위 설정

[편집(Edit)] - [환경설정(Preferences)] - [단위(Units)]
에서 '일반(General) 픽셀(Pixels)'로 설정합니다.

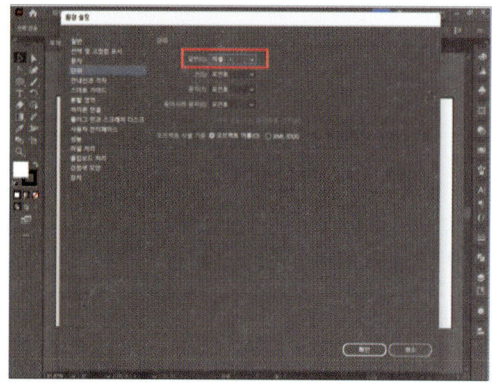

2) 제어 패널 설정

[창(Window)] - [제어(Control)]를 선택하여 '제어 패널'을 설정합니다.

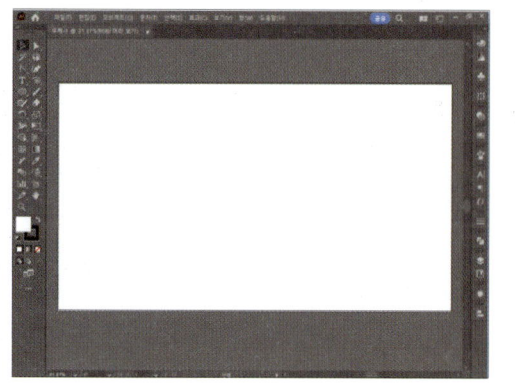

▲ 제어(Control) 패널 설정 전

▲ 제어(Control) 패널 설정 후

3) 고급 도구 상자 설정

도구 상자의 도구모음 편집 아이콘(⋯)을 선택합니다. 그리고 보조 메뉴 아이콘(☰)을 선택하고, '고급(Advanced)'을 선택합니다.

▲ 기본 도구 상자

▲ 고급 도구 상자

> **기적의 TIP**
>
> **숨겨진 도구 찾는 방법**
> 도구 상자의 아이콘 구석 화살표가 있는 경우 오른쪽을 클릭하여 숨겨진 도구를 확인할 수 있습니다.

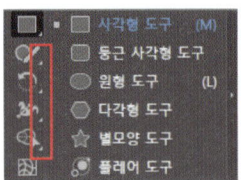

03 Illustrator 핵심 기능

1) 새 문서 열기

01 [파일(File)] - [새로 만들기(New)] 또는 Ctrl + N 을 눌러, '새로운 문서 만들기'를 합니다. 새로운 문서 만들기 대화상자에서 단위를 '픽셀(Pixels)' 변경 후 '폭(Width) : 200px', '높이(Height) : 40px', '색상 모드(Color Mode) : RGB 색상', '래스터 효과(Raster Effects) : 스크린(72ppi)' 설정 후 '만들기(Create)'를 선택합니다.

> **기적의 TIP**
>
> **인쇄용 vs. 웹용 디자인 프로그램 셋팅 차이**
> • 색상 모드
>   - 인쇄용 : CMYK(Cyan, Magenta, Yellow, Black) 모드 색상을 설정합니다. CMYK는 잉크의 색상을 반영하므로, 인쇄물의 색상을 재현할 수 있습니다.
>   - 웹용 : RGB(Red, Green, Blue) 모드 색상을 설정합니다. RGB는 디지털 화면에서 사용하는 색상 모드로, 디지털 콘텐츠에서 정확한 색상을 나타냅니다.
> • 해상도
>   - 인쇄용 : 일반적으로 300dpi 이상의 해상도를 설정하여 인쇄물의 품질을 높입니다.
>   - 웹용 : 일반적으로 72dpi를 설정하여 파일 크기를 줄이고, 로딩 속도를 빠르게 유지합니다.

02 '폭(Width) : 200px', '높이(Height) : 40px'로 설정하여 새 문서를 열었습니다.

2) 다양한 도형 만들기

01 [파일(File)] - [새로 만들기(New)] 또는 Ctrl + N을 눌러, '새로운 문서 만들기'를 합니다. 새로운 문서 만들기 대화상자에서 단위를 '픽셀(Pixels)' 변경 후 '폭(Width) : 1920px', '높이(Height) : 1080px', '색상 모드(Color Mode) : RGB 색상', '래스터 효과(Raster Effects) : 스크린(72ppi)' 설정 후 '만들기(Create)'를 선택합니다.

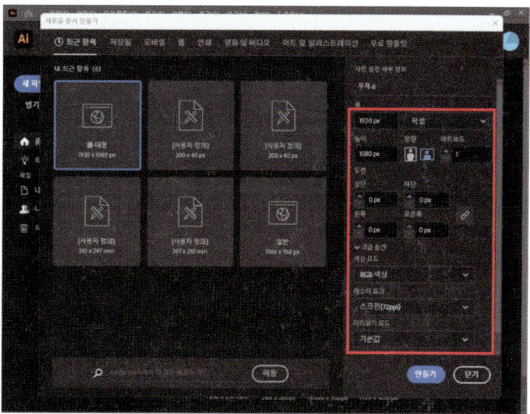

02 사각형 도구(■)를 선택한 후, 문서에 드래그하거나 빈 공간을 클릭하여 나타나는 대화상자에 '너비(Width) : 100px', '높이(Height) : 100px' 값을 입력하면 사각형을 그릴 수 있습니다.

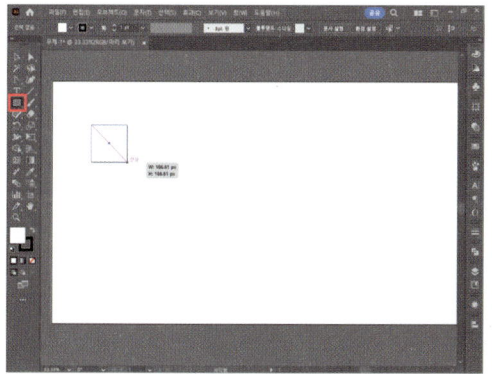 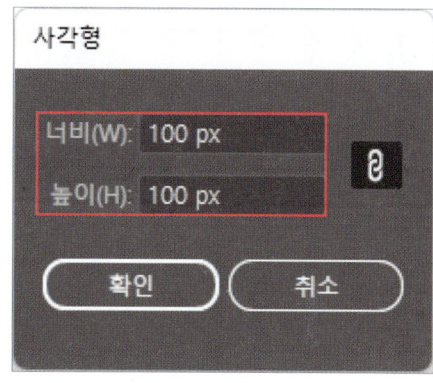

기적의 TIP

오브젝트 칠/선 색 채우기

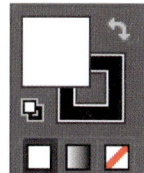

오브젝트를 선택 후 색상을 설정할 수 있습니다.
- 칠(Fill) : 오브젝트의 면 부분 색을 설정합니다.
- 선(Stroke) : 오브젝트의 선 부분 색을 설정합니다.
- 없음 : 오브젝트의 면 또는 선 색을 없앨 때 사용합니다.

03 다각형 도구(⬡)를 선택한 후, 문서에 드래그하거나 빈 공간을 클릭하면 다각형을 그릴 수 있는 대화상자가 나타납니다. 다각형을 그리는 동안, 방향키(↑↓)를 사용하여 꼭지점을 추가하거나 삭제할 수 있습니다.

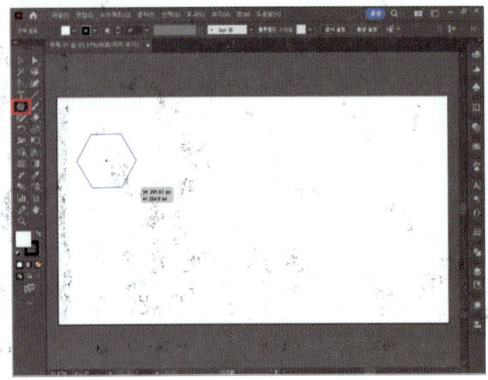 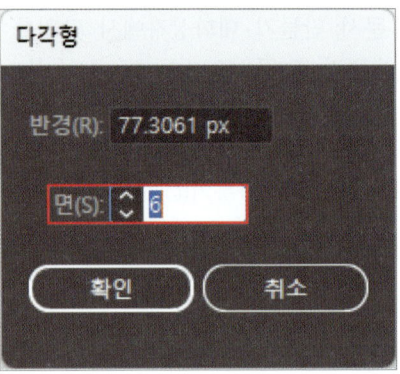

04 별 도구(☆)를 선택한 후, 문서에 드래그하거나 빈 공간을 클릭하면 별 모양을 그릴 수 있는 대화상자가 나타납니다. 별을 그리는 동안, 방향키(↑↓)를 사용하여 별의 꼭지점을 추가하거나 삭제할 수 있습니다.

 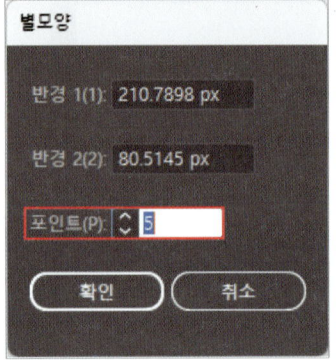

3) 회전 도구를 사용하여 심볼 만들기

01 새 문서에 원형 도구(◯)를 선택하고 '너비(Width) : 60px', '높이(Height) : 60px'의 원을 그립니다.

02 오브젝트 선택 후, 회전 도구( )를 선택하면 중심축( )이 활성화됩니다. 중심축을 원하는 위치로 이동하려면 Alt 를 누른 상태에서 원하는 곳을 클릭하면 대화상자가 나타납니다. 여기에서 '각도(Angle) : 40°'를 입력한 후, 복사 버튼을 누릅니다.

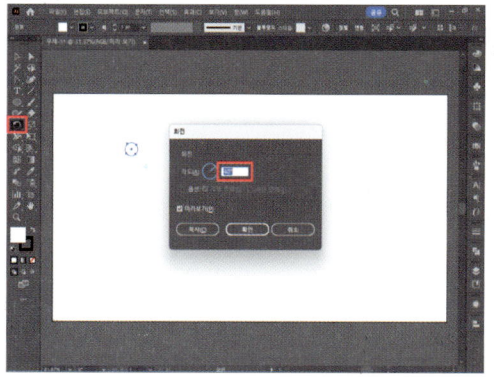 

03 복사된 오브젝트 확인 후 Ctrl + D 를 여러 번 눌러 오브젝트를 반복 적용합니다.

04 오브젝트를 전체 선택한 후, 선 색을 제거하고 칠 부분에 '색상 : #00A0E9'을 적용합니다.

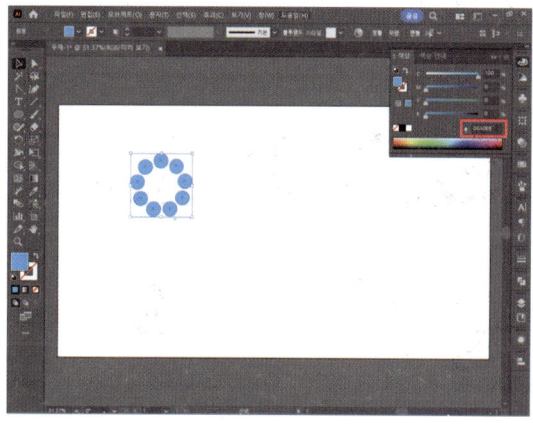

4) 그레이디언트 만들기

01 사각형 도구(▢)선택하고, 새 문서에 '너비(Width) : 300px', '높이(Height) : 300px'의 사각형을 그립니다.

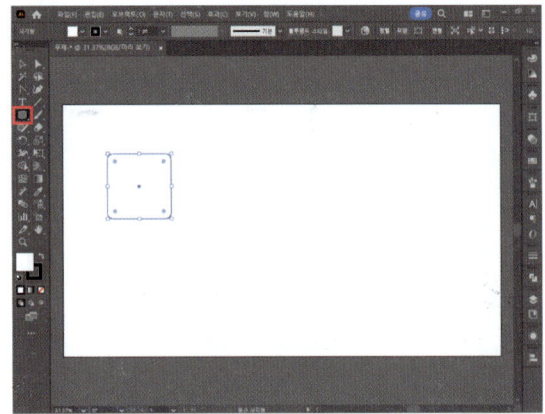

02 그레이디언트(▢) 도구를 더블 클릭하여 그레이디언트 패널을 열고, 그라데이션 슬라이더를 클릭하면 선택된 오브젝트에 그레이디언트가 적용됩니다.

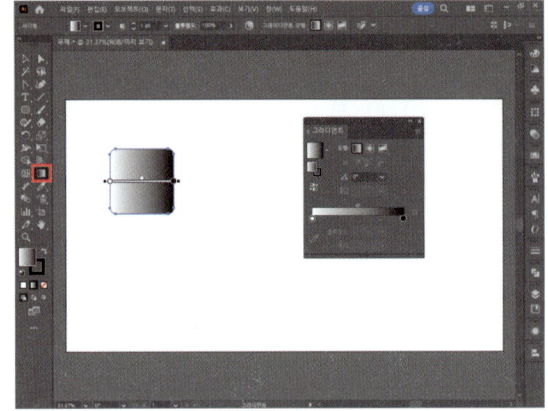

03 그레이디언트 패널에서 슬라이더 아래쪽에 있는 원 아이콘을 더블 클릭하여 '색상 : #00A0E9'을 적용합니다. 그런 다음, 슬라이더 아래쪽 중간 지점을 클릭하여 그레이디언트 색상을 추가하고, 추가된 원 아이콘을 더블 클릭하여 '색상 : #FF5277'을 적용합니다.

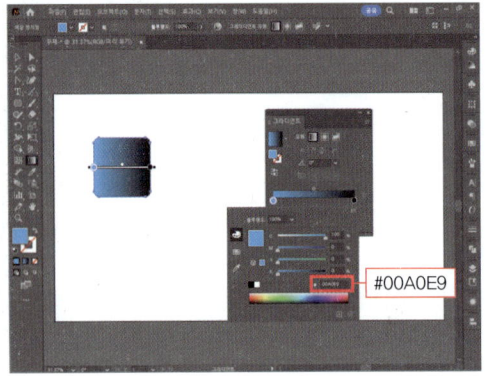
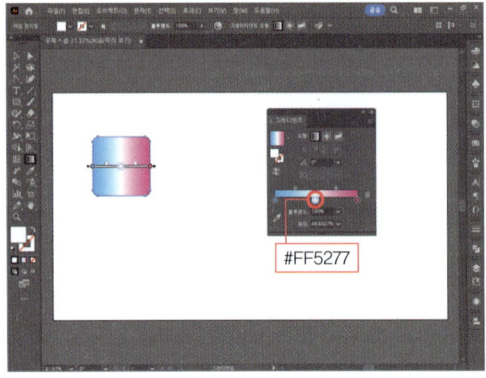

04 그레이디언트 방향은 그레이디언트 도구가 선택되어 있는 상태에서 마우스로 '드래그' 또는 그레이디언트 패널에서 '방향 각도'를 입력할 수 있습니다.

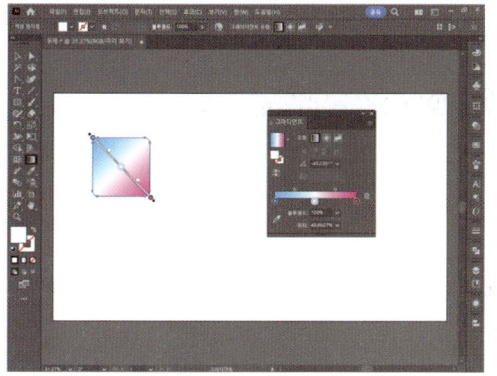 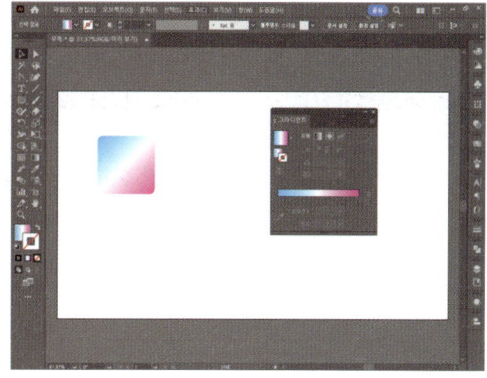

* 오브젝트의 선에는 그레이디언트를 적용할 수 있지만, 방향을 원하는 대로 설정할 수는 없습니다.

5) 저장하기

01 AI 저장하기

[파일(File)] - [다른 이름으로 저장(Save as)] 또는 Shift + Ctrl + S 를 눌러, 파일 형식 '*.AI'로 저장합니다.

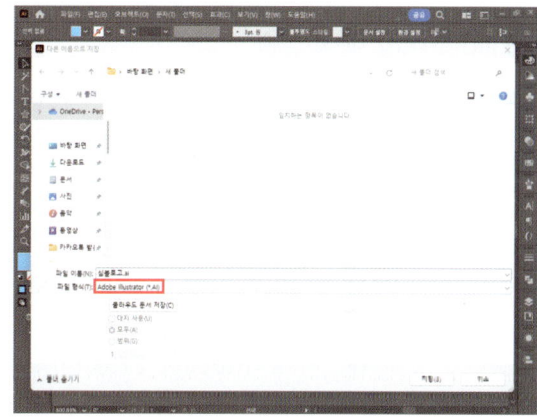

02 화면에 맞게 내보내기

[파일(File)] - [내보내기(Export)] - [화면에 맞게 내보내기(Export for Screens)] 선택하고, 파일 형식 '*.png'로 저장합니다. 이때 화면에 맞게 내보내기는 문서 크기에 맞게 저장됩니다.

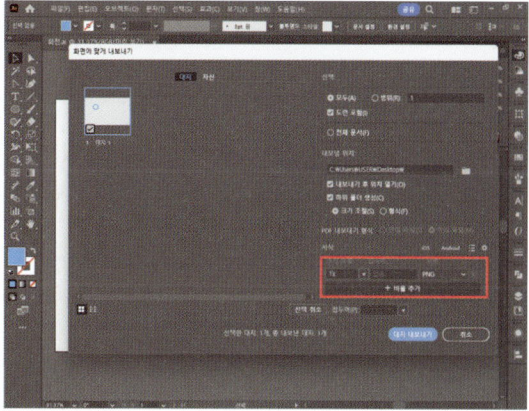

03 내보내기 형식

[파일(File)] - [내보내기(Export)] - [내보내기 형식(Export As)]을 선택하고, 파일 형식 '*.png'로 저장합니다. PNG 옵션은 '해상도(Resolution) : 스크린(72ppi)', '배경색(Background Color) : 투명(Transparent)'으로 설정 후 확인합니다. 내보내기 형식은 오브젝트 크기에 맞게 저장됩니다.

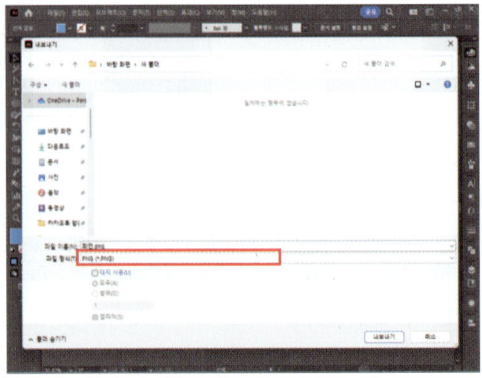 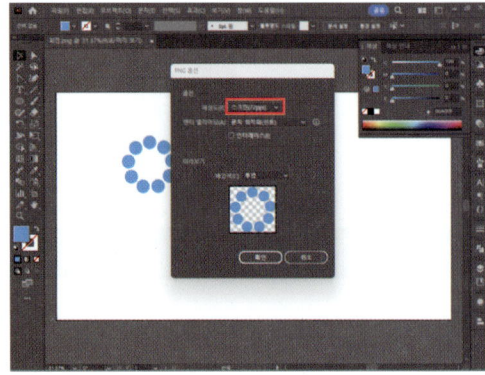

04 Illustrator 핵심 실습

1) 심볼 있는 로고 만들기

01 [파일(File)] - [새로 만들기(New)] 또는 Ctrl + N 을 눌러, '새로운 문서 만들기'를 합니다. 새로운 문서 만들기 대화상자에서 단위를 '픽셀(Pixels)' 변경 후 '폭(Width) : 200px', '높이(Height) : 40px', '색상 모드(Color Mode) : RGB 색상' '래스터 효과(Raster Effects) : 스크린(72ppi)' 설정 후 '만들기(Create)'를 선택합니다.

02 사각형 도구(■)를 선택하고, '폭(Width) : 10px', '높이(Height) : 10px'의 사각형을 그립니다.

03 사각형의 왼쪽 위 모서리와 오른쪽 아래 모서리에 있는 동그라미를 Shift 를 누른 상태에서 다중 선택한 후, 드래그하여 둥글게 만듭니다.

04 회전 도구(↻)를 선택하고, Alt 를 누른 상태에서 원하는 중심축 위치를 클릭하여 대화상자에 '각도(Angle) : 90°'로 입력합니다.

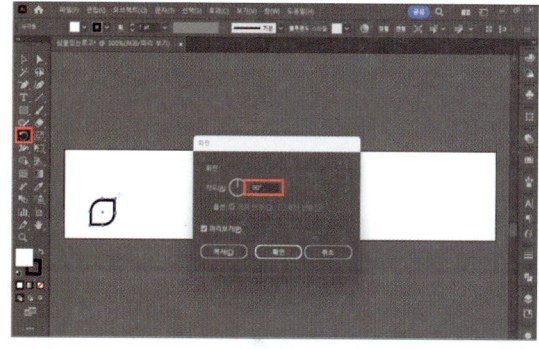

05 Ctrl + D 를 눌러 오브젝트를 반복합니다.

06 오브젝트의 사이 간격을 조절하고 '색상 : #009A54'을 입력합니다.

07 문자 도구(T)를 선택하고, 문서 클릭 후 텍스트 'LOGO DESIGN'을 입력합니다.

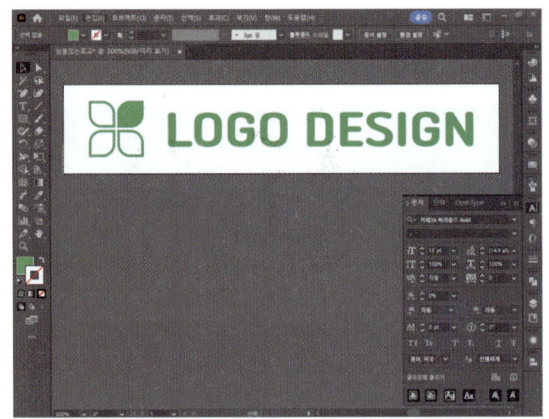

08 글자 오브젝트를 선택한 후, 마우스 오른쪽을 클릭하여 '윤곽선 만들기(Create Outlines)'를 선택하면 글자가 윤곽선으로 변환됩니다. 이후, 다시 마우스 오른쪽을 클릭하여 '그룹 풀기(Ungroup)'를 선택하면 개별 오브젝트를 하나씩 선택할 수 있습니다.

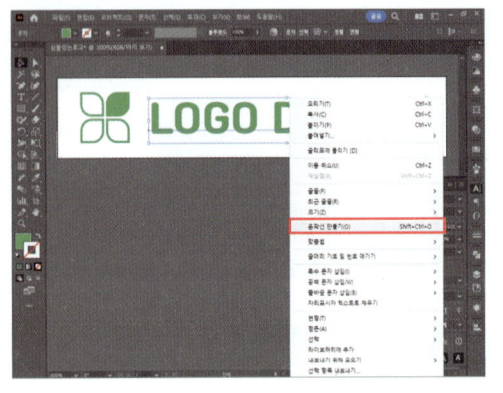 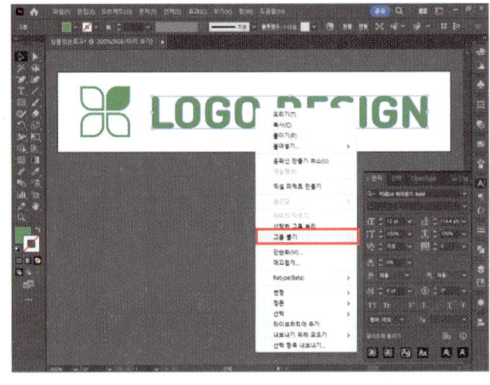

09 'LOGO'를 선택한 후, '색상 : #95AB22'로 변경합니다.

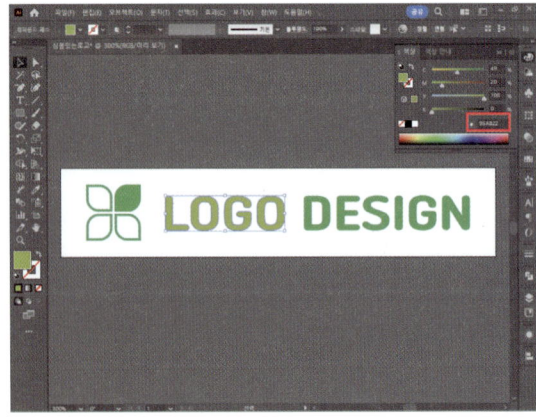

10 작업이 완료되었다면 [파일(File)] - [내보내기(Export)] - [화면에 맞게 내보내기(Export for Screens)] 선택하고, 파일 형식 '*.png'로 저장합니다.

2) 글자 변형한 로고 만들기

01 [파일(File)] - [새로 만들기(New)] 또는 Ctrl +N을 눌러, '새로운 문서 만들기'를 합니다.
- 폭(Width) : 200px
- 높이(Height) : 40px
- 색상 모드(Color Mode) : RGB 색상
- 래스터 효과(Raster Effects) : 스크린(72ppi)

02 문자 도구(T)를 선택하고, 문서 클릭 후 텍스트 'LOGO DESIGN'을 입력합니다.

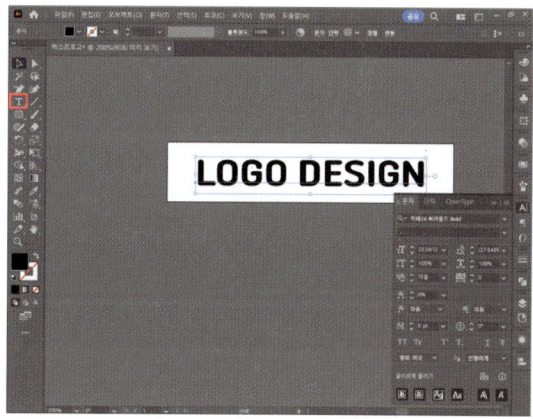

03 글자 오브젝트를 선택한 후, 마우스 오른쪽을 클릭하여 '윤곽선 만들기(Create Outlines)'를 선택하면 글자가 윤곽선으로 변환됩니다. 이후, 다시 마우스 오른쪽을 클릭하여 '그룹 풀기(Ungroup)'를 선택하면 개별 오브젝트를 하나씩 선택할 수 있습니다.

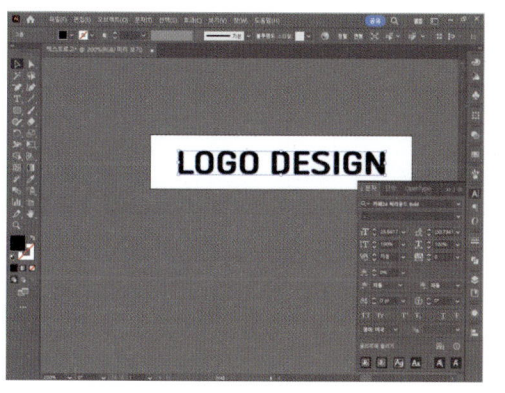 →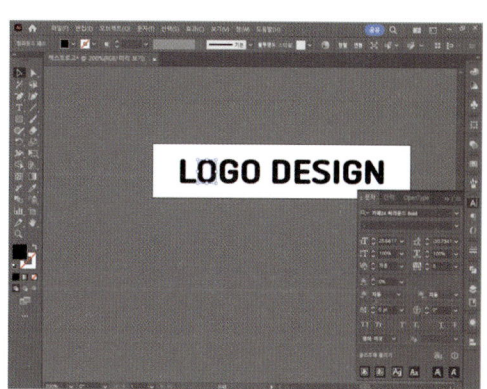

04 'O'를 선택한 후 Delete 로 삭제하고, 둥근 사각형 도구를 사용해 'O' 자리에 둥근 사각형을 그려줍니다.

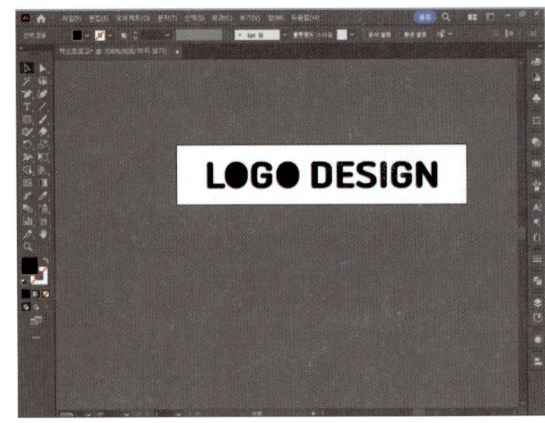

05 직접 선택 도구(▶)를 선택하고, 변형하고 싶은 부분을 드래그하여 기준점을 선택하고 이동합니다.

06 'i' 알파벳을 Delete 로 삭제한 뒤, 도형 도구를 사용해 '느낌표 모양'을 그려줍니다.

07 각 오브젝트를 선택하여 다양한 색상을 적용합니다.

08 작업이 완료되었다면 [파일(File)] - [내보내기(Export)] - [화면에 맞게 내보내기(Export for Screens)] 선택하고, 파일 형식 '*.png'로 저장합니다.

3) 일러스트레이터에서 포토샵으로 가져가기

01 [파일(File)] - [새로 만들기(New)] 또는 Ctrl + N을 눌러, '새로운 문서 만들기'를 합니다.
- 폭(Width) : 200px
- 높이(Height) : 40px
- 색상 모드(Color Mode) : RGB 색상
- 래스터 효과(Raster Effects) : 스크린(72ppi)

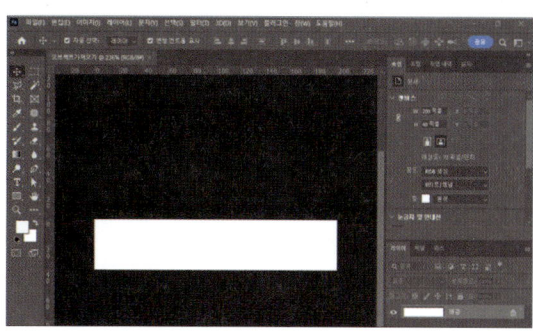

02 일러스트레이터에서 작업한 오브젝트를 Ctrl + A로 전체 선택하고 Ctrl + C로 복사합니다.

03 포토샵에서 새로운 문서를 연 후 Ctrl + V로 붙여넣기를 합니다. 붙여넣기 옵션 상자에 '픽셀'을 선택하고 확인을 누른 뒤, Enter를 눌러 이미지를 문서에 붙여넣습니다.

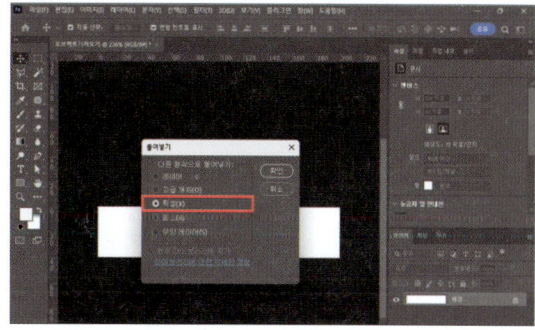

04 일러스트레이터의 오브젝트를 포토샵으로 가져왔습니다.

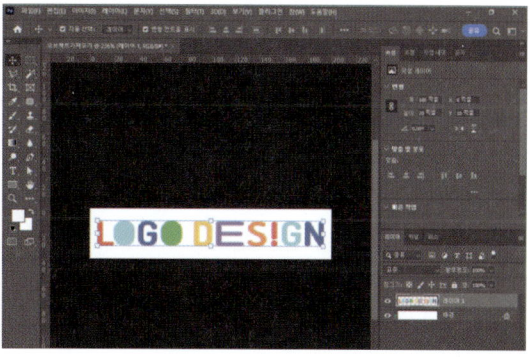

PART 04

기출 유형 문제

학습 방향

웹디자인개발기능사 실기 시험 공개문제를 기반으로 다양한 유형의 문제를 충분히 연습해볼 수 있습니다. 시험 문제 요구사항을 준수하되 지시하지 않은 부분은 주제에 맞게 자유롭게 디자인하며, 코딩에는 다양한 방법이 있으므로 웹 표준만 지킨다면 자유롭게 제작할 수 있습니다.

차례

기출 유형 문제 01회(A형)

기출 유형 문제 02회(B형)

기출 유형 문제 03회(C형)

기출 유형 문제 04회(D형)

기출 유형 문제 05회(E형)

기출 유형 문제 06회(F형)

01 기출 유형 문제 01회

반복학습 1 2 3

작업파일 ▶ [PART 04 〉 기출 유형 문제 01회 〉 수험자 제공 파일]을 열어서 작업하세요.

[공개 문제 : A 유형]

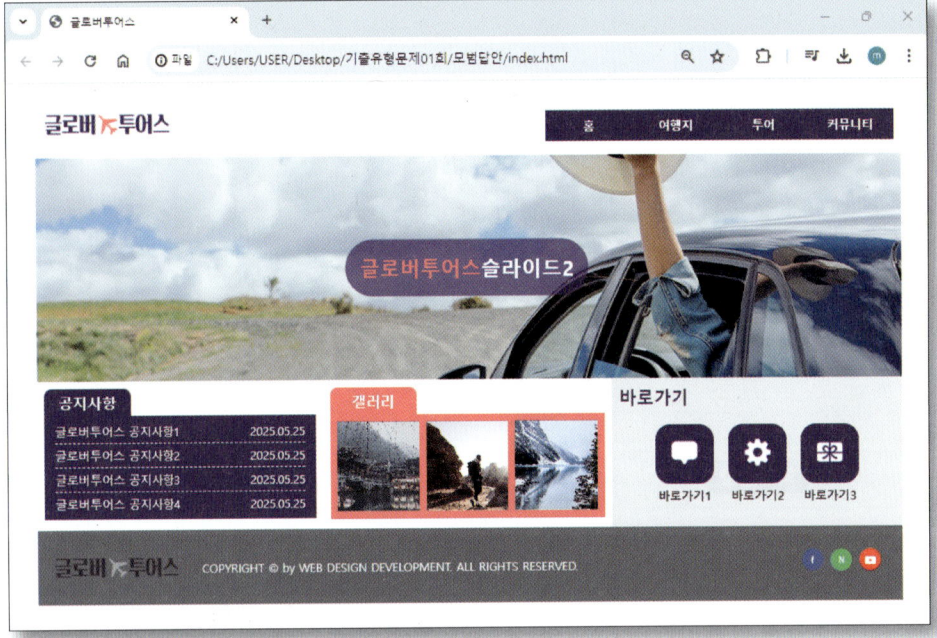

글로버투어스 웹사이트 제작

국가기술자격 실기시험 문제

자격 종목	웹디자인개발기능사	과제명	글로버투어스

※ 시험시간 : 3시간

1. 요구사항

※ 다음 요구사항을 준수하여 주어진 자료(수험자 제공 파일)를 활용하여 시험시간 내에 웹페이지를 제작 후 10MB **용량이 초과되지 않게** 저장 후 제출하시오.

※ 웹페이지 코딩은 **HTML5 기준 웹 표준**을 준수하여야 하며, 요구사항에 지정되지 않는 요소들은 주제 특성에 맞게 자유롭게 디자인하시오.

※ 문제에서 지시하지 않은 와이어프레임 영역 비율, 레이아웃, 텍스트의 글자체/색상/크기, 요소별 크기, 색상 등은 수험자가 과제명(가.주제) 특성에 맞게 자유롭게 디자인하시오.

가. 주제 : 글로버투어스 홈페이지 제작

나. 개요

여행 서비스를 제공하는 회사「글로버투어스」홈페이지를 제작하고자 한다. 고객들이 다양한 여행 목적지와 투어 패키지에 대한 정보를 얻을 수 있는 웹사이트 제작을 요청하였다. 아래의 요구사항에 따라 메인 페이지를 제작하시오.

다. 제작 내용

01) 메인 페이지를 디자인하고 HTML, CSS, JavaScript 기반의 웹페이지를 제작한다. (이때 jQuery 오픈소스, 이미지, 텍스트 등의 제공된 리소스를 활용하여 제작할 수 있다.)
02) HTML, CSS의 charset은 utf-8로 해야 한다.
03) 컬러 가이드

주주색 (Main color)	보조색 (Sub color)	배경색 (Background color)	기본 텍스트의 색 (Text color)
자유롭게 지정	자유롭게 지정	#FFFFFF	#333333

04) 사이트 맵(Site map)

	Index page / 메인(Main)			
메인 메뉴(Main menu)	홈	여행지	투어	커뮤니티
서브 메뉴(Sub menu)	회사소개 CEO인사말 회사비전 오시는길	아시아 유럽 북미 기타지역	패키지 투어 맞춤형 투어 테마 투어 당일치기	이용후기 갤러리 문의하기

| 자격 종목 | 웹디자인개발기능사 | 과제명 | 글로버투어스 |

05) 와이어프레임(Wireframe)

```
                100%(브라우저 전체 넓이)
                   1200px(가운데 정렬)

┌─────────────────────────────────────────────────┐ ┐
│  Ⓐ  로고    │         │Menu-1│Menu-2│Menu-3│Menu-4│ │ 100px
│             │         │SubMenu-1                  │ ┘
├─────────────┴─────────┤SubMenu-2                  │ ┐
│                       │SubMenu-3                  │ │
│  Ⓑ                    │SubMenu-4                  │ │ 300px
│                이미지 슬라이드                      │ │
│                                                   │ ┘
├─────────────┬───────────────────┬─────────────────┤ ┐
│  Ⓒ  공지사항(C.1) │    갤러리(C.2)    │   바로가기(C.3)  │ │ 200px
│                                                   │ ┘
├─────────────┬───────────────────────────┬─────────┤ ┐
│  Ⓓ  로고    │ Lorem Ipsum is simply ... │   SNS   │ │ 100px
└─────────────┴───────────────────────────┴─────────┘ ┘
```

〈C영역 콘텐츠 각각의 넓이는 수험자가 판단〉

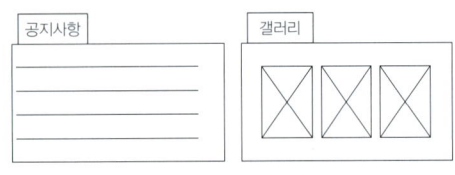

〈공지사항, 갤러리 별도 구성〉

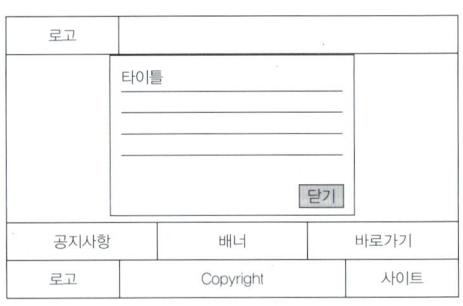

〈레이어 팝업창 구성〉

| 자격 종목 | 웹디자인개발기능사 | 과제명 | 글로버투어스 |

라. 세부 영역별 지시사항

영역 및 명칭	세부 지시사항
Ⓐ Header	**A.1 로고** ○ 가로세로 180픽셀×40픽셀 크기로 웹사이트의 이미지에 적합한 로고를 직접 디자인하여 삽입한다. ○ 심벌 없이 로고명을 포함한 워드타입으로 디자인한다. 로고명은 Header 폴더의 제공된 텍스트를 사용한다. **A.2 메뉴 구성** ※ 사이트 구조도를 참고하여 메인 메뉴(Main menu)와 서브 메뉴(Sub menu)로 구성한다. (1) 메인 메뉴(Main menu) 효과 [와이어프레임 참조] ○ 메인 메뉴 중 하나에 마우스를 올리면(Mouse over) 하이라이트 되고, 벗어나면(Mouse out) 하이라이트를 해제한다. ○ 메인 메뉴를 마우스로 올리면(Mouse over) 서브 메뉴 영역이 부드럽게 나타나면서, 서브 메뉴가 보이도록 한다. ○ 메인 메뉴에서 마우스 커서가 벗어나면(Mouse out) 서브 메뉴 영역은 부드럽게 사라져야 한다. (2) 서브 메뉴 영역 효과 ○ 서브 메뉴 영역은 메인 페이지 콘텐츠를 고려하여 배경 색상을 설정한다. ○ 서브 메뉴 중 하나에 마우스를 올리면(Mouse over) 하이라이트 되고 벗어나면(Mouse out) 하이라이트를 해제한다. ○ 마우스 커서가 메뉴 영역을 벗어나면(Mouse out) 서브 메뉴 영역은 부드럽게 사라져야 한다.
Ⓑ Slide	**B. Slide 이미지 제작** ○ [Slide] 폴더에 제공된 3개의 이미지로 제작한다. ○ [Slide] 폴더에 제공된 3개의 텍스트를 각 이미지에 적용하되, 텍스트의 글자체, 굵기, 색상, 크기를 적절하게 설정하여 가독성을 높이고, 독창성이 드러나도록 제작한다. **B. Slide 애니메이션 작업** ※ 위에서 작업한 결과물을 이용하여 슬라이드 작업을 한다. ○ 이미지만 바뀌면 안 되고, 이미지가 좌에서 우 또는 우에서 좌로 이동하면서 전환되어야 한다. ○ 슬라이드는 매 3초 이내로 하나의 이미지에서 다른 이미지로 전환되어야 한다. ○ 웹사이트를 열었을 때 자동으로 시작되어 반복적으로(마지막 이미지가 슬라이드 되면 다시 첫 번째 이미지가 슬라이드 되는 방식) 슬라이드 되어야 한다.
Ⓒ Contents	**C.1 공지사항** ○ 공지사항 타이틀 영역과 콘텐츠 영역을 구분하여 표현해야 한다. ○ 콘텐츠는 Contents 폴더의 제공된 텍스트를 적용하여 제작한다. ○ 공지사항의 첫 번째 콘텐츠를 클릭(Click)할 경우 레이어 팝업창(Layer Pop_up)이 나타나며, 레이어 팝업창 내에 닫기 버튼을 두어서 클릭하면 해당 팝업창이 닫혀야 한다. [와이어프레임 참조] ○ 레이어 팝업의 제목과 내용은 Contents 폴더의 제공된 텍스트 파일을 사용한다. **C.2 갤러리** ○ Contents 폴더의 제공된 이미지 3개를 사용하여 가로 방향으로 배치한다. [와이어프레임 참조] ○ 갤러리의 이미지에 마우스 오버(mouse over) 시 해당 객체의 투명도(Opacity) 변화가 있어야 한다. **C.3 바로가기** ○ Contents 폴더의 제공된 파일을 활용하여 편집 또는 디자인하여 제작한다. ※ 콘텐츠는 HTML 코딩으로 작성해야 하며, 이미지로 삽입하면 안 된다.
Ⓓ Footer	**D. Footer** ○ 로고를 Grayscale(무채색)로 변경하고 사용자의 접근성을 고려하여 배치한다. ○ Footer 폴더의 제공된 텍스트를 사용하여 Copyright, SNS(3개)를 제작한다.

자격 종목	웹디자인개발기능사	과제명	글로버투어스

마. 기술적 준수사항

01) 웹페이지 코딩은 HTML5 기준 웹 표준을 준수하여야 하며, **HTML 유효성 검사(W3C validator)**에서 오류('ERROR')가 없도록 코딩하여야 한다.
  ※ HTML 유효성 검사 서비스는 시험 시 제공하지 않는다. (인터넷 사용불가)
02) CSS는 별도의 파일로 제작하여 링크하여야 하며, CSS3 기준(**W3C validator**)에서 오류('ERROR')가 없도록 코딩되어야 한다.
03) JavaScript 코드는 별도의 파일로 제작하여 연결하여야 하며 Google Chrome(브라우저)에 내장된 개발도구의 Console 탭에서 오류('ERROR')가 표시되지 않아야 한다.
04) 별도로 지정하지 않은 상호작용이 필요한 모든 콘텐츠(로고, 메뉴, 버튼, 바로가기 등)는 임시 링크(예 : #)를 적용하고 'Tab, [Tab]'으로 이동 선택할 수 있어야 한다.
05) 사이트는 다양한 화면 해상도에서 일관성 있는 페이지 레이아웃을 제공해야 한다.
06) 웹 페이지 전체 레이아웃은 Table 태그 사용이 아닌 CSS를 통한 레이아웃 작업으로 해야 한다.
07) 브라우저에서 CSS를 "사용 안 함"으로 설정한 경우 콘텐츠가 세로로 나열된다.
08) 타이틀 텍스트(Title text), 바디 텍스트(Body text), 메뉴 텍스트(Menu text)의 각 글자체/굵기/색상/크기 등을 적절하게 설정하여 사용자가 텍스트 간의 위계질서(Hierarchy)를 직관적으로 알 수 있도록 한다.
09) 모든 이미지에는 이미지에 대한 대체 텍스트를 표현할 수 있는 alt 속성이 있어야 한다.
10) 제작된 사이트 메인페이지의 레이아웃, 구성요소의 크기 및 위치 등은 최신 버전의 Google Chrome에서 정상적으로 동작해야 한다.

바. 제출 방법

01) 수험자는 비번호로 된 폴더명으로 완성된 작품 파일을 저장하여 제출한다.
02) 폴더 안에는 images, script, css 등의 자료를 분류하여 저장한 폴더도 포함되어 있어야 하며, 메인페이지는 반드시 최상위 폴더에 index.html로 저장하여 제출해야 한다.
03) 수험자는 제출하는 폴더에 index.html을 열었을 때 연결되거나 표시되어야 할 모든 리소스들을 포함하여 제출해야 하며 수험자의 컴퓨터가 아닌 채점위원의 컴퓨터에서 정상 작동해야 한다.
04) 전체 결과물의 용량은 10MB 용량이 초과되지 않게 제출하며 ai, psd 등 웹서비스에 사용하지 않는 파일은 제출하지 않는다.

자격 종목	웹디자인개발기능사	과제명	글로버투어스

2. 수험자 유의사항

※ 다음의 유의사항을 고려하여 요구사항을 완성하시오.

01) 수험자 인적사항 및 답안작성은 반드시 검은색 필기구만 사용하여야 하며, 그 외 연필류, 유색 필기구, 지워지는 펜 등을 사용한 답안은 채점하지 않으며 0점 처리됩니다.
02) 수험에 필요한 소프트웨어 및 참고자료가 하드웨어에 설치되어 있는지 확인 후 작업하시오.
03) 참고자료의 내용 중 오자 및 탈자 등이 있을 때는 수정하여 작업하시오.
04) 지참공구[수험표, 신분증, 필기도구] 이외의 참고자료 및 외부장치(USB, 키보드, 마우스, 이어폰) 등 **어떠한 물품도 시험 중에 지참할 수 없음을 유의하시오.**
    (단, 시설목록 이외의 정품 소프트웨어(폰트 제외)를 설치하고자 할 때에는 감독위원의 입회하에 설치하여 사용하시오.)
05) 수험자가 컴퓨터 활용 미숙 등으로 인한 시험의 진행이 어렵다고 판단되었을 때는 감독위원은 시험을 중지시키고 실격처리를 할 수 있음을 유의하시오.
06) **바탕화면에 수험자 본인의 "비번호" 이름을 가진 폴더에 완성된 작품의 파일만을 저장하시오.**
07) 모든 작품을 감독위원 또는 채점위원이 검토하여 복사된 작품(동일 작품)이 있을 때에는 관련된 수험자 모두를 부정행위로 처리됨을 유의하시오.
08) 장시간 컴퓨터 작업으로 신체에 무리가 가지 않도록 적절한 몸풀기(스트레칭) 후 작업하시오.
09) 다음 사항에 대해서는 실격에 해당되어 채점 대상에서 제외됩니다.
    가) 수험자 본인이 수험 도중 시험에 대한 포기(기권) 의사를 표시하고 포기하는 경우
    나) 작업범위(용량, 시간)를 초과하거나, 요구사항과 현격히 다른 경우(채점위원이 판단)
    다) **Slide가 JavaScript(jQuery포함), CSS 중 하나 이상의 방법을 이용하여 제작되지 않은 경우**
        ※ 움직이는 Slide를 제작하지 않고 이미지 하나만 배치한 경우도 실격처리 됨
    라) 수험자 미숙으로 비번호 폴더에 완성된 작품 파일을 저장하지 못했을 경우
    마) 압축 프로그램을 사용하여 작품을 압축 후 제출한 경우
    바) 과제기준 20% 이상 완성이 되지 않은 경우(채점위원이 판단)

3. 지급재료 목록

일련 번호	재료명	규격	단위	수량	비고
1	수험자료 USB 메모리	32GB 이상	개	1	시험장당
2	USB 메모리	32GB 이상	개	1	시험장당 1개씩(채점위원용) ※수험자들의 작품 관리

※ 국가기술자격 실기시험 지급재료는 시험종료 후(기권, 결시자 포함) 수험자에게 지급하지 않습니다.

단계별 작업 따라하기

1 STEP 웹 페이지 기본 설정   약 15분

01 HTML5 버전 index.html 만들기

문제를 풀기 전 컴퓨터 바탕화면에 본인에게 부여된 '비번호' 폴더를 생성합니다. '비번호' 폴더 안에 'images', 'css', 'js' 폴더를 각각 생성하고, 주어진 수험자 제공 파일들을 각 폴더에 맞게 정리합니다. 본 교재는 '비번호' 대신 '글로버투어스' 폴더 설정 후 작업을 진행합니다.

* 이 책에서는 웹 문서 편집 프로그램으로 Visual Studio Code를 사용하였습니다.

01 Visual Studio Code를 실행합니다. [시작 화면] – [폴더 열기] 또는 상단 메뉴에서 [파일] – [폴더 열기] 선택합니다.

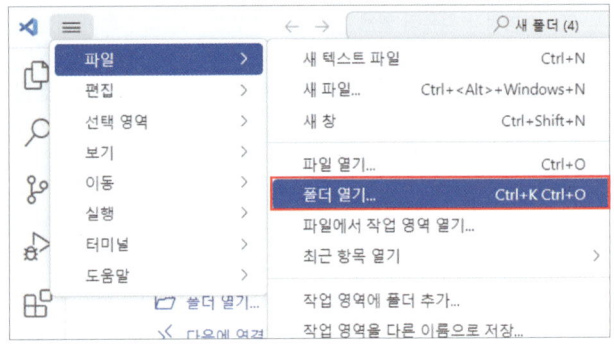

02 바탕화면에 미리 생성해 둔 '글로버투어스' 폴더를 선택합니다.

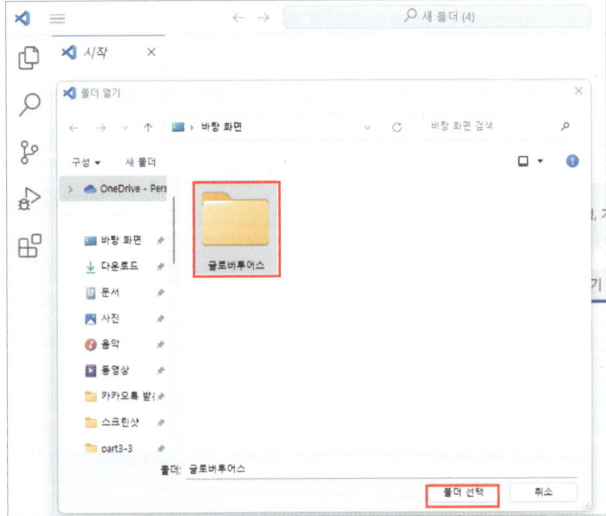

03 Visual Studio Code 좌측 탐색기 아이콘을 선택하여 탐색기 패널을 활성화합니다. 탐색기 패널에는 미리 만들어 놓은 'images', 'css', 'js' 폴더가 있습니다.

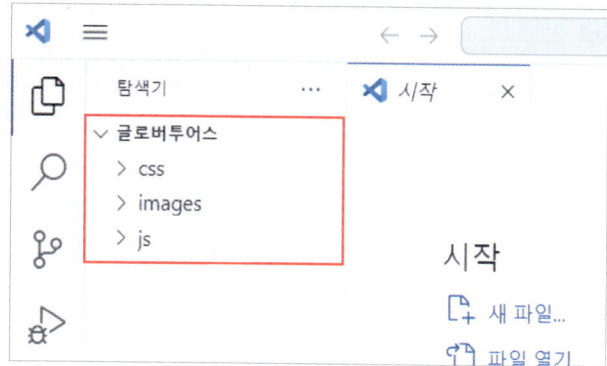

04 탐색기 패널에서 '새 파일' 아이콘을 선택하면, '글로버투어스' 폴더 하위에 새 파일이 생성됩니다.

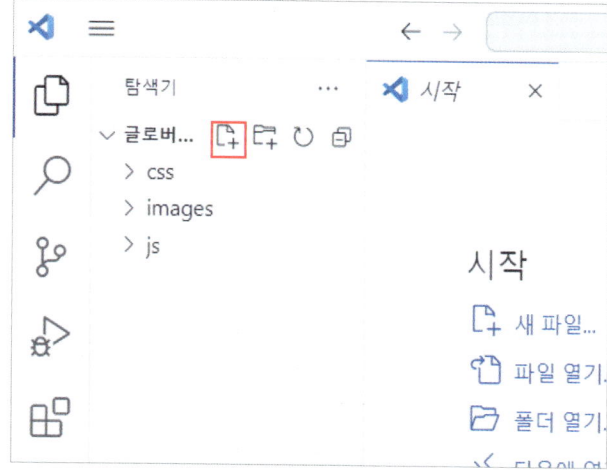

05 파일명을 'index.html'로 변경한 후 Enter 를 누르면, 우측 코드 창에 'index.html' 문서가 활성화되고 윈도우 탐색기에서 '글로버투어스' 폴더 하위에 'index.html'을 확인할 수 있습니다.

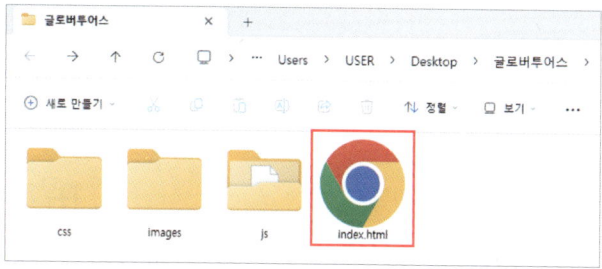

> **기적의 TIP**
>
> 모든 작업 폴더와 파일 이름은 영문으로, 띄어쓰기 없이 작성합니다.

06 'index.html' 문서에 HTML5 문서 형식을 작성하거나 '!'를 입력한 후 Tab 을 눌러 HTML5 문서 형식 코드를 자동 완성합니다. 이때 lang="en"을 lang="ko"로 변경하고, ⟨title⟩ 태그에 과제명을 입력 후 [파일(File)] - [저장(Save)] 또는 단축키(Ctrl + S)를 선택하여 저장합니다.

⟨!DOCTYPE html⟩
⟨html lang="ko"⟩
⟨head⟩
    ⟨meta charset="UTF-8"⟩
    ⟨meta name="viewport" content="width=device-width, initial-scale=1.0"⟩
    ⟨title⟩글로버투어스⟨/title⟩
⟨/head⟩
⟨body⟩
⟨/body⟩
⟨/html⟩

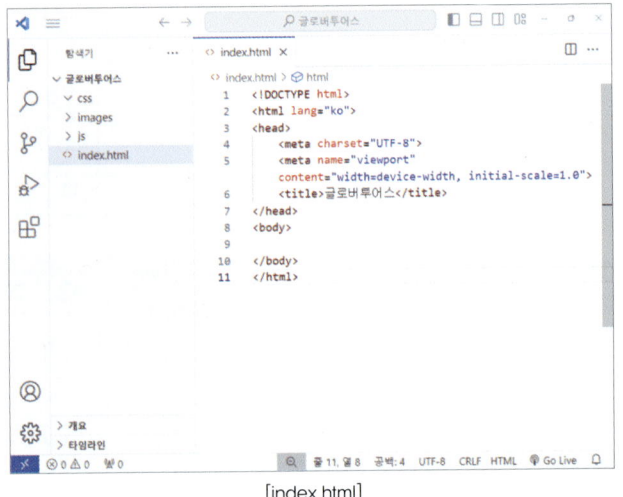

[index.html]

02 CSS 문서 만들기

작업을 시작하기 전, 실수를 줄이기 위해 미리 CSS 문서를 만듭니다.

01 탐색기 패널에 미리 만들어 놓은 'css' 폴더 선택 후 '새 파일' 아이콘을 선택하면 'css' 폴더 하위에 새 파일이 생성됩니다.

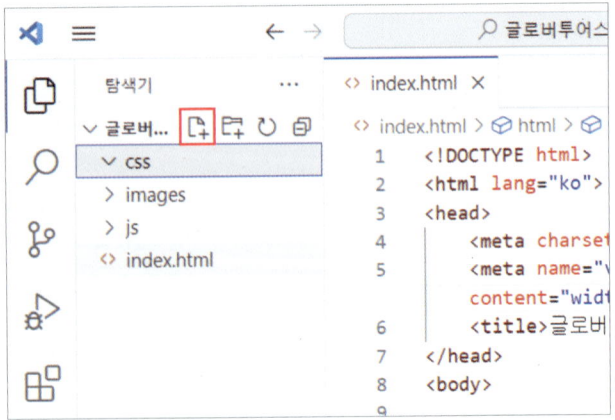

02 새 파일의 파일명을 'style.css'로 변경한 후 Enter 를 누르면, 우측 코드 창에 'style.css' 문서가 활성화된 것을 확인할 수 있습니다.

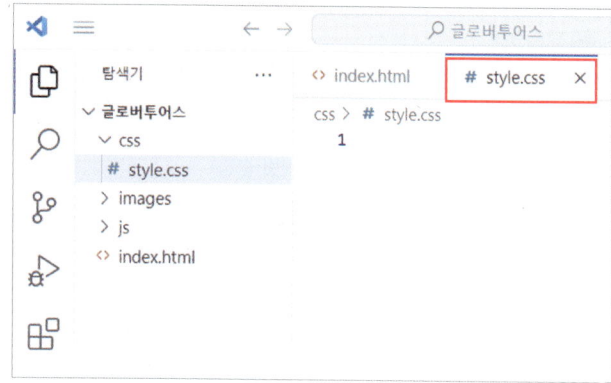

03 'style.css' 문서에 문자 인코딩 방식을 지정하는 @charset "utf-8"; 입력 후 리셋 CSS를 입력하고, [파일(File)] – [저장(Save)] 또는 단축키(Ctrl + S)를 선택하여 저장합니다.

```
@charset "utf-8";
*{
    margin:0;
    padding:0;
    box-sizing:border-box;
}
li{
    list-style:none;
}
a{
    text-decoration:none;
    color:inherit;
}
img{
    vertical-align:top;
    max-width:100%;
}
button{
    cursor:pointer;
}
body{
    background:#369;
    color:#333
}
```

[style.css]

> 💬 **요소 TIP**

- 리셋 CSS는 모든 요소의 기본 스타일을 제거하기 위해 리셋 CSS를 작성합니다.
- * : 모든 HTML 요소 선택자로, 공통 스타일을 적용 시 사용
- box-sizing:border-box : 요소의 패딩과 테두리를 포함하여 요소의 너비 설정
- list-style:none : 목록 리스트의 불릿 숨김
- text-decoration:none : 〈a〉의 밑줄 제거
- color:inherit : 〈a〉는 글자 색을 상속받을 수 없으므로 글자 색상을 부모 요소로부터 상속받을 수 있게 설정
- vertical-align:top : 〈img〉를 부모 요소 상단에 정렬
- max-width:100% : 본래 이미지 크기보다 커지지 않으며, 부모 요소의 너비를 초과하지 않도록 설정
- cursor:pointer : 요소 위 마우스 포인터를 올렸을 때 커서 모양을 손가락 모양으로 변경
- color : '#333'은 16진수 표기법으로 'color:#333333'과 같은 색상을 나타내며, '#333'은 각 자리 숫자가 2번 반복된 6자리 값과 동일(예) 'color:#f00' → 'color:#ff0000' 빨간색)

03 Script 문서 만들기

작업을 시작하기 전, 실수를 줄이기 위해 미리 Script 문서를 만듭니다.

01 수험자 제공 파일인 제이쿼리 라이브러리 파일 'jquery-1.12.3.js'를 '글로버투어스' 하위 폴더의 'js' 폴더로 이동해 둡니다.

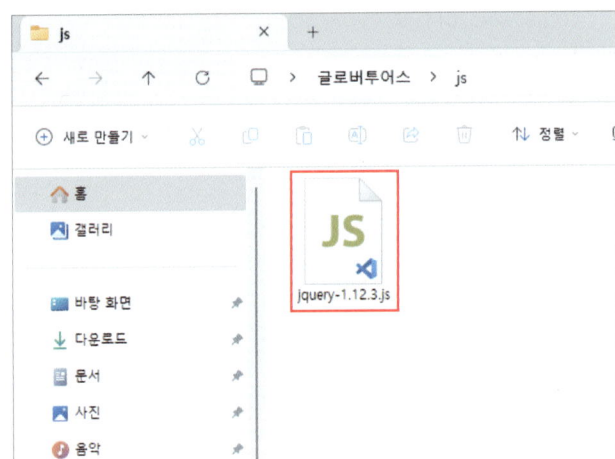

02 Visual Studio Code 탐색기 패널의 'js' 폴더 선택 후 '새 파일' 아이콘을 선택하면 하위에 새 파일이 생성됩니다.

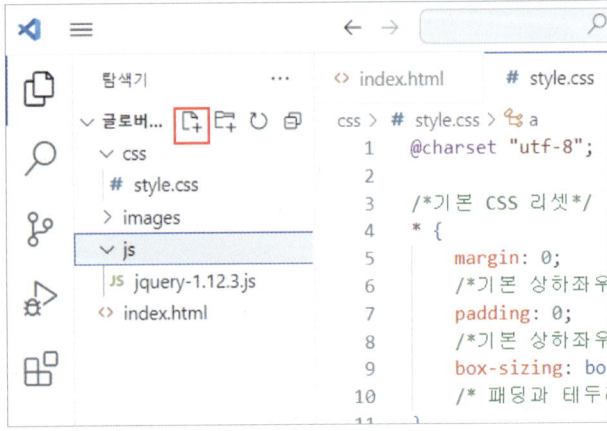

03 새 파일의 파일명을 'script.js'로 변경한 후 Enter를 누르면, 우측 코드 창에 'script.js' 문서가 활성화된 것을 확인할 수 있습니다.

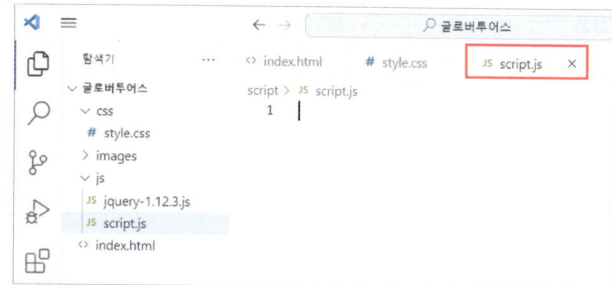

04 'script.js' 문서에 '$(function(){...})'을 입력합니다.

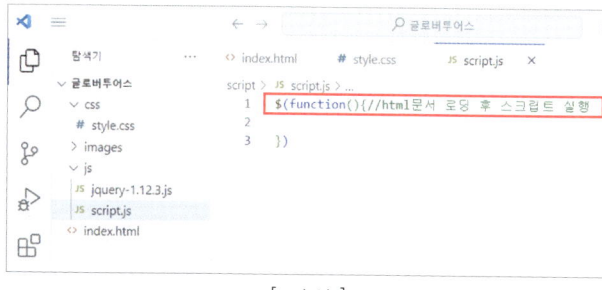

[script.js]

05 {...}(중괄호) 안 'alert("경고")'를 입력 후 Ctrl + S 로 저장합니다.

```
$(function(){
    alert("경고");
})
```

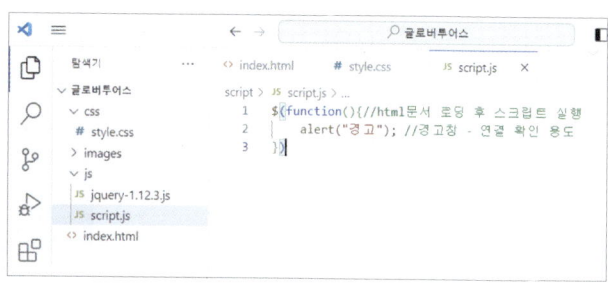

[script.js]

④ index 문서에 CSS, Script 문서 연결하기

'index.html' 문서에 CSS 문서와 Script 문서, jQuery 라이브러리를 연결합니다.

01 'index.html'에서 css와 js 문서를 '〈head〉' 태그 내 연결 후 Ctrl + S 로 저장합니다. js 문서 연결 시 jQuery 라이브러리를 먼저 작성하고, script.js를 작성합니다.

〈link href="css/style.css" rel="stylesheet"〉
〈script src="js/jquery-1.12.3.js"〉〈/script〉
〈script src="js/script.js"〉〈/script〉

[index.html]

02 Visual Studio Code에 'index.html' 문서가 활성화된 상태에서 상태표시줄에 Go Live를 선택하여 웹 브라우저인 '크롬(Chrome)'으로 확인합니다.

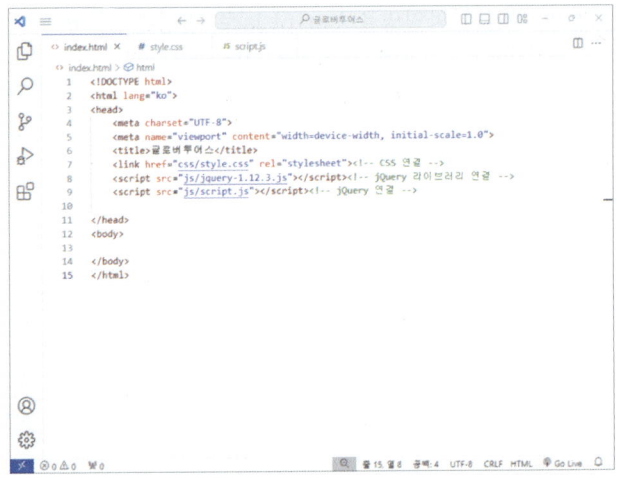

[index.html]

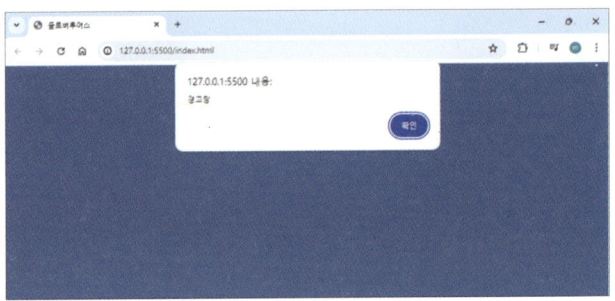

03 웹 브라우저의 배경색 '#369'와 경고창이 뜬다면 CSS와 Script 문서가 잘 연결된 것입니다. 확인 후 'style.css'에서 body 색상을 '#fff'로 변경하고 'script.js' 문서에서 경고창 스크립트를 삭제합니다.

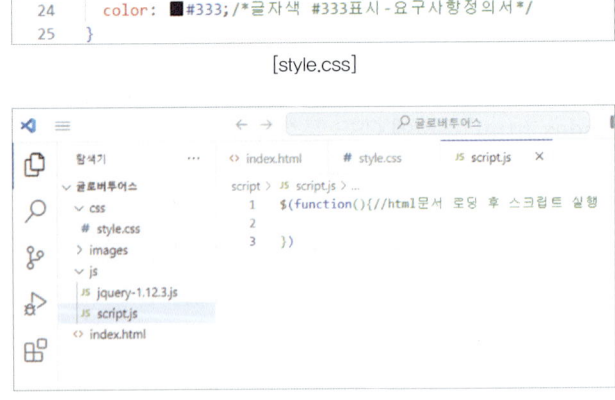

[style.css]

[script.js]

> **기적의 TIP**
>
> Go Live가 설치되지 않았을 때 바탕화면에서 '글로버투어스' 폴더의 하위 파일 'index.html' 문서를 웹 브라우저인 '크롬(Chrome)'으로 열어 작업 결과를 확인할 수 있습니다.

2 STEP 와이어프레임 – 레이아웃과 스타일 작업   약 20분

01 레이아웃 HTML 구조 작업하기

요구사항정의서에 있는 와이어프레임을 바탕으로 주어진 콘텐츠와 수치를 파악하여 레이아웃을 제작합니다. 문제에서 지시하지 않은 부분은 자유롭게 설정합니다.

01 먼저, 요구사항정의서의 와이어프레임을 보면서 HTML로 영역을 구분하는 코드를 작성합니다. 다음과 같이 작성하고 [파일(File)] – [저장(Save)] 또는 Ctrl + S 를 눌러 저장합니다.

```html
<div class="wrap">
    <div class="inner">
        <header>
            헤더영역
        </header>
        <section class="slide">
            슬라이드
        </section>
        <div class="contents">
            <article class="notice">
                공지사항
            </article>
            <article class="gall">
                갤러리
            </article>
            <article class="go">
                바로가기
            </article>
        </div>
        <footer>
            푸터영역
        </footer>
    </div>
</div>
```

```html
1  <!DOCTYPE html>
2  <html lang="ko">
3  <head>
4    <meta charset="UTF-8">
5    <meta name="viewport" content="width=device-width, initial-scale=1.0">
6    <title>글로버투어스</title>
7    <link href="css/style.css" rel="stylesheet"><!-- CSS 연결 -->
8    <script src="js/jquery-1.12.3.js"></script><!-- jQuery 라이브러리 연결 -->
9    <script src="js/script.js"></script><!-- jQuery 연결 -->
10 </head>
11 <body>
12   <div class="wrap">
13     <div class="inner">
14       <header>
15         헤더영역
16       </header>
17       <section class="slide">
18         슬라이드
19       </section>
20       <div class="contents">
21         <article class="notice">
22           공지사항
23         </article>
24         <article class="gall">
25           갤러리
26         </article>
27         <article class="go">
28           바로가기
29         </article>
30       </div><!--//contents 닫은 태그-->
31       <footer>
32         푸터영역
33       </footer>
34     </div><!--//inner 닫은 태그-->
35   </div><!--//wrap 닫은 태그-->
36 </body>
37 </html>
```

[index.html]

요소 TIP

- 주석은 웹 문서의 콘텐츠에 영향을 주지 않고 각 영역을 구분하기 쉽게 해줍니다.
- HTML 주석은 〈!--로 시작하고 --〉로 끝납니다.
- 홈페이지 구조화 작업 시 각 영역에 맞게 타이틀(헤더 영역, 슬라이드 영역 등)을 채우고 영역 작업 시 타이틀을 지우며 작업합니다.
- class : 태그의 속성으로 각 태그의 이름을 지정하여 스타일을 적용하기 위해 사용되는 속성
- 〈div〉 : 문서 내 레이아웃을 구성하거나 다른 요소를 그룹화할 때 사용
- 〈div class="wrap"〉 : 전체를 감싸는 영역
- 〈div class="inner"〉 : 내부 콘텐츠를 감싸는 컨테이너 역할
- 〈header〉 : 웹 페이지 머리글 영역으로 로고와 메뉴를 포함하는 영역
- 〈section class="slide"〉 : 독립적인 주제를 가진 영역으로 슬라이드를 감싸는 영역
- 〈div class="contents"〉 : 공지사항/갤러리, 배너, 바로가기를 감싸는 영역
- 〈article〉 : 독립적으로 구분할 수 있는 콘텐츠 영역 각각 감싸는 영역
- 〈footer〉 : 웹 페이지의 바닥글 영역으로 저작권, 패밀리사이트, SNS 등 포함하는 영역

02 'index.html' 문서가 활성화된 상태에서 상태표시줄에 Go Live를 선택하여 웹 브라우저인 '크롬(Chrome)'으로 작업 결과를 확인합니다.

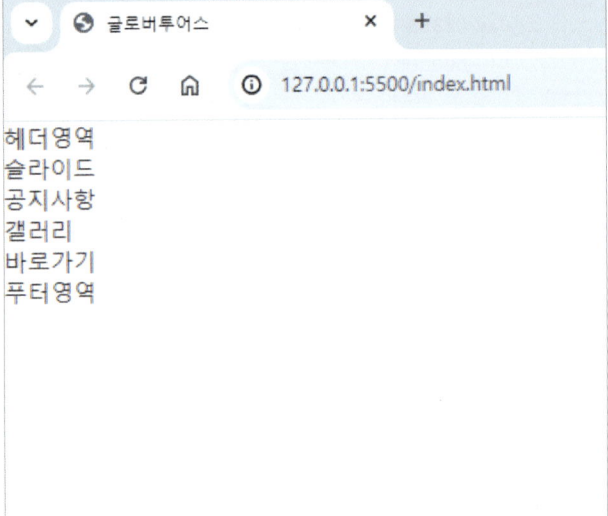

02 레이아웃 스타일 작업하기

HTML 구조를 기반으로 CSS 스타일을 적용하여, 요구사항정의서에 제시된 와이어프레임 레이아웃을 제작합니다.

01 'style.css' 문서에서 HTML 구조에 맞게 레이아웃 스타일을 'body' 스타일 다음 줄에 다음과 같이 입력하고, [파일(File)] – [저장(Save)] 또는 Ctrl + S 를 눌러 저장합니다.

```css
.inner {
    width:1200px;
    margin:auto;
}
header {
    height:100px;
    background:#f45750;
}
.slide {
    height:300px;
    background:#40b0f9;
}
.contents {
    height:200px;
    display:flex;
    background:#ff884d;
}
.contents article {
    width:400px;
}
.contents .gall {
    background:#00d2a5;
}
footer {
    height:100px;
    background:#666;
}
```

```css
.inner {
    width:1200px;
    margin:auto;
}
header {
    height:100px;
    background:#f45750;
}
.slide {
    height:300px;
    background:#40b0f9;
}
.contents {
    height:200px;
    display:flex;
    background:#ff884d;
}
.contents article {
    width:400px;
}
.contents .gall {
    background:#00d2a5;
}
footer {
    height:100px;
    background:#666;
}
```

[style.css]

더 알기 TIP

- CSS 주석은 /*로 시작하고 */로 끝납니다.
- 클래스 명은 의미 있는 이름으로 만들어야 하며, 반드시 영문 소문자로 작성해야 합니다. 또한, 숫자로 시작할 수 없습니다.
- 배경색은 영역을 확인하기 위해 넣으므로 임의 색상을 입력하여 확인 후 삭제합니다.
- 클래스 명을 부를 때는 '.'으로 부르며 태그 명을 부를 때는 태그로 부릅니다.
- 스타일 적용 시 선택자를 조건에 따라 얼마든지 다양하게 선택할 수 있습니다.
- CSS 작성 시 CSS 속성의 순서는 필수적으로 지켜야 하는 규칙은 없지만, 가독성과 유지보수를 위해 일관된 순서를 유지하는 것이 좋습니다. [참고하기] PART 02 - SECTION 02 CSS 기본 다지기

요소 TIP

- **.inner** : ⟨div class="inner"⟩ 선택자로 내부 콘텐츠가 수평 중앙에 올 수 있도록 스타일 지정
  - **margin:auto** : 콘텐츠(블록 요소)를 수평 중앙에 배치할 때 사용(너비 값 필수)
  - **width:1200px** : 요구사항정의서에 표시된 너비 값
- **.contents** : ⟨div class="contents"⟩ 선택자로 공지사항, 갤러리, 바로가기 영역을 전체 감싸는 컨테이너 역할
  - **display:flex** : ⟨div class="contents"⟩를 플렉스 컨테이너로 설정하여, 자식 요소(article)들을 수평으로 나열. 이때 자식 요소는 부모 요소의 높이만큼 stretch 되어 들어가므로 부모 요소에 높이 값이 있는 것이 유리
  - **height** : 요구사항정의서에 표시된 높이 값 입력
- **.contents article** : ⟨div class="contents"⟩의 자식 요소 ⟨article⟩ 모두 선택하는 선택자

02 'index.html' 문서가 활성화된 상태에서 상태표시줄에 Go Live를 선택하여 웹 브라우저인 '크롬(Chrome)'으로 작업 결과를 확인합니다.

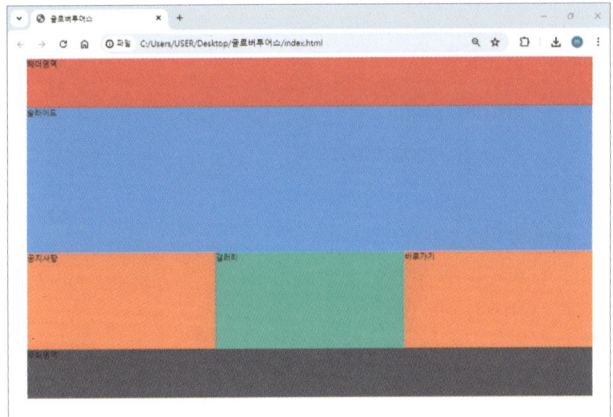

3 STEP 세부 영역별 지시사항 – Ⓐ Header 영역   약 35분

01 로고 제작하기

세부 지시사항의 A.1 로고를 제작합니다. 가로 180px, 세로 40px 크기의 로고를 직접 디자인합니다. 로고의 형태는 심볼이 없는 워드타입으로 Header 폴더의 제공된 텍스트를 사용하여 제작합니다.

01 로고 제작을 위해 포토샵을 실행합니다.

02 [파일(File)] – [새로 만들기(New)] 또는 Ctrl + N 을 눌러, 새로운 문서 만들기를 합니다. 새로운 문서 만들기 대화 상자에서 다음과 같이 설정 후 '만들기(Create)'를 선택합니다.
- 폭(Width) : 180px
- 높이(Height) : 40px
- 해상도(Resolution) : 72px/inch
- 색상 모드(Color Mode) : RGB 색상
- 배경 내용(Background Contents) : 흰색(White)

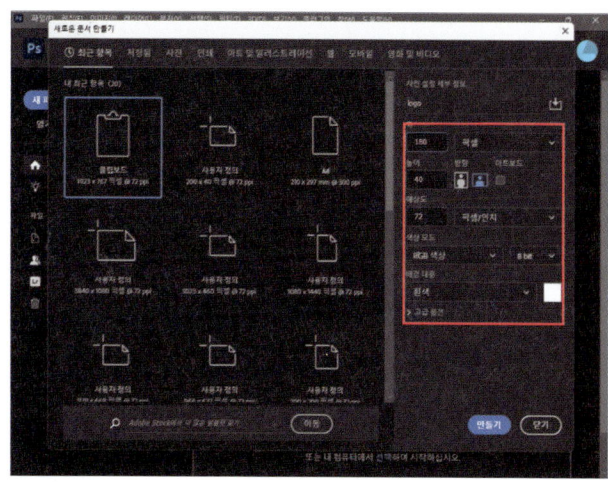

03 도구 상자에서 문자 도구(T)를 선택하고, 도구 옵션 패널에서 서체 '카페24 단정해 OTF', 글자 크기 '30pt', 색상 '#000000'을 설정합니다. 그런 다음, 문서를 클릭하여 '글로비투어스'를 입력하고, 작업이 완료되면 '이동 도구(✣)'를 눌러 문자 레이어를 만듭니다.

04 문자 레이어 섬네일을 더블 클릭하여 문자를 블록 지정합니다. 그런 다음 '글로버'와 '투어스' 사이 띄어쓰기를 하여, 영역을 확보 후 '이동 도구(✥)'를 누릅니다.

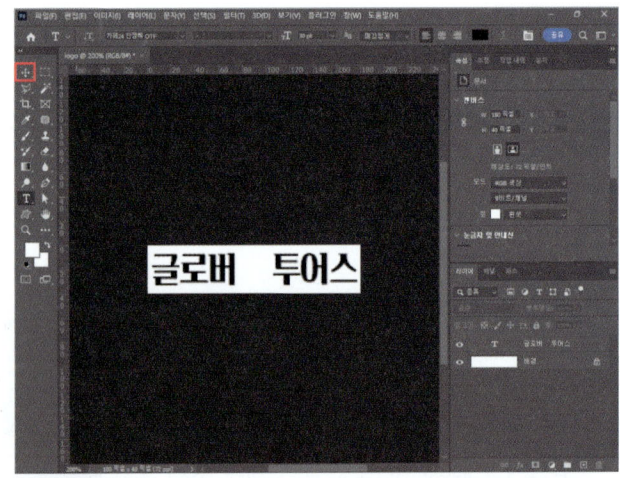

05 도구 상자에서 사용자 정의 모양 도구(🛫)를 선택한 후, 도구 옵션 패널에서 [모양(Shapes)]을 클릭합니다. [레거시 모양 및 기타(Legacy Shapes and More)] 항목이 보이면 이를 선택한 뒤, [기호] 카테고리에서 [비행기]를 선택합니다. 그런 다음, 드래그 앤 드롭 방식으로 빈 공간에 비행기 아이콘을 배치합니다.

＊ 만약 [레거시 모양 및 기타(Legacy Shapes and More)] 옵션이 보이지 않을 경우, '2-158p 기적의 TIP' 참고

06 비행기 모양 레이어의 섬네일을 더블클릭 또는 속성(Properties) 패널에 [칠(Fill)] - [색상 피커(Color Picker)]를 선택하여 색상 '#f96167'을 입력합니다.

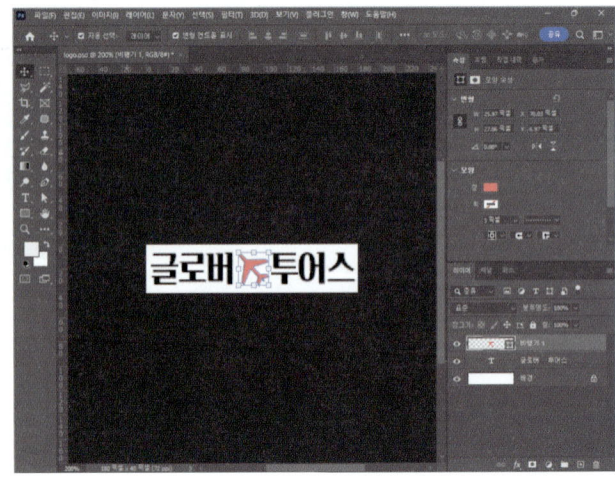

07 문자 레이어 섬네일을 더블 클릭하여 텍스트를 블록으로 선택 한 후, 글자 색상을 '#3d155f'로 변경합니다.

08 레이어(Layer) 패널에서 배경 레이어 옆에 있는 눈 아이콘을 클릭하여 비활성화하면, 배경 레이어가 숨겨집니다.

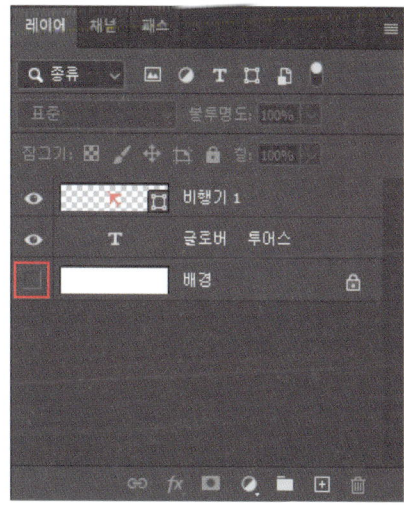

09 [파일(File)] – [다른 이름으로 저장(Save as)] 또는 Shift + Ctrl + S 를 눌러, 파일 형식 '*.psd'로 원본 저장합니다. 그리고 [파일(File)] – [내보내기(Export)] – [PNG로 빠른 내보내기(Quick Export as PNG)] 선택하고 파일 형식 '*.png'로 'images' 폴더 안에 저장합니다.
– 파일 이름 : logo.png

> **기적의 TIP**
>
> - 레거시 모양 및 기타(Legacy Shapes and More) 옵션이 보이지 않을 때 해결 방법
>   ① 상단 메뉴에서 [창(Window)] – [모양(Shapes)]을 선택하여 모양 패널을 엽니다.
>   ② 모양 패널 우측 상단의 햄버거 메뉴(세 줄 아이콘)를 클릭합니다.
>   ③ [레거시 모양 및 기타(Legacy Shapes and More)] 옵션을 선택합니다.
>   ④ 도구 옵션 패널 – 모양 패널에 레거시 모양 및 기타가 추가되어 있는지 확인합니다.
>
> - 포토샵에서 PNG 파일로 저장하는 방법
>   – [파일(File)] – [다른 이름으로 저장(Save as)] – [파일 형식 : PNG](버전 22.4 이전)
>   – [파일(File)] – [사본 저장(Save a Copy)] – [파일 형식 : PNG](버전 22.4 이후)
>   – [파일(File)] – [내보내기(Export)] – [PNG로 빠른 내보내기(Quick Export as PNG)]

02 헤더 영역 로고 작업하기

세부 지시사항의 A.1 로고를 문서에 추가합니다.

01 Visual studio code에 'index.html' 문서를 열어, '〈header〉' 영역 안 글자를 지우고 다음과 같이 작성합니다.

```
<h1>
    <a href="#">
        <img src="images/logo.png" alt="글로버투어스">
    </a>
</h1>
```

```
14  <header>
15      <h1>
16          <a href="#">
17              <img src="images/logo.png" alt="글로버투어스">
18          </a>
19      </h1>
20  </header>
```
[index.html]

02 문서 저장 후 'index.html' 문서가 활성화된 상태에서 상태표시줄에 Go Live를 선택 또는 윈도우 탐색기에서 'index.html'을 웹 브라우저인 '크롬(Chrome)'으로 작업 결과를 확인합니다.

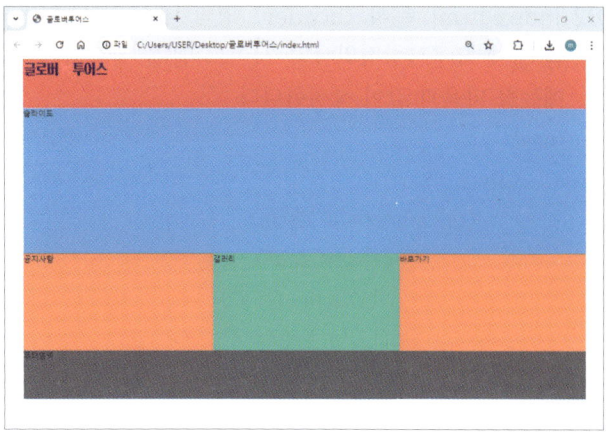

03 헤더 영역 메뉴 작업하기

세부 지시사항의 A.2 메뉴를 구성합니다. 사이트 맵과 구조도를 참고하여 메인 메뉴(Main menu)와 서브 메뉴(Sub menu)를 구성합니다.

01 요구사항정의서의 와이어프레임 메뉴 형태를 확인합니다.

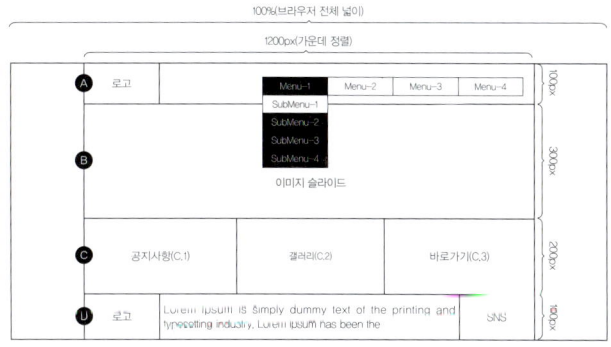

02 'index.html' 문서 〈header〉 영역 내 '〈/h1〉' 다음 줄에 요구사항정의서의 '사이트 맵'을 참고하여 메뉴를 다음과 같이 작성합니다.

```
<nav>
    <ul>
        <li><a href="#">홈</a>
            <ul class="sub">
                <li><a href="#">회사소개</a></li>
                <li><a href="#">CEO인사말</a></li>
                <li><a href="#">회사비전</a></li>
                <li><a href="#">오시는길</a></li>
            </ul>
        </li>
        <li><a href="#">여행지</a>
            <ul class="sub">
                <li><a href="#">아시아</a></li>
                <li><a href="#">유럽</a></li>
                <li><a href="#">북미</a></li>
                <li><a href="#">기타지역</a></li>
            </ul>
        </li>
        <li><a href="#">투어</a>
            <ul class="sub">
                <li><a href="#">패키지 투어</a></li>
                <li><a href="#">맞춤형 투어</a></li>
                <li><a href="#">테마 투어</a></li>
                <li><a href="#">당일치기</a></li>
            </ul>
        </li>
        <li><a href="#">커뮤니티</a>
            <ul class="sub">
                <li><a href="#">이용후기</a></li>
                <li><a href="#">갤러리</a></li>
                <li><a href="#">문의하기</a></li>
            </ul>
        </li>
    </ul>
</nav>
```

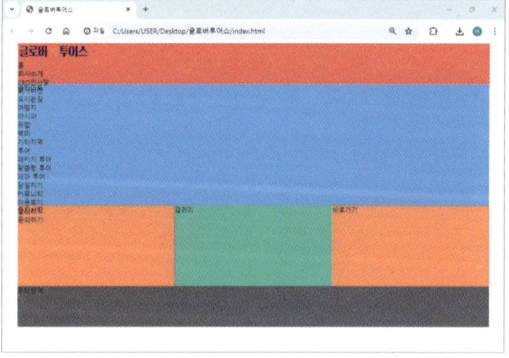

[style.css]

＋ 더 알기 TIP

- 메뉴 작업 시 〈nav〉로 감싼 후, 순서가 없는 목록 태그인 〈ul〉, 〈li〉로 작업합니다.
- 중첩목록 작업 시 쌍으로 올바르게 중첩되어야 하며, 태그가 제대로 닫혀야 합니다.
- 서브 메뉴 〈ul〉 요소에 클래스 명 'sub'로 설정합니다.
- 〈a href="#"〉 : 임시 링크 추가(기술적 준수사항)

04 헤더 영역 스타일 작업하기

헤더 영역의 로고를 배치하고, 메인 메뉴(Main menu)에 마우스를 올리면(Mouse over) 하이라이트 되며, 벗어나면(Mouse out) 하이라이트가 해제됩니다. 또한, 서브 메뉴 중 하나에 마우스를 올리면 하이라이트 되고, 벗어나면 하이라이트가 해제됩니다.

01 먼저 'style.css' 문서를 활성화하여 'header'의 기존 배경색을 삭제하고, 배경색과 안쪽 여백을 작성합니다.

```css
header{
    height:100px;
    background:#fff;
    padding-top:35px;
    padding-left:10px;
}
```

```css
26    .inner {
27        width:1200px;
28        margin:auto;
29    }
30    header{
31        height:100px;
32        background: #fff;
33        padding-top:35px;
34        padding-left:10px;
35    }
36    .slide {
37        height:300px;
38        background: #40b0f9;
39    }
```
[style.css]

02 'header' 스타일 다음 줄에 메뉴를 공중에 띄워 서브 메뉴가 슬라이드 위에 펼쳐질 수 있도록 다음과 같이 작성합니다.

```css
header{
    position:relative;
    height:100px;
    background:#fff;
    padding-top:35px;
    padding-left:10px;
}
nav{
    position:absolute;
    top:40px;
    right:10px;
    z-index:10;
}
```

```css
26    .inner {
27        width:1200px;
28        margin:auto;
29    }
30    header{
31        position:relative;
32        height:100px;
33        background: #fff;
34        padding-top:35px;
35        padding-left:10px;
36    }
37    nav{
38        position:absolute;
39        top:40px;
40        right:10px;
41        z-index:10;
42    }
```
[style.css]

💬 요소 TIP

- CSS 작성 시 CSS 속성의 순서는 필수적으로 지켜야 하는 규칙은 없지만, 가독성과 유지보수를 위해 일관된 순서를 유지하는 것이 좋습니다.
- **header** : ⟨header⟩ 선택자로 상단 헤더 영역의 스타일 지정
  - **position:relative** : 공중에 띄운 ⟨nav⟩의 기준 역할
- **nav** : ⟨nav⟩ 선택자로 메뉴 스타일 지정
  - **position:absolute** : 공중에 띄워 상위 요소(header)에 기준 설정 후, 절대 위치로 지정
  - **z-index:10** : position 속성으로 설정된 요소에 쌓이는 순서를 결정할 수 있으며 순서가 클수록 위로 쌓임

03 메인 메뉴가 나란히 나올 수 있도록 'nav' 스타일 다음 줄에 작성합니다.

```css
nav>ul{
    display:flex;
}
```

```
37  nav{
38      position:absolute;
39      top:40px;
40      right:10px;
41      z-index:10;
42  }
43  nav>ul{
44      display:flex;
45  }
46  .slide {
47      height:300px;
48      background: #40b0f9;
49  }
```
[style.css]

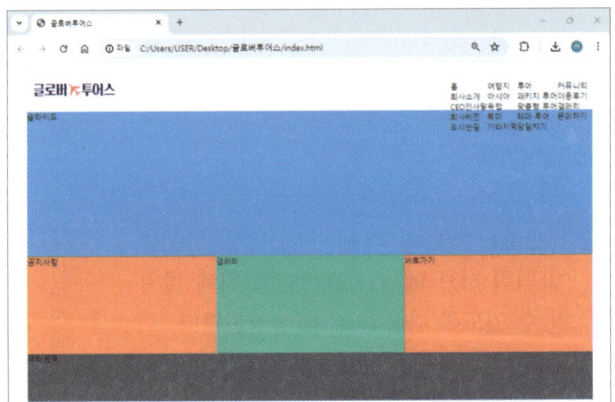

04 메뉴의 클릭할 수 있는 영역은 'nav>ul' 스타일 다음 줄에 다음과 같이 작성합니다.

```css
nav>ul>li>a{
    display:block;
    width:120px;
    text-align:center;
    font-weight:bold;
    padding:10px;
    background:#3d155f;
    color:#fff;
}
```

```
43  nav>ul{
44      display:flex;
45  }
46  nav>ul>li>a{
47      display:block;
48      width:120px;
49      text-align:center;
50      font-weight:bold;
51      padding:10px;
52      background: #3d155f;
53      color: #fff;
54  }
55  nav>ul>li:hover>a{
56      background: #f96167;
57  }
58  .sub li a{
```

```
nav>ul>li:hover>a{
    background:#f96167;
}
.sub li a{
    display:block;
    background:#fff;
    padding:5px;
    text-align:center;
    font-size:14px;
}
.sub li a:hover{
    background:#3d155f;
    color:#fff;
}
```

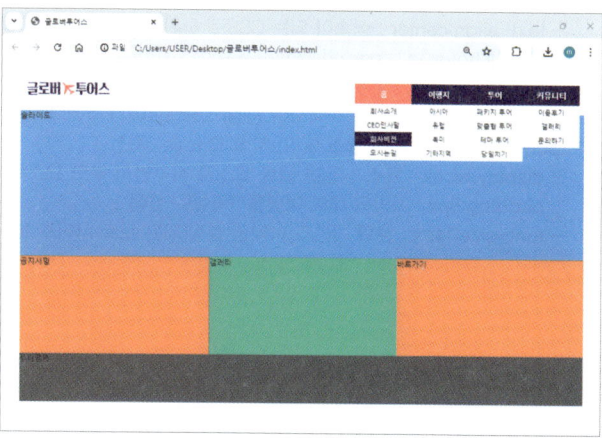

[style.css]

05 메인 메뉴와 서브 메뉴 스타일을 확인 후 마우스를 올려 하이라이트 효과까지 확인합니다. 잘 적용이 되었다면 'nav>ul>li:hover>a' 스타일 다음 줄에 서브 메뉴를 숨겨줍니다.

```
.sub{
    display:none;
}
```

[style.css]

요소 TIP

- 자신이 설정한 웹 페이지의 주조색과 보조색이 잘 드러나도록 제작합니다.
- 블록 요소는 수직 정렬이며, 너비와 높이 설정이 가능합니다.
- 인라인 요소는 수평 정렬이며, 너비와 높이 설정이 불가능합니다.
- nav>ul : <nav>의 자식 요소 <ul> 지정
  - display:flex : nav>ul를 플렉스 컨테이너로 설정하여, 자식 요소(<li>)들을 수평으로 나열
- nav>ul>li>a : <nav>의 자식 요소 <ul>의 자식 요소 <li>의 자식 요소 <a> 지정
  - display:block : <a>는 인라인 요소이므로 width, height가 들어가지 않음. 그래서 display:block으로 변경하여 width, height, padding 스타일 속성 적용
  - width:120px : <a>의 너비 설정(임의로 설정 가능)
  - text-align:center : 상속이 되는 CSS로 하위 요소의 텍스트를 중앙 정렬
- nav>ul>li:hover>a : <nav>의 자식 요소 <ul>의 자식 요소 <li>에 마우스 올렸을 때 <a> 지정(마우스 올렸을 때 하이라이트 효과)
- .sub : <div class="sub"> 지정하여 서브 메뉴 스타일 지정
  - display:none : 요소를 선택하여 숨김(스크립트에서 추가 작업 예정)
- .sub li a : .sub의 자식 요소 <li>의 자식 요소 <a> 지정
  - display:block : 요소 성질을 블록 요소로 바꾸면서 부모 요소의 가로 너비를 채울 수 있음
  - padding:5px : 사방의 내부 여백을 5픽셀로 설정
  - font-size:14px : 폰트 사이즈 14픽셀 설정(기본 폰트 사이즈 16픽셀)

05 메뉴 스크립트 작업하기

세부 지시사항의 A.2 메뉴 효과를 구현합니다. 메인 메뉴(Main menu)에 마우스를 올리면(Mouse over) 해당 서브 메뉴(Sub menu) 영역이 슬라이드 다운(Slide down)으로 보이도록 하고, 벗어나면(Mouse out) 서브 메뉴 영역은 슬라이드 업(Slide Up)으로 사라지는 작업을 제이쿼리(jQuery)로 진행합니다.

01 먼저 'js' 폴더 하위 파일인 'script.js'문서를 활성화합니다. 그리고 '$(function(){...})의 {...}(중괄호)' 내에 작성합니다.

```
//메뉴
$("nav>ul>li").mouseenter(function(){
    $(this).children(".sub").stop().slideDown();
})
$("nav>ul>li").mouseleave(function(){
    $(".sub").stop().slideUp();
})
```

```
1  $(function(){//html문서 로딩 후 스크립트 실행
2    //메뉴
3    $("nav>ul>li").mouseenter(function(){
4        $(this).children(".sub").stop().slideDown();
5    })
6    $("nav>ul>li").mouseleave(function(){
7        $(".sub").stop().slideUp();
8    })
9  });
```

[script.js]

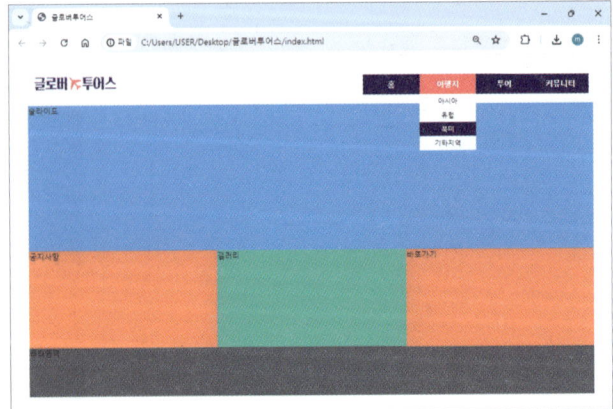

💬 요소 TIP

- **$(function( ){...})** : html 문서 로딩 후 스크립트를 실행하는 구문
- **$** : jQuery 객체를 생성하거나 선택자로 HTML 요소를 찾는 데 사용되는 단축 표기
- **$("nav〉ul〉li")** : jQuery 선택자, 〈nav〉 자식 요소인 〈ul〉 자식 요소인 모든 〈li〉 선택
- **mouseenter/mouseleave** : jQuery에서 제공하는 이벤트 메서드로, 마우스가 요소에 진입하거나 요소를 떠날 때 발생하는 이벤트를 처리
- **$(this)** : 현재 선택된 요소로 nav〉ul〉li 요소 중 마우스가 올라간 〈li〉 요소
- **children( )** : 선택한 요소의 직계 자식 요소들을 선택
- **stop( )** : 현재 진행 중인 애니메이션을 즉시 멈추고 중복 애니메이션 발생을 방지
- **slideDown( )/slideUp( )** : slideDown( )은 요소를 슬라이드 다운하여 보여주고, slideUp( )은 요소를 슬라이드 업 하여 숨김

📋 기적의 TIP

메뉴 스크립트 다르게 작성하기

```
$("nav>ul>li").mouseenter(function(){
    $(this).children(".sub").stop().slide-
Down();
})
$("nav>ul>li").mouseleave(function(){
    $(".sub").stop().slideUp();
})
```
▲ script.js

```
$("nav>ul>li").mouseover(function(){
    $(this).children(".sub").stop().slideDown();
})
$("nav>ul>li").mouseout(function(){
    $(".sub").stop().slideUp();
})
```
▲ script.js

- mouseover와 mouseout은 자식 요소로 마우스가 이동할 때도 이벤트가 발생합니다.
- mouseenter와 mouseleave는 자식 요소로 마우스가 이동할 때 이벤트가 발생하지 않습니다.

* 메뉴 스크립트를 작성할 때, mouseenter/mouseleave와 mouseover/mouseout 중 어느 것을 선택해도 큰 차이가 없습니다.

---

4 STEP 세부 영역별 지시사항 – ⓑ Slide 영역   약 35분

01 슬라이드 영역 구조 작업하기

세부 지시사항의 B 슬라이드 애니메이션 효과를 확인합니다. 슬라이드 애니메이션이 좌에서 우 또는 우에서 좌로 이동하는 애니메이션을 고려하여 스타일을 작업합니다.

01 '수험자 제공 폴더'에 있는 이미지를 'images' 폴더로 복사합니다. 이미지 크기를 확인한 후, 필요하다면 크기를 조정하고, 파일명도 필요한 경우 수정합니다.

[참고하기] PART 03 – SECTION 02 Photoshop 필수 기능

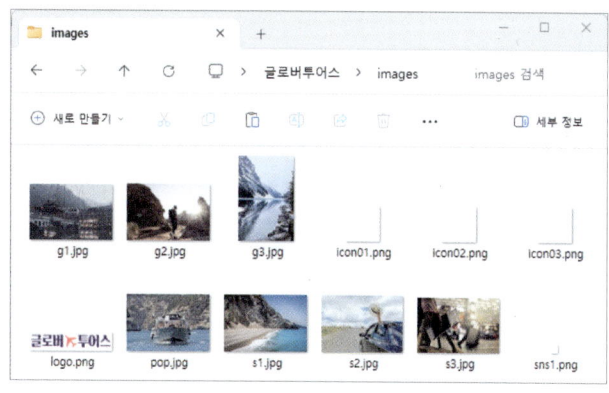

02 'index.html' 문서에서 '〈section class="slide"〉〈/section〉' 사이에 다음과 같이 작성합니다.

```html
<section class="slide">
    <ul>
        <li class="s1">
            <a href="#">
                <h2><span>글로버투어스</span> 슬라이드1</h2>
            </a>
        </li>
        <li class="s2">
            <a href="#">
                <h2><span>글로버투어스</span> 슬라이드2</h2>
            </a>
        </li>
        <li class="s3">
            <a href="#">
                <h2><span>글로버투어스</span> 슬라이드3</h2>
            </a>
        </li>
    </ul>
</section>
```

[index.html]

💬 요소 TIP

- **〈li class="s1"〉** : 각각 배경 이미지를 넣을 수 있도록 클래스 작업
- **〈span〉** : 특정 텍스트에 스타일을 적용하기 위해 감싸주는 요소

02 슬라이드 영역 스타일 작업하기

세부 지시사항의 B 슬라이드 애니메이션 효과를 확인합니다. 슬라이드 애니메이션이 좌에서 우 또는 우에서 좌로 이동하는 애니메이션을 고려하여 스타일을 작업합니다.

01 'style.css' 문서를 활성화하여 '.slide'를 찾아 배경색을 지우고 다음과 같이 작성합니다.

```css
.slide {
    height:300px;
}
.slide ul li {
    width:1200px;
    height:300px;
}
.slide ul li a {
    display:block;
    height:100%;
}
.slide ul li.s1 {
    background:url(../images/s1.jpg) no-repeat center/cover;
}
.slide ul li.s2 {
    background:url(../images/s2.jpg) no-repeat center/cover;
}
.slide ul li.s3 {
    background:url(../images/s3.jpg) no-repeat center/cover;
}
```

```css
72  .slide {
73      height:300px;
74  }
75  .slide ul li {
76      width:1200px;
77      height:300px;
78  }
79  .slide ul li a {
80      display:block;
81      height:100%;
82  }
83  .slide ul li.s1 {
84      background:url(../images/s1.jpg) no-repeat center/cover;
85  }
86  .slide ul li.s2 {
87      background:url(../images/s2.jpg) no-repeat center/cover;
88  }
89  .slide ul li.s3 {
90      background:url(../images/s3.jpg) no-repeat center/cover;
91  }
```

[style.css]

💬 요소 TIP

- **.slide ul li a** : .slide 하위 요소 〈ul〉의 하위 요소 〈li〉의 하위 요소 〈a〉 선택자로 클릭할 영역의 스타일 지정
  - **display:block** : 〈a〉 요소 성질을 블록 요소로 변경
  - **height:100%** : 〈a〉 요소의 부모 영역(〈li〉)의 높이만큼 채워줌
  .slide ul li.s1 : .slide 하위 요소 〈ul〉의 하위 요소 〈li〉 중 클래스 명이 s1인 요소 선택자로 슬라이드 배경 스타일 지정
- **background:url(../images/s1.jpg) no-repeat center/cover** : 배경 CSS 속성 함축형
  - **background** : 색상 경로 반복 위치/크기순으로 작성(색상이 없는 경우 생략 가능)

02 슬라이드 애니메이션이 좌에서 우 또는 우에서 좌로 이동하는 애니메이션이므로 '.slide' 스타일 다음 줄에 슬라이드를 나열하는 CSS를 작성합니다.

```css
.slide ul{
    width:3600px;
    height:300px;
    display:flex;
}
```

```
72    .slide {
73        height:300px;
74    }
75    .slide ul{
76        width:3600px;
77        height:300px;
78        display:flex;
79    }
80    .slide ul li {
81        width:1200px;
82        height:300px;
83    }
```
[style.css]

03 각 슬라이드의 텍스트를 글자체, 굵기, 색상, 크기를 적절하게 설정하여, 가독성을 높이고, 독창성이 드러나도록 '.contents' 윗줄에 스타일을 작성합니다.

```css
.slide ul li {
    position:relative;
    width:1200px;
    height:300px;
}
.slide ul li h2 {
    background:rgba(61, 21, 95, 0.7);
    position:absolute;
    top:50%;
    left:50%;
    transform:translate(-50%, -50%);
    padding:20px;
    border-radius:50px;
    font-size:28px;
    color:#fff;
}
.slide ul li h2 span{
    color:#f96167;
}
```

```
75    .slide ul{
76        width:3600px;
77        height:300px;
78        display:flex;
79    }
80    .slide ul li {
81        position:relative;
82        width:1200px;
83        height:300px;
84    }
85    .slide ul li a {
86        display:block;
87        height:100%;
88    }
```
[style.css]

```
98     .slide ul li h2 {
99         background: rgba(61, 21, 95, 0.7);
100        position:absolute;
101        top:50%;
102        left:50%;
103        transform:translate(-50%, -50%);
104        padding:20px;
105        border-radius:50px;
106        font-size:28px;
107        color: #fff;
108    }
109    .slide ul li h2 span{
110        color: #f96167;
111    }
112    .contents {
113        height:200px;
114        display:flex;
115        background: #ff884d;
116    }
```
[style.css]

💬 요소 TIP

- **.slide ul** : .slide 하위 요소 〈ul〉에 슬라이드가 좌, 우로 이동할 수 있는 슬라이드 띠 역할
  - **display:flex** : .slide ul를 플렉스 컨테이너로 설정하여, 자식 요소(〈li〉)들을 수평으로 나열
  - **width:3600px** : .slide ul li가 나열되면서 각 〈li〉 너비가 '1200px' 이므로 부모인 〈ul〉에게 3개의 〈li〉를 더한 '3600px'로 설정

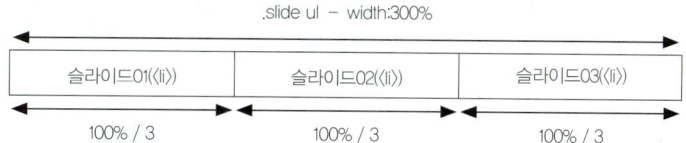

- **.slide ul li h2** : .slide 하위 요소 〈ul〉의 하위 요소 〈li〉의 하위 요소 〈h2〉 지정하여 슬라이드 텍스트 스타일 적용
  - **background:rgba(61, 21, 95, 0.7)** : 빨강(Red) 값은 61, 초록(Green) 값은 21, 파랑(Blue) 값은 95이며, 알파(Alpha) 값은 0.7로 0에서 1 사이의 값을 가지므로 70%의 불투명도 설정
  - **position:absolute** : .slide ul li h2를 공중에 띄워 상위 요소(.slide ul li)에 기준 설정 후, 절대 위치로 지정
  - **border-radius:50px** : 사방의 모서리를 50픽셀만큼 둥글게 설정
  - **font-weight:bold** : 글자 두껍게 설정
- 공중에 띄운 요소를 가운데 배치하는 방법
  - **top:50%** : 기준 요소의 상단에서부터 50% 아래로 배치
  - **left:50%** : 기준 요소의 왼쪽으로부터 50% 오른쪽으로 배치
  - **transform:translate(-50%, -50%)** : 자신의 너비와 높이의 50%만큼 왼쪽과 위쪽으로 이동

📌 기적의 TIP

RGB 색상 입력 방법
포토샵의 색상 피커에서 RGB 값을 확인하고 입력합니다.

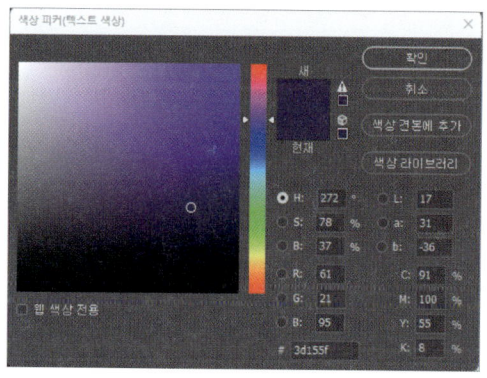

---

04 .slide ul 영역이 .slide 영역보다 넘치는 부분을 숨겨주기 위해 다음과 같이 작성합니다.

```
.slide {
   height:300px;
   overflow:hidden;
}
```

```
72    .slide {
73       height:300px;
74       overflow:hidden;
75    }
76    .slide ul{
77       width:3600px;
78       height:300px;
79       display:flex;
80    }
```
[style.css]

💬 요소 TIP

overflow:hidden : 요소의 영역보다 넘치는 영역을 숨김

05 작업한 모든 파일을 저장하고 'index. html' 문서가 활성화된 상태에서 상태표시줄에 Go Live를 선택하여 웹 브라우저인 '크롬(Chrome)'으로 작업 결과를 확인합니다.

03 슬라이드 스크립트 작업하기

세부 지시사항의 B 슬라이드 애니메이션 효과를 구현합니다. 슬라이드 애니메이션이 좌에서 우 또는 우에서 좌로 이동하는 애니메이션으로 매 3초 이내 다른 이미지로 전환되어야 하며 웹사이트 열었을 때 자동으로 시작되어 반복적인 슬라이드가 되도록 제이쿼리(jQuery)로 작업합니다.

01 'script.js' 문서를 활성화합니다. 그리고 '메뉴 스크립트' 다음 줄에 .slide ul을 좌로 이동하는 제이쿼리를 작성합니다.

```
//슬라이드
$(".slide ul").animate({marginLeft:-1200 * i}, 1000);
```

```
1  $(function(){//html문서 로딩 후 스크립트 실행
2    //메뉴
3    $("nav>ul>li").mouseenter(function(){
4      $(this).children(".sub").stop().slideDown();
5    })
6    $("nav>ul>li").mouseleave(function(){
7      $(".sub").stop().slideUp();
8    })
9    //슬라이드
10   $(".slide ul").animate({marginLeft:-1200 * i},1000);
11 })
```
[script.js]

02 실행문을 반복하기 위해 함수로 해당 실행문 감싸줍니다. 이때 함수의 이름은 'slide'로 임의로 지정합니다.

```
//슬라이드
let i = 0;
function slide(){
    i++;
    $(".slide ul").animate({marginLeft:-1200 * i},1000);
}
slide();
```

```
9    //슬라이드
10   let i = 0;
11   function slide(){
12     i++;
13     $(".slide ul").animate({marginLeft:-1200 * i},1000);
14   }
15   slide();
```
[script.js]

03 함수는 함수 호출을 해야 실행되므로 반복적으로 호출하기 위해 'setInterval'를 작성합니다.

```
//슬라이드
let i = 0;
function slide(){
    i++;
    $(".slide ul").animate(marginLeft:-1200 * i},1000);
}
setInterval(slide, 3000);
```

```
 9   //슬라이드
10   let i = 0;
11   function slide(){
12       i++;
13       $(".slide ul").animate({marginLeft:-1200 * i},1000);
14   }
15   setInterval(slide, 3000);
```
[script.js]

04 증감식으로 인하여 변수 i의 값이 무한대로 올라가므로 제어문을 통해 세 번째 슬라이드 다음 첫 번째 슬라이드가 보여지도록 작성합니다.

```
let i = 0
function slide(){
    if(i<2){
      i++;
    }else{
      i=0;
    }
    $(".slide ul").animate({marginLeft:
    1200 * i},1000);
}
setInterval(slide, 3000);
```

```
 9   //슬라이드
10   let i = 0;
11   function slide(){
12       if(i<2){
13         i++;
14       }else{
15         i=0;
16       }
17       $(".slide ul").animate({marginLeft:-1200 * i},1000);
18   }
19   setInterval(slide, 3000);
```
[script.js]

05 작업한 모든 파일을 저장하고 'index.html' 문서가 활성화된 상태에서 상태표시줄에 Go Live를 선택하여 웹 브라우저인 '크롬(Chrome)'으로 작업 결과를 확인합니다. 웹 브라우저에서 슬라이드가 좌로 이동하는 애니메이션이 3초마다 진행됩니다.

💬 요소 TIP

- **let i = 0** : 변수 i 선언 후 0을 할당
- **i++** : 증감 연산자로, 변수 i의 값을 1씩 증가시키는 역할
- **$(".slide ul")** : jQuery 선택자로, .slide의 하위 요소 〈ul〉 슬라이드 띠 선택
- **$(".slide ul").animate({marginLeft:-1200})** : .slide ul의 margin-left 값이 -1200만큼 이동하는 애니메이션
- **$("요소 선택").animate({속성 : "속성값"}, 적용 시간)** : 요소 선택하여 애니메이션 적용

$(".slide ul").animate({marginLeft:-1200},1000) = $(".slide ul").animate({"margin-left" : "-1200"},1000)

- marginLeft는 자바스크립트 코드에서 객체의 속성이며, "margin-left"는 문자열 데이터로 CSS 속성을 나타냅니다.
- 자바스크립트 코드에서는 속성 이름에 하이픈(-)을 사용할 수 없으므로, 예를 들어 margin-left는 marginLeft로 작성해야 합니다. **예** animate({marginLeft:-1200})
- 속성 값 -1200은 숫자형 데이터이며, "-1200"은 문자열 데이터입니다. (문자열 데이터는 계산에 사용할 수 없습니다.)

- **if(조건문){실행문1}else{실행문2}** : 조건문이 참일 때 실행문1을 실행하고 거짓일 때 실행문2을 실행
- **setInterval(함수명, 밀리초)** : 지정한 시간 간격마다 주어진 함수를 반복해서 실행
- **밀리초(ms)** : 1초의 1/1,000, 1초는 1,000밀리초

📋 기적의 TIP

좌, 우 슬라이드 공식 만들기

슬라이드 애니메이션을 만들 때, .slide ul의 margin-left 위치 값을 확인합니다. 처음 위치는 '0'이며, 3초 후에는 '-1200px', 다시 3초 후에는 '-2400px', 그 다음 3초 후에는 다시 '0'이 됩니다. 이를 고려하여 -1200 * i 공식을 만들 수 있습니다.

변수 i	1	2	3 → 0
margin-left 값(단위 : px)	-1200	-2400	0

변수 'i'의 값이 3일 경우, 'if-else'문의 조건식 'i 〈 2'가 거짓이 되어 'i'의 값이 0이 됩니다. 좌우 슬라이드 공식 '-1200 * i'에 'i'가 대입되면 'margin-left' 값이 0이 되어 슬라이드가 처음 위치로 돌아갑니다.

5 STEP 세부 영역별 지시사항 – ⓒ Contents 영역   약 40분

01 공지사항 구조 작업하기

세부 지시사항 C.1 공지사항을 제작합니다. 공지사항의 타이틀 영역과 콘텐츠 영역을 구분하고 제공된 텍스트를 바탕으로 공지사항을 만들어 줍니다. 이때 첫 번째 콘텐츠 클릭(Click) 시 팝업이 나오도록 작업합니다.

01 'index.html' 문서의 '〈article class="notice"〉〈/article〉' 사이에 공지사항 내용을 다음과 같이 작성합니다.

```
〈article class="notice"〉
    〈h2〉공지사항〈/h2〉
    〈ul〉
        〈li〉
            〈a href="#" class="pop"〉
                〈p〉글로버투어스 공지사항1〈/p〉
                〈span class="date"〉2025.05.25〈/span〉
            〈/a〉
        〈/li〉
        〈li〉
            〈a href="#"〉
                〈p〉글로버투어스 공지사항2〈/p〉
                〈span class="date"〉2025.05.25〈/span〉
            〈/a〉
        〈/li〉
        〈li〉
            〈a href="#"〉
                〈p〉글로버투어스 공지사항3〈/p〉
                〈span class="date"〉2025.05.25〈/span〉
            〈/a〉
        〈/li〉
        〈li〉
            〈a href="#"〉
                〈p〉글로버투어스 공지사항4〈/p〉
                〈span class="date"〉2025.05.25〈/span〉
            〈/a〉
        〈/li〉
    〈/ul〉
〈/article〉
```

[index.html]

> 💬 요소 TIP
> - 첫 번째 게시글을 클릭 시 팝업창이 나올 수 있도록 〈a href="#" class="pop"〉을 작업합니다.
> - 〈h2〉 : 공지사항 영역의 제목 요소
> - 〈p〉 : 공지사항의 게시글
> - 〈span class="date"〉 : 공지사항 게시글의 날짜

02 공지사항 스타일 작업하기

01 'style.css' 문서에서 '.contents'의 배경색을 지우고 '.contents article' 스타일 다음 줄에 공지사항 제목 스타일을 작성합니다.

```css
.contents .notice {
    padding:10px;
}
.notice h2 {
    background:#3d155f;
    color:#fff;
    border-radius:10px 10px 0 0;
    width:120px;
    text-align:center;
    padding:5px 0;
    font-size:20px;
}
```

```
118  .contents article {
119      width:400px;
120  }
121  .contents .notice {
122      padding:10px;
123  }
124  .notice h2 {
125      background:■#3d155f;
126      color:□#fff;
127      border-radius:10px 10px 0 0;
128      width:120px;
129      text-align:center;
130      padding:5px 0;
131      font-size:20px;
132  }
```
[style.css]

> 💬 요소 TIP
> - **.notice h2** : .notice의 하위 요소 〈h2〉를 지정하여 타이틀 영역의 스타일 설정
>   - border-radius:10px 10px 0 0 : 요소의 상단 모서리를 각각 10픽셀만큼 둥글게 설정
>   - width:120px : 〈h2〉의 너비
>   - text-align:center : 텍스트 중앙 정렬
>   - padding:5px 0 : 위·아래 내부 여백 5픽셀 설정
>   - font-size:20px : 〈h2〉 폰트 사이즈 20픽셀 설정(h2 기본 폰트 사이즈 24픽셀)

02 공지사항 게시판 스타일을 '.notice h2' 스타일 다음 줄에 다음과 같이 작성합니다.

```css
.notice ul {
    background:#3d155f;
    padding:5px 15px;
}
.notice ul li {
    border-bottom:1px dashed #fff;
}
.notice ul li:last-child {
    border-bottom:none;
}
.notice ul li a {
    display:block;
    padding:5px 0;
    position:relative;
    color:#fff;
}
.notice ul li p {
    width:260px;
    white-space:nowrap;
    overflow:hidden;
    text-overflow:ellipsis;
}
.notice ul li span {
    position:absolute;
    right:0;
    top:5px;
}
```

```css
133  .notice ul {
134      background: #3d155f;
135      padding:5px 15px;
136  }
137  .notice ul li {
138      border-bottom:1px dashed  #fff;
139  }
140  .notice ul li:last-child {
141      border-bottom:none;
142  }
143  .notice ul li a {
144      display:block;
145      padding:5px 0;
146      position:relative;
147      color: #fff;
148  }
149  .notice ul li p {
150      width:260px;
151      white-space:nowrap;
152      overflow:hidden;
153      text-overflow:ellipsis;
154  }
155  .notice ul li span {
156      position:absolute;
157      right:0;
158      top:5px;
159  }
```

[style.css]

요소 TIP

- **.notice ul** : .notice의 하위 요소 〈ul〉 지정, 공지사항 게시글 감싸는 영역
  - **padding:5px 15px** : 위·아래 내부 여백 5픽셀, 좌·우 내부 여백 15픽셀 설정
- **.notice ul li** : .notice의 하위 요소 〈ul〉의 하위 요소 〈li〉 지정
  - **border-bottom:1px dashed #fff** : 1픽셀 두께의 색상 #fff 하단 점선 테두리 설정
- **.notice ul li:last-child** : .notice의 하위 요소 〈ul〉의 하위 요소 〈li〉 중 마지막 〈li〉 지정
  - **border-bottom:none** : 하단 테두리를 제거
- **.notice ul li span** : .notice의 하위 요소 〈ul〉의 하위 요소 〈li〉의 하위 요소 〈span〉 지정, 공지사항 날짜 스타일 적용
  - **position:absolute** : .notice ul li p 요소의 영향을 받지 않도록 공중에 띄워 작업
- **.notice ul li a** : .notice의 하위 요소 〈ul〉의 하위 요소 〈li〉의 하위 요소 〈a〉 지정
  - **position:relative** : .notice ul li span의 기준 역할
  - **padding:5px 0** : 위·아래 내부 여백 5픽셀 설정
- 제공되는 공지사항 텍스트가 길 것을 대비하여 말 줄임표 작업
  - **width:260px** : 원하는 영역 설정
  - **white-space:nowrap** : 텍스트가 영역보다 넘칠 때 줄 바꿈 안되도록 설정
  - **overflow:hidden** : 넘친 텍스트를 숨김
  - **text-overflow:ellipsis** : 말줄임표 ... 작업

03 작업한 모든 파일을 저장하고 'index.html' 문서가 활성화된 상태에서 상태표시줄에 Go Live를 선택하여 웹 브라우저인 '크롬(Chrome)'으로 작업 결과를 확인합니다.

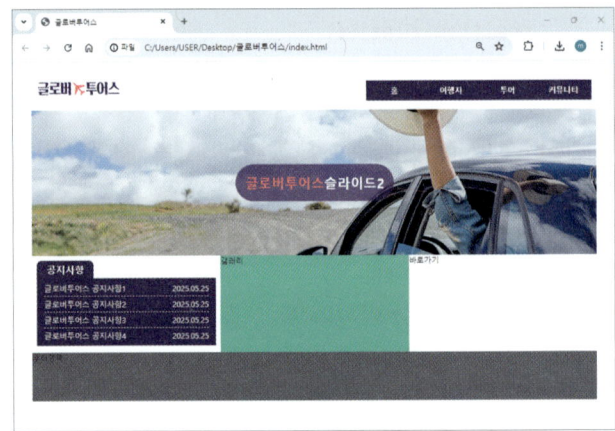

03 갤러리 구조 작업하기

세부 지시사항 C.2 갤러리를 제작합니다. 갤러리의 타이틀 영역과 콘텐츠 영역을 구분하고 제공된 이미지를 바탕으로 갤러리를 가로로 배치합니다. 이때 갤러리 이미지 마우스 오버(Mouse over) 시 해당 객체의 투명도(Opacity) 변화가 있도록 작업합니다.

01 'index.html' 문서의 '<article class="gall"></article>' 사이에 갤러리 내용을 다음과 같이 작성합니다.

```
<article class="gall">
    <h2>갤러리</h2>
    <ul>
        <li>
            <a href="#">
                <img src="images/g1.jpg" alt="갤러리 후기1">
            </a>
        </li>
        <li>
            <a href="#">
                <img src="images/g2.jpg" alt="갤러리 후기2">
            </a>
        </li>
        <li>
            <a href="#">
                <img src="images/g3.jpg" alt="갤러리 후기3">
            </a>
        </li>
    </ul>
</article>
```

```
105  <article class="gall">
106      <h2>갤러리</h2>
107      <ul>
108          <li>
109              <a href="#">
110                  <img src="images/g1.jpg" alt="갤러리 후기1">
111              </a>
112          </li>
113          <li>
114              <a href="#">
115                  <img src="images/g2.jpg" alt="갤러리 후기2">
116              </a>
117          </li>
118          <li>
119              <a href="#">
120                  <img src="images/g3.jpg" alt="갤러리 후기3">
121              </a>
122          </li>
123      </ul>
124  </article>
```

[index.html]

💬 **요소 TIP**

<h2> : 갤러리 영역의 제목 요소

04 갤러리 스타일 작업하기

01 'style.css' 문서에서 '.contents .gall'을 찾아 배경색을 지우고 갤러리 스타일을 다음과 같이 작성합니다.

```css
.contents .gall{
    padding:10px;
}
.gall h2 {
    background:#f96167;
    color:#fff;
    border-radius:10px 10px 0 0;
    width:120px;
    text-align:center;
    padding:5px 0;
    font-size:20px;
}
.gall ul {
    display:flex;
    background:#f96167;
    padding:10px;
    gap:10px;
}
.gall ul li img {
    width:120px;
    height:120px;
    object-fit:cover;
}
.gall ul li:hover {
    opacity:0.7;
}
```

```css
160  .contents .gall{
161      padding:10px;
162  }
163  .gall h2 {
164      background: #f96167;
165      color: #fff;
166      border-radius:10px 10px 0 0;
167      width:120px;
168      text-align:center;
169      padding:5px 0;
170      font-size:20px;
171  }
172  .gall ul {
173      display: flex;
174      background: #f96167;
175      padding: 10px;
176      gap: 10px;
177  }
178  .gall ul li img {
179      width: 120px;
180      height: 120px;
181      object-fit: cover;
182  }
183  .gall ul li:hover {
184      opacity: 0.7;
185  }
```

[style.css]

💬 요소 TIP

- **.gall h2** : .gall의 하위 요소 〈h2〉를 지정하여 텍스트 간의 위계질서가 보이도록 스타일 설정
  - border-radius:10px 10px 0 0 : 상단 모서리를 각각 10픽셀만큼 둥글게 설정
- **display:flex** : .gall ul를 플렉스 컨테이너로 설정하여, 자식 요소(〈li〉)들을 수평으로 나열
- **gap:10px** : flex로 나열된 자식 요소(〈li〉)의 사이 간격 10픽셀 지정
- **justify-content:space-around** : flex로 나열된 자식 요소(〈li〉)들을 플렉스 컨테이너 영역(.gall ul) 내 균등한 간격으로 배치, 아이템들 사이와 컨테이너의 양 끝에 동일한 여백 설정
- **.gall ul li:hover** : .gall의 하위 요소 〈ul〉의 하위 요소 〈li〉에 마우스를 올렸을 때 스타일 설정
  - opacity:0.7 : 투명도를 70% 설정
- **.gall ul li img** : .gall의 하위 요소 〈ul〉의 하위 요소 〈li〉 하위 요소 〈img〉 지정
  - object-fit:cover : 이미지가 요소의 크기에 맞춰 잘리더라도 비율을 유지하며 채우도록 설정

02 작업한 모든 파일을 저장하고 'index.html' 문서가 활성화된 상태에서 상태표시줄에 Go Live를 선택하여 웹 브라우저인 '크롬(Chrome)'으로 작업 결과를 확인합니다.

기적의 TIP

object-fit 속성이란?
이미지를 요소의 크기 내에서 어떻게 맞출지 결정하는 CSS 속성으로, 이미지가 박스 내부에서 크기가 조정되고 잘리는 방식을 제어합니다.
- fill : 기본값으로, 콘텐츠를 요소의 크기에 맞추어 왜곡될 수 있음
- contain : 콘텐츠의 종횡비를 유지하면서 요소의 크기에 맞춤(요소 내부에 콘텐츠가 완전히 들어감)
- cover : 콘텐츠의 종횡비를 유지하면서 요소를 완전히 덮도록 맞춤(요소의 크기에 맞추기 위해 일부가 잘릴 수 있음)
- none : 콘텐츠의 크기를 그대로 유지

```html
<!DOCTYPE html>
<html lang="ko">
<head>
    <meta charset="UTF-8">
    <meta name="viewport" content="width=device-width, initial-scale=1.0">
    <title>object-fit 속성</title>
    <link href="style.css" rel="stylesheet">
</head>
<body>
    <table>
        <tr>
            <th>fill</th>
            <th>contain</th>
            <th>cover</th>
            <th>none</th>
        </tr>
        <tr>
            <td><img src="img.jpg" class="fill"></td>
            <td><img src="img.jpg" class="contain"></td>
            <td><img src="img.jpg" class="cover"></td>
            <td><img src="img.jpg" class="none"></td>
        </tr>
    </table>
</body>
</html>
```
[index.html]

```css
@charset "utf-8";
img {
    width: 200px;
    height: 100px;
}
.fill {
    object-fit: fill;/*기본값*/
}
.contain {
    object-fit: contain;
}
.cover {
    object-fit: cover;
}
.none {
    object-fit: none;
}
```
[style.css]

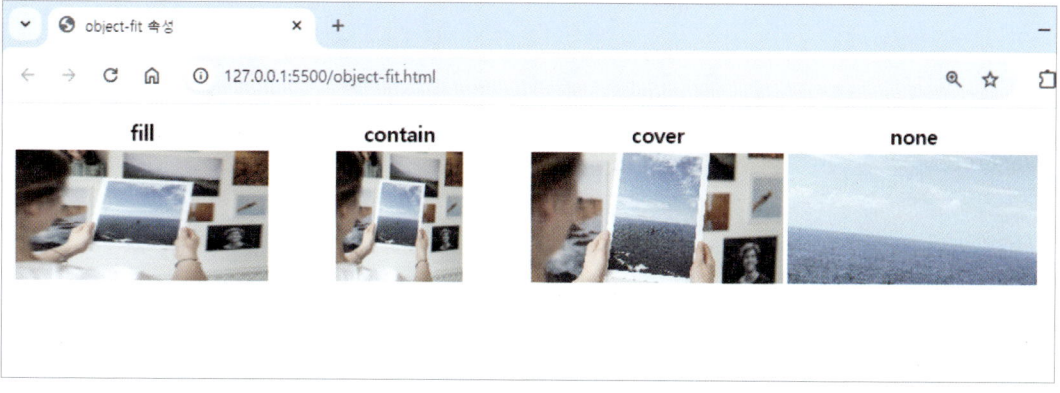

05 바로가기 구조 작업하기

세부 지시사항 C.3 바로가기를 제작합니다. 바로가기 영역은 Contents 폴더에서 제공된 파일을 활용해 작업합니다.

01 'index.html' 문서의 '<article class="go"></article>' 사이에 바로가기 내용을 다음과 같이 작성합니다.

```
<article class="go">
    <h2>바로가기</h2>
    <ul>
        <li>
            <a href="#">
                <p><img src="images/icon01.png" alt="바로가기1"></p>
                <span>바로가기1</span>
            </a>
        </li>
        <li>
            <a href="#">
                <p><img src="images/icon02.png" alt="바로가기2"></p>
                <span>바로가기2</span>
            </a>
        </li>
        <li>
            <a href="#">
                <p><img src="images/icon03.png" alt="바로가기3"></p>
                <span>바로가기3</span>
            </a>
        </li>
    </ul>
</article>
```

```
125        <article class="go">
126            <h2>바로가기 </h2>
127            <ul>
128                <li>
129                    <a href="#">
130                        <p><img src="images/icon01.png" alt="바로가기1"></p>
131                        <span>바로가기1</span>
132                    </a>
133                </li>
134                <li>
135                    <a href="#">
136                        <p><img src="images/icon02.png" alt="바로가기2"></p>
137                        <span>바로가기2</span>
138                    </a>
139                </li>
140                <li>
141                    <a href="#">
142                        <p><img src="images/icon03.png" alt="바로가기3"></p>
143                        <span>바로가기3</span>
144                    </a>
145                </li>
146            </ul>
147        </article>
148    </div><!--//contents 닫은 태그-->
```

[index.html]

06 바로가기 스타일 작업하기

01 'style.css' 문서에서 'footer' 스타일 윗줄에 바로가기 스타일을 다음과 같이 작성합니다.

```css
.contents .go {
    background:#eee;
    padding:10px;
}
.go h2 {
    color:#3d155f;
    margin-bottom:20px;
}
.go ul {
    display:flex;
    justify-content:center;
    gap : 20px
}
.go ul li {
    text-align:center;
}
.go ul li a {
    display:block;
    height:100%;
}
.go ul li p {
    width:80px;
    height:80px;
    background:#3d155f;
    padding-top:20px;
    border-radius:20px;
    margin-bottom:5px;
}
.go ul li span {
    font-weight:bold;
}
```

```css
187    .contents .go {
188        background: #eee;
189        padding:10px;
190    }
191    .go h2 {
192        color: #3d155f;
193        margin-bottom:20px;
194    }
195    .go ul {
196        display:flex;
197        justify-content:center;
198        gap:20px
199    }
200    .go ul li {
201        text-align:center;
202    }
203    .go ul li a {
204        display:block;
205        height:100%;
206    }
207    .go ul li p {
208        width:80px;
209        height:80px;
210        background: #3d155f;
211        padding-top:20px;
212        border-radius:20px;
213        margin-bottom:5px;
214    }
215    .go ul li span {
216        font-weight: bold;
217    }
```

[style.css]

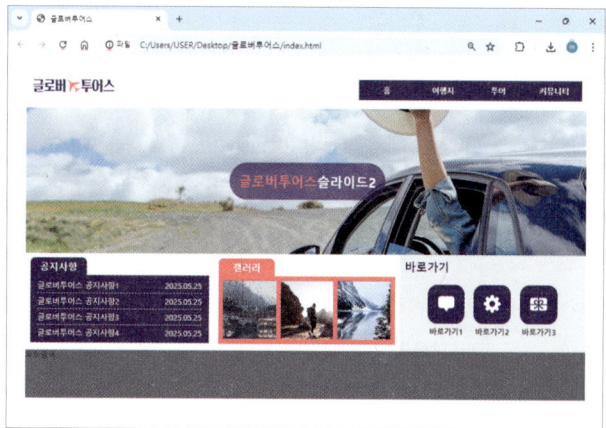

> 💬 **요소 TIP**
> - **display:flex** : .go ul을 플렉스 컨테이너로 설정하여, 자식 요소(⟨li⟩)들을 수평으로 나열
> - **justify-content:center** : flex로 나열된 자식 요소(⟨li⟩)를 수평 중앙 정렬
> - **.go ul li** : .go의 하위 요소 ⟨ul⟩의 하위 요소 ⟨li⟩의 하위 요소 지정하여 바로가기 리스트의 스타일 지정
>   - **text-align:center** : 수평 중앙 정렬이 상속되어 .go ul li의 하위 요소인 ⟨img⟩, ⟨span⟩을 수평 중앙 정렬
> - **.go ul li p** : .go의 하위 요소 ⟨ul⟩의 하위 요소 ⟨li⟩의 하위 요소 ⟨p⟩를 지정하여 바로가기 아이콘을 감싸는 컨테이너 스타일 지정
>   - **padding-top:20px** : 위쪽 내부 여백을 20픽셀 설정하여, ⟨img⟩가 아래로 내려오도록 설정
>   - **border-radius:20px** : 사방의 모서리를 20픽셀만큼 둥글게 설정
>   - **margin-bottom:5px** : 아래쪽 바깥 여백 5픽셀 설정하여, ⟨span⟩ 요소 사이를 띄워줌
> - **.go ul li span** : .go의 하위 요소 ⟨ul⟩의 하위 요소 ⟨li⟩의 하위 요소 ⟨span⟩ 지정하여 바로가기 아이콘 이름 스타일 지정
>   - **font-weight:bold** : 텍스트 굵게 설정

07 팝업창 구조 작업하기

세부 지시사항의 와이어프레임에서 팝업창의 형태를 확인합니다. Contents 폴더의 제공된 텍스트 파일을 사용하여 레이어 팝업(Layer Popup)을 제작합니다.

01 'index.html' 문서의 '⟨/div⟩⟨!-- // inner 닫은 태그--⟩' 다음 줄에 팝업창을 다음과 같이 작성합니다.

```html
<div class="popup">
    <h2>글로버투어스 공지사항1</h2>
    <p class="img">
        <img src="images/pop.jpg" alt="팝업 이미지 설명">
    </p>
    <p class="text">
        글로버투어스 공지사항<br>
        팝업창 내용입니다. <br>
        <strong>강조하고 싶은 부분은 강조해주세요!</strong>
    </p>
    <p class="close">
        <button>CLOSE X</button>
    </p>
</div>
```

[index.html]

> 💬 **요소 TIP**
> - **⟨div class="popup"⟩** : 팝업의 콘텐츠를 감싸주는 클래스 명이 popup인 요소
> - **⟨p class="img"⟩** : 팝업 내 이미지를 감싸주는 클래스 명이 img인 요소
> - **⟨p class="text"⟩** : 팝업 내 텍스트를 감싸주는 클래스 명이 text인 요소
> - **⟨p class="close"⟩** : 팝업 내 버튼 요소를 감싸주는 클래스 명이 close인 요소

08 팝업창 스타일 작업하기

01 'style.css' 문서의 마지막 줄에 팝업창의 스타일을 다음과 같이 작성합니다.

```
.popup {
    position:absolute;
    width:500px;
    top:50%;
    left:50%;
    transform:translate(-50%, -50%);
    background:#fff;
    text-align:center;
    padding:20px;
    border : 2px solid #f96167;
    border-radius:20px;
    z-index : 9999;
}
```

```
222    .popup {
223        position: absolute;
224        width: 500px;
225        top: 50%;
226        left: 50%;
227        transform: translate(-50%, -50%);
228        background: #fff;
229        text-align: center;
230        padding: 20px;
231        border: 2px solid #f96167;
232        border-radius: 20px;
233        z-index: 9999;
234    }
```
[style.css]

02 'style.css' 문서의 'body' 스타일 다음 줄에 팝업창의 기준을 다음과 같이 작성합니다.

```
.wrap{
    position : relative
}
```

```
26    .wrap{
27        position:relative
28    }
29    .inner {
30        width:1200px;
31        margin:auto;
32    }
```
[style.css]

💬 요소 TIP

- 팝업창은 모든 콘텐츠의 가장 위에 표시되어야 하므로, 공중에 띄워 작업합니다.
- 팝업창을 홈페이지 가운데 배치하기 위해 .wrap에 기준을 설정합니다.
- 공중에 띄운 요소를 가운데 배치하는 방법
  - **top:50%** : 기준 요소의 상단에서부터 50% 아래로 배치
  - **left:50%** : 기준 요소의 왼쪽으로부터 50% 오른쪽으로 배치
  - **transform:translate(-50%, -50%)** : 자신의 너비와 높이의 50%만큼 왼쪽과 위쪽으로 이동
- **text-align:center** : 요소 내의 텍스트 또는 인라인, 인라인 블록 요소(〈img〉, 〈button〉)를 중앙 정렬
- **padding:20px** : 사방의 내부 여백을 20픽셀 설정
- **border:2px solid #f96167** : 2픽셀 두께의 색상 #f96167 실선 테두리 설정
- **border-radius:20px** : 사방의 모서리를 20픽셀만큼 둥글게 설정
- **z-index:9999** : position 속성으로 설정된 요소에 쌓이는 순서를 결정할 수 있으며 순서가 클수록 위로 쌓임

03 팝업의 타이틀과 내용 스타일을 다음과 같이 작성합니다.

```css
.popup h2 {
    color:#f96167;
    margin-bottom:20px;
}
.popup .text {
    margin:20px 0;
}
.popup .close {
    text-align : right;
}
.popup .close button{
    background:#f96167;
    border:0;
    padding:10px;
    color:#fff;
}
.popup .close button:hover{
    background:#3d155f;
}
```

```
238    .popup h2 {
239        color: #f96167;
240        margin-bottom:20px;
241    }
242    .popup .text {
243        margin:20px 0;
244    }
245    .popup .close {
246        text-align:right;
247    }
248    .popup .close button{
249        background: #f96167;
250        border:0;
251        padding:10px;
252        color: #fff;
253    }
254    .popup .close button:hover{
255        background: #3d155f;
256    }
```

[style.css]

> 💬 **요소 TIP**
> - **.popup .text** : .popup의 하위 요소 .text를 지정하여 팝업 내 텍스트 스타일 지정
>   - **margin:20px 0** : 위·아래 바깥 여백 20픽셀 설정
> - **.popup .close** : .popup의 하위 요소 .close를 지정하여 팝업 내 버튼을 감싸는 영역
>   - **text-align:right** : 인라인 블록 요소인 〈button〉 우측 정렬
> - **.popup .close button** : .popup의 하위 요소 .close 하위 요소 〈button〉 지정
>   - **border:0** : 〈button〉의 기본 테두리를 제거
> - **.popup .close button:hover** : .popup의 하위 요소 .close 하위 요소 button에 마우스를 올렸을 때 스타일 지정

04 작업한 모든 파일을 저장하고 'index.html' 문서가 활성화된 상태에서 상태표시줄에 Go Live를 선택하여 웹 브라우저인 '크롬(Chrome)'으로 작업 결과를 확인합니다. 팝업창의 스타일 작업이 완료되었다면 팝업창을 숨깁니다.

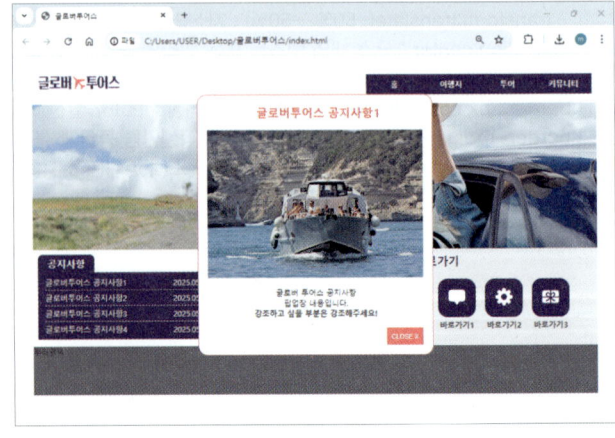

```css
.popup {
    position:absolute;
    width:500px;
    top:50%;
    left:50%;
    transform:translate(-50%, -50%);
    background:#fff;
    text-align:center;
    padding:20px;
    border : 2px solid #f96167;
    border-radius:20px;
    z-index : 9999;
    display:none;
}
```

```
225    .popup {
226      position:absolute;
227      width:500px;
228      top:50%;
229      left:50%;
230      transform:translate(-50%, -50%);
231      background: #fff;
232      text-align:center;
233      padding:20px;
234      border:2px solid #f96167;
235      border-radius:20px;
236      z-index:9999;
237      display:none;
238    }
```

[style.css]

> **💬 요소 TIP**
>
> **display:none** : 요소를 선택하여 숨김(스크립트에서 추가 작업 예정)

09 팝업창 스크립트 작업하기

세부 지시사항의 C.1 공지사항 팝업 효과를 구현합니다. 공지사항의 첫 번째 게시글을 클릭(Click) 시 레이어 팝업(Layer Popup)이 나오도록 작업하고, 레이어 팝업의 Close 버튼을 클릭하면 해당 레이어 팝업이 닫히도록 작업합니다.

01 'script.js' 문서에서 마지막 줄 '})' 안쪽에 팝업창 스크립트를 다음과 같이 작성합니다.

```javascript
//팝업
$(".pop").click(function(){
    $(".popup").show();
    return false;
})
$(".close button").click(function(){
    $(".popup").hide();
})
```

```
20    //팝업
21    $(".pop").click(function(){
22      $(".popup").show();
23      return false;
24    })
25    $(".close button").click(function(){
26      $(".popup").hide();
27    })
```

[script.js]

> **💬 요소 TIP**
>
> - **$(".pop")** : jQuery 선택자로, HTML 문서 내 공지사항의 첫 번째 게시물 .pop 지정
> - **.click(function( ){ ... })** : jQuery에서 제공하는 이벤트 메서드로 클릭 시 { }(중괄호) 내 실행문을 실행
> - **$(".popup")** : jQuery 선택자로, 숨겨 놓은 팝업창의 .popup 요소 지정
> - **show( )/hide( )** : show( )는 요소를 표시하는 이벤트, hide( )는 요소를 숨기는 이벤트

02 작업한 모든 파일을 저장하고 'index. html' 문서가 활성화된 상태에서 상태표시줄에 Go Live를 선택하여 웹 브라우저인 '크롬(Chrome)'으로 작업 결과를 확인합니다.

03 공지사항 첫 번째 게시글을 클릭하면 팝업창이 열리고, Close 버튼을 클릭하면 팝업창이 닫힙니다.

➕ 더 알기 TIP

- **레이어 팝업 & 모달 레이어 팝업**
  웹디자인개발기능사 실기시험의 팝업창 종류는 레이어 팝업과 모달 레이어 팝업으로 구분되어 출제되고 있습니다.

- **레이어 팝업**
  레이어 팝업(Layer Popup)은 웹 페이지 위에 나타나는 팝업창으로, 사용자에게 특정 메시지나 정보를 표시합니다. 레이어 팝업은 배경 콘텐츠와 동시에 상호작용할 수 있으며, 일반적으로 닫기 버튼으로 닫을 수 있습니다.

- **모달 레이어 팝업**
  모달 레이어 팝업(Modal Layer Popup)은 웹 페이지 위에 나타나는 팝업창으로, 팝업이 열려 있는 동안 배경 콘텐츠와의 상호작용을 차단합니다. 사용자에게 배경 콘텐츠 상호 작용을 차단된다는 것을 보여주기 위해 어두운 배경을 설정하며 사용자가 팝업을 닫기 전까지 다른 작업을 할 수 없도록 하여 중요한 메시지나 동작을 강조하는 데 사용됩니다.

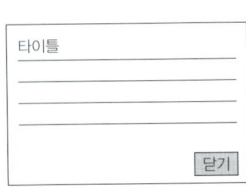

레이어 팝업

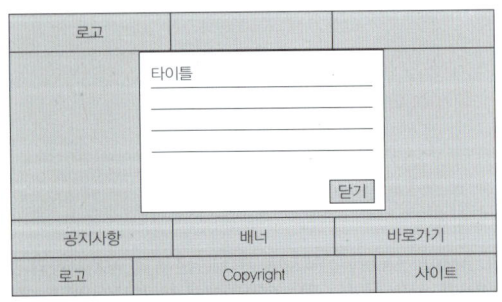

모달 레이어 팝업

6 STEP 세부 영역별 지시사항 – ⓓ Footer 영역 약 20분

01 하단 로고 제작하기

세부 지시사항에 따라 D Footer 영역의 로고를 제작합니다. 이때 로고는 무채색(Grayscale)으로 변경하여 하단에 배치해야 하므로, 포토샵을 사용하여 로고를 무채색으로 변경합니다.

01 하단 로고 제작을 위해 포토샵을 실행합니다.

02 [파일(File)] – [열기(Open)] 또는 Ctrl + O를 눌러, 'images' 폴더 안에 있는 'logo.png' 파일을 열어줍니다.

03 [이미지(Image)] – [조정(Adjustment)] – [채도 감소(Desaturate)]를 선택합니다.

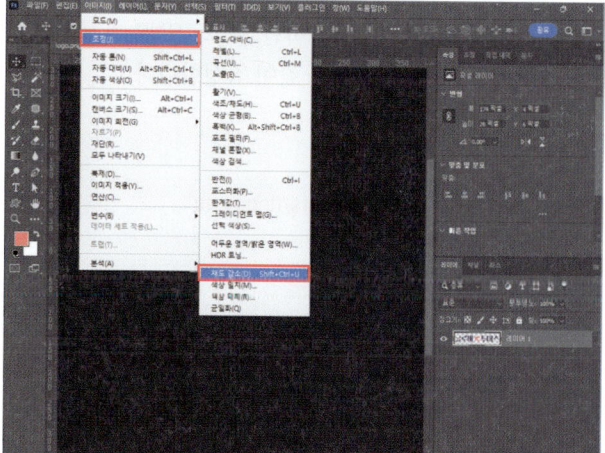

04 이미지가 무채색으로 변경된 것을 확인하고 [파일(File)] - [내보내기(Export)] - [PNG로 빠른 내보내기(Quick Export as PNG)] 선택하고, 파일 형식 '*.png'로 'images' 폴더 안에 저장합니다.
- 파일 이름 : flogo.png

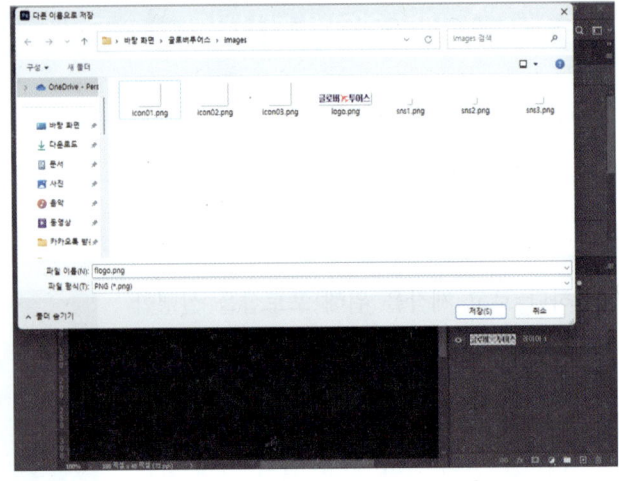

02 푸터 영역 구조 작업하기

제공된 텍스트와 이미지를 이용하여 하단 로고, Copyright, SNS를 작업합니다.

01 'index.html' 문서 '〈footer〉〈/footer〉' 영역 내 텍스트를 지우고 하단 로고, SNS, Copyright 순으로 다음과 같이 작성합니다.

〈footer〉
　　〈p class="flogo"〉
　　　　〈img src="images/flogo.png" alt="글로버투어스"〉
　　〈/p〉
　　〈ul class="fsns"〉
　　　　〈li〉
　　　　　　〈a href="#"〉
　　　　　　　　〈img src="images/sns1.png" alt="sns1"〉
　　　　　　〈/a〉
　　　　〈/li〉
　　　　〈li〉
　　　　　　〈a href="#"〉
　　　　　　　　〈img src="images/sns2.png" alt="sns2"〉
　　　　　　〈/a〉
　　　　〈/li〉
　　　　〈li〉

[index.html]

```html
            <a href="#">
                <img src="images/sns3.png" alt="sns3">
            </a>
        </li>
    </ul>
    <p class="fcopy">
        COPYRIGHT &copy; by WEB DESIGN DEVELOPMENT. ALL RIGHTS RESERVED.
    </p>
</footer>
```

> 💬 **요소 TIP**

- **〈footer〉** : 하단 로고와 SNS, Copyright를 묶어주는 요소
- **〈ul class="fsns"〉** : SNS 리스트를 묶어주는 요소
- **©** : HTML에서 저작권 기호(ⓒ)를 표시하기 위한 특수 문자

03 푸터 영역 스타일 작업하기

01 'style.css' 문서에서 'footer'를 찾아 푸터 영역 스타일을 다음과 같이 작성합니다.

```css
footer {
    height:100px;
    background:#666;
    color:#fff;
    padding-left:20px;
    display:flex;
    gap:30px;
    align-items:center;
}
```

```
221    footer {
222        height:100px;
223        background:■#666;
224        color:□#fff;
225        padding-left:20px;
226        display:flex;
227        gap:30px;
228        align-items:center;
229    }
```
[style.css]

> 💬 **요소 TIP**

- **footer** : 〈footer〉의 선택자로 하단 영역 스타일 지정
  - **color:#fff** : 〈footer〉에 글자 색상을 흰색으로 설정하면, 하위 요소들에 상속되어 .fcopy의 글자가 흰색으로 설정
  - **padding-left:20px** : 왼쪽 내부 여백 20픽셀 설정
  - **display:flex** : 〈footer〉를 플렉스 컨테이너로 설정하여, 자식 요소(.flogo, .fsns)들을 수평으로 나열
  - **gap:30px** : flex로 나열된 자식 요소(.flogo, .fsns)의 사이 간격 30픽셀 지정
  - **align-items:center** : 플렉스 컨테이너 영역(〈footer〉)에서 자식 요소(.flogo, .fsns)를 수직 중앙 정렬

02 SNS 영역을 공중에 띄워, footer를 기준으로 위치를 설정합니다. 그리고 'footer' 스타일 다음 줄에 다음과 같이 작성합니다.

```css
footer {
    position:relative;
    height:100px;
    background:#666;
    color:#fff;
    padding-left:20px;
}
.fsns {
    position:absolute;
    display:flex;
    gap:10px;
    top:30px;
    right:30px;
}
.fsns li a {
    display:block;
    width:30px;
    height:30px;
    background:#fff;
    border-radius:50%;
    text-align:center;
    padding-top:10px;
}
.fsns li:nth-child(1) a {
    background:#3f5b9a;
}
.fsns li:nth-child(2) a {
    background:#47b749;
}
.fsns li:nth-child(3) a {
    background:red;
}
```

```css
221  footer {
222      position:relative;
223      height:100px;
224      background: #666;
225      color: #fff;
226      padding-left:20px;
227      display:flex;
228      gap:30px;
229      align-items:center;
230  }
```
[style.css]

```css
231  .fsns {
232      position:absolute;
233      display:flex;
234      gap:10px;
235      top:30px;
236      right:30px;
237  }
238  .fsns li a {
239      display:block;
240      width:30px;
241      height:30px;
242      background: #fff;
243      border-radius:50%;
244      text-align:center;
245      padding-top:10px;
246  }
247  .fsns li:nth-child(1) a {
248      background: #3f5b9a;
249  }
250  .fsns li:nth-child(2) a {
251      background: #47b749;
252  }
253  .fsns li:nth-child(3) a {
254      background: red;
255  }
```
[style.css]

💬 요소 TIP

- **.fsns** : 〈ul class="fsns"〉선택자로 SNS 영역 스타일 지정
  - **position:absolute** : .fsns를 공중에 띄워 상위 요소(〈footer〉)에 기준을 설정하여 원하는 위치에 절대 위치로 지정
  - **top:30px** : 기준 요소(〈footer〉)의 상단에서부터 30픽셀 아래로 배치
  - **right:30px** : 기준 요소(〈footer〉)의 오른쪽에서부터 30픽셀 왼쪽으로 배치
- **.fsns li a** : .fsns 하위 요소 중 〈li〉의 하위 요소 〈a〉 지정
  - **border-radius:50%** : 모서리를 둥글게 만들어, 정사각형 요소를 원형으로 변환
  - **text-align:center** : 인라인 블록 요소인 〈img〉 수평 중앙 정렬
- **.fsns li:nth-child(1) a** : .fsns 내 첫 번째 〈li〉의 하위 요소 〈a〉 지정
- **.fsns li:nth-child(2) a** : .fsns 내 두 번째 〈li〉의 하위 요소 〈a〉 지정
- **.fsns li:nth-child(3) a** : .fsns 내 세 번째 〈li〉의 하위 요소 〈a〉 지정

03 작업한 모든 파일을 저장하고 'index.html' 문서가 활성화된 상태에서 상태표시줄에 Go Live를 선택하여 웹 브라우저인 '크롬(Chrome)'으로 작업 결과를 확인합니다.

7 STEP 최종 검토하기   약 15분

최종 결과물 Check!

작업을 완료했다면 최종 결과물을 확인합니다.

제출 방법

1. 수험자의 비번호로 된 폴더를 제출합니다.
2. 비번호로 된 폴더 안에 'index.html', 'images', 'js', 'css' 폴더와 작업한 파일이 저장되어 있는지 확인합니다.
3. 'index.html'를 열었을 때 모든 리소스가 표시되고 정상 작동해야 합니다.
4. 비번호로 된 폴더의 용량이 10MB가 초과되지 않아야 합니다. (ai, psd 파일은 제출하지 않습니다.)

기술적 준수사항

1. HTML5 기준 웹 표준을 준수해야 합니다. 현장에서 인터넷 사용이 불가하므로 연습 시 HTML 유효성 검사로 오류가 있는지 확인합니다.
2. CSS3 기준 오류가 없도록 작업해야 합니다. 현장에서 인터넷 사용이 불가하므로 연습 시 CSS 유효성 검사로 오류가 있는지 확인합니다.
3. 스크립트 오류가 표시되지 않아야 합니다. 웹 브라우저에서 F12를 눌러 개발자 도구를 실행한 후, 콘솔(Console) 탭에서 오류가 있는지 확인합니다.
4. 'index.html'을 열었을 때 Tab 으로 요소를 이동, 선택할 수 있어야 합니다.
5. 'index.html'을 열었을 때 다양한 화면 해상도에서 페이지 레이아웃이 정상적으로 표시되어야 합니다.
6. 페이지 전체는 CSS를 이용해 레이아웃을 구성해야 합니다.
7. 브라우저에서 CSS를 '사용 안 함'으로 설정하면 콘텐츠가 기본적으로 세로로 나열되어 표시됩니다.
8. 모든 이미지는 대체 텍스트(alt 속성)를 포함하여 이미지의 의미나 용도를 명확히 전달해야 합니다.
9. 텍스트 간의 위계질서를 직관적으로 알 수 있어야 합니다.
10. 제작된 사이트의 최신 버전의 Google Chrome 브라우저에서 레이아웃, 구성 요소의 크기 및 위치 등이 정상적으로 표시되어야 합니다.

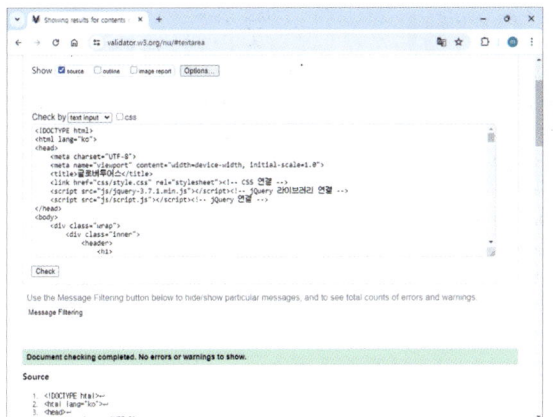
HTML 유효성 검사 - 오류 없음

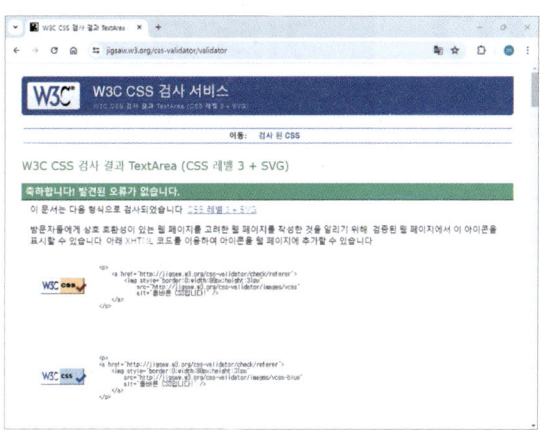
CSS 유효성 검사 - 오류 없음

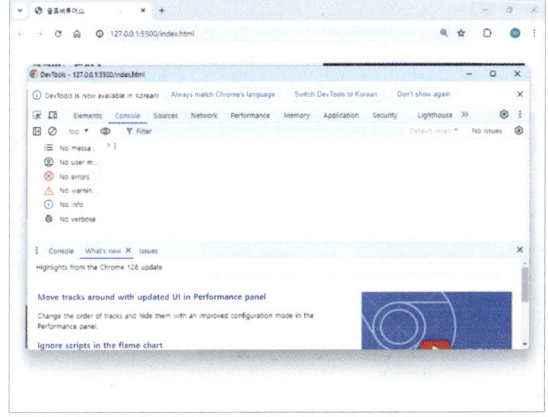
JavaScript와 jQuery의 오류 검사 - 오류 없음

02 기출 유형 문제 02회

반복학습 1 2 3

작업파일 ▶ [PART 04 〉 기출 유형 문제 02회 〉 수험자 제공 파일]을 열어서 작업하세요.

[공개 문제 : B 유형]

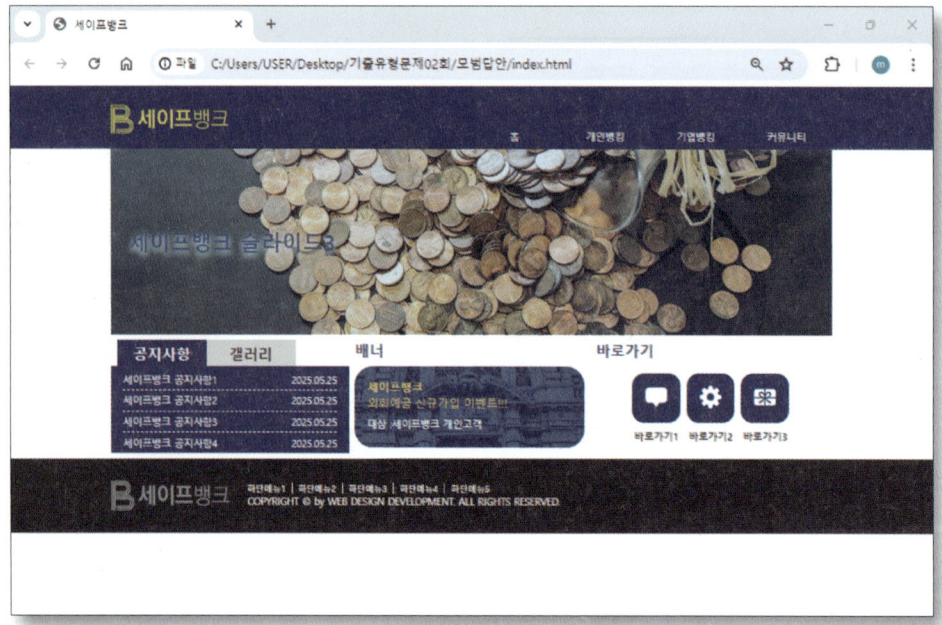

세이프뱅크 웹사이트 제작

국가기술자격 실기시험 문제

자격 종목	웹디자인개발기능사	과제명	세이프뱅크

※ 시험시간 : 3시간

1. 요구사항

※ 다음 요구사항을 준수하여 주어진 자료(수험자 제공 파일)를 활용하여 시험시간 내에 웹페이지를 제작 후 10MB **용량이 초과되지 않게** 저장 후 제출하시오.

※ 웹페이지 코딩은 **HTML5 기준 웹 표준**을 준수하여야 하며, 요구사항에 지정되지 않은 요소들은 주제 특성에 맞게 자유롭게 디자인하시오.

※ 문제에서 지시하지 않은 와이어프레임 영역 비율, 레이아웃, 텍스트의 글자체/색상/크기, 요소별 크기, 색상 등은 수험자가 과제명(가.주제) 특성에 맞게 자유롭게 디자인하시오.

가. 주제 : 세이프뱅크 홈페이지 제작

나. 개요

금융 서비스를 제공하는 회사 「세이프뱅크」 홈페이지를 제작하고자 한다. 고객들이 다양한 금융 상품과 서비스에 대한 정보를 얻을 수 있는 웹사이트 제작을 요청하였다. 아래의 요구사항에 따라 메인 페이지를 제작하시오.

다. 제작 내용

01) 메인 페이지를 디자인하고 HTML, CSS, JavaScript 기반의 웹페이지를 제작한다. (이때 jQuery 오픈소스, 이미지, 텍스트 등의 제공된 리소스를 활용하여 제작할 수 있다.)
02) HTML, CSS의 charset은 utf-8로 해야 한다.
03) 컬러 가이드

주조색 (Main color)	보조색 (Sub color)	배경색 (Background color)	기본 텍스트의 색 (Text color)
자유롭게 지정	자유롭게 지정	#FFFFFF	#333333

04) 사이트 맵(Site map)

	Index page / 메인(Main)			
메인 메뉴(Main menu)	홈	개인뱅킹	기업뱅킹	커뮤니티
서브 메뉴(Sub menu)	회사소개 경영진소개 사회적책임 역사&연혁	계좌개설 대출상품 예금상품 카드서비스	기업계좌 금융지원 결제서비스 컨설팅	최신뉴스 공지사항 고객센터

| 자격 종목 | 웹디자인개발기능사 | 과제명 | 세이프뱅크 |

05) 와이어프레임(Wireframe)

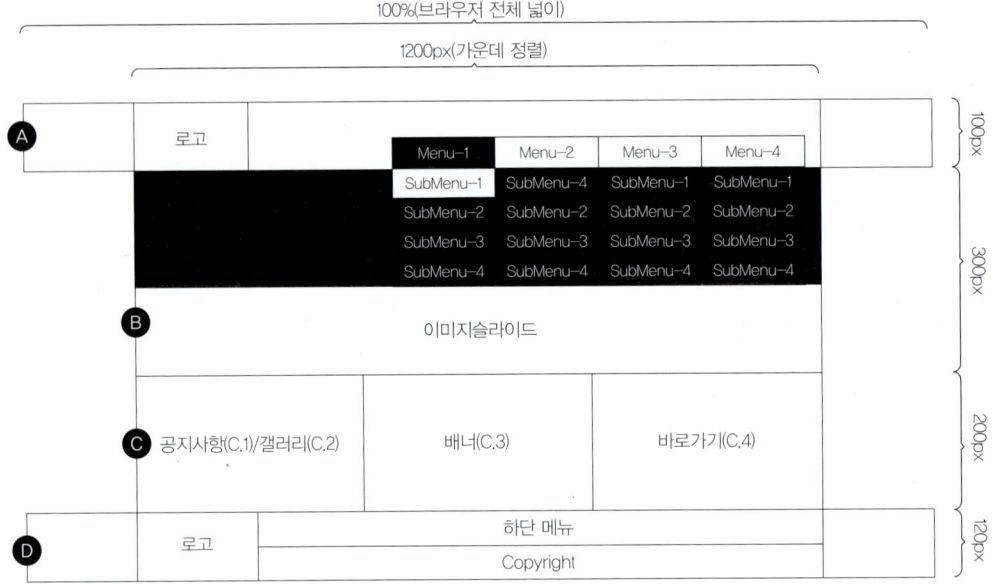

〈C영역 콘텐츠 각각의 넓이는 수험자가 판단〉

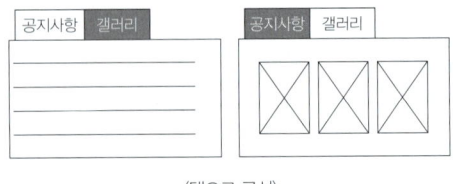

〈탭으로 구성〉

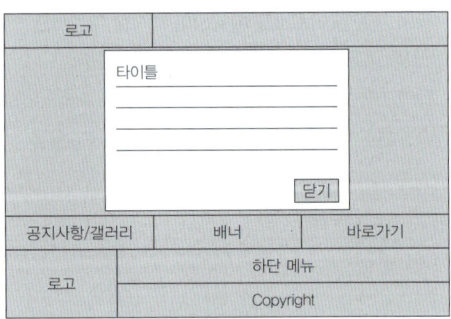

〈모달 레이어 팝업창 구성〉

자격 종목	웹디자인개발기능사	과제명	세이프뱅크

라. 세부 영역별 지시사항

영역 및 명칭	세부 지시사항
Ⓐ Header	**A.1 로고** ○ Header 폴더에 제공된 로고를 삽입한다. 로고의 색은 과제명(가.주제)에 맞게 반드시 변경하여야 한다. ※ 로고의 크기 변경 시, 가로세로 비율(종횡비, Aspect ratio)을 유지하여야 한다. (가로세로 비율을 유지하며 크기 변경 가능) **A.2 메뉴 구성** ※ 사이트 구조도를 참고하여 메인 메뉴(Main menu)와 서브 메뉴(Sub menu)로 구성한다. (1) 메인 메뉴(Main menu) 효과 [와이어프레임 참조] ○ 메인 메뉴 중 하나에 마우스를 올리면(Mouse over) 하이라이트 되고, 벗어나면(Mouse out) 하이라이트를 해제한다. ○ 메인 메뉴를 마우스로 올리면(Mouse over) 서브 메뉴 영역이 부드럽게 나타나면서, 서브 메뉴가 보이도록 한다. ○ 메인 메뉴에서 마우스 커서가 벗어나면(Mouse out) 서브 메뉴 영역은 부드럽게 사라져야 한다. (2) 서브 메뉴 영역 효과 ○ 서브 메뉴 영역은 메인 페이지 콘텐츠를 고려하여 배경 색상을 설정한다. ○ 서브 메뉴 중 하나에 마우스를 올리면(Mouse over) 하이라이트 되고 벗어나면(Mouse out) 하이라이트를 해제한다. ○ 마우스 커서가 메뉴 영역을 벗어나면(Mouse out) 서브 메뉴 영역은 부드럽게 사라져야 한다.
Ⓑ Slide	**B. Slide 이미지 제작** ○ [Slide] 폴더에 제공된 3개의 이미지로 제작한다. ○ [Slide] 폴더에 제공된 3개의 텍스트를 각 이미지에 적용하되, 텍스트의 글자체, 굵기, 색상, 크기를 적절하게 설정하여 가독성을 높이고, 독창성이 드러나도록 제작한다. **B. Slide 애니메이션 작업** ※ 위에서 작업한 결과물을 이용하여 슬라이드 작업을 한다. ○ 이미지 슬라이드는 「Fade-in, Fade-out」 효과를 이용하여 제작한다. (하나의 이미지가 서서히 사라지고, 다른 이미지가 서서히 나타나는 효과이다.) ○ 슬라이드는 매 3초 이내로 하나의 이미지에서 다른 이미지로 전환되어야 한다. ○ 웹사이트를 열었을 때 자동으로 시작되어 반복적으로(마지막 이미지가 슬라이드 되면 다시 첫 번째 이미지가 슬라이드 되는 방식) 슬라이드 되어야 한다.
Ⓒ Contents	**C.1 공지사항** ○ 공지사항 타이틀 영역과 콘텐츠 영역을 구분하여 표현해야 한다. ○ 콘텐츠는 Contents 폴더의 제공된 텍스트를 적용하여 제작한다. ○ 공지사항의 첫 번째 콘텐츠를 클릭(Click)할 경우 모달 레이어 팝업창(Modal Layer Popup)이 나타나며, 레이어 팝업창 내에 닫기 버튼을 두어서 클릭하면 해당 팝업창이 닫혀야 한다. [와이어프레임 참조] ○ 레이어 팝업의 제목과 내용은 Contents 폴더의 제공된 텍스트 파일을 사용한다. **C.2 갤러리** ○ Contents 폴더의 제공된 이미지 3개를 사용하여 가로 방향으로 배치한다. [와이어프레임 참조] ○ 공지사항과 갤러리는 탭 기능을 이용하여 제작하여야 한다. ○ 각 탭을 클릭(Click) 시 해당 탭에 대한 내용이 보여야 한다. [와이어프레임 참조] **C.3 배너** ○ Contents 폴더의 제공된 파일을 활용하여 편집 또는 디자인하여 제작한다.

자격 종목	웹디자인개발기능사	과제명	세이프뱅크

	C.4 바로가기 ㅇ Contents 폴더의 제공된 파일을 활용하여 편집 또는 디자인하여 제작한다. ※ 콘텐츠는 HTML 코딩으로 작성해야 하며, 이미지로 삽입하면 안 된다.
ⓓ Footer	D. Footer ㅇ 로고를 Grayscale(무채색)로 변경하고 사용자의 접근성을 고려하여 배치한다. ㅇ Footer 폴더의 제공된 텍스트를 사용하여 Copyright, 하단 메뉴를 제작한다.

마. 기술적 준수사항

01) 웹페이지 코딩은 HTML5 기준 웹 표준을 준수하여야 하며, **HTML 유효성 검사(W3C validator)** 에서 오류('ERROR')가 없도록 코딩하여야 한다.
   ※ HTML 유효성 검사 서비스는 시험 시 제공하지 않는다. (인터넷 사용불가)
02) CSS는 별도의 파일로 제작하여 링크하여야 하며, CSS3 기준 **(W3C validator)** 에서 오류('ERROR')가 없도록 코딩되어야 한다.
03) JavaScript 코드는 별도의 파일로 제작하여 연결하여야 하며 Google Chrome(브라우저)에 내장된 개발도구의 Console 탭에서 오류('ERROR')가 표시되지 않아야 한다.
04) 별도로 지정하지 않은 상호작용이 필요한 모든 콘텐츠(로고, 메뉴, 버튼, 바로가기 등)는 임시 링크(예 : #)를 적용하고 'Tab, Tab'으로 이동 선택할 수 있어야 한다.
05) 사이트는 다양한 화면 해상도에서 일관성 있는 페이지 레이아웃을 제공해야 한다.
06) 웹 페이지 전체 레이아웃은 Table 태그 사용이 아닌 CSS를 통한 레이아웃 작업으로 해야 한다.
07) 브라우저에서 CSS를 "사용 안 함"으로 설정한 경우 콘텐츠가 세로로 나열된다.
08) 타이틀 텍스트(Title text), 바디 텍스트(Body text), 메뉴 텍스트(Menu text)의 각 글자체/굵기/색상/크기 등을 적절하게 설정하여 사용자가 텍스트 간의 위계질서(Hierarchy)를 직관적으로 알 수 있도록 한다.
09) 모든 이미지에는 이미지에 대한 대체 텍스트를 표현할 수 있는 alt 속성이 있어야 한다.
10) 제작된 사이트 메인페이지의 레이아웃, 구성요소의 크기 및 위치 등은 최신 버전의 Google Chrome에서 정상적으로 동작해야 한다.

바. 제출 방법

01) 수험자는 비번호로 된 폴더명으로 완성된 작품 파일을 저장하여 제출한다.
02) 폴더 안에는 images, script, css 등의 자료를 분류하여 저장한 폴더도 포함되어 있어야 하며, 메인페이지는 반드시 최상위 폴더에 index.html로 저장하여 제출해야 한다.
03) 수험자는 제출하는 폴더에 index.html을 열었을 때 연결되거나 표시되어야 할 모든 리소스들을 포함하여 제출해야 하며 수험자의 컴퓨터가 아닌 채점위원의 컴퓨터에서 정상 작동해야 한다.
04) 전체 결과물의 용량은 10MB 용량이 초과되지 않게 제출하며 ai, psd 등 웹서비스에 사용하지 않는 파일은 제출하지 않는다.

자격 종목	웹디자인개발기능사	과제명	세이프뱅크

2. 수험자 유의사항

※ 다음의 유의사항을 고려하여 요구사항을 완성하시오.

01) 수험자 인적사항 및 답안작성은 반드시 검은색 필기구만 사용하여야 하며, 그 외 연필류, 유색 필기구, 지워지는 펜 등을 사용한 답안은 채점하지 않으며 0점 처리됩니다.
02) 수험에 필요한 소프트웨어 및 참고자료가 하드웨어에 설치되어 있는지 확인 후 작업하시오.
03) 참고자료의 내용 중 오자 및 탈자 등이 있을 때는 수정하여 작업하시오.
04) 지참공구[수험표, 신분증, 필기도구] 이외의 참고자료 및 외부장치(USB, 키보드, 마우스, 이어폰) 등 **어떠한 물품도 시험 중에 지참할 수 없음을 유의하시오.**
 (단, 시설목록 이외의 정품 소프트웨어(폰트 제외)를 설치하고자 할 때에는 감독위원의 입회하에 설치하여 사용하시오.)
05) 수험자가 컴퓨터 활용 미숙 등으로 인한 시험의 진행이 어렵다고 판단되었을 때는 감독위원은 시험을 중지시키고 실격처리를 할 수 있음을 유의하시오.
06) **바탕화면에 수험자 본인의 "비번호" 이름을 가진 폴더에 완성된 작품의 파일만을 저장하시오.**
07) 모든 작품을 감독위원 또는 채점위원이 검토하여 복사된 작품(동일 작품)이 있을 때에는 관련된 수험자 모두를 부정행위로 처리됨을 유의하시오.
08) 장시간 컴퓨터 작업으로 신체에 무리가 가지 않도록 적절한 몸풀기(스트레칭) 후 작업하시오.
09) **다음 사항에 대해서는 실격에 해당되어 채점 대상에서 제외됩니다.**
 가) 수험자 본인이 수험 도중 시험에 대한 포기(기권) 의사를 표시하고 포기하는 경우
 나) 작업범위(용량, 시간)를 초과하거나, 요구사항과 현격히 다른 경우(채점위원이 판단)
 다) <u>Slide가 JavaScript(jQuery포함), CSS 중 하나 이상의 방법을 이용하여 제작되지 않은 경우</u>
    ※ 움직이는 Slide를 제작하지 않고 이미지 하나만 배치한 경우도 실격처리 됨
 라) 수험자 미숙으로 비번호 폴더에 완성된 작품 파일을 저장하지 못했을 경우
 마) 압축 프로그램을 사용하여 작품을 압축 후 제출한 경우
 바) 과제기준 20% 이상 완성이 되지 않은 경우(채점위원이 판단)

3. 지급재료 목록

일련 번호	재료명	규격	단위	수량	비고
1	수험자료 USB 메모리	32GB 이상	개	1	시험장당
2	USB 메모리	32GB 이상	개	1	시험장당 1개씩(채점위원용) ※수험자들의 작품 관리

※ 국가기술자격 실기시험 지급재료는 시험종료 후(기권, 결시자 포함) 수험자에게 지급하지 않습니다.

단계별 작업 따라하기

1 STEP 웹 페이지 기본 설정   약 15분

01 HTML5 버전 index.html 만들기

문제를 풀기 전 컴퓨터 바탕화면에 본인에게 부여된 '비번호' 폴더를 생성합니다. '비번호' 폴더 안에 'images', 'css', 'js' 폴더를 각각 생성하고, 주어진 수험자 제공 파일들을 각 폴더에 맞게 정리합니다. 본 교재는 '비번호' 대신 '세이프뱅크' 폴더 설정 후 작업을 진행합니다.

* 이 책에서는 웹 문서 편집 프로그램으로 Visual Studio Code를 사용하였습니다.

01 Visual Studio Code를 실행합니다. [시작 화면] – [폴더 열기] 또는 상단 메뉴에서 [파일] – [폴더 열기] 선택합니다.

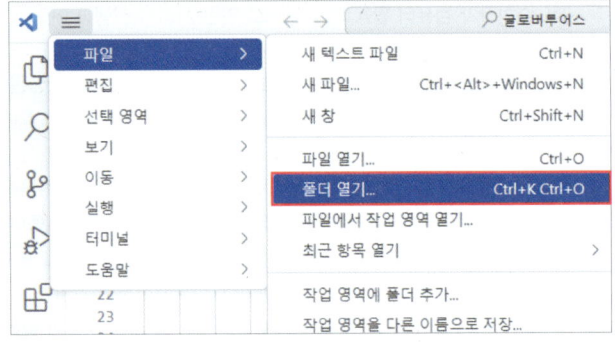

02 바탕화면에 미리 생성해 둔 '세이프뱅크' 폴더를 선택합니다.

03 Visual Studio Code 좌측 탐색기 아이콘을 선택하여 탐색기 패널을 활성화합니다. 탐색기 패널에는 미리 만들어 놓은 'images', 'css', 'js' 폴더가 있습니다.

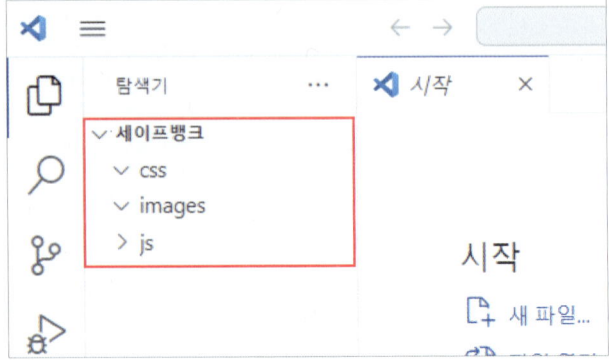

04 탐색기 패널에서 '새 파일' 아이콘을 선택하면, '세이프뱅크' 폴더 하위에 새 파일이 생성됩니다.

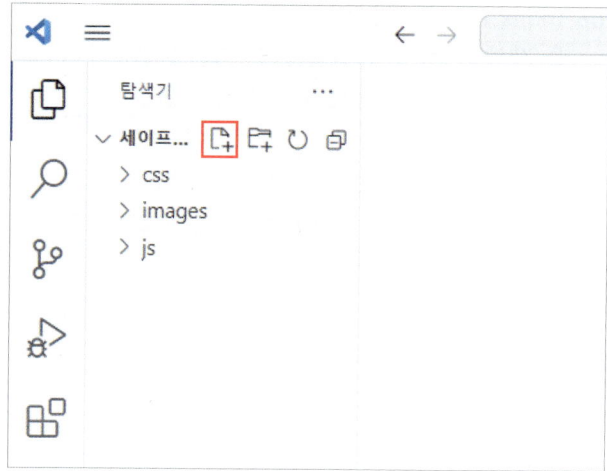

05 파일명을 'index.html'로 변경한 후 Enter 를 누르면, 우측 코드 창에 'index.html' 문서가 활성화되고 윈도우 탐색기에서 '세이프뱅크' 폴더 하위에 'index.html'을 확인할 수 있습니다.

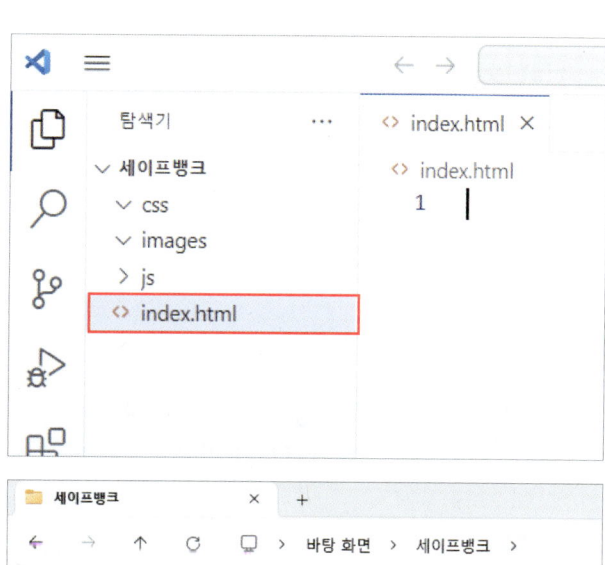

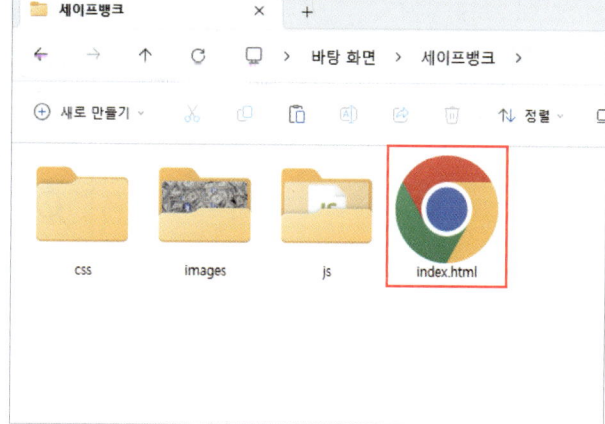

> **기적의 TIP**
>
> 모든 작업 폴더와 파일 이름은 영문으로, 띄어쓰기 없이 작성합니다.

06 'index.html' 문서에 HTML5 문서 형식을 작성하거나 '!'를 입력한 후 Tab 을 눌러 HTML5 문서 형식 코드를 자동 완성합니다. 이때 lang="en"을 lang="ko"로 변경하고, <title> 태그에 과제명을 입력 후 [파일(File)] - [저장(Save)] 또는 Ctrl + S 를 선택하여 저장합니다.

```
<!DOCTYPE html>
<html lang="ko">
<head>
    <meta charset="UTF-8">
    <meta name="viewport" content="width=device-width, initial-scale=1.0">
    <title>세이프뱅크</title>
</head>
<body>
</body>
</html>
```

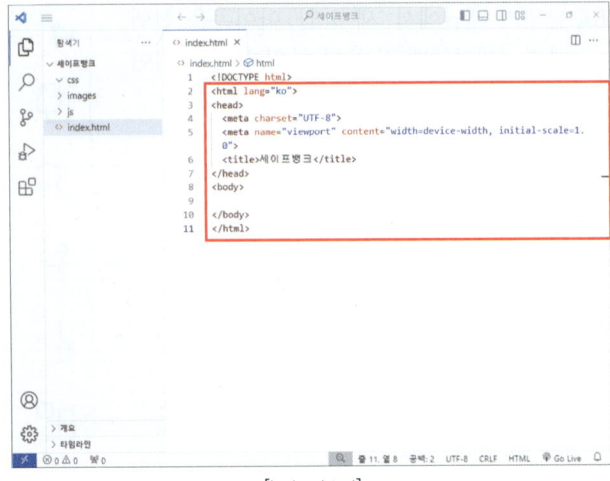

[index.html]

02 CSS 문서 만들기

작업을 시작하기 전, 실수를 줄이기 위해 미리 CSS 문서를 만듭니다.

01 탐색기 패널에 미리 만들어 놓은 'css' 폴더 선택 후 '새 파일' 아이콘을 선택하면 'css' 폴더 하위에 새 파일이 생성됩니다.

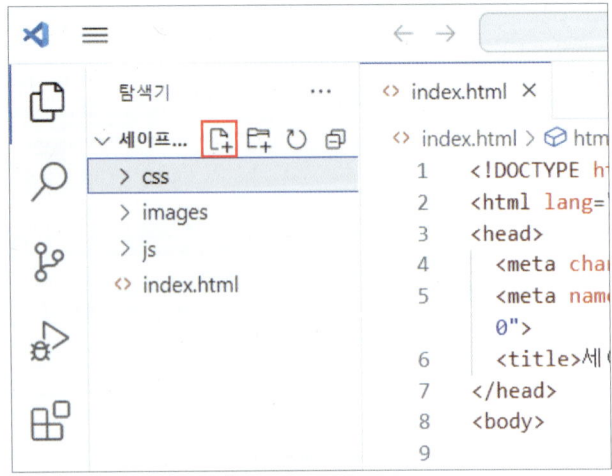

02 새 파일의 파일명을 'style.css'로 변경한 후 Enter 를 누르면, 우측 코드 창에 'style.css' 문서가 활성화된 것을 확인할 수 있습니다.

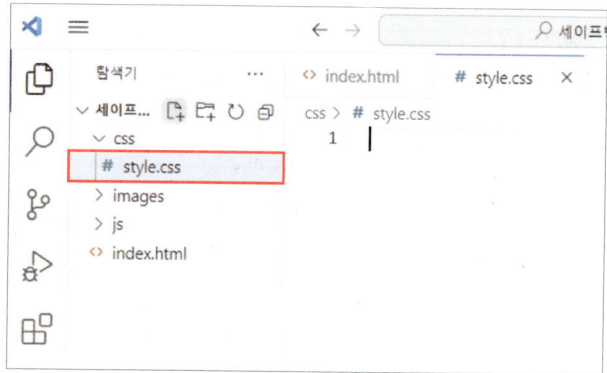

03 'style.css' 문서에 문자 인코딩 방식을 지정하는 @charset "utf-8"; 입력 후 리셋 CSS를 입력하고, [파일(File)] - [저장(Save)] 또는 Ctrl + S 를 선택하여 저장합니다.

```css
@charset "utf-8";
*{
    margin:0;
    padding:0;
    box-sizing:border-box;
}
li{
    list-style:none;
}
a{
    text-decoration:none;
    color:inherit;
}
img{
    vertical-align:top;
    max-width:100%;
}
button{
    cursor:pointer;
}
body{
    background:#369;
    color:#333
}
```

[style.css]

> 💬 **요소 TIP**
> - 리셋 CSS는 모든 요소의 기본 스타일을 제거하기 위해 리셋 CSS를 작성합니다.
> - * : 모든 HTML 요소 선택자로, 공통 스타일을 적용 시 사용
> - box-sizing:border-box : 요소의 패딩과 테두리를 포함하여 요소의 너비 설정
> - list-style:none : 목록 리스트의 불릿 숨김
> - text-decoration:none : 〈a〉의 밑줄 제거
> - color:inherit : 〈a〉는 글자 색을 상속받을 수 없으므로 글자 색상을 부모 요소로부터 상속받을 수 있게 설정
> - vertical-align:top : 〈img〉를 부모 요소 상단에 정렬
> - max-width:100% : 본래 이미지 크기보다 커지지 않으며, 부모 요소의 너비를 초과하지 않도록 설정
> - cursor:pointer : 요소 위 마우스 포인터를 올렸을 때 커서 모양을 손가락 모양으로 변경
> - color : '#333'은 16진수 표기법으로 'color:#333333'과 같은 색상을 나타내며, '#333'은 각 자리 숫자가 2번 반복된 6자리 값과 동일(예 'color:#f00' → 'color:#ff0000' 빨간색)

03 Script 문서 만들기

작업을 시작하기 전, 실수를 줄이기 위해 미리 Script 문서를 만듭니다.

01 수험자 제공 파일인 제이쿼리 라이브러리 파일 'jquery-1.12.3.js'를 '세이프뱅크' 하위 폴더의 'js' 폴더로 이동해 둡니다.

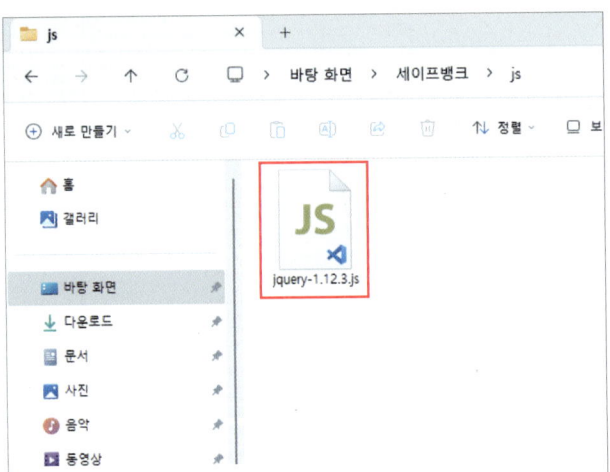

02 Visual Studio Code 탐색기 패널의 'js' 폴더 선택 후 '새 파일' 아이콘을 선택하면 하위에 새 파일이 생성됩니다.

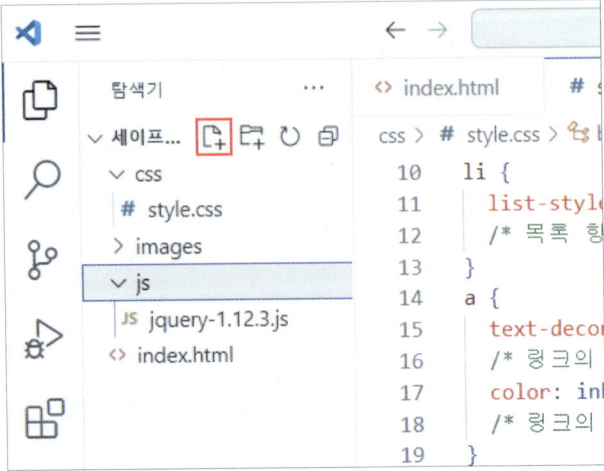

03 새 파일의 파일명을 'script.js'로 변경한 후 Enter 를 누르면, 우측 코드 창에 'script.js' 문서가 활성화된 것을 확인할 수 있습니다.

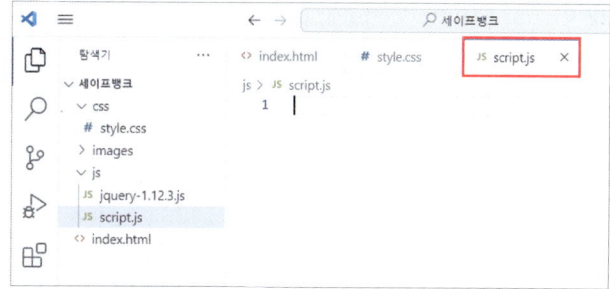

04 'script.js' 문서에 '$(function(){...})'을 입력합니다.

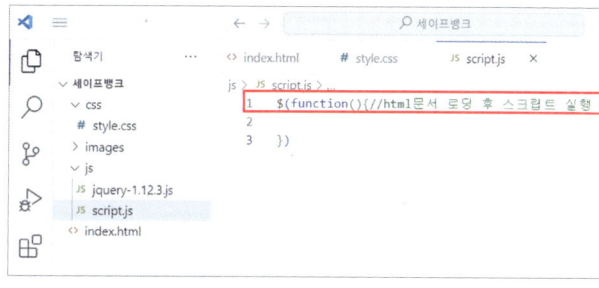

[script.js]

05 {...}(중괄호) 안 'alert("경고")'를 입력 후 Ctrl + S 로 저장합니다.

$(function(){
    alert("경고");
})

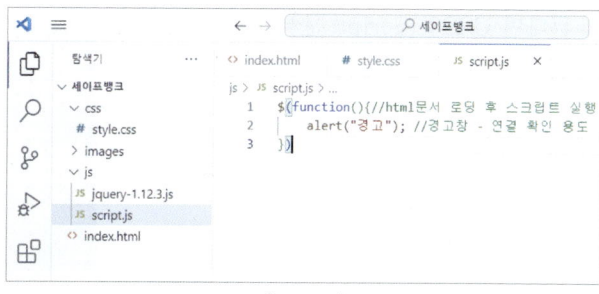

[script.js]

04 index 문서에 CSS, Script 문서 연결하기

'index.html' 문서에 CSS 문서와 Script 문서, jQuery 라이브러리를 연결합니다.

01 'index.html'에서 css와 js 문서를 〈head〉 태그 내 연결 후 Ctrl + S 로 저장합니다. js 문서연결 시 jQuery 라이브러리를 먼저 작성하고, script.js를 작성합니다.
〈link href="css/style.css" rel="stylesheet"〉
〈script src="js/jquery-1.12.3.js"〉〈/script〉
〈script src="js/script.js"〉〈/script〉

[index.html]

02 Visual Studio Code에 'index.html' 문서가 활성화된 상태에서 상태표시줄에 Go Live를 선택하여 웹 브라우저인 '크롬(Chrome)'으로 확인합니다.

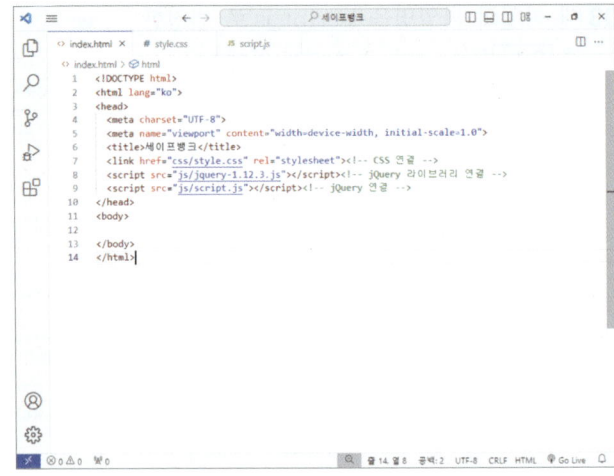

[index.html]

03 웹 브라우저의 배경색 '#369'와 경고창이 뜬다면 CSS와 Script 문서가 잘 연결된 것입니다. 확인 후 'style.css'에서 body 색상을 '#fff'로 변경하고 'script.js' 문서에서 경고창 스크립트를 삭제합니다.

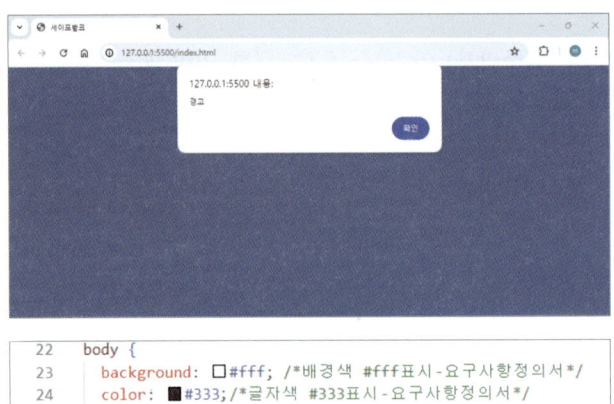

[style.css]

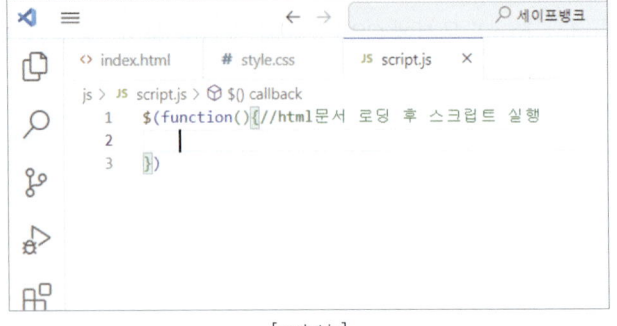

[script.js]

> **기적의 TIP**
>
> Go Live가 설치되지 않았을 때 바탕화면에서 '세이프뱅크' 폴더의 하위 파일 'index.html' 문서를 웹 브라우저인 '크롬(Chrome)'으로 열어 작업 결과를 확인할 수 있습니다.

2 STEP 와이어프레임 – 레이아웃과 스타일 작업   약 20분

01 레이아웃 HTML 구조 작업하기

요구사항정의서에 있는 와이어프레임을 바탕으로 주어진 콘텐츠와 수치를 파악하여 레이아웃을 제작합니다. 문제에서 지시하지 않은 부분은 자유롭게 설정합니다.

01 먼저, 요구사항정의서의 와이어프레임을 보면서 HTML로 영역을 구분하는 코드를 작성합니다. 다음과 같이 작성하고 [파일(File)] – [저장(Save)] 또는 Ctrl + S를 선택하여 저장합니다.

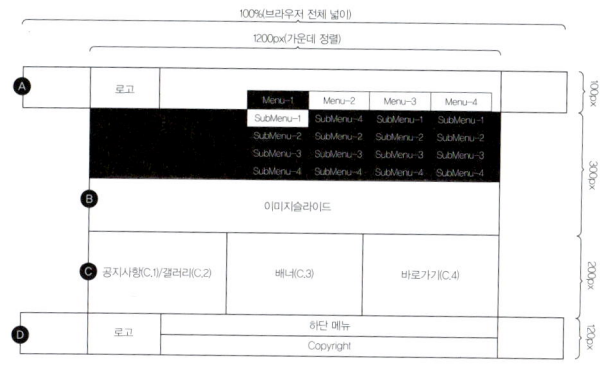

```
〈div class="wrap"〉
    〈header〉
        〈div class="inner"〉
            헤더영역
        〈/div〉
    〈/header〉
    〈section class="slide"〉
        슬라이드영역
    〈/section〉
    〈div class="contents"〉
        〈article class="con"〉
            공지사항/갤러리영역
        〈/article〉
        〈article class="banner"〉
            배너영역
        〈/article〉
        〈article class="go"〉
            바로가기영역
        〈/article〉
    〈/div〉
    〈footer〉
        〈div class="inner"〉
            푸터영역
        〈/div〉
    〈/footer〉
〈/div〉
```

[index.html]

요소 TIP

- HTML 주석은 〈!--로 시작하고 --〉로 끝납니다.
- class : 태그의 속성으로 각 태그의 이름을 지정하여 스타일을 적용하기 위해 사용되는 속성
- 홈페이지 구조화 작업 시 시맨틱 태그를 사용했으나, 다른 태그로 변경할 수 있습니다.
- 클래스 명은 각 영역에 맞게 설정했으나, 원하는 이름으로 변경할 수 있습니다.
- 〈div class="wrap"〉 : 전체를 감싸는 영역
- 〈div class="inner"〉 : 내부 콘텐츠를 감싸는 컨테이너 역할
- 〈header〉 : 웹 페이지 머리글 영역으로 로고와 메뉴를 포함하는 영역
- 〈section class="slide"〉 : 독립적인 주제를 가진 영역으로 슬라이드를 감싸는 영역
- 〈div class="contents"〉 : 공지사항/갤러리, 배너, 바로가기를 감싸는 영역
- 〈article〉 : 독립적으로 구분할 수 있는 콘텐츠 영역으로 공지사항, 갤러리, 바로가기를 각각 감싸는 영역
- 〈footer〉 : 웹 페이지의 바닥글 영역으로 하단 로고, 저작권, 패밀리사이트, SNS 등 포함하는 영역

02 'index.html' 문서가 활성화된 상태에서 상태표시줄에 Go Live를 선택하여 웹 브라우저인 '크롬(Chrome)'으로 작업 결과를 확인합니다.

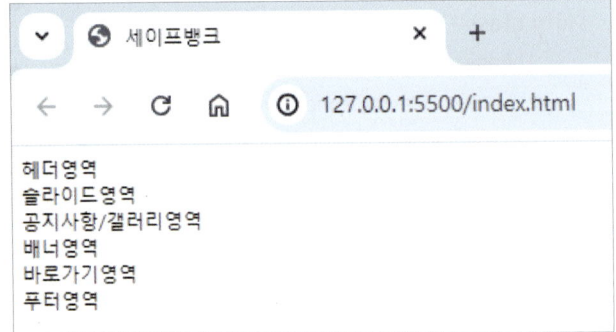

02 레이아웃 스타일 작업하기

HTML 구조를 기반으로 CSS 스타일을 적용하여, 요구사항정의서에 제시된 와이어프레임 레이아웃을 제작합니다.

01 'style.css' 문서에서 HTML 구조에 맞게 레이아웃 스타일을 'body' 스타일 다음 줄에 다음과 같이 입력하고, [파일(File)] – [저장(Save)] 또는 Ctrl + S 를 선택하여 저장합니다.

```css
header {
    height:100px;
    background:#f45750;
}
header .inner {
    width:1200px;
    height:100%;
    margin:auto;
    background:#fc6;
}
.slide {
    width:1200px;
    height:300px;
    margin:auto;
    background:#40b0f9;
}
.contents {
    width:1200px;
    height:200px;
    margin:auto;
    display:flex;
    background:#ff884d;
}
.contents article {
    width:400px;
}
.contents .banner {
    background:#2cc;
}
footer {
    height:120px;
    background:#666;
}
footer .inner {
    width:1200px;
    height:100%;
    margin:auto;
    background:#fc6;
}
```

```css
35  header {
36      height: 100px;
37      background: #f45750;
38  }
39  header .inner {
40      width: 1200px;
41      height: 100%;
42      margin: auto;
43      background: #fc6;
44  }
45  .slide {
46      width: 1200px;
47      height: 300px;
48      margin: auto;
49      background: #40b0f9;
50  }
51  .contents {
52      width: 1200px;
53      height: 200px;
54      margin: auto;
55      display: flex;
56      background: #ff884d;
57  }
58  .contents article {
59      width: 400px;
60  }
61  .contents .banner {
62      background: #2cc;
63  }
64  footer {
65      height: 120px;
66      background: #666;
67  }
68  footer .inner {
69      width: 1200px;
70      height: 100%;
71      margin: auto;
72      background: #fc6;
73  }
```

[style.css]

더 알기 TIP

- 배경색은 영역을 확인하기 위해 넣으므로 임의 색상을 입력하여 확인 후 삭제합니다.
- CSS 작성 시 속성의 순서는 필수적으로 지켜야 하는 규칙은 없지만, 가독성과 유지보수를 위해 일관된 순서를 유지하는 것이 좋습니다.
- CSS는 선택자가 구체적으로 작성된 순서에 따라 우선적으로 적용됩니다.
  [참고하기] PART 02 - SECTION 02 CSS 기본 다지기

요소 TIP

- **header .inner** : ⟨header⟩의 하위 요소 ⟨div class="inner"⟩의 선택자로 헤더 영역의 내부 콘텐츠가 수평 중앙에 올 수 있도록 스타일 지정
  - **margin:auto** : 콘텐츠(블록 요소)를 수평 중앙에 배치할 때 사용(너비 값 필수)
  - **width:1200px** : 요구사항정의서에 표시된 너비 값
  - **height:100%** : 부모 영역(header)의 높이만큼 채워줌
- **.contents** : ⟨div class="contents"⟩ 선택자로 공지사항, 갤러리, 바로가기 영역을 감싸는 컨테이너 역할
  - **margin:auto** : 콘텐츠(블록 요소)를 수평 중앙에 배치할 때 사용(너비 값 필수)
  - **display:flex** : ⟨div class="contents"⟩를 플렉스 컨테이너로 설정, 자식 요소(article)들을 수평으로 나열. 이때 자식 요소는 부모 요소의 높이만큼 stretch 되어 들어가므로 부모 요소에 높이 값이 있는 것이 유리
  - **height** : 요구사항정의서에 표시된 높이 값 입력
- **.contents article** : ⟨div class="contents"⟩의 자식 요소 ⟨article⟩ 모두 선택하는 선택자
  - **width:400px** : ⟨article⟩의 넓이는 수험자가 판단하여 조절
- **footer .inner** : ⟨footer⟩의 하위 요소 ⟨div class="inner"⟩의 선택자로 푸터 영역의 내부 콘텐츠가 수평 중앙에 올 수 있도록 스타일 지정

02 'index.html' 문서가 활성화된 상태에서 상태표시줄에 Go Live를 선택하여 웹 브라우저인 '크롬(Chrome)'으로 작업 결과를 확인합니다.

3 STEP 세부 영역별 지시사항 – Ⓐ Header 영역 약 30분

01 로고 제작하기

세부 지시사항의 A.1 로고를 제작합니다. 수험자 제공 파일 중 Header 폴더에 있는 로고를 과제 주제에 맞게 색상을 반드시 변경하여, 가로, 세로 비율을 유지하며 제작합니다.

01 로고 제작을 위해 포토샵을 실행합니다.

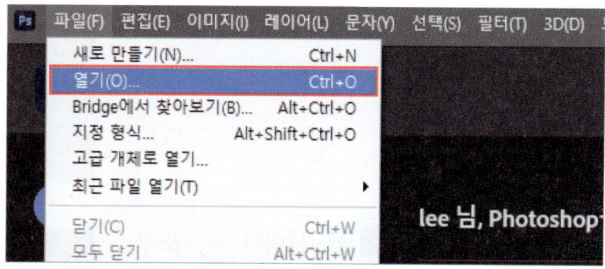

02 [파일(File)] – [열기(Open)] 또는 Ctrl + O 를 눌러 'logo.png' 파일을 불러옵니다.

03 도구 상자 패널에서 자르기 도구( )를 선택한 후, 자를 영역을 조절합니다. 그런 다음 Enter 를 누르면 선택된 부분만 남고, 해당 영역에 맞게 문서가 잘립니다.

04 로고의 흰색 배경을 제거하기 전에, 먼저 레이어 패널에서 해당 레이어의 자물쇠 아이콘을 클릭하여 잠금을 해제합니다. 이렇게 하면 레이어가 잠금 해제되어 편집할 수 있게 됩니다.

05 자동 선택 도구( )를 선택한 후, 도구 상자 옵션에서 허용치를 '20'으로 설정하고, 인접(Contiguous) 옵션의 체크를 해제합니다. 그런 다음, 흰색 영역을 선택합니다. 흰색 영역이 선택되면 Delete 를 눌러 선택된 영역을 삭제합니다. 마지막으로 Ctrl + D 를 눌러 선택 영역을 해제합니다.

06 [이미지(Image)] – [이미지 크기(Image Size)]를 선택합니다. 종횡비 제한이 활성화된 상태에서 이미지 크기 대화상자의 '폭(Width)'을 '200px'로 설정합니다. 이렇게 하면 폭에 맞춰 높이도 자동으로 조절됩니다.

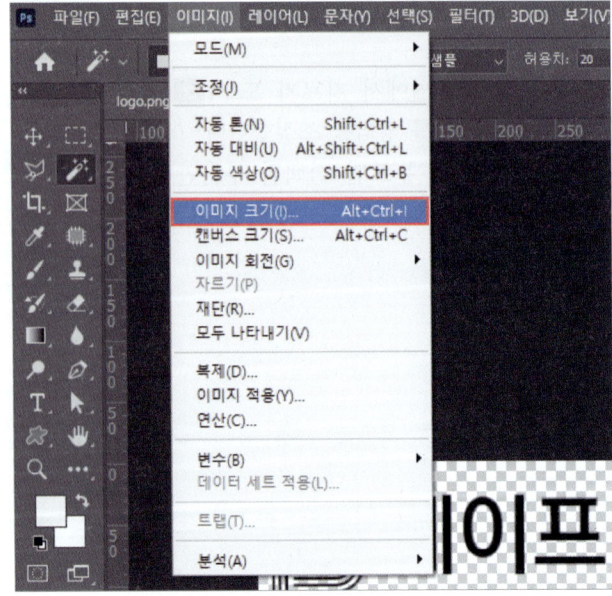

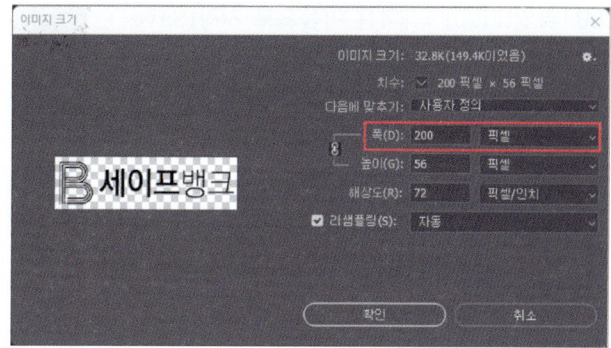

07 [레이어 스타일(Layer Style)]에서 [색상 오버레이(Color Overlay)]를 선택한 다음, 색상 '#f5d11f'를 입력하고 확인을 눌러 적용합니다.

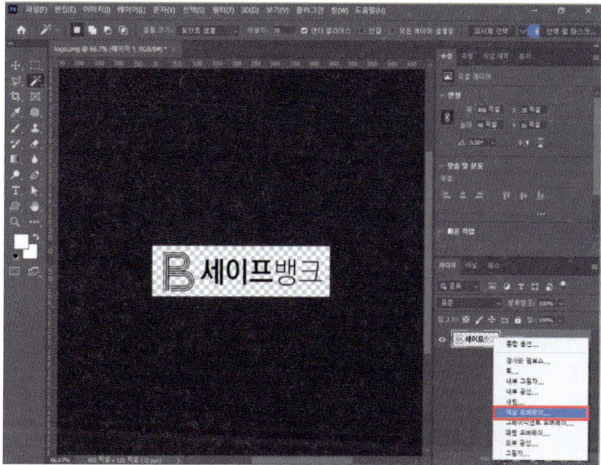

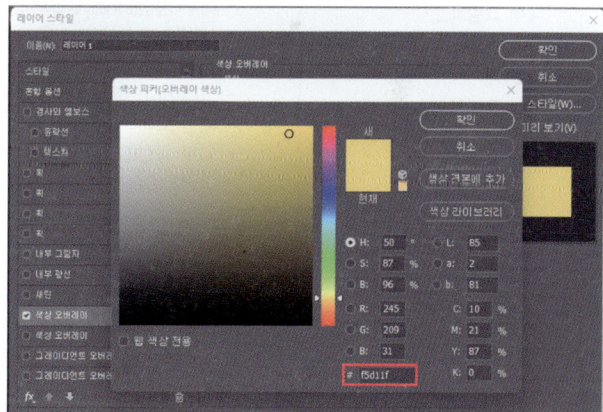

08 [파일(File)] – [다른 이름으로 저장(Save as)] 또는 Shift + Ctrl + S 를 눌러, 파일 형식 '*.psd'로 원본 저장합니다. 그리고 [파일(File)] – [내보내기(Export)] – [PNG로 빠른 내보내기(Quick Export as PNG)] 선택하고 파일 형식 '*.png'로 'images' 폴더 안에 저장합니다.
– 파일 이름 : logo.png

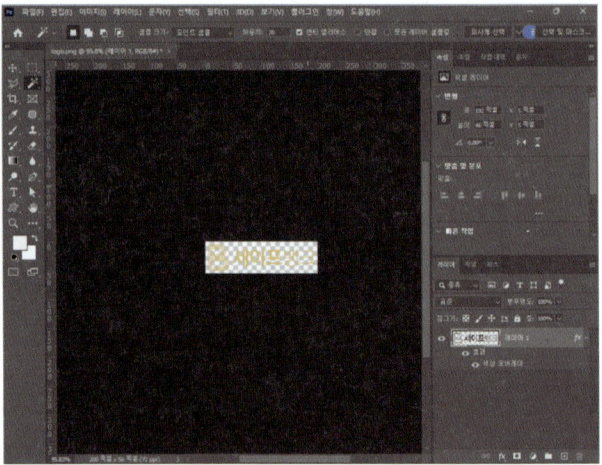

기적의 TIP

Photoshop의 레이어 스타일 f(x) 효과
포토샵의 레이어 스타일은 텍스트, 이미지 또는 도형 레이어에 다양한 시각 효과를 추가하여 디자인을 향상시킬 수 있는 강력한 도구입니다.

- 주요 레이어 스타일 효과
  - 경사와 엠보스(Bevel and Emboss) : 레이어의 가장자리에 입체감을 줍니다.
  - 획(Stroke) : 레이어의 가장자리에 테두리를 추가합니다.
  - 내부 그림자(Inner Shadow) : 레이어에 내부 그림자를 추가하여 입체감을 줍니다.
  - 내부 광선(Inner Glow) : 레이어 내부에서 빛나는 효과를 추가합니다.
  - 새틴(Satin) : 부드러운 광택과 깊이감을 추가합니다.
  - 색상 오버레이(Color Overlay) : 레이어에 단일 색상을 덮어씁니다.
  - 그레이디언트 오버레이(Gradient Overlay) : 레이어에 그레이디언트를 덮어씁니다.
  - 패턴 오버레이(Pattern Overlay) : 레이어에 패턴을 덮어씁니다.
  - 외부 광선(Outer Glow) : 레이어 주위에 빛나는 효과를 추가합니다.
  - 그림자(Drop Shadow) : 레이어에 그림자를 추가하여 입체감을 줍니다.

※ 주제에 맞게 다양한 스타일 효과를 넣으셔도 됩니다.

02 헤더 영역 로고 작업하기

세부 지시사항의 A.1 로고를 문서에 추가합니다.

01 Visual studio code에 'index.html' 문서를 열어, '〈div class="inner"〉' 영역 안 글자를 지우고 다음과 같이 작성합니다.
〈h1〉
　　〈a href="#"〉
　　　　〈img src="images/logo.png" alt="세이프뱅크"〉
　　〈/a〉
〈/h1〉

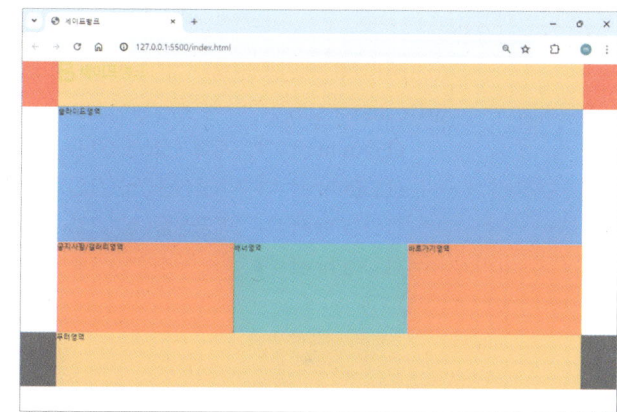

[index.html]

02 문서 저장 후 'index.html' 문서가 활성화된 상태에서 상태표시줄에 Go Live를 선택 또는 윈도우 탐색기에서 'index.html'을 웹 브라우저인 '크롬(Chrome)'으로 작업 결과를 확인합니다.

03 헤더 영역 메뉴 작업하기

세부 지시사항의 A.2 메뉴를 구성합니다. 사이트 맵과 구조도를 참고하여 메인 메뉴(Main menu)와 서브 메뉴(Sub menu)를 구성합니다.

01 요구사항정의서의 와이어프레임 메뉴 형태를 확인합니다.

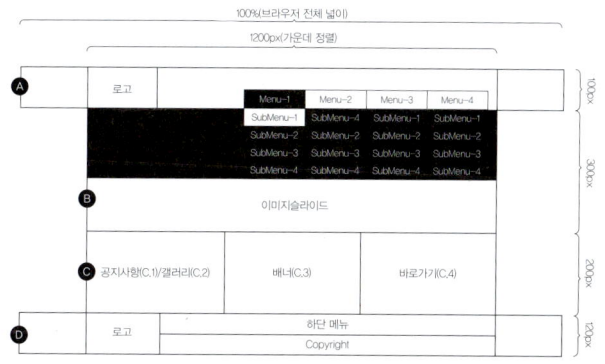

02 'index.html' 문서 〈div class="inner"〉 영역 내 '〈/h1〉' 다음 줄에 요구사항정의서의 '사이트 맵'을 참고하여 메뉴를 다음과 같이 작성합니다.

```
<nav>
    <ul>
        <li>
            <a href="#">홈</a>
            <ul class="sub">
                <li><a href="#">회사소개</a></li>
                <li><a href="#">경영진소개</a></li>
                <li><a href="#">사회적책임</a></li>
                <li><a href="#">역사&amp;연혁</a></li>
            </ul>
        </li>
        <li>
            <a href="#">개인뱅킹</a>
            <ul class="sub">
                <li><a href="#">계좌개설</a></li>
                <li><a href="#">대출상품</a></li>
                <li><a href="#">예금상품</a></li>
                <li><a href="#">카드서비스</a></li>
            </ul>
        </li>
        <li>
            <a href="#">기업뱅킹</a>
            <ul class="sub">
                <li><a href="#">기업계좌</a></li>
                <li><a href="#">금융지원</a></li>
                <li><a href="#">결제서비스</a></li>
                <li><a href="#">컨설팅</a></li>
            </ul>
        </li>
        <li>
            <a href="#">커뮤니티</a>
            <ul class="sub">
                <li><a href="#">최신뉴스</a></li>
                <li><a href="#">공지사항</a></li>
                <li><a href="#">고객센터</a></li>
            </ul>
        </li>
    </ul>
</nav>
```

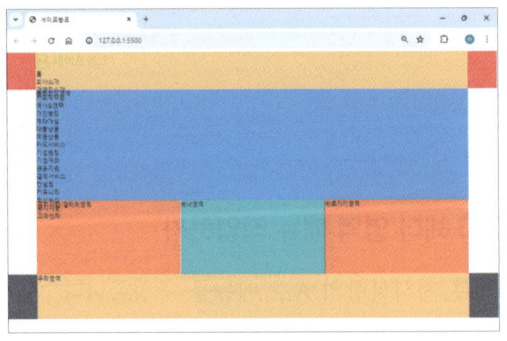

[index.html]

03 서브 메뉴의 배경을 작업하기 위해 '</nav>' 다음 줄에 다음과 같이 입력합니다.

`<div class="menuBg"></div>`

```html
49            <li>
50                <a href="#">커뮤니티</a>
51                <ul class="sub">
52                    <li><a href="#">최신뉴스</a></li>
53                    <li><a href="#">공지사항</a></li>
54                    <li><a href="#">고객센터</a></li>
55                </ul>
56            </li>
57        </ul>
58    </nav>
59    <div class="menuBg"></div>
60    </div><!--//header inner 닫은 태그-->
61 </header>
```
[index.html]

+ 더 알기 TIP

- 메뉴 작업 시 <nav>로 감싼 후, 순서가 없는 목록 태그인 <ul>, <li>로 작업합니다.
- 중첩목록 작업 시 쌍으로 올바르게 중첩되어야 하며, 태그가 제대로 닫혀야 합니다.
- 서브 메뉴 <ul> 요소에 클래스 명 'sub'로 설정합니다.

💬 요소 TIP

- <a href="#"> : 임시 링크 추가(기술적 준수사항)
- <div class="menuBg"></div> : 서브 메뉴의 배경 역할이므로 내용은 없음
- & : HTML에서 &를 표시하기 위한 특수 문자

04 헤더 영역 스타일 작업하기

헤더 영역의 로고를 배치하고, 메인 메뉴(Main menu)에 마우스를 올리면(mouseover) 하이라이트 되며, 벗어나면(mouseout) 하이라이트가 해제됩니다. 또한, 서브 메뉴 중 하나에 마우스를 올리면 하이라이드 되고, 벗어나면 하이라이트가 해세됩니다.

01 먼저 'style.css' 문서를 활성화하여 'header'와 'header .inner'의 기존 배경색을 삭제하고, 배경색과 안쪽 여백을 작성합니다.

```css
header {
    height:100px;
    background:#003366;
}
header .inner {
    width:1200px;
    height:100%;
    margin:auto;
    background:#003366;
    padding-top:30px;
}
```

```css
26  header {
27      height:100px;
28      background: #003366;
29  }
30  header .inner {
31      width:1200px;
32      height:100%;
33      margin:auto;
34      background: #003366;
35      padding-top:30px;
36  }
```
[style.css]

02 'header .inner' 스타일 다음 줄에 메뉴를 공중에 띄워 서브 메뉴가 슬라이드 위에 펼쳐질 수 있도록 다음과 같이 작성합니다.

```css
header .inner {
    width:1200px;
    height:100%;
    margin:auto;
    background:#003366;
    padding-top:30px;
    position:relative;
}
nav {
    position:absolute;
    top:59px;
    right:0;
    z-index:10;
}
```

```
26  header {
27      height:100px;
28      background:#003366;
29  }
30  header .inner {
31      width:1200px;
32      height:100%;
33      margin:auto;
34      background:#003366;
35      padding-top:30px;
36      position:relative;
37  }
38  nav {
39      position:absolute;
40      top:59px;
41      right:0;
42      z-index:10;
43  }
```
[style.css]

> **요소 TIP**
> - CSS 작성 시 CSS 속성의 순서는 필수적으로 지켜야 하는 규칙은 없지만, 가독성과 유지보수를 위해 일관된 순서를 유지하는 것이 좋습니다.
> - **header .inner** : header의 하위 요소 .inner 선택자로 헤더 영역의 내부 콘텐츠 스타일 지정
>   - **position:relative** : 공중에 띄운 〈nav〉의 기준 역할
>   - **padding-top:30px** : 위쪽 내부 여백 30픽셀 설정하여 로고를 아래로 이동
>   - **margin:auto** : 콘텐츠(블록 요소)를 중앙에 배치할 때 사용(너비 값 필수)
> - **nav** : 〈nav〉 선택자로 메뉴 스타일 지정
>   - **position:absolute** : 공중에 띄워 상위 요소(header .inner)에 기준 설정 후, 절대 위치로 지정
>   - **top:59px** : 기준 요소(.header .inner)의 상단에서부터 59픽셀 아래로 배치
>   - **right:0** : 기준 요소(.header .inner)의 오른쪽에서부터 0픽셀 왼쪽으로 배치
>   - **z-index:10** : position 속성으로 설정된 요소에 쌓이는 순서를 결정할 수 있으며 순서가 클수록 위로 쌓임

03 메인 메뉴가 나란히 나올 수 있도록 'nav' 스타일 다음 줄에 작성합니다.

```css
nav>ul{
    display:flex;
}
```

```
38  nav {
39      position:absolute;
40      top:59px;
41      right:0;
42      z-index:10;
43  }
44  nav>ul{
45      display:flex;
46  }
```
[style.css]

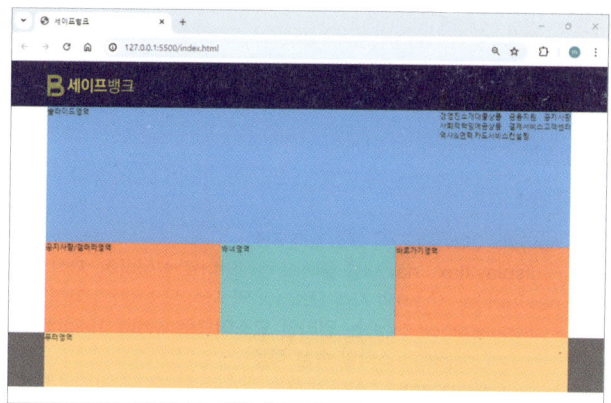

04 메뉴의 클릭할 수 있는 영역은 'nav>ul' 스타일 다음 줄에 다음과 같이 작성합니다.

```css
nav>ul>li>a {
    display:block;
    width:150px;
    text-align:center;
    padding:10px;
    color:#fff
}
nav>ul>li:hover>a {
    background:#f4d01f;
    color:#003366;
}
.sub a {
    display:block;
    text-align:center;
    padding:10px 0;
    font-size:14px;
    color:#fff;
}
.sub a:hover {
    background:#003366;
    color:#fff;
}
```

```
44    nav>ul{
45        display:flex;
46    }
47    nav>ul>li>a {
48        display:block;
49        width:150px;
50        text-align:center;
51        padding:10px;
52        color: #fff
53    }
54    nav>ul>li:hover>a {
55        background: #f4d01f;
56        color: #003366;
57    }
58    .sub a {
59        display:block;
60        text-align:center;
61        padding:10px 0;
62        font-size:14px;
63        color: #fff;
64    }
65    .sub a:hover {
66        background: #003366;
67        color: #fff;
68    }
```

[style.css]

더 알기 TIP

- 블록 요소는 수직 정렬이며, 너비와 높이 설정이 가능합니다.
- 인라인 요소는 수평 정렬이며, 너비와 높이 설정이 불가능합니다.

요소 TIP

- **nav>ul** : <nav>의 자식 요소 <ul> 지정
  - **display:flex** : nav>ul를 플렉스 컨테이너로 설정하여, 자식 요소(<li>)들을 수평으로 나열
- **nav>ul>li>a** : <nav>의 자식 요소 <ul>의 자식 요소 <li>의 자식 요소 <a> 지정
  - **display:block** : <a>는 **인라인 요소이므로 width, height가 들어가지 않음**. 그래서 display:block으로 변경하여 width, height, padding 스타일 속성 적용
  - **text-align:center** : 상속이 되는 CSS로 하위 요소의 텍스트를 중앙 정렬
- **nav>ul>li:hover>a** : <nav>의 자식 요소 <ul>의 자식 요소 <li>에 마우스 올렸을 때 <a> 지정(마우스 올렸을 때 하이라이트 효과)
- **.sub a** : .sub의 하위 요소 <a> 지정
  - **display:block** : 요소 성질을 블록 요소로 바꾸면서 상위 요소의 가로 너비를 채울 수 있음
  - **padding:10px 0** : 위·아래 내부 여백 10픽셀 설정

05 서브 메뉴 배경 또한 슬라이드 위에 배치되어 있으므로 스타일을 '.sub a : hover' 다음 줄에 다음과 같이 작성합니다.

```css
.menuBg {
    width:100%;
    height:155px;
    background:rgba(0, 0, 0, 0.8);
    top:100px;
    left:0;
    position:absolute;
    z-index:5;
}
```

```
69  .menuBg {
70      width:100%;
71      height:155px;
72      background:▪rgba(0, 0, 0, 0.8);
73      top:100px;
74      left:0;
75      position:absolute;
76      z-index:5;
77  }
```

[style.css]

06 메인 메뉴와 서브 메뉴, 서브 메뉴 배경 스타일 확인 후 마우스를 올려 하이라이트 효과까지 확인합니다. 잘 적용이 되었다면 'nav>ul>li : hover>a' 스타일 다음 줄에 서브 메뉴를 숨겨주고, '.menuBg'를 찾아 숨겨줍니다.

```css
.sub{
    display:none;
}
.menuBg {
    width:100%;
    height:155px;
    background:rgba(0, 0, 0, 0.8);
    top:100px;
    left:0;
    position:absolute;
    z-index:5;
    display:none;
}
```

```css
54  nav>ul>li:hover>a {
55      background: #f4d01f;
56      color: #003366;
57  }
58  .sub{
59      display:none;
60  }
61  .sub a {
62      display:block;
63      text-align:center;
64      padding:10px 0;
65      font-size:14px;
66      color:#fff;
67  }
```
[style.css]

```css
72  .menuBg {
73      width:100%;
74      height:155px;
75      background: rgba(0, 0, 0, 0.8);
76      top:100px;
77      left:0;
78      position:absolute;
79      z-index:5;
80      display:none;
81  }
```
[style.css]

💬 요소 TIP

- **.sub** : 〈div class="sub"〉 지정하여 서브 메뉴 스타일 지정
  - **display:none** : 요소를 선택하여 숨김(스크립트에서 추가 작업 예정)
- **.menuBg** : 〈div class="menuBg"〉 선택자로 서브 메뉴 배경 스타일 적용, 내용이 없으므로 빠르게 CSS를 입력하여 영역을 확인하는 것을 추천
  - **position:absolute** : .menuBg를 공중에 띄워 상위 요소(header .inner)에 기준을 설정하여 절대 위치로 지정
  - **width:100%** : 기준이므로 header .inner의 너비만큼 100% 채워짐
  - **z-index** : 〈nav〉보다 뒤에 있어야 하므로 〈nav〉의 z-index 값보다 작게 설정
  - **height** : .menuBg의 높이 영역 설정(임의로 설정 가능)
  - **display:none** : 요소를 선택하여 숨김(스크립트에서 추가 작업 예정)

05 메뉴 스크립트 작업하기

세부 지시사항의 A.2 메뉴 효과를 구현합니다. 메인 메뉴(Main menu)에 마우스를 올리면(Mouse over) 서브 메뉴(Sub menu) 영역이 슬라이드 다운(Slide down)으로 보이도록 하고, 벗어나면(Mouse out) 서브 메뉴 영역은 슬라이드 업(Slide Up)으로 사라지는 작업을 제이쿼리(jQuery)로 진행합니다.

01 먼저 'js' 폴더 하위 파일인 'script.js' 문서를 활성화합니다. 그리고 '$(function( )'{...})'의 '{...}(중괄호)' 내에 작성합니다.

```
//메뉴
$("nav>ul>li").mouseover(function( ){
    $(".sub, .menuBg").stop( ).slideDown( );
})
$("nav>ul>li").mouseout(function( ){
    $(".sub, .menuBg").stop( ).slideUp( );
})
```

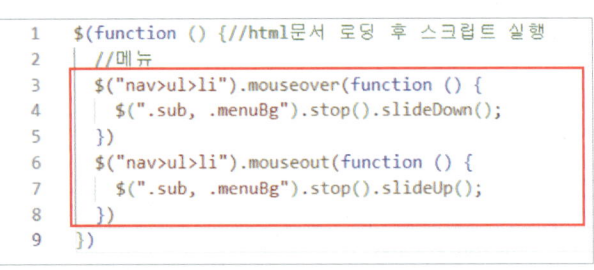

[script.js]

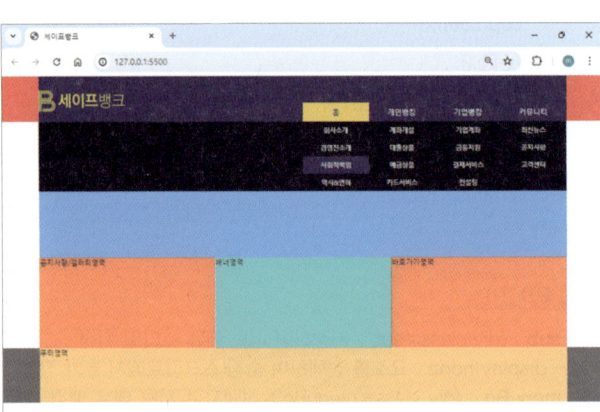

💬 요소 TIP

- **$(function( ){...})** : html 문서 로딩 후 스크립트를 실행하는 구문
- **$** : jQuery 객체를 생성하거나 선택자로 HTML 요소를 찾는 데 사용되는 단축 표기
- **$("nav>ul>li")** : jQuery 선택자로, 〈nav〉 자식 요소인 〈ul〉 자식 요소인 모든 〈li〉 선택
- **mouseenter/mouseleave** : jQuery에서 제공하는 이벤트 메서드로, 마우스가 요소에 진입하거나 요소를 떠날 때 발생하는 이벤트를 처리
- **$(".sub, .menuBg")** : 클래스가 sub인 요소와 클래스가 menuBg인 요소 모두 선택
- **stop( )** : 현재 진행 중인 애니메이션을 즉시 멈추고 중복 애니메이션 발생을 방지
- **slideDown( )/slideUp( )** : slideDown( )은 요소를 슬라이드 다운하여 보여주고, slideUp( )은 요소를 슬라이드 업 하여 숨김

> **기적의 TIP**
>
> 메뉴 스크립트 다르게 작성하기
>
> ```
> $("nav>ul>li").mouseenter(function(){
>     $(".sub, .menuBg").stop().slideDown();
> })
> $("nav>ul>li").mouseleave(function(){
>     $(".sub, .menuBg").stop().slideUp();
> })
> ```
> [script.js]
>
> ```
> $("nav>ul>li").mouseover(function(){
>     $(".sub, .menuBg").stop().slideDown();
> })
> $("nav>ul>li").mouseout(function(){
>     $(".sub, .menuBg").stop().slideUp();
> })
> ```
> [script.js]
>
> - mouseover와 mouseout은 자식 요소로 마우스가 이동할 때도 이벤트가 발생합니다.
> - mouseenter와 mouseleave는 자식 요소로 마우스가 이동할 때 이벤트가 발생하지 않습니다.
> * 메뉴 스크립트를 작성할 때, mouseenter/mouseleave와 mouseover/mouseout 이벤트 중 어느 것을 선택해도 큰 차이가 없습니다.

4 STEP 세부 영역별 지시사항 – ⓑ Slide 영역   약 30분

01 슬라이드 영역 구조 작업하기

세부 지시사항의 B 슬라이드를 제작합니다. 먼저 슬라이드의 구조를 잡은 후 제공된 텍스트 간의 위계질 서를 직관적으로 알 수 있도록 글자체, 굵기, 색상, 크기를 적절하게 설정합니다.

01 '수험자 제공 폴더'에 있는 이미지를 'images' 폴더로 복사합니다. 이미지 크기를 확인한 후, 필요하다면 크기를 조정하고, 파일명도 필요한 경우 수정합니다.

[참고하기] PART 03 – SECTION 02 Photoshop 필수 기능

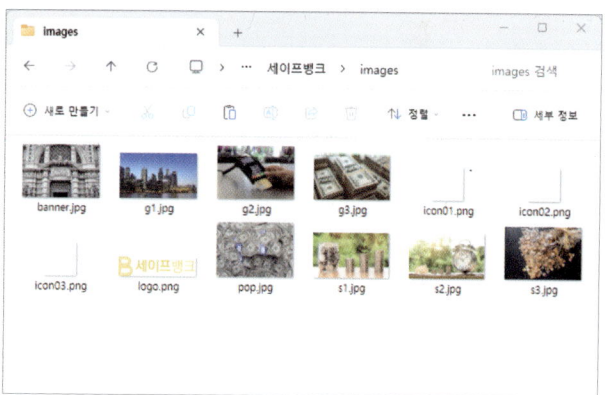

02 'index.html' 문서에서 '<section class="slide"></section>' 사이에 다음과 같이 작성합니다.

```
<section class="slide">
    <ul>
        <li class="s1">
            <a href="#">
                <h2>세이프뱅크 슬라이드1</h2>
            </a>
        </li>
        <li class="s2">
            <a href="#">
                <h2>세이프뱅크 슬라이드2</h2>
            </a>
        </li>
        <li class="s3">
            <a href="#">
                <h2>세이프뱅크 슬라이드3</h2>
            </a>
        </li>
    </ul>
</section>
```

```
61    <section class="slide">
62      <ul>
63        <li class="s1">
64          <a href="#">
65            <h2>세이프뱅크 슬라이드1</h2>
66          </a>
67        </li>
68        <li class="s2">
69          <a href="#">
70            <h2>세이프뱅크 슬라이드2</h2>
71          </a>
72        </li>
73        <li class="s3">
74          <a href="#">
75            <h2>세이프뱅크 슬라이드3</h2>
76          </a>
77        </li>
78      </ul>
79    </section>
```
[index.html]

> 💬 **요소 TIP**
> **<li class="s1">** : 각각 배경 이미지를 넣을 수 있도록 클래스 작업

02 슬라이드 영역 스타일 작업하기

세부 지시사항의 B 슬라이드 애니메이션 효과를 확인합니다. 하나의 이미지가 점점 사라지고 다음 이미지가 점점 나타나는 애니메이션을 고려하여 스타일을 작업합니다.

01 'style.css' 문서를 활성화하여 '.slide'를 찾아 배경색을 지우고 다음과 같이 작성합니다.

```css
.slide {
    width:1200px;
    height:300px;
    margin:auto;
}
.slide ul li {
    width:1200px;
    height:300px;
}
.slide ul li a {
    display:block;
    height:100%;
}
.slide ul li.s1 {
    background:url(../images/s1.jpg) no-repeat center/cover;
}
.slide ul li.s2 {
    background:url(../images/s2.jpg) no-repeat center/cover;
}
.slide ul li.s3 {
    background:url(../images/s3.jpg) no-repeat center/cover;
}
```

[style.css]

> 💬 **요소 TIP**
> - **.slide ul li** : 각 슬라이드 배경이 들어갈 수 있도록 영역을 너비와 높이 설정
> - **.slide ul li a** : .slide 하위 요소 〈ul〉의 하위 요소 〈li〉의 하위 요소 〈a〉 선택자로 클릭할 영역의 스타일 지정
>   - display:block : 〈a〉 요소 성질을 블록 요소로 변경
>   - height:100% : 〈a〉 요소의 부모 영역(〈li〉)의 높이만큼 채워줌
> - **.slide ul li.s1** : .slide 하위 요소 〈ul〉의 하위 요소 〈li〉 중 클래스 명이 s1인 요소 선택자로 슬라이드 배경 스타일 지정
> - **background:url(../images/s1.jpg) no-repeat center/cover** : 배경 CSS 속성 함축형
>   - background : 색상 경로 반복 위치/크기순으로 작성(색상이 없는 경우 생략 가능)

02 Fade-in, Fade-out 애니메이션 효과를 위해, '.slide ul li'를 찾아 다음과 같이 스타일을 작성합니다.

```css
.slide {
    width:1200px;
    height:300px;
    margin:auto;
    position:relative;
}
.slide ul li {
    width:1200px;
    height:300px;
    position:absolute;
    top:0;
    left:0;
}
```

```
82  .slide {
83      width:1200px;
84      height:300px;
85      margin:auto;
86      position:relative;
87  }
88  .slide ul li {
89      width:1200px;
90      height:300px;
91      position:absolute;
92      top:0;
93      left:0;
94  }
95  .slide ul li a {
96      display:block;
97      height:100%;
98  }
```
[style.css]

03 각 슬라이드의 텍스트를 글자체, 굵기, 색상, 크기를 적절하게 설정하여, 가독성을 높이고, 독창성이 드러나도록 '.contents' 윗줄에 스타일을 작성합니다.

```css
.slide ul li h2 {
    color:#003366;
    text-shadow:0 5px 10px #fff;
    font-size:35px;
    position:absolute;
    top:50%;
    left:30px;
    transform:translateY(-50%);
}
```

```
108  .slide ul li h2 {
109      color: #003366;
110      text-shadow:0 5px 10px  #fff;
111      font-size:35px;
112      position:absolute;
113      top:50%;
114      left:30px;
115      transform:translateY(-50%);
116  }
```
[style.css]

> 💬 **요소 TIP**
>
> - **Fade-in, Fade-out 애니메이션 효과** : 각 슬라이드(.slide ul li)가 모두 겹치도록 함
> - **.slide ul li** : .slide의 하위 요소 〈ul〉의 하위 요소 〈li〉 지정
>   - **position:absolute** : 각 슬라이드를 공중에 띄워 모두 겹치도록 설정
> - **.slide ul li h2** : .slide 하위 요소 〈ul〉의 하위 요소 〈li〉의 하위 요소 〈h2〉 지정하여 슬라이드 텍스트 스타일 적용
>   - **text-shadow:0 5px 10px #fff** : 그림자를 추가하는 속성으로 x축 0, y축 5픽셀, 그림자의 흐림 정도 10픽셀, 그림자의 색상은 흰색으로 설정
>   - **position:absolute** : .slide ul li h2를 공중에 띄워 상위 요소(.slide ul li)에 기준을 설정하여, 절대 위치로 지정(기준을 설정할 요소에 position:absolute가 있다면 자동으로 해당 요소에 기준이 설정된다.)
>   - **top:50%** : 기준 요소(.slide ul li)의 상단에서부터 50% 아래로 배치
>   - **transform:translateY(-50%)** : 자신의 높이의 50%만큼 위로 이동

04 웹 브라우저 접속 시 첫 번째 슬라이드는 보여주고, 나머지 슬라이드는 숨기기 위해 다음과 같이 작성합니다.

```
.slide ul li {
    width:1200px;
    height:300px;
    position:absolute;
    top:0;
    left:0;
    display:none;
}
.slide ul li.s1 {
    background:url(../images/s1.jpg)
no-repeat center/cover;
    display:block;
}
```

```
88    .slide ul li {
89        width:1200px;
90        height:300px;
91        position:absolute;
92        top:0;
93        left:0;
94        display:none;
95    }
96    .slide ul li a {
97        display:block;
98        height:100%;
99    }
100   .slide ul li.s1 {
101       background:url(../images/s1.jpg) no-repeat center/cover;
102       display:block;
103   }
```
[style.css]

> 💬 **요소 TIP**
> • **display:none** : 요소를 선택하여 숨김(스크립트에서 추가 작업 예정)
> • **display:block** : 숨겨진 요소를 선택하여 표시함

05 작업한 모든 파일을 저장하고 'index.html' 문서가 활성화된 상태에서 상태표시줄에 Go Live를 선택하여 웹 브라우저인 '크롬(Chrome)'으로 작업 결과를 확인합니다.

03 슬라이드 스크립트 작업하기

세부 지시사항의 B 슬라이드 애니메이션 효과를 구현합니다. 슬라이드 애니메이션이 Fade-in, Fade-out 애니메이션으로 매 3초 이내 다른 이미지로 전환되어야 하며, 웹사이트 열었을 때 자동으로 시작되어 반복적인 슬라이드가 되도록 제이쿼리(jQuery)로 작업합니다.

01 'script.js' 문서를 활성화합니다. 그리고 메뉴 스크립트 다음 줄에 .slide ul li 중 보여지고 있는 첫 번째 슬라이드를 숨기고 다음 슬라이드가 보이도록 제이쿼리를 작성합니다.

//슬라이드
$(".slide ul li").eq(0).fadeOut( )
$(".slide ul li").eq(1).fadeIn( )

```
1   $(function () {//html문서 로딩 후 스크립트 실행
2     //메뉴
3     $("nav>ul>li").mouseover(function () {
4       $(".sub, .menuBg").stop().slideDown();
5     })
6     $("nav>ul>li").mouseout(function () {
7       $(".sub, .menuBg").stop().slideUp();
8     })
9
10    //슬라이드
11    $(".slide ul li").eq(0).fadeOut();
12    $(".slide ul li").eq(1).fadeIn();
13  })
```
[script.js]

02 다음 Fade in/out 애니메이션을 예상하여 제이쿼리를 작성합니다.

//슬라이드
$(".slide ul li").fadeOut( );
$(".slide ul li").eq(1).fadeIn( );
//3초후
$(".slide ul li").fadeOut( );
$(".slide ul li").eq(2).fadeIn( );
//3초후
$(".slide ul li").fadeOut( );
$(".slide ul li").eq(0).fadeIn( );

```
10    //슬라이드
11    $(".slide ul li").fadeOut();
12    $(".slide ul li").eq(1).fadeIn();
13    //3초후
14    $(".slide ul li").fadeOut();
15    $(".slide ul li").eq(2).fadeIn();
16    //3초후
17    $(".slide ul li").fadeOut();
18    $(".slide ul li").eq(0).fadeIn();
19  })
```
[script.js]

03 스크립트를 참고하여 생략할 수 있는 부분을 정리하고, 변수 i를 만들어 슬라이드 공식을 다음과 같이 작성합니다.

//슬라이드
let i=0;
i++;
$(".slide ul li").fadeOut( );
$(".slide ul li").eq(i).fadeIn( );

```
10    //슬라이드
11    let i = 0;
12    i++;
13    $(".slide ul li").fadeOut();
14    $(".slide ul li").eq(i).fadeIn();
15  })
```
[script.js]

04 실행문을 반복하기 위해 함수로 해당 실행문을 감싸줍니다.

```
//슬라이드
let i=0;
function slide(){
    i++;
    $(".slide ul li").fadeOut();
    $(".slide ul li").eq(i).fadeIn();
}
slide();
```

```
10    //슬라이드
11    let i = 0;
12    function slide(){
13        i++;
14        $(".slide ul li").fadeOut();
15        $(".slide ul li").eq(i).fadeIn();
16    }
17    slide();
18  })
```
[script.js]

05 함수는 함수 호출을 해야 실행되므로 반복적으로 호출하기 위해 'setInterval'를 작성합니다.

```
//슬라이드
let i=0;
function slide(){
    i++;
    $(".slide ul li").fadeOut();
    $(".slide ul li").eq(i).fadeIn();
}
setInterval(slide, 3000);
```

```
10    //슬라이드
11    let i = 0;
12    function slide(){
13        i++;
14        $(".slide ul li").fadeOut();
15        $(".slide ul li").eq(i).fadeIn();
16    }
17    setInterval(slide, 3000);
18
19  })
```
[script.js]

06 i++(증감식)로 인하여 변수가 계속 증가됩니다. 조건을 걸어 마지막 슬라이드 다음 첫 번째 슬라이드가 나타날 수 있도록 다음과 같이 작성합니다.

```
//슬라이드
let i=0;
function slide(){
    if(i<2){
        i++;
    }else{
        i=0;
    }
    $(".slide ul li").fadeOut();
    $(".slide ul li").eq(i).fadeIn();
}
setInterval(slide, 3000);
```

```
10    //슬라이드
11    let i = 0;
12    function slide(){
13        if(i<2){
14            i++;
15        }else{
16            i=0;
17        }
18        $(".slide ul li").fadeOut();
19        $(".slide ul li").eq(i).fadeIn();
20    }
21    setInterval(slide, 3000);
```
[script.js]

07 작업한 모든 파일을 저장하고 'index. html' 문서가 활성화된 상태에서 상태표시줄에 Go Live를 선택하여 웹 브라우저인 '크롬(Chrome)'으로 작업 결과를 확인합니다. 웹 브라우저에서 슬라이드가 사라지고 다음 슬라이드가 나타나는 애니메이션이 3초마다 진행됩니다.

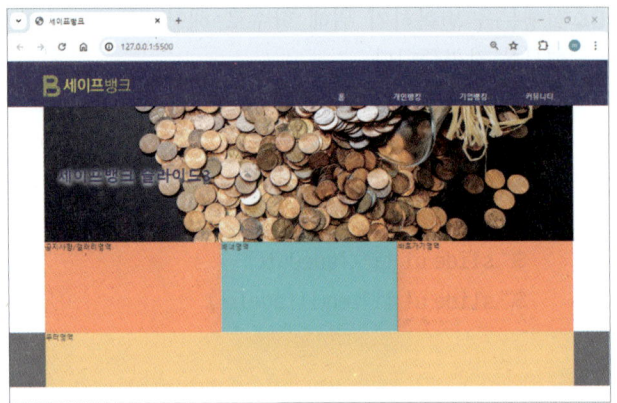

💬 요소 TIP

- **let i = 0** : 변수 i 선언 후 0을 할당
- **i++** : 증감 연산자로, 변수 i의 값을 1씩 증가시키는 역할
- **$(".slide ul li")** : .slide의 자식 요소 〈ul〉의 자식 요소 모든 li 요소 선택
- **eq(index)** : ( )(괄호)안에 index 번호를 넣으며 선택한 요소 집합 중 지정된 인덱스에 해당하는 요소를 선택
- **fadeIn( )/fadeOut( )** : fadeIn( )은 요소가 점점 나타나고, fadeOut( )은 요소가 점점 사라짐
- **if(조건문){실행문1}else{실행문2}** : 조건문이 참일 때 실행문1을 실행하고 거짓일 때 실행문2를 실행
- **setInterval(함수명, 밀리초)** : 지정한 시간 간격마다 주어진 함수를 반복해서 실행
- **밀리초(ms)** : 1초의 1/1,000, 1초는 1,000밀리초

🚩 기적의 TIP

자바스크립트 인덱스(Index)란?
인덱스(Index)는 배열(Array) 또는 문자열(String) 내의 특정 요소나 문자에 접근하기 위해 사용되는 숫자입니다. 인덱스는 일반적으로 0부터 시작합니다.

- 인덱스 예시
  - var color = ["RED", "GREEN", "BLUE"];
  - console.log(colors[0]); // 콘솔창 "RED" 출력
  - console.log(colors[1]); // 콘솔창 "GREEN" 출력
  - console.log(colors[2]); // 콘솔창 "BLUE" 출력

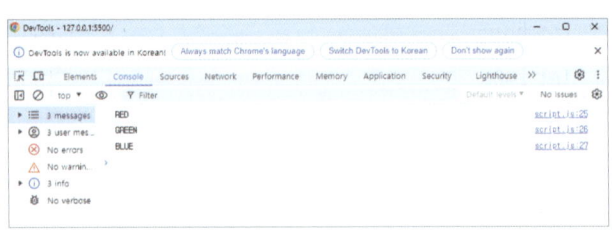

[script.js]

5 STEP 세부 영역별 지시사항 – ⓒ Contents 영역   약 50분

01 공지사항, 갤러리 구조 작업하기

세부 지시사항 C.1 공지사항, 갤러리 탭 콘텐츠를 제작합니다. 공지사항의 타이틀 영역과 콘텐츠 영역을 구분하고 첫 번째 콘텐츠 클릭(Click) 시 팝업이 나오도록 작업합니다. 갤러리 영역은 제공된 이미지를 가로 방향으로 배치하고 공지사항과 갤러리는 탭 기능을 이용하여 각 탭을 클릭(Click) 시 해당 탭에 대한 내용이 보여야 합니다.

01 'index.html' 문서의 '〈article class="con"〉〈/article〉' 사이에 공지사항과 갤러리 탭 메뉴를 다음과 같이 작성합니다.

```
<article class="con">
    <ul class="tabmenu">
        <li class="on">
            <h2>
                <a href="#">공지사항 </a>
            </h2>
            <div class="notice tabcon">
            </div>
        </li>
        <li>
            <h2>
                <a href="#">갤러리</a>
            </h2>
            <div class="gall tabcon">
            </div>
        </li>
    </ul>
</article>
```

```
80    <div class="contents">
81      <article class="con">
82        <ul class="tabmenu">
83          <li class="on">
84            <h2>
85              <a href="#">공지사항 </a>
86            </h2>
87            <div class="notice tabcon"><!--공지사항 tabcon-->
88            </div><!--//공지사항 tabcon-->
89          </li>
90          <li>
91            <h2>
92              <a href="#">갤러리</a>
93            </h2>
94            <div class="gall tabcon"><!--갤러리 tabcon-->
95            </div><!--//갤러리 tabcon-->
96          </li>
97        </ul>
98      </article>
```
[index.html]

💬 요소 TIP

- 〈ul class="tabmenu"〉 : 탭 메뉴 지정
- 〈li class="on"〉 : 공지사항 탭 메뉴 활성화를 위해 .on 추가
- 〈h2〉 : 제목 요소 지정
- 〈div class="notice tabcon"〉 : notice와 tabcon 클래스를 모두 적용한 div 정의
- 〈div class="gall tabcon"〉 : gall과 tabcon 클래스를 모두 적용한 div 정의

02 '〈div class="notice tabcon"〉〈/div〉' 사이에 공지사항 내용을 다음과 같이 작성합니다.

```html
<div class="notice tabcon">
    <ul>
        <li>
            <a href="#" class="pop">
                <p>세이프뱅크 공지사항1</p>
                <span class="date">2025.05.25</span>
            </a>
        </li>
        <li>
            <a href="#">
                <p>세이프뱅크 공지사항2</p>
                <span class="date">2025.05.25</span>
            </a>
        </li>
        <li>
            <a href="#">
                <p>세이프뱅크 공지사항3</p>
                <span class="date">2025.05.25</span>
            </a>
        </li>
        <li>
            <a href="#">
                <p>세이프뱅크 공지사항4</p>
                <span class="date">2025.05.25</span>
            </a>
        </li>
    </ul>
</div>
```

[index.html]

> 💬 **요소 TIP**
> - 첫 번째 게시글을 클릭 시 팝업창이 나올 수 있도록 미리 〈a href="#" class="pop"〉 작업합니다.
> - 〈p〉 : 공지사항의 게시글 지정
> - 〈span class="date"〉 : 공지사항 게시글의 날짜 지정

03 '〈div class="gall tabcon"〉〈/div〉' 사이에 갤러리 내용을 다음과 같이 작성합니다.

```
〈div class="gall tabcon"〉
    〈ul〉
        〈li〉
            〈a href="#"〉
                〈img src="images/g1.jpg" alt="갤러리 후기1"〉
            〈/a〉
        〈/li〉
        〈li〉
            〈a href="#"〉
                〈img src="images/g2.jpg" alt="갤러리 후기2"〉
            〈/a〉
        〈/li〉
        〈li〉
            〈a href="#"〉
                〈img src="images/g3.jpg" alt="갤러리 후기3"〉
            〈/a〉
        〈/li〉
    〈/ul〉
〈/div〉
```

[index.html]

+ 더 알기 TIP

- 상호 작용이 필요한 모든 콘텐츠는 임시 링크('#')를 적용합니다. (기술적 준수사항)
- alt 속성은 〈img〉 요소의 속성으로 이미지의 대체 텍스트를 입력합니다. (기술적 준수사항)

02 공지사항, 갤러리 스타일 작업하기

01 'style.css' 문서에서 '.contents'의 배경색을 지우고 '.contents article' 스타일 다음 줄에 다음과 같이 작성합니다.

```css
.con {
    padding:10px;
}
.tabmenu {
    display:flex;
}
.tabmenu>li {
    width:150px;
    background:#D3D3D3;
}
.tabmenu>li>h2>a {
    display:block;
    text-align:center;
    padding:5px 0;
}
.tabmenu>li.on {
    background:#003366;
    color:#fff;
}
```

```
125    .contents article {
126        width: 400px;
127    }
128    .con {
129        padding:10px;
130    }
131    .tabmenu {
132        display:flex;
133    }
134    .tabmenu>li {
135        width:150px;
136        background: #D3D3D3;
137    }
138    .tabmenu>li>h2>a {
139        display:block;
140        text-align:center;
141        padding:5px 0;
142    }
143    .tabmenu>li.on {
144        background: #003366;
145        color: #fff;
146    }
```

[style.css]

💬 요소 TIP

- **.con** : 공지사항과 갤러리를 감싸는 영역
  - **padding:10px** : 사방 내부 여백 10픽셀 설정
- **display:flex** : .tabmenu를 플렉스 컨테이너로 설정하여, 자식 요소〈li〉들을 수평으로 나열
- **.tabmenu>li>h2>a** : .tabmenu의 자식 요소〈li〉의 자식 요소〈h2〉의 자식 요소〈a〉지정
  - **text-align : center** : 요소 내의 텍스트 중앙 정렬
- **.tabmenu>li.on** : .tabmenu 자식 요소〈li〉에 클래스가 on인 경우 지정(탭 메뉴가 활성화된 상태)

02 '.tabcon'을 선택하여 다음과 같이 작성합니다.

```css
.con {
    position:relative;
    padding:10px;
}

.tabcon {
    position:absolute;
    left:0;
    width:100%;
    background:#003366;
    padding:5px;
    height:140px;
}
```

```css
125    .contents article {
126        width: 400px;
127    }
128    .con {
129        position:relative;
130        padding:10px;
131    }
132    .tabmenu {
133        display:flex;
134    }
```
[style.css]

```css
148    .tabcon {
149        position:absolute;
150        left:0;
151        width:100%;
152        background: #003366;
153        padding:5px;
154        height:140px;
155    }
```
[style.css]

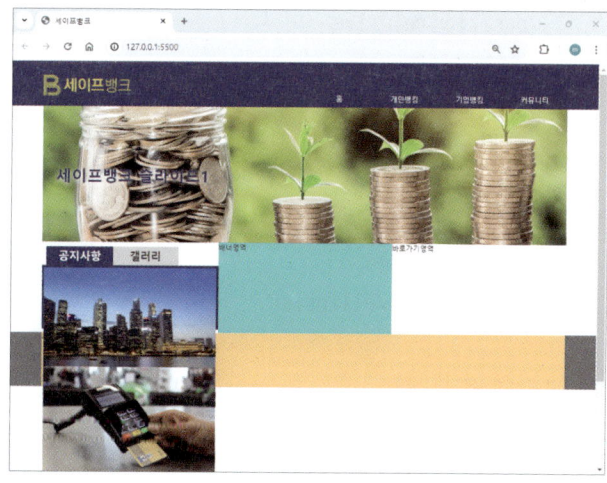

💬 요소 TIP

- **.tabcon** : ⟨div class="notice tabcon"⟩⟨/div⟩과 ⟨div class="gall tabcon"⟩⟨/div⟩ 지정
  - **position:absolute** : 공지사항 내용과 갤러리 내용이 같은 자리에 나타나도록 겹치게 설정
  - **height** : 공지사항 내용과 갤러리 내용이 들어갈 높이 지정
  - **width:100%** : 기준인 .con의 너비만큼 채워줌
- **.con** : .tabcon의 상위 요소
  - **position:relative** : .tabcon의 기준 역할

03 'style.css' 문서에서 '.tabcon' 스타일 다음 줄에 공지사항 게시판 스타일을 다음과 같이 작성합니다.

```css
.notice ul {
    padding:0 15px;
}
.notice ul li {
    border-bottom:1px dashed #fff;
}
.notice ul li:last-child {
    border-bottom:none;
}
.notice ul li a {
    display:block;
    padding:5px 0;
    position:relative;
    color:#fff;
}
.notice ul li p {
    width:260px;
    white-space:nowrap;
    overflow:hidden;
    text-overflow:ellipsis;
}
.notice ul li span {
    position:absolute;
    right:0;
    top:5px;
}
.gall{
    display:none
}
```

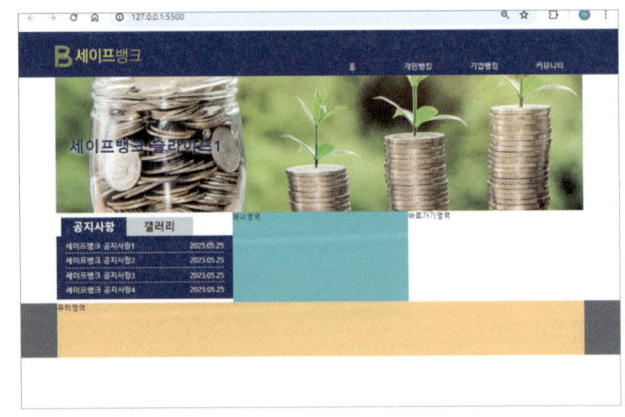

[style.css]

💬 요소 TIP

- **.gall** : 갤러리 영역 선택자로 숨겨 놓고 공지사항 스타일 작업
  - **display:none** : 요소를 선택하여 숨김
- **.notice ul li** : .notice 하위 요소 〈ul〉의 하위 요소 〈li〉 지정
  - **border-bottom:1px dashed #fff** : 1픽셀 두께의 색상 #fff 하단 점선 테두리 설정
- **.notice ul li:last-child** : .notice의 하위 요소 〈ul〉의 하위 요소 〈li〉 중 마지막 〈li〉 지정
  - **border-bottom:none** : 하단 테두리를 제거
- **.notice ul li span** : .notice의 하위 요소 〈ul〉의 하위 요소 〈li〉의 하위 요소 〈span〉 지정, 공지사항 날짜 스타일 적용
  - **position:absolute** : .notice ul li p 요소의 영향을 받지 않도록 공중에 띄워 작업

- **.notice ul li a** : .notice의 하위 요소 〈ul〉의 하위 요소 〈li〉의 하위 요소 〈a〉 지정
  - **position:relative** : .notice ul li span의 기준 역할
- 제공되는 공지사항 텍스트가 길 것을 대비하여 말 줄임표를 작업합니다.
  - **width:260px** : 원하는 영역 설정
  - **white-space:nowrap** : 텍스트가 영역보다 넘칠 때 줄 바꿈 안되도록 설정
  - **overflow:hidden** : 넘친 텍스트를 숨김
  - **text-overflow:ellipsis** : 말줄임표 ... 작업

04 'style.css' 문서에서 '.gall'를 찾아 '.notice'로 변경 후 갤러리 영역 스타일을 다음과 같이 작성합니다.

```
.notice{
    display:none;
}
.gall ul {
    display:flex;
    gap:10px;
    margin-top:20px;
    justify-content:center;
}
.gall ul li img {
    width:100px;
    height:100px;
    object-fit:cover;
}
```

```
182  .notice{
183      display:none;
184  }
185  .gall ul {
186      display:flex;
187      gap:10px;
188      margin-top:20px;
189      justify-content:center;
190  }
191  .gall ul li img {
192      width:100px;
193      height:100px;
194      object-fit:cover;
195  }
```

[style.css]

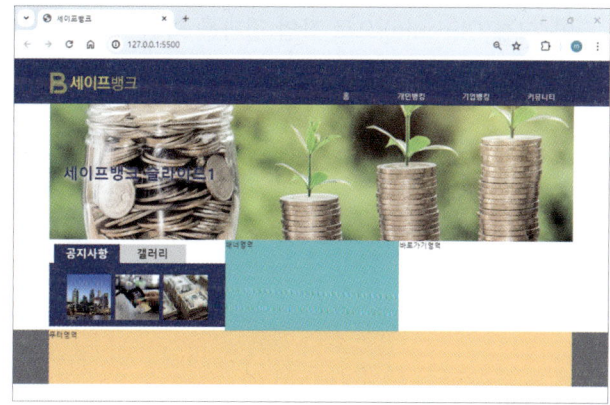

💬 요소 TIP

- **.notice** : 공지사항 영역 선택자로 숨겨놓고 갤러리 스타일 작업
  - **display:none** : 요소를 선택하여 숨김
- **.gall ul** : .gall의 하위 요소 ul 지정
  - **display:flex** : .gall ul를 플렉스 컨테이너로 설정, 자식 요소(〈li〉)들을 수평으로 나열
  - **gap:10px**:flex로 나열된 자식 요소(〈li〉)의 사이 간격 10픽셀 지정
  - **justify-content:center** : flex로 나열된 자식 요소(〈li〉)의 수평 중앙 정렬 지정
- **object-fit:cover** : 이미지가 요소의 크기에 맞춰 잘리더라도 비율을 유지하며 채우도록 설정

05 갤러리 스타일이 잘 적용되었다면 '.notice'를 '.gall'로 수정하여 갤러리는 숨기고, 공지사항 콘텐츠를 보이도록 작업합니다.

```
.gall{
    display:none
}
```

```
182    .gall{
183        display:none
184    }
185    .gall ul {
186        display:flex;
187        gap:10px;
188        margin-top:20px;
189        justify-content:center;
190    }
191    .gall ul li img {
192        width:100px;
193        height:100px;
194        object-fit:cover;
195    }
```
[style.css]

> **요소 TIP**
> - .notice : 스크립트 작업 전 공지사항 내용은 보이도록 설정
> - .gall : 스크립트 작업 전 갤러리 내용은 숨기도록 설정

06 작업한 모든 파일을 저장하고 'index.html' 문서가 활성화된 상태에서 상태표시줄에 Go Live를 선택하여 웹 브라우저인 '크롬(Chrome)'으로 작업 결과를 확인합니다.

03 탭 메뉴 스크립트 작업하기

세부 지시사항 C.1 탭 메뉴 스크립트를 제작합니다. 각 탭을 클릭(Click) 시 해당 탭에 대한 내용이 보이도록 작업합니다.

01 'script.js' 문서에서 슬라이드 스크립트 다음 줄에 탭 메뉴 클릭 시 클릭한 탭 메뉴 제목을 활성화하고 기존 탭 메뉴 제목을 비활성화하도록 다음과 같이 작성합니다.

```
//탭메뉴
$(".tabmenu>li").click(function(){
    $(".tabmenu>li").removeClass("on");
    $(this).addClass("on");
})
```

```
23    //탭메뉴
24    $(".tabmenu>li").click(function(){
25        $(".tabmenu>li").removeClass("on");
26        $(this).addClass("on");
27    })
```
[script.js]

02 탭 메뉴 클릭 시 클릭한 탭 메뉴에 on 클래스가 들어가 활성화되고 기존 탭 메뉴의 on클래스가 제거되어 비활성화됩니다.

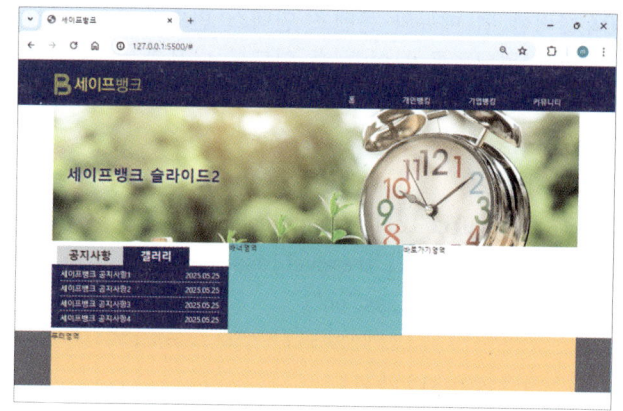

💬 요소 TIP

- **$(".tabmenu>li")** : jQuery 선택자로, HTML 문서 내 .tabmenu 하위 요소 〈li〉 지정
- **click** : jQuery에서 제공하는 이벤트 메서드로, 클릭 시 발생하는 이벤트를 처리
- **$(this)** : 현재 선택된 요소로 .tabmenu〉li 요소 중 클릭한 〈li〉 요소
- **.removeClass("on")** : 클래스 "on"을 제거
- **.addClass("on")** : 클래스 "on"을 추가

03 탭 메뉴 클릭 시 클릭한 탭 메뉴의 콘텐츠를 보여주기 위해 변수를 만들어 클릭한 탭 메뉴의 인덱스 번호를 알 수 있도록 다음과 같이 작성합니다.

```
//탭메뉴
let t;
$(".tabmenu>li").click(function(){
    $(".tabmenu>li").removeClass("on");
    $(this).addClass("on");

    t = $(this).index();
    console.log(t);
})
```

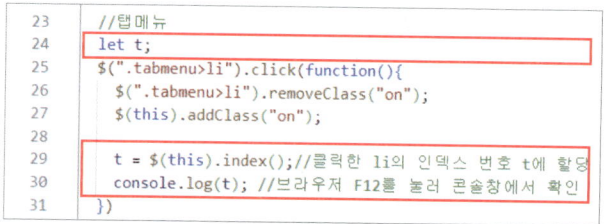

[script.js]

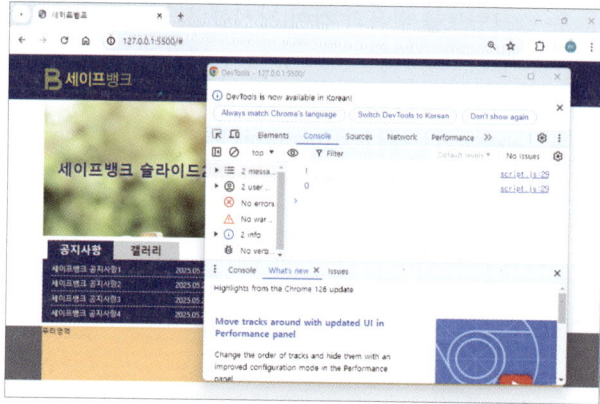

💬 요소 TIP

- **let t** : 변수 t 선언
- **t = $(this).index( )** : 변수 t에 클릭한 인덱스 번호를 할당
- **console.log(t)** : 웹 브라우저에서 F12를 눌러 개발자 도구를 실행 후 상단 메뉴 'Console' 탭에서 확인

04 클릭한 탭 메뉴와 콘텐츠 인덱스 번호가 같은 콘텐츠를 보여줄 수 있도록 다음과 같이 작성합니다.

```
//탭메뉴
let t;
$(".tabmenu>li").click(function(){
    $(".tabmenu>li").removeClass("on");
    $(this).addClass("on");

    t = $(this).index();
    console.log(t);

    $(".tabcon").hide();
    $(".tabcon").eq(t).show();
})
```

```
23    //탭메뉴
24    let t;
25    $(".tabmenu>li").click(function(){
26        $(".tabmenu>li").removeClass("on");
27        $(this).addClass("on");
28
29        t = $(this).index();//클릭한 li의 인덱스 번호 t에 할당
30        console.log(t); //브라우저 F12를 눌러 콘솔창에서 확인
31
32        $(".tabcon").hide();
33        $(".tabcon").eq(t).show();
34    })
35    })
```
[script.js]

> 🔖 **요소 TIP**
> - **.hide( )/show( )** : hide( ) 요소를 숨기고, show( ) 요소를 보여줌
> - **eq(index)** : ( )(괄호)안에 index 번호를 넣으며 선택한 요소 집합 중 지정된 인덱스에 해당하는 요소를 선택
> - 스크립트는 순차적으로 실행되며, 오류가 발생할 경우 오류 발생 전까지의 코드만 실행되고, 그 이후의 코드는 실행되지 않습니다. 오류는 개발자 도구에서 확인할 수 있습니다.

05 탭 메뉴 클릭 시 〈a〉 태그가 포함되어 있어 임시 링크로 인해 새로고침이 발생합니다. 이를 방지하기 위해 링크를 차단하는 스크립트를 다음과 같이 작성합니다.

```
//탭메뉴
let t;
$(".tabmenu>li").click(function(){
    $(".tabmenu>li").removeClass("on");
    $(this).addClass("on");

    t = $(this).index();
    console.log(t);

    $(".tabcon").hide();
    $(".tabcon").eq(t).show();

    return false;
})
```

```
23    //탭메뉴
24    let t;
25    $(".tabmenu>li").click(function(){
26        $(".tabmenu>li").removeClass("on");
27        $(this).addClass("on");
28
29        t = $(this).index();//클릭한 li의 인덱스 번호 t에 할당
30        console.log(t); //브라우저 F12를 눌러 콘솔창에서 확인
31
32        $(".tabcon").hide();
33        $(".tabcon").eq(t).show();
34
35        return false;//링크차단
36    })
```
[script.js]

> 💬 요소 TIP
>
> **return false** : 클릭 이벤트의 기본 동작(예 링크 클릭 시 페이지 이동)을 막음

06 작업한 모든 파일을 저장하고 'index. html' 문서가 활성화된 상태에서 상태표시줄에 Go Live를 선택하여 웹 브라우저인 '크롬(Chrome)'으로 작업 결과를 확인합니다.

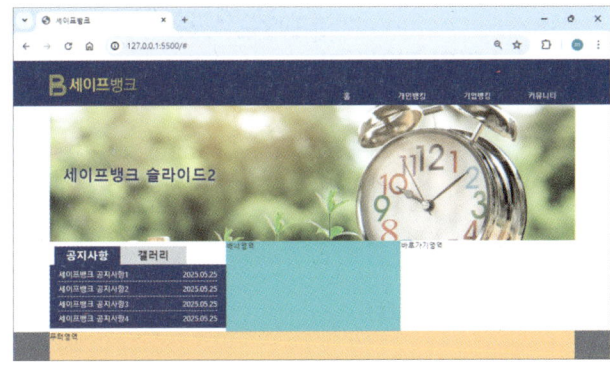

07 탭 메뉴 클릭 시 클릭한 탭 메뉴에 on 클래스가 들어가 활성화되고, 해당 콘텐츠가 활성화됩니다.

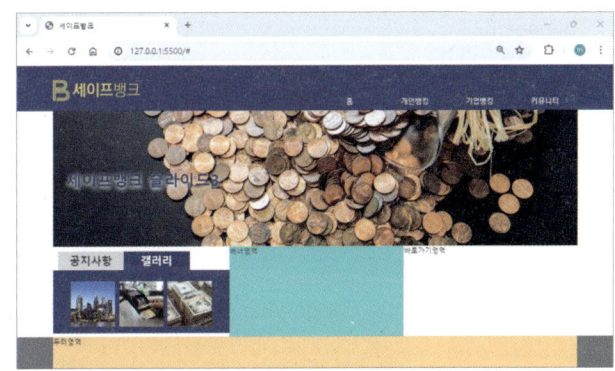

04 배너 구조 작업하기

세부 지시사항 C.2 배너를 제작합니다. Contents 폴더의 제공된 파일을 활용하여 작업합니다.

01 'index.html' 문서의 '⟨article class="banner"⟩⟨/article⟩' 사이에 배너 내용을 다음과 같이 작성합니다.

```
<article class="banner">
    <h2>배너</h2>
    <a href="#">
        <div>
            <h3>세이프뱅크<br><span>외화 예금 신규가입 이벤트!!!</span></h3>
            <p>대상 :세이프뱅크 개인고객 </p>
        </div>
    </a>
</article>
```

[index.html]

> **요소 TIP**
> ⟨h2⟩ : 배너 영역의 제목 요소

05 배너 스타일 작업하기

01 'style.css' 문서에서 '.contents .banner'를 찾아 배너 스타일을 다음과 같이 작성합니다.

```css
.contents .banner {
    background:#fff;
    padding:10px;
}
.banner h2 {
    color:#003366;
    margin-bottom:10px;
}
.banner a {
    display:block;
    height:130px;
    background:url(../images/banner.jpg) center/cover;
    border-radius:30px;
    overflow:hidden;
    color:#fff;
}
.banner div {
    height:100%;
    background:rgba(0, 51, 102, 0.8);
    padding:20px;
}
.banner div h3 {
    margin-bottom:10px;
    color:#f4d01f;
}
.banner div h3 span {
    font-weight:300;
}
```

```
196  .contents .banner {
197      background: #fff;
198      padding:10px;
199  }
200  .banner h2 {
201      color: #003366;
202      margin-bottom:10px;
203  }
204  .banner a {
205      display:block;
206      height:130px;
207      background:url(../images/banner.jpg) center/cover;
208      border-radius:30px;
209      overflow:hidden;
210      color: #fff;
211  }
212  .banner div {
213      height:100%;
214      background: rgba(0, 51, 102, 0.8);
215      padding:20px;
216  }
217  .banner div h3 {
218      margin-bottom:10px;
219      color: #f4d01f;
220  }
221  .banner div h3 span {
222      font-weight:300;
223  }
```

[style.css]

💡 요소 TIP

- **.banner h2** : .banner의 하위 요소 〈h2〉 지정, 텍스트 간의 위계질서가 보이도록 스타일 설정
- **.banner a** : .banner의 하위 요소 〈a〉 지정, 배너의 클릭할 영역 및 배너 이미지 설정
  - **border-radius:30px** : 사방의 모서리를 30픽셀만큼 둥글게 설정
  - **overflow:hidden** : 하위 요소가 넘치는 영역을 숨겨줌
  - **color:#fff** : 하위 요소 텍스트 색상을 흰색으로 설정
- **.banner div** : .banner의 하위 요소 〈div〉 지정하여 글자색이 잘 보이도록 배경색 설정
  - **background:rgba(0, 51, 102, 0.8)** : 빨강(Red) 값은 0, 초록(Green) 값은 51, 파랑(Blue) 값은 102이며, 알파(Alpha) 값은 0.8로 0에서 1 사이의 값을 가지므로 80%의 불투명도 설정
  - **height:100%** : 배경색이 부모 요소만큼 채워짐
- **.banner div h3 span** : .banner의 하위 요소 〈div〉 하위 요소 〈h3〉 하위 요소 〈span〉 지정하여 글자 일부를 감싸주는 역할
  - **font-weight:300** : 글꼴의 두께를 설정하며, 100부터 900까지의 값이 있으며, 숫자가 클수록 두껍고 작을수록 얇음

02 작업한 모든 파일을 저장하고 'index.html' 문서가 활성화된 상태에서 상태표시줄에 Go Live를 선택하여 웹 브라우저인 '크롬(Chrome)'으로 작업 결과를 확인합니다.

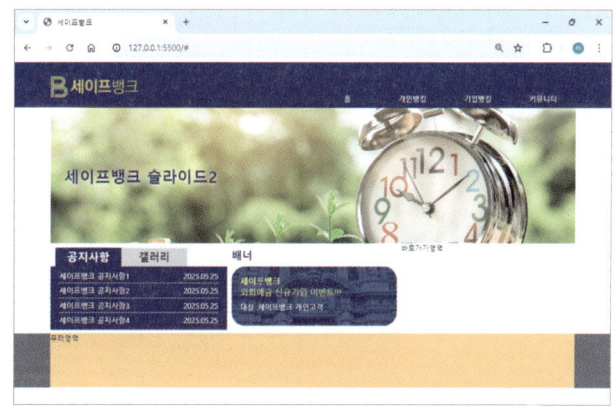

06 바로가기 구조 작업하기

세부 지시사항 C.3 바로가기를 제작합니다. 바로가기 영역은 Contents 폴더에서 제공된 파일을 활용해 작업합니다.

01 'index.html' 문서의 '<article class="go"></article>' 사이에 바로가기 내용을 다음과 같이 작성합니다.

```
<article class="go">
    <h2>바로가기</h2>
    <ul>
        <li>
            <a href="#">
                <p><img src="images/icon01.png" alt="바로가기1"></p>
                <span>바로가기1</span>
            </a>
        </li>
        <li>
            <a href="#">
                <p><img src="images/icon02.png" alt="바로가기2"></p>
                <span>바로가기2</span>
            </a>
        </li>
        <li>
            <a href="#">
                <p><img src="images/icon03.png" alt="바로가기3"></p>
                <span>바로가기3</span>
            </a>
        </li>
    </ul>
</article>
```

```
151    <article class="go">
152        <h2>바로가기</h2>
153        <ul>
154            <li>
155                <a href="#">
156                    <p><img src="images/icon01.png" alt="바로가기 1"></p>
157                    <span>바로가기 1</span>
158                </a>
159            </li>
160            <li>
161                <a href="#">
162                    <p><img src="images/icon02.png" alt="바로가기 2"></p>
163                    <span>바로가기 2</span>
164                </a>
165            </li>
166            <li>
167                <a href="#">
168                    <p><img src="images/icon03.png" alt="바로가기 3"></p>
169                    <span>바로가기 3</span>
170                </a>
171            </li>
172        </ul>
173    </article>
174 </div><!--//contents 닫은 태그-->
```

[index.html]

> 💬 **요소 TIP**
> - `<h2>` : 바로가기 영역의 제목 요소
> - `<p>` : 바로가기 아이콘 이미지를 감싸주는 요소
> - `<span>` : 바로가기 아이콘 이름 요소

07 바로가기 스타일 작업하기

01 'style.css' 문서에서 'footer' 스타일 윗줄에 바로가기 스타일을 다음과 같이 작성합니다.

```css
.go {
    padding:10px;
}
.go h2 {
    color:#003366;
    margin-bottom:20px;
}
.go ul {
    display:flex;
    gap:10px;
    justify-content:center;
    text-align:center;
}
.go ul li a {
    display:block;
    height:100%;
}
.go ul li p {
    width:80px;
    height:80px;
    background:#003366;
    padding-top:20px;
    border-radius:20px;
    margin-bottom:10px;
}
.go ul li span {
    font-weight:bold;
}
```

```css
224  .go {
225      padding:10px;
226  }
227  .go h2 {
228      color:■#003366;
229      margin-bottom:20px;
230  }
231  .go ul {
232      display:flex;
233      gap:10px;
234      justify-content:center;
235      text-align:center;
236  }
237  .go ul li a {
238      display:block;
239      height:100%;
240  }
241  .go ul li p {
242      width:80px;
243      height:80px;
244      background:■#003366;
245      padding-top:20px;
246      border-radius:20px;
247      margin-bottom:10px;
248  }
249  .go ul li span {
250      font-weight:bold;
251  }
```

[style.css]

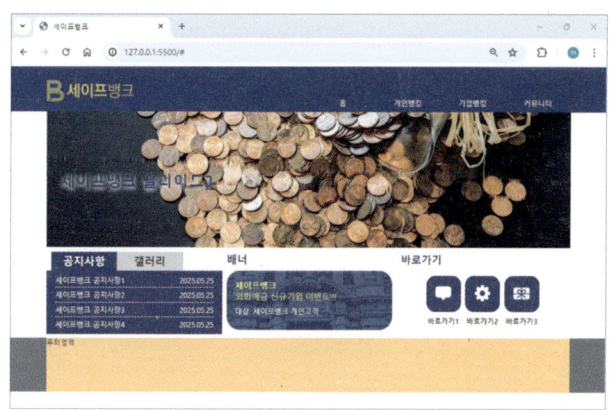

💬 요소 TIP

- **display:flex** : .go ul을 플렉스 컨테이너로 설정하여, 자식 요소(〈li〉)들을 수평으로 나열
- **justify-content : center**:flex로 나열된 자식 요소(〈li〉)를 수평 중앙 정렬
- **.go ul li** : .go의 하위 요소 〈ul〉의 하위 요소 〈li〉의 하위 요소 지정하여 바로가기 리스트의 스타일 지정
  - **text-align:center** : 수평 중앙 정렬이 상속되어 .go ul li의 하위 요소인 〈img〉, 〈span〉을 수평 중앙 정렬
- **.go ul li p** : .go의 하위 요소 〈ul〉의 하위 요소 〈li〉의 하위 요소 〈p〉를 지정하여 바로가기 아이콘을 감싸는 컨테이너 스타일 지정
  - **padding-top:20px** : 위쪽 내부 여백을 20픽셀 설정하여, 〈img〉가 아래로 내려오도록 설정
  - **border-radius:20px** : 사방의 모서리를 20픽셀만큼 둥글게 설정
  - **margin-bottom:5px** : 아래 바깥 여백 5픽셀 설정하여, 〈span〉 요소 사이를 띄워줌
- **.go ul li span** : .go의 하위 요소 〈ul〉의 하위 요소 〈li〉의 하위 요소 〈span〉 지정하여 바로가기 아이콘 이름 스타일 지정
  - **font-weight:bold** : 텍스트 굵게 설정

08 팝업창 구조 작업하기

세부 지시사항의 와이어프레임에서 팝업창의 형태를 확인합니다. Contents 폴더의 제공된 텍스트 파일을 사용하여 모달 레이어 팝업(Modal Layer Popup)을 제작합니다.

01 'index.html' 문서의 '〈/footer〉' 다음 줄에 팝업창을 다음과 같이 작성합니다.

```
<div class="popup">
    <div class="popcon">
        <h2>세이프뱅크 공지사항</h2>
        <p class="img">
            <img src="images/pop.jpg" alt="팝업 이미지 설명">
        </p>
        <p class="text">
            세이프뱅크 공지사항<br>
            팝업창 내용입니다. <br>
            <strong>강조하고 싶을 부분은 강조해주세요!</strong>
        </p>
        <p class="close">
            <button>CLOSE X</button>
        </p>
    </div>
</div>
```

```
180    <div class="popup">
181        <div class="popcon">
182            <h2>세이프뱅크 공지사항</h2>
183            <p class="img">
184                <img src="images/pop.jpg" alt="팝업 이미지 설명">
185            </p>
186            <p class="text">
187                세이프뱅크 공지사항<br>
188                팝업창 내용입니다. <br>
189                <strong>강조하고 싶을 부분은 강조해주세요!</strong>
190            </p>
191            <p class="close">
192                <button>CLOSE X</button>
193            </p>
194        </div><!--//popcon 닫은 태그-->
195    </div><!--//popup 닫은 태그-->
196 </div><!--//wrap 닫은 태그-->
197 </body>
198 </html>
```

[Index.html]

> 💬 요소 TIP
> - ⟨div class="popup"⟩ : 전체 팝업 영역을 감싸주는 클래스 명이 popup인 요소
> - ⟨div class="popcon"⟩ : 팝업의 콘텐츠를 감싸주는 클래스 명이 popcon인 요소
> - ⟨p class="img"⟩ : 팝업 내 이미지를 감싸주는 클래스 명이 img인 요소
> - ⟨p class="text"⟩ : 팝업 내 텍스트를 감싸주는 클래스 명이 text인 요소
> - ⟨p class="close"⟩ : 팝업 내 버튼 요소를 감싸주는 클래스 명이 close인 요소

09 팝업창 스타일 작업하기

01 'style.css' 문서의 마지막 줄에 팝업창의 스타일을 다음과 같이 작성합니다.

```css
.popup {
    position:absolute;
    top:0;
    left:0;
    width:100%;
    height:100%;
    background:rgba(0, 0, 0, 0.5);
    z-index:9999;
}
.popcon {
    position:relative;
    width:500px;
    top:50%;
    left:50%;
    transform:translate(-50%, -50%);
    background:#003366;
    text-align:center;
    padding:20px;
    color:#fff;
    border-radius:20px;
}
```

```css
262  .popup {
263      position:absolute;
264      top:0;
265      left:0;
266      width:100%;
267      height:100%;
268      background:rgba(0, 0, 0, 0.5);
269      z-index:9999;
270  }
271  .popcon {
272      position:relative;
273      width:500px;
274      top:50%;
275      left:50%;
276      transform:translate(-50%, -50%);
277      background:#003366;
278      text-align:center;
279      padding:20px;
280      color:#fff;
281      border-radius:20px;
282  }
```
[style.css]

02 'style.css' 문서의 'body' 스타일 다음 줄에 팝업창의 기준을 다음과 같이 작성합니다.

```css
.wrap{
    position:relative;
}
```

```css
26  .wrap{
27      position:relative;
28  }
```
[style.css]

💬 요소 TIP

- 팝업창은 모든 콘텐츠의 가장 위에 표시되어야 하므로, 공중에 띄워 작업합니다.
- 팝업창을 홈페이지 가운데 배치하기 위해 .wrap에 기준을 설정합니다.
- .popup : 〈div class="popup"〉의 선택자로 배경 콘텐츠 상호 작용을 차단된다는 것을 보여주기 위해 어두운 배경을 설정
  - z-index:9999 : position 속성으로 설정된 요소에 쌓이는 순서를 결정, 팝업은 모든 콘텐츠의 제일 위에 있어야 하므로 값을 9999로 설정
- 공중에 띄운 요소를 가운데 배치하는 방법
  - top:50% : 기준 요소의 상단에서부터 50% 아래로 배치
  - left:50% : 기준 요소의 왼쪽으로부터 50% 오른쪽으로 배치
  - transform:translate(-50%, -50%) : 자신의 너비와 높이의 50%만큼 왼쪽과 위쪽으로 이동
- text-align:center : 요소 내의 텍스트 또는 인라인, 인라인 블록 요소(〈img〉, 〈button〉)를 중앙 정렬
- padding:20px : 사방의 내부 여백을 20픽셀 설정
- border-radius:20px : 사방의 모서리를 20픽셀만큼 둥글게 설정

03 팝업의 타이틀과 내용 스타일을 다음과 같이 작성합니다.

```css
.popcon h2 {
    margin-bottom:20px;
}
.popcon .text {
    margin:20px 0;
}
.popcon .close {
    text-align:right;
}
.popcon .close button {
    background:#330;
    border:0;
    padding:10px;
    color:#fff;
}
.popcon .close button:hover {
    background:#f4d01f;
    color:#000;
}
```

```
286    .popcon h2 {
287        margin-bottom:20px;
288    }
289    .popcon .text {
290        margin:20px 0;
291    }
292    .popcon .close {
293        text-align:right;
294    }
295    .popcon .close button {
296        background:#330;
297        border:0;
298        padding:10px;
299        color:#fff;
300    }
301    .popcon .close button:hover {
302        background:#f4d01f;
303        color:#000;
304    }
```
[style.css]

💬 요소 TIP

- .popup .text : .popup의 하위 요소 .text를 지정하여 팝업 내 텍스트 스타일 지정
  - margin:20px 0 : 위·아래 바깥 여백 20픽셀 설정
- .popup .close : .popup의 하위 요소 .close를 지정하여 팝업 내 버튼을 감싸는 영역
  - text-align:right : 인라인 블록 요소인 〈button〉 우측 정렬
- .popup .close button : .popup의 하위 요소 .close 하위 요소 〈button〉 지정
  - border:0 : 〈button〉의 기본 테두리를 제거
- .popup .close button:hover : .popup의 하위 요소 .close 하위 요소 button에 마우스를 올렸을 때 스타일 지정

04 작업한 모든 파일을 저장하고 'index.html' 문서가 활성화된 상태에서 상태표시줄에 Go Live를 선택하여 웹 브라우저인 '크롬(Chrome)'으로 작업 결과를 확인합니다. 팝업창의 스타일 작업이 완료되었다면 팝업창을 숨깁니다.

```
.popup {
    position:absolute;
    top:0;
    left:0;
    width:100%;
    height:100%;
    background:rgba(0, 0, 0, 0.5);
    z-index:9999;
    display:none;
}
```

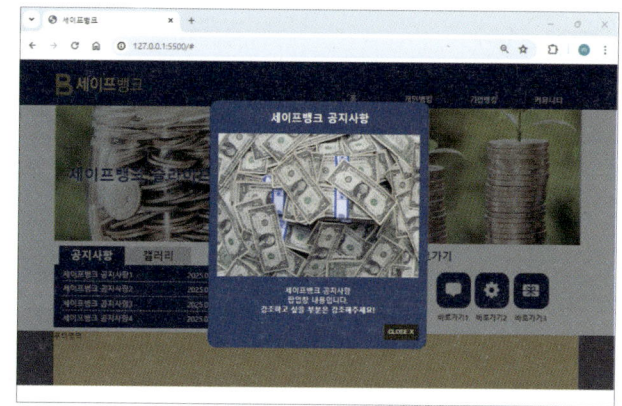

[style.css]

> 💬 **요소 TIP**
> **display:none** : 요소를 선택하여 숨김(스크립트에서 추가 작업 예정)

10 팝업창 스크립트 작업하기

세부 지시사항의 C.1 공지사항 팝업 효과를 구현합니다. 공시사항의 첫 번째 게시글을 클릭(Click) 시 모달 레이어 팝업(Modal Layer Popup)이 나오도록 작업하며, 레이어 팝업의 Close 버튼을 클릭하면 해당 레이어 팝업이 닫히도록 작업합니다.

01 'script.js' 문서에서 마지막 줄 '})' 안쪽에 팝업창 스크립트를 다음과 같이 작성합니다.

```
//팝업
$(".pop").click(function(){
    $(".popup").show();
    return false;
})
$(".close button").click(function(){
    $(".popup").hide();
})
```

[script.js]

요소 TIP

- **$(".pop")** : jQuery 선택자로, HTML 문서 내 공지사항의 첫 번째 게시물 .pop 지정
- **.click(function( ){ ... })** : jQuery에서 제공하는 이벤트 메서드로 클릭 시 {}(중괄호) 내 실행문을 실행
- **$(".popup")** : jQuery 선택자로, 숨겨 놓은 팝업창의 .popup 요소 지정
- **show( )/hide( )** : show( )는 요소를 표시하는 이벤트, hide( )는 요소를 숨기는 이벤트

02 작업한 모든 파일을 저장하고 'index.html' 문서가 활성화된 상태에서 상태표시줄에 Go Live를 선택하여 웹 브라우저인 '크롬(Chrome)'으로 작업 결과를 확인합니다.

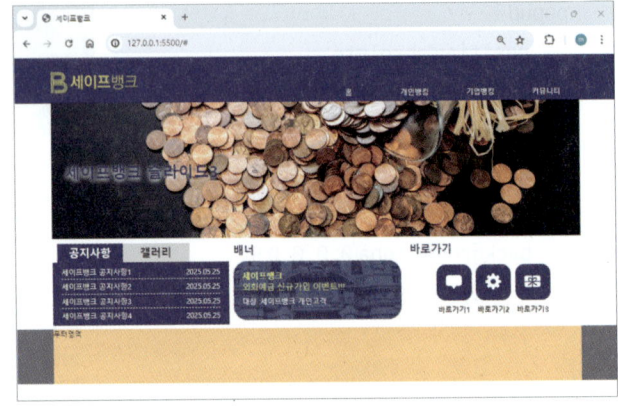

03 공지사항 첫 번째 게시글을 클릭하면 팝업창이 열리고, Close 버튼을 클릭하면 팝업창이 닫힙니다.

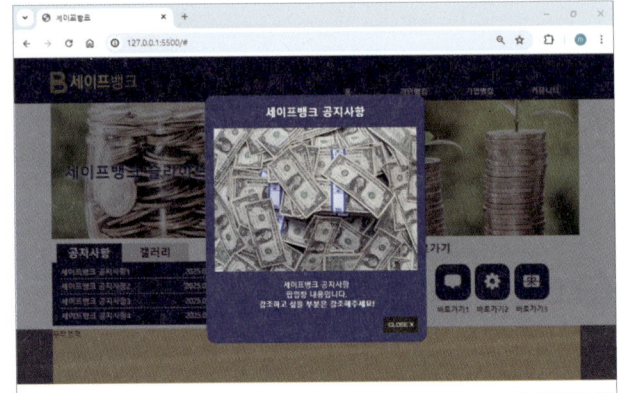

6 STEP 세부 영역별 지시사항 – ⓓ Footer 영역   약 20분

01 하단 로고 제작하기

세부 지시사항에 따라 D Footer 영역의 로고를 제작합니다. 이때 로고는 무채색(Grayscale)으로 변경하여 하단에 배치해야 하므로, 포토샵을 사용하여 로고를 무채색으로 변경합니다.

01 하단 로고 제작을 위해 포토샵을 실행합니다.

02 [파일(File)] – [열기(Open)] 또는 Ctrl + O 를 눌러, 'images' 폴더 안에 있는 'logo.png' 파일을 열어줍니다.

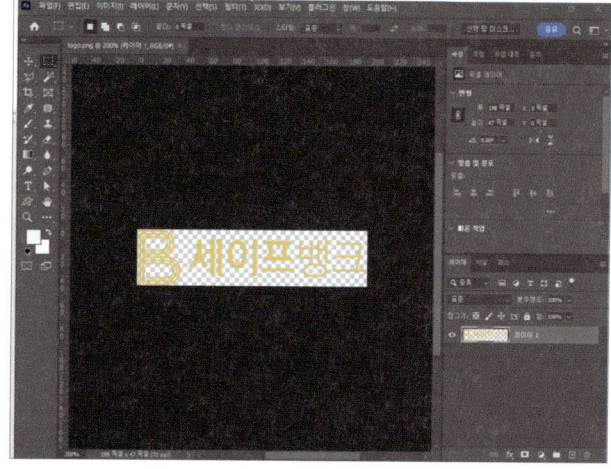

03 [이미지(Image)] – [조정(Adjustment)] – [채도 감소(Desaturate)]를 선택합니다.

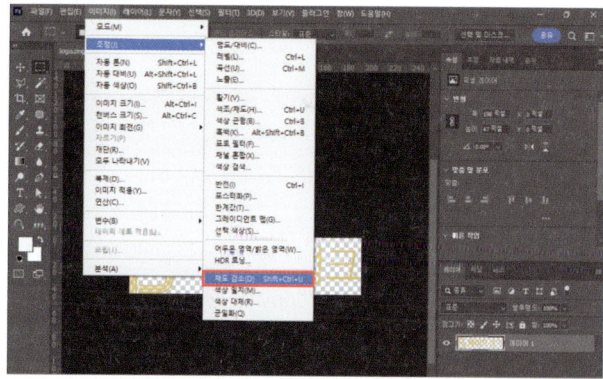

04 이미지가 무채색으로 변경된 것을 확인하고 [파일(File)] – [내보내기(Export)] – [PNG로 빠른 내보내기(Quick Export as PNG)] 선택하고, 파일 형식 '*.png'로 'images' 폴더 안에 저장합니다.
– 파일 이름 : flogo.png

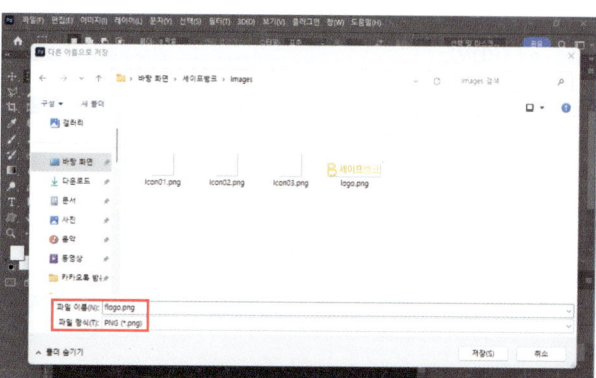

02 푸터 영역 구조 작업하기

제공된 텍스트와 이미지를 이용하여 하단 로고, 하단 메뉴, Copyright를 작업합니다.

01 'index.html' 문서 '〈div class="inner"〉 〈/div〉' 영역 내 텍스트를 지우고 하단 로고, 하단 메뉴, Copyright 순으로 다음과 같이 작성합니다.

```
<footer>
    <div class="inner">
        <p class="flogo">
            <img src="images/flogo.png" alt="세이프뱅크">
        </p>
        <div>
            <ul class="fmenu">
                <li><a href="#">하단 메뉴 1</a></li>
                <li><a href="#">하단 메뉴 2</a></li>
                <li><a href="#">하단 메뉴 3</a></li>
                <li><a href="#">하단 메뉴 4</a></li>
                <li><a href="#">하단 메뉴 5</a></li>
            </ul>
            <p class="fcopy">
                COPYRIGHT &copy; by WEB DESIGN DEVELOPMENT. ALL RIGHTS RESERVED.
            </p>
        </div>
    </div>
</footer>
```

[index.html]

💬 요소 TIP

- **〈footer〉** : 하단 로고와 하단 메뉴, Copyright를 감싸주는 요소
- **〈div〉** : 하단 메뉴와 Copyright를 감싸주는 요소
- **〈ul class="fmenu"〉** : 하단 메뉴를 감싸주는 요소
- **©** : HTML에서 저작권 기호(ⓒ)를 표시하기 위한 특수 문자

03 푸터 영역 스타일 작업하기

01 'style.css' 문서에서 'footer'를 찾아 푸터 영역 스타일을 다음과 같이 작성합니다.

```
footer {
    height:120px;
    background:#666;
    color:#fff;
}
footer .inner {
    width:1200px;
    height:100%;
    margin:auto;
    background:#666;
    display:flex;
    gap:30px;
    align-items:center;
}
```

```
255  footer {
256      height:120px;
257      background:■#666;
258      color:□#fff;
259  }
260  footer .inner {
261      width:1200px;
262      height:100%;
263      margin:auto;
264      background:■#666;
265      display:flex;
266      gap:30px;
267      align-items:center;
268  }
```
[style.css]

💬 요소 TIP

- **footer** : ⟨footer⟩의 선택자로 하단 영역 스타일 지정
  - **color:#fff** : ⟨footer⟩에 글자 색상을 흰색으로 설정하면, 하위 요소들에 상속되어 .fcopy의 글자가 흰색으로 설정
  - **display:flex** : footer .inner를 플렉스 컨테이너로 설정하여 자식 요소(.flogo, div)들을 수평으로 나열
  - **gap:30px** : flex로 나열된 자식 요소(.flogo, div)의 사이 간격 30픽셀 지정
  - **align-items:center** : 플렉스 컨테이너 영역(footer .inner)에서 자식 요소(.flogo, div)를 수직 중앙 정렬

02 하단 메뉴를 나열하기 위해 'footer .inner' 스타일 다음 줄에 다음과 같이 작성합니다.

```
.fmenu {
    display:flex;
    gap:10px;
}
.fmenu li {
    border-right:1px solid #fff;
    padding-right:10px;
    font-size:14px;
}
.fmenu li:last-child {
    border-right:none;
}
```

```
260  footer .inner {
261      width:1200px;
262      height:100%;
263      margin:auto;
264      background:■#666;
265      display:flex;
266      gap:30px;
267      align-items:center;
268  }
269  .fmenu {
270      display:flex;
271      gap:10px;
272  }
273  .fmenu li {
274      border-right:1px solid □#fff;
275      padding-right:10px;
276      font-size:14px;
277  }
278  .fmenu li:last-child {
279      border-right:none;
280  }
```
[style.css]

요소 TIP

- **.fmenu** : 〈ul class="fmenu"〉 선택자로 하단 메뉴 스타일 지정
  - **display:flex** : .fmenu를 플렉스 컨테이너로 설정하여, 자식 요소〈li〉들을 수평으로 나열
  - **gap:10px** : flex로 나열된 자식 요소〈li〉의 사이 간격 10픽셀 지정
- **.fmenu li** : footer의 하위 요소 .fmenu의 하위 요소 〈li〉 지정
  - **border-right:1px solid #fff** : 1픽셀 두께의 색상 #fff 우측 실선 테두리 설정
  - **padding-right:10px** : 오른쪽 내부 여백 10픽셀 설정
- **.fmenu li:last-child** : .fmenu의 하위 요소 〈li〉 중 마지막 〈li〉 지정
  - **border-right:none** : 우측 테두리 제거

03 작업한 모든 파일을 저장하고 'index.html' 문서가 활성화된 상태에서 상태표시줄에 Go Live를 선택하여 웹 브라우저인 '크롬(Chrome)'으로 작업 결과를 확인합니다.

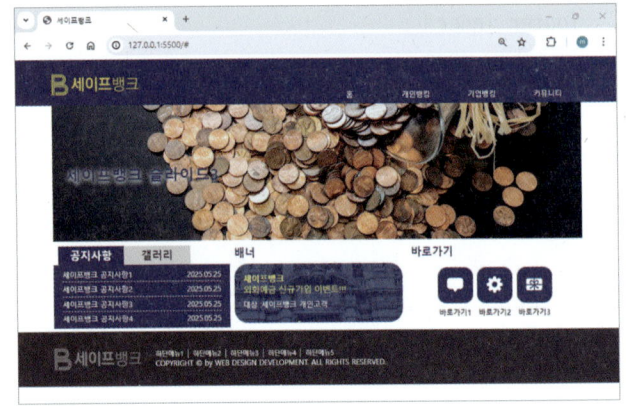

7 STEP 최종 검토하기 약 15분

최종 결과물 Check!

작업을 완료했다면 최종 결과물을 확인합니다.

제출 방법

1. 수험자의 비번호로 된 폴더를 제출합니다.
2. 비번호로 된 폴더 안에 'index.html', 'images', 'js', 'css' 폴더와 작업한 파일이 저장되어 있는지 확인합니다.
3. 'index.html'를 열었을 때 모든 리소스가 표시되고 정상 작동해야 합니다.
4. 비번호로 된 폴더의 용량이 10MB가 초과되지 않아야 합니다. (ai, psd 파일은 제출하지 않습니다.)

기술적 준수사항

1. HTML5 기준 웹 표준을 준수해야 합니다. 현장에서 인터넷 사용이 불가하므로 연습 시 HTML 유효성 검사로 오류가 있는지 확인합니다.
2. CSS3 기준 오류가 없도록 작업해야 합니다. 현장에서 인터넷 사용이 불가하므로 연습 시 CSS 유효성 검사로 오류가 있는지 확인합니다.
3. 스크립트 오류가 표시되지 않아야 합니다. 웹 브라우저에서 F12를 눌러 개발자 도구를 실행한 후, 콘솔(Console) 탭에서 오류가 있는지 확인합니다.
4. 'index.html'을 열었을 때 Tab 으로 요소를 이동, 선택할 수 있어야 합니다.
5. 'index.html'을 열었을 때 다양한 화면 해상도에서 페이지 레이아웃이 정상적으로 표시되어야 합니다.
6. 페이지 전체는 CSS를 이용해 레이아웃을 구성해야 합니다.
7. 브라우저에서 CSS를 '사용 안 함'으로 설정하면 콘텐츠가 기본적으로 세로로 나열되어 표시됩니다.
8. 모든 이미지는 대체 텍스트(alt 속성)를 포함하여 이미지의 의미나 용도를 명확히 전달해야 합니다.
9. 텍스트 간의 위계질서를 직관적으로 알 수 있어야 합니다.
10. 제작된 사이트의 최신 버전의 Google Chrome 브라우저에서 레이아웃, 구성 요소의 크기 및 위치 등이 정상적으로 표시되어야 합니다.

폴더의 용량 검사 - 10MB 미만

03 기출 유형 문제 03회

반복학습 1 2 3

작업파일 ▶ [PART 04 〉 기출 유형 문제 03회 〉 수험자 제공 파일]을 열어서 작업하세요.

[공개 문제 : C 유형]

나이트플리마켓 웹사이트 제작

국가기술자격 실기시험 문제

자격 종목	웹디자인개발기능사	과제명	나이트플리마켓

※ 시험시간 : 3시간

1. 요구사항

※ 다음 요구사항을 준수하여 주어진 자료(수험자 제공 파일)를 활용하여 시험시간 내에 웹페이지를 제작 후 10MB **용량이 초과되지 않게** 저장 후 제출하시오.

※ 웹페이지 코딩은 **HTML5 기준 웹 표준**을 준수하여야 하며, 요구사항에 지정되지 않는 요소들은 주제 특성에 맞게 자유롭게 디자인하시오.

※ 문제에서 지시하지 않은 와이어프레임 영역 비율, 레이아웃, 텍스트의 글자체/색상/크기, 요소별 크기, 색상 등은 수험자가 과제명(가.주제) 특성에 맞게 자유롭게 디자인하시오.

가. 주제 : 나이트플리마켓 홈페이지 제작

나. 개요

플리마켓 축제인 「나이트플리마켓」의 홈페이지를 제작하고자 한다. 방문객들이 다양한 상품과 이벤트에 대한 정보를 얻을 수 있는 웹사이트 제작을 요청하였다. 아래의 요구사항에 따라 메인 페이지를 제작하시오.

다. 제작 내용

01) 메인 페이지를 디자인하고 HTML, CSS, JavaScript 기반의 웹페이지를 제작한다. (이때 jQuery 오픈소스, 이미지, 텍스트 등의 제공된 리소스를 활용하여 제작할 수 있다.)
02) HTML, CSS의 charset은 utf-8로 해야 한다.
03) 컬러 가이드

주조색 (Main color)	부조색 (Sub color)	배경색 (Background color)	기본 텍스트의 색 (Text color)
자유롭게 지정	자유롭게 지정	#FFFFFF	#333333

04) 사이트 맵(Site map)

	Index page / 메인(Main)			
메인 메뉴(Main menu)	홈	판매자	축제정보	먹거리
서브 메뉴 (Sub menu)	소개 행사일정 공지사항 갤러리	판매자 목록 판매자 등록 판매자 가이드	행사개요 주요이벤트 참여아티스트 위치안내	푸드트럭 지역특산물 추천메뉴 할인쿠폰

| 자격 종목 | 웹디자인개발기능사 | 과제명 | 나이트플리마켓 |

05) 와이어프레임(Wireframe)

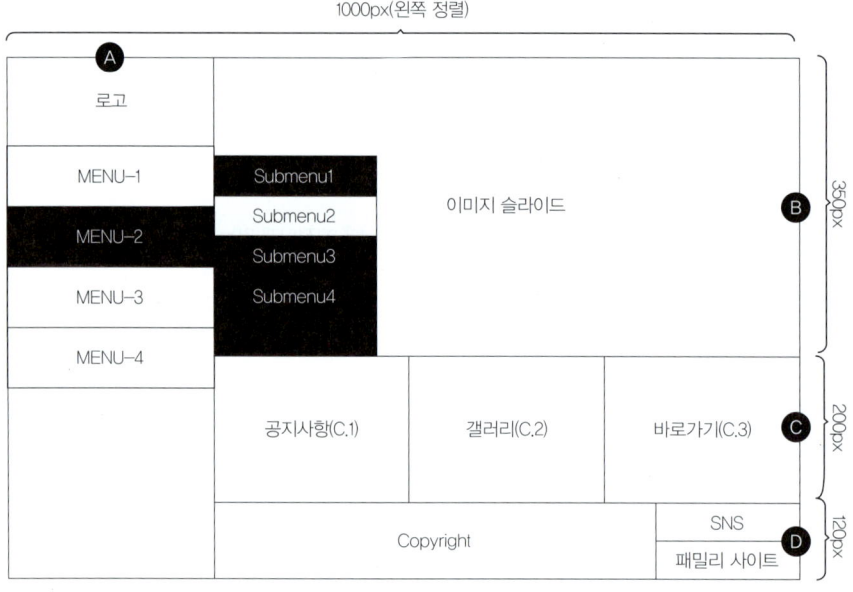

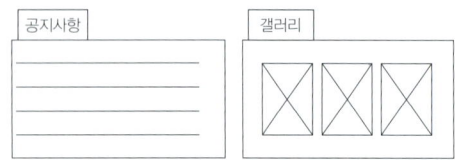

〈공지사항, 갤러리 별도 구성〉

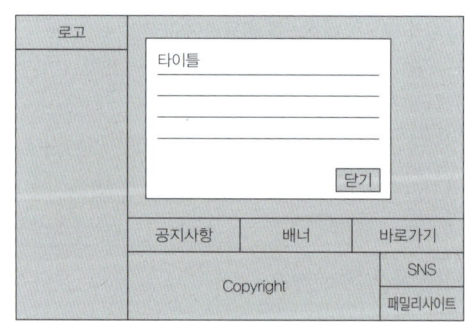

〈모달 레이어 팝업창 구성〉

| 자격 종목 | 웹디자인개발기능사 | 과제명 | 나이트플리마켓 |

라. 세부 영역별 지시사항

영역 및 명칭	세부 지시사항
Ⓐ Header	**A.1 로고** ○ 가로세로 200픽셀×40픽셀 크기로 웹사이트의 이미지에 적합한 로고를 직접 디자인하여 삽입한다. ○ 심벌 없이 로고명을 포함한 워드타입으로 디자인한다. 로고명은 Header 폴더의 제공된 텍스트를 사용한다. **A.2 메뉴 구성** ※ 사이트 구조도를 참고하여 메인 메뉴(Main menu)와 서브 메뉴(Sub menu)로 구성한다. (1) **메인 메뉴(Main menu) 효과 [와이어프레임 참조]** ○ 메인 메뉴 중 하나에 마우스를 올리면(Mouse over) 하이라이트 되고, 벗어나면(Mouse out) 하이라이트를 해제한다. ○ 메인 메뉴를 마우스로 올리면(Mouse over) 서브 메뉴 영역이 부드럽게 나타나면서, 서브 메뉴가 보이도록 한다. ○ 메인 메뉴에서 마우스 커서가 벗어나면(Mouse out) 서브 메뉴 영역은 부드럽게 사라져야 한다. (2) **서브 메뉴 영역 효과** ○ 서브 메뉴 영역은 메인 페이지 콘텐츠를 고려하여 배경 색상을 설정한다. ○ 서브 메뉴 중 하나에 마우스를 올리면(Mouse over) 하이라이트 되고 벗어나면(Mouse out) 하이라이트를 해제한다. ○ 마우스 커서가 메뉴 영역을 벗어나면(Mouse out) 서브 메뉴 영역은 부드럽게 사라져야 한다.
Ⓑ Slide	**B. Slide 이미지 제작** ○ [Slide] 폴더에 제공된 3개의 이미지로 제작한다. ○ [Slide] 폴더에 제공된 3개의 텍스트를 각 이미지에 적용하되, 텍스트의 글자체, 굵기, 색상, 크기를 적절하게 설정하여 가독성을 높이고, 독창성이 드러나도록 제작한다. **B. Slide 애니메이션 작업** ※ 위에서 작업한 결과물을 이용하여 슬라이드 작업을 한다. ○ 이미지만 바뀌면 안 되고, 이미지가 위에서 아래 또는 아래에서 위로 이동하면서 전환되어야 한다. ○ 슬라이드는 매 3초 이내로 하나의 이미지에서 다른 이미지로 전환되어야 한다. ○ 웹사이트를 열었을 때 자동으로 시작되어 반복적으로(마지막 이미지가 슬라이드 되면 다시 첫 번째 이미지가 슬라이드 되는 방식) 슬라이드 되어야 한다.
Ⓒ Contents	**C.1 공지사항** ○ 공지사항 타이틀 영역과 콘텐츠 영역을 구분하여 표현해야 한다. ○ 콘텐츠는 Contents 폴더의 제공된 텍스트를 적용하여 제작한다. ○ 공지사항의 첫 번째 콘텐츠를 클릭(Click)할 경우 모달 레이어 팝업창(Modal Layer Popup)이 나타나며, 레이어 팝업창 내에 닫기 버튼을 두어서 클릭하면 해당 팝업창이 닫혀야 한다. [와이어프레임 참조] ○ 레이어 팝업의 제목과 내용은 Contents 폴더의 제공된 텍스트 파일을 사용한다. **C.2 갤러리** ○ Contents 폴더의 제공된 이미지 3개를 사용하여 가로 방향으로 배치한다. [와이어프레임 참조] **C.3 바로가기** ○ Contents 폴더의 제공된 파일을 활용하여 편집 또는 디자인하여 제작한다. ※ 콘텐츠는 HTML 코딩으로 작성해야 하며, 이미지로 삽입하면 안 된다.
Ⓓ Footer	**D. Footer** ○ Footer 폴더의 제공된 텍스트를 사용하여 Copyright, SNS(3개), 패밀리 사이트를 제작한다.

자격 종목	웹디자인개발기능사	과제명	나이트플리마켓

마. 기술적 준수사항

01) 웹페이지 코딩은 HTML5 기준 웹 표준을 준수하여야 하며, **HTML 유효성 검사(W3C validator)**에서 오류('ERROR')가 없도록 코딩하여야 한다.
　※ HTML 유효성 검사 서비스는 시험 시 제공하지 않는다. (인터넷 사용불가)
02) CSS는 별도의 파일로 제작하여 링크하여야 하며, CSS3 기준(**W3C validator**)에서 오류('ERROR')가 없도록 코딩되어야 한다.
03) JavaScript 코드는 별도의 파일로 제작하여 연결하여야 하며 Google Chrome(브라우저)에 내장된 개발도구의 Console 탭에서 오류('ERROR')가 표시되지 않아야 한다.
04) 별도로 지정하지 않은 상호작용이 필요한 모든 콘텐츠(로고, 메뉴, 버튼, 바로가기 등)는 임시 링크(예 : #)를 적용하고 'Tab, Tab'으로 이동 선택할 수 있어야 한다.
05) 사이트는 다양한 화면 해상도에서 일관성 있는 페이지 레이아웃을 제공해야 한다.
06) 웹 페이지 전체 레이아웃은 Table 태그 사용이 아닌 CSS를 통한 레이아웃 작업으로 해야 한다.
07) 브라우저에서 CSS를 "사용 안 함"으로 설정한 경우 콘텐츠가 세로로 나열된다.
08) 타이틀 텍스트(Title text), 바디 텍스트(Body text), 메뉴 텍스트(Menu text)의 각 글자체/굵기/색상/크기 등을 적절하게 설정하여 사용자가 텍스트 간의 위계질서(Hierarchy)를 직관적으로 알 수 있도록 한다.
09) 모든 이미지에는 이미지에 대한 대체 텍스트를 표현할 수 있는 alt 속성이 있어야 한다.
10) 제작된 사이트 메인페이지의 레이아웃, 구성요소의 크기 및 위치 등은 최신 버전의 Google Chrome에서 정상적으로 동작해야 한다.

바. 제출 방법

01) 수험자는 비번호로 된 폴더명으로 완성된 작품 파일을 저장하여 제출한다.
02) 폴더 안에는 images, script, css 등의 자료를 분류하여 저장한 폴더도 포함되어 있어야 하며, 메인페이지는 반드시 최상위 폴더에 index.html로 저장하여 제출해야 한다.
03) 수험자는 제출하는 폴더에 index.html을 열었을 때 연결되거나 표시되어야 할 모든 리소스들을 포함하여 제출해야 하며 수험자의 컴퓨터가 아닌 채점위원의 컴퓨터에서 정상 작동해야 한다.
04) 전체 결과물의 용량은 10MB 용량이 초과되지 않게 제출하며 ai, psd 등 웹서비스에 사용하지 않는 파일은 제출하지 않는다.

자격 종목	웹디자인개발기능사	과제명	나이트플리마켓

2. 수험자 유의사항

※ 다음의 유의사항을 고려하여 요구사항을 완성하시오.

01) 수험자 인적사항 및 답안작성은 반드시 검은색 필기구만 사용하여야 하며, 그 외 연필류, 유색 필기구, 지워지는 펜 등을 사용한 답안은 채점하지 않으며 0점 처리됩니다.
02) 수험에 필요한 소프트웨어 및 참고자료가 하드웨어에 설치되어 있는지 확인 후 작업하시오.
03) 참고자료의 내용 중 오자 및 탈자 등이 있을 때는 수정하여 작업하시오.
04) 지참공구[수험표, 신분증, 필기도구] 이외의 참고자료 및 외부장치(USB, 키보드, 마우스, 이어폰) 등 **어떠한 물품도 시험 중에 지참할 수 없음을 유의하시오.**
(단, 시설목록 이외의 정품 소프트웨어(폰트 제외)를 설치하고자 할 때에는 감독위원의 입회하에 설치하여 사용하시오.)
05) 수험자가 컴퓨터 활용 미숙 등으로 인한 시험의 진행이 어렵다고 판단되었을 때는 감독위원은 시험을 중지시키고 실격처리를 할 수 있음을 유의하시오.
06) **바탕화면에 수험자 본인의 "비번호" 이름을 가진 폴더에 완성된 작품의 파일만을 저장하시오.**
07) 모든 작품을 감독위원 또는 채점위원이 검토하여 복사된 작품(동일 작품)이 있을 때에는 관련된 수험자 모두를 부정행위로 처리됨을 유의하시오.
08) 장시간 컴퓨터 작업으로 신체에 무리가 가지 않도록 적절한 몸풀기(스트레칭) 후 작업하시오.
09) 다음 사항에 대해서는 실격에 해당되어 채점 대상에서 제외됩니다.
  가) 수험자 본인이 수험 도중 시험에 대한 포기(기권) 의사를 표시하고 포기하는 경우
  나) 작업범위(용량, 시간)를 초과하거나, 요구사항과 현격히 다른 경우(채점위원이 판단)
  다) Slide가 JavaScript(jQuery포함), CSS 중 하나 이상의 방법을 이용하여 제작되지 않은 경우
    ※ 움직이는 Slide를 제작하지 않고 이미지 하나만 배치한 경우도 실격처리 됨
  라) 수험자 미숙으로 비번호 폴더에 완성된 작품 파일을 저장하지 못했을 경우
  마) 압축 프로그램을 사용하여 작품을 압축 후 제출한 경우
  바) 과제기준 20% 이상 완성이 되지 않은 경우(채점위원이 판단)

3. 지급재료 목록

일련 번호	재료명	규격	단위	수량	비고
1	수험자료 USB 메모리	32GB 이상	개	1	시험장당
2	USB 메모리	32GB 이상	개	1	시험장당 1개씩(채점위원용) ※수험자들의 작품 관리

※ 국가기술자격 실기시험 지급재료는 시험종료 후(기권, 결시자 포함) 수험자에게 지급하지 않습니다.

단계별 작업 따라하기

1 STEP 웹 페이지 기본 설정 　　　　　　　　　약 15분

01 HTML5 버전 index.html 만들기

문제를 풀기 전 컴퓨터 바탕화면에 본인에게 부여된 '비번호' 폴더를 생성합니다. '비번호' 폴더 안에 'images', 'css', 'js' 폴더를 각각 생성하고, 주어진 수험자 제공 파일들을 각 폴더에 맞게 정리합니다. 본 교재는 '비번호' 대신 '나이트플리마켓' 폴더 설정 후 작업을 진행합니다.

　　　　　　　　　　　　　　　* 이 책에서는 웹 문서 편집 프로그램으로 Visual Studio Code를 사용하였습니다.

01 Visual Studio Code를 실행합니다. [시작 화면] – [폴더 열기] 또는 상단 메뉴에서 [파일] – [폴더 열기]를 선택합니다.

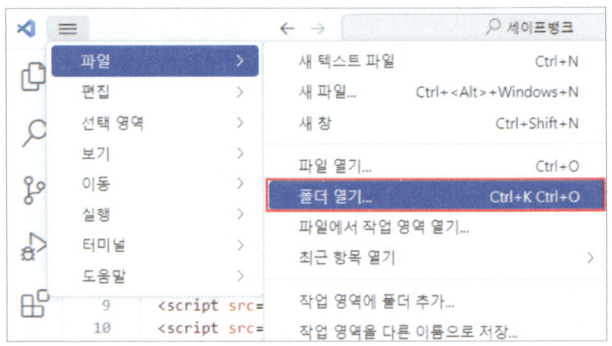

02 바탕화면에 미리 생성해 둔 '나이트플리마켓' 폴더를 선택합니다.

03 Visual Studio Code 좌측 탐색기 아이콘을 선택하여 탐색기 패널을 활성화합니다. 탐색기 패널에는 미리 만들어 놓은 'images', 'css', 'js' 폴더가 있습니다.

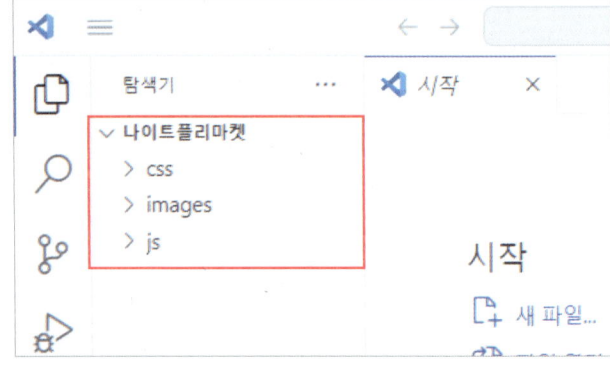

04 탐색기 패널에서 '새 파일' 아이콘을 선택하면, '나이트플리마켓' 폴더 하위에 새 파일이 생성됩니다.

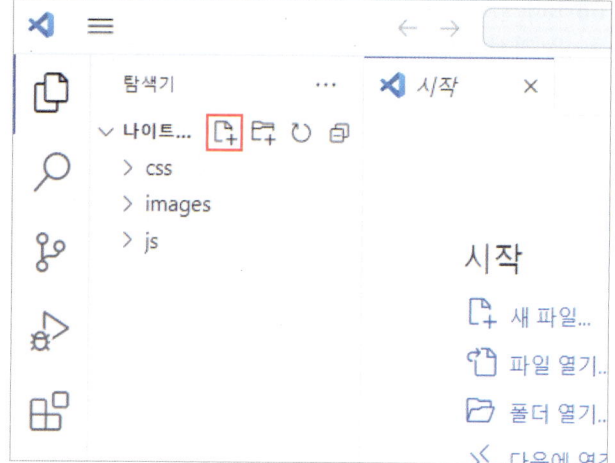

05 파일명을 'index.html'로 변경한 후 Enter 를 누르면, 우측 코드 창에 'index.html' 문서가 활성화되고 윈도우 탐색기에서 '나이트플리마켓' 폴더 하위에 'index.html'을 확인할 수 있습니다.

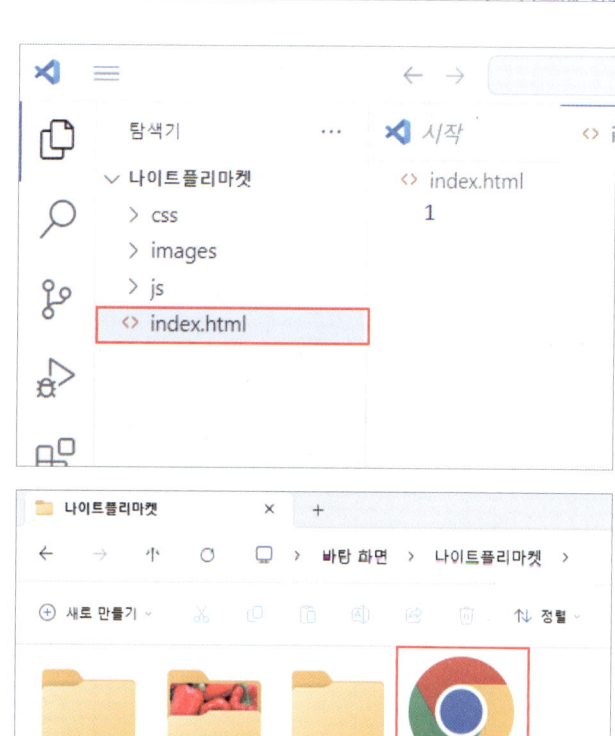

> **기적의 TIP**
>
> 모든 작업 폴더와 파일 이름은 영문으로, 띄어쓰기 없이 작성합니다.

06 'index.html' 문서에 HTML5 문서 형식을 작성하거나 '!'를 입력한 후 Tab 을 눌러 HTML5 문서 형식 코드를 자동 완성합니다. 이때 lang="en"을 lang="ko"로 변경하고, 〈title〉 태그에 과제명을 입력 후 [파일(File)] - [저장(Save)] 또는 Ctrl + S 를 눌러 저장합니다.

〈!DOCTYPE html〉
〈html lang="ko"〉
〈head〉
    〈meta charset="UTF-8"〉
    〈meta name="viewport" content="width=device-width, initial-scale=1.0"〉
    〈title〉나이트플리마켓〈/title〉
〈/head〉
〈body〉
〈/body〉
〈/html〉

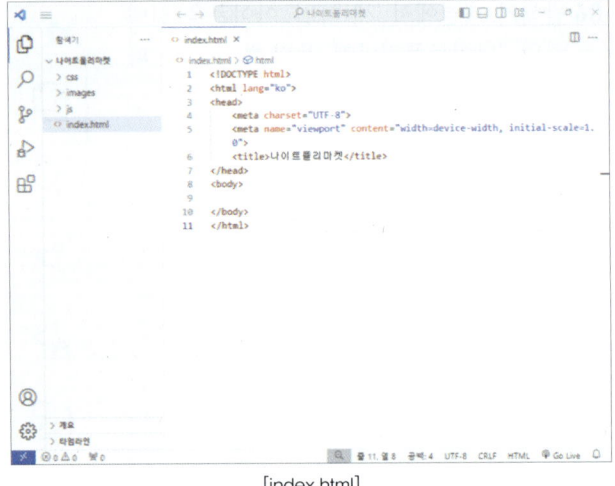

[index.html]

02 CSS 문서 만들기

작업을 시작하기 전, 실수를 줄이기 위해 미리 CSS 문서를 만듭니다.

01 탐색기 패널에 미리 만들어 놓은 'css' 폴더 선택 후 '새 파일' 아이콘을 선택하면 'css' 폴더 하위에 새 파일이 생성됩니다.

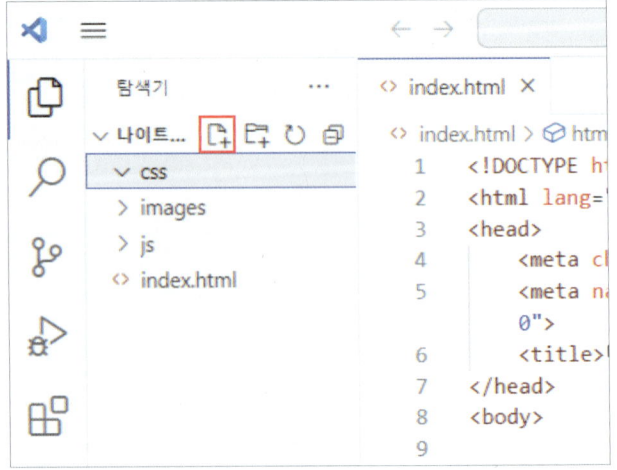

02 새 파일의 파일명을 'style.css'로 변경한 후 Enter 를 누르면, 우측 코드 창에 'style.css' 문서가 활성화된 것을 확인할 수 있습니다.

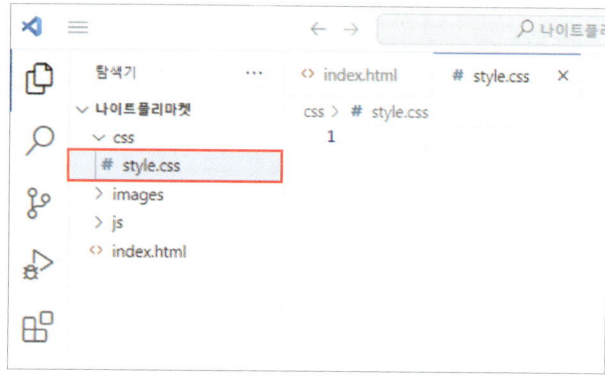

03 'style.css' 문서에 문자 인코딩 방식을 지정하는 @charset "utf-8"; 입력 후 리셋 CSS를 입력하고, [파일(File)] - [저장(Save)] 또는 Ctrl + S 를 선택하여 저장합니다.

```
@charset "utf-8";
*{
    margin:0;
    padding:0;
    box-sizing:border-box;
}
li{
    list-style:none;
}
a{
    text-decoration:none;
    color:inherit;
}
img{
    vertical-align:top;
    max-width:100%;
}
button{
    cursor:pointer;
}
body{
    background:#369;
    color:#333;
}
```

[style.css]

💬 요소 TIP

- 리셋 CSS는 모든 요소의 기본 스타일을 제거하기 위해 리셋 CSS를 작성합니다.
- ***** : 모든 HTML 요소 선택자로, 공통 스타일을 적용 시 사용
- **box-sizing:border-box** : 요소의 패딩과 테두리를 포함하여 요소의 너비 설정
- **list-style:none** : 목록 리스트의 불릿 숨김
- **text-decoration:none** : ⟨a⟩의 밑줄 제거
- **color:inherit** : ⟨a⟩는 글자 색을 상속받을 수 없으므로 글자 색상을 부모 요소로부터 상속받을 수 있게 설정
- **vertical-align:top** : ⟨img⟩를 부모 요소 상단에 정렬
- **max-width:100%** : 본래 이미지 크기보다 커지지 않으며, 부모 요소의 너비를 초과하지 않도록 설정
- **cursor:pointer** : 요소 위 마우스 포인터를 올렸을 때 커서 모양을 손가락 모양으로 변경
- **color** : '#333'은 16진수 표기법으로 'color:#333333'과 같은 색상을 나타내며, '#333'은 각 자리 숫자가 2번 반복된 6자리 값과 동일(예 'color:#f00' → 'color:#ff0000' 빨간색)

03 Script 문서 만들기

작업을 시작하기 전, 실수를 줄이기 위해 미리 Script 문서를 만듭니다.

01 수험자 제공 파일인 제이쿼리 라이브러리 파일 'jquery-1.12.3.js'를 '나이트플리마켓' 하위 폴더의 'js' 폴더로 이동해 둡니다.

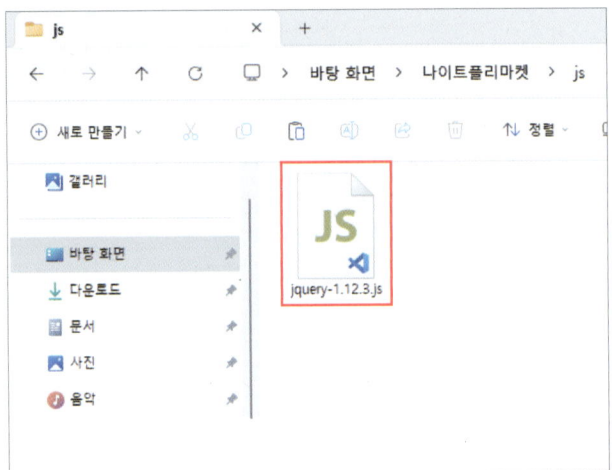

02 Visual Studio Code 탐색기 패널의 'js' 폴더 선택 후 '새 파일' 아이콘을 선택하면 하위에 새 파일이 생성됩니다.

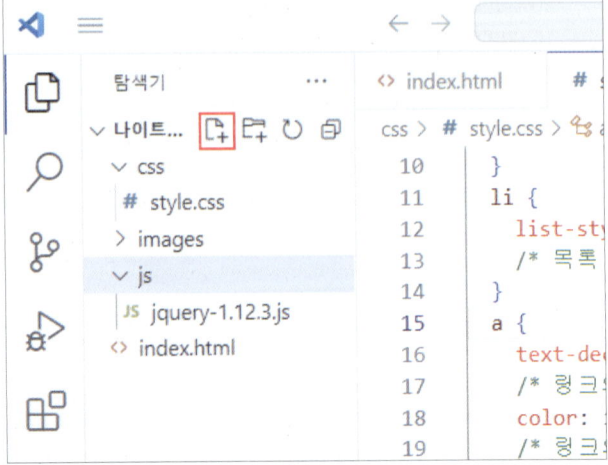

03 새 파일의 파일명을 'script.js'로 변경한 후 Enter를 누르면, 우측 코드 창에 'script.js' 문서가 활성화된 것을 확인할 수 있습니다.

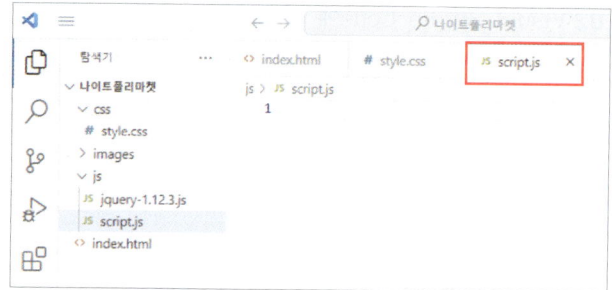

04 'script.js' 문서에 '$(function(){...})'을 입력합니다.

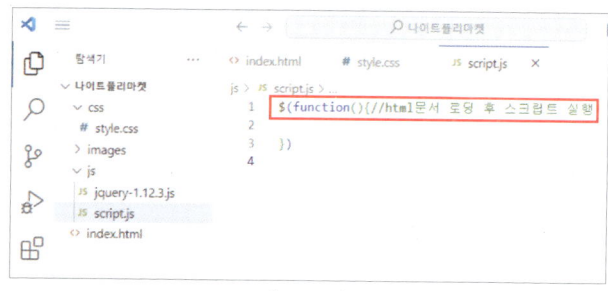

[script.js]

05 {...}(중괄호) 안 'alert("경고")'를 입력 후 Ctrl + S로 저장합니다.

```
$(function(){
    alert("경고");
})
```

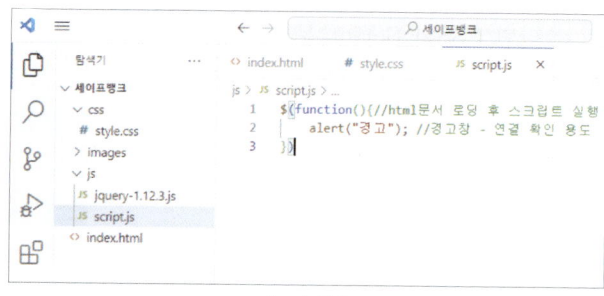

[script.js]

04 index 문서에 CSS, Script 문서 연결하기

'index.html' 문서에 CSS 문서와 Script 문서, jQuery 라이브러리를 연결합니다.

01 'index.html'에서 css와 js 문서를 '<head>' 태그 내 연결 후 Ctrl + S로 저장합니다. js 문서연결 시 jQuery 라이브러리를 먼저 작성하고, script.js를 작성합니다.

```
<link href="css/style.css" rel="stylesheet">
<script src="js/jquery-1.12.3.js"></script>
<script src="js/script.js"></script>
```

[index.html]

02 Visual Studio Code에 'index.html' 문서가 활성화된 상태에서 상태표시줄에 Go Live를 선택하여 웹 브라우저인 '크롬(Chrome)'으로 확인합니다.

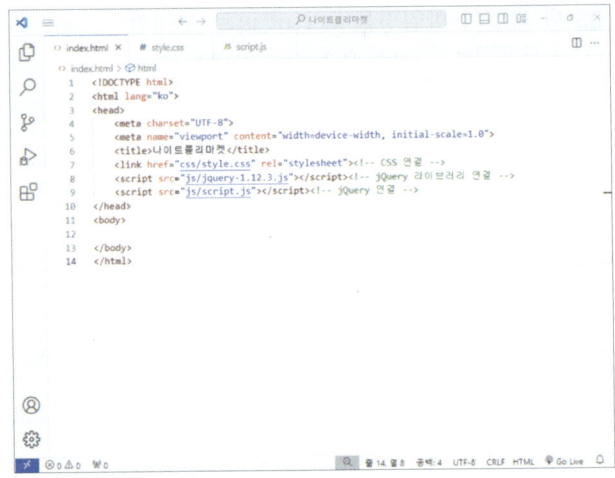

[index.html]

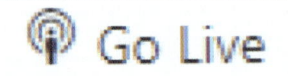

03 웹 브라우저의 배경색 '#369'와 경고창이 뜬다면 CSS와 Script 문서가 잘 연결된 것입니다. 확인 후 'style.css'에서 body 색상을 '#fff'로 변경하고 'script.js' 문서에서 경고창 스크립트를 삭제합니다.

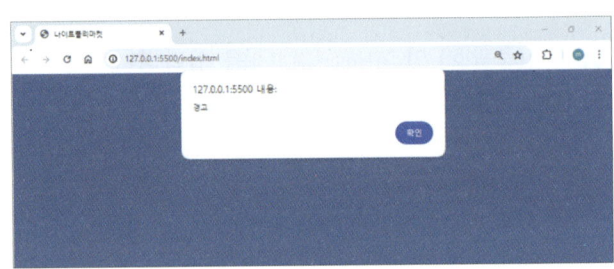

[style.css]

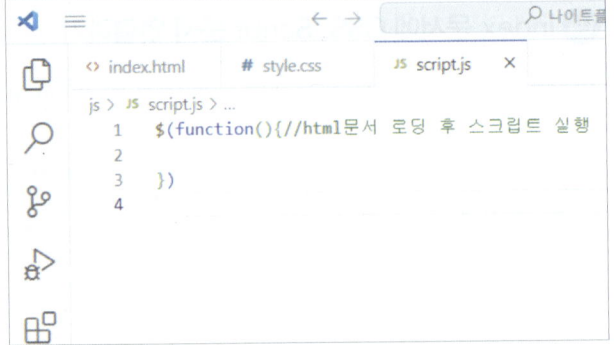

[script.js]

> **기적의 TIP**
>
> Go Live가 설치되지 않았을 때 바탕화면에서 '나이트플리마켓' 폴더의 하위 파일 'index.html' 문서를 웹 브라우저인 '크롬(Chrome)'으로 열어 작업 결과를 확인할 수 있습니다.

2 STEP 와이어프레임 – 레이아웃과 스타일 작업

약 20분

01 레이아웃 HTML 구조 작업하기

요구사항정의서에 있는 와이어프레임을 바탕으로 주어진 콘텐츠와 수치를 파악하여 레이아웃을 제작합니다. 문제에서 지시하지 않은 부분은 자유롭게 설정합니다.

01 먼저, 요구사항정의서의 와이어프레임을 보면서 HTML로 영역을 구분하는 코드를 작성합니다. 다음과 같이 작성하고 [파일(File)] – [저장(Save)] 또는 Ctrl + S 를 선택하여 저장합니다.

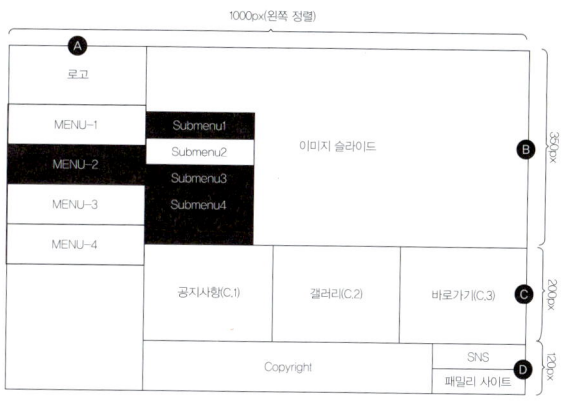

[index.html]

```
〈div class="wrap"〉
    〈header〉
        헤더영역
    〈/header〉
    〈div class="contents"〉
        〈section class="slide"〉
            슬라이드영역
        〈/section〉
        〈div class="con"〉
            〈article class="notice"〉
                공지사항영역
            〈/article〉
            〈article class="gall"〉
                갤러리영역
            〈/article〉
            〈article class="go"〉
                바로가기영역
            〈/article〉
        〈/div〉
        〈footer〉
            푸터영역
        〈/footer〉
    〈/div〉
〈/div〉
```

💬 요소 TIP

- HTML 주석은 <!--로 시작하고 -->로 끝납니다.
- 홈페이지 구조화 작업 시 시맨틱 태그를 사용했으나, 다른 태그로 변경해도 됩니다.
- 클래스 명은 각 영역에 맞게 설정했으나, 원하는 이름으로 변경할 수 있습니다.
- class : 태그의 속성으로 각 태그의 이름을 지정하여 스타일을 적용하기 위해 사용되는 속성
- <div> : 문서 내 레이아웃을 구성하거나 다른 요소를 그룹화할 때 사용
- <div class="wrap"> : 전체를 감싸는 영역
- <header> : 웹 페이지 머리글 영역으로 로고와 메뉴를 포함하는 영역
- <div class="contents"> : 슬라이드, 공지사항, 갤러리, 바로가기를 감싸는 영역
- <section class="slide"> : 독립적인 주제를 가진 영역으로 슬라이드를 감싸는 영역
- <div class="con"> : 공지사항, 갤러리, 바로가기를 감싸는 영역
- <article> : 독립적으로 구분할 수 있는 콘텐츠 영역으로 공지사항, 갤러리, 바로가기를 각각 감싸는 영역
- <footer> : 웹 페이지의 바닥글 영역으로 하단 로고, 저작권, 패밀리사이트, SNS 등 포함하는 영역

02 'index.html' 문서가 활성화된 상태에서 상태표시줄에 Go Live를 선택하여 웹 브라우저인 '크롬(Chrome)'으로 작업 결과를 확인합니다.

02 레이아웃 스타일 작업하기

HTML 구조를 기반으로 CSS 스타일을 적용하여, 요구사항정의서에 제시된 와이어프레임 레이아웃을 제작합니다.

01 'style.css' 문서에서 HTML 구조에 맞게 레이아웃 스타일을 'body' 스타일 다음 줄에 다음과 같이 입력하고, [파일(File)] - [저장(Save)] 또는 Ctrl + S 를 선택하여 저장합니다.

```
.wrap {
    width:1000px;
    height:670px;
    display:flex;
}
header {
    width:200px;
    background:#f45750;
}
```

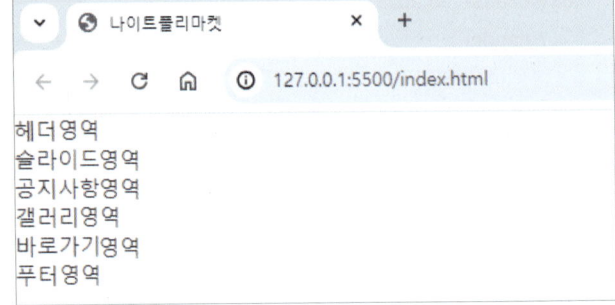

```
41  .wrap {
42      width: 1000px;
43      height: 670px;
44      display: flex;
45  }
46  header {
47      width: 200px;
48      background: #f45750;
49  }
50  .contents {
51      width: 800px;
52  }
53  .slide {
54      height: 350px;
55      background: #40b0f9;
56  }
57  .con {
58      height: 200px;
59      display: flex;
60      background: #ff884d;
```

```css
.contents{
    width:800px;
}
.slide {
    height:350px;
    background:#40b0f9;
}
.con{
    height:200px;
    display:flex;
    background:#ff884d;
}
.notice {
    width:300px;
}
.gall {
    width:300px;
    background:#00d2a5;
}
.go {
    width:200px;
}
footer {
    height:120px;
    background:#666;
}
```

```css
}
.notice {
    width: 300px;
}
.gall {
    width: 300px;
    background: #00d2a5;
}
.go {
    width: 200px;
}
footer {
    height: 120px;
    background: #666;
}
```

[style.css]

더 알기 TIP

- CSS 주석은 /*로 시작하고 */로 끝납니다.
- 클래스 명은 의미 있는 이름으로 만들어야 하며, 반드시 영문 소문자로 작성해야 합니다. 또한, 숫자로 시작할 수 없습니다.
- 배경색은 영역을 확인하기 위해 넣으므로 임의 색상을 입력하여 확인 후 삭제합니다.
- 클래스 명을 부를 때는 '.'으로 부르며 태그 명을 부를 때는 태그로 부릅니다.
- 스타일 적용 시 선택자를 조건에 따라 얼마든지 다양하게 선택할 수 있습니다.
- CSS는 선택자가 구체적으로 작성된 순서에 따라 우선적으로 적용됩니다.
[참고하기] PART 02 – SECTION 02 CSS 기본 다지기

요소 TIP

- **.wrap** : 〈div class="wrap"〉 선택자, 전체 콘텐츠를 감싸는 역할로 요구사항정의서에 표시된 너비와 높이 값 적용
  - **display:flex** : 〈div class="wrap"〉을 플렉스 컨테이너로 설정하여 자식 요소(header, .contents)들을 수평으로 나열. 이때 자식 요소는 부모 요소의 높이만큼 stretch 되어 들어가므로 부모 요소에 높이 값이 있는 것이 유리
- **.con** : 〈div class="con"〉 선택자로 공지사항, 갤러리, 바로가기 영역을 전체 감싸는 컨테이너 역할로 너비는 임의로 설정 가능
  - **display:flex** : 〈div class="con"〉을 플렉스 컨테이너로 설정하여 자식 요소(article)들을 수평으로 나열

02 'index.html' 문서가 활성화된 상태에서 상태표시줄에 Go Live를 선택하여 웹 브라우저인 '크롬(Chrome)'으로 작업 결과를 확인합니다.

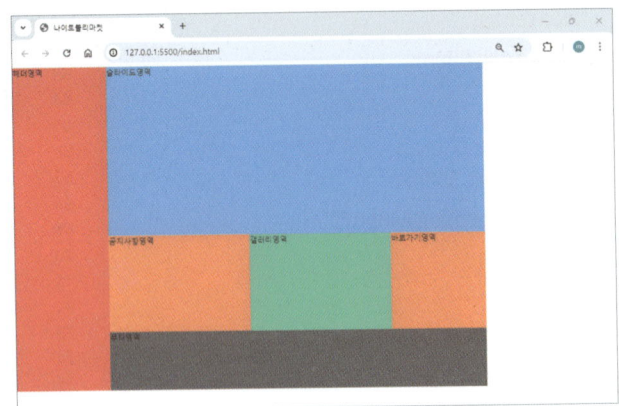

3 STEP 세부 영역별 지시사항 – Ⓐ Header 영역   약 30분

01 로고 제작하기

세부 지시사항의 A.1 로고를 제작합니다. 가로 200px, 세로 40px 크기의 로고를 직접 디자인합니다. 로고의 형태는 심볼이 없는 워드타입으로 Header 폴더의 제공된 텍스트를 사용하여 제작합니다.

01 로고 제작을 위해 포토샵을 실행합니다.

02 [파일(File)] – [새로 만들기(New)] 또는 Ctrl + N 을 눌러, 새로운 문서 만들기를 합니다.
- 폭(Width) : 200px
- 높이(Height) : 40px
- 해상도(Resolution) : 72px/inch
- 색상 모드(Color Mode) : RGB 색상
- 배경 내용(Background Contents) : 흰색(White)

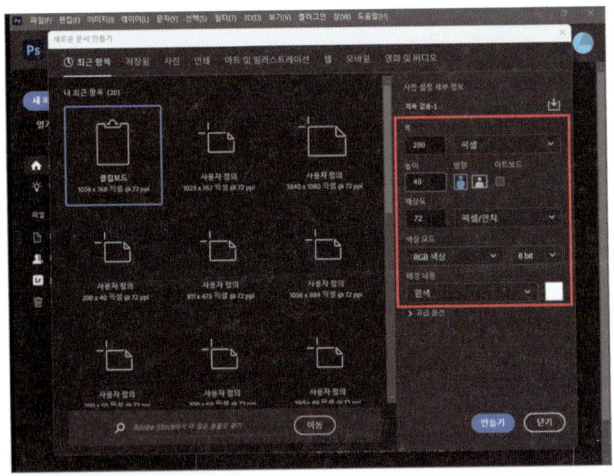

03 도구 상자에서 문자 도구(T)를 선택한 후, 도구 옵션 패널에서 서체 'Noto Sans Korean Bold', 글자 크기 '30pt', 색상 '#000000'을 설정합니다. 그런 다음 문서를 클릭하여 '나이트플리마켓'을 입력합니다.

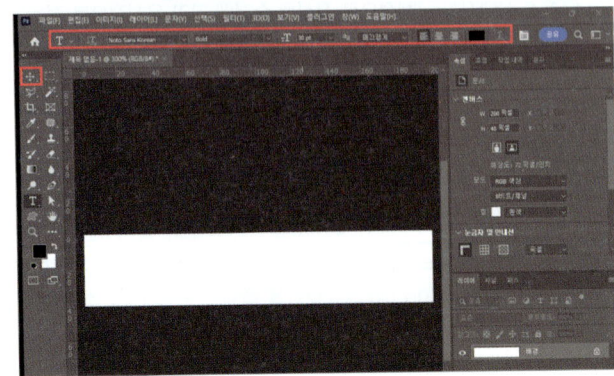

04 입력한 후 '이' 글자를 지우고 띄어쓰기를 사용해 공간을 만듭니다. 이후, '이동 도구(✥)'를 눌러 문자 레이어를 만듭니다.

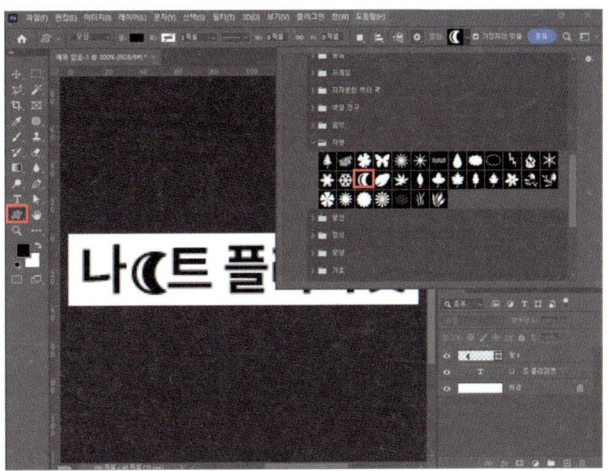

05 도구 상자에서 사용자 정의 모양 도구(✿)를 선택한 후, 도구 옵션 패널에 [모양(Shapes)]을 클릭합니다. [레거시 모양 및 기타(Legacy Shapes and More)] 항목이 보이면 이를 선택한 뒤, [자연] 카테고리에서 [달] 모양을 선택합니다. 그런 다음, 드래그 앤 드롭 방식으로 빈 공간에 달 아이콘을 배치합니다.

※ 만약 [레거시 모양 및 기타(Legacy Shapes and More)] 옵션이 보이지 않을 경우, '2-278p 기적의 TIP'을 참고합니다.

06 달 모양 레이어 선택 한 후 Ctrl + T 로 자유변형을 통해 조절점을 활성화합니다. 조절점을 이용해 달 모양을 비스듬하게 회전시킵니다.

07 그런 다음, 모양 레이어 섬네일을 더블 클릭하거나 속성(Properties)패널에 [칠(Fill)] 옵션을 선택하여 [색상 피커(Color Picker)]를 열어 색상 '#ffeb3b'를 입력합니다.

08 달 아이콘에 빛나는 효과를 주기 위해 레이어(Layers) 패널의 [레이어 스타일(Layer Style)]을 선택하고, [외부 광선(Outer Glow)]을 선택합니다.

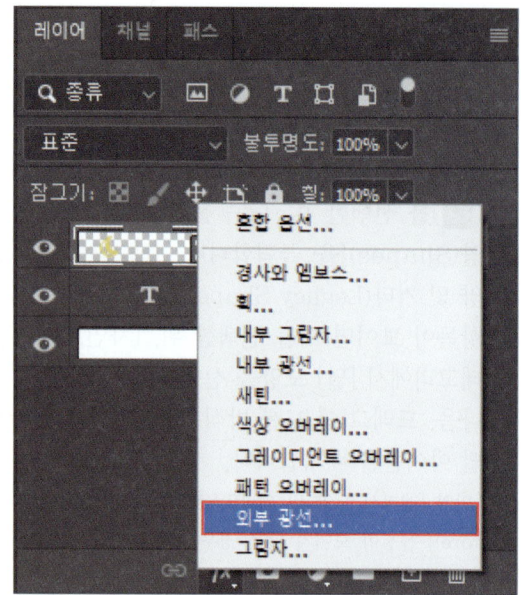

09 여기서 설정을 진행한 후 확인을 눌러 적용합니다.
 - 혼합모드(Blend Mode) : 스크린(Screen)
 - 불투명도(Opacity) : 50%
 - 노이즈(Noise) : 0%
 - 색상(Color) : #fffff
 - 크기(Size) : 5px

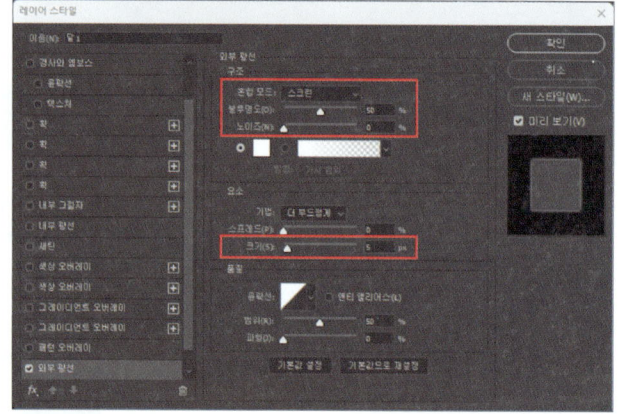

10 문자 레이어 섬네일을 더블 클릭하여 텍스트를 블록으로 선택 한 후, 글자 색상을 '#fffff'로 변경합니다.

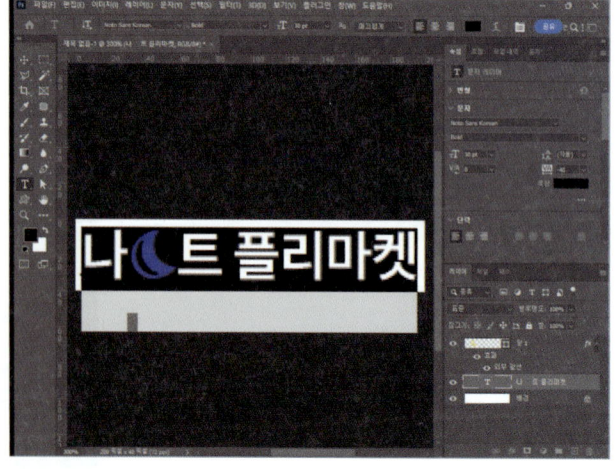

11 레이어(Layer) 패널에서 배경 레이어 옆에 있는 눈 아이콘을 클릭하여 비활성화하면, 배경 레이어가 숨겨집니다.

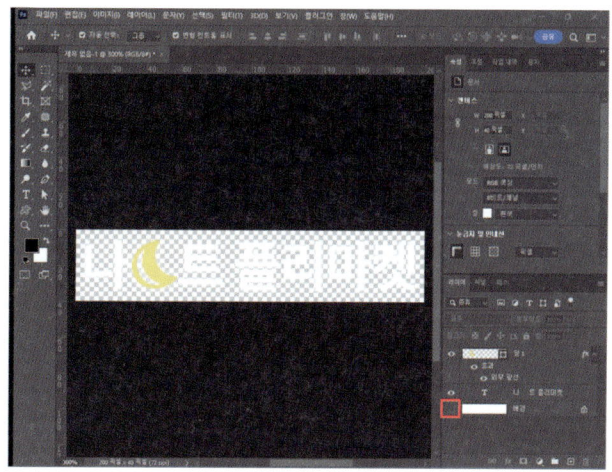

12 [파일(File)] – [다른 이름으로 저장(Save as)] 또는 Shift + Ctrl + S 를 눌러, 파일 형식 '*.psd'로 원본 저장합니다. 그리고 [파일(File)] – [내보내기(Export)] – [PNG로 빠른 내보내기(Quick Export as PNG)]를 선택하여 파일 형식 '*.png'로 'images' 폴더 안에 저장합니다.
— 파일 이름 : logo.png

> **기적의 TIP**
>
> • 레거시 모양 및 기타(Legacy Shapes and More) 옵션이 보이지 않을 때 해결 방법
>   ① 상단 메뉴에서 [창(Window)] – [모양(Shapes)]을 선택하여 모양 패널을 엽니다.
>   ② 모양 패널 우측 상단의 햄버거 메뉴(세 줄 아이콘)를 클릭합니다.
>   ③ [레거시 모양 및 기타(Legacy Shapes and More)] 옵션을 선택합니다.
>   ④ 도구 옵션 패널 – 모양 패널에 레거시 모양 및 기타가 추가되어 있는지 확인합니다.
>
> • 포토샵에서 PNG 파일로 저장하는 방법
>   – [파일(File)] – [다른 이름으로 저장(Save as)] – [파일 형식 : PNG] (버전 22.4 이전)
>   – [파일(File)] – [사본 저장(Save a Copy)] – [파일 형식 : PNG] (버전 22.4 이후)
>   – [파일(File)] – [내보내기(Export)] – [PNG로 빠른 내보내기(Quick Export as PNG)]

02 헤더 영역 로고 작업하기

세부 지시사항의 A.1 로고를 문서에 추가합니다.

01 Visual studio code에 'index.html' 문서를 열어, '〈header〉' 영역 안 글자를 지우고 다음과 같이 작성합니다.

〈h1〉
　　〈a href="#"〉
　　　　〈img src="images/logo.png" alt="나이트플리마켓"〉
　　〈/a〉
〈/h1〉

[index.html]

02 문서 저장 후 'index.html' 문서가 활성화된 상태에서 상태표시줄에 Go Live를 선택 또는 윈도우 탐색기에서 'index.html'을 웹 브라우저인 '크롬(Chrome)'으로 작업 결과를 확인합니다.

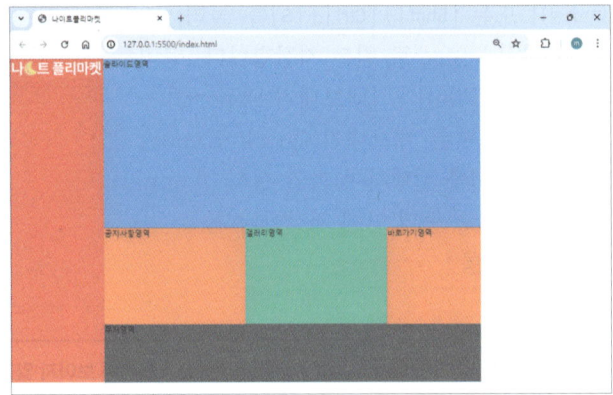

03 헤더 영역 메뉴 작업하기

세부 지시사항의 A.2 메뉴를 구성합니다. 사이트 맵과 구조도를 참고하여 메인 메뉴(Main menu)와 서브 메뉴(Sub menu)를 구성합니다.

01 요구사항정의서의 와이어프레임 메뉴 형태를 확인합니다.

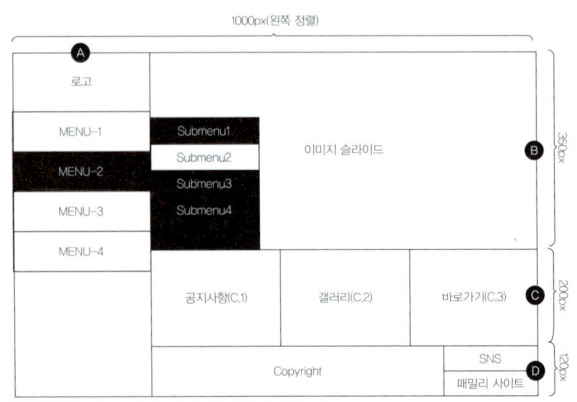

02 'index.html' 문서 〈header〉영역 내 '〈/h1〉' 다음 줄에 요구사항정의서의 '사이트 맵'을 참고하여 메뉴를 다음과 같이 작성합니다.

〈nav〉
　　〈ul〉
　　　　〈li〉〈a href="#"〉홈〈/a〉
　　　　　　〈ul class="sub"〉
　　　　　　　　〈li〉〈a href="#"〉소개〈/a〉〈/li〉
　　　　　　　　〈li〉〈a href="#"〉행사일정〈/a〉〈/li〉
　　　　　　　　〈li〉〈a href="#"〉공지사항〈/a〉〈/li〉
　　　　　　　　〈li〉〈a href="#"〉갤러리〈/a〉〈/li〉
　　　　　　〈/ul〉
　　　　〈/li〉
　　　　〈li〉〈a href="#"〉판매자〈/a〉
　　　　　　〈ul class="sub"〉
　　　　　　　　〈li〉〈a href="#"〉판매자 목록〈/a〉〈/li〉
　　　　　　　　〈li〉〈a href="#"〉판매자 등록〈/a〉〈/li〉
　　　　　　　　〈li〉〈a href="#"〉판매자 가이드〈/a〉〈/li〉
　　　　　　〈/ul〉
　　　　〈/li〉
　　　　〈li〉〈a href="#"〉축제정보〈/a〉
　　　　　　〈ul class="sub"〉
　　　　　　　　〈li〉〈a href="#"〉행사 개요〈/a〉〈/li〉
　　　　　　　　〈li〉〈a href="#"〉주요 이벤트〈/a〉〈/li〉
　　　　　　　　〈li〉〈a href="#"〉참여 아티스트〈/a〉〈/li〉
　　　　　　　　〈li〉〈a href="#"〉위치 안내〈/a〉〈/li〉
　　　　　　〈/ul〉
　　　　〈/li〉
　　　　〈li〉〈a href="#"〉먹거리〈/a〉
　　　　　　〈ul class="sub"〉
　　　　　　　　〈li〉〈a href="#"〉푸드 트럭〈/a〉〈/li〉
　　　　　　　　〈li〉〈a href="#"〉지역 특산물〈/a〉〈/li〉
　　　　　　　　〈li〉〈a href="#"〉추천 메뉴〈/a〉〈/li〉
　　　　　　　　〈li〉〈a href="#"〉할인 쿠폰〈/a〉〈/li〉
　　　　　　〈/ul〉
　　　　〈/li〉
　　〈/ul〉
〈/nav〉

```
13    <header>
14      <h1>
15        <a href="#">
16          <img src="images/logo.png" alt="나이트폴리마켓">
17        </a>
18      </h1>
19      <nav>
20        <ul>
21          <li><a href="#">홈</a>
22            <ul class="sub">
23              <li><a href="#">소개</a></li>
24              <li><a href="#">행사일정</a></li>
25              <li><a href="#">공지사항</a></li>
26              <li><a href="#">갤러리</a></li>
27            </ul>
28          </li>
29          <li><a href="#">판매자</a>
30            <ul class="sub">
31              <li><a href="#">판매자 목록</a></li>
32              <li><a href="#">판매자 등록</a></li>
33              <li><a href="#">판매자 가이드</a></li>
34            </ul>
35          </li>
36          <li><a href="#">축제정보</a>
37            <ul class="sub">
38              <li><a href="#">행사 개요</a></li>
39              <li><a href="#">주요 이벤트</a></li>
40              <li><a href="#">참여 아티스트</a></li>
41              <li><a href="#">위치 안내</a></li>
42            </ul>
43          </li>
44          <li><a href="#">먹거리</a>
45            <ul class="sub">
46              <li><a href="#">푸드 트럭</a></li>
47              <li><a href="#">지역 특산물</a></li>
48              <li><a href="#">추천 메뉴</a></li>
49              <li><a href="#">할인 쿠폰</a></li>
50            </ul>
51          </li>
52        </ul>
53      </nav>
54    </header>
```

[index.html]

더 알기 TIP

- 메뉴 작업 시 〈nav〉로 감싼 후, 순서가 없는 목록 태그인 〈ul〉, 〈li〉로 작업합니다.
- 중첩목록 작업 시 쌍으로 올바르게 중첩되어야 하며, 태그가 제대로 닫혀야 합니다.
- 서브 메뉴 〈ul〉 요소에 클래스 명 'sub'로 설정합니다.

요소 TIP

〈a href="#"〉 : 임시 링크 추가(기술적 준수사항)

04 헤더 영역 스타일 작업하기

헤더 영역의 로고를 배치하고, 메인 메뉴(Main menu)에 마우스를 올리면(Mouse over) 하이라이트 되며, 벗어나면(Mouse out) 하이라이트가 해제됩니다. 또한, 서브 메뉴 중 하나에 마우스를 올리면 하이라이트 되고, 벗어나면 하이라이트가 해제됩니다.

01 먼저 'style.css' 문서를 활성화하여 'header'의 기존 배경색을 삭제하고, 배경색과 안쪽 여백을 작성합니다.

```css
header{
    width:200px;
    background:#1a237e;
    padding:80px 10px;
}
```

```css
36  .wrap {
37      width:1000px;
38      height:670px;
39      display:flex;
40  }
41  header{
42      width:200px;
43      background: #1a237e;
44      padding:80px 10px;
45  }
46  .contents{
47      width:800px;
48  }
```
[style.css]

02 'header' 스타일 다음 줄에 로고와 메뉴 사이 간격을 주기 위해 다음과 같이 작성합니다.

```css
nav{
    margin-top:50px;
}
```

```css
41  header{
42      width:200px;
43      background: #1a237e;
44      padding:80px 10px;
45  }
46  nav{
47      margin-top:50px;
48  }
```
[style.css]

요소 TIP

- CSS 작성 시 CSS 속성의 순서는 필수적으로 지켜야 하는 규칙은 없지만, 가독성과 유지보수를 위해 일관된 순서를 유지하는 것이 좋습니다.
- **header** : 〈header〉 선택자로 좌측 헤더 영역의 스타일 지정
  - padding:80px 10px : 위·아래 내부 여백 80픽셀, 좌·우 내부 여백 10픽셀
- **nav** : 〈nav〉 선택자로 메뉴 스타일 지정
  - margin-top:50px : 위쪽 바깥 여백을 50픽셀 설정하여, 〈h1〉과 〈nav〉 사이의 간격 설정

03 메뉴를 클릭할 수 있는 영역은 'nav' 스타일 다음 줄에 다음과 같이 작성합니다.

```
nav>ul>li>a {
    display:block;
    border:1px solid #ffeb3b;
    padding:10px 0;
    text-align:center;
    color:#ffeb3b;
}
nav>ul>li:hover>a {
    background:#ffeb3b;
    color:#1a237e;
}
```

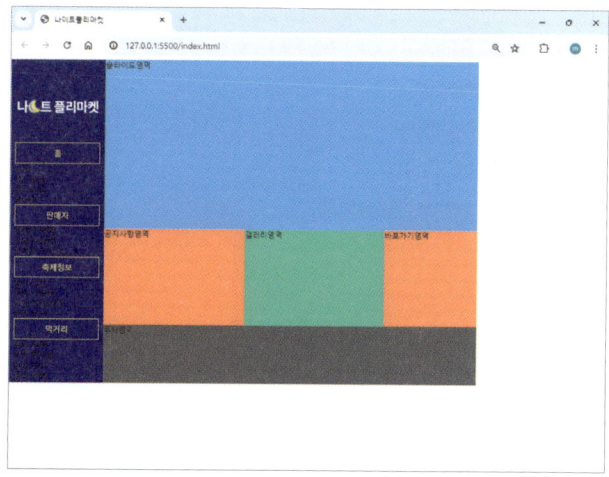

[style.css]

➕ **더 알기 TIP**

- 블록 요소는 수직 정렬이며, 너비와 높이 설정이 가능합니다.
- 인라인 요소는 수평 정렬이며, 너비와 높이 설정이 불가능합니다.

💬 **요소 TIP**

- **nav>ul>li>a** : ⟨nav⟩의 자식 요소 ⟨ul⟩의 자식 요소 ⟨li⟩의 자식 요소 ⟨a⟩ 지정
  - **display:block** : ⟨a⟩는 인라인 요소이므로 width, height가 들어가지 않음. 그래서 display:block으로 변경하여 width, height, padding 스타일 속성 적용
  - **border:1px solid #ffeb3b** : 1픽셀 두께의 색상 #ffeb3b 실선 테두리 설정

04 서브 메뉴는 슬라이드 영역 위에 배치되어 있으므로 공중에 띄워 서브 메뉴 스타일을 '.contents' 윗줄에 다음과 같이 작성합니다.

```css
nav {
    margin-top:50px;
    position:relative;
}
.sub {
    position:absolute;
    left:180px;
    top:-10px;
    z-index:9;
    width:150px;
    height:250px;
    background:#ffeb3b;
}
.sub li a {
    display:block;
    padding:10px 0;
    color:#1a237e;
    text-align:center;
}
.sub li a:hover {
    background:#757575;
    color:#fff;
}
```

```css
46  nav{
47      margin-top:50px;
48      position:relative;
49  }
```
[style.css]

```css
61  .sub {
62      position:absolute;
63      left:180px;
64      top:-10px;
65      z-index:9;
66      width:150px;
67      height:250px;
68      background:#ffeb3b;
69  }
70  .sub li a {
71      display:block;
72      padding:10px 0;
73      color:#1a237e;
74      text-align:center;
75  }
76  .sub li a:hover {
77      background:#757575;
78      color:#fff;
79  }
```
[style.css]

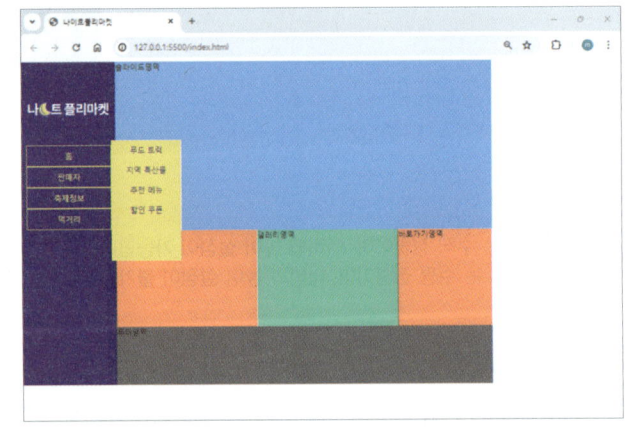

💬 요소 TIP

- **.sub** : ⟨div class="sub"⟩를 지정하여 서브 메뉴 스타일 지정
  - **position:absolute** : 공중에 띄워 상위 요소(nav)에 기준을 설정하여 절대 위치로 지정
  - **top:-10px** : 기준 요소(nav)의 상단에서부터 음수(위쪽으로) 10픽셀 배치
  - **left:180px** : 기준 요소(nav)의 왼쪽으로부터 180픽셀 오른쪽 배치
  - **width:150px;** : 공중에 띄운 요소에게 너비를 임의로 지정
  - **height:250px;** : .sub의 높이를 임의로 지정
- **.sub li a** : .sub의 자식 요소 ⟨li⟩의 자식 요소 ⟨a⟩ 지정
  - **display:block** : 요소 성질을 블록 요소로 바꾸면서 상위 요소의 가로 너비를 채울 수 있음
  - **padding:10px 0** : 위·아래 내부 여백 10픽셀, 좌·우 내부 여백 0픽셀

05 서브 메뉴가 공중에 배치가 되면서 메인 메뉴의 테두리가 겹쳐 보이는 부분을 수정하기 위해 다음과 같이 작성합니다.

```css
nav>ul>li>a {
    display:block;
    border:1px solid #ffeb3b;
    padding:10px 0;
    text-align:center;
    color:#ffeb3b;
    border-bottom:0;
}
nav>ul>li:last-child>a {
    border-bottom:1px solid #ffeb3b;
}
```

```css
46  nav{
47      margin-top:50px;
48      position:relative;
49  }
50  nav>ul>li>a {
51      display:block;
52      border:1px solid #ffeb3b;
53      padding:10px 0;
54      text-align:center;
55      color:#ffeb3b;
56      border-bottom:0;
57  }
58  nav>ul>li:last-child>a {
59      border-bottom:1px solid #ffeb3b;
60  }
61  nav>ul>li:hover>a {
62      background:#ffeb3b;
63      color:#1a237e;
64  }
```
[style.css]

💬 요소 TIP

- **border-bottom:0** : 하단 테두리를 제거하여 다음 메뉴의 상단 테두리가 하단 테두리 역할을 함
- **nav>ul>li:last-child>a** : 〈nav〉의 자식 요소 〈ul〉의 자식 요소 〈li〉 중 마지막 〈li〉의 자식요소 〈a〉 지정
  - **border-bottom:1px solid #ffeb3b** : 1픽셀 두께의 색상 #ffeb3b 하단 실선 테두리 설정

06 메인 메뉴와 서브 메뉴 스타일을 확인 후 마우스를 올려 하이라이트 효과까지 확인합니다. 잘 적용되었다면 '.sub'를 찾아 서브 메뉴를 숨겨줍니다.

```css
.sub {
    position:absolute;
    left:180px;
    top:-10px;
    z-index:9;
    width:150px;
    height:250px;
    background:#ffeb3b;
    display:none;
}
```

```css
65  .sub {
66      position:absolute;
67      left:180px;
68      top:-10px;
69      z-index:9;
70      width:150px;
71      height:250px;
72      background:#ffeb3b;
73      display: none;
74  }
```
[style.css]

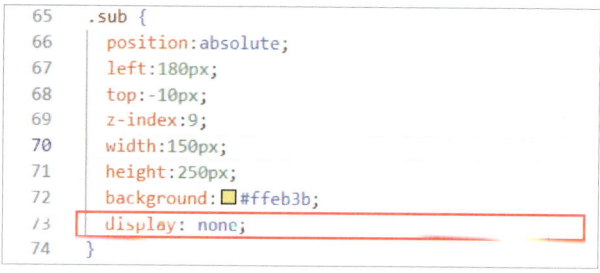

💬 요소 TIP

display:none : 요소를 선택하여 숨김(스크립트에서 추가 작업 예정)

05 메뉴 스크립트 작업하기

세부 지시사항의 A.2 메뉴 효과를 구현합니다. 메인 메뉴(Main menu)에 마우스를 올리면(Mouse over) 해당 서브 메뉴(Sub menu) 영역이 서서히 보이도록 하고(Fade in), 벗어나면(Mouse out) 서브 메뉴 영역이 서서히 사라지는 작업(Fade out)을 제이쿼리(jQuery)로 진행합니다.

01 먼저 'js' 폴더 하위 파일인 'script.js' 문서를 활성화합니다. 그리고 '$(function(){...})'의 {...}(중괄호)' 내에 작성합니다.

```
//메뉴
$("nav>ul>li").mouseenter(function()
{    $(this).children(".sub").stop().
fadeIn();
})
$("nav>ul>li").mouseleave(function(){
    $(".sub").stop().fadeOut();
})
```

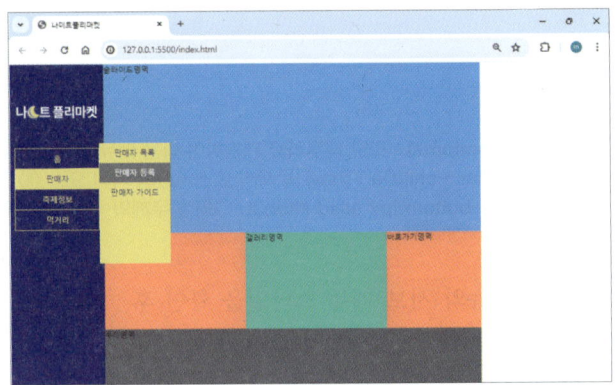

[script.js]

> **요소 TIP**
> - **$(function( ){...})** : html 문서 로딩 후 스크립트를 실행하는 구문
> - **$** : jQuery 객체를 생성하거나 선택자로 HTML 요소를 찾는 데 사용되는 단축 표기
> - **$("nav>ul>li")** : jQuery 선택자로, 〈nav〉 자식 요소인 〈ul〉 자식 요소인 모든 〈li〉 선택
> - **mouseenter/mouseleave** : jQuery에서 제공하는 이벤트 메서드로, 마우스가 요소에 진입하거나 요소를 떠날 때 발생하는 이벤트를 처리
> - **$(this)** : 현재 선택된 요소로 nav>ul>li 요소 중 마우스가 올라간 〈li〉 요소
> - **children( )** : 선택한 요소의 직계 자식 요소들을 선택
> - **stop( )** : 현재 진행 중인 애니메이션을 즉시 멈추고 중복 애니메이션 발생을 방지
> - **fadeIn( )/fadeOut( )** : fadeIn( )은 요소가 서서히 나타나고, fadeOut( )은 요소가 서서히 사라짐

기적의 TIP

메뉴 스크립트 다르게 작성하기

```
$("nav>ul>li").mouseenter(function()
{    $(this).children(".sub").stop().fadeIn();
})
$("nav>ul>li").mouseleave(function(){
    $(".sub").stop().fadeOut();
})
```
[script.js]

```
$("nav>ul>li").mouseover(function()
{    $(this).children(".sub").stop().fadeIn();
})
$("nav>ul>li").mouseout(function(){
    $(".sub").stop().fadeOut();
})
```
[script.js]

- Mouseover와 Mouseout은 자식 요소로 마우스가 이동할 때도 이벤트가 발생합니다.
- Mouseenter와 Mouseleave는 자식 요소로 마우스가 이동할 때 이벤트가 발생하지 않습니다.
- * 메뉴 스크립트를 작성할 때, Mouseenter/Mouseleave와 Mouseover/Mouseout 이벤트 중 어느 것을 선택해도 큰 차이가 없습니다.

---

4 STEP 세부 영역별 지시사항 – ⓑ Slide 영역   약 30분

01 슬라이드 영역 구조 작업하기

세부 지시사항의 B 슬라이드를 제작합니다. 먼저 슬라이드의 구조를 잡은 후 제공된 텍스트 간의 위계질서를 직관적으로 알 수 있도록 글자체, 굵기, 색상, 크기를 적절하게 설정합니다.

01 '수험자 제공 폴더'에 있는 이미지를 'images' 폴더로 복사합니다. 이미지 크기를 확인한 후, 필요하다면 크기를 조정하고, 파일명도 필요한 경우 수정합니다.

[참고하기] PART 03 – SECTION 02 Photoshop 필수 기능

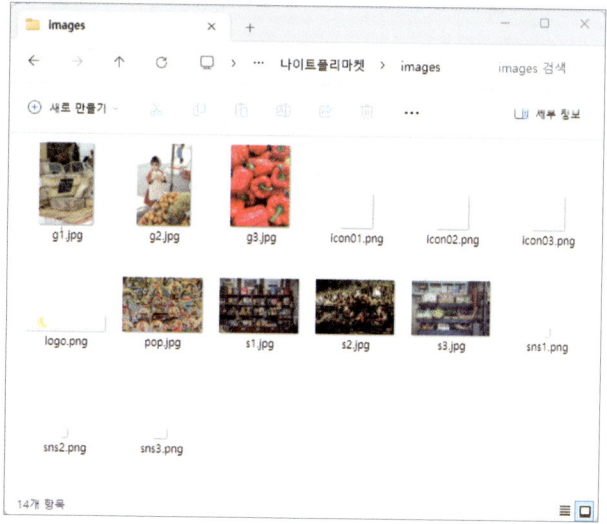

02 'index.html' 문서에서 '〈section class="slide"〉〈/section〉' 사이에 다음과 같이 작성합니다.

```html
<section class="slide">
    <ul>
        <li class="s1">
            <a href="#">
                <h2>나이트플리마켓 슬라이드1</h2>
            </a>
        </li>
        <li class="s2">
            <a href="#">
                <h2>나이트플리마켓 슬라이드2</h2>
            </a>
        </li>
        <li class="s3">
            <a href="#">
                <h2>나이트플리마켓 슬라이드3</h2>
            </a>
        </li>
    </ul>
</section>
```

[index.html]

> 💬 요소 TIP
>
> **〈li class="s1"〉** : 각각 배경 이미지를 넣을 수 있도록 클래스 작업

02 슬라이드 영역 스타일 작업하기

세부 지시사항의 B 슬라이드 애니메이션 효과를 확인합니다. 슬라이드 애니메이션이 위에서 아래 또는 아래에서 위로 이동하는 애니메이션을 고려하여 스타일을 작업합니다.

01 'style.css' 문서를 활성화하여 '.slide'를 찾아 배경색을 지우고 다음과 같이 작성합니다.

```css
.slide {
    height:350px;
}
.slide ul li {
    width:800px;
    height:350px;
}
.slide ul li a {
    display:block;
    height:100%;
}
.slide ul li.s1 {
    background:url(../images/s1.jpg) no-repeat center/cover;
}
.slide ul li.s2 {
    background:url(../images/s2.jpg) no-repeat center/cover;
}
.slide ul li.s3 {
    background:url(../images/s3.jpg) no-repeat center/cover;
}
```

[style.css]

💬 요소 TIP

- **.slide ul li** : 각 슬라이드 배경이 들어갈 수 있도록 영역을 너비와 높이 설정
- **.slide ul li a** : .slide 하위 요소 〈ul〉의 하위 요소 〈li〉의 하위 요소 〈a〉 선택자로 클릭할 영역의 스타일 지정
  - **display:block** : 〈a〉 요소 성질을 블록 요소로 변경
  - **height:100%** : 〈a〉 요소의 부모 영역(〈li〉)의 높이만큼 채워줌
- **.slide ul li.s1** : .slide 하위 요소 〈ul〉의 하위 요소 〈li〉 중 클래스 명이 s1인 요소 선택자로 슬라이드 배경 스타일 지정
- **background:url(../images/s1.jpg) no-repeat center/cover** : 배경 CSS 속성 함축형
  - **background** : 색상 경로 반복 위치/크기순으로 작성(색상이 없는 경우 생략 가능)

02 각 슬라이드의 텍스트를 글자체, 굵기, 색상, 크기를 적절하게 설정하여, 가독성을 높이고, 독창성이 드러나도록 '.contents' 윗줄에 스타일을 작성합니다.

```css
.slide ul li {
    width:800px;
    height:350px;
    position:relative;
}
.slide ul li h2 {
    position:absolute;
    top:50%;
    left:50%;
    transform:translate(-50%, -50%);
    background:#1a237e;
    border-radius:20px 0;
    padding:10px 40px;
    color:#ffeb3b;
    width:600px;
    text-align:center;
}
```

```
91    .slide ul li {
92        width:800px;
93        height:350px;
94        position:relative;
95    }
```
[style.css]

```
110    .slide ul li h2 {
111        position:absolute;
112        top:50%;
113        left:50%;
114        transform:translate(-50%, -50%);
115        background:#1a237e;
116        border-radius:20px 0;
117        padding:10px 40px;
118        color:#ffeb3b;
119        width:600px;
120        text-align:center;
121    }
```
[style.css]

03 .slide ul 영역이 .slide 영역보다 넘치는 부분을 숨겨주기 위해 다음과 같이 작성합니다.

```css
.slide {
    height:350px;
    overflow:hidden;
}
```

```
88    .slide {
89        height:350px;
90        overflow:hidden;
91    }
```
[style.css]

💬 요소 TIP

- .slide ul에 각 슬라이드(⟨li⟩)의 높이를 합한 값(1050px)을 명시하지 않아도, 자식 요소가 쌓이면 .slide ul의 높이가 자동으로 커집니다.

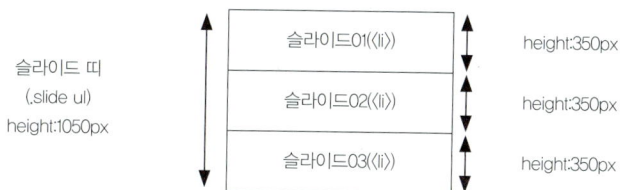

- .slide ul li h2 : .slide 하위 요소 ⟨ul⟩의 하위 요소 ⟨li⟩의 하위 요소 ⟨h2⟩ 지정하여 슬라이드 텍스트 스타일 적용
  - **position:absolute** : .slide ul li h2를 공중에 띄워 상위 요소(.slide ul li)에 기준을 설정하여, 절대 위치로 지정
  - **border-radius:20px 0** : 왼쪽 상단과 오른쪽 하단 모서리에 20픽셀의 둥근 테두리를 설정
- **overflow:hidden** : 요소의 영역보다 넘치는 영역을 숨김
- 공중에 띄운 요소를 가운데 배치하는 방법
  - **top:50%** : 기준 요소의 상단에서부터 50% 아래로 배치
  - **left:50%** : 기준 요소의 왼쪽으로부터 50% 오른쪽으로 배치
  - **transform:translate(-50%, -50%)** : 자신의 너비와 높이의 50%만큼 왼쪽과 위쪽으로 이동

04 작업한 모든 파일을 저장하고 'index.html' 문서가 활성화된 상태에서 상태표시줄에 Go Live를 선택하여 웹 브라우저인 '크롬(Chrome)'으로 작업 결과를 확인합니다.

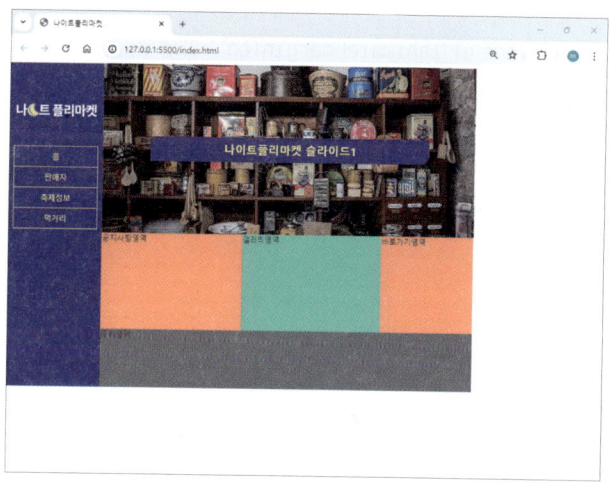

03 슬라이드 스크립트 작업하기

세부 지시사항의 B 슬라이드 애니메이션 효과를 구현합니다. 슬라이드 애니메이션이 위에서 아래 또는 아래에서 위로 이동하는 애니메이션으로 매 3초 이내 다른 이미지로 전환되어야 하며, 웹사이트를 열었을 때 자동으로 시작되어 반복적인 슬라이드가 되도록 제이쿼리(jQuery)로 작업합니다.

01 'script.js' 문서를 활성화합니다. 그리고 '메뉴 스크립트' 다음 줄에 .slide ul을 위로 이동하는 제이쿼리를 작성합니다.

```
//슬라이드
$(".slide ul").animate({marginTop:-350},1000);
```

```
 9  //슬라이드
10  $(".slide ul").animate({marginTop:-350},1000);
```
[script.js]

02 다음 슬라이드가 나올 수 있도록 i 변수를 만들어 슬라이드 공식을 작성합니다.

```
//슬라이드
let i = 0;
i++;
$(".slide ul").animate({marginTop: -350 * i},1000);
```

```
 9  //슬라이드
10  let i = 0;
11  i++;
12  $(".slide ul").animate({marginTop:-350 * i},1000);
```
[script.js]

03 실행문을 반복하기 위해 함수로 해당 실행문 감싸줍니다.

```
//슬라이드
let i = 0;
function slide(){
    i++;
    $(".slide ul").animate({marginTop:-350 * i},1000);
}
slide();
```

```
 9  //슬라이드
10  let i = 0;
11  function slide(){
12    i++;
13    $(".slide ul").animate({marginTop:-350 * i},1000);
14  }
15  slide();
```
[script.js]

04 함수는 함수 호출을 해야 실행되므로 반복적으로 호출하기 위해 'setInterval'를 작성합니다.

```
//슬라이드
let i = 0;
function slide(){
    i++;
    $(".slide ul").animate({marginTop:-350 * i},1000);
}
setInterval(slide, 3000);
```

```
 9    //슬라이드
10    let i = 0;
11    function slide(){
12        i++;
13        $(".slide ul").animate({marginTop:-350 * i},1000);
14    }
15    setInterval(slide, 3000);
```
[script.js]

05 증감식으로 인하여 변수 i의 값이 무한대로 올라가므로 제어문을 통해 세 번째 슬라이드 다음 첫 번째 슬라이드가 보여지도록 작성합니다.

```
let i = 0
function slide(){
    if(i<2){
        i++;
    }else{
        i=0;
    }
    $(".slide ul").animate({marginTop:-350 * i},1000);
}
setInterval(slide, 3000);
```

```
 9    //슬라이드
10    let i = 0;
11    function slide(){
12        if(i<2){
13            i++;
14        }else{
15            i=0;
16        }
17        $(".slide ul").animate({marginTop:-350 * i},1000);
18    }
19    setInterval(slide, 3000);
```
[script.js]

06 작업한 모든 파일을 저장하고 'index.html' 문서가 활성화된 상태에서 상태표시줄에 Go Live를 선택하여 웹 브라우저인 '크롬(Chrome)'으로 작업 결과를 확인합니다. 웹 브라우저에서 슬라이드가 위로 이동하는 애니메이션이 3초마다 진행됩니다.

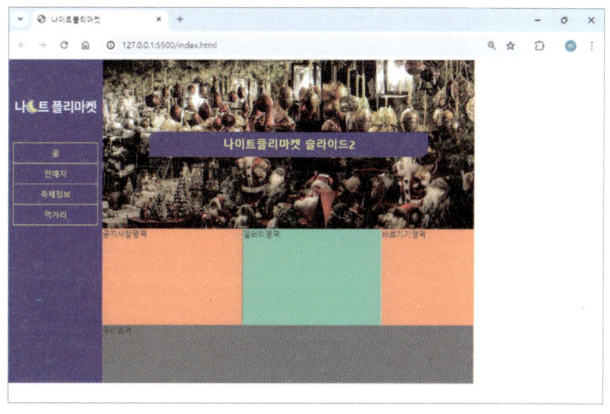

💬 요소 TIP

- **let i = 0** : 변수 i 선언 후 0을 할당
- **i++** : 증감 연산자로, 변수 i의 값을 1씩 증가시키는 역할
- **$(".slide ul")** : jQuery 선택자로, .slide의 하위 요소 〈ul〉 슬라이드 띠 선택 • **$(".slide ul").animate({marginTop:-350}** : .slide ul이 위로 음수 350만큼 이동하는 애니메이션
- **$("요소 선택").animate({속성:"속성값"}, 적용 시간)** : 요소를 선택하여 애니메이션 적용

> $(".slide ul").animate({marginTop:-350},1000) = $(".slide ul").animate({"margin-top":"-350"},1000)

  - marginTop은 자바스크립트 코드에서 객체의 속성이며, "margin-top"은 문자열 데이터로 CSS 속성을 나타냅니다.
  - 속성 값 -350은 숫자형 데이터이며, "-350"은 문자열 데이터입니다. (문자열 데이터는 계산에 사용할 수 없습니다.)
- **if(조건문){실행문1}else{실행문2}** : 조건문이 참일 때 실행문1을 실행하고 거짓일 때 실행문2를 실행
- **setInterval(함수명, 밀리초)** : 지정한 시간 간격마다 주어진 함수를 반복해서 실행
- **밀리초(ms)** : 1초의 1/1,000, 1초는 1,000밀리초

📋 기적의 TIP

위아래 슬라이드 공식 만들기

슬라이드 애니메이션을 만들 때, 슬라이드 띠의 margin-top 위치를 확인합니다. 처음 위치는 0이며, 3초 후에는 -350px, 다시 3초 후에는 -700px, 그 다음 3초 후에는 다시 0이 됩니다. 이를 고려하여 -350 * i 공식을 만들 수 있습니다.

변수 i	1	2	3
margin-left 값(단위 : px)	-350	-700	0

변수 "i"의 값이 3일 경우, "if-else"문의 조건식 "i < 2"가 거짓이 되어 "i"의 값이 0이 됩니다. 좌우 슬라이드 공식 "-350 * i"에 "i"가 대입되면 "left" 값이 0이 되어 슬라이드가 처음 위치로 돌아갑니다.

5 STEP 세부 영역별 지시사항 - ⓒ Contents 영역   약 40분

01 공지사항 구조 작업하기

세부 지시사항 C.1 공지사항을 제작합니다. 공지사항의 타이틀 영역과 콘텐츠 영역을 구분하고 제공된 텍스트를 바탕으로 공지사항을 만들어 줍니다. 이때 첫 번째 콘텐츠 클릭(Click) 시 팝업이 나오도록 작업합니다.

01 'index.html' 문서의 '〈article class="notice"〉〈/article〉' 사이에 공지사항 내용을 다음과 같이 작성합니다.

```
<article class="notice">
    <h2>공지사항</h2>
    <ul>
        <li>
            <a href="#" class="pop">
                <p>나이트플리마켓 공지사항1</p>
                <span class="date">2025.05.25</span>
            </a>
        </li>
        <li>
            <a href="#">
                <p>나이트플리마켓 공지사항2</p>
                <span class="date">2025.05.25</span>
            </a>
        </li>
        <li>
            <a href="#">
                <p>나이트플리마켓 공지사항3</p>
                <span class="date">2025.05.25</span>
            </a>
        </li>
        <li>
            <a href="#">
```

```
76    <article class="notice">
77        <h2>공지사항</h2>
78        <ul>
79            <li>
80                <a href="#" class="pop">
81                    <p>나이트플리마켓 공지사항1</p>
82                    <span class="date">2025.05.25</span>
83                </a>
84            </li>
85            <li>
86                <a href="#">
87                    <p>나이트플리마켓 공지사항2</p>
88                    <span class="date">2025.05.25</span>
89                </a>
90            </li>
91            <li>
92                <a href="#">
93                    <p>나이트플리마켓 공지사항3</p>
94                    <span class="date">2025.05.25</span>
95                </a>
96            </li>
97            <li>
98                <a href="#">
99                    <p>나이트플리마켓 공지사항4</p>
100                   <span class="date">2025.05.25</span>
101               </a>
102           </li>
103       </ul>
104   </article>
```
[index.html]

```
            <p>나이트플리마켓 공지사항
4</p>
                <span class="date">
2025.05.25</span>
            </a>
        </li>
    </ul>
</article>
```

💬 **요소 TIP**
- 첫 번째 게시글을 클릭 시 팝업창이 나올 수 있도록 미리 〈a href="#" class="pop"〉 작업합니다.
- **〈h2〉** : 공지사항 영역의 제목 요소
- **〈p〉** : 공지사항의 게시글
- **〈span class="date"〉** : 공지사항 게시글의 날짜

02 공지사항 스타일 작업하기

01 'style.css' 문서에서 '.con'의 배경색을 지우고 '.notice'를 찾아 다음과 같이 작성합니다.

```
.notice {
    width:300px;
    padding:5px;
}
.notice h2 {
    background:#1a237e;
    padding:5px;
    color:#fff;
    text-align:center;
    margin-bottom:10px;
}
```

```
127  .notice {
128      width:300px;
129      padding:5px;
130  }
131  .notice h2 {
132      background: #1a237e;
133      padding:5px;
134      color: #fff;
135      text-align:center;
136      margin-bottom:10px;
137  }
```
[style.css]

💬 **요소 TIP**
- **.notice h2** : .notice의 하위 요소 〈h2〉를 지정하여 타이틀 영역의 스타일 설정
  - **text-align:center** : 텍스트 중앙 정렬
  - **padding:5px** : 사방 내부 여백 5픽셀 설정
  - **margin-bottom:10px** : 하단 바깥 여백 10픽셀 설정

02 공지사항 게시판 스타일을 '.notice h2' 스타일 다음 줄에 다음과 같이 작성합니다.

```css
.notice ul li {
    border-bottom:1px dashed #fff;
}
.notice ul li:last-child {
    border-bottom:none;
}
.notice ul li a {
    display:block;
    padding:5px 0;
    position:relative;
}
.notice ul li p {
    width:260px;
    white-space:nowrap;
    overflow:hidden;
    text-overflow:ellipsis;
}
.notice ul li span {
    position:absolute;
    right:0;
    top:5px;
}
```

```css
138  .notice ul li {
139      border-bottom:1px dashed □#fff;
140  }
141  .notice ul li:last-child {
142      border-bottom:none
143  }
144  .notice ul li a {
145      display:block;
146      padding:5px 0;
147      position:relative;
148  }
149  .notice ul li p {
150      width:180px;
151      white-space:nowrap;
152      overflow:hidden;
153      text-overflow:ellipsis;
154  }
155  .notice ul li span {
156      position:absolute;
157      right:0;
158      top:5px;
159  }
```
[style.css]

💬 요소 TIP

- **.notice ul li** : .notice의 하위 요소 〈ul〉의 하위 요소 〈li〉 지정
  - border-bottom:1px dashed #fff : 1픽셀 두께의 색상 #fff 하단 점선 테두리 설정
- **.notice ul li:last-child** : .notice의 하위 요소 〈ul〉의 하위 요소 〈li〉 중 마지막 〈li〉 지정
  - border-bottom: none : 하단 테두리를 제거
- **.notice ul li span** : .notice의 하위 요소 〈ul〉의 하위 요소 〈li〉의 하위 요소 〈span〉 지정, 공지사항 날짜 스타일 적용
  - position:absolute : .notice ul li p 요소의 영향을 받지 않도록 공중에 띄워 작업
- **.notice ul li a** : .notice의 하위 요소 〈ul〉의 하위 요소 〈li〉의 하위 요소 〈a〉 지정
  - position:relative : .notice ul li span의 기준 역할
  - padding:5px 0 : 위·아래 내부 여백 5픽셀 설정
- 제공되는 공지사항 텍스트가 길 것을 대비하여 말 줄임표 작업
  - width:260px : 원하는 영역 설정
  - white-space:nowrap : 텍스트가 영역보다 넘칠 때 줄 바꿈 안되도록 설정
  - overflow:hidden : 넘친 텍스트를 숨김
  - text-overflow:ellipsis : 말줄임표 ... 작업

03 작업한 모든 파일을 저장하고 'index. html' 문서가 활성화된 상태에서 상태표시줄에 Go Live를 선택하여 웹 브라우저인 '크롬(Chrome)'으로 작업 결과를 확인합니다.

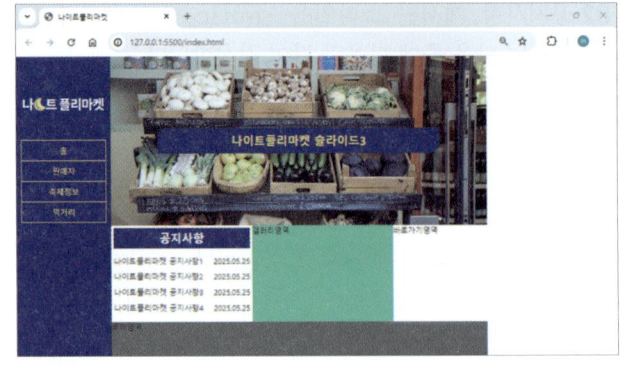

03 갤러리 구조 작업하기

세부 지시사항 C.2 갤러리를 제작합니다. 갤러리의 타이틀 영역과 콘텐츠 영역을 구분하고 제공된 이미지를 바탕으로 갤러리를 가로로 배치하여 작업합니다.

01 'index.html' 문서의 '〈article class="gall"〉〈/article〉' 사이에 갤러리 내용을 다음과 같이 작성합니다.

```
<article class="gall">
    <h2>갤러리</h2>
    <ul>
        <li>
            <a href="#">
                <img src="images/g1.jpg" alt="갤러리 후기1">
            </a>
        </li>
        <li>
            <a href="#">
                <img src="images/g2.jpg" alt="갤러리 후기2">
            </a>
        </li>
        <li>
            <a href="#">
                <img src="images/g3.jpg" alt="갤러리 후기3">
            </a>
        </li>
    </ul>
</article>
```

[index.html]

> 💬 요소 TIP

〈h2〉 : 갤러리 영역의 제목 요소

④ 갤러리 스타일 작업하기

01 'style.css' 문서에서 '.gall'을 찾아 배경색을 지우고 갤러리 스타일을 다음과 같이 작성합니다.

```css
.gall{
    width:300px;
    padding:5px;
}
.gall h2 {
    background:#ffeb3b;
    padding:5px;
    color:#1a237e;
    text-align:center;
}
.gall ul {
    display:flex;
    gap:10px;
    margin-top:10px;
}
.gall ul li img {
    width:100px;
    height:120px;
    object-fit:cover;
}
```

```css
160    .gall{
161        width:300px;
162        padding:5px;
163    }
164    .gall h2 {
165        background:#ffeb3b;
166        padding:5px;
167        color:#1a237e;
168        text-align:center;
169    }
170    .gall ul {
171        display:flex;
172        gap:10px;
173        margin-top:10px;
174    }
175    .gall ul li img {
176        width:100px;
177        height:120px;
178        object-fit:cover;
179    }
```

[style.css]

> 💬 요소 TIP
>
> - .gall의 너비가 300px이고, 이미지의 너비가 100px이며, 갭이 10px이라면 부모 컨테이너보다 커서 줄 바꿈이 될 것 같지만, flex 설정 시 부모 컨테이너의 너비에 따라 동적으로 변합니다. 이처럼 자식 요소가 부모보다 큰 경우, 부모의 전체 너비를 균등하게 나누게 됩니다.
> - **.gall h2** : .gall의 하위 요소 〈h2〉 지정, 텍스트 간의 위계질서가 보이도록 스타일 설정
> - **display:flex** : .gall ul를 플렉스 컨테이너로 설정, 자식 요소(〈li〉)들을 수평으로 나열
> - **gap:10px** : flex로 나열된 자식 요소(〈li〉)의 사이 간격 10픽셀 지정
> - **.gall ul** : .gall의 하위 요소 〈ul〉 지정
>   - **margin-top:10px;** : 위쪽 바깥 여백 10픽셀 설정하여 〈h2〉와 〈ul〉의 사이 간격 설정
> - **.gall ul li img** : .gall의 하위 요소 〈ul〉의 하위 요소 〈li〉 하위 요소 〈img〉 지정
>   - **object-fit:cover** : 이미지가 요소의 크기에 맞춰 잘리더라도 비율을 유지하며 채우도록 설정

02 작업한 모든 파일을 저장하고 'index.html' 문서가 활성화된 상태에서 상태표시줄에 Go Live를 선택하여 웹 브라우저인 '크롬(Chrome)'으로 작업 결과를 확인합니다.

+ 더 알기 TIP

object-fit 속성이란?
이미지를 요소의 크기 내에서 어떻게 맞출지 결정하는 CSS 속성으로, 이미지가 박스 내부에서 크기가 조정되고 잘리는 방식을 제어합니다.
- fill : 기본값으로, 콘텐츠를 요소의 크기에 맞추어 왜곡될 수 있음
- contain : 콘텐츠의 종횡비를 유지하면서 요소의 크기에 맞춤(요소 내부에 콘텐츠가 완전히 들어감)
- cover : 콘텐츠의 종횡비를 유지하면서 요소를 완전히 덮도록 맞춤(요소의 크기에 맞추기 위해 일부가 잘릴 수 있음)
- none : 콘텐츠의 크기를 그대로 유지

```html
<!DOCTYPE html>
<html lang="ko">
<head>
    <meta charset="UTF-8">
    <meta name="viewport" content="width=device-width, initial-scale=1.0">
    <title>object-fit 속성</title>
    <link href="style.css" rel="stylesheet">
</head>
<body>
    <table>
        <tr>
            <th>fill</th>
            <th>contain</th>
            <th>cover</th>
            <th>none</th>
        </tr>
        <tr>
            <td><img src="img.jpg" class="fill"></td>
            <td><img src="img.jpg" class="contain"></td>
            <td><img src="img.jpg" class="cover"></td>
            <td><img src="img.jpg" class="none"></td>
        </tr>
    </table>
</body>
</html>
```
[index.html]

```css
@charset "utf-8";
img {
    width: 200px;
    height: 100px;
}
.fill {
    object-fit: fill;/*기본값*/
}
.contain {
    object-fit: contain;
}
.cover {
    object-fit: cover;
}
.none {
    object-fit: none;
}
```
[style.css]

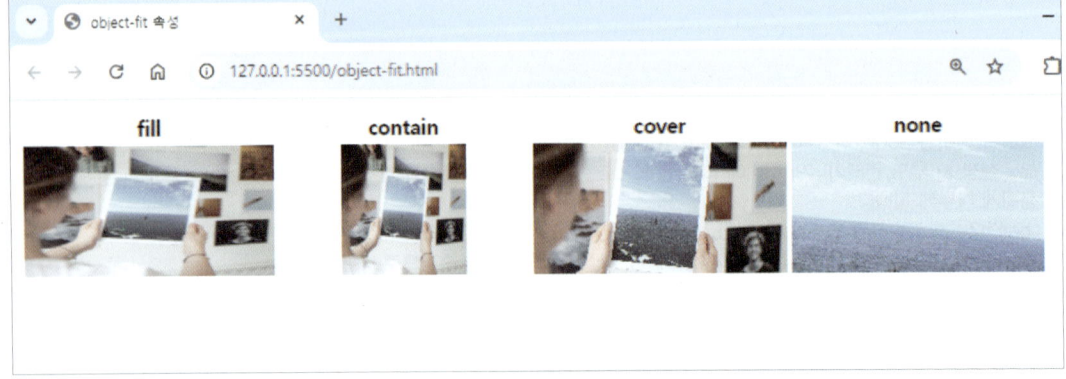

05 바로가기 구조 작업하기

세부 지시사항 C.3 바로가기를 제작합니다. 바로가기 영역은 Contents 폴더에서 제공된 파일을 활용해 작업합니다.

01 'index.html' 문서의 '⟨article class="go"⟩⟨/article⟩' 사이에 바로가기 내용을 다음과 같이 작성합니다.

```
<article class="go">
    <h2>바로가기</h2>
    <ul>
        <li>
            <a href="#">
                <img src="images/icon01.png" alt="바로가기1"> 바로가기1
            </a>
        </li>
        <li>
            <a href="#">
                <img src="images/icon02.png" alt="바로가기2"> 바로가기2
            </a>
        </li>
        <li>
            <a href="#">
                <img src="images/icon03.png" alt="바로가기3"> 바로가기3
            </a>
        </li>
    </ul>
</article>
```

[index.html]

💬 요소 TIP

⟨h2⟩ : 바로가기 영역의 제목 요소

06 바로가기 스타일 작업하기

01 'style.css' 문서에서 '.go'를 찾아 바로가기 스타일을 다음과 같이 작성합니다.

```css
.go {
    width:200px;
    padding:5px;
}
.go h2 {
    background:#1a237e;
    padding:5px;
    color:#fff;
    text-align:center;
}
.go ul li {
    margin-top:5px;
}
.go ul li img {
    width:20px;
}
.go ul li a {
    display:block;
    font-size:13px;
    height:40px;
    border-radius:5px;
    background:#757575;
    text-align:center;
    color:#fff;
    padding-top:10px;
}
```

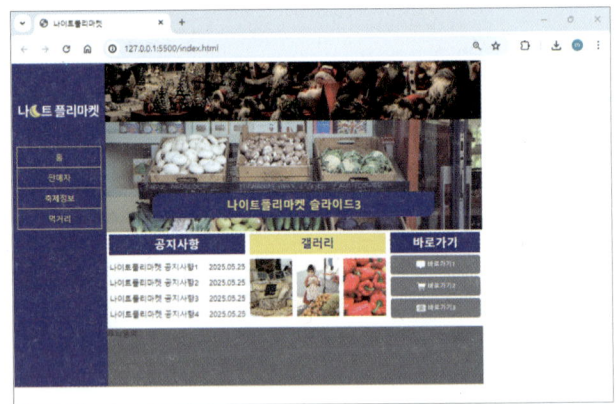

[style.css]

💬 요소 TIP

- **.go ul li img** : .go의 하위 요소 〈ul〉의 하위 요소 〈li〉의 하위 요소 〈img〉 지정
  - **width:20px** : 〈img〉의 너비 조절 시 높이는 자동으로 비율에 맞춰 줄어듦
- **.go ul li a** : .go의 하위 요소 〈ul〉의 하위 요소 〈li〉의 하위 요소 〈a〉 지정, 클릭할 수 있는 영역 지정
  - **text-align:center** : 〈img〉와 글자를 중앙 정렬
  - **height:40px** : 원하는 높이 설정
  - **font-size:13px** : 폰트 사이즈 13픽셀 설정(기본 p의 폰트 사이즈 16픽셀)

07 팝업창 구조 작업하기

세부 지시사항의 와이어프레임에서 팝업창의 형태를 확인합니다. Contents 폴더의 제공된 텍스트 파일을 사용하여 모달 레이어 팝업(Modal Layer Popup)을 제작합니다.

01 'index.html' 문서의 '</div><!-- // contents 닫은 태그-->' 다음 줄에 팝업창을 다음과 같이 작성합니다.

```
<div class="popup">
    <div class="popcon">
        <h2>나이트플리마켓 공지사항</h2>
        <p class="img">
            <img src="images/pop.jpg" alt="팝업 이미지 설명">
        </p>
        <p class="text">
            나이트플리마켓 공지사항<br>
            팝업창 내용입니다. <br>
            <strong>강조하고 싶은 부분은 강조해주세요!</strong>
        </p>
        <p class="close">
            <button>CLOSE X</button>
        </p>
    </div>
</div>
```

[index.html]

> 💬 **요소 TIP**
> - `<div class="popup">` : 전체 팝업 영역을 감싸주는 클래스 명이 popup인 요소
> - `<div class="popcon">` : 팝업의 콘텐츠를 감싸주는 클래스 명이 popcon인 요소
> - `<p class="img">` : 팝업 내 이미지를 감싸주는 클래스 명이 img인 요소
> - `<p class="text">` : 팝업 내 텍스트를 감싸주는 클래스 명이 text인 요소
> - `<p class="close">` : 팝업 내 버튼 요소를 감싸주는 클래스 명이 close인 요소

08 팝업창 스타일 작업하기

01 'style.css' 문서의 'footer' 스타일 다음 줄에 팝업창의 스타일을 다음과 같이 작성합니다.

```css
.popup {
    position:absolute;
    top:0;
    left:0;
    width:100%;
    height:100%;
    background:rgba(0, 0, 0, 0.5);
    z-index:9999;
}
.popcon {
    position:relative;
    width:500px;
    top:50%;
    left:50%;
    transform:translate(-50%, -50%);
    background:#fff;
    text-align:center;
    padding:10px;
    border-radius:20px;
}
```

```css
210  .popup {
211      position:absolute;
212      top:0;
213      left:0;
214      width:100%;
215      height:100%;
216      background: rgba(0, 0, 0, 0.5);
217      z-index:9999;
218  }
219  .popcon {
220      position:relative;
221      width:500px;
222      top:50%;
223      left:50%;
224      transform:translate(-50%, -50%);
225      background: #fff;
226      text-align:center;
227      padding:10px;
228      border-radius:20px;
229  }
```
[style.css]

02 'style.css' 문서의 '.wrap'을 찾아 팝업창의 기준을 다음과 같이 작성합니다.

```css
.wrap{
    width:1000px;
    height:670px;
    display:flex;
    position:relative;
}
```

```css
36  .wrap {
37      width:1000px;
38      height:670px;
39      display:flex;
40      position:relative;
41  }
```
[style.css]

> 💡 **요소 TIP**

- 팝업창은 모든 콘텐츠의 가장 위에 표시되어야 하므로, 공중에 띄워 작업합니다.
- .popup의 기준을 .wrap에 설정하여 .wrap의 가운데 배치합니다.
- 공중에 띄운 요소를 가운데 배치하는 방법
  - **top:50%** : 기준 요소의 상단에서부터 50% 아래로 배치
  - **left:50%** : 기준 요소의 왼쪽으로부터 50% 오른쪽으로 배치
  - **transform:translate(-50%, -50%)** : 자신의 너비와 높이의 50%만큼 왼쪽과 위쪽으로 이동
- **background:rgba(0, 0, 0, 0.5)** : 빨강(Red) 값은 0, 초록(Green) 값은 0, 파랑(Blue) 값은 0이며, 알파(Alpha) 값은 0.5로 0에서 1 사이의 값을 가지므로 50%의 불투명도 설정
- **text-align:center** : 요소 내의 텍스트 또는 인라인, 인라인 블록 요소를 중앙 정렬
- **padding:10px** : 사방의 내부 여백을 10픽셀로 설정
- **border:2px solid #1A237E** : 2픽셀 두께의 색상 #1A237E 실선 테두리 설정
- **border-radius:20px** : 사방의 모서리를 20픽셀만큼 둥글게 설정
- **z-index:9999** : position 속성으로 설정된 요소에 쌓이는 순서를 결정할 수 있으며 순서가 클수록 위로 쌓임

03 팝업의 타이틀과 내용 스타일을 다음과 같이 작성합니다.

```css
.popcon h2 {
    color:#1a237e;
    margin-bottom:20px;
}
.popcon .text {
    margin:20px 0;
}
.popcon .close {
    text-align:right;
}
.popcon .close button {
    background:#1a237e;
    border:0;
    padding:10px;
    color:#fff;
}
.popcon .close button:hover {
    background:#ffeb3b;
    color:#333;
}
```

```
232    .popcon h2 {
233        color: #1a237e;
234        margin-bottom:20px;
235    }
236    .popcon .text {
237        margin:20px 0;
238    }
239    .popcon .close {
240        text-align:right;
241    }
242    .popcon .close button {
243        background: #1a237e;
244        border:0;
245        padding:10px;
246        color: #fff;
247    }
248    .popcon .close button:hover {
249        background: #ffeb3b;
250        color: #333;
251    }
```

[style.css]

04 작업한 모든 파일을 저장하고 'index.html' 문서가 활성화된 상태에서 상태표시줄에 Go Live를 선택하여 웹 브라우저인 '크롬(Chrome)'으로 작업 결과를 확인합니다. 팝업창의 스타일 작업이 완료되었다면 팝업창을 숨깁니다.

```css
.popup {
    position:absolute;
    top:0;
    left:0;
    width:100%;
    height:100%;
    background:rgba(0, 0, 0, 0.5);
    z-index:9999;
    display:none;
}
```

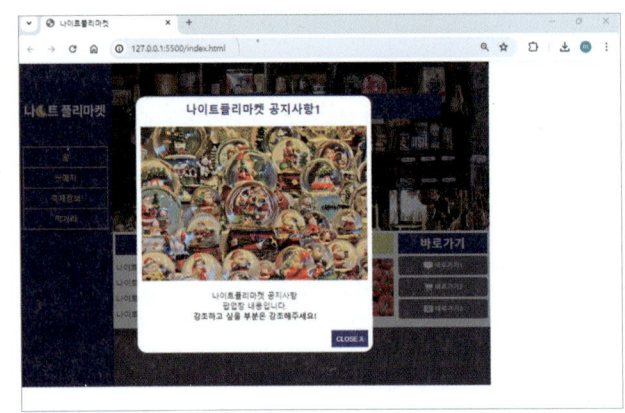

[style.css]

> 요소 TIP
> display:none : 요소를 선택하여 숨김(스크립트에서 추가 작업 예정)

09 팝업창 스크립트 작업하기

세부 지시사항의 C.1 공지사항 팝업 효과를 구현합니다. 공지사항의 첫 번째 게시글을 클릭(Click) 시 모달 레이어 팝업(Modal Layer Popup)이 나오도록 작업하며, 레이어 팝업의 Close 버튼을 클릭하면 해당 모달 레이어 팝업이 닫히도록 작업합니다.

01 'script.js' 문서에서 마지막 줄 '})' 안쪽에 팝업창 스크립트를 다음과 같이 작성합니다.

```js
//팝업
$(".pop").click(function(){
    $(".popup").show();
    return false;
})
$(".close button").click(function(){
    $(".popup").hide();
})
```

[script.js]

💬 요소 TIP

- $(".pop") : jQuery 선택자로, HTML 문서 내 공지사항의 첫 번째 게시물 .pop 지정
- .click(function( ){ ... }) : jQuery에서 제공하는 이벤트 메서드로 클릭 시 { }(중괄호) 내 실행문을 실행
- $(".popup") : jQuery 선택자로, 숨겨 놓은 팝업창의 .popup 요소 지정
- show( )/hide( ) : show( )는 요소를 표시하는 이벤트, hide( )는 요소를 숨기는 이벤트

02 작업한 모든 파일을 저장하고 'index.html' 문서가 활성화된 상태에서 상태표시줄에 Go Live를 선택하여 웹 브라우저인 '크롬(Chrome)'으로 작업 결과를 확인합니다.

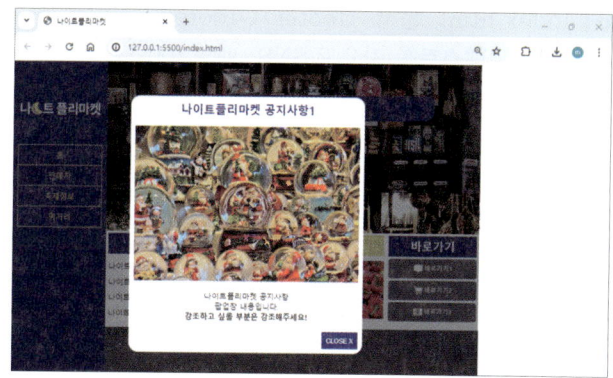

03 공지사항 첫 번째 게시글을 클릭하면 팝업창이 열리고, Close 버튼을 클릭하면 팝업창이 닫힙니다.

➕ 더 알기 TIP

레이어 팝업 & 모달 레이어 팝업
웹디자인개발기능사 실기시험의 팝업창 종류는 레이어 팝업과 모달 레이어 팝업으로 구분되어 출제되고 있습니다.

레이어 팝업
레이어 팝업(Layer Popup)은 웹 페이지 위에 나타나는 팝업창으로, 사용자에게 특정 메시지나 정보를 표시합니다. 레이어 팝업은 배경 콘텐츠와 동시에 상호작용할 수 있으며, 일반적으로 닫기 버튼으로 닫을 수 있습니다.

모달 레이어 팝업
모달 레이어 팝업(Modal Layer Popup)은 웹 페이지 위에 나타나는 팝업창으로, 팝업이 열려 있는 동안 배경 콘텐츠와의 상호작용을 차단합니다. 사용자에게 배경 콘텐츠 상호 작용을 차단된다는 것을 보여주기 위해 어두운 배경을 설정하며 사용자가 팝업을 닫기 전까지 다른 작업을 할 수 없도록 하여 중요한 메시지나 동작을 강조하는 데 사용됩니다.

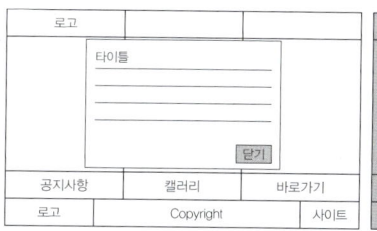
레이어 팝업

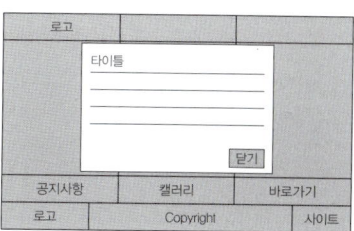
모달 레이어 팝업

6 STEP 세부 영역별 지시사항 - ⓓ Footer 영역   약 20분

01 푸터 영역 구조 작업하기

제공된 텍스트와 이미지를 이용하여 패밀리사이트, Copyright, SNS를 작업합니다.

01 'index.html' 문서 '〈footer〉〈/footer〉' 영역 내 텍스트를 지우고 SNS, 패밀리사이트, Copyright 순으로 다음과 같이 작성합니다.

```html
<footer>
    <div>
        <ul class="fsns">
            <li><a href="#"><img src="images/sns1.png" alt="sns1"></a></li>
            <li><a href="#"><img src="images/sns2.png" alt="sns2"></a></li>
            <li><a href="#"><img src="images/sns3.png" alt="sns3"></a></li>
        </ul>
        <select name="familysite">
            <option>Family Site1</option>
            <option>Family Site2</option>
            <option>Family Site3</option>
        </select>
    </div>
    <p class="fcopy">
        COPYRIGHT &copy; by WEB DESIGN DEVELOPMENT. ALL RIGHTS RESERVED.
    </p>
</footer>
```

[index.html]

02 푸터 영역 스타일 작업하기

01 'style.css' 문서에서 'footer'를 찾아 푸터 영역 스타일을 다음과 같이 작성합니다.

```
footer {
    height:120px;
    background:#666;
    color:#fff;
    padding-left:20px;
    padding-top:50px;
}
```

```
207  footer {
208    height:120px;
209    background:#666;
210    color:#fff;
211    padding-left:20px;
212    padding-top:50px;
213  }
```
[style.css]

💬 요소 TIP

- **footer** : 〈footer〉 선택자로 하단 영역 스타일 지정
  - **color:#fff** : 〈footer〉에 글자 색상을 흰색으로 설정하면, 하위 요소들에 상속되어 .fcopy의 글자가 흰색으로 설정
  - **padding-left:20px** : 왼쪽 내부 여백 20픽셀 설정
  - **padding-top:50px** : 상단 내부 여백 50픽셀 설정

02 패밀리사이트와 SNS를 감싸는 영역을 공중에 띄워, footer를 기준으로 위치를 설정합니다. 그리고 'footer' 스타일 다음 줄에 다음과 같이 작성합니다.

```
footer {
    position:relative;
    height:120px;
    background:#666;
    color:#fff;
    padding-left:20px;
    padding-top:50px;
}
footer div {
    position:absolute;
    top:25px;
    right:20px;
}
```

```
207  footer {
208    position:relative;
209    height:120px;
210    background:#666;
211    color:#fff;
212    padding-left:20px;
213    padding-top:50px;
214  }
215  footer div {
216    position:absolute;
217    top:25px;
218    right:20px;
219  }
```
[style.css]

💬 요소 TIP

- **footer div** : 〈footer〉의 하위 요소 〈div〉 선택자로 SNS와 패밀리사이트 감싸는 영역으로 스타일 지정
  - **position:absolute** : footer div를 공중에 띄워 상위 요소(〈footer〉)에 기준을 설정하여 원하는 위치에 절대 위치로 지정

03 SNS 스타일과 패밀리사이트 스타일을 'footer div' 다음 줄에 다음과 같이 작성합니다.

```css
footer .fsns {
    display:flex;
    gap:10px;
    justify-content:center;
}
footer .fsns li a {
    display:block;
    width:30px;
    height:30px;
    background:#fff;
    border-radius:50%;
    text-align:center;
    padding-top:9px;
}
footer .fsns li:first-child a {
    background:#3c5b9a;
}
footer .fsns li:nth-child(2) a {
    background:#47b749;
}
footer .fsns li:nth-child(3) a {
    background:red;
}
footer select {
    margin-top:10px;
    width:150px;
    height:30px;
}
```

```css
220  footer .fsns {
221      display:flex;
222      gap:10px;
223      justify-content:center;
224  }
225  footer .fsns li a {
226      display:block;
227      width:30px;
228      height:30px;
229      background: #fff;
230      border-radius:50%;
231      text-align:center;
232      padding-top:9px;
233  }
234  footer .fsns li:first-child a {
235      background: #3c5b9a;
236  }
237  footer .fsns li:nth-child(2) a {
238      background: #47b749;
239  }
240  footer .fsns li:nth-child(3) a {
241      background: red;
242  }
243  footer select {
244      margin-top:10px;
245      width:150px;
246      height:30px;
247  }
```

[style.css]

💬 요소 TIP

- **footer .fsns** : ⟨footer⟩의 하위 요소 ⟨ul class="fsns"⟩ 선택자로 SNS 영역 스타일 지정
  - **display:flex** : footer .fsns를 플렉스 컨테이너로 설정하여, 자식 요소(⟨li⟩)들을 수평으로 나열
  - **gap:10px** : flex로 나열된 자식 요소(⟨li⟩)의 사이 간격 10픽셀 지정
  - **justify-content:center** : flex로 나열된 자식 요소(⟨li⟩)를 수평 중앙 정렬
- **footer .fsns li a** : ⟨footer⟩의 하위 요소 .fsns의 하위 요소 ⟨li⟩의 하위 요소 ⟨a⟩ 지정
  - **border-radius:50%** : 모서리를 둥글게 만들어, 정사각형 요소를 원형으로 변환
  - **text-align:center** : 인라인 블록 요소인 ⟨img⟩ 수평 중앙 정렬
- **.fsns li:nth-child(1) a** : .fsns 내 첫 번째 ⟨li⟩의 하위 요소 ⟨a⟩ 지정
- **.fsns li:nth-child(2) a** : .fsns 내 두 번째 ⟨li⟩의 하위 요소 ⟨a⟩ 지정
- **.fsns li:nth-child(3) a** : .fsns 내 세 번째 ⟨li⟩의 하위 요소 ⟨a⟩ 지정
- **footer select** : 드롭다운 메뉴 형태로 패밀리사이트 지정
  - **margin-top:10px** : select의 위쪽 바깥 여백 10픽셀 설정하여, .fsns 사이 간격 설정
  - **width/height** : 드롭다운 메뉴의 너비/높이 임의 설정

7 STEP 최종 검토하기   약 15분

최종 결과물 Check!

작업을 완료했다면 최종 결과물을 확인합니다.

제출 방법

1. 수험자의 비번호로 된 폴더를 제출합니다.
2. 비번호로 된 폴더 안에 'index.html', 'images', 'js', 'css' 폴더와 작업한 파일이 저장되어 있는지 확인합니다.
3. 'index.html'를 열었을 때 모든 리소스가 표시되고 정상 작동해야 합니다.
4. 비번호로 된 폴더의 용량이 10MB가 초과되지 않아야 합니다. (ai, psd 파일은 제출하지 않습니다.)

기술적 준수사항

1. HTML5 기준 웹 표준을 준수해야 합니다. 현장에서 인터넷 사용이 불가하므로 연습 시 HTML 유효성 검사로 오류가 있는지 확인합니다.
2. CSS3 기준 오류가 없도록 작업해야 합니다. 현장에서 인터넷 사용이 불가하므로 연습 시 CSS 유효성 검사로 오류가 있는지 확인합니다.
3. 스크립트 오류가 표시되지 않아야 합니다. 웹 브라우저에서 F12를 눌러 개발자 도구를 실행한 후, 콘솔(Console) 탭에서 오류가 있는지 확인합니다.
4. 'index.html'을 열었을 때 Tab으로 요소를 이동, 선택할 수 있어야 합니다.
5. 'index.html'을 열었을 때 다양한 화면 해상도에서 페이지 레이아웃이 정상적으로 표시되어야 합니다.
6. 페이지 전체는 CSS를 이용해 레이아웃을 구성해야 합니다.
7. 브라우저에서 CSS를 '사용 안 함'으로 설정하면 콘텐츠가 기본적으로 세로로 나열되어 표시됩니다.
8. 모든 이미지는 대체 텍스트(alt 속성)를 포함하여 이미지의 의미나 용도를 명확히 전달해야 합니다.
9. 텍스트 간의 위계질서를 직관적으로 알 수 있어야 합니다.
10. 제작된 사이트의 최신 버전의 Google Chrome 브라우저에서 레이아웃, 구성 요소의 크기 및 위치 등이 정상적으로 표시되어야 합니다.

04 기출 유형 문제 04회

반복학습 1 2 3

작업파일 ▶ [PART 04 〉 기출 유형 문제 04회 〉 수험자 제공 파일]을 열어서 작업하세요.

[공개 문제 : D 유형]

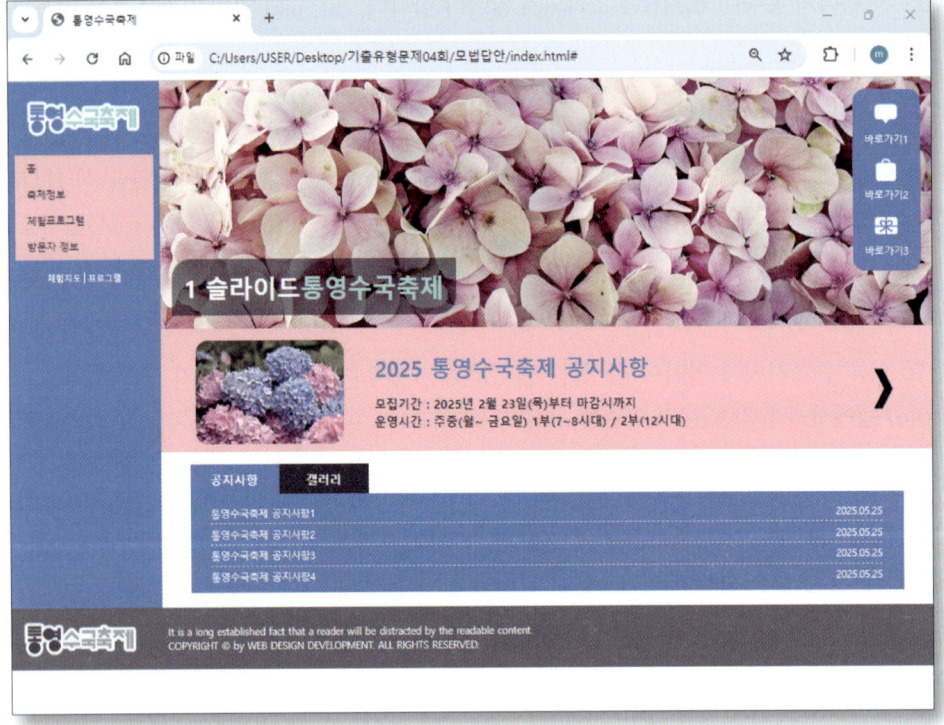

통영수국축제 웹사이트 제작

국가기술자격 실기시험 문제

자격 종목	웹디자인개발기능사	과제명	통영수국축제

※ 시험시간 : 3시간

1. 요구사항

※ 다음 요구사항을 준수하여 주어진 자료(수험자 제공 파일)를 활용하여 시험시간 내에 웹페이지를 제작 후 10MB **용량이 초과되지 않게** 저장 후 제출하시오.
※ 웹페이지 코딩은 **HTML5 기준 웹 표준**을 준수하여야 하며, 요구사항에 지정되지 않는 요소들은 주제 특성에 맞게 자유롭게 디자인하시오.
※ 문제에서 지시하지 않은 와이어프레임 영역 비율, 레이아웃, 텍스트의 글자체/색상/크기, 요소별 크기, 색상 등은 수험자가 과제명(가.주제) 특성에 맞게 자유롭게 디자인하시오.

가. 주제 : 통영수국축제 홈페이지 제작

나. 개요

통영의 대표적인 축제인「통영수국축제」의 홈페이지를 제작하고자 한다. 방문객에게 행사 일정과 체험프로그램에 대한 정보를 얻을 수 있는 웹사이트 제작을 요청하였다. 아래의 요구사항에 따라 메인 페이지를 제작하시오.

다. 제작 내용

01) 메인 페이지를 디자인하고 HTML, CSS, JavaScript 기반의 웹페이지를 제작한다. (이때 jQuery 오픈소스, 이미지, 텍스트 등의 제공된 리소스를 활용하여 제작할 수 있다.)
02) HTML, CSS의 charset은 utf-8로 해야 한다.
03) 컬러 가이드

주조색 (Main color)	보조색 (Sub color)	배경색 (Background color)	기본 텍스트의 색 (Text color)
자유롭게 지정	자유롭게 지정	#FFFFFF	#333333

04) 사이트 맵(Site map)

	Index page / 메인(Main)			
메인 메뉴(Main menu)	홈	축제정보	체험프로그램	방문자 정보
서브 메뉴(Sub menu)	조직 소개 미션과 비전 후원사 문의하기	축제 개요 행사 일정 참여 방법 주요 프로그램	체험 활동 워크샵 일정 체험 후기 참여 신청	교통 안내 숙박 정보 음식점 추천 관광 명소

| 자격 종목 | 웹디자인개발기능사 | 과제명 | 통영수국축제 |

05) 와이어프레임(Wireframe)

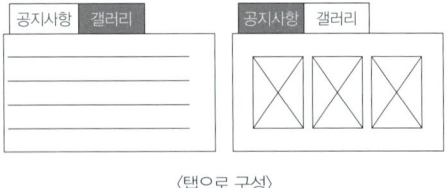

〈탭으로 구성〉

〈레이어 팝업창 구성〉

| 자격 종목 | 웹디자인개발기능사 | 과제명 | 통영수국축제 |

라. 세부 영역별 지시사항

영역 및 명칭	세부 지시사항
Ⓐ Header	**A.1 로고** ○ Header 폴더에 제공된 로고를 삽입한다. 로고의 색은 과제명(가.주제)에 맞게 반드시 변경하여야 한다. ※ 로고의 크기 변경 시, 가로세로 비율(종횡비, Aspect ratio)을 유지하여야 한다. (가로세로 비율을 유지하며 크기 변경 가능) **A.2 메뉴 구성** ※ 사이트 구조도를 참고하여 메인 메뉴(Main menu)와 서브 메뉴(Sub menu)로 구성하고, 별도의 스팟 메뉴(Spot menu)를 둔다. 스팟 메뉴 명칭은 「체험지도」과 「프로그램」으로 각각 지정한다. (1) 메인 메뉴(Main menu) 효과 [와이어프레임 참조] ○ 메인 메뉴 중 하나에 마우스를 올리면(Mouse over) 하이라이트 되고, 벗어나면(Mouse out) 하이라이트를 해제한다. ○ 메인 메뉴를 마우스로 올리면(Mouse over) 서브 메뉴 영역이 부드럽게 나타나면서, 서브 메뉴가 보이도록 한다. ○ 메인 메뉴에서 마우스 커서가 벗어나면(Mouse out) 서브 메뉴 영역은 부드럽게 사라져야 한다. (2) 서브 메뉴 영역 효과 ○ 서브 메뉴 영역은 메인 페이지 콘텐츠를 고려하여 배경 색상을 설정한다. ○ 서브 메뉴 중 하나에 마우스를 올리면(Mouse over) 하이라이트 되고 벗어나면(Mouse out) 하이라이트를 해제한다. ○ 마우스 커서가 메뉴 영역을 벗어나면(Mouse out) 서브 메뉴 영역은 부드럽게 사라져야 한다.
Ⓑ Slide	**B. Slide 이미지 제작** ○ [Slide] 폴더에 제공된 3개의 이미지로 제작한다. ○ [Slide] 폴더에 제공된 3개의 텍스트를 각 이미지에 적용하되, 텍스트의 글자체, 굵기, 색상, 크기를 적절하게 설정하여 가독성을 높이고, 독창성이 드러나도록 제작한다. **B. Slide 애니메이션 작업** ※ 위에서 작업한 결과물을 이용하여 슬라이드 작업을 한다. ○ 이미지만 바뀌면 안 되고, 이미지가 좌에서 우 또는 우에서 좌로 이동하면서 전환되어야 한다. ○ 슬라이드는 매 3초 이내로 하나의 이미지에서 다른 이미지로 전환되어야 한다. ○ 웹사이트를 열었을 때 자동으로 시작되어 반복적으로(마지막 이미지가 슬라이드 되면 다시 첫 번째 이미지가 슬라이드 되는 방식) 슬라이드 되어야 한다.
Ⓒ Contents	**C.1 바로가기** ○ Contents 폴더의 제공된 파일을 활용하여 편집 또는 디자인하여 제작한다. **C.2 배너** ○ Contents 폴더의 제공된 파일을 활용하여 편집 또는 디자인하여 제작한다. **C.3 공지사항** ○ 공지사항 타이틀 영역과 콘텐츠 영역을 구분하여 표현해야 한다. ○ 콘텐츠는 Contents 폴더의 제공된 텍스트를 적용하여 제작한다. ○ 공지사항의 첫 번째 콘텐츠를 클릭(Click)할 경우 레이어 팝업창(Layer Pop_up)이 나타나며, 레이어 팝업창 내에 닫기 버튼을 두어서 클릭하면 해당 팝업창이 닫혀야 한다. [와이어프레임 참조] ○ 레이어 팝업의 제목과 내용은 Contents 폴더의 제공된 텍스트 파일을 사용한다.

| 자격 종목 | 웹디자인개발기능사 | 과제명 | 통영수국축제 |

	C.4 갤러리 ○ Contents 폴더의 제공된 이미지 3개를 사용하여 가로 방향으로 배치한다. [와이어프레임 참조] ○ 공지사항과 갤러리는 탭 기능을 이용하여 제작하여야 한다. ○ 각 탭을 클릭(Click) 시 해당 탭에 대한 내용이 보여야 한다. [와이어프레임 참조] ※ 콘텐츠는 HTML 코딩으로 작성해야 하며, 이미지로 삽입하면 안 된다.	
⑩ Footer	D. Footer ○ 로고를 Grayscale(무채색)로 변경하고 사용자의 접근성을 고려하여 배치한다. ○ Footer 폴더의 제공된 텍스트를 사용하여 Copyright를 제작한다.	

마. 기술적 준수사항

01) 웹페이지 코딩은 HTML5 기준 웹 표준을 준수하여야 하며, **HTML 유효성 검사(W3C validator)**에서 오류('ERROR')가 없도록 코딩하여야 한다.
   ※ HTML 유효성 검사 서비스는 시험 시 제공하지 않는다. (인터넷 사용불가)
02) CSS는 별도의 파일로 제작하여 링크하여야 하며, CSS3 기준(**W3C validator**)에서 오류('ERROR')가 없도록 코딩되어야 한다.
03) JavaScript 코드는 별도의 파일로 제작하여 연결하여야 하며 Google Chrome(브라우저)에 내장된 개발도구의 Console 탭에서 오류('ERROR')가 표시되지 않아야 한다.
04) 별도로 지정하지 않은 상호작용이 필요한 모든 콘텐츠(로고, 메뉴, 버튼, 바로가기 등)는 임시 링크(예 : #)를 적용하고 'Tab. Tab'으로 이동 선택할 수 있어야 한다.
05) 사이트는 다양한 화면 해상도에서 일관성 있는 페이지 레이아웃을 제공해야 한다.
06) 웹 페이지 전체 레이아웃은 Table 태그 사용이 아닌 CSS를 통한 레이아웃 작업으로 해야 한다.
07) 브라우저에서 CSS를 "사용 안 함"으로 설정한 경우 콘텐츠가 세로로 나열된다.
08) 타이틀 텍스트(Title text), 바디 텍스트(Body text), 메뉴 텍스트(Menu text)의 각 글자체/굵기/색상/크기 등을 적절하게 설정하여 사용자가 텍스트 간의 위계질서(Hierarchy)를 직관적으로 알 수 있도록 한다.
09) 모든 이미지에는 이미지에 대한 대체 텍스트를 표현할 수 있는 alt 속성이 있어야 한다.
10) 제작된 사이트 메인페이지의 레이아웃, 구성요소의 크기 및 위치 등은 최신 버전의 Google Chrome에서 정상적으로 동작해야 한다.

바. 제출 방법

01) 수험자는 비번호로 된 폴더명으로 완성된 작품 파일을 저장하여 제출한다.
02) 폴더 안에는 images, script, css 등의 자료를 분류하여 저장한 폴더도 포함되어 있어야 하며, 메인페이지는 반드시 최상위 폴더에 index.html로 저장하여 제출해야 한다.
03) 수험자는 제출하는 폴더에 index.html을 열었을 때 연결되거나 표시되어야 할 모든 리소스들을 포함하여 제출해야 하며 수험자의 컴퓨터가 아닌 채점위원의 컴퓨터에서 정상 작동해야 한다.
04) 전체 결과물의 용량은 10MB 용량이 초과되지 않게 제출하며 ai, psd 등 웹서비스에 사용하지 않는 파일은 제출하지 않는다.

자격 종목	웹디자인개발기능사	과제명	통영수국축제

2. 수험자 유의사항

※ 다음의 유의사항을 고려하여 요구사항을 완성하시오.

01) 수험자 인적사항 및 답안작성은 반드시 검은색 필기구만 사용하여야 하며, 그 외 연필류, 유색 필기구, 지워지는 펜 등을 사용한 답안은 채점하지 않으며 0점 처리됩니다.
02) 수험에 필요한 소프트웨어 및 참고자료가 하드웨어에 설치되어 있는지 확인 후 작업하시오.
03) 참고자료의 내용 중 오자 및 탈자 등이 있을 때는 수정하여 작업하시오.
04) 지참공구[수험표, 신분증, 필기도구] 이외의 참고자료 및 외부장치(USB, 키보드, 마우스, 이어폰) 등 **어떠한 물품도 시험 중에 지참할 수 없음을 유의하시오.**
 (단, 시설목록 이외의 정품 소프트웨어(폰트 제외)를 설치하고자 할 때에는 감독위원의 입회하에 설치하여 사용하시오.)
05) 수험자가 컴퓨터 활용 미숙 등으로 인한 시험의 진행이 어렵다고 판단되었을 때는 감독위원은 시험을 중지시키고 실격처리를 할 수 있음을 유의하시오.
06) **바탕화면에 수험자 본인의 "비번호" 이름을 가진 폴더에 완성된 작품의 파일만을 저장하시오.**
07) 모든 작품을 감독위원 또는 채점위원이 검토하여 복사된 작품(동일 작품)이 있을 때에는 관련된 수험자 모두를 부정행위로 처리됨을 유의하시오.
08) 장시간 컴퓨터 작업으로 신체에 무리가 가지 않도록 적절한 몸풀기(스트레칭) 후 작업하시오.
09) 다음 사항에 대해서는 실격에 해당되어 채점 대상에서 제외됩니다.
 가) 수험자 본인이 수험 도중 시험에 대한 포기(기권) 의사를 표시하고 포기하는 경우
 나) 작업범위(용량, 시간)를 초과하거나, 요구사항과 현격히 다른 경우(채점위원이 판단)
 다) **Slide가 JavaScript(jQuery포함), CSS 중 하나 이상의 방법을 이용하여 제작되지 않은 경우**
  ※ 움직이는 Slide를 제작하지 않고 이미지 하나만 배치한 경우도 실격처리 됨
 라) 수험자 미숙으로 비번호 폴더에 완성된 작품 파일을 저장하지 못했을 경우
 마) 압축 프로그램을 사용하여 작품을 압축 후 제출한 경우
 바) 과제기준 20% 이상 완성이 되지 않은 경우(채점위원이 판단)

3. 지급재료 목록

일련 번호	재료명	규격	단위	수량	비고
1	수험자료 USB 메모리	32GB 이상	개	1	시험장당
2	USB 메모리	32GB 이상	개	1	시험장당 1개씩(채점위원용) ※수험자들의 작품 관리

※ 국가기술자격 실기시험 지급재료는 시험종료 후(기권, 결시자 포함) 수험자에게 지급하지 않습니다.

단계별 작업 따라하기

1 STEP 웹 페이지 기본 설정   약 15분

01 HTML5 버전 index.html 만들기

문제를 풀기 전 컴퓨터 바탕화면에 본인에게 부여된 '비번호' 폴더를 생성합니다. '비번호' 폴더 안에 'images', 'css', 'js' 폴더를 각각 생성하고, 주어진 수험자 제공 파일들을 각 폴더에 맞게 정리합니다. 본 교재는 '비번호' 대신 '통영수국축제' 폴더 설정 후 작업을 진행합니다.

<small>* 이 책에서는 웹 문서 편집 프로그램으로 Visual Studio Code를 사용하였습니다.</small>

01 Visual Studio Code를 실행합니다. [시작 화면] – [폴더 열기] 또는 상단 메뉴에서 [파일] – [폴더 열기] 선택합니다.

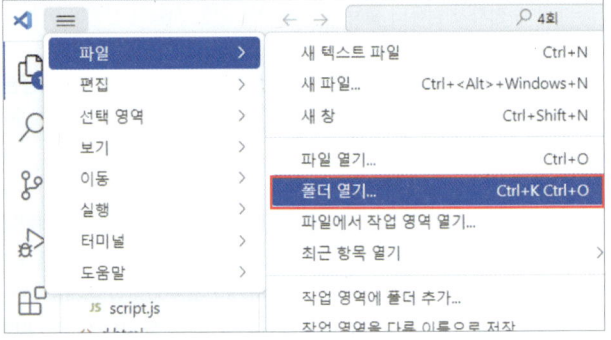

02 바탕화면에 미리 생성해 둔 '통영수국축제' 폴더를 선택합니다.

03 Visual Studio Code 좌측 탐색기 아이콘을 선택하여 탐색기 패널을 활성화합니다. 탐색기 패널에는 미리 만들어 놓은 'images', 'css', 'js' 폴더가 있습니다.

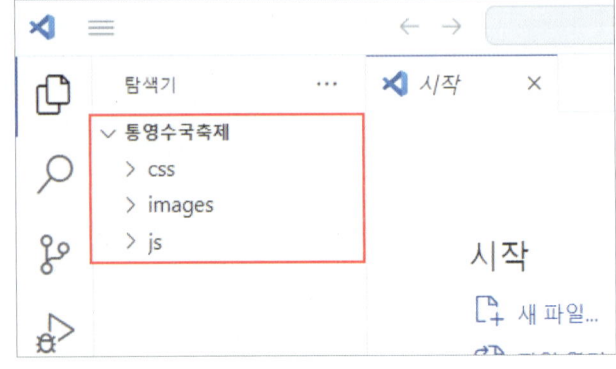

04 탐색기 패널에서 '새 파일' 아이콘을 선택하면, '통영수국축제' 폴더 하위에 새 파일이 생성됩니다.

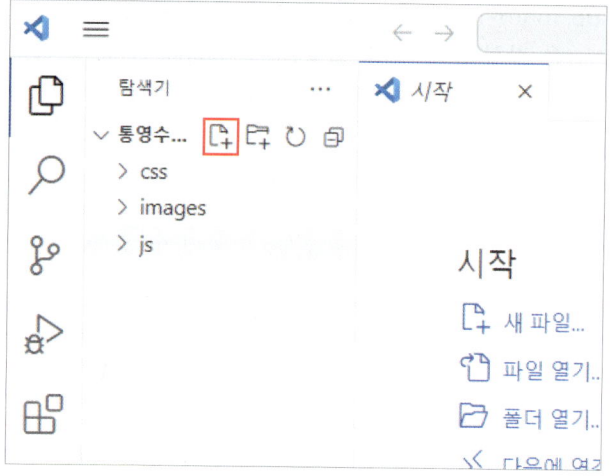

05 파일명을 'index.html'로 변경한 후 Enter 를 누르면, 우측 코드 창에 'index.html' 문서가 활성화되고 윈도우 탐색기에서 '통영수국축제' 폴더 하위에 'index.html'을 확인할 수 있습니다.

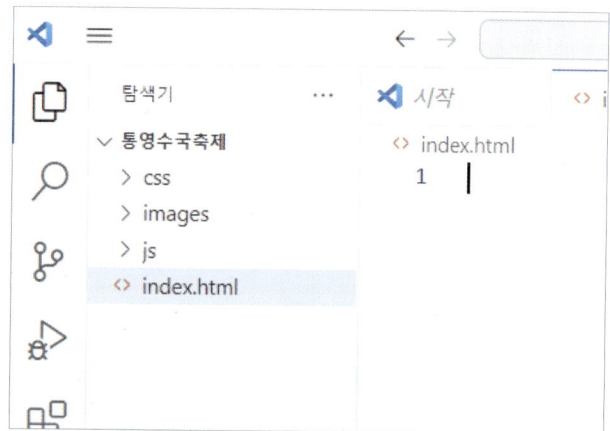

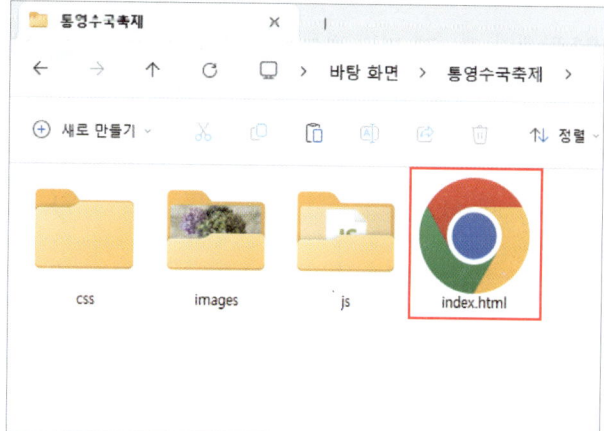

> **기적의 TIP**
> 모든 작업 폴더와 파일 이름은 영문으로, 띄어쓰기 없이 작성합니다.

06 'index.html' 문서에 HTML5 문서 형식을 작성하거나 '!'를 입력한 후 [Tab]을 눌러 HTML5 문서 형식 코드를 자동 완성합니다. 이때 lang="en"을 lang="ko"로 변경하고, 〈title〉 태그에 과제명을 입력 후 [파일(File)] - [저장(Save)] 또는 [Ctrl]+[S]를 눌러 저장합니다.

〈!DOCTYPE html〉
〈html lang="ko"〉
〈head〉
    〈meta charset="UTF-8"〉
    〈meta name="viewport" content="width=device-width, initial-scale=1.0"〉
    〈title〉통영수국축제〈/title〉
〈/head〉
〈body〉
〈/body〉
〈/html〉

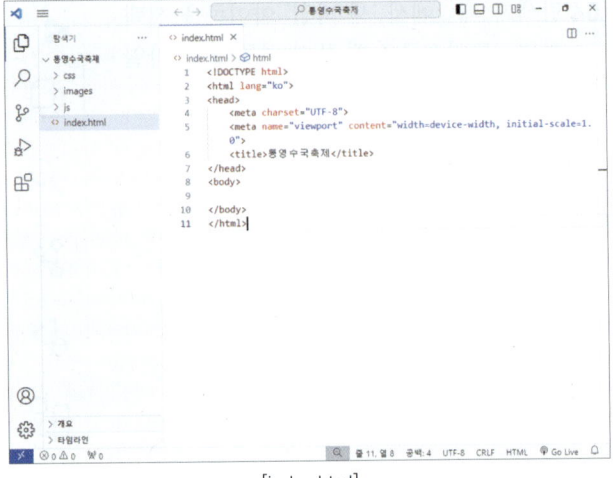

[index.html]

02 CSS 문서 만들기

작업을 시작하기 전, 실수를 줄이기 위해 미리 CSS 문서를 만듭니다.

01 탐색기 패널에 미리 만들어 놓은 'css' 폴더 선택 후 '새 파일' 아이콘을 선택하면 'css' 폴더 하위에 새 파일이 생성됩니다.

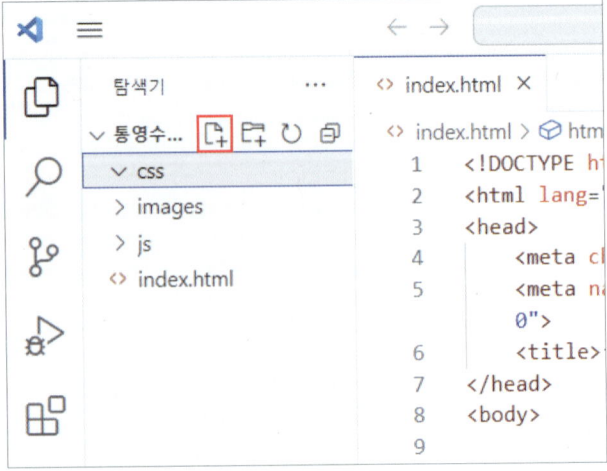

02 새 파일의 파일명을 'style.css'로 변경한 후 Enter를 누르면, 우측 코드 창에 'style.css' 문서가 활성화된 것을 확인할 수 있습니다.

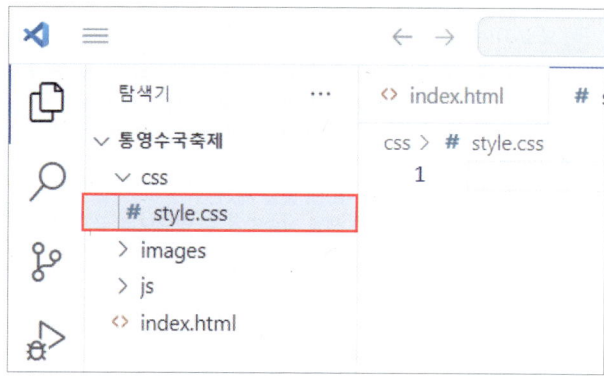

03 'style.css' 문서에 문자 인코딩 방식을 지정하는 @charset "utf-8"; 입력 후 리셋 CSS를 입력하고, [파일(File)] - [저장(Save)] 또는 Ctrl + S를 선택하여 저장합니다.

```css
@charset "utf-8";
*{
    margin:0;
    padding:0;
    box-sizing:border-box;
}
li{
    list-style:none;
}
a{
    text-decoration:none;
    color:inherit;
}
img{
    vertical-align:top;
    max-width:100%;
}
button{
    cursor:pointer;
}
body{
    background:#369;
    color:#333
}
```

[style.css]

> **요소 TIP**
- 리셋 CSS는 모든 요소의 기본 스타일을 제거하기 위해 리셋 CSS를 작성합니다.
- * : 모든 HTML 요소 선택자로, 공통 스타일을 적용 시 사용
- box-sizing:border-box : 요소의 패딩과 테두리를 포함하여 요소의 너비 설정
- list-style:none : 목록 리스트의 불릿 숨김
- text-decoration:none : ⟨a⟩의 밑줄 제거
- color:inherit : ⟨a⟩는 글자 색을 상속받을 수 없으므로 글자 색상을 부모 요소로부터 상속받을 수 있게 설정
- vertical-align:top : ⟨img⟩를 부모 요소 상단에 정렬
- max-width:100% : 본래 이미지 크기보다 커지지 않으며, 부모 요소의 너비를 초과하지 않도록 설정
- cursor:pointer : 요소 위 마우스 포인터를 올렸을 때 커서 모양을 손가락 모양으로 변경
- color : '#333'은 16진수 표기법으로 'color:#333333'과 같은 색상을 나타내며, '#333'은 각 자리 숫자가 2번 반복된 6자리 값과 동일(예 'color:#f00' → 'color:#ff0000' 빨간색)

03 Script 문서 만들기

작업을 시작하기 전, 실수를 줄이기 위해 미리 Script 문서를 만듭니다.

01 수험자 제공 파일인 제이쿼리 라이브러리 파일 'jquery-1.12.3.js'를 '통영수국축제' 하위 폴더의 'js' 폴더로 이동해 둡니다.

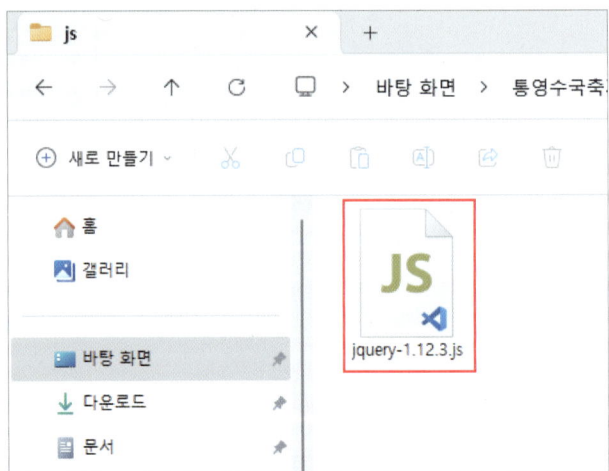

02 Visual Studio Code 탐색기 패널의 'js' 폴더 선택 후 '새 파일' 아이콘을 선택하면 하위에 새 파일이 생성됩니다.

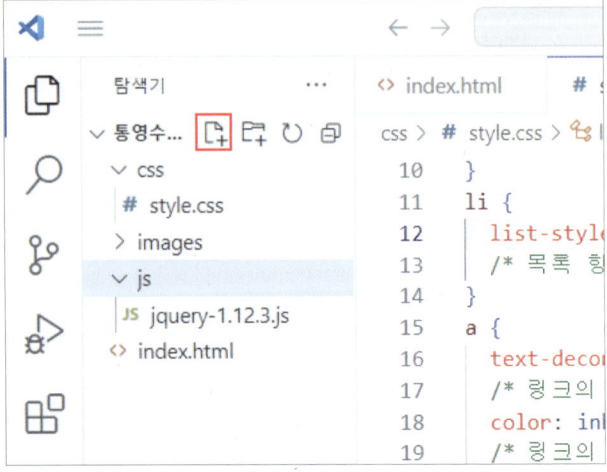

03 새 파일의 파일명을 'script.js'로 변경한 후 Enter 를 누르면, 우측 코드 창에 'script.js' 문서가 활성화된 것을 확인할 수 있습니다.

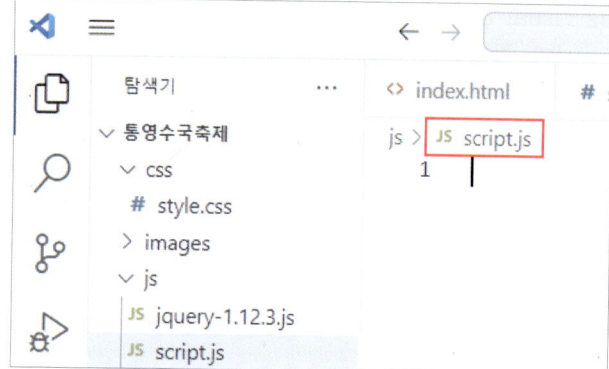

04 'script.js' 문서에 '$(function(){...})'을 입력합니다.

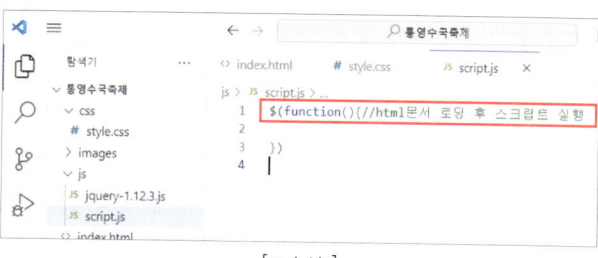

[script.js]

05 {...}(중괄호) 안 'alert("경고")'를 입력 후 Ctrl + S 로 저장합니다.
```
$(function(){
    alert("경고");
})
```

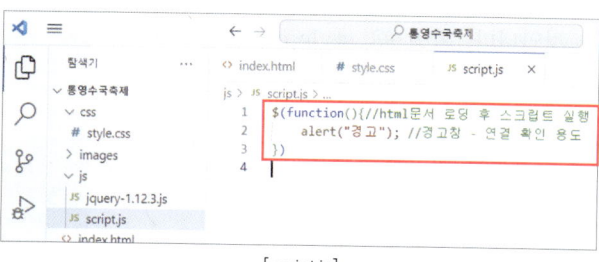

[script.js]

04 index 문서에 CSS, Script 문서 연결하기

'index.html'문서에 CSS 문서와 Script 문서, jQuery 라이브러리를 연결합니다.

01 'index.html'에서 css와 js 문서를 '〈head〉' 태그 내 연결 후 Ctrl + S 로 저장합니다. js 문서연결 시 jQuery 라이브러리를 먼저 작성하고, script.js를 작성합니다.
```
<link href="css/style.css" rel="stylesheet">
<script src="js/jquery-1.12.3.js"></script>
<script src="js/script.js"></script>
```

[index.html]

02 Visual Studio Code에 'index.html' 문서가 활성화된 상태에서 상태표시줄에 Go Live를 선택하여 웹 브라우저인 '크롬(Chrome)'으로 확인합니다.

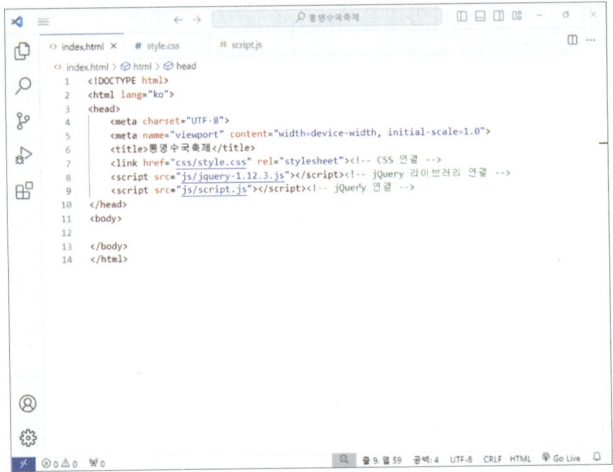

[index.html]

03 웹 브라우저의 배경색 '#369'와 경고창이 뜬다면 CSS와 Script 문서가 잘 연결된 것입니다. 확인 후 'style.css'에서 body 색상을 '#fff'로 변경하고 'script.js' 문서에서 경고창 스크립트를 삭제합니다.

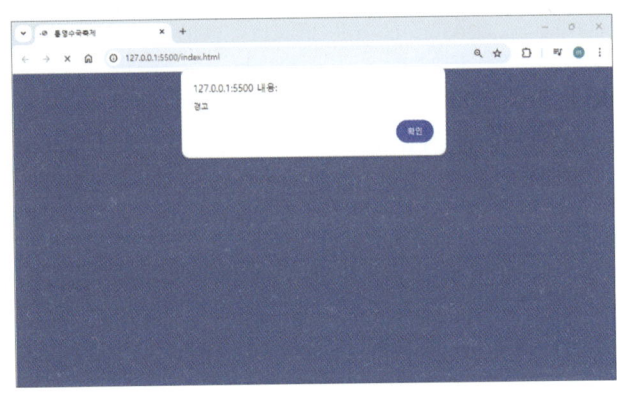

[style.css]

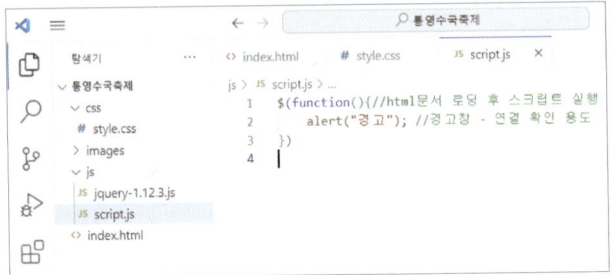

[script.js]

> **기적의 TIP**
>
> Go Live가 설치되지 않았을 때 바탕화면에서 '통영수국축제' 폴더의 하위 파일 'index.html' 문서를 웹 브라우저인 '크롬(Chrome)'으로 열어 작업 결과를 확인할 수 있습니다.

2 STEP 와이어프레임 – 레이아웃과 스타일 작업   약 20분

01 레이아웃 HTML 구조 작업하기

요구사항정의서에 있는 와이어프레임을 바탕으로 주어진 콘텐츠와 수치를 파악하여 레이아웃을 제작합니다. 문제에서 지시하지 않은 부분은 자유롭게 설정합니다.

01 먼저, 요구사항정의서의 와이어프레임을 보면서 HTML로 영역을 구분하는 코드를 작성합니다. 다음과 같이 작성하고 [파일(File)] – [저장(Save)] 또는 Ctrl + S 를 선택하여 저장합니다.

```
〈div class="wrap"〉
    〈div class="top"〉
        〈header〉
            헤더영역
        〈/header〉
        〈div class="contents"〉
            〈section class="slide"〉
                슬라이드영역
            〈/section〉
            〈article class="banner"〉
                배너영역
            〈/article〉
            〈article class="con"〉
                콘텐츠영역
            〈/article〉
        〈/div〉
    〈/div〉
    〈footer〉
        푸터영역
    〈/footer〉
〈/div〉
```

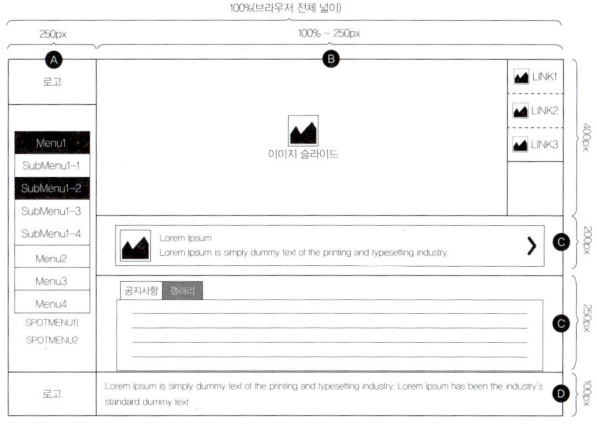

[index.html]

더 알기 TIP

- 홈페이지 구조화 작업 시 각 영역에 맞게 타이틀(헤더 영역, 슬라이드 영역 등)을 채우고 영역 작업 시 타이틀을 지우며 작업합니다.
- HTML 주석은 〈!--로 시작하고 --〉로 끝납니다.
- 클래스 명은 각 영역에 맞게 설정했으나, 원하는 이름으로 변경할 수 있습니다.

요소 TIP

- 〈div class="wrap"〉 : 전체를 감싸는 영역
- 〈div class="top"〉 : 헤더, 콘텐츠(슬라이드, 배너, 공지사항, 갤러리, 바로가기)를 감싸는 영역
- 〈header〉 : 웹 페이지 머리글 영역으로 로고와 메뉴를 포함하는 영역
- 〈div class="contents"〉 : 슬라이드, 배너, 공지사항, 갤러리, 바로가기를 감싸는 영역
- 〈section class="slide"〉 : 독립적인 주제를 가진 영역으로 슬라이드를 감싸는 영역
- 〈article〉 : 독립적으로 구분할 수 있는 콘텐츠 영역 각각 감싸는 영역
- 〈footer〉 : 웹 페이지의 바닥글 영역으로 로고, 저작권, 패밀리사이트, SNS 등 포함하는 영역

02 'index.html' 문서가 활성화된 상태에서 상태표시줄에 Go Live를 선택하여 웹 브라우저인 '크롬(Chrome)'으로 작업 결과를 확인합니다.

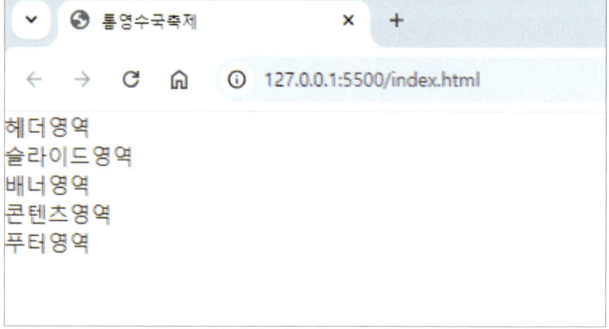

02 레이아웃 스타일 작업하기

HTML 구조를 기반으로 CSS 스타일을 적용하여, 요구사항정의서에 제시된 와이어프레임 레이아웃을 제작합니다.

01 'style.css' 문서에서 HTML 구조에 맞게 레이아웃 스타일을 'body' 스타일 다음 줄에 다음과 같이 입력하고, [파일(File)] – [저장(Save)] 또는 Ctrl + S 를 선택하여 저장합니다.

```css
.wrap {
    height:950px;
}
.top {
    height:850px;
    display:flex;
}
header {
    width:250px;
    background:#f45750;
}
.contents {
    width:calc(100% – 250px);
}
.slide {
    height:400px;
    background:#00d2a5;
}
.banner {
    height:200px;
    background:#40b0f9;
}
.con {
    height:250px;
    background:#ff884d;
}
footer {
    height:100px;
    background:#666;
}
```

```css
36  .wrap {
37      height: 950px;
38  }
39  .top {
40      height: 850px;
41      display: flex;
42  }
43  header {
44      width: 250px;
45      background: #f45750;
46  }
47  .contents {
48      width: calc(100% - 250px);
49  }
50  .slide {
51      height: 400px;
52      background: #00d2a5;
53  }
54  .banner {
55      height: 200px;
56      background: #40b0f9;
57  }
58  .con {
59      height: 250px;
60      background: #ff884d;
61  }
62  footer {
63      height: 100px;
64      background: #666;
65  }
```

[style.css]

➕ 더 알기 TIP

- CSS 주석은 /*로 시작하고 */로 끝납니다.
- 클래스 명은 의미 있는 이름으로 만들어야 하며, 반드시 영문 소문자로 작성해야 합니다. 또한, 숫자로 시작할 수 없습니다.
- CSS 작성 시 속성의 순서는 필수적으로 지켜야 하는 규칙은 없지만, 가독성과 유지보수를 위해 일관된 순서를 유지하는 것이 좋습니다.
- CSS는 선택자가 구체적으로 작성된 순서에 따라 우선적으로 적용됩니다.
  [참고하기] PART 02 - SECTION 02 CSS 기본 다지기

🟢 요소 TIP

- **.wrap** : ⟨div class="wrap"⟩ 선택자, 전체 콘텐츠를 감싸는 역할로 요구사항정의서에 표시된 높이 값 적용
- **.top** : ⟨div class="top"⟩ 선택자로 ⟨footer⟩를 제외한 헤더, 콘텐츠 전체를 감싸는 역할
  - **display:flex** : ⟨div class="top"⟩을 플렉스 컨테이너로 설정하여 자식 요소(header, .contents)들을 수평으로 나열. 이때 자식 요소는 부모 요소의 높이만큼 stretch 되어 들어가므로 부모 요소에 높이 값이 있는 것이 유리
- **.contents** : ⟨div class="contents"⟩ 선택자로 슬라이드, 배너, 공지사항, 갤러리, 바로가기 영역 전체를 감싸는 컨테이너 역할
  - **width:calc(100% - 250px)** : CSS에서 요소의 너비를 계산하여 설정하는 방식으로 부모 요소(.top)의 전체 너비(100%)에서 250픽셀을 뺀 값을 요소의 너비로 설정

🚩 기적의 TIP

CSS calc( ) 함수의 사용법

'calc( )'는 CSS에서 두 개 이상의 값을 계산하여 속성값을 설정할 때 사용하는 함수입니다. 이 함수는 다양한 연산자(+, -, *, /)를 허용하여 정적인 CSS 값을 보다 유연하게 조정하여 고정된 여백을 고려한 레이아웃을 만들 수 있습니다.
작성 시 calc( ) 함수 내에서는 연산자와 피연산자 사이에 반드시 띄어쓰기를 넣어야 합니다.

/* 잘못된 표현 */	/* 올바른 표현 */
width:calc(100%-650px);	width:calc(100% - 650px);

02 'index.html' 문서가 활성화된 상태에서 상태표시줄에 Go Live를 선택하여 웹 브라우저인 '크롬(Chrome)'으로 작업 결과를 확인합니다.

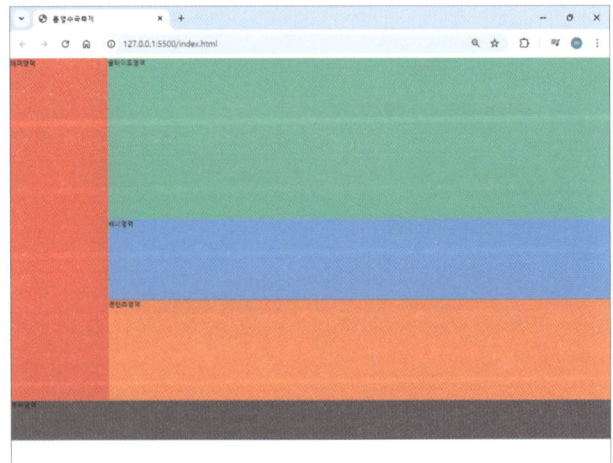

3 STEP 세부 영역별 지시사항 – Ⓐ Header 영역   약 30분

01 로고 제작하기

세부 지시사항의 A.1 로고를 제작합니다. 수험자 제공 파일 중 Header 폴더에 있는 로고를 과제 주제에 게 색상을 반드시 변경하여, 가로, 세로 비율을 유지하며 제작합니다.

01 로고 제작을 위해 포토샵을 실행합니다.

02 [파일(File)] – [열기(Open)] 또는 Ctrl+O를 눌러 'logo.png' 파일을 불러옵니다.

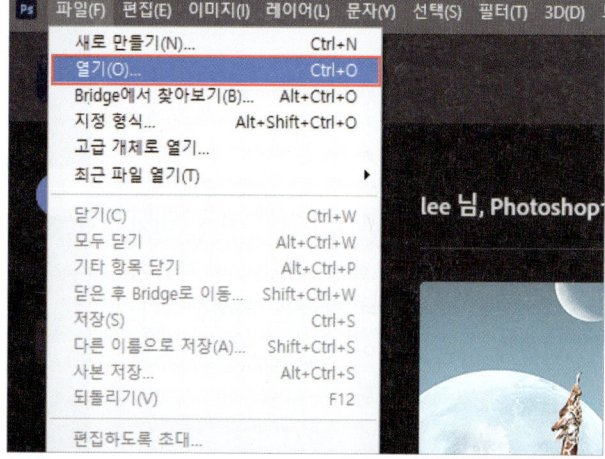

03 도구 상자 패널에서 자르기 도구( )를 선택한 후, 자를 영역을 조절합니다. 그런 다음 Enter 를 누르면 선택된 부분만 남고, 해당 영역에 맞게 문서가 잘립니다.

04 로고의 흰색 배경을 제거하기 전에, 먼저 레이어 패널에서 해당 레이어의 자물쇠 아이콘을 클릭하여 잠금을 해제합니다. 이렇게 하면 레이어가 잠금 해제되어 편집할 수 있게 됩니다.

05 자동 선택 도구( )를 선택한 후, 도구 상자 옵션에서 허용치를 '20'으로 설정하고, 인접(Contiguous) 옵션의 체크를 해제합니다. 그런 다음, 흰색 영역을 선택합니다. 흰색 영역이 선택되면 Delete 를 눌러 선택된 영역을 삭제합니다. 마지막으로 Ctrl + D 를 눌러 선택 영역을 해제합니다.

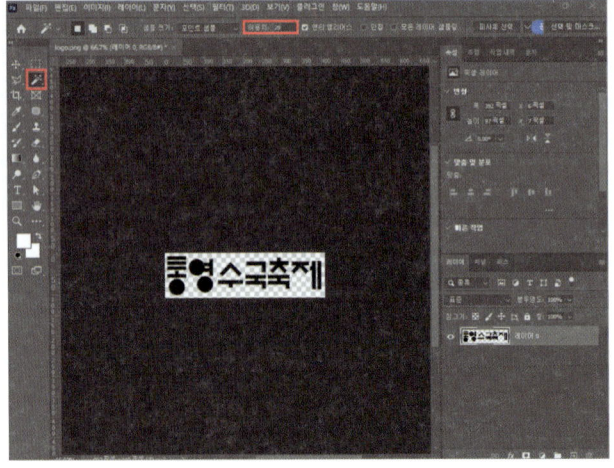

06 [이미지(Image)] – [이미지 크기(Image Size)]를 선택합니다. 종횡비 제한이 활성화된 상태에서 이미지 크기 대화상자의 '폭(Width)'을 180px로 설정합니다. 이렇게 하면 폭에 맞춰 높이도 자동으로 조절됩니다.

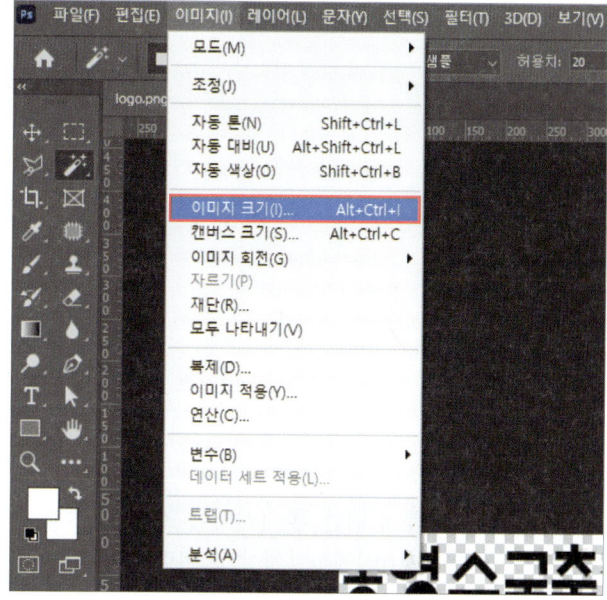

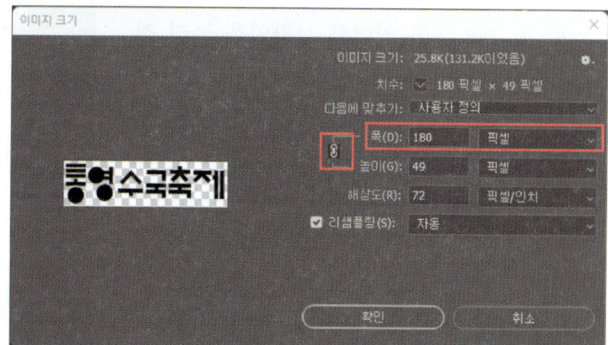

07 사각형 선택 도구( )로 '통영' 영역을 선택한 후 Ctrl + Shift + J 를 눌러 선택된 '통영' 부분을 새 레이어로 잘라냅니다.

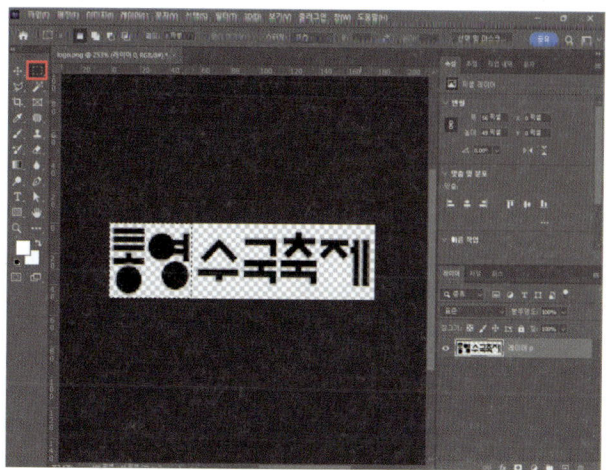

08 이로써 '통영'이 별도의 레이어로 생성됩니다.

09 '통영' 레이어를 선택한 후, [레이어 스타일(Layer Style)]에서 [색상 오버레이(Color Overlay)]를 선택합니다. 색상으로 '#4b88c7'를 입력하고 확인을 눌러 적용합니다.

이어서 '수국축제' 레이어를 선택한 후, 동일하게 [레이어 스타일(Layer Style)]에서 [색상 오버레이(Color Overlay)]를 선택하고 색상을 '#f6bcc7'로 설정한 뒤 확인을 눌러 적용합니다.

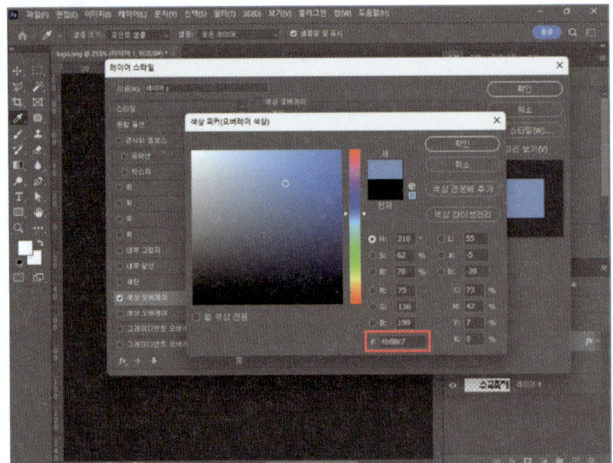

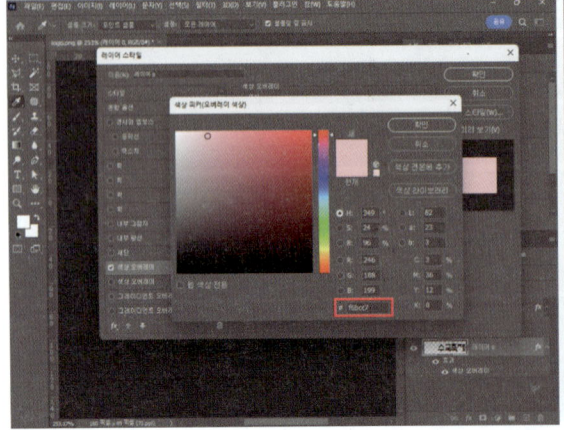
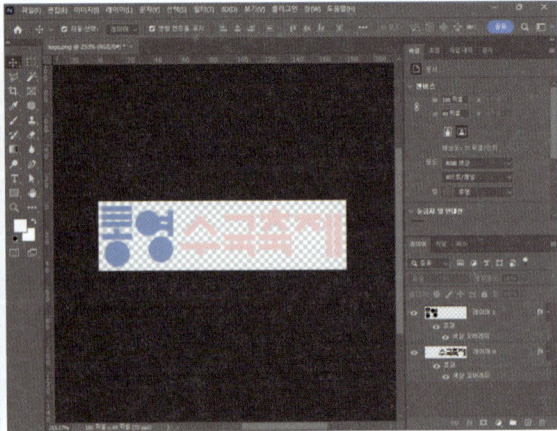

10 글자에 흰색 테두리를 추가하기 위해 '통영' 레이어를 선택한 후 [레이어 스타일(Layer Style)]에서 [획(Stroke)] 옵션을 선택합니다. 크기를 '3'으로 설정한 후 확인을 눌러 적용합니다.

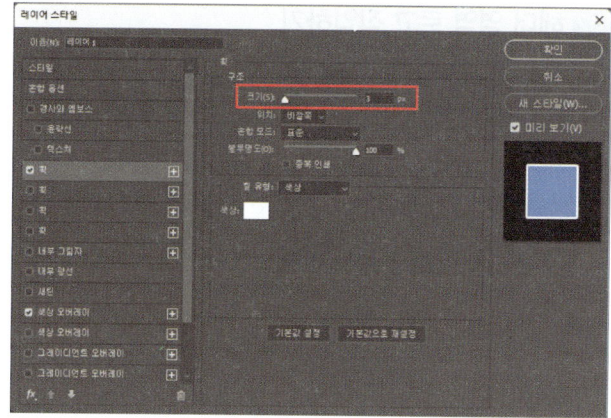

11 그런 다음 '수국축제' 레이어를 선택하고 동일한 방식으로 작업하여 흰색 테두리를 추가합니다.

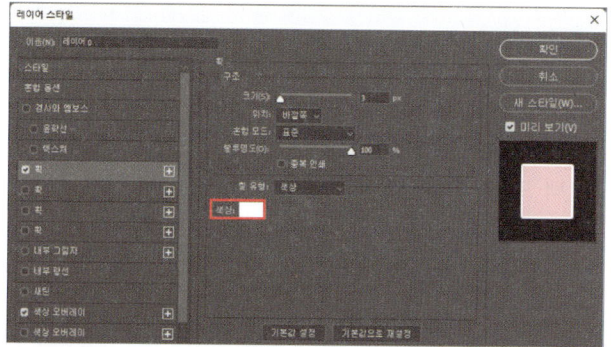

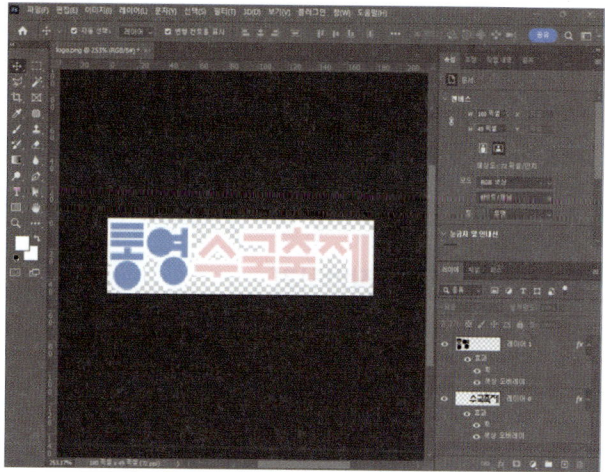

12 [파일(File)] - [다른 이름으로 저장(Save as)] 또는 Shift + Ctrl + S 를 눌러, 파일 형식 '*.psd'로 원본 저장합니다. 그리고 [파일(File)] - [내보내기(Export)] - [PNG로 빠른 내보내기(Quick Export as PNG)] 선택하고 파일 형식 '*.png'로 'images' 폴더 안에 저장합니다.
– 파일 이름 : logo.png

02 헤더 영역 로고 작업하기

세부 지시사항의 A.1 로고를 문서에 추가합니다.

01 Visual studio code에 'index.html' 문서를 열어, '〈header〉' 영역 안 글자를 지우고 다음과 같이 작성합니다.

<h1>
　　<a href="#">
　　　　<img src="images/logo.png" alt="통영수국축제">
　　</a>
</h1>

[index.html]

02 문서 저장 후 'index.html' 문서가 활성화된 상태에서 상태표시줄에 Go Live를 선택 또는 윈도우 탐색기에서 'index.html'을 웹 브라우저인 '크롬(Chrome)'으로 작업 결과를 확인합니다.

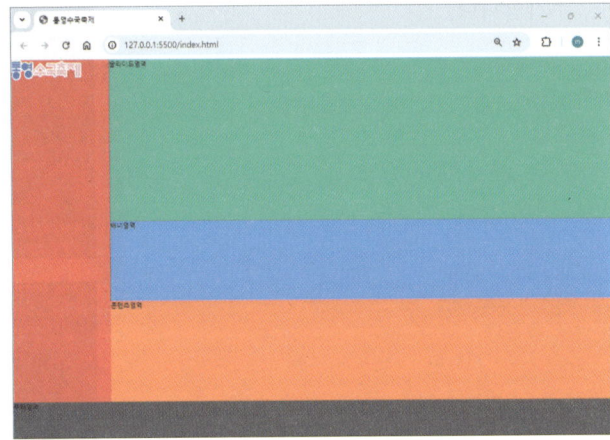

03 헤더 영역 메뉴 작업하기

세부 지시사항의 A.2 메뉴를 구성합니다. 사이트 맵과 구조도를 참고하여 메인 메뉴(Main menu)와 서브 메뉴(Sub menu)를 구성합니다.

01 요구사항정의서의 와이어프레임 메뉴 형태를 확인합니다.

02 'index.html' 문서 〈header〉영역 내 '〈/h1〉' 다음 줄에 요구사항정의서의 '사이트 맵'을 참고하여 메뉴를 다음과 같이 작성합니다.

```
<nav>
    <ul>
        <li><a href="#">홈</a>
            <ul class="sub">
                <li><a href="#">조직 소개</a></li>
                <li><a  href="#">미션과 비전</a></li>
                <li><a href="#">후원사</a></li>
                <li><a href="#">문의하기</a></li>
            </ul>
        </li>
        <li><a href="#">축제정보</a>
            <ul class="sub">
                <li><a href="#">축제 개요</a></li>
                <li><a href="#">행사 일정</a></li>
                <li><a href="#">참여 방법</a></li>
                <li><a href="#">주요 프로그램</a></li>
            </ul>
        </li>
        <li><a href="#">체험프로그램</a>
            <ul class="sub">
                <li><a href="#">체험 활동</a></li>
                <li><a href="#">워크샵 일정</a></li>
                <li><a href="#">체험 후기</a></li>
                <li><a href="#">참여 신청</a></li>
            </ul>
        </li>
        <li><a href="#">방문자 정보</a>
            <ul class="sub">
                <li><a href="#">교통 안내</a></li>
                <li><a href="#">숙박 정보</a></li>
                <li><a href="#">음식점 추천</a></li>
                <li><a href="#">관광 명소</a></li>
            </ul>
        </li>
    </ul>
</nav>
```

```
14  <header>
15      <h1>
16          <a href="#">
17              <img src="images/logo.png" alt="통영수국축제">
18          </a>
19      </h1>
20      <nav>
21          <ul>
22              <li><a href="#">홈</a>
23                  <ul class="sub">
24                      <li><a href="#">조직 소개</a></li>
25                      <li><a href="#">미션과 비전</a></li>
26                      <li><a href="#">후원사</a></li>
27                      <li><a href="#">문의하기</a></li>
28                  </ul>
29              </li>
30              <li><a href="#">축제정보</a>
31                  <ul class="sub">
32                      <li><a href="#">축제 개요</a></li>
33                      <li><a href="#">행사 일정</a></li>
34                      <li><a href="#">참여 방법</a></li>
35                      <li><a href="#">주요 프로그램</a></li>
36                  </ul>
37              </li>
38              <li><a href="#">체험 프로그램</a>
39                  <ul class="sub">
40                      <li><a href="#">체험 활동</a></li>
41                      <li><a href="#">워크샵 일정</a></li>
42                      <li><a href="#">체험 후기</a></li>
43                      <li><a href="#">참여 신청</a></li>
44                  </ul>
45              </li>
46              <li><a href="#">방문자 정보</a>
47                  <ul class="sub">
48                      <li><a href="#">교통 안내</a></li>
49                      <li><a href="#">숙박 정보</a></li>
50                      <li><a href="#">음식점 추천</a></li>
51                      <li><a href="#">관광 명소</a></li>
52                  </ul>
53              </li>
54          </ul>
55      </nav>
56  </header>
```

[index.html]

💬 **요소 TIP**

- 메뉴 작업 시 〈nav〉로 감싼 후, 순서가 없는 목록 태그인 〈ul〉, 〈li〉로 작업합니다.
- 중첩목록 작업 시 쌍으로 올바르게 중첩되어야 하며, 태그가 제대로 닫혀야 합니다.
- 서브 메뉴 〈ul〉 요소에 클래스 명 'sub'로 설정합니다.
- 〈a href="#"〉 : 임시 링크 추가(기술적 준수사항)

03 스팟 메뉴를 작업하기 위해 '〈/nav〉' 다음 줄에 다음과 같이 작성합니다.

```
<p class="spot">
    <a href="#">체험지도</a>
    <a href="#">프로그램</a>
</p>
```

56		`<p class="spot">`
57		`    <a href="#">체험지도</a>`
58		`    <a href="#">프로그램</a>`
59		`</p>`

[style.css]

💬 **요소 TIP**

- 〈p class="spot"〉 : 스팟 메뉴를 감싸는 영역
- 〈a href="#"〉 : 〈a〉 요소는 인라인 요소로, 다음 〈a〉 요소와 나란히 배치됩니다.

04 헤더 영역 스타일 작업하기

헤더 영역의 로고를 배치하고, 메인 메뉴(Main menu)에 마우스를 올리면(Mouse over) 하이라이트 되며, 벗어나면(Mouse out) 하이라이트가 해제됩니다. 또한, 서브 메뉴 중 하나에 마우스를 올리면 하이라이트 되고, 벗어나면 하이라이트가 해제됩니다.

01 먼저 'style.css' 문서를 활성화하여 'header'의 기존 배경색을 삭제하고, 다음과 같이 작성합니다.

```
header {
    width: 250px;
    background: #4b88c7;
    padding: 30px 10px;
}
header h1 {
    text-align: center;
    margin-bottom: 30px;
}
```

43	`header {`
44	`    width: 250px;`
45	`    background: ■#4b88c7;`
46	`    padding: 30px 10px;`
47	`}`
48	`header h1 {`
49	`    text-align: center;`
50	`    margin-bottom: 30px;`
51	`}`

[style.css]

💬 **요소 TIP**

- **header** : 〈header〉 선택자로 좌측 헤더 영역의 스타일 지정
  - **padding:30px 10px** : 위·아래 내부 여백 30픽셀, 좌·우 내부 여백 10픽셀 설정

- **header h1** : ⟨header⟩의 하위 요소 ⟨h1⟩ 지정
  - **text-align:center** : ⟨h1⟩ 하위 요소 ⟨img⟩를 수평 중앙 정렬
  - **margin-bottom:30px** : 아래쪽 바깥 여백을 30픽셀 설정하여, ⟨h1⟩과 ⟨nav⟩ 사이 간격 설정

02 메뉴를 클릭할 수 있는 영역은 'header h1' 스타일 다음 줄에 다음과 같이 작성합니다.

```
nav>ul>li>a {
    display: block;
    background:#ffc1cc;
    padding:10px 20px;
}
nav>ul>li:hover>a {
    background:#a8e6cf;
}
```

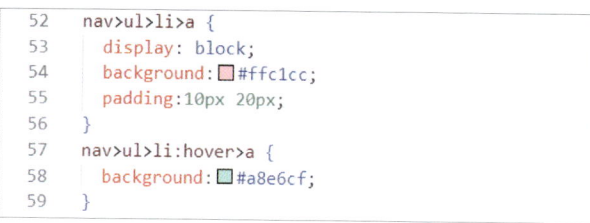

[style.css]

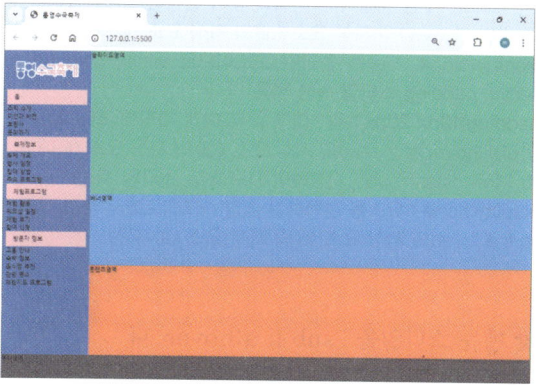

03 서브 메뉴 스타일을 다음과 같이 작성합니다.

```
.sub li a {
    display: block;
    background:#fff;
    padding:10px 20px;
}
.sub li a:hover {
    background:#ccc;
}
```

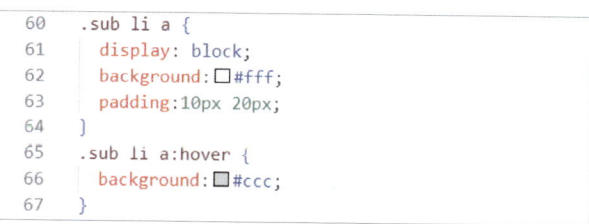

[style.css]

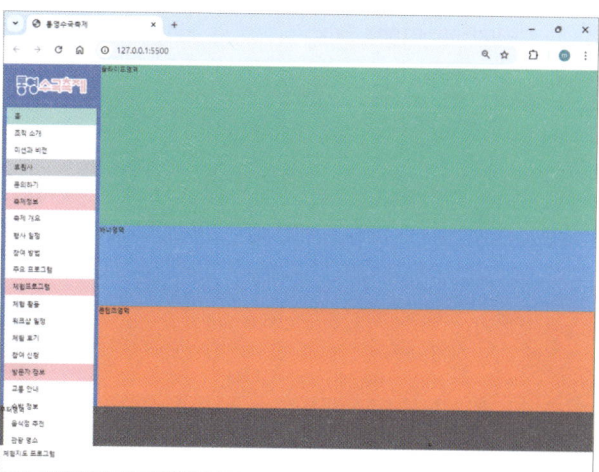

04 메인 메뉴와 서브 메뉴 스타일을 확인 후 마우스를 올려 하이라이트 효과까지 확인합니다. 잘 적용되었다면 'nav〉ul〉li:hover〉a' 다음 줄에 다음과 같이 작성합니다.

```
.sub {
    display:none;
}
```

```
60  .sub{
61      display: none;
62  }
63  .sub li a {
64      display: block;
65      background: #fff;
66      padding:10px 20px;
67  }
```
[style.css]

💬 요소 TIP

- 블록 요소는 수직 정렬이며, 너비와 높이 설정이 가능합니다.
- 인라인 요소는 수평 정렬이며, 너비와 높이 설정이 불가능합니다.
- nav〉ul〉li〉a : 〈nav〉의 자식 요소 〈ul〉의 자식 요소 〈li〉의 자식 요소 〈a〉 지정
  - **display:block** : 〈a〉는 인라인 요소이므로 width, height가 들어가지 않음. 그래서 display:block으로 변경하여 width, height, padding 스타일 속성 적용
  - **padding:10px 20px** : 위·아래 내부 여백 10픽셀, 좌·우 내부 여백 20픽셀 설정
- nav〉ul〉li:hover〉a : 〈nav〉의 자식 요소 〈ul〉의 자식 요소 〈li〉에 마우스 올렸을 때 〈a〉 지정(마우스 올렸을 때 하이라이트 효과)
- .sub : 〈div class="sub"〉 지정하여 서브 메뉴 스타일 지정
  - **display:none** : 요소를 선택하여 숨김(스크립트에서 추가 작업 예정)
- .sub li a : .sub의 자식 요소 〈li〉의 자식 요소 〈a〉 지정

05 스팟 메뉴 스타일을 '.sub li a:hover' 다음 줄에 작성합니다.

```
.spot {
    margin-top:20px;
    text-align:center;
    font-size:14px;
    color:#fff;
}
.spot a:first-child {
    border-right: 1px solid #fff;
    padding-right: 5px;
}
```

```
71  .spot {
72      margin-top:20px;
73      text-align:center;
74      font-size:14px;
75      color: #fff;
76  }
77  .spot a:first-child {
78      border-right: 1px solid #fff;
79      padding-right: 5px;
80  }
```
[style.css]

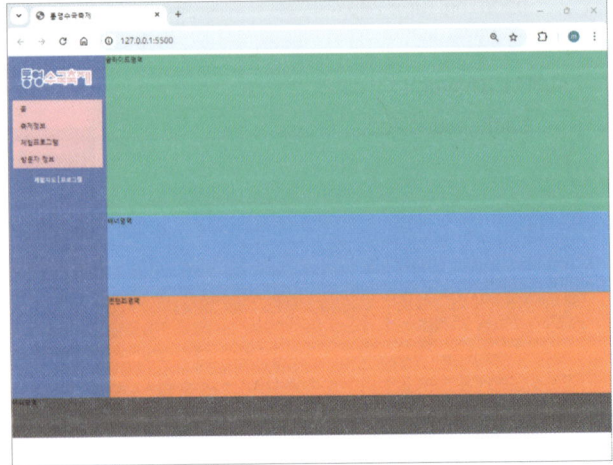

> 💬 요소 TIP
> - **.spot a:first-child** : ⟨p class="spot"⟩의 하위 요소 ⟨a⟩ 중 첫 번째 ⟨a⟩ 지정
>   - **border-right:1px solid #fff** : 1픽셀 두께의 색상 #fff 우측 실선 테두리 설정
>   - **padding-right:5px** : 오른쪽 내부 여백 5픽셀 설정

05 메뉴 스크립트 작업하기

세부 지시사항의 A.2 메뉴 효과를 구현합니다. 메인 메뉴(Main menu)에 마우스를 올리면(Mouse over) 서브 메뉴(Sub menu) 영역이 슬라이드 다운(Slide down)으로 보이도록 하고, 벗어나면(Mouse out) 서브 메뉴 영역은 슬라이드 업(Slide Up)으로 사라지는 작업을 제이쿼리(jQuery)로 진행합니다.

01 먼저 'js' 폴더 하위 파일인 'script.js' 문서를 활성화합니다. 그리고 '$(function( ){...})'의 {...}(중괄호)' 내에 작성합니다.

```js
//메뉴
$("nav>ul>li").mouseenter(function(){
    $(this).children(".sub").stop().slideDown();
})
$("nav>ul>li").mouseleave(function(){
    $(".sub").stop().slideUp();
})
```

```js
1  $(function () {//html문서 로딩 후 스크립트 실행
2      //메뉴
3      $("nav>ul>li").mouseenter(function(){
4          $(this).children(".sub").stop().slideDown();
5      })
6      $("nav>ul>li").mouseleave(function(){
7          $(".sub").stop().slideUp();
8      })
9  })
```
[script.js]

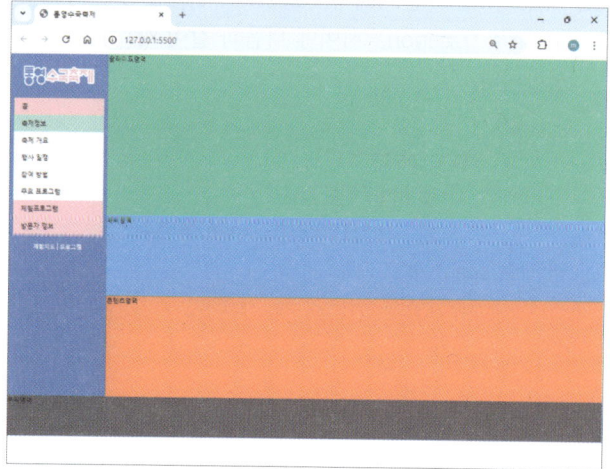

> 💬 요소 TIP
> - **$(function( ){...})** : html 문서 로딩 후 스크립트를 실행하는 구문
> - **$** : jQuery 객체를 생성하거나 선택자로 HTML 요소를 찾는 데 사용되는 단축 표기
> - **$("nav>ul>li")** : jQuery 선택자로, ⟨nav⟩ 자식 요소인 ⟨ul⟩ 자식 요소인 모든 ⟨li⟩ 선택
> - **mouseenter/mouseleave** : jQuery에서 제공하는 이벤트 메서드로, 마우스가 요소에 진입하거나 요소를 떠날 때 발생하는 이벤트를 처리
> - **$(this)** : 현재 선택된 요소로 nav>ul>li 요소 중 마우스가 올라간 ⟨li⟩ 요소
> - **children( )** : 선택한 요소의 직계 자식 요소들을 선택
> - **stop( )** : 현재 진행 중인 애니메이션을 즉시 멈추고 중복 애니메이션 발생을 방지
> - **slideDown( )/slideUp( )** : slideDown( )은 요소를 슬라이드 다운하여 보여주고, slideUp( )은 요소를 슬라이드 업하여 숨김

4 STEP 세부 영역별 지시사항 – ⓑ Slide 영역

약 30분

01 슬라이드 영역 구조 작업하기

세부 지시사항의 B 슬라이드를 제작합니다. 먼저 슬라이드의 구조를 잡은 후 제공된 텍스트 간의 위계질서를 직관적으로 알 수 있도록 글자체, 굵기, 색상, 크기를 적절하게 설정합니다.

01 '수험자 제공 폴더'에 있는 이미지를 'images' 폴더로 복사합니다. 이미지 크기를 확인한 후, 필요하다면 크기를 조정하고, 파일명도 필요한 경우 수정합니다.

[참고하기] PART 03 – SECTION 02 Photoshop 필수 기능

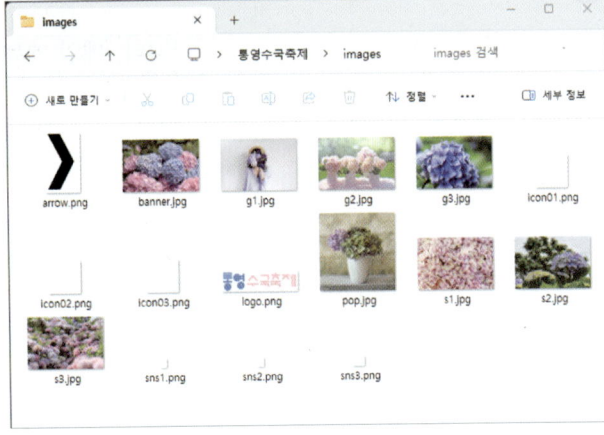

02 'index.html' 문서에서 '⟨section class="slide"⟩ ⟨/section⟩' 사이에 다음과 같이 작성합니다.

```
<ul>
    <li class="s1">
        <a href="#">
            <h2>1슬라이드<span>통영수국축제</span></h2>
        </a>
    </li>
    <li class="s2">
        <a href="#">
            <h2>2슬라이드<span>통영수국축제</span></h2>
        </a>
    </li>
    <li class="s3">
        <a href="#">
            <h2>3슬라이드<span>통영수국축제</span></h2>
        </a>
    </li>
</ul>
</section>
```

[index.html]

> **요소 TIP**
> - 〈li class="s1"〉 : 각각 배경 이미지를 넣을 수 있도록 클래스 작업
> - 〈span〉 : 특정 텍스트에 스타일을 적용하기 위해 감싸주는 요소

02 슬라이드 영역 스타일 작업하기

세부 지시사항의 B 슬라이드 애니메이션 효과를 확인합니다. 슬라이드 애니메이션이 좌에서 우 또는 우에서 좌로 이동하는 애니메이션을 고려하여 스타일을 작업합니다.

01 'style.css' 문서를 활성화하여 '.slide'를 찾아 배경색을 지우고 다음과 같이 작성합니다.

```css
.slide {
    height: 400px;
}
.slide ul li {
    width:100%;
    height:400px;
}
.slide ul li a {
    display:block;
    height:100%;
}
.slide ul li.s1 {
    background:url(../images/s1.jpg) no-repeat center/cover;
}
.slide ul li.s2 {
    background:url(../images/s2.jpg) no-repeat center/cover;
}
.slide ul li.s3 {
    background:url(../images/s3.jpg) no-repeat center/cover;
}
```

```css
84   .slide {
85       height: 400px;
86   }
87   .slide ul li {
88       width:100%;
89       height:400px;
90   }
91   .slide ul li a {
92       display:block;
93       height:100%;
94   }
95   .slide ul li.s1 {
96       background:url(../images/s1.jpg) no-repeat center/cover;
97   }
98   .slide ul li.s2 {
99       background:url(../images/s2.jpg) no-repeat center/cover;
100  }
101  .slide ul li.s3 {
102      background:url(../images/s3.jpg) no-repeat center/cover;
103  }
```

[style.css]

💬 **요소 TIP**

- **.slide ul li** : 각 슬라이드 배경이 들어갈 수 있도록 영역을 너비와 높이 설정
  - **width:100%** : 부모 영역(.slide ul)의 너비만큼 채워줌
- **.slide ul li a** : .slide 하위 요소 〈ul〉의 하위 요소 〈li〉의 하위 요소 〈a〉 선택자로 클릭할 영역의 스타일 지정
  - **display:block** : 〈a〉 요소 성질을 블록 요소로 변경
  - **height:100%** : 〈a〉 요소의 부모 영역(〈li〉)의 높이만큼 채워줌
- **.slide ul li.s1** : .slide 하위 요소 〈ul〉의 하위 요소 〈li〉 중 클래스 명이 s1인 요소 선택자로 슬라이드 배경 스타일 지정
- **background:url(../images/s1.jpg) no-repeat center/cover** : 배경 CSS 속성 함축형
  - **background** : 색상 경로 반복 위치/크기순으로 작성(색상이 없는 경우 생략 가능)

02 슬라이드 애니메이션이 좌에서 우 또는 우에서 좌로 이동하는 애니메이션이므로 '.slide' 다음 줄에 다음과 같이 작성합니다.

```
.slide ul {
    width:300%;
    display:flex;
}
.slide ul li {
    width:calc(100% / 3);
    height:400px;
}
```

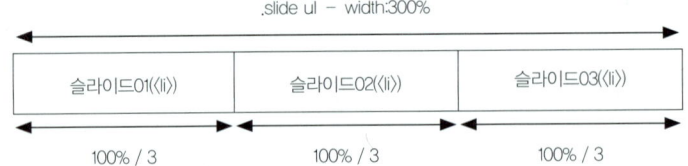

```
87  .slide ul {
88      width:300%;
89      display:flex;
90  }
91  .slide ul li {
92      width:calc(100% / 3);
93      height:400px;
94  }
```

[style.css]

💬 **요소 TIP**

- **.slide ul** : .slide 하위 요소 〈ul〉에 슬라이드가 좌, 우로 이동할 수 있는 슬라이드 띠 역할
  - **display:flex** : .slide ul를 플렉스 컨테이너로 설정하여, 자식 요소(〈li〉)들을 수평으로 나열
  - **width:300%** : .slide ul li가 나열되면서 각 〈li〉 너비가 100%이므로 부모인 〈ul〉에게 3개의 〈li〉를 더한 '300%'로 설정
- **.slide ul li** : .slide 하위 요소 〈ul〉의 하위 요소 〈li〉선택자로 각 슬라이드 영역
  - **width: calc(100% / 3)** : 부모 요소의 전체 너비를 3으로 나눈 값을 요소의 너비로 설정

```
         .slide ul - width:300%
┌─────────────────────────────────────┐
│ 슬라이드01(〈li〉) │ 슬라이드02(〈li〉) │ 슬라이드03(〈li〉) │
└─────────────────────────────────────┘
    100% / 3         100% / 3         100% / 3
```

03 각 슬라이드의 텍스트를 글자체, 굵기, 색상, 크기를 적절하게 설정하여, 가독성을 높이고, 독창성이 드러나도록 '.banner' 윗줄에 스타일을 작성합니다.

```css
.slide ul li {
    width: calc(100% / 3);
    height:400px;
    position:relative;
}
.slide ul li h2 {
    position:absolute;
    bottom:20px;
    left:20px;
    color:#fff;
    font-size:40px;
    background:rgba(0, 0, 0, 0.5);
    padding:20px;
    border-radius:30px 0;
}
.slide ul li h2 span {
    color:#a8e6cf;
}
```

```css
 87  .slide ul {
 88      width:300%;
 89      display:flex;
 90  }
 91  .slide ul li {
 92      width: calc(100% / 3);
 93      height:400px;
 94      position: relative;
 95  }
 96  .slide ul li h2 {
 97      position: absolute;
 98      bottom: 20px;
 99      left: 20px;
100      color: #fff;
101      font-size: 40px;
102      background: rgba(0, 0, 0, 0.5);
103      padding: 20px;
104      border-radius: 30px 0;
105  }
106  .slide ul li h2 span {
107      color: #a8e6cf;
108  }
```
[style.css]

04 .slide ul 영역이 .slide 영역보다 넘치는 부분을 숨겨주기 위해 다음과 같이 작성합니다.

```css
.slide {
    height:400px;
    overflow:hidden;
}
```

```css
84  .slide {
85      height:400px;
86      overflow:hidden;
87  }
88  .slide ul {
89      width:300%;
90      display:flex;
91  }
```
[style.css]

🗨 요소 TIP

- **.slide ul li h2** : .slide 하위 요소 〈ul〉의 하위 요소 〈li〉의 하위 요소 〈h2〉 지정하여 슬라이드 텍스트 스타일 적용
  - **position:absolute** : .slide ul li h2를 공중에 띄워 상위 요소(.slide ul li)에 기준을 설정하여, 절대 위치로 지정
  - **bottom:20px** : 기준 요소(.slide ul li)의 하단에서 위쪽으로 20픽셀 배치
  - **left:20px** : 기준 요소(.slide ul li)의 왼쪽에서 오른쪽으로 20픽셀 배치
  - **background:rgba(0,0,0,0.5)** : 배경색을 반투명한 검정색(50% 불투명)으로 설정
  - **border-radius:30px 0** : 왼쪽 상단과 오른쪽 하단 모서리에 30픽셀의 둥근 테두리를 설정
- **overflow:hidden** : 요소의 영역보다 넘치는 영역을 숨김

05 작업한 모든 파일을 저장하고 'index. html' 문서가 활성화된 상태에서 상태표시줄에 Go Live를 선택하여 웹 브라우저인 '크롬(Chrome)'으로 작업 결과를 확인합니다.

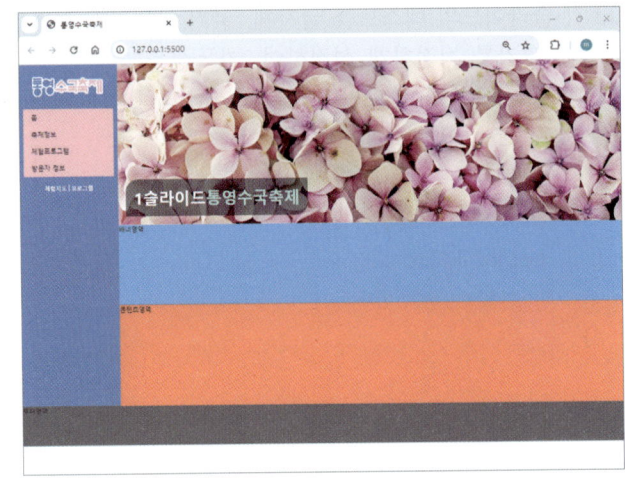

03 슬라이드 스크립트 작업하기

세부 지시사항의 B 슬라이드 애니메이션 효과를 구현합니다. 슬라이드 애니메이션이 좌에서 우 또는 우에서 좌로 이동하는 애니메이션으로 매 3초 이내 다른 이미지로 전환되어야 하며 웹사이트를 열었을 때 자동으로 시작되어 반복적인 슬라이드가 되도록 제이쿼리(jQuery)로 작업합니다.

01 'script.js' 문서를 활성화합니다. 그리고 '메뉴 스크립트' 다음 줄에 .slide ul을 좌로 이동하는 제이쿼리를 작성합니다.

```
//슬라이드
$(".slide ul").animate({marginLeft:"-100%"},1000);
```

```
9    //슬라이드
10   $(".slide ul").animate({marginLeft:"-100%"},1000);
```
[script.js]

02 실행문을 반복하기 위해 함수로 해당 실행문 감싸줍니다. 이때 함수의 이름은 'slide'로 임의로 지정합니다.

```
//슬라이드
let i = 0;
i++;
$(".slide ul").animate({marginLeft:-100 * i+"%"},1000);
```

```
9    //슬라이드
10   let i = 0;
11   i++;
12   $(".slide ul").animate({marginLeft:-100 * i + "%"},1000);
13   })
```
[script.js]

03 실행문을 반복하기 위해 함수로 해당 실행문을 감싸줍니다.

```
//슬라이드
let i = 0;
function slide(){
    i++;
    $(".slide ul").animate({marginLeft:-100 * i+"%"},1000);
}
slide();
```

```
9   //슬라이드
10  let i = 0;
11  function slide(){
12      i++;
13      $(".slide ul").animate({marginLeft:-100 * i + "%"},1000);
14  }
15  slide();
```
[script.js]

04 함수는 함수 호출을 해야 실행되므로 반복적으로 호출하기 위해 'setInterval'를 작성합니다.

```
//슬라이드
let i = 0;
function slide(){
    i++;
    $(".slide ul").animate({marginLeft:-100 * i+"%"},1000);
}
setInterval(slide, 3000)
```

```
9   //슬라이드
10  let i = 0;
11  function slide(){
12      i++;
13      $(".slide ul").animate({marginLeft:-100 * i + "%"},1000);
14  }
15  setInterval(slide, 3000);
```
[script.js]

05 증감식으로 인하여 변수 i의 값이 무한대로 올라가므로 제어문을 통해 세 번째 슬라이드 다음 첫 번째 슬라이드기 보여지도록 작성합니다.

```
let i = 0
function slide(){
    if(i<2){
        i++;
    }else{
        i=0;
    }
    $(".slide ul").animate({marginLeft:-100 * i+"%"},1000)
}
setInterval(slide, 3000);
```

```
9   //슬라이드
10  let i = 0;
11  function slide(){
12      if(i<2){
13          l++;
14      }else{
15          i=0;
16      }
17      $(".slide ul").animate({marginLeft:-100 * i + "%"},1000);
18  }
19  setInterval(slide, 3000);
```
[script.js]

06 작업한 모든 파일을 저장하고 'index.html' 문서가 활성화된 상태에서 상태표시줄에 Go Live를 선택하여 웹 브라우저인 '크롬(Chrome)'으로 작업 결과를 확인합니다. 웹 브라우저에서 슬라이드가 위로 이동하는 애니메이션이 3초마다 진행됩니다.

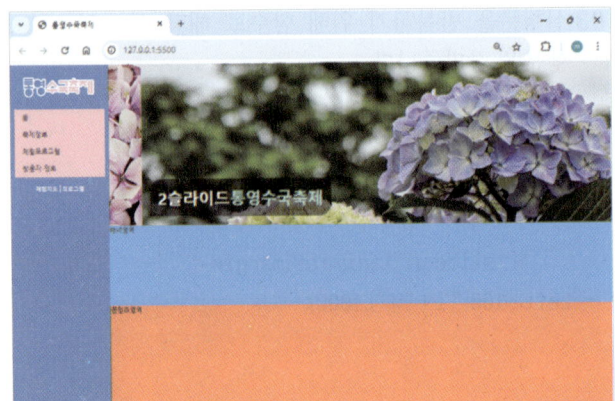

💬 요소 TIP

- let i = 0 : 변수 i 선언 후 0을 할당
- i++ : 증감 연산자로, 변수 i의 값을 1씩 증가시키는 역할
- $(".slide ul") : jQuery 선택자로, .slide의 하위 요소 〈ul〉 슬라이드 띠 선택
- $(".slide ul").animate({marginLeft:-100 * i+"%"}) : .slide ul이 좌측으로 음수 100%만큼 이동하는 애니메이션
- $("요소 선택").animate({속성:"속성값"}, 적용 시간) : 요소를 선택하여 애니메이션 적용
  - 속성 값 -100은 숫자형 데이터이며 i는 변수입니다. "%"는 문자열 데이터이므로 -100 * i는 계산이 되고, 단위 '%'는 문자열로 결합해야 하기 때문에 + 연산자를 사용하여 결합합니다.
- if(조건문){실행문1}else{실행문2} : 조건문이 참일 때 실행문1을 실행하고 거짓일 때 실행문2를 실행
- setInterval(함수명, 밀리초) : 지정한 시간 간격마다 주어진 함수를 반복해서 실행
- 밀리초(ms) : 1초의 1/1,000, 1초는 1,000밀리초

🚩 기적의 TIP

무한반복 슬라이드 스크립트 작성하기
스크립트 코드는 다양한 방법으로 작성할 수 있으므로 수험자 임의로 수정 및 변경하여 사용하셔도 됩니다.

01 .slide ul을 좌로 이동하는 제이쿼리를 작성합니다.

```
$(".slide ul").animate({
    marginLeft:"-100%"
},1000)
```

```
 9   //슬라이드
10   $(".slide ul").animate({
11       marginLeft: "-100%"
12   }, 1000)
```
[script.js]

02 웹 브라우저에서 .slide ul의 이동을 확인한 후, 첫 번째 슬라이드가 .slide ul 뒤에 붙도록 콜백 함수로 작성합니다.

```
$(".slide ul").animate({
    marginLeft:"-100%"
},1000,function(){
    $(".slide ul").append($(".slide ul li").first());
})
```

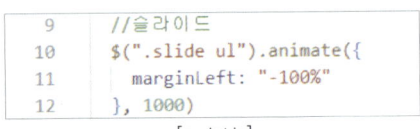

[script.js]

03 첫 번째 슬라이드가 뒤로 이동하면 첫 번째 슬라이드의 자리에 두 번째 슬라이드가 배치되어, 우리 눈에는 세 번째 슬라이드가 보이게 됩니다. 하지만, 두 번째 슬라이드가 보여야 하므로 .slide ul의 위치를 다시 조정합니다.

```js
$(".slide ul").animate({
    marginLeft:"-100%"
},1000,function(){
    $(".slide ul").append($(".slide ul li").first());
    $(".slide ul").css({marginLeft:0});
})
```

[script.js]

04 해당 실행문을 반복할 수 있도록 함수로 감싼 후, 반복 호출을 위해 setInterval을 작성합니다.

```js
function slide(){
    $(".slide ul").animate({
        marginLeft:"-100%"
    },1000,function(){
        $(".slide ul").append($(".slide ul li").first());
        $(".slide ul").css({marginLeft:0});
    })
}

setInterval(slide, 3000)
```

[script.js]

- **콜백 함수** : 특정 작업이 완료된 후 실행되는 함수
- **$("선택 요소").append("새로운 요소")** : 선택 요소 끝에 새로운 요소를 추가
- **$(".slide ul li").first( )** : jQuery 선택자로, 클래스가 slide인 요소 내 〈ul〉 태그 안에 있는 첫 번째 〈li〉 요소를 지정
- **"-100%"** : "%"는 문자열 데이터이므로 숫자와 문자열을 함께 사용하기 위해 "-100%" 문자열 데이터로 표기

5 STEP 세부 영역별 지시사항 – ⓒ Contents 영역   약 40분

공지사항 구조 작업하기

세부 지시사항 C.1 공지사항을 제작합니다. 공지사항의 타이틀 영역과 콘텐츠 영역을 구분하고 제공된 텍스트를 바탕으로 공지사항을 만들어 줍니다. 이때 첫 번째 콘텐츠 클릭(Click) 시 팝업이 나오도록 작업합니다.

01 'index.html' 문서의 '</section>' 다음 줄에 바로가기 내용을 다음과 같이 작성합니다.

```html
<div class="go">
    <ul>
        <li>
            <a href="#">
                <img src="images/icon01.png" alt="바로가기1">
                <span>바로가기1</span>
            </a>
        </li>
        <li>
            <a href="#">
                <img src="images/icon02.png" alt="바로가기2">
                <span>바로가기2</span>
            </a>
        </li>
        <li>
            <a href="#">
                <img src="images/icon03.png" alt="바로가기3">
                <span>바로가기3</span>
            </a>
        </li>
    </ul>
</div>
```

```html
81  <div class="go">
82      <ul>
83          <li>
84              <a href="#">
85                  <img src="images/icon01.png" alt="바로가기1">
86                  <span>바로가기 1</span>
87              </a>
88          </li>
89          <li>
90              <a href="#">
91                  <img src="images/icon02.png" alt="바로가기2">
92                  <span>바로가기 2</span>
93              </a>
94          </li>
95          <li>
96              <a href="#">
97                  <img src="images/icon03.png" alt="바로가기3">
98                  <span>바로가기 3</span>
99              </a>
100         </li>
101     </ul>
102 </div>
```

[index.html]

02 바로가기 스타일 작업하기

01 .go는 슬라이드 위에 배치되어 있으므로 공중에 띄워야 합니다. 'style.css' 문서에서 '.banner' 스타일 윗줄에 다음과 같이 작성합니다.

```css
.go {
    position:fixed;
    top:20px;
    right:20px;
    background:#4b88c7;
    padding:20px;
    text-align:center;
    border-radius:20px;
    color:#fff;
    z-index:10;
}
```

```
127    .go {
128        position:fixed;
129        top:20px;
130        right:20px;
131        background: #4b88c7;
132        padding:20px;
133        text-align:center;
134        border-radius:20px;
135        color: #fff;
136        z-index:10;
137    }
```
[style.css]

> 💬 **요소 TIP**
> - **.go** : 〈div class="go"〉 선택자로 바로가기 영역 스타일 정의
>   - **position:fixed** : 화면의 특정 위치에 고정시키는 CSS 속성으로, 페이지를 스크롤 하더라도 요소가 항상 같은 위치에 배치됨
>   - **top:20px** : 화면의 상단에서부터 20픽셀만큼 아래로 배치
>   - **right:20px** : 화면의 오른쪽에서부터 20픽셀만큼 왼쪽으로 배치
>   - **text-align:center** : 수평 중앙 정렬이 상속되어 .go ul li의 하위 요소인 〈img〉, 〈span〉을 수평 중앙 정렬
>   - **padding:20px** : 사방 내부 여백 20픽셀 설정
>   - **z-index:10** : position 속성으로 설정된 요소에 쌓이는 순서를 결정할 수 있으며 순서가 클수록 위로 쌓임

02 바로가기 아이콘 영역 스타일을 '.go' 스타일 다음 줄에 다음과 같이 작성합니다.

```css
.go li {
    margin-bottom:20px;
}
.go li a {
    display:block;
    height:100%;
}
.go li:last-child {
    margin-bottom:0;
}
.go span {
    display:block;
    margin-top:10px;
}
```

```
138    .go li {
139        margin-bottom:20px;
140    }
141    .go li a {
142        display:block;
143        height:100%;
144    }
145    .go li:last-child {
146        margin-bottom:0;
147    }
148    .go span {
149        display:block;
150        margin-top:10px;
151    }
```
[style.css]

💬 **요소 TIP**

- **.go li** : .go의 하위 요소 〈li〉 지정
  - **margin-bottom:20px** : 아래쪽 바깥 여백 20픽셀 설정
- **.go li a** : .go의 하위 요소 〈li〉의 하위 요소 〈a〉 지정하여 클릭할 영역 설정
  - **display:block** : 블록 요소 성질로 변경
  - **height:100%** : 부모 요소 만큼 높이를 채워 클릭할 수 있는 영역을 확보
- **.go li:last-child** : .go의 하위 요소 〈li〉의 하위 요소 중 마지막 〈li〉 지정
  - **margin-bottom:0** : 기존에 작업한 아래쪽 바깥 여백 20픽셀을 0으로 설정
- **.go span** : .go의 하위 요소 〈span〉 지정, 〈span〉은 인라인 요소
  - **display:block** : 블록 요소 성질로 변경하여 한 줄 차지
  - **margin-top:10px** : 위쪽 바깥 여백을 10픽셀로 설정하여 아이콘과 이름 사이를 띄워줌

03 작업한 모든 파일을 저장하고 'index.html' 문서가 활성화된 상태에서 상태표시줄에 Go Live를 선택하여 웹 브라우저인 '크롬(Chrome)'으로 작업 결과를 확인합니다.

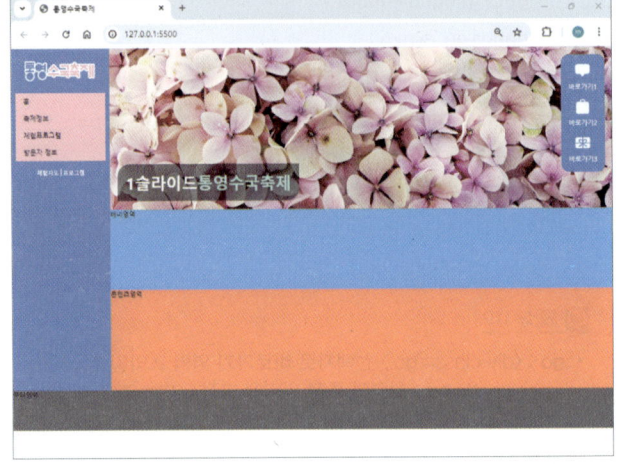

03 배너 작업하기

세부 지시사항 C.2 갤러리를 제작합니다. 갤러리의 타이틀 영역과 콘텐츠 영역을 구분하고 제공된 이미지를 바탕으로 갤러리를 가로로 배치하여 작업합니다.

01 'index.html' 문서의 '<article class="banner"></article>' 사이에 배너 내용을 다음과 같이 작성합니다.

```
<article class="banner">
    <a href="#">
        <div class="photo">
            <img src="images/banner.jpg" alt="2025 통영수국축제">
        </div>
        <div class="text">
            <h2>2025 통영수국축제 공지사항</h2>
            <ul>
                <li>모집기간 : 2025년 2월 23일(목)부터 마감시까지</li>
                <li>운영시간 : 주중(월~ 금요일) 1부(7~8시대) / 2부(12시대)</li>
            </ul>
        </div>
        <div class="arrow">
            <img src="images/arrow.png" alt="바로가기">
        </div>
    </a>
</article>
```

```
103    <article class="banner">
104        <a href="#">
105            <div class="photo">
106                <img src="images/banner.jpg" alt="2025 통영 수국축제">
107            </div>
108            <div class="text">
109                <h2>2025 통영수국축제 공지사항</h2>
110                <ul>
111                    <li>모집기간 : 2025년 2월 23일(목)부터 마감시까지</li>
112                    <li>운영시간 : 주중(월~ 금요일) 1부(7~8시대) / 2부(12시대)</li>
113                </ul>
114            </div>
115            <div class="arrow">
116                <img src="images/arrow.png" alt="바로가기">
117            </div>
118        </a>
119    </article>
```

[index.html]

💬 요소 TIP

- **<a href="#">** : 배너를 클릭할 수 있는 영역 설정
- **<div class="photo">** : 배너의 이미지를 감싸는 영역
- **<div class="text">** : 배너의 텍스트를 감싸는 영역
- **<div class="arrow">** : 배너의 화살표를 감싸는 영역
- **<h2>** : 배너 영역의 제목 요소

04 배너 스타일 작업하기

01 'style.css' 문서에서 '.banner'의 배경색을 지우고 다음과 같이 작성합니다.

```css
.banner {
    height:200px;
    background:#ffc1cc;
    padding:20px 60px;
}
.banner a {
    display:flex;
    gap:50px;
    align-items:center;
}
.banner .photo {
    flex-basis:250px;
    border-radius:20px;
    overflow:hidden;
    height:100%;
}
.banner .text {
    flex-grow:1;
}
.banner .text h2 {
    font-size:35px;
    color:#4B88C7;
    margin-bottom:20px
}
.banner .text ul li {
    font-size:20px;
    line-height:28px;
    font-weight:bold;
}
```

[style.css]

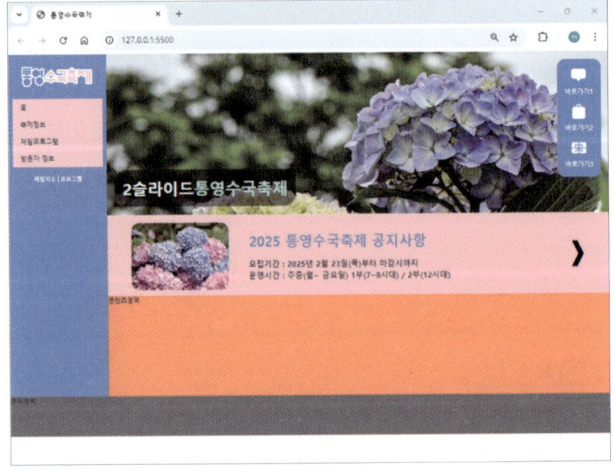

💬 요소 TIP

- **.banner a** : 배너를 감싸는 영역으로 클릭할 수 있도록 설정
  - **display:flex** : .banner a를 플렉스 컨테이너로 설정하여, 자식 요소(.photo, .text, .arrow)들을 수평으로 나열
  - **align-items:center** : 플렉스 컨테이너 영역(.banner a)에서 자식 요소(.photo, .text, .arrow)를 수직 중앙으로 정렬
- **.banner .photo** : .banner의 하위 요소 〈div class="photo"〉 선택자
  - **flex-basis:250px** : flexbox 레이아웃에서 요소의 초기 너비를 250픽셀로 설정
  - **overflow:hidden** : .banner .photo의 자식 요소 〈img〉가 넘치는 것을 숨겨줌
  - **height:100%** : 부모 영역(.banner a)의 높이만큼 채워줌
- **.banner .text** : .banner의 하위 요소 〈div class="text"〉 선택자
  - **flex-grow:1** : 플렉스 컨테이너 영역의 하위 요소 나열 후 남은 공간을 균등하게 확장하도록 설정
- **.banner .text ul li** : .banner의 하위 요소 .text의 하위 요소 〈ul〉의 하위 요소 〈li〉 지정
  - **line-height:28px** : 텍스트 줄 간격을 28픽셀로 설정

05 공지사항, 갤러리 구조 작업하기

세부 지시사항 C.3 공지사항, 갤러리 탭 콘텐츠를 제작합니다. 공지사항의 타이틀 영역과 콘텐츠 영역을 구분하고 첫 번째 콘텐츠 클릭(Click) 시 팝업이 나오도록 작업합니다. 갤러리 영역은 제공된 이미지를 가로 방향으로 배치하고 공지사항과 갤러리는 탭 기능을 이용하여 각 탭을 클릭(Click) 시 해당 탭에 대한 내용이 보여야 합니다.

01 'index.html' 문서의 '〈article class="con"〉〈/article〉' 사이에 공지사항과 갤러리 탭 메뉴를 다음과 같이 작성합니다.

```
<article class="con">
    <ul class="tabmenu">
        <li class="on">
            <h2>
                <a href="#">공지사항</a>
            </h2>
            <div class="notice tabcon">
            </div>
        </li>
        <li>
            <h2>
                <a href="#">갤러리</a>
            </h2>
            <div class="gall tabcon">
            </div>
        </li>
    </ul>
</article>
```

```
120    <article class="con">
121        <ul class="tabmenu">
122            <li class="on">
123                <h2>
124                    <a href="#">공지사항</a>
125                </h2>
126                <div class="notice tabcon">
127                </div>
128            </li>
129            <li>
130                <h2>
131                    <a href="#">갤러리</a>
132                </h2>
133                <div class="gall tabcon">
134                </div>
135            </li>
136        </ul>
137    </article>
```
[index.html]

> 💬 **요소 TIP**
> - `<ul class="tabmenu">` : 탭 메뉴 지정
> - `<li class="on">` : 공지사항 탭 메뉴 활성화를 위해 .on 추가
> - `<h2>` : 제목 요소 지정
> - `<div class="notice tabcon">` : notice와 tabcon 클래스를 모두 적용한 div 정의
> - `<div class="gall tabcon">` : gall과 tabcon 클래스를 모두 적용한 div 정의

02 '`<div class="notice tabcon"></div>`' 사이에 공지사항 내용을 다음과 같이 작성합니다.

```html
<div class="notice tabcon">
    <ul>
        <li>
            <a href="#" class="pop">
                <p>통영수국축제 공지사항1</p>
                <span class="date">2025.05.25</span>
            </a>
        </li>
        <li>
            <a href="#">
                <p>통영수국축제 공지사항2</p>
                <span class="date">2025.05.25</span>
            </a>
        </li>
        <li>
            <a href="#">
                <p>통영수국축제 공지사항3</p>
                <span class="date">2025.05.25</span>
            </a>
        </li>
        <li>
            <a href="#">
                <p>통영수국축제 공지사항4</p>
                <span class="date">2025.05.25</span>
            </a>
        </li>
    </ul>
</div>
```

```html
<div class="notice tabcon"><!--공지사항 tabcon-->
    <ul>
        <li>
            <a href="#" class="pop">
                <p>통영 수국 축제 공지사항1</p>
                <span class="date">2025.05.25</span>
            </a>
        </li>
        <li>
            <a href="#">
                <p>통영 수국 축제 공지사항2</p>
                <span class="date">2025.05.25</span>
            </a>
        </li>
        <li>
            <a href="#">
                <p>통영 수국 축제 공지사항3</p>
                <span class="date">2025.05.25</span>
            </a>
        </li>
        <li>
            <a href="#">
                <p>통영 수국 축제 공지사항4</p>
                <span class="date">2025.05.25</span>
            </a>
        </li>
    </ul>
</div><!--//공지사항 tabcon-->
```
[index.html]

> 💬 **요소 TIP**
> - 첫 번째 게시글을 클릭 시 팝업창이 나올 수 있도록 미리 〈a href="#" class="pop"〉 작업
> - 〈p〉 : 공지사항의 게시글 지정
> - 〈span class="date"〉 : 공지사항 게시글의 날짜 지정

03 '〈div class="gall tabcon"〉〈/div〉' 사이에 갤러리 내용을 다음과 같이 작성합니다.

```
〈div class="gall tabcon"〉
    〈ul〉
        〈li〉
            〈a href="#"〉
                〈p〉
                    〈img src="images/g1.jpg" alt="갤러리1"〉
                〈/p〉
                〈span〉갤러리1〈/span〉
            〈/a〉
        〈/li〉
        〈li〉
            〈a href="#"〉
                〈p〉
                    〈img src="images/g2.jpg" alt="갤러리2"〉
                〈/p〉
                〈span〉갤러리2〈/span〉
            〈/a〉
        〈/li〉
        〈li〉
            〈a href="#"〉
                〈p〉
                    〈img src="images/g3.jpg" alt="갤러리3"〉
                〈/p〉
                〈span〉갤러리3〈/span〉
            〈/a〉
        〈/li〉
    〈/ul〉
〈/div〉
```

[index.html]

> ➕ **더 알기 TIP**
> - 상호 작용이 필요한 모든 콘텐츠는 임시 링크('#')를 적용합니다. (기술적 준수사항)
> - alt 속성은 〈img〉 요소의 속성으로 이미지의 대체 텍스트를 입력합니다. (기술적 준수사항)

06 공지사항, 갤러리 스타일 작업하기

01 'style.css' 문서에서 '.con'의 배경색을 지우고 '.con' 스타일 다음 줄에 탭 메뉴 스타일을 다음과 같이 작성합니다.

```css
.con {
    height:250px;
    padding:20px 50px;
}
.tabmenu {
    display:flex;
}
.tabmenu>li {
    width:150px;
    background:#333;
    color:#fff;
    text-align:center;
}
.tabmenu>li>h2>a {
    display:block;
    padding:10px;
    font-size:20px;
}
.tabmenu>li.on {
    background:#4B88C7;
}
```

```css
180  .con {
181      height:250px;
182      padding:20px 50px;
183  }
184  .tabmenu {
185      display:flex;
186  }
187  .tabmenu>li {
188      width:150px;
189      background: #333;
190      color: #fff;
191      text-align:center;
192  }
193  .tabmenu>li>h2>a {
194      display:block;
195      padding:10px;
196      font-size:20px;
197  }
198  .tabmenu>li.on {
199      background: #4B88C7;
200  }
```

[style.css]

> **요소 TIP**
> - **.con** : 공지사항과 갤러리를 감싸는 영역
>   - **padding:20px 50px** : 위 · 아래 내부 여백 20픽셀, 좌 · 우 내부 여백 50픽셀 설정
> - **display:flex** : .tabmenu를 플렉스 컨테이너로 설정하여, 자식 요소(⟨li⟩)들을 수평으로 나열
> - **.tabmenu>li>h2>a** : .tabmenu의 자식 요소 ⟨li⟩의 자식 요소 ⟨h2⟩의 자식 요소 ⟨a⟩ 지정
>   - **text-align:center** : 요소 내의 텍스트 수평 중앙 정렬
> - **.tabmenu>li.on** : .tabmenu 자식 요소 ⟨li⟩에 클래스가 on인 경우 지정(탭 메뉴가 활성화된 상태)

02 '.tabmenu>li.on' 다음 줄에 다음과 같이 작성합니다.

```css
.con {
    height:250px;
    padding:20px 50px;
    position:relative;
}

.tabcon {
    position: absolute;
    width:calc(100% – 100px);
    left:50px;
    background:#4B88C7;
    padding:10px 20px;
    height:160px;
}
```

```
180    .con {
181      height:250px;
182      padding:20px 50px;
183      position: relative;
184    }
185    .tabmenu {
186      display:flex;
187    }
```
[style.css]

```
202    .tabcon {
203      position: absolute;
204      width:calc(100% - 100px);
205      left:50px;
206      background: #4B88C7;
207      padding:10px 20px;
208      height:160px;
209    }
```
[style.css]

> 💬 **요소 TIP**
>
> - **.tabcon** : <div class="notice tabcon"></div>과 <div class="gall tabcon"></div> 지정
>   - **position:absolute** : 공지사항 내용과 갤러리 내용이 같은 자리에 나타나도록 겹치게 설정
>   - **left:50px** : 기준 요소(.con)의 왼쪽에서 오른쪽으로 50픽셀 배치
> - top과 bottom이 설정되지 않으면, 현재 위치에서 공중에 떠 있는 상태로 유지됩니다.
>   - **height** : 공지사항 내용과 갤러리 내용이 들어갈 높이 지정
>   - **width:calc(100% – 100px)** : 부모 요소의 너비를 기준으로 하여, 고정된 100픽셀을 제외한 나머지 부분을 요소의 너비로 설정
> - **.con** : .tabcon의 상위 요소
>   - **position:relative** : .tabcon의 기준 역할

03 'style.css' 문서에서 '.tabcon' 스타일 다음 줄에 공지사항 게시판 스타일을 다음과 같이 작성합니다.

```css
.notice ul {
    padding:5px 15px;
}
.notice ul li {
    border-bottom:1px dashed #fff;
}
.notice ul li:last-child {
    border-bottom:none;
}
.notice ul li a {
    display:block;
    padding:5px 0;
    position:relative;
}
.notice ul li p {
    width:80%;
    white-space:nowrap;
    overflow:hidden;
    text-overflow:ellipsis;
    text-align:left;
}
.notice ul li span {
    position:absolute;
    right:0;
    top:5px;
}
.gall{
    display:none;
}
```

```
210  .notice ul {
211      padding: 5px 15px;
212  }
213  .notice ul li {
214      border-bottom: 1px dashed  #fff;
215  }
216  .notice ul li:last-child {
217      border-bottom: none;
218  }
219  .notice ul li a {
220      display: block;
221      padding: 5px 0;
222      position: relative;
223  }
224  .notice ul li p {
225      width: 80%;
226      white-space: nowrap;
227      overflow: hidden;
228      text-overflow: ellipsis;
229      text-align: left;
230  }
231  .notice ul li span {
232      position: absolute;
233      right: 0;
234      top: 5px;
235  }
236  .gall{
237      display:none;
238  }
```

[style.css]

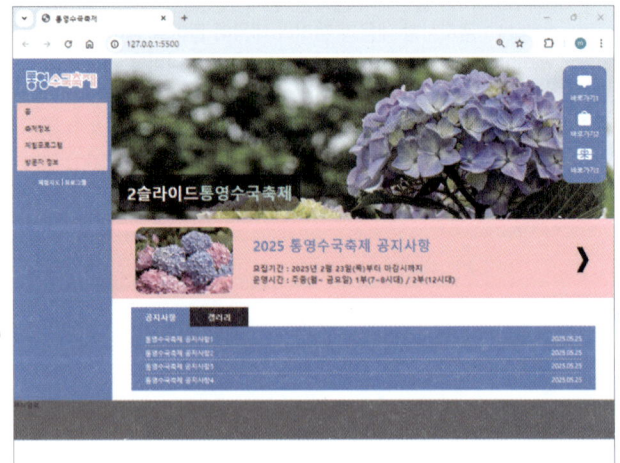

💬 요소 TIP

- **.gall** : 갤러리 영역 선택자로 숨겨 놓고 공지사항 스타일 작업
  - **display:none** : 요소를 선택하여 숨김
- **.notice ul li** : .notice 하위 요소 〈ul〉의 하위 요소 〈li〉 지정
  - **border-bottom:1px dashed #fff** : 1픽셀 두께의 색상 #fff 하단 점선 테두리 설정
- **.notice ul li:last-child** : .notice의 하위 요소 〈ul〉의 하위 요소 〈li〉 중 마지막 〈li〉 지정
  - **border-bottom:none** : 하단 테두리를 제거
- **.notice ul li span** : .notice의 하위 요소 〈ul〉의 하위 요소 〈li〉의 하위 요소 〈span〉 지정, 공지사항 날짜 스타일 적용
  - **position:absolute** : .notice ul li p 요소의 영향을 받지 않도록 공중에 띄워 작업
- **.notice ul li a** : .notice의 하위 요소 〈ul〉의 하위 요소 〈li〉의 하위 요소 〈a〉 지정
  - **position:relative** : .notice ul li span의 기준 역할
- 제공되는 공지사항 텍스트가 길 것을 대비하여 말 줄임표 작업
  - **width:80%** : 부모 요소의 크기에 상대적으로 변화가 필요할 때 % 값 사용
  - **white-space:nowrap** : 텍스트가 영역보다 넘칠 때 줄 바꿈 안되도록 설정
  - **overflow:hidden** : 넘친 텍스트를 숨김
  - **text-overflow:ellipsis** : 말줄임표 … 작업

04 'style.css' 문서에서 '.gall'를 찾아 '.notice'로 변경 후 갤러리 영역 스타일을 다음과 같이 작성합니다.

```css
.notice{
    display:none;
}
.gall ul {
    display:flex;
    gap:20px;
    justify-content:center;
}
.gall ul li a {
    display:block;
    height:100%;
}
.gall ul li p {
    margin-bottom:10px;
}
.gall ul li img {
    width:300px;
    height:100px;
    object-fit:cover;
}
```

[style.css]

💬 요소 TIP
- .notice : 공지사항 영역 선택자로 숨겨놓고 갤러리 스타일 작업
  - display:none : 요소를 선택하여 숨김
- .gall ul : .gall의 하위 요소 ul 지정
  - display:flex : .gall ul를 플렉스 컨테이너로 설정, 자식 요소(〈li〉)들을 수평으로 나열
  - gap:20px : flex로 나열된 자식 요소(〈li〉)의 사이 간격 20픽셀 지정
  - justify-content:center : flex로 나열된 자식 요소(〈li〉)의 수평 중앙 정렬 지정
- object-fit:cover : 이미지가 요소의 크기에 맞춰 잘리더라도 비율을 유지하며 채우도록 설정

05 갤러리 스타일이 잘 적용되었다면 '.notice'를 '.gall'로 수정하여 갤러리는 숨기고, 공지사항 콘텐츠를 보이도록 작업합니다.

```
.gall{
    display:none;
}
```

```
236  .gall{
237      display:none;
238  }
239  .gall ul {
240      display: flex;
241      gap: 20px;
242      justify-content: center;
243  }
```

[style.css]

💬 요소 TIP
- .notice : 스크립트 작업 전 공지사항 내용은 보이도록 설정
- .gall : 스크립트 작업 전 갤러리 내용은 숨기도록 설정

06 작업한 모든 파일을 저장하고 'index.html' 문서가 활성화된 상태에서 상태표시줄에 Go Live를 선택하여 웹 브라우저인 '크롬(Chrome)'으로 작업 결과를 확인합니다.

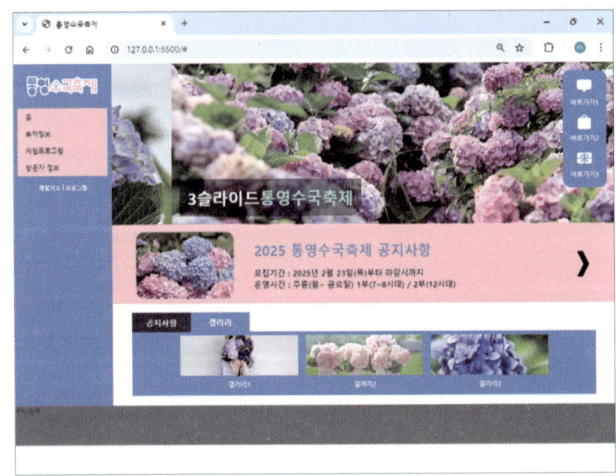

07 탭 메뉴 스크립트 작업하기

세부 지시사항 C.3 탭 메뉴 스크립트를 제작합니다. 각 탭을 클릭(Click) 시 해당 탭에 대한 내용이 보이도록 작업합니다.

01 'script.js' 문서에서 슬라이드 스크립트 다음 줄에 탭 메뉴 클릭 시 클릭한 탭 메뉴 제목을 활성화하고 기존 탭 메뉴 제목을 비활성화하도록 다음과 같이 작성합니다.

```
//탭메뉴
$(".tabmenu>li").click(function(){
    $(".tabmenu>li").removeClass("on");
    $(this).addClass("on");
})
```

탭 메뉴 클릭 시 클릭한 탭 메뉴에 on 클래스가 들어가 활성화되고 기존 탭 메뉴의 on클래스가 제거되어 비활성화됩니다.

```
20    //탭메뉴
21    $(".tabmenu>li").click(function(){
22        $(".tabmenu>li").removeClass("on");
23        $(this).addClass("on");
24    })
```
[script.js]

> 💬 **요소 TIP**
> - **$(".tabmenu>li")** : jQuery 선택자로, HTML 문서 내 .tabmenu 하위 요소 〈li〉 지정
> - **.click(function( ){ ... })** : jQuery에서 제공하는 이벤트 메서드로 클릭 시 {}(중괄호) 내 실행문을 실행
> - **$(this)** : 현재 선택된 요소로 .tabmenu>li 요소 중 클릭한 〈li〉 요소
> - **.removeClass("on")** : 클래스 "on"을 제거
> - **.addClass("on")** : 클래스 "on"을 추가

02 탭 메뉴 클릭 시 클릭한 탭 메뉴의 콘텐츠를 보여주기 위해 변수를 만들어 클릭한 탭 메뉴의 인덱스 번호를 알 수 있도록 다음과 같이 작성합니다.

```
//탭메뉴
let t;
$(".tabmenu>li").click(function(){
    $(".tabmenu>li").removeClass("on");
    $(this).addClass("on");

    t = $(this).index();
    console.log(t);
})
```

```
20    //탭메뉴
21    let t;
22    $(".tabmenu>li").click(function(){
23        $(".tabmenu>li").removeClass("on");
24        $(this).addClass("on");
25
26        t = $(this).index();//클릭한 li의 인덱스 번호 t에 할당
27        console.log(t); //브라우저 F12를 눌러 콘솔창에서 확인
28    })
```
[script.js]

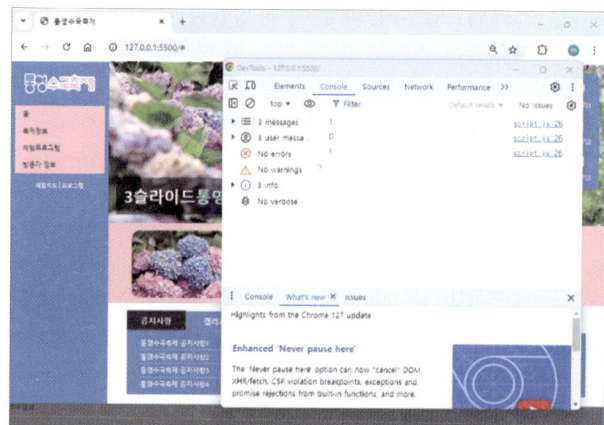

> 💬 **요소 TIP**
> - **let t** : 변수 t 선언
> - **t = $(this).index( )** : 변수 t에 클릭한 인덱스 번호를 할당
> - **console.log(t)** : 웹 브라우저에서 F12를 눌러 개발자 도구를 실행 후 상단 탭 메뉴 'Console' 탭에서 확인

03 클릭한 탭 메뉴와 콘텐츠 인덱스 번호가 같은 콘텐츠를 보여줄 수 있도록 다음과 같이 작성합니다.

```
//탭메뉴
let t;
$(".tabmenu>li").click(function(){
    $(".tabmenu>li").removeClass("on");
    $(this).addClass("on");

    t = $(this).index();
    console.log(t);

    $(".tabcon").hide();
    $(".tabcon").eq(t).show();
})
```

```
20   //탭메뉴
21   let t;
22   $(".tabmenu>li").click(function(){
23     $(".tabmenu>li").removeClass("on");
24     $(this).addClass("on");
25
26     t = $(this).index();//클릭한 li의 인덱스 번호 t에 할당
27     console.log(t); //브라우저 F12를 눌러 콘솔창에서 확인
28
29     $(".tabcon").hide();
30     $(".tabcon").eq(t).show();
31   })
```
[script.ajs]

> 💬 **요소 TIP**
> - **.hide( )/show( )** : hide( )는 요소를 숨기고, show( )는 요소를 보여줌
> - **.eq(index)** : ( )(괄호)안에 index 번호를 넣으며 선택한 요소 중 지정된 인덱스에 해당하는 요소를 선택
> - 스크립트는 순차적으로 실행되며, 오류가 발생 시 오류 발생 전까지의 코드만 실행되고, 그 이후의 코드는 실행되지 않습니다. 오류는 개발자 도구에서 확인할 수 있습니다.

04 탭 메뉴 클릭 시 <a> 태그가 포함되어 있어 임시 링크로 인해 새로고침이 발생합니다. 이를 방지하기 위해 링크를 차단하는 스크립트를 다음과 같이 작성합니다.

```
//탭메뉴
let t;
$(".tabmenu>li").click(function(){
    $(".tabmenu>li").removeClass("on");
    $(this).addClass("on");

    t = $(this).index();
    console.log(t);
```

```
20   //탭메뉴
21   let t;
22   $(".tabmenu>li").click(function(){
23     $(".tabmenu>li").removeClass("on");
24     $(this).addClass("on");
25
26     t = $(this).index();//클릭한 li의 인덱스 번호 t에 할당
27     console.log(t); //브라우저 F12를 눌러 콘솔창에서 확인
28
29     $(".tabcon").hide();
30     $(".tabcon").eq(t).show();
31     return false;//링크차단
32   })
```
[script.ajs]

```
$(".tabcon").hide()
$(".tabcon").eq(t).show();
return false;
})
```

> 💬 **요소 TIP**
>
> **return false** : 클릭 이벤트의 기본 동작(예: 링크 클릭 시 페이지 이동)을 막음

05 작업한 모든 파일을 저장하고 'index.html' 문서가 활성화된 상태에서 상태표시줄에 Go Live를 선택하여 웹 브라우저인 '크롬(Chrome)'으로 작업 결과를 확인합니다.

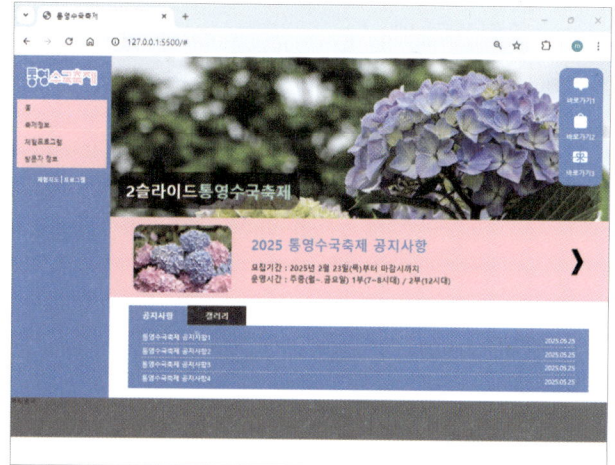

06 탭 메뉴 클릭 시 클릭한 탭 메뉴에 on 클래스가 들어가 활성화되고, 해당 콘텐츠가 활성화됩니다.

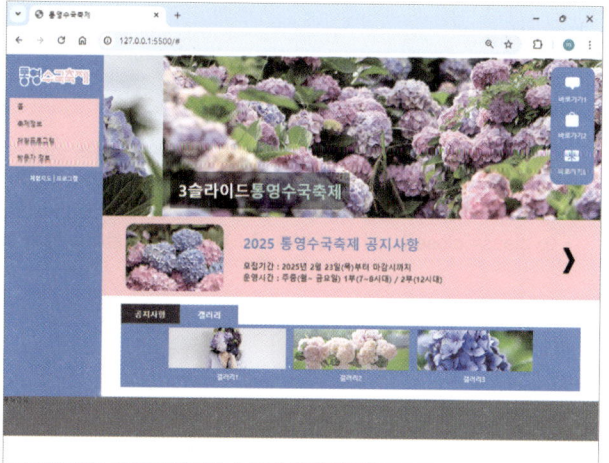

08 팝업창 구조 작업하기

세부 지시사항의 와이어프레임에서 팝업창의 형태를 확인합니다. Contents 폴더의 제공된 텍스트 파일을 사용하여 레이어 팝업(Layer Popup)을 제작합니다.

01 'index.html' 문서의 '</footer>' 다음 줄에 팝업창을 다음과 같이 작성합니다.

```
<div class="popup">
    <h2>통영수국축제 공지사항</h2>
    <p class="img">
        <img src="images/pop.jpg" alt="팝업 이미지 설명">
    </p>
    <p class="text">
        통영수국축제 공지사항<br>
        팝업창 내용입니다.<br>
        <strong>강조하고 싶을 부분은 강조해주세요!</strong>
    </p>
    <p class="close">
        <button>CLOSE X</button>
    </p>
</div>
```

```
195    <div class="popup">
196        <h2>통영수국축제 공지사항</h2>
197        <p class="img">
198            <img src="images/pop.jpg" alt="팝업 이미지 설명">
199        </p>
200        <p class="text">
201            통영수국축제 공지사항<br>
202            팝업창 내용입니다.  <br>
203            <strong>강조하고 싶을 부분은 강조해주세요!</strong>
204        </p>
205        <p class="close">
206            <button>CLOSE X</button>
207        </p>
208    </div>
```

[index.html]

💬 요소 TIP

- `<div class="popup">` : 팝업의 콘텐츠를 감싸주는 클래스 명이 popup인 요소
- `<p class="img">` : 팝업 내 이미지를 감싸주는 클래스 명이 img인 요소
- `<p class="text">` : 팝업 내 텍스트를 감싸주는 클래스 명이 text인 요소
- `<p class="close">` : 팝업 내 버튼 요소를 감싸주는 클래스 명이 close인 요소

09 팝업창 스타일 작업하기

01 'style.css' 문서의 'footer' 스타일 다음 줄에 팝업창의 스타일을 다음과 같이 작성합니다.

```css
.popup {
    position:absolute;
    width:500px;
    top:50%;
    left:50%;
    transform:translate(-50%, -50%);
    background:#fff;
    text-align:center;
    padding:20px;
    border-radius:20px;
    z-index:9999;
}
```

```
260    .popup {
261        position:absolute;
262        width:500px;
263        top: 50%;
264        left: 50%;
265        transform: translate(-50%, -50%);
266        background: ▢#fff;
267        text-align:center;
268        padding:20px;
269        border-radius:20px;
270        z-index:9999;
271    }
```
[style.css]

02 'style.css' 문서의 '.wrap'을 찾아 팝업창의 기준을 다음과 같이 작성합니다.

```css
.wrap {
    height:950px;
    position:relative;
}
```

```
36    .wrap {
37        height: 950px;
38        position: relative;
39    }
```
[style.css]

💬 요소 TIP

- 팝업창은 모든 콘텐츠의 가장 위에 표시되어야 하므로, 공중에 띄워 작업합니다.
- .popup의 기준을 .wrap에 설정하여 .wrap의 가운데 배치합니다.
- 공중에 띄운 요소를 가운데 배치하는 방법
  - **top:50%** : 기준 요소의 상단에서 50% 아래로 배치
  - **left:50%** : 기준 요소의 좌측에서 50% 오른쪽으로 배치
  - **transform:translate(-50%, -50%)** : 자신의 너비와 높이의 50%만큼 왼쪽과 위쪽으로 이동
- **text-align:center** : 요소 내의 텍스트 또는 인라인, 인라인 블록 요소를 중앙 정렬
- **padding:20px** : 사방의 내부 여백을 20픽셀 설정
- **border-radius:20px** : 사방의 모서리를 20픽셀만큼 둥글게 설정
- **z-index:9999** : position 속성으로 설정된 요소에 쌓이는 순서를 결정할 수 있으며 순서가 클수록 위로 쌓임

03 팝업의 타이틀과 내용 스타일을 다음과 같이 작성합니다.

```css
.popup h2 {
    color:#4B88C7;
    margin-bottom:20px;
}
.popup .text {
    margin:20px 0;
}
.popup .close {
    text-align:right;
}
.popup .close button {
    background:#4B88C7;
    border:0;
    padding:10px;
    color:#fff;
}
.popup .close button:hover {
    background:#FFC1CC;
}
```

```css
273  .popup h2 {
274      color:#4B88C7;
275      margin-bottom:20px;
276  }
277  .popup .text {
278      margin:20px 0;
279  }
280  .popup .close {
281      text-align:right;
282  }
283  .popup .close button {
284      background:#4B88C7;
285      border:0;
286      padding:10px;
287      color:#fff;
288  }
289  .popup .close button:hover {
290      background:#FFC1CC;
291  }
```

[style.css]

💬 요소 TIP

- **.popup .text** : .popup의 하위 요소 .text를 지정하여 팝업 내 텍스트 스타일 지정
  - **margin:20px 0** : 위·아래 바깥 여백 20픽셀 설정
- **.popup .close** : .popup의 하위 요소 .close를 지정하여 팝업 내 버튼을 감싸는 영역
  - **text-align:right** : 인라인 블록 요소인 〈button〉 오른쪽 정렬
- **.popup .close button** : .popup의 하위 요소 .close 하위 요소 〈button〉 지정
  - **border:0** : 〈button〉의 기본 테두리를 제거
- **.popup .close button:hover** : .popup의 하위 요소 .close 하위 요소 button에 마우스를 올렸을 때 스타일 지정

04 'style.css' 문서의 'footer' 스타일 다음 줄에 팝업창의 스타일을 다음과 같이 작성합니다.

```
.popup {
    position:absolute;
    width:500px;
    top:50%;
    left:50%;
    transform:translate(-50%, -50%);
    background:#fff;
    text-align:center;
    padding:20px;
    border-radius:20px;
    z-index:9999;
    display:none;
}
```

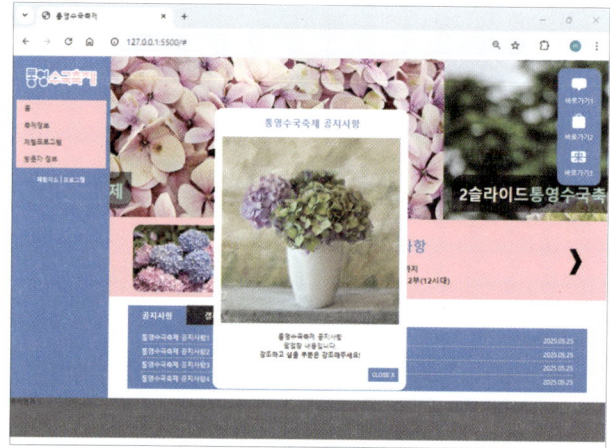

[style.css]

💬 **요소 TIP**

display:none : 요소를 선택하여 숨김(스크립트에서 추가 작업 예정)

10 팝업창 스크립트 작업하기

세부 지시사항의 C.3 공지사항 팝업 효과를 구현합니다. 공지사항의 첫 번째 게시글을 클릭(Click) 시 레이어 팝업(Layer Popup)이 나오도록 작업하며, 레이어 팝업의 Close 버튼을 클릭하면 해당 레이어 팝업이 닫히도록 작업합니다.

01 'script.js' 문서에서 마지막 줄 '})' 안쪽에 팝업창 스크립트를 다음과 같이 작성합니다.

```js
//팝업
$(".pop").click(function(){
    $(".popup").show();
    return false;
})
$(".close button").click(function(){
    $(".popup").hide();
})
```

```
9    //팝업
10   $(".pop").click(function(){
11       $(".popup").show();
12       return false;
13   })
14   $(".close button").click(function(){
15       $(".popup").hide();
16   })
```
[script.js]

> **요소 TIP**
> - **$(".pop")** : jQuery 선택자로, HTML 문서 내 공지사항의 첫 번째 게시물 .pop 지정
> - **.click(function( ){ ... })** : jQuery에서 제공하는 이벤트 메서드로 클릭 시 {}(중괄호) 내 실행문을 실행
> - **$(".popup")** : jQuery 선택자로, 숨겨 놓은 팝업창의 .popup 요소 지정
> - **show( )/hide( )** : show( )는 요소를 표시하는 이벤트, hide( )는 요소를 숨기는 이벤트

02 작업한 모든 파일을 저장하고 'index.html' 문서가 활성화된 상태에서 상태표시줄에 Go Live를 선택하여 웹 브라우저인 '크롬(Chrome)'으로 작업 결과를 확인합니다. 공지사항 첫 번째 게시글을 클릭하면 팝업창이 열리고, Close 버튼을 클릭하면 팝업창이 닫힙니다.

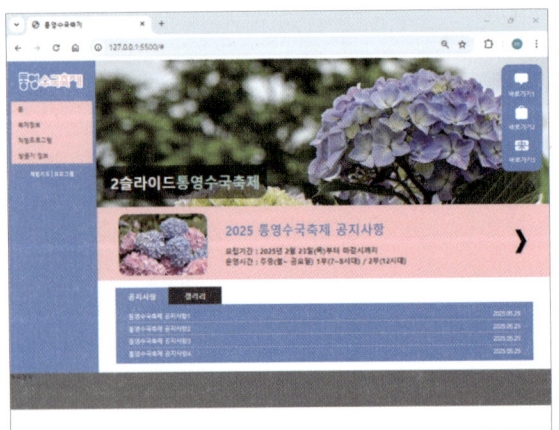 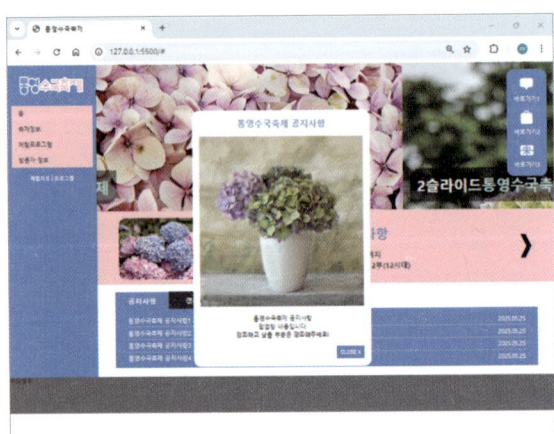

6 STEP 세부 영역별 지시사항 - Ⓓ Footer 영역 약 20분

01 하단 로고 제작하기

세부 지시사항에 따라 D Footer 영역의 로고를 제작합니다. 이때 로고는 무채색(Grayscale)으로 변경하여 하단에 배치해야 하므로, 포토샵을 사용하여 로고를 무채색으로 변경합니다.

01 하단 로고 제작을 위해 포토샵을 실행합니다.

02 [파일(File)] - [열기(Open)] 또는 Ctrl + O 을 눌러 'images' 폴더 안에 있는 'logo.png' 파일을 열어줍니다.

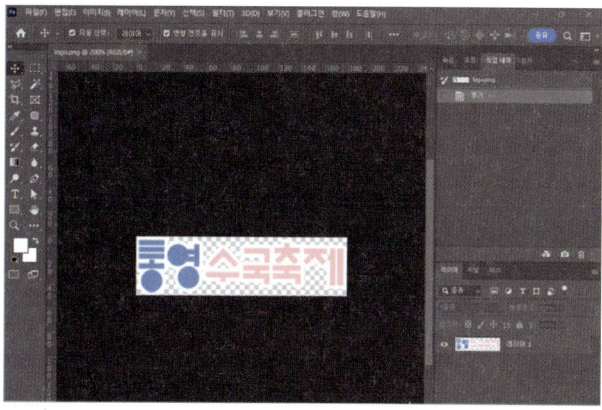

03 [이미지(Image)] - [조정(Adjustment)] - [채도 감소(Desaturate)]를 선택합니다.

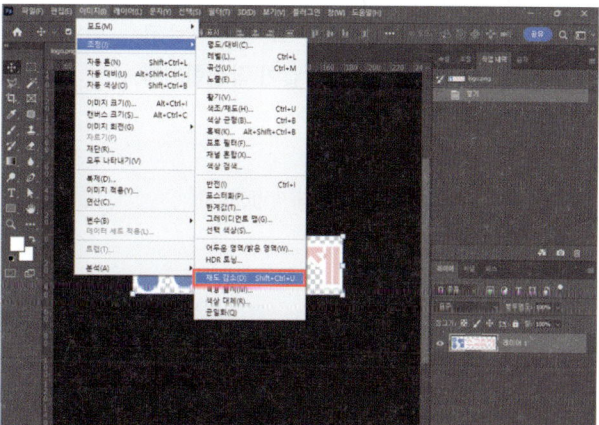

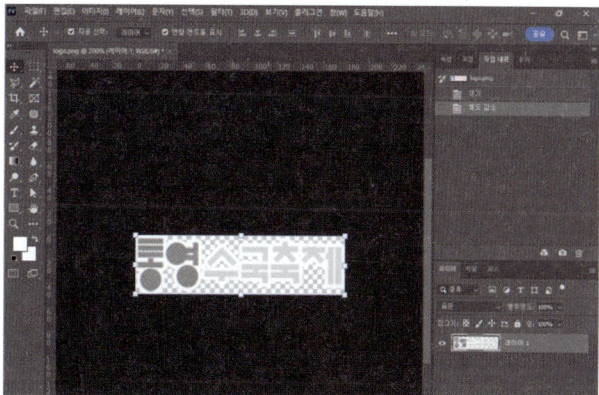

04 이미지가 무채색으로 변경된 것을 확인하고 [파일(File)] – [내보내기(Export)] – [PNG로 빠른 내보내기(Quick Export as PNG)] 선택하고, 파일 형식 '*.png'로 'images' 폴더 안에 저장합니다.
– 파일 이름 : flogo.png

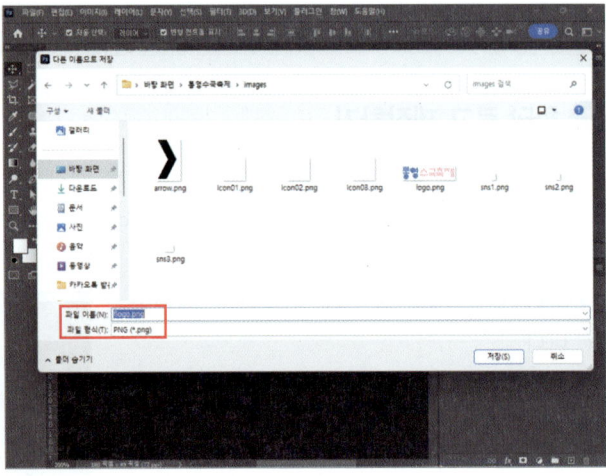

02 푸터 영역 구조 작업하기

제공된 텍스트와 이미지를 이용하여 하단 로고와 Copyright를 작업합니다.

01 'index.html' 문서 '〈footer〉〈/footer〉' 영역 내 텍스트를 지우고 하단 로고, Copyright 순으로 다음과 같이 작성합니다.

〈footer〉
　〈p class="flogo"〉
　　〈img src="images/flogo.png" alt="통영수국축제"〉
　〈/p〉
　〈p class="fcopy"〉
　　It is a long established fact that a reader will be distracted by the readable content.〈br〉
　　COPYRIGHT © by WEB DESIGN DEVELOPMENT. ALL RIGHTS RESERVED.
　〈/p〉
〈/footer〉

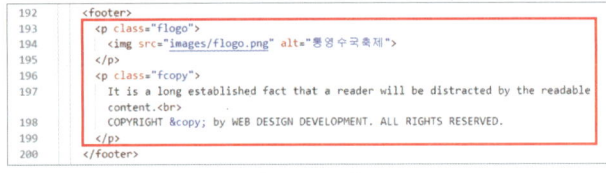

[index.html]

> 💬 **요소 TIP**
> - **〈footer〉** : 하단 로고와 Copyright를 묶어주는 요소
> - **©** : HTML에서 저작권 기호( )를 표시하기 위한 특수 문자

03 푸터 영역 스타일 작업하기

01 'style.css' 문서에서 'footer'를 찾아 푸터 영역 스타일을 다음과 같이 작성합니다.

```
footer {
    height:100px;
    background:#666;
    color:#fff;
    display:flex;
    gap:50px;
    align-items:center;
    padding-left:20px;
}
```

```
257  footer {
258      height:100px;
259      background: #666;
260      color: #fff;
261      display:flex;
262      gap:50px;
263      align-items:center;
264      padding-left:20px;
265  }
```
[style.css]

💬 요소 TIP

- **footer** : 〈footer〉 선택자로 하단 영역 스타일 지정
  - **color:#fff** : 〈footer〉에 글자 색상을 흰색으로 설정하면, 하위 요소들에 상속되어 .fcopy의 글자가 흰색으로 설정
  - **display:flex** : 〈footer〉를 플렉스 컨테이너로 설정, 자식 요소(.flogo, .fcopy)들을 수평으로 나열
  - **gap:50px** : flex로 나열된 자식 요소(.flogo, .fcopy)의 사이 간격 50픽셀 지정
  - **align-items:center** : 플렉스 컨테이너 영역(〈footer〉)에서 자식 요소(.flogo, .fcopy)를 수직 중앙 정렬
  - **padding-left:20px** : 왼쪽 내부 여백 20픽셀 설정

02 작업한 모든 파일을 저장하고 'index.html' 문서가 활성화된 상태에서 상태표시줄에 Go Live를 선택하여 웹 브라우저인 '크롬(Chrome)'으로 작업 결과를 확인합니다.

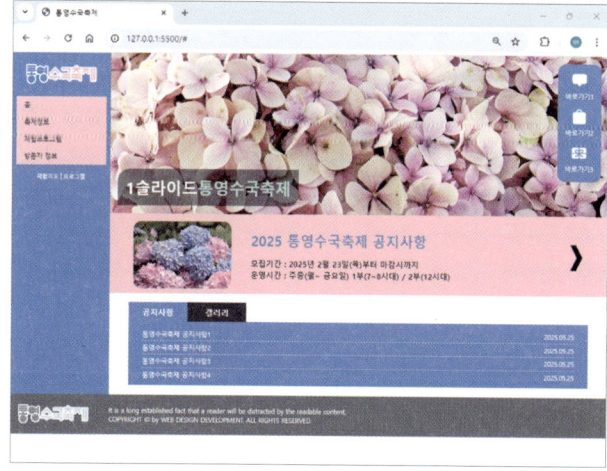

03 웹 브라우저에서 작업 결과를 확인할 때 브라우저 창을 줄여 레이아웃을 점검합니다. 이때 웹 페이지가 반응하며 가로 스크롤이 나타났으면 하는 지점을 확인하고, 다음과 같이 '.wrap'에 최소 너비 값을 입력합니다.

```
.wrap {
    height:950px;
    position:relative;
    min-width:1200px;
}
```

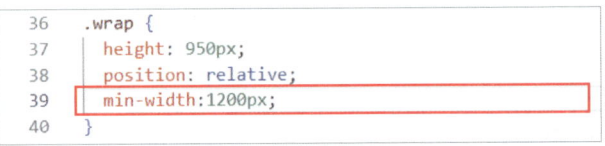

[style.css]

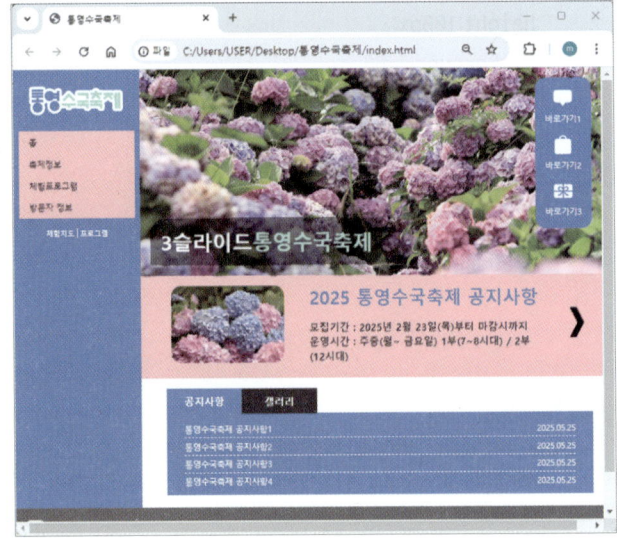

➕ 더 알기 TIP

브라우저 창의 너비를 확인하려면 개발자 도구(F12)를 열어놓은 상태에서 창을 줄여, 웹 브라우저 우측 상단에서 너비를 확인할 수 있습니다.

💬 요소 TIP

min-width:1200px : 요소(.wrap)의 최소 너비를 1,200픽셀로 설정하여, 브라우저 창을 1,200px이하일 때 가로 스크롤이 생기면서 웹 페이지가 반응하지 않도록 함

7 STEP 최종 검토하기   약 15분

최종 결과물 Check!

작업을 완료했다면 최종 결과물을 확인합니다.

제출 방법

1. 수험자의 비번호로 된 폴더를 제출합니다.
2. 비번호로 된 폴더 안에 'index.html', 'images', 'js', 'css' 폴더와 작업한 파일이 저장되어 있는지 확인합니다.
3. 'index.html'를 열었을 때 모든 리소스가 표시되고 정상 작동해야 합니다.
4. 비번호로 된 폴더의 용량이 10MB가 초과되지 않아야 합니다. (ai, psd 파일은 제출하지 않습니다.)

기술적 준수사항

1. HTML5 기준 웹 표준을 준수해야 합니다. 현장에서 인터넷 사용이 불가하므로 연습 시 HTML 유효성 검사로 오류가 있는지 확인합니다.
2. CSS3 기준 오류가 없도록 작업해야 합니다. 현장에서 인터넷 사용이 불가하므로 연습 시 CSS 유효성 검사로 오류가 있는지 확인합니다.
3. 스크립트 오류가 표시되지 않아야 합니다. 웹 브라우저에서 F12를 눌러 개발자 도구를 실행한 후, 콘솔(Console) 탭에서 오류가 있는지 확인합니다.
4. 'index.html'을 열었을 때 Tab으로 요소를 이동, 선택할 수 있어야 합니다.
5. 'index.html'을 열었을 때 다양한 화면 해상도에서 페이지 레이아웃이 정상적으로 표시되어야 합니다.
6. 페이지 전체는 CSS를 이용해 레이아웃을 구성해야 합니다.
7. 브라우저에서 CSS를 '사용 안 함'으로 설정하면 콘텐츠가 기본적으로 세로로 나열되어 표시됩니다.
8. 모든 이미지는 대체 텍스트(alt 속성)를 포함하여 이미지의 의미나 용도를 명확히 전달해야 합니다.
9. 텍스트 간의 위계질서를 직관적으로 알 수 있어야 합니다.
10. 제작된 사이트의 최신 버전의 Google Chrome 브라우저에서 레이아웃, 구성 요소의 크기 및 위치 등이 정상적으로 표시되어야 합니다.

05 기출 유형 문제 05회

반복학습 1 2 3

작업파일 ▶ [PART 04 > 기출 유형 문제 05회 > 수험자 제공 파일]을 열어서 작업하세요.

[공개 문제 : E 유형]

에코아트갤러리 웹사이트 제작

국가기술자격 실기시험 문제

자격 종목	웹디자인개발기능사	과제명	에코아트갤러리

※ 시험시간: 3시간

1. 요구사항

※ 다음 요구사항을 준수하여 주어진 자료(수험자 제공 파일)를 활용하여 시험시간 내에 웹페이지를 제작 후 10MB **용량이 초과되지 않게** 저장 후 제출하시오.

※ 웹페이지 코딩은 **HTML5 기준 웹 표준**을 준수하여야 하며, 요구사항에 지정되지 않은 요소들은 주제 특성에 맞게 자유롭게 디자인하시오.

※ 문제에서 지시하지 않은 와이어프레임 영역 비율, 레이아웃, 텍스트의 글자체/색상/크기, 요소별 크기, 색상 등은 수험자가 과제명(가.주제) 특성에 맞게 자유롭게 디자인하시오.

가. 주제 : 에코아트갤러리 홈페이지 제작

나. 개요

전시와 행사를 진행하고 있는 「에코아트갤러리」의 홈페이지를 제작하고자 한다. 방문객들이 다양한 전시 소장품과 아티스트에 대한 정보를 얻을 수 있는 웹사이트 제작을 요청하였다. 아래의 요구사항에 따라 메인 페이지를 제작하시오.

다. 제작 내용

01) 메인 페이지를 디자인하고 HTML, CSS, JavaScript 기반의 웹페이지를 제작한다. (이때 jQuery 오픈소스, 이미지, 텍스트 등의 제공된 리소스를 활용하여 제작할 수 있다.)
02) HTML, CSS의 charset은 utf-8로 해야 한다.
03) 컬러 가이드

수소색 (Main color)	보조색 (Sub color)	배경색 (Background color)	기본 텍스트의 색 (Text color)
자유롭게 지정	자유롭게 지정	#FFFFFF	#333333

04) 사이트 맵(Site map)

	Index page / 메인(Main)			
메인 메뉴(Main menu)	전시	아티스트	소장품	교육 및 행사
서브 메뉴 (Sub menu)	현재 전시 예정 전시 지난 전시 온라인 전시	참여 아티스트 신진 작가 대표 작품 인터뷰	주요 소장품 소장품 검색 기증 안내 보존 및 관리	교육 프로그램 워크샵 강연 및 세미나

| 자격 종목 | 웹디자인개발기능사 | 과제명 | 에코아트갤러리 |

05) 와이어프레임(Wireframe)
※ Ⓐ, Ⓓ 영역의 넓이는 브라우저 전체 넓이(100%) 지정

〈C영역 콘텐츠 각각의 넓이는 수험자가 판단〉

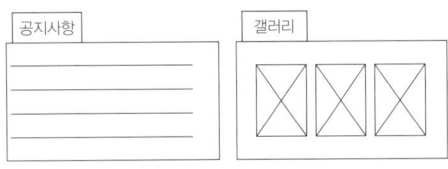

〈공지사항, 갤러리 별도 구성〉

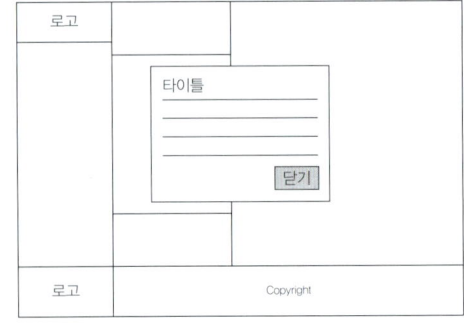

〈레이어 팝업창 구성〉

자격 종목	웹디자인개발기능사	과제명	에코아트갤러리

라. 세부 영역별 지시사항

영역 및 명칭	세부 지시사항
Ⓐ Header	**A.1 로고** ○ Header 폴더에 제공된 로고를 삽입한다. 로고의 색은 과제명(가.주제)에 맞게 반드시 변경하여야 한다. ※ 로고의 크기 변경 시, 가로세로 비율(종횡비, Aspect ratio)을 유지하여야 한다. (가로세로 비율을 유지하며 크기 변경 가능) **A.2 메뉴 구성** ※ 사이트 구조도를 참고하여 메인 메뉴(Main menu)와 서브 메뉴(Sub menu)로 구성한다. (1) 메인 메뉴(Main menu) 효과 [와이어프레임 참조] ○ 메인 메뉴 중 하나에 마우스를 올리면(Mouse over) 하이라이트 되고, 벗어나면(Mouse out) 하이라이트를 해제한다. ○ 메인 메뉴를 마우스로 올리면(Mouse over) 서브 메뉴 영역이 부드럽게 나타나면서, 서브 메뉴가 보이도록 한다. ○ 메인 메뉴에서 마우스 커서가 벗어나면(Mouse out) 서브 메뉴 영역은 부드럽게 사라져야 한다. (2) 서브 메뉴 영역 효과 ○ 서브 메뉴 영역은 메인 페이지 콘텐츠를 고려하여 배경 색상을 설정한다. ○ 서브 메뉴 중 하나에 마우스를 올리면(Mouse over) 하이라이트 되고 벗어나면(Mouse out) 하이라이트를 해제한다. ○ 마우스 커서가 메뉴 영역을 벗어나면(Mouse out) 서브 메뉴 영역은 부드럽게 사라져야 한다.
Ⓑ Slide	**B. Slide 이미지 제작** ○ [Slide] 폴더에 제공된 3개의 이미지로 제작한다. ○ [Slide] 폴더에 제공된 3개의 텍스트를 각 이미지에 적용하되, 텍스트의 글자체, 굵기, 색상, 크기를 적절하게 설정하여 가독성을 높이고, 독창성이 드러나도록 제작한다. **B. Slide 애니메이션 작업** ※ 위에서 작업한 결과물을 이용하여 슬라이드 작업을 한다. ○ 이미지만 바뀌면 안 되고, 이미지가 위에서 아래 또는 아래에서 위로 이동하면서 전환되어야 한다. ○ 슬라이드는 매 3초 이내로 하나의 이미지에서 다른 이미지로 전환되어야 한다. ○ 웹사이트를 열었을 때 자동으로 시작되어 반복적으로(마지막 이미지가 슬라이드 되면 다시 첫 번째 이미지가 슬라이드 되는 방식) 슬라이드 되어야 한다.
Ⓒ Contents	**C.1 공지사항** ○ 공지사항 타이틀 영역과 콘텐츠 영역을 구분하여 표현해야 한다. ○ 콘텐츠는 Contents 폴더의 제공된 텍스트를 적용하여 제작한다. ○ 공지사항의 첫 번째 콘텐츠를 클릭(Click)할 경우 레이어 팝업창(Layer Pop_up)이 나타나며, 레이어 팝업창 내에 닫기 버튼을 두어서 클릭하면 해당 팝업창이 닫혀야 한다. **[와이어프레임 참조]** ○ 레이어 팝업의 제목과 내용은 Contents 폴더의 제공된 텍스트 파일을 사용한다. **C.2 갤러리** ○ Contents 폴더의 제공된 이미지 3개를 사용하여 가로 방향으로 배치한다. **[와이어프레임 참조]** **C.3 바로가기** ○ Contents 폴더의 제공된 파일을 활용하여 편집 또는 디자인하여 제작한다. ※ 콘텐츠는 HTML 코딩으로 작성해야 하며, 이미지로 삽입하면 안 된다.
Ⓓ Footer	**D. Footer** ○ 로고를 Grayscale(무채색)로 변경하고 사용자의 접근성을 고려하여 배치한다. ○ Footer 폴더의 제공된 텍스트를 사용하여 Copyright, 패밀리 사이트를 제작한다.

자격 종목	웹디자인개발기능사	과제명	에코아트갤러리

마. 기술적 준수사항

01) 웹페이지 코딩은 HTML5 기준 웹 표준을 준수하여야 하며, **HTML 유효성 검사(W3C validator)**에서 오류('ERROR')가 없도록 코딩하여야 한다.
   ※ HTML 유효성 검사 서비스는 시험 시 제공하지 않는다. (인터넷 사용불가)
02) CSS는 별도의 파일로 제작하여 링크하여야 하며, CSS3 기준(**W3C validator**)에서 오류('ERROR')가 없도록 코딩되어야 한다.
03) JavaScript 코드는 별도의 파일로 제작하여 연결하여야 하며 Google Chrome(브라우저)에 내장된 개발도구의 Console 탭에서 오류('ERROR')가 표시되지 않아야 한다.
04) 별도로 지정하지 않은 상호작용이 필요한 모든 콘텐츠(로고, 메뉴, 버튼, 바로가기 등)는 임시 링크(예 : #)를 적용하고 'Tab, `Tab` 으로 이동 선택할 수 있어야 한다.
05) 사이트는 다양한 화면 해상도에서 일관성 있는 페이지 레이아웃을 제공해야 한다.
06) 웹 페이지 전체 레이아웃은 Table 태그 사용이 아닌 CSS를 통한 레이아웃 작업으로 해야 한다.
07) 브라우저에서 CSS를 "사용 안 함"으로 설정한 경우 콘텐츠가 세로로 나열된다.
08) 타이틀 텍스트(Title text), 바디 텍스트(Body text), 메뉴 텍스트(Menu text)의 각 글자체/굵기/색상/크기 등을 적절하게 설정하여 사용자가 텍스트 간의 위계질서(Hierarchy)를 직관적으로 알 수 있도록 한다.
09) 모든 이미지에는 이미지에 대한 대체 텍스트를 표현할 수 있는 alt 속성이 있어야 한다.
10) 제작된 사이트 메인페이지의 레이아웃, 구성요소의 크기 및 위치 등은 최신 버전의 Google Chrome에서 정상적으로 동작해야 한다.

바. 제출 방법

01) 수험자는 비번호로 된 폴더명으로 완성된 작품 파일을 저장하여 제출한다.
02) 폴더 안에는 images, script, css 등의 자료를 분류하여 저장한 폴더도 포함되어 있어야 하며, 메인페이지는 반드시 최상위 폴더에 index.html로 저장하여 제출해야 한다.
03) 수험자는 제출하는 폴더에 index.html을 열었을 때 연결되거나 표시되어야 할 모든 리소스들을 포함하여 제출해야 하며 수험자의 컴퓨터가 아닌 채점위원의 컴퓨터에서 정상 작동해야 한다.
04) 전체 결과물의 용량은 10MB 용량이 초과되지 않게 제출하며 ai, psd 등 웹서비스에 사용하지 않는 파일은 제출하지 않는다.

자격 종목	웹디자인개발기능사	과제명	에코아트갤러리

2. 수험자 유의사항

※ 다음의 유의사항을 고려하여 요구사항을 완성하시오.

01) 수험자 인적사항 및 답안작성은 반드시 검은색 필기구만 사용하여야 하며, 그 외 연필류, 유색 필기구, 지워지는 펜 등을 사용한 답안은 채점하지 않으며 0점 처리됩니다.
02) 수험에 필요한 소프트웨어 및 참고자료가 하드웨어에 설치되어 있는지 확인 후 작업하시오.
03) 참고자료의 내용 중 오자 및 탈자 등이 있을 때는 수정하여 작업하시오.
04) 지참공구[수험표, 신분증, 필기도구] 이외의 참고자료 및 외부장치(USB, 키보드, 마우스, 이어폰) 등 **어떠한 물품도 시험 중에 지참할 수 없음을** 유의하시오.
   (단, 시설목록 이외의 정품 소프트웨어(폰트 제외)를 설치하고자 할 때에는 감독위원의 입회하에 설치하여 사용하시오.)
05) 수험자가 컴퓨터 활용 미숙 등으로 인한 시험의 진행이 어렵다고 판단되었을 때는 감독위원은 시험을 중지시키고 실격처리를 할 수 있음을 유의하시오.
06) 바탕화면에 수험자 본인의 "비번호" 이름을 가진 폴더에 완성된 작품의 파일만을 저장하시오.
07) 모든 작품을 감독위원 또는 채점위원이 검토하여 복사된 작품(동일 작품)이 있을 때에는 관련된 수험자 모두를 부정행위로 처리됨을 유의하시오.
08) 장시간 컴퓨터 작업으로 신체에 무리가 가지 않도록 적절한 몸풀기(스트레칭) 후 작업하시오.
09) 다음 사항에 대해서는 실격에 해당되어 채점 대상에서 제외됩니다.
   가) 수험자 본인이 수험 도중 시험에 대한 포기(기권) 의사를 표시하고 포기하는 경우
   나) 작업범위(용량, 시간)를 초과하거나, 요구사항과 현격히 다른 경우(채점위원이 판단)
   다) <u>Slide가 JavaScript(jQuery포함), CSS 중 하나 이상의 방법을 이용하여 제작되지 않은 경우</u>
      ※ 움직이는 Slide를 제작하지 않고 이미지 하나만 배치한 경우도 실격처리 됨
   라) 수험자 미숙으로 비번호 폴더에 완성된 작품 파일을 저장하지 못했을 경우
   마) 압축 프로그램을 사용하여 작품을 압축 후 제출한 경우
   바) 과제기준 20% 이상 완성이 되지 않은 경우(채점위원이 판단)

3. 지급재료 목록

일련 번호	재료명	규격	단위	수량	비고
1	수험자료 USB 메모리	32GB 이상	개	1	시험장당
2	USB 메모리	32GB 이상	개	1	시험장당 1개씩(채점위원용) ※수험자들의 작품 관리

※ 국가기술자격 실기시험 지급재료는 시험종료 후(기권, 결시자 포함) 수험자에게 지급하지 않습니다.

단계별 작업 따라하기

1 STEP 웹 페이지 기본 설정   약 15분

01 HTML5 버전 index.html 만들기

문제를 풀기 전 컴퓨터 바탕화면에 본인에게 부여된 '비번호' 폴더를 생성합니다. '비번호' 폴더 안에 'images', 'css', 'js' 폴더를 각각 생성하고, 주어진 수험자 제공 파일들을 각 폴더에 맞게 정리합니다. 본 교재는 '비번호' 대신 '에코아트갤러리' 폴더 설정 후 작업을 진행합니다.

* 이 책에서는 웹 문서 편집 프로그램으로 Visual Studio Code를 사용하였습니다.

01 Visual Studio Code를 실행합니다. [시작 화면] – [폴더 열기] 또는 상단 메뉴에서 [파일] – [폴더 열기] 선택합니다.

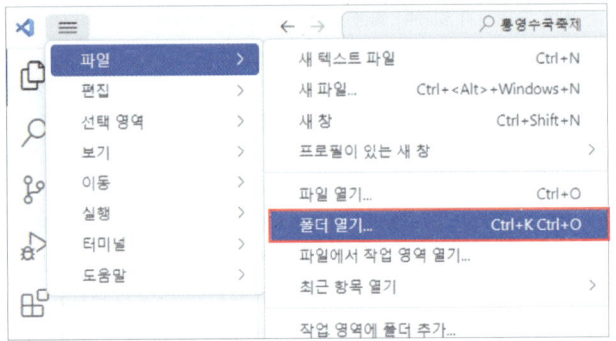

02 바탕화면에 미리 생성해 둔 '에코아트갤러리' 폴더를 선택합니다.

03 Visual Studio Code 좌측 탐색기 아이콘을 선택하여 탐색기 패널을 활성화합니다. 탐색기 패널에는 미리 만들어 놓은 'images', 'css', 'js' 폴더가 있습니다.

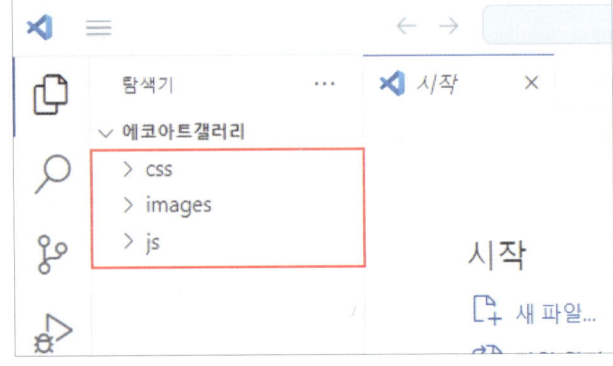

04 탐색기 패널에서 '새 파일' 아이콘을 선택하면, '에코아트갤러리' 폴더 하위에 새 파일이 생성됩니다.

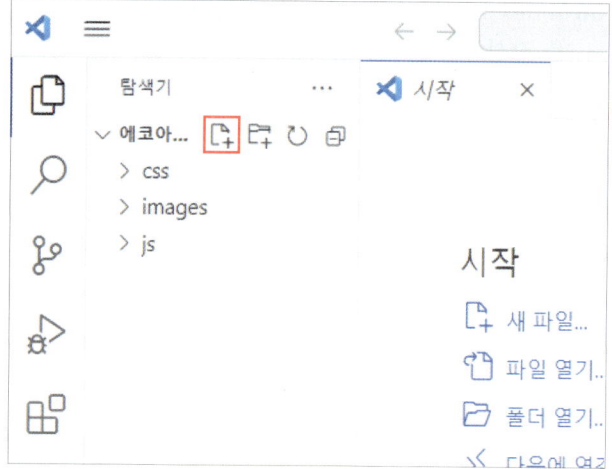

05 파일명을 'index.html'로 변경한 후 Enter 를 누르면, 우측 코드 창에 'index.html' 문서가 활성화되고 윈도우 탐색기에서 '에코아트갤러리' 폴더 하위에 'index.html'을 확인할 수 있습니다.

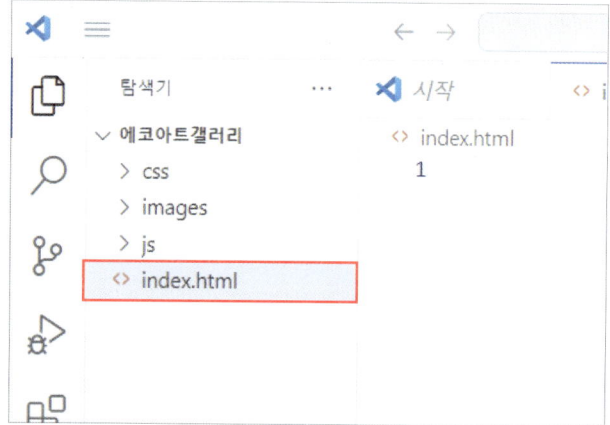

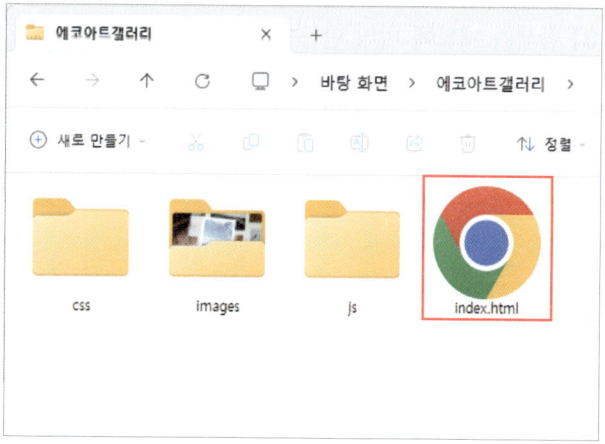

> **기적의 TIP**
>
> 모든 작업 폴더와 파일 이름은 영문으로, 띄어쓰기 없이 작성합니다.

06 'index.html' 문서에 HTML5 문서 형식을 작성하거나 '!'를 입력한 후 Tab 을 눌러 HTML5 문서 형식 코드를 자동 완성합니다. 이때 lang="en"을 lang="ko"로 변경하고, 〈title〉 태그에 과제명을 입력 후 [파일(File)] – [저장(Save)] 또는 Ctrl + S 를 선택하여 저장합니다.

〈!DOCTYPE html〉
〈html lang="ko"〉
〈head〉
　　〈meta charset="UTF-8"〉
　　〈meta name="viewport" content="width=device-width, initial-scale=1.0"〉
　　〈title〉에코아트갤러리〈/title〉
〈/head〉
〈body〉
〈/body〉
〈/html〉

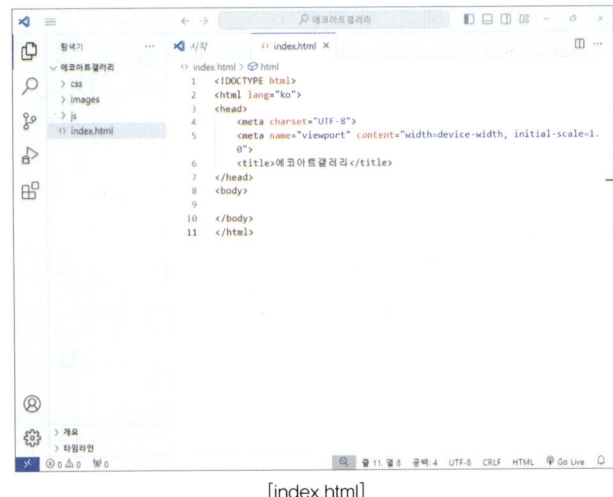

[index.html]

02 CSS 문서 만들기

작업을 시작하기 전, 실수를 줄이기 위해 미리 CSS 문서를 만듭니다.

01 탐색기 패널에 미리 만들어 놓은 'css' 폴더 선택 후 '새 파일' 아이콘을 선택하면 'css' 폴더 하위에 새 파일이 생성됩니다.

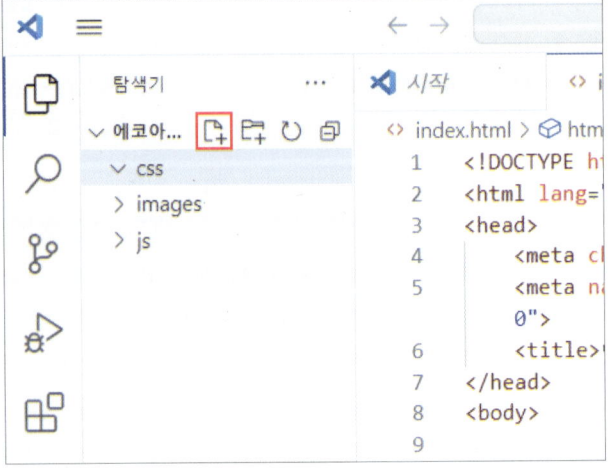

02 새 파일의 파일명을 'style.css'로 변경한 후 Enter 를 누르면, 우측 코드 창에 'style.css' 문서가 활성화된 것을 확인할 수 있습니다.

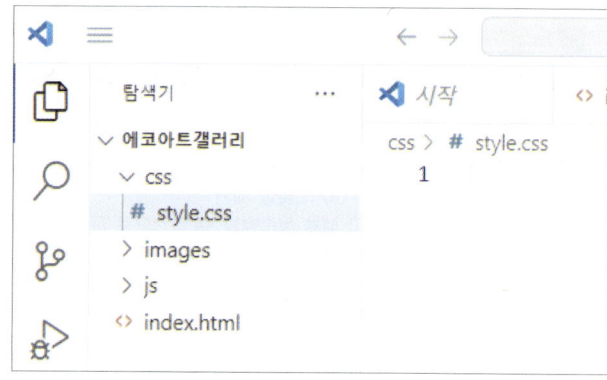

03 'style.css' 문서에 문자 인코딩 방식을 지정하는 '@charset "utf-8";' 입력 후 리셋 CSS를 입력하고, [파일(File)] – [저장(Save)] 또는 Ctrl + S 를 선택하여 저장합니다.

```css
@charset "utf-8";
*{
    margin:0;
    padding:0;
    box-sizing:border-box;
}
li{
    list-style:none;
}
a{
    text-decoration:none;
    color:inherit;
}
img{
    vertical-align:top;
    max-width:100%;
}
button{
    cursor:pointer;
}
body{
    background:#369;
    color:#333
}
```

[style.css]

💬 요소 TIP

- 리셋 CSS는 모든 요소의 기본 스타일을 제거하기 위해 리셋 CSS를 작성합니다.
- ***** : 모든 HTML 요소 선택자로, 공통 스타일을 적용 시 사용
- **box-sizing:border-box** : 요소의 패딩과 테두리를 포함하여 요소의 너비 설정
- **list-style:none** : 목록 리스트의 불릿 숨김
- **text-decoration:none** : 〈a〉의 밑줄 제거
- **color:inherit** : 〈a〉는 글자 색을 상속받을 수 없으므로 글자 색상을 부모 요소로부터 상속받을 수 있게 설정
- **vertical-align:top** : 〈img〉를 부모 요소 상단에 정렬
- **max-width:100%** : 본래 이미지 크기보다 커지지 않으며, 부모 요소의 너비를 초과하지 않도록 설정
- **cursor:pointer** : 요소 위 마우스 포인터를 올렸을 때 커서 모양을 손가락 모양으로 변경
- **color** : '#333'은 16진수 표기법으로 'color:#333333'과 같은 색상을 나타내며, '#333'은 각 자리 숫자가 2번 반복된 6자리 값과 동일(예 'color:#f00' → 'color:#ff0000' 빨간색)

03 Script 문서 만들기

작업을 시작하기 전, 실수를 줄이기 위해 미리 Script 문서를 만듭니다.

01 수험자 제공 파일인 제이쿼리 라이브러리 파일 'jquery-1.12.3.js'를 '에코아트갤러리' 하위 폴더의 'js' 폴더로 이동해 둡니다.

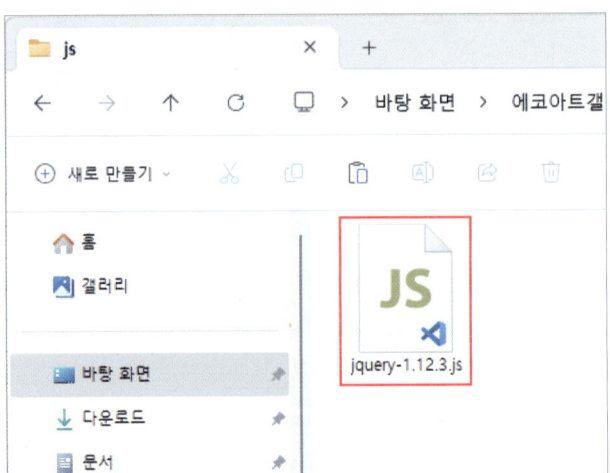

02 Visual Studio Code 탐색기 패널의 'js' 폴더 선택 후 '새 파일' 아이콘을 선택하면 하위에 새 파일이 생성됩니다.

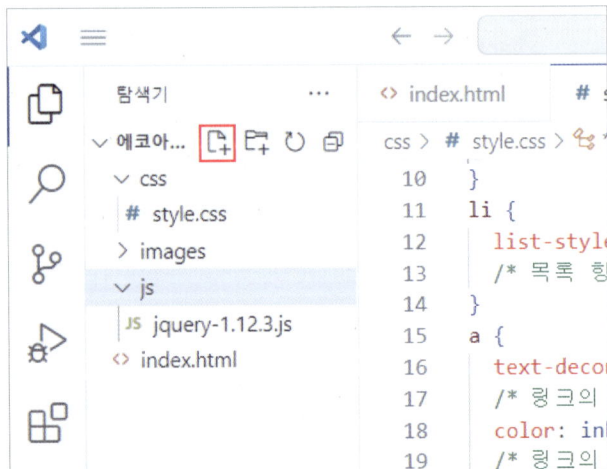

03 새 파일의 파일명을 'script.js'로 변경한 후 Enter 를 누르면, 우측 코드 창에 'script.js' 문서가 활성화된 것을 확인할 수 있습니다.

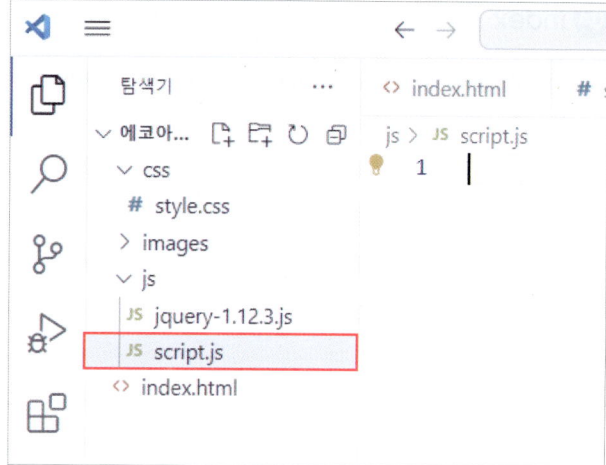

04 'script.js' 문서에 '$(function(){...})'을 입력합니다.

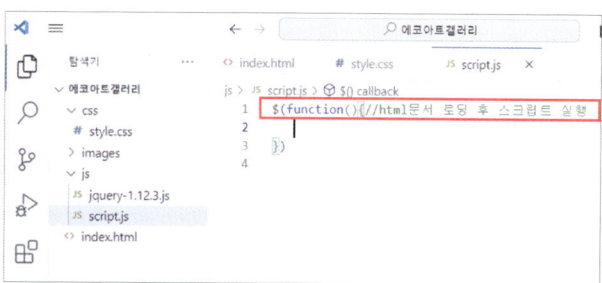

05 {...}(중괄호) 안 'alert("경고")'를 입력 후 저장(Ctrl + S)합니다.
$(function(){
　　alert("경고");
})

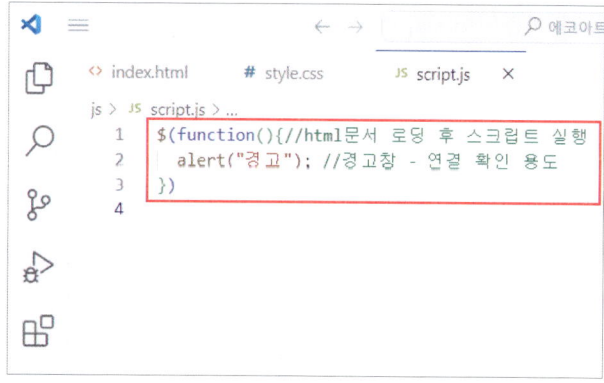

[script.js]

04 index 문서에 CSS, Script 문서 연결하기

'index.html' 문서에 CSS 문서와 Script 문서, jQuery 라이브러리를 연결합니다.

01 'index.html'에서 css와 js 문서를 '〈head〉' 태그 내 연결 후 Ctrl + S 로 저장합니다. js 문서연결 시 jQuery 라이브러리를 먼저 작성하고, script.js를 작성합니다.
<link href="css/style.css" rel="stylesheet">
<script src="js/jquery-1.12.3.js"></script>
<script src="js/script.js"></script>

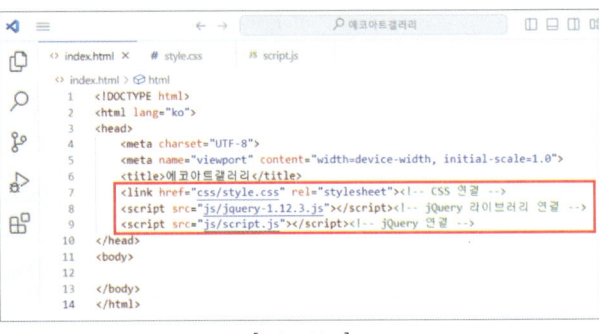
[index.html]

02 Visual Studio Code에 'index.html' 문서가 활성화된 상태에서 상태표시줄에 Go Live를 선택하여 웹 브라우저인 '크롬(Chrome)'으로 확인합니다.

[index.html]

03 웹 브라우저의 배경색 '#369'와 경고창이 뜬다면 css와 js 문서가 잘 연결된 것입니다. 확인 후 'style.css'에서 body 색상을 '#fff'로 변경하고 'script.js' 문서에서 경고창 스크립트를 삭제합니다.

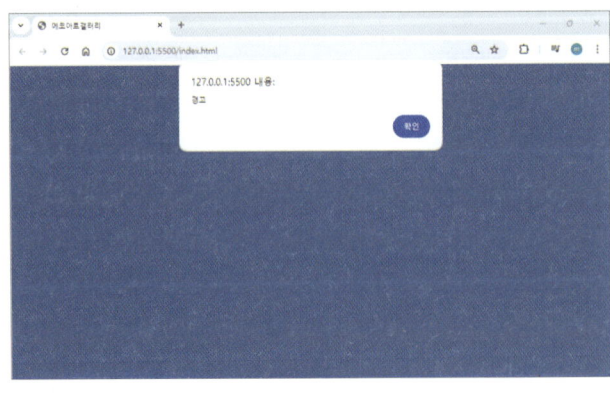
[style.css]

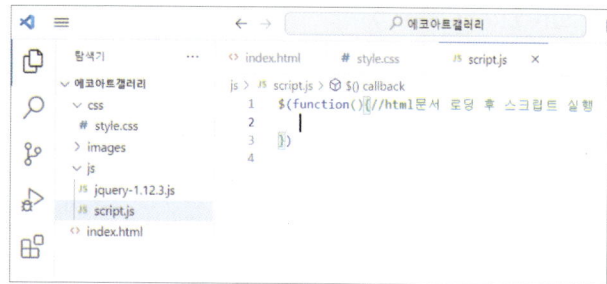

[script.js]

> **기적의 TIP**
>
> Go Live가 설치되지 않았을 때 바탕화면에서 '에코아트갤러리' 폴더의 하위 파일 'index.html' 문서를 웹 브라우저인 '크롬(Chrome)'으로 열어 작업 결과를 확인할 수 있습니다.

2 STEP 와이어프레임 – 레이아웃과 스타일 작업   약 20분

01 레이아웃 HTML 구조 작업하기

요구사항정의서에 있는 와이어프레임을 바탕으로 주어진 콘텐츠와 수치를 파악하여 레이아웃을 제작합니다. 문제에서 지시하지 않은 부분은 자유롭게 설정합니다.

01 먼저, 요구사항정의서의 와이어프레임을 보면서 HTML로 영역을 구분하는 코드를 작성합니다. 다음과 같이 작성하고 [파일(File)] – [저장(Save)] 또는 Ctrl + S 를 선택하여 저장합니다.

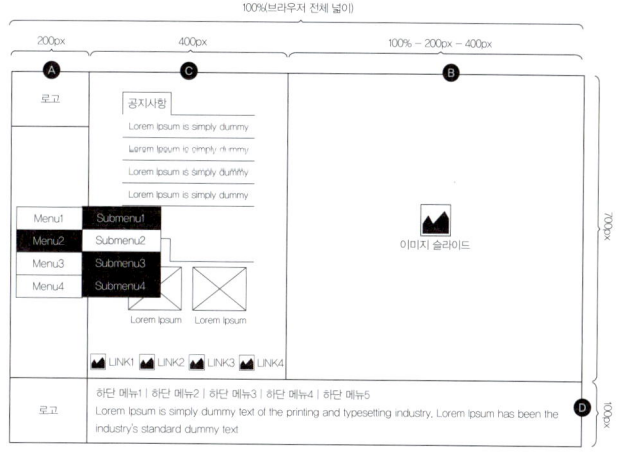

```
<div class="wrap">
    <div class="top">
        <header>
            헤더영역
        </header>
        <div class="contents">
            <article class="notice">
                공지사항영역
            </article>
            <article class="gall">
                갤러리영역
            </article>
            <article class="go">
                바로가기영역
            </article>
        </div>
        <div class="slide">
            슬라이드영역
        </div>
    </div>
    <footer>
        푸터영역
    </footer>
</div>
```

```html
<!DOCTYPE html>
<html lang="ko">
<head>
  <meta charset="UTF-8">
  <meta name="viewport" content="width=device-width, initial-scale=1.0">
  <title>에코아트갤러리</title>
  <link href="css/style.css" rel="stylesheet"><!-- CSS 연결 -->
  <script src="js/jquery-1.12.3.js"></script><!-- jQuery 라이브러리 연결 -->
  <script src="js/script.js"></script><!-- jQuery 연결 -->
</head>
<body>
  <div class="wrap">
    <div class="top">
      <header>
        헤더영역
      </header>
      <div class="contents">
        <article class="notice">
          공지사항영역
        </article>
        <article class="gall">
          갤러리영역
        </article>
        <article class="go">
          바로가기영역
        </article>
      </div><!--//contents 닫은 태그-->
      <div class="slide">
        슬라이드영역
      </div><!--//slide 닫은 태그-->
    </div><!--//top 닫은 태그-->
    <footer>
      푸터영역
    </footer>
  </div><!--//wrap 닫은 태그-->
</body>
</html>
```

[index.html]

요소 TIP

- 〈div〉 : 문서 내 레이아웃을 구성하거나 다른 요소를 그룹화할 때 사용
- 〈div class="wrap"〉 : 전체를 감싸는 영역
- 〈div class="top"〉 : 헤더, 콘텐츠, 슬라이드를 감싸는 영역
- 〈header〉 : 웹 페이지 머리글 영역으로 로고와 메뉴를 포함하는 영역
- 〈div class="contents"〉 : 콘텐츠(공지사항, 갤러리, 바로가기)를 감싸는 영역
- 〈article〉 : 독립적으로 구분할 수 있는 콘텐츠 영역으로 공지사항, 갤러리, 바로가기를 각각 감싸는 영역
- 〈div class="slide"〉 : 슬라이드를 감싸는 영역
- 〈footer〉 : 웹 페이지의 바닥글 영역으로 하단 로고, 저작권, 패밀리사이트, SNS 등 포함하는 영역

02 'index.html' 문서가 활성화된 상태에서 상태표시줄에 Go Live를 선택하여 웹 브라우저인 '크롬(Chrome)'으로 작업 결과를 확인합니다.

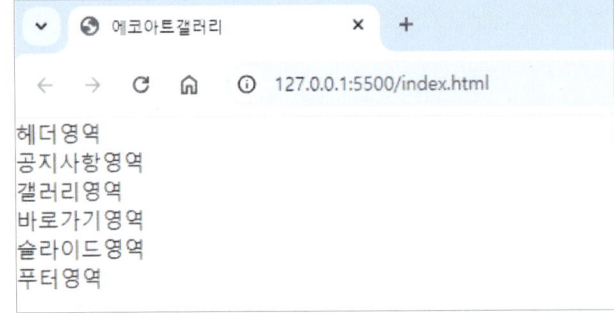

02 레이아웃 스타일 작업하기

HTML 구조를 기반으로 CSS 스타일을 적용하여, 요구사항정의서에 제시된 와이어프레임 레이아웃을 제작합니다.

01 'style.css' 문서에서 HTML 구조에 맞게 레이아웃 스타일을 'body' 스타일 다음 줄에 다음과 같이 입력하고, [파일(File)] – [저장(Save)] 또는 Ctrl + S 를 선택하여 저장합니다.

```css
.wrap {
    height:800px;
}
.top {
    height:700px;
    display:flex;
}
header {
    width:200px;
    background:#f45750;
}
.contents {
    width:400px;
    background:#40b0f9;
}
.slide {
    width:calc(100% - 600px);
    background:#00d2a5;
}
footer {
    height:100px;
    background:#666;
}
```

```css
42  .wrap {
43      height: 800px;
44  }
45  .top {
46      height: 700px;
47      display: flex;
48  }
49  header {
50      width: 200px;
51      background: #f45750;
52  }
53  .contents {
54      width: 400px;
55      background: #40b0f9;
56  }
57  .slide {
58      width: calc(100% - 600px);
59      background: #00d2a5;
60  }
61  footer {
62      height: 100px;
63      background: #666;
64  }
```

[style.css]

➕ 더 알기 TIP

- CSS 주석은 /*로 시작하고 */로 끝납니다.
- 클래스 명은 의미 있는 이름으로 만들어야 하며, 반드시 영문 소문자로 작성해야 합니다. 또한, 숫자로 시작할 수 없습니다.
- 배경색은 영역을 확인하기 위해 넣으므로 임의 색상을 입력하여 확인 후 삭제합니다.
- 클래스 명을 부를 때는 '.'으로 부르며 태그 명을 부를 때는 태그로 부릅니다.
- CSS 작성 시 속성의 순서는 필수적으로 지켜야 하는 규칙은 없지만, 가독성과 유지보수를 위해 일관된 순서를 유지하는 것이 좋습니다.
- 스타일 적용 시 선택자를 조건에 따라 얼마든지 다양하게 선택할 수 있습니다.
- CSS는 선택자가 구체적으로 작성된 순서에 따라 우선적으로 적용됩니다.
  [참고하기] PART 02 - SECTION 02 CSS 기본 다지기

💬 요소 TIP

- **.top** : 〈div class="top"〉 선택자로 〈footer〉를 제외한 헤더, 콘텐츠, 슬라이드를 감싸는 역할
  - **display:flex** : 〈div class="top"〉을 플렉스 컨테이너로 설정하여 자식 요소(header, .contents, .slide)들을 수평으로 나열. 이때 자식 요소는 부모 요소의 높이만큼 stretch 되어 들어가므로 부모 요소에 높이 값이 있는 것이 유리
- **.slide** : 〈div class="slide"〉 선택자로 슬라이드를 감싸는 역할
  - **width:calc(100% - 600px)** : CSS에서 요소의 너비를 계산하여 설정하는 방식으로 부모 요소(.top)의 전체 너비(100%)에서 헤더 영역(header)과 콘텐츠 영역(.contents) 너비를 합한 600픽셀을 뺀 값을 요소의 너비로 설정

🚩 기적의 TIP

CSS calc( ) 함수의 사용법
width: calc(100% - 600px)는 CSS에서 요소의 너비를 계산하는 방식입니다. 이 식은 부모 요소의 전체 너비(100%)에서 600픽셀을 뺀 값을 요소의 너비로 설정하여, 요소의 크기가 동적으로 변하며, 고정된 여백을 고려한 레이아웃을 만들 수 있습니다.
calc( ) 함수 내에서는 연산자와 피연산자 사이에 반드시 띄어쓰기를 해야 합니다.

> width:calc(100% - 600px); /* 올바른 구문 */

02 'index.html' 문서가 활성화된 상태에서 상태표시줄에 Go Live를 선택하여 웹 브라우저인 '크롬(Chrome)'으로 작업 결과를 확인합니다.

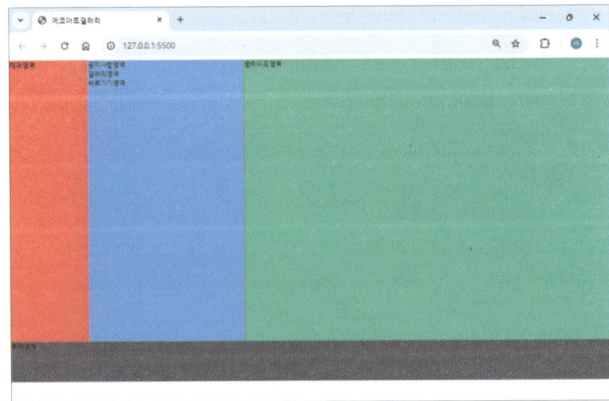

3 STEP 세부 영역별 지시사항 − Ⓐ Header 영역   약 30분

01 로고 제작하기

세부 지시사항의 A.1 로고를 제작합니다. 가로 200px, 세로 40px 크기의 로고를 직접 디자인합니다. 로고의 형태는 심볼이 없는 워드타입으로 Header 폴더의 제공된 텍스트를 사용하여 제작합니다.

01 로고 제작을 위해 포토샵을 실행합니다.

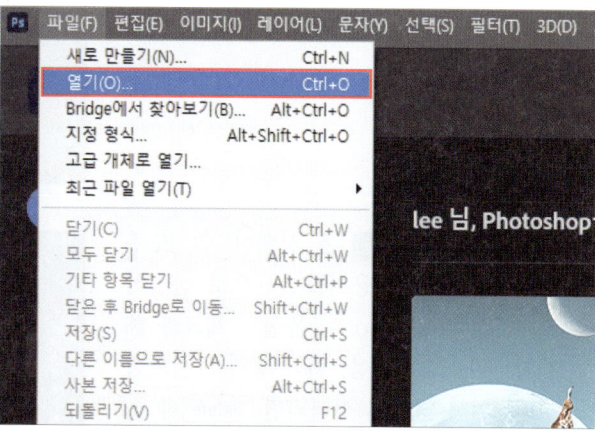

02 [파일(File)] − [열기(Open)] 또는 Ctrl + O 를 눌러 'logo.png' 파일을 불러옵니다.

03 도구 상자 패널에서 자르기 도구( )를 선택한 후, 자를 영역을 조절합니다. 그런 다음 Enter 를 누르면 선택된 부분만 남고, 해당 영역에 맞게 문서가 잘립니다.

04 로고의 흰색 배경을 제거하기 전 레이어의 자물쇠 아이콘을 클릭하여 잠금을 해제하고, 해당 레이어를 편집할 수 있도록 합니다.

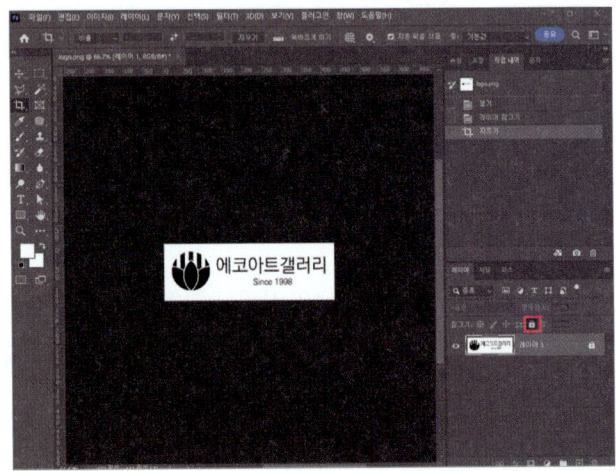

05 자동 선택 도구( )를 선택한 후, 도구 상자 옵션에서 허용치를 '20'으로 설정하고, 인접(Contiguous) 옵션의 체크를 해제합니다. 그런 다음, 흰색 영역을 선택합니다. 흰색 영역이 선택되면 Delete 를 눌러 선택된 영역을 삭제합니다. 마지막으로 Ctrl + D 를 눌러 선택 영역을 해제합니다.

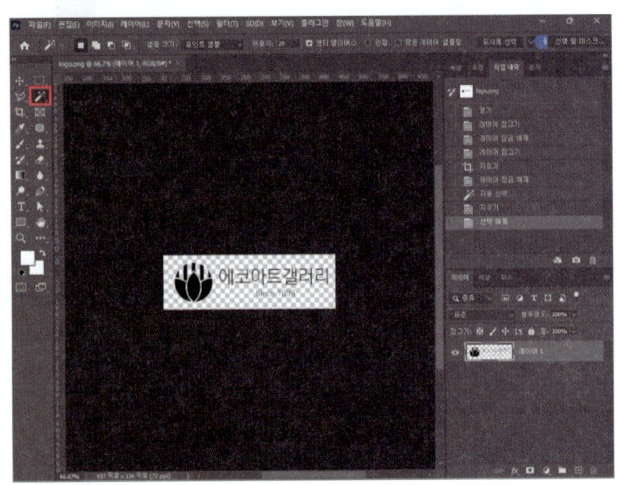

06 [이미지(Image)] – [이미지 크기(Image Size)]를 선택합니다. 종횡비 제한이 활성화된 상태에서 이미지 크기 대화상자의 '폭(Width)'을 180px로 설정합니다. 이렇게 하면 폭에 맞춰 높이도 자동으로 조절됩니다.

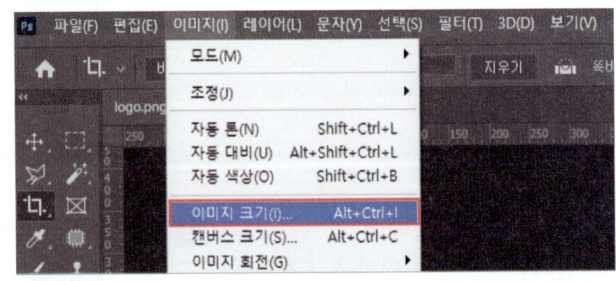

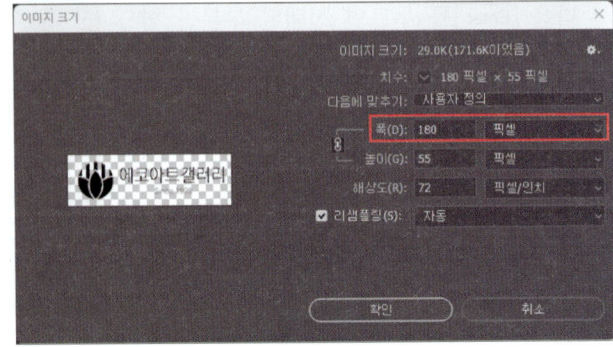

07 사각형 선택 도구(▭)로 사용해 '심볼' 영역을 선택한 후, Ctrl+Shift+J를 눌러 선택된 '심볼' 부분을 새 레이어로 잘라냅니다. 이로써 '심볼'이 별도의 레이어로 만들어집니다.

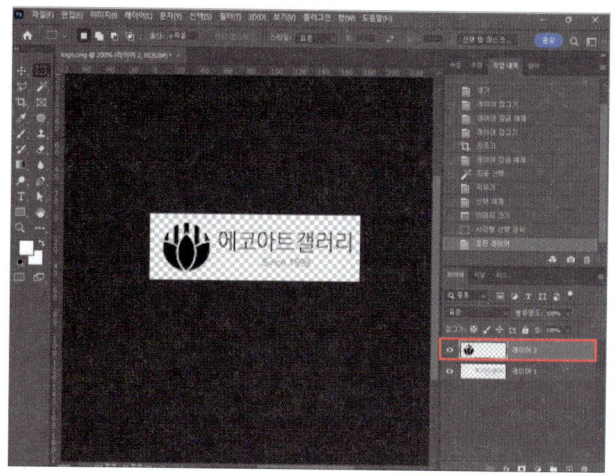

08 '심볼' 레이어를 선택한 후, [레이어 스타일(Layer Style)]에서 [색상 오버레이(Color Overlay)]를 선택하고 색상을 '#014c29'로 설정합니다. 그런 다음, [획(Stroke)] 옵션을 체크하고 획 색상을 '#9acd84'로 입력한 후, 확인을 눌러 적용합니다.

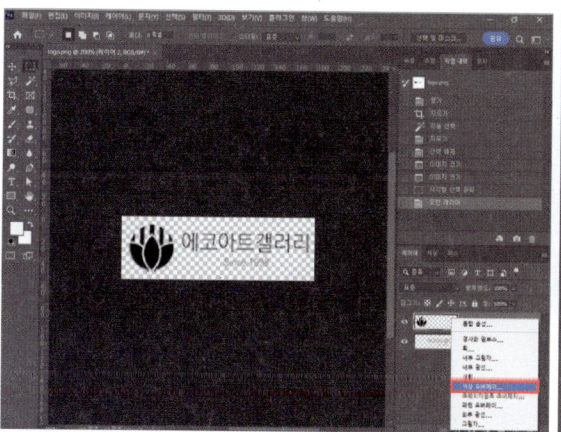
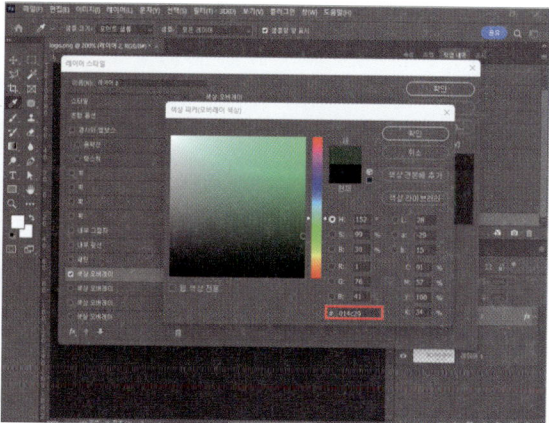
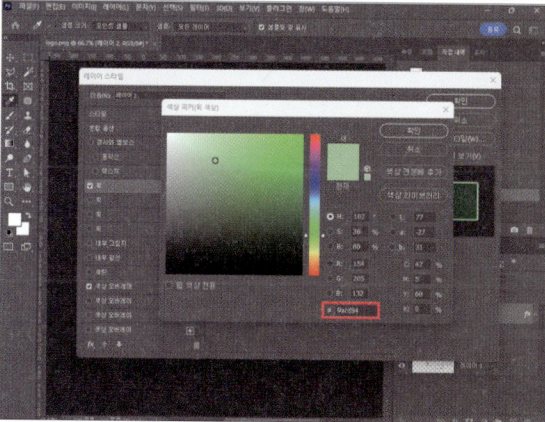
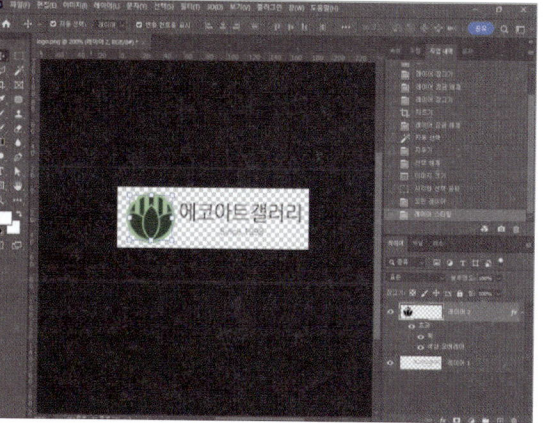

09 글자 부분의 레이어를 선택한 후, [레이어 스타일(Layer Style)]에서 [색상 오버레이(Color Overlay)]를 선택합니다. 그런 다음, 색상을 '#9acd84'로 설정하고 확인을 눌러 적용합니다.

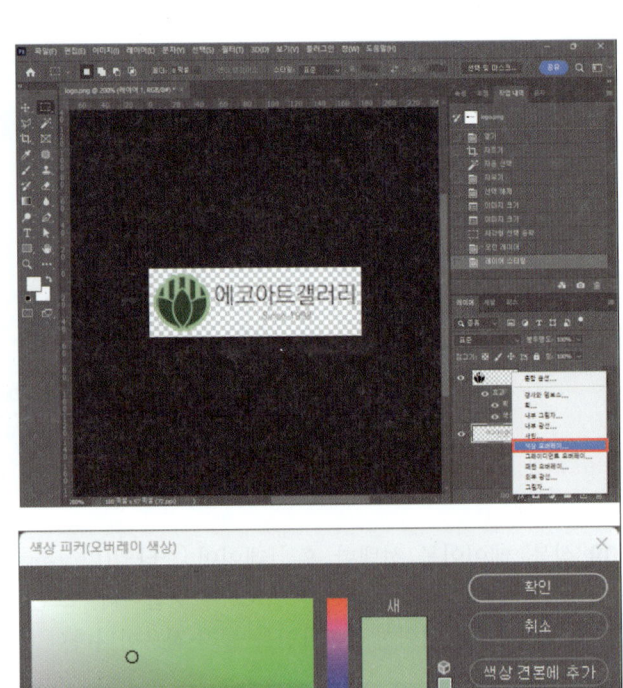

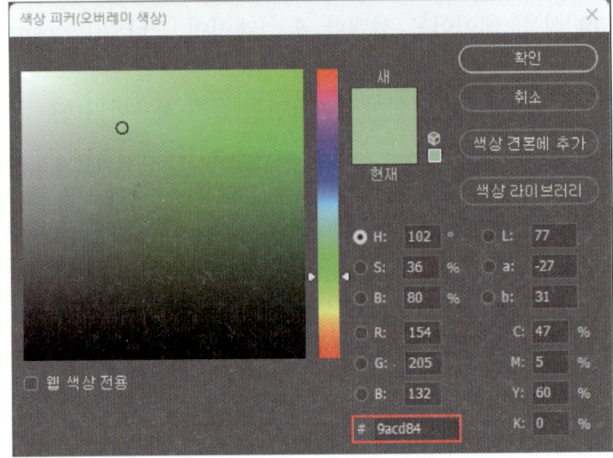

10 [파일(File)] – [다른 이름으로 저장(Save as)] 또는 Shift + Ctrl + S 를 눌러, 파일 형식 '*.psd'로 원본 저장합니다. 그리고 [파일(File)] – [내보내기(Export)] – [PNG로 빠른 내보내기(Quick Export as PNG)] 선택하고 파일 형식 '*.png'로 'images' 폴더 안에 저장합니다.

– 파일 이름 : logo.png

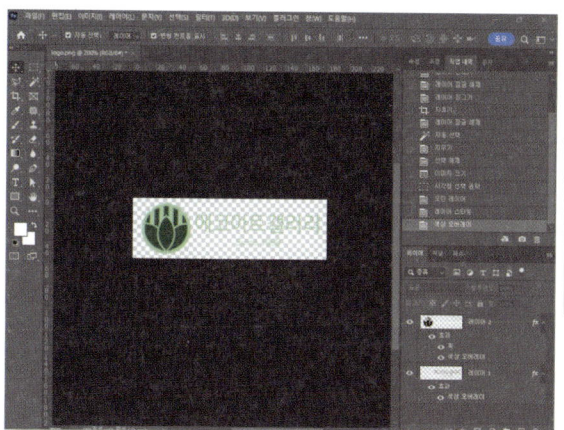

02 헤더 영역 로고 작업하기

세부 지시사항의 A.1 로고를 문서에 추가합니다.

01 Visual studio code에 'index.html' 문서를 열어, '〈header〉' 영역 안 글자를 지우고 다음과 같이 작성합니다.

〈h1〉
    〈a href="#"〉
        〈img src="images/logo.png" alt="에코아트갤러리"〉
    〈/a〉
〈/h1〉

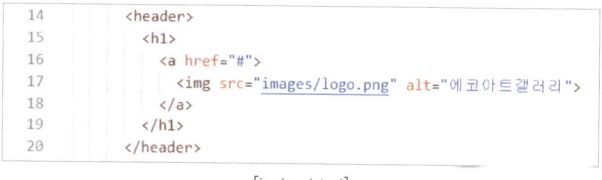

[index.html]

02 문서 저장 후 'index.html' 문서가 활성화된 상태에서 상태표시줄에 Go Live를 선택 또는 윈도우 탐색기에서 'index.html'을 웹 브라우저인 '크롬(Chrome)'으로 작업 결과를 확인합니다.

03 헤더 영역 메뉴 작업하기

세부 지시사항의 A.2 메뉴를 구성합니다. 사이트 맵과 구조도를 참고하여 메인 메뉴(Main menu)와 서브 메뉴(Sub menu)를 구성합니다.

01 요구사항정의서의 와이어프레임 메뉴 형태를 확인합니다.

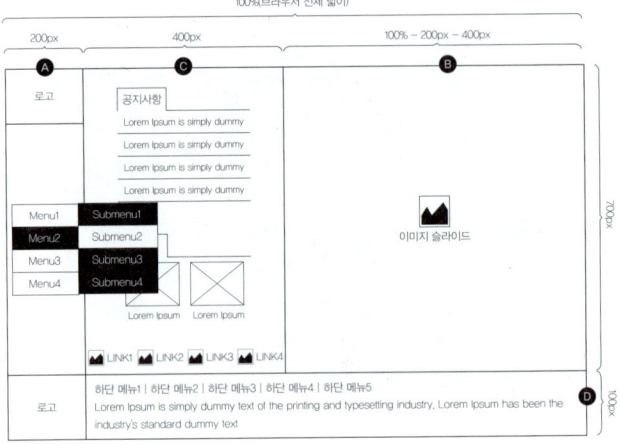

02 'index.html' 문서 〈header〉영역 내 '〈/h1〉' 다음 줄에 요구사항정의서의 '사이트 맵'을 참고하여 메뉴를 다음과 같이 작성합니다.

〈nav〉
　　〈ul〉
　　　　〈li〉〈a href="#"〉전시〈/a〉
　　　　　　〈ul class="sub"〉
　　　　　　　　〈li〉〈a href="#"〉현재 전시〈/a〉〈/li〉
　　　　　　　　〈li〉〈a href="#"〉예정 전시〈/a〉〈/li〉
　　　　　　　　〈li〉〈a href="#"〉지난 전시〈/a〉〈/li〉
　　　　　　　　〈li〉〈a href="#"〉온라인 전시〈/a〉〈/li〉
　　　　　　〈/ul〉
　　　　〈/li〉
　　　　〈li〉〈a href="#"〉아티스트〈/a〉
　　　　　　〈ul class="sub"〉
　　　　　　　　〈li〉〈a href="#"〉참여 아티스트〈/a〉〈/li〉
　　　　　　　　〈li〉〈a href="#"〉신진 작가〈/a〉〈/li〉
　　　　　　　　〈li〉〈a href="#"〉대표 작품〈/a〉〈/li〉
　　　　　　　　〈li〉〈a href="#"〉인터뷰〈/a〉〈/li〉
　　　　　　〈/ul〉
　　　　〈/li〉

[index.html]

```
            <li><a href="#">소장품</a>
                <ul class="sub">
                    <li><a href="#">주요 소장품</a></li>
                    <li><a href="#">소장품 검색</a></li>
                    <li><a href="#">기증 안내</a></li>
                    <li><a href="#">보존 및 관리</a></li>
                </ul>
            </li>
            <li><a href="#">교육 및 행사</a>
                <ul class="sub">
                    <li><a href="#">교육 프로그램</a></li>
                    <li><a href="#">워크샵</a></li>
                    <li><a href="#">강연 및 세미나</a></li>
                </ul>
            </li>
        </ul>
    </nav>
```

💬 **요소 TIP**

- 메뉴 작업 시 <nav>로 감싼 후, 순서가 없는 목록 태그인 <ul>, <li>로 작업합니다.
- 중첩목록 작업 시 쌍으로 올바르게 중첩되어야 하며, 태그가 제대로 닫혀야 합니다.
- 서브 메뉴 <ul> 요소에 클래스 명 'sub'로 설정합니다.
- **<a href="#">** : 임시 링크 추가(기술적 준수사항)

04 헤더 영역 스타일 작업하기

헤더 영역의 로고를 배치하고, 메인 메뉴(Main menu)에 마우스를 올리면(Mouse over) 하이라이트 되며, 벗어나면(Mouse out) 하이라이트가 해제됩니다. 또한, 서브 메뉴 중 하나에 마우스를 올리면 하이라이트 되고, 벗어나면 하이라이트가 해제됩니다.

01 먼저 'style.css' 문서를 활성화하여 'header'의 기존 배경색을 삭제하고, 다음과 같이 작성합니다.

```css
header {
    width:200px;
    background:#014C29;
    padding:50px 5px;
}
header h1 {
    text-align:center;
    margin-bottom:50px;
}
```

```
43  header {
44      width:200px;
45      background: #014C29;
46      padding:50px 5px;
47  }
48  header h1 {
49      text-align:center;
50      margin-bottom:50px;
51  }
```

[style.css]

💬 요소 TIP

- **header** : 〈header〉 선택자로 좌측 헤더 영역의 스타일 지정
  - **padding:50px 5px** : 위·아래 내부 여백 50픽셀, 좌·우 내부 여백 5픽셀 설정
- **header h1** : 〈header〉의 하위 요소 〈h1〉 지정
  - **text-align:center** : 〈h1〉의 하위 요소 〈img〉 인라인 요소를 수평 중앙 정렬
  - **margin-bottom:50px** : 아래쪽 바깥 여백을 50픽셀 설정하여, 〈h1〉과 〈nav〉 사이 간격 설정

02 메뉴를 클릭할 수 있는 영역은 'header h1' 스타일 다음 줄에 다음과 같이 작성합니다.

```
nav>ul>li>a {
    display:block;
    padding:10px 20px;
    color:#9acd84;
    border:1px solid #9acd84;
}
nav>ul>li:hover>a {
    background:#9acd84;
    color:#333;
}
```

```
52    nav>ul>li>a {
53        display:block;
54        padding:10px 20px;
55        color: #9acd84;
56        border:1px solid #9acd84;
57    }
58    nav>ul>li:hover>a {
59        background: #9acd84;
60        color: #333;
61    }
```
[style.css]

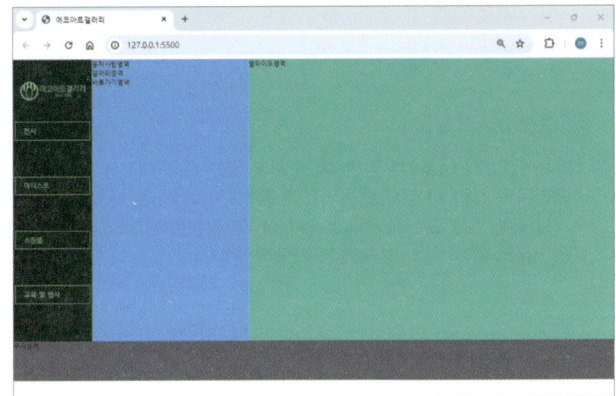

➕ 더 알기 TIP

- 블록 요소는 수직 정렬이며, 너비와 높이 설정이 가능합니다.
- 인라인 요소는 수평 정렬이며, 너비와 높이 설정이 불가능합니다.

💬 요소 TIP

- **nav>ul>li>a** : 〈nav〉의 자식 요소 〈ul〉의 자식 요소 〈li〉의 자식 요소 〈a〉 지정
  - **display:block** : 블록 요소 성질로 변경
  - **padding:10px 20px** : 위·아래 내부 여백 10픽셀, 좌·우 내부 여백 20픽셀 설정
  - **border:1px solid #9acd84** : 1픽셀 두께의 색상 #9acd84 실선 테두리 설정
- **nav>ul>li:hover>a** : 〈nav〉의 자식 요소 〈ul〉의 자식 요소 〈li〉에 마우스 올렸을 때 자식 요소 〈a〉 지정(마우스 올렸을 때 하이라이트 효과)

03 서브 메뉴는 슬라이드 영역 위에 배치되어 있으므로 공중에 띄워 서브 메뉴 스타일을 다음과 같이 작성합니다.

```css
nav{
    position:relative;
}
.sub {
    position:absolute;
    left:190px;
    top:-10px;
    z-index:10;
    width:150px;
    height:250px;
    background:#fff;
}
.sub li a {
    display:block;
    background:#fff;
    padding:10px 20px;
}
.sub li a:hover {
    background:#014c29;
    color:#fff;
}
```

```css
52  nav{
53      position:relative;
54  }
55  nav>ul>li>a {
56      display:block;
57      padding:10px 20px;
58      color: #9acd84;
59      border:1px solid #9acd84;
60  }
61  nav>ul>li:hover>a {
62      background: #9acd84;
63      color: #333;
64  }
65  .sub {
66      position:absolute;
67      left:190px;
68      top: -10px;
69      z-index:10;
70      width:150px;
71      height:250px;
72      background: #fff;
73  }
74  .sub li a {
75      display:block;
76      background: #fff;
77      padding:10px 20px;
78  }
79  .sub li a:hover {
80      background: #014c29;
81      color: #fff;
82  }
```

[style.css]

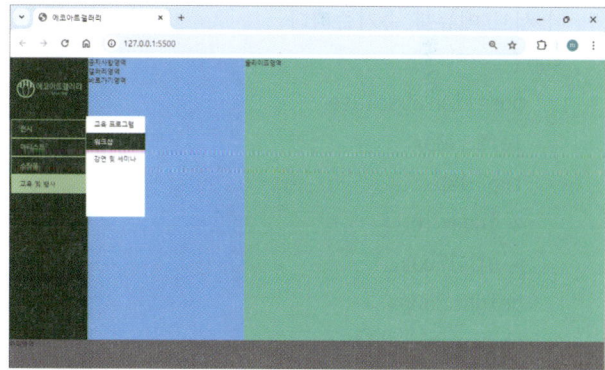

🗨 요소 TIP

- **.sub** : 〈div class="sub"〉 지정하여 서브 메뉴 스타일 지정
  - **position:absolute** : 공중에 띄워 상위 요소(nav)에 기준을 설정하여 절대 위치로 지정
  - **top:-10px** : 기준 요소(nav)의 상단에서부터 음수(위쪽으로) 10픽셀 배치
  - **left:190px** : 기준 요소(nav)의 왼쪽으로부터 190픽셀 오른쪽 배치
  - **width:150px;** : 공중에 띄운 요소에게 너비를 임의로 지정
  - **height:250px;** : .sub의 높이를 임의로 지정
- **.sub li a** : .sub의 자식 요소 〈li〉의 자식 요소 〈a〉 지정
  - **display:block** : 요소 성질을 블록 요소로 바꾸면서 상위요소의 가로 너비를 채울 수 있음
  - **padding:10px 20px** : 위·아래 내부 여백 10픽셀, 좌·우 내부 여백 20픽셀

04 서브 메뉴가 공중에 배치가 되면서 메인 메뉴의 테두리가 겹쳐 보이는 부분을 수정하기 위해 다음과 같이 작성합니다.

```
nav>ul>li>a {
    display:block;
    padding:10px 20px;
    color:#9acd84;
    border:1px solid #9acd84;
    border-bottom:0;
}
nav>ul>li:last-child>a {
    border-bottom:1px solid #9acd84;
}
```

[style.css]

💬 **요소 TIP**
- **border-bottom:0;** : 하단 테두리를 제거하여 다음 메뉴의 상단 테두리가 하단 테두리 역할을 함
- **nav>ul>li:last-child>a** : 〈nav〉의 자식 요소 〈ul〉의 자식 요소 〈li〉 중 마지막 〈li〉의 자식 요소 〈a〉 지정
  - **border-bottom:1px solid #9acd84** : 1픽셀 두께의 색상 #9acd84 하단 실선 테두리 설정

05 메인 메뉴와 서브 메뉴 스타일을 확인 후 마우스를 올려 하이라이트 효과까지 확인합니다. 잘 적용이 되었다면 '.sub'를 찾아 서브 메뉴를 숨겨줍니다.

```
.sub {
    position:absolute;
    left:190px;
    top:-10px;
    z-index:10;
    width:150px;
    height:250px;
    background:#fff;
    display:none;
}
```

[style.css]

💬 요소 TIP

- **.sub** : 〈div class="sub"〉 지정하여 서브 메뉴 스타일 지정
  - **position:absolute** : 공중에 띄워 상위 요소(nav)에 기준을 설정하여 절대 위치로 지정
  - **top:-10px** : 기준 요소(nav)의 상단에서부터 음수(위쪽으로) 10픽셀 배치
  - **left:190px** : 기준 요소(nav)의 왼쪽으로부터 190픽셀 오른쪽 배치
  - **width:150px;** : 공중에 띄운 요소에게 너비를 임의로 지정
  - **height:250px;** : .sub의 높이를 임의로 지정
  - **display:none** : 요소를 선택하여 숨김(스크립트에서 추가 작업 예정)
- **.sub li a** : .sub의 자식 요소 〈li〉의 자식 요소 〈a〉 지정
  - **display:block** : 요소 성질을 블록 요소로 바꾸면서 상위요소의 가로 너비를 채울 수 있음
  - **padding:10px 20px** : 위·아래 내부 여백 10픽셀, 좌·우 내부 여백 20픽셀

05 메뉴 스크립트 작업하기

세부 지시사항의 A.2 메뉴 효과를 구현합니다. 메인 메뉴(Main menu)에 마우스를 올리면(Mouse over) 해당 서브 메뉴(Sub menu) 영역이 서서히 보이도록 하고(Fade in), 벗어나면(Mouse out) 서브 메뉴 영역이 서서히 사라지는 작업(Fade out)을 제이쿼리(jQuery)로 진행합니다.

01 먼저 'js' 폴더 하위 파일인 'script.js' 문서를 활성화합니다. 그리고 '$(function(){...})의 {...}(중괄호)' 내에 작성합니다.

```
//메뉴
$("nav>ul>li").mouseenter(function()
{    $(this).children(".sub").stop().
fadeIn();
})
$("nav>ul>li").mouseleave(function(){
    $(".sub").stop().fadeOut();
})
```

```
1  $(function(){//html문서 로딩 후 스크립트 실행
2    //메뉴
3    $("nav>ul>li").mouseenter(function(){
4      $(this).children(".sub").stop().fadeIn();
5    })
6    $("nav>ul>li").mouseleave(function(){
7      $(".sub").stop().fadeOut();
8    })
9  })
```

[script.js]

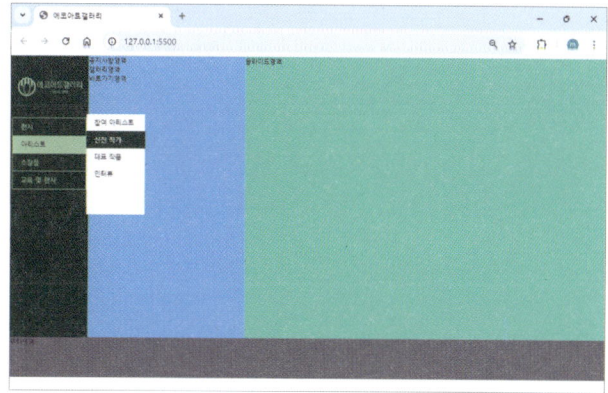

💬 요소 TIP

- **$(function( ){...})** : html 문서 로딩 후 스크립트를 실행하는 구문
- **$** : jQuery 객체를 생성하거나 선택자로 HTML 요소를 찾는 데 사용되는 단축 표기
- **$("nav>ul>li")** : jQuery 선택자로, 〈nav〉 자식 요소인 〈ul〉 자식 요소인 모든 〈li〉 선택
- **mouseenter/mouseleave** : jQuery에서 제공하는 이벤트 메서드로, 마우스가 요소에 진입하거나 요소를 떠날 때 발생하는 이벤트를 처리
- **$(this)** : 현재 선택된 요소로 nav>ul>li 요소 중 마우스가 올라간 〈li〉 요소
- **children( )** : 선택한 요소의 직계 자식 요소들을 선택
- **stop( )** : 현재 진행 중인 애니메이션을 즉시 멈추고 중복 애니메이션 발생을 방지
- **fadeIn( )/fadeOut( )** : fadeIn( )은 요소가 서서히 나타나고, fadeOut( )은 요소가 서서히 사라짐

🚩 기적의 TIP

fadeIn/fadeOut 속도 설정하기

fadeIn( )/fadeOut( ) 메서드에 속도를 '( )(괄호)'에 지정하여 애니메이션의 속도를 조절할 수 있습니다. 속도는 밀리초 단위로 지정되며, 숫자가 작을수록 애니메이션이 빠르게, 숫자가 클수록 느리게 실행됩니다.

```
$("nav>ul>li").mouseenter(function( ){
    $(this).children(".sub").stop().fadeIn(200);
})
$("nav>ul>li").mouseleave(function( ){
    $(".sub").stop().fadeOut(200);
})
```

```
1  $(function () {//html문서 로딩 후 스크립트 실행
2    //메뉴
3    $("nav>ul>li").mouseenter(function(){
4      $(this).children(".sub").stop().fadeIn(200);//2차 메뉴가 200ms 동안 서서히 나타남
5    })
6    $("nav>ul>li").mouseleave(function(){
7      $(".sub").stop().fadeOut(200);//2차 메뉴가 200ms 동안 서서히 사라짐
8    })
9  })
```
[script.js]

- **fadeIn(200)** : 2차 메뉴가 200밀리초(0.2초) 동안 서서히 나타나도록 합니다.
- **fadeOut(200)** : 2차 메뉴가 200밀리초(0.2초) 동안 서서히 사라지도록 합니다.

4 STEP 세부 영역별 지시사항 – ⓒ Contents 영역   약 30분

01 공지사항 구조 작업하기

세부 지시사항 C.1 공지사항을 제작합니다. 공지사항의 타이틀 영역과 콘텐츠 영역을 구분하고 제공된 텍스트를 바탕으로 공지사항을 만들어줍니다. 이때 첫 번째 콘텐츠 클릭(Click) 시 팝업이 나오도록 작업합니다.

01 'index.html' 문서의 '⟨article class="notice"⟩' 사이에 공지사항 내용을 다음과 같이 작성합니다.

```
<article class="notice">
    <h2>공지사항</h2>
    <ul>
        <li>
            <a href="#" class="pop">
                <p>에코아트갤러리 공지사항1</p>
                <span class="date">2025.05.25</span>
            </a>
        </li>
        <li>
            <a href="#">
                <p>에코아트갤러리 공지사항2</p>
                <span class="date">2025.05.25</span>
            </a>
        </li>
        <li>
            <a href="#">
                <p>에코아트갤러리 공지사항3</p>
                <span class="date">2025.05.25</span>
            </a>
        </li>
        <li>
            <a href="#">
                <p>에코아트갤러리 공지사항4</p>
                <span class="date">2025.05.25</span>
            </a>
        </li>
    </ul>
</article>
```

[index.html]

💬 요소 TIP

- 첫 번째 게시글을 클릭 시 팝업창이 나올 수 있도록 미리 〈a href="#" class="pop"〉 작업합니다.
- 〈h2〉 : 공지사항 영역의 제목 요소
- 〈p〉 : 공지사항의 게시글
- 〈span class="date"〉 : 공지사항 게시글의 날짜

② 공지사항 스타일 작업하기

01 'style.css' 문서에서 '.contents'의 배경색을 지우고 다음과 같이 작성합니다.

```css
.contents {
    width:400px;
    background:#9acd84;
    padding:20px 5px;
}
.notice h2 {
    width:120px;
    color:#fff;
    text-align:center;
    font-size:18px;
    padding:10px 0;
    background:#014c29;
    border-radius:15px 15px 0 0;
}
.notice ul {
    border-top:3px solid #014c29;
    padding:5px 15px;
}
.notice ul li {
    border-bottom:1px solid #014c29;
}
.notice ul li a {
    display:block;
    padding:5px 0;
    position:relative;
}
```

```
 88  .contents {
 89      width:400px;
 90      background: ■#9acd84;
 91      padding:20px 5px;
 92  }
 93  .notice h2 {
 94      width:120px;
 95      color: □#fff;
 96      text-align:center;
 97      font-size:18px;
 98      padding:10px 0;
 99      background: ■#014c29;
100      border-radius:15px 15px 0 0;
101  }
102  .notice ul {
103      border-top:3px solid ■#014c29;
104      padding:5px 15px;
105  }
106  .notice ul li {
107      border-bottom:1px solid ■#014c29;
108  }
109  .notice ul li a {
110      display:block;
111      padding:5px 0;
112      position:relative;
113  }
114  .notice ul li p {
115      width:260px;
116      white-space:nowrap;
117      overflow:hidden;
118      text-overflow:ellipsis;
119  }
120  .notice ul li span {
121      position:absolute;
122      right:0;
123      top:5px;
124  }
```

[style.css]

```css
.notice ul li p {
    width:260px;
    white-space:nowrap;
    overflow:hidden;
    text-overflow:ellipsis;
}
.notice ul li span {
    position:absolute;
    right:0;
    top:5px;
}
```

> 💬 **요소 TIP**

- 작업 시 요소의 영역을 확인하려면 임시로 배경색을 적용하여 확인한 후 삭제합니다.
- **.notice h2** : .notice의 하위 요소 〈h2〉를 지정하여, 텍스트 간의 위계질서가 보이도록 스타일 설정
  - **text-align:center** : 텍스트 수평 중앙 정렬
  - **padding:10px 0** : 위 · 아래 내부 여백 10픽셀 설정
  - **border-radius:15px 15px 0 0** : 상단 모서리를 각각 15픽셀만큼 둥글게 설정
- **.notice ul li** : .notice의 하위 요소 〈ul〉의 하위 요소 〈li〉 지정
  - **border-bottom:1px solid #014c29** : 1픽셀 두께의 색상 #014c29 하단 실선 테두리 설정
- **.notice ul li span** : .notice의 하위 요소 〈ul〉의 하위 요소 〈li〉의 하위 요소 〈span〉 지정, 공지사항 날짜 스타일 적용
  - **position:absolute** : .notice ul li p 요소의 영향을 받지 않도록 공중에 띄워 작업
  - **right:0** : 기준 요소(.notice ul li a)의 오른쪽에서부터 0픽셀 왼쪽으로 배치
  - **top:5px** : 기준 요소(.notice ul li a)의 상단에서부터 5픽셀 아래로 배치
- **.notice ul li a** : .notice의 하위 요소 〈ul〉의 하위 요소 〈li〉의 하위 요소 〈a〉 지정
  - **position:relative** : .notice ul li span의 기준 역할
  - **padding:5px 0** : 위 · 아래 내부 여백 5픽셀 설정
- 제공되는 공지사항 텍스트가 길 것을 대비하여 말 줄임표 작업
  - **width:260px** : 원하는 영역 설정
  - **white-space:nowrap** : 텍스트가 영역보다 넘칠 때 줄 바꿈 안되도록 설정
  - **overflow:hiddon** : 넘친 텍스트를 숨김
  - **text-overflow:ellipsis** : 말줄임표 ... 작업

02 작업한 모든 파일을 저장하고 'index.html' 문서가 활성화된 상태에서 상태표시줄에 Go Live를 선택하여 웹 브라우저인 '크롬(Chrome)'으로 작업 결과를 확인합니다.

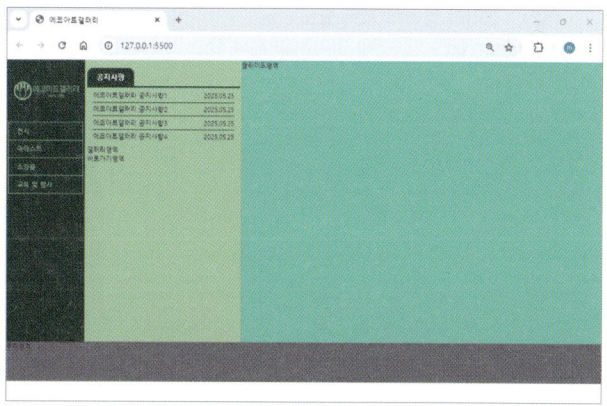

03 갤러리 구조 작업하기

세부 지시사항 C.2 갤러리를 제작합니다. 갤러리의 타이틀 영역과 콘텐츠 영역을 구분하고 제공된 이미지를 바탕으로 갤러리를 가로로 배치하여 작업합니다.

01 'index.html' 문서의 '<article class="gall"></article>' 사이에 갤러리 내용을 다음과 같이 작성합니다.

```html
<article class="gall">
    <h2>갤러리</h2>
    <ul>
        <li>
            <a href="#">
                <img src="images/g1.jpg" alt="갤러리1">
                <p class="txt">갤러리1</p>
            </a>
        </li>
        <li>
            <a href="#">
                <img src="images/g2.jpg" alt="갤러리2">
                <p class="txt">갤러리2</p>
            </a>
        </li>
    </ul>
</article>
```

```
86    <article class="gall">
87        <h2>갤러리</h2>
88        <ul>
89            <li>
90                <a href="#">
91                    <img src="images/g1.jpg" alt="갤러리1">
92                    <p class="txt">갤러리1</p>
93                </a>
94            </li>
95            <li>
96                <a href="#">
97                    <img src="images/g2.jpg" alt="갤러리2">
98                    <p class="txt">갤러리2</p>
99                </a>
100           </li>
101       </ul>
102   </article>
```
[index.html]

💬 **요소 TIP**
- `<h2>` : 갤러리 영역의 제목 요소
- `<p class="txt">` : 갤러리 이미지의 제목 요소

04 갤러리 스타일 작업하기

01 'style.css' 문서에서 '.slide' 윗줄에 갤러리 스타일을 다음과 같이 작성합니다.

```css
.gall {
    margin-top:20px;
}
.gall h2 {
    width:120px;
    color:#fff;
    text-align:center;
    font-size:18px;
    padding:10px 0;
    background:#014c29;
    border-radius:15px 15px 0 0;
}
.gall ul {
    border-top:3px solid #014c29;
    padding-top:20px;
    display:flex;
    gap:10px;
    justify-content:center;
}
.gall ul li {
    text-align:center;
}
.gall ul li a {
    display:block;
    height:100%;
}
.gall ul li img {
    width:150px;
    height:180px;
    object-fit:cover;
}
.gall ul li .txt {
    font-weight:bold;
    margin-top:10px;
}
```

```css
128  .gall {
129      margin-top:20px;
130  }
131  .gall h2 {
132      width:120px;
133      color:#fff;
134      text-align:center;
135      font-size:18px;
136      padding:10px 0;
137      background:#014c29;
138      border-radius:15px 15px 0 0;
139  }
140  .gall ul {
141      border-top:3px solid #014c29;
142      padding-top:20px;
143      display:flex;
144      gap:10px;
145      justify-content:center;
146  }
147  .gall ul li {
148      text-align:center;
149  }
150  .gall ul li a {
151      display:block;
152      height:100%;
153  }
154  .gall ul li img {
155      width:150px;
156      height:180px;
157      object-fit:cover;
158  }
159  .gall ul li .txt {
160      font-weight:bold;
161      margin-top:10px;
162  }
```

[style.css]

💬 요소 TIP

- **.gall h2** : .gall의 하위 요소 〈h2〉 지정, 텍스트 간의 위계질서가 보이도록 스타일 설정
- **.gall ul** : .gall의 하위 요소 〈ul〉 지정, 갤러리 리스트를 감싸 스타일 설정
  - **border-top:3px solid #014c29** : 3픽셀 두께의 색상 #014c29 상단 실선 테두리 설정
  - **padding-top:20px** : 위쪽 내부 여백 20픽셀 설정
  - **display:flex** : .gall ul를 플렉스 컨테이너로 설정, 자식 요소(〈li〉)들을 수평으로 나열
  - **gap:10px** : flex로 나열된 자식 요소(〈li〉)의 사이 간격 10픽셀 지정
  - **justify-content:center** : flex로 나열된 자식 요소(〈li〉)를 수평 중앙 정렬
- **.gall ul li img** : .gall의 하위 요소 〈ul〉의 하위 요소 〈li〉 하위 요소 〈img〉 지정
  - **object-fit:cover** : 이미지가 요소의 크기에 맞춰 잘리더라도 비율을 유지하며 채우도록 설정

02 작업한 모든 파일을 저장하고 'index.html' 문서가 활성화된 상태에서 상태표시줄에 Go Live를 선택하여 웹 브라우저인 '크롬(Chrome)'으로 작업 결과를 확인합니다.

05 바로가기 구조 작업하기

세부 지시사항 C.3 바로가기를 제작합니다. 바로가기 영역은 Contents 폴더에서 제공된 파일을 활용해 작업합니다.

01 'index.html' 문서의 '<article class="go"> </article>' 사이에 바로가기 내용을 다음과 같이 작성합니다.

```html
<article class="go">
    <ul>
        <li>
            <a href="#">
                <img src="images/icon01.png" alt="바로가기1">
                <h2 class="txt">바로가기1</h2>
            </a>
        </li>
        <li>
            <a href="#">
                <img src="images/icon02.png" alt="바로가기2">
                <h2 class="txt">바로가기2</h2>
            </a>
        </li>
        <li>
            <a href="#">
                <img src="images/icon03.png" alt="바로가기3">
                <h2 class="txt">바로가기3</h2>
            </a>
        </li>
        <li>
            <a href="#">
                <img src="images/icon04.png" alt="바로가기4">
                <h2 class="txt">바로가기4</h2>
            </a>
        </li>
    </ul>
</article>
```

[index.html]

💬 **요소 TIP**

<h2> : 바로가기 영역의 제목 요소

06 바로가기 스타일 작업하기

01 'style.css' 문서에서 '.slide' 스타일 윗줄에 바로가기 스타일을 다음과 같이 작성합니다.

```css
.go {
    margin-top:20px;
}
.go ul {
    border-top:3px solid #014c29;
    padding-top:50px;
    display:flex;
    gap:30px;
    justify-content:center;
}
.go ul li {
    text-align:center;
}
.go ul li .txt {
    margin-top:10px;
    font-size:16px;
}
```

```
162    .go {
163        margin-top:20px;
164    }
165    .go ul {
166        border-top:3px solid  #014c29;
167        padding-top:50px;
168        display:flex;
169        gap:30px;
170        justify-content:center;
171    }
172    .go ul li {
173        text-align:center;
174    }
175    .go ul li .txt {
176        margin-top:10px;
177        font-size:16px;
178    }
```
[style.css]

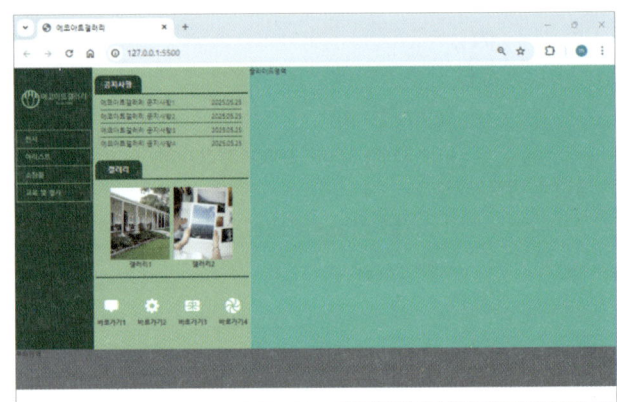

💬 요소 TIP

- **.go** : 〈article class="go"〉의 선택자로 바로가기 영역 지정
  - **margin-top:20px** : 위쪽 바깥 여백 20픽셀 설정, 갤러리 영역과 사이 간격 설정
- **.go ul** : .go의 하위 요소 〈ul〉 지정
  - **display:flex** : .gall ul를 플렉스 컨테이너로 설정, 자식 요소(〈li〉)들을 수평으로 나열
  - **gap:30px** : flex로 나열된 자식 요소(〈li〉)의 사이 간격 30픽셀 지정
  - **justify-content:center** : flex로 나열된 자식 요소(〈li〉)를 수평 중앙 정렬
- **.go ul li** : .go의 하위 요소 〈ul〉의 하위 요소 〈li〉지정
  - **text-align:center** : 수평 중앙 정렬로 〈img〉와 글자를 중앙 정렬
- **.go ul li .txt** : .go의 하위 요소 〈ul〉의 하위 요소 〈li〉의 하위 요소 〈h2 class="txt"〉 지정
  - **margin-top:10px** : 〈h2 class="txt"〉와 〈img〉의 사이 간격 설정
  - **font-size:16px** : 〈h2〉 태그의 폰트 크기를 16픽셀로 줄여줌

07 팝업창 구조 작업하기

세부 지시사항의 와이어프레임에서 팝업창의 형태를 확인합니다. Contents 폴더의 제공된 텍스트 파일을 사용하여 레이어 팝업(Layer Popup)을 제작합니다.

01 'index.html' 문서의 '</footer>' 다음 줄에 팝업창을 다음과 같이 작성합니다.

```
<div class="popup">
    <h2>에코아트갤러리 공지사항</h2>
    <p class="img"><img src="images/pop.jpg" alt="팝업 이미지 설명"></p>
    <p class="text">
        에코아트갤러리 공지사항<br>
팝업창 내용입니다.<br>
<strong>강조하고 싶은 부분은 강조해주세요!</strong>
    </p>
    <p class="close">
        <button>CLOSE X</button>
    </p>
</div>
```

[index.html]

💬 요소 TIP

- **<div class="popup">** : 팝업의 콘텐츠를 감싸주는 클래스 명이 popup인 요소
- **<p class="img">** : 팝업 내 이미지를 감싸주는 클래스 명이 img인 요소
- **<p class="text">** : 팝업 내 텍스트를 감싸주는 클래스 명이 text인 요소
- **<p class="close">** : 팝업 내 버튼 요소를 감싸주는 클래스 명이 close인 요소

08 팝업창 스타일 작업하기

01 'style.css' 문서의 'footer' 스타일 다음 줄에 팝업창의 스타일을 다음과 같이 작성합니다.

```css
.popup {
    position:absolute;
    width:500px;
    top:50%;
    left:50%;
    transform:translate(-50%, -50%);
    background:#fff;
    text-align:center;
    padding:20px;
    border:2px solid #014c29;
    border-radius:20px;
    z-index:9999;
}
```

```
188  .popup {
189      position:absolute;
190      width:500px;
191      top:50%;
192      left:50%;
193      transform:translate(-50%, -50%);
194      background:☐ #fff;
195      text-align:center;
196      padding:20px;
197      border:2px solid ■ #014c29;
198      border-radius:20px;
199      z-index:9999;
200  }
```
[style.css]

02 'style.css' 문서의 '.wrap'을 찾아 팝업창의 기준을 다음과 같이 작성합니다.

```css
.wrap {
    height:800px;
    position:relative;
}
```

```
36  .wrap {
37      height:800px;
38      position:relative;
39  }
```
[style.css]

💬 요소 TIP

- 팝업창은 모든 콘텐츠의 가장 위에 표시되어야 하므로, 공중에 띄워 작업합니다.
- .popup의 기준을 .wrap에 설정하여 .wrap의 가운데 배치합니다.
- 공중에 띄운 요소를 가운데 배치하는 방법
    - top:50% : 기준 요소의 상단에서부터 50% 아래로 배치
    - left:50% : 기준 요소의 왼쪽으로부터 50% 오른쪽으로 배치
    - transform:translate(-50%, -50%) : 자신의 너비와 높이의 50%만큼 왼쪽과 위쪽으로 이동
- text-align:center : 요소 내의 텍스트 또는 인라인, 인라인 블록 요소를 수평 중앙 정렬
- padding:20px : 사방의 내부 여백을 20픽셀로 설정
- border:2px solid #014c29 : 2픽셀 두께의 색상 #014c29 실선 테두리 설정
- border-radius:20px : 사방의 모서리를 20픽셀만큼 둥글게 설정
- z-index:9999 : position 속성으로 설정된 요소에 쌓이는 순서를 결정할 수 있으며 순서가 클수록 위로 쌓임

03 팝업의 타이틀과 내용 스타일을 '.popup' 스타일 다음 줄에 다음과 같이 작성합니다.

```css
.popup h2 {
    color:#014c29;
    margin-bottom:20px;
}
.popup .text {
    margin:20px 0;
}
.popup .close {
    text-align:right;
}
.popup .close button {
    background:#014c29;
    border:0;
    padding:10px;
    color:#fff;
}
.popup .close button:hover {
    background:#333;
}
```

```css
201    .popup h2 {
202        color:#014c29;
203        margin-bottom:20px;
204    }
205    .popup .text {
206        margin:20px 0;
207    }
208    .popup .close {
209        text-align:right;
210    }
211    .popup .close button {
212        background:#014c29;
213        border:0;
214        padding:10px;
215        color:#fff;
216    }
217    .popup .close button:hover {
218        background:#333;
219    }
```

[style.css]

💬 **요소 TIP**

- **.popup .text** : .popup의 하위 요소 .text를 지정하여 팝업 내 텍스트 스타일 지정
  - margin:20px 0 : 위·아래 바깥 여백 20픽셀 설정
- **.popup .close** : .popup의 하위 요소 .close를 지정하여 팝업 내 버튼을 감싸는 영역
  - text-align:right : 인라인 블록 요소인 〈button〉 우측 정렬
- **.popup .close button** : .popup의 하위 요소 .close 하위 요소 〈button〉 지정
  - border:0 : 〈button〉의 기본 테두리를 제거
- **.popup .close button:hover** : .popup의 하위 요소 .close 하위 요소 button에 마우스를 올렸을 때 스타일 지정
- **.popup .close button** : .popup의 하위 요소 .close 하위 요소 〈button〉 지정

04 작업한 모든 파일을 저장하고 'index. html' 문서가 활성화된 상태에서 상태표시줄에 Go Live를 선택하여 웹 브라우저인 '크롬(Chrome)'으로 작업 결과를 확인합니다. 팝업창의 스타일 작업이 완료되었다면 팝업창을 숨깁니다.

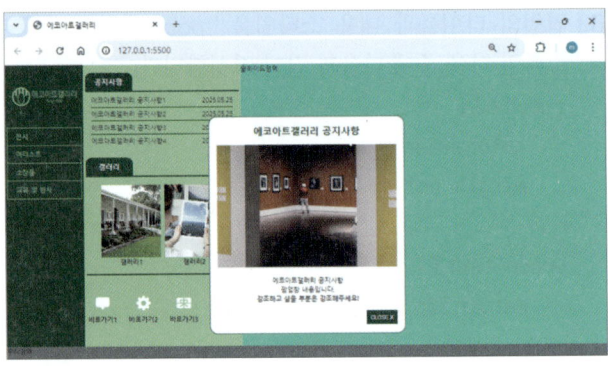

```
.popup {
    position:absolute;
    width:500px;
    top:50%;
    left:50%;
    transform:translate(-50%, -50%);
    background:#fff;
    text-align:center;
    padding:20px;
    border:2px solid #014c29;
    border-radius:20px;
    z-index:9999;
    display:none;
}
```

```
188  .popup {
189    position:absolute;
190    width:500px;
191    top:50%;
192    left:50%;
193    transform:translate(-50%, -50%);
194    background: #fff;
195    text-align:center;
196    padding:20px;
197    border:2px solid #014c29;
198    border-radius:20px;
199    z-index:9999;
200    display: none;
201  }
```
[style.css]

> **요소 TIP**
> display:none : 요소를 선택하여 숨김(스크립트에서 추가 작업 예정)

09 팝업창 스크립트 작업하기

세부 지시사항의 C.1 공지사항 팝업 효과를 구현합니다. 공지사항의 첫 번째 게시글을 클릭(Click) 시 레이어 팝업(Layer Popup)이 나오도록 작업하며, 레이어 팝업의 Close 버튼을 클릭하면 해당 레이어 팝업이 닫히도록 작업합니다.

01 'script.js' 문서에서 마지막 줄 '})' 안쪽에 팝업창 스크립트를 다음과 같이 작성합니다.

```
//팝업
$(".pop").click(function(){
    $(".popup").show();
    return false;
})
$(".close button").click(function(){
    $(".popup").hide();
})
```

```
9    //팝업
10   $(".pop").click(function(){
11     $(".popup").show();
12     return false;
13   })
14   $(".close button").click(function(){
15     $(".popup").hide();
16   })
```
[script.js]

> 💬 **요소 TIP**
> - $(".pop") : jQuery 선택자로, HTML 문서 내 공지사항의 첫 번째 게시물 .pop 지정
> - .click(function( ){ ... }) : jQuery에서 제공하는 이벤트 메서드로 클릭 시 {}(중괄호) 내 실행문을 실행
> - $(".popup") : jQuery 선택자로, 숨겨 놓은 팝업창의 .popup 요소 지정
> - show( )/hide( ) : show( )는 요소를 표시하는 이벤트, hide( )는 요소를 숨기는 이벤트

02 작업한 모든 파일을 저장하고 'index.html' 문서가 활성화된 상태에서 상태표시줄에 Go Live를 선택하여 웹 브라우저인 '크롬(Chrome)'으로 작업 결과를 확인합니다. 공지사항 첫 번째 게시글을 클릭하면 팝업창이 열리고, Close 버튼을 클릭하면 팝업창이 닫힙니다.

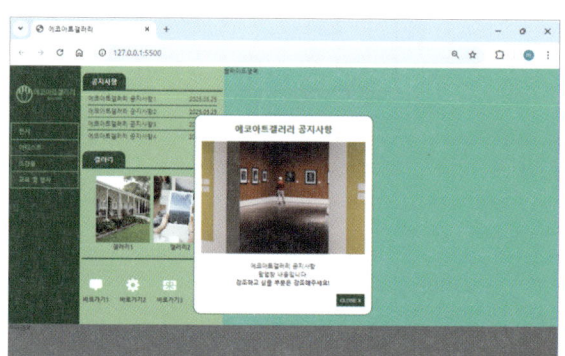
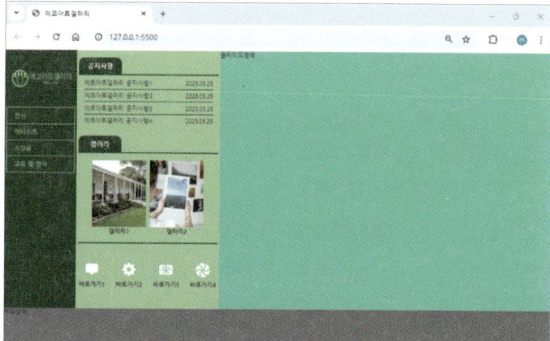

5 STEP 세부 영역별 지시사항 – ⑧ Slide 영역   약 40분

01 슬라이드 영역 구조 작업하기

세부 지시사항의 B 슬라이드를 제작합니다. 먼저 슬라이드의 구조를 잡은 후 제공된 텍스트 간의 위계질서를 직관적으로 알 수 있도록 글자체, 굵기, 색상, 크기를 적절하게 설정합니다.

01 '수험자 제공 폴더'에 있는 이미지를 'images' 폴더로 복사합니다. 이미지 크기를 확인한 후, 필요하다면 크기를 조정하고, 파일명도 필요한 경우 수정합니다.
[참고하기] PART 03 – SECTION 02 Photoshop 필수 기능

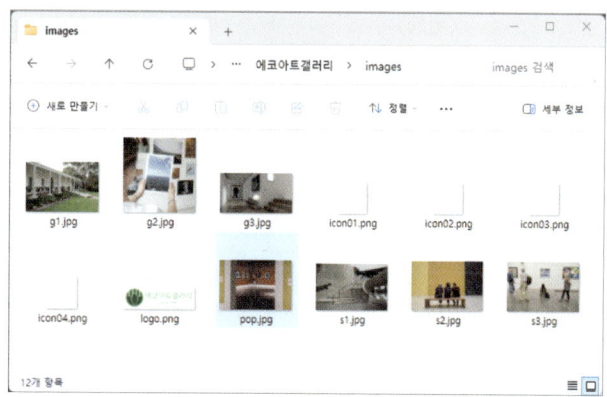

02 'index.html' 문서에서 '〈div class="slide"〉〈/div〉' 사이에 다음과 같이 작성합니다.

```html
<div class="slide">
    <ul>
        <li class="s1">
            <a href="#">
                <div class="text">
                    <h2>에코아트갤러리 슬라이드1</h2>
                    <p>2025년 1월 1일 ~ 2030년 6월 30일까지!</p>
                </div>
            </a>
        </li>
        <li class="s2">
            <a href="#">
                <div class="text">
                    <h2>에코아트갤러리 슬라이드2</h2>
                    <p>2025년 1월 1일 ~ 2030년 6월 30일까지!</p>
                </div>
            </a>
        </li>
        <li class="s3">
            <a href="#">
                <div class="text">
                    <h2>에코아트갤러리 슬라이드3</h2>
                    <p>2025년 1월 1일 ~ 2030년 6월 30일까지!</p>
                </div>
            </a>
        </li>
    </ul>
</div>
```

[index.html]

> 💬 **요소 TIP**
> - **〈li class="s1"〉** : 각각 배경 이미지를 넣을 수 있도록 클래스 작업
> - **〈div class="text"〉** : 각 슬라이드의 텍스트를 감싸는 요소

02 슬라이드 영역 스타일 작업하기

세부 지시사항의 B 슬라이드 애니메이션 효과를 확인합니다. 슬라이드 애니메이션이 위에서 아래 또는 아래에서 위로 이동하는 애니메이션을 고려하여 스타일을 작업합니다.

01 'style.css' 문서를 활성화하여 '.slide'를 찾아 배경색을 지우고 다음과 같이 작성합니다.

```css
.slide {
    width:calc(100% - 600px);
}
.slide ul li {
    width:100%;
    height:700px;
}
.slide ul li a {
    display:block;
    height:100%;
}
.slide ul li.s1 {
    background:url(../images/s1.jpg) no-repeat center/cover;
}
.slide ul li.s2 {
    background:url(../images/s2.jpg) no-repeat center/cover;
}
.slide ul li.s3 {
    background:url(../images/s3.jpg) no-repeat center/cover;
}
```

[style.css]

💬 요소 TIP

- **.slide ul li** : 각 슬라이드 배경이 들어갈 수 있도록 영역을 너비와 높이 설정
  - **width:100%** : 부모 영역(.slide ul)의 너비만큼 채워줌
- **.slide ul li a** : .slide 하위 요소 〈ul〉의 하위 요소 〈li〉의 하위 요소 〈a〉 선택자로 클릭할 영역의 스타일 지정
  - **display:block** : 〈a〉 요소 성질을 블록 요소로 변경
  - **height:100%** : 〈a〉 요소의 부모 영역(〈li〉)의 높이만큼 채워줌
- **.slide ul li.s1** : .slide 하위 요소 〈ul〉의 하위 요소 〈li〉 중 클래스 명이 s1인 요소 선택자로 슬라이드 배경 스타일 지정
- **background:url(../images/s1.jpg) no-repeat center/cover** : 배경 CSS 속성 함축형
  - **background** : 색상 경로 반복 위치/크기순으로 작성(색상이 없는 경우 생략 가능)

02 각 슬라이드의 텍스트를 글자체, 굵기, 색상, 크기를 적절하게 설정하여, 가독성을 높이고, 독창성이 드러나도록 '.contents' 윗줄에 스타일을 작성합니다.

```css
.slide ul li {
    width:100%;
    height:700px;
    position:relative;
}
.slide ul li .text {
    position:absolute;
    top:50%;
    left:50%;
    transform:translate(-50%, -50%);
    background:#014c29;
    color:#fff;
    text-align:center;
    padding:20px;
    border-radius:20px 0;
    font-size:20px;
}
.slide ul li .text h2 {
    margin-bottom:20px;
}
```

```
183   .slide ul li {
184       width:100%;
185       height:700px;
186       position:relative;
187   }
188   .slide ul li a {
189       display:block;
190       height:100%;
191   }
192   .slide ul li.s1 {
193       background:url(../images/s1.jpg) no-repeat center/cover;
194   }
195   .slide ul li.s2 {
196       background:url(../images/s2.jpg) no-repeat center/cover;
197   }
198   .slide ul li.s3 {
199       background:url(../images/s3.jpg) no-repeat center/cover;
200   }
201   .slide ul li .text {
202       position:absolute;
203       top:50%;
204       left:50%;
205       transform:translate(-50%, -50%);
206       background: #014c29;
207       color: #fff;
208       text-align:center;
209       padding:20px;
210       border-radius:20px 0;
211       font-size:20px;
212   }
213   .slide ul li .text h2 {
214       margin-bottom:20px;
215   }
```
[style.css]

03 .slide ul 영역이 .slide 영역보다 넘치는 부분을 숨겨주기 위해 다음과 같이 작성합니다.

```css
.slide {
    width:calc(100% - 600px);
    overflow:hidden;
}
```

```
180   .slide {
181       width:calc(100% - 600px);
182       overflow:hidden;
183   }
```
[style.css]

💬 요소 TIP

- .slide ul에 각 슬라이드(〈li〉)의 높이를 합한 값(2100px)을 명시하지 않아도, 자식 요소가 쌓이면 .slide ul의 높이가 자동으로 커집니다.

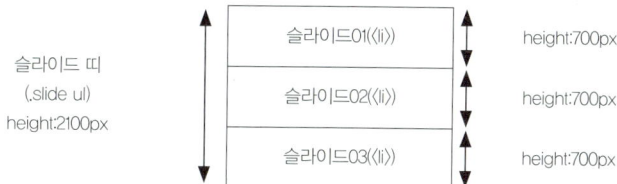

- **.slide ul li .text** : .slide 하위 요소 〈ul〉의 하위 요소 〈li〉의 하위 요소 〈div class="text"〉 지정하여 슬라이드 텍스트 스타일 적용
  - **position:absolute** : .slide ul li h2를 공중에 띄워 상위 요소(.slide ul li)에 기준을 설정하여, 절대 위치로 지정
  - **border-radius:20px 0** : 왼쪽 상단과 오른쪽 하단 모서리에 20픽셀의 둥근 테두리를 설정
- 공중에 띄운 요소를 가운데 배치하는 방법
  - **top:50%** : 기준 요소의 상단에서부터 50% 아래로 배치
  - **left:50%** : 기준 요소의 왼쪽으로부터 50% 오른쪽으로 배치
  - **transform:translate(-50%, -50%)** : 자신의 너비와 높이의 50%만큼 왼쪽과 위쪽으로 이동

04 작업한 모든 파일을 저장하고 'index.html' 문서가 활성화된 상태에서 상태표시줄에 Go Live를 선택하여 웹 브라우저인 '크롬(Chrome)'으로 작업 결과를 확인합니다.

03 슬라이드 스크립트 작업하기

세부 지시사항의 B 슬라이드 애니메이션 효과를 구현합니다. 슬라이드 애니메이션이 위에서 아래 또는 아래에서 위로 이동하는 애니메이션으로 매 3초 이내 다른 이미지로 전환되어야 하며, 웹사이트를 열었을 때 자동으로 시작되어 반복적인 슬라이드가 되도록 제이쿼리(jQuery)로 작업합니다.

01 'script.js' 문서를 활성화합니다. 그리고 'script.js' 문서의 마지막 줄 ')' 안쪽에 슬라이드 스크립트를 다음과 같이 작성합니다.

```
//슬라이드
$(".slide ul").animate({marginTop:-700},1000);
```

```
16    //슬라이드
17    $(".slide ul").animate({marginTop:-700},1000);
```
[script.js]

02 다음 슬라이드가 나올 수 있도록 i 변수를 만들어 슬라이드 공식을 작성합니다.

```
//슬라이드
let i = 0;
i++;
$(".slide ul").animate({marginTop:-700 * i},1000);
```

```
16    //슬라이드
17    let i = 0;
18    i++;
19    $(".slide ul").animate({marginTop:-700 * i},1000);
```
[script.js]

03 실행문을 반복하기 위해 해당 실행문을 함수로 감싸고, 마지막 줄에서 함수를 호출하여 실행합니다.

```
//슬라이드
let i = 0;
function slide(){
    i++;
    $(".slide ul").animate({marginTop:-700 * i},1000);
}
slide();
```

```
16    //슬라이드
17    let i = 0;
18    function slide(){
19        i++;
20        $(".slide ul").animate({marginTop:-700 * i},1000);
21    }
22    slide();
```
[script.js]

04 반복적으로 함수를 호출하기 위해 'slide();'를 'setInterval'로 변경합니다.

```
//슬라이드
let i = 0;
function slide(){
    i++;
    $(".slide ul").animate({marginTop:-700 * i},1000);
}
setInterval(slide, 3000);
```

```
16    //슬라이드
17    let i = 0;
18    function slide(){
19        i++;
20        $(".slide ul").animate({marginTop:-700 * i},1000);
21    }
22    setInterval(slide, 3000);
```
[script.js]

05 변수 i의 값이 증감식으로 인하여 무한대로 올라가므로 제어문을 통해 세 번째 슬라이드 다음 첫 번째 슬라이드가 보여지도록 작성합니다.

```
let i = 0
function slide(){
    if(i<2){
        i++;
    }else{
        i=0;
    }
    $(".slide ul").animate({marginTop:-700 * i},1000);
}
setInterval(slide, 3000);
```

[script.js]

06 작업한 모든 파일을 저장하고 'index.html' 문서가 활성화된 상태에서 상태표시줄에 Go Live를 선택하여 웹 브라우저인 '크롬(Chrome)'으로 작업 결과를 확인합니다. 웹 브라우저에서 슬라이드가 위로 이동하는 애니메이션이 3초마다 진행됩니다.

💬 요소 TIP

- **let i = 0** : 변수 i 선언 후 0을 할당
- **i++** : 증감 연산자로, 변수 i의 값을 1씩 증가시키는 역할
- **$(".slide ul")** : jQuery 선택자로, .slide의 하위 요소 〈ul〉 슬라이드 띠 선택
- **$(".slide ul").animate({marginTop:-700})** : .slide ul이 위로 음수 700만큼 이동하는 애니메이션
- **$("요소 선택").animate({"속성":"속성값"}, 적용 시간)** : 요소 선택하여 애니메이션 적용

$(".slide ul").animate({marginTop:-700},1000) = $(".slide ul").animate({"margin-top":"-700"},1000)

   − marginTop은 자바스크립트 코드에서 객체의 속성이며, "margin-top"은 문자열 데이터로 CSS 속성을 나타냅니다.
   − 속성 값 −700은 숫자형 데이터이며, "−700"은 문자열 데이터입니다. (문자열 데이터는 계산에 사용할 수 없습니다.)

- **if(조건문){실행문1}else{실행문2}** : 조건문이 참일 때 실행문1을 실행하고 거짓일 때 실행문2를 실행
- **setInterval(함수명, 밀리초)** : 지정한 시간 간격마다 주어진 함수를 반복해서 실행
- **밀리초(ms)** : 1초의 1/1,000, 1초는 1,000밀리초

기적의 TIP

무한반복 슬라이드 스크립트 작성하기
스크립트 코드는 다양한 방법으로 작성할 수 있으므로 수험자 임의로 수정 및 변경하여 사용하셔도 됩니다.

01 .slide ul을 위로 이동하는 제이쿼리를 작성합니다.
```
$(".slide ul").animate({
    marginTop:-700
},1000)
```

```
16    //슬라이드
17    $(".slide ul").animate({
18        marginTop:-700
19    },1000)
```
[script.js]

02 웹 브라우저에서 .slide ul의 이동을 확인한 후, 첫 번째 슬라이드가 .slide ul 뒤에 붙도록 콜백 함수로 작성합니다.
```
$(".slide ul").animate({
    marginTop:-700
},1000,function(){
    $(".slide ul").append($(".slide ul li").first());
})
```

```
16    //슬라이드
17    $(".slide ul").animate({
18        marginTop:-700
19    },1000,function(){
20        $(".slide ul").append($(".slide ul li").first());
21    })
```
[script.js]

03 첫 번째 슬라이드가 뒤로 이동하면 첫 번째 슬라이드의 자리에 두 번째 슬라이드가 배치되어, 우리 눈에는 세 번째 슬라이드가 보이게 됩니다. 하지만, 두 번째 슬라이드가 보여야 하므로 .slide ul의 위치를 다시 조정합니다.
```
$(".slide ul").animate({
    marginTop:-700
},1000,function(){
    $(".slide ul").append($(".slide ul li").first());
    $(".slide ul").css({marginTop:0});
})
```

```
16    //슬라이드
17    $(".slide ul").animate({
18        marginTop: -700
19    },1000,function(){
20        $(".slide ul").append($(".slide ul li").first());
21        $(".slide ul").css({marginTop:0});
22    })
```
[script.js]

04 해당 실행문을 반복할 수 있도록 함수로 감싼 후, 반복 호출을 위해 setInterval을 작성합니다.
```
function slide(){
    $(".slide ul").animate({
        marginTop:-700
    },1000,function(){
        $(".slide ul").append($(".slide ul li").first());
        $(".slide ul").css({marginTop:0});
    })
}
setInterval(slide, 3000);
```

```
16    //슬라이드
17    function slide() {
18        $(".slide ul").animate({
19            marginTop: -700
20        }, 1000, function(){
21            $(".slide ul").append($(".slide ul li").first());
22            $(".slide ul").css({marginTop:0});
23        })
24    }
25    setInterval(slide,3000);
```
[script.js]

6 STEP 세부 영역별 지시사항 – Ⓓ Footer 영역   약 20분

01 하단 로고 제작하기

세부 지시사항에 따라 D Footer 영역의 로고를 제작합니다. 이때 로고는 무채색(Grayscale)으로 변경하여 하단에 배치해야 하므로, 포토샵을 사용하여 로고를 무채색으로 변경합니다.

01 하단 로고 제작을 위해 포토샵을 실행합니다.

02 [파일(File)] – [열기(Open)] 또는 Ctrl + O 을 눌러, 'images' 폴더 안에 있는 'logo.png' 파일을 열어줍니다.

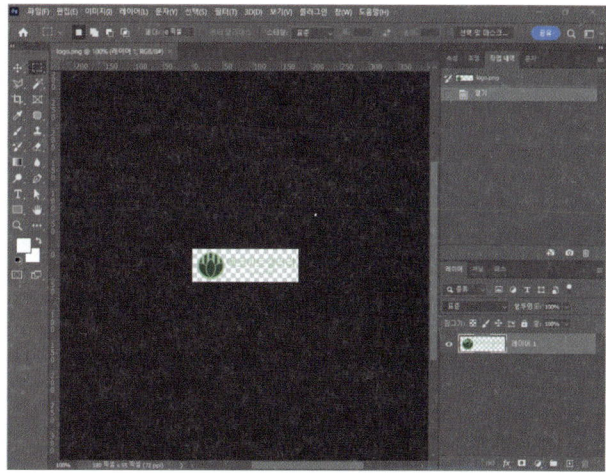

03 [이미지(Image)] – [조정(Adjustment)] – [채도 감소(Desaturate)]를 선택합니다.

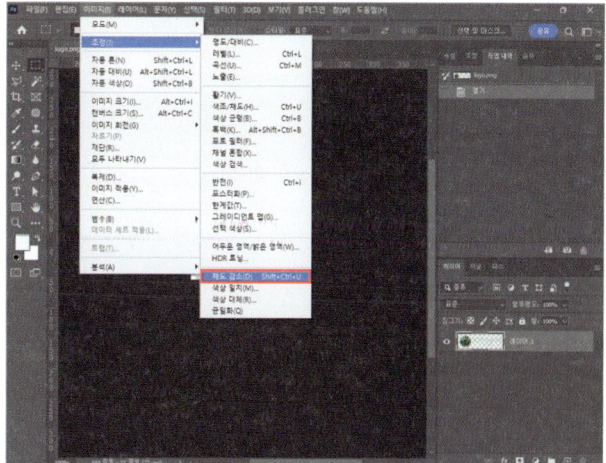

04 이미지가 무채색으로 변경된 것을 확인하고 [파일(File)] – [내보내기(Export)] – [PNG로 빠른 내보내기(Quick Export as PNG)] 선택하고, 파일 형식 '*.png'로 'images' 폴더 안에 저장합니다.
– 파일 이름 : flogo.png

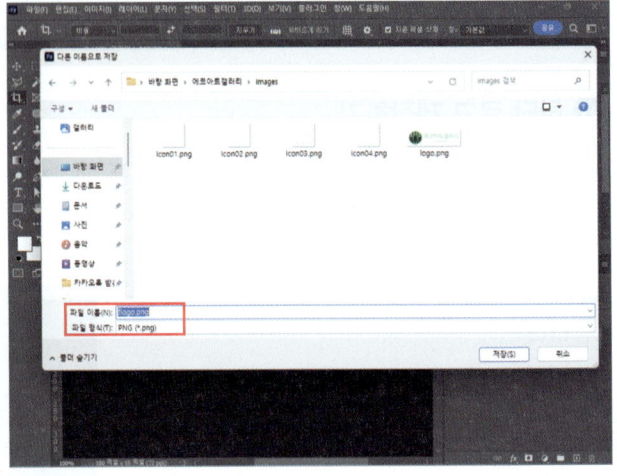

❷ 푸터 영역 구조 작업하기

제공된 텍스트와 이미지를 이용하여 하단 로고, 하단 메뉴, Copyright를 작업합니다.

01 'index.html' 문서 '〈footer〉〈/footer〉' 영역 내 텍스트를 지우고 하단 로고, 하단 메뉴, Copyright 순으로 다음과 같이 작성합니다.

〈footer〉
　〈p class="flogo"〉
　　〈img src="images/flogo.png" alt="에코아트갤러리"〉
　〈/p〉
　〈div〉
　　〈ul class="fmenu"〉
　　　〈li〉〈a href="#"〉하단 메뉴1〈/a〉〈/li〉
　　　〈li〉〈a href="#"〉하단 메뉴2〈/a〉〈/li〉
　　　〈li〉〈a href="#"〉하단 메뉴3〈/a〉〈/li〉
　　　〈li〉〈a href="#"〉하단 메뉴4〈/a〉〈/li〉
　　〈/ul〉

[index.html]

```html
            <p class="fcopy">
It is a long established fact that a reader will be distracted by the readable content.<br>
COPYRIGHT &copy; by WEB DESIGN DEVELOPMENT. ALL RIGHTS RESERVED.
            </p>
        </div>
</footer>
```

> **요소 TIP**
> - **<footer>** : 하단 로고와 하단 메뉴, Copyright를 묶어주는 요소
> - **<div>** : 하단 메뉴, Copyright를 묶어주는 요소
> - **<ul class="fmenu">** : 하단 메뉴를 감싸주는 요소
> - **©** : HTML에서 저작권 기호( )를 표시하기 위한 특수 문자

03 푸터 영역 스타일 작업하기

01 'style.css' 문서에서 'footer'를 찾아 하단 영역 스타일을 다음과 같이 작성합니다.

```css
footer {
    height:100px;
    background:#666;
    color:#fff;
    display:flex;
    gap:50px;
    align-items:center;
    padding-left:10px;
}
```

```
217  footer {
218      height:100px;
219      background: #666;
220      color: #fff;
221      display:flex;
222      gap:50px;
223      align-items:center;
224      padding-left:10px;
225  }
```
[style.css]

> **요소 TIP**
> - **footer** : <footer> 선택자로 하단 영역 스타일 지정
>   - **color:#fff** : <footer>에 글자 색상을 흰색으로 설정하면, 하위 요소들에 상속되어 .fcopy의 글자가 흰색으로 설정
>   - **display:flex** : <footer>를 플렉스 컨테이너로 설정하여, 자식 요소(.flogo, div)들을 수평으로 나열
>   - **gap:50px** : flex로 나열된 자식 요소(.flogo, div)의 사이 간격 50픽셀 지정
>   - **align-items:center** : 플렉스 컨테이너 영역(<footer>)에서 자식 요소(.flogo, div)를 수직 중앙 정렬

02 하단 메뉴와 Copyright 스타일을 위해 'footer' 스타일 다음 줄에 다음과 같이 작성합니다.

```css
footer ul {
    display:flex;
    gap:20px;
}
footer ul li {
    border-right:1px solid #fff;
    padding-right:20px;
    font-size:14px;
}
footer ul li:last-child {
    border:none;
}
footer .fcopy {
    margin-top:10px;
    font-size:14px;
}
```

```css
226  footer ul {
227      display:flex;
228      gap:20px;
229  }
230  footer ul li {
231      border-right:1px solid #fff;
232      padding-right:20px;
233      font-size:14px;
234  }
235  footer ul li:last-child {
236      border:none;
237  }
238  footer .fcopy {
239      margin-top:10px;
240      font-size:14px;
241  }
```

[style.css]

💬 **요소 TIP**

- **footer ul** : 〈footer〉의 하위 요소 〈ul class="fmenu"〉선택자로 하단 메뉴 스타일 지정
  - **display:flex** : footer ul를 플렉스 컨테이너로 설정하여, 자식 요소(〈li〉)들을 수평으로 나열
  - **gap:20px** : flex로 나열된 자식 요소(〈li〉)의 사이 간격 20픽셀 지정
- **footer ul li** : 〈footer〉의 하위 요소 〈ul〉의 하위 요소 〈li〉 지정
  - **border-right:1px solid #fff** : 1픽셀 두께의 색상 #fff 우측 실선 테두리 설정
  - **padding-right:20px** : 오른쪽 내부 여백 20픽셀 설정
- **footer ul li:last-child** : footer의 하위 요소 〈ul〉의 하위 요소 〈li〉 중 마지막 〈li〉 지정
  - **border-right:none** : 우측 테두리 제거
- **footer .fcopy** : 〈footer〉의 하위 요소 〈p class="fcopy"〉선택자로 Copyright 스타일 지정
  - **margin-top:10px** : .fcopy의 위쪽 바깥 여백 10픽셀 설정하여 하단 메뉴와 .fcopy 사이 간격 설정

03 작업한 모든 파일을 저장하고 'index.html' 문서가 활성화된 상태에서 상태표시줄에 Go Live를 선택하여 웹 브라우저인 '크롬(Chrome)'으로 작업 결과를 확인합니다.

➕ 더 알기 TIP

브라우저 창의 너비를 확인하려면 개발자 도구(F12)를 열어놓은 상태에서 창을 줄여, 웹 브라우저 우측 상단에서 너비를 확인할 수 있습니다.

💬 요소 TIP

min-width:1,200px : 요소(.wrap)의 최소 너비를 1,200픽셀로 설정하여, 브라우저 창을 1,200px이하 일 때 가로 스크롤이 생기면서 웹 페이지가 반응하지 않도록 합니다.

04 웹 브라우저에서 작업 결과를 확인할 때 브라우저 창을 줄여 레이아웃을 점검합니다. 이때 웹 페이지가 반응하며 가로 스크롤이 나타났으면 하는 지점을 확인하고, 다음과 같이 '.wrap'에 최소 너비 값을 입력합니다.

```css
.wrap {
    height: 950px;
    position:relative;
    min-width:1200px;
}
```

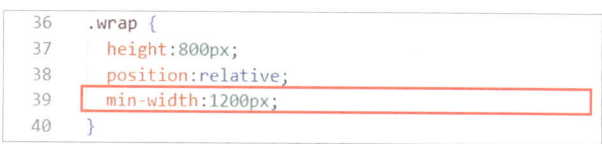

[style.css]

7 STEP 최종 검토하기   약 15분

최종 결과물 Check!
작업을 완료했다면 최종 결과물을 확인합니다.

제출 방법
1. 수험자의 비번호로 된 폴더를 제출합니다.
2. 비번호로 된 폴더 안에 'index.html', 'images', 'js', 'css' 폴더와 작업한 파일이 저장되어 있는지 확인합니다.
3. 'index.html'를 열었을 때 모든 리소스가 표시되고 정상 작동해야 합니다.
4. 비번호로 된 폴더의 용량이 10MB가 초과되지 않아야 합니다. (ai, psd 파일은 제출하지 않습니다.)

기술적 준수사항
1. HTML5 기준 웹 표준을 준수해야 합니다. 현장에서 인터넷 사용이 불가하므로 연습 시 HTML 유효성 검사로 오류가 있는지 확인합니다.
2. CSS3 기준 오류가 없도록 작업해야 합니다. 현장에서 인터넷 사용이 불가하므로 연습 시 CSS 유효성 검사로 오류가 있는지 확인합니다.
3. 스크립트 오류가 표시되지 않아야 합니다. 웹 브라우저에서 F12를 눌러 개발자 도구를 실행한 후, 콘솔(Console) 탭에서 오류가 있는지 확인합니다.
4. 'index.html'을 열었을 때 Tab 으로 요소를 이동, 선택할 수 있어야 합니다.
5. 'index.html'을 열었을 때 다양한 화면 해상도에서 페이지 레이아웃이 정상적으로 표시되어야 합니다.
6. 페이지 전체는 CSS를 이용해 레이아웃을 구성해야 합니다.
7. 브라우저에서 CSS를 '사용 안 함'으로 설정하면 콘텐츠가 기본적으로 세로로 나열되어 표시됩니다.
8. 모든 이미지는 대체 텍스트(alt 속성)를 포함하여 이미지의 의미나 용도를 명확히 전달해야 합니다.
9. 텍스트 간의 위계질서를 직관적으로 알 수 있어야 합니다.
10. 제작된 사이트의 최신 버전의 Google Chrome 브라우저에서 레이아웃, 구성 요소의 크기 및 위치 등이 정상적으로 표시되어야 합니다.

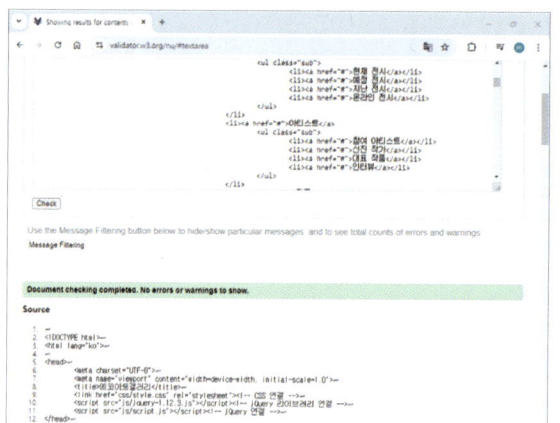

HTML 유효성 검사 - 오류 없음

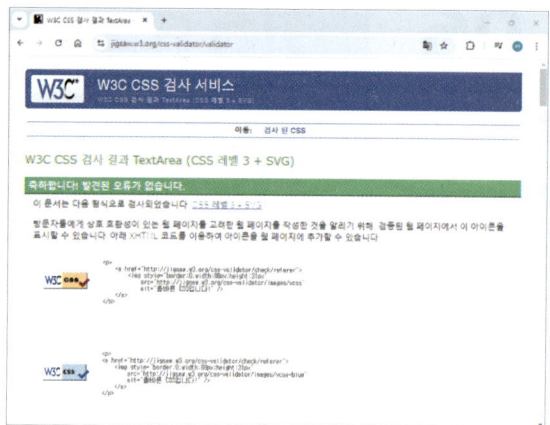

HTML 유효성 검사 - 오류 없음

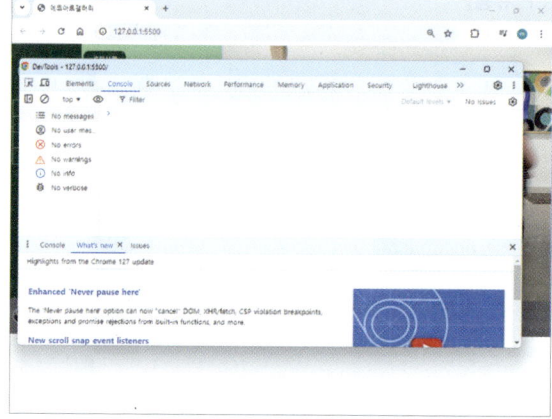

JavaScript와 jQuery의 오류 검사 - 오류 없음

06 기출 유형 문제 06회

반복학습 1 2 3

작업파일 ▶ [PART 04 〉 기출 유형 문제 06회 〉 수험자 제공 파일]을 열어서 작업하세요.

합격 강의

[공개 문제 : F 유형]

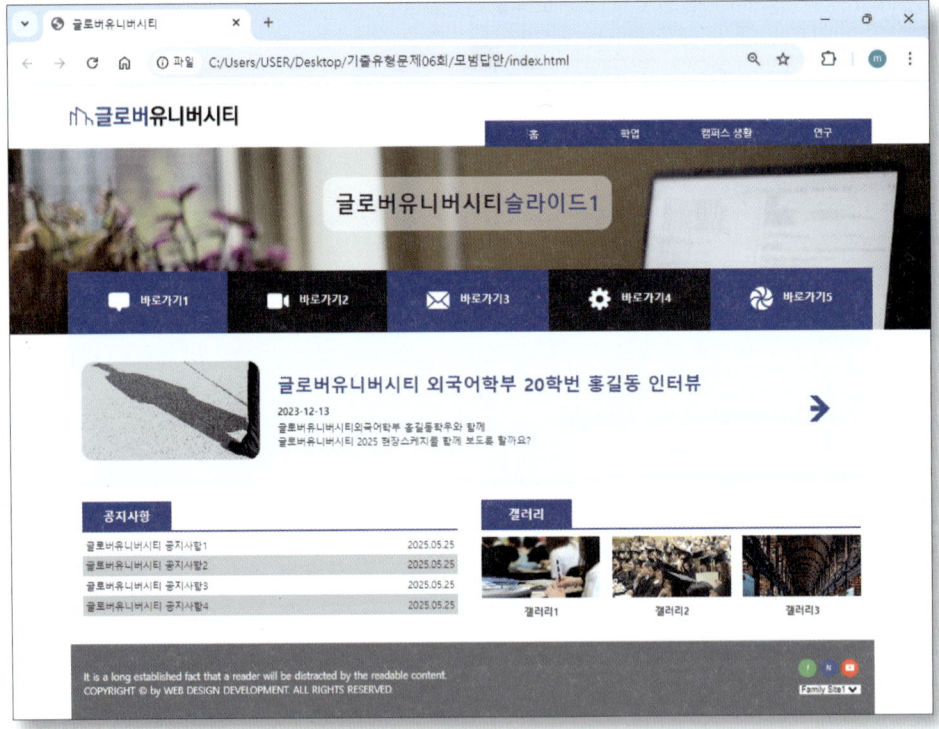

글로버유니버시티 웹사이트 제작

국가기술자격 실기시험 문제

자격 종목	웹디자인개발기능사	과제명	글로버유니버시티

1. 요구사항

※ 다음 요구사항을 준수하여 주어진 자료(수험자 제공 파일)를 활용하여 시험시간 내에 웹페이지를 제작 후 10MB **용량이 초과되지 않게** 저장 후 제출하시오.

※ 웹페이지 코딩은 **HTML5 기준 웹 표준**을 준수하여야 하며, 요구사항에 지정되지 않는 요소들은 주제 특성에 맞게 자유롭게 디자인하시오.

※ 문제에서 지시하지 않은 와이어프레임 영역 비율, 레이아웃, 텍스트의 글자체/색상/크기, 요소별 크기, 색상 등은 수험자가 과제명(가.주제) 특성에 맞게 자유롭게 디자인하시오.

가. 주제 : 글로버유니버시티 홈페이지 제작

나. 개요

세계에서 유명한 대학교인 「글로버유니버시티」의 홈페이지를 제작하고자 한다. 학생과 방문객들이 다양한 학과, 강의, 행사, 그리고 캠퍼스 생활에 대한 정보를 얻을 수 있는 웹사이트 제작을 요청하였다. 아래의 요구사항에 따라 메인 페이지를 제작하시오.

다. 제작 내용

01) 메인 페이지를 디자인하고 HTML, CSS, JavaScript 기반의 웹페이지를 제작한다. (이때 jQuery 오픈소스, 이미지, 텍스트 등의 제공된 리소스를 활용하여 제작할 수 있다.)
02) HTML, CSS의 charset은 utf-8로 해야 한다.
03) 컬러 가이드

주조색 (Main color)	보조색 (Sub color)	배경색 (Background color)	기본 텍스트의 색 (Text color)
#1b3b86	#212121	#FFFFFF	#333333

04) 사이트 맵(Site map)

	Index page / 메인(Main)			
메인 메뉴(Main menu)	홈	학업	캠퍼스 생활	연구
서브 메뉴 (Sub menu)	대학 소개 최신뉴스 공지사항 캠퍼스 갤러리	학부 프로그램 온라인 강의 학사 일정	기숙사 정보 식당 및 카페 건강 및 복시 캠퍼스 이벤트	연구 센터 연구 프로젝트 교수 연구실 학술지

| 자격 종목 | 웹디자인개발기능사 | 과제명 | 글로버유니버시티 |

05) 와이어프레임(Wireframe)

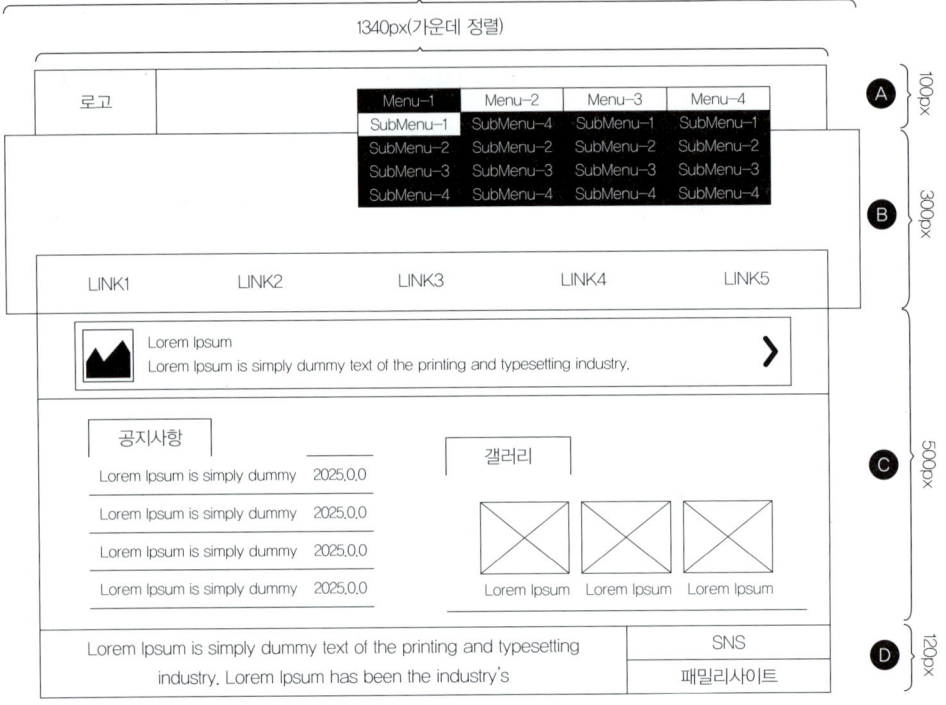

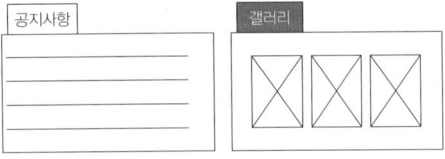

〈공지사항, 갤러리 별도 구성〉

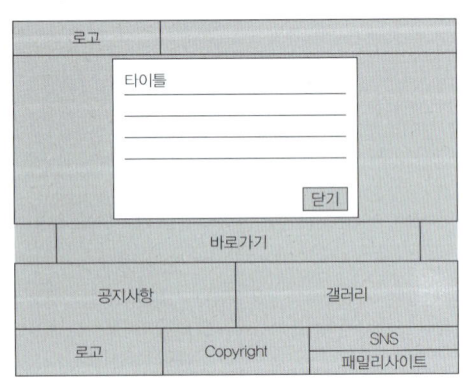

〈모달 레이어 팝업창 구성〉

자격 종목	웹디자인개발기능사	과제명	글로버유니버시티

라. 세부 영역별 지시사항

영역 및 명칭	세부 지시사항
Ⓐ Header	**A.1 로고** ○ 가로세로 300픽셀×60픽셀 크기로 웹사이트의 이미지에 적합한 로고를 직접 디자인하여 삽입한다. ○ 심벌과 로고명이 포함된 완전한 형태로 디자인한다. 로고명은 Header 폴더의 제공된 텍스트를 사용한다. **A.2 메뉴 구성** ※ 사이트 구조도를 참고하여 메인 메뉴(Main menu)와 서브 메뉴(Sub menu)로 구성한다. (1) 메인 메뉴(Main menu) 효과 [와이어프레임 참조] ○ 메인 메뉴 중 하나에 마우스를 올리면(Mouse over) 하이라이트 되고, 벗어나면(Mouse out) 하이라이트를 해제한다. ○ 메인 메뉴를 마우스로 올리면(Mouse over) 서브 메뉴 영역이 부드럽게 나타나면서, 서브 메뉴가 보이도록 한다. ○ 메인 메뉴에서 마우스 커서가 벗어나면(Mouse out) 서브 메뉴 영역은 부드럽게 사라져야 한다. (2) 서브 메뉴 영역 효과 ○ 서브 메뉴 영역은 메인 페이지 콘텐츠를 고려하여 배경 색상을 설정한다. ○ 서브 메뉴 중 하나에 마우스를 올리면(Mouse over) 하이라이트 되고 벗어나면(Mouse out) 하이라이트를 해제한다. ○ 마우스 커서가 메뉴 영역을 벗어나면(Mouse out) 서브 메뉴 영역은 부드럽게 사라져야 한다.
Ⓑ Slide	**B. Slide 이미지 제작** ○ [Slide] 폴더에 제공된 3개의 이미지로 제작한다. ○ [Slide] 폴더에 제공된 3개의 텍스트를 각 이미지에 적용하되, 텍스트의 글자체, 굵기, 색상, 크기를 적절하게 설정하여 가독성을 높이고, 독창성이 드러나도록 제작한다. **B. Slide 애니메이션 작업** ※ 위에서 작업한 결과물을 이용하여 슬라이드 작업을 한다. ○ 이미지 슬라이드는 「Fade-in, Fade-out」 효과를 이용하여 제작한다. 　(하나의 이미지가 서서히 사라지고, 다른 이미지가 서서히 나타나는 효과이다.) ○ 슬라이드는 매 3초 이내로 하나의 이미지에서 다른 이미지로 전환되어야 한다. ○ 웹사이트를 열었을 때 자동으로 시작되어 반복적으로(마지막 이미지가 슬라이드 되면 다시 첫 번째 이미지가 슬라이드 되는 방식) 슬라이드 되어야 한다.
Ⓒ Contents	**C.1 바로가기** ○ Contents 폴더의 제공된 파일을 활용하여 편집 또는 디자인하여 제작한다. **C.2 배너** ○ Contents 폴더의 제공된 파일을 활용하여 편집 또는 디자인하여 제작한다. **C.3 공지사항** ○ 공지사항 타이틀 영역과 콘텐츠 영역을 구분하여 표현해야 한다. ○ 콘텐츠는 Contents 폴더의 제공된 텍스트를 적용하여 제작한다. ○ 공지사항의 첫 번째 콘텐츠를 클릭(Click)할 경우 레이어 팝업창(Layer Pop_up)이 나타나며, 레이어 팝업창 내에 닫기 버튼을 두어서 클릭하면 해당 팝업창이 닫혀야 한다. [와이어프레임 참조] ○ 레이어 팝업의 제목과 내용은 Contents 폴더의 제공된 텍스트 파일을 사용한다. **C.4 갤러리** ○ Contents 폴더의 제공된 이미지 3개를 사용하여 가로 방향으로 배치한다. [와이어프레임 참조] ○ 갤러리의 이미지에 마우스 오버(mouse over) 시 해당 객체의 투명도(Opacity)에 변화가 있어야 한다. ※ 콘텐츠는 HTML 코딩으로 작성해야 하며, 이미지로 삽입하면 안 된다.

| 자격 종목 | 웹디자인개발기능사 | 과제명 | 글로버유니버시티 |

D Footer	D. Footer
Footer	○ Footer 폴더의 제공된 텍스트를 사용하여 Copyright, SNS(3개), 패밀리 사이트를 제작한다.

마. 기술적 준수사항

01) 웹페이지 코딩은 HTML5 기준 웹 표준을 준수하여야 하며, **HTML 유효성 검사(W3C validator)**에서 오류('ERROR')가 없도록 코딩하여야 한다.
  ※ HTML 유효성 검사 서비스는 시험 시 제공하지 않습니다. (인터넷 사용불가)
02) CSS는 별도의 파일로 제작하여 링크하여야 하며, CSS3 기준(**W3C validator**)에서 오류('ERROR')가 없도록 코딩되어야 한다.
03) JavaScript 코드는 별도의 파일로 제작하여 연결하여야 하며 Google Chrome(브라우저)에 내장된 개발도구의 Console 탭에서 오류('ERROR')가 표시되지 않아야 한다.
04) 별도로 지정하지 않은 상호작용이 필요한 모든 콘텐츠(로고, 메뉴, 버튼, 바로가기 등)는 임시 링크(예 : #)를 적용하고 'Tab, `Tab`'으로 이동 선택할 수 있어야 한다.
05) 사이트는 다양한 화면 해상도에서 일관성 있는 페이지 레이아웃을 제공해야 한다.
06) 웹 페이지 전체 레이아웃은 Table 태그 사용이 아닌 CSS를 통한 레이아웃 작업으로 해야 한다.
07) 브라우저에서 CSS를 "사용 안 함"으로 설정한 경우 콘텐츠가 세로로 나열된다.
08) 타이틀 텍스트(Title text), 바디 텍스트(Body text), 메뉴 텍스트(Menu text)의 각 글자체/굵기/색상/크기 등을 적절하게 설정하여 사용자가 텍스트 간의 위계질서(Hierarchy)를 직관적으로 알 수 있도록 한다.
09) 모든 이미지에는 이미지에 대한 대체 텍스트를 표현할 수 있는 alt 속성이 있어야 한다.
10) 제작된 사이트 메인페이지의 레이아웃, 구성요소의 크기 및 위치 등은 최신 버전의 Google Chrome에서 정상적으로 동작해야 한다.

바. 제출 방법

01) 수험자는 비번호로 된 폴더명으로 완성된 작품 파일을 저장하여 제출한다.
02) 폴더 안에는 images, script, css 등의 자료를 분류하여 저장한 폴더도 포함되어 있어야 하며, 메인페이지는 반드시 최상위 폴더에 index.html로 저장하여 제출해야 한다.
03) 수험자는 제출하는 폴더에 index.html을 열었을 때 연결되거나 표시되어야 할 모든 리소스들을 포함하여 제출해야 하며 수험자의 컴퓨터가 아닌 채점위원의 컴퓨터에서 정상 작동해야 한다.
04) 전체 결과물의 용량은 10MB 용량이 초과되지 않게 제출하며 ai, psd 등 웹서비스에 사용하지 않는 파일은 제출하지 않는다.

| 자격 종목 | 웹디자인개발기능사 | 과제명 | 글로버유니버시티 |

2. 수험자 유의사항

※ 다음의 유의사항을 고려하여 요구사항을 완성하시오.

01) 수험자 인적사항 및 답안작성은 반드시 검은색 필기구만 사용하여야 하며, 그 외 연필류, 유색 필기구, 지워지는 펜 등을 사용한 답안은 채점하지 않으며 0점 처리됩니다.
02) 수험에 필요한 소프트웨어 및 참고자료가 하드웨어에 설치되어 있는지 확인 후 작업하시오.
03) 참고자료의 내용 중 오자 및 탈자 등이 있을 때는 수정하여 작업하시오.
04) 지참공구[수험표, 신분증, 필기도구] 이외의 참고자료 및 외부장치(USB, 키보드, 마우스, 이어폰) 등 **어떠한 물품도 시험 중에 지참할 수 없음을 유의하시오.**
   (단, 시설목록 이외의 정품 소프트웨어(폰트 제외)를 설치하고자 할 때에는 감독위원의 입회하에 설치하여 사용하시오.)
05) 수험자가 컴퓨터 활용 미숙 등으로 인한 시험의 진행이 어렵다고 판단되었을 때는 감독위원은 시험을 중지시키고 실격처리를 할 수 있음을 유의하시오.
06) **바탕화면에 수험자 본인의 "비번호" 이름을 가진 폴더에 완성된 작품의 파일만을 저장하시오.**
07) 모든 작품을 감독위원 또는 채점위원이 검토하여 복사된 작품(동일 작품)이 있을 때에는 관련된 수험자 모두를 부정행위로 처리됨을 유의하시오.
08) 장시간 컴퓨터 작업으로 신체에 무리가 가지 않도록 적절한 몸풀기(스트레칭) 후 작업하시오.
09) 다음 사항에 대해서는 실격에 해당되어 채점 대상에서 제외됩니다.
   가) 수험자 본인이 수험 도중 시험에 대한 포기(기권) 의사를 표시하고 포기하는 경우
   나) 작업범위(용량, 시간)를 초과하거나, 요구사항과 현격히 다른 경우(채점위원이 판단)
   다) <u>Slide가 JavaScript(jQuery포함), CSS 중 하나 이상의 방법을 이용하여 제작되지 않은 경우</u>
      ※ 움직이는 Slide를 제작하지 않고 이미지 하나만 배치한 경우도 실격처리 됨
   라) 수험자 미숙으로 비번호 폴더에 완성된 작품 파일을 저장하지 못했을 경우
   마) 압축 프로그램을 사용하여 작품을 압축 후 제출한 경우
   바) 과제기준 20% 이상 완성이 되지 않은 경우(채점위원이 판단)

3. 지급재료 목록

일련 번호	재료명	규격	단위	수량	비고
1	수험자료 USB 메모리	32GB 이상	개	1	시험장당
2	USB 메모리	32GB 이상	개	1	시험장당 1개씩(채점위원용) ※수험자들의 작품 관리

※ 국가기술자격 실기시험 지급재료는 시험종료 후(기권, 결시자 포함) 수험자에게 지급하지 않습니다.

단계별 작업 따라하기

1 STEP 웹 페이지 기본 설정   약 15분

01 HTML5 버전 index.html 만들기

문제를 풀기 전 컴퓨터 바탕화면에 본인에게 부여된 '비번호' 폴더를 생성합니다. '비번호' 폴더 안에 'images', 'css', 'js' 폴더를 각각 생성하고, 주어진 수험자 제공 파일들을 각 폴더에 맞게 정리합니다. 본 교재는 '비번호' 대신 '글로버유니버시티' 폴더 설정 후 작업을 진행합니다.

<small>* 이 책에서는 웹 문서 편집 프로그램으로 Visual Studio Code를 사용하였습니다.</small>

01 Visual Studio Code를 실행합니다. [시작 화면] – [폴더 열기] 또는 상단 메뉴에서 [파일] – [폴더 열기]를 선택합니다.

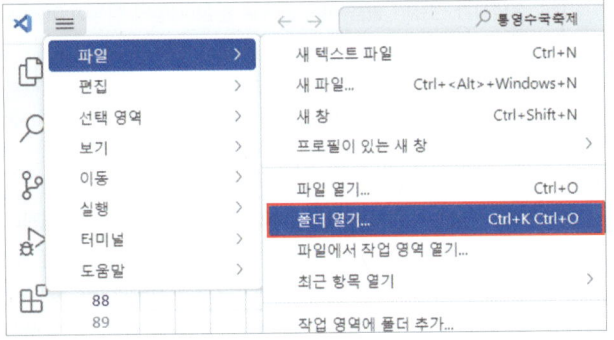

02 바탕화면에 미리 생성해 둔 '글로버유니버시티' 폴더를 선택합니다.

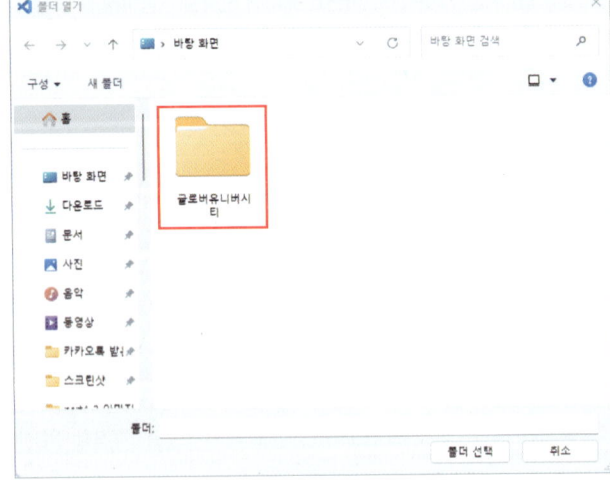

03 Visual Studio Code 좌측 탐색기 아이콘을 선택하여 탐색기 패널을 활성화합니다. 탐색기 패널에는 미리 만들어 놓은 'images', 'css', 'js' 폴더가 있습니다.

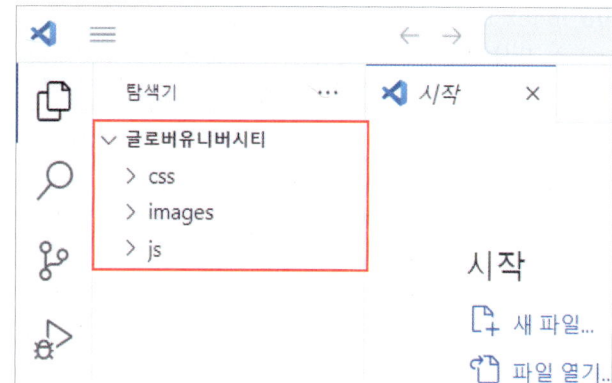

04 탐색기 패널에서 '새 파일' 아이콘을 선택하면, '글로버유니버시티' 폴더 하위에 새 파일이 생성됩니다.

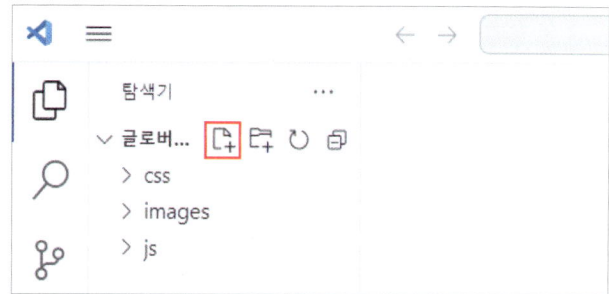

05 파일명을 'index.html'로 변경한 후 Enter 를 누르면, 우측 코드 창에 'index.html' 문서가 활성화되고 윈도우 탐색기에서 '글로버유니버시티' 폴더 하위에 'index.html'을 확인할 수 있습니다.

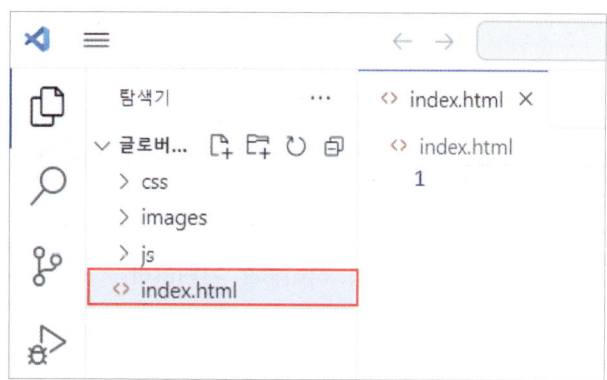

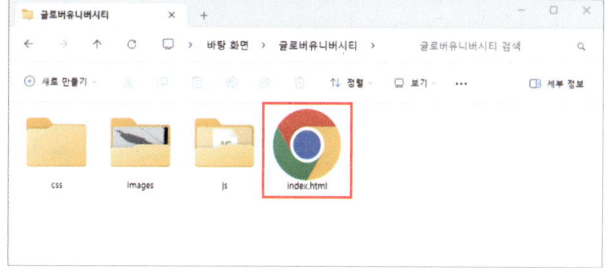

📌 **기적의 TIP**

모든 작업 폴더와 파일 이름은 영문으로, 띄어쓰기 없이 작성합니다.

06 'index.html' 문서에 HTML5 문서 형식을 작성하거나 '!'를 입력한 후 Tab 을 눌러 HTML5 문서 형식 코드를 자동 완성합니다. 이때 lang="en"을 lang="ko"로 변경하고, 〈title〉 태그에 과제명을 입력 후 [파일(File)] – [저장(Save)] 또는 Ctrl + S 를 선택하여 저장합니다.

〈!DOCTYPE html〉
〈html lang="ko"〉
〈head〉
    〈meta charset="UTF-8"〉
    〈meta name="viewport" content="width=device-width, initial-scale=1.0"〉
    〈title〉글로버유니버시티〈/title〉
〈/head〉
〈body〉
〈/body〉
〈/html〉

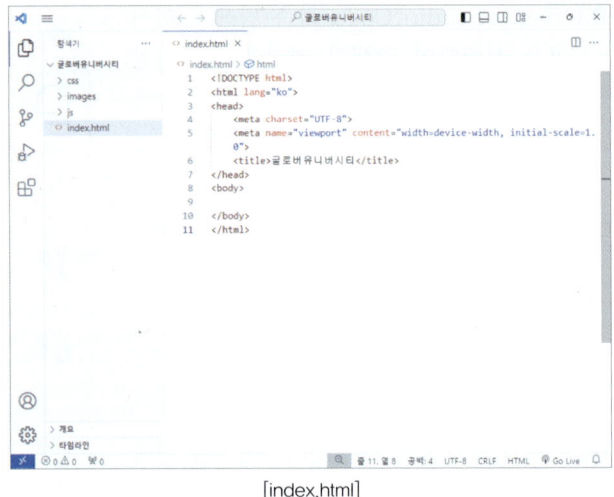

[index.html]

02 CSS 문서 만들기

작업을 시작하기 전, 실수를 줄이기 위해 미리 CSS 문서를 만듭니다.

01 탐색기 패널에 미리 만들어 놓은 'css' 폴더 선택 후 '새 파일' 아이콘을 선택하면 'css' 폴더 하위에 새 파일이 생성됩니다.

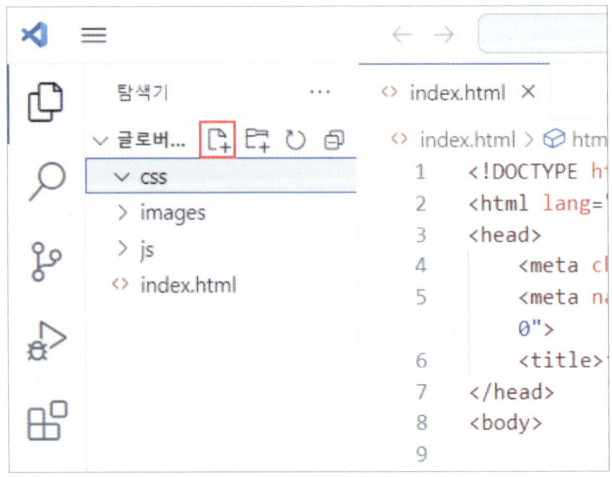

02 새 파일의 파일명을 'style.css'로 변경한 후 Enter를 누르면, 우측 코드 창에 'style.css' 문서가 활성화된 것을 확인할 수 있습니다.

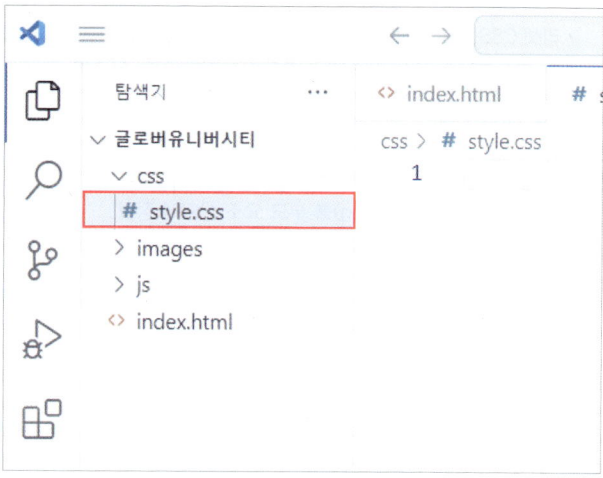

03 'style.css' 문서에 문자 인코딩 방식을 지정하는 @charset "utf-8"; 입력 후 리셋 CSS를 입력하고, [파일(File)] - [저장(Save)] 또는 Ctrl + S를 선택하여 저장합니다.

```css
@charset "utf-8";
*{
    margin:0;
    padding:0;
    box-sizing:border-box;
}
li{
    list-style:none;
}
a{
    text-decoration:none;
    color:inherit;
}
img{
    vertical-align:top;
    max-width:100%;
}
button{
    cursor:pointer;
}
body{
    background:#369;
    color:#333
}
```

[style.css]

요소 TIP

- 리셋 CSS는 모든 요소의 기본 스타일을 제거하기 위해 리셋 CSS를 작성합니다.
- * : 모든 HTML 요소 선택자로, 공통 스타일을 적용 시 사용
- box-sizing:border-box : 요소의 패딩과 테두리를 포함하여 요소의 너비 설정
- list-style:none : 목록 리스트의 불릿 숨김
- text-decoration:none : 〈a〉의 밑줄 제거
- color:inherit : 〈a〉는 글자 색을 상속받을 수 없으므로 글자 색상을 부모 요소로부터 상속받을 수 있게 설정
- vertical-align:top : 〈img〉를 부모 요소 상단에 정렬
- max-width:100% : 본래 이미지 크기보다 커지지 않으며, 부모 요소의 너비를 초과하지 않도록 설정
- cursor:pointer : 요소 위 마우스 포인터를 올렸을 때 커서 모양을 손가락 모양으로 변경
- color : '#333'은 16진수 표기법으로 'color:#333333'과 같은 색상을 나타내며, '#333'은 각 자리 숫자가 2번 반복된 6자리 값과 동일(예) 'color:#f00' → 'color:#ff0000' 빨간색)

03 Script 문서 만들기

작업을 시작하기 전, 실수를 줄이기 위해 미리 Script 문서를 만듭니다.

01 수험자 제공 파일인 제이쿼리 라이브러리 파일 'jquery-1.12.3.js'를 '글로버유니버시티' 하위 폴더의 'js' 폴더로 이동해 둡니다.

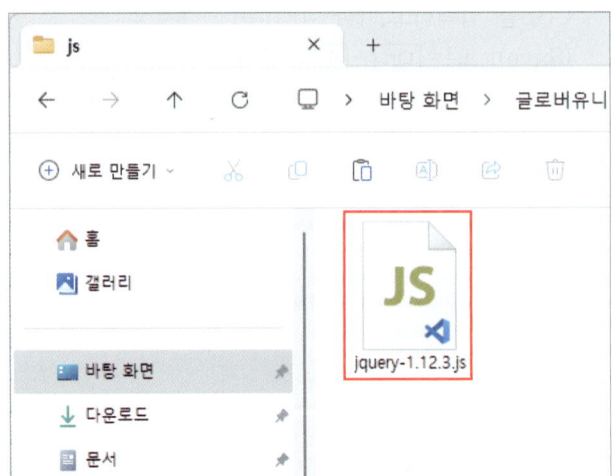

02 Visual Studio Code 탐색기 패널의 'js' 폴더 선택 후 '새 파일' 아이콘을 선택하면 하위에 새 파일이 생성됩니다.

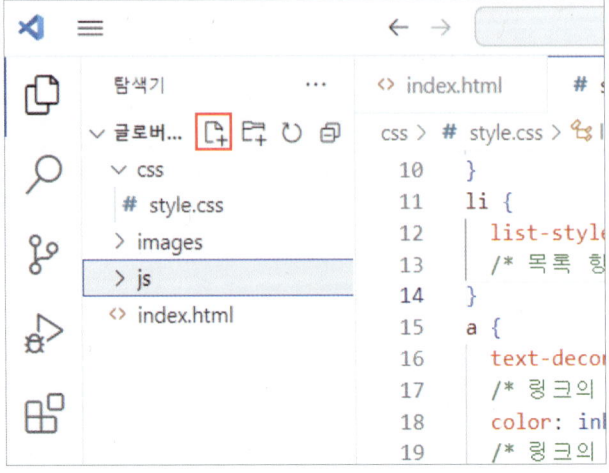

03 새 파일의 파일명을 'script.js'로 변경한 후 Enter 를 누르면, 우측 코드 창에 'script.js' 문서가 활성화된 것을 확인할 수 있습니다.

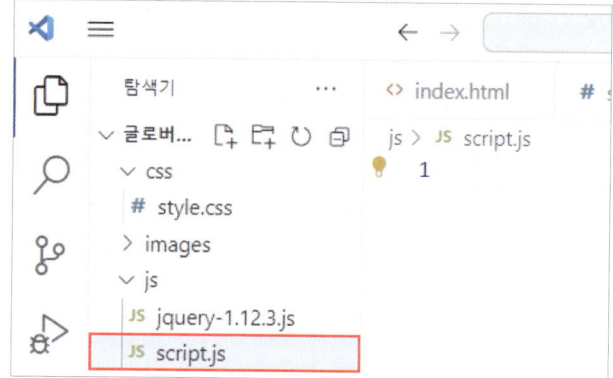

04 'script.js' 문서에 '$(function(){...})'을 입력합니다.

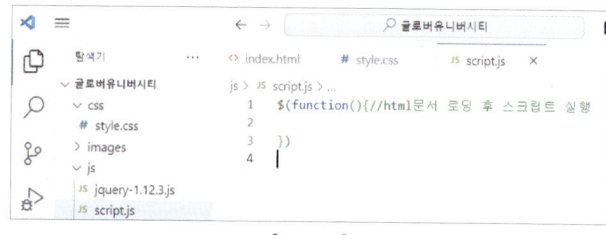

[script.js]

05 {...}(중괄호) 안 'alert("경고")'를 입력 후 Ctrl + S 로 저장합니다.

```
$(function(){
    alert("경고");
})
```

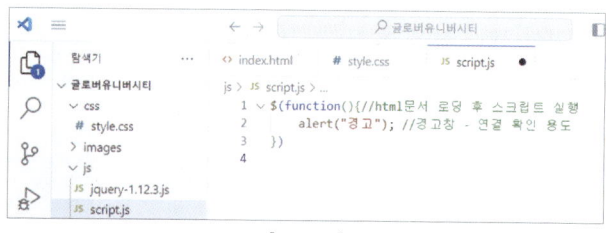

[script.js]

04 index 문서에 CSS, Script 문서 연결하기

'index.html' 문서에 CSS 문서와 Script 문서, jQuery 라이브러리를 연결합니다.

01 'index.html'에서 css와 js 문서를 '〈head〉' 태그 내 연결 후 Ctrl + S 로 저장합니다. js 문서 연결 시 jQuery 라이브러리를 먼저 작성하고, script.js를 작성합니다.

〈link href="css/style.css" rel="stylesheet"〉
〈script src="js/jquery-1.12.3.js"〉〈/script〉
〈script src="js/script.js"〉〈/script〉

[index.html]

02 Visual Studio Code에 'index.html' 문서가 활성화된 상태에서 상태표시줄에 Go Live를 선택하여 웹 브라우저인 '크롬(Chrome)'으로 확인합니다.

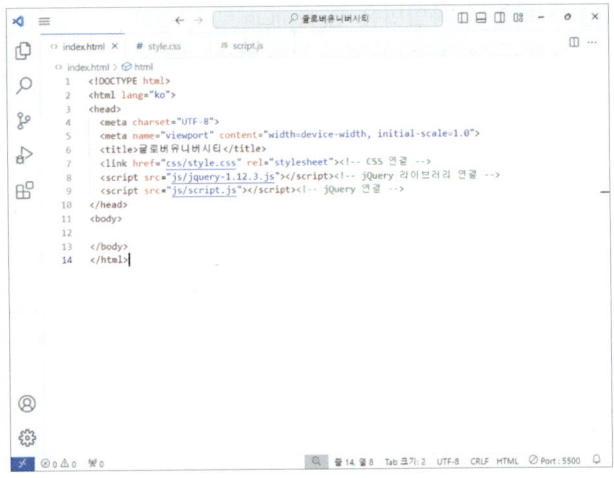

[index.html]

03 웹 브라우저의 배경색 '#369'와 경고창이 뜬다면 CSS와 Script 문서가 잘 연결된 것입니다. 확인 후 'style.css'에서 body 색상을 '#fff'로 변경하고 'script.js' 문서에서 경고창 스크립트를 삭제합니다.

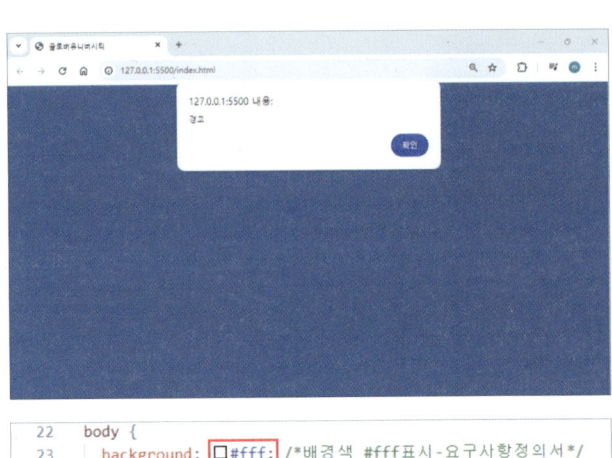

[style.css]

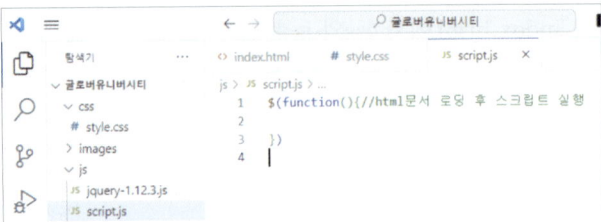

[script.js]

> **기적의 TIP**
>
> Go Live가 설치되지 않았을 때 바탕화면에서 '글로버유니버시티' 폴더의 하위 파일 'index.html' 문서를 웹 브라우저인 '크롬(Chrome)'으로 열어 작업 결과를 확인할 수 있습니다.

2 STEP 와이어프레임 - 레이아웃과 스타일 작업   약 20분

01 레이아웃 HTML 구조 작업하기

요구사항정의서에 있는 와이어프레임을 바탕으로 주어진 콘텐츠와 수치를 파악하여 레이아웃을 제작합니다. 문제에서 지시하지 않은 부분은 자유롭게 설정합니다.

01 먼저, 요구사항정의서의 와이어프레임을 보면서 HTML로 영역을 구분하는 코드를 작성합니다. 다음과 같이 작성하고 [파일(File)] - [저장(Save)] 또는 Ctrl + S 를 선택하여 저장합니다.

```
<div class="wrap">
    <header>
        헤더영역
    </header>
    <section class="slide">
        슬라이드영역
    </section>
    <div class="contents">
        <article class="go">
            바로가기영역
        </article>
        <article class="banner">
            배너영역
        </article>
        <article class="board">
            <div class="notice">
                공지사항영역
            </div>
            <div class="gall">
                갤러리영역
            </div>
        </article>
    </div>
    <footer>
        푸터영역
    </footer>
</div>
```

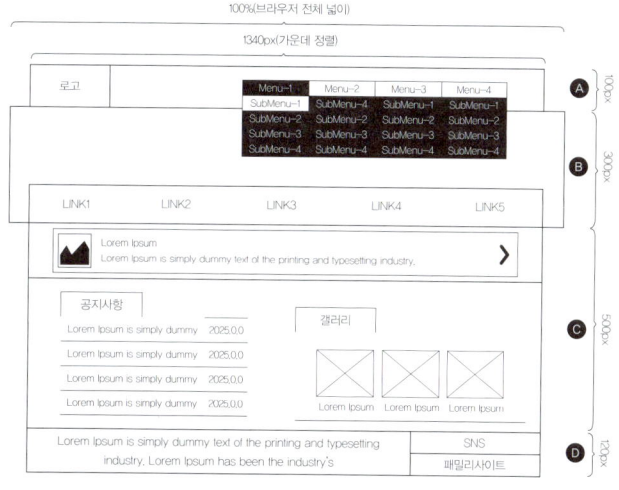

[index.html]

💬 요소 TIP

- HTML 주석은 〈!--로 시작하고 --〉로 끝납니다.
- class : 태그의 속성으로 각 태그의 이름을 지정하여 스타일을 적용하기 위해 사용되는 속성
- 홈페이지 구조화 작업 시 시맨틱 태그를 사용했으나, 다른 태그로 변경할 수 있습니다.
- 클래스 명은 각 영역에 맞게 설정했으나, 원하는 이름으로 변경할 수 있습니다.
- 〈div class="wrap"〉 : 전체를 감싸는 영역
- 〈header〉 : 웹 페이지 머리글 영역으로 로고와 메뉴를 포함하는 영역
- 〈section class="slide"〉 : 독립적인 주제를 가진 영역으로 슬라이드를 감싸는 영역
- 〈div class="contents"〉 : 바로가기, 배너, 공지사항, 갤러리를 감싸는 영역
- 〈article〉 : 독립적으로 구분할 수 있는 콘텐츠 영역으로 바로가기, 배너, 게시판을 각각 감싸는 영역
- 〈footer〉 : 웹 페이지의 바닥글 영역으로 하단 로고, 저작권, 패밀리사이트, SNS 등 포함하는 영역

02 'index.html' 문서가 활성화된 상태에서 상태표시줄에 Go Live를 선택하여 웹 브라우저인 '크롬(Chrome)'으로 작업 결과를 확인합니다.

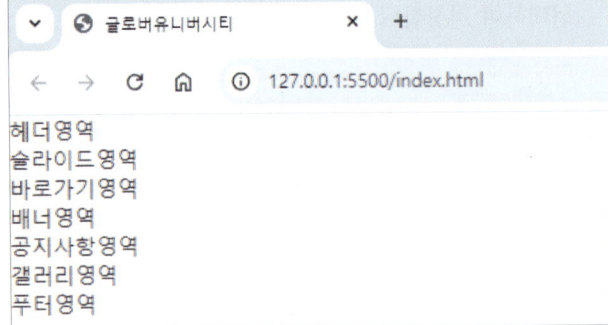

➕ 더 알기 TIP

- 배경색은 영역을 확인하기 위해 넣으므로 임의 색상을 입력하여 확인 후 삭제합니다.
- CSS 작성 시 속성의 순서는 필수적으로 지켜야 하는 규칙은 없지만, 가독성과 유지보수를 위해 일관된 순서를 유지하는 것이 좋습니다.
- CSS는 선택자가 구체적으로 작성된 순서에 따라 우선적으로 적용됩니다.

[참고하기] PART 02 - SECTION 02 CSS 기본 다지기

02 레이아웃 스타일 작업하기

HTML 구조를 기반으로 CSS 스타일을 적용하여, 요구사항정의서에 제시된 와이어프레임 레이아웃을 제작합니다.

01 'style.css' 문서에서 HTML 구조에 맞게 레이아웃 스타일을 'body' 스타일 다음 줄에 다음과 같이 입력하고, [파일(File)] – [저장(Save)] 또는 Ctrl + S 를 선택하여 저장합니다.

```css
header {
    width:1340px;
    margin:auto;
    height:100px;
    background:#f45750;
}
.slide {
    background:#40b0f9;
    height:300px;
}
.contents {
    width:1340px;
    margin:auto;
    position:relative;
}
.go {
    height:100px;
    background:#00d2a5;
    position:absolute;
    top:-100px;
    left:0;
    width:100%;
}
.banner {
    height:250px;
    background:#f4f8fb;
}
.board {
    height:250px;
    display:flex;
}
```

```css
header {
    width:1340px;
    margin:auto;
    height:100px;
    background:#f45750;
}
.slide {
    background:#40b0f9;
    height:300px;
}
.contents {
    width:1340px;
    margin:auto;
    position:relative;
}
.go {
    height:100px;
    background:#00d2a5;
    position:absolute;
    top:-100px;
    left:0;
    width:100%;
}
.banner {
    height:250px;
    background:#f4f8fb;
}
.board {
    height:250px;
    display:flex;
}
.board div {
    width:50%;
}
.board .gall {
    background:#ff884d;
}
footer {
    width:1340px;
    height:120px;
    margin:auto;
    background:#666;
}
```

[style.css]

```
.board div {
    width:50%;
}
.board .gall {
    background:#ff884d;
}
footer {
    width:1340px;
    height:120px;
    margin:auto;
    background:#666;
}
```

> 💬 요소 TIP

- **header** : 〈header〉의 선택자로 헤더 영역이 수평 중앙에 올 수 있도록 스타일 지정
  - **margin:auto** : 콘텐츠(블록 요소)를 수평 중앙에 배치할 때 사용(너비 값 필수)
  - **width:1340px** : 요구사항정의서에 표시된 너비 값
- **.contents** : 〈div class="contents"〉 선택자로 바로가기, 배너, 공지사항, 갤러리 영역 전체를 감싸는 컨테이너 역할
  - **margin:auto** : 콘텐츠(블록 요소)를 수평 중앙에 배치할 때 사용(너비 값 필수)
- **.go** : 〈article class="go"〉의 선택자로 바로가기 영역 스타일 지정
  - **position:absolute** : 공중에 띄워 상위 요소(.contents)에 기준을 설정하여 절대 위치로 지정
  - **top:-100px** : 기준 요소(.contents)의 상단에서부터 음수(위쪽으로) 100픽셀 배치
  - **width:100%** : 기준 요소(.contents)의 영역만큼 너비를 100% 설정
- **.board** : 〈article class="board"〉 선택자로 공지사항, 갤러리는 감싸는 역할
  - **display:flex** : 〈article class="board"〉를 플렉스 컨테이너로 설정하여, 자식 요소(〈div〉)들을 수평으로 나열. 이때 자식 요소는 부모 요소의 높이만큼 stretch 되어 들어가므로 부모 요소에 높이 값이 있는 것이 유리
- **.board div** : 〈article class="board"〉의 하위 요소 〈div〉 지정
  - **width:50%** : 부모 요소(〈article class="board"〉) 너비의 50% 설정

02 'index.html' 문서가 활성화된 상태에서 상태표시줄에 Go Live를 선택하여 웹 브라우저인 '크롬(Chrome)'으로 작업 결과를 확인합니다.

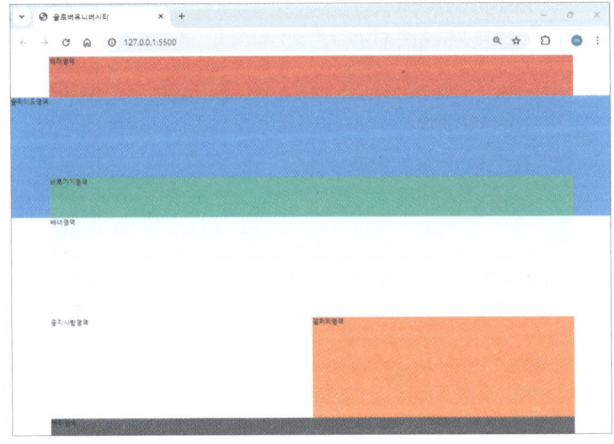

3 STEP 세부 영역별 지시사항 – Ⓐ Header 영역   약 30분

01 로고 제작하기

세부 지시사항의 A.1 로고를 제작합니다. 가로 300px, 세로 60px 크기의 로고를 직접 디자인합니다. 로고의 형태는 심볼이 있는 타입으로 Header 폴더의 제공된 텍스트를 사용하여 제작합니다.

01 로고 제작을 위해 일러스트레이터를 실행합니다.

02 [파일(File)] – [새로 만들기(New)] 또는 Ctrl+N 을 눌러 '새로운 문서 만들기'를 합니다.
- 폭(Width) : 300px
- 높이(Height) : 60px
- 색상 모드(Color Mode) : RGB 색상
- 래스터 효과(Raster Effects) : 스크린(72ppi)

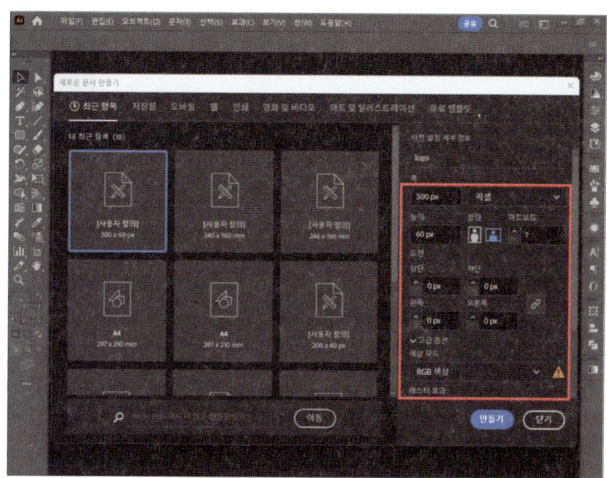

03 도구 상자에서 문자 도구(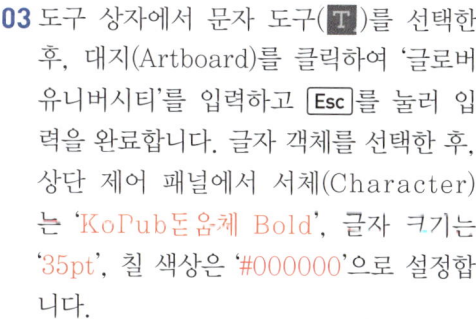)를 선택한 후, 대지(Artboard)를 클릭하여 '글로버유니버시티'를 입력하고 Esc 를 눌러 입력을 완료합니다. 글자 객체를 선택한 후, 상단 제어 패널에서 서체(Character)는 'KoPub돋움체 Bold', 글자 크기는 '35pt', 칠 색상은 '#000000'으로 설정합니다.

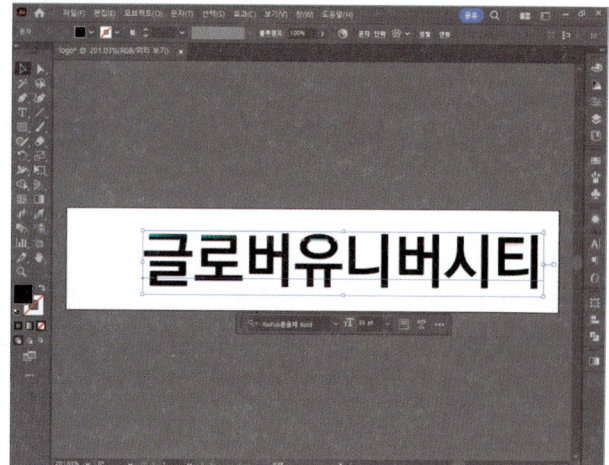

04 글자 객체를 수정하려면, 더블 클릭하여 편집 모드로 들어갑니다. '글로버'를 블록 선택한 다음, 칠 색상을 '#1b3b86'으로 변경하고 선택 도구( )를 눌러 위치를 이동합니다.

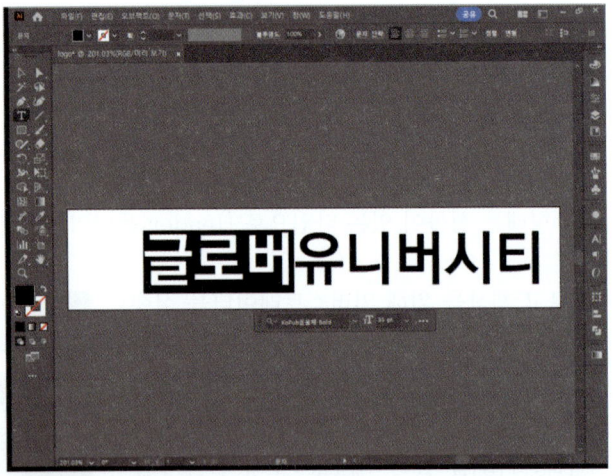

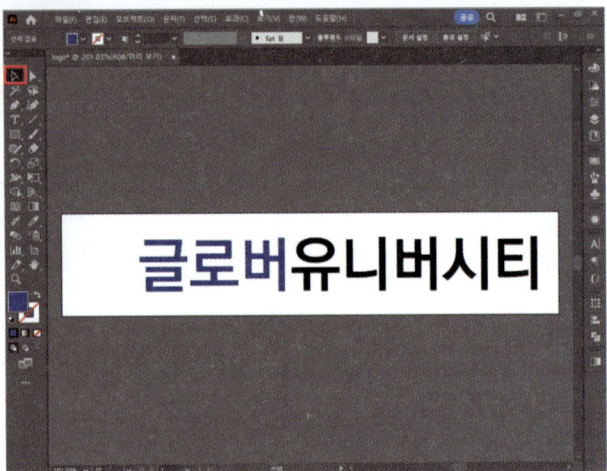

05 심볼을 만들기 위해 펜 도구( )를 선택하고, 칠과 선 교체를 선택 후 가운데 건물부터 그립니다. 펜 도구로 대지를 클릭하여 포인트를 만들고, 다음 포인트를 클릭하면 직선이 연결됩니다. 작업이 끝나면 Esc 나 Enter 를 눌러 마무리합니다.

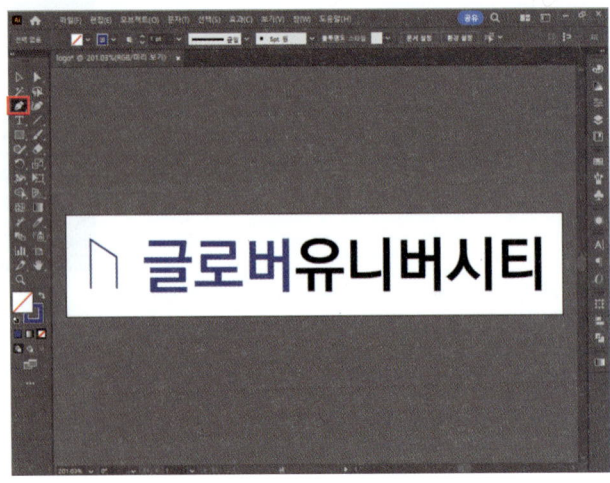

06 펜 도구로 그린 건물을 선택 도구로 선택한 후, Alt 를 누른 상태에서 드래그 앤 드롭하면 해당 오브젝트가 복제됩니다. 그런 다음, 크기를 조절합니다. 만약 그린 건물을 수정하려면 직접 선택 도구( )를 사용하여 오브젝트의 포인트를 선택하고 수정할 수 있습니다.

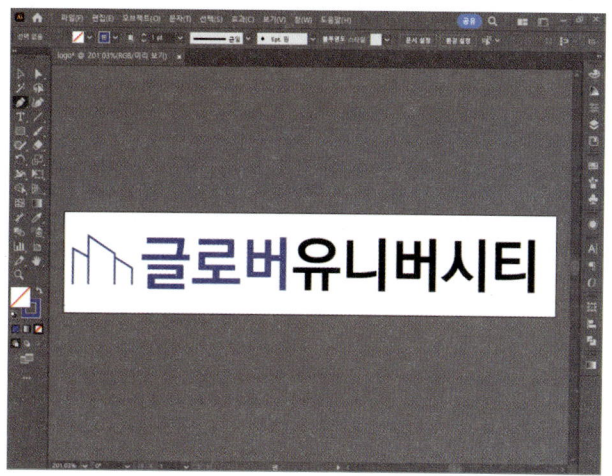

07 심볼을 전체 잡은 상태에서 상단 컨트롤 패널의 획(Stroke)을 '2pt'로 수정합니다.

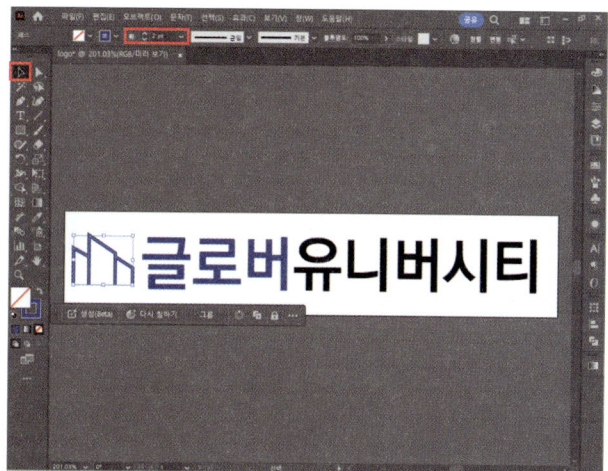

08 작업이 완료되면 [파일(File)] - [내보내기(Export)] - [웹용으로 저장(Save for Web)]을 선택하여 파일 형식을 'PNG-24'로 설정한 후, 'images' 폴더에 저장합니다.
– 파일 이름 : logo.png

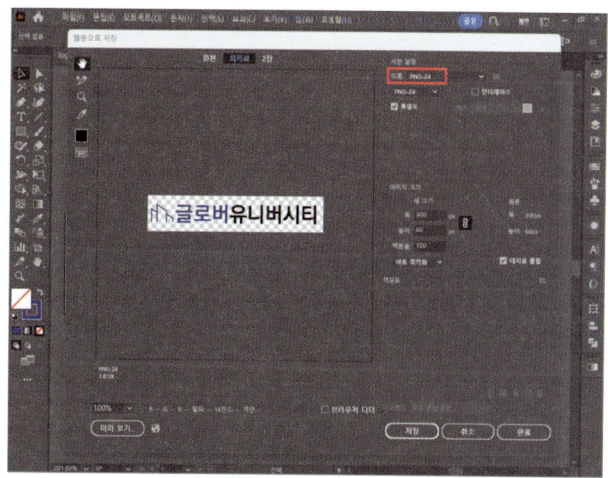

02 헤더 영역 로고 작업하기

세부 지시사항의 A.1 로고를 문서에 추가합니다.

01 Visual studio code에 'index.html' 문서를 열어, '〈header〉' 영역 안 글자를 지우고 다음과 같이 작성합니다.

〈h1〉
　　〈a href="#"〉
　　　　〈img src="images/logo.png" alt="글로버유니버시티"〉
　　〈/a〉
〈/h1〉

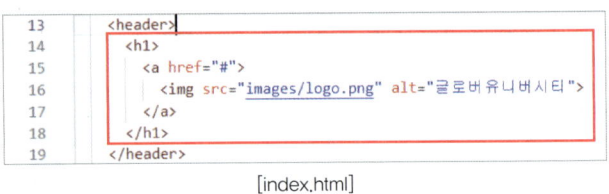

[index.html]

02 문서 저장 후 'index.html' 문서가 활성화된 상태에서 상태표시줄에 Go Live를 선택 또는 윈도우 탐색기에서 'index.html'을 웹 브라우저인 '크롬(Chrome)'으로 작업 결과를 확인합니다.

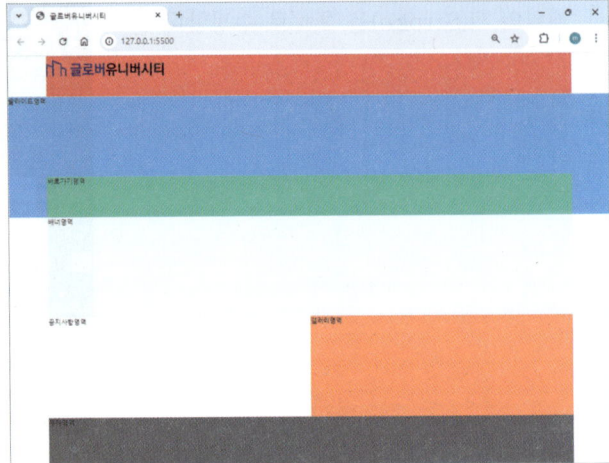

03 헤더 영역 메뉴 작업하기

세부 지시사항의 A.2 메뉴를 구성합니다. 사이트 맵과 구조도를 참고하여 메인 메뉴(Main menu)와 서브 메뉴(Sub menu)를 구성합니다.

01 요구사항정의서의 와이어프레임 메뉴 형태를 확인합니다.

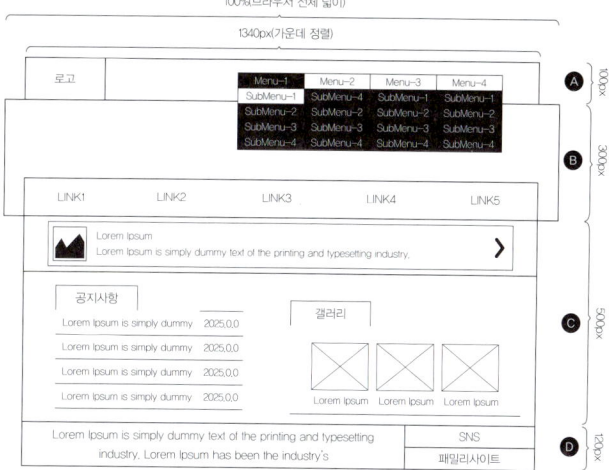

02 'index.html' 문서 〈header〉 영역 내 '〈/h1〉' 다음 줄에 요구사항정의서의 '사이트 맵'을 참고하여 메뉴를 다음과 같이 작성합니다.

```
<nav>
    <ul>
        <li>
            <a href="#">홈</a>
            <ul class="sub">
                <li><a href="#">대학 소개</a></li>
                <li><a href="#">최신 뉴스</a></li>
                <li><a href="#">공지사항</a></li>
                <li><a href="#">캠퍼스 갤러리</a></li>
            </ul>
        </li>
        <li>
            <a href="#">학업</a>
            <ul class="sub">
                <li><a href="#">학부 프로그램</a></li>
                <li><a href="#">온라인 강의</a></li>
                <li><a href="#">학사 일정</a></li>
            </ul>
        </li>
        <li>
```

[index.html]

```
            <a href="#">캠퍼스 생활</a>
            <ul class="sub">
                <li><a href="#">기숙사 정보</a></li>
                <li><a href="#">식당 및 카페</a></li>
                <li><a href="#">건강 및 복지</a></li>
                <li><a href="#">캠퍼스 이벤트</a></li>
            </ul>
        </li>
        <li>
            <a href="#">연구</a>
            <ul class="sub">
                <li><a href="#">연구 센터</a></li>
                <li><a href="#">연구 프로젝트</a></li>
                <li><a href="#">교수 연구실</a></li>
                <li><a href="#">학술지</a></li>
            </ul>
        </li>
    </ul>
</nav>
```

➕ 더 알기 TIP

- 메뉴 작업 시 <nav>로 감싼 후, 순서가 없는 목록 태그인 <ul>, <li>로 작업합니다.
- 중첩목록 작업 시 쌍으로 올바르게 중첩되어야 하며, 태그가 제대로 닫혀야 합니다.
- 서브 메뉴 <ul> 요소에 클래스 명 'sub'로 설정합니다.

💬 요소 TIP

<a href="#"> : 임시 링크 추가(기술적 준수사항)

04 헤더 영역 스타일 작업하기

헤더 영역의 로고를 배치하고, 메인 메뉴(Main menu)에 마우스를 올리면(Mouse over) 하이라이트 되며, 벗어나면(Mouse out) 하이라이트가 해제됩니다. 또한, 서브 메뉴 중 하나에 마우스를 올리면 하이라이트 되고, 벗어나면 하이라이트가 해제됩니다.

01 먼저 'style.css' 문서를 활성화하여 'header'에 기존 배경색을 삭제하고, 다음과 같이 작성합니다.

```css
header {
    width:1340px;
    margin:auto;
    height:100px;
    padding-top:20px;
}
```

```
36  header {
37      width:1340px;
38      margin:auto;
39      height:100px;
40      padding-top:20px;
41  }
```
[style.css]

02 'header' 스타일 다음 줄에 메뉴를 공중에 띄워 서브 메뉴가 슬라이드 위에 펼쳐질 수 있도록 다음과 같이 작성합니다.

```css
header {
    width:1340px;
    margin:auto;
    height:100px;
    padding-top:20px;
    position:relative;
}
nav {
    position:absolute;
    top:60px;
    right:0;
    z-index:10;
}
```

```
36  header {
37      width:1340px;
38      margin:auto;
39      height:100px;
40      padding-top:20px;
41      position:relative;
42  }
43  nav {
44      position:absolute;
45      top:60px;
46      right:0;
47      z-index:10;
48  }
```
[style.css]

요소 TIP

- CSS 작성 시 CSS 속성의 순서는 필수적으로 지켜야 하는 규칙은 없지만, 가독성과 유지보수를 위해 일관된 순서를 유지하는 것이 좋습니다.
- **header** : 〈header〉의 선택자로 헤더 영역 스타일 지정
  - **position:relative** : 공중에 띄운 〈nav〉의 기준 역할
  - **padding-top:20px** : 위쪽 내부 여백 20픽셀 설정하여 로고를 아래로 이동
  - **margin:auto** : 콘텐츠(블록 요소)를 중앙에 배치할 때 사용(너비 값 필수)
- **nav** : 〈nav〉 선택자로 메뉴 스타일 지정
  - **position:absolute** : 공중에 띄워 상위 요소(header)에 기준 설정 후, 절대 위치로 지정
  - **top:60px** : 기준 요소(〈header〉)의 상단에서부터 60픽셀 아래로 배치
  - **right:0** : 기준 요소(〈header〉)의 오른쪽에 배치
  - **z-index** : position 속성으로 설정된 요소에 쌓이는 순서를 결정할 수 있으며 순서가 클수록 위로 쌓임

03 메인 메뉴가 나란히 나올 수 있도록 'nav' 스타일 다음 줄에 작성합니다.

```
nav>ul{
    display:flex;
}
```

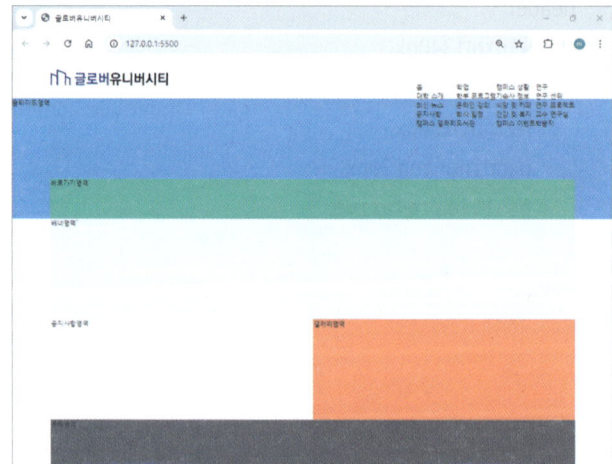

[style.css]

04 메뉴의 클릭할 수 있는 영역은 'nav>ul' 스타일 다음 줄에 다음과 같이 작성합니다.

```css
nav>ul>li>a {
    background:#1b3b86;
    color:#fff;
    padding:10px 0;
    display:block;
    width:160px;
    text-align:center;
}
nav>ul>li:hover>a {
    background:#212121;
}
.sub {
  height:125px;
  background:#212121;
}
.sub a {
    background:#212121;
    display:block;
    padding:5px;
    text-align:center;
    color:#fff;
}
.sub a:hover {
    background:#1b3b86;
}
```

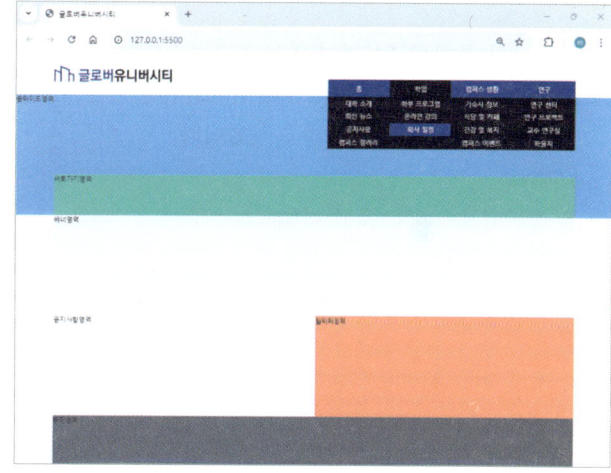

05 메인 메뉴와 서브 메뉴 스타일을 확인 후 마우스를 올려 하이라이트 효과까지 확인합니다. 잘 적용이 되었다면 '.sub'를 찾아 서브 메뉴를 숨겨줍니다.

```css
.sub {
    height:125px;
    background:#212121;
    display:none;
}
```

요소 TIP

- **nav>ul** : <nav>의 자식 요소 <ul> 지정
  - **display:flex** : nav>ul를 플렉스 컨테이너로 설정하여, 자식 요소(<li>)들을 수평으로 나열
- **nav>ul>li>a** : <nav>의 자식 요소 <ul>의 자식 요소 <li>의 자식 요소 <a> 지정
  - **display:block** : 블록 요소 성질로 변경
  - **text-align:center** : 요소 내의 텍스트 수평 중앙 정렬
- **nav>ul>li:hover>a** : <nav>의 자식 요소 <ul>의 자식 요소 <li>에 마우스 올렸을 때 <a> 지정(마우스 올렸을 때 하이라이트 효과)
- **.sub** : <div class="sub"> 지정하여 서브 메뉴 스타일 지정
  - **height:125px** : 2차 메뉴의 개수가 달라 높이가 일정하지 않으므로, 높이 값을 임의로 지정
  - **display:none** : 요소를 선택하여 숨김(스크립트에서 추가 작업 예정)
- **.sub a** : .sub의 하위 요소 <a> 지정
  - **display:block** : 요소 성질을 블록 요소로 바꾸면서 부모 요소의 너비를 채울 수 있음
  - **padding:5px** : 사방 내부 여백 5픽셀 설정

05 메뉴 스크립트 작업하기

세부 지시사항의 A.2 메뉴 효과를 구현합니다. 메인 메뉴(Main menu)에 마우스를 올리면(Mouse over) 서브 메뉴(Sub menu) 영역이 슬라이드 다운(Slide down)으로 보이도록 하고, 벗어나면(Mouse out) 서브 메뉴 영역은 슬라이드 업(Slide Up)으로 사라지는 작업을 제이쿼리(jQuery)로 진행합니다.

01 먼저 'js' 폴더 하위 파일인 'script.js' 문서를 활성화합니다. 그리고 '$(function(){...})의 {...}(중괄호)' 내에 작성합니다.

```
//메뉴
$("nav>ul>li").mouseenter(function(){
    $(".sub").stop().slideDown();
})
$("nav>ul>li").mouseleave(function(){
    $(".sub").stop().slideUp();
})
```

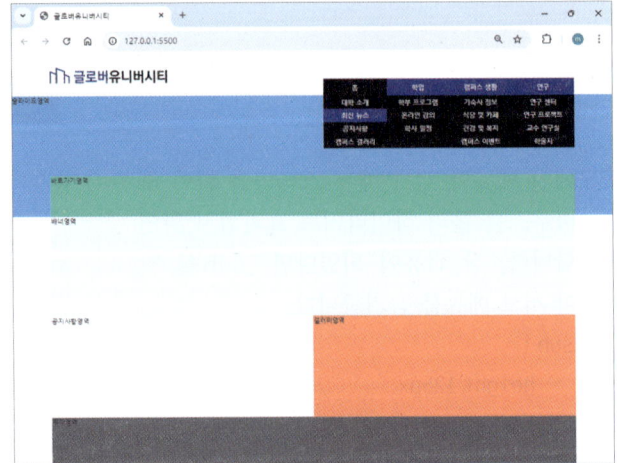

[script.js]

💬 요소 TIP

- **$(function( ){...})** : html 문서 로딩 후 스크립트를 실행하는 구문
- **$** : jQuery 객체를 생성하거나 선택자로 HTML 요소를 찾는 데 사용되는 단축 표기
- **$("nav>ul>li")** : jQuery 선택자로, 〈nav〉 자식 요소인 〈ul〉 자식 요소인 모든 〈li〉 선택
- **mouseenter/mouseleave** : jQuery에서 제공하는 이벤트 메서드로, 마우스가 요소에 진입하거나 요소를 떠날 때 발생하는 이벤트를 처리
- **$(this)** : 현재 선택된 요소로 nav>ul>li 요소 중 마우스가 올라간 〈li〉 요소
- **children( )** : 선택한 요소의 직계 자식 요소들을 선택
- **stop( )** : 현재 진행 중인 애니메이션을 즉시 멈추고 중복 애니메이션 발생을 방지
- **slideDown( )/slideUp( )** : slideDown( )은 요소를 슬라이드 다운하여 보여주고, slideUp( )은 요소를 슬라이드 업하여 숨김

4 STEP 세부 영역별 지시사항 – Ⓑ Slide 영역   약 35분

01 슬라이드 영역 구조 작업하기

세부 지시사항의 B 슬라이드를 제작합니다. 먼저 슬라이드의 구조를 잡은 후 제공된 텍스트 간의 위계질서를 직관적으로 알 수 있도록 글자체, 굵기, 색상, 크기를 적절하게 설정합니다.

01 '수험자 제공 폴더'에 있는 이미지를 'images' 폴더로 복사합니다. 이미지 크기를 확인한 후, 필요하다면 크기를 조정하고, 파일명도 필요한 경우 수정합니다.
[참고하기] PART 03 – SECTION 02 Photoshop 필수 기능

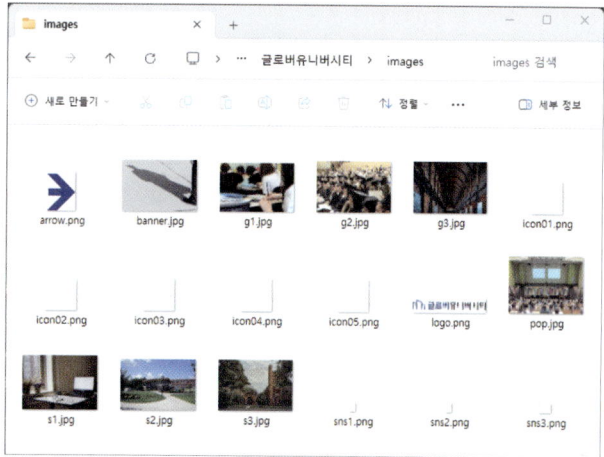

02 'index.html' 문서에서 '<section class="slide"></section>' 사이에 다음과 같이 작성합니다.

```html
<section class="slide">
    <ul>
        <li class="s1">
            <a href="#">
                <h2><span>글로버유니버시티</span>슬라이드1</h2>
            </a>
        </li>
        <li class="s2">
            <a href="#">
                <h2><span>글로버유니버시티</span>슬라이드2</h2>
            </a>
        </li>
        <li class="s3">
            <a href="#">
                <h2><span>글로버유니버시티</span>슬라이드3</h2>
            </a>
        </li>
    </ul>
</section>
```

```html
<section class="slide">
  <ul>
    <li class="s1">
      <a href="#">
        <h2><span>글로버유니버시티</span>슬라이드1</h2>
      </a>
    </li>
    <li class="s2">
      <a href="#">
        <h2><span>글로버유니버시티</span>슬라이드2</h2>
      </a>
    </li>
    <li class="s3">
      <a href="#">
        <h2><span>글로버유니버시티</span>슬라이드3</h2>
      </a>
    </li>
  </ul>
</section>
```

[index.html]

💬 **요소 TIP**
- `<li class="s1">` : 각각 배경 이미지를 넣을 수 있도록 클래스 작업
- `<h2>` : 제목 요소 지정
- `<span>` : 특정 텍스트에 스타일을 적용하기 위해 감싸주는 요소

02 슬라이드 영역 스타일 작업하기

세부 지시사항의 B 슬라이드 애니메이션 효과를 확인합니다. 하나의 이미지가 점점 사라지고 다음 이미지가 점점 나타나는 애니메이션을 고려하여 스타일을 작업합니다.

01 'style.css' 문서를 활성화하여 '.slide'를 찾아 배경색을 지우고 다음과 같이 작성합니다.

```css
.slide {
    height:300px;
}
.slide ul li {
    width:100%;
    height:300px;
}
.slide ul li a {
    display:block;
    height:100%;
}
.slide ul li.s1 {
    background:url(../images/s1.jpg) no-repeat center/cover;
}
.slide ul li.s2 {
    background:url(../images/s2.jpg) no-repeat center/cover;
}
.slide ul li.s3 {
    background:url(../images/s3.jpg) no-repeat center/cover;
}
```

```css
66  .slide {
67      height:300px;
68  }
69  .slide ul li {
70      width:100%;
71      height:300px
72  }
73  .slide ul li a {
74      display:block;
75      height:100%;
76  }
77  .slide ul li.s1 {
78      background:url(../images/s1.jpg) no-repeat center/cover;
79  }
80  .slide ul li.s2 {
81      background:url(../images/s2.jpg) no-repeat center/cover;
82  }
83  .slide ul li.s3 {
84      background:url(../images/s3.jpg) no-repeat center/cover;
85  }
```

[style.css]

💬 요소 TIP

- **.slide ul li** : 각 슬라이드 배경이 들어갈 수 있도록 영역을 너비와 높이 설정
- **.slide ul li a** : .slide 하위 요소 〈ul〉의 하위 요소 〈li〉의 하위 요소 〈a〉 선택자로 클릭할 영역의 스타일 지정
  - **display:block** : 〈a〉 요소 성질을 블록 요소로 변경
  - **height:100%** : 〈a〉 요소의 부모 영역(〈li〉)의 높이만큼 채워줌
- **.slide ul li.s1** : .slide 하위 요소 〈ul〉의 하위 요소 〈li〉 중 클래스 명이 s1인 요소 선택자로 슬라이드 배경 스타일 지정
- **background:url(../images/s1.jpg) no-repeat center/cover** : 배경 CSS 속성 함축형
  - **background** : 색상 경로 반복 위치/크기순으로 작성(색상이 없는 경우 생략 가능)

02 Fade-in, Fade-out 애니메이션 효과를 위해, '.slide ul li'를 찾아 다음과 같이 스타일을 작성합니다.

```css
.slide {
    height:300px;
    position:relative;
}
.slide ul li {
    width:100%;
    height:300px;
    position:absolute;
    top:0;
    left:0;
}
```

```
66  .slide {
67      height:300px;
68      position:relative;
69  }
70  .slide ul li {
71      width:100%;
72      height:300px;
73      position:absolute;
74      top:0;
75      left:0;
76  }
77  .slide ul li a {
78      display:block;
79      height:100%;
80  }
```
[style.css]

03 각 슬라이드의 텍스트를 글자체, 굵기, 색상, 크기를 적절하게 설정하여, 가독성을 높이고, 독창성이 드러나도록 '.contents' 윗줄에 스타일을 작성합니다.

```css
.slide li h2 {
    color:#1b3b86;
    font-size:35px;
    position:absolute;
    top:50px;
    left:50%;
    background:rgba(255, 255, 255, 0.5);
    padding:20px;
    border-radius:20px;
    transform:translate(-50%, 0);
}
.slide li h2 span {
    color:#212121;
}
```

```
87   .slide ul li.s3 {
88       background:url(../images/s3.jpg) no-repeat center/cover;
89   }
90   .slide li h2 {
91       color:#1b3b86;
92       font-size:35px;
93       position:absolute;
94       top:50px;
95       left:50%;
96       background:rgba(255, 255, 255, 0.5);
97       padding:20px;
98       border-radius:20px;
99       transform:translate(-50%, 0);
100  }
101  .slide li h2 span {
102      color:#212121;
103  }
104  .contents {
105      width:1340px;
106      margin:auto;
107      position:relative;
108  }
```
[style.css]

🔍 요소 TIP

- Fade-in, Fade-out 애니메이션 효과는 각 슬라이드(.slide ul li)가 모두 겹치도록 한다.
- **.slide ul li** : .slide의 하위 요소 〈ul〉의 하위 요소 〈li〉 지정
  - **position:absolute** : 각 슬라이드를 공중에 띄워 모두 겹치도록 설정
- **.slide li h2** : .slide 하위 요소 〈li〉의 하위 요소 〈h2〉 지정하여 슬라이드 텍스트 스타일 적용
  - **position:absolute** : .slide ul li h2를 공중에 띄워 상위 요소(.slide ul li)에 기준을 설정하여, 절대 위치로 지정(기준을 설정할 요소에 position:absolute가 있다면 자동으로 해당 요소에 기준이 설정된다.)
  - **background:rgba(255, 255, 255, 0.5)** : 배경색을 50% 투명한 흰색으로 설정
  - **top:50px** : 기준 요소(.slide ul li)의 상단에서부터 50픽셀 아래로 배치
  - **transform:translate(-50%, 0)** : 자신의 너비의 50%만큼 왼쪽으로 이동

04 웹 브라우저 접속 시 첫 번째 슬라이드는 보여주고, 나머지 슬라이드는 숨기기 위해 다음과 같이 작성합니다.

```
.slide ul li {
    width:100%;
    height:300px;
    position:absolute;
    top:0;
    left:0;
    display:none;
}
.slide ul li.s1 {
    background:url(../images/s1.jpg) no-repeat center/cover;
    display:block;
}
```

```
66    .slide {
67        height:300px;
68        position:relative;
69    }
70    .slide ul li {
71        width:100%;
72        height:300px;
73        position:absolute;
74        top:0;
75        left:0;
76        display:none;
77    }
78    .slide ul li a {
79        display:block;
80        height:100%;
81    }
82    .slide ul li.s1 {
83        background:url(../images/s1.jpg) no-repeat center/cover;
84        display:block;
85    }
```

[style.css]

> 💬 **요소 TIP**
> • **display:none** : 요소를 선택하여 숨김(스크립트에서 추가 작업 예정)
> • **display:block** : 숨겨진 요소를 선택하여 표시함

05 작업한 모든 파일을 저장하고 'index.html' 문서가 활성화된 상태에서 상태표시줄에 Go Live를 선택하여 웹 브라우저인 '크롬(Chrome)'으로 작업 결과를 확인합니다.

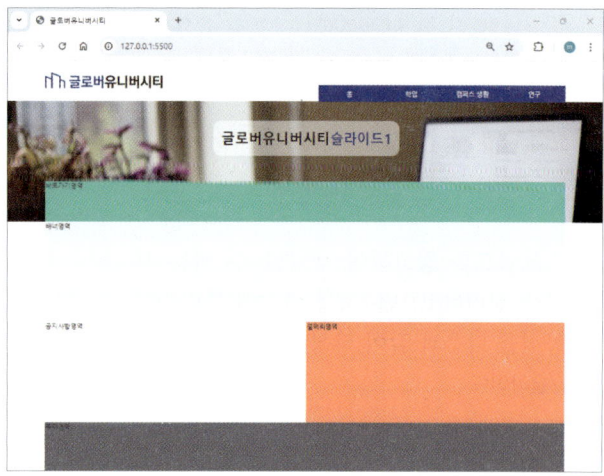

03 슬라이드 스크립트 작업하기

세부 지시사항의 B 슬라이드 애니메이션 효과를 구현합니다. 슬라이드 애니메이션이 Fade-in, Fade-out 애니메이션으로 매 3초 이내 다른 이미지로 전환되어야 하며, 웹사이트 열었을 때 자동으로 시작되어 반복적인 슬라이드가 되도록 제이쿼리(jQuery)로 작업합니다.

01 'script.js' 문서를 활성화합니다. 그리고 메뉴 스크립트 다음 줄에 .slide ul li 중 보여지고 있는 첫 번째 슬라이드를 숨기고 다음 슬라이드가 보이도록 제이쿼리를 작성합니다.

```
//슬라이드
$(".slide ul li").eq(0).fadeOut();
$(".slide ul li").eq(1).fadeIn();
```

```
1  $(function(){//html문서 로딩 후 스크립트 실행
2    //메뉴
3    $("nav>ul>li").mouseenter(function(){
4      $(".sub").stop().slideDown();
5    })
6    $("nav>ul>li").mouseleave(function(){
7      $(".sub").stop().slideUp();
8    })
9    //슬라이드
10   $(".slide ul li").eq(0).fadeOut();
11   $(".slide ul li").eq(1).fadeIn();
12 })
```
[script.js]

02 다음 Fade in/out 애니메이션을 예상하여 제이쿼리를 작성합니다.

```
//슬라이드
$(".slide ul li").fadeOut();
$(".slide ul li").eq(1).fadeIn();
//3초후
$(".slide ul li").fadeOut();
$(".slide ul li").eq(2).fadeIn();
//3초후
$(".slide ul li").fadeOut();
$(".slide ul li").eq(0).fadeIn();
```

```
9    //슬라이드
10   $(".slide ul li").fadeOut();
11   $(".slide ul li").eq(1).fadeIn();
12   //3초후
13   $(".slide ul li").fadeOut();
14   $(".slide ul li").eq(2).fadeIn();
15   //3초후
16   $(".slide ul li").fadeOut();
17   $(".slide ul li").eq(0).fadeIn();
```
[script.js]

03 스크립트를 참고하여 생략할 수 있는 부분을 정리하고, 변수 i를 만들어 슬라이드 공식을 다음과 같이 작성합니다.

```
//슬라이드
let i=0;
i++;
$(".slide ul li").fadeOut();
$(".slide ul li").eq(i).fadeIn();
```

```
9    //슬라이드
10   let i=0;
11   i++;
12   $(".slide ul li").fadeOut();
13   $(".slide ul li").eq(i).fadeIn();
```
[script.js]

04 실행문을 반복하기 위해 함수로 해당 실행문을 감싸줍니다.

```
//슬라이드
let i=0;
function slide(){
    i++;
    $(".slide ul li").fadeOut();
    $(".slide ul li").eq(i).fadeIn();
}
slide();
```

```
9   //슬라이드
10  let i=0;
11  function slide(){
12      i++;
13      $(".slide ul li").fadeOut();
14      $(".slide ul li").eq(i).fadeIn();
15  }
16  slide();
```
[script.js]

05 함수는 함수 호출을 해야 실행되므로 반복적으로 호출하기 위해 'setInterval'를 작성합니다.

```
//슬라이드
let i=0;
function slide(){
    i++;
    $(".slide ul li").fadeOut();
    $(".slide ul li").eq(i).fadeIn();
}
setInterval(slide, 3000);
```

```
9   //슬라이드
10  let i=0;
11  function slide(){
12      i++;
13      $(".slide ul li").fadeOut();
14      $(".slide ul li").eq(i).fadeIn();
15  }
16  setInterval(slide, 3000);
```
[script.js]

06 i++(증감식)로 인하여 변수가 계속 증가 됩니다. 조건을 걸어 마지막 슬라이드 다음 첫 번째 슬라이드가 나타날 수 있도록 다음과 같이 작성합니다.

```
//슬라이드
let i=0;
function slide(){
    if(i<2){
        i++;
    }else{
        i=0;
    }
    $(".slide ul li").fadeOut();
    $(".slide ul li").eq(i).fadeIn();
}
setInterval(slide, 3000);
```

```
9   //슬라이드
10  let i=0;
11  function slide(){
12      if(i<2){
13          i++;
14      }else{
15          i=0;
16      }
17      $(".slide ul li").fadeOut();
18      $(".slide ul li").eq(i).fadeIn();
19  }
20  setInterval(slide, 3000);
```
[script.js]

07 작업한 모든 파일을 저장하고 'index. html' 문서가 활성화된 상태에서 상태표시줄에 Go Live를 선택하여 웹 브라우저인 '크롬(Chrome)'으로 작업 결과를 확인합니다. 웹 브라우저에서 슬라이드 사라지고 다음 슬라이드가 나타나는 애니메이션이 3초마다 진행됩니다.

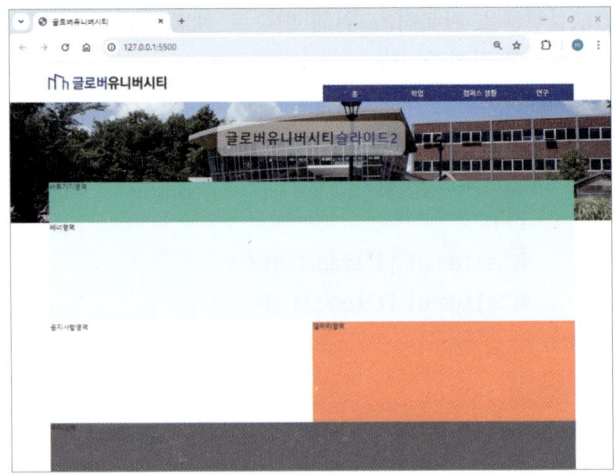

💬 요소 TIP

- **let i = 0** : 변수 i 선언 후 0을 할당
- **i ++** : 증감 연산자로, 변수 i의 값을 1씩 증가시키는 역할
- **$(".slide ul li")** : .slide의 자식 요소 〈ul〉의 자식 요소 모든 li 요소 선택
- **eq(index)** : ( )(괄호)안에 index 번호를 넣으며 선택한 요소 집합 중 지정된 인덱스에 해당하는 요소를 선택
- **fadeIn( )/fadeOut( )** : fadeIn( )은 요소가 점점 나타나고, fadeOut( )은 요소가 점점 사라짐
- **if(조건문){실행문1}else{실행문2}** : 조건문이 참일 때 실행문1을 실행하고 거짓일 때 실행문2를 실행
- **setInterval(함수명, 밀리초)** : 지정한 시간 간격마다 주어진 함수를 반복해서 실행
- **밀리초(ms)** : 1초의 1/1,000, 1초는 1,000밀리초

📄 기적의 TIP

자바스크립트 인덱스(Index)란?
인덱스(Index)는 배열(Array) 또는 문자열(String) 내의 특정 요소나 문자에 접근하기 위해 사용되는 숫자입니다. 인덱스는 일반적으로 0부터 시작합니다.

인덱스 예시
var color = ["RED", "GREEN", "BLUE"];
console.log(colors[0]); // 콘솔창 "RED" 출력
console.log(colors[1]); // 콘솔창 "GREEN" 출력
console.log(colors[2]); // 콘솔창 "BLUE" 출력

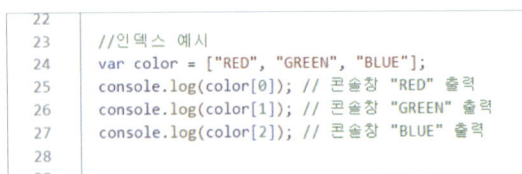

[script.js]

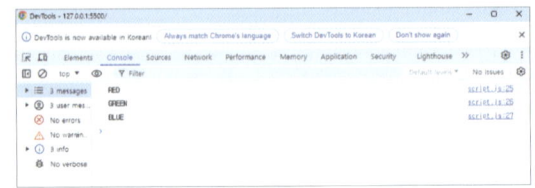

5 STEP 세부 영역별 지시사항 – ⓒ Contents 영역   약 45분

01 바로가기 구조 작업하기

세부 지시사항 C.1 바로가기를 제작합니다. Contents 폴더의 제공된 파일을 활용하여 작업합니다.

01 'index.html' 문서의 '<article class="go"></article>' 사이에 바로가기 내용을 다음과 같이 작성합니다.

```
<article class="go">
    <ul>
        <li>
            <a href="#">
                <h2>
                    <img src="images/icon01.png" alt="바로가기1">
                    바로가기1
                </h2>
            </a>
        </li>
        <li>
            <a href="#">
                <h2>
                    <img src="images/icon02.png" alt="바로가기2">
                    바로가기2
                </h2>
            </a>
        </li>
        <li>
            <a href="#">
                <h2>
                    <img src="images/icon03.png" alt="바로가기3">
                    바로가기3
                </h2>
            </a>
        </li>
        <li>
```

```
79  <div class="contents"><!--contents영역-->
80  <article class="go">
81      <ul>
82          <li>
83              <a href="#">
84                  <h2>
85                      <img src="images/icon01.png" alt="바로가기1">
86                      바로가기1
87                  </h2>
88              </a>
89          </li>
90          <li>
91              <a href="#">
92                  <h2>
93                      <img src="images/icon02.png" alt="바로가기2">
94                      바로가기2
95                  </h2>
96              </a>
97          </li>
98          <li>
99              <a href="#">
100                 <h2>
101                     <img src="images/icon03.png" alt="바로가기3">
102                     바로가기3
103                 </h2>
104             </a>
105         </li>
106         <li>
107             <a href="#">
108                 <h2>
109                     <img src="images/icon04.png" alt="바로가기4">
110                     바로가기4
111                 </h2>
112             </a>
113         </li>
114         <li>
115             <a href="#">
116                 <h2>
117                     <img src="images/icon05.png" alt="바로가기5">
118                     바로가기5
119                 </h2>
120             </a>
121         </li>
122     </ul>
123 </article>
```

[index.html]

```html
            <a href="#">
                <h2>
                    <img src="images/icon04.png" alt="바로가기4">
                    바로가기4
                </h2>
            </a>
        </li>
        <li>
            <a href="#">
                <h2>
                    <img src="images/icon05.png" alt="바로가기5">
                    바로가기5
                </h2>
            </a>
        </li>
    </ul>
</article>
```

02 바로가기 스타일 작업하기

01 'style.css' 문서에서 '.go'를 찾아 배경색을 지우고, 다음 줄에 스타일을 다음과 같이 작성합니다.

```css
.go ul {
    display:flex;
    color:#fff;
    height:100%;
}
.go ul li {
    flex-grow:1;
    text-align:center;
    background:#1b3b86;
}
.go ul li a {
    display:block;
    height:100%;
    padding-top:30px;
}
```

```css
111  .go {
112      height:100px;
113      position:absolute;
114      top:-100px;
115      left:0;
116      width:100%;
117  }
118  .go ul {
119      display:flex;
120      color: #fff;
121      height:100%;
122  }
123  .go ul li {
124      flex-grow:1;
125      text-align:center;
126      background: #1b3b86;
127  }
128  .go ul li a {
129      display:block;
130      height:100%;
131      padding-top:30px;
132  }
```

[style.css]

💬 **요소 TIP**

- **.go** : ⟨article class="go"⟩ 선택자로 바로가기 영역 스타일 정의
- **.go ul** : ⟨article class="go"⟩의 하위 요소 ⟨ul⟩ 선택자
  - **display:flex** : .go ul를 플렉스 컨테이너로 설정. 자식 요소(⟨li⟩)들을 수평으로 나열
- **.go ul li** : ⟨article class="go"⟩의 하위 요소 ⟨ul⟩의 하위 요소 ⟨li⟩ 선택자
  - **flex-grow:1** : 플렉스 컨테이너 영역의 하위 요소 나열 후 남은 공간을 균등하게 확장하도록 설정
  - **text-align:center** : ⟨img⟩와 글자를 수평 중앙 정렬 설정
- **.go ul li a** : 바로가기 클릭할 수 있는 영역 지정
  - **height:100%** : 부모 요소만큼 높이를 채워 클릭할 수 있는 영역을 확보
  - **padding-top:30px** : 위쪽 내부 여백 30픽셀 설정

02 바로가기 아이콘 영역 스타일을 '.go ul li' 스타일 다음 줄에 다음과 같이 작성합니다.

```css
.go ul li:nth-child(even){
    background:#212121;
}
.go ul li h2 {
    font-size:18px;
}
.go ul li img {
    vertical-align:middle;
    margin-right:10px;
}
```

```
128  .go ul li:nth-child(even) {
129      background: #212121;
130  }
131  .go ul li h2 {
132      font-size:18px;
133  }
134  .go ul li img {
135      vertical-align:middle;
136      margin-right:10px;
137  }
138  .go ul li a {
139      display:block;
140      height:100%;
141      padding-top:30px;
142  }
```
[style.css]

💬 **요소 TIP**

- **.go ul li:nth-child(even)** : ⟨article class="go"⟩의 하위 요소 ⟨ul⟩의 하위 요소 ⟨li⟩ 중 짝수 번째 ⟨li⟩ 지정
- **.go ul li img** : ⟨article class="go"⟩의 하위 요소 ⟨ul⟩의 하위 요소 ⟨img⟩ 지정
  - **vertical-align:middle** : 텍스트를 이미지의 수직 중앙에 배치
  - **margin-right:10px** : 오른쪽 바깥 여백 10픽셀 설정하여 이미지와 글자 사이 간격 설정

03 작업한 모든 파일을 저장하고 'index.html' 문서가 활성화된 상태에서 상태표시줄에 Go Live를 선택하여 웹 브라우저인 '크롬(Chrome)'으로 작업 결과를 확인합니다.

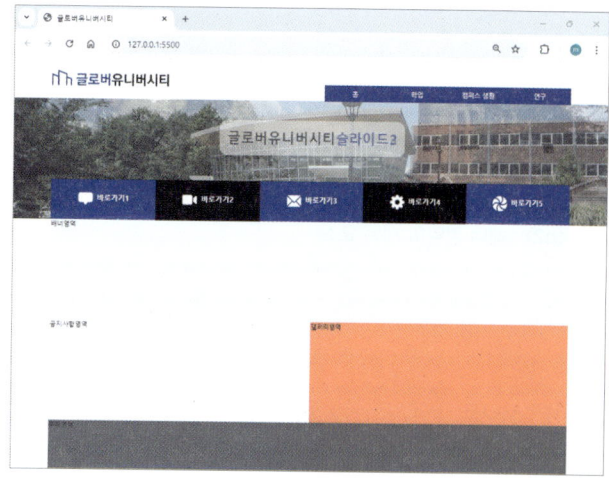

03 배너 작업하기

세부 지시사항 C.2 배너를 제작합니다. Contents 폴더의 제공된 파일을 활용하여 작업합니다.

01 'index.html' 문서의 '<article class="banner"></article>' 사이에 배너 내용을 다음과 같이 작성합니다.

```html
<article class="banner">
    <a href="#">
        <p class="imgBox">
            <img src="images/banner.jpg" alt="홍길동인터뷰">
        </p>
        <div class="txtBox">
            <h2>글로버유니버시티 외국어학부 20학번 홍길동 인터뷰</h2>
            <p class="date">2023-12-13</p>
            <p class="txt">글로버유니버시티외국어학부 홍길동학우와 함께<br>
            글로버유니버시티 2025 현장스케치를 함께 보도록 할까요?</p>
        </div>
        <p class="arrow">
            <img src="images/arrow.png" alt="바로가기">
        </p>
    </a>
</article>
```

```
119    <article class="banner">
120        <a href="#">
121            <p class="imgBox">
122                <img src="images/banner.jpg" alt="홍길동인터뷰">
123            </p>
124            <div class="txtBox">
125                <h2>글로버유니버시티 외국어학부 20학번 홍길동 인터뷰</h2>
126                <p class="date">2023-12-13</p>
127                <p class="txt">글로버유니버시티외국어학부 홍길동학우와 함께<br>
128                글로버유니버시티 2025 현장스케치를 함께 보도록 할까요?</p>
129            </div>
130            <p class="arrow">
131                <img src="images/arrow.png" alt="바로가기">
132            </p>
133        </a>
134    </article>
```
[index.html]

💬 요소 TIP

- **<a href="#">** : 배너를 클릭할 수 있는 영역 설정
- **<p class="imgBox">** : 배너의 이미지를 감싸는 영역
- **<div class="txtBox">** : 배너의 텍스트를 감싸는 영역
- **<div class="arrow">** : 배너의 화살표를 감싸는 영역
- **<h2>** : 배너 영역의 제목 요소

04 배너 스타일 작업하기

01 'style.css' 문서에서 '.banner'를 찾아 다음과 같이 작성합니다.

```css
.banner {
    height:250px;
    background:#f4f8fb;
    padding:20px
}
.banner a {
    display:flex;
    height:100%;
    gap:30px;
    align-items:center;
}
.banner .imgBox img {
    width:300px;
    height:160px;
    object-fit:cover;
    border-radius:20px;
}
.banner .txtBox {
    flex-grow:1;
}
.banner .txtBox h2 {
    color:#1b3b86;
    margin-bottom:10px;
    font-size:30px;
}
.banner .txtBox .date {
    margin-bottom:5px;
    font-weight:bold;
}
.banner .arrow {
    flex-grow:1;
    text-align:center;
}
```

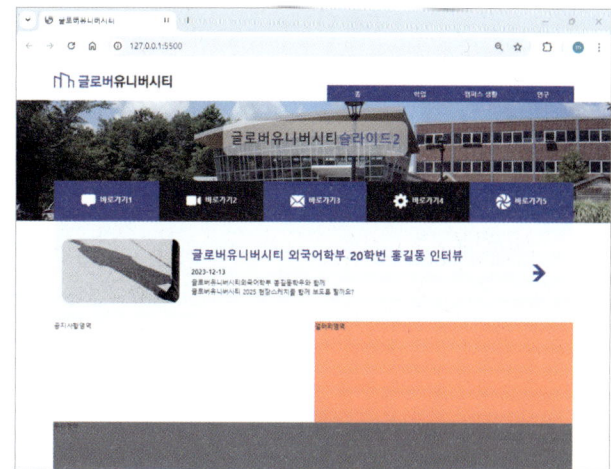

[style.css]

💬 요소 TIP

- **.banner a** : 배너를 감싸는 영역으로 클릭할 수 있도록 설정
  - **display:flex** : .banner a를 플렉스 컨테이너로 설정하여, 자식 요소(.imgBox, .txtBox, .arrow)들을 수평으로 나열
  - **height:100%** : 부모 영역(.banner a)의 높이만큼 채워줌
  - **align-items:center** : 플렉스 컨테이너 영역(.banner a)에서 자식 요소(.imgBox, .txtBox, .arrow)를 수직 중앙으로 정렬
- **.banner .imgBox img** : .banner의 하위 요소 〈div class="imgBox"〉의 하위 요소 〈img〉 지정
  - **object-fit:cover** : 이미지가 요소의 크기에 맞춰 잘리더라도 비율을 유지하며 채우도록 설정
  - **border-radius:20px;** : 〈img〉의 사방의 모서리를 20픽셀만큼 둥글게 설정
- **.banner .arrow** : .banner의 하위 요소 〈div class="arrow"〉 선택자
  - **flex-grow:1** : 플렉스 컨테이너 영역의 하위 요소 나열 후 남은 공간을 균등하게 확장하도록 설정
  - **text-align:center** : 하위 요소 〈img〉를 수평 중앙 정렬

05 공지사항 작업하기

세부 지시사항 C.3 공지사항을 제작합니다. Contents 폴더의 제공된 파일을 활용하여 작업합니다.

01 'index.html' 문서의 '〈div class="notice"〉 〈/div〉' 사이에 배너 내용을 다음과 같이 작성합니다.

〈div class="notice"〉
　　〈h2〉공지사항〈/h2〉
　　〈ul〉
　　　　〈li〉
　　　　　　〈a href="#" class="pop"〉
　　　　　　　　〈p〉글로버유니버시티 공지사항1〈/p〉
　　　　　　　　〈span class="date"〉2025. 05.25〈/span〉
　　　　　　〈/a〉
　　　　〈/li〉
　　　　〈li〉
　　　　　　〈a href="#"〉
　　　　　　　　〈p〉글로버유니버시티 공지사항2〈/p〉
　　　　　　　　〈span class="date"〉2025. 05.25〈/span〉
　　　　　　〈/a〉
　　　　〈/li〉
　　　　〈li〉
　　　　　　〈a href="#"〉
　　　　　　　　〈p〉글로버유니버시티 공지사항3〈/p〉

```
140    <article class="board">
141      <div class="notice"><!--notice영역-->
142        <h2>공지사항</h2>
143        <ul>
144          <li>
145            <a href="#" class="pop">
146              <p>글로버유니버시티 공지사항1</p>
147              <span class="date">2025.05.25</span>
148            </a>
149          </li>
150          <li>
151            <a href="#">
152              <p>글로버유니버시티 공지사항2</p>
153              <span class="date">2025.05.25</span>
154            </a>
155          </li>
156          <li>
157            <a href="#">
158              <p>글로버유니버시티 공지사항3</p>
159              <span class="date">2025.05.25</span>
160            </a>
161          </li>
162          <li>
163            <a href="#">
164              <p>글로버유니버시티 공지사항4</p>
165              <span class="date">2025.05.25</span>
166            </a>
167          </li>
168        </ul>
169      </div><!--//notice 닫은 영역-->
170      <div class="gall"><!--gall영역-->
171        갤러리영역
172      </div>
173    </article><!--//gall 닫은 영역-->
```

[index.html]

```
                    <span class="-
date">2025. 05.25</span>
                </a>
        </li>
        <li>
            <a href="#">
                <p>글로버유니버시티 공지사
항4</p>
                <span class="-
date">2025. 05.25</span>
            </a>
        </li>
    </ul>
</div>
```

> 💬 **요소 TIP**
- 첫 번째 게시글을 클릭 시 팝업창이 나올 수 있도록 미리 〈a href="#" class="pop"〉 작업합니다.
- 〈h2〉 : 공지사항 영역의 제목 요소
- 〈p〉 : 공지사항의 게시글
- 〈span class="date"〉 : 공지사항 게시글의 날짜

06 공지사항, 갤러리 스타일 작업하기

세부 지시사항 C.3 공지사항을 제작합니다. Contents 폴더의 제공된 파일을 활용하여 작업합니다.

01 'style.css' 문서에서 'board div'를 찾아 다음과 같이 작성합니다.

```css
.board div {
    width:50%;
    padding:20px;
}
.board div h2 {
    background:#1b3b86;
    color:#fff;
    text-align:center;
    width:150px;
    padding:10px 0;
    font-size:20px;
}
.notice ul {
    border-top:3px solid #1b3b86;
    padding:5px 0;
}
.notice ul li:nth-child(even) {
    background:#ccc;
}
.notice ul li a {
    display:block;
    padding:5px;
    position:relative;
}
.notice ul li p {
    width:260px;
    white-space:nowrap;
    overflow:hidden;
    text-overflow:ellipsis;
}
.notice ul li span {
    position:absolute;
    right:5px;
    top:5px;
}
```

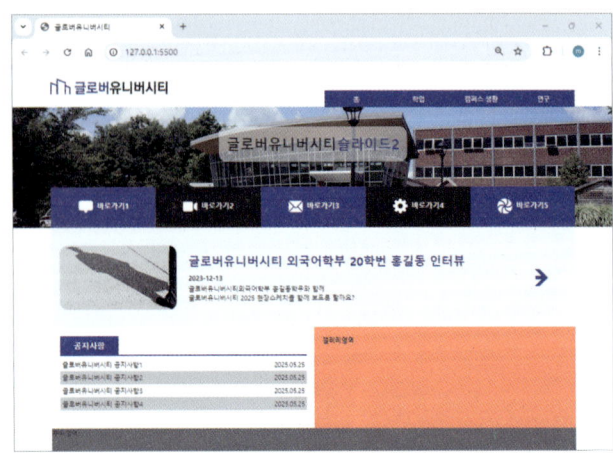

[style.css]

💬 요소 TIP

- **.board div h2** : ⟨div class="board"⟩의 하위 요소 ⟨div⟩의 하위 요소 ⟨h2⟩ 지정
  - **padding:10px 0** : 위·아래 내부 여백 10픽셀 설정
- **.notice ul li:nth-child(even)** : .notice의 하위 요소 ⟨ul⟩의 하위 요소 ⟨li⟩ 중 짝수 번째 ⟨li⟩ 지정
- **.notice ul li span** : .notice의 하위 요소 ⟨ul⟩의 하위 요소 ⟨li⟩의 하위 요소 ⟨span⟩ 지정, 공지사항 날짜 스타일 적용
  - **position:absolute** : .notice ul li p 요소의 영향을 받지 않도록 공중에 띄워 작업
  - **right:5px** : 기준 요소(.notice ul li a)의 오른쪽에서부터 5픽셀 왼쪽으로 배치
  - **top:5px** : 기준 요소(.notice ul li a)의 상단에서부터 5픽셀 아래로 배치
- **.notice ul li a** : .notice의 하위 요소 ⟨ul⟩의 하위 요소 ⟨li⟩의 하위 요소 ⟨a⟩ 지정
  - **position:relative** : .notice ul li span의 기준 역할
  - **padding:5px** : 사방 내부 여백 5픽셀 설정

07 갤러리 작업하기

세부 지시사항 C.4 갤러리를 제작합니다. Contents 폴더의 제공된 파일을 활용하여 작업합니다.

01 'index.html' 문서의 '⟨div class="gall"⟩ ⟨/div⟩' 사이에 갤러리 내용을 다음과 같이 작성합니다.

```
⟨div class="gall"⟩
    ⟨h2⟩갤러리⟨/h2⟩
    ⟨ul⟩
        ⟨li⟩
            ⟨a href="#"⟩
                ⟨p class="box"⟩⟨img src="images/g1.jpg" alt="갤러리1"⟩⟨/p⟩
                ⟨span⟩갤러리1⟨/span⟩
            ⟨/a⟩
        ⟨/li⟩
        ⟨li⟩
            ⟨a href="#"⟩
                ⟨p class="box"⟩⟨img src="images/g2.jpg" alt="갤러리2"⟩⟨/p⟩
                ⟨span⟩갤러리2⟨/span⟩
            ⟨/a⟩
        ⟨/li⟩
        ⟨li⟩
            ⟨a href="#"⟩
                ⟨p class="box"⟩⟨img src="images/g3.jpg" alt="갤러리3"⟩⟨/p⟩
                ⟨span⟩갤러리3⟨/span⟩
            ⟨/a⟩
```

```html
<div class="gall"><!--gall영역-->
    <h2>갤러리</h2>
    <ul>
        <li>
            <a href="#">
                <p class="box"><img src="images/g1.jpg" alt="갤러리1"></p>
                <span>갤러리 1</span>
            </a>
        </li>
        <li>
            <a href="#">
                <p class="box"><img src="images/g2.jpg" alt="갤러리2"></p>
                <span>갤러리 2</span>
            </a>
        </li>
        <li>
            <a href="#">
                <p class="box"><img src="images/g3.jpg" alt="갤러리3"></p>
                <span>갤러리 3</span>
            </a>
        </li>
    </ul>
</div><!--//gall 닿은 영역-->
    </article>
</div><!--//contents 닿은 영역-->
```

[index.html]

```
            </li>
        </ul>
    </div>
</article>
```

> 💬 요소 TIP
> - ⟨p class="box"⟩ : 갤러리 이미지를 감싸는 영역
> - ⟨span⟩ : 갤러리 이미지의 설명 영역

08 갤러리 스타일 작업하기

01 'style.css' 문서에서 '.board .gall'의 배경색을 지우고 다음 줄에 다음과 같이 작성합니다.

```css
.gall ul {
    display:flex;
    gap:20px;
    border-top:3px solid #1b3b86;
    padding-top:10px;
}
.gall ul li {
    text-align:center;
    font-weight:bold;
}
.gall ul li a {
    display:block;
    height:100%;
}
.gall ul li:hover img {
    opacity:0.5;
}
.gall .box {
    margin-bottom:10px;
}
.gall .box img {
    width:200px;
    height:100px;
    object-fit:cover;
}
```

```
228    .gall ul {
229        display:flex;
230        gap:20px;
231        border-top:3px solid #1b3b86;
232    }
233    .gall ul li {
234        text-align:center;
235        font-weight:bold;
236        padding-top:10px;
237    }
238    .gall ul li a {
239        display:block;
240        height:100%;
241    }
242    .gall ul li:hover img {
243        opacity:0.5;
244    }
245    .gall .box {
246        margin-bottom:10px;
247    }
248    .gall .box img {
249        width:200px;
250        height:100px;
251        object-fit:cover;
252    }
```
[script.js]

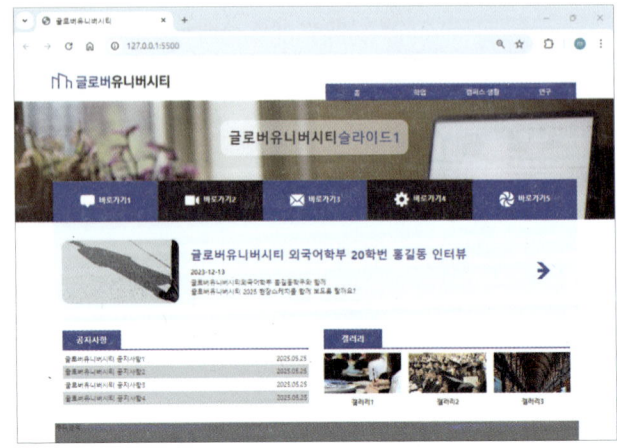

💬 **요소 TIP**

- .gall h2는 공지사항 스타일 작업 시 작성했던 .board div h2 스타일이 적용됩니다.
- **.gall ul** : .gall의 하위 요소 〈ul〉 지정, 갤러리 리스트를 감싸 스타일 설정
  - **border-top:3px solid #014c29** : 3픽셀 두께의 색상 #014c29 상단 실선 테두리 설정
  - **padding-top:10px** : 위쪽 내부 여백 10픽셀 설정
  - **display:flex** : .gall ul를 플렉스 컨테이너로 설정, 자식 요소(〈li〉)들을 수평으로 나열
  - **gap:20px** : flex로 나열된 자식 요소(〈li〉)의 사이 간격 20픽셀 지정
- **.gall ul li** : .gall의 하위 요소 〈ul〉의 하위 요소 〈li〉 지정
  - **text-align:center** : 요소 내의 텍스트 또는 인라인, 인라인 블록 요소를 수평 중앙 정렬
- **.gall ul li:hover img** : .gall의 하위 요소 〈ul〉의 하위 요소 〈li〉에 마우스를 올렸을 때의 하위 요소 〈img〉 지정(마우스 올렸을 때 이미지에 투명도 효과 적용)
- **.gall .box img** : .gall의 하위 요소 .box의 하위 요소 〈img〉 지정
  - **object-fit:cover** : 이미지가 요소의 크기에 맞춰 잘리더라도 비율을 유지하며 채우도록 설정

09 팝업창 구조 작업하기

세부 지시사항의 와이어프레임에서 팝업창의 형태를 확인합니다. Contents 폴더의 제공된 텍스트 파일을 사용하여 모달 레이어 팝업(Modal Layer Popup)을 제작합니다.

01 'index.html' 문서의 '〈/footer〉' 다음 줄에 팝업창을 다음과 같이 작성합니다.

```
<div class="popup">
    <div class="popcon">
        <h2>글로버유니버시티 공지사항1</h2>
        <p class="img"><img src="images/pop.jpg" alt="팝업 이미지 설명"></p>
        <p class="text">
            글로버유니버시티 공지사항<br>
            팝업창 내용입니다. <br>
            <strong>강조하고 싶을 부분은 강조해주세요!</strong>
        </p>
        <p class="close"><button>CLOSE X</button></p>
    </div>
</div>
```

```
194    <div class="popup">
195        <div class="popcon">
196            <h2>글로버유니버시티 공지사항1</h2>
197            <p class="img"><img src="images/pop.jpg" alt="팝업 이미지 설명"></p>
198            <p class="text">
199                글로버유니버시티 공지사항<br>
200                팝업창 내용입니다. <br>
201                <strong>강조하고 싶을 부분은 강조해주세요!</strong>
202            </p>
203            <p class="close"><button>CLOSE X</button></p>
204        </div><!--//popcon 닫은 태그-->
205    </div><!--//popup 닫은 태그-->
```
[index.html]

💬 **요소 TIP**

- **〈div class="popup"〉** : 전체 팝업 영역을 감싸주는 클래스 명이 popup인 요소
- **〈div class="popcon"〉** : 팝업의 콘텐츠를 감싸주는 클래스 명이 popcon인 요소
- **〈p class="img"〉** : 팝업 내 이미지를 감싸주는 클래스 명이 img인 요소
- **〈p class="text"〉** : 팝업 내 텍스트를 감싸주는 클래스 명이 text인 요소
- **〈p class="close"〉** : 팝업 내 버튼 요소를 감싸주는 클래스 명이 close인 요소

10 팝업창 스타일 작업하기

01 'style.css' 문서의 마지막 줄에 팝업창의 스타일을 다음과 같이 작성합니다.

```css
.popup {
    position:absolute;
    top:0;
    left:0;
    width:100%;
    height:100%;
    background:rgba(0, 0, 0, 0.5);
    z-index:9999;
}
.popcon {
    position: absolute;
    width:500px;
    top:50%;
    left:50%;
    transform:translate(-50%, -50%);
    background:#fff;
    text-align:center;
    padding:20px;
    border:2px solid #1b3b86;
    border-radius:20px;
}
```

```
263    .popup {
264        position:absolute;
265        top:0;
266        left:0;
267        width:100%;
268        height:100%;
269        background: rgba(0, 0, 0, 0.5);
270        z-index:9999;
271    }
272    .popcon {
273        position: absolute;
274        width:500px;
275        top:50%;
276        left:50%;
277        transform:translate(-50%, -50%);
278        background: #fff;
279        text-align:center;
280        padding:20px;
281        border:2px solid #1b3b86;
282        border-radius:20px;
283    }
```
[style.css]

02 'style.css' 문서의 'body' 스타일 다음 줄에 팝업창의 기준을 다음과 같이 작성합니다.

```css
.wrap{
    position:relative
}
```

```
36    .wrap{
37        position:relative
38    }
39    header {
40        width:1340px;
41        margin:auto;
42        height:100px;
43        padding-top:20px;
44        position:relative;
45    }
```
[style.css]

요소 TIP

- 팝업창은 모든 콘텐츠의 가장 위에 표시되어야 하므로, 공중에 띄워 작업합니다.
- 팝업창을 홈페이지 가운데 배치하기 위해 .wrap에 기준을 설정합니다.
- **.popup** : 〈div class="popup"〉의 선택자로 배경 콘텐츠 상호 작용을 차단된다는 것을 보여주기 위해 어두운 배경을 설정
  - **z-index:9999** : position 속성으로 설정된 요소에 쌓이는 순서를 결정, 팝업은 모든 콘텐츠의 제일 위에 있어야 하므로 값을 9999로 설정
- 공중에 띄운 요소를 가운데 배치하는 방법
  - **top:50%** : 기준 요소의 상단에서부터 50% 아래로 배치
  - **left:50%** : 기준 요소의 왼쪽으로부터 50% 오른쪽으로 배치
  - **transform:translate(-50%, -50%)** : 자신의 너비와 높이의 50%만큼 왼쪽과 위쪽으로 이동
- **text-align:center** : 요소 내의 텍스트 또는 인라인, 인라인 블록 요소(〈img〉, 〈button〉)를 중앙 정렬
- **padding:20px** : 사방의 내부 여백을 20픽셀 설정
- **border-radius:20px** : 사방의 모서리를 20픽셀만큼 둥글게 설정

03 팝업의 타이틀과 내용 스타일을 다음과 같이 작성합니다.

```css
.popcon h2 {
    color:#1b3b86;
    margin-bottom:20px;
}
.popup .text {
    margin:20px 0;
}
.popup .close {
    text-align:right;
}
.popup .close button {
    background:#1b3b86;
    border:0;
    padding:10px;
    color:#fff;
}
.popup .close button:hover {
    background:#333;
}
```

```
283    .popcon h2 {
284        color:#1b3b86;
285        margin-bottom:20px;
286    }
287    .popup .text {
288        margin:20px 0;
289    }
290    .popup .close {
291        text-align:right;
292    }
293    .popup .close button {
294        background:#1b3b86;
295        border:0;
296        padding:10px;
297        color:#fff;
298    }
299    .popup .close button:hover {
300        background:#333;
301    }
```

[style.css]

요소 TIP

- **.popup .text** : .popup의 하위 요소 .text를 지정하여 팝업 내 텍스트 스타일 지정
  - **margin:20px 0** : 위·아래 바깥 여백 20픽셀 설정
- **.popup .close** : .popup의 하위 요소 .close를 지정하여 팝업 내 버튼을 감싸는 영역
  - **text-align:right** : 인라인 블록 요소인 〈button〉 우측 정렬
- **.popup .close button** : .popup의 하위 요소 .close 하위 요소 〈button〉 지정
  - **border:0** : 〈button〉의 기본 테두리를 제거
- **.popup .close button:hover** : .popup의 하위 요소 .close 하위 요소 button에 마우스를 올렸을 때 스타일 지정
- **.popup .close button** : .popup의 하위 요소 .close 하위 요소 〈button〉 지정

04 작업한 모든 파일을 저장하고 'index.html' 문서가 활성화된 상태에서 상태표시줄에 Go Live를 선택하여 웹 브라우저인 '크롬(Chrome)'으로 작업 결과를 확인합니다.

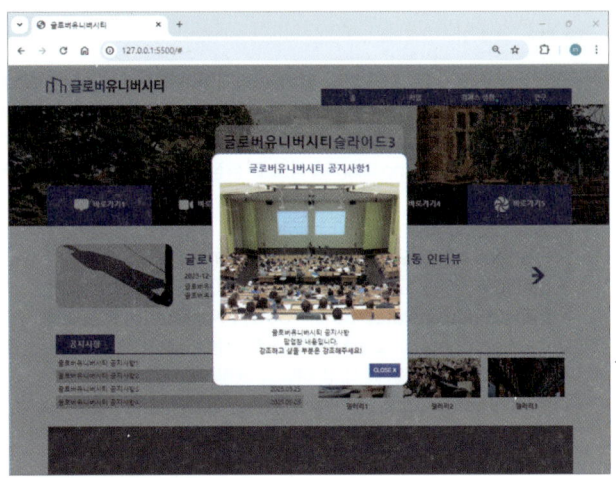

05 팝업창의 스타일 작업이 완료되었다면 팝업창을 숨깁니다.

.popup {
　　position:absolute;
　　top:0;
　　left:0;
　　width:100%;
　　height:100%;
　　background:rgba(0, 0, 0, 0.5);
　　z-index:9999;
　　display:none;
}

```
263  .popup {
264      position:absolute;
265      top:0;
266      left:0;
267      width:100%;
268      height:100%;
269      background: rgba(0, 0, 0, 0.5);
270      z-index:9999;
271      display: none;
272  }
```
[style.css]

> 💬 **요소 TIP**
>
> **display:none** : 요소를 선택하여 숨김(스크립트에서 추가 작업 예정)

11 팝업창 스크립트 작업하기

01 'script.js' 문서에서 마지막 줄 '})' 안쪽에 팝업창 스크립트를 다음과 같이 작성합니다.

```
//팝업
$(".pop").click(function(){
    $(".popup").show();
    return false;
})
$(".close button").click(function(){
    $(".popup").hide();
})
```

```
21    //팝업
22    $(".pop").click(function(){
23        $(".popup").show();
24        return false;
25    })
26    $(".close button").click(function(){
27        $(".popup").hide();
28    })
```
[script.js]

💬 요소 TIP

- **$(".pop")** : jQuery 선택자로, HTML 문서 내 공지사항의 첫 번째 게시물 .pop 지정
- **.click(function( ){ ... })** : jQuery에서 제공하는 이벤트 메서드로 클릭 시 {}(중괄호) 내 실행문을 실행
- **$(".popup")** : jQuery 선택자로, 숨겨 놓은 팝업창의 .popup 요소 지정
- **show( )/hide( )** : show( )는 요소를 표시하는 이벤트, hide( )는 요소를 숨기는 이벤트

02 작업한 모든 파일을 저장하고 'index.html' 문서가 활성화된 상태에서 상태표시줄에 Go Live를 선택하여 웹 브라우저인 '크롬(Chrome)'으로 작업 결과를 확인합니다. 공지사항 첫 번째 게시글을 클릭하면 팝업창이 열리고, Close 버튼을 클릭하면 팝업창이 닫힙니다.

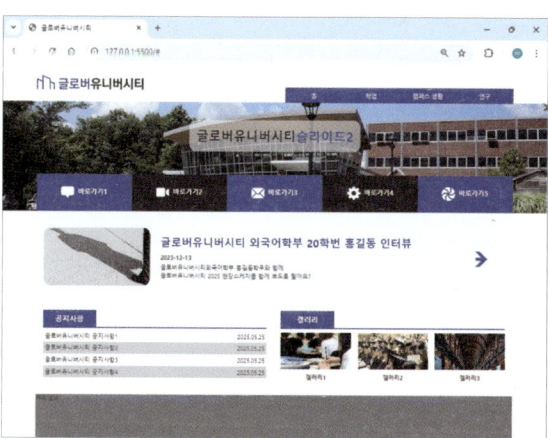
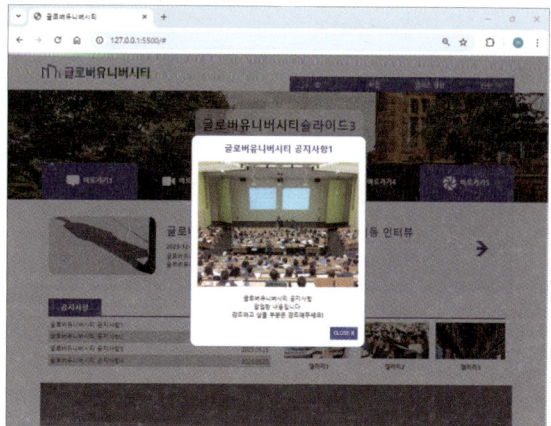

6 STEP 세부 영역별 지시사항 – ⓓ Footer 영역   약 20분

01 푸터 영역 구조 작업하기

제공된 텍스트와 이미지를 이용하여 SNS, 패밀리사이트, Copyright를 작업합니다.

01 'index.html' 문서 '〈footer〉〈/footer〉' 영역 내 텍스트를 지우고 SNS, 패밀리사이트, Copyright 순으로 다음과 같이 작성합니다.

```
<footer>
    <div>
        <ul class="fsns">
            <li><a href="#"><img src="images/sns1.png" alt="sns1"></a></li>
            <li><a href="#"><img src="images/sns2.png" alt="sns2"></a></li>
            <li><a href="#"><img src="images/sns3.png" alt="sns3"></a></li>
        </ul>
        <select name="familysite">
            <option>Family Site1</option>
            <option>Family Site2</option>
            <option>Family Site3</option>
        </select>
    </div>
    <p class="fcopy">
        It is a long established fact that a reader will be distracted by the readable content.<br>
        COPYRIGHT &copy; by WEB DESIGN DEVELOPMENT. ALL RIGHTS RESERVED.
    </p>
</footer>
```

[index.html]

💬 요소 TIP

- **〈footer〉** : SNS와 패밀리사이트, Copyright를 묶어주는 요소
- **〈div〉** : SNS와 패밀리사이트를 묶어주는 요소
- **〈ul class="fsns"〉** : SNS 리스트를 묶어주는 요소
- **〈select name="familysite"〉** : familysite 라는 이름을 가진 드롭다운 메뉴
- **©** : HTML에서 저작권 기호(ⓒ)를 표시하기 위한 특수 문자

02 푸터 영역 스타일 작업하기

01 'style.css' 문서에서 'footer'를 찾아 푸터 영역 스타일을 다음과 같이 작성합니다.

```css
footer {
    height:120px;
    background:#666;
    width:1340px;
    margin:auto;
    padding-left:20px;
    padding-top:40px;
    color:#fff;
    position:relative;
}
footer div {
    position:absolute;
    top:30px;
    right:20px;
}
```

```
254  footer {
255      height:120px;
256      background: ■#666;
257      width:1340px;
258      margin:auto;
259      padding-left:20px;
260      padding-top:40px;
261      color:□#fff;
262      position:relative;
263  }
264  footer div {
265      position:absolute;
266      top:30px;
267      right:20px;
268  }
```
[style.css]

💬 요소 TIP

- **footer** : ⟨footer⟩의 선택자로 하단 영역 스타일 지정
  - **color:#fff** : ⟨footer⟩에 글자 색상을 흰색으로 설정하면, 하위 요소들에 상속되어 .fcopy의 글자가 흰색으로 설정
- **footer div** : ⟨footer⟩의 하위 요소 ⟨div⟩ 선택자로 SNS와 패밀리사이트 감싸는 영역으로 스타일 지정
  - **position:absolute** : footer div를 공중에 띄워 상위 요소(⟨footer⟩)에 기준을 설정하여 원하는 위치에 절대 위치로 지정

02 SNS 스타일과 패밀리사이트 스타일을 'footer div' 다음 줄에 다음과 같이 작성합니다.

```css
footer .fsns {
    display:flex;
    gap:5px
}
footer .fsns a {
    width:30px;
    height:30px;
    display:block;
    border-radius:50%;
    text-align:center;
    padding-top:9px;
}
footer .fsns li:nth-child(1) a {
    background:#47b749;
}
footer .fsns li:nth-child(2) a {
    background:#3c5b9a;
}
footer .fsns li:nth-child(3) a {
    background:red;
}
footer select {
    margin-top:10px;
}
```

```css
269    footer .fsns {
270        display:flex;
271        gap:5px
272    }
273    footer .fsns a {
274        width:30px;
275        height:30px;
276        display:block;
277        border-radius:50%;
278        text-align:center;
279        padding-top:9px;
280    }
281    footer .fsns li:nth-child(1) a {
282        background:#47b749;
283    }
284    footer .fsns li:nth-child(2) a {
285        background:#3c5b9a;
286    }
287    footer .fsns li:nth-child(3) a {
288        background:red;
289    }
290    footer select {
291        margin-top:10px;
292    }
```

[style.css]

💬 요소 TIP

- **footer .fsns** : ⟨footer⟩의 하위 요소 ⟨ul class="fsns"⟩ 선택자로 SNS 영역 스타일 지정
  - **display:flex** : footer .fsns를 플렉스 컨테이너로 설정하여, 자식 요소(⟨li⟩)들을 수평으로 나열
  - **gap:5px** : flex로 나열된 자식 요소(⟨li⟩)의 사이 간격 5픽셀 지정
- **footer .fsns a** : ⟨footer⟩의 하위 요소 .fsns의 하위 요소 ⟨a⟩ 지정
  - **border-radius:50%** : 모서리를 둥글게 만들어, 정사각형 요소를 원형으로 변환
  - **text-align:center** : 인라인 블록 요소인 ⟨img⟩ 수평 중앙 정렬
- **footer .fsns li:nth-child(1) a** : ⟨footer⟩의 하위 요소 .fsns 내 첫 번째 ⟨li⟩의 하위 요소 ⟨a⟩ 지정
- **footer .fsns li:nth-child(2) a** : ⟨footer⟩의 하위 요소 .fsns 내 두 번째 ⟨li⟩의 하위 요소 ⟨a⟩ 지정
- **footer .fsns li:nth-child(3) a** : ⟨footer⟩의 하위 요소 .fsns 내 세 번째 ⟨li⟩의 하위 요소 ⟨a⟩ 지정
- **footer select** : 드롭다운 메뉴 형태로 패밀리사이트 지정
  - **margin-top:10px** : select의 위쪽 바깥 여백 10픽셀 설정하여, .fsns 사이 간격 설정

03 작업한 모든 파일을 저장하고 'index. html' 문서가 활성화된 상태에서 상태표시줄에 Go Live를 선택하여 웹 브라우저인 '크롬(Chrome)'으로 작업 결과를 확인합니다.

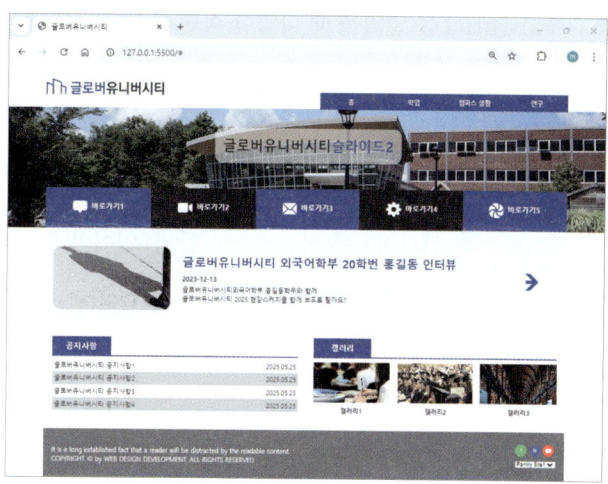

7 STEP 최종 검토하기 약 15분

최종 결과물 Check!

작업을 완료했다면 최종 결과물을 확인합니다.

제출 방법

1. 수험자의 비번호로 된 폴더를 제출합니다.
2. 비번호로 된 폴더 안에 'index.html', 'images', 'js', 'css' 폴더와 작업한 파일이 저장되어 있는지 확인합니다.
3. 'index.html'를 열었을 때 모든 리소스가 표시되고 정상 작동해야 합니다.
4. 비번호로 된 폴더의 용량이 10MB가 초과되지 않아야 합니다. (ai, psd 파일은 제출하지 않습니다.)

기술적 준수사항

1. HTML5 기준 웹 표준을 준수해야 합니다. 현장에서 인터넷 사용이 불가하므로 연습 시 HTML 유효성 검사로 오류가 있는지 확인합니다.
2. CSS3 기준 오류가 없도록 작업해야 합니다. 현장에서 인터넷 사용이 불가하므로 연습 시 CSS 유효성 검사로 오류가 있는지 확인합니다.
3. 스크립트 오류가 표시되지 않아야 합니다. 웹 브라우저에서 F12를 눌러 개발자 도구를 실행한 후, 콘솔(Console) 탭에서 오류가 있는지 확인합니다.
4. 'index.html'을 열었을 때 Tab 으로 요소를 이동, 선택할 수 있어야 합니다.

5. 'index.html'을 열었을 때 다양한 화면 해상도에서 페이지 레이아웃이 정상적으로 표시되어야 합니다.

6. 페이지 전체는 CSS를 이용해 레이아웃을 구성해야 합니다.

7. 브라우저에서 CSS를 '사용 안 함'으로 설정하면 콘텐츠가 기본적으로 세로로 나열되어 표시됩니다.

8. 모든 이미지는 대체 텍스트(alt 속성)를 포함하여 이미지의 의미나 용도를 명확히 전달해야 합니다.

9. 텍스트 간의 위계질서를 직관적으로 알 수 있어야 합니다.

10. 제작된 사이트의 최신 버전의 Google Chrome 브라우저에서 레이아웃, 구성 요소의 크기 및 위치 등이 정상적으로 표시되어야 합니다.

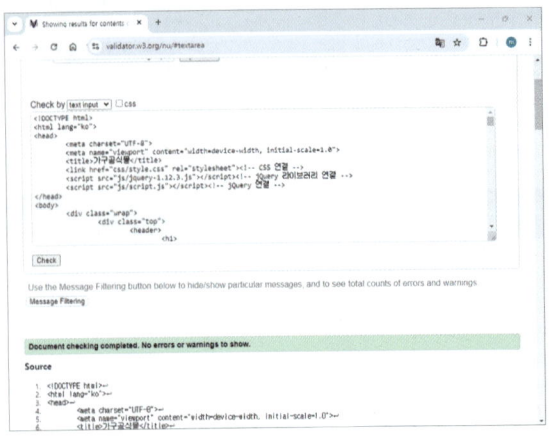

HTML 유효성 검사 - 오류 없음

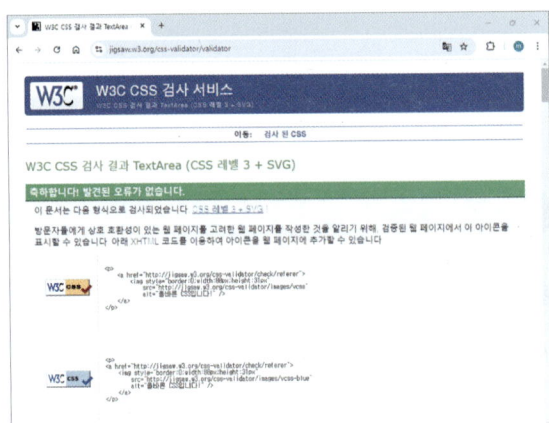

HTML 유효성 검사 - 오류 없음

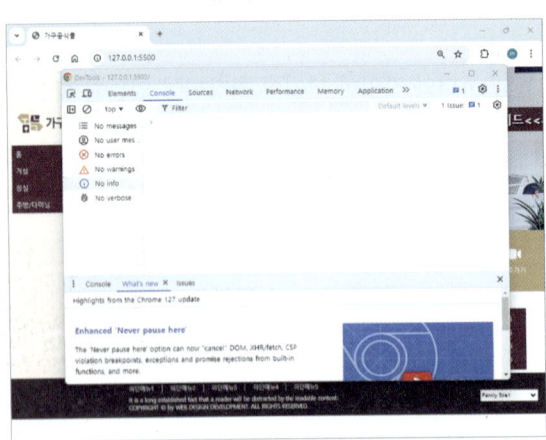

JavaScript와 jQuery의 오류 검사 - 오류 없음

책은 너무 무겁다면? 가볍게 만나자!
이기적 전자책(eBook)

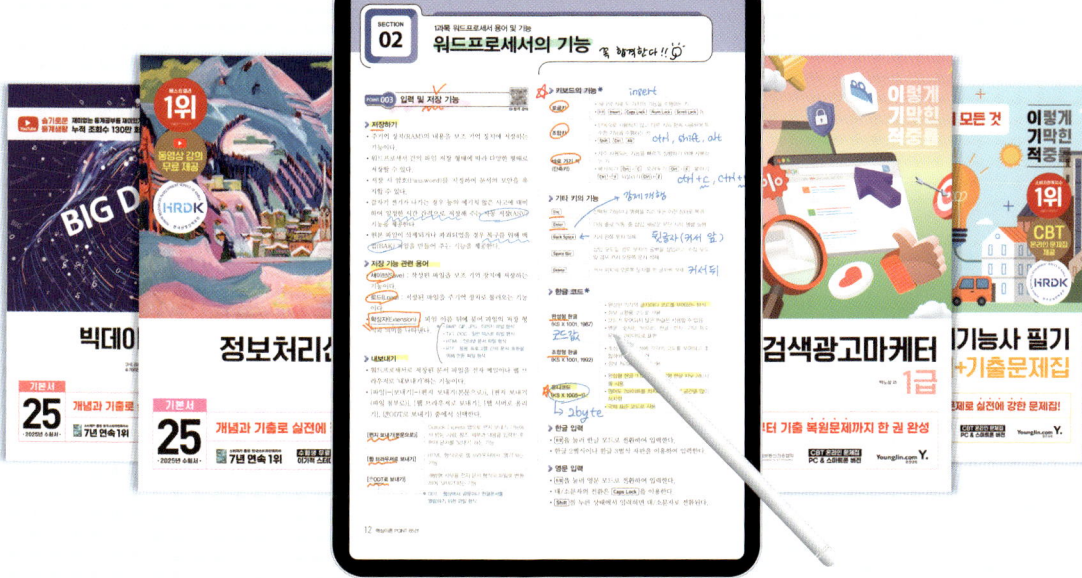

LIGHT

여러 권의 책도
eBook으로
구매하면 0.0g!

EASY

필요한 키워드
손쉽게 검색 &
무제한 필기 가능

FAST

배송 기다림 없이
즉시 다운받고
바로 학습 가능

이용방법

온라인 서점 접속 → eBook 메뉴에서 이기적 도서 검색 → [eBook] 상품 구매 → 서점별 eBook뷰어로 바로 이용 가능

※ eBook은 배송 과정이 없는 디지털 상품으로 온라인 서점별 앱에서 바로 이용 가능하며 이와 별개로 **도서 전체의 PDF 파일은 제공하지 않습니다.**

◀ 이기적 전자책 보러가기

한번에 합격, 자격증은 이기적

이기적 스터디 카페

합격 전담마크! 추가 자료부터
1:1 Q&A까지 다양한 혜택 받기

365 이벤트

매일 매일 쏟아지는 이벤트!
기출복원, 리뷰, 합격 후기, 정오표

100% 무료 강의

QR 하나로 교재와 연계된
고퀄리티 강의 100% 무료

CBT 온라인 문제집

연습도 실전처럼!
PC와 모바일로 언제든지 시험 연습

Q 이기적 스터디 카페

홈페이지 : license.youngjin.com
질문/답변 : cafe.naver.com/yjbooks

Q 이기적 유튜브 채널

@ydot0789 채널을 구독해 주세요!
15만 구독자와 약 10,000개의 동영상으로 합격을 준비하세요!

Q 이기적 카카오톡 플러스친구

@이기적 친구를 추가해 주세요!
합격을 부르는 소식, 카톡으로 먼저 받아보고 혜택을 챙기세요!